LANDSCHAFTSVERBAND RHEINLAND
RHEINISCHES LANDESMUSEUM BONN
UND
VEREIN VON ALTERTUMSFREUNDEN
IM RHEINLANDE

BEIHEFTE DER BONNER JAHRBÜCHER

Band 35

Teil II

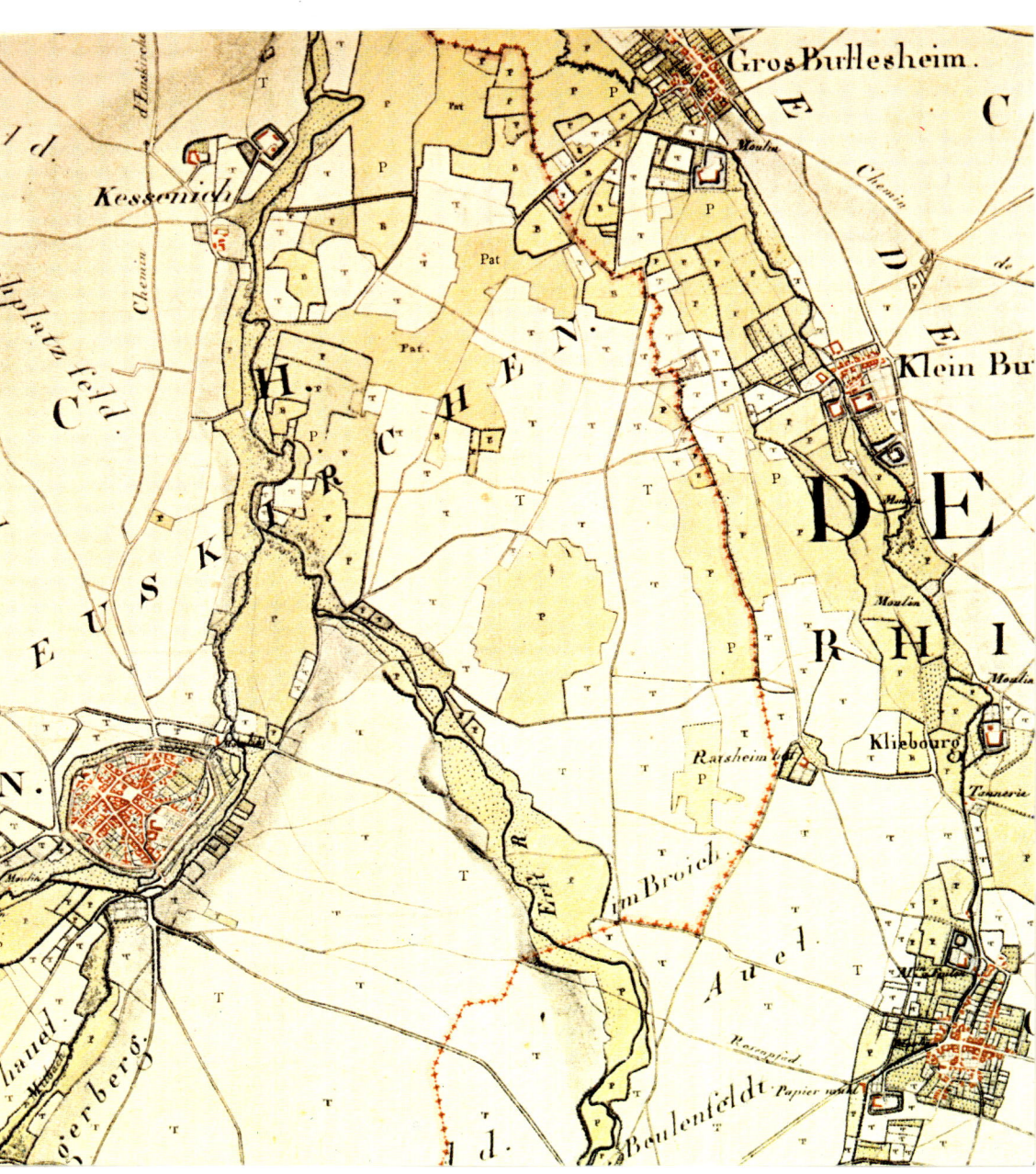

Landschaft und Siedlung im Raum Euskirchen zu Beginn des 19. Jahrhunderts.
(Ausschnitt aus der Tranchot-Karte, Neue Ausgabe, Blatt 100 Euskirchen).

WALTER JANSSEN

# STUDIEN ZUR WÜSTUNGSFRAGE IM FRÄNKISCHEN ALTSIEDELLAND ZWISCHEN RHEIN, MOSEL UND EIFELNORDRAND

Teil II: Katalog

1975

RHEINLAND-VERLAG GMBH · KÖLN

in Kommission

RUDOLF HABELT VERLAG GMBH · BONN

Veröffentlicht mit Mitteln des Landschaftsverbandes Rheinland

Alle Rechte vorbehalten
Copyright © 1975 by Rheinland-Verlag · Köln
Gesamtherstellung: Butzon & Bercker, Kevelaer
ISBN 3-7927-0208-8

# INHALTSVERZEICHNIS DES KATALOGS

| | |
|---|---|
| Hinweise für die Benutzer des Katalogs | 1 |
| Wüstungen im Kreis Monschau (MON) | 5 |
| Wüstungen im Kreis Düren (DN) | 15 |
| Wüstungen im Kreis Schleiden (SLE) | 50 |
| Wüstungen im Kreis Euskirchen (EU) | 89 |
| Wüstungen in der Stadt Bonn und im Landkreis Bonn | 126 |
| Wüstungen im Kreis Prüm (PRÜ) | 189 |
| Wüstungen im Kreis Daun (DAU) | 213 |
| Wüstungen im Kreis Ahrweiler (AW) | 249 |
| Wüstungen im Kreis Bitburg (BIT) | 302 |
| Wüstungen im Kreis Wittlich (WIL) | 336 |
| Wüstungen im Kreis Cochem (COC) | 371 |
| Wüstungen in der Stadt Trier und im Landkreis Trier | 402 |
| Katalog fossiler Fluren der Eifel (A) | 439 |
|    Vorbemerkung zu den fossilen Fluren in Marmagen (SLE) | 439 |
|    Marmagen, Weilertal (A 1) | 440 |
|    Marmagen, Rotbusch (A 2) | 448 |
|    Marmagen, Galgenberg (A 3) | 450 |
|    Vorbemerkung zu den fossilen Fluren in Nettersheim (SLE) | 453 |
|    Nettersheim, Weller-Berg (A 4) | 455 |
|    Nettersheim, Görresburg (A 5) | 460 |
|    Nettersheim, Schellgesberg (A 6) | 466 |
|    Nettersheim, Mühlenbachtal (A 7) | 469 |
|    Blankenheimerdorf, Froschberg (A 8) | 472 |
|    Blankenheimerdorf, Staatsforst Schleiden (A 9) | 474 |
|    Schmidtheim, Zehnbachtal (A 10) | 481 |
|    Blankenheim, Hardt (A 11) | 486 |
|    Wahlen, Fischbachtal (A 12) | 486 |
|    Arloff, Zwergberg (A 13) | 489 |
|    Rheinbach, Stadtwald, Jagen 12 (A 14) | 491 |
|    Rheinbach, Stadtwald, Jagen 19 (A 15) | 493 |
|    Münstereifel, Erfttal (A 16) | 494 |
|    Nöthen, Quartbachtal (A 17) | 495 |
|    Spessart, Wüstung Kurtenbach (A 18) | 495 |
|    Niederzissen, Almersbachtal (A 19) | 496 |
|    Kell, Wüstung Pleitsdorf (A 20) | 497 |
|    Matzen, Wüstung Even (A 21) | 498 |
|    Bettingen, Wüstung Alt-Bettingen (A 22) | 498 |
|    Landscheid, Staatsforst Wittlich (A 23) | 502 |
|    Wallerfangen, Limberg (A 24) | 503 |

Dorweiler (A 25) .................................................... 504
Mannebach (A 26) .................................................. 504
Dahlem, Birtges-Berg (A 27) ...................................... 504
Stadtkyll (A 28) ..................................................... 505

Nachträge .............................................................. 507

# HINWEISE FÜR DIE BENUTZER DES KATALOGS

Im vorliegenden Katalog sind Kenntnisse über die mittelalterlichen und neuzeitlichen Wüstungen in zwölf Kreisen der Eifel und über eine Reihe fossiler Fluren in der Nordeifel zusammengestellt. Die Ortswüstungen wurden für folgende Kreise bearbeitet:
  Kreis Monschau (MON)
  Kreis Düren (DN)
  Kreis Schleiden (SLE)
  Kreis Euskirchen (EU)
  Kreis und Stadt Bonn (BN)
  Kreis Prüm (PRÜ)
  Kreis Ahrweiler (AW)
  Kreis Daun (DAU)
  Kreis Bitburg (BIT)
  Kreis Wittlich (WIL)
  Kreis Cochem (COC)
  Kreis und Stadt Trier (TR).
Fossile Fluren wurden anhand ausgewählter Beispiele behandelt und im Katalog im Abschnitt A verzeichnet. Entsprechend der im Textteil dargelegten und begründeten Definition, was in diesen Studien unter einer mittelalterlichen und neuzeitlichen Wüstung verstanden wird, sind sechs verschiedene Arten von Ortswüstungen zu unterscheiden:
  (1) Dorfwüstungen
  (2) Hofwüstungen
  (3) Mühlenwüstungen
  (4) Wüste Wehranlagen
  (5) Wüste Gewerbebezirke
  (6) Wüste kirchliche Einrichtungen.
Als siebente Wüstungsart kommen dazu noch die fossilen Fluren, die Flurwüstungen.

Zu jeder einzelnen Wüstung können ganz verschiedene Angaben zusammengestellt werden, je nach der wissenschaftlichen Fragestellung, die an das gesammelte Material herangetragen wird. Auch die Ausführlichkeit der Sachangaben kann von hierher bestimmt werden. Die bisherigen Erfahrungen der historisch-topographischen, der archäologischen und der geographischen Wüstungsforschung in anderen Teilen der Bundesrepublik Deutschland und im Ausland haben gezeigt, daß immer wieder ganz bestimmte Grundinformationen und Ergebnisse vorliegen müssen, damit die wichtigen Probleme der Wüstungsbildung angegangen werden können. Aus diesem Grunde lag es nahe, für die Gliederung des Katalogs auf ein bewährtes Schema zurückzugreifen, das die erforderlichen Kategorien enthält. Es wurde von Helmut Jäger vorgeschlagen und mehrfach mit Erfolg angewandt[*].

---

[*] H. Jäger, Entwicklungsperioden agrarer Siedlungsgebiete im mittleren Westdeutschland seit dem frühen 13. Jahrhundert. Würzburger Geographische Arbeiten, hrsg. v. J. Büdel, Bd. 6 (Würzburg 1958) 114.

Demnach gliedern sich die Sachangaben des Katalogs zu jeder Wüstung in acht Punkte:
I. Name der Wüstung.
II. Lage der Wüstung im Gelände mit Angabe der geographischen Koordinaten nach der Topographischen Karte 1 : 25 000 und sonstiger topographischer Hinweise.
III. Wichtige Erwähnungen der Wüstung in den Schriftquellen.
IV. Mündliche Überlieferungen, Volkstraditionen, Sagen und Geschichten, die auf eine Wüstung hinweisen.
V. Nachweise über Kirchen und Kapellen von Wüstungen.
VI. Flur-, Wald- und Landschaftsnamen, die Wüstungen anzeigen.
VII. Überreste der Wüstung im Gelände, wie Trümmer, Bodenfunde, Geländerelief, Ruderalvegetation und ähnliches. Hierher gehören auch die Ergebnisse von Grabungen auf Wüstungen.
VIII. Überreste der zur Wüstung gehörenden Flur, soweit sie entweder im Gelände topographisch feststellbar oder aber auf Grund von alten Karten zu ermitteln sind.

Nach diesem Schema werden die Ortswüstungen der Gruppen 1–6 im Katalog behandelt. Ein abweichendes Verfahren empfahl sich für die fossilen Fluren des Katalogteils A. Hier sind die Ergebnisse nach folgendem Schema vorgelegt worden:
I. Angabe der Gemarkung und des Kreises, in denen das Vorkommen der betreffenden fossilen Flur liegt.
II. Lagebezeichnung des Vorkommens nach den Koordinaten anhand der Topographischen Karte 1 : 25 000 mit ergänzenden topographischen Hinweisen auf die Lage im Gelände.
III. Angaben über eine etwaige Kartierung des Vorkommens.
IV. Beschreibung der fossilen Flur.
V. Hinweise zur Datierung der fossilen Flur.

Jede Orts- und Flurwüstung besitzt eine Katalog-Nummer. Sie setzt sich bei den Ortswüstungen aus Großbuchstaben, die die Kreiszugehörigkeit angeben, und einer laufenden Nummer, die in jedem Kreis mit 1 beginnt, zusammen. Bei den fossilen Fluren tritt die laufende Nummer hinter den Buchstaben A (= Altfelder). Innerhalb jedes Kreises wurden die Ortswüstungen nach ihrer Zugehörigkeit zu den jeweiligen Gemarkungen angeordnet. Diese Zuordnung erwies sich im Verlaufe des Materialsammelns nicht nur als nützliches äußeres Gliederungsprinzip, sondern zugleich auch als ein Verfahren, welches die historischen Beziehungen einer Ortswüstung zu ihren Nachbarsiedlungen, die bis heute bestehen geblieben sind, berücksichtigt. Die Gliederung des Katalogs nach Kreisen und Gemarkungen war bereits 1969 fertig durchgeführt. Deshalb blieb auch nach der Verwaltungsneugliederung, die in verstärktem Maße seit 1970 in den Bundesländern Nordrhein-Westfalen und Rheinland-Pfalz durchgeführt wurde, die einmal eingeführte Anordnung erhalten. Was die Einteilung nach Kreisen angeht, so erwies sich die bis 1970 gültige Einteilung auch deshalb als nützlich, weil die Eifelkreise, im großen und ganzen gesehen, eigenständige und besonders geprägte Natur- und Siedlungsräume darstellen, in denen die jeweils verschiedenartigen Bedingungen des Naturraumes von vornherein unterschiedliche Verläufe der Siedlungsgeschichte erwarten ließen. Insofern boten die Kreise genügend Kategorien zu differenzierter Betrachtung, und das, obgleich die meisten von ihnen Einrichtungen der preußischen Provinzialverwaltung aus dem Beginn des 19. Jahrhunderts darstellen, die altgewachsene, historische Verhältnisse nur selten aufgegriffen und bewahrt haben.

Daß andere Möglichkeiten einer Stoffgliederung bestehen, ist bekannt. Aber viele andere Aspekte beleuchten jeweils nur Teilprobleme der Wüstungsfrage. Der übergeordnete und wichtige Blickpunkt ergibt sich meines Erachtens aus der historischen Dimension des Problems. Nicht das Aneinanderreihen von Daten und Fakten zu jeder Wüstung ist bereits Wüstungsforschung. Dieser Inventarisierungscharakter haftet dem Katalogteil zweifellos an, und er stellt auch den Ansatzpunkt dieser an einem Museum durchgeführten Arbeit dar. Das zusammengetragene Material aber verlangt nicht nur eine Vorlage, sondern auch die Auswertung im Sinne einer historischen Siedlungsforschung, als deren Bestandteil die Wüstungsforschung anzusprechen ist. Der Versuch zu einer solchen Interpretation ist im Textteil unternommen worden. Die

Materialien, auf die sie sich gründet, stellt der Katalog bereit. In beiden Teilen bildete die historische Fragestellung der Wüstungsforschung, ob sie nun landeskundlich-historisch oder archäologisch-topographisch verfährt, den Leitgedanken. In erster Linie interessierten die geschichtlichen Kräfte und Wirkungen, die zur Entstehung von Wüstungen führten. Siedlung und Landschaft standen, ungeachtet der determinierenden Faktoren, die der Naturraum für die Entwicklungsgeschichte beider enthält, vor allem auch als Ergebnisse des geschichtlichen Wirkens von Menschen im Vordergrund der Betrachtung.

Den Benutzern des Katalogs wird sich zeigen, daß er nur einen bescheidenen Anfang auf einem Forschungsgebiet darstellt, das im Rheinland bislang noch kaum in größerem Zusammenhang bearbeitet worden ist. Vor die Wahl gestellt, das bis jetzt zusammengetragene Material bereits zu veröffentlichen, oder aber mit der Publikation so lange zu warten, bis eine annähernd vollständige Erfassung gesichert wäre, habe ich mich zur ersten Lösung entschlossen, selbst auf die Gefahr hin, daß noch Lücken offen bleiben. Der Versuch, eine Vollständigkeit anzustreben, war ohnehin durch immer neue Fakten, die im Laufe der Bearbeitung auftraten und nachgetragen werden mußten, zum Scheitern verurteilt. Diese Erfahrung muß der Bearbeiter eines Katalogs der Wüstungen oder eines Wüstungsverzeichnisses offenbar machen, ehe er sich entschließt, die Veröffentlichung trotzdem vorzunehmen. Mit der Publikation ist zunächst ein gewisser Abschluß des Materialsammelns verbunden. Sicher kann es nicht gleichgültig bleiben, in welchem Stadium der Materialaufnahme ein solcher Schritt getan wird. Bei der vorliegenden Arbeit mußte gewährleistet sein, daß die erarbeiteten Kenntnisse zur Beurteilung der wichtigsten Probleme der Wüstungsbildung ausreichen und daß sie darüber hinaus auch Schlüsse auf die allgemeine Entwicklung des Phänomens zuließen, die durch genügend Einzelbefunde abgesichert werden konnten. Dies wird in der Tat durch das hier veröffentlichte Material sichergestellt.

Mit der Wüstungsforschung im Rheinland ist somit ein Anfang gemacht worden. Zu weiteren Ergebnissen wird man gelangen können, wenn die Arbeit in der vorgeschlagenen Richtung fortgesetzt wird. Deshalb richte ich an alle historisch Interessierten die Bitte, ergänzende oder neue Kenntnisse zur Wüstungsfrage im Rheinland mitzuteilen, damit sie bei künftigen Untersuchungen verwertet werden können. Der Wunsch nach Unterstützung und Information richtet sich sowohl darauf, die Angaben des vorliegenden Katalogs zu ergänzen oder ihnen neue Kenntnisse zuzugesellen, als auch darauf, die schon bestehende Materialsammlung für das rheinische Lößgebiet und den Niederrhein zu erweitern. Wenn die schon begonnenen Arbeiten weitergeführt werden können, ist die Vorlage entsprechender Untersuchungen für diese Gebiete möglich. Ergänzungen, Nachträge und Berichtigungen zum Katalog der Wüstungen in der Eifel sollen entweder in den Bonner Jahrbüchern oder aber in einer gesonderten Veröffentlichung nachgetragen werden.

Bonn, im Dezember 1973            Walter Janssen

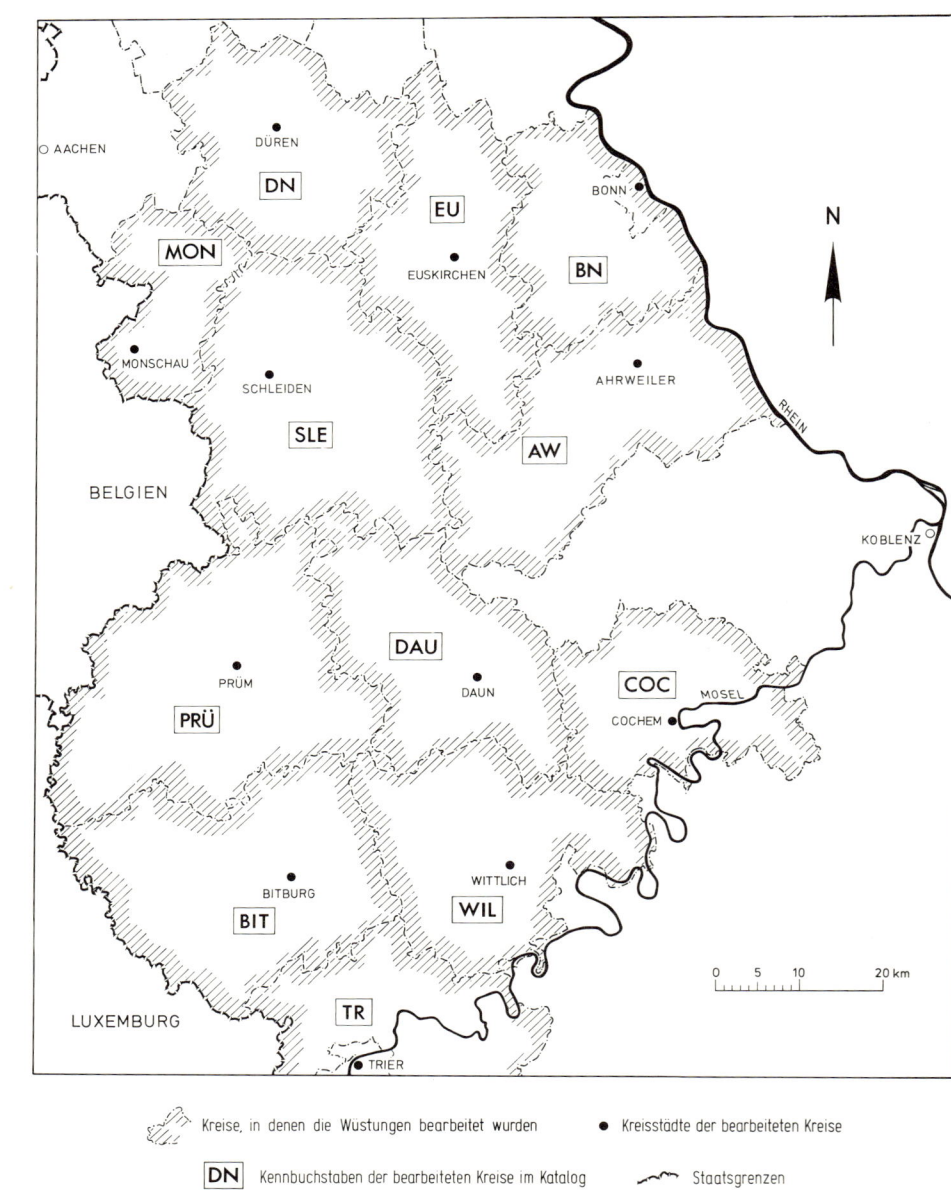

1 Übersichtskarte des bearbeiteten Gebietes

# Wüstungen im Kreis Monschau (MON)

### Eicherscheid

MON 1  I. *Eisscheitt*. Keine echte Wüstung, sondern nur die ältere Form des ON Eicherscheid.
II. Wie Eicherscheid, Kr. Monschau.
III. 1516: Rentmeister-Berichte Monschau: *Eicherscheidt* (Eremit 32, 1960, 24).
1551: Steuerlisten des Amtes Monschau: *Eisscheitt* (Eremit 31, 1959, 27).
1551 a. a. O.: *Der eisscher Zendt* (Eremit 31, 1959, 64).
1553: PN *peter in eisscheitt* (Eremit 31, 1959, 65).
Beide Namen laufen im 16. Jahrh. nebeneinander her. Deshalb wurde Eisscheitt gelegentlich für eine Wüstung gehalten.

MON 2  I. *Eisenhütte und -hammer* Eicherscheid.
II. In Eicherscheid, Kr. Monschau.
III. 1463 wurde in Eicherscheid, Ortsteil Hammer, eine herzoglich-jülichsche Eisenhütte errichtet.
Um 1850 wurde die Produktion eingestellt und die Hütte ganz aufgegeben.
LITERATUR: W. Günther, Rheinische Vjbll. 30, 1965, 318 u. 333.

### Imgenbroich

MON 3  I. *Grünenthal*, Walk-, Schneid- und Schleifmühle.
II. TK 5403 Monschau: r 25 21 160; h 56 03 150. An der Mündung des Belgenbaches in die Rur.
III. 1763: Errichtung einer Walkmühle an der Rur durch Matthias Offenmann aus Imgenbroich, dazu eine Färberei, Lohgerberei, anstelle letzterer später eine Spinnerei, darauf eine Sägemühle.
1776 erscheint in den Akten der Regierung zu Düsseldorf erstmalig die Bezeichnung *grünes Dahl*.
1862: Vernichtung der Färberei und der Walke durch Brand.
1900: Aufgabe der kleinen Spinnerei, die den Brand überlebt und weitergearbeitet hatte.
LITERATUR: Die Eifel 57, 1962, 6 f.
VII. Grundmauern der Fabrikgebäude sind noch heute in Wiesengelände sichtbar geblieben.

MON 4   I. *Rochuskapelle.*
II. TK 5403 Monschau: r 25 17 120; h 56 04 560. Im Tal des Laufen-Baches bei der heute noch bestehenden Rochus-Mühle.
III. Die Kapelle wurde nach 1630 zum Schutz gegen die im Dreißigjährigen Krieg eingeschleppte Pest errichtet.
1703 wird noch eine Messe hier gestiftet.
1828 wird die Kapelle wegen Baufälligkeit abgebrochen, eine barocke Rochusfigur in die Pfarrkirche Konzen überführt.
LITERATUR: Eremit 25, 1953, 24. – Clemen, KDM Kr. Monschau 19 f., 26 f.

### Kalterherberg

MON 5   I. *Fischerhütte,* wüster Hof?
II. TK 5403 Monschau: soll im Rurtal gegenüber der Einmündung des Schlüssel-Baches in die Rur, unweit Ehrensteinsley gelegen haben.
VII. Am genannten Ort sind unter Wiesengelände noch Mauerreste kenntlich (Eifelführer [33. Aufl. 1964] 103).

MON 6   I. *Reichenstein,* ehem. Burg, später Prämonstratenserkloster und kleine Siedlung.
II. TK 5403 Monschau: r 25 14 300; h 56 00 400. Auf dem linken Ufer der Rur, auf einer ins Tal vorspringenden Anhöhe.
III. Mitte 12. Jahrh.: Errichtg. d. Burg *Richwinstein.*
1205 oder wenig später: Walram d. Ä., Herr v. Monschau, u. seine Gattin Jutta stiften ihre Burg *Richwinstein* dem Prämonstratenserorden zur Gründung eines Nonnenklosters.
1205–1208: Errichtg. des Konvents unter der Obhut der Abtei Steinfeld. Um dieses Kloster muß eine kleine Ansiedlung, *oppidulum,* bestanden haben, die die Herren v. Monschau-Falkenburg verschenkten.
Ende 15. Jahrh.: Der Abt von Steinfeld sendet Ordensbrüder nach Reichenstein.
1802 Juni 9: Auflösung des Klosters auf Dekret der französischen Regierung.
LITERATUR: Clemen, KDM Kr. Monschau 90 ff. mit älterer Literatur.

MON 7   I. *Reichensteiner Mühle.*
II. Nicht genau lokalisiert, hat jedoch im Ermesbachtal am Wege von Kalterherberg nach Mützenich gelegen.
III. 1820: Die Witwe Böcking zu Reichenstein besitzt die Mahl- und Schneidmühle, die mit einem oberschlächtigen Wasserrad, einem Mahlgang und einem Arbeiter ausgestattet ist. Die Mühle ist unbedeutend und arbeitet nur zum Hausbedarf. Sie hat höchstens 5 Monate im Jahr Wasser.
1827: Die Holzschneidemühle wird wegen falscher Konstruktion der Werke außer Betrieb gesetzt. Sie gehörte bis zur Säkularisation dem Kloster Reichenstein.
LITERATUR: Eremit 22, 1950, 24 f.

### Konzen

MON 8   I. *Lauterbach,* Hofwüstung, auch: *Lotharhof.*
II. Nicht genau lokalisiert, jedoch im Lutterbachtal zwischen Konzen und Simmerath gegenüber dem Strubershof (MON 10).

III. Es soll sich um einen alten, recht bedeutenden Hof handeln, doch erscheint fraglich, ob er in karolingische Zeit zurückreicht (so Eremit 20, 1948, 45). Lotharhof ist offensichtlich eine pseudowissenschaftliche Etymologie für Lauterbach.
1551: Steuerlisten des Amtes Monschau: PN *hinrich van luterbach* als Bürger von Mützenich.
1551: daselbst: PN *Jan van luterbach* Bürger in Konzen (Eremit 31, 1959, 26 ff.).
1604: Kirchenbuch Kornelimünster: *Girtrudis Michel Lauterbachs dochter von Kontzen allhier begraben* (Eifel 1953, 4).
1647/48: Forstmeister-Rechnung aus Monschau enthält eine ganze Reihe PN *Lauterbach* von Bürgern zu Konzen sowie den *Hoff Lauterbach*, der zu den Nutzungsberechtigten des Forstes gehört. Zu dieser Zeit muß der Hof also noch Bestand gehabt haben. Wann der Hof aufgegeben wurde, ist unbekannt.

MON 9    I. *Schumachershof*.
II. Unbekannt in der Gemarkung Konzen.
VI. *Em Schommeschhoff*, Gem. Konzen (Eremit 20, 1948, 46).

MON 10   I. *Strubershof*.
II. Nicht genau lokalisiert, jedoch im Tal des Lutterbaches zwischen Konzen und Simmerath gegenüber dem Lotharhof (MON 8).
III. Zur Geschichte des Hofes sind keine urkundlichen Belege bekannt. Steine von diesem Hof wurden nach dem Zweiten Weltkrieg zum Wiederaufbau der Schule von Konzen verwendet (Eremit 20, 1948, 45).

MON 11   I. Name unbekannt, Hofwüstung.
II. Nicht genau lokalisiert, jedoch im Bereich des FN *Heppenböschel*, rechts der Straße Imgenbroich–Gericht, oberhalb der Belgenbacher Brücke, wo der alte Kirchweg nach Eicherscheid abging. Der Hof selbst kann also auch in der Gem. Eicherscheid gelegen haben (vgl. dazu Eremit 22, 1950, 110).
VI. In dem unter II. beschriebenen Gebiet FN *HäreböND* = Herrenwiese (Eremit a. a. O.).


Lammersdorf

MON 12   I. *Bickenraet*, Hofwüstung.
II. Nicht genau lokalisiert, jedoch am Bach Hepplach zwischen Lammersdorf und Paustenbach (Gem. Simmerath) gelegen, also heute etwa auf der Gemarkungsgrenze zwischen Lammersdorf und Simmerath.
III. 1334: *bickenraet* (Eremit 22, 1950, 110).


Monschau

MON 13   I. *Deberghes-Mühle*.
II. Lag in Monschau an einem links aus der Rur abgeleiteten Teiche.
III. 1820: Preuß. Verzeichnis d. Mühlen: *Deberhes Joh. Jos.* Witwe, Inhaberin einer Spinnmaschine, 1 unterschlächtiges Wasserrad, kein Arbeiter, liegt still (Eremit 22, 1950, 19).

MON 14  I. *Eremitage.*
II. Ungefähr TK 5403 Monschau: r 25 19 300; h 56 02 300. An der Mündung des Kluck-Baches in die Rur.
III. Eine schriftliche Überlieferung gibt es nicht, doch kannte der zuständige Revierförster die Stelle, an der die Eremitage gelegen haben soll (Eremit 27, 1955, 110).

MON 15  I. *Hallerburg.*
II. TK 5403 Monschau: r 25 17 130; h 56 02 300. Auf einer von N ins Rur- und Laufenbachtal vorspringenden Bergnase.
III. Frühe Nennungen gibt es nicht. Über die Entstehung einer Befestigung am *Halle-* oder *Halder-*Turm oder *Haller* gibt es zwei Versionen: Entweder hat hier eine Vorgängeranlage der Burg Monschau gelegen oder aber es ist eine sog. Gegenbefestigung des 14. Jahrh. gegen Schloß Monschau (zu diesem vgl. Historische Stätten Bd. 3: Nordrhein-Westfalen [2. Aufl. 1970] 525 ff.). – Auf jüngeren Abbildungen ist der Halder meist Teil der Stadtbefestigung. Im 16. Jahrh. war der Turm des Halder nach der Bergseite rund, nach dem Tal rechteckig geschlossen (Clemen, KDM Kr. Monschau 72).
1507/08: Ein Wächter wird auf den Halder gesetzt, der vor den Franzosen warnen soll.
1570/71: Das Holzwerk vom *Haller Torm* soll zur Ausbesserung des Eselsturmes genommen werden. Die vorderste Mauer am Haller Turm soll abgetragen werden.

MON 16–19  I. *Mühlen* am kleinen Laufenbach.
II. Am kleinen Laufenbach müssen mindestens vier Mühlen bestanden haben, und zwar:
MON 16 *die neue Mahlmühle.*
MON 17 *die alte Mahlmühle.*
MON 18 *die Mühle des Obersten Kettler.*
MON 19 *eine Lohmühle.*
Da das Laufenbachtal sehr eng ist, müssen alle diese Mühlen nahe der Mündung des Laufenbaches gestanden haben. Bei Renovierungsarbeiten in den Gebäuden der Brauerei Braun wurden unter dem Fußboden Mühlräder gefunden. Der Standort eines weiteren Mühlrades konnte neben den jetzigen Brauereigebäuden ausgemacht werden. Eine weitere Mühle hat gegenüber der Brauerei gestanden, und zwar an der Stelle der jetzigen Fa. Müller. Ein altes Gebäude, das sicher zu dieser Mühle gehörte, trägt die Jahreszahl 1557.
Zur Lage: TK 5403 Monschau: etwa r 25 16 410; h 56 02 100–200.
III. 1622/23: Rent- u. Forstmeister-Rechnungen Monschau: *Die Vollmühle am Steiling hat Oberst Kettler abstellen lassen und an deren Platz eine andere in der kleinen Lauffen* (MON 18) *nächst der neuen Mahlmühle* (MON 16) *auf seine Kosten bauen lassen. Sie ist jetzt an Reinhartz Johannen uf Schaufenberg verpachtet* (Eremit 29, 1957, 28). Die in der Quelle genannte neue Mahlmühle (MON 16) setzt zugleich die Existenz einer alten Mahlmühle (MON 17) voraus.
1649/50: Rent- u. Forstmeister-Rechnungen Monschau: *Für die von Servas Löhrer in der kleinen Lauffen nächst der Mahl- u. Vollmühle erbaute Lohmühle geben Johann und Peter Titz 1 Malter* (Hafer) (Eremit 29, 1957, 28). Diese Lohmühle (MON 19) kann nur etwa 50 Jahre bestanden haben. Das zeigt eine Quelle von 1707/08: *Die Lohmühle der Erben Titz ist verlassen* (Eremit a. a. O.).

## Mützenich

MON 20 I. *Lauscheit,* Dorfwüstung.
II. Am Oberlauf des kleinen Laufenbaches unweit der Domäne Lauscherbüchel. TK 5403 Monschau: etwa r 25 16 610; h 56 03 100. Die Domäne ist wahrscheinlich Restsiedlung der einst größeren Ansiedlung.
III. 1551: Steuerliste Amt Monschau: *Mutzenich und Luffscheit,* darin ein Einwohner *nellis zu luffscheitt* (Eremit 31, 1959, 26).
1647/48: Forstmeister-Rechnung Monschau: *Mützenich und Lauscheidt* (Eremit 33, 1961, 4).
1730/31: Erbhuldigungsakten nennen das Dorf Lauscheit (Eremit 26, 1954, 91).

## Rurberg

MON 21 I. *Breuershof,* Weiler.
II. TK 5304 Nideggen: r 25 27 430–680; h 56 09 300. In der heutigen Rurtalsperre, einst in den Wiesen S der Rur.
III. 1702 (Tille-Krudewig III 232).
1807/08: Tranchot-K. ÄA Blatt 36 Kornelimünster zeigt als Breuershof ein einzeiliges Straßendorf.
1938 beim Bau der Rurtalsperre überflutet.

MON 22 I. *Medersberg.*
II. Lage unbekannt, zwischen Rurberg und Kesternich.
III. 1647/48: Forstmeister-Rechnung Monschau: *Kesternich/Merderßberg* und *Medersberg.* Letzteres wird vom Herausgeber mit Rurberg gleichgesetzt (Eremit 33, 1961, 10 f.).
1730/31: Erbhuldigungsakten führen die Dörfer *Ruhrberg und Merdersberg* nebeneinander auf (Eremit 26, 1954, 97).
Wahrscheinlich handelt es sich um eine echte Wüstung und nicht nur um Namenswechsel von Medersberg zu Rurberg.

MON 23 I. *Paulushof,* älterer Name: *Balduinshof.*
II. TK 5304 Nideggen: r 25 27 570; h 56 08 000. In der heutigen Rurtalsperre am Staudamm Paulushof, z. T. noch im Nachbarkreis Schleiden.
III. Der Paulushof liegt in einem Gebiet, das 1069 als Wildbann von Heinrich IV. dem EB Anno II. von Köln geschenkt wurde (Lac. UB I Nr. 212 vom 7. Okt. 1069 = MGH DD H. IV. Nr. 222). In der Schenkungsurkunde werden aber keine ON genannt. Aus ihrem Fehlen zu schließen, der Wildbann sei nicht besiedelt gewesen, geht nicht an. Über Bestehen oder Nichtbestehen des Paulushofes sagt die Urkunde nichts aus (so: H. Bongard, Eremit 32, 1960, 33 ff.). 1491: Ludwig v. Schleiden, Burggraf von Heimbach, verkauft *eynen hoeff mit seynen zubehoer – gelegen op den rouren – da eynrour vund orfft zusamen ynkomen* (zit. n. H. Bongard a. a. O. 35). Ein äußerer Teil des Hofes stand auf Grund der Hofbeschreibung von 1491 *op Heymbacher syden,* also auf dem Gebiet der Gem. Heimbach, Kr. Schleiden. – Zur Geschichte des Paulushof vgl. H. Bongard, Der Pächter vom Paulushof 1491–1714. Eremit 33, 1961, 50 ff.
1934 bei der Erweiterung der alten Rurtalsperre überflutet.
VI. 1491: *haushof,* der auf Heimbacher Seite liegende Teil des Hofes (H. Bongard a. a. O. 36).

MON 24   I. *Pleushütte,* Hütten- u. Hammerwerk.
         II. TK 5404 Schleiden: r 25 26 840; h 56 05 000–250. Am W Ufer des Rurstausees gegenüber von Einruhr, zum Teil im Stausee.
         III. Um 1490: Gründung einer Hütte zu Pleushütte (W. Günther, Zur Geschichte der Eisenindustrie i. d. Nordeifel. Rheinische Vjbll. 30, 1965, 318).
         1576: Jahreszahl an den ältesten Häusern von Pleushütte.
         1647/48: Forstmeister-Rechnung Monschau: *Diedenborn und Plußhutth* sowie in diesen Orten zahlreiche PN *Pleuß* (Eremit 33, 1961, 12).
         1705: Leonhard Hoesch beschließt den Bau einer Hütte und eines Hammers in Pleushütte.
         1706: Genehmigung zum Bau dieses Hammers.
         1745: Leonhard Hoesch baut die Hütte, erhält aber ein ausdrückliches Verbot der Inbetriebnahme.
         1769: Inbetriebnahme von Hütte und Hammer zu Pleushütte.
         1769: Nochmaliges Verbot zur Inbetriebnahme, kurz darauf Abdrosseln der Produktion.
         1783 wird die Hütte 'völlig verwahrlost' genannt. (Belege bei H. Bongard, Waren die Eisenwerke von Einruhr u. Pleushütte identisch? Eremit 30, 1958, 71 ff.).
         1938: Ein Teil von Pleushütte wird von der Rurtalsperre Schwammenauel überflutet. Alte Form des Ortes noch in Tranchot-K. ÄA Blatt 36 Kornelimünster von 1807/08 sichtbar.
         Zum sog. *Pleushammer* im benachbarten Einruhr, Gem. Dreiborn, Kr. Schleiden, vgl. SLE 37. Nach H. Bongard a. a. O. 76 f. war der Hüttenbetrieb von Einruhr älter als der von Pleushütte.
         VI. W von Pleushütte der Name *Hütten-Berg.*

MON 25   I. *Rösrodt,* Dorfwüstung?
         II. TK 5404 Schleiden, Ausgabe von 1895 enthält bei r 25 26 330; h 56 05 900 den FN *Rösrod.* Heute heißt die Stelle mit dem zugehörigen Wirtshaus 'Schöne Aussicht'.
         VI. 1807/08: Tranchot-K. ÄA Blatt 36 Kornelimünster enthält an dieser Stelle den FN *Reussief.*

MON 26   I. *Schilsbacher Mühle.*
         II. TK 5304 Nideggen: r 25 27 680; h 56 10 900. N von Woffelsbach im Rurstausee nahe dem W Ufer, an der Mündung des Schils-Baches in die Rur.
         III. Keine älteren Belege. Tranchot-K. ÄA Blatt 36 Kornelimünster von 1807/08 enthält die Mühle nicht.
         1938: Beim Bau der Rurtalsperre überflutet.

MON 27   I. *Weidenbacher Mühle.*
         II. TK 5304 Nideggen: r 25 26 880; h 56 09 780. Am Unterlauf des Weidenbaches, der von W in die Rur mündet.
         III. In TK 5304 Ausgabe 1895 als Weidenbacher Mühle II eingetragen, jedoch in Tranchot-K. ÄA Blatt 36 Kornelimünster nicht vorhanden.
         1938: Vom Rurstausee überflutet.
         Über die unweit davon gelegene Wüstung *Weidenauel* vgl. SLE 59.

MON 28   I. *Wilderhof.*
         II. TK 5304 Nideggen: r 25 28 650; h 56 10 800. Im Rurtal zu Füßen des Schröf-Berges gelegen. Die Stelle, an der der Hof im Mittelalter gestanden hat, ist heute vom Rurstausee überflutet.

III. 1491: Ludwig von Schleiden, Burggraf von Heimbach, verkauft den Wilderhof dem Kloster Mariawald.
1661 ist dieser Hof abgebrannt (Mitteil. W. Scheibler in OA des RLMB vom 3. 10. 1943).
1807/08: Tranchot-K. ÄA Blatt 36 Kornelimünster: *Wiltenhof,* kein Gebäude mehr, doch noch eine Weide im Wald ausgewiesen.
IV. Die Felder, in denen der Hof einst gelegen hat, führen im Volksmund den Namen *Wilder Hof.* An dieser Stelle soll eine Furt über die Rur gewesen sein.
VII. Der Standort des Hofes zeichnete sich vor Anlage des Rurstausees als buckliges Gelände unter Wiesen ab. Wenig oberhalb der Hofstelle befindet sich eine römische Siedlungsstelle (über diese: Bonner Jahrb. 148, 1948, 403).
VIII. Reste der Feldflur sind in Form von Terrassen oberhalb der Hofstätte noch erhalten.

MON 29 I. *Woffelsbacher Mühle.*
II. Genaue Lage nicht bekannt. Lag jedoch im Schilsbachtal, das von W in die Rur mündet (vgl. MON 26).
III. 1820: Breuer Andreas zu Woffelsbach hat eine Mahlmühle auf dem Schilsbach mit einem überschlächtigen Wasserrad, einem Mahlgang.
1830 wie 1820 mit einem Arbeiter. Breuer kaufte die Mühle zu Düsseldorf am 10. 9. 1805 (Eremit 22, 1950, 24).
Um 1900: Die Mühle ist verfallen.


S c h m i d t

MON 30 I. *Dierscheid,* Vorgängersiedlung von Schmidt.
II. O von Schmidt; vgl. unter VI.
III. Es handelt sich möglicherweise um eine echte Wüstung und nicht nur um einen Namenswechsel, der seit dem 16. Jahrh. stattgefunden haben müßte.
1487: Entstehung einer Schmiede und eines Hüttenbetriebes in *Dierscheid,* die Anlaß zur Umbenennung dieses Ortes in *Schmidt* gewesen sein könnten (W. Günther, Zur Geschichte der Landschaft um den Stausee Schwammenauel [Schleiden 1963] 13).
1551: Steuerlisten des Amtes Monschau: *harscheitt und Dievescheitt.* Schmidt wird in dieser Liste nicht verzeichnet (Eremit 31, 1959, 31).
1647/48: Forstmeister-Rechnungen Monschau: *Dierscheidt/Schmidt* (Eremit 33, 1961, 10).
1730/31: Erbhuldigungsakten enthalten das Dorf *Schmitt,* jedoch nicht Dierscheid (Eremit 26, 1954, 99).
VI. Die TK 1 : 25 000, Blatt 5304 Nideggen, zeigt 2 km ONO von Schmidt bei r 25 30 700; h 56 14 040 den FN *Dürscheid.* Es könnte sich um das Gelände dieses Ortes handeln. 1806/07 vermerkt hier die Tranchot-K. NA Blatt 97 Hürtgen den Landschaftsnamen *Derschelt* O von Dresbach und Kaldenbach in einem mit Wald bedeckten Gelände. Es handelt sich sehr wahrscheinlich um die Flur einer Wüstung.

MON 31 I. *Eschauel.*
II. TK 5304 Nideggen: r 25 29 620–890; h 50 11 700–960. S des von N weit in den Rurstausee hineinreichenden *Eschaueler Berges.*
III. 1806/09: Tranchot-K. ÄA Blatt 36 Kornelimünster enthält den *Eschaueler Hof,* eine vierseitig geschlossene Hofanlage mit Wiesen, auf dem W Ufer der Rur. Zuletzt war Eschauel zu einem kleinen Weiler angewachsen.

MON 32   I. *Eisenhütte Schmidt.*
II. In Schmidt, Kr. Monschau.
III. 1487 wurde eine Schmiede *auf dem Dierscheid*, im Gebiet des heutigen Schmidt, errichtet. Das setzt die Produktion von Eisen in Schmidt voraus. 1806/07 enthält die Tranchot-K. NA Blatt 97 Hürtgen keinen Hinweis mehr auf diese Schmiede. Sie dürfte zu dieser Zeit also nicht mehr bestanden haben.
LITERATUR: W. Günther, Rheinische Vjbll. 30, 1965, 318 f. mit Literatur.

S i m m e r a t h

MON 33   I. *Huppesbroicher Mühle.*
II. TK 5403 Monschau von 1895: r 25 22 830; h 56 06 820. Die Mühle lag im oberen Tiefenbachtal NNO von Huppenbroich.
III. 1516: Rentmeister-Berichte Monschau: *Item in der Dieffenbach sal eine Moelen stain, datrinnen es gedrongen Kesternich ind dat Huippenbroich.* Außerdem lassen noch weitere Dörfer dort mahlen.
Um 1542: Die Mühle ist durch kriegerische Ereignisse zerstört, der Pächter kann 1542/43 keinen Tribut aufbringen.
1580/81: Cornelius Schreiber Mühlenpächter.
1649/50: Gerhard Lauterbach Pächter.
1768 wird in Röttgen eine neue Mühle gebaut, die den Benutzern der Huppesbroicher Mühle Zeit und Mühen erspart, weil die neue Mühle näher liegt (Eremit 32, 1960, 24).

MON 34   I. *Mariagrube*, aufgelassenes Bergwerk.
II. TK 5403 Monschau von 1895: r 25 22 130; h 56 06 860. Gelegen im Auslauf des Tiefenbachtales. NNW Huppenbroich.

S t e c k e n b o r n

MON 35   I. *Heldt.*
II. Ortsteil von Steckenborn.
III. 1647/48: Forstmeister-Rechnung Monschau: *Scheffenborn und Heldt* neben Steckenborn als selbständige Dörfer aufgeführt (Eremit 33, 1961, 9).
1730/31: Erbhuldigungsakten führen *Scheffenborn und Heldt* sowie außerdem *Steckenborn* als Dörfer auf (Eremit 26, 1954, 96).
Die einst selbständigen Dörfer wuchsen im Laufe der Zeit mit Steckenborn zusammen, an dem heute seine weitgestreckte Form mit verschiedenen Ortsteilen auffällt. Ob dabei Teile von Heldt infolge der Übersiedlung von Einwohnern nach Steckenborn wüst wurden, ist unklar.

MON 36   I. *Scheffenborn.*
II. Ortsteil von Steckenborn.
III. 1647/48: *Scheffenborn und Heldt* (Eremit 33, 1961, 9).
1730/31: *Schieffenborn* (Eremit 26, 1954, 96). In beiden Fällen wird außer Heldt und Scheffenborn noch Steckenborn aufgeführt. Ob dabei Teile von Scheffenborn infolge der Übersiedlung von Einwohnern nach Steckenborn wüst wurden, ist unklar.

## Strauch

MON 37　I. *Oberrollesbroich.*

II. Identisch mit Strauch.

III. 1551: Steuerlisten Amt Monschau: *Oeuerrollisbroch.*
1551/52 daselbst: *der smytt am struch* (Eremit 31, 1959, 30 u. 65).
1647/48: Forstmeister-Rechnung Monschau: *Oberrollesbroch* (Eremit 25, 1953, 31).
1730/31: Erbhuldigungsakten nennen Strauch anstelle von Oberrollesbroich (Eremit 26, 1954, 96). Der Namenswechsel hat sich also zu Beginn des 18. Jahrh. bereits vollzogen. Der neue Name Strauch geht aber, wie die Belege zeigen, bereits bis in die Mitte des 16. Jahrh. zurück. Ursachen für den Wechsel sind unbekannt.

MON 38　I. *Niederrollesbroich* oder *Rollesbroch.*

II. Mit Oberrollesbroich zusammen heute Strauch.

III. 1551: Steuerlisten Amt Monschau: *Inderst Kyschpell neder Rollesbroch* (Eremit 31, 1959, 29).
1647/48: Forstmeister-Rechnung Monschau: *Nederrollesbroch* (Eremit 33, 1961, 7).
1730/31: Erbhuldigungsakten: *Rollesbroch* neben *Strauch* (Eremit 26, 1954, 93 f.).
Nachdem das alte Oberrollesbroich seinen Namen in Strauch verändert hatte, erübrigte sich bei Niederrollesbroich die Lagebezeichnung und es wurde daraus nur Rollesbroich. Dieser Ort ist heute in Strauch aufgegangen.

## Vossenack

MON 39　I. *Schollmühle.*

II. Nicht genau lokalisiert, soll jedoch im Tal der Kall in der Bürgermeisterei Schmidt gelegen haben.

III. 1820: Scholl Rütger zu Simonskall hat eine Getreidemühle zu Simonskall mit 1 oberschlächtigen Wasserrad, 1 Mahlgang, 1 Arbeiter. Sie ist im Betrieb.
1830: Scholl Leonhard u. Peter haben die Mühle zu Simonskall. Sie ist jedoch seit mehreren Jahren außer Betrieb. Die Mühle war nie konzessioniert (Eremit 22, 1950, 21).

IV. Es geht die Sage, der Müller und seine Mühle seien vom Frühjahrswasser hinweggeschwemmt worden, weil der Müller ein Gotteslästerer gewesen sei (Eremit 25, 1953, 167). Das kann sich aber auch auf eine andere Mühle beziehen.

MON 40　I. *Napoleonischer Hochofen.*

II. In Vossenack, Kr. Monschau.

VII. In Vossenack steht auf dem Gelände einer Bergwerksgesellschaft ein aus dem 18. Jahrh. stammender Hochofen, in dem Eisenerze verhüttet wurden. Man nennt ihn allgemein den *Napoleonischen Hochofen.*

## Lage unbekannt

MON 41  I. *Kassenberg.*
II. Lage unbekannt, kann auch im Gebiet von Düren gelegen haben.
III. 1576/1600: Pachtbrief des Klosters Mariawald über seinen Hof Balduins- oder Paulushof (MON 23): Unter den Zeugen erscheint ein *Johan . . . Halven zu Kassenberg* (Eremit 33, 1961, 53).

MON 42  I. *Dalbenger Hof.*
II. Lage unbekannt, lag jedoch vermutlich in der Gegend von Konzen.
III. 1495: Dalbenger Hof im Besitz des alten Schultheißen Johann von der Hardt. Die Urkunde von 1495 ist im Neuen Rentlagerbuch von Monschau aus dem Jahre 1649 überliefert (Eremit 22, 1950, 16).

# Wüstungen
# im Kreis Düren (DN)

Abenden

DN 1
I. *Niederheim*.
II. TK 5304 Nideggen: in Abenden.
III. 1347: *Nyderkeim* (Fahne, Salm 118).
1508: *Niderheim* (ebda. 267).
(Belege nach H. Dittmaier, Die linksrhein. ON auf -heim u. -dorf [Manuskr. Bonn 1961] 14).
Niederheim ist ein ehemaliger Ortsteil von Abenden.

Arnoldsweiler

DN 2
I. *Ginnezwilre*, alter Name für Arnoldsweiler.
II. TK 5104 Düren.
III. In der Biographie des heiligen Arnoldus aus dem Anfang des 12. Jahrh. heißt es, Karl d. Große habe sich mit seinen Begleitern, unter diesen Arnold, aufgehalten *apud villam, vocabulo Ginnezwilre modo vero dicitur ob reverentiam sancti nominis Arnoldswilre* (zit. n. Clemen, KDM Kr. Düren 18). Der Name Arnoldsweiler tritt erstmalig 1168 in einer Urunde auf; davor hieß der Ort Ginnezweiler, wie auch in zahlreichen älteren Urkunden nachzuweisen ist (Belege bei Clemen a. a. O.).
LITERATUR: Clemen, KDM Kr. Düren 17 ff. – Sieper, Dürener Geschichtsbll. 1961, 545.

DN 3
I. *Wehranlage In den Eldern*.
II. TK 5104 Düren: r 25 34 860; h 56 34 880. Rund 1 km N der Kirche Arnoldsweiler, Flurstück *In den Eldern*, im N-Teil eines kleinen Waldes.
VII. Hier finden sich umfangreiche Grabensysteme mit Wällen, die einer Wehranlage zugerechnet werden müssen. Nach der Volksüberlieferung ist *In den Eldern* das alte Schloß versunken.
LITERATUR: Bericht bei den OA des RLMB.

Berg-Thuir

DN 4   I. *Eisenbergbaubezirk.*   Tafel 38–42
II. TK 5304 Nideggen und 5305 Zülpich: ungefähr r 25 34 000–36 000; h 56 12 000–16 000. Im Waldgebiet O des Rurtales auf den Höhen bis zu den Orten Berg-Thuir und Vlatten. Beteiligt sind vor allem der Ostteil der Gemarkung Abenden, der Ostteil der Gemarkung Hausen, Kr. Schleiden, der Westteil der Gemarkung Wollersheim und der Westteil von Berg-Thuir. Es handelt sich um ein einziges großes zusammenhängendes Bergbaugebiet auf Eisenerze.
VII. In dem oben umschriebenen Bereich ist seit römischer Zeit und danach das ganze Mittelalter hindurch bis in die Neuzeit Eisenerz im Tagebau abgebaut worden.
Aus römischer Zeit stammen viele kleine Gruben, sog. Pingen, aus denen Eisenerz gewonnen worden ist. Die systematische Aufnahme solcher Pingen in der Gemarkung Berg-Thuir durch H. v. Petrikovits hat ergeben, daß im gleichen Gebiet römische Siedlungsstellen liegen, die mit der Gewinnung und Verhüttung dieser Erze befaßt waren. Darüber hinaus liegt in diesem Gebiet auf dem Rödels-Berg im W der Gemarkung Wollersheim eine große ovale, mit Wall und Graben befestigte Anlage, bei der römische Funde gemacht wurden und die als große befestigte, vielleicht stadtähnliche Ansiedlung angesprochen werden darf (Lage: TK 5305 Zülpich: r 25 35 800–36 300; h 56 13 500–900; W des vom Forsthaus Bade nach S führenden Weges). Vielleicht hat mit dieser Anlage auch die Sage von einer großen römischen Stadt zu tun, die im Badewald bei Nideggen und Wollersheim gelegen und Badua geheißen haben soll (vgl. dazu Eifeljahrb. 1956, 53 ff. – Eifeljahrb. 1926, 135 ff. – Bonner Jahrb. 23, 1856, 62).
H. v. Petrikovits berücksichtigte bei seiner Geländeaufnahme nicht nur die Pingen, von denen der größte Teil sicher aus römischer Zeit stammt, sondern auch die vielen Terrassenäcker, die im oberen Neffelbachtal und in der Gemarkung Hausen das Landschaftsbild bestimmen. Auch für sie kann römisches Alter nicht grundsätzlich ausgeschlossen werden, wenngleich der letzte Nachweis hierfür noch fehlt.
Wie an zahlreichen anderen Stellen, muß auch hier mit einem frühzeitigen Wiederaufleben des Eisenbergbaus im Mittelalter gerechnet werden. Für die mittelalterlichen Bergleute ist vielfach bezeichnend, daß sie die Abraumhalden der römischen Zeit abbauten und verhütteten. Im einzelnen sind römerzeitlicher und mittelalterlicher Eisenbergbau im beschriebenen Gebiet noch nicht differenziert worden. Dazu bedarf es noch archäologischer Spezialuntersuchungen.
LITERATUR: H. v. Petrikovits, Das römische Rheinland (Köln–Opladen 1960) 109 ff. – Ders., Germania 34, 1956, 99–125.

DN 5   I. *Kuffheim.*
II. TK 5305 Zülpich: r 25 34 750; h 56 16 350. Rund 1 km W Berg, S der Straße von Berg nach Nideggen.
III. 1347: *Kuffheim* (Fahne, Salm 118).
1508: *Keuffheim* (Fahne, Salm 267).
(BELEGE nach H. Dittmaier, Die linksrhein. ON auf -dorf u. -heim [Manuskr. Bonn 1961] 81).
VI. Das Gelände der Wüstung trägt noch heute den FN *Am Kuffermer Hof.* Unter Kuffheim wird man sich wohl eine Dorfwüstung vorzustellen haben, von der später wohl nur noch ein Hof, der Kuffermer Hof, übriggeblieben war. Von dieser Restsiedlung, die dann später auch verschwand, leitet sich der genannte FN her.

VII. Das Gelände der Wüstung wird zum größeren Teil heute beackert, doch ist ein kleiner Busch von der ackerbaulichen Nutzung ausgenommen. Dies mit undurchdringlichem Gestrüpp bewachsene Gelände zeichnet sich durch eine sehr unregelmäßige Oberfläche aus, in der sich Wälle, Mulden, rundliche große Löcher und ähnliches erstrecken. Hin und wieder tritt auch Mauerwerk an die Erdoberfläche. Wie diese Überreste zu datieren sind, bleibt vorerst noch unsicher. Außer mittelalterlicher Herkunft wäre auch Zugehörigkeit zur römischen Epoche zu erwägen. In beiden Fällen ist es ganz natürlich, daß dies mit Trümmern übersäte Gelände von der Beackerung ausgespart blieb und sich mit Gestrüpp bestockte. Um das Gebüsch herum findet sich auf den Ackerflächen sehr viel mittelalterliche und frühneuzeitliche Keramik (Fdst. 14). Außerdem gibt es neolithische Artefakte sowie römerzeitliche Funde.

VIII. Im Flurbezirk *Am Kuffermer Hof* und weiter W davon an den Hängen des Klemenzstockes erstrecken sich zahlreiche langstreifige, terrassierte Äcker. Ihre Datierung ist nicht klar, denn das Gebiet um Berg-Thuir ist seit dem Neolithikum und besonders in römischer Zeit sehr intensiv besiedelt gewesen. Daher könnte man die Terrassen auch der römerzeitlichen Besiedlung zuweisen. H. v. Petrikovits hat im Zusammenhang mit der Untersuchung eines römerzeitlichen Eisenerzbergbaugebietes bei Berg-Thuir auch die hier vorhandenen Terrassen mit aufgenommen (H. v. Petrikovits, Das römische Rheinland. Archäologische Forschungen seit 1945 [Köln–Opladen 1960] 109 ff.). Die mittelalterlichen Wirtschaftsflächen zeichnen sich nicht mehr in der Führung der Gemarkungsgrenzen von Berg-Thuir ab.

LITERATUR: K. Claßen, Bonner Jahrb. 166, 1966, 561.

DN 6
I. Name unbekannt, Hofwüstung?

II. TK 5305 Zülpich: r 25 36 340; h 56 17 600. Rund 1200 m W Thuir, auf der NO-Seite des Hürth-Berges.

VII. Hier ist seit langem eine ausgedehnte römische Fundstelle bekannt (Fdst. 8). In den letzten Jahren wurde hier aber auch mittelalterliche Keramik, darunter ein gewellter Fuß eines Steinzeugkruges gefunden. Name, Art und Ausdehnung dieser Fdst. sind bislang noch nicht näher untersucht worden. Es dürfte sich um einen mittelalterlichen Siedlungsplatz des 13.–15. Jahrh. handeln.

LITERATUR: J. Gerhards, Bonner Jahrb. 160, 1960, 474. – K. Claßen, Bonner Jahrb. 163, 1963, 556. – Funde unter Inv.-Nr. 60,953–978 im RLMB.

DN 7
I. *Siechenhaus*.

II. TK 5305 Zülpich: r 25 35 300; h 56 16 740. An der Straße Berg–Nideggen, wo sie die Gemarkungsgrenze von Berg-Thuir schneidet, rund 1300 m WNW Berg.

III. Hier zeigt die Tranchot-K. ÄA Blatt 37 Zülpich von 1808/09 die Eintragung *Siechenhaus*, jedoch ohne Angabe eines Gebäudes.

IV. Mit dem Siechenhaus verbinden sich Sagen und volkstümliche Geschichten, z. B. von der *Juffer am Seeches bei Berg*.

LITERATUR: J. Breuer, Das Siechenhaus zwischen Nideggen und Berg. Heimatjahrb. Kr. Düren 1966, 33.

VI. In einem Wiesengrundstück an der Gemarkungsgrenze zwischen Nideggen und Berg, N der Straße Nideggen–Berg, befindet sich der FN *Em Seechesgaade*.

Bergstein

DN 8
I. *Burg Berinstein.*
II. TK 5304 Nideggen: r 25 31 260; h 56 17 740. Auf dem Burg-Berg O Bergstein.
III. 1171 erteilt Kaiser Friedrich I. von Aachen aus den Befehl zum Bau der Reichsfeste *Berynstein*, so berichten die Annales Aquenses.
1198: Urkunde König Ottos IV. für EB Adolf I. v. Köln. U. a. übergibt der Kg. dem EB das *castrum in Berensteyn*, durch dessen Errichtung die Kölner Kirche sehr bedrängt war, zur Zerstörung und gelobt, daß weder er noch seine Nachfolger die Burg wiederherstellen würden (Lac. UB I Nr. 562 = Knipping, Reg. II Nr. 1550). 1219 schenkt Graf Wilhelm v. Jülich dem deutschen Orden das Reichslehen Berinsteyn mit allem Zubehör sowie die Kirchen zu Nideggen und Siersdorf: *Sciant presentes et futuri, quod ego Willelmus comes Juliacensis Berinsteyn et omnia attinentia, que ego et antecessores mei in feodo ab imperio Romano tenuimus, et ecclesiam in nideglin et in sersdorp . . . . contulimus* (Lac. UB II Nr. 82).
Die Identität dieser in den Quellen genannten Burg ist bis heute noch nicht restlos geklärt. Clemen, KDM Kr. Düren 29, und Knipping, Reg., beziehen die Nennungen von 1171 und 1198 auf den Bergstein bei Aachen, während der Zusammenhang der Urk. v. 1219 auf eine Anlage unweit Nideggen hinzudeuten scheint.
VI. Um Burg Nideggen und den Burgberg bei Bergstein geht die Sage von zwei feindlichen Brüdern, deren einer sich die Burg Neideck (Nideggen) baut, während der andere W der Rur die Burg Bergstein errichtet. Im weiteren Verlauf des Streites zerstört der auf Neideck wohnende Ritter die Burg seines Bruders bei Bergstein und erbaut sich aus den Trümmern derselben den gewaltigen Jenseitsturm der Burg Nideggen. Die auch anderswo geläufige Sage der beiden feindlichen Brüder auf benachbarten Burgen setzt die Existenz zweier nahbenachbarter Burgen voraus, so daß kaum daran zu zweifeln ist, daß bei Bergstein eine Wehranlage des Mittelalters bestanden hat.
VII. In den OA des RLMB findet sich ein Bericht R. v. Uslars und H. Stolls über die im Gelände sichtbaren Reste der Burg. Auf dem steilen Gipfel des Burgberges befindet sich ein ovales Plateau von ungefähr 46 x 72 m Größe. Im SW desselben beginnt, unterhalb eines Felsriffs, ein Graben mit dahintergelagertem Wall. Er setzt sich gut erhalten nach W und NW fort. Im NO haben Eingriffe in den Boden zu starker Zerstörung von Wall und Graben geführt. Im SW ist der Wall etwa 6–7 m breit und bis 2 m hoch. Der Graben ist etwa 5–6 m breit. Im SO sowie auf der O-Seite fehlen Graben und Wall offenbar. Hier bilden Sandsteinklippen, teilweise noch künstlich abgearbeitet, natürliche Abstürze, die eine künstliche Befestigung überflüssig machten. Im SW verläuft eine Steinrippe den Berghang hinunter. Die Größe der gesamten Anlage beträgt ungefähr 80 x 100 m.
Als auf dem Burgberg ein Aussichtsturm errichtet wurde, fand man römische Ziegel sowie mittelalterliche Scherben, Mörtelreste und Bruchsteine. Unter dem Felsen zur Rur hin liegt eine zugeschüttete Höhle, weiter abwärts befindet sich eine Quelle.
LITERATUR: Bonner Jahrb. 139, 1934, 197. – Die Eifel 1955, 51. – Die Eifel 1956, 69 ff. – Eremit 1953, 50.

DN 9
I. *Eisenschmelze.*
II. TK 5204 Lendersdorf: r 25 30 400; h 56 19 170. Rund 1,3 km N Bergstein, W der Rur im Distrikt 22 des Staatsforstes Hürtgen.
VII. In Flur 11 *In den Moorten* am oberen Steilhang des zur Rur fließenden Dresbaches stellte Dr. Voigt aus Düren eine Eisenschmelzstätte fest. Zu erkennen war noch der untere Teil eines Brennraumes, von dem ein 35 x 45 cm großes Stück erhalten war. Die Wandung des Brennraumes war stark verschlackt, die innere Lehm-

verkleidung ziegelrot verbrannt. Ein Stück des Brennkanals schien erhalten zu sein. Die Schmelze ist undatiert.

LITERATUR: J. Gerhards, Bonner Jahrb. 146, 1941, 415.

DN 10
I. *Fischbacher Hof.*
II. Genaue Lage unbekannt, doch *im Gericht Bernstein.*
III. 1484 wird Wilhelm v. Meisenheim, Inhaber des *Croatirhofes* zu Nideggen, mit dem *im Gericht Bernstein* liegenden Fischbacher Hof belehnt.
LITERATUR: Eremit 1953, H. 2, 51.

## Berzbuir-Kufferath

DN 11
I. *Eisengruben.*
II. TK 5204 Lendersdorf: r 25 30 750–980; h 56 24 160–450. Etwa 1,2 km ONO Gey, 2 km W Kufferath, SO H. 210,0.
VII. 1806/08 enthält die Tranchot-K. ÄA Blatt 29 Düren hier die Eintragung: *Exploitation de mine de fer peu considerable* mit der Andeutung von zahlreichen Eisenpingen im Hochwald NO Gey.

## Binsfeld

DN 12
I. *Bubenheim,* partielle Ortswüstung.
II. TK 5205 Vettweiß: r 25 38 850; h 56 26 300. Rund 3,8 km SSO Binsfeld, 1 km NW Jakobwüllesheim.
III. Hier liegt heute die Burg Bubenheim sowie ein weiterer Hof. Aber bereits die Tranchot-K. ÄA Blatt 29 Düren von 1806/08 zeigt, daß zu Beginn des 19. Jahrh. W von Burg Bubenheim ein dritter Hof bestanden hat. Der -heim-ON läßt weiterhin darauf schließen, daß hier einst ein ganzes Dorf bestanden hat, von dem die beiden im 20. Jahrh. vorhandenen Höfe nur noch die Restsiedlung bilden.
1237: PN *Ingramnus miles de Bubinheim* (Lac. UB II Nr. 217).
V. In Bubenheim gab es eine 1550 erstmalig erwähnte Kapelle, die im 19. Jahrh. unterging. Sie gehörte zur Burg Bubenheim. Sie lag *binnen dem Hausgraben* und war dem hl. Nikolaus geweiht.
LITERATUR: Clemen, KDM Kr. Düren 174–176.

DN 13
I. *Geylesheim.*
II. TK 5105 Buir, 5205 Vettweiß.
III. 1370: *Geylesheim* (Strange, Beitr. 3,25).
1458: *Geylesheim* (Strange, Nachr. 1,55).
(Zit. n. H. Dittmaier, Die linksrhein. ON auf -dorf u. -heim [Manuskr. Bonn 1961] 26). Die Wüstung soll in der Nähe von Binsfeld gelegen haben.

## Birgel

DN 14
I. *Mozenborn,* befestigter Hof.
II. TK 5204 Lendersdorf: ungefähr r 25 32 200; h 55 27 000. Etwa 1 km NO Birgel, in der Nähe des Hofes Mozenborn, der im 18. Jahrh. neu angelegt wurde.

III. Diese befestigte Hofanlage wird im 14. und 15. Jahrh. mehrfach erwähnt. Die alte Anlage ist bis auf den Rest eines Turmes sowie das noch im Gelände erkennbare Grabensystem vergangen. Etwas abseits davon wurde im 18. Jahrh. der bis heute fortbestehende Hof Mozenborn errichtet.
LITERATUR: Die Eifel 1963, 9.

## Birkesdorf

DN 15    I. *Kirche St. Peter.*
II. TK 5104 Düren: r 25 32 840; h 56 32 460. Im NO von Birkesdorf, auf dem Friedhof.
III. Um 1300: Liber Valoris: *Birkestorp,* genannt im Dekanat Jülich (Oediger, LV 55).
Diese alte Kirche wurde 1855/56 niedergelegt. An der Hauptstraße in Birkesdorf wurde eine neue Kirche errichtet.
LITERATUR: Clemen, KDM Kr. Düren 40.

DN 16    I. *Wasserburg Schloßberg.*
II. TK 5104 Düren: r 25 32 725; h 56 32 380. Im NO von Birkesdorf, W des Friedhofes mit der alten Kirche.
III. 1365: Der Hof zu Birkesdorf, ein Jülichsches Lehngut, wird von der Familie v. Erp dem Philipp v. Merode verkauft. Aus dieser Anlage ging die Wasserburg Schloßberg hervor.
1402: Belehnung Werners v. Merode mit dem Hof Schloßberg durch den Hz. v. Jülich.
1415: Neuerrichtung der ganzen Anlage durch die Witwe Werners v. Merode, Johanna v. Gymnich.
1543 brannte der gesamte Schloßberg ab, die Burg wurde aber 1580 neu aufgebaut. 1798 war die Familie v. Anstel im Besitz der Burg. In diesem Jahr wurde die Anlage parzelliert, nachdem das Schloß bei einer Belagerung durch die Franzosen im J. 1794 beschossen worden war und total abbrannte.
VII. 1806/08 läßt die Tranchot-K. ÄA Blatt 29 Düren noch gut erkennen, wie die Anlage ausgesehen hat. Sie war ein Areal in Form eines verschobenen Quadrates, von einem großen umlaufenden Wassergraben umgeben. Innerhalb dieses Grabens unterscheidet man zwei Teile der Burg: Im N liegt ein quadratischer Bereich, mit einem besonderen Wassergraben umgeben. Auf seiner S-Seite stand zur Zeit der Kartenaufnahme noch ein Gebäude. Hier lag auch der Ausgang zum zweiten Teil der Burg: einem ebenfalls besonders grabenumwehrten ovalen Gelände, das gut ein Burghügel gewesen sein könnte. S dieses Burgteils zeigt die Tranchot-K. ein zweites Gebäude.
Heute sind in den Gärten der hier errichteten Höfe Teilstücke der verschiedenen Wassergräben sichtbar.
LITERATUR: Clemen, KDM Kr. Düren 41.

## Bürvenich

DN 17    I. *Hazedorph.*
II. Soll bei Bürvenich gelegen haben; TK 5305 Zülpich.
III. 1208: PN *Gerlacus de Embeke et frater eius Euerhardus de Hazedorph* (Lac. UB II Nr. 24 Anm. 1).

DN 18     I. Name unbekannt, Hofwüstung.
II. TK 5305 Zülpich: ungefähr r 25 41 120; h 55 12 600. Zwischen zwei Schluchten O von Bürvenich, etwa 400 m NW H. 311,7.
III. Hier wurde eine römische Siedlungsstelle festgestellt. Man fand Ziegelbruchstücke, Scherben und im Boden steckende Mauerfundamente. Die ganze Flur heißt *Am Hof*. Dieser Name soll von einem im 16. Jahrh. wüst gewordenen Hof herrühren (Bürvenich Fdst. 1).
LITERATUR: Bonner Jahrb. 149, 1949, 335.

### Derichsweiler

DN 19     I. Name unbekannt, Burghügel?, Fdst. Derichsweiler 7.
II. TK 5204 Lendersdorf: r 25 28 680; h 56 28 300. Knapp 1 km SW des Ortsausganges Derichsweiler.
VII. Hier wurde beim Roden eines 25 Morgen großen Waldstückes nach Aussagen eines Raupenfahrers ein flacher runder Hügel von 15–18 m Dm. zerstört, den ein nur teilweise verfüllter, 1–1,20 m breiter und 0,40–0,50 m tiefer Graben umgeben haben soll. In dem Erdhügel sollen sich zahlreiche Steinpackungen mit Brandschichten befunden haben. Bei der Besichtigung waren nur noch Reste dieser Steinpackungen, in deren Nähe verbrannter Lehm lag, zu erkennen. Die hier gefundenen Scherben sind ausnahmslos spätmittelalterlich. Da die Planierungsarbeiten schon weit fortgeschritten waren, konnte keine genauere Untersuchung mehr begonnen werden.
LITERATUR: Bonner Jahrb. 165, 1965, 467.

### Disternich

DN 20     I. *Hallenburg*, partielle Burgwüstung.
II. TK 5205 Vettweiß: r 25 46 930; h 56 23 120. Am NW-Ausgang von Disternich, auf dem O-Ufer des Neffelbaches.
III. Die Hallenburg bei Disternich ist als partielle Burgwüstung anzusprechen, weil der in der Vorburg gelegene Wirtschaftshof der Anlage heute nur noch in Resten vorhanden ist. 1808/09 zeigt hier die Tranchot-K. ÄA Blatt 30 Frechen einen vierseitig geschlossenen Wirtschaftshof. Im übrigen bildet die Hallenburg den klassischen Fall der Wasserburgen des Erft-Swist-Neffelbach-Gebietes: In der Hauptburg steht das mächtige Burghaus, in der Vorburg der Wirtschaftshof, beide Burgteile sind von eigenen Grabensystemen geschützt.
LITERATUR: Clemen, KDM Kr. Düren 60–62. – Welters, Wasserburg 85, 138.

DN 21     I. *Schenkernburg*, auch: *Wilhelmsburg*.
II. TK 5205 Vettweiß: r 25 47 020; h 56 22 870. W Disternich, auf dem W-Ufer des Neffel-Baches.
III. 1464 wird die Burg erstmalig in einer Urkunde erwähnt, die heute im Archiv zu Harff ist (vgl. AHVN 57, 1894, 109). Die Burg erhielt ihren Namen nach der Familie v. Waldenburg gen. Schinkeren, die im J. 1464 Haus und Gut von den Brüdern v. Langel kaufen.
Seit der zweiten Hälfte des 16. Jahrh. bis 1707 ist die Schenkernburg im gemeinschaftlichen Besitz der beiden Linien v. Waldenburg.

Die Burg wurde Mitte des 19. Jahrh. parzelliert und abgebrochen. Den ursprünglichen Zustand zu Anf. des 19. Jahrh. läßt die Tranchot-K. ÄA Blatt 30 Frechen von 1808/09 gut erkennen. Danach handelt es sich um eine große zweiteilige Wasserburg, die den Namen Wilhelmsburg führt. Im N liegt ein weites rechteckiges, von einem geschlossenen Graben umgebenes Gelände, die Vorburg. S davor zum Weg lag das Burghaus in der Hauptburg, die ebenfalls von Wassergräben umgeben war. Die Burg lag topographisch sehr günstig am Übergang des von Disternich kommenden und nach Vettweiß führenden Weges über den Neffelbach. Eine Ansicht der Burg bietet 1723 der Codex Welser.

VII. Heute sind die Gräben der Vorburg noch im Gelände vorhanden. Gelegentlich schauen auch Mauerreste aus dem Wiesengelände heraus.

LITERATUR: Clemen, KDM Kr. Düren 62.

DN 22   I. *Befestigter Hof*, partiell wüst.
II. TK 5206 Erp: r 25 47 160; h 56 22 650. Am SW-Ende von Disternich, beiderseits des Neffelbaches.
III. 1808/09 zeigt die Tranchot-K. ÄA Blatt 30 Frechen hier eine zweiteilige Wasserburg oder einen befestigten Hof. Die Vorburg dieser Anlage liegt offensichtlich auf dem O-Ufer des Neffelbaches und wird durch einen mächtigen vierseitig geschlossenen Wirtschaftshof gebildet. Die Hauptburg muß W des Neffelbaches gelegen haben, der somit zwischen den beiden Teilen der Burg hindurchgeflossen ist. W des Neffelbaches findet sich nämlich ein viereckiges, von Wassergräben umschlossenes Gelände, auf dem man sich das Herrenhaus des Hofes zu denken hat. Bereits die Tranchot-K. zeigt hier keine Baulichkeiten mehr, so daß dieser Teil der Anlage bereits Anfang des 19. Jahrh. wüst gewesen sein muß. Die Gräben W des Neffel-Baches sind noch heute im Wiesengelände sichtbar.

Drove

DN 23   I. *Burghügel* (Motte).
II. TK 5205 Vettweiß: r 25 36 450; h 56 21 790. SO der Kirche von Drove.
VII. Hier befindet sich ein Burghügel, der von einem bis zu 15 m breiten und 2–3 m tiefen Graben umgeben ist. Er ist etwa 6 m hoch und hat einen Dm. von etwa 50 m. Auf diesem Hügel stand die Stammburg derer von Drove. Sie wurde in den Jahren 1643 und 1673 stark beschädigt und verfiel im 19. Jahrh. vollends. SW vor dem Burghügel liegt noch heute ein fast kreisrunder Weiher von fast 40 m Dm. 1806/08 zeigt die Tranchot-K. ÄA Blatt 37 Zülpich an der Stelle des Burghügels zwei von Wassergräben umgebene, aber voneinander geschiedene Grundstücke. Das SW Grundstück dürfte der Burghügel sein, während eine Vorburg nach NO gelegen haben könnte. Auch der Weiher SW der Motte ist bereits angegeben.
LITERATUR: Clemen, KDM Kr. Düren 67 f. – Historische Stätten Bd. 3: Nordrhein-Westfalen (2. Aufl. 1970) 175. – M. Müller-Wille, Burghügel Nr. 87.

Düren

DN 24   I. *Burghügel* (Motte).
II. TK 5204 Lendersdorf: r 25 35 030; h 56 27 600. Rund 2,5 km SSO der ma. Stadt Düren, am O-Rand des Rurtales, 400 m O des Weyerhofes, 150 m S des Forsthauses Weyerhof.

VII. Hier liegt, wie J. Gerhards, Bonner Jahrb. 148, 1948, 515, beschreibt, auf dem sog. Fuchsberg ein Hügel von etwa 10 m H. Er wurde aus der hier rund 10 m hohen Rurterrasse durch Anlage eines mächtigen, kreisrunden Grabens herausgeschnitten und durch Aufschütten des Aushubs erhöht. Die Grabentiefe beträgt 4–6 m bei einer oberen Weite von 8–10 m. Die Grabensohle ist 3–4 m breit. Das oben auf dem Burghügel entstandene rundliche Plateau mißt etwa 13 x 22 m. Daß auf dem Hügel römische Funde gemacht wurden, muß nicht andeuten, daß er aus römischer Zeit stammt, sondern dürfte darauf hinweisen, daß zum Aufschütten Boden von einer benachbarten römischen Fundstelle genommen wurde. Die Anlage ist als mittelalterlicher Burghügel anzusprechen. Als solcher könnte sie ein Vorgänger des benachbarten Hofes Weyer oder Grewenweyer gewesen sein.

1806/08 zeigt die Tranchot-K. ÄA Blatt 29 Düren hier im Wald, unmittelbar an der nach W abfallenden Ostkante des Rurtales, einen rundlichen Hügel, ohne seine Bedeutung jedoch näher zu bezeichnen.

LITERATUR: J. Gerhards, Bonner Jahrb. 148, 1948, 415. – M. Müller-Wille, Burghügel Nr. 94.

DN 25    I. *Leprosen- und Siechenhaus.*

II. TK 5104 Düren: ungefähr r 25 32 380; h 56 30 900. Etwa 200 m S der Stelle, an der die Umgehungseisenbahn über die Rur verläuft, an der Stelle einer alten Fähre, der sog. Melatener Rurbrücke, NW von Düren.

III. Hier stand das Dürener Leprosen- und Siechenhaus, dessen Errichtung in die Zeit der Kreuzzüge zurückreichen soll. Auf jeden Fall bestand das Siechenhaus am Ende des Mittelalter um 1450 (vgl. Fabricius, Geschichtlicher Handatlas f. d. Rheinprovinz, Karte d. kirchl. Organisat. um 1450). Anfang des 16. Jahrh. wurden die Gebäude des alten Siechenhauses niedergelegt und aus Opfergaben der Annapilger ein neues Haus errichtet.

Bei einer Belagerung 1543 stark zerstört, wurde das Siechenhaus in den Jahren 1648 und 1690 abgebrannt und danach nicht wieder aufgebaut. Das Dürener Siechenhaus lag, wie andere Siechenhäuser auch, an einer wichtigen Straßenkreuzung. Hier trafen die alte Kölner Straße und die Aachen–Frankfurter Heerstraße aufeinander. Außerdem war hier ein Flußübergang über die Rur.

V. 1541 wurde beim Dürener Siechenhaus auf dem linken Ufer der Rur eine dem heiligen Lazarus geweihte Kapelle erbaut. Sie stand nach einem alten Vermessungsplan noch 1731.

LITERATUR: Clemen, KDM Kr. Düren 104 f. – J. Nottebrock, Bonner Jahrb. 131, 1926, 259.

DN 26    I. *Meysheym,* auch: *Miesheim.*

II. TK 5205 Vettweiß: ungefähr r 25 36 640–25 37 340; h 56 28 930–56 29 240. 2,5 km SO des mittelalterlichen Düren und etwa 1 km W Binsfeld, auf der Gemarkungsgrenze zwischen Düren und Binsfeld.

III. 1300: *Meysheym* (W. Ritz, Urkunden u. Abhandl. zur Gesch. d. Niederrheins u. d. Niedermaas [Aachen 1824] 134).

1302: *Mesgeim* (A. Schoop, Quellen z. Rechts- u. Wirtschaftsgesch. d. Stadt Düren [Bonn 1920] 63).

1389: *sita est iuxta villam de Meysheym* (ZAGV 25, 1903, 321).

1458: PN *Christian v. Miesheim* (AHVN 64, 1897, 274).

1550: PN *Thys Meesshem* (AHVN 64, 1897, 288). (Alle BELEGE nach H. Dittmaier, Die linksrhein. ON auf -dorf u. -heim [Manuskr. Bonn 1961] 28).

Miesheim oder Meysheym war ein in der Nähe von Düren gelegener Forsthof (vgl. dazu: H. Dittmaier, Zur Geographie der Wildbannbestätigung der Kölner Kirche von 973. Rheinische Vjbll. 24, 1959, 210 ff.). Offenbar gehörten aber noch weitere Höfe zu der Ansiedlung, so daß tatsächlich ein kleines Dorf vorhanden war. Es lag

im Gerichtsbezirk Merzenich. Noch 1600 wurden dort 2 Höfe erwähnt. Zu diesen gibt es auch jüngere Überlieferung:
1578: *Meißheim*.
1600: *Mießheim, Meißhem, Meisheim*.
1689/90 wurde Miesheim im Zuge der französischen Zerstörungen und Entfestigungen am Rhein verbrannt und nicht wieder aufgebaut (Textor, Entfestigungen 258 Anm. 11 u. 259. – A. Schoop, Geschichte der Stadt Düren bis 1816 [Düren 1923] 47).
V. Eine Kapelle zu Meisheim wird, wie Clemen, KDM Kr. Düren 210, berichtet, ausdrücklich 1533 genannt (Redlich, Jülich-Bergische Kirchenpolitik II 218–222. – Vgl. ZAGV 6, 1884, 115 Anm. 1). In dieser Kapelle mußte der Pfarrer von Merzenich jeden Samstag die Heilige Messe lesen.
In der Designatio von 1676 erscheint die Kapelle nicht mehr (Binterim u. Mooren, Erzdiözese Köln II 211).
1806/08 zeigt die Tranchot-K. ÄA Blatt 29 Düren auf der Gemarkungsgrenze zwischen Düren und Binsfeld den FN *Misemer Kapelchen*. Er bezeichnet hier das zwischen den beiden Straßen Düren–Rommelsheim und Düren–Binsfeld gelegene Grenzgebiet der Marken Düren und Binsfeld.

DN 27    I. *Velden*.
II. TK 5104 Düren: r 25 33 170; h 56 30 630. Um den Veldenerhof NW von Düren, O der Rur am Mühlenbach.
III. Velden soll einst ein eigenes Dorf gewesen sein, von dem als Restsiedlung nur noch der bis heute bestehengebliebene Veldenerhof übriggeblieben ist. Der Ort soll NW Düren an der Aachen–Frankfurter Heerstraße gelegen haben, und zwar auf dem rechten Ufer der Rur, unweit des sehr alten, N von Düren gelegenen Rurüberganges. Hier in Velden gab es eine Johanniterkommende, in der Leprosen durch die Johanniter gepflegt wurden. Die Johanniter waren vom Rat der Stadt Düren auf die Felder vor der Stadt verwiesen worden. Daher soll sich der Name von Velden ableiten. Die Reste des überwiegend wüst gewordenen Dorfes gingen später in der Stadt Düren auf. In Düren erinnert die Veldener Straße an den untergegangenen Ort. Velden soll sich nach anderer Ansicht (H. Dittmaier) aus einem Forsthof der Kölner Kirche entwickelt haben.
LITERATUR: J. Nottebrock, Bonner Jahrb. 131, 1926, 259. – H. Dittmaier, Zur Geographie der Wildbannbestätigung f. d. Kölner Kirche von 973. Rheinische Vjbll. 24, 1959, 210–216.

DN 28    I. *Deutgen-Mühle*.
II. TK 5104 Düren: ungefähr r 25 33 200; h 56 30 350. Rund 250 m S Veldenerhof, wahrscheinlich auf dem Gelände der Dürener Zuckerfabrik, am Mühlenbach.
III. 1806/08 enthält die Tranchot-K. ÄA Blatt 29 Düren hier die Eintragung *Deutgen Mühle*, jedoch ohne Angabe eines zugehörigen Gebäudes. Die Mühle muß zur Zeit der Kartenaufnahme also bereits wüst gewesen sein.

Echtz-Konzendorf

DN 29    I. *Auweiler*, auch: *Mauweiler*.
II. TK 5104 Düren, wahrscheinlich S von Echtz, und zwar etwa 800 m SW Ortsrand von Echtz an einem Bachlauf.

VI. 1342 gibt es bei Echtz den FN *Am Auweler Feld*.
1410: *im Auweler Feld*.
1632: *Mauwyler Wech*.
1840: *am Mauweiler Weg entlang*.
Außerdem gibt es hier eine Reihe auf eine Wüstung deutende FN wie 1418: *in der Woesten*.
1632: *an der Woesten*.
1840: *in der Wüsten*.
(Alle Belege nach A. Meyer, Rheinisches Jahrb. f. Volkskde. 1950).
Im übrigen geht in diesem Gebiet die Sage, es habe hier einst eine große Stadt gegeben oder auch eine große Burg, die in einem Krieg völlig zerstört worden seien. 1806/08 zeigt die Tranchot-K. ÄA Blatt 29 Düren S von Echtz einen heute verlegten und künstlich begradigten Bach mit Namen *Mirweiler Schlich*, ein Name, der auf die gen. Wüstung hinweisen könnte.

DN 30   I. *Kirche Konzendorf*.
II. TK 5104 Düren, in Konzendorf.
III. Um 1300: Liber Valoris nennt eine Kirche zu *Cottindorp* (Oediger, LV 57), und zwar im Dekanat Jülich.
1390: *Coffindorp*.
1440: *Conzindorp* (Oediger, LV 57 Anm. n).
Die Kirche hatte das Patrozinium St. Pankratius. In französischer Zeit wurde sie als Kapelle in die Pfarrei Echtz eingegliedert. 1860 wurde sie abgebrochen und am Standort ein Kreuz errichtet.
LITERATUR: Clemen, KDM Kr. Düren 124.


Embken


DN 31   I. *Hammersdorf*.
II. Wird bei Embken, Kr. Düren vermutet. TK 5305 Zülpich.
III. 1153: PN *Eppo de Hamirstorp*, Zeuge in einer Urkunde von St. Maximin zu Trier (MRUB I Nr. 573).
1487: *hoff zu Hammerstorff* (ZAGV 24, 1902, 287).

DN 32   I. *Kapelle*.
II. TK 5305 Zülpich: r 25 39 960; h 56 17 400. 1 km NNW Embken, W vom Großen-Berg im sog. Postacker.
III. 1808/09 zeigt die Tranchot-K. ÄA Blatt 37 Zülpich hier die Eintragung Kapelle mit einem schwarz angegebenen Gebäude. Die Kapelle muß während des 19. Jahrh. aufgegeben worden sein.

DN 33   I. *St. Antonius-Kapelle*.
II. TK 5305 Zülpich: r 25 39 540; h 56 16 200. 1,3 km WSW Embken, auf dem N-Ufer des Neffelbaches.
III. 1808/09 zeigt die Tranchot-K. ÄA Blatt 37 Zülpich hier die Eintragung *St. Antonis Cap* mit einem schwarz angegebenen Gebäude. Von der Kapelle ist heute nichts mehr vorhanden.

Eschweiler über Feld

DN 34
I. *Ollesheim*, partielle Ortswüstung.
II. TK 5105 Buir: r 25 43 100; h 56 31 000. Etwa 2 km O Eschweiler.
III. Es ist zweifelhaft, ob der 962 in einer Schenkung des Kölner EB Bruno an das Kölner Stift St. Cäcilien erscheinende ON *Olueshem* (Lac. UB I Nr. 105 = Oediger, Reg. I Nr. 449 = Cardauns, AHVN 26/27, 1874, S. 347 ff.) identisch mit diesem Ort in der Nähe von Düren ist.
Nach H. Aubin, Die Weistümer der Rheinprovinz, 2. Abt.: Die Weistümer des Kurfürstentums Köln, 1. Bd.: Amt Hülchrath (Bonn 1913) 37, wiesen auch L. Wirtz, Rheinische Gaue, Düsseldorfer Jahrb. 1913/14, 117, und Oediger, Reg. I Nr. 449 Anm. 4, sowie Oediger, LV 60, darauf hin, daß mit *Olueshem* Nieder- oder Ober-Außem im Dekanat Bergheim gemeint ist.
Eine urkundliche Überlieferung, die sich mit Sicherheit auf die hier in Rede stehende partielle Ortswüstung bezieht, ist bisher nicht bekanntgeworden.
VII. Ollesheim ist als partielle Ortswüstung anzusprechen, von der heute nur noch zwei Höfe vorhanden sind. Noch 1808/09 waren hier vier Höfe, sämtlich vierseitig geschlossene Anlagen, vorhanden, wie die Tranchot-K. ÄA Blatt 30 Frechen zeigt. Im Mittelalter waren es sicher noch mehr, so daß die Existenz einer Pfarrei Ollesheim einleuchtend ist.

Froitzheim

DN 35
I. *Burghügel* (Motte).
II. TK 5205 Vettweiß: r 25 39 780; h 56 21 230. 1,5 km NNW Froitzheim im Ortsteil Frangenheim, bei der mittleren Häusergruppe.
VII. Hier befindet sich ein Burghügel, dessen O Hälfte im Winter 1934/35 teilweise eingeebnet wurde. Seine H. beträgt noch 3,50 m; er hat einen Dm. von 30 m. Auf der Kuppe befindet sich mittelalterliches Mauerwerk. Der Burghügel ist von einem fast ganz zugeschütteten Grabensystem umgeben. Auf dem Burghügel wurde u. a. karolingerzeitliche Keramik gefunden (RLMB Inv.-Nr. 35,470).
Eine Ortsbesichtigung im März 1969 ergab, daß der Burghügel selbst noch in fast unversehrtem Zustand vorhanden ist, jedoch das ihn umgebende Gelände gut 1 m hoch mit ortsfremdem Boden und Schutt aufgeschüttet wurde, so daß der Burghügel nunmehr 3 statt ursprünglich etwa 4 m aus dem Gelände aufragt. Auf der Hügelkuppe sehen Mauern aus dem Graswuchs heraus. Auf der Westseite ziehen sich im Abstand von etwa 2,50 m zwei parallele Mauern auf rund 4 m Länge hin, die so etwas wie eine Torgasse bilden. Beobachtungen über die Lage der Vorburg konnten wegen der Geländeveränderungen nicht durchgeführt werden. Sie dürfte am ehesten W des Hügels zu suchen sein, auf keinen Fall jedoch jenseits des Baches, der den Hügel auf der N-Seite passiert. Das O Drittel des Burghügels wurde in der Flucht der Grundstücksgrenze vom Nachbarn abgegraben. Wohl durch neuerliche Abtragung ist hier ein sauberes N-S-Profil durch den Hügel entstanden. Es zeigt zuunterst eine durchlaufende 40–50 cm dicke grau-schwarze Schicht mit Holzkohle, Hüttenlehm sowie verziegeltem Lehm in größeren Mengen.
Darüber liegen zwei nacheinander aufgeschüttete Erdhügel, die den Burghügel bilden. Eine Mehrperiodigkeit ist hier also auf jeden Fall gegeben. Offensichtlich beginnt die Entwicklung mit einer Flachsiedlung, der dann zwei Hügelaufschüttungsphasen folgen, so daß insgesamt drei Perioden vorliegen.
LITERATUR: W. Kersten, Bonner Jahrb. 140/141, 1934/35, 468. – M. Müller-Wille, Burghügel Nr. 90.

DN 36    I. *Wasserburg.*
　　　　II. TK 5205 Vettweiß: r 25 40 110–370; h 56 17 600–780. Am W-Rand von Froitzheim, N eines Baches, der Froitzheim in O-W-Richtung durchfließt.
　　　　III. Die Burg Froitzheim war Stammsitz der Familie der Schenk v. Nideggen und Schultheißen zu Froitzheim, die erstmalig 1260 mit Christian Schenk v. Nideggen belegt sind (Lac. UB II Nr. 438).
1487 brannte die Burg Froitzheim ab.
1642 wird sie von den Hessen in Brand gesteckt.
1678 und 1679 zerstörten französische Truppen die Anlage.
Sie wird 1731 vollständig abgetragen.
　　　　VII. Eine alte Ansicht der Burg bietet der Codex Welser 1723. Die Darstellung der Tranchot-K. ÄA Blatt 37 Zülpich von 1808/09 erlaubt noch eine gute Beurteilung der Burg. Sie war, wie hier allgemein üblich, eine zweiteilige Burg. Jeder Teil der Anlage war von eigenen Wassergräben umschlossen. Die Vorburg mit dem Gutshof lag nach NW, SO davor die kleinere, quadratische Hauptburg. Die Tranchot-K. gibt in der Vorburg noch ein Gebäude an.
　　　　LITERATUR: Clemen, KDM Kr. Düren 143 f. – E. Nellessen, Zur Gesch. d. Pfarre Froitzheim u. ihrer Kirche, 2. Teil. Dürener Geschichtsbll. 51, 1969, 1222 ff.

DN 37    I. *Unterster Kempener Hof,* auch: *Pütz-Hof.*
　　　　II. TK 5205 Vettweiß: r 25 43 100; h 56 20 700. Rund 2,5 km O von Froitzheim, etwa 300–500 m O des Kemperhofes, links des Weges, der von Froitzheim kommt und soeben den Kemperhof passiert hat.
　　　　III. 1336: Schöffen Tilmann und Heinrich v. Kempen sowie Hermann v. Froitzheim führen alle drei den Beinamen *de puteo,* der vom Pütz-Hof abgeleitet ist.
1488: Wahrscheinlich Gort van Kessel Inhaber des Pütz- oder Unterkempener Hofes.
1568: Johann Pütz, Schultheiß zu Froitzheim, hat zu Kempen ein freies Gut, den Pütz-Hof.
1569: Der Herr von Vlatten erwirbt den Pützhof zu Kempen.
1582: Visitationsprotokoll verzeichnet zugunsten des Altars b. Mariae Matris Renten von je 5 Malter vom Schenkenhof und vom Johann Pützen-Hof zu Kempen.
1676: Designatio pastorum: 5 Malter Renten vom Oberkempener und von Pützen oder Unterkempener Hof.
1708 enthält ein Aktenstück im Pfarramt Ginnick die Angabe, der Unterkempener Hof sei von den Nachbarn angekauft *und in viele kleine Parcellen versplissen.*
Um 1710 kennt das Einkünfteverzeichnis des Pfarrers Thomasius von Froitzheim noch die Stelle des zu dieser Zeit bereits wüsten Unterkempener Hofes.
　　　　LITERATUR: E. Nellessen, Zur Geschichte der Pfarre Froitzheim und ihrer Kirche, 2. Teil. Dürener Geschichtsbll. 51, 1969, 1241 ff.
Kempen ist demnach als ein ursprünglich aus mindestens drei freien Höfen bestehender Weiler zu bezeichnen, der partiell, d. h. bis auf den heute noch bestehenden Obersten Kempener Hof oder Kemperhof, wüst geworden ist. Die Flur dieses Weilers zeichnet sich noch heute als weitläufiger Fortsatz der Gemarkung Froitzheim nach O ab. Zwar sind die einzelnen Abschnitte der Gemarkungsgrenze infolge moderner Regulierung geradlinig ausgebildet, doch ist trotzdem der alte Flurumriß der verschiedenen Kemperhöfe noch gut zu erkennen.

DN 38    I. *Junker Emonts Hof.*
　　　　II. TK 5205 Vettweiß: etwa r 25 43 050; h 56 20 650. Etwa 2,5 km O Froitzheim, hinter dem Kemperhof, N des Weges, zwischen Kemperhof und Unterstem Kempener Hof.

III. 1488: Verzeichnis freier Güter zu Froitzheim: hier steht der Hof des Junkers Emont von Palant an erster Stelle.
Im 16. Jahrh. ist der FN *Palandts Weiden* überliefert.
Um 1710 wird im Einkünfteverzeichnis der Pfarre Froitzheim nur noch ein *oberster Kempener Garden* erwähnt. Dies Verzeichnis setzt voraus, daß der Junker Emonts Hof schon lange wüst ist. Das genaue Datum des Wüstwerdens läßt sich aber nicht angeben.
LITERATUR: E. Nellessen, Zur Geschichte der Pfarre Froitzheim und ihrer Kirche, 2. Teil. Dürener Geschichtsbll. 51, 1969, 1245 ff.

## Gey

DN 39
I. *Endenpoel.*
II. TK 5204 Lendersdorf: ungefähr r 25 29 910; h 56 23 170. In der Nähe der Kirche von Gey.
III. 1806/08 zeigt die Tranchot-K. ÄA Blatt 29 Düren an der Stelle der heutigen Kirche einen deutlich angegebenen Hügel, ähnlich einem Burghügel, mit einem Gebäude darauf. SO davon liegt ein weiteres Gebäude. Eines der beiden Gebäude könnte der Hof Endenpoel sein, wahrscheinlich das NW liegende, auf dem Hügel befindliche. Der Hof wurde im 19. Jahrh. niedergelegt.
LITERATUR: Clemen, KDM Kr. Düren 152.

## Ginnick

DN 40
I. *Burghügel* (Motte).
II. TK 5205 Vettweiß: r 25 40 140; h 56 18 510. Auf der Flur W des Grundstückes Nr. 49, etwa 150 m W der Kirche, N des Weges von der Kirche nach H. 217,7.
VII. Hier sind in der Flur *Alte Burg* einige Mauerreste erhalten, die zu einer Wehranlage gehört haben müssen. Ein Graben, der im übrigen bereits sehr stark eingeebnet ist, läßt sich stellenweise noch beobachten.
LITERATUR: W. Kersten, Germania 20, 1936, 206. – Ders. Bonner Jahrb. 142, 1937, 254 f. – M. Müller-Wille, Burghügel Nr. 85.

DN 41
I. *Kuhpescher Hof,* befestigter Hof.
II. TK 5305 Zülpich: r 25 41 200; h 56 17 920. Etwa 1 km SO von Ginnick, N des Zusammenflusses von Steinbach und Muldenauer Bach, in der Bachaue gelegen.
III. Mit der Geschichte des Kuhpescher Hofes hat sich eingehend W. Sieper, Dürener Geschichtsbll. 49, 1969, 1153–1180, befaßt. Er hat auch die urkundliche Überlieferung zusammengetragen, die hier in Ausschnitten wiederholt wird:
1318: PN *Hermann de Copechs.*
1336: PN *Reynardus de Koypesz.*
1389: Verpfändung des Busches Stütge zwischen Kuhpesch und Froitzheim.
1429: *Copescher wyngart.*
1470: Die Grafen Dietrich und Kuno v. Manderscheid verbrannten unter anderem Haus Kuhpesch im Amt Nideggen. Der Hof wurde aber wieder aufgebaut.
Weitere Nennungen des Hofes: 1472, 1476, 1479, 1481, 1484, 1485, 1490, 1507, 1541, 1579, 1633, 1723, 1744, 1777, 1779.

Nach einem Weistum von 1375, das auf ältere Vorlagen zurückgeht, gab es beim Kuhpescher Hof eine Brücke über den Muldenauer Bach.

Das zuletzt allein noch vorhandene Gutshaus von Kuhpesch brannte etwa 1924 ab und wurde nicht mehr aufgebaut. Die Anlage war als Wirtschaftsbetrieb aber bereits viel früher aufgelassen worden.

V. Auf dem Kuhpescher Hof gab es eine Kapelle, die im Innern des Hofes gestanden hat und die dem heiligen Kreuz geweiht war. In ihr wurde regelmäßig Gottesdienst gehalten. Im Jahre 1779 wurde sie wegen Baufälligkeit und zu geringen Besuchs abgebrochen. Sie war zwischen 1680 und 1710 erbaut worden.

VI. Da der Kuhpescher Hof erst einige Jahrzehnte total wüst liegt, erinnern noch viele FN in seiner Umgebung an ihn, so z. B. *Kuhpescher Acker*.

VII. 1808/09 zeigt die Tranchot-K. ÄA Blatt 37 Zülpich hier unter dem Namen *Copeschhof* eine zweiteilige Hofanlage. Die Vorburg, ein rechteckiges, grabenumwehrtes Areal, liegt nach der N-Seite, dem Muldenauer Bach abgewandt. Hier stand als letzter Rest des einstigen mehrseitig geschlossenen Hofes das in der Tranchot-K. sowie in der TK 1 : 25 000 von 1875 angegebene, um 1924 abgebrannte Gutshaus. Es handelt sich um einen längsrechteckigen Bau, wie ein Plan aus der Zeit um 1900 zeigt (Sieper a. a. O. 1174).

Nach dem Muldenauer Bach schließt sich die eigentliche Hauptanlage an. Von ihr ist ein heute noch 2 m hoher, fast quadratischer, 32 x 33 m Kantenlänge messender Burghügel erhalten, den ein 9–12 m breiter Graben umgibt. Die Hauptburg liegt so nahe am Muldenauer Bach, daß ihr Grabensystem einst von diesem Gewässer gespeist werden konnte. Diese Zweiteiligkeit des Kuhpescher Hofes geht aus dem Lageplan von etwa 1900 klar hervor. Dennoch handelt es sich wohl eher um eine spätmittelalterliche Hofesfeste als um eine echte Motte (Burghügel).

LITERATUR: M. Müller-Wille, Burghügel S. 111. – J. Gerhards, Bonner Jahrb. 166, 1966, 602. – Clemen, KDM Kr. Düren 153. – W. Sieper, Der Kuhpescher Hof zu Ginnick. Dürener Geschichtsbll. 49, 1969, 1153–1180.


Gladbach

DN 42  I. *Burghügel* (Motte).

II. TK 5205 Vettweiß: r 25 44 980; h 56 25 500. Rund 200 m NW der Kirche Gladbach, S eines von W in den Neffel-Bach einmündenden Nebenbaches.

VII. Hier wurden geringe Reste eines mit einem Graben umwehrten Burghügels beobachtet. Der Dm. der gesamten Anlage betrug etwa 40–60 m. Das Flurstück heißt *Kronenburg*.

1808/09 zeigt die Tranchot-K. ÄA Blatt 30 Frechen hier ein eiförmiges, von einem Wassergraben umschlossenes Gelände ohne Bebauung.

LITERATUR: J. Gerhards, Bonner Jahrb. 160, 1960, 510. – M. Müller-Wille, Burghügel Nr. 92.


Golzheim

DN 43  I. *Bauweiler,* partielle Ortswüstung. Abb. 2.

II. TK 5105 Buir: etwa 25 42 000–700; h 56 33 000–800. Rund 1,5 km OSO Golzheim, W eines zum Neffelbach fließenden Baches.

III. 1808/09 zeigt die Tranchot-K. ÄA Blatt 30 Frechen hier einen aus drei Höfen bestehenden Weiler namens *Bauweiler*. Heute bestehen hier zwei Höfe, der Hof Neu-Seelrath und der Schoellerhof. Von diesen ist nur der Schoellerhof alt und bereits auf der Tranchot-K. vorhanden, der Hof Neu-Seelrath hingegen wurde im 20. Jahrh. neu begründet. Seit Aufnahme der Tranchot-K. wurden in Bauweiler also mindestens zwei große Höfe wüst. Wahrscheinlich aber gab es vor Aufnahme der Tranchot-K. noch mehr Höfe, die bereits wüst geworden waren und nicht mehr in der Karte erschienen. Bauweiler ist mithin als partielle Ortswüstung anzusprechen. Es gibt eine Reihe von Urkunden zu einem Ort Bauweiler, von denen aber auch ein Teil auf Bauweiler, Gemeinde Jakobwüllesheim (DN 46), zutreffen könnte.
1219: PN *Amilius de Bowilre*, Zeuge in einer Urkunde Ottos v. Wickrath (Lac. UB IV Nr. 648).
1224: PN *Ritter Emerich v. Bowilre* (Knipping, Reg. III Nr. 420).
1271: PN *Gumpertus de Bowilre* (H. Mosler, Urkundenbuch d. Abtei Altenberg [Bonn 1912] 205).
1344 Sept. 26: Friedrich, Herr zu Kronenburg, trägt seine zwei Drittel des Dorfes und des Gerichtes zu *Bowilre* dem Markgrafen Wilhelm v. Jülich zu Lehen auf (Lac. UB III 324 Anm. 2).
V. In Bauweiler gab es eine Pfarrkirche St. Martin, die um 1300 im Liber Valoris erscheint (Oediger, LV 60), und zwar im Dekanat Bergheim. Das Kollationsrecht dieser Kirche besaßen 1456 und nach 1587 die Inhaber der Burg Gladbach. Die Pfarrei wurde in der französischen Zeit aufgehoben, die Kirche verfiel danach. Der ehemalige Standort der Kirche heißt heute *am Kirchturm*.
VI. N und S von Bauweiler sind die FN *Bauweiler Feld* in der Tranchot-K. eingetragen. Obgleich stark modern reguliert, spiegelt sich die Flur von Bauweiler noch in einer Erweiterung der Gemarkung Golzheim nach SO.
LITERATUR: Clemen, KDM Kr. Düren 164, dort auch ältere Literatur.

DN 44    I. *Hüppelheim*.
II. Soll in der Gem. Golzheim gelegen haben; TK 5105 Buir.
III. 1299: *Huppilingheym* (Joerres, UB St. Gereon 218).
1373: *Hüppelheim* (A. Meyer, Flurnamen der Gemarkung Girbelsrath, Golzheim u. Merzenich. [Diss. Phil. Bonn 1933] 31).
VI. Nach H. Dittmaier, Die linksrhein. ON auf -dorf und -heim (Manuskr. Bonn 1961) 35, gibt es bei Golzheim den FN *Hüppelheim*.


Gürzenich

DN 45    I. *Wasserburg Gürzenich*.
II. TK 5204 Lendersdorf: r 25 31 260; h 56 28 070. Am SW-Ende von Gürzenich, O der Hauptstraße.
III. 1143: *Adolf v. Gürzenich*, Ministeriale des EB v. Köln (Knipping, Reg. II Nr. 415, 467).
1218: *Wynand v. Gürzenich* (Lac. UB II Nr. 82).
Nach 1232 nennt Caesarius v. Heisterbach die Burg von Gürzenich (AHVN 47, 1888, 47).
1820 war Graf Ferdinand Joseph v. Schellart Besitzer der Burg, die damals nur noch geringen Landbesitz umfaßte.
Um 1830 wurde die Burg abgebrochen. Der heute an ihrer Stelle stehende Bauernhof wurde später angelegt.
V. Zur Burg gehörte die heute wenig N davon stehende Kapelle, die der heiligen Jungfrau Maria geweiht ist.

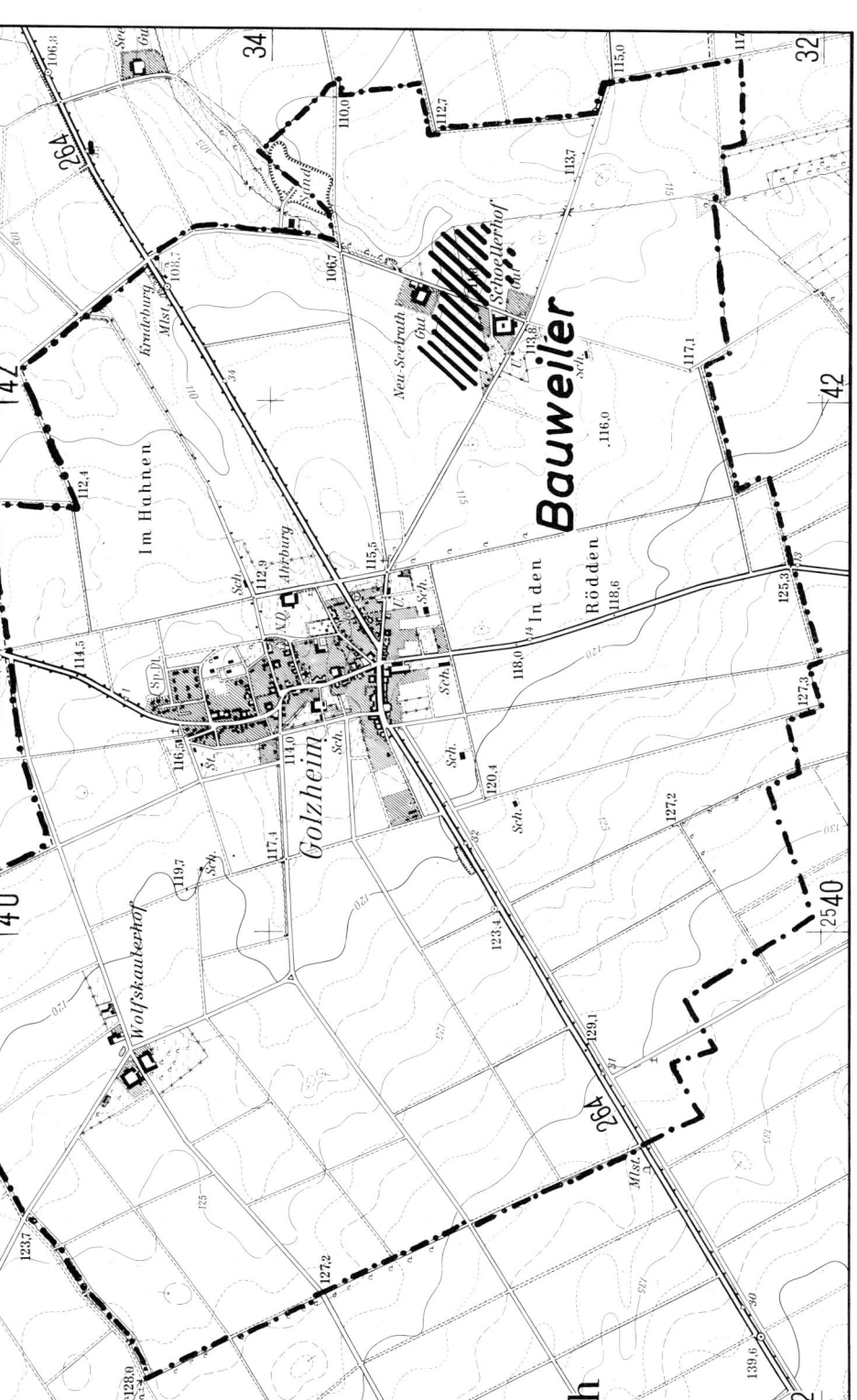

2 Die partielle Dorfwüstung Bauweiler (DN 43), Gemarkung Golzheim (DN). (Ausschnitt aus der TK 1 : 25 000 Blatt 5105 Buir; wiedergegeben mit Genehmigung des Landesvermessungsamtes Nordrhein-Westfalen vom 4. 5. 1973 – 3787).

VII. 1806/08 zeigt die Tranchot-K. ÄA Blatt 29 Düren die Anlage noch intakt. Es war eine große Wasserburg mit einem dreiflügeligen, nach W geöffneten Herrenhaus. Eine Vorburg läßt sich nicht gesondert unterscheiden. Nach S lag der Schloßgarten.

LITERATUR: Clemen, KDM Kr. Düren 166 f.


Jakobwüllesheim

DN 46   I. *Bauweiler.*                                                                          Abb. 3.
II. TK 5205 Vettweiß: r 25 40 200–41 400; h 56 24 800–25 300. Rund 1 km SO Jakobwüllesheim.
VI. Hier heißt in der Tranchot-K. ÄA Blatt 29 Düren von 1806/08 eine Flur *im Bauweiler.* Es könnte sich um eine Wüstung Bauweiler handeln, auf die vielleicht ein Teil der für Bauweiler, Gemeinde Golzheim (DN 43), in Anspruch genommenen Belege zutreffen könnte.

DN 47   I. *Scheidweiler.*                                                                        Abb. 3.
II. TK 5205 Vettweiß: r 25 39 730–40 390; h 56 26 040–500. Etwa 1 km NO Jakobwüllesheim.
III. 1290: Ritter Wilhelm von Froitzheim verkauft dem Kloster Steinfeld *bona mea in Scheitwilre* (AHVN 23, 1871, 185).
1487: ein Hof zu *Scheidtweiler* (AHVN 99, 1916, 190).
1806/08 zeigt die Tranchot-K. ÄA Blatt 29 Düren NO von Jakobwüllesheim den FN *Scheidweiler.*
VIII. Die Gemarkung Jakobwüllesheim besitzt im NO eine zwar moderne überformte, jedoch sicher sehr alte Ausweitung, die als Gemarkung von Scheidweiler aufgefaßt werden muß.


Jüngersdorf

DN 48   I. *Burg Laufenberg.*
II. TK 5204 Lendersdorf: r 25 25 250; h 56 28 500. Etwa 1,5 km O Burg Wenau im Staatsforst Wenau.
III. 1263: PN *Godefridus de Lovenberch* und *Harper de Lovenburg* (ZAGV 4, 1882, 19).
1396 macht Johann v. Eynenberg die Laufenburg zum Offenhaus des Bischofs von Aachen. Aus dieser Zeit stammt auch die jetzige Anlage.
Die Burg wurde bereits im 17. Jahrh. zur Ruine.
VII. Die heute noch vorhandenen Reste beschreiben die KDM Kr. Düren 344–346. Danach war die Burg des 14. Jahrh. eine massive rechteckige Anlage, die an den vier Ecken mit Rundtürmen ausgestattet war. Innen lehnten sich an die fast 2 m starken Umfassungsmauern die einzelnen Bauten an: ein Palas und unter anderem ein dreigeschossiger Turm in der SW-Ecke. Der SO-Rundturm ist zugleich als Bergfried ausgebaut und enthält fünf Geschosse. Die Burg lag auf einem vorgeschobenen Bergsporn und war nur von O her zugänglich.
LITERATUR: Clemen, KDM Kr. Düren 344–346.

### Kelz

DN 49
I. *Beynheim,* auch: *Benthem.*
II. TK 5205 Vettweiß; soll bei Kelz gelegen haben.
III. 1311: PN *Nicolaus in Benthem* (AHVN 76, 1903, 118).
15. Jahrh.: *Beinheim* (Strange, Nachr. 1,24).
BELEGE: H. Dittmaier, Die linksrhein. ON auf -dorf und -heim (Manuskr. Bonn 1961) 37.

DN 50
I. *Kapelle.*
II. TK 5205 Vettweiß: r 25 40 710; h 56 26 310. Rund 1,5 km NW Kelz bei Simonshardt, an der im Mittelalter bedeutenden Aachen–Frankfurter Heerstraße.
III. Nach J. Nottebrock, Bonner Jahrb. 131, 1926, 260, ist der Verlauf der Aachen–Frankfurter Heerstraße zwischen Bubenheim und Sievernich durch das *Hardterhäuschen,* eine ehemalige Kapelle, bestimmt. Die Tranchot-K. ÄA Blatt 29 Düren zeigt hier kein Gebäude.

### Lamersdorf

DN 51
I. *Burghügel* (Motte).
II. TK 5104 Düren: r 25 24 880; h 56 35 040. Am N-Rand von Lamersdorf, im Tal der Inde, W des Flusses.
VII. Hier liegt ein etwa 1 m hoher, runder Hügel von 12 m Dm. Ein seichter, flacher Graben läuft um ihn herum. Er hat bis 3 m Breite.
1957 wurde ein Schnitt über den Hügel geführt. Dabei konnte beobachtet werden, daß sich unter dem Humus ein knapp 1 m starkes Paket von aufgeschüttetem, gelbem Lehm befand, das mit Knochen durchsetzt war. Darunter erstreckte sich eine dunkelgraue Humusschicht, die Holzkohlestückchen und römische Dachziegelreste enthielt. Bei der Grabung wurden im übrigen mittelalterliche Scherben des Pingsdorfer Typs gefunden. Es ist nicht auszuschließen, daß es sich um einen Hügel für einen Spiker handelt. Neben der Anlage liegt der Engelshof, zu dem ein solcher Spiker gehört haben könnte.
LITERATUR: A. Herrnbrodt, P. J. Tholen, Bonner Jahrb. 159, 1959, 459. – M. Müller-Wille, Burghügel Nr. 97.

### Langerwehe

DN 52
I. *Töpfereibezirk.*
II. TK 5104 Düren: in und um Langerwehe.
VII. In und bei Langerwehe war im späten Mittelalter eine ausgedehnte Produktion von Steinzeugkeramik ansässig, deren Erzeugnisse weithin verhandelt wurden. Die hier gefertigte Keramik entspricht formal der in den benachbarten Zentren von Raeren (Belgien) und Aachen hergestellten Ware, von der sie oft nur schwer zu unterscheiden ist. Zusammen mit den beiden genannten Töpfereizentren bildet die Langerweher Produktion ein Gegengewicht zur Produktion in großem Maßstab, wie sie in Siegburg zur gleichen Zeit stattfand. An vielen Stellen wurden in und bei Langerwehe die Reste der Steinzeugproduktion gefunden, meist in Form der Abfallhalden und sog. Scherbenhügel, auf denen Fehlbrände und anderer Ausschuß gelagert worden waren. 1966 wurde 250 m NNO der Martinskirche Langerwehe

ein Scherbenhügel durch das RLMB ausgegraben. Es handelte sich um die Reste eines Töpfereibetriebes, der vom späten 13. bis ins 15. Jahrh. produziert hat (Lage: TK 5104 Düren: r 25 24 230; h 56 31 395).

LITERATUR: J. Schwarz, Die Bedeutung des Langerweher Töpfergewerbes in der Vergangenheit. ZAGV 34, 1958. – OA des RLMB (Grabungsbericht).

DN 53    I. *Rimelberg.*

II. TK 5104 Düren, alter Ortsteil von Langerwehe.

III. 1168/1190: Verzeichnis der Gütererwerbungen des Kölner EB Philipp v. Heinsberg unter Nr. 58: ein Allod zu *Rimelberg* (Knipping, Reg. II Nr. 1386 unter 58).
Dieser Ortsteil Rimelberg ist der älteste von Langerwehe. Hier steht die Pfarrkirche St. Martin. Erst später bildete sich aus Rimelberg und *Uhles,* dem Töpferviertel, sowie dem Ortsteil *zo der Wehe* der Ort Langerwehe.

LITERATUR: Clemen, KDM Kr. Düren 185 f. – Historische Stätten Bd. 3: Nordrhein-Westfalen (2. Aufl. 1970) 445.

DN 54    I. *Eisenwerk Rothammer.*

II. TK 5104 Düren: r 25 24 920; h 56 30 540. Rund 650 m SW alter Kirche Langerwehe, O des Wehe-Baches.

III. Hier liegt ein altes Eisenhammerwerk, das noch im 19. Jahrh. stark in Betrieb gewesen ist, nun aber stilliegt. Hier wurden die im Dürener Raum gewonnenen Eisenerze verarbeitet.

DN 55    I. *Erste Mühle.*

II. TK 5104 Düren: r 25 25 360; h 56 30 800. Am S-Rand von Langerwehe, O des Wehe-Baches.

III. 1806/08 zeigt hier die Tranchot-K. ÄA Blatt 29 Düren die *Erste Mühle.* Aus ihr hat sich später eine Papierfabrik entwickelt.

Lüxheim

DN 56    I. *Gabrielshof,* auch: *Kapellenhof.*

II. TK 5205 Vettweiß: r 25 44 150; h 56 26 360. Am W-Ende von Lüxheim, unmittelbar SW neben der Kapelle.

III. Im 15. Jahrh. besaß die Familie der v. Steprath diesen Hof, im 16. Jahrh. die v. Hocherbach.
1771 erwarben den Hof die v. Hillesheim zu Gladbach, in deren Besitz er bis 1786 verblieb. Der spätere Eigentümer ist Graf Wilhelm v. Spee zu Ahrenthal. Heute liegt dieser Hof, neu errichtet, W der Kapelle. Noch zu Beginn des 19. Jahrh. lag der alte Hof SW der Kapelle. So zeigt 1808/09 die Tranchot-K. ÄA Blatt 30 Frechen hier den Gabrielshof. Es handelt sich um einen vierseitig geschlossenen, wahrscheinlich von Wassergräben umgebenen Hof. Auf seiner SW-Seite lag ein Teich. Die Kapelle Lüxheim liegt hart N des Hofes auf einem kleinen Hügel. Es ist nicht ausgeschlossen, daß dieser Hügel eine Motte war.

LITERATUR: J. Cloot, Zur Geschichte der Unterherrschaft Gladbach (Düren 1933) 18. – Clemen, KDM Kr. Düren 160–162. – Bonner Jahrb. 150, 1950, 165.

DN 57    I. *Dunkelsburg.*

II. TK 5205 Vettweiß: r 25 44 940; h 56 26 640. Am O-Ausgang von Lüxheim, auf dem W-Ufer des Neffel-Baches.

III. Einer der vielen Lüxheimer Rittersitze war die Dunkelsburg. 1808/09 zeigt die Tranchot-K. ÄA Blatt 30 Frechen die ursprüngliche Konzeption der Burg noch recht gut.
Sie lag an der Stelle, wo der aus Lüxheim nach O führende Hauptweg auf den Neffel-Bach trifft, und zwar N des Weges und W des Baches. Die Burg bestand aus einem ovalen Areal, das von einem Wassergraben umschlossen war. Dieser Graben wurde vom Neffel-Bach gespeist. Zur Zeit der Kartenaufnahme stand in der Burg noch ein längliches Gebäude. Eine Abbildung der Anlage enthält der Codex Welser von 1723.

DN 58　I. *Rengershausen,* Wüstung?
II. TK 5205 Vettweiß: Ungefähr 1 km NO Lüxheim, nicht fern von der Rengershauser Mühle.
VII. Hier liegt am Neffel-Bach die Rengershauser Mühle, die auch 1808/09 auf der Tranchot-K. ÄA Blatt 30 Frechen erscheint. Ein zugehöriges Dorf namens Rengershausen wäre zu fordern, kann aber nur eine Wüstung sein, da keine heute noch bestehende Siedlung diesen Namen führt. Vielleicht ist der O des Neffelbaches liegende, weit nach NO ausgreifende Gemarkungsteil von Lüxheim die Flur einer solchen Wüstung.

## Mariaweiler-Hoven

DN 59　I. *Kupferhütte.*
II. TK 5104 Düren: in Mariaweiler.
III. 1499/1500 war Hans Wolff mit 8000 Goldgulden an einer Kupferhütte zu Mariaweiler beteiligt. Die Familie Wolff gehörte zu den berühmten Bergbaufamilien des Schleidener Gebietes. An der Mariaweilerer Hütte war übrigens auch das Handelshaus Fugger beteiligt.
LITERATUR: W. Günther, Rheinische Vjbll. 30, 1965, 317.

## Merode

DN 60　I. *Schwarzenbroich,* Kloster.
II. TK 5204 Lendersdorf: r 25 25 750–26 000; h 56 26 360–500. Etwa 3 km SW Merode, im Meroder Wald, Distrikt 9.
III. Im 13. Jahrh. wurde das Kloster als Priorat des Kreuzträgerordens begründet. Sein Stifter war Werner IV. v. Merode, der 1341 starb.
1341 Febr. 19 bestätigt der Kölner EB Walram das neuerrichtete Kloster.
1801/02 wurde das Kloster aufgehoben, seine Gebäude verkauft und danach als Alaunfabrik eingerichtet und genutzt.
1835 wurde das Kloster durch Brand vollständig zerstört. Der W vom Kloster liegende Wirtschaftshof besteht aber noch.
VII. Eine Beschreibung der Klosterbauten bieten die KDM Kr. Düren 56–59. – Weitere Literatur: Die Eifel 1962, 62 ff. – Die Eifel 1964, 68 f.

DN 61　I. *Töpfereibetrieb.*
II. TK 5204 Lendersdorf: in Merode, im Garten des Landwirtes Hubert Troisdorf.
VII. 1924 schenkte der Landwirt Hubert Troisdorf dem RLMB zahlreiche glasierte Gefäßscherben von Steinzeugware, darunter Krughälse und gehenkelte Gefäße. Er hatte sie in einem Töpferofen gefunden, der in seinem Garten in Merode lag.
LITERATUR: Bonner Jahrb. 130, 1925, 342.

## Merzenich

DN 62
I. *Windmühle.*
II. TK 5105 Buir: r 25 37 670; h 56 32 150. Etwa 800 m SO Ortsmitte Merzenich.
VII. Hier steht der Rest einer ehemaligen landesherrlichen (jülichschen) Windmühle. Erhalten ist ein runder Backsteinturm, der vier Geschosse hat und 1608 errichtet wurde. Durch das eingewölbte Erdgeschoß führt eine Tordurchfahrt.

## Müddersheim

DN 63
I. *Befestigter Hof.*
II. TK 5205 Vettweiß: r 25 46 030; h 56 24 550. Rund 600 m NW der Kirche Müddersheim, W des Neffel-Baches.
III. 1808/09 zeigt die Tranchot-K. ÄA Blatt 30 Frechen hier einen mit Wassergräben umgebenen befestigten Hof, in dem noch 1 Gebäude angegeben ist.

DN 64
I. *Wasserburg.*
II. TK 5205 Vettweiß: r 25 46 300; h 56 24 500. Am NW-Ende von Müddersheim, auf dem O-Ufer des Neffel-Baches.
III. 1808/09 zeigt die Tranchot-K. ÄA Blatt 30 Frechen am NW-Ausgang von Müddersheim eine große Wasserburg. Sie besteht aus einem etwa quadratischen Gelände mit abgerundeten Ecken, das von einem geschlossenen, breiten Wassergraben umgeben wird. Innerhalb des grabenumwehrten Bereichs sind keine Gebäude mehr angegeben. O außerhalb der Burg stehen zwei, offensichtlich zur Burg gehörende Gebäude, die heute nicht mehr vorhanden sind.

## Muldenau

DN 65
I. *Pissenheim,* Wüstung und Namenswechsel.
II. TK 5305 Zülpich: r 25 39 500; h 55 17 200.
III. 1270: Familie der Herren von Pissenheim erstmalig bezeugt.
1334: *Piesenheim.*
1919: Umbenennung des Ortes in Muldenau.

VII. Das Dorf Pissenheim lag einst am Fuße des Großberges. In der Flur Altwerk entdeckte man Mauerreste und Brandspuren, die auf die alte Lage der Siedlung hinweisen. Der ehemalige, von Wassergräben umgebene feste Hof Pissenheim war Sitz der 1270 ersterwähnten Familie von Pissenheim.
LITERATUR: A. Rückriem, Historische Stätten Deutschlands Bd. 3: Nordrhein-Westfalen (2. Aufl. 1970) 531. – Tranchot-K. ÄA Blatt 37 Zülpich.

## Nideggen

DN 66
I. *Burg Nideggen.*
II. TK 5304 Nideggen: r 25 33 760; h 56 17 100. Auf der Hochebene O der Rur, die steil ins Rurtal abfällt.

III. Burg Nideggen wurde im Jahre 1177 durch den Grafen Wilhelm II. von Jülich errichtet. Der mächtige Bergfried zeigt Stilelemente des späten 12. Jahrh. Beim Ausbau der Burg im 13. Jahrh. wurde bereits der Burgflecken mit einbezogen. Die durch die Kriege der zweiten Hälfte des 17. Jahrh. zerstörte Burg wurde im 18. Jahrh. auf Abbruch verkauft (vgl. Historische Stätten Bd. 3: Nordrhein-Westfalen, [2. Aufl. 1970] 561 f.). Sie war bereits 1755/56 durch Erdbeben zur Ruine geworden.

VII. Eine eingehende Beschreibung der Burg bieten die KDM Kr. Düren 238 ff. Wie der Lageplan a. a. O. 237 zeigt, ist Burg Nideggen auf der äußersten, weit nach W ins Rurtal vorspringenden Spitze eines Bergspornes errichtet worden. Sie entspricht damit dem schon in frühgeschichtlicher Zeit vorgebildeten Typus der Abschnittswälle in Spornlage.

Besondere Sicherungen mußten demnach durch Wälle, Gräben und Mauern auf der Ostseite erfolgen, weil hier vom Bergrücken her ein bequemer Zugang bestand. Einer der wichtigsten Teile der Burg ist der mächtige Bergfried, der auf der Ostseite der Burg steht und zugleich als Torturm diente. Er ist noch bis zum dritten Obergeschoß erhalten.

Der große rechteckige Palas wurde, wie auch andere Teile der Burg, im 20. Jahrh. eingehend restauriert.

LITERATUR: Historische Stätten wie oben unter III. – Clemen, KDM Kr. Düren wie oben unter VII. – Ferner: W. Sieper, Die Restaurierung der Burg Nideggen. Heimatjahrb. Kr. Düren 1966, 50–57. – W. Briem, Die Grafen und Herzöge von Jülich und ihre Burg Nideggen. Heimatjahrb. Kr. Düren 1970, 44–58. – Bornheim gen. Schilling, Rheinische Höhenburgen.

DN 67    I. *Köttenich,* Hofwüstung?

II. TK 5204 Lendersdorf: ungefähr r 25 34 000–35 200; h 56 18 700. An der Nordgrenze der Gemarkung Nideggen beiderseits der Straße nach Boich, vielleicht auch schon in der Gemarkung Boich-Leversbach.

VI. 1808/09 zeigt die Tranchot-K. ÄA Blatt 37 Zülpich hier die FN *Kötniger Feld, Kötniger maner* und *Kötniger bend.* Diese FN belegen eine Wüstung namens Köttenich, vielleicht auch Köttingen oder ähnlich.

DN 68    I. *Thumer Kapelle.*

II. TK 5304 Nideggen: r 25 34 570; h 56 17 890. An einer Straßenkreuzung 500 m NO Nideggen.

III. 1808/09 zeigt die Tranchot-K. ÄA Blatt 37 Zülpich hier die *Thumer Capelle* mit einem schwarz angegebenen Gebäude.

## Niederzier

DN 69    I. *Niederzierer Mühle.*

II. TK 5104 Düren: r 25 33 000; h 56 38 310. Am S-Ausgang von Niederzier, O des Elle-Baches.

III. 1806/08 zeigt die Tranchot-K. ÄA Blatt 29 Düren hier die Niederzierer Mühle. Sie muß im 19. Jahrh. aufgegeben worden sein.

DN 70    I. *Wüstweiler,* Weiler oder Einzelhof.

II. TK 5105 Buir: r 25 35 300; h 56 38 750. Rund 2000 m O der Ortsmitte von Niederzier im Bürgewald, und zwar im sog. Niederzierer Wald.

III. 1301: Besitz der Abtei Steinfeld in der Eifel: *curtis nostra.Wustwilre* (Lac. UB III Nr. 16. – Th. Paas, AHVN 95, 1913, 122).
1366/69: Verpfändung des Steinfeldischen Hofes *Wöstweiler* unter der Regierungszeit des Abtes Conrad (Paas, AHVN 96, 1914, 78).
1435: Heimfall des zu Lehen ausgetanen Hofes *Westwylre* an das Kloster Steinfeld (Paas, AHVN 99, 1916, 192 f.).
1531 wird ein im Kirchspiel Niederzier gelegener Wald, der *Zysser Hau bei Woestwilre* verkauft (A. Meyer, Alte Burgen des Dürener und Jülicher Landes [1934]).
1806/08 enthält die Tranchot-K. ÄA Blatt 29 Düren im fraglichen Gebiet die Eintragung *Wutzweiler*, und zwar mitten im Wald beiderseits des Weges von Niederzier nach Buir bzw. Manheim, Kr. Bergheim/Erft.
In der Gegend von Wüstweiler ist ein repräsentatives Jagdschloß der Herzöge von Jülich oder auch eine ältere Burg, die Vorgängeranlage von Oberzier, vermutet worden. In Wirklichkeit handelt es sich um einen oder wenige Einzelhöfe, deren Reste auch noch im Gelände nachweisbar sind.
VII. Im Distrikt 20 des Niederzierer Waldes finden sich zwei jeweils mit einem breiten Graben umgebene Flächen. Die größere von beiden bildet ein unregelmäßig-viereckiges Plateau von etwa 96 x 86 x 75 x 68 m Kantenlänge. Das kleinere Plateau von 40 x 50 m Fläche liegt wenig SO davon. Bei Probeschürfungen wurden hier spätmittelalterliche Funde gemacht, vor allem Keramik (Niederzier – Fdst. 16). Die beiden grabenumwehrten Anlagen dürften entweder zusammen die Reste eines großen Hofes oder aber zweier kleinerer Hofanlagen sein.
VIII. Die ehemalige Gemarkung von Wüstweiler zeichnet sich als rundliche Ausbuchtung der Gemarkungsgrenze von Niederzier nach S noch heute ab (vgl. dazu Textband S. 105 ff.). Beim Ausplanimetrieren der Fläche von Wüstweiler ergab sich der Größenordnung nach die Flurgröße eines großen, vielleicht auch zweier kleiner Höfe.
LITERATUR: Bonner Jahrb. 146, 1941, 409.

Nörvenich

DN 71  I. *Burghügel* (Motte).
II. TK 5105 Buir: r 25 45 325; h 56 31 030. Rund 900 m N der Kirche von Nörvenich, auf einer Höhe O des Neffel-Baches.
VII. Hier liegt die sog. *Alte Burg* am Ostrand des Neffelbachtales, hart an der Bruchkante des Bachtales. Sie besteht aus einem ovalen Burghügel von rund 100 m Basisdurchmesser in NS-Richtung und von rund 70 m in OW-Richtung. Im N, O und S legt sich ein 20–30 m breiter und bis 5 m tiefer Graben um den Hügel. Im W geht der Hügel in die natürliche Bruchkante über, aus der er wahrscheinlich herausgeschnitten wurde. Das Burgplateau, von einer Ziegelmauer eingefaßt, liegt rund 5 m über dem umgebenden Gelände. Die rechteckige Vorburg befindet sich im O der Hauptburg. Sie ist ungefähr 100 x 90 m groß und durch Wall und vorgelegten Graben besonders gesichert. Bei Begehungen wurde im Bereich der Burg mittelalterliche Keramik des 12. und 13. Jahrh. gefunden (Funde im RLMB unter Inv.-Nr. 35,281 und 57,1215).
LITERATUR: M. Müller-Wille, Burghügel Nr. 93. – A. Herrnbrodt, Bonner Jahrb. 160, 1960, 516 f.

### Obermaubach-Schlagstein

**DN 72**  I. *Burghügel* (Motte).
II. TK 5204 Lendersdorf: r 25 31 670; h 56 20 300. SSO neben der Burg Obermaubach.
VII. Hier wurde vom RLMB ein runder Hügel von 3 m H. und 40 m Basisdm. untersucht. In den unteren Schichten der Hügelaufschüttung fand man blaugraue, geriefte und Siegburger Keramik des 13./14. Jahrh. Zu Recht wird von W. Piepers angenommen, daß der Burghügel die Hauptburg einer Anlage ist, in deren Vorburg die jetzige Burg Obermaubach steht.
1808/09 zeigt die Tranchot-K. ÄA Blatt 37 Zülpich die Burg als grabenumwehrte Hofanlage. Direkt S daneben ist, mit einem deutlichen Abstand versehen, an der Stelle des Burghügels ein Gebäude eingetragen, das den auf dem Burghügel damals noch vorhandenen Steinbau darstellen dürfte.
LITERATUR: Clemen, KDM Kr. Düren 322. – W. Sieper, Dürener Geschichtsbll. 23, 1960, 462 ff. – Historische Stätten Bd. 3: Nordrhein-Westfalen (2. Aufl. 1970) 580. – W. Piepers, Bonner Jahrb. 163, 1963, 560 ff. – M. Müller-Wille, Burghügel Nr. 86. – Die Eifel 1959, 33. – Die Eifel 1961, 65.

### Pier

**DN 73**  I. *Burghügel* (Motte).
II. TK 5104 Düren: r 25 28 160; h 56 36 610. 200 m NNO der Kirche von Pier, O des alten Laufs des Schilchbaches.
VII. Hier deuten schwache unregelmäßige Erhöhungen, die noch 1925 von einem heute ganz zugeschütteten, wasserführenden Graben umgeben waren, auf die Existenz einer Motte hin. Vielleicht handelt es sich aber auch um eine Wasserburg.
LITERATUR: J. Gerhards, Bonner Jahrb. 149, 1949, 377. – M. Müller-Wille, Burghügel Nr. 98.

**DN 74**  I. *Kirche zu Bonsdorf*.
II. TK 5104 Düren: r 25 28 220; h 56 36 180. Im SO von Pier auf dem hochgelegenen Friedhof des einstigen Ortsteiles Bonsdorf.
VI. Um 1300: *Bunstorp* (Oediger, LV 56).
1378 und 1390: *Bimsdorp* (Oediger, LV 56 Anm. k). Die Pfarrei Bonsdorf hat bis in die französische Zeit bestanden. 1850 wurde sie mit der von Pier vereinigt.
Die Kirche wurde um 1850 abgebrochen.
LITERATUR: Clemen, KDM Kr. Düren 300 mit der älteren Literatur.

### Sievernich

**DN 75**  I. *Burg*.
II. TK 5206 Erp: r 25 47 800; h 56 21 610. Am NO-Rand von Sievernich, N der in den Ort hineinführenden Straße, gegenüber der Burg Sievernich, W des Neffel-Baches.
III. 1808/09 zeigt die Tranchot-K. ÄA Blatt 37 Zülpich N der Straße einen einst aus zwei Teilen bestehenden Wirtschaftshof. Er bestand aus zwei grabenumschlossenen, viereckigen Teilen, in denen die Tranchot-K. keine Baulichkeiten mehr an-

## Soller

**DN 76**  I. *Burghügel I* (Motte). Abb. 3.

II. TK 5205 Vettweiß: r 25 39 180; h 56 21 680. Rund 600 m S der Kirche in Flur 5 *Im Juhl*.

VII. Hier befand sich einst ein von einem Graben umgebener Hügel. Wenig W davon sollen im Jahre 1900 zahlreiche römische Ziegelbruchstücke gefunden worden sein.

1808/09 zeigt die Tranchot-K. ÄA Blatt 37 Zülpich hier eine fast quadratische, von einem breiten Wassergraben umgebene befestigte Anlage. Nach S lagern sich ihr zwei Weiher vor. Im Innern der Grabenanlage ist kein Gebäude mehr eingetragen. Der hier anzunehmende befestigte Hof war also zu Beginn des 19. Jahrh. bereits wüst. Dafür spricht auch das Fehlen einer namentlichen Bezeichnung der Anlage in der Tranchot-K.

Im März 1969 wurde eine Ortsbesichtigung vorgenommen. Sie ergab, daß rund 250 m N der Fischteiche, die auch heute noch im Gelände erkennbar sind, sich die Reste der Motte in einer Wiese abzeichnen, die sich an die Gärten der nördlich verlaufenden Häuserzeile anschließt. Ein sehr flacher, kaum noch 1 m hoher Hügel mit drei großen Bäumen ist klar erkennbar. Er hat etwa 15 m Dm. Der den Hügel ursprünglich umschließende Graben ist nur noch streckenweise als etwa 0,50–1 m tiefe und 5 m breite Mulde im Wiesengelände vorhanden. Ob er ursprünglich quadratisch oder rund geführt war, läßt sich nicht mehr entscheiden. Deutlich aber tritt seine äußere Kante hervor, wo die äußere Grabenböschung in das ebene Gelände übergeht. Funde wurden keine geborgen. Es ist nicht ausgeschlossen, daß die 250 m S davon liegenden Fischteiche zur Motte gehörten. Sie sind jeweils durch einen künstlich aufgeschütteten Damm aufgestaut, wurden jedoch schon lange nicht mehr genutzt, so daß darin Weiden wachsen.

LITERATUR: J. Gerhards, Bonner Jahrb. 145, 1940, 358. – M. Müller-Wille, Burghügel Nr. 88.

**DN 77**  I. *Burghügel II* (Motte). Abb. 3.

II. TK 5205 Vettweiß: r 25 40 660; h 56 23 060. Etwa 100 m S des Gutshofes Veitsheim.

III. Ältere TK verzeichnen hier einen kreisförmigen Graben. Noch um 1920 soll hier ein 5–6 m breiter Wassergraben einen etwa 4 m hohen Hügel umschlossen haben, der rund 12 m Dm. hatte. Das Flurstück wurde *Am Damm* genannt.

1806/08 zeigt die Tranchot-K. ÄA Blatt 29 Düren hier einen rundlichen Weiher, der an dem hier fließenden Bach liegt. Es könnte sich um den genannten Burghügel handeln.

Eine Ortsbesichtigung im März 1969 ergab, daß im Gelände keine erkennbaren Reste der Anlage vorhanden sind. Zwar fiel S und SW des Hofes Veitsheim unruhiges Geländerelief auf, doch hatten die Anlagen des Burghügels keine Spuren hinterlassen. Die große Feuchtigkeit dieses Geländes hatte zur Überschwemmung der Felder geführt. Es trägt also durchaus die Züge einer flachmuldigen Niederung, in der man sich einen Burghügel gut vorstellen kann.

LITERATUR: J. Gerhards, Bonner Jahrb. 157, 1957, 473. – M. Müller-Wille, Burghügel Nr. 89.

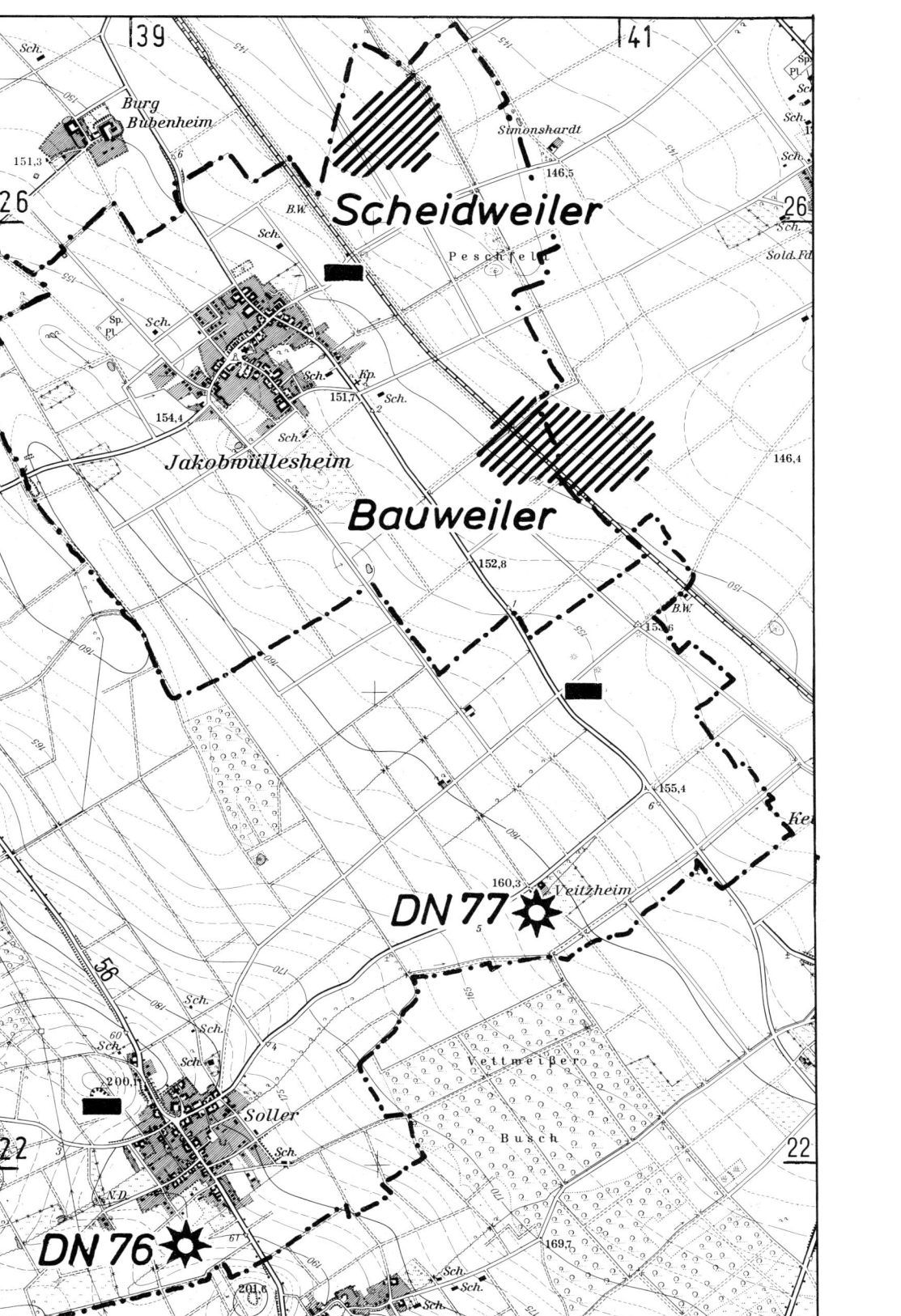

3  Wüstungen im Gebiet von Soller und Jakobwüllesheim (DN): Bauweiler (DN 46)  Motte bei Soller (DN 76)
Scheidweiler (DN 47)  Motte bei Gut Veitsheim (DN 77). (Ausschnitt aus der TK 1 : 25 000 Blatt 5205 Vettweiß:
wiedergegeben mit Genehmigung des Landesvermessungsamtes Nordrhein-Westfalen vom 4. 5. 1973 – 3787).

### Stockheim

DN 78
I. *Burghügel* (Motte).
II. TK 5205 Vettweiß: r 25 37 280; h 56 24 500. Etwa 100 m SW der Kirche in der Flur *Hahnenweide*.
VII. Hier soll ein stark gestörter Hügel gelegen haben, der heute gänzlich abgetragen ist. Er war etwa 10 x 7 m groß. Ein 8 m breiter Graben umgab ihn. Nach S schloß sich die Vorburg an, die ihrerseits ebenfalls von einem Graben umgeben war.
LITERATUR: J. Gerhards, Bonner Jahrb. 145, 1940, 358. – M. Müller-Wille, Burghügel Nr. 91.

### Straß

DN 79
I. *Burghügel Binnesburg* (Motte).
II. TK 5204 Lendersdorf: r 25 31 200; h 56 24 100. Rund 800 m NO Straß, im Tal des Bey-Baches am S Bachufer.
VII. Hier befindet sich in der Flur *Am Binnes* eine Motte, die auch als *Binnesburg* bekannt ist. Sie besteht aus einem viereckigen Hügel von 35 x 37 m Größe. Auf ihm sind behauene Sandsteine als Reste eines Steinbaus nachweisbar. Den Hügel umgab ein 10–12 m breiter Graben, der von der N-Seite her durch das Wasser des Bey-Baches gespeist wurde. Auf der SW-Seite liegt vor den Anlagen ein an der Basis 18 m, an der Krone 10 m breiter Wall, mit dessen Hilfe der Bach aufgestaut werden konnte. Auch im NO zeigen sich die Reste eines solchen Walles.
1806/08 enthält die Tranchot-K. ÄA Blatt 29 Düren keinen Hinweis mehr auf die Anlage. Sie muß damals bereits völlig wüst gewesen sein. Eine Erinnerung an eine Burg gab es nicht mehr.
LITERATUR: J. Gerhards, Bonner Jahrb. 145, 1940, 358. – M. Müller-Wille, Burghügel Nr. 95.

DN 80
I. *Burghügel auf Hof Hocherbach* (Motte).
II. TK 5204 Lendersdorf: r 25 30 430; h 56 23 720. Etwa 500 m N Straß, S der Hofgebäude des Hofes Hocherbach.
III. Hier liegt einer der besterhaltenen Burghügel des Kreises Düren. 1806/08 zeigt die Tranchot-K. ÄA Blatt 29 Düren S der Hofgebäude einen großen Weiher und darin einen ovalen Burghügel, der sich in WSW-ONO-Richtung erstreckt. Gebäude sind auf dem Hügel nicht mehr angegeben. Die Anlage wird von dem von SW nach NO fließenden Beybach mit Wasser versorgt.
1388 ist ein Heinrich von Hocherbach Richter zu Düren.
1475 besitzt ein anderer Heinrich von Hocherbach die Höfe Hocherbach und Endenpoel zu Gey.
Um 1600 ist Hocherbach im Besitz der Familie v. Wachendorf aus Köln.
VII. Auf der Insel inmitten des Weihers soll ein starker turmartiger Bau bestanden haben, von dem die mächtigen Quader herrühren könnten, die bei der Renovierung des Burghauses selbst verwendet worden sind. Zu Hocherbach gehörte auch eine O des Weihers, direkt am Beybach gelegene Mühle. In ihrer Nähe wiederum soll ein von Wassergräben umschlossenes, quadratisches Gelände gelegen haben, das als Platz der Hauptburg angesehen wird. Die Gräben wurden um 1870 zugeschüttet.
LITERATUR: Clemen, KDM Kr. Düren 152.

DN 81   I. *Eisengruben.*
II. TK 5204 Lendersdorf: ungefähr r 25 31 500–32 100; ungefähr h 56 22 300–23 300. Etwa 1200 m SO Straß und SW von Langenbroich.
VII. Hier befindet sich seit dem Mittelalter, wenn nicht bereits seit römischer Zeit, ein Eisenbergbaugebiet. Die Eisenerze wurden im Tagebau gewonnen. Abgesehen von den modernen Abbauspuren sind die typisch mittelalterlichen Pingen anzutreffen, aus denen obertägig das erzführende Gestein gebrochen wurde. Das Bergbaugebiet ist auch 1808/09 in der Tranchot-K. ÄA Blatt 37 Zülpich ausgewiesen.

## Üdingen

DN 82   I. *Eisen-Schneidmühle.*
II. TK 5204 Lendersdorf: r 25 34 420; h 56 21 840. NO von Üdingen, im Ortsteil Oberschneidhausen.
III. 1808/09 zeigt die Tranchot-K. ÄA Blatt 37 Zülpich hier eine *Schneidmühle – fonderie de fer,* also eine eisenverarbeitende Industrie, die die in der Umgebung gewonnenen Eisenerze weiterverarbeitete. Aus dieser Hütte ist später der Ort Oberschneidhausen entstanden. Das Gelände der Hütte ist heute Standort einer Papierfabrik.

## Untermaubach

DN 83   I. *Eisengruben.*
II. TK 5204 Lendersdorf: ungefähr r 25 32 080–580; h 56 22 260–960. SO Langenbroich, SW Bergheim. Rund 1 km N Untermaubach auf der Höhe.
III. Hier befindet sich ein bedeutendes, seit dem Mittelalter und vielleicht schon in römischer Zeit ausgebeutetes Eisenerz-Schürfgebiet. Man gewann hier Eisenerze im Tagebau. Zahllose Gruben und Pingen beweisen hier den alten Bergbau. Dieses Vorkommen ist dem bei Straß (DN 81) nahe benachbart. Auch die Tranchot-K. ÄA Blatt 37 Zülpich von 1808/09 deutet das Erzgebiet an.

## Vettweiß

DN 84   I. *Untere Burg,* auch: *Büchelsburg.*
TK 5205 Vettweiß: r 25 42 750; h 56 22 870. W der Kirche Vettweiß.
III. 1520 kam durch Heirat ein Gut zu Vettweiß an Johann von Büchel, nach dem die Untere Burg zu Vettweiß fortan auch Büchelsburg hieß.
1808/09 gibt die Tranchot-K. ÄA Blatt 30 Frechen W der Kirche eine mächtige, mit halbrund nach SW ausgreifendem Wassergraben versehene Burg an. Sie wurde um die Mitte des 19. Jahrh. ganz niedergelegt.
LITERATUR: Clemen, KDM Kr. Düren 326.

DN 85   I. *Kettenheim,* partielle Ortswüstung?
II. TK 5205 Vettweiß: r 25 42 000; h 56 23 570. Etwa 650 m N der Kirche von Vettweiß.
III. 1072 erscheint Kettenheim in einer gefälschten Urkunde EB Annos II. von Köln (Westdt. Zeitschr. 20, 1901, 132): *decimas ad Katinhem.*

1158: Urkunde Papst Hadrians IV: *ecclesia in Wisse cum decimis, que sunt in Kettenheim* (Westdt. Zeitschr. 20, 1901, 132).

1350: Burg Kettenheim wird von Gerhard Rost von Weiler dem Erzstift Köln zu Lehen aufgetragen.

Kettenheim war im übrigen eine Unterherrschaft des Herzogtums Jülich. Es sieht so aus, als sei es einst ein kleines Dorf gewesen, von dem als Restsiedlung nur noch die Burg und einige wenige Gebäude übriggeblieben sind. Darauf deutet auch die Erweiterung der Gemarkung Vettweiß nach S hin, in der sich eine alte Dorfflur erhalten haben könnte.

LITERATUR: Clemen, KDM Kr. Düren 325.

## Weisweiler

DN 86
I. *Erinchheim*, auch: *Nerrisheim*.
II. TK 5103 Eschweiler, in der Nähe von Weisweiler?
III. 1208: PN *miles Everhelmus de Erinchheim* (ZAGV 3, 1881, 220).
o. J.: PN *Margareta de Nerrisheim* (ZAGV 4, 1882, 270).
1425: *Neirichgheim* (ZAGV 6, 1884, 252).
LITERATUR: H. Dittmaier, Die linksrheinischen ON auf -dorf u. -heim (Manuskr. Bonn 1961) 49, vermutet diesen Ort bei Weisweiler.

DN 87
I. *Bongarten*, befestigter Hof.
II. TK 5103 Eschweiler: r 25 22 700; h 56 29 640. Etwa 3,8 km SSW Weisweiler auf der Gemarkungsgrenze gegen Eschweiler, zum größeren Teil bereits in Eschweiler liegend.
III. 1325: *Arnold von Bongart* teilt seinen Besitz unter seine Söhne Gottfried, Wilhelm, Bove und Arnold auf.
1333: *Arnold von Bongart* zu Holzheim.
(BELEGE in: Die Eifel 1960, H. 10, 236 ff.)
1806/08 zeigt die Tranchot-K. ÄA Blatt 29 Düren eine ausgedehnte, längsrechteckige Hofanlage, die befestigt ist, mit Namen Bongarten. Sie erstreckt sich in NW-SO-Richtung und mißt in der Länge rund 200 m, in der Breite rund 80 m. Innerhalb des rechteckigen, grabenumwehrten Bereichs heben sich zwei Teile des Hofes ab: im NW ein besonders umwallter, quadratischer Bezirk, im SO ein rundliches Areal, auf dem in der Tranchot-K. ein Haus angegeben ist und das wahrscheinlich ein Burghügel gewesen ist. Heute ist der gesamte Hof wüst.
VII. Im Luftbild sind noch die Wassergräben, die die Anlage umgeben, sichtbar.
LITERATUR: Clemen, KDM Kr. Düren 295 f. mit Lageplan. – E. v. Oidtmann, AHVN 6, 1884, 248–252.

DN 88
I. *Eisengruben*.
II. TK 5104 Düren: r 25 23 200–700; h 56 30 900–31 500. Etwa 2 km SO Weisweiler im sog. Kammerbusch.
III. 1806/08 gibt die Tranchot-K. ÄA Blatt 29 Düren hier ein altes, sehr ausgedehntes Eisenbergbaugebiet an. Im Gelände finden sich noch heute zahlreiche Pingen und Gruben. Zur Zeit der Aufnahme der Tranchot-K. waren diese Tagebaue aber bereits außer Betrieb. Das Erz wurde hier obertägig abgebaut. Man wird annehmen dürfen, daß seine Gewinnung bereits im späten Mittelalter begann.

W e n a u

DN 89  I. *Burghügel* (Motte).
II. TK 5203 Stolberg: r 25 22 400; h 56 27 400. Etwa 300 m SW des Hofes Hamich, auf einem nach W zum Omersbach geneigten Hang.
VII. Hier lag ein inzwischen eingeebneter Burghügel von 14 m Dm. und 1 m H. Er war von einem 6 m breiten und mindestens 2 m tiefen Graben umgeben. Dieser wurde von einer nahegelegenen Quelle gespeist. Um die Anlage herum lagen Reste eines Dammes sowie eines Abschnittsgrabens.
1938 wurde die Anlage vom RLMB archäologisch untersucht. Im Hügel wurde auf der alten Oberfläche eine Brandschicht entdeckt, auf die der Hügel aufgeschüttet worden war. Vielleicht sind Verfärbungen, die man feststellte, als Reste einer Palisade zu deuten. Es wurden hartgebrannte, weißlich-gelbe Scherben sowie Keramik der Pingsdorfer Art gefunden.
LITERATUR: W. Kersten, Bonner Jahrb. 145, 1940, 360 ff. – M. Müller-Wille, Burghügel Nr. 96.

DN 90  I. *Berghoven*, Hofwüstung.
II. TK 5104 Düren: r 25 25 120; h 56 29 660. Etwa 1,8 km NO Burg Wenau auf dem Bergzug O des Wehebaches, mitten im Forst, Jagen 158 und 159.
III. 1806/08 zeigt die Tranchot-K. ÄA Blatt 29 Düren hier eine kleine Lichtung im Wald mit einem Hofgebäude darauf. Der Hof muß im Laufe des 19. Jahrh. wüst geworden sein.

DN 91  I. *Blauley,* Hof.
II. TK 5104 Düren: r 25 24 750; h 56 29 325. Etwa 1,3 km NO Burg Wenau auf dem Bergzug O des Wehe- und N des Süerbaches, mitten im Wald, Jagen 156.
III. 1806/08 zeigt die Tranchot-K. ÄA Blatt 29 Düren hier eine kleine Lichtung mit einem Hofgebäude darauf. Der Hof muß im Laufe des 19. Jahrh. wüst geworden sein.

DN 92  I. *Meisenhoven,* Hof.
II. TK 5104 Düren: r 25 24 920; h 56 29 460. Etwa 1,5 km NO Burg Wenau auf dem Bergzug O des Wehebaches, im Forst, Jagen 156.
III. 1806/08 zeigt die Tranchot-K. ÄA Blatt 29 Düren hier eine kleine Lichtung mit einem Hofgebäude darin. Der Hof muß während des 19. Jahrh. wüst geworden sein.

DN 93  I. *Wiebeler,* Hof.
II. TK 5104 Düren: r 25 25 450; h 56 30 000. Etwa 2,3 km NO Burg Wenau mitten im Wald an H. 198,4, Jagen 160.
III. 1806/08 zeigt die Tranchot-K. ÄA Blatt 29 Düren hier eine kleine Lichtung im Wald mit einem Gebäude darin. Es dürfte sich um einen Hof handeln, der im Verlauf des 19. Jahrh. wüst geworden ist.

Die kleinen Hofanlagen DN 90 bis 93 bilden insofern eine Besonderheit, als sie sämtlich auf der SO-Seite eines in NO-SW-Richtung über den Königsbusch O des Wehebaches geführten Weges liegen. Von dem Hauptweg zweigen jeweils kleine Stichwege nach SO ab, an deren Ende je einer dieser kleinen Höfe liegt. Die Tranchot-K. weist außer den hier aufgeführten Höfen noch zwei weitere derartige Stellen auf, an denen einst Höfe gestanden haben müssen, die aber zur Zeit der Aufnahme der Tranchot-K. bereits wüst waren. Es ist zu vermuten, daß diese systematisch angelegten Höfe etwas mit dem Abbau von Eisenerzen zu tun haben. Die Tranchot-K.

zeigt nämlich, daß um jede Hofstelle herum Gruben- und Pingenbezirke liegen. Sie sind als Überreste von Erztagebauen anzusprechen.
Außer diesen Höhensiedlungen gab es im Tal des Wehe-Baches selbst zahlreiche kleinere Ansiedlungen:

DN 94  I. *Wenauer Mühle I.*
II. TK 5204 Lendersdorf: r 25 24 250; h 56 28 940. Rund 800 m NO Burg Wenau, in der Gegend des heutigen Schönthaler Hofes.
III. 1806/08 zeigt hier die Tranchot-K. ÄA Blatt 29 Düren die Wenauer Mühle mit einem großen, länglichen Weiher, der heute noch vorhanden ist. Teile des Mühlengrabens mögen heute in den Schönthaler Hof einbezogen worden sein. Die Mühle lag W des Wehe-Baches.

DN 95  I. *Maleits-Mühle.*
II. TK 5204 Lendersdorf: r 25 24 360; h 56 29 295. Rund 1,1 km NO Burg Wenau, O des Wehe-Baches in einer seiner Ausbuchtungen nach W.
III. 1806/08 zeigt die Tranchot-K. ÄA Blatt 29 Düren hier die Maleits-Mühle mit einem S daran anschließenden großen Teich. Der Teich ist heute versandet. Von der Mühle ist nur noch ein Gebäude vorhanden, das anderweitig genutzt wird.

DN 96  I. *Hueten-Mühle.*
TK 5104 Düren: r 25 24 410; h 56 29 655. In Klein-Schönthal, im Tal des Wehebaches.
III. Hier zeigt die Tranchot-K. ÄA Blatt 29 Düren von 1806/08 die Hueten-Mühle W des Wehe-Baches. Die Mühle besteht heute nicht mehr. Ihre Gebäude sind teils abgerissen, teils anderweitig in Schönthal verwendet worden.

DN 97  I. *Trauden-Mühle.*
II. TK 5104 Düren: r 25 24 680; h 56 30 050. Am N-Ausgang von Schönthal, W des Wehebaches.
III. 1806/08 zeigt die Tranchot-K. ÄA Blatt 29 Düren hier die Trauden-Mühle mit zwei S davon liegenden großen Weihern. Aus dieser Mühle ist später eine Fabrik hervorgegangen.

DN 98  I. *Wenauer Mühle II.*
II. TK 5203 Stolberg: r 25 23 020; h 56 27 240. O der oberen Rur, nahe des Forstamtes Wenau.
III. 1806/08 zeigt die Tranchot-K. ÄA Blatt 29 Düren hier eine Mühle. Sie muß im 19. Jahrh. aufgegeben worden sein.

DN 99  I. *Wenauer Mühle III*, auch: *Krickelsmühle.*
II. TK 5203 Stolberg: r 25 23 400; h 56 27 660. O der Rur in der Nähe von Hamich.
III. 1806/08 zeigt die Tranchot-K. ÄA Blatt 29 Düren hier eine Mühle; heute steht hier nur noch ein Wirtshaus.

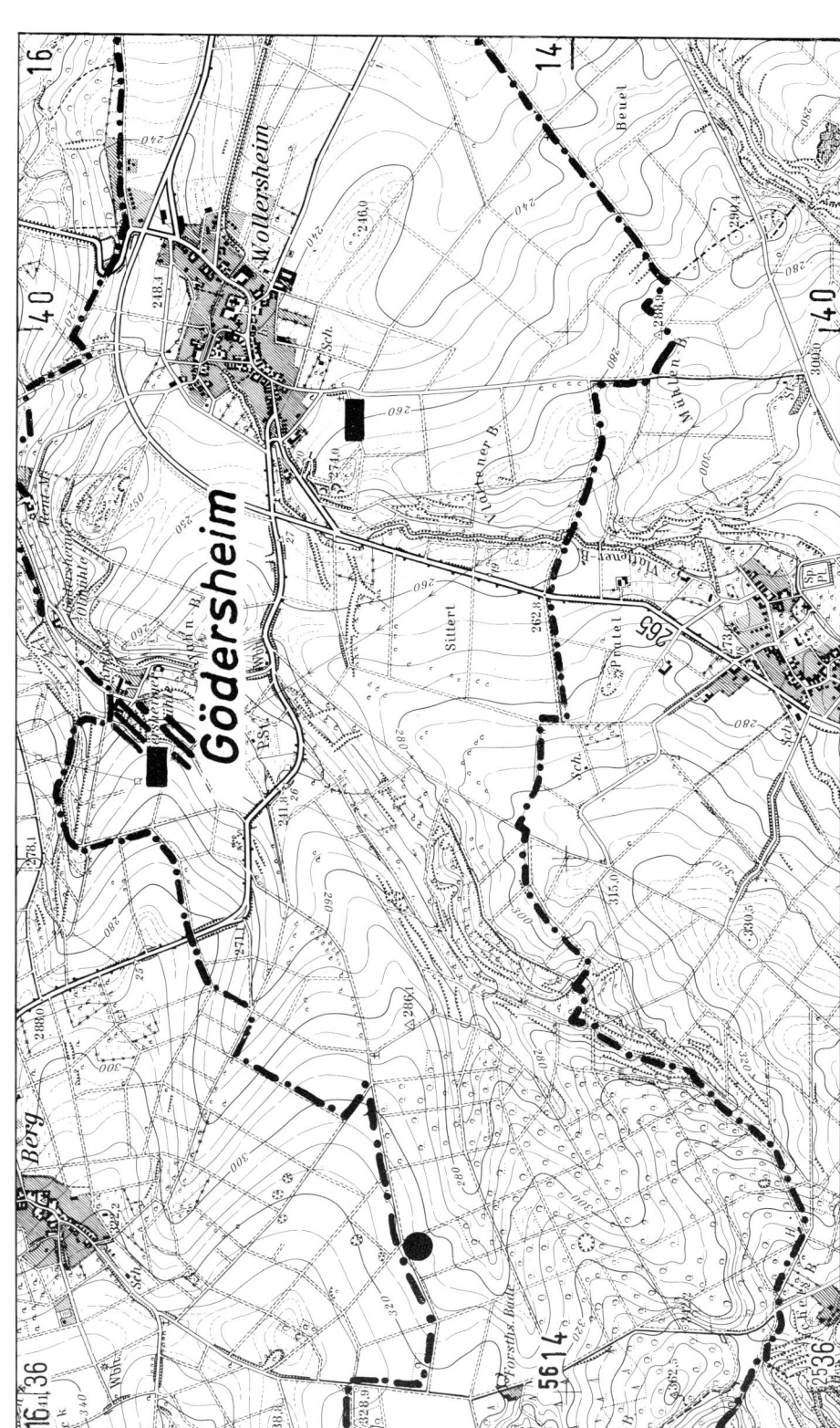

4 Die Dorfwüstung Gödersheim (DN 101) bei Wollersheim (DN). Rechtecke: fränkische Gräberfelder; Punkt: fränkischer Einzelfund.

(Ausschnitt aus der TK 1 : 25 000 Blatt 5305 Zülpich; wiedergegeben mit Genehmigung des Landesvermessungsamtes Nordrhein-Westfalen vom 4. 5. 1973 – 3787).

## Winden

DN 100
I. *Hemgenberg.*
II. TK 5204 Lendersdorf: auf dem Hochkopf, einem von NW ins Rurtal vorspringenden Bergplateau 1,3 km SSW der Kirche von Winden; r 25 33 350; h 56 21 670.
III. 1808/09 zeigt die Tranchot-K. ÄA Blatt 37 Zülpich hier einen kleinen Weiler namens Hemgenberg. Er umfaßt zwei, vielleicht drei Gebäude. Er liegt innerhalb einer vorgeschichtlichen Abschnittsbefestigung, die das rundliche Plateau im NW mit Hilfe eines rund 100 m langen Walles mit vorgelagertem Graben absperrt. Im S und O sind natürliche Steilhänge, im N ein tief eingeschnittener Siefen natürliche Schutzelemente. Die vorgeschichtliche Befestigung wurde vom RLMB archäologisch untersucht. Dabei ergab sich, daß sie auf jeden Fall aus der vorrömischen Eisenzeit, vielleicht aus dem 1. Jahrh. v. Chr. Geb., stammt. Das mittelalterliche Dorf Hemgenberg nutzte den durch die vorgeschichtliche Anlage gegebenen Schutz aus.
LITERATUR: Bonner Jahrb. 145, 1940, 298–301.

## Wollersheim

DN 101
I. *Gödersheim,* Burg- und Dorfwüstung. Abb. 4.
II. TK 5305 Zülpich: r 25 38 610; h 56 15 620. Etwa 1,5 km WNW Wollersheim im Tal des oberen Neffelbaches.
III. 1343 befindet sich Gödersheim im Besitz einer gleichnamigen Adelsfamilie.
1373 befindet sich Johann v. Vlatten im Besitz des Dorfes.
1474 kam das Gut Gödersheim durch Heirat an die Familie v. Lülsdorf.
1481: PN *Godard v. Goederschem.*
Ende 15./Anf. 16. Jahrh. entstand die jetzt in Resten sichtbare Burganlage. Sie besteht aus einer Hauptburg mit dem Herrenhaus und einer großen Vorburg. Beide Teile der Burg waren durch eigene Grabensysteme gesichert. Das Herrenhaus war bis 1865 noch bewohnt. Die Vorburg ist bereits weitgehend verfallen, die Wassergräben sind trockengelegt. Burg Gödersheim und die beiden zugehörigen Mühlen, die eine direkt neben der Burg, die andere, eine Ölmühle, weiter NW gelegen, sind als Überreste eines einstigen Dorfes Gödersheim anzusprechen. Dieses Dorf lag an einer sehr wichtigen Stelle: dort, wo die sehr alte Straße von Wollersheim nach Berg und Nideggen das Neffelbachtal überschreitet. Die Baulichkeiten dieses Dorfes lagen S dieses Punktes beiderseits des Neffelbaches auf der hochwasserfreien Terrassenkante des Bachtales.
1808/09 zeigt die Tranchot-K. ÄA Blatt 37 Zülpich hier Burg und Mühle *Juderschem.*
VI. SW davon vermerkt die Tranchot-K. den FN *Juderschemerberg.*
VII. Von der Siedlung Gödersheim wurde archäologisch bislang nichts nachgewiesen. Bekannt ist hingegen ein zugehöriges fränkisches Reihengräberfeld, welches bereits im 19. Jahrh. gefunden wurde und das wahrscheinlich am Hang unmittelbar N des Dorfes gelegen hat.
VIII. Ein Teil der Flur von Gödersheim liegt am Oberlauf des Neffelbaches, wo sich zahlreiche terrassierte Altfeldersysteme erstrecken. Sie bedecken die Hänge des oberen Neffelbachtales. Auch die ungewöhnlich große Ausweitung der Gemarkung Wollersheim nach W dürfte aus Teilen der Gemarkung Gödersheim bestehen.
LITERATUR: Clemen, KDM Kr. Düren 355–358. – Welters, Wasserburg 66, spricht bereits die Vermutung aus, Gödersheim sei ein wüstes Dorf. – Zum fränkischen Friedhof: H. Stoll, Rheinische Vorzeit in Wort und Bild 4, 1941, Karte S. 73.

Lage unbekannt

DN 102  I. *Orisheim.*
II. Hat vielleicht bei Golzheim oder aber bei Geich gelegen.
III. 1430: PN *Catharina v. Orisheim* (ZAGV 4, 1882, 11).
1430 Nov. 12: PN *Katharina v. Orisheim* (AHVN 64, 1897, 271).

DN 103  I. *Magininga Villa.*
II. Könnte im Gebiet von Düren gelegen haben.
III. 838 Juni 18: Gütertausch der Abteien St. Maximin und Prüm im Eifelgau: *in supradicto pago eifla in uilla et in loco iam dicto id est liudrestorhf et magininga uilla de terra arabili. II. partes in loco nuncupante eikak ingrediens locum ibidem consistentem qui dicitur mulinart* . . . (MRUB I Nr. 65). Zur Deutung der ON hat man in der Urkunde Leudersdorf im Kr. Daun erkennen wollen, wobei die Interpretation von *mulinart* Schwierigkeiten bereitete. Es können aber auch Lendersdorf und Müllenark, Kr. Düren, gemeint sein. In diesem Falle müßte man auch die *magininga villa* in diesem Gebiet suchen.

Nachträge zum Kreis Düren s. S. 509 f.

# Wüstungen
# im Kreis Schleiden (SLE)

### Ahrdorf

SLE 1  I. *Honerath,* Wüstung?
II. TK 5606 Dollendorf: r 25 56 700; h 55 81 500. In einem unter Laubwald gelegenen Gelände unmittelbar am Südufer der Ahr, etwa 360 m hoch gelegen; weiterhin im Waldnamen *Staatsforst Honerath* bei r 25 54 700; h 55 81 000.
III. Es ist nicht sicher, ob es sich um eine Wüstung handelt, weil bisher keine Ortsstelle im fraglichen Gebiet identifiziert wurde. Doch lassen ähnliche ON, wie Honerath, Gemarkung Wahlscheid, Siegkreis, Honerath, Kr. Ahrweiler oder Honerath, Lkr. Bonn, an eine Wüstung dieses Namens denken. Als Name einer späten Rodungssiedlung paßt Honerath durchaus in das waldreiche obere Ahrtal.

SLE 2  I. *Stahlhütte,* Hammerwerk.
II. TK 5606 Dollendorf: r 25 56 900; h 55 83 100. Zwischen der Ahr und der Ortslage Dorsel, Kr. Ahrweiler (vgl. AW 79).
III. Nach T. Redagne, Die *Hammerspell.* Eifelkalender 1955, 101, lag vor mehr als hundert Jahren das Hammerwerk *Stahlhütte* in der Nähe von Ahrdorf.

### Berg

SLE 3  I. *Burghügel* (Motte).
II. TK 5305 Zülpich: r 25 42 640; h 56 11 930. Rund 750 m NO der Burg von Berg, im tief eingeschnittenen Tal des Berg-Baches, am S-Ufer des Baches.
III. Urkundliche Belege sind für die Anlage bisher nicht bekannt. Vielleicht besteht ein Zusammenhang des Burghügels mit der späteren Burg von Berg, etwa so, daß der Burghügel der Vorgänger der Wasserburg von Berg gewesen sein könnte.
VII. Der Burghügel ist 50 m lang und etwa 12 m breit. Er hat ovale Form und wurde aus dem nach N abfallenden Tötsch-Berg herausgeschnitten, indem man nach der Bergseite einen tiefen Graben anlegte. Der künstlich aufgeschüttete Burghügel ist 4–5 m hoch. Eine Vorburg fehlt offensichtlich.
LITERATUR: M. Müller-Wille, Burghügel Nr. 84. – P. J. Tholen, Bonner Jahrb. 167, 1967, 477.

SLE 4  I. *Wehranlage,* vermutlich ehemalige Wasserburg.
II. TK 5305 Zülpich: r 25 42 045; h 56 11 530. Etwa 80 m N der Burg von Berg, dicht am Musengraben, im Mündungsgebiet des Musengrabens in den Berg-Bach.
III. 1808/09 zeigt hier die Tranchot-K. ÄA Blatt 37 Zülpich den Rest einer wasserburgähnlichen Anlage. Es handelt sich um ein rechteckiges Gelände, das auf drei

Seiten, im N, W und S, von einem Wassergraben umschlossen ist. Nur nach O fehlt ein Graben. Auf der N-Seite wird diese Grabenanlage direkt vom Musenbach gespeist. Gebäude sind auf der Tranchot-K. nicht mehr angegeben. Die Anlage muß zur Zeit der Kartenaufnahme schon lange wüst gewesen sein. Vielleicht steht sie in einem Zusammenhang mit der wenig S liegenden Burg Berg.

## Berk

SLE 5  I. *Ditscheid,* Wüstung?

II. TK 5604 Hallschlag: r 25 32 600; h 55 84 300. In einem schwach bewegten Gelände in Ackerland, moorigen Wiesen und Wald, rund 1 km NNW Berk.

VI. Hier zeigen moderne Karten den FN *Ditscheid*. Es ist zwar nicht sicher, daß es sich um eine Wüstung handelt, weil bislang noch keine zugehörige Ortsstelle gefunden wurde. Es fällt jedoch eine Ausbuchtung der Gemarkung Berk nach N auf, die als zugeschlagene Gemarkung einer Wüstung aufgefaßt werden kann.

SLE 6  I. *Waltum.*

II. Genaue Lage nicht bekannt, jedoch in der Gegend von Berk.

VI. H. Dittmaier, Die linksrhein. ON auf -dorf und -heim (Manuskr. Bonn 1961) 83, verzeichnet den FN Waltum in der Gemarkung Berk.

## Blankenheim

SLE 7  I. *Geishausen.* Abb. 5; Tafel 79.

II. TK 5505 Blankenheim: r 25 45 150; h 55 87 500. Im Staatsforst Nonnenbacher Hardt, Jagen 7–12.

III. Bisher keine urkundlichen Belege.

VII. Auf der TK wird bei r 25 44 820; h 55 87 530 ein Hügelgrab verzeichnet. In Wirklichkeit handelt es sich um den Keller eines Gebäudes, das sicher zu einem Hof *Geishausen* gehört hat. Die Fundstelle liegt inmitten einer weiten Ausbuchtung der Gemarkung Blankenheim nach SW. In ihr ist die Flur von *Geishausen* zu erblicken, die später Blankenheim zugeschlagen wurde.

VIII. Am Nordrand des Staatsforstes Nonnenbacher Hardt finden sich in den Wiesen zahlreiche terrassierte fossile Felder. Terrassenäcker sind gelegentlich auch im Forst selbst zu beobachten. Ferner gibt es ein ausgeprägtes System von Hohlwegen, die O an *Geishausen* vorbeiführen. Die fossilen Terrassenäcker wurden kartiert (vgl. Tafel 80 und in diesem Katalog unter A 8 und A 9).

SLE 8  I. *Hülchrath.* Abb. 5.

II. TK 5505 Blankenheim: r 25 45 745; h 55 88 470. NW von Blankenheim im Gebiet der Kapelle Hülchrath, außerhalb der mittelalterlichen Stadtmauern.

III. Keine urkundlichen Belege. Nach Clemen, KDM Kr. Schleiden 67, ist die Kapelle St. Crucis Mittelpunkt einer kleinen Siedlung der Rodezeit des 9.–11. Jahrh. gewesen.

V. Die Kapelle St. Crucis wurde in der heute noch bestehenden Form 1773/1780 als Sühnekapelle erbaut. Einzelheiten vgl. Clemen, KDM Kr. Schleiden 67 f.

Blankenheimerdorf

SLE 9  I. *Altenburg*. Abb. 5; Tafel 1,1; 48; 62; 71.
II. TK 5505 Blankenheim: r 25 42 810; h 55 88 780. Auf einem steilen Bergkegel 500 m ONO des Gutes Altenburg.
III. 1483 und 1493 werden Herren von Aldenburg urkundlich genannt (Clemen, KDM Kr. Schleiden 473).
1652/53 erscheint ein Peter v. d. Aldenburg *jetzo im Dorf Blankenheim* wohnend (a. a. O.).
1808/09 zeigt die Tranchot-K. NA Blatt 129 Blankenheim keine Reste der Burg mehr.
IV. Im Volksmund wird mit der Altenburg eine Wüstung namens *Hustert* verbunden (vgl. SLE 12).
VI. Das Gebiet um die Altenburg sowie W davon um den gleichnamigen Gutshof, den der Graf Beißel zu Gymnich Anfang des 19. Jahrh. von der französischen Verwaltung kaufte, trägt den Namen *An der Altenburg*.
VII. Die Burg lag auf einem steil aufragenden Kalkfelsen. Nach S und W umgibt sie am Bergfuß ein deutlich sichtbarer Wall. Auf der Ostseite ist der Bergkegel durch einen tief eingeschnittenen Graben in zwei Teile zerschnitten. Reste von Mauerwerk sowie Keramik des 13.–15. Jahrh. sind auf der Bergkuppe vorgefunden worden. Im einzelnen konnte man jedoch keine Bauten mehr erkennen, wie noch zu Zeiten der Aufnahme der KDM möglich war. Zu Füßen der Burg liegt ein länglicher alter Fischweiher.
VIII. Bei der Kartierung dieses Gebietes (Tafel 71) fiel auf, daß um die Altenburg herum nur wenige fossile Terrassenäcker vorkommen, desgleichen auch um den Gutshof Altenburg. Das spricht gegen das Vorhandensein einer Dorfwüstung in diesem Bereich, obgleich auf den beackerten Feldern S der Burg mehrfach mittelalterliche Keramik gefunden wurde.
Über die in enger Beziehung zur Altenburg stehende Motte (Burghügel) Zehnbachhaus s. SLE 122.

SLE 10  I. *Bierther Hof*. Abb. 5; Tafel 3 und 79.
II. TK 5505 Blankenheim: r 25 43 290; h 55 87 600. Im Abstand von etwa 500 m nach SO von der heutigen Bundesstraße 51, in Wiesengelände gelegen.
III. 1808/09: Tranchot-K. NA Blatt 129 Blankenheim: *Biederhof* mit SO und SW angrenzenden Waldungen und N davon liegenden Wiesen.
1893 enthält die TK 1 : 25 000 den Hof nicht mehr.
IV. Bei den Bauern dieser Gegend ist sowohl der Name als auch der genaue Standort des Hofes noch gut bekannt. Es heißt, der Graf Beißel von Gymnich zu Schmidtheim habe die Aufgabe dieses und anderer Höfe dieser Gegend veranlaßt (SLE 11, 15, 17), um sich ein geschlossenes Waldgebiet zu schaffen.
V. Nach Schannat-Bärsch, Eifl. Ill. III 1, 63 f., war der Hof in die Pfarrei Blankenheim eingepfarrt, die ihrerseits seit 1794 dem neu errichteten Dekanat Blankenheim angehörte.
VI. Unmittelbar N der Hofstelle FN *Bierther Pesch*; etwa 800 m ONO der Hofstelle FN *Bierther Härdtchen*.
VII. An der unter II. bezeichneten Stelle massive Fundamente aus behauenen großen Quadern, die sich zu einem Dreiseithof zusammenfügen. Die Quader schauen aus dem Grasbewuchs des heute Unland bildenden Hofgeländes heraus. In der Umgebung des Hofes degenerierte Obstbäume noch erhalten.
VIII. Zwischen dem N Waldrand des Staatsforstes Schleiden bzw. des gräflich Gymnichschen Forstes und der heutigen B 51 erstreckt sich eine komplette Wü-

stungsflur, die zu großen Teilen zum Bierther Hof gehört hat. Sie besteht aus langstreifigen Terrassen, die nicht nur isohypsenparallel, sondern auch rechtwinklig zu den Höhenlinien verlaufen. Es gibt Anwände, Gräben und Wälle als Feldgrenzen. Lesesteinhaufen sind an den Enden der Ackerstreifen vorhanden. Die gesamte Flur liegt heute unter Unland. Die Flur wurde kartiert und beschrieben (vgl. Tafel 79 und in diesem Katalog unter A 8).

SLE 11   I. *Fritzenhof,* auch: *Fritzer Hof.*                              Abb. 5; Tafel 79.
II. TK 5505 Blankenheim: r 25 43 035; h 55 87 020. Heute im Laubwald gelegen, etwa 200 m N des Nonnenbaches.
III. 1808/09: Tranchot-K. NA Blatt 129 Blankenheim enthält hier einen aus zwei Gebäuden bestehenden Hof.
1823: Kataster im Katasteramt Blankenheim enthält ein rechteckiges und ein quadratisches Gebäude.
1893: TK 1 : 25 000 zeigt keinen Hinweis mehr auf den Hof.
V. Der Hof war nach Blankenheim eingepfarrt (Schannat-Bärsch, Eifl. Ill. III 1, 63 f.).
VII. Der Hof lag im Zwickel zweier Wege in einem heute ganz bewaldeten Gebiet. Ein großes Podest mit nach S abfallenden Kanten könnte sein Standort gewesen sein.
VIII. In unmittelbarer Umgebung des Hofes fanden sich keine fossilen Fluren, doch zahlreiche Meilerplätze. Vielleicht hatte der Hof Anteil an dem Terrassensystem auf dem Westufer des Seidenbaches (vgl. Tafel 79).

SLE 12   I. *Hustert.*                                                                Abb. 5.
II. Um die Burgruine Altenburg (SLE 9).
III. Keine urkundlichen Belege.
IV. Daß zu Füßen der Altenburg eine mittelalterliche Siedlung bestanden haben soll, ist nur durch die Volksüberlieferung tradiert worden. Funde, die mit Sicherheit eine Siedlung angeben, wurden bisher noch nicht gemacht. Vereinzelte mittelalterliche Scherben, die auf den Äckern S der Altenburg gefunden wurden, können auch auf anderem Wege dorthin verschleppt worden sein.

SLE 13   I. *Lutzerath.*                                                            Abb. 5.
II. TK 5505 Blankenheim: r 25 43 200–44 500; h 55 91 000–92 200. Die Siedlung lag O der Urft zwischen dem Hau-Bach und dem Lutzerather Seiffen.
III. 1260 erscheint im Güterverzeichnis der Abtei Steinfeld Lutzerath (Nicola Reinartz, Steinfeld, das 'Bergmannskloster' der Eifel und die wallonische Einwanderung. Heimatkal. des Eifelgrenzkreises Schleiden 1956, 67).
VI. 1808/09 enthält die Tranchot-K. NA Blatt 129 Blankenheim O der Urft im Nordteil der Gemarkung Blankenheimerdorf zwischen dem Hau-Bach und dem Bach, der die Grenze gegen die Gemarkung Nettersheim bildet, die Bezeichnung *Lutzeralder Heide.* Der Grenzbach gegen Nettersheim hat heute keinen kartograph. Namen, hieß aber auf der Tranchot-K. noch *Luteralder Seiffen.*
VII. Es kann sich nur um eine kleine, später wieder verwaldete Rodungssiedlung in dem beschriebenen Areal handeln. An sie erinnert u. a. auch der FN *Lützert* in diesem Gebiet. Auch diese Siedlung hatte mit dem Abbau von Eisenerz zu tun. So bestanden am Hau-Bach Eisenhütten, die ihre Energie von mehreren Staubecken an dem in den Hau-Bach mündenden Wolfsseifen bezogen. Bei r 25 43 950; h 55 91 170 sowie bei r 25 44 350; h 55 91 340 sind im Gelände noch die Reste künstlicher Staubecken vorhanden. Sie waren talwärts durch Dämme, nach den Seiten aber durch künstliche Wälle begrenzt. Der bachaufwärts gelegene Stau ist auch

noch in der Tranchot-K. als Weiher eingezeichnet. Der Hau-Bach führte im Mittelalter auch den Namen *Houweyr*. Im übrigen ist fast der gesamte heutige Staatsforst Mürel eine einzige fossile Erzbergbaulandschaft. Große Komplexe mit hunderten von Pingen bezeugen einen großmaßstäblichen Abbau von Eisenerzen im späten Mittelalter und während der frühen Neuzeit. Eine Kartierung dieser Relikte könnte eine ganze Bergbauprovinz veranschaulichen. Sie würde wahrscheinlich auch zur Auffindung der 1503 im Steinfelder Güterverzeichnis genannten Hütte *Lyntberg* führen, die an der Mündung von Hau-Bach und Lauf-Bach gestanden haben soll (Nicola Reinartz a. a. O. 364).

SLE 14  I. *Eisenerz-Tagebaue*. Tafel 2 und 3.
II. TK 5505 Blankenheim: r 25 43 000–43 700; h 55 89 000–600. Zwischen der Altenburg (SLE 9) und dem Staatsforst Olbrück, heute in offenem Wiesengelände.
VII. Auf den weiten Wiesenplänen zwischen der Altenburg und dem Waldstück Olbrück finden sich heute noch ausgedehnte Pingenfelder als Reste mittelalterlichen und neuzeitlichen Tagebaus auf Eisenerze. Hier wurden, teilweise von bäuerlichen Grundstücksbesitzern, Raseneisenerze abgebaut und in die nächstgelegenen Hütten an der Ahr gebracht. Es gibt zwei Typen von Pingenfeldern:
a) Ein relativ ebenes Gelände, in dem die einzelnen Erzlöcher, die Pingen, getrennt voneinander in den Boden hineingetrieben wurden, so daß die Landschaft das Aussehen einer Kraterlandschaft hat.
b) In leicht ansteigendem oder buckeligem Gelände schnitt man die erzführenden Schichten von der Seite her an und trieb diesen ersten Anschnitt dann mit einzelnen Zweigen und Ausbuchtungen je nach Erzführung seitlich weiter.
Das ganze Abbaugelände heißt noch heute *Auf der Eisenkaul*. Wann hier der Erzabbau einsetzte, wird sich erst nach Grabungen entscheiden lassen. Auf den umliegenden Äckern findet man große Mengen von Eisenschlacken und Luppen, die darauf hinweisen, daß in dieser Gegend auch Eisenerz verhüttet worden ist.

SLE 15  I. *Manderscheider Hof*. Abb. 5; Tafel 79.
II. TK 5505 Blankenheim: r 25 43 070; h 55 87 000. O neben dem Fritzenhof (SLE 11), in einem heute bewaldeten Gebiet.
III. 1808/09: Tranchot-K. NA Blatt 129 Blankenheim enthält den Manderscheider Hof mit zwei Gebäuden.
1823: Urkataster auf dem Katasteramt Blankenheim enthält einen Hof mit zwei Gebäuden.
1893: In der TK 1 : 25 000 nicht mehr enthalten.
V. Der Hof war nach Blankenheim eingepfarrt (Schannat-Bärsch, Eifl. Ill. III 1, 63 f.).
VII. Der Hof lag auf einem weiten Podest an einer noch heute unter Wald sichtbaren Wegespinne. In der näheren Umgebung finden sich zahlreiche Meilerplätze.
VIII. Fossile Fluren in der unmittelbaren Umgebung des Hofes sind selten. Felder lagen aber SO vom Hof im sog. *Fackelheck*, wo das Urkataster von 1823 blockförmige Feldeinteilungen zeigt. Außerdem dürfte der Hof an den fossilen Terrassenäckern am Froschberg und S der B 51 beteiligt gewesen sein.

SLE 16  I. *Ohdorf*.
II. Lage unbekannt.
III. 1218: *In agris et in sylvis, L iugera in villa, quae dicitur Othorff* (MRUB III Nr. 90), wird von den Herausgebern des MRUB in der Nordeifel vermutet. H. Dittmaier, Die linksrheinischen Ortsnamen auf -dorf u. -heim (Manuskr. Bonn 1961) 82, sucht es in Blankenheimerdorf.

Blankenheimerdorf

SLE 17   I. *Schneppenerhof*.                                    Abb. 5; Tafel 1, 2 und 79.
II. TK 5505 Blankenheim: r 25 42 075; h 55 87 200. Heute inmitten der Waldungen des Grafen Beißel von Gymnich.
III. 1808/09: Tranchot-K. NA Blatt 129 Blankenheim *Scheneppenerhof* mit mehreren, wahrscheinlich drei Gebäuden.
1823: Urkataster im Katasteramt Blankenheim zeigt den Hof bereits wüst.
V. Der Hof war nach Blankenheim eingepfarrt (Schannat-Bärsch, Eifl. Ill. III, 1, 63 f.).
VI. Eine Lichtung, auf der früher der Hof gestanden hat, heißt heute *In Schneppen*.
VII. Auf einer Lichtung sind im Wiesengelände zahlreiche Unebenheiten zu beobachten. Mauerfundamente ragen an vielen Stellen aus dem Boden heraus. Mindestens zwei Gebäude sind auf diese Weise noch zu identifizieren.
VIII. Der Hof partizipierte sicher an der fossilen Flur S der B 51. In seiner Umgebung zeigen sich mehrfach Meilerplätze. Hohlwege sind NW und SO des Standortes erhalten. An dem unweit SW fließenden N Nebenbach des Nonnenbaches finden sich zwei Dämme, Reste alter Stauwerke des Hofes.

SLE 18   I. *St. Petersholz*.                                                Abb. 5.
II. TK 5505 Blankenheim: r 25 42 080; h 55 89 770. Im Bereich des heutigen Bahnhofes Blankenheim-Wald.
III. 1632 verlehnt Graf Johann Arnold von Manderscheid-Blankenheim ein neues Bergwerk, welches auf dem Berge St. Petersholz begonnen worden war (H. Neu, Heimatkal. d. Kr. Schleiden 1953, 51 mit Anm. 4).
1676 wird Valentin Wiedenhaus, aus dem Lande Braunschweig gebürtig und in Lommersdorf niedergelassen, mit dem Bergwerk auf dem St. Petersholz belehnt (H. Neu wie oben mit Anm. 5).
2. Hälfte 17. Jahrh.: Graf Salentin Ernst von Manderscheid-Blankenheim (1644–1705) läßt im Gebiet des heutigen Bahnhofes Blankenheim-Wald eine Bauernsiedlung mit Namen *St. Petersholz* errichten und setzt dort *welsche* Bauern an (Die Eifel 1956, 110). Es handelt sich um einen der sehr wenigen Fälle frühneuzeitlicher Kolonisation in der Nordeifel.
1808/09: Tranchot-K. NA Blatt 129 Blankenheim enthält keinerlei Hinweise mehr auf diese Siedlung.
VI. Etwa 1500 m NW Waldname *Petersholz*, Teil des Staatsforstes Schleiden.

SLE 19   I. *Wälle* und *Geschützstellungen*.
II. TK 5505 Blankenheim:
a) eine Wallanlage bei r 25 43 380; h 55 88 340;
b) zweite Anlage bei r 25 42 660; h 55 87 820.
Beide Wallanlagen schneiden die Köln–Trierer Straße W des Staatsforstes Olbrück ab.
III. 1808/09: Tranchot-K. NA Blatt 129 Blankenheim enthält zwischen den beiden Geschützstellungen: *Batterie des Autrichiens à l'année 17. .*, die beiden letzten Ziffern unleserlich.
Die Schanzen können demnach entweder aus dem spanischen Erbfolgekrieg (1701–1714) oder aus den französischen Revolutionskriegen (1794 ff.) stammen. Sie unterstreichen nachdrücklich die große Bedeutung der Köln–Trierer Straße, der heutigen B 51, der alten römischen Straße, für den Vormarsch von Truppen.
VII. Reste der Schanzen waren 1966 noch sichtbar. Sie wurden beim Ausbau der B 51 in den Jahren 1967/68 beseitigt.

## Bleibuir

SLE 20
I. *Buir,* Namenwechsel.
II. Identisch mit dem heutigen Bleibuir.
III. 893/1222: Güterverzeichnis Prüm: *Bure* (MRUB I, Nr. 135).
1577: Bleibuir (Grimm, Weisthümer II, 701).
Der ON Buir wurde in Bleibuir verändert, seit in diesem Gebiet ausgedehnte Bleivorkommen abgebaut wurden. Das ist mindestens seit dem 15. Jahrh. der Fall.

SLE 21
I. *Gute Hoffnung,* Bleibergwerk.
II. TK 5405 Mechernich: r 25 40 330; h 56 05 500. Rund 750 m S der Ortsmitte von Bleibuir.
III. TK 1 : 25 000 von 1895 zeigt das Bergwerk noch in Tätigkeit. Es handelt sich offensichtlich um einen im 19. Jahrh. entstandenen Bergbaubetrieb.

## Buir

SLE 22
I. *Rotherhof.*
II. TK 5506 Aremberg: r 25 52 970; h 55 94 465. Rund 1250 m OSO von Buir.
III. 1809: Tranchot-K. NA Blatt 118 Schönau: *Rather Hof Ruinée.*
VI. TK 5506 enthält S der Hofstelle den WN Roeds-Büsch.

SLE 23
I. *Befestigter Hof,* Rest eines Burghügels?
II. TK 5506 Aremberg: r 25 51 800; h 55 94 800. Beim südlichsten Hof des Ortskernes Buir.
III. 1809: Tranchot-K. NA Blatt 118 Schönau zeigt am S Dorfrand von Buir einen auf drei Seiten geschlossenen Herrenhof. W hinter dem in NW-SO-Richtung stehenden, langgestreckten Herrenhaus findet sich eine viereckige Grabenanlage. Sie umschließt ein hügelartig erhöhtes Innengelände. Die Anlage wurde zunächst für ein Göpelwerk gehalten (W. Haberey, T. Hürten, Bonner Jahrb. 155/156, 1955/56, 540). Es scheint sich aber doch eher um einen befestigten Hof mit Turmhügelburg zu handeln.
V. Auf der NO-Seite des Hofes liegt der alte Friedhof, auf dem auch die Kirche gestanden hat.

## Dollendorf

*Eisenhüttenwerk zu Ahrhütte* s. unter Freilingen (SLE 43).

SLE 24
I. *Burg Dollendorf.*
II. TK 5606 Dollendorf: r 25 50 630; h 55 84 100. Auf vorgeschobenem Bergrücken zwischen Lampert-Bach und Ahr.
III. 893/1222: Güterverzeichnis Prüm, Zusatz des Exabtes: *Nobilis vir de dollendorpht tenet I curiam similiter prope ipsum castrum dollendorpht* (MRUB I Nr. 135, S. 175 Anm. 1).
1077: Vita Annonis: *Arnoldus . . . castrum habens nomine Dollindorpt* (MGH SS XI S. 510).
Zahlreiche weitere Belege bei Clemen, KDM Kr. Schleiden 102 ff.
2. Hälfte des 18. Jahrh. in der Hand der Grafen von Manderscheid-Blankenheim, dann in französischer Hand, 1810 von den Franzosen auf Abbruch verkauft und abgebrochen.

VI. S der Burg FN *Burgfeld* um die Kreuzwegkapelle St. Antonii a Padua, die 1701 errichtet wurde.

VII. Die Reste der Burg bilden heute einen ausgedehnten, von Trümmern und Mauerresten bedeckten Bezirk. Tiefer Graben und Wall riegeln ihn nach S hin ab. Eine Federzeichnung des frz. Malers Roidkin zeigt das Schloß im Jahre 1730 (Die Eifel 1953, 14).

SLE 25  I. *Eisenerz-Tagebaue.*

II. TK 5606 Dollendorf: r 25 49 700; h 55 82 750–950. Am Westhang des sog. Galgentales, rund 1 km NW Dollendorf.

VII. Am sehr steilen W Hang des sog. Galgentales, NW von Dollendorf, befindet sich ein ausgedehntes Gebiet mit Eisenerztagebauen. Es handelt sich um runde Löcher von 2–5 m Dm. und 0,50–3 m Tiefe, die in den Steilhang eingegraben wurden. Den dabei anfallenden Abraum schüttete man hangseitig an, so daß vor den eigentlichen Erzgruben kleine Plateaus entstanden, auf denen gearbeitet werden konnte. Es handelt sich um ein typisches Pingenfeld, das vom obertägigen Abbau von Raseneisenerzen herrührt. Das Gelände ist heute mit wildem Gras sowie Gestrüpp, vorwiegend Weißdorn, sowie mit Wachholder und einigen Kiefern bewachsen. Diese Flora ist für aufgelassene obertägige Erzgruben, die aufgelassen wurden, typisch.

Ob hier auch horizontale Stollen in den Hang getrieben wurden, wie an einigen Stellen vermutet werden kann, wäre durch Grabungen näher zu untersuchen. Der gesamte Bergbaukomplex ist undatiert, doch würde nicht überraschen, wenn das Pingenfeld zum Arenbergischen Erzbergbau dieses Raumes gehörte. Urkundliche oder archivalische Hinweise sind bislang noch nicht bekanntgeworden.

SLE 26  I. *Mühle am Vellerhof.*

II. TK 5606 Dollendorf: r 25 50 215; h 55 84 360. Etwa 300 m O Vellerhof.

III. 1808/09: Tranchot-K. ÄA: *moulin ruinée.*

1895: In der TK 1 : 25 000: noch zwei Gebäude in der Nachbarschaft der Mühle angegeben, heute alles wüst.

SLE 27  I. *Ohndorf.*

II. Lage unbekannt, möglicherweise bei Dollendorf.

III. Nach B. Schulte, Eifeler Kleinkriege. Eifelkalender 1936, 87, soll ein Dorf dieses Namens im 17. Jahrh. von Dollendorfer Bauern verbrannt und nicht wieder aufgebaut worden sein. Diese Nachricht soll auf eine Niederschrift des Ortspfarrers von Dollendorf zurückgehen.

H. Dittmaier, Die linksrheinischen ON auf -dorf und -heim (Manuskr. Bonn 1961), kennt den FN *Ohndorf* in der Gemarkung von Dollendorf.

SLE 28  I. *Stahlhof.*

II. TK 5606 Dollendorf: r 25 51 650; h 55 79 850. Im SO-Teil der Gemarkung Dollendorf.

III. 1809/10 zeigt die Eintragung in der Tranchot-K. NA Blatt 143 Nohn hier die Eintragung *Stöhlhoff*, und zwar W des Michelsbaches in Heidegelände. Gebäude sind aber nicht mehr angegeben.

IV. Über den Stahlhof gibt es manche alte Geschichten und Sagen (vgl. E. Bungartz, Heimatkal. d. Kreises Schleiden 1954, 94).

VI. In der TK 1 : 25 000 findet sich Ende des 19. Jahrh. der FN *Stahlhof* und der Gewässername *Stahlhofer Seifen*, die an die ehemalige Stahlhütte erinnern.

Dreiborn

SLE 29   I. *Givernich* od. *Guiernich*.
II. Nicht genau lokalisierbar, wird NW von Dreiborn in der Nähe der Höfe *Auf dem Gier* oder *Am Gierberg* vermutet. Vielleicht lag der Ort aber auch direkt an der römischen Straße im Bereich des FN *Giefling*, also SW von Dreiborn.
III. Der Ort lag auf der Nordgrenze des kölnischen Wildbannes im Osning, der im Liber privilegiorum (Ende 14. Jahrh.) überliefert ist (vgl. L. Korth, Liber privilegiorum maioris ecclesie Coloniensis. Westdt. Zeitschr., Erg.-H. 3, 1886, 101–272). Der Wildbann selbst wird, obgleich jung überliefert (Ende 14. Jahrh.), für älter gehalten, wahrscheinlich 10./11. Jahrh. (vgl. dazu: H. Kaspers, Comitatus Nemoris [Düren, Aachen 1957] 89 ff. – S. Corsten, Der Forstbezirk Vlatten-Heimbach. In: Aus Geschichte und Landeskunde, Festschr. z. 65. Geburtstag von Franz Steinbach [Bonn 1960] 184 ff.).

SLE 30   I. *Gut Glück*, Hof und Mühlen.
II. TK 5404 Schleiden: r 25 32 950; h 56 05 000–240. Auf der Westseite der Urfttalsperre, überflutet.
III. Zwei Papiermühlen und ein Gutshof wurden von der Urfttalsperre überflutet. Alle müssen erst im Verlauf des 19. Jahrh. begründet worden sein, denn in der Tranchot-K. sind sie noch nicht enthalten.

SLE 31   I. *Harth*, Weiler.
II. TK 5404 Schleiden: r 25 29 550; h 56 06 000. Am Westhang des Kellenberges.
III. Es muß sich um eine junge Ansiedlung des 19. Jahrh. handeln, die in der Tranchot-K. noch nicht enthalten ist.
1895 zeigt die TK 1 : 25 000 vier Häuser. Der Ort wurde 1946 bei Einrichtung des Truppenübungsplatzes Vogelsang aufgegeben.

SLE 32   I. *Hohbach,* Hof.
II. TK 5404 Schleiden: r 25 30 980; h 56 07 000. Im Urftstausee N vom Neffges-Berg.
III. Der Ort wurde bei Anlage des Urftstausees aufgegeben und überflutet. Weder die Tranchot-K. noch die TK 1 : 25 000 von 1894 enthalten ihn.

SLE 33   I. *Krummenauel*, Hof.
II. TK 5404 Schleiden: r 25 31 620; h 56 06 720. SW der Insel Krummenauel im Stausee der Urft, 1 km N der Burg Vogelsang.
III. 1806/09: Tranchot-K. ÄA Blatt 37 Zülpich zeigt einen Hof *Crammenauel* O der Urft in einer ihrer großen Schlingen nach N.
Der Hof wurde bei Anlage des Urftstausees aufgegeben und überflutet.

SLE 34   I. *Müsauelsberg*.
II. TK 5404 Schleiden: r 25 26 000; h 56 01 000. 3 km W Dreiborn nahe am Wald.
III. 1895 zeigt die TK 1 : 25 000 dort einen Hof sowie das Grundstück eines weiteren Hofes. Beide Höfe sind in der Tranchot-K. nicht enthalten.
Sie wurden bei Einrichtung des Truppenübungsplatzes Vogelsang aufgegeben.

SLE 35   I. *St. Niclasbrug*, alter Name für Einruhr.
II. Wie Einruhr, Kr. Schleiden.

III. Nach K. Guthausen, Siedlungsnamen Kr. Schleiden, 35, ist St. Niclasbrug der alte Name für Einruhr:
1654: *St. Niclasbrug.*
1801: Einruhr.

SLE 36   I. *Pletschmühle.*
II. TK 5404 Schleiden: r 25 29 380; h 56 03 600. Am Osthang des Pletschmühlen-Berges.
III. Am Osthang des gleichnamigen Berges lag die Pletschmühle, und zwar an der Stelle, an der der Helings-Bach von S in den Sauer-Bach mündet. Reste eines Gebäudes erkannte K. A. Seel noch 1963.
1806/09 enthält die Tranchot-K. ÄA Blatt 36 Kornelimünster nur noch die Bezeichnung: *Pletz-Mühlen,* jedoch kein Gebäude mehr. Zu dieser Zeit war die Mühle also schon wüst.

SLE 37   I. *Pleushammer,* Hütten- u. Hammerwerk.
II. In Einruhr, Gemarkung Dreiborn, auf der Ostseite der Erkensruhr.
III. 1605: Rent- u. Forstmeister-Rechnungen Amt Monschau: *Catharina Hammerschmidts Hennen Hausfraw auf Pleushammer gibt für ihren entwichenen Ehemann weilen sie katholisch geblieben 4 Gulden* (Eremit 30, 1958, 75 ff.).
1649/50: *Der Pleushammer auf der Einruhr gibt ebenfalls 3 gro.* (Eremit a. a. O.).
1649–1694 betreibt der Mennonit Daniel Noitmann in dem Hammer das Kupferschlägerhandwerk. Noitmann mußte aber fliehen und die Hütte verfiel.
1731 und 1747 wird der frühere Hammer nur noch als unbrauchbare Ruine erwähnt (Eremit a. a. O. 76).
Das Nebeneinander von Hüttenbetrieben in *Pleushütte* und Einruhr hatte viele Reibereien aus Gründen der Konkurrenz zur Folge. Zu Pleushütte vgl. MON 24.

SLE 38   I. *Wollseifen.*
II. TK 5404 Schleiden: etwa r 25 30 400; h 56 04 400–05 200. Auf der Hochfläche S der Urft, etwa 1800 m W Burg Vogelsang.
III. 1491: *mester Jan van wolffsiffen* beim Verkauf des Balduinshofes (MON 23) genannt (Eremit 32, 1960, 38).
1647/48: Forstmeister-Rechnung Monschau *Das Dorpff Wollseifen – 8 Rthr.,* unter Kesternich/Mederßberg genannt (Eremit 33, 1961, 10).
1. 9. 1946: Bei Einrichtung des Truppenübungsplatzes Vogelsang geräumt.

SLE 39   I. Name unbekannt.
II. TK 5304 Nideggen: r 25 28 220; h 56 07 300.
VII. Reste mittelalterlicher Häuser wurden in der Nähe des Gehöftes Jägersweiler im N der Gemarkung Dreiborn gefunden. Eine 2 x 6 m große und 0,75 m tiefe Grube, mit mächtigen Schieferplatten ausgekleidet, sowie herumliegende Reste von Bruchsteingemäuer fanden sich an einer Stelle. An anderen Plätzen waren ebenfalls noch Reste von Bauten kenntlich. Das heutige Jägersweiler ist erst um 1700 angelegt worden. Die Hausreste werden dem Mittelalter zugewiesen.
LITERATUR: K. Böhner, Bonner Jahrb. 149, 1949, 362.

### Engelgau

SLE 40   I. Name unbekannt, Weiler? Tafel 6 und 69.
II. TK 5505 Blankenheim: r 25 46 880; h 55 94 600. Um die Ahekapelle herum (Wallfahrtskapelle St. Servatii Ep.), im Tal des Genfbaches.
III. Nach Clemen, KDM Kr. Schleiden 470, gibt es Hinweise darauf, daß sich um die Ahekapelle einst ein Dorf gruppiert hat. Die Grafen von Manderscheid unterhielten hier einen Mühlweiher und vier stark besetzte Fischweiher. Es wohnten hier ein Fischwart sowie ein Förster. Ferner bestand ein abgabenpflichtiges Wirtshaus. Das Gelände um die Ahekapelle war bereits in römischer Zeit intensiv besiedelt. Die Fundamente der Kapelle stehen z. T. auf römischen Bauten. Außer römischen Mauerresten und Keramikfunden stammen zwei röm. Grabsteine von hier (vgl. Hagen, Römerstraßen 166 ff. u. 167 mit Anm. 1 und Bonner Jahrb. 49, 1870, 188 ff.). C. Koenen fand 1897 bei Grabungen Baureste SO, SW und NW der Ahekapelle. Wegen der mitgefundenen Keramik vom Pingsdorfer Typ hält er sie für mittelalterlich (Grabungsbericht bei den OA des RLMB).
Der heutige Genfbach hieß früher Ahe.
1809: Tranchot-K. NA Blatt 117 Nettersheim zeigt NO der Ahekapelle ein Haus mit dem Zusatz *Moulin Brulé*. Der Genfbach trägt hier den Namen *Alt Bach*. Die erwähnten Fischweiher haben O der Ahekapelle, am Oberlauf des Baches gelegen.

### Floisdorf

SLE 41   I. *Ochheim*.
II. TK 5305 Zülpich: r 25 43 270; h 56 12 380. Rund 1,2 km N Floisdorf am Berg-Bach, in der Nähe der Achermer Mühle.
III. 1808/09 verzeichnet hier die Tranchot-K. ÄA Blatt 37 Zülpich die Ochheimer Mühle. Danach wäre in dieser Gegend eine Wüstung namens Ochheim zu vermuten, von der nur noch die zugehörige Mühle erhalten geblieben ist.
VIII. Der Verlauf der Gemarkungsgrenze von Berg, Kr. Schleiden, und Floisdorf, Kr. Schleiden, zeichnet sich durch lange, streifenförmige Fortsätze aus; möglicherweise wurde hier die Gemarkung der Wüstung Ochheim unter die von Berg und Floisdorf aufgeteilt.

### Freilingen

SLE 42   I. *Wüste Erzgruben* des Eisenbergbaus.
II. TK 5506 Aremberg: r 25 52 000–300; h 55 87 150. Rund 750 m NW Ober-Freilingen.
VII. Wie Lommersdorf (SLE 96) war auch Freilingen im Mittelalter und in der frühen Neuzeit Mittelpunkt eines ausgedehnten Bergbaubezirkes, in dem Eisenerze gewonnen wurden. An vielen Stellen der Gemarkung finden sich sowohl unterirdische Schächte als auch Tagebaue mit den sog. Pingen, den Gruben des Tagebaus. Eine systematische Aufnahme dieser Geländerelikte ist bisher noch nicht erfolgt, so daß ihre chronologische Differenzierung noch unbekannt ist. Die hier gewonnenen Erze wurden in der Eisenhütte zu Ahrhütte (SLE 43) verarbeitet.

SLE 43   I. *Eisenhüttenwerk zu Ahrhütte*, sog. *Obere Hütte*.
II. TK 5606 Dollendorf: r 25 52 350; h 55 83 900. Das heutige Ahrhütte liegt beiderseits der Ahr und gehört rechts der Ahr zu Dollendorf und links der Ahr zu Freilingen.
III. Um 1500 betreiben die Grafen von Blankenheim ein Reitwerk zu Ahrhütte. Im 17. Jahrh. treten sie das Reitwerk an die Herzöge von Arenberg ab.
Im 16. Jahrh. nennt eine Aufzeichnung im Pfarrarchiv Dollendorf einen Reitmeister der Ahrhütte: *Pitter auff der Hütt.*
1636: Fundationsbuch d. Pfarrei Dollendorf nennt einen *Reitmeister Siep, gewesenen Reitmeister auf der Ahrhütten.*
2. Hälfte 17. Jahrh.: Der Herzog von Arenberg hat die Ahrhütte an Gerard de l'Eau, der wahrscheinlich wallonischer Herkunft war, verpachtet. Gerard und sein Sohn Jean arbeiteten als Hüttenmeister auf der Ahrhütte. Sie wohnten auf Haus Vellen bei Hüngersdorf.
Das Eisenhüttenwerk verarbeitete das im Raum Lommersdorf-Freilingen geförderte Eisenerz. Der Herzog von Arenberg ließ es durch Hüttenmeister betreiben, die im 17. Jahrh. namentlich bekannt sind.
1690: Bergordnung für das Herzogtum Arenberg: Preisordnung für Waren aus Lommersdorf, Verbot des Erz- und Holzkohletransportes für nichtarenbergische Fuhrleute.
Seit 1738 leitet der herzoglich Arenbergische Rat von Coels die Ahrhütte.
Um 1780 plant Herzog Ludwig Engelbert die Errichtung neuer Hochöfen, die die ganze Erzproduktion aus den Gruben von Lommersdorf und Freilingen aufnehmen sollten.
1783/1785: Totales Verbot, Eisenerze aus dem Herzogtum Arenberg auszuführen. Davon wurden vor allem die Lommersdorfer Bergleute betroffen, die das Erz nicht mehr absetzen und verarbeiten konnten. Die Folge waren große Erzhalden in den Bergbauorten. Hütten außerhalb des Herzogtums, die der Beimischung hochwertiger arenbergischer Erze bedurften und diese nicht mehr ankaufen konnten, gingen ein.
Um 1790: Schwere Krise des Bergbaus wegen des Ausfuhrverbots für Eisenerz, Arbeitslosigkeit der Bergleute, Umschulung von Bergleuten auf Landwirtschaft.
1792: Verpachtung der Hütte an Johann Stoehr aus Köln.
1847: Verkauf an die Familie Karl Poensgen aus Schleiden. Die Hütte arbeitete noch fast das ganze 19. Jahrh. hindurch. Über ihr Aussehen berichten Abbildungen u. Beschreibungen (vgl. Clemen, KDM Kr. Schleiden 107).
1. Hälfte 19. Jahrh.: Neue Blüte der Ahrhütte, dann Krise des gesamten Eifeler Eisenhüttenwesens.
1861: Ausblasen des letzten Hochofens in Ahrhütte.
Zur Hütte gehörte das frühere Reitmeisterhaus, das jetzige Hotel *Herzöge von Aremberg*, ein Gebäude von 1677. Aus der Hütte entwickelte sich im Laufe der Zeit eine kleine Ansiedlung.
LITERATUR: H. Neu, Aus der Geschichte der Eisenindustrie im oberen Ahrtal. Heimatkal. d. Kr. Schleiden 1953, 50–56. – Ders., Das Herzogtum Arenberg (2. Aufl. Euskirchen 1940). – W. Günther, Zur Geschichte der Eisenindustrie in der Nordeifel. Rheinische Vjbll. 30, 1965, 319. – Clemen, KDM Kr. Schleiden 107.

SLE 44   I. *Burg Freilingen*.
II. TK 5506 Aremberg: r 25 52 100; h 55 86 210. Im SO-Teil von (Nieder-)Freilingen.
III. 1366: Erstmalig mit Dietrich bezeugtes Adelsgeschlecht von Freilingen. Zur weiteren Gesch. des Burghauses vgl. Clemen, KDM Kr. Schleiden 240.
1808/09: Tranchot-K. NA Blatt 130 Aremberg zeigt zwei große Dreiseithöfe.
Um 1830 wurde das Burghaus niedergelegt.

Gemünd

SLE 45
I. *Burganlage.*
II. TK 5404 Schleiden: etwa r 25 34 720; h 56 02 500. Auf dem Scherpenberg W der Olef.
III. Nach W. Günther, 'Burgi' u. Burgen der nächsten Umgeb. v. Gemünd. Eifelkal. 1951, 44, soll auf dem Scherpenberg eine Wehranlage bestanden haben, von der um 1850 noch Mauerreste sichtbar gewesen seien. Um welche Art von Wehrbau es sich handelt, ist unklar. Die Tranchot-K. enthält keine Hinweise.

SLE 46
I. *Kronenburg* od. *Festes Haus Mauel.*
II. TK 5405 Mechernich: r 25 36 680; h 56 03 900. Mitten im Tal auf einem Fabrikgelände im Zentrum von Mauel.
III. 1351: Die Herren von Mauel als Lehnsleute der Herren von Schleiden genannt. Sie dürften hier gewohnt haben.
15. Jahrh. und 1529: Weitere Erwähnungen dieser Adelsfamilie.
1542: Zerstörung des Festen Hauses Mauel in der Jülichschen Fehde durch kaiserliche Truppen. Danach Wiederaufbau.
Seit Ende 18. Jahrh.: Verfall der Burg. Einige Gebäude dienten seitdem bis Anf. 19. Jahrh. als Papiermühle.
1806/09: Tranchot-K. ÄA Blatt 37 Zülpich zeigt Hofanlage mit drei Gebäuden und Bez. *Freudenthal.*
1903 wurden bei der Errichtung neuer Fabrikgebäude auf dem Grundstück Mauerreste sowie ein rechteckiges, von Gräben umschlossenes Areal beobachtet. Von dem 1903 beobachteten Zustand gibt es eine Katasteraufmessung von Endres bei der Stadtverwaltung Gemünd.
LITERATUR: Clemen, KDM Kr. Schleiden 146. – W. Günther, Eifelkal. 1951, 49 ff.
VI. Das Gelände trägt den FN *Burgauel.*

SLE 47
I. *Eisenhütte Mauel.*
II. TK 5405 Mechernich: etwa r 25 36 710; h 56 03 950. S der Urft im Zentrum von Mauel. In unmittelbarer Nachbarschaft zur ehemaligen Burg der Herren von Mauel (vgl. SLE 46).
III. 1425 wird eine Maueler *Roiste* (Schmelze) erstmalig genannt. W. Günther, Rheinische Vjbll. 30, 1965, 319, ist der Ansicht, die Herren von Mauel hätten die Anregung zur Errichtung einer Eisenschmelze durch die Herren von Schleiden erhalten. Das Nebeneinander von Burg und Eisenschmelze verdeutlicht, daß die Grund- und Landesherren in der frühen Zeit Träger der Eisengewinnung waren.

SLE 48
I. *Eisenwerk Gemünd.*
II. Im Ort Gemünd.
III. 1486 Mai 13: Herzog Wilhelm von Jülich erlaubt die Errichtung eines *Ysserwerkes* in Form einer Genossenschaftshütte. Die Reitmeister dieser Hütte stammten aus Schleiden oder hatten doch enge Familienbeziehungen zu den Schleidener Reitmeistern. Gemünd besaß damals bereits einen älteren Eisenbetrieb, dessen Hochofen, *Hitzerich* genannt, auf der Hofstatt von *Heynrich deme Smede* stand. Dieser Schmied erscheint bereits 1425 in einem Weistum, so daß der Betrieb etwa zwei Generationen Bestand gehabt haben muß, ehe die neue Hütte errichtet wurde.
Um 1870 wird das Eisenwerk Gemünd aufgegeben.
BELEGE: W. Günther, Zur Geschichte der Eisenindustrie in der Nordeifel. Rheinische Vjbll. 30, 1965, 318 u. 333. Dort auch weitere Literatur.

SLE 49
I. *Eisenreckhammer Freudenthal.*
II. Bei Gemünd.
III. 1780 Juni 10: Der letzte Herr der Herrschaft Dreiborn, Franz Ludwig von Harff, erteilt die Konzession zur Errichtung des Eisenreckhammers Freudenthal bei Gemünd *zur Extension des commercii.*
BELEG: W. Günther a. a. O. 326 (vgl. SLE 48).

SLE 50
I. *Kupferwalzmühle.*
II. TK 5405 Schleiden: r 25 32 420; h 56 04 640. Auf dem Ostufer des Rurstausees.
III. 1806/09: Tranchot-K. ÄA Blatt 37 Zülpich: Kupferwalz-Mühle.
1894: TK 1 : 25 000 enthält die Mühle nicht mehr. Sie muß schon wüst gewesen sein.

SLE 51
I. *Schneidemühle Eisenau.*
II. Eisenau bei Gemünd.
III. 1757 entsteht in der Eisenau bei Gemünd eine Schneidemühle, die die Erzeugnisse der Gemünder Eisenhütten verarbeitet.
BELEG: W. Günther a. a. O. 325 (wie bei SLE 48).


Heimbach

SLE 52
I. *Ambroch.*
II. TK 5304 Nideggen: r 25 30 120; h 56 09 400. NO des Wildbretshügel mitten im Kermeter.
III. Anwohner benachbarter Ortschaften wußten um die Existenz einer Siedlung dieses Namens verschwommen. An der fraglichen Stelle, 300 m N der großen Wegespinne, wurden mittelalterliche Funde geborgen (OA des RLMB).

SLE 53
I. *Brementhal,* Hof.
II. TK 5304 Nideggen: r 25 31 000; h 56 11 620. Im Rurstausee NO vom Thons-Berg.
III. 1342: Hof Brementhal Eigentum der Grafen v. Jülich (Eifelkal. 1951, 49).
1807/09: Tranchot-K. ÄA Blatt 36 Kornelimünster: *Bremerthaler Hof,* Wiesenareal ohne Haus. Der Hof war zu dieser Zeit also offensichtlich schon wüst. Sein Gebiet wurde beim Bau des Rurstausees überflutet.

SLE 54
I. *Villa Hagestolde.*
II. Unbekannt, jedoch irgendwo im Staatsforst Kermeter.
III. 10./11. Jahrh.: Im Kölner Wildbann im Osning (Forstbezirk Vlatten-Heimbach) gab es eine *villa . . . Hagestolde.* In ihr wohnten die *forestarii de Hagestolde,* erzbischöfliche Forst- und Jagdbeamte, die die Jagd im Kermeter zu überwachen hatten. Es gab dort ein Vogtgericht, dessen Einkünfte zu zwei Dritteln an den EB von Köln, zu einem Drittel an den Vogt gingen. Diese Nachricht ist im 'Liber privilegiorum maioris ecclesie Coloniensis' Anf. 15. Jahrh. überliefert (vgl. L. Korth, Westdt. Zeitschr., Erg.-Heft 3, 1886, 101–272).
Zur Bedeutung der Hagestolden-Siedlung im Rahmen der königlichen und erzbischöflichen Forstverwaltung: S. Corsten, Der Forstbezirk Vlatten-Heimbach. In: Festschr. z. 65. Geburtstag von Franz Steinbach (Bonn 1960) 205 ff.

SLE 55   I. *Morsauel*, Hof.
II. TK 5304 Nideggen: r 25 28 930; h 56 11 530. NW Schlitterberg, S Eschauler Berg.
III. 1807/09: Tranchot-K. ÄA Blatt 36 Kornelimünster: *Muesauel* als Hof mit einem Gebäude S der Rur eingezeichnet.
Der Hof wurde beim Bau des Rurstausees aufgegeben und überflutet.

SLE 56   I. *Burg Heimbach*.
II. TK 5304 Nideggen: r 25 34 000; h 56 11 000. Auf einem steil aus dem Rurtal aufragenden Bergkegel, in etwa 30 m Höhe über der Talsohle.
III. Anf. 11. Jahrh. befindet sich die Burg im Besitze eines Godizo aus dem Geschlecht der Lütticher Grafen. Sie wird zu dieser Zeit Hengebach genannt.
1016: Belagerung und Eroberung der *Burg Hengibach* durch den Grafen Gerhard vom Elsaß.
1075–1094: Früheste Nennungen eines Edelherren-Geschlechtes von Hengebach.
1207: Die Herren von Hengebach werden Grafen, seit 1356 Herzöge von Jülich. Zu Geschichte und Topographie der Burg vgl. Clemen, KDM Kr. Schleiden, 169 ff.
1686 brannten die Holzbauten der Burg ab. Der Plan zum Wiederaufbau wurde um 1700 endgültig aufgegeben.
1804: Die Ruine wird von den Franzosen an einen Privateigentümer verkauft und von da an abgebrochen.
VII. Topographische Beschreibung der Burgruine vgl. Clemen, KDM Kr. Schleiden 175 ff.

SLE 57   I. *Hof Steinbach*.
II. TK 5304 Nideggen: etwa r 25 32 830; h 56 10 180. Im oberen Steinbachtal, das sich rund 1500 m SW der Ortsmitte von Heimbach erstreckt und von S in die Rur mündet.
III. Urkundliche Belege für den Hof sind bislang unbekannt. Von der Existenz eines Hofes im oberen Steinbachtal wissen ältere Einwohner aus Woffelsbach noch zu berichten.
VI. FN im oberen Steinbachtal: *Auf der Steinbach*.

SLE 58   I. *Thonsberg* oder *Tuensberg*, Burganlage.
II. TK 5304 Nideggen: r 25 30 500; h 56 11 400. Heute auf weit nach N in den Rurstausee vorspringendem Bergsporn.
III. Keine urkundlichen Belege.
IV. Um den Thonsberg gibt es eine Fülle von Sagen. Man weiß von einem Schatzfund römischer Münzen. Nach anderen Sagen soll die Burg durch Normannen oder Hunnen zerstört worden sein. Wieder andere wollen von einem Tempelherrenkloster wissen, das dort gestanden habe (vgl. H. Hoffmann, Volkskunde des Jülicher Landes, Teil 1 [Eschweiler 1914] Nr. 9 u. 10).
VII. Auf der höchsten Spitze des Thonsberges befindet sich ein viereckiger Turm von 9,20 m Kantenlänge und 2,30 m Mauerstärke. Diese Mauern sind bis 1,70 m hoch erhalten. Sie bestehen aus roh behauenen, mörtelverbundenen Quadern. Besonders auf der Ostseite der Anlage ist eine 0,70 m dicke Umfassungsmauer sichtbar, die zugleich den Turm stützte. Nach O ist das Burgareal durch Wall und Graben abgesichert, die den rückwärtigen Bergrücken abschneiden.
Die wenigen Überreste der Anlage, die zahlreichen auf sie bezüglichen Sagen und Volksüberlieferungen sowie das Fehlen jeglicher Urkundenüberlieferung deuten

SLE 59   I. *Weidenauel.*
II. TK 5304 Nideggen: r 25 27 050; h 56 09 440–640. Vor der sich weit in den Rurstausee hineinschiebenden Spitze des Weidenauer Berges.
III. 1730/31: *Paulus Widenawel,* Bürger in Dedenborn (Eremit 26, 1954, 97).
1807/08: Tranchot-K. ÄA Blatt 36 Kornelimünster: *Widenau,* ein Weiler O d. Rur, unweit der Einmündung des Weidenbaches in die Rur.
1938 bei Errichtung der Rurtalsperre überflutet. Die *Weidenbacher Mühle* (MON 27) dürfte zu diesem Ort gehört haben.

Hellenthal

SLE 60   I. *Burg Reifferscheid.*
II. TK 5504 Hellenthal: r 25 33 220; h 55 93 500. Im Winkel zwischen Wolferter Bach und Heinzel-Bach.
III. 1106: Burg Reifferscheid im Besitz Herzog Heinrichs von Lothringen.
1130: In der Hand Herzog Walrams III. v. Limburg.
1195 treten Edelherren von Reifferscheid erstmalig auf.
Bis 1803 blieb die Burg im Besitz der Grafen von Salm-Reifferscheid. Ihre Ruinen gingen danach für einige Zeit in Privatbesitz über. 1889/91 kaufte der Fürst v. Salm-Reifferscheid die Burganlagen zurück.
Zu Geschichte und Topographie der Burg vgl. Clemen, KDM Kr. Schleiden 299 ff. – Das RLMB führte 1966 eine kleine Ausgrabung auf Burg Reifferscheid durch; Ergebnisse noch unveröffentlicht.

SLE 61   I. *Burg,* Name unbekannt.
II. TK 5504 Hellenthal: etwa r 25 33 600; h 55 94 500. Auf dem Alten-Berg NO Reifferscheid, O am Reifferscheider Bach.
VII. Keine urkundliche Überlieferung. Nach Clemen, KDM Kr. Schleiden 299, sind noch Fundamente sowie ein Brunnen sichtbar gewesen. Die Anlage wurde irrtümlich für eine Tempelherrenburg gehalten (H. Gierlichs, Rheinische Geschichtsbll. 4, 1899, 134 ff.).

SLE 62   I. *Rofinberg, Rosinberch,* Hof.
II. Genaue Lage unbekannt, scheint, nach den Belegen zu urteilen, irgendwo in der Nähe von Reifferscheid zu liegen.
III. 1274: *grangia Rofinberch,* zusammen mit Reifferscheid, Kyll und Badem genannt (MRR IV 22, zit. n. Jungandreas, Historisches Lexikon 884).
Etymologisch hängt mit Rofinberg vielleicht der Weinbergname *Rosinberch* zusammen:
1274: *de grangia que vocatur Rosinberch usque ad novum horreum dictum Ryferscheyt* (Jungandreas, Historisches Lexikon 891).

SLE 63   I. *Snorgenshütte,* Eisenhütte.
II. TK 5504 Hellenthal: r 25 31 780; h 55 95 000. Innerhalb des Ortsgebietes von Hellenthal.
III. 1438: Rechnung des Schleidener Wehrmeisters *Syvert von Berghusen* nennt die *Snorgenshütte zu Hellendaill.*

Um 1580 gehört diese Hütte mit sechs anderen (SLE 64, 65, 106, 107, 108 und 117) zu den *septem officinae minerae ferrariae*, die die Eifelkarte der Kosmographie des Baseler Humanisten Sebastian Münster enthält.
1650 gehört die Hütte nicht zu denjenigen, die den wirtschaftlichen Niedergang im 30jährigen Krieg überlebten. Sie ist wüst.
1690: Neuerrichtung der Hütte in Hellenthal.
Um 1850: Endgültige Aufgabe der Hütte wegen mangelnder Konkurrenzfähigkeit ihrer Produkte.
BELEGE: W. Günther, Zur Geschichte der Eisenindustrie in der Nordeifel. Rheinische Vjbll. 30, 1965, 309–333 mit Quellen und weiterer Literatur.

SLE 64   I. *Eisenhütte Kirschseiffen*.
II. TK 5504 Hellenthal: r 25 32 300; h 55 95 000.
III. 1438: Rechnung des Schleidener Wehrmeisters *Syvert von Berghusen* nennt die *Hymman Gockeln Hütte zu Kyrssiffen*.
Um 1580 gehört diese Hütte mit sechs weiteren zu den *septem officinae minerae ferrariae*, die die Eifelkarte der Kosmographie des Baseler Humanisten Sebastian Münster enthält.
1650 ist die Hütte eine der beiden Schleidener Hütten von insgesamt sieben, die noch arbeitet.
Um 1860: Endgültige Aufgabe der Hütte wegen mangelnder Konkurrenzfähigkeit ihrer Produkte.
BELEGE: W. Günther (wie SLE 63).

SLE 65   I. *Eisenhütte zu Blumenthal*.
II. TK 5504 Hellenthal: r 25 32 620; h 55 95 520.
III. 1438: Rechnung des Schleidener Wehrmeisters *Syvert von Berghusen* nennt *Hütte und Hammer zu Blomendaill*.
Um 1580 gehört diese Hütte mit sechs weiteren zu den *septem officinae minerae ferrariae*, die die Eifelkarte der Kosmographie des Baseler Humanisten Sebastian Münster enthält.
1650 ist die Hütte zusammen mit der Hütte Kirschseiffen (SLE 64) eine der beiden Schleidener Hütten, die trotz der Wirtschaftskrise noch arbeiten.
Um 1870 erfolgte die endgültige Stillegung der Hütte wegen mangelnder Konkurrenzfähigkeit ihrer Produkte.
LITERATUR: W. Günther a. a. O. (wie SLE 63).

SLE 66   I. *Eisenwerk Bruch*.
II. TK 5504 Hellenthal: r 25 33 150; h 55 95 100. Etwa zwei Kilometer O von Hellenthal.
III. Ende des 17. Jahrh. bestand bereits das Eisenwerk zu Bruch in der Herrschaft Reifferscheid. Die Produktion wurde um 1850 eingestellt, weil die Erzeugnisse nicht mehr konkurrenzfähig waren.
LITERATUR: W. Günther a. a. O. (wie SLE 63).

SLE 67   I. *Bandhammer Hellenthal*.
II. Im Ort Hellenthal.
III. Kurz vor 1771 wird in Hellenthal ein Bandhammer zur Verarbeitung des Eisens aus den Hellenthaler Hütten eingerichtet (SLE 63–65).
LITERATUR: W. Günther a. a. O. (wie SLE 63) nach der Ferrari-Karte (Kabinettskarte) im Stadtarchiv von Gemünd unter 1 : 11 520, 1764–71.

## Hollerath

**SLE 68**
I. *Burghügel* (Motte).
II. TK 5505 Hellenthal: r 25 29 620; h 55 90 220. Auf einem steilen Bergkegel O des Prether Baches.
III. Urkundliche Belege bislang nicht bekannt. Man nimmt an, die Burg sei bereits Anf. des 12. Jahrh. wüst gewesen (Die Eifel 1956, 18 f.).
IV. Im Volksmund wird die Anlage für eine Raubritterburg, gelegentlich auch für eine Tempelherrenburg gehalten (H. Gierlich, Rheinische Geschichtsbll. 4, 1899, 134 ff.).
VII. Der sog. Burgberg oder Burgkopp ist durch einen schwachen Sattel von dem SO anschließenden Giesch-Berg getrennt. Mittelpunkt der Anlage ist ein ovaler Hügel von 20 x 40 m Ausdehnung. Nach S, N und O ist der Hügel durch etwa 5 m tiefe und bis 10 m breite, in den gewachsenen Felsen eingeschlagene Gräben gesichert. Nach SO liegt ein künstlich angelegter Weiher.
LITERATUR: Clemen, KDM Kr. Schleiden 191. – Die Eifel 1956, 18 f. – M. Müller-Wille, Burghügel Nr. 83. – P. J. Tholen, Bonner Jahrb. 167, 1967, 478.

**SLE 69**
I. *Bleigruben*.
II. TK 5504 Hellenthal. SO von Hollerath gibt es zwei aufgelassene Bleibergwerke, die möglicherweise bereits im Mittelalter in Betrieb waren:
a) Bleigrube SO Rescheid: r 25 31 130; h 55 88 240.
b) Bleigrube SO Kamberg: r 25 30 100; h 55 87 780.
VII. SO von der Motte bei Oberpreth gibt es zwei aufgelassene Bleibergwerke. Das eine 2,5 km SO der Motte bei Rescheid (a), das andere 2,5 km S der Motte bei Kamberg (b). O von Rescheid gibt es außerdem einen Blei-Bach.
Damit ist sicher, daß in diesem Raum in einem ausgedehnten Bezirk der Abbau von Bleierzen betrieben wurde. Ob und wieweit diese Bleigewinnung ins Mittelalter zurückreicht, bleibt vorerst noch unsicher. Es ist jedoch nicht ausgeschlossen, daß sie bereits im hohen Mittelalter einsetzte und durch die Motten in diesem Gebiet gesichert wurde. Es scheint sich hier eine Verbindung zwischen lokalem Adel und gewerblicher Produktion zu wiederholen, wie sie auch in den großen Gebieten mit Eisenerzbergbau zu beobachten ist. Offensichtlich wirkte der Burgherr der Motte als Träger und Unternehmer des Bleibergbaus im Raum Hollerath.
LITERATUR: P. J. Tholen, Bonner Jahrb. 167, 1967, 478.

**SLE 70**
I. *Giesselbach*, Hof.
II. TK 5504 Hellenthal: r 25 31 670; h 55 86 800. Etwa 750 m SSO von Schnorrenberg.
III. Um 1808: Tranchot-K. ÄA Blatt 43 Schleiden: *Giesselbach* in einer nach S gegen den Kronenburger Wald vorstoßenden Rodung.
1893: In der TK 1 : 25 000 nicht mehr enthalten.

**SLE 71**
I. *Hintershof*.
II. TK 5504 Hellenthal: r 25 32 570; h 55 87 830. Unmittelbar W der Straße Neuhaus–Oberwolfert.
III. Um 1808: Tranchot-K. ÄA Blatt 43 Schleiden: *Hintershof*, ebenso NA Blatt 128 Dahlem.
1893: TK 1 : 25 000 enthält in dieser Gegend einen Hof, der irrtümlich mit *Metzigeroder* bezeichnet wird (vgl. SLE 72).

SLE 72   I. *Metzigeroder Hof.*
II. TK 5504 Hellenthal: r 25 32 630; h 55 87 220. N der Straße, an der Neuhaus liegt, O des Weges, der von Neuhaus nach Oberwolfert führt, jedoch nicht in oder bei Berk, wie Guthausen, ON Schleiden 53, meint.
III. 1649: *Mützingenroder* (Fabricius, Erläuter. II 49).
1707: *Mutzigenroder* (Guthausen, ON Schleiden 53).
1809/10: Tranchot-K. NA Blatt 128 Dahlem: *Mittziegeroder,* ein Hof mit umgebendem Hofareal, S vom Hintershof.
1848: *Ober- und Unter-Mützigroderhof* (E. Huhn, Der Regierungsbezirk Aachen [1848] 58).
1893: In TK 1 : 25 000 nicht mehr enthalten. Der Name des wüsten Hofes ist hier nach N gewandert und auf den Hintershof übergegangen.

SLE 73   I. *Oberpreth,* partielle Dorfwüstung?
II. TK 5504 Hellenthal: r 25 29 460; h 55 90 100. Im Tal des Prether Baches, W des *Burgkopfes.*
III. Keine urkundlichen Belege für ein Dorf. Doch könnte man die Mühle, die heute Oberprether Mühle heißt, als Restsiedlung eines einst größeren Ortes auffassen. Die Bezeichnung *Oberprether Mühle* bezieht sich ja auf eine zum Dorf Oberpreth gehörige Mühle.
1808 enthält die Tranchot-K. ÄA Blatt 43 Schleiden noch zwei Hofanlagen an dieser Stelle.

H o l z h e i m

SLE 74   I. *Kunzer Hof.*
II. Im Ort Holzheim, Haus Nr. 4.
III. 16. Jahrh.: *St. Coynertzen Hoff zu Holtzem,* im Volksmund heute *Kunzer Hoff* genannt.
1723: Bildliche Darstellung des Gutshofes im Codex Welser (Stadtarchiv Köln). Die in Clemen, KDM Kr. Schleiden 194, wiedergegebene Abbildung zeigt einen etwa quadratischen, geschlossenen Hof, dessen Gebäude außen mit einem Graben umgeben sind. Im Innern steht ein mächtiger Viereckturm, der ebenfalls mit einem Graben bewehrt ist. Er sichert den Eingang in den Innenhof.
1844 wurde auf dem Hofareal ein Pfarrhaus, darauf ein neuer Hof mit Wirtschaftsgebäuden errichtet.
Der Gutshof kann als hervorragendes Beispiel eines stark bewehrten ländlichen Anwesens gelten.
LITERATUR: Clemen, KDM Kr. Schleiden 194. – Die Eifel 1953, 153.

K a l l

SLE 75   I. *Eisenhütte Eisenau.*
II. Bei Kall.
III. Am 24. 12. 1779 erteilt Herzog Ludwig Engelbert von Arenberg als neuer Herr von Schleiden die Konzession für vier neue Hütten: die Hütte Eisenau b. Kall, die Hütte am Kallbach b. Kall, die Hütte Müllershammer (vgl. SLE 106) und die Hütte Wiesgen (vgl. SLE 108).
LITERATUR: W. Günther, Zur Geschichte der Eisenindustrie in der Nordeifel. Rheinische Vjbll. 30, 1965, 325.

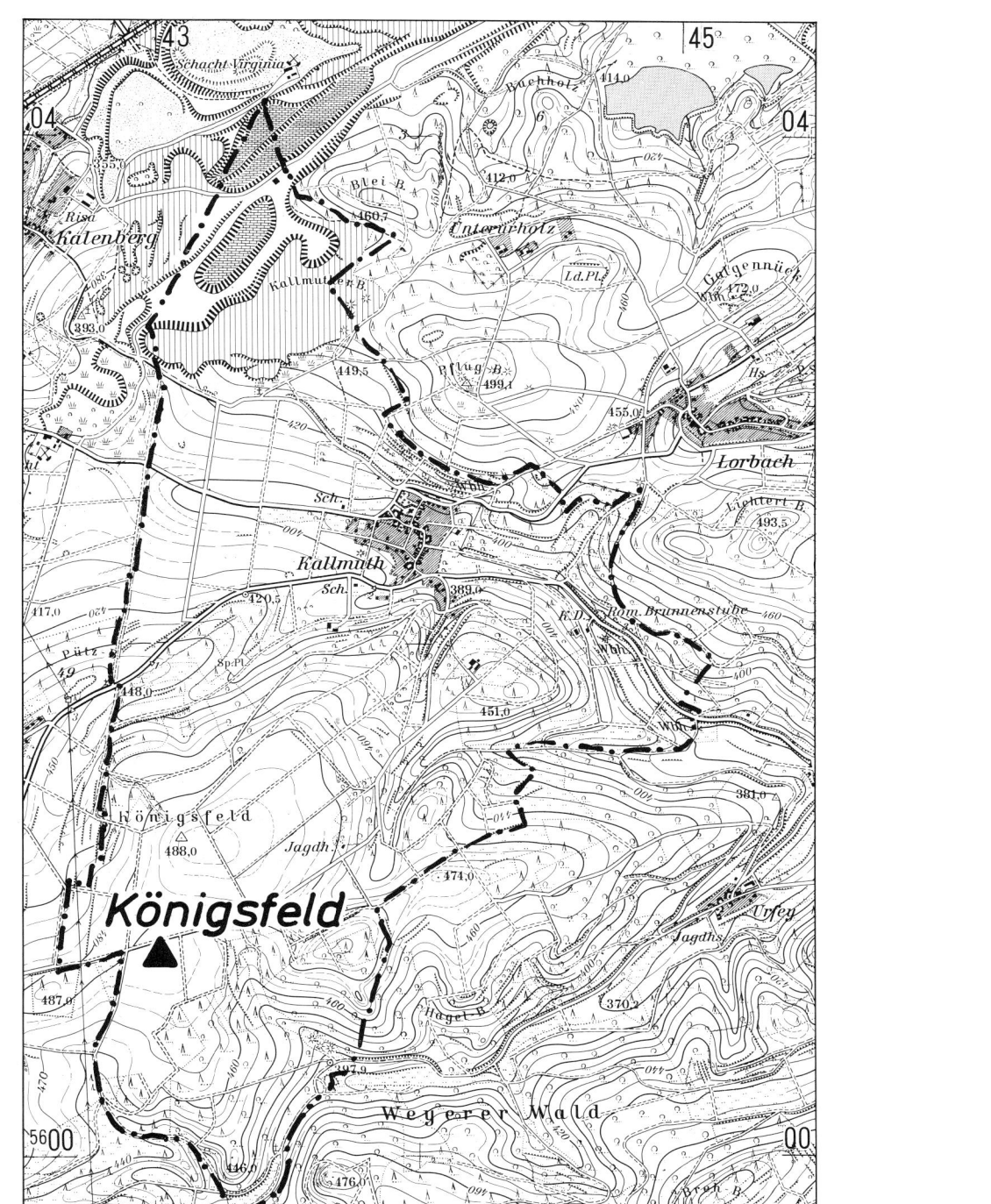

6  Die Hofwüstung Königsfeld (SLE 77), Gemarkung Kallmuth (SLE).

(Ausschnitt aus der TK 1 : 25 000 Blatt 5405 Mechernich;
wiedergegeben mit Genehmigung des Landesvermessungsamtes Nordrhein-Westfalen
vom 4. 5. 1973 – 3787).

SLE 76    I. *Eisenhütte am Kallbach.*
II. TK 5405 Mechernich: etwa r 25 39 000; h 56 00 480. Am Unterlauf des Kallbaches nahe Kall.
III. Am 24. 12. 1779 erteilt Herzog Ludwig Engelbert von Arenberg als neuer Herr von Schleiden die Konzession für vier neue Hütten (vgl. SLE 75). Unter ihnen befindet sich auch diese.
LITERATUR: W. Günther a. a. O. 325 (wie SLE 63).

Kallmuth

Über den Bleierzbergbau im Raume Kallmuth-Mechernich vgl. SLE 101.

SLE 77    I. *Königsfeld.*                                                              Abb. 6.
II. TK 5405 Mechernich: r 25 43 000; h 56 01 350. Etwa 2000 m SW von Kallmuth.
III. 1. Hälfte 13. Jahrh.: Der Steinfeldische Abt Gerhard, der 1248 starb, bringt den Steinfeldischen Hof Königsfeld wieder an das Kloster (G. Bärsch, Das Prämonstratenserkloster Steinfeld i. d. Eifel [Schleiden 1857] 11).
1247: Vergleich in einem Streit, der *Cuningesfeld* betrifft.
Zur Zeit des Abtes Conrad (1366–1369) bleibt der Hof unbewirtschaftet, wahrscheinlich wegen des Wütens der Pest in diesen Jahren (Th. Paas, Die Prämonstratenserabtei Steinfeld im 14. Jahrh. AHVN 96, 1914, 78).
Der Hof ist dann später wieder besetzt worden und hat bis an den Beginn des 19. Jahrh. bestanden.
1809: Tranchot-K. NA Blatt 117 Nettersheim enthält *Königsfeld Ferme ruinée.* Man sieht dort einen hakenförmigen Hof mit O davon liegendem Weiher.
IV. Einwohner von Kallmuth kennen die Stelle des untergegangenen Dorfes Königsfeld noch genau.
V. Die Existenz einer Kirche oder Kapelle geht aus den Quellen nicht hervor. Es hat dort auch sicher keine gegeben.
VI. Die ehem. Ortslage heißt noch heute *Im Königsfeld.* Auch die modernen TK führen noch heute diese Bezeichnung.
VII. Die in der Tranchot-K. NA eingetragenen Baureste von Königsfeld müssen noch lange Zeit sichtbar geblieben sein. Schannat und Bärsch erwähnen sie Eifl. Ill. III 1, 146. Die letzten Baureste wurden 1958 bei Planierungsarbeiten beseitigt. Außer mittelalterlicher Keramik wurde auch Bauernkeramik des 18./19. Jahrh. bei dieser Gelegenheit gefunden (Bericht bei den OA des RLMB). Zu Königsfeld vgl. Textband S. 107 ff.

Keldenich

SLE 78    I. *Müncherath.*
II. TK 5405 Mechernich: r 25 39 750; h 55 98 420. O der Urft, SW am Wacht-Berg.
III. 1511: Ersterwähnung von Müncherath. Der Ort hatte als Standort einer Eisenhütte Bedeutung (vgl. W. Günther, Zur Geschichte der Eisenindustrie in der Nordeifel. Rheinische Vjbll. 30, 1965, 315 und 324).
1808: Tranchot-K. ÄA Blatt 43 Schleiden zeigt *Monigrath* mit zwei Hakenhöfen und einem kleinen Gebäude. Diese sind als Restsiedlung eines kleinen Dorfes aufzufassen. Der Zusatz *Forge* bezeugt die Existenz der Eisenschmiede dortselbst.

1910/13: TK 1 : 25 000 enthält nur noch FN *Münchenrath* am Südausgang von Sötenich, O der Urft.

SLE 79   I. *Altes Werk,* Eisenhütte in Dalbenden.
II. TK 5405 Mechernich: r 25 40 470; h 55 97 740. N der Urft, rund 500 m W von Dalbenden.
III. 1722 wurde das Eisenhüttenwerk durch J. Dietrich Rotscheid aus Gemünd begründet. Zu diesem Werk gehörte eine Schneidmühle in Vussem, die in diesem Jahre auch bereits bestand (vgl. W. Günther, Rheinische Vjbll. 30, 1965, 325).
1809: Tranchot-K. NA Blatt 117 Nettersheim verzeichnet an dieser Stelle die Eintragung *Alte Werck* mit einem großen und vier kleinen Häusern.
1895 heißt die Fabrik in der TK *Neuwerk*. Dabei handelt es sich sicher um eine Verwechslung mit dem jüngeren Eisenwerk von Rosauel (SLE 83).

SLE 80   I. *Alte Burg Dalbenden.*
II. TK 5405 Mechernich: r 25 41 000; h 55 97 780. Auf dem Nordufer der Urft.
III. 1252 wird die alte Burg Dalbenden, deren Ruinen unterhalb von Urft auf dem rechten Ufer des Flusses noch sichtbar sind, erstmalig erwähnt.
Seit Mitte des 17. Jahrh. ist sie in Händen der Reitmeisterfamilie Cramer, die 1646 daneben eine Eisenhütte und 1660 einen Eisenhammer errichtet (Eifelführer 33. Aufl., 1964, 167).
Damit wiederholt sich hier das Nebeneinander von herrschaftlicher Burg und Eisenhütte, wie es schon bei Mauel (vgl. SLE 47) zu beobachten war.

SLE 81   I. *Alte Eisenhütte und -hammer.*
II. TK 5405 Mechernich: r 25 41 000; h 55 97 780.
III. Am 7. 3. 1650 erhält Reinhart von Recklinghausen die Konzession für einen Eisenhammer in Dalbenden. Wegen der noch andauernden Besetzung des Gebietes durch französische Truppen kann die Fabrik jedoch nicht vor 1660 errichtet werden (nach W. Günther, Rheinische Vjbll. 30, 1965, 323).
1853: Stillegung des *Alten Hammers* zu Dalbenden. Er lag nahe der Burg Dalbenden, etwas unterhalb an der Urft.
LITERATUR: Clemen, KDM Kr. Schleiden 433. – Eifelführer 33. Aufl., 1964, 167. – Vgl. SLE 80.

SLE 82   I. *Neue Eisenhütte.*
II. TK 5405 Mechernich: r 25 41 220; h 55 97 600. Bei Haus Neubenden, gegenüber von Urft.
III. Bei Haus Neubenden befinden sich die Reste eines Hochofens. Nach der Beschreibung bei Clemen, KDM Kr. Schleiden 436, war er noch 6 m hoch. Sein oberer Rand war neu aufgesetzt, eine sich verengende 2 m breite Abstichöffnung wurde von drei alten Eisenbarren gehalten. Aus zwei getrennt liegenden Löchern trat das Eisen einst aus. Dazu gehört das mit Wasserkraft getriebene Gebläse.

SLE 83   I. *Eisenhütte Rosauel (Neuwerk).*
II. TK 5405 Mechernich: r 25 42 960; h 55 97 540. N der Urft, rund 750 m O von Dalbenden.
III. 1710: Errichtung des Eisenhammers Neuwerk.
1809: Tranchot-K. NA Blatt 117 Nettersheim verzeichnet *Rosauel Eisenhütte* mit drei großen Fabrikgebäuden. Aus dieser alten Eisenhütte ist die heutige Fabrik Neuwerk hervorgegangen.
LITERATUR: Clemen, KDM Kr. Schleiden 433.

SLE 84     I. *Bleibergwerke am Tanzberg und Hochkaulen.*

II. TK 5405 Mechernich:
Tanzberg: r 25 41 650–950; h 56 00 500–800.
Hochkaulen: r 25 41 900; h 56 00 900. N Keldenich.

III. 1548 wird zuerst Tanzberger Eisenstein in den Dreiborner Hüttenrechnungen erwähnt. Wahrscheinlich wird dies Revier aber bereits 1494 im ersten Jülicher Bergweistum genannt.
1574 berichtet das Keldenicher Pfarrarchiv über eine Prozession, die zum Gedenken der Toten des Bergbaus auf den Tanzberg unternommen wurde:. . . *da die paffen uff den dansberch waren*. . . (Alle Angaben nach Nicola Reinartz, Zwei Eifeler Bergweistümer des Jülicher Wildbanns Kall und der Grafschaft Schleiden. AHVN 151/152, 1952, 354 Anm. 15).
1622 erscheint das Bergbaugebiet Hochkaulen im Bergweistum des Jülicher Wildbannes Kall (N. Reinartz a. a. O).

VII. Das gesamte Gebiet N und O Keldenich ist durch den spätmittelalterlich-frühneuzeitlichen Bergbau auf Blei- und Eisenerze völlig überformt. Offensichtlich wurde das Erz hier nicht nur aus obertägigen Pingen geholt, sondern auch unter Tage aus Stollen und Schächten gefördert.

SLE 85     I. *Stolzenburg,* Ruine.

II. TK 5405 Mechernich: r 25 40 280; h 55 97 900. Auf einer Dolomit-Bergkuppe N der Urft, rund 500 m NW von Dalbenden.

III. Zweifelsfreie urkundliche Belege sind bisher nicht bekannt. Die KDM Kr. Schleiden 372 f. sehen die Burg als Stammsitz der 1405 erstmalig genannten Herren von Sötenich an.
1809 zeigt die Tranchot-K. NA Blatt 117 Nettersheim die Eintragung *Stolzen Burg Ruiné – Tempel Hern Kloster.* Die Mißdeutung älterer Burgen als Tempelherrenkloster ist in der Eifel sehr geläufig, z. B. auch beim Thonsberg, Gemarkung Heimbach (SLE 58).

VII. Das ungefähr 80 m weite, ovale Burgplateau zeigt heute kaum noch Reste einstiger Bebauung. Teile der Umfassungsmauer und vielleicht zweier Türme enthält ein Plan in den KDM Kr. Schleiden 373 Fig. 239. Nach O sichert ein massiver Wall mit vorgelagertem Graben die Burg gegen den rückwärtigen Bergrücken. Steilkanten nach SW und W gegen das Urfttal bieten natürlichen Schutz.

Kronenburg

SLE 86     I. *Blumersdorf.*

II. Lage unbekannt, jedoch innerhalb der Gemarkung Kronenburg.

III. H. Dittmaier verzeichnet in Kronenburg den FN *Blumersdorf* (H. Dittmaier, Die linksrheinischen ON auf -dorf und -heim [Manuskr. Bonn 1961] 18).

SLE 87     I. *Kronenburg.*

II. TK 6504 Hallschlag: r 25 34 000; h 55 81 000. Auf dem Nordufer der Kyll.

III. 1277 waren, nach Historische Stätten Bd. 3: Nordrhein-Westfalen (2. Aufl. 1970) 434, bereits Herrschaftsbereich und Burg Kronenburg vorhanden. Der Edelherr Gerlach II. von Dollendorf und Kronenburg (1260–1307) lebte dort. Seine Familie besaß die Burg bis 1414.
Letzte Besitzer von Burg und Herrschaft Kronenburg waren die Grafen von Manderscheid-Blankenheim. Sie blieb bis zum Einmarsch der Franzosen im Jahr 1794 in deren Hand. Seitdem verfiel die Burg.

V. Kirchlich unterstand Kronenburg dem Orden der Johanniter. 1277 wird die erste Niederlassung des Ordens in Kronenburg erwähnt. Bis 1803 setzten die Johanniter die Pfarrer in Kronenburg ein.

VII. Über die Topographie der Burg informieren eingehend die KDM Kr. Schleiden 225 ff. Burg und Ort Kronenburg liegen auf einem nach allen Seiten abfallenden Bergsporn, der nur nach N mit dem rückwärtigen Bergzug verbunden ist. Den innersten Bering der Burg bildet eine fünfeckige Ringmauer mit Rechtecktürmen. Um sie legt sich, einen Zwinger bildend, ein unregelmäßig-rundlicher zweiter Bering mit Mauern und halbkreisförmig vorspringenden Halbtürmen. Nach S schließt sich daran eine trapezförmige Vorburg an. Die Burgsiedlung Kronenburg erstreckt sich im S, N und O der Burg. Ihre Umfassungsmauer schließt sich im NW und SO an die der Burg an. Sie entstand im 14. Jahrh.

SLE 88  I. *Eisenhütte Kronenburgerhütte*.

II. TK 5604 Hallschlag: r 25 34 000; h 55 80 500. Lag S der Kyll im heutigen Ort Kronenburgerhütte.

III. 1464 wird eine Eisenhütte b. Kronenburg konzessioniert (W. Günther, Rheinische Vjbll. 30, 1965, 319 mit Bezug auf Akten StA. Koblenz, Herrsch. Kronenburg 29 G Nr. 126 u. 127).
Die Hütte wurde um 1850 stillgelegt.

V. Zur Kronenburger Hütte gehörte die heute nicht mehr erhaltene Kapelle St. Brigidae, die 1736 erbaut u. 1745 geweiht wurde. Sie lag direkt an der Kyllbrücke.

## Lommersdorf

SLE 89  I. *Antoniuskapelle*.

II. TK 5606 Dollendorf: r 25 52 740; h 55 83 700. Auf dem Ostufer des Mühlenbaches, nur wenig oberhalb seiner Einmündung in die Ahr.

III. 1808/09: Tranchot-K. NA Blatt 130 Aremberg zeigt hier *église*. Keine weiteren Baulichkeiten im Umkreis.
Um 1870 wurde diese Kapelle St. Antonii Erem. wegen Baufälligkeit abgerissen. Sie hatte einen zweigeschossigen Turm im W, eine gewölbte Turmhalle sowie ein dreiachsiges, flachgedecktes Dach. Die Kapelle gehörte Anfang des 19. Jahrh. zu dem damals schon nicht mehr bestehenden *Hummenhof* (SLE 93).

V. Hummenhof und Antoniuskapelle gehörten zur Pfarrei Lommersdorf.
LITERATUR: Clemen, KDM Kr. Schleiden 106.

SLE 90  I. *Burganlage*.

II. TK 5606 Dollendorf: r 25 52 870; h 55 84 740. O des Mühlenbaches, an der Höhe 431.

III. Nach Clemen, KDM Kr. Schleiden 239, liegt auf der Höhe 431 der TK 1 : 25 000 die sog. *Alte Burg*. Sie ist ferner auf einer Karte von G. Billig in Flur IV Lommersdorf eingetragen. Über die Anlage ist nichts Näheres bekannt. Reste von Mauern und Gräben sind noch im Gelände zu erkennen.
Es handelt sich um eine recht kleine Befestigung in Spornlage. Sie liegt auf einem Bergsporn, der sich von O in das Tal des Mühlenbaches vorschiebt.

VII. Die Geländebegehung ergab 1968, daß auf einem recht schmalen Bergsporn eine zweiteilige Burganlage liegt. Nach O, gegen das rückwärtige Bergmassiv, trennt ein halbkreisförmiger Graben von 4 m Breite und 1–2 m Tiefe und mit ebener Sohle die Burg von der Umgebung ab. Nach den Seiten verliert sich der Graben an den immer steiler werdenden Hängen des Bergspornes. W des Grabens erhebt sich ein etwa 8 m hoher, kegelförmiger Hügel, der in einem kleinen rundlichen Plateau von 4 m Dm. endet. Hier kann bestenfalls ein Turm Platz gefunden haben. Spuren von einem Bauwerk wurden jedoch nicht festgestellt. Im W umzieht ein flacher, muldenförmiger Graben von 2 m Br. diesen Burghügel und scheidet ihn von dem ebenfalls recht kleinen spitzovalen Burgplateau auf der äußersten Spitze des Bergsporns. In O-W-Richtung ist dies Plateau etwa 15 m lang. Nach W läuft es spitz zu und ist dort durch unbegehbare Steilhänge absolut gesichert.

Nach dem offensichtlich künstlich aufgeschütteten Burghügel zu urteilen, gehört die Burg zur Gruppe der zweiteiligen Motten. Ungewöhnlich sind dabei jedoch zwei Eigenschaften der Anlage: ihre Kleinheit sowie ihre Lage auf einer Berghochfläche am Rande zu einem tiefeingeschnittenen Bachtal. Sie entspricht daher nicht dem sonst bei Motten üblichen Lagetyp der Niederungsburg, die stets in Fluß- oder Bachtälern auftreten. Die Anlage ist noch nicht archäologisch untersucht worden und kaum bekannt. In den neuesten Flurkarten, die nach der Flurbereinigung 1967 erstellt wurden, fehlt sie.

SLE 91  I. *Ehdorf.*
II. Lage unbekannt.
III. H. Dittmaier, Die linksrheinischen ON auf -dorf und -heim (Manuskr. Bonn 1961) 79, kennt den FN *Ehdorf* in der Gemarkung Lommersdorf.

SLE 92  I. *Eisenerz-Tagebaue.*
II. TK 5506 Aremberg: r 25 53 520; h 55 87 500. Rund 1000 m NNO Lommersdorf.
VII. NO von Lommersdorf, zwischen den Flurbezirken Bärenheld und Gericht und O der alten Straße Lommersdorf–Rohr erstreckt sich an einem nach S abfallenden Hang ein ausgedehntes Gebiet mit obertägigen Erzgruben (Pingen). Das Wiesengelände zeigt hier sehr bewegtes Relief mit zahlreichen rundlichen Löchern von 2–10 m Dm. und 1–3 m Tiefe. Das Gelände ist offensichtlich nach Aufgabe der Pingen planiert und gepflügt worden, denn die scharfen Konturen der Pingen waren schon sehr geglättet und verwischt, dennoch aber deutlich auszumachen.
Wann hier Eisenerz abgebaut worden ist, läßt sich zur Zeit noch nicht entscheiden, doch dürften die Eisenerztagebaue wie andere in der Gemarkung Lommersdorf auf spätmittelalterlichen und frühneuzeitlichen, arenbergischen Erzbergbau zurückgehen.

SLE 93  I. *Hummenhof.*
II. TK 5606 Dollendorf: r 25 52 740; h 55 83 700. Auf dem Ostufer des Mühlenbaches, wenig oberhalb seiner Einmündung in die Ahr.
III. In unmittelbarer Nachbarschaft zur Antoniuskapelle (SLE 89) lag der Hummenhof. Auf der Tranchot-K. NA Blatt 130 Aremberg ist der Hof 1808/09 schon nicht mehr verzeichnet. Er muß damals bereits abgebrochen gewesen sein.
V. Antoniuskapelle und Hummenhof gehörten zur Pfarrei Lommersdorf (Clemen, KDM Kr. Schleiden 106).

SLE 94  I. *Glasroder Hof,* auch: *Klasroder Hof.*
II. TK 5506 Aremberg: r 25 54 320; h 55 88 430. Rund 1800 m NNO von Lommersdorf im Staatsforst Honerath, Jagen 200/201.
III. 1578 wird der Hof *Clais Roderen,* den bis dahin ein nunmehr in Lommersdorf wohnender Pächter namens Johann in Pacht gehabt hatte, nach dem im Arenberger Land üblichen Brauch erneut auf 11 Jahre verpachtet, und zwar dem Schwiegersohn des alten Pächters und dessen Frau. Die Pacht betrug nur 11 Malter Hafer und 2 Pfund Wachs (Neu, Wüstungen 25).

1808/09: Tranchot-K. NA Blatt 130 Aremberg zeigt: *Klasroderhof (détruite)* mit Wiesen und Ackerland in der Umgebung.

VI. In den Jagen 200 und 201 des Staatsforstes Honerath verzeichnen die neuesten TK 1 : 25 000 den Waldnamen *Glasrodder*, und zwar inmitten des Forstes.

VII. Die Geländebegehung ergab 1968 keine eindeutige Identifizierung der Hofstelle. Das in Frage kommende Gebiet war neu aufgeforstet und vor Anlage einer neuen Schonung gerodet und umgebrochen worden. Für den Glasroder Hof kommen zwei Standorte in Betracht: entweder auf der Höhe in den Jagen 200/201 des Staatsforstes oder im Tal am Oberlauf des Schalkenbaches. Für die Lage auf der Höhe sprechen drei ovale Plateaus von je etwa 10 m Längsdm. inmitten der Schonung.

An der Stelle, wo der vom Glasroder Hof nach S führende Weg auf die sog. Römerstraße trifft, liegt in der Flucht dieser Römerstraße an ihrem S Rand eine aus behauenen Quadern bestehende, sorgfältig gesetzte Kante einer künstlichen Straße frei. Möglicherweise handelt es sich um die Randbefestigung einer römischen Straße.

SLE 95   I. *Mühle*.

II. TK 5506 Aremberg: r 25 53 320; h 55 88 140. Rund 1500 m N der Ortsmitte von Lommersdorf, N der sog. Römerstraße.

III. 1808/09: Tranchot-K. NA Blatt 130 Aremberg zeigt hier *Moulin détruite*, und zwar in unmittelbarer Nachbarschaft des *Zollhauses* (SLE 97). Gebäude sind schon zu dieser Zeit nicht mehr vorhanden gewesen, wohl aber liegt die wüste Mühle inmitten von Ackerland.

VII. Die Geländebegehung 1968 ergab, daß unmittelbar N neben dem als Standort der Mühle in Frage kommenden Bereich ein tief eingeschnittener Siefen beginnt, in dessen SW-Ende mehrere Quellen entspringen. Sie entwässern in dem Siefen nach NO und münden schließlich in den Dreis-Bach bei Ohlenhardt. Die Quellmulde ist heute Wiesengelände, in dem sich deutlich eine stufenförmig eingegrabene Grube von 5 m Länge abhob, in der das Mühlrad gelaufen ist. Die Begehung des Siefens in Richtung NO ist infolge des dichten Fichtenbewuchses unmöglich. Man wird sich vorzustellen haben, daß das Mühlengebäude unmittelbar am S Rand des Siefens, und zwar an seinem SW-Ende gestanden hat. Die aus der Tranchot-K. abzuleitende Lokalisierung ist also nicht ganz genau, sondern liegt vom tatsächlichen Standort der Mühle etwa 500 m zu weit N.

SLE 96   I. *Eisenerz-Tagebaue*.

II. TK 5506 Arenberg: r 25 52 000–53 000; h 55 87 000–87 200; und r 25 52 560; h 55 86 550. N und SW von Lommersdorf.

III. Lommersdorf war im Mittelalter und in der frühen Neuzeit Mittelpunkt eines ausgedehnten Grubenbezirkes, in dem Eisenerz gefördert wurde. Es finden sich im Gelände heute noch Tagebaue, doch waren früher auch Schächte und Gruben vorhanden. Außerdem gibt es Abraumhalden von taubem Gestein. Eine systematische Aufnahme dieser Überreste ist noch nicht erfolgt. Daher ist die Zeitstellung der Relikte noch unbekannt. Die Erze wurden in der Ahrhütte verarbeitet (SLE 42, 43). In Lommersdorf wurde Bergbau auf Eisenerz obertägig und unter Tage in Stollen und Schächten bis 50 m Tiefe betrieben. Im 18. Jahrh. unterstützte die arenbergische Regierung die Bergleute durch Anlage eines Stollens für das Abziehen des Grundwassers. Aus den Stollen wurden die Erze mit Hilfe von Handwinden und Göpelwerken gefördert. Der Abtransport der Erze in die nahen arenbergischen Hütten durfte zeitweise nur durch arenbergische Fuhrleute geschehen.

1687 gestattet der Herzog von Arenberg auf Ansuchen des Grafen von Manderscheid-Blankenheim die Ausfuhr von Lommersdorfer Eisenerz zur Verhüttung in der gräflichen Hütte von Jünkerath.

1783/85: Schwere Absatzkrise im Lommersdorf-Freilinger Erzbergbau wegen eines totalen Ausfuhrverbots für Eisenerze, das die Herzöge von Arenberg erlassen hatten. Die Erze liegen auf Halde. Die Bergleute werden arbeitslos und von der fürstlichen Verwaltung auf Bauernhöfen angesiedelt.

19. Jahrh.: Niedergang der Eifeler Eisenindustrie wegen mangelnder Konkurrenzfähigkeit.

1876 verließen die Bergleute den letzten, noch in Betrieb gehaltenen Schacht in Lommersdorf.

LITERATUR: H. Neu, Aus der Geschichte der Eisenindustrie im oberen Ahrtal. Heimatkal. d. Kr. Schleiden 1953, 50–56.

VII. Die Geländebegehung ergab 1968 W des Friedhofes Lommersdorf an einem weiten, nach S geneigten Berghang einen ausgedehnten spätmittelalterlichen und frühneuzeitlichen Bergbaubezirk zur Gewinnung von Eisenerz. Die Spuren dieses Eisenerzbergbaus waren oberflächlich durch Planierungen des Geländes weitgehend getilgt, doch konnte man sie trotz aller Veränderungen immer noch im Gelände wahrnehmen. Eisenerz wurde in diesem Gebiet in drei verschiedenen Formen abgebaut:

1. In Tagebauen, die terrassenförmig gegen den Berg vorgetrieben wurden. Insgesamt drei derartige alte Abbauniveaus in Form von Terrassen waren im Gelände noch sichtbar.
2. In rundlichen bis ovalen Gruben (Pingen) von verschiedener Größe und Tiefe. Diese Pingen wurden weitgehend durch die Planierung des Geländes beseitigt, sind aber in den randlichen Teilen des Bergbaugebietes noch erhalten.
3. Im Untertagebau mit vertikal und horizontal vorgetriebenen Schächten und Stollen. Diese Stollen wurden ebenfalls weitgehend beseitigt und zugeschüttet. Doch berichten Bauern, die in diesem Gebiet Felder bewirtschaften, daß wiederholt Tiere und Menschen in alte Stollen eingebrochen seien. Während des 1. Weltkrieges versuchte man, die damals schon aufgegebenen Stollen wieder in Betrieb zu nehmen. Der Ertrag war aber so gering, daß man die Förderung bald wieder einstellte. Lohnend erwies sich aber der Abbau der alten Abraumhalden und der Abfallhaufen der alten Verhüttung. Hier fand sich noch eisenhaltiges Gestein, dessen Verhüttung sich noch lohnte. Es wurde aufgeladen und in die Eisenhütte Jünkerath abtransportiert.

**SLE 97**  I. *Zollhaus.*

II. TK 5506 Aremberg: r 25 53 270; h 55 88 100. Rund 1500 m N der Ortsmitte von Lommersdorf.

III. Tranchot-K. NA Blatt 130 Aremberg zeigt die verballhornte Form *Zöli Haus.* Es handelt sich um das Zollhaus an der Grenze zwischen der Grafschaft Manderscheid-Blankenheim und dem Herzogtum Arenberg, die an dieser Stelle von einer in weiten Zügen geradlinig verlaufenden Hauptstraße geschnitten wird. Diese Straße wird für römischen Ursprungs gehalten, doch ist nach Hagen, Römerstraßen 269 f., der Nachweis dafür noch nicht erbracht. Hagen rechnet die Route unter die Verkehrswege von lokaler Bedeutung im Mayener Bezirk. Es kann sich m. E. auch um eine napoleonische Route handeln.

VII. Wenig W des Punktes, an dem die von Lommersdorf nach N führende Straße auf die für römisch gehaltene trifft, macht die sog. Römerstraße einen Knick nach NW. S dieses Wegeknicks liegt noch heute ein stark reliefiertes, von der Beackerung ausgenommenes, dreieckiges Grundstück, das als Standort des Zollhauses in Frage kommt. Die Erfahrung zeigt immer wieder, daß Flächen, auf denen Wüstungen liegen, wegen der dort vorhandenen Baureste von der Beackerung ganz oder zum Teil ausgenommen werden. So verhält es sich auch mit diesem wildgrasbestandenen Platz.

LITERATUR: Neu, Wüstungen 25.

## Lorbach

**SLE 98**  I. *Altzen.*
II. TK 5405 Mechernich: wahrscheinlich im NW-Teil der Gemarkung Lorbach, an der Grenze gegen Kallmuth.
III. 1535 gehört zu den Besitzungen des kurkölnischen Lehens Haus Weyer auch Altzen. Es wird zwischen Lorbach und Kallmuth vermutet (Nicola Reinartz, AHVN 139, 1941, 60. – Dies., AHVN 129, 1936, 55 und Karte S. 54).

## Marmagen

**SLE 99**  I. *Hof am Lauf-Bach.* Abb. 5.
II. TK 5505 Blankenheim: r 25 42 070; h 55 91 320. Am Oberlauf des von W in die Urft mündenden Lauf-Baches.
III. 1885 zeigt das Urkataster am Lauf-Bach entlang eine parzellierte Flur, die sich W und O des FN *Am alten Hof* erstreckt. Es handelt sich um Flur 39, Beiblatt 2 des Urkatasters im Katasteramt Blankenheim, Mst. 1 : 1250. Ein Name ist für den Hof nicht überliefert.
1808/09: Tranchot-K. NA Blatt 129 Blankenheim enthält keinen Hinweis auf diesen Hof. Zu Beginn des 19. Jahrh. kann er aber schon nicht mehr vorhanden gewesen sein.
IV. In dem unter III. genannten Urkataster finden sich am Lauf-Bach von W nach O folgende FN: Thurtommessenheck, ober Hoengerst, am Petersholz, am alten Hof, auf Höngerst, Heidenbenden.

**SLE 100**  I. *Weiler,* Wüstung? Tafel 68.
II. TK 5505 Blankenheim: r 25 41 500–43 000; h 55 95 000–96 000. Im Weilertal am N Ende der Gemarkung Marmagen.
III. Rund 2000 m NNO Ortsmitte Marmagen, O der Straße Marmagen–Urft gibt es FN mit dem Bestimmungswort -weiler: Weilerbenden, Weilerheck, Weilerloch, Weilertal, Weilerbüsch, Weilerberg. Bei Begehungen wurde im Weilertal bei r 25 42 220; h 55 95 700 eine römische Siedlungsstelle festgestellt. Mauerreste, sehr viel Keramik sowie große Brocken Eisenluppe fanden sich hier. In den Waldstücken Weilerbüsch und Weilerheck ist die Erdoberfläche durch zahllose Pingen völlig zerstört. Außerdem finden sich an den Osthängen des Weilertales zahlreiche langstreifige Terrassenäcker. Eine mittelalterliche Ansiedlung wurde bisher nicht nachgewiesen. Es ist daher auch unklar, ob die vielen Weiler-FN auf eine solche Siedlung oder aber auf die römische Niederlassung zurückgehen. Eisenerz wurde im Weilertal bis Anfang 19. Jahrh. abgebaut.
Das gesamte Gebiet wurde begangen und kartiert (vgl. Tafel 68 und in diesem Katalog unter A 1). Zum Problem der Weiler-Namen: H. Dittmaier, Rheinische Flurnamen (Bonn 1963) 336 ff. mit weiterer Literatur. Nach H. Dittmaier müssen Weiler-FN nicht unbedingt auf eine ausgegangene Siedlung hinweisen. In diesem Fall muß als wahrscheinlicher gelten, daß die Weiler-FN römerzeitlichen Ursprungs sind.

Mechernich

SLE 101
I. *Bleierzbergbaugebiet* Mechernich-Kallmuth.
II. TK 5405 Mechernich: im gesamten SW-Teil der Gemarkung Mechernich.
III. 1956 untersuchte der Bergbaufachmann E. Preuschen in Zusammenarbeit mit dem RLMB das Bleierztagebaugebiet Mechernich auf Überreste historischen oder vorgeschichtlichen Bergbaus. Wie sein Bericht (Bonner Jahrb. 159, 1959, 450–455) ergibt, wurden die Spuren älteren Bergbaus der Spätlatènezeit und der römischen Zeit durch den nachfolgenden jüngeren Bergbau des Mittelalters und der Neuzeit völlig getilgt. Die von Preuschen untersuchten Grubenbaue (Bonner Jahrb. 159, 1959, Abb. 66) weist er der jüngeren Bergbauzeit, d. h. dem 14.–17. Jahrh. zu. Tagebaustöße und Pingenfelder beobachtete Preuschen am Südrand des Kallmuther Berges und am Nordrand des Bleiberges. Am Kallmuther Berg wurde darüber hinaus ein primitiver Schmelzplatz gefunden, der mindestens für mittelalterlich, wenn nicht für älter gehalten wird.

SLE 102
I. *Burg und Hof Burgfey*.
II. TK 5406 Münstereifel: r 25 47 620; h 56 06 900. Rund 1200 m O von Mechernich, aber W des Vey-Baches.
III. Seit Beginn des 15. Jahrh. gibt es urkundliche Belege zu Burgfey. Kernstück der Anlage ist ein massiver spätmittelalterlicher Bergfried, der mit einer schiefwinklig zum Turm geführten Umfassungsmauer versehen ist. Der Bergfried hat 10 x 12 m Kantenlänge. Der Bergfried ist ein mehrgeschossiger Wohnturm, wie er unter anderem von der Hardtburg gut bekannt ist.
LITERATUR: Clemen, KDM Kr. Schleiden 265.

SLE 103
I. *Pochmühlen*.
II. TK 5406 Münstereifel: wahrscheinlich etwa r 25 47 550; h 56-06 440. Mitten zwischen Burgfey und Feyer Mühle, auf dem W Ufer des Vey-Baches.
III. Um 1800 gab es O von Mechernich am Rande des Mechernicher oder Hambuschwaldes noch sog. Pochmühlen, d. h. Hammerwerke. Von einem dieser Werke sind noch geringe Reste der Eisen- u. Bleierz-Aufbereitungsanlagen erhalten.
1808 zeigt die Tranchot-K. NA Blatt 108 Kommern an dieser Stelle ein nicht näher bezeichnetes Gebäude, das eine dieser Pochmühlen darstellt.
Seit 1316 steht das gesamte Vey-Tal unter dem politischen Einfluß der Herren von Schleiden, die hier ihre Lehnsleute ansiedeln. Unter diesen befinden sich auch Reitmeister, die später die Veytalhütten leiteten.
LITERATUR: W. Günther, Zur Geschichte der Eisenindustrie in der Nordeifel. Rheinische Vjbll. 30, 1965, 319 mit weiterer Literatur. – Die Eifel 1956, 102.

SLE 104
I. *Haus Rath*, auch: *Marschallsrath*.
II. TK 5405 Mechernich: r 25 44 360; h 56 05 760. Rund 750 m W des Ortsteiles Roggendorf von Mechernich.
III. Die Burg befindet sich 1312 im Besitz eines Geschlechtes van Rode. Später gelangte sie durch Heirat in die Hand des Jülichschen Erbmarschalls Frambach Nyt van Birgel. Bis 1487 verblieb der Besitz in Händen dieser Familie.
1750 wird der Gutshof als baufällig bezeichnet.
1771 wurde Haus Rath an die Herzöge von **Arenberg** verkauft.
1808/09 zeigt die Tranchot-K. NA Blatt 108 Kommern Haus Rath als eine zweiteilige Burg, die mit Wassergräben umgeben ist.
1723 vermittelt eine Ansicht im Codex Welser einen guten Eindruck vom einstigen

Aussehen der Burg (vgl. Clemen, KDM Kr. Schleiden 264 mit Abb. 163). Es handelt sich um eine zweiteilige Anlage mit einem Gutshof in der Vorburg und dem Herrenhaus in der Hauptburg, das aber Teil der insgesamt vierseitig geschlossenen Anlage bildet. Das Herrenhaus war mit drei Türmen befestigt.

Während des 19. Jahrh. wurden große Teile der Wirtschaftsflächen der Burg mit Abraum aus den nahegelegenen Bleibergwerken verschüttet. Der Bahnbau der Linie Köln–Trier führte 1866 zur Niederlegung des größten Teiles der noch erhaltenen Gebäude.

LITERATUR: Clemen, KDM Kr. Schleiden 263 ff. mit Quellen und weiterer Literatur. – Welters, Wasserburg 141.

## Nettersheim

SLE 105   I. *Alte Burg.*

II. TK 5505 Blankenheim: r 25 45 230; h 55 95 000. Auf dem Schellges-Berg N des Genf-Baches.

III. 1809 zeigt die Tranchot-K. NA Blatt 117 Nettersheim an dieser Stelle die Eintragung *Alt Burg* mit einem langen, im Zuge der Höhenlinien abknickenden Gebäude. Die Ortsbesichtigung ergab eine fast ebene, kreisrunde, vielleicht künstlich planierte Fläche, die nach S, W und NW steil abfällt. Eine Zufahrt ist nur von der Hochfläche selbst, also von NO möglich. Künstliche Umwehrungen wurden nirgends beobachtet. Das Gelände ist teilweise modern überbaut.

An den Hängen zum Genfbach wurden Terrassenäcker kartiert, die vermutlich dem Mittelalter angehören (vgl. in diesem Katalog unter A 6 und Tafel 69).

## Oberhausen

SLE 106   I. *Eisenhütte Müllershammer.*

II. TK 5404 Schleiden: r 25 32 890; h 55 96 480.

III. 1438: Rechnung des Schleidener Wehrmeisters *Syvert von Berghusen* nennt *Hütte und Hammer zomme Reviger.*

Um 1580 gehört diese Hütte mit sechs weiteren zu den *septem officinae minerae ferrariae,* die die Eifelkarte der Kosmographie des Baseler Humanisten Sebastian Münster enthält.

Um 1650 arbeitet diese Hütte wegen der wirtschaftlichen Krise dieser Zeit nicht mehr.

1780: Neuerrichtung der Hütte Müllershammer. Die Hütte hat bis Ende 19. Jahrh. produziert.

BELEGE: W. Günther, Rheinische Vjbll. 30, 1965, 316.

SLE 107   I. *Eisenhütte Oberhausen.*

II. TK 5405 Schleiden: r 25 32 990; h 55 97 140.

III. 1438: Rechnung des Schleidener Wehrmeisters *Syvert von Berghusen* nennt *Hütte und Hammer zu Overenhusen.*

Um 1580 gehört diese Hütte mit sechs weiteren zu den *septem officinae minerae ferrariae,* die die Eifelkarte der Kosmographie des Baseler Humanisten Sebastian Münster enthält.

Um 1650 arbeitet die Hütte wegen der wirtschaftlichen Krise dieser Zeit nicht mehr.

SLE 108
I. *Eisenhütte Wiesgen.*
II. TK 5404 Schleiden: r 25 33 120; h 55 98 070.
III. 1438: Rechnung des Schleidener Wehrmeisters *Syvert von Berghusen* nennt einen *Hammer in dem Auwell.*
Um 1580 gehört dieser Betrieb mit sechs weiteren zu den *septem officinae minerae ferrariae,* die die Eifelkarte der Kosmographie des Baseler Humanisten Sebastian Münster enthält.
Um 1650 arbeitet der Betrieb wegen der Wirtschaftskrise dieser Zeit nicht mehr. Diese sog. Poensgens-Hütte in Wiesgen bleibt bis 1780 wüst. Danach wird die Produktion wieder aufgenommen.
Um 1870 wird die Hütte endgültig stillgelegt.
BELEGE: W. Günther, Rheinische Vjbll. 30, 1965, 316.

1660: Wiederaufnahme der Produktion.
Um 1870: Endgültige Stillegung der Hütte wegen mangelnder Konkurrenzfähigkeit ihrer Produkte.
BELEGE: W. Günther, Rheinische Vjbll. 30, 1965, 316.

P e s c h

SLE 109
I. *Burghügel* (Motte) *Pesch.*
II. TK 5406 Münstereifel: r 25 49 160; h 55 98 900. Rund 750 m SO der Kirche von Pesch, am Oberlauf des Wespel-Baches.
III. 1809: Tranchot-K. NA Blatt 117 Nettersheim läßt eine auf dem W Ufer des Wespel-Baches gelegene Burganlage erkennen. Sie ist von vier Seiten durch Gebäude umschlossen, die nur nach O eine Zufahrt freilassen. Die von Müller-Wille, Burghügel S. 110, beschriebene zweiteilige Anlage ist hier nicht mehr kenntlich. Im Zuge von Umlegungsverfahren wurde die Burg abgetragen und eingeebnet. Notgrabungen ergaben jedoch einen künstlichen Bodenauftrag unter der Hauptburg. Keramik des 14./15. Jahrh. wurde geborgen.
LITERATUR: Clemen, KDM Kr. Schleiden 291. – Historische Stätten Bd. 3: Nordrhein-Westfalen (2. Aufl. 1970) 608. – P. J. Tholen, Bonner Jahrb. 164, 1964, 555 ff. – M. Müller-Wille, Burghügel S. 110 f.

SLE 110
I. *Pescher Mühle.*
II. TK 5406 Münstereifel: r 25 49 480; h 55 99 840. Rund 500 m ONO der Kirche von Pesch.
III. 1809: Tranchot-K. NA Blatt 227 Nettersheim zeigt am Zusammenfluß des Wespel-Baches mit dem Quart-Bach ONO von Pesch die Bezeichnung *Mühl,* ohne daß ein Gebäude angegeben wäre. Die Mühle war zu dieser Zeit also schon wüst.

R e e t z

SLE 111
I. *Mühle.* Abb. 5.
II. TK 5506 Aremberg: r 25 47 620; h 55 87 900. An der Mündung des Nonnenbaches in die Ahr.
III. 1808/09: Tranchot-K. NA Blatt 129 Blankenheim zeigt im Winkel N Nonnenbach und W Ahr die Eintragung *Moulin détruite* mit einem Gebäude.

Ripsdorf

SLE 112   I. *Angersdorf.*
II. Lage unbekannt, kann sowohl im Ostzipfel der Gemarkung Ripsdorf als auch im Ostzipfel von Hüngersdorf im Winkel zwischen Ahr und Lampertz-Bach liegen.
III. 1680 enthält die Karte von Dankers *Angerstorp.* Die Tranchot-K. NA gibt keine Hinweise auf die eventuelle Lage der Wüstung.
VI. Einen Hinweis auf die Lage der Wüstung gibt vielleicht der FN *Angelbitze,* den die TK 5606 Dollendorf bei r 25 48 600; h 55 83 000 im Ostzipfel der Gemarkung Ripsdorf enthält. Allerdings ist dieser FN auch ohne zugehörige Siedlung denkbar. Er trägt dann die Bedeutung Feld/Wiese in einer Ecke, im Winkel (vgl. H. Dittmaier, Rheinische Flurnamen 13 u. 30).

SLE 113   I. *Burg zu Ripsdorf.*
II. Im Ort Ripsdorf: TK 5606 Dollendorf.
III. Nach Clemen, KDM Kr. Schleiden 313, und H. Krings, Die Eifel 1951, 45, gab es in Ripsdorf ein Burghaus der Herren von Ripsdorf.
VI. Den Standort des ehemaligen Burghauses bezeichnet der FN *In der Burg.*

SLE 114   I. *Elldorf* oder *Nildorf.*
II. Genaue Lage unbekannt, jedoch zwischen Ripsdorf und Dollendorf vermutet.
III. Nach Clemen, KDM Kr. Schleiden 310, wurden 1843 fränkische Männergräber mit Waffen und Frauengräber mit Schmuck in steinernen Gräbern in der Gegend des angeblich verschwundenen Dorfes Elldorf oder Nildorf gefunden, das zwischen Ripsdorf und Dollendorf gelegen haben soll. Die Fundstelle wird mit dem *Bögesberg,* in der TK 5606 Dollendorf *Auf Aß,* r 25 47 550; h 55 82 950 angegeben. Über die Funde vgl. Bonner Jahrb. 4, 1844, 204. Ferner: Becker, Dekanat Blankenheim 582.
VI. H. Dittmaier, Die linksrhein. ON auf -dorf und -heim (Manuskr. Bonn 1961) 79, notiert in Ripsdorf den FN *Elsdorf.*

SLE 115   I. *Takenhof.*
II. TK 5605 Stadtkyll: r 25 45 290; h 55 82 860. N des Eichholzbaches am S Fuß des Stromberges.
VII. In der Flur *Takenhof* zwischen der Ahrmühle und der Ripsdorfer Mühle wurden Reste römischer Bauten (Ziegel, Steine, Estrich- und Wandverputz) beobachtet. Etwa 80 m O davon fand man einen gut erhaltenen Kalkofen, der auf seiner Nordseite noch 2,30 m hoch über dem inneren Absatz erhalten war. Der Ofen ließ sich wegen des Fehlens von Funden nicht datieren.
Etwa 25 m W davon finden sich Reste von Meilerplätzen (vgl. W. Haberey, Bonner Jahrb. 151, 1951, 197). Diese stammen sicher aus dem Mittelalter oder der frühen Neuzeit, als in diesem Raum die Produktion von Holzkohle für die Eisenverhüttung blühte. Zahlreiche Meilerplätze finden sich im NW-Teil der Gem. Ripsdorf (TK 5505 Blankenheim: r 25 43 230; h 55 86 800), im angrenzenden Gebiet von Schmidtheim (das. r 25 43 090; h 55 86 760) und im Südteil der Gemarkung Blankenheimerdorf in der Umgebung des *Fritzenhofes* (SLE 11) und des *Manderscheider Hofes* (SLE 15). Die in den großen Waldungen gelegenen Einzelhöfe basierten vor allem auf der Herstellung von Holzkohle für die Eisenindustrie des Arenberger Raumes. Daher wird man im Takenhof ebenfalls einen jener Holzkohle produzierenden Höfe vermuten dürfen.

### Sistig

SLE 116
I. *Hof Reytpach.*
II. TK 5405 Mechernich, genaue Lage unbekannt, wird jedoch in der Nähe von Frohnrath, zwischen Frohnrath und Golbach, vermutet.
III. 1187: *Reytpach* (H. Kelleter, Geschichte der Familie Poensgen [Düsseldorf 1908] 19. – Zit. nach W. Günther, Zur Geschichte der Eisenindustrie in der Nordeifel. Rheinische Vjbll. 30, 1965, 314).
VI. Im 17./18. Jahrh. gibt es in der Umgebung des Hofes eine ganze Reihe von FN, die auf Eisenerzabbau und -verhüttung hindeuten: *Heidenstollen, auf der Schmitt, Spillhövel* (Günther a. a. O.).
Der Name Reytpach = Reitbach bedeutet soviel wie 'Eisen bereiten in einem Reitwerk'.
LITERATUR: Nicola Reinartz, Steinfeld, das 'Bergmannskloster' der Eifel und die wallonische Einwanderung. Heimatkal. d. Kr. Schleiden 1956, 67. – A. Weck, Die Eisenindustrie des Kreises Schleiden im Altertum und Mittelalter. Heimatkal. d. Kr. Schleiden 1953, 38–41.

### Schleiden

SLE 117
I. *Eisenhütte Gangfurth.*
II. TK 5405 Schleiden: r 25 34 100; h 55 99 500. Auf dem Ostufer der Olef, NO Schleiden.
III. Kurz vor 1458 wird die Eisenhütte Gangfurth als die siebente der Schleidener Eisenhütten auf Genossenschaftsbasis, einem damals neuen Prinzip, begründet. Um 1580 gehört diese Hütte mit sechs weiteren zu den *septem officinae minerae ferrariae*, die in der Eifelkarte der Kosmographie des Baseler Humanisten Sebastian Münster enthalten sind (Beleg vgl. SLE 63).
Um 1650 ist die Hütte wüst.
1661 wird sie wiedereröffnet.
Ende 19. Jahrh. wird sie endgültig wüst.
LITERATUR: W. Günther, Zur Geschichte der Eisenindustrie in der Nordeifel. Rheinische Vjbll. 30, 1965, 316 ff.

SLE 118
I. *Eisenwerk Olef.*
II. TK 5404 Schleiden: r 25 34 620; h 56 00 950. O der Olef, im Bereich des heutigen Ortes Olef.
III. 1531 gründete der Unterherr von Dreiborn, Rabot v. Plettenberg, das Eisenwerk zu Olef.
Noch im 16. Jahrh. und nochmals im 18. Jahrh. wurde die Produktion in diesem Werk eingestellt, weil es kein Holz zur Herstellung von Holzkohle mehr gab.
1694 wird das Werk nach längerer Schließung wieder begründet.
Ende 19. Jahrh. wird die Produktion endgültig eingestellt.
LITERATUR: W. Günther, Rheinische Vjbll. 30, 1965, 312, 319 und 323.

## Schmidtheim

**SLE 119**   I. *Eisenhütte Schmidtheim.*

II. TK 5505 Blankenheim: genaue Lage nicht bekannt, vielleicht inmitten des Ortes auf dem karolingischen Hof, der unter der Burg Schmidtheim vermutet wird. In diesem Falle: r 25 39 590; h 55 87 000.

III. 867: Gütertausch zwischen König Lothar II. und dem Otbert *in pago eiflinse . . silua inter smideheim et basenheim* (MRUB I Nr. 108 vom 20. Januar 867 = MGH DD Loth. II. Nr. 31). Dieser ON läßt bereits für spätkarolingische Zeit auf die Existenz einer Eisenschmiede schließen. W. Günther, Rheinische Vjbll. 30, 1965, 314, ist der Meinung, die Raseneisenerzvorkommen des Gebietes um Schmidtheim seien wahrscheinlich in Rennfeueröfen verhüttet worden, die mit dem karolingerzeitlichen Hof des 7./8. Jahrh. in Beziehung gestanden hätten.

In diesem Zusammenhang ist auch zu berücksichtigen, daß Schmidtheim durch Funde wahrscheinlich fränkischer Gräber als merowingerzeitliche Gründung erwiesen wird. 1905 fand man beim Bau einer Sakristei in der Kirche Schmidtheim zwei Baumsärge (Bericht des Pfarrers in den OA des RLMB).

Im Gebiet der Schmidtheim-Dahlemer Gemarkungsgrenze sowie an vielen anderen Stellen der Gem. Schmidtheim, besonders im Eichholz (r 25 40 570; h 55 85 400, SO Forsthaus Kaiserhaus) finden sich Pingenfelder, die den Tagebau auf Eisenerz belegen.

Im Unterschied zu den anderen alten Eisenhüttengebieten (Schleiden, Gemünd, Monschau, Kallmuth-Mechernich, Freilingen-Lommersdorf, Blankenheimerdorf) ergibt sich im Gebiet von Schmidtheim die Möglichkeit, den Eisenerzabbau bis in karolingische Zeit zurückzuverfolgen.

LITERATUR: W. Günther, Zur Geschichte der Eisenindustrie in der Nordeifel. Rheinische Vjbll. 30, 1965, 314. – K. Böhner, Der Grenzkreis Schleiden im Mittelpunkt historischer Forschung. In: Zwischen Eifel und Ville, Heimatbll. f. d. Kreise Euskirchen und Schleiden 8, 1958, 32.

Ein weiteres Zentrum der Eisengewinnung und -verhüttung liegt in der Umgebung der *Motte Zehnbachhaus* (SLE 122), um den *Hüttenhof* (SLE 120) und um den *Recherhof* (SLE 121). Hier geht die Eisengewinnung bis in römische Zeit zurück.

**SLE 120**   I. *Hüttenhof.*   Abb. 5; Tafel 71.

II. TK 5505 Blankenheim: r 25 41 745; h 55 89 100. Auf dem Hang NW der Urft.

III. 1808/09: Tranchot-K. NA Blatt 129 Blankenheim zeigt NO vom Recherhof den *Hoettenhof*, eine dreiseitig geschlossene, nur zur Urft hin offene Hofanlage. 1893 findet sich der Hof schon nicht mehr in der TK 1 : 25 000. Er muß also zuvor wüst geworden sein. Vielleicht fiel er dem Bahnbau zum Opfer.

Der Name des Hofes deutet auf Eisenerzverhüttung hin. Dazu paßt auch der N davon vorhandene Waldname *Hammer*.

**SLE 121**   I. *Recherhof.*   Abb. 5; Tafel 71.

II. TK 5505 Blankenheim: r 25 41 200; h 55 88 740. NW der Urft, an dem zum Fluß abfallenden Hang.

VII. 1808/09 zeigt die Tranchot-K. NA Blatt 129 Blankenheim den Hof noch mit vier Gebäuden. Heute steht nur noch eines, das nicht mehr bewohnt, aber gelegentlich von einem Schäfer aufgesucht wird. NW und W des Hofes finden sich Haufen mit Eisenschlacken und Luppen. Eine Geländeaufnahme wurde hier durchgeführt (Beschreibung vgl. in diesem Katalog unter A 10).

SLE 122   I. *Zehnbachhaus*, Burghügel (Motte).  Abb. 5; Tafel 49; 71.

II. TK 5505 Blankenheim: r 25 41 545; h 55 88 650. S der Urft, W des Zehnbaches, im Mündungsgebiet der beiden Gewässer.

III. Die Anlage muß, wie die dort gefundene Keramik beweist, im 12.–14. Jahrh. benutzt worden sein. Urkundliche Belege sind bisher für sie nicht bekannt geworden.

1808/09 zeigt die Tranchot-K. NA Blatt 129 Blankenheim den kreisförmigen Graben und das ebenfalls kreisförmige Innenplateau, jedoch nicht die nach S anschließenden Fischteiche.

VI. Das Urkataster enthält die Bezeichnung *Zehnbachhaus*.

VII. Im Gelände sind der kreisrunde, etwa 20 m Dm. messende Burghügel sowie der breite, kreisförmige Graben mit ebener Sohle sehr gut erhalten. Der Graben ist bis 10 m breit und 2–3 m tief. Ob sich nach SW eine Vorburg anschloß, ist ungewiß und ohne Grabungen nicht zu entscheiden. Nach S schließt sich, am Zehnbach entlang und von diesem gespeist, eine Kette von Fischteichen an.

Vermessung und Geländeaufnahme wurden durchgeführt (Beschreibung vgl. in diesem Katalog unter A 10).

LITERATUR: W. Sage, Bonner Jahrb. 165, 1965, 471. – M. Müller-Wille, Burghügel Nr. 82.

Die Anlage ist mit Sicherheit mit dem Abbau von Eisenerzen in Verbindung zu bringen. S des Grabens sowie N der Burg in der Böschung der Urft fanden sich zahlreiche kleine Stücke Eisenluppe. Römische Eisenverhüttung, wohl in Verbindung mit einer römischen Ansiedlung, wurde SW der Burg nachgewiesen. Im übrigen kann die Motte als Vorgängeranlage zur Höhenburg Altenburg, Gem. Blankenheimerdorf (SLE 9), aufgefaßt werden. Im Gegensatz zur Höhenburg Altenburg verkörpert sie den Typus der Niederungsburg.

S ö t e n i c h

SLE 123   I. *Girzenberg*, Hof.

II. TK 5405 Mechernich: r 25 40 750; h 55 98 780.

III. 1895 bestanden noch zwei Häuser in Girzenberg (vgl. TK 1 : 25 000 von 1895). Sie liegen rund 1000 m O von Sötenich am Westhang des Girzen-Berges.

SLE 124   I. *Schürenderhof*.

II. TK 5405 Mechernich: r 25 38 590; h 55 97 570. Rund 1000 m S von Rinnen.

III. 1808: Tranchot-K. ÄA Blatt 43 Schleiden enthält *Schurenderhof Ruinée* mit zwei getrennt voneinander liegenden Höfen: im N ein Hakenhof, SW davon ein Hof mit zwei Gebäuden. Die Höfe müssen noch im 19. Jahrh. eingegangen sein, weil die TK 1 : 25 000 aus dem Ende des 19. Jahrh. nichts mehr enthält.

U e d e l h o v e n

SLE 125   I. *Uedelhovener Mühle*.

II. TK 5606 Dollendorf: r 25 53 420; h 55 83 260. Rund 1000 m NNW Uedelhoven, auf dem Südufer der Ahr.

III. 1808/09: Tranchot-K. NA Blatt 130 Aremberg: *Uedelhovener Mühle* mit einem Gebäude.

1910/14 nicht mehr auf der TK 1 : 25 000 eingetragen.

## Urft

SLE 126
I. *Steinfelder Hütte.*
II. TK 5405 Mechernich: r 25 40 820; h 55 97 000. Rund 1000 m NO Kloster Steinfeld am sog. Steinfelder Hüttegraben.
III. 1809 zeigt hier die Tranchot-K. NA Blatt 117 Nettersheim noch das *Steinfelder Hütte Werck*, das seine Energie aus sieben großen aufgestauten Weihern bezog, die sich nach S am Steinfelder Hüttegraben entlangzogen. Diese Eisenhütte war eines der bedeutendsten Werke im Eisenbergbaugebiet der Nordeifel. Sie wurde vom Kloster Steinfeld betrieben, das seit dem späten Mittelalter bei der Erschließung der Bodenschätze, besonders des Eisens, eine besondere Rolle gespielt hatte. Für die Entwicklung des Eisenerzbergbaus wird darüber hinaus als treibende Kraft die Einwanderung bergbauerfahrener Wallonen angesehen.
LITERATUR: Nicola Reinartz, Steinfeld, das 'Bergmannskloster' der Eifel und die wallonische Einwanderung. Heimatkal. d. Kr. Schleiden 1956, 67. – Dies., Zwei Eifeler Bergweistümer des Jülicher Wildbanns Kall und der Grafschaft Schleiden. AHVN 151/152, 1952, 364.

## Vlatten

SLE 127
I. *Burg Vlatten.*
II. TK 5305 Zülpich: r 25 38 820; h 56 12 880. Am Ostrand von Vlatten, O des Vlattener Baches.
III. 1808/09 verzeichnet die Tranchot-K. ÄA Blatt 37 Zülpich hier eine bedeutende zweiteilige Wasserburg. Gebäude befinden sich zu dieser Zeit aber nur noch innerhalb der nach N gelegenen Vorburg, in der auch heute noch ein großer Wirtschaftshof steht. Nach SW schließt sich eine quadratische Hauptburg an, die, ganz von Wassergräben umgeben, in der Mitte ein höher gelegenes Gelände besitzt, auf dem das Burghaus gestanden hat.

SLE 128
I. *Schürenderhof.*
II. TK 5305 Zülpich: r 25 37 200; h 56 10 200. Rund 2,5 km SW Vlatten, am Ostrand des Staatsforstes Gemünd.
III. 1806/09: Tranchot-K. ÄA Blatt 37 Zülpich enthält *Schürenderhof ruiné* mit noch einem Gebäude, einem Weiher und hofanschließendem Wiesenareal.
Die letzten Überreste des Hofes wurden bei landwirtschaftlichen Meliorationsarbeiten 1962 vernichtet.
LITERATUR: K. A. Seel, Bonner Jahrb. 164, 1964, 551.

## Vussem-Bergheim

SLE 129
I. *Niederheim.*
II. Unbekannt, jedoch in der Nähe von Bergheim. TK 5405 Mechernich.
III. In der Nähe des Dorfes Bergheim soll es früher ein Niercheim oder Niederheim gegeben haben.
LITERATUR: K. Guthausen, Die Siedlungsnamen des Kreises Schleiden. Rheinisches Archiv 63 (Bonn 1967) 26 mit Bezug auf Nicola Reinartz, AHVN 139, 1941, 60.

Wahlen

SLE 130  I. *Krekelerkirch*.
II. TK 5505 Blankenheim: r 25 38 000; h 55 93 000. Bei Krekel.
III. Nach K. Guthausen, Die Siedlungsnamen des Kreises Schleiden. Rheinisches Archiv 63 (Bonn 1967) 48 f., ist der heutige Ort Krekel aus den mittelalterlichen Orten Krekel und Krekelerkirch zusammengewachsen.
1450 und 1563: *Krewinckel;*
1654: *Krekelerkirch;*
1789: *Krekel;*
(Alle Belege nach Guthausen a. a. O.).
Es handelt sich um das Zusammenwachsen ursprünglich voneinander getrennter Orte, nicht um eine echte Wüstungsbildung.

SLE 131  I. *Wildenburg*.
II. TK 5504 Hellenthal: r 25 35 120; h 55 91 920. N des Manscheider Baches, 3,5 km SW von Wahlen, 2 km SO Reifferscheid.
III. 12. Jahrh.: Die Burg gehörte den Herzögen von Limburg. Die Edelherren von Wildenburg stammen von dieser Burg. Sie sind mit den Herren von Reifferscheid verwandt.
1414–1639 befand sich die Burg im Besitz der Herren von Palandt.
Anf. 18. Jahrh.: Unter Benutzung der mittelalterlichen Reste der Burg errichteten die Äbte von Steinfeld das Schloß Wildenburg, nachdem bereits 1715 dort von der Prämonstratenserabtei ein Priorat eingerichtet worden war.
1905–1911 wurden die heutigen Gebäude vom Provinzialkonservator weitgehend restauriert. Heute ist die Anlage Jugendburg des Bistums Aachen.
VII. Die Burg entspricht dem bereits in vor- und frühgeschichtlicher Zeit bekannten Anlageschema der Abschnittsbefestigung in Spornlage. Sie liegt auf einem weit nach W vorspringenden Bergsporn; nur nach NO hat er Verbindung mit dem rückwärtigen, hochgelegenen Bergrücken. Die stärksten Mauern und Gräben sind deshalb auch nach dieser Seite angelegt worden. Die Burg besteht aus einer schiefwinklig-viereckigen Hauptburg im äußersten W des Bergsporns und einer nach O vorgelagerten Vorburg mit einem Gutshof darin, den die Familie Palandt bewirtschaftete.
Eine echte Burgsiedlung wie bei Reifferscheid hat sich um die Wildenburg nicht ausbilden können.
LITERATUR: Clemen, KDM Kr. Schleiden 453 mit ausführlicher Beschreibung der Burg und der Umwandlung des Burghauses im J. 1717 in die katholische Kirche St. Johannes Baptistae.

Wallenthal

SLE 132  I. *Kettenich*, auch: *Köttingen*.
II. TK 5405 Mechernich: r 25 42 600; h 56 03 140. Etwa 900 m NO Scheven, am Südrand des Kallmuther Bleiberges.
III. Um 1450 gibt es hier den FN *in Köttingen*.
1661 heißt es *in Kettenich* (Nicola Reinartz, AHVN 129, 1936, 56 f.).
Es wird hier eine Wüstung dieses Namens angenommen. Die Ableitung des Namens von keltischem Namengut bleibt jedoch hypothetisch, solange keine Zwischenbelege vorhanden sind.

Weyer

SLE 133   I. *Antoniuskapelle*.
II. TK 5405 Mechernich: r 25 43 845; h 55 98 900. An der Kreuzung der Straße Zingsheim-Keldenich mit einer für römisch gehaltenen Straße in SW-NO-Richtung. N des Duster-Berges.
III. 1809: Tranchot-K. NA Blatt 117 Nettersheim *Tonus Hausken Cap. Ruinée* mit einem Gebäude. Schon 1893 ist die Kapelle in der TK 1 : 25 000 nicht mehr enthalten.

SLE 134   I. *Burg Weyer*.
II. TK 5405 Mechernich: r 25 46 225; h 56 00 340. O der von Zingsheim kommenden Straße, N der ersten großen Kreuzung in Weyer, in heute bebauten Grundstücken.
III. Im 14. Jahrh. war die Burg als kurkölnisches Lehen noch im Besitz einer Adelsfamilie von Weyer.
1666–1668 wurde das gänzlich verfallene Burghaus durch einen damaligen Besitzer Ferdinand von Weichs wiederhergestellt.
1785 erfolgte die letzte Belehnung eines Mitgliedes der Familie von Weichs mit Burg Weyer. Danach geriet die Burg in Privathand.
1809 zeigt die Tranchot-K. NA Blatt 117 Nettersheim noch die ganze Anlage.
1823 wird eine Katasteraufmessung der Burg durchgeführt, auf die sich die Beschreibung bei Clemen, KDM Kr. Schleiden 451, gründet.
VII. Burg Weyer ist heute ganz verschwunden. Aus der Tranchot-K. und dem oben erwähnten Katasterplan ist aber zu entnehmen, daß es sich um einen viereckigen, im W, N und O mit langen Gebäudetrakten umstellten Burgbezirk handelte. In der Nordfront und im SO gab es vorspringende Türme in diesen Gebäudetrakten. Inmitten des Vierecks stand ein Turm von rechteckigem Grundriß. Die in SSW-NNO-Richtung verlaufende Straße von Zingsheim führte W an der Burg vorbei. Ein Gutsbezirk mit Wirtschaftsbauten könnte im O gelegen haben.

SLE 135   I. *Eisenhütte Eiserfey*.
II. In Eiserfey, Gemarkung Weyer.
III. Das Güterverzeichnis der Abtei Prüm von 893/1222 läßt umfangreichen Besitz der Abtei Prüm in Eiserfey erkennen (MRUB I Nr. 135). Unter anderem wird ein Beneficium in Veye genannt. Allerdings läßt das Prümer Güterverzeichnis jeden Hinweis auf eine frühe Eisengewinnung an diesem Platz vermissen. Daraus wurde geschlossen, die Eisenverhüttung habe zur Zeit der Abfassung des Güterverzeichnisses noch keine Rolle gespielt. Tatsächlich aber hat es in Eiserfey bereits seit Mitte des 13. Jahrh. eine Eisenhütte mit Schmiede gegeben, die im Zülpicher Weistum genannt wird (vgl. H. Aubin, Die Entstehung der Landeshoheit [Neudruck Bonn 1961] 21 f.). Diese Eisenhütte besaß das ganze Mittelalter hindurch bis in die Neuzeit Bedeutung und führte zur Bildung des ON Eiserfey.

SLE 136   I. Name unbekannt.
II. TK 5405 Mechernich: r 25 45 480; h 56 01 340. An der Kreuzung der Wege Urfey-Vollem und Weyer-Kallmuth.
III. 1809 zeigt die Tranchot-K. NA Blatt 117 Nettersheim an dieser Stelle ein einzelnes Gebäude ohne nähere Bezeichnung. SW davon befindet sich ein großer Weiher, so daß vielleicht an eine Mühle zu denken wäre.

SLE 137   I. Name unbekannt.
II. TK 5405 Mechernich:
1. Gebäude r 25 46 420; h 56 01 420.
2. Gebäude r 25 46 480; h 56 01 500.
Am alten Weg von Weyer nach Eiserfey, der W der Kakushöhle vorbeiführte.
III. 1809 zeigt die Tranchot-K. NA Blatt 117 Nettersheim zwei Gebäude ohne nähere Bezeichnung. Das erste stand S, das zweite N des heutigen Wegkreuzes. Beide lagen aber W des Weges. Sie könnten Reste eines Hofes gewesen sein.

### Zingsheim

SLE 138   I. *Rundenhof.*
II. TK 5406 Münstereifel: r 25 48 905; h 55 97 430. Rund 2 km S von Pesch, ein Stück O des oberen Wespelbaches.
III. 1809: Tranchot-K. NA Blatt 117 Nettersheim: *Rundenhof Ruinée*, ohne Angabe von Gebäuderesten.

### Lage unbekannt

SLE 139   I. *Eisenhütte Limberg.*
II. Genaue Lage unbekannt, vielleicht unweit des Klosters Steinfeld.
III. 1503 nennt das Steinfelder Urbar eine Hütte *under Lymberg,* in anderer Form auch *Lymburgh,* nach der sich im 17. Jahrh. ein Geschlecht *von Lymburgh* nennt, das auch an der Eisenhütte von Dalbenden (SLE 79) beteiligt war.
LITERATUR: W. Günther, Zur Geschichte der Eisenindustrie in der Nordeifel. Rheinische Vjbll. 30, 1965, 315.

Nachträge zum Kreis Schleiden s. S. 510 f. und 515 f.

# Wüstungen
# im Kreis Euskirchen (EU)

### Antweiler

EU 1     I. *Hougueshaus.*
II. TK 5306 Euskirchen: r 25 53 400; h 56 09 300. Rund 1100 m NNW Antweiler im Billiger Wald.
III. 1808: Tranchot-K. ÄA Blatt 38 Euskirchen enthält *Hougueshaus,* jedoch ohne Angabe von Gebäuden. Vielleicht ist dieser Siedlungsname identisch mit *Heuchhausen* (EU 2).

EU 2     I. *Heuchhausen.*
II. Genaue Lage unbekannt, jedoch in der Gegend von Kreuzweingarten-Broich.
III. 17. Jahrh.: Die Karte von Vischer enthält Gut Heuchhausen zwischen Kreuzweingarten und Broich. Möglicherweise hat sich dieser Siedlungsname in der Form *Hougueshaus* bis in den Beginn des 19. Jahrh. erhalten, wo er in der Tranchot-K. erscheint (vgl. EU 1).
Nach Welters, Wasserburg 65 Anm. 69, wurde der Weiler *Heuchhausen,* auch *Heudthausen* genannt, im 17. Jahrh. wüst. Der zu drei Höfen von Heuchhausen gehörige Grundbesitz kam durch Kauf an Burg Broich.
LITERATUR: M. v. Mallinckrodt, Broich und Heudthausen. Mitteil. d. westdeutschen Gesellsch. f. Familienkunde 1931. – H. Welters, Wasserburg 65 Anm. 69.

EU 3     I. *Ockershausen.*
II. Genaue Lage unbekannt, vielleicht in der Gegend von Antweiler.
III. 893/1222: Güterverzeichnis Prüm: *ogchereshusen* und *in okereshusen tenet duinus silua* (MRUB I Nr. 135). Dieses *okereshusen* erscheint im Güterverzeichnis unter *iuernesheym* = Iversheim, Kr. Euskirchen. Außerdem wird in diesem Zusammenhang auch noch Wachendorf genannt. Die Erwähnung eines Waldes scheint auf die Nähe des Ortes zu einem größeren Waldgebiet, wahrscheinlich wohl zum Billiger Wald, hinzudeuten. Nicht auszuschließen ist auch, daß *okereshusen* mit *Hougueshaus* (EU 1) identisch ist, das Anf. 19. Jahrh. in der Tranchot-K. erscheint.

### Arloff

EU 4     I. *Arndorfer Hof,* auch: *Ohndorfer Hof.*                  Tafel 73.
II. TK 5306 Euskirchen: r 25 57 250; h 56 07 440. Rund 800 m O der Ortsmitte Kirspenich.
III. Das rheinische Flurnamenarchiv verzeichnet unter Münstereifel folgende Belege:

1346, 1348: *unter Arendorf*
1550: *hinter Arendorf*
1538, 1732, 1772, 1786, 1819, 1820: *Arendorp, Arendorfer Gasse*
1724: *am Ohndorfer Keller*
1732: *unter dem Ahrendorperpfad, Arendorper hof, Ahndorfer dal*
1739: *am Arendorferberg*
1779, 1786, 1860: *an den Ohndorfer gärten*
1791: *Ahrendorperhof*
1792: *an Arendorf*
1867: zwischen *Ohndorferthal* und *Bonner strasse*.
Zu Beginn des 19. Jahrh. hat der Hof nicht mehr bestanden. Die Tranchot-K. ÄA Blatt 38 Euskirchen von 1808 enthält keinen Hinweis mehr darauf. Doch weist sie am Hofplatz selbst oder in seiner unmittelbaren Nähe ein rechteckiges Heideareal aus.
IV. Die unter III. genannten FN sind in Kirspenich noch allgemein geläufig und können von jedem lokalisiert werden.
VI. Vgl. unter III.
VII. Reste des Hofes, vor allem Fundamente seiner Gebäude, liegen heute in einem Feldweg. Auch ein Brunnen ist hier als Wasserloch immer sichtbar geblieben. Eine kalkgemörtelte Mauer von etwa 80 cm Br. und 35 m L. wird als Teil der Umfassungsmauer des Hofes angesehen. Die Flur des Hofes schloß sich nach O an den dortigen Hang an. Schwache Terrassen zeigen hier noch einstige Flurstücke an. Auch weiter SO, wo das Gelände gegen den von O die Burg Kirspenich erreichenden Bach abfällt, finden sich stark ausgeprägte terrassierte Äcker. Sowohl auf den Terrassen als auch zu Füßen der untersten von ihnen im Talgrund wurden zahlreiche römische Baureste beobachtet. Römerzeitliches Alter dieser Terrassen käme grundsätzlich ebenso in Frage wie eine mittelalterliche Datierung. Die Terrassen liegen: TK 5406 Münstereifel, r 25 57 320–350; h 56 07 000–300.
Auf der flachen Kuppe O des Arndorfer Hofes liegen an zahlreichen Stellen kleine Haufen von Eisenschlacken. Sie enthalten klumpige Eisenluppe sowie eisenhaltige Erzklumpen in Fülle. Ihre Datierung ist bislang noch unbekannt. In Frage kommt römerzeitliche oder mittelalterliche bzw. frühneuzeitliche Zugehörigkeit. Die zugehörigen Erzgruben wird man auf der Höhe des Berges, wenig S der Bonner Straße bei r 25 57 400–900; h 56 07 480 suchen dürfen. Hier ist das ganze Gelände von Erztagebauen zerfurcht und sieht wie eine Kraterlandschaft aus (Einzelheiten vgl. in diesem Katalog unter A 13 und Tafel 73).

EU 5   I. *Kalkbrennereien*.
II. TK 5306 Euskirchen: r 25 57 710; h 56 08 000. Auf der Westseite des Kessels-Berges.
III. Am Westhang des Kesselsberges, N der Straße Kirspenich–Hockenbroich, liegt eine aufgegebene Kalkbrennerei der Neuzeit. Der Brennofen ist noch zum großen Teil vorhanden. Er läßt erstaunliche Parallelen zu den römischen Kalköfen von Iversheim erkennen. Die Gewinnung von Kalk war in diesem Gebiet auf jeden Fall seit dem Mittelalter kontinuierlich üblich. Ob hier auch bereits in römischer Zeit Kalk gebrannt wurde, wie im benachbarten Iversheim, konnte bislang noch nicht geklärt werden. Weitere Kalk-Brennöfen befinden sich am SO-Rand des nahen Hardtwaldes (Einzelheiten vgl. in diesem Katalog unter A 13).

EU 6   I. *Stöckhof*.
II. TK 5406 Münstereifel: r 25 57 930; h 56 06 200. Rund 2 km SO Arloff am Rande des Waldes.

III. 1755 gehörte der Stöckhof zum Amt Tomberg. Die Tranchot-Karte enthält Anf. 19. Jahrh. keine Hinweise mehr auf den Hof. Zu dieser Zeit muß er schon wüst gewesen sein.

IV. Die Flur des ehem. Hofes heißt noch heute *In den Stöcken.* Ferner gibt es *Hinter Stöckgarten.*

VII. Am NW-Rand des Flamersheimer Waldes liegt, bereits im Walddistrikt, der sog. Stöckhof. Gut erhalten ist ein rechteckiges, von wasserführendem Graben umgebenes Areal von 40 x 30 m Größe. Das grabenumschlossene Gebiet ist eben. Baureste lassen sich wegen des dichten Gestrüpps nicht ausmachen. Eine Umwallung konnte nirgends beobachtet werden. Der Graben ist im Querschnitt muldenförmig, und zwar 3–5 m breit und 1,50–2 m tief. In der NW-Ecke steht in den Gräben Wasser. 1755 gehörte der Stöckhof zum Amt Tomberg. Die Tranchot-K. enthält Anf. 19. Jahrh. keine Hinweise mehr auf den Hof. Zu dieser Zeit muß er schon wüst gewesen sein.

## Billig

EU 7   I. *Burghügel* (Motte).

II. TK 5306 Euskirchen: r 25 55 100; h 56 10 570. Am SO Ortsausgang von Billig.

III. Nach Clemen, KDM Kr. Euskirchen 22, befanden sich Dorf und Burg Billig im 13. Jahrh. wahrscheinlich im Besitz des Walram von Limburg. Der Verkauf von Billig durch den Abt von Corvey an den Markgrafen Wilhelm von Jülich im Jahre 1337 (Lac. UB III Nr. 315) nennt nur das Dorf mit allen seinen Rechten, nicht aber die Burg. Als Sitz einer jülichschen Unterherrschaft befand sich die Burg in den Händen der Herren von Tomberg-Vernich, der von Saffenberg und der von Eich. In der französischen Zeit veräußerten die Freiherren von Vorst-Gudenau als letzte Besitzer die Anlage.

IV. Das Gelände der heute ganz verschwundenen Burg am Südausgang von Billig trägt den FN *Auf der alten Burg,* der künstlich aufgeschüttete Burghügel selbst die Bezeichnung *Knöpp.*

VII. Im Gelände hebt sich heute der gut erhaltene quadratische Burghügel von 25 m Kantenlänge und 4 m Höhe gut ab. Ein 6 m breiter und 2,5 m tiefer Sohlgraben umgibt ihn. Eine viereckige Vorburg ist noch teilweise von Wassergräben umzogen. Die Tranchot-K. ÄA Blatt 38 Euskirchen zeigt 1808 die rechteckige Grabenanlage der Hauptburg mit einem Gebäude darin.

LITERATUR: M. Müller-Wille, Burghügel Nr. 80 mit der älteren Literatur.

EU 8   I. *Lützelbillig.*

II. TK 5306 Euskirchen, genaue Lage unbekannt, jedoch N des heutigen Billig auf die Gemarkungsgrenze von Euskirchen zu. Hier zeigt die Gemarkung Billig eine auffällige Ausbuchtung nach N, die als Teil der Gemarkung Lützelbillig aufzufassen ist. Als Ortslage kommt am ehesten das Mündungsgebiet eines von S in den Mit-Bach fließenden Baches in Betracht, also etwa r 25 55 150; h 56 12 200.

III. Nach G. Mürkens, Die Flurnamen der Gemarkung Euskirchen. In: Festschr. 650 Jahre Euskirchen Bd. 2 (Euskirchen 1955) 256, gab es 1781/82 im angrenzenden Teil der Euskirchener Gemarkung den FN *Im Lützelbillig.* Ob Lützelbillig ein Teil von Billig war – so G. Mürkens – oder ein eigenes, auch räumlich getrenntes Dorf, bleibt zunächst noch unklar.

EU 9  I. Name unbekannt, Dorfwüstung?
II. Etwa 100 Schritte W von Billig, S des Euenheimer Weges, auf TK 5306 Euskirchen etwa: r 25 54 700; h 56 11 000.
III. Nach Bonner Jahrb. 60, 1877, 152, wurden an dem genannten Ort mehrfach menschliche Skelette in der Erde gefunden. Beigaben oder Überreste von Särgen fehlten. Es kann sich demnach kaum um römische oder fränkische Bestattungen gehandelt haben. Eher wäre auf einen mittelalterlichen Friedhof zu schließen, der dann nur zu einem untergegangenen Dorf gehört haben könnte.

### Dirmerzheim

EU 10  I. *Mertheim.*
II. TK 5106 Kerpen: r 25 53 000; h 56 32 000. W von Dirmerzheim und NW von Konradsheim.
III. 1807/08 zeigt die Tranchot-K. ÄA Blatt 30 Frechen in dem fraglichen Gebiet den FN *Mertheimer Beißel.* Unter dieser Bezeichnung wird man die Wüstung Mertheim zu suchen haben. Die Begehung des Geländes ergab bisher nur wenige mittelalterliche Funde.

### Dom-Esch

EU 11  I. *Mühle.*
II. TK 5307 Rheinbach. In der Nähe von Dom-Esch, vermutlich am Bruchgraben.
III. Nach Heusgen, Dekanate 181, hat es hier eine Mühle gegeben, die 1682 abgebrochen und am Erft-Mühlenbach zwischen Kleeburg und Klein-Büllesheim als sog. Neumühle aufgebaut wurde.

### Effelsberg

EU 12  I. *Antoniushof,* auch: *Hahscheiderhof.*
II. TK 5406 Münstereifel: r 25 58 610; h 56 00 520. An einer Wegespinne mit sechs Wegen S des Knipp-Berges, Effelsberger Wald, Distrikt 67.
III. Nach einem Fundbericht von K. A. Seel (Bonner Jahrb. 162, 1962, 474) wurden O des Wegeknicks zwischen Distr. 65 und 67, 250 m SSW H. 511, 0 m bei Anlage einer Schonung die Reste des Antoniushofes oder Hahscheiderhofes vorgefunden. Man fand sehr viel Dachschiefer sowie mittelalterliche Keramik. Eine urkundliche Überlieferung zu diesem Hof ist bisher nicht bekannt. Die Tranchot-K. NA Blatt 118 Schönau von 1809 verzeichnet zwar die Antoniuskapelle als *Tich Töni's Cap.,* jedoch keine Überreste des Hahscheider Hofes, der zu dieser Zeit bereits wüst gewesen sein muß. NW der Antoniuskapelle, auf die oben erwähnte Wegespinne zu, weist die Karte jedoch größere Wiesenareale aus, die ohne weiteres zum Hahscheiderhof gehört haben können. Es ist immer wieder zu beobachten, daß die zu einem wüsten Hof gehörenden Wiesen- und Ackerareale noch lange Zeit nach dem Wüstwerden zugehöriger Höfe als Einheiten unverändert erhalten bleiben. Dies war z. B. auch bei etlichen wüsten Höfen im Raume Blankenheimerdorf der Fall (vgl. SLE 10, 11, 15, 17 und 99).

IV. Zum Hahscheiderhof gibt es eine reiche Volksüberlieferung von Sagen und Geschichten. So wird berichtet, die Antoniuskapelle sei zum Gedenken an ermordete Einwohner des Hofes errichtet worden. Eine andere Sage berichtet von einem Brand in der Christnacht, dem nur zwei Mägdelein entrinnen konnten. Seit diesem Ereignis falle in der Christmette Menschenblut auf das Corporale der Kirche zu Schönau (Bericht des Pfarrers v. Schönau 1878).
V. Der Hahscheiderhof war nach Schönau eingepfarrt.
VII. Die Überreste des Hofes liegen heute unzugänglich in einer Schonung, soweit sie nicht bei Anlage derselben zerstört worden sind.
VIII. K. A. Seel beobachtete im Distrikt 67 des Effelsberger Waldes zwei Stufenraine, die parallel zueinander verliefen, und zwar in NO-SW-Richtung, die Rainhöhe betrug bis zu 1 m, die Länge des oberen etwa 80 m, die des unteren 250 m. Wahrscheinlich handelt es sich um ehemaliges Ackerland des wüsten Hofes.

EU 13   I. *Burg zu Effelsberg.*
II. TK 5407 Altenahr: r 25 61 850; h 55 98 200. O der Straße Effelsberg–Kreuzberg unter dem Pfarrhaus.
III. Beim Bau des Pfarrhauses wurde nach dem Bericht des Pfarrers zu Schönau die Grundmauer einer Burg freigelegt. Außerdem gab es hier einen Weiher.
893/1222 nennt das Güterverzeichnis von Prüm *effelsbure*, also einen ON, der vermutlich ursprünglich das Grundwort -burg enthielt (MRUB I Nr. 135, S. 143, S. 177).
VI. Am Pfarrhaus gibt es noch heute den *Burgweg.*

EU 14   I. *Hahn.*
II. Genaue Lage unbekannt, jedoch N oder O von Scheuerheck am Wald; vgl. TK 5407 Altenahr.
III. Eine urkundliche Überlieferung zu diesem Hof fehlt bisher, doch sind diesbezügliche FN bekannt.

EU 15   I. *Hof.*
II. TK 5407 Altenahr: r 25 62 550; h 55 99 380. Etwa 300 m N der Holzemer Mühle am Effelsberger Bach.
III. Tranchot-K. NA Blatt 119 Kreuzberg von 1809 zeigt N der Holzemer Mühle, unmittelbar W des Effelsberger Baches einen Hof, jedoch ohne weitere Beschreibung. Wahrscheinlich handelt es sich um eine weitere Mühle.

EU 16   I. *Kraderbacher Hof.*
II. TK 5407 Altenahr; genaue Lage unbekannt, jedoch zwischen Scheuerheck und Neichen, also ungefähr: r 25 61 100; h 55 99 950. Der Hof kann nur am Oberlauf eines von W in den Effelsberger Bach mündenden Nebenbaches gelegen haben.
III. Nach einem Bericht des Pfarrers von Schönau aus dem Jahre 1878 war dieser Hof ursprünglich Wohnsitz der Pfarrer von Schönau. Er wurde um die Wende vom 18. zum 19. Jahrh. abgebrochen. Die Tranchot-K. NA Blatt 119 Kreuzberg von 1809 zeigt keine Hinweise mehr auf diesen Hof.

EU 17   I. *Zinkgrube.*
II. TK 5407 Altenahr: r 25 63 840; h 55 96 900. Am SO-Fuß des Hürnigs-Kopfes.
III. 1809 zeigt die Tranchot-K. NA Blatt 119 Kreuzberg am Hoeniger Kopf noch keine Grube auf Zinkabbau.

Die TK von 1895/1932 aber enthält a. a. O. eine in Betrieb befindliche Zinkgrube mit mehreren Fabrikgebäuden. Die Grube kann also erst im Verlauf des 19. Jahrh. in Betrieb genommen worden sein.

Zink wurde auch wenig NO von hier, im heutigen Bundesland Rheinland-Pfalz, W von Burgsahr gewonnen. Eine Grube bestand hier bei r 25 64 470; h 55 97 620. Auch diese Grube muß erst im Verlauf des 19. Jahrh. in Betrieb genommen worden sein, weil die Tranchot-K. noch keine Hinweise auf sie bietet.

## Elsig

EU 18
I. *Burg Elsig.*

II. TK 5306 Euskirchen im Ort Elsig; genaue Lage dort aber unbekannt, vielleicht auf dem Gelände eines Hofes, der *Die Burg* genannt wird, also im N-Teil des Dorfes.

III. 1649 wird Burg Elsig als adeliger und landtagsfähiger Rittersitz an einem Platz, der Bergfried genannt wird, begründet. Sie befindet sich im Besitz von Johann Friedrich von Goltstein, des jülich-bergischen Kanzlers und langjährigen Amtmannes zu Münstereifel und Tomburg.

1723 zeigt der Codex Welser die Burg noch wohlerhalten, wenn auch in schematischer Darstellung: es handelt sich um eine zweiteilige Wasserburg. In der Hauptburg steht ein zweigiebeliges Palasgebäude, das Herrenhaus. In der Vorburg liegt der Wirtschaftshof.

1828 zeigt ein Dorfplan von Elsig, daß das Herrenhaus bereits nicht mehr besteht. Eingetragen ist nur der Hof, der bis heute den Namen 'Die Burg' führt.

Zweite Hälfte 19. Jahrh.: Auf dem Burggelände sind zwei neue Höfe, beide an der Dorfstraße liegend, entstanden. Erhaltengeblieben ist von der Burg nur noch das auf dem Plan von 1828 eingezeichnete Halfenhaus.

VI. An die ehemalige Burg erinnern nur noch die bereits im Plan von 1828 eingetragenen FN *In der Burgwiese* und *In den Burgbenden* sowie der Gehöftname *Die Burg.*

LITERATUR: H. Welters, Burg Elsig. Eine untergegangene Wasserburg. Heimatkal. d. Kr. Euskirchen 1962, 49–56 mit der Abb. aus dem Codex Welser.

## Eschweiler

EU 19
I. *Eschweilerer Mühle* (Ölmühle I).

II. TK 5406 Münstereifel: r 25 52 940; h 56 03 780. Am Oberlauf des Eschweilerer Baches.

III. 1852 erwähnen Schannat-Bärsch, Eifl. Ill. 3, 1,1 S. 177 zwei Ölmühlen, die am Eschweilerer Bach lagen. Die Tranchot-K. ÄA Blatt 38 Euskirchen enthält am Eschweilerer Bach nur eine Mühle, die Holis Mühle (EU 20).

EU 20
I. *Holis Mühle* (Ölmühle II).

II. TK 5406 Münstereifel: r 25 52 670; h 56 03 660. Am Oberlauf des Eschweilerer Baches, SO von Eschweiler.

III. 1808 zeigt die Tranchot-K. ÄA Blatt 38 Euskirchen die *Holis Meulen.* Es handelt sich um die eine der beiden Ölmühlen, die Schannat-Bärsch, Eifl. Ill. 3, 1,1 S. 177 für Eschweiler beschreiben.

Enzen

EU 21    I. *Alte Burg Enzen.*
II. TK 5306 Euskirchen: r 25 49 380; h 56 13 550. Rund 100 m N der Straße Enzen–Wißkirchen, am O Ortsausgang von Enzen.
VII. Nach H. Welters, Wasserburg 134, lag einst an der Stelle des Burggutes des Grafen von Mirbach-Harff die alte Burg Enzen. Die Vorburg derselben war nach der Schulchronik Enzen ein *ärmlicher Bau,* der etwa um die Mitte des 18. Jahrh. abbrannte. Lage und Ausdehnung der alten Burg waren bis 1874 noch durch die gut erhaltenen Gräben kenntlich. Anf. 19. Jahrh. zeigt die Tranchot-K. ÄA Blatt 37 Zülpich an dieser Stelle ein rechteckiges, mit Gräben umwehrtes, unbebautes Grundstück.

Euskirchen

EU 22    I. *Augenbroich,* vielleicht identisch mit *Spichenhof* (EU 32). Freiadeliges, jülichsches Hofgut.
II. TK 5306 Euskirchen: etwa 2,3 km SW d. mittelalterlichen Stadt Euskirchen.
III. 1808 zeigt die Tranchot-K. ÄA Blatt 38 Euskirchen den *Aukenbroukerhoff* mit Wiesen umgeben.
Die Überlieferung zu diesem Hof stellte G. Mürkens, Die Flurnamen der Germarkung Euskirchen. In: Festschr. Euskirchen Bd. 2 (1955) 242, zusammen:
1555: Erstmalige Nennung des freiadeligen Gutes Augenbroich.
1689: Augenbroich im Besitz der Herren von Baer zu Vilckerath und danach dessen Nachfolger von Haes, gen. Speichs. Nach diesem soll der Hof auch die Bezeichnung *Spichenhof* getragen haben. Die von Mürkens a. a. O. angenommene Identität des Spichenhofes mit dem Augenbroicher Hof ist nicht hinreichend erwiesen (vgl. EU 32). Durch Versteigerung und Erbgang gelangte der Hof über mehrere Zwischenbesitzer zuletzt im Jahre 1743 in die Hand von Joseph Anton Frh. v. Beißel-Gymnich.
1794 umfaßten die Ländereien des Hofes über 86 Morgen Ackerland und Wiesen, ferner 3 Morgen Busch und im Rüdesheimer Auel noch 60 Morgen Land.
F. Steinbach, Ursprungsbedingungen der Stadt Euskirchen. In: Festschr. Euskirchen Bd. 2 (1955) 33, verbindet das Bestimmungswort im Hofnamen mit *Aue,* ahd. *ouwa,* mlat. *augia.* G. Mürkens gibt a. a. O. 243 eine andere Deutung.
1892 vollständig abgebrannt und nicht wieder aufgebaut.
VI. In Euskirchen gibt es im S der Gemarkung die Namen *Augenbroicher Weg* und *Augenbroicher Straße.* Der Augenbroicher Weg, in der Stadt Augenbroicher Straße genannt, führte am ehemaligen Dorf Disternich vorbei (zu diesem vgl. EU 25).
LITERATUR: Mürkens, Flurnamen (wie oben). – Steinbach, Ursprungsbedingungen (wie oben). – Ennen-Flink, Rheinischer Städteatlas, Liefer. Euskirchen.

EU 23    I. *Ahrenhof.*
II. TK 5306 Euskirchen: Vor dem Rüdesheimer Tor der mittelalterlichen Stadt gegenüber der ehemaligen Antoniuskapelle (Ennen-Flink, Rheinischer Städteatlas, Liefer. Euskirchen).
III. Am 12. 3. 1451 verkaufen Johann v. Ahr und seine Frau eine Erbrente und stellen zur Sicherung ihren Hof zu Euskirchen, genannt *Johans hoff van Ahr* als Pfand. 1630/35 weist eine Steuertabelle für den Ahrenhof 119 Morgen Land aus.
VI. FN *Ein Baumgarten ahn dem Ahrenhoff,* 17. Jahrh.: *neben Ahrenhoffs Länderey.*

EU 24    I. *Auelsburg* oder *Adolffsburg*.
II. TK 5306 Euskirchen: r 25 94 920; h 56 13 500. Im SW von Euskirchen, im Winkel zwischen Trierer und Dürener Bahn gelegen.
III. Nach G. Mürkens, FN Euskirchen 242, war Mitte des 19. Jahrh. in dem genannten Gebiet noch ein rechteckiger Wassergraben um ein neun Morgen großes Areal als letzter Rest der Burg sichtbar. Die Auelsburg ist nach Mürkens identisch mit der Adolffsburg, auf deren Bestand Landverkaufsurkunden des 17. und 18. Jahrh. hinweisen. Der Name Adolffsburg war noch bis 1835 üblich. Wahrscheinlich handelt es sich um einen mit Wassergräben befestigten Hof.
LITERATUR u. BELEGE: G. Mürkens, Die Flurnamen der Gemarkung Euskirchen. In: Festschr. Euskirchen Bd. 2 (1955) 240 f. u. 242.
1808 zeigt die Tranchot-K. ÄA Blatt 38 Euskirchen unmittelbar N am Flutgraben, der parallel zum Vey-Bach verläuft, ein quadratisches, grabenumschlossenes Geviert, jedoch ohne Gebäude darin. Es kann sich hierbei nur um die Reste der Auelsburg handeln.
VI. In Flur VII FN *Auelsburg*.

Alle Belege nach G. Mürkens, Die Flurnamen der Gemarkung Euskirchen. In: Festschr. Euskirchen Bd. 2 (1955) 241 f.

EU 25    I. *Disternich*.
II. TK 5306 Euskirchen: etwa r 25 55 090; h 56 12 930. Disternich lag etwa 1,3 km SSW des mittelalterlichen Euskirchen, etwa dort, wo der Weg von Euenheim nach Roitzheim den Mitbach überquerte, und zwar links (W) des Mitbaches. Hier konzentrierten sich zahlreiche FN, in denen sich der ON erhalten hat.
III. Die hochmittelalterlichen Belege zu Disternich sind nicht eindeutig, weil es im Lkr. Düren bei Vettweiß ein zweites, heute noch bestehendes Disternich gibt.
1147 Juni 17 bestätigt Papst Eugen III. der Abtei Deutz ihre Besitzungen, darunter *In Disternich ecclesiam cum decima* (Lac. UB 1 Nr. 357. – Jaffé, Regesta Pontificum II Nr. 9081). Der Kontext der Urkunde läßt keine eindeutige Interpretation zu.
1226 erwarb die Kölner Abtei S. Pantaleon von Dietrich von Heinsberg einen Hof zu Disternich, mit dem ein Hofgericht verbunden war. Später war dies Pantaleoner Hofgericht, das noch im 17. Jahrh. einem eigenen Schultheißen unterstand, in Euskirchen ansässig (vgl. R. Brandts, Inventar des Pfarrarchivs von St. Martin in Euskirchen. In: Festschr. Euskirchen Bd. 2 [Euskirchen 1955] 430).
F. Steinbach untersuchte die 'Ursprungsbedingungen der Stadt Euskirchen' (In: Festschr. Euskirchen Bd. 1 [Euskirchen 1952] 33 ff.). Danach entstand Euskirchen durch das Zusammenziehen der Bewohner aus den umliegenden Dörfern Disternich, Kessenich und Rüdesheim in der zweiten Hälfte des 13. Jahrh. Dieser Synoikismus schuf die Voraussetzungen für die Erhebung Euskirchens zur Stadt im Jahre 1302. Innerhalb der Stadt Euskirchen bewahrten die zugezogenen Gemeinden politisch und kirchlich noch lange ihre Selbständigkeit. Um 1494 hat der Jülicher Kanzler Wilhelm Lünynck die Entstehung Euskirchens durch Synoikismus auf Grund von Befragungen der Einwohner Euskirchens aufgezeichnet:
*So haint etligen davan underrichtonge gedain ind sprechen, dat sie van iren vurfaren hain gehoirt, wie dat vier dorper bi Eusskirchen bieinandern gelegen haven, dat eine dorp geheischen Eusskirchen, dat nu de stat ist, dat ander Disternich, dat dierde Kessenich und dat vierde Roedesheym. De vier dorper sint des oeverkomen mit hulpen der hern, umb dat si in kriegsleuffen, so si am orde sitzen ind veilich sin mochten eine stat gemaicht uis eime dorp, dat nu Eusskirchen ist, de lude der andern dorper sint binnen de stat allenzelen gezogen mit der woenongen, der eine boeven in de stat, der ander meden in de stat, darna dat ein ieder gebliven konde ind mallich ist in*

*sinre kirspelkirchen ind bi sinre hoenschaft bleven, dar he vur gehoirt, niet angesien, an wilchem ende der stat woende* (Zit. nach Steinbach a. a. O. 35; Abdruck bei O. R. Redlich, Jülich-Bergische Kirchenpolitik 1 [1907] 112 Anm. 1).
1375: *Disternich quondam villa, quae nunc est destructa* (Stadtarchiv Köln. – Ennen-Flink, Rheinischer Städteatlas, Liefer. Euskirchen).
V. In Euskirchen unterschied das Volk die sog. 'große Pfarrei' St. Martin von der 'kleinen Pfarrei' St. Georg. Zur ersteren gehörten die Dörfer Euskirchen, Disternich und Kessenich, die letztere entwickelte sich um den Hof Rüdesheim (vgl. R. Brandts, Inventar des Pfarrarchivs von St. Martin in Euskirchen. In: Festschr. Euskirchen Bd. 2 [Euskirchen 1955] 429 ff.).
VI. In Euskirchen erinnert eine große Zahl von FN und Straßenbezeichnungen an Disternich. Um das Dorf zu erreichen, verließ man die Stadt durch das im S gelegene *Disternicher Tor* und benutzte dann den alten Augenbroicher Weg (vgl. Festschr. Euskirchen Bd. 2 Karte 4). 1669 ist der FN *Disternicher Awel* belegt (G. Mürkens, Festschr. Euskirchen Bd. 2, 244). Der SW Abschnitt der Euskirchener Stadtbefestigung hieß *Disternicher Torwall*. Noch heute tragen etliche Stücke der Fluren III und IV von Euskirchen Bezeichnungen wie *Disternicher Auel, aufm Disternicher Auel* u. ä. (G. Mürkens a. a. O. 239, 244 und Karte 1). Der von Mürkens angenommenen Entstehung des Dorfes aus einer römischen Ansiedlung namens Dextriniacum wird man bis zum Beweis einer Siedlungskontinuität mit archäologischen Mitteln abwartend gegenüberstehen müssen.
1808 enthält die Tranchot-K. ÄA Blatt 38 Euskirchen W entlang dem Mit-Bach den FN *im Tistenicher hauel*.

EU 26   I. *Kessenich*.

II. TK 5306 Euskirchen: r 25 56 170; h 56 16 400. N von Euskirchen um das dortige Wegekreuz, 2 km N d. mittelalterlichen Stadt.

III. Kessenich ist eine partielle Ortswüstung, denn die Burg und drei Adelshöfe blieben trotz des Umzuges seiner Bewohner nach Euskirchen bestehen. Kessenich gehört zu jenen vier Dörfern, die durch den Umzug ihrer Bewohner nach Euskirchen die Voraussetzungen für die Stadtwerdung von Euskirchen schufen. Dieser Synoikismus vollzog sich in der zweiten Hälfte des 13. Jahrh. und ist rund 200 Jahre später um 1494 im Bericht des Jülicher Kanzlers Wilhelm Lünynck überliefert (Text des Berichtes s. EU 25).
856 Juni 28 befindet sich *casnec* unter den Gütern, die König Lothar II. dem Otbert im Zülpich- und Bonngau verleiht (MRUB I Nr. 93 = MGH DD Loth. II. Nr. 5).
867 Jan. 20 tauscht König Lothar II. Güter mit jenem Otbert, unter ihnen *in pago tulpicensi in uilla quae dicitur chesnich curtem unum et de terra arabili iugera* (MRUB I Nr. 108 = MGH DD Loth. II. Nr. 31). Diese Urkunde schließt aus, daß es sich um Kessenich bei Bonn handelt. Ihre enge Verwandtschaft zu der Urkunde von 856 bedeutet, daß mit dem dort erwähnten *casnec* ebenfalls nur Kessenich bei Euskirchen gemeint sein kann.
Nach dem Abzug der Bewohner von Kessenich nach Euskirchen im späten 13. Jahrh. spielte die aus Vorburg und Hauptburg bestehende Burg Kessenich noch immer eine bedeutsame Rolle in der Territorialgeschichte des Erfttals.
1056/65: *villa, que dicitur Chessinich* (Oediger, Reg. I Nr. 952 a).
1226: Kesternich (vgl. Ennen-Flink, Rheinischer Städteatlas, Liefer. Euskirchen).
1339 gelangt die *veste Kessenich mit vurburge* in die Hand Gerhards von Jülich (vgl. dazu H. Welters, Der Burgenbau um Euskirchen in seiner geschichtlichen Entwicklung bis zum Ausgang des 17. Jahrh. In: Festschr. Euskirchen Bd. 2 [Euskirchen 1955] 1–22 mit Abb. 4,4).
1645 gab es in Kessenich drei Höfe, ein deutliches Zeichen dafür, daß der Ort nie eine totale Wüstung war (G. Engelbert, Die letzten Jahre des 30jährigen Krieges in Euskirchen [1645–1648]. In: Festschr. Euskirchen Bd. 2 [Euskirchen 1955] 50).

Weitere Einzelheiten und Belege für Kessenich finden sich bei G. Mürkens, Die Flurnamen der Gemarkung Euskirchen. In: Festschr. Euskirchen Bd. 2 (Euskirchen 1955) 239 ff. und Karten 1 und 4.

V. Zusammen mit Euskirchen und Disternich gehörte Kessenich zur sog. 'großen Pfarrei' St. Martin im Gegensatz zu Rüdesheim, das eine eigene Kirche St. Georg besaß, um die sich die 'kleine Pfarrei' bildete (vgl. R. Brandts, Inventar des Pfarrarchivs von St. Martin in Euskirchen. In: Festschr. Euskirchen Bd. 2 [Euskirchen 1955] 430).

VI. Für Kessenich gibt es zahlreiche FN und sonstige Bezeichnungen in und um Euskirchen. Im N der Stadt lag das *Kessenicher Tor* mit dem O daran anschließenden Abschnitt der Stadtbefestigung, dem *Kessenicher Torwall*. In Flur XXI W der Erft liegt das *Kessenicher Feld*, in Flur XXII O der Erft erstrecken sich die *Kessenicher Benden*. Weitere FN sind: *an der Kessenicher Dreeg, Kessenicher Kreuz* hinter dem Bartelshof, *Kessenicher pettgen, am Kessenicher Weg*.

EU 27
I. *Mühle 1.*
II. TK 5306 Euskirchen: etwa r 25 55 190; h 56 13 940.
III. Es handelt sich um eine der drei Mühlen SW von Euskirchen, N des Veybaches, die 1808 auf der Tranchot-K. ÄA Blatt 38 Euskirchen eingetragen sind. Keine dieser Mühlen besteht heute noch. Im fraglichen Gebiet sind moderne Fabrikbetriebe entstanden.

EU 28
I. *Mühle 2.*
II. TK 5306 Euskirchen: etwa r 25 55 190; h 56 13 940. Es handelt sich um eine der drei Mühlen WSW von Euskirchen, N des Veybaches, die 1808 auf der Tranchot-K. ÄA Blatt 38 Euskirchen eingetragen sind (vgl. EU 27). Diese oder die Mühle EU 27 wurde einst Windecksmühle genannt.

EU 29
I. *Olligsmühle* (Ölmühle).
II. TK 5306 Euskirchen: etwa r 25 55 190; h 56 13 940.
III. Zu dieser Ölmühle verzeichnet G. Mürkens, Die Flurnamen der Gemarkung Euskirchen. In: Festschr. Euskirchen Bd. 2 (Euskirchen 1955) 258, eine Reihe von historischen Belegen:
1664: *In der kleinen Ollichs Müllengasse*
18. Jahrh.: *Ahn der Olligsmüllen im Kleinenfeltgen* und *Unten dem Kleinenfeltgen ein Müllenplatz von alters her, neben der Bach*
1712: *Hinter der Olligs Müllen*
1756: *Sommerbenden unter der Olligs Mühlen.*
Diese Mühle gehört zu den drei Mühlen, die 1808 in der Tranchot-K. ÄA Blatt 38 Euskirchen eingezeichnet sind.

EU 30
I. *Pollerhof* oder *Elderhof.*
II. TK 5306 Euskirchen: r 25 56 320; h 56 16 200. O der Erft gegenüber von Kessenich.
III. Nach Gissinger, Geschichte der Stadt Euskirchen (1902) 65, bestand Kessenich gegenüber, auf der rechten Seite der Erft, ein adeliger Herrensitz, genannt Elderhof. Es war ein mit mehreren Weihern ausgestatteter Gutshof, der im 30jährigen Krieg zerstört und danach nicht wieder aufgebaut worden sein soll. G. Mürkens, Die Flurnamen der Gemarkung Euskirchen. In: Festschr. Euskirchen Bd. 2 (Euskirchen 1955) 258, kennt Belege, nach denen der Hof 1621 als Pollerhof und als Elderhof erscheint.

VI. In Flur XXI und XXIII Euskirchen gibt es heute den FN *Pollen Erlen* (Mürkens a. a. O. Karte 1).

EU 31    I. *Rüdesheim* (Roitzheim).

II. TK 5306 Euskirchen: etwa 1 km SW der mittelalterlichen Stadt im Gebiet der heutigen Georgstraße.

III. Rüdesheim oder Roitzheim gehörte zu den vier Dörfern, die durch den Umzug ihrer Bewohner nach Euskirchen die Voraussetzungen für die Stadtwerdung von Euskirchen schufen (vgl. dazu EU 25 und 26). Dieser Synoikismus vollzog sich in der zweiten Hälfte des 13. Jahrh. Er ist rund 200 Jahre später um 1494 durch den Jülicher Kanzler Wilhelm Lünynck schriftlich überliefert (Text unter EU 25). Die Beurteilung der urkundlichen Überlieferung gestaltet sich schwierig, weil SO von Euskirchen ein Ort gleichen Namens bestehen geblieben ist. Der heutige Ort Roitzheim an der Erft tritt allerdings 973 als *Rukesheim iuxta flumen quod dicitur Arnafa* erstmalig auf (Binterim und Mooren, Erzdiözese Köln 1, 352).
Zwischen 1164 und 1176 wird der Hof Rüdesheim als Hof (curtis) des Erzbischofs von Köln bezeichnet. Er war aber bereits damals zu Lehen einem anderen Herrn (*domino alio in beneficio concesse*) überlassen (R. Brandts, Festschr. Euskirchen, Bd. 2, 430).
Um 1210 schenkte Walram von Limburg, Herr zu Montjoie, den Hof Reutzheim mit dem Patronatsrecht zu Euskirchen und Kuchenheim an das Prämonstratenserkloster Reichenstein. Nach Hugos Annalen dieses Klosters wurde dem Kloster der Besitz der Kirche zu Roitzheim von EB Dietrich von Köln (1208–1212) bestätigt (dazu: F. Steinbach, Ursprungsbedingungen der Stadt Euskirchen. In: Festschr. Euskirchen Bd. 1 [Euskirchen 1952] 35).
Steinbach bezieht das Kirchenpatronat dieser Schenkung nicht auf die Martinskirche von Euskirchen, sondern auf die Georgskirche, die mit dem Hof Roitzheim verbunden war.
1217 März 30 bekundet EB Engelbert I. von Köln, daß Graf Walram v. Luxemburg seiner Schwiegertochter Irmgard v. Berg den Hof Rüdesheim, *curtim in Rudensheym* abgetreten hat (Lac. UB II Nr. 61). Weitere Belege bietet G. Mürkens, Die Flurnamen der Gemarkung Euskirchen. In: Festschr. Euskirchen Bd. 2 (Euskirchen 1955) 240, so:
1274: *Hof Rudensheym*.
1316: *hof Rudensheim*.
1334: *hof te Rudesheim* (Lac. UB III Nr. 284).
Dazu wären noch zu stellen:
1248: *Rudensheim* (Manuskr. Staatsarch. Kobl. 3,30).
Um 1300: *Rudensheim* (Liber Valoris).
1542: *Reußheim* (HStA Düsseldorf, Jül.-Berg 2073).
1657: *Reuxheim* (HStA Düsseldorf, Jesuiten Akt. 13).
Um 1844: Abbruch des Hofes Rüdesheim.

V. Der Hof besaß eine Eigenkirche St. Georg. Nach F. Steinbach a. a. O. hielt die Georgspfarrei ihren Gottesdienst bereits im 15. Jahrh. in Euskirchen. Dagegen spricht, daß noch 1536 etwa 25 Kommunikanten in Rüdesheim gezählt wurden. Um 1760 wurde die Kirche endgültig aufgegeben.
1819 wurde sie abgebrochen.

LITERATUR: Ennen-Flink, Rheinischer Städteatlas, Liefer. Euskirchen. – Zu den kirchlichen Verhältnissen vgl. ferner R. Brandts. In: Festschr. Euskirchen Bd. 2 (Euskirchen 1955) 430 ff.

VI. Eine ganze Reihe von FN und Straßenbezeichnungen in und um Euskirchen bezieht sich auf Roitzheim. Es kann als charakteristisch gelten, daß alle diese Namen WSW der Stadt beheimatet sind und somit ihr Bezug auf das SO von Euskirchen gelegene heutige Roitzheim ausgeschlossen wird.
G. Mürkens verzeichnet folgende Namen:
Flur V u. VI: *Im* und *am Roitzheimer Auel*
Flur IV: *Rüdesheimer Auel*

Flur VI: *Roitzheimer Benden*
Flur VII: *In der Roitzheimer Dreeg,* ähnlich schon im J. 1755: *Rüdesheimer Dricht* (Trift)
Flur III und auf Euenheim zu: *Hinter Rüdesheimer Hof*
Flur I: *Am Roitzheimer Weg*
Flur XXV u. XXVI: *An der Roitzheimer Gasse,* 1820: *Im Broch an der Rozemergaße*
Flur IX: *Der Hofpfad,* 1767: *Ahm Hoffpfadt* u. ä., alles mit Bezug auf den Roitzheimer Hof.
Der W Abschnitt der alten Stadtbefestigung hieß *Rüdesheimer Torwall,* das nach SW am Viehmarkt gelegene Tor *Rüdesheimer Tor* (vgl. Festschr. Euskirchen Bd. 2, Karte 4).

EU 32   I. *Spichenhof.*
II. Genaue Lage unbekannt. Wenn der Hof tatsächlich mit dem Hof *Augenbroich* (EU 22) identisch ist, so treffen dessen Koordinaten zu. Es spricht aber einiges gegen eine solche Identität (s. unten). Man hat den Hof wohl S des Waldes Ortholz zu suchen. Er läge dann etwa: TK 5306 Euskirchen: r 25 55 790; h 56 11 660.
III. 1746 bestimmen Flurakten, daß ein bestimmtes Maß an Frucht in den *Spichen-Hoff* geliefert werden soll (G. Mürkens, Festschr. Euskirchen Bd. 2, 262 auf Grund von Akten des Stadtarchivs Euskirchen, 33).
Da nach Mürkens a. a. O. eine Reihe von Flurnamen, die sich auf den Spichenhof beziehen, S des Ortholzes liegen sollen (in Flur I), ist eine Identität des Spichenhofes mit dem Augenbroicher Hof ausgeschlossen. Die Lage des letzteren geht eindeutig aus der Tranchot-K. ÄA Blatt 38 Euskirchen hervor. Danach liegt der *Aukenbroukerhoff* mindestens 800 m W des Ortholzes, und damit auch des Flurnamenkomplexes um den Spichenhof. Andererseits zeigt das erwähnte Blatt der Tranchot-K. von 1808 S des Ortholzes ein besonders ausgewiesenes Hofareal, jedoch ohne weitere Gebäude. Es liegt am Oberlauf des Mit-Baches. Wahrscheinlich handelt es sich hierbei um den S des Ortholzes liegenden Spichenhof.
VI. Flur I Euskirchen: *In der Spichenwiese,* eine Wiese am S Ende des Ortholzes; *Spichenhecke,* in Flurakten 1746 erwähnt.
BELEGE: G. Mürkens a. a. O.

EU 33   I. *Stamburg,* auch: *Stamberg.*
II. TK 5306 Euskirchen: etwa r 25 54 730; h 56 15 200. NW von Euskirchen, W des Friedhofes.
III. In Flur XIII Euskirchen verzeichnet G. Mürkens, Festschr. Euskirchen Bd. 2, 263, den FN *An der Stamberger Kaule* und daneben *Am Bergerweg.* Er verbindet diesen Namen mit dem Sitz eines Adelsgeschlechtes *Stamburg,* von dem 1516 ein Joh. Schilling von Stammen urkundlich bezeugt sei (mit Bezug auf AHVN 57, 1894, Nr. 947). Überreste eines solchen Adelssitzes wurden bisher nicht beobachtet.

Flamersheim

EU 34   I. *Dehmhof.*
II. In Flamersheim ist 1770 der FN *in dem Dehmhoff* bezeugt. Genaue Lokalisierung ist nicht möglich.

EU 35    I. *Mönchshof.*

II. TK 5307 Rheinbach: etwa r 25 60 500; h 56 10 000. An der Mönchstraße in Flamersheim.

III. Bei Bauarbeiten im Garten des Grundstücks Daniel an der Mönchstraße in Flamersheim hat man Mauerreste des alten Hofes beobachtet, der zum Kloster Schweinheim gehörte (OA des RLMB). Datierende Funde wurden nicht gemacht. Auch die freigelegten Bauteile wurden nicht näher untersucht.

## Flamersheimer Wald

EU 36    I. *Hanenstein,* Tomberger Wildhof.

II. TK 5407 Altenahr; lag etwa in folgendem Gebiet im Flamersheimer Wald: r 25 61 000–63 200; h 56 03 500–06 000.

III. 1292 Apr. 2: *Henricus dictus de Hanensteyn* ist Schöffe in Rheinbach (Flink, Rheinbach 94 mit Beleg).
1343 Jan. 26: Beatrix, Witwe Thilmanns III. von Rheinbach, tritt alle ihre Rechte in Rheinbach an EB Walram v. Köln ab, mit Ausnahme ihrer Erbrechte am *castrum Winterberch* und an den *curtes in Royde et in Hanensteyn* (Abdruck d. Urk. b. Flink, Rheinbach, Anhang 1 Nr. 4 u. S. 94 f.).

VI. Der Hof Hanenstein hat seinen Namen von einer Gruppe Wald- und Landschaftsnamen, die bis heute im Flamersheimer Wald gebräuchlich sind. Es gibt dort die Hahnenberger Straße, den Hahnen-Berg, die Hahnentrift, den Hahnenbaum.

EU 37    I. *Junckerenheyden,* Tomberger Wildhof.

II. TK 5307 Rheinbach, 5407 Altenahr; genaue Lage nicht bekannt, jedoch wahrscheinlich einer der im Flamersheimer Wald gelegenen Tomberger Wildhöfe.

III. 15. Jahrh.: Weistum des Tomberger Wildbannes nennt *den Hoff zo des Junckeren heyden* (Flink, Rheinbach 95 f. u. Anm. 152). Der Hof war einer von insgesamt 13 Tomberger Wildhöfen (vgl. den Wildhof Rode NW Rheinbach, BN 144).

EU 38    I. *Naberenheyden,* Tomberger Wildhof.

II. TK 5307 Rheinbach, 5407 Altenahr; genaue Lage nicht bekannt, jedoch wahrscheinlich im Flamersheimer Wald gelegen.

III. 15. Jahrh.: Weistum des Tomberger Wildbannes nennt den *hoff zo Naberen heyden* (Flink, Rheinbach 95 f. u. Anm. 152). Der Hof war einer von insgesamt 13 Tomberger Wildhöfen (vgl. die Wildhöfe EU 36, 37 sowie BN 144).

## Friesheim

EU 39    I. *Wymarsburg.*

II. TK 5206 Erp, in Friesheim.

VII. In Friesheim hat es einst die Wymarsburg gegeben, von der aber keine Reste mehr erhalten sind (Welters, Wasserburg 140).

EU 40    I. *Effertzburg.*

II. TK 5206 Erp, in Friesheim.

VII. Von dieser Burg ist nur noch der Weiher sowie ein darin gelegenes Kellergewölbe vorhanden (Welters, Wasserburg 140).

Houverath

EU 41   I. *Alter Hof*.                                                                                   Abb. 8.
        II. TK 5407 Altenahr: etwa r 25 65 200; h 56 02 700. Rund 500 m ONO von Maulbach.
        III. Rund 500 m ONO Maulbach gibt es den FN *am alten Hof*. In dem fraglichen Gebiet wurden Dachziegel sowie graue glasierte Keramik beobachtet.
        VI. Wenig N davon verzeichnet die moderne TK den FN *Mönchheide* und NO davon im Forst *Paffenholz*. Diese Flurnamen führten im Volke zu der Annahme, hier habe ein versunkenes Kloster gestanden. Die Tranchot-K. ÄA Blatt 38 Euskirchen enthält 1808 ONO von Maulbach ein parzelliertes Wiesengelände, das als Zubehör eines Hofes angesprochen werden kann. Doch sind keine Gebäude mehr eingezeichnet. Der FN Paffenholz findet sich hier ebenfalls wieder.

Kirchheim

EU 42   I. *Layerhof*.
        II. TK 5407 Altenahr: r 25 62 500; h 56 02 300. Rund 600 m O Gut Unterdickt.
        III. 1808 verzeichnet die Tranchot-K. ÄA Blatt 38 Euskirchen wenig O einer Wegespinne die Eintragung *Layhof*. Ein Gebäude ist nicht mehr eingetragen. In Scheuren erinnern sich ältere Einwohner noch an die Existenz eines Hofes an der Stelle.
        VI. Im Volksmund heißt die Stelle *am Backofen* oder *am Herd*. 1851 enthalten Forstkarten vom Flamersheimer Wald den FN *Layerhof* und *am Layerhof*.
        VII. K. A. Seel beobachtete im Gelände ein unruhiges, für einen Wüstungsplatz typisches Relief. Ein Hauspodium, das von zwei Wegerinnen umsäumt ist, hebt sich noch ab. Es ähnelt einer sehr flachen Motte. Bauliche Reste der Hofwüstung sind nicht mehr vorhanden (Bericht Seels bei den OA des RLMB). In der älteren Forschung wurden Erdhaufen der Wüstung irrtümlich für Grabhügel gehalten.

EU 43   I. *Hof* bei Gut Unterdickt.
        II. TK 5407 Altenahr: r 25 62 090; h 56 02 240. Rund 250 m SW Gut Unterdickt.
        III. 1895 zeigt die TK SW von Gut Unterdickt einen aus zwei Gebäuden bestehenden weiteren Hof. Er ist zu Beginn des 20. Jahrh. aufgegeben worden.
        1808 läßt die Tranchot-K. ÄA Blatt 38 Euskirchen sowohl Gut Unterdickt als den genannten Hof vermissen. Ob es sich um eine Unterlassung handelt oder ob Gut Unterdickt erst im Laufe des 19. Jahrh. begründet wurde, ist unklar. Doch kommen Auslassungen in der Tranchot-K. immer wieder vor.

Kleinbüllesheim

EU 44   I. *Burghügel* (Motte).
        II. TK 5306 Euskirchen: r 25 58 540; h 56 15 380. S der Burg Kleinbüllesheim, O des Erftmühlenbaches.
        VII. S der Burg Kleinbüllesheim lag ein etwa 1,70 m hoher, viereckiger, als Schloßhügel oder Duckenberg bekannter Burghügel von rund 40 m Dm. Er wurde 1948 abgetragen. Dieser Burghügel wird als Vorgänger der N davon liegenden Großen Burg angesehen, die ursprünglich im Besitz der Herren von der Tomburg war.
        LITERATUR: R. v. Uslar, Bonner Jahrb. 149, 1949, 375. – M. Müller-Wille, Burghügel Nr. 79 mit Plan.

EU 45   I. *Kleine Burg,* auch: *Haustenhof.*
II. TK 5306 Euskirchen, in Kleinbüllesheim.
III. Im Jahre 1463 war die aus Haupt- und Vorburg bestehende spätere Große Burg zu Kleinbüllesheim an die Familie von Bourscheid gekommen, mit ihr der im gleichen Dorf (Kleinbüllesheim) liegende Haustenhof. Ungefähr ein Jahrhundert später, im Jahre 1566, begründete ein Sohn der auf dem Großen Hof sitzenden Familie, auf diesem Haustenhof, der später den Namen Kleine Burg erhielt, eine besondere Linie der Familie von Bourscheid. Über die bauliche Gestaltung der Kleinen Burg ist wenig bekannt, da sie 1873 bis auf die Umfassungsmauern abbrannte und ältere Abbildungen von ihr nicht vorhanden sind. Die vorhandenen Reste deuten auf eine einteilige Hofesfeste.
LITERATUR: Welters, Wasserburg 79 und Abb. 34. – J. Krudewig, Geschichte der Bürgermeisterei Kuchenheim (Euskirchen 1921) 172 ff.

Kuchenheim

EU 46   I. *Obere Burg* Kuchenheim.
II. TK 5306 Euskirchen: r 25 58 300; h 56 12 850. Am SW-Ausgang von Kuchenheim, O des Erftmühlenbaches.
III. 1259 trug Hermann von Are das von ihm erbaute Schloß Kuchenheim dem EB Konrad von Hochstaden als Offenhaus und Lehen auf (Lac. UB II Nr. 482).
2. Hälfte 17. Jahrh.: Der damalige Besitzer baute die Burg, die damals zerstört war, weitgehend wieder neu auf.
1808 zeigt die Tranchot-K. ÄA Blatt 38 Euskirchen ein großes rechteckiges Areal, das von einem Graben umgeben ist. Der Zugang über eine Brücke lag auf der Nordseite der Anlage. Im Westteil des Gevierts steht ein dreiseitiger Hof, nach O offen.
VII. Heute sind nur noch ganz geringe Reste der Burg vorhanden. Auf dem Grundstück steht eine Fabrik. Zu den noch im 19. Jahrh. sichtbaren Resten vgl. Clemen, KDM Kr. Rheinbach 59 f.

EU 47   I. *Unterste Burg* Kuchenheim.
II. TK 5306 Euskirchen: r 25 58 660; h 56 13 440. Am N Ortsausgang von Kuchenheim, W des Erftmühlenbaches.
III. Nach Clemen, KDM Kr. Rheinbach 60, wurde 1482 Stephan von Bulich mit dem Hause Kuchenheim belehnt. Mitte 16. Jahrh. wurden die Burggebäude nach einem Verkauf durch die neuen Besitzer gründlich erneuert.
1808 zeigt die Tranchot-K. ÄA Blatt 38 Euskirchen am Nordende von Kuchenheim, W der Straße nach Kleinbüllesheim ein viereckiges Grabensystem mit einem Weiher und einem großen Gebäude.
VII. 1968 wurden bei Ausschachtungsarbeiten an der *Untersten Burg* die Reste einer hölzernen Brücke gefunden. Es handelt sich um zwei morsche, vierkantig zugehauene Balken. Die Fundstelle der Brückenreste ist aus der Katasterplankarte der Untersten Burg, Kuchenheim Flur 9, von 1828 genau zu identifizieren: Die Balken gehörten zu der Brücke, die die beiden Teile der Burg über den sie trennenden Graben hinweg miteinander verband. Sie waren waagerecht als Aufleger für die Bohlen der Brücke angeordnet. Der alte Katasterplan läßt zudem die ursprüngliche Form der heute fast ganz abgetragenen oder überbauten Burg erkennen. Die viereckige Vorburg, umgeben von breiten Wassergräben, war mit einem dreiseitigen, nach W geöffneten Gutshof bebaut. Die Hauptburg, ebenfalls viereckig, lag N der Vorburg und umfaßte etwa ein Viertel der Vorburgfläche. Sie umgab ein eigenes Grabensystem. In ihrer Mitte erhob sich ein mehrgeschossiger rechteckiger Turm von 10 x 7,50 m Kantenlänge. Er stand nur auf einer schwachen Erhebung, so daß nicht sicher ist, daß es sich hier um einen Burghügel (Motte) handelt.

Lechenich

EU 48    I. *Burghügel Alte Burg* (Motte).

II. TK 5106 Kerpen: r 25 53 750; h 56 29 620. Am Westausgang von Lechenich, S der Straße Lechenich–Herrig.

III. Hier befindet sich die Flur *Alte Burg*. Ein flacher, von einem Graben umgebener Burghügel ist noch heute sichtbar. Man wird nicht fehlgehen, in dieser *Alten Burg* den Vorläufer der späteren erzbischöflichen Burg Lechenich zu vermuten. Im Unterschied etwa zur Hardtburg, bei der die Erzbischöfe von Köln einen vorhandenen Burghügel in Stein ausbauten (vgl. EU 105) und den Platz der älteren Burg beibehielten, vollzog sich in Lechenich ein Platzwechsel. Die *Alte Burg* W des Rot-Baches wurde aufgegeben. Im N von Lechenich entstand dann eine ganz neue Anlage. Bei Clemen, KDM Kr. Euskirchen 116, wird dieser Platzwechsel nicht berücksichtigt. Demgemäß werden die frühesten Belege für den erzbischöflichen Hof zu Lechenich (*curia*) bereits auf den Standort der späteren Burg bezogen. Man wird demnach die älteren Belege für Lechenich darauf zu überprüfen haben, ob sie sich auf den Burghügel *Alte Burg* oder die spätere Burg im N von Lechenich beziehen. Um 1254 wurde Lechenich zwischen Rot- und Mühlenbach neu angelegt, wobei auch das Gelände der jüngeren erzbischöflichen Burg bereits innerhalb der Stadtbefestigung, in deren NO-Ecke lag. Nicht einbezogen wurde hingegen die *Alte Burg*, die außerhalb der Stadt liegenblieb. Spätestens seit Mitte des 13. Jahrh. dürfte sie deshalb ihre Bedeutung als Wehranlage verloren haben. Mit Recht werden daher die Urkunden von 1139 und 1185 mit dem Burghügel *Alte Burg* in Zusammenhang gebracht.

1139 erhält die Abtei Altenberg von EB Arnold I. von Köln *curricula . . . de curia legniche* (Lac. UB I Nr. 330).

1185 zieht EB Philipp von Köln die Vogtei über den Hof zu Lechenich, *aduocatiam curtis nostre in Lechnich quam Herimannus de Hengebach a nobis in feodo tenebat*, ein.

Dem Schutz dieser erzbischöflichen Curia muß die *Alte Burg* gedient haben.

1808/09 zeigt die Tranchot-K. ÄA Blatt 30 Frechen W des Rot-Baches in einer Bachschlinge und S der Straße Lechenich–Herrig ein etwa quadratisches, grabenumwehrtes Areal, das noch gut erhaltene Gelände der *Alten Burg*.

VII. Nach M. Müller-Wille, Burghügel Nr. 77, ist die Motte als flacher Hügel erhalten.

LITERATUR: Clemen, KDM Kr. Euskirchen 113 f., 116 ff. – M. Müller-Wille, Burghügel Nr. 77 mit der älteren Literatur.

EU 49    I. *Burg Lechenich*.

II. TK 5106 Kerpen: r 25 54 240; h 56 29 900. In der NO-Ecke der mittelalterlichen Stadt Lechenich, unmittelbar W des Rot-Baches.

III. Über die Burg Lechenich, die größte und bedeutendste kurkölnische Landesburg im Erftgebiet, gibt es eine Fülle von Literatur. Die heutige Ruine ist der Rest des 1331–1349 in Backsteinbauweise errichteten Hochschlosses. Eine vor dieser Anlage vorhanden gewesene Burg wurde 1301 zerstört. Es ist die Frage, ob es sich um einen Vorgängerbau der kurkölnischen Landesburg handelt oder ob sich die Nachricht auf die unter EU 48 behandelte Motte bezieht. Wahrscheinlich ist letzteres der Fall, so daß der Bau von 1331–1349 die erste Burg an dieser Stelle war. Im Dreißigjährigen Krieg widerstand die Burg Lechenich mehrfach französischen und hessischen Truppen, während die Stadt selbst zerstört wurde. 1689 setzten die Franzosen die Burg in Brand, die seitdem immer mehr verfiel.

LITERATUR: Clemen, KDM Kr. Euskirchen 116–126. – K. Stommel, Geschichte der kurkölnischen Stadt Lechenich. Veröff. d. Vereinig. d. Geschichts- u. Heimatfreunde d. Kr. Euskirchen (1960). – Historische Stätten Bd. 3: Nordrhein-Westfa-

EU 50   I. *Burgheim.*
II. TK 5106 Kerpen: etwa r 25 50 000–51 000; h 56 29 500. Rund 900 m W Herrig.
III. 1808/09 enthält die Tranchot-K. ÄA Blatt 30 Frechen W von Herrig zwischen der Straße Lechenich–Düren und der sog. Kohlstraße die Eintragung *Burchemer Feld.* M. Groß stellte im Zuge der archäologischen Landesaufnahme im fraglichen Gebiet eine Konzentration mittelalterlicher Keramik fest, die jedoch noch zu gering ist, um die vermutete Wüstung eindeutig zu verifizieren.

EU 51   I. *Benghoven,* vielleicht identisch mit *Penthouen.*
II. TK 5106 Kerpen, 5206 Erp. Muß bei Lechenich gelegen haben.
III. Der erste Beleg für Penthouen stammt aus dem Jahr 1293 (Mitteil. v. K. Flink, Institut f. geschichtliche Landeskunde Bonn).

EU 52   I. *Dirnheim.*
II. Genaue Lage unbekannt, jedoch in der Gegend von Lechenich zu suchen.
III. 1256 beurkundete EB Konrad von Hochstaden einen Tausch mit dem Apostelnstift zu Köln. Unter anderem gibt er dem genannten Stift einen Hof zu Dirnheim (Knipping, Reg. III Nr. 1922).

EU 53   I. *Einlo,* auch: *Einclo.*
II. TK 5106 Kerpen, 5206 Erp. Lag OSO Lechenich, am N-Ende des großen Waldes, der sich einst zwischen Erft und Rotbach erstreckte und der erst im 19. Jahrh. gerodet wurde (vgl. Tranchot-K. ÄA Blatt 30 Frechen).
III. Der erste Beleg für Einlo stammt aus dem Jahr 1256 (Mitteil. v. K. Flink, Institut f. geschichtl. Landeskunde Bonn). Der Name war ursprünglich nur ein Waldname, ging dann später aber auf die Rodesiedlung über.
Nach H. Dittmaier, Rheinische Vjbll. 17, 1952, 226, ist Einclo keine Wüstung, sondern identisch mit Ober-, Mittel- und Unterenkeln bei Wipperfeld im Bergischen Land.

EU 54   I. *Langenecken.*
II. TK 5106 Kerpen, 5206 Erp. Dürfte OSO Lechenich gelegen haben, und zwar am N-Ende des großen Waldes, der bis ins 19. Jahrh. zwischen Erft und Rotbach vorhanden war (vgl. Tranchot-K. ÄA Blatt 30 Frechen).
III. Langenecken wird erstmalig 1347 erwähnt (Mitteil. v. K. Flink, Institut f. geschichtl. Landeskunde Bonn).

EU 55   I. *Kloster Frauenthal.*
II. TK 5106 Kerpen: r 25 57 070; h 56 30 600. W des Mühlenbaches in der Bachniederung. 3 km ONO Lechenich.
III. Das hier bestehende Kloster Frauenthal wurde nach der Säkularisation 1802 nach und nach abgerissen. Erhalten geblieben ist nur noch der zugehörige Wirtschaftshof sowie der nach SW gelegene Klostergarten.

EU 56   I. *Middilnheim.*
II. Genaue Lage unbekannt, jedoch in der Gegend von Lechenich.
III. 1256 beurkundet EB Konrad von Hochstaden einen Tausch mit dem Apostelnstift zu Köln. Neben einem Hof bei Dirnheim (EU 52) gibt er dem Stift eine be-

stimmte Menge vererbpachteten Landes bei dem neuen Hof des Stiftes zu *middilnheim versus Erlepe* sowie eine ebendort gelegene Mühle (Knipping, Reg. III Nr. 1922). Daraus ergibt sich, daß der Hof Middilnheim direkt an der Erft gelegen haben muß.

EU 57   I. *Rothusen.*

II. TK 5106 Kerpen: etwa r 25 55 600; h 56 31 300 und Umgebung. Im Mündungsgebiet des Rot-Baches in die Erft. NO von Lechenich.

III. K. Flink stellte die Wüstung beim Studium von Archivmaterial des HStA Düsseldorf fest. Der erste Beleg stammt für Rothusen aus dem Jahre 1260.

LITERATUR: K. Flink, Historische Stätten Deutschlands, Bd. 3: Nordrhein-Westfalen (2. Aufl. 1970) 448 ff.


Liblar

EU 58   I. *Bergmannsruh.*

II. TK 5106 Kerpen: r 25 58 270; h 56 31 600.

III. NO von Liblar wurde diese Siedlung vom Braunkohlen-Tagebau vernichtet.

EU 59   I. *Töpferbezirk.*

II. TK 5106 Kerpen: r 25 58 610; h 56 30 740.

VII. Auf dem Grundstück Hauser, Hotel Conatus, S des Bahnhofes von Oberliblar, wurden bei Neubauarbeiten große Mengen von Töpferschutt mit Fehlbränden und Ofenresten angeschnitten. Die keramischen Funde gehören dem 12. und 13. Jahrh. an. Es handelt sich um zwei Arten Keramik:
a) blaugraue Kugeltopfware,
b) hellgrundige, rot bemalte Ware der Pingsdorfer Art. Grundrisse oder aufgehende Teile von Öfen wurden nicht mehr festgestellt; die zugehörigen Öfen müssen jedoch in unmittelbarer Nähe der Halden mit Töpferabfall gelegen haben. Die Funde befinden sich im RLMB unter Inv.-Nr. 35,394.
Weitere zahlreiche Keramikfunde von einer Abfallhalde wurden bei Ausschachtungsarbeiten auf dem Gelände der Schlachterei P. Felten, Heidebroichstraße 14–17 in Oberliblar, geborgen. Verbleib: RLMB unter Inv.-Nr. 37, 539.
Liblar liegt auf der Westseite des Vorgebirges (Ville), und zwar nur 4 km von Pingsdorf entfernt, das direkt gegenüber auf der Ostseite des Vorgebirges liegt. Die in Pingsdorf von C. Koenen erstmalig vorgefundene hellgrundige, rot bemalte Keramik, nach diesem frühesten Fundort gemeinhin als Pingsdorfer Keramik bezeichnete Ware, wurde auch an etlichen anderen Orten der näheren und weiteren Umgebung von Pingsdorf produziert. Außer in Liblar ist rot bemalte Keramik auch in Siegburg, Paffrath bei Bergisch Gladbach (Rhein.-Berg. Kreis), Meckenheim (Lkr. Bonn) und Wildenrath (Kr. Erkelenz) hergestellt worden. An allen Orten erweist sich die mittelalterliche Töpferei als treibende Kraft der Siedlungsentwicklung.

LITERATUR: W. Kersten, Bonner Jahrb. 142, 1937, 260 und Taf. 64,2–3. – Berichte in den OA des RLMB.


Lommersum

EU 60   I. *Bifang Abuchescheit.*

II. Genaue Lage unbekannt, jedoch in der Gegend von Ottenheim, Gemarkung Lommersum, Kr. Euskirchen. Zu Ottenheim: TK 5206 Erp: r 25 57 570; h 56 19 380. In der Erftniederung, O des Flusses.

III. 856 Juni 28: König Lothar II. verleiht seinem Getreuen Otbert Güter in den Grafschaften Zülpich und Bonn, darunter auch *bifangum qui uocatur abuchescheit. et astarnascheit qui aspicit ad ottenheim. et ista mancipia ibidem pertinentia* . . . (MGH DD Loth. II. Nr. 5 = MRUB I Nr. 93).

H. Dittmaier, Rheinische Flurnamen 28 f., unterscheidet zwei Bedeutungen für den Begriff 'Bifang'. Im engeren Sinne handelt es sich um Land, das durch Rodung aus einem allgemeinen Waldgebiet herausgenommen wurde, das eingefriedet und nicht dem Flurzwang unterworfen war. Im weiteren Sinne aber bedeutet das Wort, besonders in rheinischen Quellen, die innerhalb des Bannzaunes (Etters) gelegene Siedlungsfläche mit Häusern und Gärten. In dieser Bedeutung wird der Begriff in der Urkunde von 856 offensichtlich gebraucht, da Hörige, 'mancipia', auf den beiden Bifängen genannt werden. Welcher Art diese Besiedlung gewesen ist, ob es sich um geschlossene Dörfer oder Einzelhöfe handelte, ist nicht mehr zu entscheiden. Es muß sich um eine wüste Ansiedlung handeln.

EU 61   I. *Bifang Astarnascheit.*

II. Genaue Lage unbekannt, jedoch bei Ottenheim, Gemarkung Lommersum, Kr. Euskirchen. Zu Ottenheim: TK 5206 Erp: r 25 57 570; h 56 19 380. In der Erftniederung, O des Flusses.

III. 856 Juni 28: König Lothar II. verleiht seinem Getreuen Otbert Güter in den Grafschaften Zülpich und Bonn, darunter *bifangum, qui uocatur abuchescheit. et astarnascheit qui aspicit ad ottenheim. et ista mancipia ibidem pertinentia* . . . (MGH DD Loth. II. Nr. 5 = MRUB I Nr. 93).

Zur Frage des Bifangs vgl. EU 60. Das dort zu Abuchescheit Gesagte gilt auch für Astarnascheit.

EU 62   I. *Haus Derkum,* befestigter Adelssitz.                                    Tafel 7.

II. Gemarkung Lommersum, Ortsteil Derkum. TK 5206 Erp: r 25 57 260; h 56 19 850. In der Erftniederung, unmittelbar O des Flusses.

III. 1363 erscheint in einer Urkunde ein *Gerhard von Dedicheim* (= Derkum), der vielleicht der Begründer von Haus Derkum gewesen ist.

1445 übertragen Johann Roilman von Husen, der sich seit dem Jahre 1434 auch *von Dedecum* (= von Derkum) nennt, und seine Gattin ihrem Sohne anläßlich von dessen Heirat das Haus Dedekum mit Zubehör (Pfarrarchiv St. Columba, Urk.-Fragment 132. – AHVN 76, 1903, 175).

1516/28: Verzeichnis der Lehnsleute der Herrschaft Lommersum nennt Hans von Nyemps als Empfänger des *Gut zu Derckhem.*

1808 enthält die Tranchot-K. ÄA Blatt 38 Euskirchen W des Ortskernes von Derkum ein grabenumschlossenes Viereck. Rot angegeben ist darin ein nach S geöffneter dreiseitiger Gutshof.

1893 enthält die TK 1 : 25 000 kein Gebäude innerhalb des Grabens mehr.

Es handelt sich um eine spätmittelalterliche und in der frühen Neuzeit noch bewohnte Hofesfeste.

VI. Das Gelände führt den FN *Burgweiler.*

VII. Im Gelände zeichnen sich auch heute die Gräben gut ab. Sie führen noch ringsum Wasser. R. v. Uslar beobachtete ein Viereck mit einer Innenfläche von 40 x 50 m. Die Breite des Grabens, der diese Fläche einschloß, betrug etwa 6 m. Das Innengelände ist flach und dient als Weide. Um eine Wehranlage vom Typ der Burghügel (Motten) kann es sich also nicht handeln, weil kein künstlicher Burghügel vorhanden ist. Im SO war ein kurzes Mauerstück erkennbar. Es war ein Fundament, das aus Bruchsteinen unter Verwendung von Mörtel errichtet war. Darüber lagen mittelalterliche Ziegel (R. v. Uslar, Ortskartei des RLMB).

LITERATUR: Welters, Wasserburg 134. – F. Schorn, Haus Derkum – ein untergegangener Adelssitz. Heimatkal. d. Kr. Euskirchen 1962, 107–111.

EU 63    I. *Knipphof*, befestigter Hof.                                              Tafel 7.
         II. Gemarkung Lommersum, Ortsteil Derkum. TK 5206 Erp: r 25 57 310; h
         56 19 630. SW von Derkum in der Erftniederung, in der Gabelung des von Lommersum nach Derkum und Ottenheim führenden Weges.
         III. 1604 gehörten zur Burg Derkum (EU 62) zwei Höfe, welche Mannlehen waren und oberhalb der Burg Derkum lagen. Der eine von ihnen trug den Namen *Knipphof*. Sein ursprünglicher Standort dürfte ein mit Weihern umgebener baumbestandener Hügel an dem beschriebenen Ort gewesen sein, der die Bezeichnung *Knipp* führt und hinter dem sich vielleicht eine Motte verbirgt.
         1808 enthält die Tranchot-K. ÄA Blatt 38 Euskirchen ein grabenumschlossenes Hofareal. Rot angegeben ist ein einzelnes Gebäude. SW außerhalb des Grabengevierts ist eine Mühle (*moulin*) eingetragen, die in den heutigen TK als Gebäude noch vorhanden ist.
         1893 zeigt die TK 1 : 25 000 zwar noch den Graben, aber nicht mehr das von ihm umschlossene Gebäude. Es handelt sich um eine spätmittelalterliche Hofesfeste, die bis in die frühe Neuzeit hinein noch bewohnt war.
         VII. Einem Bericht von R. v. Uslar zufolge war die Anlage noch ganz von wasserführenden Gräben umschlossen. Das Innenplateau von unregelmäßig-eckiger Form hatte etwa 25 m Dm. (OA des RLMB).
         LITERATUR: F. Schorn, Haus Derkum – ein untergegangener Adelssitz. Heimatkal. d. Kr. Euskirchen 1962, 110 f.

EU 64    I. *Rüsselhof*.
         II. TK 5306 Euskirchen: etwa r 25 55 000; h 56 17 500. SW von Bodenheim an der Wegespinne 'Sieben Wege'.
         III. 1808: Tranchot-K. ÄA Blatt 38 Euskirchen Eintragung *Ruesselhof feld*. Gebäude des Hofes sind nicht mehr vorhanden. Die so bezeichnete Flur liegt beiderseits der alten Straße von Euskirchen nach Köln, die auf dem linken Erftufer verläuft und S des 'Ruesselhof feld' die Aachen–Frankfurter Straße schneidet. Wenig W von diesem Schnittpunkt liegt die recht alte Wegespinne 'Sieben Wege'.
         Am NO-Rand des Rüsselhofer Feldes lag das bedeutende fränkische Reihengräberfeld von Bodenheim (vgl. Christiane Müller-Neuffer, Das fränkische Reihengräberfeld von Lommersum, Kr. Euskirchen. Bonner Jahrb. 160, 1960, 204–264), das sicher zu Bodenheim gehört hat.


M a h l b e r g

EU 65    I. *Heigem*.
         II. TK 5406 Münstereifel: r 25 57 430; h 55 97 700. N von Mahlberg vor einer hohen Geländeterrasse am Hang gelegen.
         III. 1809 enthält die Tranchot-K. NA Blatt 118 Schönau die Eintragung *Heigem maisons ruinées*.
         1895 sind auf der TK 1 : 25 000 keine Reste der Siedlung mehr vorhanden. Gesondert ausgewiesen sind nur noch einige der Hausgrundstücke.
         Die Bewohner von Heigem zogen nach Mahlberg. Zu Beginn des 19. Jahrh. bestanden nach der Tranchot-K. drei einzelne Gebäude sowie ein hakenförmiger Hof.

EU 66    I. *Köhlereien*.
         II. TK 5406 Münstereifel: r 25 57 650; h 56 00 100. Mitten im Effelsberger Wald, gut 2 km N Mahlberg.

## Metternich

EU 67    I. *Bremerhof.*

II. TK 5207 Sechtem; genaue Lage nicht bekannt, jedoch in einiger Entfernung rechts der Swist, unterhalb von Metternich, in der Gegend des Hovenerhofes und des Swisterhofes.

III. Heusgen, Dekanate 232, kennt hier den wüst gewordenen Bremerhof.

EU 68    I. *Lüddershof.*

II. TK 5207 Sechtem: r 25 62 800; h 56 22 650. Neben Haus Velbrück.

III. Nach Heusgen, Dekanate 232, lag neben Haus Velbrück der Lüddershof, der um 1900 abgebrochen wurde. Dieser Hof wird für den alten Burghof gehalten.

## Müggenhausen

EU 69    I. *Kapelle St. Rochus zu Müggenhausen.*

II. TK 5207 Sechtem: r 25 62 040; h 56 20 060. An der Stelle der heutigen Pfarrkirche.

III. Gegenüber der Burg Müggenhausen, nur durch einen privaten Weg von ihr getrennt, gab es die Kapelle des hl. Rochus, die diesen Patron wohl erst zur Pestzeit im 16./17. Jahrh. erhielt. Sie war ursprünglich Burgkapelle (Eigenkirche) und wurde erst spät öffentliche Kapelle.
1856 wurde die Kapelle profaniert.
1861 wurde sie abgetragen.
1896 entstand auf dem Gelände die neugotische Pfarrkirche Müggenhausen, die als Ersatz für die 1897 abgerissene Pfarrkirche Neukirchen dient. Damit hat sich im 19. Jahrh. das Verhältnis vom Burgdorf Müggenhausen zum Kirchdorf Neukirchen umgekehrt.

VII. In der Mauer des Burghofes Müggenhausen sieht man nach Heusgen, Dekanate 280, noch heute die Gespannsteine der Türen, durch die man aus dem tiefer gelegenen Burghof mittels einer Treppe zur Kapelle gelangen konnte. Beschreibung der Rochuskapelle Müggenhausen vgl. Clemen, KDM Kr. Rheinbach 83 f.

EU 70    I. *Pfarrkirche St. Laurentius zu Neukirchen/Swist.*

II. TK 5207 Sechtem: r 25 63 000; h 56 20 150.

III. Die im Jahre 1669 errichtete Pfarrkirche St. Laurentius, in die der spätgotische Chor eines älteren Baus einbezogen worden war, wurde 1897 abgerissen. Ihre Glocken kamen 1896 in die neuerbaute Pfarrkirche von Müggenhausen, ebenso ein Grabmal des Ritters Friedrich von Torck (gest. um 1600). Damit hörte Neukirchen auf, Pfarrdorf zu sein (Heusgen, Dekanate 280).

VII. Zur Baugeschichte der Kirche vgl. Clemen, KDM Kr. Rheinbach 122.

## Münstereifel

EU 71  I. *Alte Burg im Quecken.* Tafel 45.
II. TK 5406 Münstereifel: r 25 54 650; h 56 02 750. Auf dem Berg NO der Stadt Münstereifel.
VII. Auf dem Bergzug zwischen Erfttal und Schleid-Bach erstreckt sich die 'Alte Burg im kleinen Quecken', eine frühgeschichtliche Wehranlage. Sie gehört zum Typus der Abschnittsbefestigungen, bei denen ein schmaler Bergrücken gegen den rückwärtigen Bergzug durch eine oder mehrere Graben- und Wallanlagen gesichert wird. Die Burg hat die Form eines langgestreckten Ovals, das von einer gemörtelten Umfassungsmauer umschlossen wird. Nach SO, gegen den rückwärtigen Bergzug, durchtrennt ein bis 10 m tiefer und 8 m breiter Abschnittsgraben den gesamten Bergrücken. Aber auch zur NW-Seite mit ihren steilen, von Natur schon unzugänglichen Steilhängen sind noch zwei zusätzliche Abschnittsgräben angelegt worden. Innerhalb der Burg sind verschiedene Teile der Burg als gesondert befestigte Quartiere zu unterscheiden, darunter ein etwa halbkreisförmiger Burgabschnitt, der einen massiven Rundturm besaß. Dieser Burgteil ist gegen die übrige Burg durch einen mitten in der Anlage verlaufenden Graben besonders befestigt. Da bisher noch keine umfassenden Ausgrabungen auf der Anlage durchgeführt wurden, ist auch noch nicht geklärt, ob die einzelnen Teile der Burg verschiedenen zeitlichen Perioden angehören. Geländebeobachtungen deuten jedoch darauf hin, daß es sich tatsächlich um eine aus zwei verschiedenen Zeitstufen stammende Anlage handelt. Den diesbezüglichen Feststellungen von W. Sieper, Die 'Alte Burg' zu Münstereifel. In: Die Eifel, 1960, 163 ff., ist voll zuzustimmen. Danach ist der NW-Teil der Burg mit einem umlaufenden und zwei nach NW vorgelagerten Gräben der ältere, während der SO-Teil mit dem runden Turm und den heute freiliegenden Mauerresten nicht vor 1100 erbaut worden sein kann.
Neue Ausgrabungen an der Nordflanke der Burg förderten ein Tor mit aus Bruchsteinen gemauerten Torwangen zutage. Die Toranlage ist wenigstens zweiperiodig. Die ältere Periode lieferte rollrädchenverzierte Keramik des rheinischen Vorgebirges aus der Karolingerzeit. Damit ist nunmehr gesichert, daß bereits in karolingischer Zeit hier eine Wehranlage bestanden hat, deren Funktion nur in der Sicherung der um 800 im Tal entstandenen Prümischen Cella und des dortigen Marktes bestanden haben kann. Der Grabungsbefund deutet in die gleiche Richtung wie die 1936 von T. Hürten im Rundturm gefundene Münze Ludwigs des Frommen. Karolingerzeitlicher Beginn der 'Alte Burg' ist damit gesichert.
(Grabung RLMB durch F. Münten; Befunde noch unveröffentlicht).
Damit ist auch klar, daß die Wehranlage schon lange vor dem Entstehen der hochmittelalterlichen Burg und der Stadtbefestigung Münstereifel Bestand hatte. Die Burg im Quecken erhält im Zusammenhang der frühen Geschichte der Münstereifeler Stiftskirche St. Chrysanthus und Daria besondere Bedeutung. Grabungen in dieser Kirche während der letzten Jahre ergaben unter der Krypta der Stiftskirche St. Chrysanthus und Daria eine kleine Eigenkirche des 8. Jahrh., die als Mittelpunkt einer gleichzeitigen Ansiedlung im Stiftsbezirk gelten kann. In der Stiftskirche wurden karolingerzeitliche Bestattungen auf Totenbrettern und in Baumsärgen ausgegraben. Mit diesem frühen Kirchenbau und der zugehörigen Siedlung gleichzeitig wurde die Alte Burg im Quecken benutzt. Sie unterscheidet sich damit zeitlich und funktional von der Gruppe der frühmittelalterlichen Ringwälle, die ins 10./11. Jahrh. zu datieren sind.
LITERATUR: R. v. Uslar, Verzeichnis rheinischer Ringwälle. In: Romerike Berge 2, 1952, 145 ff. – Ders., Bonner Jahrb. 153, 1953, 128 ff. – Ders., Studien zu frühgeschichtlichen Befestigungen zwischen Nordsee und Alpen. Beihefte der Bonner Jahrbücher Bd. 11 (Köln–Graz 1964) 155. – Zur Stiftskirche Münstereifel: H. Borger, W. Sölter, Die Ausgrabungen in der ehemaligen Stiftskirche St. Chrysanthus

und Daria in den Jahren 1963 und 1964. In: Rheinische Ausgrabungen Bd. 1 (Köln–Graz 1968) 241–257.

EU 72    I. *Curtile Epponis.*

II. Lage unbekannt. Da der Hof jedoch im Zusammenhang mit der Wüstung Werth N Münstereifel genannt wird, wahrscheinlich im Raume Münstereifel.

III. 1112 schenkt Abt Poppo von Prüm dem Stift Münstereifel eine Mühle bei Werth sowie mehrere Höfe, unter diesen auch *curtile Epponis cum terris pertinentibus ad idem curtile* (Lac. UB IV Nr. 615).

EU 73    I. *Curtile Nantwardi.*

II. Lage unbekannt. Da der Hof jedoch im Zusammenhang mit der Wüstung Werth N Münstereifel genannt wird, wahrscheinlich im Raume Münstereifel.

III. 1112 schenkt Abt Poppo von Prüm dem Stift Münstereifel eine Mühle bei Werth sowie mehrere Höfe, unter diesen auch *curtile Nantwardi* (Lac. UB IV Nr. 615).

EU 74    I. *Curtile Reginheri in monte.*

II. Lage unbekannt. Da der Hof jedoch im Zusammenhang mit der Wüstung Werth N Münstereifel genannt wird, wahrscheinlich im Raume Münstereifel. Auch der Hinweis *in monte* mag sich auf die Berge um Münstereifel beziehen.

III. 1112 schenkt Abt Poppo von Prüm dem Stift Münstereifel eine Mühle bei Werth N Münstereifel sowie mehrere Höfe, unter diesen auch *curtis Reginheri in monte* (Lac. UB IV Nr. 615).

EU 75    I. *Curtile presbiteri UUezelonis.*

II. Lage unbekannt. Da der Hof jedoch im Zusammenhang mit der Wüstung Werth N Münstereifel genannt wird, wahrscheinlich im Raume Münstereifel.

III. 1112 schenkt Abt Poppo von Prüm dem Stift Münstereifel eine Mühle auf der Erft bei Werth sowie eine Reihe von Höfen, unter diesen auch *curtile scilicet presbiteri UUezelonis* (Lac. UB IV Nr. 615).

EU 76    I. *Dalheim.*

II. TK 5406 Münstereifel.

III. In der Gemarkung Münstereifel ist der FN *auf Dalheim* bekannt (H. Dittmaier, Die linksrheinischen Ortsnamen auf -heim und -dorf [Manuskr. Bonn 1961] 63).

EU 77    I. *Hurpich.*

II. Ein Dorf dieses Namens lag $^2/_5$ Meilen NNO Münstereifel und S Weingarten (T. Hürten, Flurnamenarchiv Münstereifel).

EU 78    I. *Landweiler.*

II. TK 5406 Münstereifel.

III. In der Gemarkung Münstereifel gibt es den FN *Der Landweiler* (H. Dittmaier, Die linksrheinischen Ortsnamen auf -heim und -dorf [Manuskr. Bonn 1961]).

EU 79    I. *Obere Follmühle.*

II. TK 5406 Münstereifel: genaue Lage nicht bekannt, jedoch im Tal der Erft zwischen Münstereifel und Eicherscheid.

III. Schannat-Bärsch, Eifl. Ill. 3,1,1 S. 333: *Eingepfarrt nach Münstereifel sind Münstereifel mit der Ober- und Unter-Follmühle und der Walkmühle* . . . Vielleicht ist es die am N-Ende von Eicherscheid gelegene Olesmühl in der Tranchot-K. NA Blatt 118 Schönau. Diese ist heute noch in Betrieb.

EU 80
I. *Untere Follmühle* oder *Masmühle*.

II. TK 5406 Münstereifel: r 25 54 410; h 56 01 300. W der Erft, wenig S von Münstereifel, an der Stelle des heutigen Freibades.

III. 1809 nennt die Tranchot-K. NA Blatt 118 Schönau die *Mas-Mühl* mit einem großen Gebäude.

EU 81
I. *Walkemühle* oder *Wollmühle*.

II. TK 5406 Münstereifel: r 25 54 540; h 56 00 600. W der Erft.

III. 1809 heißt die Mühle in der Tranchot-K. NA Blatt 118 Schönau *Woll mühl*. Sie ist dort mit einem großen Gebäude angegeben.

Die heute hier noch stehenden Gebäude dienen nicht mehr als Mühle, sondern verfallen langsam.

EU 82
I. *Orchheim*, auch: *Horchheim*.

II. TK 5406 Münstereifel: r 25 54 020; h 56 02 100. SW vor der mittelalterlichen Stadt Münstereifel.

III. Urkundliche Belege für das offensichtlich früh wüst gewordene Dorf gibt es nicht. Doch enthalten etliche auf Münstereifel bezügliche Belege den Namen der Orchheimer Straße, die im S aus dem Orchheimer Tor nach Orchheim führte:
1395: PN *Brüder Gerhard, Johann und Heinrich von Urgim* (Mitteil. a. d. Stadtarchiv v. Köln Heft 22, 1892, S. 120, Nr. 389).
1512 Sept. 5: Johann, ältester Sohn zu Cleve, Herzog von Jülich, belehnt Dietrich von Mirbach u. a. mit dem Hause an der *Orcheymer Straße* zu Münstereifel (AHVN 57, 1894, 235, Nr. 928).
1541 Sept. 16: Wilhelm, Herzog von Jülich, belehnt Christoph von Mirbach mit dem Hause in der *Orcheymer Straße* zu Münstereifel (AHVN 57, 1894, 276, Nr. 1128).
1564 Nov. 20: Die Eheleute Lambert Kuchenhem und Catherina entleihen von dem Hospitalmeister Luer Jan 60 Joachimsthaler mit 3 Thaler zu verzinsen. Als Unterpfand setzen sie u. a. *ein dritteil sein hauß in Orichemer straßen gelegen* (M. Scheins, Urkundliche Beiträge zur Geschichte der Stadt Münstereifel und ihrer Umgebung [1894] 111 f.).
1766 wird ein Garten vor Orchheim genannt (T. Hürten, Geschichte der Stadt Münstereifel [Münstereifel 1926] 47).
Da Orchheim seit Mitte des 15. Jahrh. in den Abgabenlisten an die Münstereifeler Klöster und an die in diesem Gebiet reich begüterte Abtei Prüm nicht zu finden ist, muß es bereits vor dieser Zeit wüst geworden sein.

VI. In Münstereifel gibt es die Orchheimer Straße, die nach S, nach Blankenheim-Trier führende Hauptverkehrsstraße. Sie verließ die Stadt durch das *Orchheimer Tor* (zu diesem vgl. Clemen, KDM Kr. Rheinbach, Plan auf S. 110). Das Gelände vor dem Heisterbacher Tor heißt noch heute *Am Ochhermen*. Es ist z. T. überbaut oder als Gartenland genutzt (Mitteil. von T. Hürten, Arloff).

EU 83
I. *Stal ruinée*.

II. TK 5406 Münstereifel: r 25 56 650; h 56 01 380. N des Effelsberger Weges am Houverainer Pfad.

III. 1809 enthält die Tranchot-K. NA Blatt 118 Schönau am 'Steibel- oder Syffel-Bach' die Eintragung *Stal ruinée*, jedoch ohne Gebäude. Es handelt sich um einen

EU 84   I. *Wehnsberger Hof.*
II. TK 5406 Münstereifel: r 25 55 650; h 56 03 350. SW des Wehns-Berges und SO des Giers-Berges.
III. 1808 enthält die Tranchot-K. ÄA Blatt 38 Euskirchen keinen Hinweis mehr auf den Hof.
1774–1800 wird im Einkommenregister des Gymnasiums von Münstereifel ein Wensberger Hof erwähnt (J. Katzfey, Geschichte der Stadt Münstereifel und der nachbarlichen Ortschaften [Köln 1854] 239).
VII. K. A. Seel lokalisierte den Hof, konnte aber Baureste wegen des dichten Bewuchses mit Gestrüpp auf der Hofstelle nicht feststellen. In der Nähe des Hofes fand sich ein rundes Wasserloch von 1,50 m Dm., das als Brunnen anzusprechen ist.
VIII. O des Hofes am Hang zum Graubach finden sich vier Terrassenkanten, deren oberste 1,80 m hoch ist. An den Enden dieser Terrassen fanden sich flache Anwände (K. A. Seel, Bonner Jahrb. 164, 1964, 554).

EU 85   I. *Werth.*
II. TK 5406 Münstereifel: r 25 54 160; h 56 03 250. N der Stadt und links der Erft.
III. 1112 schenkt Abt Poppo von Prüm dem Stift Münstereifel eine Mühle auf der Erft zu Werth sowie eine Reihe von Höfen: *Igitur molendium quod est in pago monasteriensi super ripam Arnephe cum cursu aque superioris et inferioris in vico qui dicitur Werthe ad altare sanctorum martyrum Chrysanti et Darie* (Lac. UB IV Nr. 615). Das für den Ort in Frage kommende Gebiet N der Stadt ist stark bebaut, so daß seine ehemalige Lage aus Relikten im Gelände nicht mehr erschlossen werden kann. Werth lag an der Stelle des heutigen Möbelhauses Mauel, Münstereifel. Auf dem benachbarten Grundstück der Postgaragen wurden vor einigen Jahren mittelalterliche Mauerreste freigelegt, die zu Werth gehört haben können. Der gesamte Ort Werth, der nach dem Namen zu urteilen, auf einer Insel in der Erft gelegen haben dürfte, wurde 1416 bei einer Hochflut weggeschwemmt (Mitteil. von T. Hürten, Arloff. – Vgl. auch T. Hürten, Geschichte der Stadt Münstereifel, 166).
VI. Die Werther Straße in Münstereifel, die nach Euskirchen führte, verließ die Stadt Münstereifel durch das *Werther Tor* (vgl. Clemen, KDM Kr. Rheinbach, Plan auf S. 110).

Mutscheid

EU 86   I. *Bleibergwerk* bei Mutscheid.
II. TK 5507 Hönningen: r 25 60 260; h 55 96 100. Rund 300 m O Willerscheid bei einem aufgegebenen Fabrikgelände.
III. 1809 enthält die Tranchot-K. NA Blatt 118 Schönau die Eintragung *Mine de Plombe.*
1895 zeigt die TK 1 : 25 000 an dieser Stelle noch mehrere Fabrikgebäude der Bleifabrik.
Die Schächte wurden um die Wende zum 20. Jahrh. aufgegeben. Der Bleibergbau in diesem Gebiet ist verhältnismäßig jungen Datums. Er entwickelte sich seit der 2. Hälfte des 18. Jahrh.

EU 87   I. *Blei- und Zinkgrube Klappertzhardt.*
II. TK 5407 Altenahr: r 26 61 240; h 55 96 380. Zwischen Soller und Hummerzheim.

III. 1809 zeigt die Tranchot-K. NA Blatt 119 Kreuzberg eine Bleigrube sowie zwei Gebäude.
VI. N Hummerzheim gibt es den FN *In der Kaule*. Ob der ON Mutscheid vom Begriff 'Mutung' abgeleitet ist, bleibt unsicher.

EU 88
I. *Bleibergbaugebiet*.
II. TK 5407 Altenahr: r 55 96 600; h 25 63 000. W des Liers-Baches, 1000 m ONO Hummerzheim.
III. 1809 enthält die Tranchot-K. NA Blatt 119 Kreuzberg die Eintragung *Carre de Feld-spach*. Es handelt sich offenbar um ein Tagebaugebiet auf Bleierze.
Wenig NO davon befindet sich der Hürnigs-Kopf, Gemarkung Effelsberg, zu dessen Füßen sich eine Zinkgrube befindet.

EU 89
I. *Bleihütte Glücksthal*.
II. TK 5507 Hönningen: r 25 60 500; h 55 95 150. Etwa 1100 m NNO Mutscheid.
III. 1809: Tranchot-K. NA Blatt 119 Kreuzberg enthält hier die Eintragung *Fonderie de Plomb*. Es ist die Bleifabrik Glücksthal, von der heute nur noch einige wenige Gebäude stehen und die längst aufgegeben wurde.

EU 90
I. *Kupferbergwerk*.
II. TK 5507 Hönningen: r 25 62 880; h 55 95 600. Mitten im Wald an einem nach O, zum Liers-Bach, fließenden Gewässer.
III. 1809: Tranchot-K. NA Blatt 119 Kreuzberg vermerkt: *Mine de Cupre*. 1895 enthält die TK 1 : 25 000 keine Hinweise mehr auf diese Kupferminen.

EU 91
I. *Befestigung auf Gut Hospelt*, Burghügel? Spieker?
II. TK 5507 Hönningen: r 25 62 710; h 55 95 950. NW neben dem Gutshof Hospelt. Es handelt sich nicht um ein Hügelgrab, wie auf der TK eingetragen ist.
III. NW neben dem Gutshof Hospelt liegt ein kleiner, grabenumwehrter Hügel, den man am ehesten als Burghügel (Motte) oder als künstlichen Hügel für einen mittelalterlichen Speicherbau anspricht (vgl. Bonner Jahrb. 136/137, 1931, 293 u. Abb. 294). Grabungen fanden bisher hier nicht statt, so daß eine endgültige Entscheidung nicht möglich ist.
1809 zeigt die Tranchot-K. NA Blatt 119 Kreuzberg NW des heutigen Gutes Hospelt noch zwei weitere Höfe, einen Vierseithof, der auf dem Gelände des Burghügels stand und einen dreiseitigen, nach SO offenen Hof. Hospelt ist damit als partielle Ortswüstung anzusprechen.

EU 92
I. *Langenbruchs Hof*.
II. TK 5506 Aremberg: ungefähr r 25 57 840; h 55 95 100. Etwa 2,3 km NW Mutscheid und 1300 m SW Esch, am W-Ende des Geländeeinschnitts *Langes Bruch*.
VI. 1809 verzeichnet die Tranchot-K. NA Blatt 118 Schönau zu beiden Seiten des Geländeeinschnittes *Langes Bruch* die *Langer bruchers hoff wiesen*. Es handelt sich um ein Wiesengebiet, das in einer großen Heidefläche liegt und letzter Rest der zu einem Hof gehörenden Flur ist. Dieser Hof muß etwa am W Ende des *Langen Bruches* liegen, wo die moderne TK den FN *In den Höffeln* verzeichnet. Urkundliche Quellen für den Hof sind bisher nicht bekanntgeworden. Zur Zeit der Aufnahme der Tranchot-K. war der Hof offensichtlich bereits wüst, denn die Karte enthält keine Überreste davon.

EU 93
I. *Mittelalterlicher Töpferbezirk*.
II. TK 5506 Aremberg: r 25 58 050; h 55 94 820. Rund 250 m NW TP 489,1; W der Straße Esch–Sasserath.

VII. An dieser Stelle liegt ein flacher Hügel von etwa 3 m Dm. In dem Hügel und seiner Umgebung wurden zahlreiche mittelalterliche Gefäßscherben und Fehlbrände gefunden. Einige der Scherben gehörten zum Typ der hellgrundigen, rot bemalten Keramik der Pingsdorfer Art. Die Erde rund um den Hügel ist rot verziegelt. Es dürfte sich um einen hochmittelalterlichen Töpferbezirk handeln.
LITERATUR: T. Hürten, Bonner Jahrb. 159, 1959, 455.

EU 94    I. *Tempelherren-Kloster*.
II. TK 5507 Hönningen: r 25 59 550; h 55 93 580. Rund 750 m SSW Hilterscheid.
VI. 1809 verzeichnet die Tranchot-K. NA Blatt 118 Schönau hier die Eintragung 'Tempel Hern Kloster Ruinée' mit einem schwarz eingezeichneten, rechteckigen Gebäude. Es ist nicht sicher zu entscheiden, ob es sich um eine mittelalterliche Wüstung oder um einen Komplex römischer Ruinen handelt, die von den Kartographen oder vom Volksmund oft als Tempelherrenkloster bezeichnet werden. Zu dieser Frage vgl. N. Kyll, Trierer Volksglaube und römerzeitliche Überreste. Trierer Zeitschr. 32, 1969, 333–340. – J. Steinhausen, Tempelherren und Siebenschläfer in der Eifel, Sage und Legende bei römischen Siedlungen auf dem Lande. In: Festgabe f. Prof. Dr. P. Meyer (Münstereifel 1933).

### Niederberg

EU 95    I. *Hahnenhof*.
II. TK 5206 Erp: r 25 53 500; h 56 21 550. O des Rot-Baches, rund 1100 m SW Niederberg.
III. 1808 zeigt die Tranchot-K. ÄA Blatt 38 Euskirchen eine rechteckige Grabenanlage in den Wiesen des Rot-Baches, jedoch kein Gebäude mehr darin. Der Hof muß zu dieser Zeit schon wüst und abgerissen gewesen sein.
VII. Nach einem Bericht in den OA des RLMB wurde er um 1800 abgerissen. Er lag an der Gemarkungsgrenze Niederberg-Wichterich, auf dem Ostufer des Rot-Baches in den Wiesen. Mittelalterliche Keramik sowie Ziegelbruchstücke wurden auf dem Gelände der Hofwüstung 1926 aufgelesen. 1935 wurde der Graben zugeschüttet.
LITERATUR: OA des RLMB. – P. Simons, Niederberg, Geschichte seiner domdechantischen Herrschaft (Selbstverlag Köln 1934) 25.

### Niederkastenholz

EU 96    I. *Stappelhof*.
II. Genaue Lage unbekannt, jedoch in der Gegend von Niederkastenholz.
III. Um 1600 sind die FN *Zum Stappelhof* und *der Stappelhof* bei Niederkastenholz bekannt. Die Tranchot-K. bietet keine Hinweise mehr auf diesen Hof.

### Oberelvenich

EU 97    I. *Sunningh*, auch: *Soynich*, Hof.
II. TK 5306 Euskirchen: etwa r 25 50 600; etwa h 56 18 300 oder weiter O auf Frauenberg zu.

III. 1586 wird hier ein Adelshof Soynich bezeugt. Er soll unmittelbar nach seinem Übergang an die Herren der nahe benachbarten Burg Bollheim abgerissen worden sein.
LITERATUR: H. Welters, Wasserburg 66 f., 86, 138 mit weiteren Hinweisen. – HStA Düsseldorf, Deskription des Erzstiftes Köln 1670, Abt. III D Nr. 26.

## Obergartzem

EU 98
I. *Wehranlage,* vielleicht mittelalterlich.
II. TK 5306 Euskirchen: r 25 52 260; h 56 11 290. Im Jagen 7 des Billiger Waldes.
VII. Im Billiger Wald, etwa 650 m S von H. 262,5 und 400 m WSW von H. 212,4, befindet sich an leicht nach N geneigtem Hang eine quadratische, von einem Graben umgebene Wehranlage, die eine Fläche von ungefähr 30 qm einschließt. Die äußeren Grabenränder sind leicht erhöht. Nur auf der Nordseite zeichnet sich vor dem Graben eine deutliche wallartige Erhöhung des Geländes ab. Vor dieser liegt nochmals ein breiter Sohlgraben, der auf seiner Westseite mit dem quadratischen Grabensystem verbunden ist. Wahrscheinlich handelt es sich um eine mittelalterliche oder frühneuzeitliche Hofesfeste.
LITERATUR: Ortskartei des RLMB.

## Pingsheim

EU 99
I. *Dedendreis.*
II. TK 5106 Kerpen, 5206 Erp. Bei Pingsheim, genaue Lage nicht bekannt.
III. Ein Ort namens Dedendreis wird 1235 an das Kölner Stift St. Aposteln verkauft (Mitteil. K. Flink, Institut f. geschichtliche Landeskunde Bonn).

EU 100
I. *Balwilre,* Wüstung?
II. TK 5106 Kerpen, 5206 Erp. Bei Pingsheim, genaue Lage unbekannt.
III. 1285: *in campo Baltwilre* in der Umgebung von Pingsheim bezeugt (Mitteil. K. Flink, Institut f. geschichtliche Landeskunde Bonn).

## Rövenich

EU 101
I. *Siechenhäuser.*
II. TK 5206 Erp: r 25 48 400; h 56 20 400. Am Schnittpunkt der römischen Straße Köln–Trier, der heutigen B 265, mit der Aachen-Frankfurter Heerstraße bei dem Wirtshaus Siechenhaus, im ehemaligen Marienholz.
III. 1479 Dez. 21: Ritter Rollmann von Geißbusch und seine Söhne verpfänden bei dem Verkauf einer Erbrente ihre Höfe zu Weiler und zu Rövenich, von denen ersterer unter anderem mit drei Malter Roggen zugunsten *den mallaeten an sent Marienholtz.*
Vor 1486 gründete Elisabeth von Brohl, Gemahlin Wilhelms von Vlatten, Herrn zu Dreiborn, die Siechenhäuser im Marienholz bei Rövenich. Aus der Stiftungsurkunde geht hervor, daß beim Tode der Stifterin (1486) die Leprosenanstalt von Rövenich aus sechs Siechenhäusern, einem Gasthaus und einer Kapelle bestand. Die

Statuten der Leprosenanstalt sind aus einer im Stadtarchiv Euskirchen befindlichen Handschrift aus der Zeit um 1600 gut bekannt.
1694 bestanden nur noch zwei Siechenhäuser und die Kapelle.
1712 Jan. 23 erließ Kurfürst Johann Wilhelm den Befehl, daß alle Leprosenhäuser in Jülich-Berg abgebrochen und keine Neubauten mehr errichtet werden sollten.
1715 sind die Reste der schon vorher baufälligen Siechenhäuser bereits abgebrochen.
V. Zu den Siechenhäusern gehörte eine Kapelle, die Johannes dem Täufer geweiht war. Der schlichte Bruchsteinbau, der im Innern 7 m lang und 4,70 m breit ist, steht noch heute. Er wurde nach der Bauinschrift 1698 erbaut und trat damals an die Stelle einer bereits von der Gründerin der Leprosenhäuser errichteten älteren Kapelle. Ende des 15. Jahrh. sollte dort der Pfarrer von Rövenich wöchentlich drei Messen lesen, den Aussätzigen mindestens viermal im Jahre die Beichte hören und ihnen ebenso oft die Statuten vortragen.
VII. Von den einst recht umfangreichen Baulichkeiten steht heute nur noch die Kapelle, die 1648 errichtet wurde. Das Leprosenhaus selbst wurde niedergelegt.

LITERATUR: P. Simons, Geschichte d. Jülichschen Unterherrschaft Bolheim (Euskirchen 1907) 40–55. – J. Nottebrock, Die Aachen–Frankfurter Heerstraße in ihrem Verlauf von Aachen bis Sinzig. Bonner Jahrb. 131, 1926, 260. – Clemen, KDM Kr. Euskirchen 159. – P. Simons, Rövenich bei Zülpich. Ein geschichtlicher Rückblick (Euskirchen 1929) 7 ff. – P. Simons, Das Siechenhaus bei Rövenich. Heimatkal. d. Kr. Euskirchen 1964, 170–177.


Schönau

EU 102  I. *Kurfürsten-Mühle.*
II. TK 5406 Münstereifel: r 25 55 450; h 55 98 000. W der Erft, 350 m NO Schönau.
III. 1809 zeigt die Tranchot-K. NA Blatt 118 Schönau die *Kurfürster Mühl.* 1895 fehlt diese Mühle auf der TK 1 : 25 000.

EU 103  I. *Lingscheider Mühle.*
II. TK 5406 Münstereifel: r 25 55 500; h 55 98 900. W der Erft und SO des Lingscheider Hofes, zu dem die Mühle gehört haben mag.
III. 1809 enthält die Tranchot-K. NA Blatt 118 Schönau die *Lingscheidter Mühl.* Nach den eingetragenen Gebäuden zu urteilen, handelte es sich um einen geschlossenen Vierseithof, der W der Erft lag.


Schweinheim

EU 104  I. *Ringsheim.*  Abb. 7; Tafel 8 und 9.
II. TK 5307 Rheinbach: r 25 61 650; h 56 09 970 (Burg Ringsheim).
III. Überreste des vor 1732 wüst gewordenen Dorfes Ringsheim sind die Burg Ringsheim sowie die heute profanen Zwecken dienende alte Pfarrkirche St. Johannis Baptistae NW der Burg. Das Dorf Ringsheim dürfte sich im W, NW und N von Burg Ringsheim erstreckt haben. In den Urkunden tritt immer wieder die Burg

Ringsheim auf, die zwischen Jülich und Kurköln lange Zeit umstritten war, dann jedoch endgültig im Besitz des Kölner Erzbischofs verblieb. So heißt es z. B.:
1306: *burg zo Rymezheym . . . inde dat darzu gehoert* (Lac. UB III Nr. 47).
1327 wird die *bourgh Rimtzheim, und alle dat darzu nu hoert und vurmails zu hoeren plagh* erwähnt (Lac. UB III Nr. 220).
1389 erscheint die *burch Rympzheim mit allem yrem reichte ind zubehoringen* (Lac. UB III Nr. 942).
Unter dem Zubehör der Burg Ringsheim wird man unter anderem die gleichnamige Siedlung zu verstehen haben.
2. Hälfte 17. Jahrh.: Ringsheim wird beschrieben als eine geschlossene Siedlung, die aus Burg, Kirche und 15 Bauernhäusern besteht. Wenig später wurden die Bauern von Ringsheim aus Gründen, die nicht näher bekannt sind, nach Schweinheim umgesiedelt. Es wird angenommen, daß die Bauern dabei ihr Wirtschaftsland an die Herren von Ringsheim übergeben mußten.

LITERATUR: Welters, Wasserburg 65 f. – J. Becker, Geschichte der Pfarreien des Dekanates Münstereifel (Bonn 1900) 99 ff. – Fabricius, Erläuterungen II, 93.

V. Aus der Pfarrkirche von Ringsheim stammt eine Glocke, die die Jahreszahl 1397 trägt und die das Bestehen einer Kirche für dieses Jahr belegt. Als Pfarrei erscheint der Ort erst 1422. Wegen Baufälligkeit wurde die alte Kirche abgerissen. 1690 errichtete man das heute noch bestehende Gebäude. Die Pfarrstelle war abwechselnd durch den Ringsheimer und den Schweinheimer Herrn zu besetzen. 1806 wurde die Pfarre aufgehoben (nach Clemen, KDM des Kr. Rheinbach 144 f.).

VII. Außer der Kirche sind keine Baureste des Dorfes erhalten, doch finden sich auf den Äckern W und NW der Kirche mittelalterliche Siedlungsreste, besonders Keramik des 12.–16. Jahrh.

VIII. Fossile Fluren konnten im Umkreis von Ringsheim nicht festgestellt werden. Am Gemarkungsumriß von Schweinheim, in dem die Mark der Wüstung Ringsheim enthalten ist, zeichnet sich O von Ringsheim eine weite Ausbuchtung, der Sommerbusch, ab, die einen wesentlichen Teil des Flamersheimer Waldes umfaßt. Hierin ist ein Teil der alten Gemarkung von Ringsheim wiederzuerkennen. Auch ist die langgestreckte Form der Gemarkung Schweinheim nur durch die Vereinigung der alten Gemarkungen Schweinheim und Ringsheim zu erklären. Die alte Trennungslinie zwischen beiden ist noch wiederzuerkennen.

## Stotzheim

EU 105  I. *Hardtburg*, Burghügel (Motte).  Tafel 10; 11 und 43.

II. TK 5306 Euskirchen: r 25 57 640; h 56 09 080. Inmitten des Hardtwaldes, etwa 2 km S Stotzheim.

III. Auf der devonischen, nach S leicht ansteigenden Hochfläche liegt in der Mulde, in die mehrere Bäche von S einströmen, die Hardtburg. Sie wurde sehr wahrscheinlich von dem seit 1105 nachweisbaren edelfreien Geschlecht derer von Hart erbaut. Als Burg erscheint die Anlage erstmalig 1166 als *munitio, que dicitur Hart* (Knipping, Reg. II Nr. 850 = Lac. UB I Nr. 420). Die Burg wurde dann den Grafen von Are zu Lehen aufgetragen und gelangte 1246 mit der Arenbergischen Erbschaft an die Erzbischöfe von Köln. Seitdem war sie kurkölnisches Amtshaus und wurde im 14. Jahrh. von den Erzbischöfen massiv ausgebaut. Bis 1794 blieb die Hardtburg Sitz einer kurkölnischen Amtsverwaltung. Der nahegelegene Spätlatène-Ringwall Alte Burg, Gemarkung Kreuzweingarten, wurde noch im Mittelalter gelegentlich benutzt. Darauf läßt die Übertragung von 2 Morgen Wald *in antiquo castro castri dicti Hard* vom Jahre 1332 schließen (K. Flink, Historische Stätten Bd. 3: Nordrhein-Westfalen [2. Aufl. 1970] 291 f.).

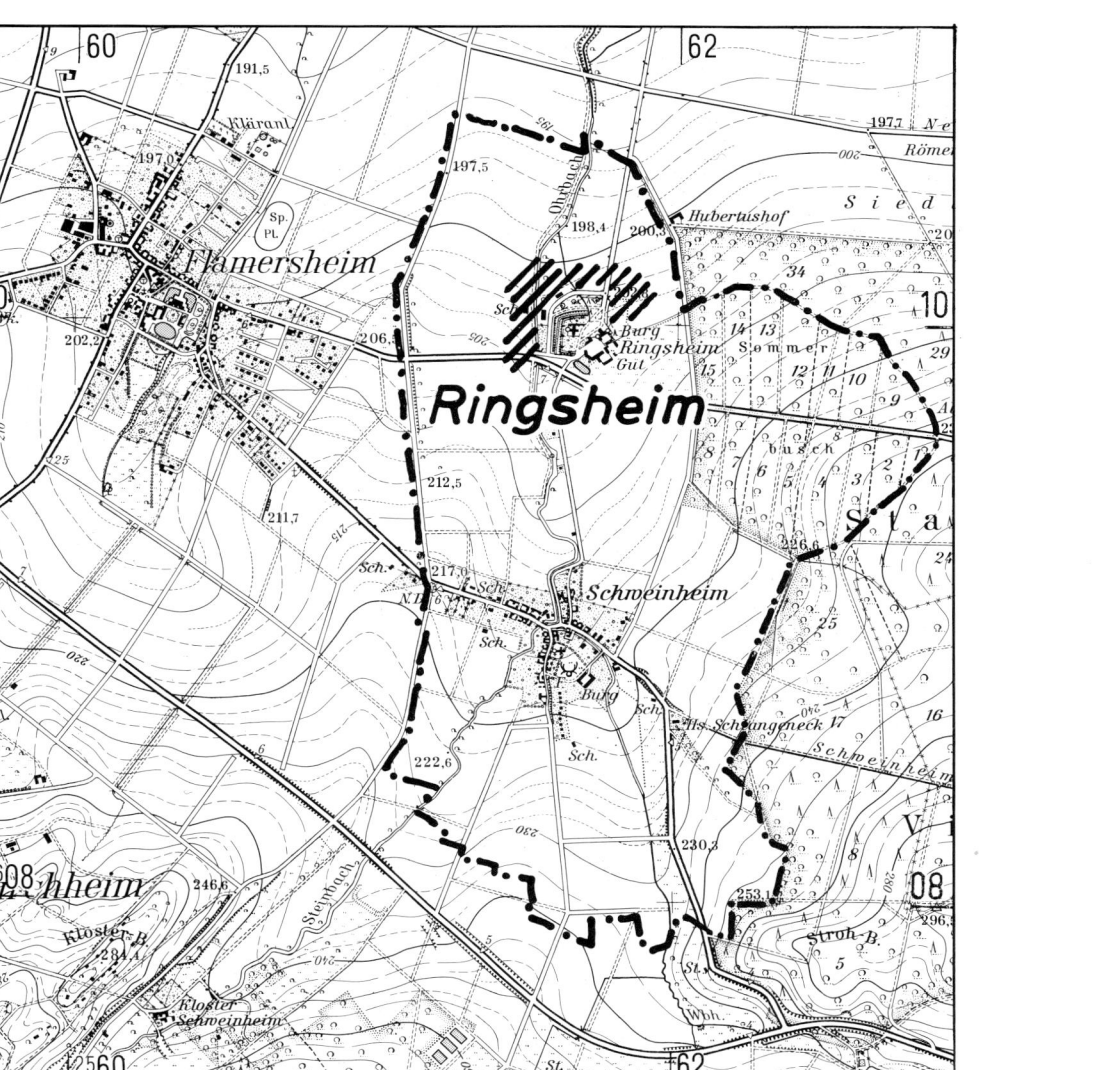

7  Die Dorfwüstung Ringsheim (EU 104), Gemarkung Schweinheim (EU).

(Ausschnitt aus der TK 1 : 25 000 Blatt 5307 Rheinbach;
wiedergegeben mit Genehmigung des Landesvermessungsamtes Nordrhein-Westfalen
vom 4. 5. 1973 – 3787).

Die Hardtburg wurde bisher stets für eine Höhenburg ähnlich der Tomburg bei Rheinbach gehalten. Auf dem Wege zur richtigen Deutung befand sich jedoch H. Kisky (Burgen, Schlösser und Hofesfesten im Kreise Euskirchen [Euskirchen 1960] 97), wenn er in der Anlage einen Burghügel (Motte) vermutete.

VII. In der Tat stellt die Hardtburg das klassische Beispiel einer Motte dar. Ihre ungewöhnlich gute Erhaltung erlaubt eine genaue Analyse des Befestigungstyps. Die Hardtburg besteht aus zwei Teilen. Im SO befindet sich die Hauptburg. Sie besteht aus dem über 10 m hohen, künstlich aufgeschütteten Burghügel mit dem mehrgeschossigen quadratischen Burgturm (Donjon). Nach NW schließt sich, durch einen besonderen Graben von der Hauptburg getrennt, die vieleckige Vorburg an, die etwa das Vierfache der Fläche der Hauptburg enthielt. Hier befand sich ein mittelalterlicher Wirtschaftshof, dessen Spuren zahlreiche mittelalterliche Scherbenfunde in den dortigen Gärten beweisen. Im frühesten Stadium, zu Beginn des 12. Jahrh., fehlten sicher noch die steinernen Umfassungsmauern von Haupt- und Vorburg. Der Burghügel der Hauptburg mag durch Palisaden gesichert gewesen sein, wie sie um diese Zeit auf der Motte Husterknupp nachgewiesen wurden. Die Vorburg war sicher durch besondere Wälle und eigene Gräben gesichert, wie das an der Motte Dalheim-Rödgen zu beobachten ist. Erst im Zuge des Ausbaus der Burg in Stein während des 13. und 14. Jahrh. umgab man den Burghügel mit zwei massiven Ringmauern, lagerte ihm nach NW ein verschachteltes System von Zwingern vor und versah die Vorburg mit einer Umfassungsmauer, die ein Wehrgang bekrönte. Die bis 10 m tiefen Wassergräben umfassen einheitlich Haupt- und Vorburg und führen heute noch Wasser. W. Sölter stellte bei Grabungen auf der Hardtburg fest, daß nach Errichtung des Donjons der Hauptburg der Burghügel in drei aufeinander folgenden Phasen aufgeschüttet worden war, so daß das unterste Geschoß des Turmes von außen zugeschüttet wurde. Die aus diesen Aufschüttungen geborgene Keramik reichte bis in den Beginn des 12. Jahrh. zurück, so daß damit die Zeit des frühesten Auftretens der Herren von Hart erreicht ist.

LITERATUR: P. Clemen, Die Kunstdenkmäler der Rheinprovinz Bd. 4,2: Der Kreis Rheinbach, bearb. v. E. Polaczek (Düsseldorf 1898) 159. – Bonner Jahrb. 124, 1917, 200; 127, 1922, 279; 129, 1924, 259; 132, 1927, 269. – H. Kisky, Burgen, Schlösser und Hofesfesten im Kreise Euskirchen (Euskirchen 1960) 97. – H. Welters, Der Burgenbau um Euskirchen in seiner geschichtlichen Entwicklung bis zum Ausgang des 17. Jahrh. In: Festschr. Euskirchen Bd. 2 (1955) 5 ff. – A. Herrnbrodt, Die Hardtburg bei Stotzheim, Landkreis Euskirchen. In: Château Gaillard IV (Gent 1968) 139–156.

EU 106  I. *Schanze,* mittelalterlich?

II. TK 5306 Euskirchen: r 25 57 460; h 56 09 540. W des Weges von Stotzheim zur Hardtburg und W des von der Hardtburg kommenden Baches.

III. Etwa 400 m N der Hardtburg liegt in einer neu geforsteten Schonung ein fast quadratisches Erdwerk aus mehreren gestaffelten Wällen und Gräben. Die Zeitstellung der Anlage ist unbekannt, doch kann es sich am ehesten um eine frühneuzeitliche Geschützstellung handeln.

LITERATUR: Clemen, KDM Kr. Rheinbach 159. – Ortskartei RLMB.

V e r n i c h

EU 107  I. *Burghügel.*

II. TK 5206 Erp: r 25 58 660; h 56 22 670. Zwischen Klein- und Groß-Vernich in der Erftniederung.

III. Es ist möglich, daß ein Teil der bisher nur auf die Tomburg, Gemarkung Wormersdorf, Lkr. Bonn, bezogenen Urkunden nicht zu dieser gehört, sondern die Motte Tomberg bei Vernich betrifft. Dies gilt besonders für die Schenkung des Pfalzgrafen Ehrenfried an das Kloster Brauweiler von 1028 Okt. 10 sowie die Bestätigung der Brauweiler Schenkung durch Kaiser Heinrich III. von 1051 Juli 17 (vgl. BN 177).

VII. Im Mündungsgebiet des von O in die Erft mündenden Mühlenbaches, W der Köln–Trierer Straße (heutige B 51), lag der sog. Tomberg, ein künstlich aufgeschütteter Burghügel (Motte). Es handelte sich um eine zweiteilige Anlage, die aus dem eigentlichen Burghügel und einer Vorburg bestand. Der Burghügel ist nur noch schwach im Gelände erkennbar und mißt etwa 60–70 m Dm. In der Vorburg wurden später die Gebäude einer Mühle angelegt. Eine Skizze von 1701/05 zeigt den alten Zustand des Tomberges von Vernich noch recht gut (Bonner Jahrb. 160, 1960, Abb. 52). Den Namen erhielt die Burg vermutlich nach ihren Besitzern, den Herren von Tomberg. Ob eine das Haus Vernich betreffende Urkunde von 1342 auf den Tomberg bezogen werden kann, ist fraglich, weil es in Groß- und Klein-Vernich eine ganze Reihe fester Häuser gegeben hat.

LITERATUR: A. Herrnbrodt, Bonner Jahrb. 160, 1960, 519 ff. – M. Müller-Wille, Burghügel Nr. 78.

## Wichterich

EU 108   I. *Dollendorf.*

II. TK 5206 Erp: genaue Lage unbekannt.

III. Nach G. Mürkens, Die Ortsnamen des Kreises Euskirchen (1958) 46, gibt es in der Gemeinde Wichterich eine Flur mit Namen *im Dollendorf*, die auf eine gleichnamige Wüstung schließen läßt.

## Weilerswist

EU 109   I. *Swist, Zwist* und ähnlich.                               Tafel 12 und 13.

II. TK 5207 Sechtem: ungefähr r 25 60 160; h 56 26 300. NO von Weilerswist um das sog. Swister Türmchen herum.

III. Um 1180: Verzeichnis der Einkünfte des Kölner Stiftes St. Gereon, in dem unter anderem *Zuist* genannt wird (Joerres, UB St. Gereon 27 ff.).
1185: *zeustheym* (Lac. UB I Nr. 499 = UB St. Gereon Nr. 26 S. 35).
1223: *Scůyst* (UB St. Gereon Nr. 77 S. 73).
1235: (UB St. Gereon Nr. 102 S. 102): *Zuist.*
1283: (UB St. Gereon Nr. 177 S. 175): *Zuist.*
1304: (UB St. Gereon Nr. 226 S. 237): *Zuist.*
1310: erhält ein *Christian dictus Kumpan de Wilrezwist* die Villikatio des Kapitels St. Gereonis zu Zuist mit zugehörigen Rechten und Gefällen (UB St. Gereon Nr. 244 S. 254).
1324: in ein und derselben Urkunde *Suist* und *Zuist* nebeneinander (UB St. Gereon Nr. 307 S. 315 und 318).
1338: *Zwist* (UB St. Gereon S. VIII).
1398: *Szwist* (UB St. Gereon Nr. 531 S. 517 f.).
1580 soll Swist im Truchsessischen Krieg zerstört und an der Stelle des heutigen Weilerswist später wiedererrichtet worden sein (Bendermacher, AHVN 21/22, 1870, 145. – Clemen, KDM Kr. Euskirchen 184. – Fabricius, Erläuterungen V S. 151). K. Flink, Historische Stätten Bd. 3: Nordrhein-Westfalen (2. Aufl. 1970) 763, spricht von einer Zerstörung auf der Wende vom 16. zum 17. Jahrh. Daß Swist und Weilerswist nicht parallel nebeneinander, sondern nacheinander bestanden haben sollen, ist angesichts der durch fünf verschiedene Siedlungskerne charakterisierten Siedlungsentwicklung in der Gemarkung Weilerswist wenig wahrscheinlich. Vielmehr dürften beide Orte lange Zeit nebeneinander existiert haben. Es darf wohl davon ausgegangen werden, daß die im Liber Valoris genannten Kirchen von *Zwist bei Crombach* (Oediger, LV unter III 27) und *Wilre* (Oediger, LV unter III 20) Swist und Weilerswist bezeichnen und daß unter *Wilre* nicht etwa *Wilre Gereonis* – Gereonsweiler (Oediger, LV unter VII 30) verstanden werden muß.

Die Siedlungsentwicklung im Swisttal um Weilerswist bestand offensichtlich aus zwei miteinander zusammenhängenden Tendenzen: aus dem Wüstwerden einiger der vielen Siedlungskerne, wie etwa Swist, und einer Bevölkerungsballung in den bestehenbleibenden Orten, wie Weilerswist.

IV. M. Zender, Die Matronen und ihre Nachfolgerinnen im Rheinland. Rheinische Vjbll. 10, 1940, 163 Nr. 28, bemerkt: 'Die drei Jungfrauen werden in der Kirche eines ausgegangenen Dorfes Swisterberg als Viehbeschützerinnen verehrt. Nach der Sage sollen sie dort begraben sein. In den umliegenden Orten glauben die Kinder, die kleinen Kinder kämen aus dem noch stehenden Teil der Kirche von Swisterberg, in der die drei Jungfrauen verehrt wurden.'

V. Der deutlichste Hinweis auf das wüstgewordene Dorf Swist ist der Überrest seiner einstigen Pfarrkirche, das sog. Swister Türmchen. Die Kirche war Fides, Spes und Caritas geweiht. Ihr Turm zeigt romanische Bauformen des 12. Jahrh. Nach der Vernichtung des alten Dorfes Swist verlor die Kirche auf dem Berge ihre Pfarrechte an die Kirche von Weilerswist und entwickelte sich zu einer Wallfahrtsstätte, die besonders am Ostermontag stark besucht wurde.

1662 besaß die Kirche noch ihren Taufstein, 1684 war er nicht mehr vorhanden, und es wurden dort auch keine Begräbnisse mehr vorgenommen.

Zwischen 1826 und 1829 wurde das zur Ruine verfallene Kirchenschiff abgebrochen. Erhalten blieb bis heute nur der romanische Kirchturm.

VI. Die frühere Gemarkung der Wüstung Swist ist N der Erft als weit ausgebuchtete Erweiterung der heutigen Gemarkung Weilerswist kenntlich geblieben (vgl. Textband S. 111 ff.).

VII. Außer dem Swister Türmchen und dem durch Ausgrabungen bekannt gewordenen Kirchenschiff mit Rechteckchor wurden keine weiteren ehemaligen Bauten der Wüstung im Gelände nachgewiesen. Die Reste der Dorfstelle fielen ganz der modernen Geländeüberformung durch Ackerbau, Bebauung in der Nachbarschaft und Kiesgewinnung zum Opfer. Um die Kirche herum müssen jedoch Häuser gestanden haben, wie Brandreste und kleine Scherbenfragmente am Rande des Kirchplatzes beweisen.

LITERATUR: Historische Stätten Bd. 3: Nordrhein-Westfalen (2. Aufl. 1970) 763 f. – P. Simons, Das Swister Türmchen. Heimatkal. d. Kr. Euskirchen 1962, 153–155. – P. A. Tholen, Westdeutscher Beobachter Köln Nr. 288 v. 12. 11. 1933.

EU 110   I. *Scheiffartsburg*.

II. TK 5207 Sechtem: r 25 59 300; h 56 25 400. N des Ortskernes von Weilerswist in den Wiesen des Mühlenbaches.

III. Anf. 19. Jahrh. zeigt hier die Tranchot-K. ÄA Blatt 30 Frechen ein viereckiges, mit Wassergräben umgebenes *Château*, in dessen Innerem noch zwei kleine Gebäude angegeben sind. Heute sind die Wassergräben zugeschüttet, und es steht als einziger Überrest der Turm der ehemaligen Burg in den Wiesen.

LITERATUR: Welters, Wasserburg 140.

## Zülpich

EU 111   I. *Befestigter Hof*.

II. TK 5305 Zülpich: r 25 45 900; h 56 15 100. Im S Ortsteil von Floren am Vlattener Bach.

III. 1806/09 zeigt die Tranchot-K. ÄA Blatt 37 Zülpich ein spitzovales, von einem Graben umgebenes Areal mit einem Gebäude darin. Es handelt sich offensichtlich um einen festen Hof. Der Graben ist noch heute in seiner einstigen Form erhalten.

EU 112  I. *Büsheim*, auch: *Beudisshem* oder *Meersbuden*.
II. TK 5305 Zülpich: etwa r 25 46 330; h 56 18 000. An der Ecke Römerallee-Dreikönigsweg, Parz. 79/3, rund 300 m vor dem mittelalterlichen Kölntor im NW der heutigen Stadt Zülpich.
III. 1190: *Omne allodium Ulrici de Nuwilre citra Budenshem ecclesie Coloniensi pro 200 marcis emptum est* (L. Korth, Mitteil. a. d. Stadtarchiv Köln H. 12, 1887, S. 65 Nr. 88).
1285 wird die Martinskirche des Ortes zerstört, aber nicht wieder aufgebaut, sondern nach Zülpich hineinverlegt. Ebenso zieht der gesamte Ort in die Stadt hinein (P. Simons, Beiträge zu einer quellenmäßigen Geschichte der Stadt Zülpich [1910] 36 f.).
1364 gibt es den PN *Wirich v. Beudissem* (Fahne, Salm-Reifferscheidt II 136).
VII. Das Gelände des Ortes, der auch unter der Bezeichnung Meersbuden bekannt war, ist heute überbaut. W. Haberey grub jedoch 1951 neben römischen Gräbern im Bereich der Ortslage auch fränkische und mittelalterliche beigabenlose Gräber aus, die der verlassenen Bauernschaft Meersbuden zugewiesen werden. Die Ruinen der Martinskirche dieses Dorfes sind in unmittelbarer Nachbarschaft der Fundstelle der Gräber, vermutlich N davon zu suchen. Wie der -heim-Name der frühen Überlieferung zeigt, ist das Bestehen einer fränkischen Ansiedlung an dieser Stelle durchaus zu erwarten. Durch die fränkischen Gräber des 7. Jahrh. wird dieser Sachverhalt bestätigt. Im übrigen gibt es rund um Zülpich und in der Stadt fünf fränkische Friedhöfe. Es ist also damit zu rechnen, daß die frühmittelalterliche Stadt aus mehreren fränkischen Siedlungskernen, deren genaue Lage unbekannt ist, zusammenwuchs.
LITERATUR: W. Haberey, Bonner Jahrb. 157, 1957, 305 ff. – Ennen-Flink, Rheinischer Städteatlas Liefer. I Nr. 5 (1972): Zülpich.

EU 113  I. *Eilich*, auch: *Eylich* oder *Eylach*.
II. NW von Zülpich bei Füssenich.
III. 1124–1600 mehrfach bezeugt (Wisplinghoff, UB Siegburg I Nr. 36).
1542 mit 13 Steuerpflichtigen zur Türkensteuer veranlagt.
LITERATUR: Ennen-Flink, Rheinischer Städteatlas Liefer. I Nr. 5 (1972): Zülpich.

EU 114  I. *Mühle*.
II. Etwa 1000 m N von Zülpich am Neffelbach.
III. 1298: *Mühle de Hertenich* (HStA Düsseldorf: Hoven 23). Es handelt sich um die Bannmühle für die Pfarrei St. Martin von Meersbuden (EU 112).
LITERATUR: Ennen-Flink, Rheinischer Städteatlas Liefer. I Nr. 5 (1972): Zülpich.

EU 115  I. *Dover*.
II. Drei km NO von Zülpich, zwischen Sievernich und Römerstraße, nahe dem Siechenhaus (EU 101).
III. 1394: *curtis in Doyveren prope Tulpetum* (HStA Düsseldorf, Kurköln, Kartular 3). Diese Siedlung gehörte zur Pfarrei und zur Villikation Meersbuden (EU 112).
LITERATUR: Ennen-Flink, Rheinischer Städteatlas Liefer. I Nr. 5 (1972): Zülpich.

## Lage unbekannt

**EU 116**  I. *Alrat.*
II. Eine Viertelmeile S Münstereifel und eine Drittelmeile N Rupperath soll es ein Dorf dieses Namens gegeben haben (T. Hürten, Flurnamenarchiv Münstereifel).

**EU 117**  I. *Budenthorp.*
III. 1118: *Budenthorp.*
1148: *Budendorph.*
Nach G. Mürkens, Die Ortsnamen des Kreises Euskirchen (Euskirchen 1958) 46, soll ein Ort dieses Namens im Kr. Euskirchen gelegen haben. Die Belege für die obigen urkundlichen Erwähnungen fehlen bei Mürkens.

**EU 118**  I. *Butenhart.*
II. Nach K. A. Seel, Bonner Jahrb. 162, 1962, 470, liegt diese Hofwüstung in der Gemarkung Aremberg, Kr. Ahrweiler, wo in Flur I der FN *Auf Buderat* belegt ist und wo sich Baureste befinden. Zwei Gründe sprechen gegen diese Lokalisierung: 1. Der FN Buderat ist ein ON auf -rode, -rath; 2. die curtis Butenhart soll im Zülpichgau, also doch wohl nicht an der Ahr, liegen. Die Lage von Butenhart ist also m. E. nach wie vor offen.
III. 1020 Sept. 27: Kaiser Heinrich II. schenkt der Abtei Prüm sein Gut Butenhart im Zülpichgau: ... *predium nomine butenhart in pago Zulpike in comitatu hezelini comitis situm* ... (MRUB I Nr. 295 = MGH DD H. II. Nr. 434).
1139 März 23: Papst Innozenz II. bestätigt die Abtei Laach und alle namentlich aufgeführten Besitzungen derselben, unter diesen auch: *curtim Budenarde ab Henrico et suis fratribus et a Warnero et fratribus eius donatam* ... (MRUB I Nr. 506 = Jaffé, Reg. Pontif. I Nr. 7956).
1144 Febr. 4: Unter den Gütern der Abtei Laach auch die *curtis in Budenharde* (MRUB I Nr. 530).
1147 Jan. 20: Unter den Gütern der Abtei Laach wiederum *curtis Budenarde* (MRUB I Nr. 544 = Jaffé, Reg. Pontif. II Nr. 9176).

**EU 119**  I. *Crisheim.*
III. 1327 erscheint in der Zeugenliste einer Urkunde für das Kloster St. Maria im Kapitol zu Köln ein *Arnold de Crisheim* als Vogt (AHVN 83, 1907, 23). Der Ort dieses Namens wird im Kr. Euskirchen vermutet.

**EU 120**  I. *Erlesdorf.*
III. 1140: EB Arnold v. Köln ordnet das Verhältnis der Propstei Zülpich zur Abtei Siegburg und bestätigt ihre Besitzungen, unter diesen *predium in Erlesdorf IV solidos* (Lac. UB I Nr. 341. – Wisplinghoff, UB Siegburg Nr. 50). Wird von Wisplinghoff mit Ersdorf, Kr. Bonn, gleichgesetzt.

**EU 121**  I. *Gotesdorpht.*
III. 893/1222: Güterverzeichnis der Abtei Prüm: *gotesdorpht.* Der Ort wird zwischen Zülpich und Euskirchen vermutet (MRUB I Nr. 135 S. 187). Der Name könnte aber auch Godesberg am Rhein bezeichnen (so Oediger, LV 41).

**EU 122**  I. *Grumershof.*
II. Der Hof Grumershof lag eine Viertelmeile SO Schönau und $^3/_{10}$ Meilen NNW Sassert (T. Hürten, Flurnamenarchiv Münstereifel).

## Lage unbekannt

**EU 123**  I. *Kloster?*
II. Zwischen Michelsberg und Effelsberg im Tal *Nonnenhardt* soll ein Kloster gestanden haben. In den Wiesen finde man hier noch Keramik und Ziegel (Bericht des Pfarrers v. Schönau in der Pfarrchronik 1878). Nach M. Zender ist in diesem Fundplatz mit Sicherheit eine römerzeitliche Trümmerstätte zu sehen.

**EU 124**  I. *Langenacker.*
II. Muß in der Gegend von Zülpich gelegen haben.
III. 866 Dez. 20: Landleihe der Abtei Prüm an die edle Frau Hiedilda: . . . *simili modo concedimus in pago tulpiacensi in uilla langenaccare mansum indominicatum cum reliquis mansis ad eundem pertinentibus cum omnibus adiacentiis vel appendiciis suis . . .* (MRUB I Nr. 105). Nach Lamprecht, DWL II 131, ist der Ort wüst im Zülpichgau. Es kommen aber vielleicht auch noch einige andere Orte für die Nennung in Frage, so der Hof Langenacker bei Rondorf, Lkr. Köln, oder Langenich bei Kerpen, Kr. Bergheim, Langenacker bei Pech, Lkr. Bonn, oder vielleicht auch Langendorf, Kr. Euskirchen, möglicherweise auch Langenecken (EU 54).

**EU 125**  I. *Ouishovin.*
III. 1197: EB Adolf v. Köln zählt die dem Frauenkloster Schillingskapellen von dessen Stifter Wilhelm Schilling geschenkten Güter auf, darunter: . . . *Ouishovin unam aream et VIII iurnales* . . . (Lac. UB I Nr. 558).

**EU 126**  I. *Richendorf.*
III. 1182 in der Zeugenliste einer Schenkung für das Stift Münstereifel die PN *Godefridus de Richendorf. Item Godefridus et frater eius de Richendorf* (Lac. UB I Nr. 485).

**EU 127**  I. *Roetlin.*
II. Das Dorf Roetlin soll $1/6$ Meilen SW Esch und NNW Weidesheim gestanden haben (T. Hürten, Flurnamenarchiv Münstereifel).

**EU 128**  I. *Uckersheim.*
II. Ein Dorf dieses Namens soll $9/10$ Meilen OSO Schönau und WSW Effelsberg gestanden haben (T. Hürten, Flurnamenarchiv Münstereifel).

**EU 129**  I. *Wolmar.*
III. 1680 zeigt die Karte von Dankers O Schönau einen Ort namens 'Wolmar'.

Nachträge zum Kreis Euskirchen s. S. 511.

# Wüstungen in der Stadt Bonn und im Landkreis Bonn (BN)

## Adendorf

BN 1     I. *Burghügel* (Motte).            Tafel 22.

II. TK 5308 Bad Godesberg: r 25 75 090; h 56 09 020. Am S-Rand von Adendorf, unmittelbar W des Schäferhofes und 350 m W Burg Adendorf.

III. 1337 erscheint erstmalig in Adendorf eine Burg. In diesem Jahre tragen Paul von Hüchelhoven und seine Gattin Margarete von Eschweiler dem Markgrafen Wilhelm v. Jülich ihre Burg zu Adendorf als Offenhaus und Lehen auf: *uns huys zu Auldendorp mit grauen ind vurburge* (Lac. UB III Nr. 318). Als Inhaber dieser Burg erscheint Paul von Hüchelhoven, der Sohn Heinrichs von Hüchelhoven, der 1325 als Trierer Ministeriale den Hof Cumbe in Adendorf mit zugehörigen Zehnten vom Trierer St. Peters-Domhospital zu Lehen erhält (Kisky, Reg. IV Nr. 1559). Burg und Hof befinden sich mithin in Händen der gleichen Familie. Diese Sachlage bewog H. Welters (Die Wasserburg im Siedlungsbild der oberen Erftlandschaft [Bonn 1940] 108 ff.), den Hof Cumbe mit dem alten, 1122 erstmalig genannten Fronhof von Adendorf (MRUB I Nr. 449) gegenüber der Kirche von Adendorf zu identifizieren. Das 1337 erstgenannte Castrum Adendorf aber ist für ihn mit der Wasserburg Adendorf identisch.

Außer Betracht bleibt bei den Überlegungen von Welters das Vorhandensein einer älteren Wehranlage nur wenig W der Burg Adendorf, eben des Burghügels Adendorf. Die Quelle von 1337 kann sich grundsätzlich ebenso auf diesen Burghügel und nicht auf die Wasserburg beziehen, denn auch diese Anlage war zweiteilig (s. u. unter VII). Allerdings ist im 14. Jahrh. die Blüte der Burghügel schon vorbei, und allenthalben vollzieht sich der Übergang von den Motten zu den Wasserburgen. Die Blütezeit des Burghügels von Adendorf war wahrscheinlich das 11. und 12. Jahrh. Damit erhielt sie die Funktion des Schutzes jenes frühen Fronhofes, der 1122 in Trierer Besitz erscheint. Es ist daher anzunehmen, daß dieser Fronhof keineswegs inmitten von Adendorf, sondern nicht fern von der Burghügelanlage gelegen hat. Vielleicht könnte man ihn in einem Vorgänger des heutigen Schäferhofes in der Vorburg der Motte vermuten.

VII. Im Gelände ist der Charakter der Burg als zweiteilige Anlage mit Vor- und Hauptburg noch deutlich erkennbar. Der Burghügel der Hauptburg, von schwach ovaler Form, ist noch fast 4 m hoch erhalten und von einem Graben umgeben. Nach O schließt sich das wenig über die Umgebung herausragende Gelände der viereckigen Vorburg an, in deren N Teil der Schäferhof liegt. Auch die Vorburg ist mit einem Graben umgeben. Archäologische Untersuchungen fanden bisher auf der Anlage nicht statt.

LITERATUR: A. Herrnbrodt, Bonner Jahrb. 151, 1951, 220; 160, 1960, 507. – H. Welters, Die Wasserburg im Siedlungsbild der oberen Erftlandschaft (Bonn 1940) 108 ff. – M. Müller-Wille, Burghügel Nr. 67.

BN 2  I. *Cumbe,* alter Fronhof zu Adendorf.
II. Genaue Lage nicht bekannt, jedoch in Adendorf in der Umgebung der Pfarrkirche: TK 5308 Bad Godesberg: ungefähr r 25 75 000–76 000; h 55 08 700–09 500. Der Hof hat sicher unweit der zweiteiligen Motte Adendorf (BN 1) gelegen, vielleicht sogar innerhalb der Vorburg als Vorgänger des heutigen Schäferhofes.
III. 1122 vergibt das Domkapitel zu Trier einen Hof (*bonum, curia*) auf Lebenszeit unter Ausschluß des Rechtes zur Vererbung an den Sigebert (MRUB I Nr. 449). 1325 erhalten Heinrich von Hüchelhoven und seine Gattin den Hof Cumbe mit zugehörigen Zehnten vom Trierer St. Peters-Domhospital zu Lehen (Kisky, Reg. IV Nr. 1559).
1325: Eine Urkunde Heinrichs von Hüchelhoven nennt den Hof Cumbe und beweist eindeutig, daß dieser Hof in Adendorf gegenüber der Kirche gelegen hat (Abdruck bei Lamprecht, DWL III 138–144). Nach Welters, Wasserburg 109, war der Hof Cumbe 1325 bereits wüst. Sein Name aber hatte sich auf einen neuen herrschaftlichen Komplex übertragen: die aus einer Hofanlage entstandene Burg Adendorf. Im Gegensatz zu Welters muß hier eingewandt werden, daß der Vorgänger der Wasserburg Adendorf die Motte mit ihrer Vorburg ist. Es ist daher viel einleuchtender, den Hof Cumbe in Verbindung mit dieser Anlage zu bringen, ihn also in der Vorburg der Motte oder nahe dabei zu suchen. Schließlich ist gegen Welters a. a. O. 108 einzuwenden, daß der 1122 genannte Fronhof nicht mit Cumbe bezeichnet wird und daher auch nicht mit dem Hof Cumbe identisch zu sein braucht.
LITERATUR: H. Welters, Die Wasserburg im Siedlungsbild der oberen Erftlandschaft (Bonn 1940) 108 ff.

BN 3  I. *Emelinchoeuen.*
II. TK 5308 Bad Godesberg: genaue Lage unbekannt, wird jedoch in der Gemarkung Adendorf vermutet.
III. 1391: *von Emmelgove* (UB St. Gereon 510).
1403: *Emelinchoeuen* (Günther, CDRM IV 105).

BN 4  I. *Klein-Villiper Hof.*                                    Tafel 47.
II. TK 5308 Bad Godesberg: r 25 76 560; h 56 09 800. Rund 1500 m ONO Adendorf, 300 m W Klein-Villip, W des Arzdorfer Baches.
III. 1808/09: Tranchot-K. ÄA Blatt 39 Ahrweiler zeigt den Klein-Villiper Hof. Er besteht aus einer vierseitigen, geschlossenen Anlage und einem S davor liegenden separaten Gebäude. Den Hof umgeben Wiesen. Der Hof gehörte den Herren von Adendorf, war aber ein kleineres Lehen des großen Fronhofes St. Gereonis zu Köln in Niederbachem. Wie sieben weitere solche Höfe hatte er an den Fronhof in Niederbachem Abgaben zu zahlen und unterstand dessen Hofgericht (vgl. J. Dietz, Rheinische Vjbll. 12, 1942, 157).
1846 enthält die Urkarte der TK 1 : 25 000 den Hof noch. Erst in der ersten Hälfte des 20. Jahrh. wurden die Hofgebäude abgerissen.
SO neben dem Burghügel, dicht am Bach, befindet sich ein quadratisches, grabenumwehrtes Areal von 15 m Kantenlänge und vertieftem Inneren. Hier heißt es *Trutzenburg.* Eine mittelalterliche Burg wird hier vermutet, war bisher aber nicht nachzuweisen.
1935 ist der Klein-Villiper Hof, der auch als Zendner Hof bezeichnet wurde, abgebrochen worden.
VII. Im Gelände sind die Spuren des Hofes noch deutlich wahrnehmbar. In einen nach O abfallenden Hang wurde ein kreisförmiger Graben von 8–10 m Br. eingetieft, der von SW durch eine Erdbrücke zu passieren war. Auf dieser Erdbrücke führt ein noch heute kenntlicher Hohlweg den sanften Wiesenhang hinunter. Das viereckige, vom Graben eingeschlossene Areal des Hofes mißt etwa 25 x 35 m.

Im NO und SO schließt der Graben direkt an den Arzdorfer Bach an, der ihn auch mit Wasser speiste. Durchlässe durch einen heute noch 1–2 m hohen Wall auf dem Westufer des Arzdorfer Baches erlaubten die Regulierung des Wasserstandes in den Teichen um den Hof herum. Das Innengelände erhebt sich um rund 2 m über die flache Sohle des Grabens. Unter den neuzeitlichen Resten treten hier altertümliche Mauerfundamente aus behauenen Quadern zutage. Keramik des 13./14. Jahrh. wurde bereits gefunden. Grabungen fanden bisher noch nicht statt. Die Hofstelle und ihre Umgebung wurden vom RLMB vermessen (vgl. Tafel 47).

Im Klein-Villiper Hof ist keine echte Burghügelanlage (Motte), sondern eher ein mit Graben und vielleicht Palisade befestigter Hof in einer Bachniederung zu erblicken. Er zeigt die nahe Verwandtschaft zwischen den echten Burghügeln und den befestigten Höfen.

BN 5    I. *Töpfereien.*
II. TK 5308 Bad Godesberg: in Adendorf und seiner Umgebung.
III. Die Siedlungsentwicklung von Adendorf ist maßgeblich durch den Zuzug von Töpferfamilien aus dem Westerwald bestimmt. Teils durch verwandtschaftliche Verbindungen, teils auch durch Abwanderung von Westerwälder Töpfern nach Adendorf, kommt es hier seit der Mitte des 17. Jahrh. zu einer neuen Blüte der Töpferkunst. Diese Töpfertradition setzt sich ununterbrochen bis heute fort. Offen ist noch die Frage, ob es im Raume Adendorf vor der Anknüpfung an die Westerwälder Traditionen bereits eine mittelalterliche Produktion von Keramik gegeben hat. Obwohl hier die gleichen guten Tone anstehen, die in Meckenheim die Entwicklung eines mittelalterlichen Töpfergewerbes begünstigten (vgl. BN 103), konnte der Nachweis mittelalterlicher Töpferei in Adendorf auf archäologischem Wege bisher nicht erbracht werden.
VII. Als Überrest der frühneuzeitlichen Töpfereikunst treten W (r 25 74 200–700; h 56 09 000–400) und S (r 25 74 700–75 200; h 56 08 460–680) von Adendorf in den dortigen Lößflächen runde und ovale Gruben auf, aus denen der Ton gegraben worden war. Sie wurden später mit dem Abfall der Töpfereien wieder zugefüllt. Aber auch aus diesen verfüllten Tongruben wurde bislang nur neuzeitliches Scherbenmaterial geborgen. Man entdeckte noch keine mittelalterlichen Funde.
LITERATUR: H. Gerhartz, Herkunft und Eigenart der Adendorfer Kannenbäckerei mit besonderer Berücksichtigung der Töpferfamilie Gerhartz. AHVN 99, 1916, 36–97.

BN 6    I. Name unbekannt, Höfe?
II. TK 5308 Bad Godesberg: r 25 77 400; h 56 09 880. Etwa 500 m ONO der Kapelle Klein-Villip, 120 m SW H. 215,5.
III. In der Flur *Am Eselspfad* auf einer nach SW geneigten, lehmigen, mit Felsgestein durchsetzten Ackerfläche fand sich hochmittelalterliche Keramik des 12./13. Jahrh. Die blaugraue Kugeltopfware war vorherrschend (Adendorf Fdst. 14). Die Fundstreuung erstreckte sich noch weiter nach S bis kurz über die Gemarkungsgrenze gegen Arzdorf. Wahrscheinlich standen hier ein oder mehrere Höfe, die wüst wurden.
(Archäologische Landesaufnahme M. Groß, 1967).

Alfter

BN 7    I. *Bachem.*
II. TK 5207 Sechtem und 5208 Bonn: genaue Lage unbekannt, jedoch innerhalb der Gemarkung Alfter.

III. 1350 Sept. 20: Der Hof *zu Bachym in villa Alfte* (Urk. aus dem Archiv d. Filialkirche St. Paul der Pfarrkirche St. Andreas zu Köln. – AHVN 76, 1903, 83).

BN 8
    I. *Broicher Hof.*
    II. TK 5208 Bonn: r 25 70 340; h 56 21 700. Rund eine Viertelstunde SW Olsdorf.
    III. Hier befand sich der mittelalterliche Broicher Hof, von dem Ende des 18. Jahrh. noch Reste im Gelände, z. B. eines hölzernen Tores, sichtbar gewesen sein sollen.
    1807/09 enthält die Tranchot-K. ÄA Blatt 31 Bonn keine Hinweise mehr auf den Hof. Allerdings fällt auf, daß etwa 300 m SW Olsdorf eine nach SW gerichtete Ausbuchtung in Form einer Rodung gegen den Alfterer Wald vorgetrieben worden ist. Zweifellos handelt es sich um das Areal des damals bereits wüsten Broicher Hofes.
    VII. Bei den OA des RLMB befindet sich ein auf Grund alter Kataster aufgestellter Vermessungsplan vom J. 1938. Danach war der Hof von einem fast kreisrunden Wall mit Tordurchlaß umgeben.

BN 9
    I. Frühgeschichtlicher Ringwall.
    II. TK 5207 Sechtem: r 25 70 320; h 56 23 230. Auf der Ostseite des Vorgebirges, auf einem gegen das Rheintal vorstoßenden Bergzug.
    III. Hier liegt eine kleine, ovale, aus Wall und vorgelagertem Graben bestehende frühmittelalterliche Wehranlage von etwa 20 x 10 m. Sie gehört, wie auch der neuentdeckte Ringwall bei Marienforst-Godesberg (BN 18), zur Gruppe der frühgeschichtlichen Ringwälle, die einer größeren Bevölkerungsgruppe in Zeiten der Not Zuflucht bieten sollten. Diese Schutzsuchenden kamen aus den am Osthang des Vorgebirges gelegenen zahlreichen Siedlungen.
    LITERATUR: Bonner Jahrb. 139, 1934, 209; 153, 1953, 133 Nr. 105.

BN 10
    I. *Hof.*
    II. TK 5207 Sechtem: genaue Lage nicht bekannt, jedoch an der Gemarkungsgrenze Bornheim-Alfter, auf dem Gebiet von Alfter, zwischen Hof Buchholz und Breiter Allee.
    III. Die Bezeichnung *Hof* kommt in einer um 1500 verfaßten 'Beschreibung der zur Herrlichkeit Bornheim gehörigen Güter', Zeile 159, vor. Um 1500 wird die Wendung *by der hoffen* zwar als FN in einem Flurumgang verwendet, doch erhielt sich in ihr der Hinweis auf einen einst in diesem Gebiet vorhanden gewesenen, um 1500 bereits wüsten Einzelhof. Derartige Einzelhöfe gab es im Kottenforst in größerer Anzahl. Sie dienten im wesentlichen der fürstlichen bzw. kurfürstlichen Forst- und Jagdwirtschaft. Vielleicht bezieht sich der FN Hof in diesem Falle auf den nicht sehr weit entfernten wüsten Broicher Hof SW Olsdorf (vgl. BN 8).
    LITERATUR: N. Zerlett, Der Grenzstreit zwischen Alfter und Bornheim um 1500. Bonner Geschichtsbll. 19, 1965, 39–65. Hier findet sich auch der Wortlaut der oben genannten Beschreibung.

BN 11
    I. Name unbekannt, Hof?
    II. TK 5207 Sechtem: r 25 70 500; h 56 22 580. Etwa 670 m SSO des frühgeschichtlichen Ringwalles, 750 m NO H. 160,1.
    VII. In der Flur *Auf dem Vorteil* fanden sich auf dem nach N zu einem kleinen Wasserlauf geneigten, lehmig-kiesigen Gelände vorgeschichtliche und vor allem mittelalterliche Gefäßscherben (Archäologische Landesaufnahme M. Groß, 1967 – Alfter Fdst. 30). Hier könnte ein untergegangener Hof gestanden haben.

## Altendorf

BN 12    I. Name unbekannt, wahrscheinlich eine Hofwüstung.                Tafel 62.
II. TK 5408 Ahrweiler: r 25 71 760; h 56 06 040. Rund 600 m S Ortsmitte Altendorf, 700 m WSW H. 224,7 an einem nach S führenden, tief eingeschnittenen Hohlweg.
VII. Hier wurde auf einem nach NW geneigten Hang, der stark mit Felsgestein durchsetzt ist, eine dichte Streuung mittelalterlicher Keramik des 8./9. Jahrh. bis zum 14. Jahrh. vorgefunden (Altendorf Fdst. 7). Es dürfte sich, nach der Verbreitung dieser Siedlungsfunde zu urteilen, um einen wüst gewordenen Einzelhof gehandelt haben.
(Archäologische Landesaufnahme M. Groß, 1968). – Zu diesem Hof vgl. ferner Textband S. 154.

BN 13    I. *Burg* (befestigter Hof).
II. TK 5408 Ahrweiler: r 25 71 860; h 56 06 650. O der heutigen Burgstraße in Altendorf.
III. Eine Katasterkarte von 1824 (Außenstelle des Katasteramtes des Landkreises Bonn in Rheinbach) verzeichnet hier einen dreiseitig geschlossenen Hof, der als *Burg* bezeichnet wird und in dessen Umgebung Reste von wasserführenden Gräben angegeben sind. Vom einstigen Gebäudebestand sind nur noch geringe Reste erhalten. Eines der Gebäude war bis vor kurzem die Schule von Altendorf.
(Archäologische Landesaufnahme M. Groß, 1973).

## Bad Godesberg

BN 14    I. *Auerhof.*
II. TK 5208 Bonn: r 25 82 160; h 56 19 440. Direkt am Rhein im Ortsteil Plittersdorf von Bad Godesberg.
III. 1808/09 zeigt die Tranchot-K. NA Blatt 102/103 Duisdorf/Bad Godesberg N von Plittersdorf am Rhein den Auerhof, eine vierseitig geschlossene Hofanlage. Das NW davon liegende Gebiet trägt den FN *In der Auer*. Der Hof ist in der ersten Hälfte des 19. Jahrh. ausgegangen.

BN 15    I. *Villa Crucht,* auch: *Klochterhof.*
II. TK 5308 Bad Godesberg: r 25 80 020; h 56 18 160. Im Kreuzungspunkt der in SW-NO-Richtung über das Hochkreuz zum Rhein führenden Straße mit der NW-SO-Hauptstraße von Friesdorf.
III. 947 Mai 4: Otto I. bestätigt dem Kloster Gandersheim Immunität u. Besitzungen: *villa Cruht* (MGH DD O. I. Nr. 89).
1200: EB Adolf I. von Köln bestätigt, daß die Abtei Heisterbach die angekauften Güter zu Crucht und Plittersdorf von der Vogtei des Heinrich von Friesdorf befreit habe: *bona quaedam tam in uineis quam in agris in cruche et in blydersdorp* (Lac. UB I Nr. 568).
1207 Febr. 3: Äbtissin Mathilde und Konvent von Gandersheim übertragen dem Abt Gevardus und dem Konvent von Heisterbach ihren Hof in Krucht: *villicacionem nostram in Crocht iure villicali* (Schmitz, UB Heisterbach Nr. 21).
13. Jahrh.: Dialogus Miraculorum des Caesarius v. Heisterbach, 1. Buch: *Villa quaedam iuxta Bonnam oppidum diocesis Coloniensis sita est, Krut nomen habens* (Strange, Dialogus).

1318 Mai 1: Äbtissin Sophia und Konvent von Gandersheim bekunden, daß sie ihren Hof in Plittersdorf mit sämtlichen Gütern in Crucht für 50 Pfund großer Turnosen an die Abtei Heisterbach verkauft haben: *ad quam de iure tenemur bonorum de Crůgt et Bliterstorp predictorum* (Schmitz, UB Heisterbach Nr. 240 u. 241).
1323 März 29: *De bonis eciam in Crucht et in Bliterstorp ad curtem predictam pertinentibus* . . . (Schmitz, UB Heisterbach Nr. 265).
1646 enthält die Karte *Coloniensis Archiepiscopatus* des Matthäus Merian zwischen Bonn und Marienforst, etwa $^1\!/_2$ Stunde von Bonn entfernt, ein *Cruht* (AHVN 34, 1879, 196).
1802 enthält das Güterverzeichnis der Abtei Heisterbach *Crufft*, gelegen *im Kölnischen jenseit Rhein* (AHVN a. a. O.).
1808/09 zeigt die Tranchot-K. NA Blatt 102/103 Duisdorf/Bad Godesberg etwa 600 m SO Friesdorf, frei im Gelände liegend, den Klochterhof. Es handelt sich um einen vierseitig geschlossenen Hof sowie ein einzelnes Gebäude auf der anderen Straßenseite. Die Lage von Crucht war lange Zeit umstritten. Von vielen Autoren wurde die villa Crucht mit dem heute noch bestehenden Kruft, Kr. Mayen, identifiziert. Die Karte Merians sowie die Eintragung in der Tranchot-K. beweisen aber, daß es sich tatsächlich um den Klochterhof SO Friesdorf handelt. Zur Diskussion um die Lokalisierung vgl. AHVN 34, 1879, 194 ff.
VI. Im Ortsteil Friesdorf erinnert heute noch die Klufter Straße an den alten Hof.

BN 16  I. *Dornheim*.
II. TK 5308 Bad Godesberg oder 5309 Bad Honnef-Königswinter: genaue Lage unbekannt, jedoch vermutlich zwischen Mehlem und Muffendorf.
III. 1276: Henricus de Dornheym Schöffe in Bonn (AHVN 21/22, 1870, 86).
1303 bezog der Pfarrer von Mehlem einen Zehnt aus Dornheim (J. Dietz, Bonner Geschichtsbll. 10, 1956, 100).
1348 wird eine Frau von Dornheim erwähnt (Dietz a. a. O.).
1373 wurde das *Dornheimer guth* an das Gericht zu Muffendorf übertragen (Dietz a. a. O.).
Es scheint, als sei der Ort Ende 14. Jahrh. wüst geworden.
LITERATUR: J. Dietz, Die Bonner Schöffen und ihre Familien bis zum Jahre 1600. Bonner Geschichtsbll. 10, 1956, 100.

BN 17  I. *Elsdorf*.
II. TK 5309 Bad Honnef-Königswinter: genaue Lage unbekannt, wohl zwischen Mehlem und Lannesdorf, in denen es später aufging.
III. 1250: *Eleesdorp* (AHVN 34, 1879, 82).
1335: Zeuge *Arnold, Sohn Goswins de Eylesdorf* (H. Schäfer, Inventare und Regesten aus den Kölner Pfarrarchiven. AHVN 83, 1907, 27. – Pfarrarchiv v. St. Maria im Kapitol Nr. 110).
1366 Dez. 29: Wenzeslaus v. Böhmen, Hz. v. Luxemburg, Lothringen, Brabant und Limburg, Markgraf des Reiches, belehnt den Ritter Arnold von Hostaden mit einer vom Hztm. Luxemburg verlehnten Weinrente zu Elsdorf bei Mehlem: *vůnf foeder wijngeldes gelegen tzo Elsdorp bi Millenheim* (L. Korth, Das gräflich von Mirbachsche Archiv zu Harff I. AHVN 55, 1892, Nr. 89 S. 124).
1449: *Ellstorp*. In den Steuerlisten der Ämter Godesberg und Bonn erscheint dieser Ort 1449 mit 27 Häusern, 31 Bauern, 37,5 Morgen Weingärten, 79 Morgen Ackerland, 5 Morgen Baumgarten, 5 Morgen Wald (J. Dietz, Bonner Geschichtsbll. 8, 1954, 105 ff.). Nach Dietz ging dieser Ort später in den Nachbarorten Mehlem und Lannesdorf auf. Es handelt sich also nicht um eine echte Wüstung, sondern um eine Siedlung, die ihre Eigenständigkeit aufgegeben hat und in anderen Siedlungen unter Aufgabe ihres Namens aufging. In Mehlem gibt es noch heute die Elsdorfer Straße,

in deren Namen sich die Erinnerung an das einst selbständige Dorf erhalten hat. Zusammenhänge von Elsdorf mit Eesdorf (BN 134) und Eystorp (BN 168) sind nicht auszuschließen.

BN 18  I. Frühgeschichtlicher Ringwall. Tafel 46.
II. TK 5308 Bad Godesberg: r 25 79 100; h 56 15 580. Im oberen Marienforster Tal, rund 1350 m WSW Gut Marienforst.
VII. Im Jahre 1968 entdeckte M. Groß im Zuge der archäologischen Landesaufnahme im Landkreis Bonn einen Ringwall von ovaler Form. Er bestand aus einem noch bis 6 m breiten Graben und einem 4 m hohen Wall. Im N stößt der Ringwall an einen 10–12 m tiefen Bacheinschnitt, der einen zusätzlichen natürlichen Schutz bot. Im Innern der Anlage wurden mittelalterliche Keramik und Dachschiefer aufgelesen.
Der Ringwall gehört zur Gruppe der frühgeschichtlichen Befestigungen auf den Höhen zu beiden Seiten des Rheintales, die im 10.–12. Jahrh. errichtet wurden. Allerdings muß der Ringwall bei Marienforst ins Ende dieser Periode datiert werden, denn es wurde die für das 12. Jahrh. charakteristische blaugraue Kugeltopfkeramik dort gefunden. Aus Schriftquellen oder Flurnamen ist nichts über den Ringwall bekannt.

BN 19  I. *Godesburg.*
II. TK 5308 Bad Godesberg: r 25 81 370; h 56 17 230.
III. 1210 wird die Godesburg von EB Dietrich I. v. Köln begründet.
1248 errichtet EB Konrad v. Hochstaden den Bergfried der Burg.
1583 wird die Burg von Ferdinand v. Bayern, EB v. Köln, im Verlauf der Auseinandersetzungen mit Gebhard Truchseß zerstört.
VII. Die Godesburg bestand aus einem annähernd ovalen, in O-W-Richtung gerichteten, verhältnismäßig kleinen Burgplateau, das mit einer mächtigen, teils doppelten Ringmauer umgeben war. An diese Ringmauer lehnten sich innen die verschiedenen Burggebäude an. In der Mitte des Ovals steht der weithin sichtbare runde Bergfried. Archäologische Untersuchungen ergaben, daß unter dem Bergfried und um ihn herum ein christliches Gräberfeld des 9./10. Jahrh. lag, das einer von Caesarius v. Heisterbach erwähnten Michaelskapelle auf dem Burgberg zuzuordnen ist. Unter diesem Gräberfeld wiederum fand sich ein aus spätrömischer Zeit (4. Jahrh.) stammendes rechteckiges Gebäude.
LITERATUR: P. Clemen, Die Kunstdenkmäler der Stadt und des Kreises Bonn (Düsseldorf 1905). – Zur Geschichte der Burg: W. Haentjes, Geschichte der Godesburg (Bonn 1960). – Zu den Grabungen: A. Herrnbrodt, Untersuchungen auf dem Godesberg in Bad Godesberg. Bonner Jahrb. 160, 1960, 356–361.

BN 20  I. *Michaelskapelle.*
II. TK 5308 Bad Godesberg: r 25 81 370; h 56 17 230. Auf dem Burgberg der Godesburg, jedoch vor deren Errichtung.
III. Anf. 13. Jahrh. erwähnt Caesarius v. Heisterbach in seinem Dialogus Miraculorum, 8. Buch, cap. 46, eine dem Michael geweihte Kapelle auf dem Burgberg der Godesburg. Bei den Grabungen wurden keine Reste der Kapelle, wohl aber ein christliches Gräberfeld des 9./10. Jahrh. gefunden.
LITERATUR: s. unter BN 19. – Strange, Dialogus.

BN 21  I. *Gwinckehoven.*
II. TK 5308 Bad Godesberg: vielleicht in der Gegend von Muffendorf.
III. 1143: EB Arnold v. Köln bestätigt die dem Nonnenkloster St. Maria auf der In-

sel Nonnenwerth bislang geschenkten Güter. Unter diesen befinden sich, geschenkt von Heinrich v. Moffendorf, Ländereien zu *Gwinckechoven* (MRR I Nr. 2005 = Knipping, Reg. II Nr. 413). Wegen der Verbindung dieser Ländereien mit einem Besitzer aus Muffendorf wird die Nähe von Gwinckechoven zu Muffendorf angenommen. Nicht auszuschließen ist aber auch die Identität mit *Givvekoven*, Gemarkung Miel (BN 105).

BN 22   I. *Kloster Marienforst.*

II. TK 5308 Bad Godesberg: r 25 80 300; h 56 15 800. W des Godesberger Baches.

III. In einer Rodung des Kottenforstes SW von Godesberg wurde im 13. Jahrh. das Prämonstratenserinnen-Kloster Marienforst errichtet.

1450 wird das Kloster durch EB Dietrich II. v. Köln den Prämonstratenserinnen entzogen und den Brigiden übergeben.

1689 wurde das Kloster durch die Franzosen geplündert.

1802 erfolgte die Säkularisation, in deren Verlauf die Klostergebäude, mit Ausnahme des Äbtissinnengebäudes von 1752, des Portals und der Umfassungsmauer, abgerissen wurden.

1808/09 verzeichnet die Tranchot-K. ÄA Blatt 39 Ahrweiler die Eintragung *Couvent Suspendé* bei dem Kloster.

VII. Die Klostergebäude müssen sich W und O der heutigen Straße nach Bad Godesberg erstreckt haben. Von S her fällt eine massive Umfassungsmauer rechts der Straße auf, die sich im Gelände auf mindestens 50 m als Erdwall fortsetzt. Beim Kabellegen wurden 1937 zwischen den Wirtschaftsgebäuden und dem Wohnhaus mittelalterliche Mauern angeschnitten. Dabei fand man auch drei Skelettgräber (OA des RLMB). Der Kopf einer mittelalterlichen Plastik, die man als Petrusfigur gedeutet hat, wurde 1843 in Marienforst gefunden (Bonner Jahrb. 3, 1843, 99).

LITERATUR: A. Wiedemann, Geschichte Godesbergs und seiner Umgebung (1930). – Historische Stätten Bd. 3: Nordrhein-Westfalen (2. Aufl. 1970) 491. – Dietz, Bonn 72.

BN 23   I. *Plackenhof* zu Friesdorf.

II. TK 5308 Bad Godesberg: unweit des romanischen Wohnturmes im Ortsteil Friesdorf von Bad Godesberg (vgl. BN 25).

III. Nach J. Dietz, Bonn 65 f., war der Plackenhof, der vor längerer Zeit bereits abgerissen worden ist, ein Hof mit festem Wohnturm. Seit dem 14. Jahrh. war er Lehen der Abtei Siegburg, die hier mehrere Lehnsleute hatte (vgl. Wisplinghoff, UB Siegburg Nr. 524 von 1387).

LITERATUR: Dietz, Bonn 65 f.

BN 24   I. *Retersdorf.*

II. TK 5309 Bad Honnef-Königswinter: beiderseits des Rheins, auf dem rechten Rheinufer zu Füßen des Drachenfels, linksrheinisch S Mehlem am Rhein, etwa r 25 85 000; h 56 14 200.

III. 866 Dez. 20: Präkarie der edlen Frau Hiedilda mit dem Kloster Prüm: . . . *In pago etiam bunnensi similiter concedimus in uilla raterestohrp mansum indominicatum cum mansis. VIIII. et dimidio ad eundem deseruientibus* . . . (MRUB I Nr. 105).

893/1222: Güterverzeichnis der Abtei Prüm: *De retersdorpht: Sunt in retersdorpht. mansus. VII. Ex his sunt ultra renum mansus. IIII. et ex hac ripa. III* . . . Der Exabt Caesarius vermerkt dazu: *Retersdorpht est supra renum iuxta draczenviles. quam tenet comes cleunensis ab ecclesia* . . . (MRUB I Nr. 135 S. 181 mit Anm. 3).

VII. Retersdorf war eine Botenstation der Abtei Prüm. Teile des Ortes lagen beiderseits des Rheins, denn man wird nach dem Prümer Urbar annehmen dürfen, daß nicht nur die Prümischen Mansus, sondern auch die Leute, die sie bewirtschafteten, beiderseits des Rheines saßen. Der kleinere Teil der Siedlung lag offensichtlich links des Rheins, S Mehlem, in heute unbebautem Gelände, auf der Niederterrasse des Rheins. Der rechtsrheinische Teil der Siedlung ist heute wahrscheinlich durch den Nordteil von Rhöndorf überbaut.

LITERATUR. Lamprecht, DWL II 134. – Rausch, Eifeljahrb. 1961, 132.

BN 25   I. *Rüngsdorf.*
II. Bei Bad Godesberg.
III. 1449: Steuerlisten der Ämter Godesberg und Bonn verzeichnen den Ort noch als selbständige Gemeinde mit 12 Häusern. Er wurde aber bereits früh Ortsteil von Bad Godesberg. Es liegt also keine Wüstung im eigentlichen Sinne vor.
LITERATUR: Dietz, Bonn 97. – Ders., Bonner Geschichtsbll. 8, 1954, 107.

BN 26   I. *Schweinheim.*
II. Bei Bad Godesberg.
III. 1449: Steuerlisten der Ämter Godesberg und Bonn verzeichnen Schweinheim noch als selbständige Gemeinde mit 15 Häusern. Der Ort ging dann bald in Godesberg auf. Es liegt also keine Wüstung im eigentlichen Sinne vor.
LITERATUR: Dietz, Bonn 97. – Ders., Bonner Geschichtsbll. 8, 1954, 107.

BN 27   I. *Steinenhaus.*
II. In Bad Godesberg, Ortsteil Plittersdorf.
III. Nach Dietz, Bonn 66, gab es in Plittersdorf zwei Wohntürme. Beide standen an der Hohen Straße. Einer war das *Steinenhaus,* der andere hieß *Turmhof.* Der Name des Steinenhauses hat sich im später an dieser Stelle errichteten 'Steinenhof' erhalten.

BN 28   I. *Steinheim.*
II. In Bad Godesberg, Ortsteil Lannesdorf.
VI. H. Dittmaier, Die linksrhein. ON auf -dorf und -heim (Manuskr. Bonn 1961) 60, verzeichnet in Lannesdorf den FN *Steinheim.*

BN 29   I. *Turmhof Friesdorf.*
II. In Bad Godesberg, Ortsteil Friesdorf. TK 5308 Bad Godesberg: r 25 80 030; h 56 18 360.
VI. Nach Dietz, Bonn 65 f., ist der sog. Turmhof eines der ältesten Gebäude des Godesberger Raumes. Es handelt sich um einen aus dem 12. Jahrh. stammenden Wohnturm mit romanischen Bauformen. Er hat einen rechteckigen Grundriß von 9,5 x 11 m und weist 2 m dicke Mauern aus Bruchstein und Basalt auf. Der zugehörige Hof ist bis auf geringe Reste abgerissen.

BN 30   I. *Turmhof Plittersdorf.*
II. In Bad Godesberg, Ortsteil Plittersdorf. TK 5308 Bad Godesberg.
III. Nach Dietz, Bonn 66, lag an der Hohen Straße ein Turmhof, einer von ursprünglich zwei Wohntürmen. Über den zweiten Wohnturm, das Steinhaus, s. o. BN 27.

BN 31   I. *Wattendorf.*
II. TK 5308 Bad Godesberg: r 25 80 150; h 56 14 720. SW Bad Godesberg, am Godesberger Bach gelegen.

III. 1281 Juni 5: Das Frauenkloster St. Maria in *Wattindorp* verkauft dem Deutschordenshause zu Muffendorf eine Weinrente zu Lannesdorf (Lac. UB II Nr. 751). Es dürfte das nur 1000 m abwärts am Godesberger Bach gelegene Kloster Marienforst gemeint sein. Wenn man es aber in Wattendorf gelegen angibt, so bedeutet das die Existenz eines Ortes dieses Namens um das Kloster herum. Die Wattendorfer Mühle, das heute noch vorhandene Sägewerk, ist mithin als Rest des einstigen Dorfes Wattendorf aufzufassen. Dieses Dorf Wattendorf muß sich zwischen der Wattendorfer Mühle und dem Gut Marienforst auf der Ostseite des Godesberger Baches erstreckt haben.

LITERATUR: Dietz, Bonn 56.

BN 32   I. *Burg Muffendorf.*
II. TK 5308 Bad Godesberg: in Muffendorf gegenüber der neuen Kirche.
III. An dieser Stelle entstand im Mittelalter eine Burg, die im 16. und 17. Jahrh. von dem Geschlecht von Stein(en), gen. Tricht, bewohnt wurde.
1464: *Clais von Steinen, van Tricht genannt.*
1599 besaß Friedrich von Steinen gen. Tricht zu Muffendorf einen *adeligen Hof.*
1671 erwähnt die Burg als einen *adlichen Seeß.*
1830 wurde das sog. *alte Burggut* in Muffendorf mit insgesamt 47 Morgen Land verkauft. Die dazugehörenden Gebäude sind seit langer Zeit niedergelegt (A. Wiedemann, Geschichte Godesbergs und seiner Umgebung [1930] 123).

LITERATUR: J. Dietz, Heimatbll. f. d. Rhein-Sieg-Kr. 38, 1970, 91 f.


Berkum


BN 33   I. *Peppenhoven*, Rittersitz.
II. TK 5308 Bad Godesberg: r 25 80 580; h 56 10 860. Am NO-Ausgang von Berkum in Richtung Oberbachem, rechts der Straße an der Stelle des Jesuitenhofes.
III. 1306: *Thilmannus dictus de Bepplinghoven.*
1642 schenkte Ida Sybille von Stein, gen. Tricht, durch Testament den Hof Peppenhoven zu Berkum dem Jesuitenkolleg Bonn mit allem Zubehör.
1773: Aufhebung des Jesuitenordens. Der Hof gelangt durch Kauf an den Herrn von Gudenau.
Bis 1909 hatten die alten Gebäude Bestand, unter ihnen auch das Wohnhaus mit den Zellen für die Jesuiten. Jetzt ist das Grundstück neu bebaut.

LITERATUR: J. Dietz, Heimatbll. d. Rhein-Sieg-Kr. 38, 1970, 93–95 mit Lageplan.

BN 34   I. *Domsteinbrüche* bei Berkum.
II. TK 5308 Bad Godesberg: r 25 80 680; h 56 10 050. Auf dem Hohen-Berg SO Berkum.
VII. Aus diesen Brüchen wurde ein dem Drachenfels-Trachyt verwandter Trachyt gewonnen. Er fand in erster Linie am Kölner Dom Verwendung. Am Bonner Münster hingegen wurde er nur in geringem Umfang verbaut. Die Trachyt-Brüche von Berkum sind bisher noch nicht näher wissenschaftlich erforscht worden.

LITERATUR: Th. Wildemann, Bausteine zum Bonner Münster. In: Festschr. f. J. Hinsenkamp (Bonn 1947) 141.

### Beuel

**BN 35**
I. *Gensem.*
II. TK 5208 Bonn: ungefähr r 25 78 440; h 56 24 700. N der Stiftskirche Schwarzrheindorf.
III. Etwa 300 m NNW der bekannten Stiftskirche von Schwarzrheindorf lag im Mittelalter das Dorf Gensem. Es muß sich direkt N an den bekannten fränkischen Reihengräberfriedhof von Schwarzrheindorf (vgl. G. Behrens, Merowingerzeit, Katalog 13 des Römisch-Germanischen Zentralmuseums Mainz [Mainz 1947] mit Literatur) angeschlossen haben. Als -heim-Name kann der ON Gensem durchaus bis in die Merowingerzeit zurückgehen, so daß Gensem zur Gruppe der Altsiedlungen zu rechnen wäre. Im J. 1784 verursachte der Rhein durch Eisstau in diesem Gebiet eine schwere Überschwemmung, in deren Verlauf außer Beuel, Vilich und Schwarzrheindorf auch Gensem völlig überflutet wurde. 111 Häuser wurden durch die gestauten Eismassen weggerissen. Die Reste der Ansiedlung gehören heute zu Beuel-Schwarzrheindorf.
Zu Gensem gehört ein fränkischer Reihengräberfriedhof (vgl. Textband 180 f.).
VII. An die Dorfwüstung erinnert in Schwarzrheindorf NW der Doppelkirche in der Rheinaue noch die *Gensemer Straße*.
LITERATUR: H. Neu, Zur Gründungsgeschichte von Schwarzrheindorf. Bonner Geschichtsbll. 2, 1938, 171 f. – Dietz, Bonn 112. – Historische Stätten Bd. 3: Nordrhein-Westfalen (2. Aufl. 1970) unter 'Schwarzrheindorf', 678 f.

**BN 36**
I. *Rülsdorf.*
II. TK 5208 Bonn. Der Ort lag in der Gegend von Limperich, das heute ein Ortsteil von Beuel ist; Koordinaten ungefähr: r 25 79 000–82 000; h 56 21 000–23 000.
III. 1141 wird ein Joch Weingarten zu Rülsdorf vom Bonner Bürger Roingus dem Bonner Cassius-Stift geschenkt (Knipping, Reg. II Nr. 409. – Hörold, St. Cassius 335).
1151 schenken EB Arnold von Wied und seine Geschwister der Kirche zu Schwarzrheindorf ein Gut zu *Rulisdorf* (Dietz, Bonn 71).
1591 erhält das Bonner Cassius-Stift 6 Schilling von zwei Viertel Weingärten zu Rülsdorf (Hörold, St. Cassius 335).

### Bonn-Stadt

**BN 37**
I. *Mülheim.*
II. TK 5208 Bonn: r 25 77 450; h 56 22 300. Im Gebiet zwischen Poppelsdorfer Allee und Meckenheimer Allee einerseits und Quantiusstraße und Baumschulallee andererseits. SW vor der mittelalterlichen Stadt Bonn.
III. 1143: *curia prepositi* (von St. Cassius) *in Molenheim* (Günther, CDRM I 134).
1658 werden in Mülheim noch 7 Häuser registriert (Dietz, Bonn 243).
1667 sind ebenfalls 7 Häuser vorhanden (Dietz a. a. O.).
1676 ist das Dörfchen ganz zerstört. Es mußte wegen des Festungsbaus abgerissen werden (Dietz a. a. O. 28).
VI. Auf der Bonner Stadtansicht des Mercator von 1646 gibt es im SW der mittelalterlichen Stadtmauer das *Mülmer thörlen* sowie in Mülheim 9 Häuser.
1819 verzeichnet der Stadtplan von Bonn des B. Hundeshagen vor der Stadt Bonn *Im Mülheimer Feld*.
Noch 1868 erscheinen auf einem Plan der Stadt Bonn im Gebiet der unter II genannten Straßen die Bezeichnungen *Mülheimer Feld* und *Mülheimer Weg*.

LITERATUR: J. Dietz, Topographie der Stadt Bonn. Bonner Geschichtsbll. 16, 1962, bes. 28 und 243. – J. Niessen, Geschichte der Stadt Bonn, 1. Teil (Bonn 1956) 63 mit Abb. 16. – Ennen-Flink, Rheinischer Städteatlas Liefer. I Nr. 6 (1972): Bonn.

BN 38   I. *Merhauser Hof.*

II. TK 5208 Bonn: etwa r 25 77 300; etwa h 56 23 050. Lag NW vor der mittelalterlichen Stadtmauer, etwa im Gebiet der heutigen Oxfordstraße (ehem. Maargasse)/Dorotheenstraße, an einem im Mittelalter noch vorhandenen Maar.

III. 1174 wird ein *palus iuxta Merhusen* genannt, der sich im Besitz des Klosters Dietkirchen befand (F. Hauptmann, Bonn ums Jahr 1200 [1905] 24 ff.). Der Hof Merhausen war seit alters in erzbischöflichem Besitz und umfaßte noch im 15. Jahrh. 135 Morgen Ackerland (Niessen, Geschichte der Stadt Bonn 52 ff.). Mit diesem Hof war ein Hofgericht verbunden. Bei der Errichtung der Stadtmauer von Bonn kurz nach 1244 wurde dieser Hof in die Stadt hineinverlegt.

VI. 1625 gibt es bei Bonn die Bezeichnungen *uff Meerhausen* und *Meerhausengaß*. Im 15. Jahrh. hatte der Merhauser Hof *an der Mar zo Bonne bij Merhuysen* ein Feld von neun Morgen.

1829 gibt es an der Dorotheenstraße die Bezeichnung *An der Maarhausen*. Zahlreiche weitere Stellenbezeichnungen und Erwähnungen des Merhauser Hofes finden sich bei J. Dietz, Topographie der Stadt Bonn 720 ff. – Vgl. ferner J. Niessen, Geschichte der Stadt Bonn 52 ff., 63 mit Abb. 16. – Ennen-Flink, Rheinischer Städteatlas Liefer. I. Nr. 6 (1972): Bonn.

BN 39   I. *Stockheim.*

II. S des mittelalterlichen Bonn, außerhalb der Stadtumwehrung, im Bereich der heutigen Ersten Fährgasse.

III. 1110: *in ea parte Bonnensis ville, que dicitur Stocchen* (Günther, CDRM I 81). 1279: *portam Stocke* (Knipping, Reg. III Nr. 2811).

1307: zwei Häuser und Hofstätten *iuxta domum Thilmanni de Stocke versus portam dictam Stockeportzem* (HStA Düsseldorf: Dietkirchen 28).

VII. An Stockheim erinnert heute noch das Stockentor, das durch den Ostflügel des ehem. kurfürstlichen Schlosses, der heutigen Universität, nach S aus der Stadt führte.

LITERATUR: Ennen-Flink, Rheinischer Städteatlas Liefer. I Nr. 6 (1972): Bonn.

BN 40   I. *Wichelshof.*

II. TK 5208 Bonn: r 25 77 980; h 56 23 800. Am Rande der Niederterrasse des Rheins und am Ostrand des römischen Lagers Bonn. Noch heute heißt es hier *Am Wichelshof*.

III. 948: *curtis dominicalis in Bunna Wichingi* (Lac. UB I Nr. 103 = Oediger, Reg. I Nr. 340). Der Wichelshof war ein Fronhof von St. Maria im Kapitol.

1208: *curtis Wichilshoven in Bonna* (Ennen-Flink, Rheinischer Städteatlas Liefer. I Nr. 6 [1972]: Bonn).

1211: *curia in Wichenshoven, quae sita est in oppido Bonna* (Ennen-Flink wie oben).

Weitere Belege finden sich bei Dietz, Topographie d. Stadt Bonn 714.

V. Der Wichelshof war in die Pfarrei Dietkirchen eingepfarrt.

LITERATUR: J. Dietz, Topographie der Stadt Bonn 239, 243, 630, 677, 714. – Ennen-Flink, Rheinischer Städteatlas Liefer. I. Nr. 6 (1972): Bonn.

BN 41   I. *Isidorshof.*

II. TK 5208 Bonn: unweit des Wichelshofes, jedoch N des Römerlagers.

III. Noch 1658 besaß die Stadt Bonn 2 Häuser in Wichelshof und Isidorshof.
1143: *curia prepositi in Bunna ad sanctum Ysidorum cum capella* (Knipping, Reg. II Nr. 416).
1718 überläßt das Jesuitenkolleg Köln dem Kollegium in Bonn die Güter S. Isidori für 3000 Rtl.
1781 kauft das Stift St. Maria im Kapitol den Jesuitenhof für 14 000 Rtl.
LITERATUR: Dietz, Topographie der Stadt Bonn 714 f.

BN 42    I. *Dietkirchen,* frühmittelalterliche Siedlung u. Kirche auch: *Castrum Bonna* oder *Bonnburg* genannt.
II. TK 5208 Bonn: etwa r 25 77 600; h 56 23 600. An der Südseite des römischen Lagers, im Bereich der Straßen Rosenthal, Drususstraße, Römerstraße.
III. 753 befindet sich Kg. Pippin in Bonn: *ad Reno ad castro cuius nomen est Bonna veniens* (MGH SS rer. Merov. II 182 f.: Continuator Fredegarii, hrsg. v. Krusch).
848 Mai 15: *ad tumbam sanctorum martirum Cassii et Florentii vel ad illorum ecclesiam, quae est sita foras muro castro Bunnense* (Levison, Bonner Urk. Nr. 9). Es handelt sich um die zu dieser Zeit noch aufrecht stehenden Mauern des römischen Lagers Bonn, die auch 870 nochmals expressis verbis genannt werden (Levison, Bonner Urk. Nr. 35).
921 treffen sich der west- und der ostfränkische Herrscher auf dem Rhein *ad Bonnam castrum* (MGH Const. I,1) bzw. *apud Bonnam castellum* (Continuator Reginonis zu 924, MGH Scr. rer. Germ. 50, hrsg. v. Kurze [1890] 157).
942 findet in *Bonna castello* eine Synode statt (Continuator Reginonis zu 942, MGH Scr. rer. Germ. 50, hrsg. v. Kurze [1890] 162).
1014/1021 wird eine Peterskirche genannt, die in der SW-Ecke des römischen Lagers gestanden hat. Seit dem 11. Jahrh. heißt sie Dietkirche (Levison, Bonner Urk. Nr. 19 sowie S. 241 Anm. 7 = Oediger, Reg. I Nr. 665).
Es handelt sich um eine frühmittelalterliche Siedlung im Südteil des mit seinen Mauern offenbar noch gut erhaltenen römischen Legionslagers Bonn. Diese Siedlung stand bereits in Blüte, als um die Grabstätte der Märtyrer Cassius und Florentius der *vicus Bonnensis* und die *villa Basilica* entstand. In Bonn liegt also eine von zwei frühen Siedlungskernen ausgehende Stadtentwicklung vor. In ihrem Verlauf überholte die um das Münster St. Cassius und Florentius entstandene Siedlung zu Beginn des 11. Jahrh. den älteren Siedlungskern im Südteil des römischen Lagers. Daß der Siedlung Dietkirchen im frühen Mittelalter gegenüber der villa Basilica höhere Bedeutung zukam, ergibt sich daraus, daß hier wahrscheinlich die Prägestätte merowingischer und karolingischer Münzen aus Bonn gelegen haben dürfte. Die Tendenzen zum Absinken von Dietkirchen zu einer Vorstadt des aufblühenden Siedlungskernes bei St. Cassius und Florentius werden bereits 1021 sichtbar, als Dietkirchen *in suburbio Bonnae* gelegen bezeichnet wird. Trotzdem behielt Dietkirchen noch lange seine herausgehobene Bedeutung: als Standort einer sehr alten Urpfarrei und als Marktort, dessen Marktrecht, obgleich erst im 12. Jahrh. für das Kloster Dietkirchen urkundlich bezeugt, bereits im 11. Jahrh. bestanden haben dürfte.
Die Siedlung Dietkirchen blieb bei der kurz nach 1244 erfolgten Ummauerung der Stadt Bonn außerhalb der Stadtmauern liegen.
In Dietkirchen gab es außer dem Kloster eine Reihe von Höfen, die bis ins späte 16. Jahrh. bestanden haben. Der letzte dieser Höfe, der Dietkirchen Hof, also der Wirtschaftshof des Klosters, wurde 1683 innerhalb der Stadtmauern von Bonn neu errichtet, nachdem Kloster und Kirche Dietkirchen bereits 1673 im holländischen Krieg zerstört worden waren.
V. 1014/1021 wird *in Thidenkireca* eine Kirche erwähnt (Levison, Bonner Urk. Nr. 19 sowie Anm. 7 = Oediger, Reg. I Nr. 665). Sie trug das Patrozinium St. Peter, die Krypta das St. Johannis Baptistae. Sie war die alte Pfarr- und Taufkirche

von Dietkirchen und erfüllte gleichzeitig die Funktionen einer Urpfarrei für die ganze Umgebung. Sie bestand sicher bereits vor der ersten Erwähnung von 795. Über Grabungen im Bereich der Kirche s. unten BN 43.
1246 plante der EB v. Köln, Konrad von Hochstaden, die baufällige Kirche von Dietkirchen neu zu errichten (Knipping, Reg. III Nr. 1254).
Etwa 1326 ist der Neubau der Kirche abgeschlossen. Sie dient zu dieser Zeit nicht mehr als Pfarrkirche allein, sondern auch als Stiftskirche des inzwischen entstandenen Klosters Dietkirchen.
1583 März 16: Im Kölnischen Krieg werden Kirche und Stiftsgebäude Dietkirchen verbrannt, jedoch unter dem Kurfürsten Ferdinand neu erbaut.
1673 werden Kirche und Stift im holländischen Krieg total zerstört und nicht wieder aufgebaut. Um 1646 zeigt der Stadtplan von Bonn des Merian das außerhalb der Stadtmauern liegende Kloster Dietkirchen mit seiner Kirche noch gut erhalten.
VI. An die einstige Siedlung Dietkirchen erinnert heute in Bonn noch die Dietkirchenstraße.
VII. Bei Bauarbeiten und Ausschachtungen in der S Häuserzeile des Rosenthales wurden 1968 und 1969 wiederholt früh- und hochmittelalterliche Funde gemacht. Es handelt sich vor allem um Kugeltöpfe mit Wackelboden nach Art der Badorfer Keramik des 8./9. Jahrh. sowie die ebenfalls in Badorf hergestellten Reliefbandamphoren, die bis ins 10. Jahrh. durchlaufen. Es ist damit zu rechnen, daß im Zuge der Bebauung bisher noch nicht bebauter Grundstücke an der Drususstraße weitere frühmittelalterliche Reste zutage kommen.

LITERATUR: J. Niessen, Geschichte der Stadt Bonn, 1. Teil (Bonn 1956) 45 ff., 62 ff. – J. Dietz, Topographie der Stadt Bonn. Bonner Geschichtsbll. 16, 1962, 434 u. 712. – Edith Ennen, D. Hörold, Kleine Geschichte d. Stadt Bonn (Bonn 1966) 23 ff. – H. Borger, Bemerkungen zur Entstehung der Stadt Bonn im Mittelalter. In: Munuscula Discipulorum, Festschr. f. Kauffmann (Berlin 1968) 11 ff. – Ders., Bemerkungen zur Entstehung der Stadt Bonn im Mittelalter. In: Festschr. Josef Dietz (Bonn 1973) 10–42.

BN 43    I. *Kloster Dietkirchen.*
II. Innerhalb der Siedlung Dietkirchen, im Südteil des römischen Legionslagers Bonn (vgl. BN 42).
III. Zu den ältesten Konventen in und bei Bonn gehört das Benediktinerinnenkloster bzw. spätere Frauenstift Dietkirchen, das über Jahrhunderte hinweg Mittelpunkt der Siedlung Dietkirchen blieb und 1673 endgültig im holländischen Krieg zerstört wurde.
V. Die einstige Pfarrkirche St. Peter der Siedlung Dietkirchen wurde auch die spätere Stiftskirche. Um diese Kirche herum bestand bereits seit fränkischer Zeit ein Friedhof, der auch das Mittelalter hindurch belegt wurde. Zur weiteren Geschichte dieser Kirche vgl. BN 42 unter V.

LITERATUR: J. Niessen, Geschichte der Stadt Bonn, 1. Teil (Bonn 1956) 179 ff. – K. F. Brosche, Die Geschichte des Frauenklosters und späteren Kanonissenstiftes Dietkirchen bei Bonn bis 1550. Diss. Phil. Bonn (Masch.-schr. 1951).

VII. Seit 1970 führt das RLMB im Südwestteil des Bonner Legionslagers Ausgrabungen durch. Sie förderten Bauereste des römischen Militärlagers zutage, die verschiedenen Perioden angehören und bis in die Spätantike durchlaufen. In diese Bauten hinein bestatteten fränkische Bewohner des ehem. römischen Lagers ihre Toten: Zwei fränkische Gräber wurden von diesem Reihengräberfriedhof bisher gefunden. Eines von ihnen war mit einem Paar Vogelfibeln aus vergoldetem Silber und Almandineinlagen ausgestattet. Es wird in die erste Hälfte des 6. Jahrh. datiert (vgl. W. Sölter, Das Rheinische Landesmuseum Bonn 6, 1972, 84 f.). Beide Gräber fanden sich innerhalb einer rechteckigen Holzkirche, von der die nach unten spitz

BN 44  I. *Katzenburg* in Poppelsdorf.
II. Im Bonner Ortsteil Poppelsdorf, in der Gegend der Katzenburgstraße, auf dem Gelände der keramischen Werke.
III. 1610: PN *Peter vf der Katzenburg.*
1661: *Die Katzenburg samt dem darauf stehenden Hofrecht ist adlig.*
Seit 1755 fanden auf der Katzenburg die Versuche, Porzellan herzustellen, statt. Aus ihnen ging später die bekannte Poppelsdorfer Fayencemanufaktur hervor.
LITERATUR: J. Dietz, Heimatbll. d. Rhein-Sieg-Kr. 38, 1970, 91.

Bornheim

VORBEMERKUNG: Die Siedlungsentwicklung am Rheinischen Vorgebirge zwischen Bornheim und Sechtem ist durch eine große Zahl frühmittelalterlicher Siedlungskerne gekennzeichnet, die in ihrer Mehrzahl bis in die fränkische Zeit zurückreichen. Viele von ihnen bestanden ursprünglich nur aus einem oder wenigen Höfen. Den fränkischen Ursprung der meisten dieser Siedlungskerne belegen die ungewöhnlich dicht auftretenden fränkischen Reihengräberfriedhöfe am Osthang des Vorgebirges. Im hohen und späten Mittelalter gingen viele dieser kleinen Siedlungskerne und Höfe in den benachbarten größeren Siedlungen auf, von denen sie meist auch innerhalb der kirchlichen Organisation abhängig gewesen waren. Dabei büßten sie häufig ihren Namen ein, der zugunsten des Namens der größeren Siedlung zurücktrat und verlorenging. In solchen Fällen kann von einer Wüstungsbildung nicht die Rede sein. Es handelt sich vielmehr um frühzeitige 'Eingemeindung' solcher Orte. Andere frühe Siedlungskerne dieser Art wurden aber offensichtlich auch wüst. Dies trifft bei allen Siedlungsnamen zu, die heute in freiem Feld zwischen den Vorgebirgsdörfern liegen. Die Bewohner solcher Orte zogen wahrscheinlich in benachbarte große Dörfer um, so daß hier Fälle von Bevölkerungsballung vorliegen. Hinweise auf Vorgänge dieser Art gab eine von N. Zerlett erarbeitete Siedlungskarte des Raumes Sechtem-Bornheim, die dank der Freundlichkeit des Autors unveröffentlicht eingesehen werden konnte.

BN 45  I. *Bargene.*
II. TK 5207 Sechtem: SO von Brenig in freiem Feld.
III. Hier soll nach N. Zerlett, Siedlungskarte Bornheim, eine Wüstung liegen.
1197: *Bargene* erscheint unter den Gütern des Klosters Schillingskapellen, die von EB Adolf I. von Köln bestätigt werden (Knipping, Reg. II Nr. 1523).

BN 46  I. *Birtzberg.*
II. TK 5207 Sechtem: S-Teil von Bornheim am Hang.
III. Dieser Teil von Bornheim soll nach N. Zerlett, Siedlungskarte Bornheim, unter dem Namen Birtzberg einst ein selbständiges Dorf gewesen sein. Es soll in der Nähe des heutigen Höhenpunktes H. 115,0 gelegen haben. Hier ist auch der ON *Bertzborch* belegt.

BN 47    I. *Burg Dersdorf.*                                                          Tafel 22.
         II. TK 5207 Sechtem: r 25 68 000; h 56 25 565.
         III. 1226 wird ein Ritter *Hartliev von Derstorp* erwähnt.
         1244 und 1260 erscheint dieser auch als *Hartlivus de Drommere*. Dieser Ritter könnte neben seinem Hof Drommern in Dersdorf auch schon die Burg von Dersdorf besessen haben.
         Im 14. Jahrh. erscheint Burg Dersdorf in der Hand der Ritter von Dersdorf. Später kam sie an die Herren von Bornheim.
         1736: Rentbuch der Herrschaft Bornheim verzeichnet Burg Dersdorf als das *hochadelige Haus, die alte Burg genannt*. Aus dieser Zeit stammt auch eine genaue Beschreibung der Burg und ihres Zubehörs.
         1808 wurde der *Haushof* zu Dersdorf samt dem Hof Rankenberg an die Familie Walbott-Bassenheim verkauft.
         1807/08 zeigt die Tranchot-K. NA Blatt 92 Sechtem noch gut den Charakter der Burg. In dem etwa ovalen, vom Wassergraben umschlossenen Areal steht nur ein einziges mächtiges Gebäude, der Wohnturm. Der zugehörige Gutshof lag offenbar außerhalb des Burggrabens auf der Nordseite der Anlage.
         IV. Noch 1935 hieß das Gelände bei Einheimischen *et hus*. Der Name *om Hus* ging auch auf einen neuen Hof über, den der Besitzer an der nahen Bonnstraße errichtete. Das alte Haus wurde bereits um 1850 nicht mehr bewohnt.
         VII. Bis 1935 standen mitten im Dorf Dersdorf in einer Mulde die Reste der Burg Dersdorf. Erhalten waren zu jener Zeit noch sechs Mauerecken und -stümpfe des einst starken Wohnturms der Burg. Er maß außen 8,80 x 14,80 m und wies 1,80 m Mauerstärke auf. Brocken der römischen Eifelwasserleitung, Basaltsäulen und römische Ziegel waren wiederverwendet worden.
         LITERATUR: J. Dietz, Bonn 66. – Ders., Heimatbll. d. Rhein-Sieg-Kr. 38, 1970, 78 f. mit Bild und Plan der Ruine.

BN 48    I. *Burg Dorne.*
         II. TK 5207 Sechtem: etwa r 25 67 000; h 56 26 000. An der Landstraße in Waldorf, hinter dem Pings- oder Pengshof in einem erhöhten Gelände.
         III. Im 14. und 15. Jahrh. hat hier eine Burg gelegen, welche *Dorne, Doyrne* oder *ten Dorn*, später *Schallenhof* hieß.
         1221 wird erstmals eine Adelsfamilie de Dorne genannt, die die Burg Dorne zu Schwadorf bewohnte.
         1374 erwähnt eine Urkunde *domum dornich in Waildorp* (Stadtarchiv Köln, Karthäuser-Köln Rep. Nr. 7).
         Im 14. Jahrh. zog die Familie Dorne nach Waldorf in die dortige Burg Dorne um.
         1583 verbrannten im Kölnischen Krieg bayerische Truppen, die bei Sechtem in einem Lager lagen, Waldorf und seine Burg.
         1608 wurde die Burg wiederaufgebaut.
         1678 wird der zur Burg gehörende Wirtschaftshof zum letzten Male genannt. Er dürfte Ende des 17. Jahrh. wüst geworden sein.
         Im 18. Jahrh. wird neben der Burg der Pingshof erbaut.
         IV. Das ehem. Burggelände heißt im Volksmund *Om Damm*.
         VII. Reste der ehemaligen Burg sind im Gelände heute nur noch spärlich sichtbar. Einen Plan fertigte N. Zerlett, Bornheim, an.
         Die Gräben der ehem. Burg stehen mit dem hier durchlaufenden *Landgraben* in Verbindung. Die Hauptburg ist eine rechteckige Fläche, die von 10–12 m breiten Gräben umschlossen wird. Diese Fläche wird etwa in der Mitte durch einen 18 m breiten Graben quergeteilt.
         LITERATUR: N. Zerlett, Bonner Jahrb. 163, 1963, 556 f. – J. Dietz, Heimatbll. d. Rhein-Sieg-Kr. 38, 1970, 79–81 mit Plan der Burg.

BN 49  I. *Cassel.*
II. TK 5207 Sechtem: zwischen Kardorf und Waldorf, Gemeinde Bornheim.
III. Zwischen den beiden jetzt noch bestehenden Dörfern Kardorf und Waldorf soll in heute freiem Feld ein Dorf dieses Namens gelegen haben, wie die Siedlungskarte Bornheim von N. Zerlett zeigt.

BN 50  I. *Eisenschächte* und *Abraumhalden.*
II. TK 5207 Sechtem: r 25 66 250; h 56 24 800–25 200. Rund 1000 m SW Waldorf, auf der Höhe des Vorgebirges.
VII. Hier liegen noch heute zahlreiche große Hügel oder Halden, teils von rechteckiger Grundfläche und abgeplattetem Oberteil. Ältere Einwohner von Waldorf wissen, daß hier noch während des 19. Jahrh. Bergbau auf Eisenerz stattgefunden hat. In der Nähe der Halden habe man Schächte von terrassierten Arbeitsplattformen waagerecht in den Berg getrieben. Den dabei anfallenden Abraum habe man in den Halden auf der Höhe des Vorgebirges abgelagert. Daß dieser Bergbau auf Eisenerz nicht nur neuzeitlich ist, beweist der wenig SW von hier um 1500 nachweisbare FN *Am Reckofen* (vgl. BN 58). Das Eisenerz wurde hier also nicht nur gefördert, sondern auch weiterverarbeitet.

BN 51  I. *Ginhoven.*
II. TK 5207 Sechtem: zwischen H. 158,0 und H. 159,2; S von Hemmerich.
III. Hier soll nach N. Zerlett, Siedlungskarte Bornheim, in heute freiem Feld einst ein Hof dieses Namens oder ein kleines Dörfchen gelegen haben.

BN 52  I. *Grippekoven.*
II. TK 5208 Bonn: NW von Roisdorf in freiem Feld, zwischen der Straße Roisdorf–Bornheim und der Vorgebirgsbahn.
III. Hier soll nach N. Zerlett, Siedlungskarte Bornheim, eine Siedlung dieses Namens gelegen haben.

BN 53  I. *Hordorf.*
II. TK 5207 Sechtem: etwa r 25 69 450; h 56 25 800 und Umgebung. Am NW-Ortsausgang von Bornheim.
III. 1222 Okt.: EB Engelbert I. v. Köln gestattet dem Abt Marsilius v. Klosterrath und dem Convent von Schillingskapellen einen Tausch von Gütern und Renten zu *Guephem* und *Horindorp* (Knipping, Reg. III Nr. 378).
1224: EB Engelbert I. v. Köln beurkundet, daß das Kloster Siegburg u. a. die Abgaben von der Mühle zu *Horendorp* ermäßigt hat (Knipping, Reg. III Nr. 436. – Wisplinghoff, UB Siegburg Nr. 1224).
1226: *Horindorp* (Knipping, Reg. III Nr. 610).
1293: *Everardus de Horgedorp* (L. Ennen, Quellen z. Gesch. d. Stadt Köln III Nr. 395).
1319 Jan. 8: *Thilmannus et Adolphus fratres de Horgendorp* (Th. J. Lacomblet, Archiv f. d. Gesch. d. Niederrheins 2 Nr. 19).
Kurz nach 1322 kommt Hordorf zusammen mit Brenig und Dersdorf zu der von der Herrlichkeit Bornheim abgetrennten neugebildeten Vogtei Brenig (N. Zerlett, Bonner Geschichtsbll. 19, 1965, 39).
VII. Zur Lage von Hordorf vgl. Zerlett a. a. O. 61 Skizze.

BN 54  I. *Nettoshoven*, Wüstung?
II. TK 5207 Sechtem u. 5208 Bonn: genaue Lage unbekannt, wird jedoch in der Gemarkung Bornheim vermutet.

III. Im 16. Jahrh. wird im 'Brenicher Weisthum', betreffend das Hofgericht des Apostelnstiftes zu Köln, unter anderen Orten ein Dorf namens Netteshoven erwähnt. Nach dem sachlichen Zusammenhang kann auch Nettekoven bei Duisdorf gemeint sein (L. Ennen, Weisthümer. AHVN 11, 1862, 110).

BN 55    I. *Overbornheim*.
II. TK 5207 Sechtem: in Bornheim.
III. Nach N. Zerlett, Siedlungskarte Bornheim, war der O- und SO-Teil von Bornheim früher unter dem Namen Overbornheim ein selbständiges Dorf. Heute ist der Ort ein Teil von Bornheim.

BN 56    I. *Oversheim*.
II. TK 5207: zwischen Waldorf und Dersdorf.
III. Nach N. Zerlett, Siedlungskarte Bornheim, hat in freiem Feld, zwischen den heute noch bestehenden Dörfern Waldorf und Dersdorf, einst ein Dorf dieses Namens gelegen.

BN 57    I. *Rankenberg*.
II. TK 5207 Sechtem: r 25 68 300; h 56 25 150.
III. Nach N. Zerlett, Siedlungskarte Bornheim, hat hier in freiem Feld einst eine Siedlung dieses Namens gelegen. Heute haftet der ON nur noch an einem Gehöft, das in diesem Gebiet steht.

BN 58    I. *Reckofen*.
II. TK 5207 Sechtem: etwa r 25 55 700; h 56 24 000–25 000. O des Weges von Dersdorf zu den Dützhöfen.
VI. Um 1500: 'Beschreibung der zur Herrlichkeit Bornheim gehörenden Güter' Zeile 194–196: *ynd so fort na dem Heydenlach hender dem Reckoffen* (zit. n. N. Zerlett, Bonner Geschichtsbll. 19, 1965, 56). Der Name könnte auf einen hier vorhanden gewesenen Eisenhammer hindeuten.

BN 59    I. *Stefenshof* oder *Stephanshof*, auch: *Alte Burg* der Herren von Roisdorf.
II. TK 5208 Bonn: im Oberdorf von Roisdorf, Donnerstein 1 und 2.
III. 1330 werden Haus, Hof und Weingärten eines Henkinus in Roisdorf genannt, die von dem Lehnsherren Johannes von Roisdorf abhängig waren (HStA Düsseldorf, Dietkirchen-Bonn, Vikarie St. Katharina).
1599 gehörte der *Stefens Hof* mit 6 Morgen Weingarten und 10 Malter Roggenpacht dem Wilhelm Wolff zu Roisdorf, der zur gleichen Zeit auch den Brucher Hof als adeligen Sitz innehatte (Stadtarchiv Bonn: Ku 13/7, S. 538).
1647 gehört der Hof dem Cassius-Stift zu Bonn.
1805 wurde der Hof nach Köln verkauft und teilweise abgerissen.
VII. Von der alten Burg waren bis vor einigen Jahren noch dicke Gemäuer eines Burgkellers erhalten.
LITERATUR: J. Dietz, Heimatbll. d. Rhein-Sieg-Kr. 38, 1970, 86 ff.

BN 60    I. *Vrimmersdorf*.
II. TK 5207 Sechtem: SW von Brenig in freiem Feld, am Osthang des Vorgebirges.
III. Nach J. Dietz, Bonn 56, gab es bei Brenig einen kleinen Ort namens Vrimersdorp. So auch N. Zerlett, Siedlungskarte Bornheim.

## Buschdorf

BN 61
I. *Burg Buschdorf.*
II. TK 5208 Bonn: Am noch erhaltenen Wohnturm der Burg.
III. Seit Anfang des 13. Jahrh. erscheinen in Urkunden Mitglieder einer adeligen Familie *de Burisdorp,* deren Stammsitz die Burg gewesen sein dürfte.
1499 ist bezeugt, daß zur Burg ein Wirtschaftshof gehörte, der später wüst wurde: *intem den hoff mit der Burgh* (HStA Düsseldorf: Kurköln, Amt Bonn, Geistl. Sachen Nr. 1/2, S. 53).
LITERATUR: J. Dietz, Heimatbll. d. Rhein-Sieg-Kr. 38, 1970, 88–90 mit Plan des Wohnturms, der lange Zeit auch als *Turmhoff* bezeichnet wurde.

BN 62
I. *Törngen,* Wohnturm einer Burg?
II. TK 5208 Bonn: etwa r 25 73 200; h 56 25 000. Zwischen Roisdorf und Buschdorf, wo der Weg von Alfter die Verbindung zwischen den beiden Dörfern schneidet.
III. 1430: *am dorne, dar der Alfter wech durch geit.*
1603: *Dorntgen.*
1784: im Roisdorfer Feld an dem sog. *Törngen* (Belege bei J. Dietz, Heimatbll. d. Rhein-Sieg-Kr. 38, 1970, 88 Anm. 145).

## Buschoven

BN 63
I. *Burg und Jagdschloß Buschoven.*
II. TK 5307 Rheinbach: r 25 69 110; h 56 16 700. Im Ostteil der Ortschaft Buschoven.
III. 1530 errichtete EB Hermann von Wied an Stelle einer älteren Burg hier ein landesherrliches Jagdschloß. Es brannte 1793 ab.
LITERATUR: Dietz, Bonn 65. – R. Hocker, Zur Jagdgeschichte der Kurfürsten von Köln. Bonner Geschichtsbll. 23, 1969, 23–50.

BN 64
I. *Heidenhof.* Tafel 30.
II. TK 5307 Rheinbach: r 25 67 880; h 56 17 780. Rund 1500 m NW Buschoven, dicht W des Busch-Baches.
III. Um 1780 enthält eine topographische Karte der Gegend um Köln (Stadtmuseum Köln) am W-Rand des Kottenforstes, N von Buschoven, den *Heiden Hof.*
VII. In der Flur *Am Heidenhof* auf einem nach W geneigten, stark lehmigen Gelände befinden sich zwei künstlich angelegte Vertiefungen. Hier finden sich die Reste einer Feldbrandziegelei sowie mittelalterliche Scherben. Es handelt sich um die Reste des einstigen Heidenhofes, einer mit Gräben umwehrten Anlage. Sie ist auch im Luftbild nachgewiesen worden.

## Duisdorf

BN 65
I. *Alte Burg.*
II. TK 5208 Bonn: genaue Lage unbekannt, jedoch SW Duisdorf, auf dem Hardtberg.

III. Nach J. Dietz, Bonner Geschichtsbll. 10, 1956, 109, bewohnten die Ritter von Duisdorf zuerst die Alte Burg auf dem Hardtberg, bevor sie nach Duisdorf hinunter zogen und dort die Wasserburg Duisdorf (BN 66) erbauten. Über Alter und Aussehen dieser Anlage ist nichts Näheres bekannt. Vielleicht handelt es sich um den Abschnittswall auf dem Hardtberg, NO Witterschlick (BN 174).

BN 66  I. *Burg Duisdorf.*
II. TK 5208 Bonn: r 25 73 820; h 56 20 500. Im NW-Teil von Duisdorf, mitten im Ort.
III. Auf dieser Burg saßen die Ritter von Duisdorf, deren Stammvater der 1176 genannte *Theodericus de Dudensdorf* ist. Ursprünglich soll die Familie in der *Alten Burg* auf der Hardt gesessen haben, bis sie sich später die Wasserburg zu Duisdorf errichtete.
1418 erhielt Rembold von Duisdorf vom Stift St. Cassius zu Bonn das Gut *zur Auen.*
1432 gab ihm das Stift die *awen güther* für vier Malter Roggen in Erbpacht.
Im 14./15. Jahrh. erscheinen Mitglieder der Familie von Duisdorf als Bonner Schöffen.
(Belege bei J. Dietz, Die Bonner Schöffen und ihre Familien bis zum Jahre 1600, Bonner Geschichtsbll. 10, 1956, 109).
VI. An dem Gelände der ehem. Wasserburg Duisdorf hängt noch heute der FN *An der Burg.* Die zu ihm führende Straße heißt *Burgstraße.*
VII. Erhalten ist von der Burg heute nur noch der vierseitig geschlossene Wirtschaftshof. Die Tranchot-K. NA Blatt 102 Duisdorf von 1808/09 vermittelt aber noch getreu, wie die Anlage einst aussah. Es handelte sich um eine zweiteilige Wasserburg. Die Vorburg war rechteckig, lag nach S und beherbergte den Wirtschaftshof. N daneben lag die etwa quadratische Hauptburg, in der die Tranchot-K. schon kein Gebäude mehr verzeichnet. Beide Teile der Burg waren von wasserführenden Gräben umgeben, die Hauptburg nach N sogar von einem zweiten, sehr breiten Gewässer. Hauptburg und Gräben sind heute völlig eingeebnet und verschwunden. Mittelalterliche und neuzeitliche Scherben aus der Burg befinden sich im RLMB unter Inv.-Nr. 33, 72.

BN 67  I. *Medinghoven,* partielle Ortswüstung.
II. TK 5208 Bonn: r 25 73 060; h 56 20 230. N des Hardtberges, 1000 m SW Duisdorf.
III. Heute steht hier nur die Burg Medinghoven. Sie soll jedoch Restsiedlung eines ganzen Dorfes sein, das wüst geworden ist.
872 Apr. 5: EB Willibert v. Köln und die Brüder von St. Cassius tauschen von dem Geistlichen Engilbert Land zu Duisdorf und Medinghoven gegen Besitz in Plittersdorf: *In terris arabilibus in primo loco in Medengovenheimvelden iurnales III in confinibus Helperici* (Levison, Bonner Urk. Nr. 4).
1174: *Mettenghoven* (Knipping, Reg. II Nr. 1017).
1393: *van dem goyde zo Meyttenkoven* (AHVN 105, 1921, 131).
Die Ersterwähnung scheint einen -heim-ON zu enthalten, so daß auch von hier die Existenz eines Dorfes um die Burg herum sehr wahrscheinlich wird.
VII. Im Park der Burg Medinghoven, 50 m O des Herrenhauses, wurde bei Ausschachtungsarbeiten 1,50 m u. Ofl. eine Holzwasserleitung gefunden, die aus einem ausgehöhlten Baumstamm bestand (P. J. Tholen, Bonner Jahrb. 160, 1960, 523). – Rund 200 m S und oberhalb Medinghoven, am Rande des Hardt-Waldes, wurde jüngst ein fränkisches Frauengrab des 7. Jahrh. gefunden. Es gehört zum Reihengräberfriedhof von Medinghoven. Der Fund ist noch unveröffentlicht.

### Ersdorf

BN 68   I. *Burg Ersdorf.*

II. TK 5408 Ahrweiler: r 25 71 380; h 56 07 490. Rund 500 m N Ortsmitte Ersdorf, am Ersdorfer Bach.

III. In Ersdorf gab es eine zweiteilige Wasserburg, die auf der Ostseite des Ersdorfer Baches, 500 m N Ersdorf lag. 1808/09 zeigt die Tranchot-K. ÄA Blatt 39 Ahrweiler an dieser Stelle ein etwa quadratisches, von einem Graben umgebenes Areal. Die Gräben wurden vom Ersdorfer Bach mit Wasser versorgt. Ein Gebäude ist in der Anlage nicht mehr eingezeichnet. Nach Heusgen, Dekanate 67, ist das Burghaus unten im Dorfe bereits 1867 verfallen gewesen. 1794 besaß es die Hofkammer zu drei Vierteln und die von Hocherbach zu Vehn als Quadtsche Miterben zu einem Viertel. Die Burg dürfte demnach zwischen 1794 und 1808/09 aufgegeben worden sein.

Mitte des 19. Jahrh. enthält die Urkarte der heutigen TK 1 : 25 000 nicht nur das quadratische Burggelände der Tranchot-K., sondern S daneben ein weiteres grabenumschlossenes Areal, das ganz offensichtlich eine Vorburg bildete.

VII. Beide Teile der Burg sind heute fast ganz zugeschüttet. Der Graben des Hauptburggeländes von 40–45 m Fläche ist streckenweise noch erhalten und mißt 6–8 m Breite. Der Innenraum der Hauptburg ist gegenüber dem Außengelände leicht erhöht. Im Innern der Anlage fand sich auffallend viel Schieferbruch. Es gab keine weiteren Funde (Archäologische Landesaufnahme M. Groß, 1968).

### Essig

BN 69   I. *Kloster Mariastern.*

II. TK 5307 Rheinbach: r 25 62 660; h 56 13 960.

III. Der heutige Gutshof Essig ist der Rest des früheren Klosters Mariastern.
1432 errichtete Nikolaus Sasse, Harnischmacher zu Münstereifel, mit Hilfe seiner Freunde ein Hospital, einen Armenfriedhof und eine Kapelle zu Ehren des hl. Jakobus.
1439 wurde eine Bruderschaft zu Ehren des hl. Jakobus von Compostella begründet.
1446 entstand ein Brigittenkloster. Das Kloster wurde jedoch wegen Wassermangels bald wieder aufgegeben.
1454 übernahmen Augustinerinnen aus Köln das Kloster.
1656 wird eine neue Kirche gebaut.
1666 übernimmt man die Regel des Prämonstratenserordens. Eine Abbildung von 1723 zeigt eine geräumige Rechteckanlage, deren Ecken durch Rundtürme gesichert sind.
1802 wurde das Kloster säkularisiert.
Das Kloster wurde mit Vorbedacht an einer sehr bedeutenden Straßenkreuzung gegründet. Hier treffen sich die Aachen–Frankfurter Heerstraße und die Straße von Bonn nach Euskirchen.

LITERATUR: J. Dietz, Bonn 72 f.

BN 70   I. Name unbekannt, Hofwüstung?

II. TK 5307 Rheinbach: r 25 62 060; h 56 14 220. Etwa 750 m WNW Essig, 500 m NNO H. 165,7 und 260 m SSO H. 159,4.

VII. S der Straße Essig–Dom-Esch findet sich hier in schwach nach S geneigtem, sandig-lehmigem Gelände eine dichte Streuung mittelalterlicher Keramik (Essig

Fdst.1). Nach der Ausdehnung zu schätzen, handelt es sich um einen ausgegangenen Hof. Die Fundstelle kann aber auch mit einer weiteren mittelalterlichen Fundstelle in Ludendorf (Fdst. 2) zusammenhängen, die sich über die Grenze Essig–Ludendorf noch bis auf das Gebiet von Essig erstreckt. In diesem Falle müßte eine mittelalterliche Dorfsiedlung vorausgesetzt werden. Zur Fundstelle in Ludendorf vgl. BN 97 (Archäologische Landesaufnahme M. Groß, 1967).

## Flerzheim

BN 71    I. Name unbekannt, wahrscheinlich eine Hofwüstung.                Tafel 62.
II. TK 5307 Rheinbach: r 25 69 600; h 56 13 340. Am N-Ausgang von Flerzheim, zwischen der Straße nach Morenhoven und der Swist.
VII. Unmittelbar O des Swistbaches fand sich hier eine sehr dichte Ansammlung mittelalterlicher Keramik. Geborgen wurde u. a. Keramik vom Pingsdorfer Typ, karolingische Kugeltopfware sowie blaugraue Keramik. Vereinzelt kamen auch römische Ziegelbruchstücke vor. Mitten durch die Fundstelle verlief früher eine längliche Vertiefung, die aber inzwischen verfüllt wurde. Vielleicht handelt es sich um einen alten Hohlweg (Flerzheim Fdst. 23 – Archäologische Landesaufnahme M. Groß, 1967. – Vgl. zu diesem Hof Textband S. 151).

## Fritzdorf

BN 72    I. *Bohnem*.
II. TK 5308 Bad Godesberg und 5408 Ahrweiler.
III. H. Dittmaier, Die linksrheinischen ON auf -dorf und -heim (Manuskr. Bonn 1961) 78, führt den FN *Bohnem* in der Gemarkung Fritzdorf auf und verbindet ihn mit dem 1396 genannten *Paenheim* (AHVN 54, 1892, 26).

BN 73    I. *Burg Fritzdorf*.
II. TK 5406 Ahrweiler: r 25 76 780; h 56 07 220. Rund 440 m W der Kirche Fritzdorf, am Westausgang des Dorfes, direkt S der Eckendorfer Straße.
III. 1292 wird ein Reinhard von Fritzdorf genannt, dem diese Burg gehört haben könnte.
VII. Von der Burganlage sind so gut wie keine Reste mehr erhalten. Es muß sich aber um eine zweiteilige Anlage gehandelt haben, die aus Vor- und Hauptburg bestand. Die Baulichkeiten der Hauptburg wurden zu Beginn des 20. Jahrh. so gründlich abgerissen, daß im Gelände heute so gut wie keine Spuren der Burg mehr vorhanden sind. Aus dem hier gewonnenen Baumaterial wurde das Försterhaus in Adendorf errichtet. Die Hauptburg muß NW neben dem Bauernhof gelegen haben, der als Vorburg angesehen werden kann. Er steht jedenfalls auf dem Gelände der einstigen Vorburg und zeigt in seinen Mauerfundamenten große Basaltbrocken, die sekundär verwendetes Material der Hauptburg sein könnten.
Das Hauptburggelände ist heute als Wiese genutzt. Nach Auskunft von Ortskundigen liegen unter der Erde noch heute Reste der Kellergewölbe der Burg sowie ein Brunnen. (Fritzdorf Fdst. 9 – Archäologische Landesaufnahme M. Groß, 1969).
LITERATUR: Clemen, KDM Kr. Rheinbach.

BN 74    I. *Fritzdorfer Windmühle*.
II. TK 5408 Ahrweiler: r 25 77 480; h 56 06 230. O der Landstraße Fritzdorf-Ringen, rund 1000 m SSO Fritzdorf.
VII. Als Überreste einer Windmühle auf der Höhe S Fritzdorf steht unmittelbar ei-

nes tief eingeschnittenen, alten Wegezuges von Fritzdorf ins Ahrtal der Turm einer Windmühle. Wegen seiner beherrschenden Lage hat der Turm zugleich als Wachtturm gedient, von dem aus die S am Turm vorbeigehende Aachen–Frankfurter Heerstraße bewacht werden konnte.

Zu der Mühle gehörte ein Wohnhaus, ferner gab es hier Stallungen. Wohnhaus und Ställe wurden 1909 abgebrochen. Die Mühle gehörte mit allem Zubehör dem Kollegiatstift Münstereifel.

LITERATUR: Schorn, Eifl. Sacra II 208.

BN 75 I. *Siechenhaus.*

II. TK 5408 Ahrweiler: r 25 76 730; h 56 06 920. Etwa 550 m SW der Kirche Fritzdorf, 650 m OSO H. 232,0. Rund 250 m S der Aachen–Frankfurter Heerstraße.

III. Hier stand nach Auskunft Ortskundiger ein Leprosen- oder Siechenhaus. Der genaue Standort konnte bisher noch nicht ermittelt werden, weil hier eine Obstbaumplantage die Geländebeobachtungen erschwert.

VI. Der FN in diesem Gebiet lautet *Am Siechhaus.* Charakteristisch ist, daß das Siechenhaus wiederum in der Nähe einer mittelalterlichen Hauptverkehrsstraße, hier an der Aachen–Frankfurter Heerstraße, gestanden hat. Ähnliches wurde beim Siechenhaus bei Rövenich (EU 101) und bei dem von Düren (DN 25) beobachtet (Fritzdorf Fdst. 10 – Archäologische Landesaufnahme M. Groß, 1969.)

BN 76 I. *Sommersberger Hof,* Burgwüstung.

II. TK 5308 Bad Godesberg: r 25 76 680; h 56 07 880. Rund 950 m NW der Kirche Fritzdorf.

III. Der Sommersberger Hof war bis um 1600 Sitz der Familie von Gertzen, die Marschälle und Amtmänner des Herzogs von Jülich waren. Die Burg wurde 1737 vermessen. Eine Zeichnung, die auf Grund dieser Vermessung angefertigt wurde, befindet sich im Besitz des heutigen Hofinhabers. Außerdem enthält der Codex Welser von 1723 eine Abbildung der Burg.

VII. Der Sommersberger Hof liegt frei in der Feldflur von Fritzdorf. Bei der Besichtigung im Rahmen der Archäologischen Landesaufnahme wurde festgestellt, daß dieser Hof ursprünglich eine zweiteilige Burganlage gewesen ist. WNW hinter den heutigen Hofgebäuden lag einst die quadratische Hauptburg, deren Areal eine Kantenlänge von etwa 30 m besitzt. Erhalten ist noch ein mächtiger Umfassungsgraben sowie der Nordabschnitt der Umfassungsmauer, die das Gelände der Burg ursprünglich auf allen vier Seiten umschlossen haben muß. Auf der Ostseite der Hauptburg erkennt man noch heute die Reste eines Turmfundamentes.

Der heute noch bestehende, vierseitig geschlossene Bauernhof war der zu dieser Hauptburg gehörende Wirtschaftshof, der bei diesen zweiteiligen Anlagen gemeinhin in der Vorburg liegt. Die Mauern dieses Hofes enthalten größere Mengen von Spolien, die von den Gebäuden der Hauptburg stammen, so unter anderem Tür- und Fenster-Stürze sowie behauene Basalte. Auch die Vorburg ist noch heute von einem Graben umgeben. Der heute von SSW an den Hof führende Zuweg ist ebenfalls der alte, im 19. Jahrh. noch gebräuchliche Weg. Er trifft genau an der Stelle auf die Burg, an der ein die Gräben der beiden Burgteile überquerender, hochgelegener Weg Haupt- und Vorburg miteinander verband.

1808/09 zeigt die Tranchot-K. ÄA Blatt 39 Ahrweiler noch deutlich die Zweiteiligkeit der Burganlage mit der Hauptburg im NW und dem Wirtschaftshof in der Vorburg SO davon. Im Bereich der Hauptburg gibt die Tranchot-K. noch Bauten oder Baureste an, die in roter Farbe gezeichnet sind (Fritzdorf Fdst. 4 – Archäologische Landesaufnahme M. Groß, 1969).

LITERATUR: Vom Rhein zur Ahr. Heimatbll. für Bonn und Umgebung Nr. 13 vom 24. 12. 1949 mit zwei Abb. – Hammerschlag, Urkundliches und Mündliches über Eckendorf und seine Umgebung (Manuskript im Pfarrarchiv zu Eckendorf, 1936).

BN 77  I. *Zingsheimer Hof,* Burghügel (Motte).

II. TK 5408 Ahrweiler: r 25 77 580; h 56 07 340. Etwa 300 m ONO Fritzdorf, am Ostrand des Dorfes.

VII. Hier liegt der sog. Zingsheimer Hof, der im Zuge der Archäologischen Landesaufnahme als zweiteilige Burganlage erkannt wurde. Die Hauptburg der Anlage befand sich NO der heutigen Hofgebäude. Hier zeigen sich die Reste eines mittelalterlichen Burghügels (Motte). Das in diesem Burghügel aufgeschüttete Material wurde ganz offensichtlich später zum Zuschütten des Grabens der Motte und teilweise auch der Vorburg mit dem Wirtschaftshof verwendet. Trotz der Auffüllung des Grabens ist sein einstiger Verlauf noch als flache Geländemulde kenntlich geblieben. Die Motte selbst ist heute noch bis 3 m H. erhalten. Nach S ist sie infolge älterer Bodenentnahme stark abgeflacht.
In der Vorburg, dem heutigen Wirtschaftshof, wurden zentnerschwere Basalt- und Trachytblöcke verbaut, die wahrscheinlich von einem Steinbau der Hauptburg stammen. Die Tranchot-K. ÄA Blatt 39 Ahrweiler zeigt den Zingsheimer Hof als ein NNO-SSW gerichtetes Gelände, dessen Südhälfte vom Wirtschaftshof ausgefüllt wird, während auf der N-Seite Wiesen angegeben sind. Beide Burgteile werden auf der Karte von einem gemeinsamen, ovalen Graben umschlossen. Obgleich die Tranchot-K. zwischen Burghügel und Vorburg keinen Graben andeutet, ist ein solcher für das Mittelalter durchaus vorauszusetzen (Fritzdorf Fdst. 6 – Archäologische Landesaufnahme M. Groß, 1969).

Heimerzheim

BN 78  I. Name unbekannt, mittelalterliche Siedlung.

II. TK 5207 Sechtem: r 25 67 775; h 56 18 565. Rund 1900 m O Dünstekoven, heute am Westrand des Kottenforstes, Jagen 181. Rund 960 m SSW des sog. 'Eisernen Mannes'.

VII. Bei der Begehung durch die Archäologische Landesaufnahme ergab sich, daß am S Rand des Jagens 181 im Aushub eines Entwässerungsgrabens zahlreiche Eisenschlacken, Pingsdorfer Scherben und blaugraue Keramik auftraten. Die Scherbenfunde verteilen sich auf eine Länge von etwa 200 m. Die Funde wurden teilweise aus einer graubraunen, etwa 50 cm unter der Ofl. liegenden Schicht geborgen, die mit Holzkohle und Staklehm durchsetzt war. Es ist also sicher, daß hier im Mittelalter eine Siedlung bestanden hat, deren Name aber unbekannt ist. Wahrscheinlich handelt es sich nicht um die wenig weiter N zu vermutende Wüstung Essinghofen (BN 81 – Heimerzheim Fdst. 34 – Archäologische Landesaufnahme M. Groß, 1969).

BN 79  I. *Burghügel Dünstekoven.* Tafel 14.

II. TK 5307 Rheinbach: r 25 65 600; h 56 18 430. In der Swistniederung in Dünstekoven, O des Flusses.

III. SW des Ortskernes von Dünstekoven liegt in der Swistniederung ein gut erhaltener, quadratischer Burghügel von 30 m Kantenlänge und 2,50 m H. Ein 5–6 m breiter Graben umgibt ihn auf allen Seiten. Er führt heute noch Wasser.

LITERATUR: R. v. Uslar, Bonner Jahrb. 142, 1937, 255. – M. Müller-Wille, Burghügel Nr. 69.

BN 80  I. *Eldern,* Burg.

II. TK 5207 Sechtem: r 25 66 320; h 56 20 750. Rund 1800 m O Heimerzheim, am Westrand des sog. Großen Cent in jung aufgeforstetem Wald.

VII. Hier liegt eine ovale, in NW-SO-Richtung orientierte Wehranlage. Sie besteht aus einem 2–3 m breiten und heute noch 0,80–1,00 m tiefen Graben, der ein fast ebenes Gelände umschließt. Die Anlage ist wegen des dichten Bewuchses sehr schwer zu begehen, so daß bisher noch keine datierenden Funde gemacht werden konnten. Ein alter Mann aus Heimerzheim berichtete, hier habe vor langer Zeit die Burg Eldern gestanden. Die volkstümliche Erinnerung an einen bestimmten Namen scheint auf eine mittelalterliche Anlage hinzudeuten. Weiter nach O, innerhalb des Großen Cent, schließt sich eine schwache Streuung mittelalterlicher Scherben an, die bei r 25 66 900; h 56 21 000 ihre größte Dichte erreicht. Offensichtlich war dieses Gelände einst besiedelt, doch sind die bisher vorgefundenen Siedlungsreste noch zu spärlich, als daß man sie mit der in dieser Gegend anzunehmenden Wüstung Essinghofen (BN 81) in Verbindung bringen könnte. Es ist nicht auszuschließen, daß sowohl die Burg Eldern als auch die Scherbenfunde zu dieser Wüstung gehören (Archäologische Landesaufnahme M. Groß, 1968).

BN 81
I. *Essinghofen, Hessinghofen,* auch: *Hessekoven.*
II. TK 5307 Rheinbach, 5207 Sechtem: genaue Lage nicht bekannt, jedoch NO Dünstekoven im Kottenforst, wahrscheinlich im *Großen Cent* an der Gemarkungsgrenze Heimerzheim-Bornheim, dann: r 25 66 000–68 000; h 26 20 800–22 300.
III. 856: Schenkung König Lothars II. an den Otbert: *in pago bunnensi . . . essingoua . . . mansos septem* (MGH DD Loth. II. Nr. 5 = MRUB I Nr. 93).
871: *Hesengahova* (MGH DD Ludw. d. Dt. Nr. 141).
1537 erscheint der FN *im Hessekoven* (UB Heisterbach 596).
Vom 16.–18. Jahrh. bezieht das Cassius-Stift zu Bonn Weizenpacht von ca. 200 Morgen Wald, der in viele Parzellen geteilt ist, jedoch in geschlossener Lage als *Hessinghover Busch* bezeichnet wird. Dieser Busch ist identisch mit dem sog. 'Großen Cent' auf der Gemarkungsgrenze zwischen Heimerzheim und Bornheim (H.-P. Müller, Die Herrschaft Tomburg und ihre Herren bis zum Ausgang des Mittelalters [Bonn 1970] Anm. 1 und Anm. 4). An dieses Stück grenzte im S noch ein weiteres Buschstück mit Namen *Wilder Hessinghoven,* der dem Stifte Dietkirchen zu Bonn gehörte.
Nach einer Notiz des 17. Jahrh. besaß Dietkirchen im *Busch* 1100 Morgen und im angrenzenden *Hessekover Busch* 550–600 Morgen Wald (J. Dietz, Kulturbild des Klosters Dietkirchen aus dem 15. Jahrh. II. Teil. Bonner Geschichtsbll. 19, 1965, 13). In den Urkarten der TK 1 : 25 000 aus der ersten Hälfte des 19. Jahrh. findet sich W des sog. *Eisernen Mannes* noch der Waldname *Capeller-, Hessekover- u. Kommanderiebusch* (Jagen 186–191 des Staatsforstes Kottenforst).
Das MRUB I S. 787 und nach ihm Heusgen, Dekanate 380, Aubin, Landeshoheit 11 f., und andere identifizierten Essinghofen mit Essig bei Rheinbach. Durch die Hinweise in den Besitzungen der Stifter St. Cassius und Dietkirchen zu Bonn auf den Hessinghover Busch am Westrand des Vorgebirges, unweit Heimerzheim, ist nunmehr sicher, daß es sich um eine O Heimerzheim gelegene Wüstung handelt. Dabei fällt auf, daß der Ort nur für das 9. Jahrh. belegt ist, während die frühneuzeitlichen Belege das bereits lange verwaldete Dorfgebiet von Essinghofen betreffen. Der Ort muß also schon recht früh wüst geworden sein. Das zeigt sich auch am Verlauf der Gemarkungsgrenze zwischen Heimerzheim auf der Westseite des Vorgebirges und den angrenzenden Dörfern Bornheim und Alfter am Osthang der Ville. Diese Grenze verläuft, abgesehen vom Abschnitt an den Dützhöfen, geradlinig und läßt nirgends eine Wüstungsgemarkung erkennen. Die Gemarkung von Essinghofen muß also bereits frühzeitig unter die angrenzenden Dörfer aufgeteilt worden sein. Wann Essinghofen wüst wurde, ist bislang noch unbekannt. Jedoch taucht es um 1300 nicht mehr im Liber Valoris auf. Allerdings braucht es auch kein Kirchdorf gewesen zu sein.

VII. Im Zuge der Archäologischen Landesaufnahme wurde der *Große Cent* O Heimerzheim begangen. Außer vorgeschichtlichen und römerzeitlichen Siedlungsresten wurde auch mittelalterliche Keramik in starker Streuung beobachtet (Heimerzheim Fdst. 8). Vorerst sind die Funde aber noch nicht so dicht, daß Essinghofen als identifiziert gelten könnte (Archäologische Landesaufnahme M. Groß, 1967 und 1968).

BN 82   I. *Kloster Schillingskapellen.*
II. TK 5307 Rheinbach: r 25 66 500; h 56 18 000. SO Dünstekoven, N des Mühlenbaches.
III. 1197 stiftete der Ritter Wilhelm Schilling von Bornheim das Kloster, welches vom EB Adolf I. v. Köln geweiht wurde (Lac. UB I Nr. 557 = Knipping, Reg. II Nr. 1523).
1266: Prämonstratenserinnenkloster Schillingskapellen (H. Neu, Die Deutschordenskommende Ramersdorf [1961] 129).
1802 wurde das Kloster säkularisiert, wobei die Kirche und die Klostergebäude abgerissen und das Gnadenbild aus der Kirche in die Kirche von Buschhoven überführt wurden. Heute ist Kapellen nur noch ein Gutshof.
VII. Eine eingehende Baubeschreibung mit Lageplänen findet sich bei Clemen, KDM Kr. Rheinbach 37 ff.

BN 83   I. Name unbekannt, wahrscheinlich Hofwüstung.
II. TK 5207 Sechtem: r 25 65 570; h 56 19 960. Rund 800 m OSO Burg Heimerzheim, 720 m WSW H. 156,6. Am W-Rand des Kottenforstes.
III. Hier fand sich eine Streuung mittelalterlicher Keramik auf einem fast ebenen, lehmigen, stellenweise kieshaltigen Acker (Heimerzheim Fdst. 18). Die aufgelesene Keramik bestand fast durchweg aus blaugrauer Ware des 12./13. Jahrh. Ältere sowie jüngere glasierte Keramik fehlte. Nach der Ausdehnung dieser Streuung zu urteilen, die einen Dm. von 160 m besaß, hat hier ein mittelalterlicher Hof gestanden (Archäologische Landesaufnahme M. Groß, 1968).

BN 84   I. *Rittersitz Ball* zu Heimerzheim.
II. TK 5207 Sechtem: in Heimerzheim selbst.
III. Außer Burg Heimerzheim gab es in diesem Ort noch einen zweiten Rittersitz, genannt Ball, der ein Fronhof des Kunibertstiftes war und zur Zahlung der Pferdekurmede verpflichtet war. 1783 gingen die Ländereien des Rittersitzes Ball an Burg Heimerzheim über. Der Rittersitz Ball wurde abgerissen, seine Gräben zugeschüttet. Die Anlage trug den Charakter einer Hofesfeste.
LITERATUR: Welters, Wasserburg 85, 138 auf Grund des Archivs Heimerzheim, Akten Ballengut 1782.

# Hersel

BN 85   I. *Burg Urfeld.*
II. TK 5108 Wahn: genaue Lage nicht bekannt, jedoch in oder bei Urfeld.
III. Hier soll für die Zeit um 1100 eine Burg bezeugt sein. Über ihr Aussehen ist nichts näheres bekannt. Die Tranchot-K. NA Blatt 92 Sechtem gibt auch keinen Hinweis auf eine derartige Anlage.
LITERATUR: Dietz, Bonn 65.

BN 86　I. *Muitgen*.
II. TK 5208 Bonn: genaue Lage unbekannt, jedoch vermutlich bei Hersel, NO Bonn.
III. 1591 erhielt die Kämmerei von St. Cassius zu Bonn von sechs Morgen Ackerland zu Muitgen einen Schilling (Hörold, St. Cassius 332).

BN 87　I. *Uedorf*.
II. TK 5208 Bonn: r 25 73 000; h 56 28 200. O des heutigen Uedorf, N Herseler Werth im Rhein.
III. Der heutige Ort Uedorf ist erst eine neuzeitliche Gründung, die den Namen des mittelalterlichen Uedorf erhielt. Dieses aber wurde durch eine verheerende Überschwemmung des Rheins vollständig weggerissen und liegt heute im Rhein bei Uedorf.
Von dieser Rheinlaufverlagerung wurde nicht nur der Ort Uedorf betroffen, sondern auch die alte römische Straße von Köln nach Bonn auf einer Strecke von etwa 2 km überflutet. Die Tranchot-K. NA Blatt 93 Bonn von 1807/08 läßt deutlich erkennen, wie die Straße am S Ortsausgang von Widdig direkt auf das Rheinufer zuläuft und im Rhein verschwindet. Am N Ortsausgang von Hersel bei Herseler Werth kommt sie wieder aus dem Rhein heraus und verläuft als Hauptstraße von Hersel nach S in Richtung Bonn. Die Tranchot-K. zeigt darüber hinaus, daß Uedorf zu Beginn des 19. Jahrh. lediglich aus einigen wenigen Häusern bestanden hat und daß der größte Teil des Ortes, der an der römischen Straße lag, mit dieser vom Rhein überflutet worden war.

Hilberath

BN 88　I. *Paffenholz*.　　　　　　　　　　　　　　　　　　　　　　Abb. 8.
II. TK 5407 Altenahr: genaue Lage unbekannt, jedoch vermutlich O Hilberath in einer weiten Ausbuchtung der Gemarkung, also etwa r 25 65 300–67 000; h 56 03 000–04 600.
III. 1582: *Peter im Paffenholz*, Einwohner von Berg.
1651: *Johann Villicus und Caecilia im Paffenholz*.
1653: *Johann Paffenholz im Paffenholz* (Kirchenbuch Vischel).
Im 17. Jahrh. bestand O von Hilberath also ein Hof oder eine kleine Siedlung namens Paffenholz. Zu dieser Niederlassung gehörte eine kleine Gemarkung, deren Grenze etwa im Zuge der heutigen Straße von Todenfeld nach Berg verläuft.
VI. Noch heute führt die TK 1 : 25 000 in diesem Gebiet den FN *Paffenholz*.

BN 89　I. Name unbekannt, wahrscheinlich Hofwüstung.　　　　　Tafel 62.
II. TK 5407 Altenahr: r 25 68 860; h 56 03 980. Rund 480 m NO der Kirche Hilberath, 440 m SW H. 294,0.
VII. N der Straße Hilberath-Altendorf fand sich hier auf einem nach S abfallenden Hang eine dichte Streuung mittelalterlicher Gefäßscherben des 12./13. Jahrh. Nach der Ausdehnung der Fundstelle zu urteilen, kann es sich nur um eine Hofwüstung handeln (Hilberath Fdst. 3 – Archäologische Landesaufnahme M. Groß, 1968. – Vgl. auch Textband S. 154 und Tafel 62).

BN 90　I. Name unbekannt, Hofwüstung?　　　　　　　　　　　　Tafel 62.
II. TK 5407 Altenahr: r 25 68 260; h 56 03 140. 620 m SW Kirche Hilberath, 420 m NW H. 382,0.

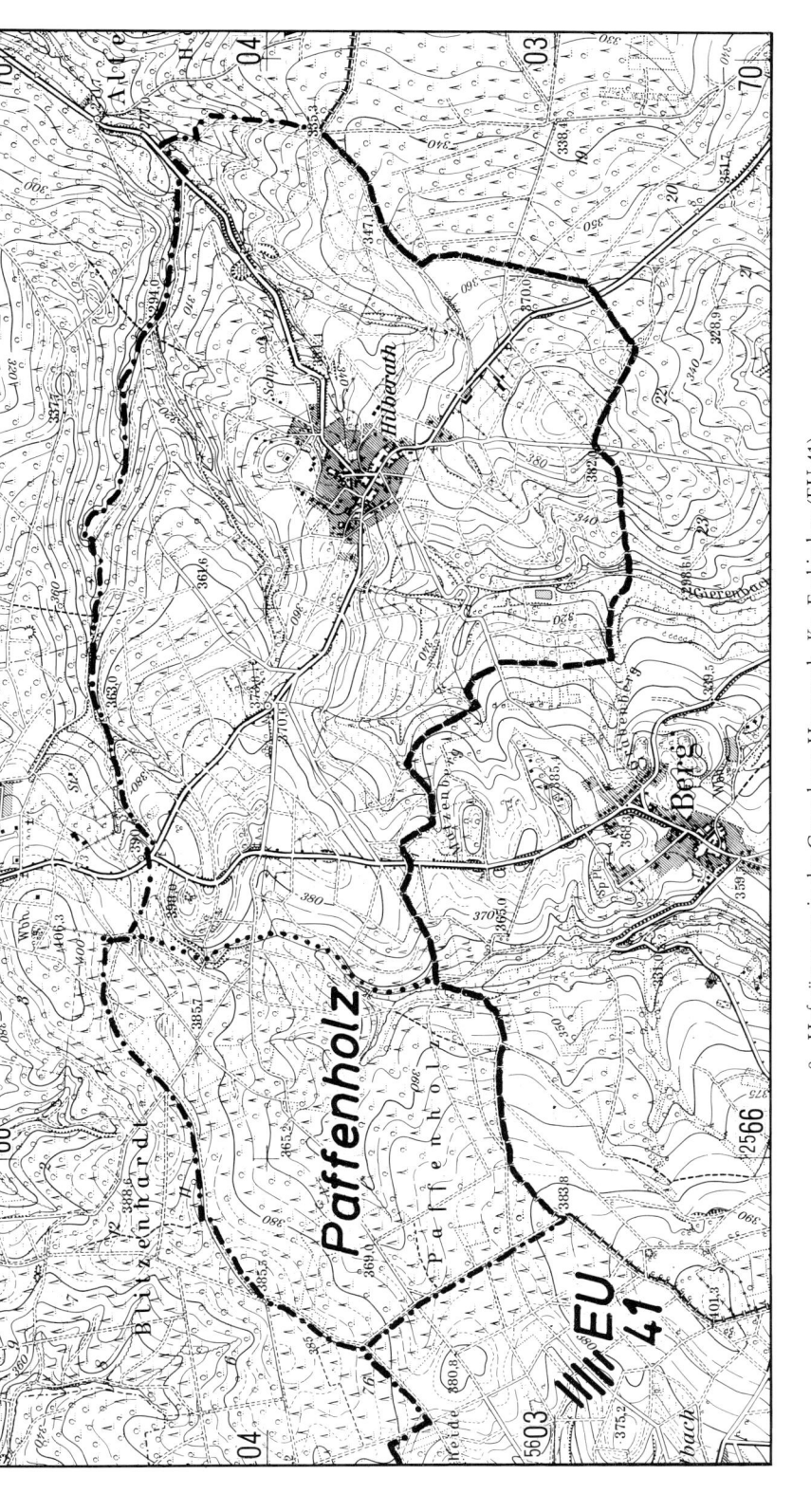

8 Hofwüstungen in der Gemarkung Houverath, Kr. Euskirchen (EU 41), und in der Gemarkung Hilberath, Kr. Bonn (BN 88: Paffenholz).

(Ausschnitt aus der TK 1 : 25 000 Blatt 5407 Altenahr; wiedergegeben mit Genehmigung des Landesvermessungsamtes Nordrhein-Westfalen vom 4. 5. 1973 – 3787).

154  Kreis Bonn-Land

III. An dem nach NW abfallenden Hang fanden sich zahlreiche mittelalterliche Gefäßscherben des 12./13. Jahrh. Nach der Ausdehnung der Fundstelle zu urteilen, handelt es sich um eine Hofwüstung, zu der vielleicht auch der im Tal gelegene Teich gehörte (Hilberath Fdst. 4 – Archäologische Landesaufnahme M. Groß, 1968. – Zu diesem Hof vgl. Textband S. 154).

## Impekoven

BN 91   I. *Rellekoven*.
II. TK 5208 Bonn, 5207 Sechtem, 5308 Bad Godesberg: genaue Lage nicht bekannt, jedoch in der Gemarkung Impekoven, nahe Nettekoven.
III. H. Dittmaier, Die linksrheinischen ON auf -dorf und -heim (Manuskr. Bonn 1961), verzeichnet bei Nettekoven den FN *Rellekoven*.
1291 erscheint der PN *Arnoldus . . . dictus de Rullenchoven* (Schmitz, UB Heisterbach Nr. 188).

## Lengsdorf

BN 92   I. *Burg Gracht*.
II. TK 5208 Bonn: r 25 75 000; h 56 20 050. In Lengsdorf in der Flur *in der Grächt*.
III. 1321 ist als erster Besitzer der Burg Johann von Gracht, Schöffe in Bonn, nachzuweisen.
1393: Gerart v. d. Graicht Bürger in Bonn.
1410 besaß Reinhard von Lessenich, dessen Frau Lucart v. Gracht war, die Burg.
1443–1463 nennt sich Gerart von Lessenich meist von Gracht nach dem Namen seiner Frau.
1460: Petrus von Gracht Bürger in Bonn.
1468–1538 lebte Lucart von Gracht, Nonne in Engeltal, mit der diese Familie ausstarb.
16. Jahrh.: Die Burg Gracht gelangt an die Familie von Lülsdorf, die noch im 17. Jahrh. in Lengsdorf in der Pfarrkirche ein Erbbegräbnis hatte. Es wird angenommen, daß die Burg in den Kriegen des 17. Jahrh. zerstört worden ist.
BELEGE: J. Dietz, Bonner Geschichtsbll. 10, 1956, 106 und 12, 1958, 97.
VI. 15. Jahrh.: *Land bouen deme houe an der graicht*.
18. Jahrh.: *auf der Gragter Kante* (Belege bei Dietz a. a. O.).
Heute noch heißt die betr. Flur *in der Grächt*. Der Volksmund kennt hier auch die FN *Doove Weiher* oder *Düwelsküliche*.
LITERATUR: J. Dietz, Heimatbll. d. Rhein-Sieg-Kr. 38, 1970, 90 f. mit Lageplan.

BN 93   I. *Honestorp*, auch: *Onsdorf*.
II. TK 5208 Bonn: wahrscheinlich zwischen Lengsdorf und Endenich gelegen.
III. 907 Febr. 4: *Donatio Herlabaldi in Honestorp* (Levison, Bonner Urk. Nr. 6). Alle hier S. 237 Anm. 2 genannten Identifikationen für Honestorp sind nicht richtig. J. Dietz, Bonn 56, hat mit Recht die Wüstung zwischen Lengsdorf und Endenich vermutet (vgl. Hörold, St. Cassius 333).
1216: *Wilhelm de Onestorpe* Zeuge in einer Urkunde des gewählten EB Engelbert v. Köln (Lac. UB II Nr. 60).
1266 März 10: Ritter Goswin von Alfter und seine Gattin erlassen der Kommende Johann und Cordula zu Köln die von einem Lehen zu Onsdorf auf den Hof Ende-

nich pflichtigen Gefälle und Dienste: *in curtim nostram in Entinnich de uno beneficio sito in Onsdorp, quod Lein vocatur* (Lac. UB II Nr. 569). Auf Grund dieses Beleges wird man vermuten dürfen, daß Onsdorf zwischen Lengsdorf und Endenich gelegen hat. Die genaue Lage dürfte wegen der heute vollständigen Überbauung dieses Gebietes nicht mehr zu ermitteln sein.

LITERATUR: Dietz, Bonn 56.

BN 94   I. Töpferbezirk.

II. TK 5208 Bonn: r 25 75 715–735; h 56 19 840–850. Im Winkel zwischen Ippendorfer Weg und Lengsdorfer Bach sowie auf der Südseite des Ippendorfer Weges.

VII. Seit 1956 wurden an den genannten Stellen mehrfach Hinweise auf einen mittelalterlichen Töpferbezirk gefunden. Bei Bauarbeiten fand man die Reste von Brennöfen, ferner größere Mengen von Fehlbränden und auch heile Gefäße. Unter anderem kamen in Steinzeugqualität ausgeführte Becher von der Art der Siegburger Kugelbecher vor, die belegen, daß hier im 14./15. Jahrh. eine blühende Töpfereiindustrie arbeitete. Daß sie bereits ins 11./12. Jahrh. zurückreicht, wird vermutet, läßt sich jedoch noch nicht beweisen, weil nicht klar ist, ob derartige ältere Funde aus Lengsdorf (vgl. Bonner Jahrb. 159, 1959, 448) aus Töpferöfen stammen.

LITERATUR: OA des RLMB. – Ferner mündliche Informationen des Landwirts Henseler, Lengsdorf, Hauptstraße.

BN 95   I. Töpferbezirk.

II. TK 5208 Bonn: r 25 75 540–660; h 56 19 710–950. Auf der gesamten Ostseite der Uhlgasse, an mehreren Stellen bis hin zum Lengsdorfer Bach.

VII. Die Uhlgasse in Lengsdorf ist, wie bereits ihr Name besagt, Sitz mehrerer keramikherstellender Betriebe gewesen. Bei Bauarbeiten auf verschiedenen Grundstücken auf der Ostseite der Uhlgasse wurden wiederholt Reste von Töpferöfen sowie Halden mit Fehlbränden vorgefunden. Eine ordnungsgemäße Ausgrabung fand aber an keiner der Fundstellen statt, so daß nähere Aussagen über die Konstruktions- und Funktionsweise der Öfen nicht gemacht werden können. Soweit noch Scherbenfunde zugänglich waren, scheint es sich um einen Töpferbezirk gehandelt zu haben, dessen Produktion besonders im 14. und 15. Jahrh. blühte. Die vertretenen Formen finden sich jedenfalls bei gleichzeitiger Siegburger Ware wieder. Anfang und Ende der Produktion lassen sich nicht bestimmen (mündliche Informationen von Landwirt Henseler, Lengsdorf, Hauptstraße).

LITERATUR: Bonner Jahrb. 167, 1967, 473.

Ließem

BN 96   I. *Hochem, Hochheim.*

II. TK 5308 Bad Godesberg: r 25 81 660; h 56 12 000–12 250. Rund 500 m NW Oberbachem und 1000 m SSW Ließem, auf der Gemarkungsgrenze zwischen beiden Orten.

III. 1334: *Hoigheim* (MStA Köln 6, 1889, 12).

1553 Okt. 24: *zo Hochem an dem graven der na dem crutz geit* (L. Korth, Das gräflich von Mirbachsche Archiv zu Harff II. AHVN 57, 1894, 294).

1556 Nov. 11: *uff Hoichem* (Korth a. a. O. 298. – Belege n. H. Dittmaier, Die linksrheinischen ON auf -dorf und -heim [Manuskr. 1961] 60).

VI. Noch heute heißt ein von Oberbachem nach NW auf H. 188,0 führender Weg *Hochheimer Weg*. Die W von diesem Weg auf der Gemarkungsgrenze Ließem–Oberbachem liegende Flur heißt *Hochheim*.

Ludendorf

BN 97   I. Name unbekannt, wahrscheinlich Dorfwüstung.   Tafel 62.
II. TK 5307 Rheinbach: r 25 62 180; h 56 14 600. Rund 1000 m W Ludendorf.
IV. Die Befragung von älteren Dorfbewohnern von Ludendorf ergab, daß die Leute hier meinen, dort habe ein Dorf, eine Burg sowie eine Kirche gestanden. Der 74jährige Herr Braun erinnert sich, um 1911 einem Bauern beim 'Ausroden' eines starken Steinfundamentes geholfen zu haben. Er habe auch Steine mit Inschriften gesehen, die von dort stammten (Archäologische Landesaufnahme M. Groß, 1967).
VII. In der Flur *Burgacker* erstreckt sich hier eine ausgedehnte mittelalterliche Siedlung, die an sehr viel Keramik des 12.–15. Jahrh. zu erkennen ist (Ludendorf Fdst. 2). Die Streuung der Funde reicht noch bis über die Gemarkungsgrenze gegen Essig und könnte sogar mit der dortigen Fdst. 1, S der Straße nach Dom-Esch, zusammenhängen (vgl. BN 70).

BN 98   I. Name unbekannt, wahrscheinlich Hofwüstung.
II. TK 5307 Rheinbach: r 25 61 640; h 56 14 200. Rund 1,6 km SW Ludendorf, 320 m SSO H. 158,4.
VI. In den Fluren *Am Steinrausch* und *An den Pehlen* wurde eine Fundstelle mit römerzeitlicher und mittelalterlicher Keramik entdeckt. Nach den Angaben von Ludendorfer Einwohnern soll hier eine mittelalterliche Burg gestanden haben (Ludendorf Fdst. 3 – Archäologische Landesaufnahme M. Groß, 1967).
VII. Die Gemarkung von Ludendorf weist, obgleich heute von modernen, geradlinigen Grenzen eingefaßt, trotzdem eine Form auf, die auf ältere Zustände schließen läßt. Die Gemarkung von Essig wirkt in diesem Gebiet durchaus unorganisch, und es scheint, als sei sie zu einem späteren Zeitpunkt aus der von Ludendorf herausgeschnitten worden. Im SW besitzt die Ludendorfer Gemarkung einen weiten unorganischen Fortsatz, in dem man sich die mittelalterliche Fdst. 3 gut als eigenständigen Hof vorstellen könnte.

BN 99   I. Name unbekannt, wahrscheinlich Hofwüstung.   Tafel 62.
II. TK 5307 Rheinbach: r 25 63 060; h 56 15 380. Etwa 760 m NW der Kirche Ludendorf.
VII. In der Flur *In der Hütt* und O davon erstreckt sich auf leicht sandig-lehmigem Gelände eine dichte mittelalterliche Fundstelle (Fdst. 4). Hier wurde vor allem Keramik des 9.–13. Jahrh. gefunden (vgl. Textband S. 155). Nach der Größe der Fundstelle zu urteilen, muß es sich um einen Einzelhof handeln (Archäologische Landesaufnahme M. Groß, 1967).

BN 100   I. *Burg Ludendorf.*
II. TK 5307 Rheinbach: r 25 63 440; h 56 15 070. Die Burg lag am Nordende von Ludendorf, in den Wiesen O des letzten Hofes, an der Straße nach Ollheim.
III. Anf. 19. Jahrh. zeigt die Tranchot-K. ÄA Blatt 38 Euskirchen O des Dorfes einige wassergefüllte Gräben sowie ein grabenumschlossenes Geviert, in dem ein Gebäude angegeben ist.
1822 enthält das Urkataster in Flur VII ein von breiten Wassergräben umschlossenes rechteckiges Burggelände von etwa 24 x 42 m Größe. Nach N ansetzende Grabenfortsetzungen deuten eine Vorburg an, in der der heute noch vorhandene Hof gestanden haben dürfte.
VII. Von der einstigen Burg sind kaum noch Überreste kenntlich geblieben. Früher mit Schilf bewachsene Gräben wurden vom Besitzer bereits in den dreißiger Jahren

zugeschüttet. Ein unmittelbar S der Burgstelle liegendes Ackerstück nennt man heute noch 'Weiher', obgleich es dort heute ganz trocken ist (Ludendorf Fdst. 9 – Archäologische Landesaufnahme M. Groß, 1969).
LITERATUR: Welters, Wasserburg 140. – Heusgen, Dekanate 222 f.

## Lüftelberg

BN 101
I. Name unbekannt, vielleicht eine Dorfwüstung. Tafel 62.
II. TK 5308 Bad Godesberg: r 25 72 250; h 56 13 050. Rund 770 m NNW Hambuchshof, auf der Gemarkungsgrenze gegen Meckenheim.
VII. In der Flur *Auf dem Eichelkamp* erstreckte sich in ebenem, sandig-lehmigem Gelände eine dichte Streuung mittelalterlicher Keramik. Vereinzelt setzen sich die Funde nach NO bis in ein angrenzendes Waldstück fort (Lüftelberg Fdst. 2 – Archäologische Landesaufnahme M. Groß, 1967). Die Keramik ist einheitlich dem 12./13. Jahrh. zuzuweisen (vgl. Textband S. 156). Es ist nicht auszuschließen, daß sich hinter der Fundstelle auch ein mittelalterlicher Töpferbezirk verbirgt. Nach Tille-Krudewig, Nichtstaatl. Archive, gibt es aus dem 15. Jahrh. einen Vertrag zwischen den Burgherren von Lüftelberg und den Töpfern dortselbst (Mitteil. v. K. Flink, Institut f. geschichtliche Landeskunde Bonn). Klarheit kann hier nur eine Ausgrabung bringen.

## Meckenheim

BN 102
I. Spätmerowingische Siedlungsreste. Tafel 58.
II. TK 5308 Bad Godesberg: r 25 72 300; h 56 10 970. Unmittelbar N der Bahn Bonn–Euskirchen.
VII. Im Frühjahr 1968 wurden hier bei Bauarbeiten spätmerowingische Siedlungsreste festgestellt. In einer etwa 0,60 m starken, 2 m unter der heutigen Ofl. liegenden dunkelbraunen, fettigen Kulturschicht traten unter anderem Reste von fränkischen Knickwandgefäßen sowie hellgrundige Keramik vom Vorgebirgstypus des 7./8. Jahrh. zutage. Die Fundstelle liegt nur 450 m NO des fränkischen Reihengräberfriedhofes, im N Meckenheims, an der Straße Meckenheim–Flerzheim. Es könnte sich bei der Fundstelle um einen der insgesamt vier merowingerzeitlichen Siedlungskerne in und um Meckenheim handeln, die nach den vier fränkischen Reihengräberfeldern vorausgesetzt werden müssen. Eine Klärung der Fundstelle dürfte schwierig sein, da ihr größerer Teil unter dem Bahndamm liegt.
LITERATUR: Zur merowingerzeitlichen Besiedlung von Meckenheim: K. Böhner, Aus der Vor- und Frühzeit Meckenheims. In: Heimatbuch der Stadt Meckenheim (Meckenheim 1954) 7–16. – W. Janssen, Historische Stätten Bd. 3: Nordrhein-Westfalen (2. Aufl. 1970) unter 'Meckenheim'. – H. Stoll, Rheinische Vorzeit in Wort und Bild 2, 1939, 18 ff.

BN 103
I. *Töpfereibezirk.* Tafel 58–60.
II. TK 5308 Bad Godesberg: r 25 72 100–72 370; h 56 11 000–11 540. N Meckenheim, zu beiden Seiten des Wiesenpfades, auf dem O-Ufer der Swist. Flur 22, Parz. 106–121.
III. 1374 wird ein Töpfer, *Vlner,* als Einwohner von Meckenheim erwähnt. 1599 gab es N von Meckenheim eine Siedlung an der Uhlgasse, die in diesem Jahre noch 37 Haus- und Hofstätten umfaßte. Die Uhlgasse des späten 16. Jahrh. hatte

einen Vorgänger, die alte Uhlgasse, die 1453 erwähnt wird. Zu Beginn des 17. Jahrh. wurde die Siedlung an der Uhlgasse aus Sicherheitsgründen in das befestigte Meckenheim hineinverlegt.

LITERATUR: Ennen-Flink, Rheinischer Städteatlas, Liefer. 1 Nr. 3 (1972): Meckenheim.

VI. Der unter I. gen. Flurbezirk heißt noch heute *An der Uhlgasse*. Er wurde inzwischen durch moderne Wohnbauten überbaut.

VII. Bei der Erschließung eines größeren Geländes als Baugebiet wurden 1968 auf dem schwach nach O ansteigenden O-Ufer der Swist die Überreste eines ausgedehnten mittelalterlichen Töpfereibezirkes mit Planierraupen freigelegt. Die daraufhin eingeleiteten Grabungen ergaben etliche Halden mit Töpfereiabfall, einzeln stehende große graue Tongefäße, die wohl als Wasserbehälter gedient hatten sowie die Überreste mehrerer Töpferöfen vom Typus der liegenden Öfen mit steingemauerter Kuppel. Die hier hergestellte Töpferware läßt sich nach vier Arten unterscheiden:

a) die Kugeltopfware, meist als blaugraue Ware, gelegentlich aber auch in gelblichgrauen Farben gefertigt;

b) die Keramik der Pingsdorfer Art: hellgrundige, teils gelbrosafarbene Ware mit grober roter Magerung, die mit rostroter bis -brauner Farbe bemalt war;

c) sog. geriefte, graue Ware, teils mit Rollstempelmustern über den gesamten Gefäßkörper hinweg verziert; sie weist noch keine Steinzeughärte auf, zeigt aber bereits sehr harten Brand und die Formen der daran anschließenden Steinzeugtypen;

d) große schwere Vorratsgefäße von schüssel- oder eimerähnlichen Formen mit stark gewulsteten Rändern in blaugrauer Machart. Diese Keramik ähnelt sehr den sog. Xantener Schüsseln.

Das vorgefundene Material stammt aus dem 12. bis beginnenden 14. Jahrh.

LITERATUR: Bonner Jahrb. 164, 1964, 553 f. – Ergebnisse 1968 noch unveröffentlicht.

## Miel

BN 104    I. *Burghügel Fließenhof*, auch: *Spiesenhof*, (Motte).      Abb. 9; Tafel 15.

II. TK 5307 Rheinbach: r 25 64 520; h 56 15 320. W von Miel.

III. 1806 ging nach der Säkularisation des Klosters Mariastern in Essig, das den Hof besessen hatte, der Spiesenhof für 11 400 Frcs. an den Grafen Karl Leopold von Belderbusch über. Die Stelle, an der dieser dann abgerissene Hof lag (am W Ende von Miel), heißt noch heute *op der Vleeß* (Heusgen, Dekanate 242).

VII. Am W Ortsausgang von Miel biegt die durch Miel in ONO-WSW-Richtung verlaufende B 56 rechtwinklig nach NW um, nimmt jedoch nach etwa 500 m ihre ursprüngliche Richtung wieder auf. Dieses Umbiegen scheint durch die Existenz eines mittelalterlichen Burghügels am Westausgang des Ortes verursacht worden zu sein, den die Straße ohne Umbiegen sonst geschnitten hätte. Diese Motte war eine zweiteilige Anlage, bei der Vor- und Hauptburg deutlich zu unterscheiden waren. Breite Wassergräben umgeben die beiden Burgareale, die sich nur wenig über die Niederung erheben. Zwischen Haupt- und Vorburg wurde der Graben zwar zugeschüttet, zeichnet sich aber durch Bewuchsmerkmale noch deutlich ab. Bei Bauarbeiten wurden Fundamente freigelegt, zu denen späte blaugraue und frühe hart gebrannte, geriefte Ware gehörte. Diese Baureste dürften mithin aus dem 13./14. Jahrh. stammen.

LITERATUR: A. Herrnbrodt, Bonner Jahrb. 162, 1962, 590 f. – M. Müller-Wille, Burghügel Nr. 68.

9 Wüstungen in der Gemarkung Miel (BN): Motte Miel (BN 104), Motte Gut Hohn (BN 106), Wüstung Givvekoven (BN 105), Hofwüstung Lützermiel (BN 107) und eine Mühlenwüstung SO von Miel (BN 108). (Ausschnitt aus der TK 1 : 25 000 Blatt 5307 Rheinbach; wiedergegeben mit Genehmigung des Landesvermessungsamtes Nordrhein-Westfalen vom 4. 5. 1973 – 3787).

BN 105   I. *Givvekoven*, auch: *Giffekoven*.  Abb. 9; Tafel 52; 53; 63; 76.
II. TK 5307 Rheinbach: r 25 66 000–67 000; h 56 14 000–14 400. Rund 1200 m SW Morenhoven und 2000 m SO Miel, zwischen Wall-Bach und Swist-Bach.
III. 1143 (?): Vielleicht ist das für dieses Jahr bezeugte *Gwinckechoven* (BN 21) mit Givvekoven identisch (MRR I Nr. 2005 = Knipping, Reg. II Nr. 413).
1148: EB Arnold I. v. Köln bestätigt die Besitzungen und Einkünfte des von dem Kölner Bürger Walbert begründeten Hospitals mit Kapelle auf der Insel Nonnenwerth, unter diesen 7 iurnales Acker zu *Gevenchovin* (Knipping, Reg. II Nr. 463 = MRR I Nr. 2006).
1148: Abt Nikolaus v. Siegburg bestätigt die Besitzungen des von dem Kölner Bürger Walbert begründeten Hospitals mit Kapelle auf der Insel Nonnenwerth und setzt die Stellung des Pfarrers der Hospitalskapelle fest. Unter den Besitzungen: *in Giuenchouen VII diurnales arabilis terre* (Wisplinghoff, UB Siegburg Nr. 56).
1148 (?): *Geuenchouin*
1178: *Giuenhouen*
(Gysseling, Toponymisch Woordenboek 405 unter *Gimmingen*. – Dazu H. Dittmaier, Rheinische Vjbll. 26, 1961, 138).
1552: Schöffenweistum von Miel, vorliegend in zwei Kopien des 17. Jahrh.: *Item den grunen Weg zu Gevenkofen, der von Drees kombt und bis in Morrenhofer Herrlichkeit, soll einer werven roden weit sein* (zit. n. E. v. Claer. AHVN 45, 1886, 98 Anm. 1). Das Dorf Givvekoven sei, so wird hier angenommen, im Dreißigjährigen Krieg untergegangen. Im Acker stoße man an der betreffenden Stelle noch auf Mauerreste.
VI. 1552: *gruner Weg zu Gevenkofen*. In den modernen Deutschen Grundkarten Mst. 1 : 5000 finden sich die FN *Giefekover Benden, Markt, die Vig*.
VII. Bei der Begehung des Geländes der Wüstung gelang es, anhand von mittelalterlichen Scherbenfunden (s. Textband S. 143 ff.) die Ausdehnung des einst besiedelten Gebietes ziemlich genau zu bestimmen (vgl. Tafel 76). Bei den Funden sind zwei Gruppen von Keramik zu unterscheiden:
a) die karolingerzeitliche, sehr hart gebrannte Kugeltopfware mit Wackelböden sowie Fragmente von Badorfer Reliefbandamphoren;
b) blaugraue Kugeltopfkeramik des 12./13. Jahrh. In diesen beiden Zeiträumen muß eine besonders intensive Besiedlung des Dorfes stattgefunden haben.
VIII. Das gesamte Gelände der Wüstung sowie die zu ihr gehörenden Ackerfluren sind heute intensiv in die agrarische Nutzung einbezogen worden. Daher können sich weder Baureste oder Überreste der mittelalterlichen Fluren von Givvekoven erhalten haben. – Aber auch der einstige Flurumriß des Dorfes blieb nicht wie bei zahlreichen anderen Wüstungen innerhalb benachbarter Gemarkungen erhalten. Offensichtlich wurde die Gemarkung der Wüstung Givvekoven unter die Nachbarmarken Miel und Morenhoven aufgeteilt. Diese beiden Marken zeigen nämlich im Gebiet von Givvekoven kleine Ausbuchtungen nach S bzw. N, in denen Teile der Gemarkung der Wüstung zu vermuten sind. Auf dem Gelände der Wüstung Givvekoven hat I. Scollar Messungen mit dem Protonenresonanzmagnetometer durchgeführt, die zur Lokalisierung eines Grubenhauses führten (vgl. Textband S. 143 ff.).

BN 106   I. *Burghügel Gut Hohn* sowie *wüste Höfe zu Hohn*.  Abb. 9; Tafel 26,2.
II. TK 5307 Rheinbach: r 25 67 020; h 56 16 900. Rund 600 m N der Straße Buschhoven–Miel, der heutigen B 56.
III. Die Geschichte von Gut Hohn hat Heusgen, Dekanate 243 f., auf Grund zahlreicher Quellen zusammengetragen. Er zögert nicht, Hohn als eine kleine Ortschaft anzusprechen, die aus mindestens zwei, wahrscheinlich aber mehr Höfen bestanden hat. Von den Hohner Höfen ist heute nur noch einer erhalten, der andere wurde wüst.

*Hof Hohn I:* Dieser heute noch bestehende Hof war Sitz der Ritter (*milites*) zu Hayne. Um 1197 überließ Wilhelm, Ritter von Schilling, dem von ihm gestifteten Kloster Schillingskapellen den Zehnten *zum Haen* (Beschreibung der adligen, geistlichen und freien Güter zu Miel anno 1600, Pfarrarchiv Miel).

1251: *Heinrich von Haan* erreicht von der Abtei St. Martin die Freigabe einer Hufe Landes aus ihrer Lehnsherrschaft gegen anderweitige Entschädigung (Heusgen, Dekanate 143 f. – Zur weiteren Geschichte des Hofes vgl. Heusgen, Dekanate 244). Zuletzt befand sich dieser Hof in der Hand des Freiherrn von Böselager, Herr zu Heimerzheim.

VII. Eine Geländebegehung im Herbst 1968 ergab folgenden Befund: N des heutigen Gutshauses erhebt sich ein 4 m hoher und an der Basis 12 m Dm. messender, runder Burghügel, Rest einer einst umfangreichen Burganlage vom Typus der Motten. Der Hügel ist nach W von einem Teich, auf den anderen Seiten mit einem Graben umgeben. Die Vorburg lag nach S in erhöhtem, heute aufgeforstetem Gelände. Diese Anlage dürfte auf die frühesten Besitzer von Gut Hohn, die Herren von Haan, zurückgehen, die im 12. Jahrh. nach der Sitte der Zeit einen Burghügel errichteten.

*Hof Hohn II:* Dieser inzwischen abgerissene Hof gehörte den Grafen von Blankenheim-Manderscheid. Er bestand noch gegen Ende des 18. Jahrh. Zu Beginn des 19. Jahrh. kann er nicht mehr vorhanden gewesen sein, denn die Tranchot-K. ÄA Blatt 38 Euskirchen von 1808/09 zeigt in Hohn nur einen einzigen Hof.

Es ist zu vermuten, daß außer diesen beiden Höfen noch weitere ein regelrechtes kleines Dorf bildeten. Denn Gut Hohn liegt heute inmitten einer ausgesprochenen Dorfgemarkung, die sich nach NO an die Gemarkung Miel anschließt. Dieser Gemarkungsannex von Miel (vgl. Abb. 9) ist mindestens von der gleichen Größe wie die Gemarkung von Miel, so daß auf jeden Fall etliche Höfe hier bestanden haben müssen.

Hohn ist mithin als partielle Ortswüstung anzusprechen.

BN 107    I. *Lützermiel.*    Abb. 9.

II. TK 5307 Rheinbach: r 25 65 670; h 56 16 240. Am Schnittpunkt der Straße Miel–Buschhoven, der heutigen B 56, mit dem Swist-Bach, N der Straße.

III. Wohl schon vor 1300 hatte Johann v. Buschhoven ein Allod zu Lützermiel, dann gehörte es dem Deutschen Orden.

1304 überließ der Deutsche Orden Lützermiel dem Kloster Capellen (HStA Düsseldorf: Urk. Capellen Nr. 31).

1364 wurde Daniel von Buschhoven mit der Gerichtsbarkeit von Lützermiel und anderen Orten belehnt.

Um 1550 bestätigte Beatrix, Tochter Johanns von Eynatten zu Flamersheim, die schon vor einigen Jahren vorgenommene Schenkung des Hofes Lützermiel an das Kloster Capellen.

1552: Nach dem Mieler Weistum mußte das Kloster Capellen die Brücke über die Swist bei Lützermiel unterhalten.

Ende des 18. Jahrh. verkaufte die französische Domänenverwaltung das Gut für 10 300 Frcs. an den Grafen von Belderbusch.

(Belege nach Heusgen, Dekanate 245).

Um 1780 enthält eine topographische Karte der Gegend um Köln (Stadtmuseum Köln) W der Swist den Hof Lützermiel.

1808/09 zeigt die Tranchot-K. ÄA Blatt 38 Euskirchen nur noch ein einziges Gebäude des Hofes, der mithin schon Anf. 19. Jahrh. abgerissen worden sein muß.

1919 stand nur noch eine Scheune des Hofes.

VII. Am ehemaligen Hof Lützermiel wurde eine befestigte Siedlungsstelle der Michelsberger Kultur sowie eine römische Ansiedlung mit zugehörigen Brandgräbern ausgegraben. Vom mittelalterlichen Hof rühren noch einige wenige Backsteinfun-

damente her, die unmittelbar an der Swist bis vor einigen Jahren sichtbar waren.
LITERATUR: H. Lehner, Bonner Jahrb. 125, 1919, Jahresbericht 1919, Beilage S. 14 b. – Einen Katasterplan des ehem. Hofes bringt Lehner in Bonner Jahrb. 127, 1922, Abb. 3 S. 113. Er zeigt, daß es sich um einen vierseitig geschlossenen Hof gehandelt hat.

BN 108    I. *Mühle*.                                                                                                  Abb. 9.
II. TK 5307 Rheinbach: r 25 65 250; h 56 14 920. Etwa 750 m SO Ortsmitte Miel.
III. 1808/09 zeigt die Tranchot-K. ÄA Blatt 38 Euskirchen eine am Wege von Miel nach Givvekoven gelegene Mühle; jedoch liegt sie nicht an einem Gewässer, so daß man wohl an eine Windmühle zu denken hat.

BN 109    I. *Mühlen* am Ohrbach.
II. TK 5307 Rheinbach: SW, W und NW von Miel.
III. Nach Heusgen, Dekanate 237, betrieb der Ohrbach früher in der Gegend von Miel mehrere Mühlen.

Morenhoven

BN 110    I. *Müttinghoven,* partielle Ortswüstung.
II. TK 5307 Rheinbach: r 25 69 150; h 56 13 900. Rund 1500 m SO Morenhoven und 1000 m N Flerzheim, auf dem Ostufer des Swist-Baches.
III. 1669 werden in einer Deskription des Erzstiftes Köln in Müttinghoven vier Höfe erwähnt, davon *zwei adlichen seeß, 1 adliche, 1 geistliche hoff*. Die Inhaber dieser Höfe waren 1669 die freiadelige Familie v. Böninghausen, Frenz v. Mattenfeld, Vorst zu Lombeck und das Kloster Engelthal zu Bonn.
1260 März 6: Es erscheint in einer Urkunde des Klosters Heisterbach ein *miles Wezelo de Mutinchoven,* den man wohl als einen der Vorbesitzer dieser Höfe bezeichnen darf (Schmitz, UB Heisterbach Nr. 179).
Heute gibt es in Müttinghoven nur noch zwei große Höfe, während zwei andere wüst geworden sein müssen. Damit erscheint Müttinghoven heute als Einzelhofsiedlung, während es ursprünglich ein aus mehreren Höfen bestehender kleiner Weiler war.
1808/09 enthält die Tranchot-K. ÄA Blatt 38 Euskirchen auch nur die beiden heute noch bestehenden Höfe. Zwei der 1669 erwähnten Höfe müssen also zu dieser Zeit bereits wüst gewesen sein.

Neukirchen/Sürst

BN 111    I. *Atzenfelder Hof*.
II. TK 5407 Altenahr: Rund 500 m SW Vogelsang: r 25 64 700; h 56 06 160.
III. Nach Heusgen, Dekanate 290, gehörte der Atzenfelder Hof mit anderen Wildhöfen bis ins 17. Jahrh. zur Herrschaft Neukirchen. Dann kam der Hof über mehrere Zwischenbesitzer zuletzt an die Abtei Heisterbach, die ihn gegen Ende des 18. Jahrh. für 30 Rtlr. verpachtete. Nach dem Verlust der abteilichen Herrlichkeit Flerzheim-Neukirchen wurde der Hof 1796 abgebrochen. Das zugehörige Land wurde zu Wald und nach 1812 von dem Freiherrn von Vincke, Herrn zu Winterburg, wieder mit dieser vereinigt.

Der Landwirt Nußbaum aus Neukirchen hat von seiner Großmutter erfahren, daß seine Familie vom Atzenfelder Hof stammt. Er selbst wird in Neukirchen Atzenfelder Josef genannt.

BN 112  I. *Ganzhauser Hof.*
II. TK 5307 Rheinbach, 5407 Altenahr: lag wahrscheinlich unweit Neukirchen, vielleicht aber auch im Flamersheimer Wald.
III. 1673 verkauften Friedrich Wentz zu Lahnstein und dessen Kinder der Abtei Heisterbach eine Erbrente und setzten ihren Hof Ganzhausen mit der zugehörigen Bäckerei und ca. 30 Morgen Land zum Unterpfand.
1676 kaufte die Abtei Heisterbach den Hof Ganzhausen von den Herren von Wentz mit allem Zubehör sowie die Hälfte der zugehörigen Mühle, die vom Schnellchesbach getrieben wird.
1681 kauft die Abtei auch die andere Hälfte der Mühle.
Um 1794 war der abteiliche Hof Ganzhauser Hof verpachtet. Nach dem Verlust der abteilichen Herrlichkeit Flerzheim-Neukirchen ging der Hof ein. Seine Ländereien wurden z. T. zu Busch und von der Domänenverwaltung parzellenweise verkauft. Die zugehörigen Waldungen waren 1816 im Besitz der preußischen Regierung (Heusgen, Dekanate 290. – Zum Wildhof Hanenstein vgl. EU 36).

BN 113  I. *Kupfer- und Bleigrube Emma-Carolina.*
II. TK 5407 Altenahr: r 25 65 000; h 56 05 280. Rund 250 m O Kurtenberg.
III. Wahrscheinlich nur im 19. Jahrh. wurde in dieser Grube Kupfer- und Bleierz gefördert. Sie wurde am Ende des 19. Jahrh. stillgelegt.
VI. Hier gibt es den FN *Am Bleihäuschen* (Heusgen, Dekanate 296).

BN 114  I. *Merzbacher Mühle.*
II. TK 5407 Altenahr: r 25 66 440; h 56 07 190. Rund 400 m SSO Merzbach, 1 km NO Neukirchen am Zingsbach.
III. Hier lag eine Mühle, von der aus historischen Quellen nichts bekannt ist.

BN 115  I. Name unbekannt, wahrscheinlich Hofwüstung.   Tafel 62.
II. TK 5407 Altenahr: r 25 65 800; h 56 05 020. Im SO-Zipfel der Gemarkung Neukirchen/Sürst, 200 m S Ortsteil Berscheid.
VII. Auf einer Kuppe W und oberhalb des Schnellches-Baches erstreckte sich eine dichte Streuung mittelalterlicher Keramik des 12./13. Jahrh. (Fdst. 1). Hier dürfte ein mittelalterlicher Hof gestanden haben (Archäologische Landesaufnahme M. Groß, 1967. – Zu diesem Hof vgl. Textband S. 152).

BN 116  I. Name unbekannt, wahrscheinlich Hofwüstung.   Tafel 62.
II. TK 5407 Altenahr: r 25 66 000; h 56 05 460. Rund 200 m NO Ortsteil Berscheid.
VII. Auf einem nach O zum Schnellches-Bach vorspringenden Geländestück mit lehmigem, stark gesteinshaltigem Boden fanden sich außer neolithischen Artefakten mittelalterliche Scherben des 12./13. Jahrh. (Fdst. 2). Es dürfte sich um eine Hofwüstung handeln (Archäologische Landesaufnahme M. Groß, 1967. – Zu diesem Hof vgl. Textband S. 152).

BN 117  I. Name unbekannt, wahrscheinlich Hofwüstung.   Tafel 62.
II. TK 5407 Altenahr: r 25 65 750; h 56 05 500. Rund 150 m N Berscheid, 150 m SO H. 340,5; 550 m NO TP 392,5.
VII. Auf einer nach N geneigten, stark mit Felsgestein durchsetzten Fläche fand

sich eine dichte Streuung mittelalterlicher Keramik des 12./13. Jahrh. (Fdst. 6). Nach ihrer Ausdehnung ist nur ein wüster Hof anzunehmen (Archäologische Landesaufnahme M. Groß, 1967. – Zu diesem Hof vgl. Textband S. 152).

BN 118    I. *Gatzenhof,* möglicherweise identisch mit BN 112.      Tafel 62.

II. TK 5407 Altenahr: r 25 64 900; h 56 06 440. Rund 900 m W Neukirchen/Sürst, W des Hochkopfes.

VII. In einem nach O zum Zinzenbach-Schnellchesbach offenen Gelände fand sich auf lehmigem, stark mit Felsgestein durchsetztem Gelände eine dichte Streuung mittelalterlicher Keramik des 12./13. Jahrh. Außerdem stammen von hier zwei neolithische Feuersteinartefakte (Fdst. 7). Das Gebiet trägt heute die Flurbezeichnung *Im Lanshauser Acker.* Im Volksmund wird es jedoch als *Gatze* oder *Gatzenhof* bezeichnet. Früher sollen hier große Steine ausgepflügt worden sein (Archäologische Landesaufnahme M. Groß, 1968. – Zu diesem Hof vgl. Textband S. 153).

BN 119    I. Name unbekannt, Hofwüstung?      Tafel 62.

II. TK 5307 Rheinbach: r 25 65 500; h 56 08 075. Etwa 600 m W H. 241,9 und 400 m ONO Groß-Schlebach.

VII. Auf einem nach S zum Schlebach geneigten Gelände fanden sich außer neolithischen auch mittelalterliche Siedlungsreste in Form einer dichten Streuung von Keramik des 12./13. Jahrh. (Fdst. 9). Wegen der geringen Ausdehnung der Fundstelle kann es sich nur um einen mittelalterlichen Hof handeln (Archäologische Landesaufnahme M. Groß, 1968. – Zu diesem Hof vgl. Textband S. 153).

BN 120    I. Name unbekannt, Hofwüstung?      Tafel 62.

II. TK 5407 Altenahr: r 25 64 870; h 56 06 430. Etwa 140 m SW des Hofes Vogelsang, 700 m NO H. 361,3.

VII. Hier fand sich inmitten eines lehmigen Geländes, das stark mit anstehendem Felsen durchsetzt war, eine dichte Streuung mittelalterlicher Scherben des 11.–13. Jahrh. (Fdst. 12). Sie konzentrierte sich auf verhältnismäßig geringem Raum. Deshalb wird man hier wohl nur einen mittelalterlichen Hof annehmen dürfen (Archäologische Landesaufnahme M. Groß, 1968). – Vielleicht identisch mit dem *Atzenhof* (BN 111). Zu diesem Hof vgl. Textband S. 153.

## Niederbachem

VORBEMERKUNG: In Niederbachem zeichnet sich eine besondere Siedlungsentwicklung ab, die nur in wenigen Fällen Parallelen findet. Der Ort besteht aus einer Anzahl von Ortsteilen, die im Mittelalter und bis weit in die frühe Neuzeit hinein eigenständige Dörfer waren. Später aber legten sie ihren Namen ab und schlossen sich zu einer großen Gesamtgemeinde, Niederbachem, zusammen. Um eine Wüstungsbildung im eigentlichen Sinne handelt es sich bei dieser Erscheinung nicht. Dennoch veränderte sich die Siedlungsstruktur in diesem Gebiet durch die Entstehung von Niederbachem aus zahlreichen, einst selbständigen Siedlungskernen insofern, als das alte Niederbachem am Oberlauf des Mehlemer Baches den Rang eines zentralen Ortes erhält, was zur Zeit der verschiedenen selbständigen Siedlungen nicht der Fall war. *Bacheim* erscheint erstmalig am 19. Juli 798 in einer Urkunde: *ego hirpingus . . . uendidi ei* (dem Abt Liudger von Werden) *uineam unam. in uilla que nuncupatur bacheim. que etiam uilla in ripa consistit fluuioli, que dicitur melanbach* (Lac. UB I Nr. 10). Der hier gemeinte Ort liegt rechts des Mehlenbaches am Hang und wurde im Mittelalter auch als Belzem bezeichnet. In ihm ist einer der frühen Siedlungskerne zu erblicken. Ein anderer alter Kern bildete sich links des Mehlenbaches um den bedeutenden Fronhof des Kölner Stiftes St. Gereon und die gleichnamige Kirche. Dieser Fronhof wird erst spät, um 1200, zum ersten Male erwähnt, geht aber sicher noch weiter zurück. Die um den Hof und die St. Gereons-Kirche sich bildende kleine Ansiedlung war in sich geschlossen und stellte ein eigenes Viertel mit dem Namen *An der Kirche* dar. 1280 erscheint dann erstmalig der ON Niederbachem: *Bacheim inferior iuxta Melenheim* (Lac. UB II Nr. 737 = Wisplinghoff, UB Siegburg Nr. 165). 1282 Aug. 10: *in Overbagheim et in Nederbagheim* (AHVN 21/22, 1870, 72).

Innerhalb der Gemarkung Niederbachem gibt es die nicht abgegangenen Ortsteile Belzem, Bohndorf und Urschheim sowie die Wüstungen *Alkersheim, Auenhof, Göllesheim, Holzfolderhof, Regimentshaus* und vielleicht *Wüstenhof*. Die Zahl der Wüstungen übersteigt die der bestehengebliebenen Siedlungskerne. Daraus ergibt sich, daß Teile der Bevölkerung aus den Wüstungen in die benachbarten bestehengebliebenen Ansiedlungen übergesiedelt sein müssen. Die abnehmende Zahl der Siedlungen ist mit einer Bevölkerungsballung verbunden.

Zu Beginn des 19. Jahrh. läßt die Tranchot-Karte NA Blatt 103 Bad Godesberg erkennen, daß bis auf einen alle älteren Ortsnamen verschwunden sind. Neben Niederbachem erscheint hier nur noch *Urschheim* als *Ouichem*. Die einzelnen alten Siedlungskerne sind aber keineswegs zusammengewachsen, sondern bestehen getrennt nebeneinander fort. Das Verschwinden der älteren Siedlungsnamen kann also nicht als Folge ihrer 'Eingemeindung' nach Niederbachem erklärt werden. Andere Faktoren müssen das bewirkt haben. Dabei ist die Bedeutung der St. Gereons-Kirche mit dem Fronhof hervorzuheben. Sie war Pfarrkirche nicht nur für Niederbachem, sondern für alle anderen Siedlungskerne, wahrscheinlich sogar für das ferner liegende Berkum, obgleich sie ursprünglich vermutlich nichts anderes als die Eigenkirche eines großen Hofes darstellte, der an das Kölner Stift St. Gereon gelangt war. Da von einem Zusammenwachsen Niederbachems aus einzelnen Orten nicht gesprochen werden kann, darf der Grund für die Herausbildung dieser Gesamtgemeinde nicht in siedlungsgeschichtlichen Gegebenheiten gesucht werden. Verantwortlich ist auch nicht das Nebeneinander von Dorf- und Einzelhofsiedlung wie J. Dietz vermutet. Es ist vielmehr die Pfarrorganisation, die hier zur Bildung einer großen Gemeinde aus mehreren Ortsteilen führt. Die Pfarrkirche für den gesamten Raum des oberen Mehlenbaches stand in Niederbachem. Der Name ihres Standortes bezeichnete nicht nur den geistlichen Pfarrsprengel, sondern zugleich auch die gesamte große Gemeinde.

LITERATUR: J. Dietz, Niederbachem und seine Ortsteile. Rheinische Vjbll. 12, 1942, 152–161. Dietz hat als erster die besonderen Verhältnisse Niederbachems erkannt und beschrieben. – Zur Pfarrkirche St. Gereon neuerdings: D. Wortmann, Grabung in der Pfarrkirche St. Gereon in Niederbachem, Kr. Bonn. In: Rheinische Ausgrabungen 1 (Köln–Graz 1968) 258–267 mit weiterer Literatur.

BN 121    I. *Alkersheim*, auch: *Alkerscheit*.

II. TK 5309 Bad Honnef-Königswinter: r 25 82 900; h 56 12 370. SW Niederbachem, an einem nach O abfallenden Hang. Dieser Hang war im Mittelalter mit Wein bewachsen.

III. 1355: *apud sulcum vinearum in Alkerscheit* (Joerres, UB St. Gereon 404).
1518: *Aylscheyt*.
1560: *Alscheidt*.
Alkersheim wurde im Jahre 1633 von den Schweden zerstört und nicht wieder aufgebaut (D. Glauner, Beiträge zur Geschichte der Bürgermeisterei Godesberg und ihrer Umgebung [Godesberg 1924] 40, 94). Eine ganze Reihe von FN sowie der ON Alkersheim selbst blieben am ehemaligen Standort des Dorfes erhalten.

VI. 1691: *Alkerscheit*.
1722: *Aelscheid*.
1790: *Olschied*.
Für die Weinberge am Hang SW Niederbachem:
1518: *Alkersch*.
1567 bis 1790: *Alckers*.
1703: *Alckarsch*.
1722: *Alkersen*.

LITERATUR: J. Dietz, Niederbachem und seine Ortsteile. Rheinische Vjbll. 12, 1942, 154 f.

BN 122  I. *Auenhof,* Teil von *Alkersheim.*
II. TK 5309 Bad Honnef-Königswinter: r 25 82 880; h 56 12 350. SW Niederbachem, links des Baches *in der Aue.*
III. 1633 wurde Alkersheim mit Ausnahme seines S Teiles durch die Schweden vollständig zerstört und nicht wieder aufgebaut (vgl. BN 121). In diesem S Dorfteil lag der Auenhof, der noch etliche Zeit länger als Alkersheim bestanden hat.
1280 März 8: Alexander von Manderscheid, Kanoniker und ehemals Dekan von St. Gereon in Köln, schenkt dem Kloster Siegburg *curtem meam in Bacheim inferiori iuxta Melenheim sitam* (Wisplinghoff, UB Siegburg I Nr. 165). J. Dietz bezieht diese Urkunde auf den Auenhof. Dieser Bezug geht aber aus dem Urkundentext nicht zwingend hervor.
1493 wird dieser Hof an Johann Scheffer verpachtet. Die Abgaben waren an den Siegburger Hof zu Muffendorf zu liefern.
1523 erneute Verpachtung an Scheffer. Nunmehr waren die Abgaben vom Pächter an die Abtei Siegburg direkt abzuführen.
1536: Weistum Oberbachem nennt einen Goebel in der Auwen (Th. Lacomblet, Archiv. f. d. Geschichte d. Niederrheins 6, 1862, 290).
1599 nennt die Deskription als Zubehör des Hofes 41 Morgen Acker, 3 Morgen Wiese und 1 Morgen Weingarten.
1693 Juni 24: Der Hof wurde durch einen gewaltigen Wolkenbruch vom Wasser vollständig weggerissen. Bis auf den Pächter selbst ertranken alle Hofbewohner. Der Pächter errichtete den Hof später auf eigene Kosten am rechten Ufer des Baches in höherer Lage neu. Zum Gedenken an die Ertrunkenen steht heute an der Stelle des alten Auenhofes ein Feldkreuz mit der Jahreszahl der Errichtung 1721.
LITERATUR: J. Dietz, Niederbachem und seine Ortsteile. Rheinische Vjbll. 12, 1942, 155 f. – J. Dietz, Aus der Sagenwelt des Bonner Landes (Bonn 1965) 20.

BN 123  I. *Belzem, Pelzem, Belzheim.*
II. TK 5309 Bad Honnef-Königswinter: r 25 83 360–880; h 56 12 500–940.
III. Der Siedlungsname Belzem, der heute ungebräuchlich ist, kommt in Urkunden und Akten zwischen 1518 und 1790 sehr häufig vor. Er bezeichnete den volkreichsten Teil von Niederbachem, der, gegenüber der Pfarrkirche St. Gereon rechts des Baches, sich den Hang nach O hinaufzog. Durch die Lochsgasse wird dieser Ortsteil in zwei Teile, das Unterdorf und das Oberdorf, *em Dörep unge* und *em Dörep owe,* geteilt. Besonders das Unterdorf, aber auch ein Teil des Oberdorfes führten in alter Zeit den Namen Belzem.
VI. Die Ausdehnung des alten Belzem umschreiben folgende FN:
1560: *ahm Belßemer Ellicht.*
1567: *Weingarten zu belzem am Endt.*
1703: *im beltzemer berg.*
1722: *peltzemer ellig.*
1729: *Weingarten im belzheimer berg, oben der pützgassen.*
1731: *Pelsem.*
1790: *Hofrecht zu Belsem auf der Kanten; Hofstatt zu Belsem im loch am kleinen Ellig; Hofrecht zu Belsem an der Brücken; Wiese auf der Belzemer pferdsgaßen; Wiese oben dem Belzemerpütz.*
BELEGE: J. Dietz, Niederbachem und seine Ortsteile. Rheinische Vjbll. 12, 1942, 159.

BN 124  I. *Bohndorf,* einst selbständiges Dorf, heute Ortsteil von Niederbachem.
II. TK 5309 Bad Honnef-Königswinter: r 25 83 320; h 56 12 440 und Umgebung. SW des eigentlichen Niederbachem, NO von Urschheim.

III. 1518 nennt das Einkünfteverzeichnis der Kirche zu Niederbachem fünf Einwohner *zu bonendorff*.
1560 nennt das Niederbachemer Kirchenregister Bondorf insgesamt achtmal.
VI. Eine Reihe von FN weist auf den Ort hin:
1567: *Bonendorffer straß*.
1636: *bondorper weg*.
1641: *bondorfer feldt*.
1727: *Bodendörfer pütz*.
Um 1800: *Bodenbusch*.
VII. Bohndorf war gen Alkersheim durch ein von selbst zufallendes Gatter geschlossen, einen sog. Valder. Dieses Falltor befand sich auf dem *Philips bungart*. Es wird 1567/68 und 1634 genannt. Die Selbständigkeit des Ortes wird dadurch unterstrichen.
BELEGE: J. Dietz, Niederbachem und seine Ortsteile. Rheinische Vjbll. 12, 1942, 154.

BN 125   I. *Göllesheim*.
II. TK 5309 Bad Honnef-Königswinter: r 25 83 450; h 56 13 200. N der Kirche Niederbachem, W des Mehlemer Baches.
III. 1518–1790 kommen folgende Formen des Namens vor: *Güllesheim, Güllißem, Gulleßem, Gollisheim, Göllessem*.
1567 und 1703: *Geulesheim*.
1739: *unter Gullersheimerburg oben dem berg*.
1633 wurde Göllesheim von den Schweden zerstört.
BELEGE: J. Dietz, Niederbachem und seine Ortsteile. Rheinische Vjbll. 12, 1942, 158.

BN 126   I. *Holzfolderhof*.
II. TK 5309 Bad Honnef-Königswinter: r 25 83 240; h 56 11 950. Im Niederbachemer Gemeindebusch, rund 1000 m SSW Broichhof.
III. 1518: *busch up der heiden schnyst uff de houltzfoulter*.
1647 Apr. 4: Lothringische Truppen, die zuvor Mehlem geplündert haben, brennen den Hof nieder und töten seine Bewohner bis auf einen Knecht.
VI. Der Standort des Hofes trägt bis heute den FN *auf der Holzvolter*. Über die Zerstörung des Hofes und den grausamen Tod seiner Bewohner gibt es eine noch heute in Niederbachem geläufige Geschichte (vgl. J. Dietz, Aus der Sagenwelt des Bonner Landes [Bonn 1965] Nr. 97 und 98).
LITERATUR: J. Dietz, Niederbachem und seine Ortsteile. Rheinische Vjbll. 12, 1942, 160. – D. Glauner, Beiträge zur Geschichte der Bürgermeisterei Godesberg und ihrer Umgebung (Godesberg 1924) 39 ff.

BN 127   I. *Nesselburg*.
II. TK 5309 Bad Honnef-Königswinter: r 25 83 640; h 56 13 550. O des Mehlemer Baches, auf der Gemarkungsgrenze Niederbachem-Mehlem.
III. 1457: Haus Nesselberg oberhalb *Mylenheym in dem Grunde* gelegen mit seinem Zubehör ist Lehen des Ritters Lutter Quadt, Herrn zu Tomburg und Landskron.
1599: Der *adlige Sitz* Nesselburg ist mit 36 Morgen Ackerlandes Eigentum der Johanna von Anstel.
1683 Febr. 9: Johann Gerhard von Randerath zu Pesch bei Münstereifel verkauft das von seinen Eltern bereits verpfändete *adliche Haus, Seess und Hoff zu Nesselburg* mit allen zugehörigen Ländereien usw. für 1650 Taler an das Kloster Nonnenwerth, in dem drei Jahre zuvor seine Schwester eingekleidet worden war.

1751 gehörten zur Nesselburg über 60 Morgen Land, die zwischen 1755 und 1790 von dem Halfen Hubert Schmitz bewirtschaftet wurden.

Die Nesselburg war landtagsfähiger Rittersitz. Nonnenwerth schickte einen Vertreter zu den kurkölnischen Landtagen.

1808/09 zeigt die Tranchot-K. NA Blatt 102 Duisdorf die Eintragung *Nesselburg* mit dem Burghaus und dem Hof.

In den ersten Jahren der preußischen Zeit wurden die Gebäude gänzlich abgetragen.

LITERATUR: J. Dietz, Heimatbll. d. Rhein-Sieg-Kr. 38, 1970, 92 mit den Belegen zu den oben angegebenen Daten.

**BN 128**  I. *Regimentshaus.*

II. TK 5309 Bad Honnef-Königswinter: etwa r 25 83 500; h 56 12 000. W neben dem *Holzfolderhof* (BN 126).

III. 1567 heißt es *Regiments Kürstgen*, PN in Niederbachem.

1722 wird eine Wiese am Regimentshaus erwähnt. Das Regimentshaus war ein einzelnes Gebäude, welches Ende 17. Jahrh. von Brandenburgischen Truppen zerstört wurde, nachdem es zuvor in französischer Hand gewesen war.

LITERATUR: J. Dietz, Rheinische Vjbll. 12, 1942, 160 f.

VI. Es geht die Sage, am Regimentshaus spuke in dunklen Nächten der glühende Regimentsherr umher. Es handelt sich um die Figur eines französischen Offiziers, der mit großer Härte in Niederbachem Kontributionen eingetrieben hatte (J. Dietz, Aus der Sagenwelt des Bonner Landes [Bonn 1965] Nr. 100).

**BN 129**  I. *Urschheim*, einst selbständiges Dorf, heute Ortsteil von Niederbachem.

II. TK 5309 Bad Honnef-Königswinter: etwa r 25 83 000; h 56 11 800–12 400. Südlichster Teil von Niederbachem.

III. 1518: *Augustin zu orchgem . . . uff der gassen.*
1567–1600: *Orichem.*
1703: *Oricheim* und *Orchem.*
1704–1739: *Ohrigheim.*
1790: *Urgheim.*
(Diese und weitere Belege bei J. Dietz, Niederbachem und seine Ortsteile. Rheinische Vjbll. 12, 1942, 153 f.).

Die Selbständigkeit dieses Dorfes wird durch seine abgesonderte Lage weit S des eigentlichen Niederbachem unterstrichen. Die Aufgabe des eigenen Namens und die Eingemeindung nach Niederbachem kann erst gegen Ende des 18. oder zu Beginn des 19. Jahrh. erfolgt sein. Die Tranchot-K. NA Blatt 103 Bad Godesberg von 1808/09 zeigt ganz deutlich, daß Urschheim, dort als Ouichem bezeichnet, ein völlig eigenes Dorf ohne jegliche Verbindung mit Niederbachem war.

VI. Im Volksmund heißt dieser Ortsteil von Niederbachem heute *ze Uechem*. Außerdem gibt es die FN *im Uichemer Kuhellig*, im benachbarten Oberbachem *ober dem Urschemer Busch.*

**BN 130**  I. *Wüstenhof*, Wüstung?

II. TK 5309 Bad Honnef-Königswinter: r 25 83 040; h 56 11 900. Rechts des Baches, SO Urschheim.

VI. 1568 findet sich der FN *Wüstenhof* erstmalig. Das Gelände trägt diesen Wüstungsnamen bis heute.

VII. An der besagten Stelle finden sich zahlreiche römische Siedlungsreste, besonders römische Keramik (Niederbachem Fdst. 2 – vgl. OA des RLMB). Angesichts des Fehlens einer gesicherten historischen Überlieferung ist nicht sicher, daß es sich

um eine echte Wüstung handelt. Die Bewohner dieses Gebietes mögen die römischen Trümmer für eine untergegangene mittelalterliche Siedlung gehalten und ihr den Namen Wüstenhof gegeben haben.
LITERATUR: J. Dietz, Rheinische Vjbll. 12, 1942, 161.


## Oberdrees

BN 131  I. *Lindweiler*, Wüstung?
II. TK 5307 Rheinbach: genaue Lage unbekannt, jedoch im NW von Oberdrees, an der Gemarkungsgrenze gegen Odendorf.
III. H. Dittmaier, Die linksrheinischen ON auf -dorf und -heim (Manuskr. Bonn 1961), verzeichnet in Oberdrees an der Gemarkungsgrenze gegen Odendorf die FN *auf'm Lindweiler, Lindweiler am Busch* und stellt dazu einen Beleg von 1414 *up deme Lyntwilre* (Rheinische Geschichtsbll. 3, 1896/97, 39).
Ob es sich um eine Wüstung handelt, ist nicht sicher.


## Ollheim

BN 132  I. *Heidenhof* oder *Kleiner Deutschordenshof*.
II. TK 5307 Rheinbach, 5207 Sechtem: im Nordteil der Gemarkung Ollheim, wenig S Neukirchen, Kr. Euskirchen; ungefähr r 25 62 000–63 000; h 56 19 000 bis 20 000.
III. Nach Heusgen, Dekanate 332, war der kleine Deutschordenshof seit dem 16. Jahrh. mit dem großen verbunden.
1695 befindet sich dieser kleine Hof in Händen der Deutschordenskommende Ramersdorf. Um diese Zeit gehörten 129 Morgen Land zu dem Hof.
1807 wurde dieser Hof von der französischen Domänenverwaltung verkauft und zerschlagen. Zuletzt gehörten zu ihm 150 Morgen Land.

BN 133  I. *Olshoven*.
II. TK 5307 Rheinbach, 5207 Sechtem: im Nordteil der Gemarkung Ollheim, wenig S Neukirchen, Kr. Euskirchen; ungefähr r 25 62 000–63 000; h 56 19 000–20 000. In unmittelbarer Nähe des *Heidenhofes* (BN 132).
III. 1197: Adolf I., EB von Köln, bestätigt dem Kloster Schillingskapellen die Güterschenkungen des verstorbenen Wilhelmus Solidus, unter ihnen: *Ovishovin* (Knipping, Reg. II Nr. 1523). Diese Nennung bezieht sich sicher auf Olshoven. 1315 und 1359 wird der Hof Olshoven erwähnt, und zwar ist aus den Urkunden ersichtlich, daß er zwischen Ollheim und Neukirchen-Swist im Gebiet der Herren von Tomberg gelegen hat (Heusgen, Dekanate 332). Zur weiteren Geschichte des Hofes vgl. Heusgen, Dekanate 332 f.
Im 16. Jahrh. scheint das in finanzieller Not befindliche Kloster Schillingskapellen den Hof Olshoven an die Deutschordenskommende Ramersdorf verkauft zu haben.
Der Hof wurde 1807 wüst.
VII. Der Flurumriß Olshoven ist als Annex der Gemarkung Ollheim auf deren Nordseite noch erkennbar. Er umfaßt aber bei weitem mehr als 150 Morgen Land, so daß es sich hier um die Flur zweier Höfe handeln dürfte. Eine Identität von Heidenhof und Olshoven, wie sie Heusgen a. a. O. annimmt, erscheint deshalb wenig wahrscheinlich.

Pech

BN 134  I. *Eesdorf.*

II. TK 5308 Bad Godesberg: im SO der Gemarkung Pech, am Heltenbach, in der *Eesdorfer Wiese.*

III. 1417 Jan. 20: Margarete von Wevelinghoven erhält in ihrem Ehevertrag mit Johann von Drachenfels als Wittum unter anderem den Hof *genant Eystorp die was wilne hern Wilhelms Rupach ritters gelegen boven Godisbergh in dem kirspel zo Vilpe mit dem zienden* (AHVN 55, 1892, Nr. 235).

Es handelt sich um einen befestigten Hof. Gründe und Zeitpunkt seines Untergangs sind unbekannt.

IV. In der Eesdorfer Wiese soll nach einer alten Sage einst ein Dorf namens Eesdorf gestanden haben. Eines Tages sei es verschwunden gewesen. Deshalb heiße es dort *Em engefalle Loch* und *das Eesdorfer Feld* (J. Dietz, Aus der Sagenwelt des Bonner Landes [Bonn 1965] 22. – Ders., Heimatbll. d. Rhein-Sieg-Kr. 38, 1970, 95).

VII. Gelegentlich wird auch berichtet, hier seien mehrfach Ziegel, Scherben u. a. gefunden worden. Diese Gegenstände können jedoch auch auf einer römischen Siedlungsstelle aufgelesen worden sein, die man später als mittelalterliche Siedlung erklärte. Es ist grundsätzlich noch zu fragen, ob die für den *Flämmich* in der Sage überlieferte Dorfwüstung (BN 135) nicht identisch mit der Wüstung *Eesdorf* am Heltenbach ist (Zu Eesdorf vgl. BN 168 unter Villip).

BN 135  I. Name unbekannt, Dorfwüstung im Flämmich.

II. TK 5308 Bad Godesberg: im S der Gemarkung Pech, in dem Flämmich genannten Wald oder dem ostwärts anschließenden Offenland, also etwa r 25 78 000–80 000; h 56 11 600–13 000.

IV. Mehrere volkstümliche Sagen berichten von einem Dorf, welches S von Pech, im Flämmich, am Oberlauf des Heltenbaches gelegen haben soll. Die Sagen weichen im einzelnen etwas voneinander ab (vgl. J. Dietz, Aus der Sagenwelt des Bonner Landes [Bonn 1965] 22). In zwei Überlieferungen wird berichtet, das Dorf sei im Dreißigjährigen Krieg verbrannt worden; nach einer Sage sollen das die Schweden getan haben. Die dritte Überlieferung erzählt, das Dorf sei bei einer Überschwemmung untergegangen.

VII. Im Gelände haben sich bisher keine Hinweise auf eine Dorfwüstung ergeben, doch läßt die dreifache Volksüberlieferung es als wahrscheinlich erscheinen, daß ein realer Kern in den Sagen steckt.

BN 136  I. *Waldorf.*

II. TK 5308 Bad Godesberg, Gemarkung Pech: genaue Lage unbekannt.

VI. H. Dittmaier, Die linksrheinischen ON auf -dorf und -heim (Manuskr. Bonn 1961) 57, kennt in Pech den FN *Waldorf.*

Queckenberg

BN 137  I. *Vinkenhof.*

II. TK 5407 Altenahr: etwa r 25 63 000; h 56 06 450. Am S-Ende von Queckenberg.

III. Nach OA im RLMB hat am S Ende von Queckenberg ein großer Hof bestanden, der nach seinem Besitzer, dem General von Vinke, *Vinkenhof* genannt wurde.

BN 138   I. *Silheym.*
II. TK 5307 Rheinbach, 5407 Altenahr: genaue Lage unbekannt, vielleicht in der Gemarkung Queckenberg.
III. Nach Dittmaier, Manuskr. 1961, 83, gab es in der Gemarkung Queckenberg einen Ort namens Silheym. Zu ihm gehört der Beleg von 1275/97 (Knipping, Reg. III Nr. 3533, S. 229): *De castro Hart et castrensibus eiusdem. Ecbertus tenet in feodo castrensi curtem in Silheym.* Wegen der Verbindung zur Hardtburg wird Silheym auch in deren Nähe vermutet.

R h e i n b a c h

BN 139   I. *Kloster der Franziskaner zum Namen Jesu.*
II. TK 5307 Rheinbach: r 25 67 380; h 56 07 700. Rund 2,7 km S Rheinbach, im Rheinbacher Stadtwald.
III. 1686 errichtete Kurfürst Max Heinrich v. Köln hier ein Kloster für vier Franziskanermönche, dazu eine Kapelle.
1707 wird das Kloster von den Franziskanern aufgegeben.
1714 übernehmen Serviten vom Kreuzberg b. Bonn das Kloster.
1745: Einweihung einer neben der Kapelle durch die Serviten erbauten Kirche durch Kurfürst Clemens August v. Köln.
1802: Säkularisierung des Klosters, Verkauf des Klosters durch die französische Domänenverwaltung. Verfall des Klosters.
1843/45: Ankauf des Geländes durch die Stadt Rheinbach, Beseitigung aller Ruinen von Kirche und Kloster.
1845 und 1909 wird die heute noch stehende Kapelle restauriert.
LITERATUR: AHVN 28/29, 1876, 306 ff. – AHVN 32, 1878, 155 ff. – Die Eifel 1953, 105. – Die Eifel 1959, 165.

BN 140   I. *Münstereifeler Stiftshof zu Rheinbach.*
II. TK 5307 Rheinbach: r 25 67 020; h 56 10 180. Rund 300 m S der mittelalterlichen Stadtmauer von Rheinbach, wenig NO der alten Pfarrkirche St. Martin von Rheinbach.
III. Um 1296/99 wurde Rheinbach mit einer Stadtmauer umgeben. Der Münstereifeler Stiftshof aber blieb bei dieser Ummauerung außerhalb liegen. Er wurde wüst. 1349 wurde innerhalb der Stadtmauern ein neuer Münstereifeler Stiftshof erbaut (Flink, Rheinbach 103 ff., bes. Anm. 170).

BN 141   I. *Pfarrkirche St. Martin zu Rheinbach.*
II. TK 5307 Rheinbach: r 25 66 920; h 56 10 120. Rund 300 m SW der mittelalterlichen Stadtmauer von Rheinbach.
III. 943: Präkarienvertrag des Prümer Abtes Farabert mit den Eheleuten Ramengar und Adalgard, nach dem die Eheleute in Erwiderung der *precaria ecclesiam, que est sita in uilla reginbach cum omnibus ad eadem rite pertinentibus* auf Lebenszeit erhalten (MRUB I Nr. 180).
893/1222: Prümer Güterverzeichnis nennt die Kirche von Rheinbach unter den acht Mutterkirchen, mit denen Prüm die Tochterabtei Münstereifel ausgestattet hat (MRUB I Nr. 135).
1120/31: EB Friedrich I. v. Köln schlichtet einen Streit zwischen dem Stift Münstereifel und dem Pfarrer der Kirche zu Rheinbach und bestätigt die alte Ordnung für die Einkünfte des Pfarrers (Lac. UB IV Nr. 619).

1197 Okt. 4 bestätigt EB Arnold v. Köln, daß dem Stift Münstereifel das Patronatsrecht der Kirche zu Rheinbach und der damit verbundenen Kirche zu Ipplendorf zusteht und daß der Pfarrer zu Rheinbach diese Kirche in Personalunion mitverwaltet (Knipping, Reg. II Nr. 1527).

Um 1296/99 blieb diese Pfarrkirche bei Errichtung der Stadtmauer von Rheinbach außerhalb liegen. Im 1. Jahrzehnt des 14. Jahrh. wurde innerhalb der Stadt die Filialkirche B. Mariae Virginis errichtet. Seit Anf. 17. Jahrh. ist die vor der Stadt gelegene Kirche St. Martin nur noch formell Pfarrkirche. Ihre Funktionen werden mehr und mehr von der Filialkirche in der Stadt übernommen. Am 19. Februar 1789 brannte die Kirche durch Blitzschlag bis auf die Grundmauern nieder. Sie wurde nicht wieder aufgebaut. Die städtische Filialkirche wurde nun auch nominell zur Pfarrkirche von Rheinbach.

LITERATUR: Flink, Rheinbach 103 ff., bes. 287 ff.

VII. Die alte Pfarrkirche St. Martin zu Rheinbach liegt auf dem Friedhof SW der mittelalterlichen Stadtumwehrung. Bei der Anlage von Gräbern wurden 1968 Mauerreste der Kirche beobachtet. Sie war ein einstöckiger, dreischiffiger Steinbau mit einem halbgerundeten Chor im O und einem Turm im W (HStA Düsseldorf, Stift Münstereifel, Akt. Nr. 5 a f., 2 ff. von 1527. – Vgl. Flink, Rheinbach 289).

BN 142    I. *Rheinbachweiler.*                          Tafel 16 bis 18; 54; 55; 57; 78.

II. TK 5307 Rheinbach: r 25 68 130; h 56 08 600–09 100. Rund 1500 m SO von Rheinbach, SO des Eulenbaches, am O-Rand des Rheinbacher Stadtwaldes.

III. 1162: *Wilre* (Flink, Rheinbach 37).

1228: Das Kloster Himmerod hat einen Hof zu Rheinbachweiler: *. . . .agros quosdam circa curtem suam Wilre sitos . . .* (MRUB III Nr. 355 = MRR II Nr. 1880).

1231: Theoderich, EB v. Trier, beurkundet die von Gerhard, dem Sohn des Grafen Otto von Neuenahr, abgegebene Erklärung über die Freiheit des Hofes der Abtei Himmerode zu Weiler in der Kölner Diözese: *. . . quod factum patris sui per absolutione curtis Wilre Coloniensis diocesis ab omni exactione et prestatione iuris* (MRUB III Nr. 443 = MRR II Nr. 2007).

1231: Heinrich, EB v. Köln, beurkundet die von den Grafen von Are und zuletzt von Graf Otto von Neuenahr und seinem Sohn Gerhard abgegebene Erklärung über die Freiheit aller Güter der Abtei Himmerode, insbesondere aber des Hofes Rheinbachweiler: *Eadem etiam libertate in domibus, quas in villa Wilre habent . . .* (MRUB III Nr. 444 = MRR II Nr. 1986).

Um 1240: *Wilre* (Schmitz, UB Heisterbach 180).

1256 Febr. 25: Das Kloster Lonnig verkauft seine Güter zu Rheinbachweiler an die Abtei Himmerode *. . . quod curtem nostram in Reimbachwilre sitam . . . vendidimus et tradidimus abbati et conventui S. Marie in Himmenrode . . .* (MRUB III Nr. 1334 = MRR III Nr. 1280).

1256 Apr. 24: Ritter Lambert von Rheinbach verzichtet auf seine Vogteirechte des Hofes in Rheinbachweiler, den das Kloster Lonnig dem Kloster Himmerode verkauft hat: *. . .advocatia curtis site in Reimbachwilre* (MRUB III Nr. 1341 = MRR III Nr. 1291).

Seit Mitte des 13. Jahrh. kommt in den Urkunden immer häufiger der ON Rheinbachweiler statt des Simplex Weiler vor.

1256 Mai: *curtis predictorum abbatis et conventus de Hemmenrode in Reinbachwilre* (MRUB III Nr. 1347 = MRR III Nr. 1298).

1265: Graf Theoderich von Cleve und seine Gemahlin Adelheid vergleichen sich mit dem Kloster Himmerode wegen der Güter beim Hof Wilre. Der Graf verzichtet auf alle seine Rechte an diesen Gütern gegen einen Jahreszins, den das Kloster zu zahlen verspricht. Der Graf sagt zu, den Hof gegen alle Ansprüche seiner Leute und Beamten auf dem Schloß Tomberg zu schützen (MRR III Nr. 2079).

1265: Graf Theoderich befiehlt dem Herrn von Müllenarck, das Kloster Himmerode wegen seiner Güter des Hofes Wilre nicht mehr von der Tomburg aus zu belästigen, da er dasselbe in seinen Schutz und seine Obhut genommen habe (MRR III Nr. 2080).
1266 Apr.: Klosterhof *Wilre bei Rheinbach* (MRR III Nr. 2163).
1266: *Wilre apud Reinbag* (StAK Abt. 96, Nr. 339).
1267 Nov.: Fruchtrente aus Gütern in *Reinbachwilre* (MRR III Nr. 2341).
1269: *Wilre iuxta Reinbach* (StAK Abt. 96, Nr. 358).
1270: Graf Theoderich von Cleve empfiehlt dem Herrn von Müllenarck, darauf zu achten, daß dem Kloster Himmerode an seinem Hof *Wilre* nicht von der Tomburg aus Schaden zugefügt werde (MRR III Nr. 2513).
1276: *Sarna apud Reynbachwilre* (StAK Abt. 96, Nr. 418).
1296 Apr. 2: Die Schöffen von Reymbach in der Kölnischen Diözese beurkunden, daß Reynold und Methilde v. Wilre bei Reimbach, Familiares des Klosters Himmerode, alle ihre Güter dem Kloster vermacht haben. Unter diesen Schöffen *Thilmannus dictus de Wilre* (Abdruck d. Urk. bei Flink, Rheinbach, Anhang 1 Nr. 1 S. 305. – MRR IV Nr. 2506).
1323 Mai 24: Thilmann, Herr von Rheinbach, seine Gattin Beatrix, sein Bruder Lambert, die sieben genannten Rheinbacher Schöffen und die gesamte Gemeinde der Stadt Rheinbach nehmen die Mönche und die Bewohner des Himmeroder Klosterhofes in Rheinbachweiler (Wilre) als Mitbürger auf. Für ihr in der Stadt gelegenes Haus mit der Hofstatt, *domum et aream*, erhalten sie ausführlich beschriebene Freiheiten. Thilmann, Lambert und die Rheinbacher Schöffen besiegeln die Urkunde (Abdruck bei Flink, Rheinbach, Anhang 1 Nr. 3).
1330 wird eine Vereinbarung zwischen dem Hunnen und der Gemeinde Rheinbachweiler einerseits und dem Kloster Himmerode auf der anderen Seite bezeugt, die mit dem Siegel des Grafen von Neuenahr gesiegelt ist. Bei Verletzung der Übereinkunft ist dem Grafen eine Buße zu zahlen (Flink, Rheinbach 62 Anm. 115 mit Beleg).
1448/49: Rechnung des Saynschen Rentmeisters Heinrich von Bergerhusen rechnet die Schatzgelder von *Wylre* unter die Einkünfte aus der Grafschaft Neuenahr. Das Absinken der Steuereinkünfte aus Rheinbachweiler wird damit erklärt, daß hier eine Hofstelle wüst liegt (StAK Abt. 30 Nr. 1410. – Flink, Rheinbach 62 Anm. 115).
LITERATUR: H. Schwarz, Der Himmeroder Hof zu Rheinbachweiler und Rheinbach. AHVN 138, 1941, 117–122. – A. Schneider, Die Zisterzienserabtei Himmerod im Spätmittelalter (Speyer 1954). – K. Flink, Geschichte der Burg, der Stadt und des Amtes Rheinbach. Rheinisches Archiv 59 (Bonn 1965) bes. 61 ff., 70 ff., 134 ff. – Bonner Jahrb. 164, 1964, 557. – Ennen-Flink, Rheinischer Städteatlas Liefer. I Nr. 4 (1972): Rheinbach.
Im Jahre 1231 gehörte Rheinbachweiler zur Grafschaft Neuenahr. Rheinbach hatte um diese Zeit seine Jurisdiktion offenbar noch nicht so weit nach S ausgedehnt, wie die moderne SO Gemarkungsgrenze von Rheinbach andeutet. Von 1265 bis etwa 1300 erfolgen nach Flink, Rheinbach 61 f., alle bekannt gewordenen Güterübertragungen in Rheinbachweiler vor den Herren von Rheinbach, z. T. auch vor den Schöffen von Rheinbach. Der Rheinbacher Bannbezirk hatte sich also um diese Zeit bereits nach S ausgeweitet. Das weitere Schicksal von Rheinbachweiler wurde durch die Entwicklung der Stadt Rheinbach bestimmt. Sie ist 1323 als Stadt urkundlich bezeugt und hatte Anfang des 14. Jahrh. auch eine starke Mauer erhalten (Flink, Rheinbach 100 ff.). Im Jahre 1323 werden die Himmeroder Mönche und Leute des Hofes zu Rheinbachweiler feierlich in die Stadt Rheinbach als Mitbürger aufgenommen (*concives sive conoppidanos*). Ihr außerhalb der Stadtmauern gelegener Hof Rheinbachweiler verliert damit erheblich an Bedeutung. Seit Mitte des 14. Jahrh. treten immer mehr PN *de Wilre* in Rheinbach auf, die einen wachsenden Zu-

zug von Menschen aus Rheinbachweiler nach Rheinbach belegen. Diese sich verstärkende Abwanderung führt während des 15. Jahrh. zum Wüstwerden von Rheinbachweiler.

V. Eine eigene Kirche besaß Rheinbachweiler offensichtlich nicht. Jedenfalls enthalten die Quellen keinen diesbezüglichen Hinweis.

VI. In dem unter I genannten Gebiet gibt es noch heute die FN: *Weilerfeld, Weilerkant, Weilerpütz*, letzterer bereits 1501 als *am Weiler Pützchen* (StAK Abt. 96, Nr. 2233).

VII. Der Standort von Rheinbachweiler ist noch heute im Gelände einwandfrei auszumachen. Auf einem 1964 nach langem Brachliegen wieder gepflügten Acker im Bereich der Dorfwüstung häufen sich Dachschiefer, behauene Steine und mittelalterliche Keramik. Ein alter Weg zeichnet sich im Acker als muldenförmiger Hohlweg ab. Archäomagnetische Messungen bestätigten, daß das Gelände früher bebaut gewesen ist. Der muldenförmige Hohlweg und einige Hausplätze zeichnen sich in den Meßergebnissen deutlich ab. Einzelheiten zu den archäologischen und archäomagnetischen Forschungen s. Textband S. 140 ff., 162 ff. und Tafel 54; 55.

VIII. Überreste der Flur von Rheinbachweiler konnten bislang nicht nachgewiesen werden. Im N, S und O wird das zu Rheinbachweiler gehörende Gebiet heute intensiv als Obstplantage genutzt. Im O Rheinbacher Stadtwald wurden bislang keine fossilen Felder beobachtet. Nachdem die Gemarkung Rheinbachweiler in der von Rheinbach aufgegangen war, blieb sie dort noch lange Zeit als Einheit erhalten. Sie wurde nicht in die Gewanneinteilung von Rheinbach einbezogen.

BN 143    I. *Mühle zu Rheinbachweiler.*

II. TK 5307 Rheinbach: r 25 68 100; h 56 09 360. Rund 1,3 km SO Rheinbach, auf der Ostseite des Eulenbaches, N der Wüstung Rheinbachweiler.

III. 1264 Aug.: Graf Theoderich von Cleve verzichtet auf alle Ansprüche gegen das Kloster Himmerode wegen des von demselben durch den Wald seines zur Burg Thonburch gehörigen Gebietes geführten Baches auf die Mühle im Klosterhof bei *Rinbachwilre* (MRR III Nr. 2006).

1408 wird eine *molenstat geleigen bowen Reymbachswyler in dem gerichte zu Reymbach* genannt (Flink, Rheinbach 62 Anm. 115 mit Beleg).

VII. Die Mühle gehörte zum Hof des Klosters Himmerode zu Rheinbachweiler. Wie der Hof nahm sie den N Teil der Siedlung Rheinbachweiler ein, wo der Eulenbach verlief. Unmittelbar SO des Eulenbaches erstreckt sich eine starke Streuung mittelalterlicher Siedlungsreste wie Keramik, Dachschiefer und Steine. Es handelt sich um die Überreste der Mühle und des Himmeroder Hofes. Einzelheiten vgl. Tafel 78.

BN 144    I. *Rode, Rodderhof,* auch: *Roide.*                          Tafel 19; 57; 77.

II. TK 5307 Rheinbach: r 25 65 500; h 56 10 800–11 150. Rund 1000 m NW Rheinbach, auf der Gemarkungsgrenze zu Oberdrees.

III. Seit Ende 13. Jahrh. sind die Grafen von Blankenheim im Besitz des Zehnten von Roide, die als Nachfolger der Herren von Dollendorf wahrscheinlich im Besitz weiterer Renten und Güter in Odendorf, Oberdrees, Roide und Rheinbach waren (Flink, Rheinbach 96 Anm. 153).

1308: *Roide* (Flink, Rheinbach 37).

1343 Jan. 26: Beatrix, Witwe Thilmanns III. von Rheinbach, tritt alle ihre Rechte in Rheinbach an EB Walram v. Köln ab, mit Ausnahme ihrer Erbrente am *castrum Winterberch* und an den *curtes in Royde et in Hanensteyn* (Abdruck bei Flink, Rheinbach Anhang 1 Nr. 4).

1481 werden alle diese Güter von den Grafen von Manderscheid-Blankenheim an das Karthäuser-Kloster St. Alban in Trier verkauft, in dessen Besitz sie in der Folgezeit verblieben (Flink, Rheinbach 96 Anm. 153 mit Belegen). Nach Flink war Roide einer der 13 Tomberger Wildhöfe, die aus dem Weistum des Tomberger Wildbannes aus dem 15. Jahrh. belegbar sind. (Weitere Wildhöfe vgl. EU 36–38). Im 14. und 15. Jahrh. erscheinen in Rheinbach mehr und mehr Bürger mit PN *de Royde* (Flink, Rheinbach 96 Anm. 154). Rode erlag im Verlauf des 15. Jahrh. der Anziehungskraft der benachbarten Stadt Rheinbach und erlitt damit ein ähnliches Schicksal wie *Rheinbachweiler*. Als Wüstungsursache erscheint im Umkreis von Rheinbach damit die Bevölkerungsballung.

Nach Heusgen, Dekanate 300, bestand Anfang 17. Jahrh. kein einziges Gebäude von Roide mehr. Das Hochgericht über die zu dem ehemaligen Hofe gehörenden Äcker und Wiesen wurde unter offenem Himmel *am Rodderstein* oder *am Rodderhof* abgehalten.

LITERATUR: F. Hauptmann, Zwei adelige Höfe in Oberdrees. Rheinische Geschichtsbll. 3, 1896/97, 1 ff. u. 33 ff. – Heusgen, Dekanate 300. – Flink, Rheinbach 95 ff. u. Anm. 152–156. – Bonner Jahrb. 164, 1964, 557.

VI. Eine ganze Reihe von FN zeigen die Wüstung Roide im Gelände heute noch an. Es heißt u. a. *im Rodderfeld, am Rodderstein, Rodderbach, im Rottertal* (vgl. dazu Tafel 77).

VII. Roide wurde durch Luftbildaufnahmen des Rheinischen Landesmuseums nachgewiesen. Die Luftbilder zeigen lineare helle Verfärbungen, die teilweise zu Bauten zusammenlaufen. Im Gelände kennzeichnen Siedlungsfunde die Ortsstelle. So wurden mittelalterliche Keramik des 11.–15. Jahrh., verbrannter Hüttenlehm sowie Steine und Dachschiefer gefunden (zur Keramik s. Textband S. 142 f.) und Tafel 57). Das Gelände der Wüstung ist 1967/68 durch die Siedlung Rodderfeld teilweise bebaut worden.

VIII. Die Flur der Wüstung Roide wurde zwar in die Gemarkung Rheinbach einbezogen, blieb aber lange Zeit als Einheit innerhalb Rheinbachs erhalten. Es erfolgte keine Aufteilung des zugewonnenen Landes innerhalb des Rheinbacher Gewannsystems. Der alte Gemarkungsumriß von Roide ist nicht mehr in der Führung der Gemarkungsgrenze Rheinbach zu erkennen. Es ist auch anzunehmen, daß die Mark von Roide zwischen Rheinbach und Oberdrees aufgeteilt wurde, wie ja auch die Ortsstelle selbst beiderseits der Gemarkungsgrenze liegt.

LITERATUR: Flink, Rheinbach 95 ff. – Ennen-Flink, Rheinischer Städteatlas, Liefer. I Nr. 4 (1972): Rheinbach.

BN 145

I. Name unbekannt, Hofwüstung?

II. TK 5307 Rheinbach: r 25 68 500; h 56 10 150. 280 m NO H. 183,8, an der alten Aachen–Frankfurter Heerstraße.

III. In der Flur *Am Kleinaltendorfer Weg* fand sich eine dichte Anhäufung mittelalterlicher Keramik (Rheinbach Fdst. 25 – Archäologische Landesaufnahme M. Groß, 1967).

## Röttgen

BN 146

I. *Schloß Herzogsfreude*.

II. TK 5308 Bad Godesberg: r 25 75 700; h 56 16 440. Inmitten von Röttgen, am Treffpunkt der Witterschlicker Allee mit der heutigen B 257.

III. Um 1727 erbaute sich Kurfürst Clemens August v. Köln (1723–1761) das ausschließlich zur Parforcejagd bestimmte Jagdschloß Herzogsfreude in Röttgen. Damit verbunden war die Vermessung des Kottenforstes zum Zwecke der Anlage schnurgerader Schneisen, die sich für diese Art der Jagd eigneten. Das Schloß selbst war ein breitangelegter dreiflügeliger Bau, dessen Hauptgebäude in der Front allein 150 m lang war. Es verfügte über rund 100 repräsentative Räume.

1808/09 verzeichnet die Tranchot-K. NA Blatt 102 Duisdorf Reste des Schlosses mit dem Zusatz *Maison de chasse ruinée*. In der Tat war das Schloß 1810 auf Abbruch verkauft und abgetragen. Bei der starken Ausdehnung des Ortes Röttgen nach SW wurden die Fundamente des Schlosses an mehreren Stellen vorgefunden. Bis heute geblieben sind nur die breiten, schnurgeraden Alleen und Schneisen durch den Kottenforst, die nach ihren Endpunkten als Witterschlicker, Flerzheimer, Meckenheimer, Merler, Villiper und Wattendorfer Bahn bezeichnet werden. Die Meckenheimer Bahn ist heute als B 257 ausgebaut. Die Tranchot-K. NA Blatt 102 Duisdorf hat die Zentrierung dieser Alleen auf das Schloß noch sehr gut veranschaulicht.

LITERATUR: Clemen, KDM Kr. Bonn (1905) 336 ff. mit Stichen, Abbildungen und einem Plan von Schloß Herzogsfreude. – R. Hocker, Zur Jagdgeschichte der Kurfürsten von Köln. Bonner Geschichtsbll. 23, 1969, 23–50.

S e c h t e m

VORBEMERKUNG: Zur frühen Siedlungsentwicklung am Osthang des Vorgebirges wurden einige allgemeine Bemerkungen notwendig, die auch für Sechtem gelten. Man vergleiche daher die Vorbemerkung unter B o r n h e i m.

BN 147   I. *Alte Burg zu Walberberg*.

II. TK 5207 Sechtem: r 25 64 190; h 56 29 110. N neben der Pfarrkirche St. Walburga in Walberberg.

III. Hier lag die Alte Burg zu Walberberg, Sitz eines unbekannten frühmittelalterlichen Adelsgeschlechtes. Von ihr ist der heute noch vorhandene runde Hexenturm übriggeblieben, der N der heutigen Pfarrkirche steht. Eine Nachfahrin dieser Familie ist die Gräfin Alveradis, die während der Regierungszeit des Kölner EB Sigewin (1079–1089) in der Eigenkirche des frühen Adelssitzes, der gegen Ende des 30jährigen Krieges abgerissenen Kapelle St. Jodocus, begraben wurde. Die Ausstattung des Klosters Walberberg bestand zum großen Teil aus Schenkungen dieser Gräfin.

BN 148   I. *St. Jodocus-Kapelle zu Walberberg*.

II. TK 5207 Sechtem: lag neben der in der 2. Hälfte des 11. Jahrh. errichteten heutigen Pfarrkirche, früheren Klosterkirche St. Walburga.

III. Die Jodocus-Kapelle zu Walberberg gehörte zu dem frühmittelalterlichen Adelssitz an der Kirche zu Walberberg. Sie war ursprünglich eine Eigenkirche der Alten Burg. Eine Nachfahrin dieser Familie war die Gräfin Alveradis. Sie wurde während der Regierungszeit des Kölner EB Sigewin (1079–1089) in dieser Kapelle begraben. Die St. Jodocus-Kapelle wurde gegen Ende des 30jährigen Krieges abgerissen.

BN 149   I. *Dränkert* oder *Saalweidenhof*.

II. TK 5207 Sechtem: im Ort Sechtem.

III. Im 19. Jahrh. verfiel der in Sechtem gelegene Dränkert oder Saalweidenhof, ein alter Adelssitz (Dietz, Bonn 69).

BN 150   I. *Befestigter Hof*.

II. TK 5207 Sechtem: r 25 66 920; h 56 28 800. Dicht S der sog. Grauen Burg, in einer Obstbaumplantage.

III. Die Tranchot-K. NA Blatt 92 Sechtem von 1807/08 zeigt hier einen mit Gräben umwehrten Hof. Offensichtlich handelt es sich um einen eigenständigen, nicht mit der sog. *Grauen Burg* zusammenhängenden befestigten Hof.

BN 151   I. *Husen*, Burg.
II. TK 5107 Brühl: etwa r 25 66 300–67 300; h 56 30 600–31 500. Rund 500 m W Dickopshof, am Schnittpunkt des vom Falkenluster Hof bei Brühl kommenden sog. *Husemer Weg*, wo er nahe der Bundesbahnlinie Köln–Bonn auf die sog. *Hitzeler Straße* trifft.
III. 1236: EB Heinrich v. Köln bestätigt dem Kloster Benden bei Brühl seine Güter zu Husen, die es als freies Eigen von Adolf von Husen gekauft hatte (Knipping, Reg. III Nr. 858).
1263 ist von Ackerland zwischen Schwadorf und Husen *am Ufer* gelegen die Rede. 1347 werden 3 1/4 Morgen am Wege nach Husen genannt. Es wird angenommen, daß Burg Husen bereits um diese Zeit nicht mehr bestanden hat.
VI. An die ehem. Burg erinnert der *Husemer Weg*, welcher erstmalig in einer Urkunde von Schwadorf aus dem Jahre 1522 als *oeuer huyenre weyghe* (Stadtarch. Köln: Geistl. Abt. 107, S. 147) erscheint.
LITERATUR: Dietz, Bonn 65. – Ders., Heimatbll. d. Rhein-Sieg-Kr. 38, 1970, 82.

BN 152   I. *Kruchem*.
II. TK 5207 Sechtem: SO Ortsteil von Merten und in freiem Feld.
III. Kruchem war einst ein selbständiger Ortsteil von Merten, der später unter Aufgabe dieses Namens in Merten aufgegangen ist. Heute gibt es in Merten noch den FN *im Kruchem*.
LITERATUR: Dietz, Bonn. 56. – Zerlett, Siedlungskarte Bornheim.

BN 153   I. *Londorf*.
II. TK 5207 Sechtem: r 25 64 640; h 56 27 650. Im NW von Merten.
III. Im NW von Merten hat einst ein eigenes Dorf namens Londorf bestanden, dessen Name zugunsten von Merten bei der Einbeziehung in Merten aufgegeben wurde. Noch heute gibt es NW von Merten die FN *Londorfer Feld, Londorfer Akker, Londorfer Hostert, Lohndorfer Kirchweg*. Der Adelssitz Londorf ist während des 19. Jahrh. verfallen.
LITERATUR: Dietz, Bonn 56.

BN 154   I. *Luynrich*.
II. TK 5207 Sechtem: O der Aldeburg, an der Kitzburg, bis zum W-Teil von Trippelsdorf, jedoch oben am Hang.
III. Hier soll nach N. Zerlett, Siedlungskarte Bornheim, einst ein selbständiges Dorf dieses Namens gestanden haben.

BN 155   I. *Marsdorf*.
II. TK 5207 Sechtem: zwischen Merten und Mertenerheide.
III. An der Stelle des jetzigen Klosters von Merten bestand einst der selbständige Ort Marsdorf. Hier gibt es bis heute die *Marsdorfer Straße* sowie die FN *Marsdorfer Feld* und *Marsdorfer Broich*. Nach der Einbeziehung der Siedlung in Merten wurde der alte Name aufgegeben.
LITERATUR: Dietz, Bonn 56. – Zerlett, Siedlungskarte Bornheim.

BN 156   I. *Merten*, partielle Ortswüstung.
II. TK 5207 Sechtem: r 25 65 250; h 56 26 700. Am Südende von Merten.

III. Den heutigen Ort Merten kann man insofern als partielle Wüstung ansehen, als sein südlichster Teil aufgegeben und in Ackerland zurückverwandelt worden ist. In Merten fällt auf, daß die alte Pfarrkirche St. Martin auf dem Friedhof eine sehr exzentrische Lage im Vergleich zum späteren Zentrum des Dorfes hat. Hier aber hat der alte fränkische Friedhof von Merten gelegen, wie Einzelfunde des Jahres 1967 aus spätfränkischer Zeit beweisen. Mertener Einwohner wissen zu berichten, daß Merten sich einst viel weiter nach S erstreckte als dies heute der Fall ist. Auf den Feldern am S Rand von Merten findet sich viel mittelalterliche Keramik, deren Streuung bis an die Mertener Mühle reicht. Daraus ergibt sich, daß Merten einst bis an die Mertener Mühle gereicht haben muß. Diese Ausdehnung vorausgesetzt, erhält die alte Kirche St. Martin mit ihrem fränkischen Gräberfeld einen zentralen Platz in dem Merten des ursprünglichen Besiedlungsstandes. Hier fand offenbar eine Siedlungsverlagerung um etwa 1000 m nach N statt, die zwar nicht die Aufgabe der Siedlung, wohl aber ihre Verschiebung zur Folge hatte. Hierzu vgl. auch unter Kruchem (BN 152).

BN 157
I. *Rheindorf,* auch: *Raindorf.*
II. TK 5207 Sechtem: r 25 63 640; h 56 29 500. Um die ehem. Rheindorfer Burg herum.
III. Hier lag nach N. Zerlett, Siedlungskarte Bornheim, einst ein Dorf namens Rheindorf. Es könnte sich auch noch weiter nach N erstreckt haben, denn auf dem zwischen der Rheindorfer Burg und Eckdorf liegenden Ackergelände, auf dem auch die karolingischen Töpferöfen von Brühl-Eckdorf gefunden wurden (vgl. Stichwort 'Badorf' in Hoops, Reallexikon d. German. Altertumskunde, begr. v. J. Hoops [2. Aufl. 1967 ff.]), ergab sich bei der Archäologischen Landesaufnahme eine dichte Streuung von blaugrauer Siedlungskeramik des 11./12. Jahrh. Die Funde sind noch unveröffentlicht. Die Untersuchungen, Magnetometer-Messungen durch I. Scollar, dauerten im Herbst 1973 noch an (vgl. Textband 164 f.).

BN 158
I. Ringwall *Aldeburg.*
II. TK 5207 Sechtem: r 25 63 760; h 56 28 060. Rund 1200 m SSW der Pfarrkirche Walberberg.
VII. Hier liegt im Walde auf einem von W nach O leicht abfallenden Hang der Ringwall *Aldeburg.* Er wird von zwei in O-W-Richtung verlaufenden Siefen begrenzt. Die Anlage hat etwa Eiform. Die Innenfläche mißt 120 x 65 m. Nach W legt sich vor den Wall ein Graben. Der Ringwall wird für frühmittelalterlich gehalten.
LITERATUR: R. v. Uslar, Bonner Jahrb. 149, 1949, 378.

BN 159
I. *Töpfereibetrieb* Sechtem. Tafel 60 und 61.
II. TK 5207 Sechtem: r 25 67 073; h 56 28 437. 60 m SW TP Kirche und 40 m SSW Südecke der Friedhofsmauer.
VII. In der N Wand der Baugrube zum Neubau der Bäckerei Weiler wurde in knapp 1 m Tiefe unter der Ofl. der Rest eines mittelalterlichen Töpferofens beobachtet, der etwa in der Längsachse durchschnitten worden war. Er wies eine lichte Weite von 1,10 m sowie eine H. von 40 cm auf. Boden und seitliche Wände des Ofens bildeten jeweils eine dicke Schicht rot bis blaugrau verziegelten Lehms. Die Stärke dieses Brandes der Ofenwände nahm nach den Außenseiten kontinuierlich ab, so daß sich schließlich der natürliche Lehm ohne scharfe Kante anschloß. Man hatte also den Ofen durch Ausheben einer ovalen Grube in den gewachsenen Lehm gebaut. Er war sicher von einer künstlich errichteten Kuppel überwölbt, von der sich aber keine Überreste mehr fanden. Im Ofen fanden sich karolingerzeitliche Gefäßscherben, Staklehm, Sandsteine und vereinzelt römische Falzziegel. Er wurde im 9. Jahrh. benutzt (Sechtem Fdst. 86 – Archäologische Landesaufnahme M. Groß, 1967).

BN 160   I. *Töpfereibetriebe in Walberberg.*

II. TK 5207 Sechtem. Bisher wurden an folgenden Stellen in Walberberg Überreste mittelalterlicher Töpferei gefunden:
a) Beim Bau des Hauses *Oberstraße 12* wurde ein Töpferofen angeschnitten (Sechtem Fdst. 9): r 25 64 160; h 56 29 360.
b) An dem jetzt zugeschütteten *Eulerpütz* in der ehemaligen *Eulerpützgasse,* jetzt Limburgergasse, wurden zahlreiche gut erhaltene Gefäße sowie viel Scherbenmaterial gefunden, das Abfall eines Töpfereibetriebes war (Sechtem Fdst. 10): r 25 64 280–350; h 56 28 880–29 920. Auch Reste mehrerer Töpferöfen wurden in der Limburgergasse gefunden.
c) Römische Scherben sowie mittelalterlicher Töpfereiabfall wurden wenig O der *Kitzburg* gefunden (Sechtem Fdst. 67): r 25 64 620; h 56 28 620.
d) Wenig NW der Kitzburg auf dem *Schellenberg* wurden die Überreste mittelalterlicher Töpfereibetriebe festgestellt (Sechtem Fdst. 12): r 25 64 340; h 56 28 710.
e) Der größte geschlossene frühmittelalterliche Töpfereibezirk wurde anläßlich des Neubaus des Bibliotheksgebäudes auf der SW-Seite des *Klosters Walberberg an der Rheindorfer Burg* archäologisch untersucht. Etwa 25 Töpferöfen, zum Teil mehrperiodig benutzt, wurden hier von K. Böhner im Jahre 1952/53 ausgegraben (r 25 63 580; h 56 29 500). In diesen Öfen wurde die frühmittelalterliche Keramik des Badorfer Typus hergestellt, die vom späten 7. bis ins 9. Jahrh. bestimmend für die keramische Entwicklung des Rheinlandes wurde. Der Töpfereibezirk erstreckt sich auch noch weiter nach N, bis an die Gemarkungsgrenze gegen Badorf, Ortsteil Eckdorf, wo Anfang 1968 drei weitere Öfen dieses Komplexes ausgegraben wurden.
f) Bei Baggerarbeiten NO der *Rheindorfer Burg* wurde ein weiterer frühmittelalterlicher Töpferofen angeschnitten (Sechtem Fdst. 25): r 25 63 800; h 56 29 530.
g) An der *Hohlgasse* wurden immer wieder Töpferöfen freigelegt, wenn hier gebaut wurde (Sechtem Fdst. 26): r 25 64 000; h 56 29 560.
h) Bei Ausschachtungsarbeiten auf einem Grundstück in der *Kirchstraße* wurde ein in den Löß eingegrabener Töpferofen angeschnitten (Sechtem Fdst. 17): r 25 64 260; h 56 29 170.

VII. Die in Walberberg massenhaft auftretenden frühmittelalterlichen Töpferöfen des 7.–9. Jahrh. hatten für die Siedlungsentwicklung des Ortes entscheidende Bedeutung. Sie zeigen zunächst einmal, daß die Stellen, an denen heute Töpferöfen gefunden werden, im frühen Mittelalter nicht bebaut gewesen sein können. Man wird für die Frühzeit nur mit einem sehr kleinen Siedlungskern um die St. Walburga-Kirche herum zu rechnen haben. Sie war zunächst Kloster-, später Pfarrkirche des Ortes, der seinen Namen nach ihrem Patrozinium erhielt. In der Umgebung des frühen Ortes Walberberg saßen die zahlreichen Töpfereibetriebe, und zwar jeweils an den Stellen, an denen gute Tonlager vorhanden waren. Neben dem Ackerbau auf den ausgezeichneten Böden am Osthang des Vorgebirges war die Töpferei im frühen Mittelalter der wichtigste gewerbliche Wirtschaftszweig. Es liegen einige Hinweise dafür vor, daß das Töpfergewerbe in den Händen der Grundherren, vor allem der geistlichen Grundherrschaft gelegen hat. Die sozialen und wirtschaftlichen Verhältnisse des frühen Töpfergewerbes sind bislang jedoch noch nicht untersucht worden. Die archäologische Forschung beschränkte sich bisher auf die typologisch-chronologische Untersuchung der Erzeugnisse selbst, um sie als Datierungsmittel für mittelalterliche Schichten brauchbar zu machen. Handels- und wirtschaftsgeschichtliche Probleme wurden dabei kaum berücksichtigt. Bestenfalls wurde das Auftreten rheinischer Importkeramik in städtischen Siedlungen Skandinaviens und des slawischen Ostens zur Kenntnis genommen. Auch die historische Forschung hat sich bisher der wirtschaftsgeschichtlichen und sozialen Probleme des Töpfergewerbes im Vorgebirge während des frühen Mittelalters noch nicht angenommen. Der Mangel an frühen Quellen führt dazu, daß dergleichen Fragen bestenfalls für das späte Mittelalter und die frühe Neuzeit an den Beispielen Siegburg, Frechen, Langerwehe und Raeren untersucht wurden. So harrt das Problem der frühmittelalterlichen Vorgebirgstöpferei noch immer einer zusammenfassenden Bearbeitung. Dabei wäre auch die Rolle dieses Wirtschaftszweiges für die frühe Siedlungsentwicklung am Osthang des Vorgebirges zu untersuchen.

LITERATUR: K. Böhner, Frühmittelalterliche Töpferöfen in Walberberg und Pingsdorf. Bonner Jahrb. 155/156, 1955/56, 372–387. – W. Janssen, Artikel 'Badorf' in: Reallexikon d. German. Altertumskunde, begr. v. J. Hoops, 2. Aufl. hrsg. v. H. Jankuhn, H. Beck, K. Ranke und R. Wenskus (1971 ff.) mit weiterer Literatur.

BN 161  I. *Burghügel* (Motte) in Rösberg.
II. TK 5207 Sechtem: r 25 64 800; h 56 26 450. Zwischen der Auelgasse und dem Greesbergsweg, in einer nach O zum Rheintal offenen Quellmulde, am oberen Rand des Vorgebirges.
VII. Hier fand M. Groß im Zuge der Archäologischen Landesaufnahme 1969 einen 2–2,50 m hohen Burghügel von 10–12 m Dm. Er ist von einem 5–7 m breiten Graben umgeben, der sich im SW des Hügels auf ungefähr 15 m verbreitert. Auf der Hügelmitte und an seinen Rändern befinden sich moderne Eingrabungen, sonst aber macht die Anlage einen ziemlich ungestörten Eindruck. Eine Vorburg war dem Burghügel nach W vorgelagert. Von ihr ließ sich nur noch die S Begrenzung feststellen, während die übrigen Seiten durch moderne Wassergewinnungsanlagen verändert sind.
Die Anlage gehört zu einem besonderen Typ von Burghügel, den man als 'Höhenmotte' charakterisieren könnte. Kennzeichnend für diese Art Burghügel ist ihre Lage auf einem Hochplateau oder am Rande eines Bergzuges. Der Unterschied zu den in Flußtälern liegenden Motten tritt deutlich hervor, so daß dergleichen 'Höhenmotten' gelegentlich auch mit echten Höhenburgen verwechselt werden, wie im Falle der Hardtburg (vgl. EU 105). Der Burghügel liegt nur 250 m ONO der Burg Rösberg, die man sicher als Nachfolger des hochmittelalterlichen Burghügels ansprechen kann. Damit ergibt sich hier eine ähnliche Konstellation von Burghügel und nachfolgender Wasserburg wie in Adendorf, Lkr. Bonn (BN 1) und an vielen anderen Plätzen.

BN 162  I. Name unbekannt, Hofwüstung?                           Tafel 61.
II. TK 5207 Sechtem: r 25 68 020; h 56 27 760. Rund 380 m NW H. 68,0 und rund 1000 m SO Ortskern Sechtem.
VII. In der Flur *Unter dem Widdiger Weg* wurden auf einem schwach nach SW geneigten, sandig-lehmigen Gelände zahlreiche mittelalterliche Gefäßscherben sowie einzelne römische Ziegelbruchstücke und etwas römische Keramik aufgelesen (Fdst. Sechtem 72). Nach der Ausdehnung der Fundstelle zu urteilen, handelt es sich um einen mittelalterlichen Hof (Archäologische Landesaufnahme M. Groß, 1967). Es wurde Keramik von Badorfer und Pingsdorfer Art gefunden.

BN 163  I. Name unbekannt, Dorfwüstung?                          Tafel 61.
II. TK 5207 Sechtem: r 25 68 440–640; h 56 28 560–740. Rund 1300 m O des Ortskernes von Sechtem, O der Köln–Bonner Eisenbahn.
VII. In der Flur *Unter dem Widdiger Weg* befinden sich auf einer sandig-kiesigen flachen Kuppe und deren nach S geneigtem Hang drei dichte Fundstellen mittelalterlicher Keramik, die wahrscheinlich einen einzigen größeren Siedlungskomplex darstellen (Fdst. Sechtem 73–75). Nach der Ausdehnung der Fundstelle zu urteilen, hat hier eine aus mehreren Gehöften bestehende Ansiedlung gelegen, vielleicht ein kleines Dorf (Archäologische Landesaufnahme M. Groß, 1967). – Zur Keramik vgl. Textband S. 156.

BN 164   I. Name unbekannt, Hofwüstung?

II. TK 5207 Sechtem: r 25 63 100; h 56 28 940. Rund 750 m SW der Rheindorfer Burg in Walberberg, 430 m N H. 150,0.

VII. In einem sandig-kiesigen Gelände auf der Hochfläche des Vorgebirges fanden sich neben vereinzelten römischen Ziegelbrocken etliche Stücke Kalksinter aus der Eifelwasserleitung sowie viel mittelalterliche Keramik des 8./9. Jahrh. (Fdst. 77). Der Charakter der Fundstelle ist noch unbekannt (Archäologische Landesaufnahme M. Groß, 1967).

## Todenfeld

BN 165   I. *Tonnenberg,* mittelalterliche Siedlungsspuren.

II. TK 5407 Altenahr: r 25 68 420; h 56 06 360. Eine Bergkuppe rund 1000 m SW der Tomburg.

VII. Die heute durch Steinbrüche fast ganz zerstörte Bergkuppe, die ursprünglich etwa 25 m hoch gewesen sein mag, hat im Mittelalter Bebauung getragen. An den stehengebliebenen Rändern der Steinbrüche fanden sich zahlreiche mittelalterliche Gefäßscherben, überwiegend blaugraue und geriefte Keramik des 12.–14. Jahrh. An einer Stelle schaut aus den vom Steinbruch geschaffenen Profilen auch noch ein Mauerstück heraus, das aus Bruchsteinen unter Verwendung von Kalkmörtel errichtet war. Welcher Art die Besiedlung auf dieser Kuppe, die im Volksmund den Namen *Tonnenberg* führt, gewesen ist, läßt sich nicht mehr feststellen. Einen zur Tomburg gehörenden Wachtturm oder ähnliches könnte man sich hier gut vorstellen, kaum aber eine eigenständige Wehranlage von der Art der Tomburg. Dafür wäre der Hügel zu klein gewesen (Fundbericht bei den OA des RLMB).

BN 166   I. Name unbekannt, Hofwüstung?                                                                Tafel 62.

II. TK 5407 Altenahr: r 25 66 940; h 56 05 350. 380 m NW TP Kapelle Todenfeld, 760 m SW H. 312,0.

VII. In der Flur *Im roten Feld* fand sich in einer flachen Senke bis an deren Südrand eine dichte Streuung mittelalterlicher Keramik des 8./9.–14. Jahrh. sowie einzelne römische Gefäßscherben (Fdst. 5 – Archäologische Landesaufnahme M. Groß, 1968). Nach der geringen Ausdehnung der Fundstelle kommt nur ein mittelalterlicher Hof in Frage. Zu diesem Hof vgl. Textband S. 155.

## Villip

BN 167   I. *Burghügel Villip.*

II. TK 5308 Bad Godesberg: r 25 77 630; h 56 11 770. Etwa 375 m OSO der Kirche von Villip mitten im Ort.

III. Auf der Flur *Am Scharfenstein* lag hier ein mittelalterlicher Burghügel von quadratischer Form mit etwa 20 m Kantenlänge und 1,50 m Höhe. Er wurde von einem breiten, bis 30 m Dm. messenden, wasserführenden Graben umgeben. Die Vorburg der zweiteiligen Anlage lag nach N. Die Anlage ist heute völlig beseitigt, das Gelände zum Parkplatz gemacht worden.

LITERATUR: R. v. Uslar, Bonner Jahrb. 149, 1949, 377 f. – M. Müller-Wille, Burghügel S. 109 mit Abb. 58.

BN 168　I. *Eystorp*, wahrscheinlich identisch mit *Eesdorf*, Gemarkung Pech (BN 134).

II. TK 5308 Bad Godesberg: NW Villip, auf der Grenze gegen Pech.

III. 1417 Jan. 20 erhielt Margarethe von Wevelinghoven in ihrem Ehevertrag mit Johann, Burggraf vom Drachenfels, von ihren Eltern u. a. den Hof *genannt Eystorp . . . gelegen boven Godisbergh in den Kirspel zo Vilpe* (J. Dietz in: Die Eifel 1950, 35 f. mit Bezug auf AHVN 55, 1892, 304). Wahrscheinlich tritt diese Siedlung bereits 1250 in einer Urkunde des Lütticher Stiftes St. Martin als *Eleesdorp* auf (AHVN 34, 1879, 82 Nr. 16).

VI. In der *Eesdorfer Wiese* bei Pech soll nach einer alten Sage einst ein Dorf namens Eesdorf gestanden haben. Eines Tages sei es verschwunden gewesen. Deshalb heiße es dort *Em engefalle Loch* und *Eesdorfer Feld* (J. Dietz, Aus der Sagenwelt des Bonner Landes [Bonn 1965] 22) und *Eysbach* (A. Wiedemann, Geschichte von Godesberg [1930] S. 130).

VII. Bei Meliorationsarbeiten wurden in der Eesdorfer Wiese Scherben, Ziegel, Steine und andere Siedlungsreste gefunden.

BN 169　I. *Neuenhof*.

II. TK 5308 Bad Godesberg: r 25 76 600; h 56 11 000. Rund 500 m SW Burg Gudenau, O des Arzdorfer Baches.

III. Hier verzeichnet die Tranchot-K. NA Blatt 102 Duisdorf von 1808/09 den vierseitig geschlossenen Neuenhof. Dieser Hof ist auch noch in den Urrissen der TK 1 : 25 000 von 1847 enthalten. Er muß also in der zweiten Hälfte des 19. Jahrh. wüst geworden sein.

BN 170　I. *Windmühle Villip*.

II. TK 5308 Bad Godesberg: r 25 77 120; h 56 11 560. SW Villip, am Hang gegenüber Burg Gudenau.

III. 1808/09 verzeichnet die Tranchot-K. NA Blatt 102 Duisdorf hier eine *Moulin à Vent* mit dem Mühlenturm und einem O davon gelegenen Gebäude.

BN 171　I. *Hoppenburg*.

II. TK 5308 Bad Godesberg: r 25 77 560; h 56 12 700. 120 m SW der Villiper Ölmühle, an der Straße nach Pech.

III. Auf dieser Burg soll die Familie von Stein(en), gen. Tricht, gelebt haben. Zu dieser Familie liegen zahlreiche urkundliche Erwähnungen vor, so von den Jahren 1462, 1575, 1577, 1608, 1662.

VI. In der Flur *Broich* geht geradeaus nach der Ölmühle die *Hoppengasse* ab. Hier soll die Hoppenburg gestanden haben.

VII. In dem für diese Wüstung in Frage kommenden Gelände sollen Mauerfundamente in der Erde liegen.

LITERATUR: OA des RLMB.

Witterschlick

BN 172　I. *Töpfereibezirk*.

II. TK 5308 Bad Godesberg: r 25 72 500; h 56 17 900. Etwa 140 m NO der Kirche.

VII. Beim Ausschachten eines Kanals wurden hier die Reste eines mittelalterlichen Töpferofens, eines sog. stehenden Ofens, untersucht. Erhalten war die untere Hälfte des zweikammrigen Brennofens, mehrere unterirdische Schürkanäle sowie

die Arbeits- und Beschickungsgrube vor dem Ofen. Die vorgefundene Keramik bestand fast ausschließlich aus sog. blaugrauer Ware des 12./13. Jahrh. Kugeltöpfe mit gedrehtem Ober- und handgeformtem Unterteil waren zahlenmäßig stark vertreten. Ein Experiment im Ofen der nahegelegenen Servais-Werke, Fabrik für feuerfeste Steine, ergab eine Brenntemperatur von 870–890° C für die blaugraue Ware.
LITERATUR: A. Herrnbrodt, P. J. Tholen, Bonner Jahrb. 159, 1959, 455.

BN 173   I. *Baulichhof.*
II. TK 5308 Bad Godesberg: in Witterschlick oder nahe bei dem Ort gelegen.
III. Hier gab es den nach seinem Besitzer Baulich genannten Hof. Aus einem Weistum von 1602 erfahren wir, daß der Hof nicht mehr besteht: *Görgen Baulichs hoffrecht . . . dieselbe* (ist) *nunmehr verteillet.*
LITERATUR: P. Heusgen, Geschichte d. Pfarreien d. Erzdiözese Köln, Dekanate Rheinbach u. Meckenheim 166.

BN 174   I. Frühmittelalterlicher Abschnittswall.
II. TK 5308 Bad Godesberg: r 25 72 960; h 56 18 500. Rund 900 m NO TP Kirche Witterschlick und 600 m NNW H. 157,0.
VII. Auf dem oberen Rand des nach W zum Hardtbach abfallenden Geländes des Hardtberges befindet sich eine aus Wall und vorgelagertem Graben bestehende Befestigung von etwa 100 x 80 m Dm. Die Nordseite der Burg bildet ein tiefer natürlicher Einschnitt des Geländes, nach W befindet sich ein steiler Hang. Die beiden anderen Seiten der Anlage sichern zwei kreisförmig auf Hang und Geländeeinschnitt zulaufende Abschnittsgräben. Im S verstärkt ein innen vom Graben liegender Wall die Befestigung. Die Grabenzüge sind z. T. durch moderne Baumaßnahmen zugeschüttet worden. Der Graben besitzt stellenweise eine Breite von 8 m und eine Tiefe von 3–4 m. Im Innern der Befestigung steht ein Holzkreuz. Es könnte sich um die ältere Burg der Herren von Duisdorf handeln, die auf dem Hardtberg vermutet wird (vgl. BN 65 und 66; Archäologische Landesaufnahme M. Groß, 1968).

W o r m e r s d o r f

BN 175   I. *Beierhof,* Wüstung?
II. In der Gemarkung Wormersdorf.
VI. Heusgen, Dekanate 129, verzeichnet in der Gemarkung Wormersdorf den FN *Beierhof.* Wahrscheinlich handelt es sich um eine Hofwüstung.

BN 176   I. *Klein-Altendorf,* partielle Ortswüstung.
II. TK 5307 Rheinbach: r 25 70 300; h 56 09 100. Rund 800 m NO Wormersdorf.
III. 893/1222: Güterverzeichnis der Abtei Prüm nennt unter *mekcinheim* Güter in *aldendorpht* (MRUB I Nr. 135 S. 181). Diese Nennung wird nicht auf Altendorf bei Ersdorf, sondern auf Klein-Altendorf bezogen, ob zu recht, ist weiterhin unklar. Nach Heusgen, Dekanate 126 f., ist in Klein-Altendorf seit Anfang des 12. Jahrh. die ritterbürtige Familie derer von Aldendorp (*Aldindorp*) nachweisbar, die hier auf einer Burg gesessen hat.
1251 Sept. 9 erfolgte ein Schiedsspruch zwischen dem Grafen Wilhelm v. Jülich und dem EB Konrad v. Köln, nach dem der Graf dem EB die Burg Aldendorp zurückgeben mußte (Knipping, Reg. III Nr. 1729).
1253 Mai 7 wird nach Verletzungen der 1251 getroffenen Absprachen erneut zwischen dem Grafen Wilhelm v. Jülich und dem EB Konrad v. Köln vermittelt. In der

diesbezüglichen Urkunde wird auf die erfolgte Rückgabe des *castrum Aldendorp* an den EB v. Köln Bezug genommen (Lac. UB II Nr. 390). Seit Mitte des 13. Jahrh. ist also auch die Burg Klein-Altendorf wie viele Burgen der Umgebung kurkölnischer Besitz geworden.

1328: Winrich, Herr von Wenigen-Altendorf.
1375: Walram, Herr von Wenigen-Altendorf (Heusgen, Dekanate 127).
Bereits im 14. Jahrh. müssen in Klein-Altendorf zahlreiche Höfe bestanden haben, so daß die beiden heute hier noch vorhandenen Höfe nur als Restsiedlung eines einst viel größeren Dorfes aufgefaßt werden können. Heusgen, Dekanate 127, nennt sieben verschiedene Lehnsträger in Klein-Altendorf für das 14. Jahrh. Im 14. Jahrh. scheinen dann verschiedene kleinere Güter zu einem großen Hof, der bald Rittersitz wurde, zusammengelegt worden zu sein. 1375 wird mit diesem großen Hof Walram von Wenigen-Altendorp belehnt.

In Klein-Altendorf bestanden außerdem ferner folgende Höfe:
a) Der *Himmeroderhof,* wo 1772 eine Hauskapelle eingeweiht wurde.
b) Der *Capitelshof,* ein Hof des Bonner Stiftes St. Cassius, der mit einem zweiten Hof des Stiftes zu Wormersdorf unter dem Namen Capitelshof vereinigt wurde.
c) Der *Landskronische Hof zu Aldendorp,* der wahrscheinlich auch hier in Klein-Altendorf zu suchen ist. Dieser Hof wird noch 1440 erwähnt.
(Angaben nach Heusgen, Dekanate 128).

V. Nach Flink, Rheinbach 36, wird erstmalig für die Zeit um 1220 für Klein-Altendorf eine Kapelle erwähnt.

VII. In den Wiesen, die die beiden heute in Klein-Altendorf noch bestehenden Höfe umgeben, fallen immer wieder starke Unebenheiten und künstliche Geländeverformungen auf, die auf ältere Bebauung hinweisen. Durch Klein-Altendorf führt von NW nach SO außerdem eine bedeutende Fernverkehrsstraße, die Aachen–Frankfurter Heerstraße, die im Mittelalter hier etwa 400 m NO der heutigen B 266 zum Ahrtal verlief.

BN 177    I. *Tomburg.*             Tafel 20; 21; 44; 67; 74.

II. TK 5407 Altenahr: r 25 68 950; h 56 07 070. Rund 1700 m SW Wormersdorf und 4 km SSO Rheinbach.

III. 1012 setzt Pfalzgraf Ezzo den Herzog Dietrich von Niederlothringen zu *Tonaburg castro palatini comitis* gefangen, als dieser gegen Heinrich II. die Königskrone erstrebte.
1028 Okt. 10: EB Pilgrim v. Köln beurkundet die Schenkung des Pfalzgrafen Ehrenfried und seiner Gattin Mathilde an das Kloster Brauweiler, darunter auch *toneburch* (Lac. UB I Nr. 164 = Oediger, Reg. I Nr. 733). Es erscheint aber fraglich, ob hier wirklich die Tomburg bei Rheinbach gemeint ist, denn alle geographischen Angaben der Schenkung beziehen sich auf das Gebiet um Brauweiler und Köln. Geschenkt werden:
a) Güter zu Brauweiler mit allem Zubehör einschließlich des Wildbannes;
b) die Hälfte des Waldes, Ville genannt;
c) Güter an der Erft;
d) ein Gut zu Bergheim/Erft;
e) ein Hof in Köln;
f) fünf Mansen zu Aldenrath;
g) prata in toneburch.
Angesichts dieses geographischen Zusammenhanges dürfte *toneburch* ebenfalls irgendwo an der Erft zu suchen sein. Vielleicht handelt es sich um den Burghügel Tomberg in Vernich, Kr. Euskirchen, der in der Erftniederung liegt (vgl. EU 107). Die Vermutung, die hier genannte Tomburg sei in der Gegend von Brauweiler zu suchen und nicht mit der Tomburg zu Rheinbach identisch, spricht auch H. P. Müller, Tomburg 4 Anm. 12, aus.

1047 Sept. 7 stirbt Otto, Herzog von Schwaben, jüngster Sohn des Pfalzgrafen Ezzo, *in Tonaburg castro.*
1051 Juli 17: Bestätigung der Brauweilerer Stiftung durch Kaiser Heinrich III. (Lac. UB I Nr. 184 = Oediger, Reg. I Nr. 822). Die Urkunde gehört zu den Brauweiler Fälschungen. Sie enthält *in Toneburch.* Die Bedenken hinsichtlich der Identität mit der Tomburg bei Rheinbach, die für die Urkunde von 1028 geltend gemacht werden müssen, sind auch hier nötig. In den MGH DO H. III. Nr. 272 und Register ist Toneburch mit der Tomburg bei Rheinbach gleichgesetzt.
1052 Mai 7: Papst Leo IX. bestätigt dem EB Hermann v. Köln alle früheren Privilegien, darunter auch die Abtei Brauweiler und *castrum nomine Zoneburg* (Lac. UB I Nr. 187 = Jaffé, Reg. Pontif. I Nr. 4272).
Um 1060 sterben die Ezzonen aus.
In der zweiten Hälfte des 11. Jahrh. erscheint ein *Ruokerus comes de Toneburch* als Inhaber vormals pfalzgräflicher Rechte auf der Tomburg.
1093 bis 1303/1325 verwalteten die Grafen von Cleve als Lehnsleute des EB v. Köln die Tomburg. 1096 nennt sich Graf Dietrich II. v. Cleve *Thieodericus de Toneburc* (Lac. UB I Nr. 252).
1230 belehnt Graf Dietrich v. Cleve-Tomburg Hermann I. von Müllenarck mit der Burggrafschaft Tomburg. Die Familie von Müllenarck verwaltete hinfort die Burg Tomburg für die Grafen. Mehrfach werden die Herren von Müllenarck ermahnt, die nahegelegene Siedlung Rheinbachweiler (*Wilre*) nicht zu belästigen (vgl. BN 142 unter III.).
1247 brach zwischen dem EB v. Köln und den Grafen v. Jülich der Streit um die Hochstadensche Erbschaft aus, in dessen Verlauf sich Graf Wilhelm v. Jülich 1251 in den Besitz der Tomburg bringt und hier von EB Konrad v. Köln belagert wird (Lac. UB II Nr. 376). Zur weiteren Geschichte der Tomburg vgl. H. P. Müller, Tomburg. – Ferner Heusgen, Dekanate 109–115.
1473 wird die Tomburg vom Herzog von Jülich erobert und vollständig zerstört. Seitdem lag sie in Trümmern und verfiel immer weiter zur Ruine.

V. Auf der Tomburg gab es eine 1202/30 erstmalig erwähnte Kapelle St. Pankratius, die bis zum Ende der Burg bestanden hat.

VII. Durch neuzeitliche Steinbrüche wurde der Tomberg im NO und SW in großem Stil abgetragen. Die hier gelegenen Teile der Burg gingen mit verloren. Heute überragt die mächtige Ruine des runden Bergfrieds aus dem frühen 13. Jahrh. den bewaldeten Tomberg und bietet weit ins Land hinein eine charakteristische Silhouette. Den Baubestand des ausgehenden 19. Jahrh. beschreibt Clemen, KDM Kr. Bonn 162 ff. Als Voraussetzungen für konservatorische Maßnahmen wurde 1968 vom RLMB auf dem oberen Burgplateau der Tomburg, O des Bergfriedes eine Ausgrabung durchgeführt. Sie ergab O zu Füßen des Bergfriedes einen mit Kalkestrich ausgelegten offenen Hof, der nach S durch eine mit einem Eingang versehene Mauer abgeschlossen war. Nach O schloß sich an diesen Hof ein mehrstöckiges, rechteckiges Gebäude an, dessen Kellergeschoß noch erfaßt wurde. Hier ergaben sich zwei rechteckige Räume. Der Treppenaufgang zu den oberen Stockwerken lag in einem kleinen Annexbau zwischen dem eigentlichen Gebäude und der Begrenzungsmauer des Hofes. Im O war das rechteckige große Gebäude direkt an die mächtige Umfassungsmauer angebaut, die 1,70 m breit war und von außen durch große Stützpfeiler gesichert wurde. Ein tiefer gelegenes, bereits in den Steinbruch gestürztes Niveau deutete sich mit einer Treppe an, die NO des Bergfriedes freigelegt wurde. Durch eine massive Mauer und einen nach S vorgesetzten Brandmauerabschnitt von dem Rechteckbau geschieden, erstreckte sich S desselben ein Wirtschaftsgebäude mit Backofen und zweikammrigem Heizofen. Die Auffindung des Backofens erlaubt es, eine topographische Beschreibung der Burg aus dem 15. Jahrh. am richtigen Punkt einzuhängen und damit die bisher nicht anwendbare Beschreibung praktisch im Gelände auszuwerten (vgl. Frick-Zimmer, Landskron).

Die beschriebenen Baureste O des Bergfrieds der Tomburg gehören sämtlich dem späten 13. und dem 14. Jahrh. an. Hinweise auf ottonische oder gar karolingerzeitliche Bebauung ergaben sich bislang nicht. In verlagerten Schichten wurde allerdings spätrömische Keramik vorgefunden. Die wiederholt geäußerte Vermutung, auf dem Tomberg habe ein spätrömischer Bau bestanden, scheint sich damit zu bestätigen. Zu den Grabungen vgl. besonders Tafel 21.

LITERATUR: W. Janssen, Die Tomburg bei Rheinbach, Landkreis Bonn. In: Château Gaillard IV (Gent 1968) 163–178. – H. P. Müller, Die Herrschaft Tomburg und ihre Herren bis zum Ausgang des Mittelalters (Bonn 1970). – H. P. Müller, W. Janssen, Tomburg bei Rheinbach. Rheinische Kunststätten 10, 1973.

BN 178    I. *Burgsiedlung Tomburg.*                               Tafel 56 und 67.

II. TK 5407 Altenahr: r 25 69 000–70 500; h 56 06 500–07 300. Im S, SO und O des Tomberges.

VII. Aus den ebenen, schwach nach SO geneigten Lößflächen zu Füßen der Tomburg gab es im S, SO und O des Burgberges eine ausgedehnte mittelalterliche Ansiedlung, von der besonders reichlich mittelalterliche Keramik auf den Äckern übriggeblieben ist (Wormersdorf Fdst. 17–20). Die Ausdehnung dieser Siedlungsreste veranschaulicht Tafel 67. Die von hier geborgene Keramik ist dem 12.–15. Jahrh. zuzuweisen und damit zeitgleich mit den bisher auf der Tomburg nachgewiesenen Bauresten. Man kann diese Reste als Beweis für eine zu Füßen der Tomburg vorhandene Burgsiedlung auffassen. Sie überlagern z. T. eine Fundstelle unmittelbar am SO-Fuß des Tomberges mit spätrömischer Keramik (vgl. Tafel 56).

In den Weiden zu Füßen des Tomberges auf seiner Südseite ist noch heute ein flachmuldiger Hohlweg zu erkennen, zu dessen beiden Seiten flache Plateaus im Gelände auffallen. Es handelt sich wahrscheinlich um den alten Weg aus der Burgsiedlung zur Tomburg, den beiderseits Häuser flankierten.

Lage unbekannt

BN 179    I. *Eggirihesheim.*

III. 801/814: *villa Eggirihesheim* (Levison, Bonner Urk. Nr. 18). Daß es sich um Eggersheim im Kr. Düren handelt, wird durch den Zusatz *in pago Bonnense* ausgeschlossen (Levison a. a. O. 248 Anm. 6).

BN 180    I. *Gilenheim.*

III. Mitte 9. Jahrh.: *Gilenheim* (Levison, Bonner Urk. Nr. 24). Es ist vermutet worden, es handele sich um eine Verschreibung für Milenheim = Mehlem.

BN 181    I. *Graversdorp.*

III. 1544: *Graversdorp* (AHVN 57, 1894, 280. – H. Dittmaier, Die linksrheinischen ON auf -dorf und -heim [Manuskr. Bonn 1961] 18).

BN 182    I. *Heicheim.*

III. 1303: PN *de Heicheim* (J. H. Hennes, Urkundenbuch des Deutschen Ordens II 319. – H. Dittmaier, Die linksrheinischen ON auf -dorf und -heim [Manuskr. Bonn 1961] 80).

BN 183    I. *Lustorp.*

III. 1393: *Lustorp* (AHVN 105, 1921, 126). Unsicher, ob es sich um eine Wüstung in der Nähe von Bonn handelt.

BN 184　　I. *Rimbuchofen.*
　　　　　III. 1299 kauft die Deutschordenskommende Ramersdorf Güter zu Rimbuchofen (Neu, Deutschordenskomm. 131).


BN 185　　I. *Tormens.*
　　　　　II. Genaue Lage unbekannt, jedoch im Raume Rheinbach–Meckenheim an der Aachen–Frankfurter Heerstraße, der heutigen B 266, auf jeden Fall an dieser Straße zwischen Düren und Remagen.
　　　　　III. 1501 erscheint im Druck ein Itinerar der Aachen–Frankfurter Heerstraße: *Das seyn die lantstrassen durch das Romisch reych von eynem Kunigreich zo dem andern dy an tewtsche lant stossen von meylen zo meylen mit puncten verzeichnet. Getruckt von Georg Glogkendon zo Nurnberg 1501.* Das Itinerar enthält folgende Orte: *Ach* (Aachen) – *teuern* (Düren) – *tormentz* – *prihs* (Niederbreisig) – *Andernach* – *Cobolentz* – *San gewer* (St. Goar) – *pign* (Bingen) – *Meince* – *Franckfurt.*
　　　　　1511 und 1520: *Carta itineraria Europae* des Martinus Waldseemüller: Hier erscheint folgende Ortsreihe: *Teuren* (Düren) – *Tormens* – *Confluentia* usf.
　　　　　1515–1518 entstand eine Reihe von Karten, die der Kosmograph Sebastian Münster aus Basel angefertigt hat. Eine der Karten, die als Vorlage die Karte Waldseemüllers von 1511 hatte, zeigt die Ortsfolge: *Ach* (Aachen) – *Tewern* (Düren) – *Tormens* – *Rynmagen* (Remagen) usf.
　　　　　1533 erscheint eine Neuauflage der Karte von Glogkendon. Auch sie enthält noch *tormentz.*
　　　　　(Alle Quellen zit. n. Joh. Nottebrock, Die Aachen–Frankfurter Heerstraße in ihrem Verlauf von Aachen bis Sinzig. Bonner Jahrb. 131, 1926, 252 ff.). Nottebrock kann den Ort Tormens nicht identifizieren, vermutet ihn jedoch zwischen Rheinbach und Meckenheim, und zwar an der Kreuzung der alten Fernstraßen Remagen – Aachen und Bonn – Hillesheim. Von Bonn und Remagen ist der Ort nach den Eintragungen der alten Karten etwa gleich weit entfernt. Nottebrock bildet, a. a. O. 253, einen Ausschnitt aus einer der Karten Sebastian Münsters ab. Auf diesem erscheint Tormens wenig NO der äußersten Nordspitze des Eifelwaldes bei Rheinbach. Danach müßte man die Wüstung im Raume Rheinbach – Wormersdorf – Gelsdorf suchen. Es ist zu erwägen, ob nicht die zu Füßen der Tomburg bei Rheinbach vorhandene, auf Grund von Funden nachgewiesene Siedlung diesen Namen getragen haben könnte (vgl. BN 178). Die große Bedeutung der Tomburg als Herrschaftsmittelpunkt und Straßensicherung in der Nähe der alten Aachen–Frankfurter Heerstraße ist immer wieder hervorgehoben worden. Nicht auszuschließen ist aber auch, daß Tormens eine Verschreibung für Wormersdorf darstellt. Sie müßte dann allerdings von einer Vorlage in alle anderen Kartenwerke unkorrigiert übernommen worden sein, ein unwahrscheinlicher Vorgang.


BN 186　　I. *Tutehoven.*
　　　　　III. 853: *in pago Tustense in villa aut marca Meckedenheim . . . et in ipso pago in villa Tutehoven* (Levison, Bonner Urk. Nr. 31. – Zur Lokalisierungsfrage vgl. Levison a. a. O. 257 Anm. 6).


BN 187　　I. *Wardenheim.*
　　　　　II. Irgendwo zwischen Bonn und Euskirchen.
　　　　　III. 1483: *Wardenheim* (MStAK 39, 22 nach H. Dittmaier, Die linksrheinischen ON auf -dorf und -heim [Manuskr. Bonn 1961] 83).

BN 188   I. *Weylhoven.*
　　　　III. 10. Jahrh.: *Willenhoven* (Levison, Bonner Urk. Nr. 23).
　　　　Um 1300: Liber Valoris *Werlenhouen* (Oediger, LV III Nr. 64).
　　　　1378: *Weylhouen* (LV 1378, Oediger LV 41 Anm. f).
　　　　1390: *Weilhouen* (LV 1390, Oediger LV 41 Anm. f).
　　　　LITERATUR: Oediger, LV. – Bonner Jahrb. 136/137, 1932, 253 Nr. 23.

Nachträge zum Kreis Bonn s. S. 511 bis 513 und 516 f.

# Wüstungen
# im Kreis Prüm (PRÜ)

### Auw

PRÜ 1    I. *Bohler*, Dorfwüstung.
II. TK 5704 Prüm: ungefähr r 25 24 300; h 55 72 500. Rund 1500 m S Auw, O der Straße Auw–Bleialf.
III. 1581/1600: Schöffenweistum Bleialf enthält den Passus: *vom dorngen heruber uff ein wuest dorf Boler zwischen zweien hofsteden durch, von Boler heruber bis uff Langefelden syf* (H. Forst, Fürstentum Prüm 111). *Langefelden syf* ist zweifellos der NO-Zipfel der Gemarkung Oberlascheid, der heute in der TK 5704 Prüm den FN Langertseifen trägt.
1610/1640: Weistum Bleialf (Kopie im StA Koblenz unter Abt. 1 C, Nr. 13083 S. 17): *zum ersten der hofs bandt . . . dieser seiten Auwer gericht uf ein dorngen, vom dorngen heruber uf ein wust dorff Borlert, – zwischen zweien hofstädten durch, von borlert heruber uf Laudesfelder seif . . .*
Die beiden Fassungen des Weistums von 1581/1600 und 1610/1640 vergleicht H. Forst a. a. O. – M. Müller, ON Trier II 55, versucht, den Namen unter Beiziehung des lothringischen Parallelfalles Bonelar-Bonlar als ON zu deuten. Er gehört etymologisch zu ahd. gilari-Wohnung.
VI. Es gibt eine ganze Reihe von FN, die sich auf Bohler beziehen. Die moderne TK 5704 Prüm enthält den FN *Bollerheid* und gibt damit einen ungefähren Hinweis auf die Lage des Dorfes. Weiter finden sich *Bollerseifen, Bollerthält, Bollerschlack, Bollerseifen, Bollerzung, Bühlerweg.*
VII. Die genaue Lage der Dorfstätte ist bisher noch nicht bekannt.
VIII. Das als Flur von Bohler in Frage kommende Gebiet O der Straße Auw–Bleialf ist durch breite handtuchförmige Felder mit schwachen Terrassierungen gekennzeichnet. Es wird teils als Wiese, teils als Acker genutzt.
LITERATUR: Briefliche Mitteilung von Hauptlehrer H. J. Schad, Auw b. Prüm, an Verf. – Schad, Heimatkal. Kr. Bitburg-Prüm 1973, 183 ff.

### Bellscheid

PRÜ 2    I. *Ölmühle*.
II. TK 5904 Waxweiler: r 25 25 825; h 55 49 870. Rund 800 m SSW Waxweiler, an einem von W in die Prüm mündenden Seitenbach.
III. Hier weist die moderne TK 1 : 25 000 im N der Gemarkung Bellscheid eine ehemalige *Ölmühle* aus. Sie ist wohl Ende des 19. Jahrh. aufgegeben worden.

### Birresborn

PRÜ 3
I. *Weilert*, Wüstung?

II. TK 5805 Mürlenbach: genaue Lage unbekannt, jedoch innerhalb der Gemarkung Birresborn.

III. H. Dittmaier, Die linksrheinischen ON auf -dorf und -heim (Manuskr. Bonn 1961), kennt in Birresborn den FN *auf dem Weilert*. Ob es sich um eine Wüstung handelt, ist nicht sicher.

### Bleialf

PRÜ 4
I. *Bleihütten* von Bleialf.

II. TK 5703 Bleialf: besonders im Gebiet N von Bleialf, zwischen Dürenbach im O und der Straße Bleialf–Auw im W, aber auch an der Alf in der Gemarkung Buchet (vgl. PRÜ 7) sowie in der Gemarkung Brandscheid (vgl. PRÜ 6).

III. Seit 1493 ist der Bergbau auf Bleierze im Raume Alf nachweisbar. 1584 wird erstmalig der Name Bleialf für Alf verwendet.
1810/11 zeigt die Tranchot-K. NA Blatt 152 Bleialf im Gebiet des heutigen Richels-Berges, N Bleialf, die Bezeichnung *Alte Kaul*. Hier lag ein ausgedehntes Revier von Schächten und Gruben, aus denen das Bleierz gefördert wurde, weiterhin eine *Schmelzhütte*. Bei r 25 21 320; h 55 67 800 enthält die moderne TK 5703 Bleialf ein aufgegebenes Bleibergwerk, welches in der Tranchot-K. noch nicht enthalten ist, das also im Laufe des 19. Jahrh. eröffnet wurde.
SO von Bleialf, bei r 25 21 080; h 55 67 000, am Alfbach zeigt die Tranchot-K. NA Blatt 152 Bleialf ein Gebäude mit der Bezeichnung *Bocard pour le Mine de Plomb* – Bleihütte.
S von Bleialf am Uchenbach, Ortsteil Mühlenberg, liegt eine weitere aufgegebene Bleierzgrube.

LITERATUR: Forst, Fürstentum Prüm 85.

### Brandscheid

PRÜ 5
I. *Altscheit*, Wüstung?

II. TK 5703 Bleialf: r 25 23 000–440; h 55 65 000–500. Zwischen den Oberläufen zweier nach S fließenden Bäche, rund 1100 m O Brandscheid.

III. 1810/11 enthält die Tranchot-K. NA Blatt 152 Bleialf hier den FN *Altscheit*. Auf eine Wüstung deutet hier nichts hin, doch gibt es im Gebiet um Prüm zahlreiche Siedlungen mit ON auf -scheid.

PRÜ 6
I. *Bleigruben* zu Brandscheid.

II. TK 5703 Bleialf: SO von Bleialf.

III. 1571 wird ein Stollenbau auf Bleierz *Auf der Tränken unter Brandscheid* erwähnt (Forst, Fürstentum Prüm 85).
Wo diese Stollen gelegen haben, ist nicht genau bekannt, doch wahrscheinlich nicht sehr weit vom Uchenbach entfernt, an dem auf dem Gebiet der Gemarkung Bleialf ebenfalls Gruben und Schächte lagen (PRÜ 4).

## Buchet

PRÜ 7  I. *Bleigrube Berthaschacht.*

II. TK 5703 Bleialf: r 25 21 910; h 55 67 765. Rund 800 m W Buchet.

III. 1810/11 enthält die Tranchot-K. NA Blatt 152 Bleialf den Vermerk *Exploitations de Mine de plomb* mit zwei Schächten.
Die Bleigruben sind heute nicht mehr in Betrieb.

VII. Das Gebiet W und O des Dürenbaches ist eine einzige Grubenlandschaft. Hier zwischen Bleialf und Buchet befindet sich ein Zentrum des Bleierzbergbaus in der Westeifel. Die Tranchot-K. zeigt W des Dürenbaches *Alte kaul.*

PRÜ 8  I. *Mombach,* befestigter Hof?

II. TK 5703 Bleialf: r 25 23 310; h 55 70 020. An einer Wegekreuzung, rund 1200 m ONO Oberlascheid, um H. 543,8.

III. 1810/11 enthält die Tranchot-K. NA Blatt 152 Bleialf den Bachnamen *Mombach* auf der NW-Seite der Flur *Hascheit.*
Auf dem oben genannten Gelände, auf dem nach Meinung der eingesessenen Bewohner das 'Schloß' der Herren von Mombach gestanden haben soll, fand H. J. Schad, Auw, Keramik des hohen und späten Mittelalters. Nach Schannat-Bärsch, Eifl. Ill., soll ein Glasfenster des 'Schlosses' die Jahreszahl 1598 getragen haben.

IV. M. Zender berichtet von hier die Sage des untergegangenen Schlosses.

VII. Der Besitzer des fraglichen Grundstückes berichtete, beim Pflügen sei er wiederholt auf Mauern gestoßen. Er will auch wissen, daß eine in der Nähe an einem Wasserlauf liegende Parzelle den Namen 'Schloßteich' trage.

LITERATUR: Briefliche Mitteilung von Hauptlehrer H. J. Schad, Auw, an Verf. – F. J. Faas, Burgen im Prümer Land. Jahrb. d. Kr. Prüm 1965, 21. – M. Zender, Sagen und Geschichten aus der Westeifel (Bonn 1966) Nr. 49 S. 38.

## Dackscheid

PRÜ 9  I. *Eichelrath.*

II. TK 5804 Schönecken-Wetteldorf: genaue Lage unbekannt, jedoch in der Nähe von Dackscheid, also r 25 27 000–30 000; h 55 52 000–55 000. O der Prüm.

III. 1570: Visitationsprotokoll der Erzdiözese Trier enthält unter Waxweiler eine ganze Reihe von Kapellen umliegender Rodungssiedlungen, unter diesen auch Eichelrath (Heydinger 372. – Pauly, Ebtm. Trier, Landkapitel Kyllburg-Bitburg 123. – P. Oster, Geschichte der Pfarreien der Dekanate Prüm-Waxweiler [Trier 1927] 665 f.).

VII. Von dem Hof sollen nach Heydinger 372 noch Reste gefunden worden sein.

PRÜ 10  I. *Wulscheit.*

II. TK 5804 Schönecken-Wetteldorf: genaue Lage nicht bekannt, jedoch zwischen Dackscheid und Eilscheid, an der Stelle einer jetzt untergegangenen Kapelle. Vielleicht am Wüste-Berg NNO Dackscheid.

III. 1570: Visitationsprotokoll der Erzdiözese Trier enthält unter Waxweiler eine ganze Reihe von Kapellen umliegender Rodungssiedlungen, unter diesen auch *Wulscheit* (Heydinger 372. – Pauly, Ebtm. Trier, Landkapitel Kyllburg-Bitburg 123. – P. Oster, Geschichte der Pfarreien der Dekanate Prüm-Waxweiler [Trier 1927] 665 f.).

### Densborn

PRÜ 11   I. *Baldenshart,* Wüstung?
II. TK 5805 Mürlenbach: in der Gegend von Densborn.
III. 893/1222: Güterverzeichnis der Abtei Prüm: *De baldenshart. et denesbure* und *Inter baldensarht. et denesbure. sunt mansa V.* (MRUB I Nr. 135, S. 142 und 152). 1498: *Balesshardt* (Schannat-Bärsch, Eifl. Ill. und Jungandreas, Historisches Lexikon 39).
M. Müller, ON Trier 46, identifiziert den ON mit Balesfeld WSW von Densborn. Das muß nicht unbedingt der Fall sein, zumal das GW -feld in Balesfeld dann nicht ohne weiteres zu erklären wäre. Es könnte sich aber auch um einen Walddistrikt im Kyllwald handeln.

PRÜ 12   I. *Alte Burg Densborn.*
II. TK 5805 Mürlenbach: r 25 42 950; h 55 54 600. Im W von Densborn zwischen Kyll und Bahndamm.
III. Hier lag die mittelalterliche Burg von Densborn, von der noch Mauern bis 30 Fuß Höhe um die Mitte des 19. Jahrh. sichtbar waren. Auch 2 Türme und die Ringmauer waren noch vorhanden. Auf der W- und S-Seite war der Graben noch kenntlich. Er hatte 30 Fuß Breite. 1677 wurde innerhalb der mittelalterlichen Umfassungsmauer die neue Burg errichtet. Mitte 19. Jahrh. war auch deren Mauerwerk nicht mehr fern vom Einstürzen. Dem Typus nach handelt es sich um eine Niederungsburg.
LITERATUR: Clemen, KDM Kr. Prüm 65 ff. – Ost, Alterthümer Kr. Daun 119.

PRÜ 13   I. *Bradscheid.* Abb. 10.
II. TK 5805 Mürlenbach: r 25 45 840; h 55 53 800. Etwa 2500 m OSO Densborn auf H. 588,1.
III. 1289 Dez. 8: Der Zehnte des Hofes zu *Protscheid* geht an die Kapelle zu Densborn (MRR IV Nr. 1710). Daß es sich tatsächlich um eine Wüstung handelt, beweist der Verlauf der Gemarkungsgrenze von Densborn in ihrem O Teil. Sie beschreibt hier eine weite Ausbuchtung nach SO, in deren NW Teil der Hof Bradscheid gelegen hat. Hier findet sich in den Jagen 11, 12, 14–16 des Staatsforstes Daun der FN *Auf dem langen Feld,* ein zusätzlicher Beweis dafür, daß hier einst kein Wald, sondern offene Feldflur war.

### Fleringen

PRÜ 14   I. *Bettingen,* Wüstung? Abb. 11.
II. TK 5704 Prüm: r 25 34 800; h 55 62 900. Rund 1000 m SW Fleringen.
VI. Die moderne TK 1 : 25 000 enthält hier den FN *Bettingen.* Es ist bisher nicht sicher, ob es sich um eine Wüstung handelt. Auch die Tranchot-K. NA Blatt 153 Prüm enthält keine näheren Hinweise.

PRÜ 15   I. *Reuersrode.* Abb. 11.
II. TK 5704 Prüm, 5705 Gerolstein, 5804 Schönecken, 5805 Mürlenbach: genaue Lage unbekannt, jedoch innerhalb der Gemarkung Fleringen, wahrscheinlich in ihrem S Teil.
III. 1345: *Reversrot* (Grimm, Weistümer II 523). Zu dem in der Eifel und im Moselland häufigen FN *Revers* vgl. Jungandreas, Historisches Lexikon 864.
VI. Der Südteil der Gemarkung Fleringen zeigt eine Ausweitung, in der der FN *Roth* beheimatet ist.

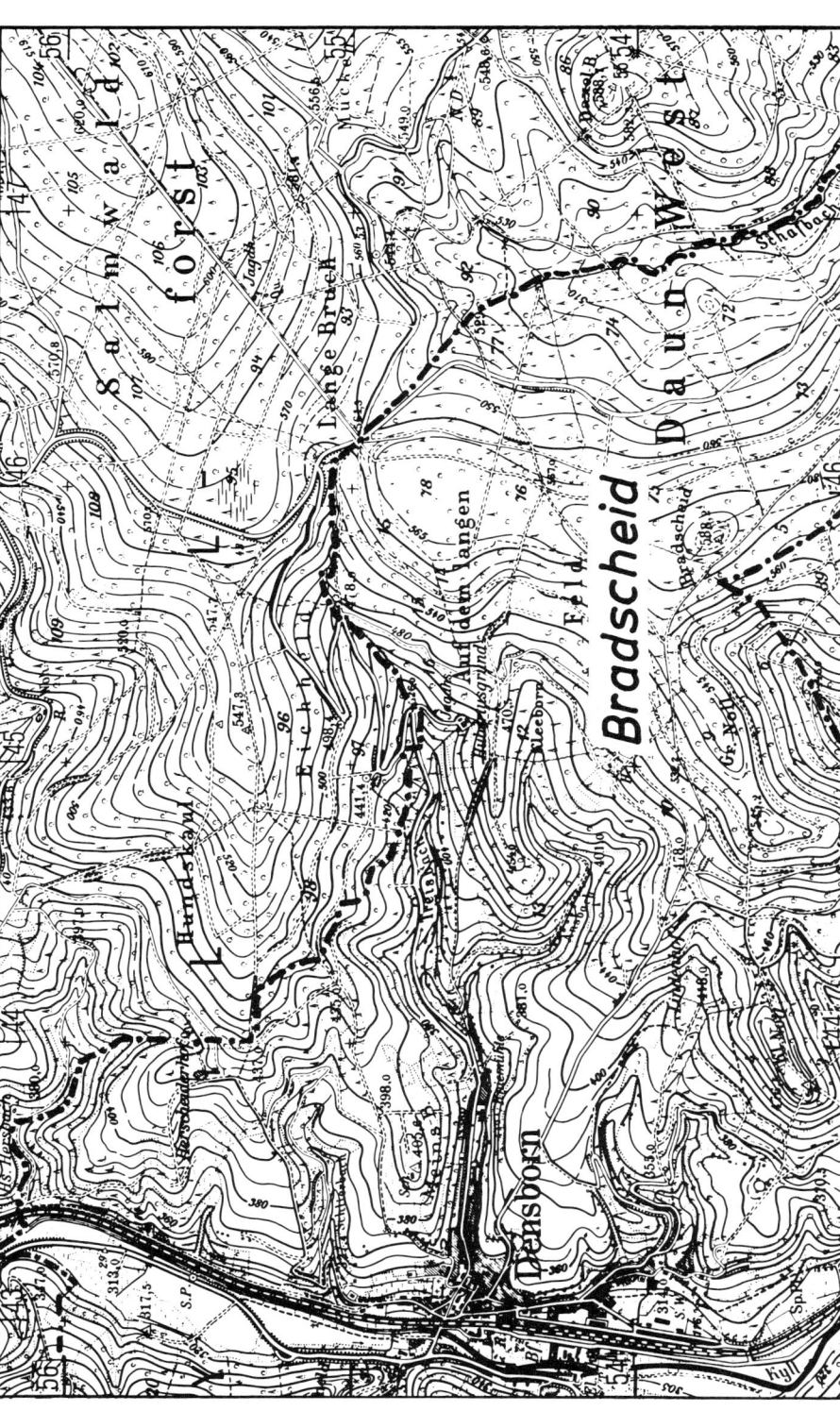

10 Die Wüstung Bradscheid (PRÜ 13), Gemarkung Densborn (PRÜ).

(Ausschnitt aus der TK 1 : 25 000 Blatt 5805 Mürlenbach; mit Genehmigung des Landesvermessungsamtes Rheinland-Pfalz vom 4. 4. 1973 – Az. 4062/37/73 – vervielfältigt durch das Rheinische Landesmuseum Bonn).

194    Kreis Prüm

### Habscheid

PRÜ 16   I. *Platten.*
II. TK 5703 Bleialf, 5803 Leidenborn: genaue Lage unbekannt, jedoch in der Umgebung von Nieder- oder Ober-Üttfeld, wohl O der Straße Habscheid–Üttfeld.
IV. Von einem Dorf Platten in diesem Gebiet berichten mehrere Sagen. Nach einer ist Platten ein Dorf, welches bei Habscheid gelegen hat und an der Pest ausgestorben ist. Nur ein Überlebender soll in den Wald gelaufen sein und sich dort versteckt haben. Er blieb auch weiterhin am Leben, weil er Wasser aus einem Brunnen mit Fröschen getrunken hatte (Zender, Westeifel Nr. 106).
Eine andere Sage berichtet, Platten habe bei Üttfeld gelegen und sei an einer Seuche ausgestorben (Zender, Westeifel Nr. 107).
Nach einer dritten Überlieferung stand in Platten bei Habscheid ein Schloß. Hier aber überlebte die Pest nur eine einzige Frau (Zender, Westeifel Nr. 108).
VII. Der Pfarrer Kyll aus Butzweiler fand 1952 bei Begehungen im Distrikt *In den Waldpeschen* Anzeichen für eine Wüstung, so Trümmer, Reste von Hauspodesten. Urkundliche Belege zu Platten sind bisher nicht bekannt.
LITERATUR: Briefliche Mitteilung v. Hauptlehrer H. J. Schad, Auw b. Prüm, an Verf. – Trierer Zeitschr. 24/26, 1956/58, 644. – M. Zender, Sagen und Geschichten aus der Westeifel (Bonn 1966) Nrn. 106–108 S. 50.


### Ober-Üttfeld

PRÜ 17   I. *Waldpeschen.*
II. TK 5803 Leidenborn: genaue Lage nicht bekannt, doch wahrscheinlich zwischen Ober-Üttfeld und Hollnich.
VI. Hier gibt es den FN *Waldpeschen*, der nach J. H. Schmitz, Sagen und Legenden des Eifler Volkes (Trier 1858) 139, auf einen Hof zurückgeht. NO von Ober-Üttfeld findet sich bis in die modernen topographischen Karten der Waldname *Hofeswald*, der sich möglicherweise auf diesen Hof bezieht. Auch kann nicht ausgeschlossen werden, daß Waldpeschen identisch mit Platten (PRÜ 16) ist oder aber nahe bei diesem gelegen hat.
LITERATUR: Briefliche Mitteilung v. Hauptlehrer H. J. Schad, Auw b. Prüm, an Verf. – T. Redagne, Unser Kreis Prüm (Prüm 1952) 82.


### Hallschlag

PRÜ 18   I. *Hausenstatt.*
II. TK 5604 Hallschlag: etwa r 25 30 750; h 55 78 080. Rund 2 km SSW Hallschlag.
III. Die moderne TK enthält hier die Eintragung *Hausenstatt*. Sie findet sich aber auch bereits 1809/10 in der Tranchot-K. NA Blatt 141 Stadtkyll NW von Omront in der Form *Haussert stadt*. Das gesamte Gebiet, an dem dieser Name hängt, ist in

11   Wüstungsanzeigende Landschaftsnamen bei Fleringen (PRÜ):
     Bettingen (PRÜ 14) und Roth (PRÜ 15).

(Ausschnitt-Zusammenkopie aus den TK 1 : 25 000 Blätter 5704 Prüm und 5705 Gerolstein;
mit Genehmigung des Landesvermessungsamtes Rheinland-Pfalz vom 4. 4. 1973 – Az. 4062/37/73 –
vervielfältigt durch das Rheinische Landesmuseum Bonn).

der Tranchot-K. als Heide-*Bruyères* ausgewiesen. Es wurde nicht ackerbaulich genutzt, wahrscheinlich weil hier die Reste einer Wüstung liegen. Funde wurden bisher noch nicht geborgen.

893/1222 enthält das Güterverzeichnis der Abtei Prüm *houesteden* (MRUB I Nr. 135, S. 142 und 152). J. Steinhausen, Ortskunde 133, schließt aus, daß mit *houesteden* H o s t e n, Kr. Bitburg, gemeint sei. H. Forst, Fürstentum Prüm 50 f. und Westdt. Zeitschr. 23, 1904, 199, identifiziert *houesteden* mit H u s c h e i d, Gemarkung Kobscheid (PRÜ 24). Im Register des MRUB I wird *houesteden* mit H o s t e r t, Kr. Bitburg, gleichgesetzt. Zu erwägen wäre freilich, ob nicht *Hustat . . . in pago Beitgouue* mit *Hausenstatt*, Gemarkung Hallschlag, Kr. Prüm, in Verbindung zu bringen ist (MRUB I Nr. 333 von 1051, Fälschung Anf. 12. Jahrh.).

H e i s d o r f

PRÜ 19  I. *Heisterscheid,* Wüstung?

II. TK 5804 Schönecken-Wetteldorf: genaue Lage unbekannt, jedoch wahrscheinlich in der S Erweiterung der Gemarkung Heisdorf.

III. 1517 wird der FN *Heisterscheid* überliefert (M. Müller, ON Trier II 62). Ob es sich um eine echte Wüstung handelt, wird man erst nach Kenntnis der Ortsstelle entscheiden können.

K e r s c h e n b a c h

PRÜ 20  I. *Dürenbach.*

II. TK 5604 Hallschlag, 5605 Stadtkyll: im Südteil der Gemarkung Kerschenbach an Eisenbach und Dürenbach, ungefähr r 25 33 000–36 000; h 55 77 000–79 000.

III. Um 800 werden genannt: *Suikseresbach, Thurnebach, Esinbach,* sämtlich bei Stadtkyll (MRR IV Nr. 2279). *Thurnebach* ist heute der Dürenbach, der oberhalb Kerschenbach in den Kerschenbach mündet. *Esinbach* ist der Eisenbach, ein Nebengewässer des Dürenbaches.

Um 1200: *Molendinum in ripa dicta Derenbach* (Jungandreas, Historisches Lexikon 287).

1339: *curtem Durrenbach* (Lamprecht, DWL Bd. 2, 584).

Wahrscheinlich hat am Oberlauf des Dürenbaches ein kleines gleichnamiges Dorf oder ein Hof gelegen.

IV. Nach brieflicher Mitteilung von Hauptlehrer H. Delvos aus Stadtkyll nennt man im Volksmund eine Flur am Dürenbach *Sankt Düren,* und unmittelbar daneben heißt es *ob 'm Hoff.* Hier soll ein Kloster gestanden haben. Demgegenüber erklärt Delvos den Namen *Sankt Düren* als Brandrodung (von 'sengen' 'brennen') am Dürenbach. Damit ist ziemlich sicher, daß hier eine alte Hofstelle liegt, die vielleicht mit der 1339 genannten *curtis Durrenbach* identisch ist.

PRÜ 21  I. *Nonnenhöfchen.*

II. TK 5604 Hallschlag, 5605 Stadtkyll: N Kerschenbach in Richtung Baasem, Lkr. Schleiden.

III. Nachdem 1659 Baasem eigenständige Pfarrei geworden war, wurden in einer Urkunde vom 17. Febr. 1660 die jährlichen Einkünfte des dortigen Pastors geregelt. Dieses Schriftstück erwähnt ein *Nonnenhöfgen* in Kerschenbach, das den heutigen Bewohnern Kerschenbachs nicht mehr bekannt ist. Es heißt 1660: *Was das Nonnenhöfgen in Kerschenbach betrifft, so ist dies ein Lehen des Hauses Kronen-*

*burg und für die dortige Kirche gestiftet.* . . . *Es ist aber von seiner hochgräflichen Gnaden dahin unterhandelt worden, daß, weil der Baasemer Pastor Mangel hat an Witthumsland und Hauwuchs, ihm das Nonnenhöfgen hinfort zum Gebrauch und Genuß überwiesen werden soll.* . . . gez. Ferdinand Ludwig Graf zu Manderscheid.

VI. N von Kerschenbach in Richtung Baasem liegt eine Flur, die den katasteramtlichen Namen *Höfchen*, mdartl. *ob 'm Höfchen*, führt. Hier steht aber kein Gebäude mehr, so daß die Bezeichnung möglicherweise auf das *Nonnenhöfchen* zurückgeht.

LITERATUR: Briefliche Mitteilung von Lehrer H. Delvos, Stadtkyll, an Verf.

PRÜ 22    I. Name unbekannt.

II. TK 5604 Hallschlag, 5605 Stadtkyll: ungefähr r 25 35 400–700; h 55 78 650–850. Rund 2,9 km SO der Burgruine Kronenburg und 1,4 km NO H. 601, also etwa 500 m SSW Kapelle Kerschenbach, Kr. Prüm.

VII. Auf einer Exkursion fanden Studenten des Geographischen Instituts der Universität Bonn unter Prof. Kuls die Überreste einer mittelalterlichen Wüstung. Sie liegt am nach SO abfallenden Nordhang des Tales des Kalker-Baches, wenig SO Kerschenbach. In Gebüschen und einem kleinen Waldstück erhoben sich kleine Schutthügel von bis zu 1,20 m H. und 2–3 m Dm. Im Wäldchen fanden sich noch Reste von Mauerwerk. In einem senkrecht zum Hang verlaufenden Graben wurden Gefäßscherben aufgelesen, so Bruchstücke mit roter Bemalung auf hellem Grund, also Ware vom Pingsdorfer Typ, ferner späte Kugeltopfränder, feine Siegburger Steinzeugware und ein außen braun glasierter, gewellter Fuß eines Kruges. Demnach wäre hier eine Wüstung zu vermuten, die bis in das 14./15. Jahrh. als Dorf bestanden hat. Die Flur, in der die Wüstung liegt, heißt *Hottenbach*. Vielleicht ist dies die Wüstung *Dürenbach* (PRÜ 20).

PRÜ 23    I. *Berscheid*, Wüstung?

II. TK 5605 Stadtkyll: r 25 36 000–400; h 55 78 350–600. Etwa 1 km SO Kerschenbach.

VI. Hier zeigen die modernen TK den FN *Berscheid*. Zugleich beschreibt die S Gemarkungsgrenze von Kerschenbach hier eine Ausbuchtung nach S, die als Wüstungsgemarkung gedeutet werden könnte. Eine wüste Ortsstelle wurde in diesem Gebiet noch nicht gefunden.


## Kobscheid

PRÜ 24    I. *Huscheid*.

II. TK 5704 Prüm: etwa r 25 26 550; h 55 72 850. Rund 800 m S Kobscheid.

III. Der S von Kobscheid in den modernen TK angegebene FN *Huscheid* findet sich auch in der Tranchot-K. Daß es sich tatsächlich um eine Wüstung handelt, beweist die Auffindung von fünf Hausstellen, an denen bei Wegebauarbeiten Steinfundamente aus Quarzit freigelegt worden sind. Es soll hier auch noch ein Keller zu finden sein, der eingewölbt war.

1624, 1651, 1654: Schatzregister des kurtrierischen Amtes Schönberg: darin fehlen die Wüstungen Hascheid, Huscheid und Marspelt.

1769: Bruderschaftsregister der Pfarrei Auw, bisher im Pfarrarchiv Auw, jetzt im Besitz von H. J. Schad, Auw. Dieses Register verzeichnet die Stifter der *Husseder Kerz*, und zwar die 14 Hosseder Erben oder Hosseder Gemeiner. Das sind die Nachkommen von Einwohnern zu Huscheid, die aber selbst nicht mehr in Huscheid, sondern in den umliegenden Orten Schlausenbach, Auw, Roth wohnen.

Obgleich sie schon längst nicht mehr in Huscheid, der Wüstung, leben, entrichten sie nach wie vor die Beträge für die Stiftung der Husseder Kerz.
Zur Deutung des Namens und ähnlicher Formen vgl. Jungandreas, Historisches Lexikon 553 mit Parallelen.

IV. Der Sage nach soll Huscheid an der Pest zugrunde gegangen sein. Die Leute sagen, die letzten Überlebenden von Huscheid seien nach Kobscheid und Schlausenbach gegangen. Deshalb sei auch das Land von Huscheid anteilig diesen Dörfern zugeschlagen worden. Zur volkskundlichen Überlieferung vgl. Zender, Sagen und Geschichten aus der Westeifel (Bonn 1966).

VII. Im Gelände waren bis vor kurzem noch Hauspodeste und Bautrümmer der Wüstung erhalten. Durch die Flurbereinigung ist die gesamte Ortsstelle zerstört worden.

LITERATUR: Briefliche Mitteilung von Hauptlehrer H. J. Schad, Auw b. Prüm. – Schad, Heimatkal. Kr. Bitburg-Prüm 1973, 183 ff.

PRÜ 25  I. *Oberhasborn*, Wüstung?
II. TK 5604 Hallschlag, 5704 Prüm: genaue Lage unbekannt, jedoch innerhalb der Gemarkung Kobscheid.
III. In der Flur Oberhasborn in Kobscheid wird eine Wüstung vermutet, ohne daß sich diese Annahme bisher durch Funde oder urkundliche Quellen bestätigen ließe.

PRÜ 26  I. *Rappellepesch*.
II. TK 5604 Hallschlag, 5704 Prüm: genaue Lage unbekannt, jedoch innerhalb der Gemarkung Kobscheid. Vielleicht identisch mit Oberhasborn (PRÜ 25) oder zumindest nahe bei diesem gelegen.
III. In der Flur *Rappellepesch* in Kobscheid wird eine Wüstung vermutet, ohne daß sich diese Annahme bisher durch Funde oder urkundliche Quellen bestätigen ließe.
VII. Nach Trierer Zeitschr. 15, 1940, 68, soll es sich um einen römischen Fundplatz handeln. Statt dessen kamen mittelalterliche Funde zu tage. Im Gelände waren bis vor kurzem noch mindestens fünf Hausstellen erhalten, die sich als Trümmerstätten und Podeste abzeichneten. Sie wurden vor kurzem durch die Flurbereinigung zerstört. Die terrassenförmig am Hang liegenden Hausplätze waren vor der Umlegung durch ihre spezielle Ruderalvegetation kenntlich.

LITERATUR: Briefliche Mitteilung von Hauptlehrer H. J. Schad, Auw b. Prüm. – Schad, Heimatkal. Kr. Bitburg-Prüm 1973, 183 ff.

## Kopp

PRÜ 27  I. *Eigelbach*, Hofwüstung.
TK 5805 Mürlenbach: etwa r 25 42 070; h 55 61 450. Rund 1200 m N Kopp.
III. Um 1570 wird im Weistum von Birresborn der *Hof Eigelbach* genannt. Dieser Hof wurde wahrscheinlich im 17. Jahrh. wüst.
1791 ist die Weidefläche, auf der der Hof einst gestanden hatte, zwischen den Gemeinden Kopp und Birresborn umstritten. Der Hof selbst bestand zu dieser Zeit nicht mehr.
Der heutige Hof Eigelbach wurde erst im 19. Jahrh. errichtet.

LITERATUR: H. Forst, Fürstentum Prüm 56 f. und 97.

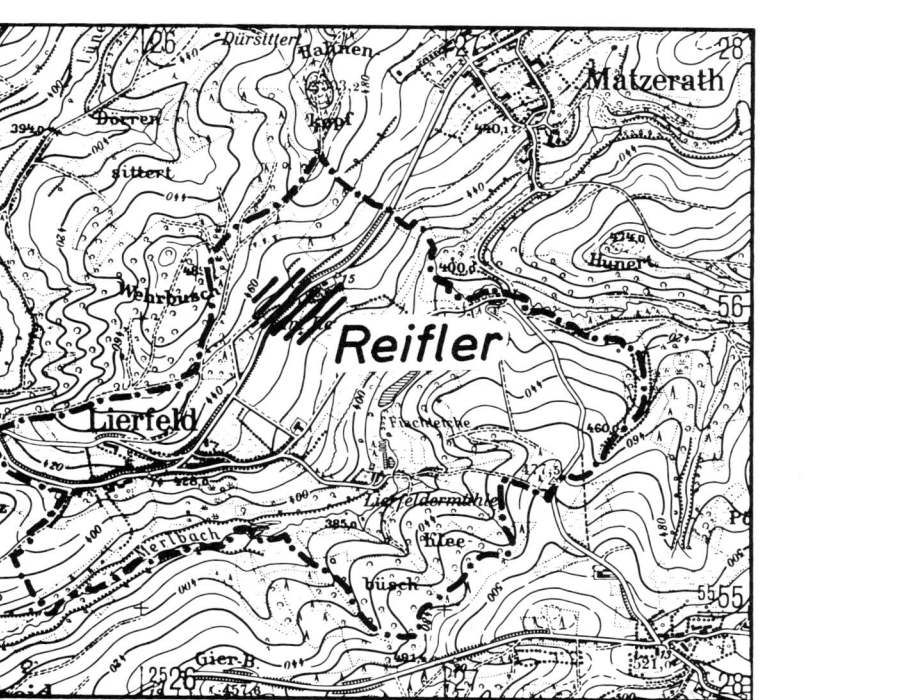

12 Die Wüstung Reifler (PRÜ 28), Gemarkung Lierfeld (PRÜ).

(Ausschnitt aus der TK 1 : 25 000 Blatt 4804 Schönecken-Wetteldorf;
mit Genehmigung des Landesvermessungsamtes Rheinland-Pfalz vom 4. 4. 1973 – Az. 4062/37/73 –
vervielfältigt durch das Rheinische Landesmuseum Bonn).

### Lierfeld

PRÜ 28    I. *Reifler*, partielle Ortswüstung.                                              Abb. 12.
          II. TK 5804 Schönecken-Wetteldorf: r 25 26 400; h 55 56 000 und O davon.
          III. Zwischen Lierfeld und Matzerath hat im Bereich des FN *Reifler* ein Dorf gelegen (Die Eifel 1956, 24). Beim Pflügen und bei der Anlage von Drainagen wurden wiederholt Grundmauern sowie Feuerstellen beobachtet.
          Die beiden heute noch bestehenden Höfe *Im Reifler* wird man deshalb als Restsiedlung einer einst größeren Ansiedlung auffassen müssen. Es fällt überdies auf, daß die Gemarkung Lierfeld eine ungewöhnlich weite Ausbuchtung nach O und N aufweist. Es handelt sich sicher um die Flur der Wüstung Reifler. Erst durch deren Vereinigung mit der sehr kleinen Flur Lierfeld wird die nun entstandene Gesamtflur ein lebensfähiges Gebilde.

### Mürlenbach

PRÜ 29    I. *Burg Mürlenbach*.
          II. TK 5805 Mürlenbach: r 25 42 820; h 55 57 200. S der Einmündung des Godesbaches in die Kyll.

III. 1331 wird die Burg erstmalig erwähnt. Mit Genehmigung des EB Balduin und des Prümer Konvents macht Abt Heinrich v. Prüm den Matthias von Gunnenbrecht in diesem Jahre zum Burggrafen seiner Burg Mürlenbach. Es wird angenommen, daß die Burg bereits Ende des 13. Jahrh. durch das Kloster Prüm erbaut wurde.
Zur weiteren Geschichte der Burg vgl. Clemen, KDM Kr. Prüm 103 ff.
1804 wurde die Burg von den Franzosen verkauft. Große Teile der Burg waren bereits verfallen.
VII. Einen Plan der etwa sechseckigen Burg mit Eintragung der verschiedenen Bauperioden enthalten die KDM Kr. Prüm 105. Dem Typus nach ist die Burg eine Höhenburg in Spornlage.

Oberlascheid

PRÜ 30  I. *Hascheid.*
II. TK 5704 Prüm: r 25 23 800–25 24 000; h 55 71 740–55 71 920. W der nach Schlausenbach führenden Straße, und zwar etwa dort, wo sie nach O umbiegt.
III. 1581–1601: Schöffenweistum Bleialf, Bannbeschreibung, nennt die Namen *Heuscheider drinkborn* und *Haerschetter dringborn.* Aus dem Weistum geht nicht hervor, ob der Ort damals noch bestand.
1810/11 enthält die Tranchot-K. NA Blatt 152 Bleialf den FN *Hascheit* im Gelände zwischen *Eschbach* und *Mombach.*
IV. Um diese Wüstung gibt es eine reiche volkstümliche Sagenüberlieferung, wie M. Zender, Sagen und Geschichten aus der Westeifel (Bonn 1966) Nr. 93 ff. S. 47 ff. und Nr. 99 S. 49, zeigte. Die Sage vom Hascheider Männchen führt Zender, a. a. O. Nr. 1483 S. 475, auf.
Noch heute ist in der Gegend von Auw der Spruch bekannt: 'Wären Huscheid und Hascheid nicht ausgesturwen, wären Lascheid und Ratscheid verdurwen.' Vgl. H. J. Schad, '. . . an der Pest ausgestorben': Die Dorfwüstungen zwischen Schneifel und Our, Heimatkal. d. Kr. Bitburg-Prüm 1973, 183–187. Der Name der Wüstung Hascheid hat sich bis heute mit dem Hascheider Hof erhalten.
V. Ob der Ort eine eigene Kirche besaß, ist nicht bekannt.
VII. Im Gelände waren 1968 die Spuren der einstigen Besiedlung noch gut sichtbar. Man könnte daraus schließen, Hascheid habe verhältnismäßig lange Bestand gehabt. Andererseits kann das Gebiet der Wüstung auch lange von der Nutzung ausgespart geblieben sein, so daß die Siedlungsreste gut erhalten blieben.
Die ehemalige Ortsstelle wird heute teils als Ackerland, teils als Weide genutzt. In einem etwa 500 x 500 m großen Gebiet O von H. 611 heben sich mindestens 15 Podeste deutlich ab, auf denen einst die Häuser von Hascheid standen. Zwischen diesen Podesten finden sich weite, flache Mulden. Während die Hauspodeste mit Steinen, Dachziegeln und Keramik bedeckt waren, enthielten die Mulden keine Siedlungsreste. Zwei ehemalige Brunnen wurden in Form kreisrunder flacher Löcher von 3–4 m Dm. erkannt. Sie wurden mit Trümmern der Häuser von Hascheid zugefüllt. – Auf einer viereckigen, sehr versumpften Parzelle auf Hascheid soll der letzte Bewohner des Dorfes sein Geld vergraben haben. Die Hascheider galten allgemein als reich.
Die Spuren der Besiedlung reichen im O bis an die Straße nach Schlausenbach heran, überschreiten sie jedoch nicht nach O. Hascheid ist eine der besterhaltenen Wüstungen der Eifel. Es gibt nur ganz wenige Fälle, bei denen sich die Siedlungsreste und Geländespuren trotz moderner Kultivierung recht gut erhalten haben. Die Tranchot-K. gibt auf Blatt 152 Bleialf Heide als Nutzungsart der Zeit 1810/11 an.

Sie zeigt ferner im Gebiet der Ortsstelle Hascheid eine Wegekreuzung, die man sich gut als Mittelpunkt eines Dorfes vorstellen kann.

VIII. In der näheren Umgebung von Hascheid wurden keine fossilen Reste einer Flur gefunden. Vor allem fehlen hier die sonst in diesem Gebiet so zahlreichen Terrassenäcker. Es fällt auf, daß Hascheid am Treffpunkt der Grenzen von vier Gemarkungen liegt. Die Gemarkungsgrenzen von Auw, Schlausenbach, Oberlascheid und Buchet stoßen hier aufeinander. Alle vier Gemarkungen zeigen in der Gegend des Treffpunktes rundliche oder dreieckige Ausbuchtungen und Fortsätze, die sich deutlich als spätere Zugänge von den ursprünglichen Gemarkungen abheben. Die Flur von Hascheid wurde also unter die vier genannten Dörfer aufgeteilt. Wann diese Aufteilung stattgefunden hat, ist nicht zu entscheiden, solange nicht Schriftquellen den Vorgang näher beleuchten.

Mit der Aufteilung der Gemarkung Hascheid wanderte der Name dieser Wüstung in Gegenden, die ursprünglich nichts mit ihr zu tun hatten. So heißt ein großer Teil des Staatsforstes Prüm, die Jagen 195–200, *Hascheid,* ferner ein einzelnes Gebäude SSW von Schlausenbach.

LITERATUR: Briefliche Mitteilung von Hauptlehrer H. J. Schad, Auw, an Verf. – M. Zender, Sagen und Geschichten aus der Westeifel (Bonn 1966) Nr. 93 ff., 99 u. 1483. – H. Forst, Fürstentum Prüm 111 ff. – Schad, Heimatkal. Kr. Bitburg-Prüm 1973, 183 ff.

## Oberlauch

PRÜ 31   I. *Burghügel* (Motte).

II. TK 5804 Schönecken-Wetteldorf: r 25 30 400; h 55 59 250. In der Wiese, die sich O an den O Hof von Oberlauch, der N der Straße Schönecken – Oberlauch liegt, anschließt.

VII. Hier hat sich ein mittelalterlicher Burghügel erhalten. Er hat runde Form und an der Basis einen Dm. von etwa 18 m. Seine H. beträgt heute (1973) noch knapp 3 m. Der Burghügel war ursprünglich höher, doch wurde seine Kuppe abgetragen, um mit dem Material den Graben zuzufüllen. Der Graben zeichnet sich nur noch als flache Bodenwelle im Wiesengelände ab. Die Vorburg mit dem Wirtschaftshof lag O anschließend. Vorhanden ist nur noch der Hof, jedoch keine Befestigungseinrichtungen der Vorburg.

Über die historische Bedeutung der Anlage ist nichts bekannt.

## Obermehlen

PRÜ 32   I. *Ellscheid.*

II. TK 5704 Prüm: etwa r 25 27 800; h 55 66 700. N Obermehlen.

III. N von Obermehlen zeigt die moderne TK den FN *Ellscheid.* Die Gemarkungsgrenze von Obermehlen hat hier eine deutliche weite Ausbuchtung nach N, die als ehemalige Gemarkung von Ellscheid anzusprechen ist, die nach dem Wüstwerden des Dorfes dann Obermehlen zugeschlagen wurde.

## Olzheim

PRÜ 33   I. *Ruosembach.*

II. TK 5704 Prüm: innerhalb der Gemarkung Olzheim.

III. Um 800: *Ruosembach* (M. Müller, ON Trier II 32). Nach Jungandreas, Historisches Lexikon 902, gibt es den Namen als FN in der Gemarkung Olzheim. Eine Dorfstelle ist zu diesem Namen bisher nicht bekannt.

## Ormont

PRÜ 34   I. *Burg Neuenstein.*
II. TK 5604: auf dem Gelände des heutigen Gutes Neuenstein S von Ormont.
III. Ende des 14. Jahrh. errichtete Konrad von Schleiden hier eine Burg zur Sicherung der Straße nach Losheimer Graben und bis an die Maas.
1473 wurde die Burg durch den Grafen Friedrich III. von Manderscheid-Blankenheim abgebrochen.
LITERATUR: Eifelführer (33. Aufl. 1964) 169.

## Prüm

PRÜ 35   I. *Hoverode.*
II. Lage unbekannt, vielleicht in der Umgebung von Prüm, da in einem Zug mit Orten bei Prüm genannt, evtl. auch Gemarkung Niederprüm.
III. 1190: Gerhard, Abt zu Prüm, stiftet das adelige Nonnenkloster zu Niederprüm. Unter den Besitzungen dieses Klosters auch *uillulam que Houerode appellatur cum omnibus appendiciis* (MRUB II Nr. 108 S. 151).
1190 bestätigt EB Johann v. Trier die Stiftung des Klosters Niederprüm. Unter den Besitzungen befindet sich auch *allodium quoddam Hoverode dictum* (MRUB II Nr. 109 S. 152).
1193/1196: EB Adolf v. Köln bestätigt dem Kloster Niederprüm die Schenkungen der Gräfin Adelheid von Molbach, darunter auch *uillulam que Houerode appellatur. cum omnibus appendiciis* (MRUB II Nr. 162).

PRÜ 36   I. *Winardshof, Winardi curtis.*
II. Genaue Lage unbekannt, jedoch vermutlich an der Prüm unterhalb von Niederprüm. In diesem Falle TK 5804 Schönecken-Wetteldorf.
III. 720 Juni 23: Erste Schenkung der Bertrada an das Kloster Prüm umfaßt unter anderem: *deinde per milina fuso aqua usque nobis obtingit legitimo usque ad uuinardo curte usque illa marca qui nobis obtingit* (MRUB I Nr. 8 S. 11).
Zu dieser Schenkung gehört die Bestätigung der früheren Besitzungen des Klosters Prüm durch König Pippin von 762 Aug. 13. In dieser wird zwar nicht die uuinardo curtis selbst genannt, doch wird man sie gleichsetzen dürfen mit *mansionilem super prumia ubi riuolus qui dicitur escutsinisbach confluit in prumia* (MRUB I Nr. 16 S. 20).
Über die Lage der *Curtis* ist viel gerätselt worden; man vgl. dazu Schannat-Bärsch, Eifl. Ill. I 1, 307; H. Forst, Fürstentum Prüm sowie Westdt. Zeitschr. 20, 1901, 281. Die wahrscheinlichste Interpretation ist die von K. Lamprecht, DWL Bd. 2, 136 u. Anm. 4 dort. Danach ist die Curtis unterhalb Niederprüm an der Prüm zu suchen. Unterstützt wird diese Deutung durch die Tatsache, daß man in dem Bach *milina* den Mehlenbach wird erblicken dürfen, der wenig SW von Niederprüm bei r 25 27 410; h 55 61 760 (TK 5804 Schönecken-Wetteldorf) von W in die Prüm mündet. Von ihm tragen auch die Orte Steinmehlen, Nieder- und Obermehlen ihre Namen. Kaum 800 m W dieser Einmündung liegt der Ort Weinsfeld, der sehr an die

curtis uuinardi erinnert. Es könnte durchaus sein, daß dieser Hof der früheste Kern dieser Ansiedlung gewesen ist. Andererseits kann der Hof aber auch in der Nähe dieses Dorfes gelegen und ihm nur seinen Namen geliehen haben.
Demgegenüber hat Forst in gen. Arbeit geltend gemacht, die *Curtis* liege im Gebiet zwischen Alf und Our, im Bereich der Orte Winterspelt und Winterscheid, die möglicherweise ihre Namen nach dem Hof erhielten. Forst gelangt zu dieser Lokalisierung auf Grund der Beschreibung des Bannforstes, den die edle Dame Betrada dem Kloster Prüm übergab (H. Forst, Westdt. Zeitschr. 20, 1901, 253 u. Exkurs I).

### Roth

PRÜ 37    I. *Dreeselt*.
II. TK 5604 Hallschlag, 5704 Prüm: genaue Lage unbekannt, jedoch innerhalb der Gemarkung Roth.
III. Nach Angaben des Lehrers Matheus in der Schulchronik Roth soll es sich um eine Wüstung handeln. Vgl. dazu auch Trierer Zeitschr. 15, 1940, 68.

PRÜ 38    I. *Hanserpesch*.
II. TK 5604 Hallschlag, 5704 Prüm: genaue Lage unbekannt, jedoch innerhalb der Gemarkung Roth.
III. Nach Angaben des Lehrers Matheus in der Schulchronik von Roth soll es sich um eine Wüstung handeln. Vgl. dazu auch Trierer Zeitschr. 15, 1940, 68.

PRÜ 39    I. *Romersbrett*.
II. TK 5604 Hallschlag: r 25 27 350; h 55 76 200. Am Wege von Roth nach Krewinkel/Belgien, unmittelbar vor der Bundesgrenze.
III. Um 800: *de kila in dier spile Rumeresprat rintinbach* (MRR IV, Nr. 2279). 'Rintinbach' ist der 2 km O Romersbrett entspringende Rantenbach, der N von Ormont in die Kyll – *kila* mündet. Ähnlich auch H. Forst, Fürstentum Prüm 81: *de Kila in Dierspile, inde usque Rumeresprat*.
Das Rheinische Landesmuseum Trier grub im fraglichen Gebiet 1939 aus. Statt der erwarteten römischen Siedlungsreste fanden sich nur mittelalterliche (vgl. Trierer Zeitschr. 15, 1940, 68).
Anf. 19. Jahrh. enthält die Tranchot-K. NA Blatt 140 den ON *Rommersbret*.
LITERATUR: M. Bormann, Beiträge zur Geschichte der Ardennen Bd. 2 (Trier 1846) 120 f. – M. Zender, Sagen und Geschichten aus der Westeifel (Bonn 1966) Nr. 95. – Jungandreas, Historisches Lexikon mit Verweis auf den Liber Aureus der Abtei St. Maximin zu Trier. – Briefliche Mitteilung von Hauptlehrer H. J. Schad, Auw b. Prüm, an Verf. – Schad, Heimatkal. Kr. Bitburg-Prüm 1973, 183 ff.
VII. O von Krewinkel/Belgien befindet sich die im Volksmund *Römerberg*, amtlich *Reimsberg* genannte Anhöhe. Hier zeigen sich Stolleneingänge sowie Schächte des Bleierzbergbaus. Vgl. dazu: H. Jenniges, Der Römerberg bei Krewinkel. In: Zwischen Venn und Schneifel, Monatsbll. des St. Vither Geschichtsver. 1, 1966, 1 ff. Der Name dieses Römer- oder Reimsberges kann etymologisch mit der S benachbarten Wüstung Romersbrett zusammenhängen.

### Schönecken

PRÜ 40    I. *Burg Schönecken*.
II. TK 5804 Schönecken-Wetteldorf: r 25 33 070; h 55 58 330. Auf der nach W vorspringenden Nase des Burgberges, auf dem O-Ufer der Nims.

III. Es wird angenommen, daß die Grafen von Vianden, die 1132 und 1171 als Vögte der Kirche von Prüm bezeichnet werden, bereits zu dieser Zeit die Burg Schönecken besaßen. Jedenfalls bestand im 13. Jahrh., wie übereinstimmend historische und archäologische Quellen bezeugen, an der Stelle der Burg Schönecken bereits eine befestigte Anlage. Der Name Schönecken als Familienbezeichnung der die Burg besitzenden Adelsfamilie erscheint erstmalig in der zweiten Hälfte des 13. Jahrh.

Über die weiteren Schicksale der Burg unterrichten die KDM Kr. Prüm 178 ff. 1794 wird die Anlage noch als ganz gut erhalten bezeichnet.

1802 wurde die Burg mit dem Flecken Schönecken teilweise zerstört und 1804 von der französischen Domänenverwaltung auf Abbruch verkauft. Seit Mitte des 19. Jahrh. befand sich die Ruine im Besitz des Staates Preußen. Sie ist 1906 restauriert worden.

VII. Noch heute ist klar zu erkennen, daß die Burg nach dem Prinzip der in Spornlage liegenden Abschnittsbefestigungen errichtet wurde. Im W, S und N befestigte man die ohnehin vorhandenen Steilhänge weiter durch Mauern; im O dagegen wurde ein tiefer Graben in den Bergsporn getrieben, der die Hauptsicherung gegen den einzigen Zugang bot.

LITERATUR: Clemen, KDM Kr. Prüm 178 ff.


## Schwirzheim

PRÜ 41  I. *Schloß Hartelstein.*
II. TK 5705 Gerolstein: r 25 38 000; h 55 66 600. Am NO-Rand von Schwirzheim.
III. Die Ruinen der Burg Hartelstein befinden sich auf H. 551,6 am NO-Rand von Schwirzheim. Diese Höhe fällt nach S und W steil ab. Die Tranchot-K. NA Blatt 153 Prüm zeigt *Hartelstein, Château ruinée* mit roter Punktierung, die die Reste der Burg andeutet.

PRÜ 42  I. *Mahrdorf.*
II. TK 5705 Gerolstein: genaue Lage nicht bekannt, jedoch innerhalb der Gemarkung Schwirzheim.
III. H. Dittmaier, Die linksrheinischen ON auf -heim und -dorf (Manuskr. Bonn 1961) 65, kennt in Schwirzheim den FN *Mahrdorf*.


## Sellerich

PRÜ 43  I. *Alte Kirche.*
II. TK 5704 Prüm: genaue Lage nicht gesichert, jedoch zwischen Sellericherhöhe und Gondenbrett, vielleicht also auch in der Gemarkung Obermehlen.
LITERATUR: N. Kyll, Trierer Volksglaube u. römerzeitliche Überreste. Trierer Zeitschr. 1969, 335 mit Hinweis auf römerzeitliche Reste.
III. Nach T. Redagne, Unser Kreis Prüm (Prüm 1952) 100, soll der FN *Alte Kirche* eine Wüstung anzeigen, die durch die Pest entstanden sei. Man habe später dort Steine zum Kirchenbau abgeholt, die aber, so die Sage, dorthin zurückgewandert sein sollen.
Vielleicht handelt es sich um Überreste der Wüstung *Ellscheid*, Gemarkung Obermehlen (PRÜ 32), die im Bereich des FN *Alte Kirche* liegt.

## Stadtkyll

PRÜ 44
I. *Besingen.*
II. TK 5605 Stadtkyll: genaue Lage nicht bekannt, jedoch in der Nähe von Stadtkyll vermutet.
III. 1331: *grangiam nostram Besinge sitam apud Keile infra montem sancti Johannis* (Jungandreas, Historisches Lexikon 65 nach Lamprecht, DWL I 1, 275).
1466: *zu Besingen uber den steg* (Grimm, Weisth. II, 606); genannt in dieser Urkunde zwischen Lammersdorf und *Wyßen waßer.*
Es erscheint ausgeschlossen, daß Ober- und Niederbettingen an der Kyll, Kr. Daun, mit diesem ON gemeint sein können. Beide liegen im Tal und nicht auf einem Berg.

*Niederlinzfeld,* auch: *Linzfeld.*
Diese Wüstung wurde bisher immer an der Kyll gegenüber von Niederkyll vermutet (so: Die Eifel 1955, 118). In Wirklichkeit liegt sie im äußersten NW der Gemarkung Jünkerath. Vgl. DAU 34.

PRÜ 45
I. *Niederhof.*
II. TK 5605 Stadtkyll: genaue Lage bisher nicht bekannt, jedoch mit Besingen bei Stadtkyll auf dem St. Johannisberg.
III. 1331: *item quinque domicilia in villa Keile in vico dicto Niderhof* (Jungandreas, Historisches Lexikon 738. – Lamprecht, DWL I 1 S. 275).

PRÜ 46
I. *Widemshof.*
II. TK 5605 Stadtkyll: etwa r 25 38 710; h 55 79 550. S der Kyll am Hang, gegenüber Niederkyll.
VI. In diesem Gebiet haftet der FN *Widemshof,* der bei älteren Einwohnern von Niederkyll noch gut geläufig ist. Zum Namen vgl. Jungandreas, Historisches Lexikon 1117 f. – Vgl. auch AW 105 mit Literatur.
VII. Überreste des Hofes wurden bisher im Gelände nicht gefunden, ebenso wenig wie von der Siedlung Linzefeld (DAU 34), die in dieser Gegend zu suchen ist.

## Staudenhof

PRÜ 47
I. *Staudenhof.*
II. TK 5904 Waxweiler: r 25 29 700; h 55 47 000. O der Prüm.
III. 1821 hatte dieser Ort noch 128 Einwohner, die fast ausschließlich in dem damals noch existierenden Reitwerk beschäftigt waren. Bis etwa 1969 gab es dort noch ein bewohntes Haus, das inzwischen abgebrannt ist.
LITERATUR: H. Frentzen, Der Landkreis Prüm (Speyer 1959) 68.

## Steffeln

PRÜ 48
I. *Brembden,* auch: *Breme.*
II. TK 5705 Gerolstein: genaue Lage nicht bekannt, doch zwischen r 25 36 000 und 25 39 000; h 55 72 000 und 55 75 000. Im W-Teil der Gemarkung Steffeln.

III. 1282 wird *Brembden* zusammen mit Steffeln, Auel, Daun und Underbechem vom Herrn von Schleiden an die Herren von Blankenheim verkauft (MRR IV Nr. 1010; vgl. dazu Jungandreas, Historisches Lexikon 108 und Fabricius, Erläuterungen V 1, 170). Brembden wurde bisher immer O von Steffeln, zwischen diesem Ort und Auel, Kr. Daun, vermutet. In Wirklichkeit lag es im äußersten NW der Gemarkung Steffeln, vielleicht noch im angrenzenden Teil der Gemarkung Reuth. Hier befindet sich nämlich bei r 25 36 600; h 55 73 450 eine flache Anhöhe von 605 m H. mit dem Namen *Premer Kopf*. Die Tranchot-K. NA Blatt 141 Stadtkyll zeigt 1809/10 *Bremerkop*. Die Bezeichnung liegt unmittelbar S der wichtigen Fernverkehrsstraße nach Koblenz. Hier oder in dem angrenzenden Gebiet der Gemarkung Steffeln wird man Brembden zu suchen haben.

1519 werden die *scheffen von stefflen vnd Breme . . . her Schweyghe zu Breme* genannt (Grimm, Weisthümer II, 586). Wieder handelt es sich um die Wüstung *Brembden* oder *Breme*. Im übrigen fällt die exzentrische Lage von Steffeln im Verhältnis zu seiner Gemarkung auf. Die Siedlung liegt im äußersten O ihrer Gemarkung. Nach W liegen mehr als neun Zehntel der Gesamtgemarkung Steffeln. Diese Gemarkung ist in ihrer Größe und Lage als Zusammenschluß mehrerer Wüstungsmarken entstanden. In Betracht kommen neben der Wüstung *Brembden* noch *Mannerscheid*, *Merscheid* und *Walhausen*.

PRÜ 49  I. *Mannerscheid*.

II. TK 5705 Gerolstein: etwa r 25 39 000; h 55 72 800. Rund 2 km W von Steffeln, N des Oos-Baches.

III. Die moderne TK enthält a. a. O. den FN *Mannerscheid*. Auf der Tranchot-K. NA Blatt 141 Stadtkyll von 1809/10 heißt diese zwischen der alten Hauptstraße nach Koblenz und dem Oos-Bach gelegene Flur noch *Manscheit*. Man wird in ihr den Überrest einer Wüstung vermuten müssen, obgleich die zugehörige Dorfstelle bisher noch nicht gefunden wurde. Zusammen mit den Wüstungen *Merscheid*, *Walhausen* und *Brembden* bildet diese Wüstungsflur die ungewöhnliche Westausdehnung der Gemarkung Steffeln und verursacht die exzentrische Lage dieser Siedlung im äußersten O ihrer Gemarkung.

PRÜ 50  I. *Merscheid*.

II. TK 5705 Gerolstein: etwa r 25 36 500; h 55 72 300 und Umgebung. Beiderseits der Gemarkungsgrenze Steffeln-Kleinlangenfeld.

III. Die moderne TK enthält a. a. O. die FN *Merscheid* in den Jagen 194–197 des Staatsforstes Gerolstein, Gemarkung Steffeln, und *Auf Metscheid* S von H. 628,4 in der Gemarkung Kleinlangenfeld. Der zweite FN lautet in der Tranchot-K. NA Blatt 153 Prüm von 1810/11 *Merscheit*. Es ist damit zu rechnen, daß im Grenzgebiet der Gemarkungen Steffeln und Kleinlangenfeld die Wüstung Merscheid gelegen hat. Ihre Gemarkung wurde offensichtlich unter die beiden gen. Orte aufgeteilt und verursachte die extreme Ost- bzw. Westausdehnung der beiden Gemarkungen. Reste der Dorfstelle wurden bisher noch nicht gefunden.

PRÜ 51  I. *Underbechem*.

II. TK 5705 Gerolstein: genaue Lage unbekannt, jedoch wahrscheinlich innerhalb der Gemarkung Steffeln.

III. 1282 verkauft der Herr von Schleiden den Herren von Blankenheim die Dörfer Steffeln, *Underbechem*, *Awele* und *Brembden* (MRR IV Nr. 1010; Fabricius, Erläuterungen V 1, 170; Jungandreas, Historisches Lexikon 108).

VII. Eine intensive Begehung der Gemarkung Steffeln im Jahre 1968 ergab keine Hinweise auf die Lage der Wüstung.

PRÜ 52   I. *Walhausen*.

II. TK 5705 Gerolstein: etwa r 25 40 890; h 55 73 180. Rund 700 m NO Steffeln, um die Walhausener Kapelle.

III. Die modernen TK enthalten mit dem FN *Walhausen* die Erinnerung an eine Wüstung gleichen Namens. Einst bestand um die kleine Kapelle Walhausen, die heute Endpunkt eines Wallfahrtsweges ist, eine Ansiedlung Walhausen.
1809/10 enthält die Tranchot-K. NA Blatt 142 Hillesheim ebenfalls *Walhausen*, sie bietet aber keinen Hinweis auf die Kapelle dort.

W a l l e r s h e i m

PRÜ 53   I. *Anzelt*.

II. TK 5805 Mürlenbach: genaue Lage nicht bekannt, jedoch wohl nicht weit vom Anzelter Hof, Gemarkung Oberhersdorf. In diesem Falle etwa r 25 38 000; h 55 61 000. In Wallersheimer Flur.

III. 1136: *Alescente* zusammen mit den benachbarten Orten Lissendorf, Schwirzheim, Büdesheim, Wallersheim genannt (MRUB I Nr. 488 S. 543).
1576: Weistum von Schwirzheim: *bis an gen Antzelt hinder dem grossen leer* (Forst, Erläuterungen IV 108).
1784 lag das Gehöft Anzelt im Bann Wallersheim (Forst, Erläuterungen IV 57 und 140).

PRÜ 54   I. *Geiserath*, Hof.

II. TK 5705 Gerolstein, 5805 Mürlenbach: wahrscheinlich an der Gemarkungsgrenze zwischen Wallersheim und Kopp.

III. 1358 wird der Ritter Johannes von Rommersheim mit dem Zehnten zu *Gyselrait* belehnt (Forst, Erläuterungen IV S. 57 u. Anm. 2).
In einem Weistum o. J. (etwa 1570): *von dannen richt ab bis auf Geißerater treiß* (Forst, Erläuterungen IV S. 100).
1797 verpachten Prior und Konvent des Klosters Prüm ihre zum Hofe *Geisserath* gehörenden Ländereien auf 12 Jahre an zwei Einwohner aus Wallersheim (Forst, Erläuterungen IV S. 57).

VI. Nach M. Müller, ON Trier II, 60, ist Geiserath eine Flur von Kopp an dem an Wallersheim angrenzenden Gebiet; ebenso Forst, Erläuterungen IV S. 100 Anm. 11: FN *Auf Geisert*.

W a s c h e i d

PRÜ 55   I. *Langenfeld*.                                                                 Abb. 13.

II. TK 5704 Prüm: etwa r 25 29 400; h 55 69 660. Rund 600 m N Wascheid.

III. 1283: *Warner von Langinvelt* Zeuge in Prüm (MRR IV Nr. 1058. – Jungandreas, Historisches Lexikon 581).
1307–1354: ecclesia in Langenfelt (Trierisches Archiv 8, 1905, 32).
Wahrscheinlich handelt es sich um eine N Wascheid liegende Wüstung. Abgesehen von dem hier üblichen FN Langenfeld, zeigt Wascheid eine extreme Lage innerhalb seiner Gemarkung. Es liegt an ihrem äußersten Südrand. Nach N erweitert sich die Gemarkung rundlich. Diese Ausbuchtung könnte gut als ehemalige Wüstungsflur Langenfeld aufgefaßt werden, die später der Gemarkung Wascheid zugeschlagen wurde. Reste der Wüstung Langenfeld wurden im Gelände bisher nicht festgestellt.

Eine Identität des obigen Belegs mit Klein-Langenfeld O Olzheim ist nicht auszuschließen, wobei allerdings zu klären wäre, wo das Pendant Groß-Langenfeld zu suchen ist. Nach W. Fabricius, Trierisches Archiv 8, 1905, 32, handelt es sich um Langenfeld im ehem. Kr. Adenau.

### Wawern

PRÜ 56
I. Name unbekannt.
II. TK 5804 Schönecken-Wetteldorf, 5805 Mürlenbach: soll bei Wawern gelegen haben.
IV. Ein Sagenerzähler berichtet: Wir haben früher in Wawern die Lämmer gekauft. Da hat man uns erzählt, zur Zeit der Pest habe da ein Dorf gestanden. Das sei dann durch die Pest ausgestorben. Da war zuletzt nur noch eine Person übriggeblieben, die Sibilla. Davon leitet sich der Billenhof her (Zender, Westeifel Nr. 82). Es ist nach M. Zender jedoch sehr zweifelhaft, ob tatsächlich eine Wüstung vorliegt, wahrscheinlicher ist bloßer Sagenstoff.

### Waxweiler

PRÜ 57
I. Name unbekannt.
II. In Waxweiler im Bereich des FN *Muckebaor* = Krötenbrunnen.
IV. In Waxweiler geht die Sage von einem Spuk im Kornfeld, im Bereich des sog. Krötenbrunnens. Hier soll ein untergegangenes Dorf gelegen haben (Die Eifel 1953, 118).

### Wischeid

PRÜ 58
I. *Maspelt*, auch: *Marspelt*.
II. TK 5603 Meyerode: r 25 21 800; h 55 75 250. Etwa 1000 m NW Wischeid, zu beiden Seiten der Bundesgrenze gegen Belgien, bei Grenzstein 291.
III. 1704: *Schatzungs-Heeb-Registeren der orts und ambts-dorfschaften Schönberg*, Stadtarchiv Trier, führt Maspelt noch als Ort und Gemarkung auf.
1753: Stadtarchiv Trier, loses Blatt in den Akten von Schönberg, enthält die Aufforderung, zur Steuerfestsetzung auf die Amtsverwaltung Schönberg zu kommen. Der Text beginnt: *Nachdemmahlen daß dorf Marspelt verfallen und selben orts gütteren* . . .
Maspelt war auch nach dem Wüstwerden zeitweise noch mit einer Restsiedlung besiedelt.
1794 gibt es noch Steuerabgaben von Maspelt. Nach 1843 wurde dort ein Haus errichtet, dessen Bewohner allgemein Maspelt Matthes hieß. Das Haus ist 1893 abgebrannt.
Bei Schannat-Bärsch wird Maspelt bei den Orten der Herrschaft Schönberg aufgeführt (Eifl. Ill II,2 S. 279).
IV. Zur Wüstung Maspelt (Marspelt) gibt es eine reiche Sagenüberlieferung. Nach einer Sage lag auf der Bölz bei Auw ein Dorf, welches ausgestorben ist. Aus dem Dorf auf der Bölz fuhr ein Knecht die Toten mit einem Leiterwagen nach Maspelt. Auf dem Kirchhof dort wurden sie begraben. Von Maspelt kamen später die Glocken nach Manderfeld (Zender, Westeifel Nr. 95).

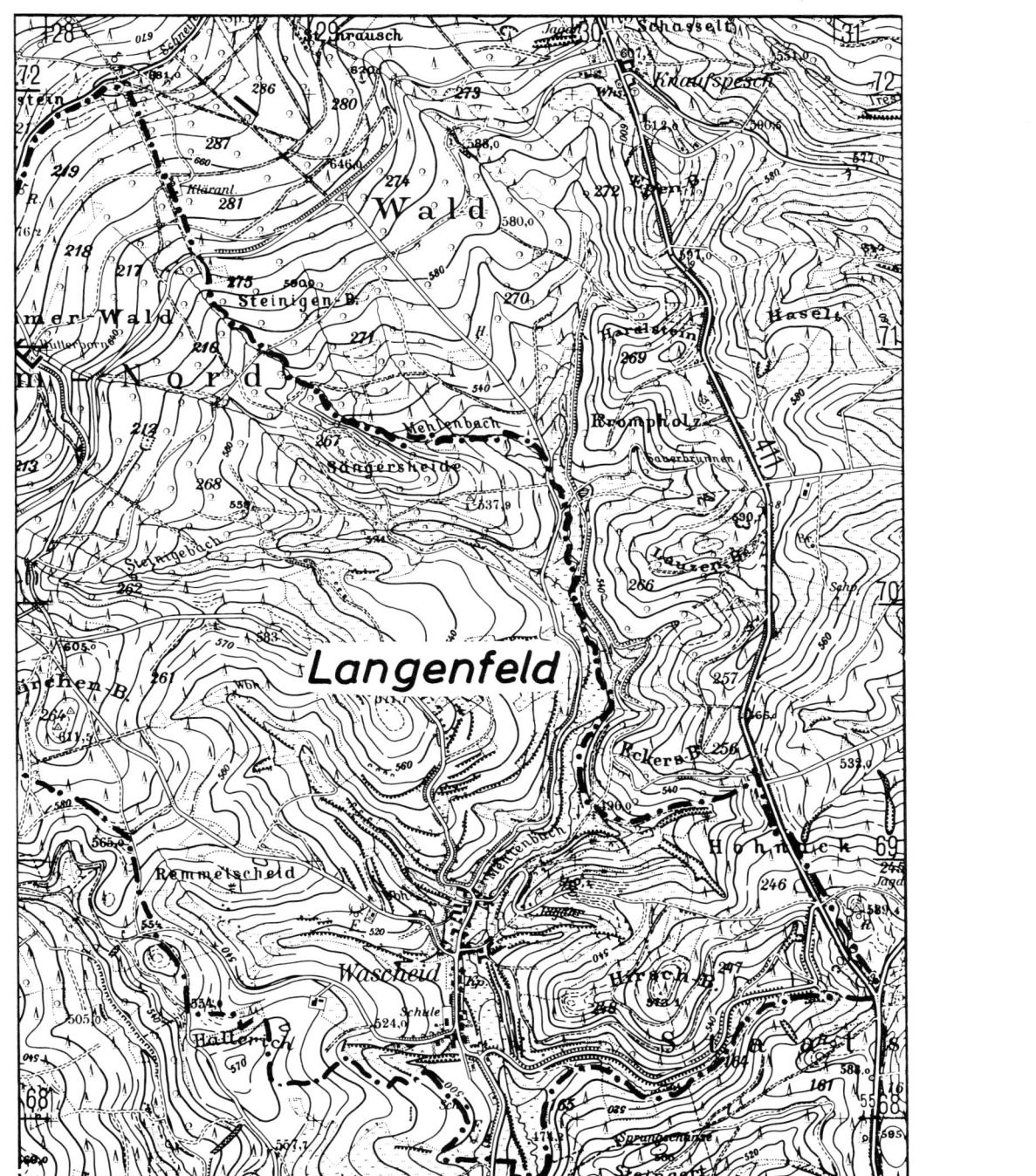

13  Die Wüstung Langenfeld (PRÜ 55), Gemarkung Wascheid (PRÜ).

(Ausschnitt aus der TK 1 : 25 000 Blatt 5704 Prüm;
mit Genehmigung des Landesvermessungsamtes Rheinland-Pfalz vom 4. 4. 1973 – Az. 4062/37/73 –
vervielfältigt durch das Rheinische Landesmuseum Bonn).

Eine andere volkstümliche Überlieferung sagt, daß im 16. Jahrh. in Manderfeld die Pest herrschte und die Toten von dort in Maspelt begraben wurden. In Maspelt gab es einen sehr großen Friedhof, auf dem alle Pesttoten der Gegend begraben wurden (Zender, Westeifel Nr. 97).

Wieder eine andere Sage berichtet, Maspelt war eine große Stadt (Zender, Westeifel Nr. 98).

VII. Auf belgischem Territorium finden sich mehrere wüste Hausstellen. Angeblich soll dort auch eine Kapelle mit Friedhof gewesen sein. Einige wollen die Lage der Gräber noch genau wissen. Auf deutschem Territorium fand Hauptlehrer H. J. Schad eine große Menge Scherben, darunter viel Steinzeug mit Wellenfüßen sowie glasierte Ware.

LITERATUR: Briefliche Mitteilung von Hauptlehrer H. J. Schad, Auw b. Prüm, an Verf. – Schad, Heimatkal. Kr. Bitburg-Prüm 1973, 183 ff.

## Lage unbekannt

VORBEMERKUNG: Die im folgenden aufgeführten Wüstungen lassen sich nach ihrer Lage nicht festlegen. In den meisten Fällen handelt es sich um Orte, die in den Prümer Güterverzeichnissen vorkommen und dort in einer Reihe mit Orten aus dem Gebiet um Prüm stehen. Daher ist in den meisten Fällen anzunehmen, daß sie im Gebiet von Prüm zu suchen sind. Andererseits sind die Besitzungen Prüms so weit gestreut, daß auch andere Kreise der Eifel in Frage kommen.

PRÜ 59    I. *Blaslo*.

III. 893/1222 enthält das Güterverzeichnis der Abtei Prüm Blaslo zusammen mit *dydendorpht* – Dingsdorf und *rumersheym* – Rommersheim. Der Name ist nur in dem Zusatz des Exabtes aus dem 13. Jahrh. enthalten (MRUB I Nr. 135 S. 147). Es ist nicht auszuschließen, daß es sich um eine ältere Form für Ober- oder Nieder-Lauch oder sonst einen anderen Ort am Laucherbach N Prüm handelt.

PRÜ 60    I. *Bredeneuelt*, Wüstung?

III. 1136: *Datus est etiam mansus in Bredeneuelt pro Lamberto fratre eius* in einer Bestätigung des Bischofs Albero von Basel, Rektor der Kirche zu Prüm, für das Stift St. Marien (MRUB I Nr. 488 S. 544).

Möglicherweise ist Bredeneuelt identisch mit Breitfeld im Kanton St. Vith/Belgien oder aber mit Breitenfenn OSO Winterspelt, Kr. Prüm.

PRÜ 61    I. *Eckelindorf*.

III. Nach Jungandreas, Historisches Lexikon 321, in der Gegend von Deudesfeld, Brandscheid, Densborn zu vermuten.

1360: PN *Johan van Eckelindorf* (StA Koblenz Msc. 171/476 – 38 r).

PRÜ 62    I. *Eckileivesrod*.

II. TK 5704 Prüm oder 5804 Schönecken-Wetteldorf: genaue Lage nicht bekannt, jedoch wahrscheinlich im Raume Rommersheim.

III. 845 Jan. 1: Kaiser Lothar I. bestätigt einen Gütertausch des EB Hetti von Trier mit der Abtei Prüm. Der Abt gibt dem EB u. a. *ekkileiuesroth* (MRUB I Nr. 75 S. 82 = MGH DD Loth. I., hrsg. v. Th. Schieffer [Berlin–Zürich] 1966 Nr. 87. – In den MGH wird die Nennung mit Elcherath, Kr. Prüm, gleichgesetzt).

PRÜ 63    I. *Grinthusen*.

II. Soll in der Westeifel liegen. Unsicher ob im Kreis Prüm.

III. 1490: *Grinthusen*, genannt zwischen Dasborn, Kr. Prüm, und Kaldenborn (Beleg bei Jungandreas, Historisches Lexikon 469).

PRÜ 64   I. *Gundensdorpht.*
   II. TK 5704 Prüm oder 5705 Gerolstein: genaue Lage nicht bekannt, wird im Raume Weinsheim-Gondelsheim vermutet.
   III. 893/1222: Güterverzeichnis der Abtei Prüm: *gundensdorpht* mit zwei Mühlen, die an der Prüm und an der Nims gelegen haben sollen (MRUB I Nr. 135 S. 147). Der Ort muß also im Prüm-Nims-Gebiet gelegen haben. Nicht auszuschließen ist, daß es sich um das heutige Gondelsheim handelt, wobei sich das ursprüngliche -dorf in -heim verändert haben müßte. Nach Forst, Fürstentum Prüm 8, ist Gundensdorpht die Gemarkung, innerhalb deren später die Dörfer Gondelsheim und Weinsheim entstanden.
   LITERATUR: Forst, Fürstentum Prüm 8 f. – Schannat-Bärsch, Eifl. Ill. II 1, 360.

PRÜ 65   I. *Gudestorf.*
   III. 1283 hat *Nicolaus von Gudestorf* Güter in Niederprüm (MRR IV Nr. 1086). Die Lage eines solchen Ortes ist unbekannt, die Identität mit Gundensdorpht (PRÜ 64) nicht auszuschließen.

PRÜ 66   I. *Herlestorf.*
   III. 1291 schenkt der Herr v. Schönecken der Abtei St. Salvator zu Prüm Güter zu *Herlestorf* (MRR IV Nr. 1929). Der Ort wird in Zusammenhang mit *Stenrich* und *Nuenrode* genannt. Diese beiden Wüstungen sind der Lage nach ebenfalls unbekannt.

PRÜ 67   I. *Burg Kastel.*
   II. TK 5904 Waxweiler: zwischen Waxweiler und Greimelscheid, auf einem gegen das Tal der Prüm vorspringenden Berg.
   III. Zwischen Waxweiler und Greimelscheid, S von Lambertsberg, soll eine Burg gestanden haben, die Johann von Falkenstein, Herr v. Bettingen, auf einem Berge Kastel, heute Friedland genannt, erbaute. Von dieser Burg sollen noch einige wenige Fundamentspuren zu sehen sein.
   Die beschriebene Lage stimmt nicht zu einem Flurbezirk im SO der Gemarkung Greimelscheid, der bis heute *Auf Kassel* heißt (r 25 29 300; h 55 50 050).

PRÜ 68   I. *Ludesvelt.*
   II. Vielleicht in der Gegend von Prüm oder von Brandscheid.
   III. 1273 wird ein Zehnter zu Ludesveld genannt, und zwar im Zusammenhang mit Prüm und Brandscheid (MRR III Nr. 2853).

PRÜ 69   I. *Melendorf.*
   II. Lage unbekannt, vielleicht eine Wüstung am Mehlenbach, NW Prüm.
   III. 1063 Nov. 1: *Mehlendorf* (A. Goerz, Regesten d. EB v. Trier S. 10).

PRÜ 70   I. *Ryckeych.*
   II. Lage unbekannt, doch in der Eifel.
   III. 1272: Die Ritter Becelin und Johann v. Manderscheid stellen *ihren Hof zu Ryckeych* zum Unterpfand (Jungandreas, Historisches Lexikon 868. – MRR III Nr. 2709).

PRÜ 71   I. *Scharfenberg.*
   II. Lage unbekannt, doch in der Eifel.
   III. 1290 wird *Joh. scarfenberch* im Zusammenhang mit Prüm, Pronsfeld und Rommersheim genannt (MRR IV Nr. 1766).

PRÜ 72   I. *Such.*
         II. Lage unbekannt, vielleicht im Raume Niederprüm.
         III. 1280 wird in Niederprüm eine Kornrente aus dem Hofe Such verschrieben (MRR IV Nr. 738).
         1302 gibt es eine Urkunde des Herrn v. Manderscheid über den Nachlaß *Theoderici . . de Sûch* (StA Koblenz Abt. 96 Nr. 537. – Jungandreas, Historisches Lexikon 1019).

PRÜ 73   I. *Stenrich,* Wüstung?
         II. Lage unbekannt, doch nicht fern von Prüm.
         III. 1291 schenkt der Herr v. Schönecken der Abtei St. Salvator zu Prüm Güter zu Herlesdorf, Nuenrade und Stenrich (MRR IV Nr. 1928). Es könnte vielleicht das heute noch bestehende S t e i n r a u s c h  bei  O h n s c h e i d , Kr. Prüm, gemeint sein.

PRÜ 74   I. *Folkesfeld.*
         II. TK 5804 Schönecken-Wetteldorf: SW Niederprüm, in der Gegend der Mündung des Pirbaches von O in die Prüm; diese Einmündung: r 25 26 800; h 55 61 250 bei Weinsfeld.
         III. 816 Nov. 8: Kaiser Ludwig der Fromme bestätigt der Abtei Prüm einen naheliegenden Wald: *marcha de romaris uilla in dextera parte monasterii in lindinauuinca inde in folkesfelt. et per longum pyrumbach usque in prumia* (MRUB I Nr. 51). Es ist nicht wahrscheinlich, daß es sich um einen Ort in der Gegend von Mötsch, Kr. Bitburg, oder Erdorf, Kr. Bitburg, handelt, wie in: Die Eifel 1955, 5, angenommen wird. Der hier genannte, nahe der Abtei liegende Wald ist der zwischen Niederprüm und Lünebach O der Prüm liegende Forst, der heute im SW, S und SO weitgehend durch Siedlungen erschlossen ist. In diesem Wald entspringen zwei der in der Urkunde von 816 genannten Gewässer: der Pirbach – *pyrumbach,* der bei Weinsfeld von O kommend in die Prüm mündet, und der Lünebach – *lindinauuinca,* der bei Lünebach, von O kommend, ebenfalls in die Prüm fließt. Damit ist der geographische Raum, in dem Folkesfeld zu suchen ist, abgesteckt.

PRÜ 75   I. *Werede.*
         II. Lage unbekannt, vielleicht bei Bleialf, Kr. Prüm.
         III. o. J. (um 1046): *duas chortes uidelicet alua, et Werede nominatas* (MRUB I Nr. 324).

# Wüstungen im Kreis Daun (DAU)

### Auel

DAU 1    I. *Bamden,* Hofwüstung.
II. TK 5705 Gerolstein: in der Gemarkung Auel, NO Auel.
III. 16. Jahrh.: *der hoff von Bamden* (Jungandreas, Historisches Lexikon 41, mit Bezug auf Grimm, Weisth. II 587). Nach H. Dittmaier soll der Hof NO Auel in der *Bammerwiese* gelegen haben.

### Beinhausen

DAU 2    I. *Bruchhausen.*
II. TK 5707 Kelberg: genaue Lage unbekannt, jedoch an einem linken Nebenbach der Lieser, im Quellgebiet der Lieser.
III. Nach Blum, Die Eifel 1954, 21, und Eifelkal. 1952, 113, hat hier die Wüstung Bruchhausen gelegen.

DAU 3    I. *Kloster?*
II. TK 5707 Kelberg: genaue Lage unbekannt, vielleicht in der Gemarkung Beinhausen oder nahe dabei.
III. Nach Eifelkalender 1952, 111, hat an einer der Lieserquellen ein Kloster gestanden, dessen Baureste noch sichtbar gewesen sind. Die Topographie zeigt keine Hinweise, bloße Sagenüberlieferung ist wahrscheinlich.

### Berndorf

DAU 4    I. *Lochem.*
II. TK 5606 Dollendorf, 5706 Hillesheim: genaue Lage nicht bekannt, jedoch in der Gemarkung Berndorf.
III. H. Dittmaier, Die linksrheinischen ON auf -dorf und -heim (Manuskr. Bonn 1961) 65, kennt den FN *Lochem* in Berndorf. Die Tranchot-K. enthält keinen Hinweis.

## Birgel

DAU 5
I. *Burgwüstung?*
II. TK 5605 Stadtkyll: r 25 45 300; h 55 75 400. Rund 1200 m SSW Birgel.
VI. 1809/10 zeigt die Tranchot-K. NA Blatt 142 Hillesheim auf einem isolierten Hügel im Mündungsgebiet des Wies-Baches in die Kyll, O der Kyll, den FN *Bourg-Berg*. Die modernen TK enthalten ebenfalls *Burg-Berg*. Reste einer Wehranlage wurden hier bislang noch nicht festgestellt, doch können sie modern überformt sein. Im NW und SO begrenzen tief eingeschnittene hohlwegartige Gräben den Fuß des Burg-Berges.

DAU 6
I. *Ritzdorf.*
II. TK 5605 Stadtkyll: innerhalb der Gemarkung Birgel.
VI. H. Dittmaier, Die linksrheinischen ON auf -dorf und -heim (Manuskr. Bonn 1961) 82, kennt hier den FN *Ritzdorf*. Anhand von Geländebefunden wurde die Wüstung bisher nicht ausgemacht.

DAU 7
I. *Wasserburg.*
II. TK 5605 Stadtkyll: ungefähr r 25 44 180; h 55 76 200. Unterhalb der Kapelle, zur Kyll hin.
VII. Um 1840 standen hier auf einem mit wasserführenden Gräben umschlossenen Platz, der heute als Garten genutzt wird, die Trümmer einer *alten Burg*. Heute ist nur noch der etwas erhöhte Burgplatz zu sehen.
Die Tranchot-K. NA Blatt 142 Hillesheim von 1809/10 gibt keine Hinweise auf diese Anlage.
LITERATUR: Clemen, KDM Kr. Daun 152. – Berichte über weitere feste Höfe und Häuser in Birgel dort 151 f. – Ost, Alterthümer Kr. Daun 99.

## Boverath

DAU 8
I. *Pittemühle.*
II. TK 5707 Kelberg: etwa r 25 60 300; h 55 64 800. Rund 1 km N Boverath, auf dem O-Ufer der Lieser.
VI. Hier verzeichnet die moderne TK 1 : 25 000 den FN *Mühlscheid*. Das O angrenzende Waldstück heißt im Volksmund Distrikt *Pittemühle*.
VII. 1854 beobachtete Ost hier Baureste: Ziegel, Mauerrudera, Gefäßscherben. NW von den Trümmern lag auch ein Brunnen. Mittelalterliche Münzen stammen von dem Fundplatz. Die Trümmer wurden aber bereits um die Mitte des 19. Jahrh. weggeräumt. Sie waren die letzten Überreste der Pittemühle.
LITERATUR: Ost, Alterthümer Kr. Daun 104.

## Boxberg

DAU 9
I. *Büttelhof.*   Abb. 15.
II. TK 5707 Kelberg: r 25 61 300; h 55 70 840. Etwa 1100 m WSW Boxberg, am Ostrand des Brücker Waldes.

VI. Die moderne TK 1 : 25 000 zeigt hier den FN *Büttelhof*. Es handelt sich sehr wahrscheinlich um eine Hofwüstung. Die Tranchot-K. NA Blatt 156 Daun enthält jedoch keinen Hinweis auf den Hof.

B r o c k s c h e i d

DAU 10   I. *Freudenstein*, Burg, auch: *Geisenburg*.

II. TK 5806 Daun: r 25 58 250–800; h 55 54 950. Im äußersten W der Gemarkung Brockscheid.

III. 1344: *Vrecumstein* (Schaus 41. – Jungandreas, Historisches Lexikon 417).
1344: *curiam de Louffenvelt, iacentem in confinio castri nostri Vreudenstein supra ripam dictam Liesere . . . cum molendinis* (Wampach, UB Luxemb. VIII 441 u. 444). – Jungandreas, Historisches Lexikon 417).
1340–1343 wurde diese Burg durch den Grafen Johann v. Luxemburg errichtet (Eifel 1954, 86 f.).
1348–1353 wurde sie vom EB Balduin v. Trier zerstört und danach nicht wieder aufgebaut (Eifel a. a. O.).
1810/11 enthält die Tranchot-K. NA Blatt 168 Gillenfeld nur den FN *Geisenburg*, WSW Brockscheid, sowie die Mühle im Liesertal.

VII. Reste von Mauern waren auf dem Burgplatz in der Nähe des Steilhanges des Brockscheider Waldes noch 1928 sichtbar (Clemen, KDM Kr. Daun 34 f. mit Fig. 10). Außerdem sind zwei starke Erdwälle im Waldgelände noch sichtbar. Die Anlage wurde ursprünglich für vorgeschichtlich gehalten, erwies sich jedoch nach Grabungen Hettners als mittelalterlich.

LITERATUR: H. Hettner, Westdeutsche Zeitschr., Museographie 1888, 299. – P. Steiner, Trierer Zeitschr. 3, 1928, 159. – Clemen, KDM Kr. Daun 34 f. – Ost, Alterthümer Kr. Daun 101.

DAU 11   I. *Mühlen* unterhalb der Geisenburg.

II. TK 5806 Daun: r 25 58 050; h 55 54 730. Am äußersten W-Rand der Gemarkung Brockscheid, O der Lieser und zu Füßen der Geisenburg.

III. 1810/11 vermerkt die Tranchot-K. NA Blatt 168 Gillenfeld hier *Moulin* mit einem Gebäude. Es kann sich nur um eine jener Mühlen handeln, die 1344 im Zusammenhang mit der Burg Freudenstein des Grafen von Luxemburg erwähnt wird: *curiam de Louffenvelt, iacentem in confinio castri nostri Vreudenstein supra ripam dictam Liesere . . . cum molendinis* (Wampach, UB Luxemb. VIII 441 u. 444). Von ursprünglich mehreren Mühlen ist nur eine bestehengeblieben; die anderen wurden wüst.

D a u n

DAU 12   I. *Burg Daun*.

II. TK 5806 Daun: r 25 59 380; h 55 62 580. Hoch über dem Tal der Lieser, W des Flusses.

III. 1222: Güterverzeichnis der Abtei Prüm, Kommentar des Exabtes Caesarius: *Preterea tenet duas villas iuxta dune castrum* (MRUB I Nr. 135 S. 159 Anm. 2). Die Burg ist der Stammsitz der Herren zu Daun/Eifel, der von Daun zu Oberstein/ Nahe und der von Daun und zu Densborn, Kr. Prüm. Über die weitere Geschichte der Burg berichten ausführlich die KDM Kr. Daun 53 ff.

1511 brannte die Burg ab. Um 1650 war nur ein Teil ihrer Gebäude noch in Benutzung, wie eine Bestandsaufnahme aus dieser Zeit zeigt. Später errichteten die EB v. Trier hier eine Kellerei. Beim Einmarsch der Truppen Ludwigs XIV. gehen Stadt und Burg Daun in Flammen auf. Im 18. Jahrh. entstanden neue Amtsgebäude Kurtriers auf der Burg.

VII. Vom alten Baubestand sind heute nur noch die Umfassungsmauern im unteren Teil erhalten. Die Burg hat annähernd elliptische Form. Reste eines Bergfriedes mußten 1865 dem Neubau einer neugotischen evangelischen Kirche weichen. Das Städtchen Daun schmiegt sich im N, W und S eng an die Burg an.

LITERATUR: Clemen, KDM Kr. Daun 50–57. – Ost, Alterthümer Kr. Daun 113–119.

Zum Hof *Kolbenrath* (DAU 67) vgl. unter R e n g e n.

Zur Burg *Alteburg* oder *Alt-Daun* (DAU 71) vgl. unter S c h a l k e n m e h r e n.

## D e m e r a t h

DAU 13   I. *Lautershausen,* Siechenhaus.

II. TK 5807 Gillenfeld: ungefähr r 25 67 530; h 55 59 350. Etwa 500 m S Demerath, wahrscheinlich unmittelbar N an der Mündung des Dreis-Baches in einen südlicher verlaufenden Bach.

III. 1403: Schöffenweistum Wollmerath: *da, wo der siechen Frauen Haus gestanden hat.*

VII. 1854 sind im Distrikt *Lautershausen,* $^1/_2$ Stunde S Demerath, links vom Wege nach Oberwinkel, noch Reste eines 22 Schritt langen und 15 Schritt breiten Gebäudes beobachtet worden. Auch ein aus Lehm errichteter Backofen mit nach oben abschließendem Gewölbe sowie ein Brunnen wurden hier vorgefunden. Man fand auch Scherben von weiß-gelbem, unlackiertem Tongeschirr, das nichtrömisch war. In einer alten Bannbeschreibung heißt dieser Platz *Siechfrauenhaus,* weil hier früher Aussätzige eingesperrt waren.

LITERATUR: Ost, Alterthümer Kr. Daun 121. – Die Eifel 1953, 164.

## D o c k w e i l e r

DAU 14   I. *Bodem,* Wüstung?

II. TK 5706 Hillesheim: r 25 56 550–900; h 55 67 300–700. Am W-Rand des Dockweilerer Waldes, etwa 1,7 km SO Dockweiler.

III. 1809 verzeichnet die Tranchot-K. NA Blatt 155 Dockweiler hier den FN *Bodemer Wies.* Hier heißt es auch *auf Bodem.* Es könnte sich um eine Wüstung handeln.

VII. 1854 waren hier noch zahlreiche Stein- und Schutthaufen sichtbar, die auf einen alten Wohnplatz hindeuteten. Man fand unter anderem hier graues und schwarzes Tongeschirr. Ob es sich tatsächlich, wie Ost annimmt, um einen römischen Siedlungsplatz handelt, ist nicht sicher.

LITERATUR: Ost, Alterthümer Kr. Daun 129.

## Esch

Zur Wüstung *Sengersdorf* (DAU 33) vgl. unter J ü n k e r a t h.

## Gefell

DAU 15
I. *Bondorf.*
II. TK 5707 Kelberg: genaue Lage unbekannt, doch in der Gemarkung Gefell.
VI. Nach H. Dittmaier, Die linksrheinischen ON auf -dorf u. -heim (Manuskr. Bonn 1961) 72, gibt es in Gefell den FN *Bondorf*. Sonstige Hinweise auf eine Wüstung fehlen aber bislang.

## Gerolstein

DAU 16
I. *Burg Gerolstein.*
II. TK 5706 Hillesheim: r 25 47 700; h 55 65 240. S der Kyll.
III. Es ist nicht sicher, ob die Burg bereits von Gerhard I. v. Blankenheim begründet wurde, der im J. 1115 in einer Urkunde des EB v. Köln als Zeuge auftritt (Lac. UB IV Nr. 616). Wahrscheinlicher aber ist, daß erst Gerhard IV. v. Blankenheim die Burg anlegte. Er nennt sich als erster Herr v. Casselburg und Gerhardstein. Die weitere Geschichte der Burg ist bei Clemen, KDM Kr. Daun 85 ff., beschrieben. Zuletzt befand sich die Burg in der Hand des Grafen Karl Ferdinand v. Manderscheid-Blankenheim-Gerolstein. Sie wurde 1691 abgebrannt und nicht wieder aufgebaut.
VII. Die geringen Überreste der Burg stammen aus dem späten Mittelalter, also aus der Zeit Gerhards IV., des vermutlichen Gründers der Anlage. Die Umfassungsmauern sind in die Stadtbefestigung eingebunden und dürften mit dieser zeitgleich sein. 1777 wird die Burg auf Anordnung des Grafen abgebrochen, die verwendbaren Metallteile und Steine werden verkauft. Der in den KDM Kr. Daun 89 vorgelegte Plan der Anlage läßt erkennen, daß man sich bei ihrer Errichtung einen nach NO ins Tal der Kyll vorgeschobenen Bergsporn zunutze machte, um die Burg anzulegen. Nach der einzigen zugänglichen Seite, nach SW, verhinderte eine mächtige 35 m lange und 11 m hohe Schildmauer jeden Zutritt. Nach N schließt sich dann die Vorburg, durch eine weitere Schildmauer abgetrennt schließlich die Hauptburg mit den Wohnbauten an.
LITERATUR: Clemen, KDM Kr. Daun 85–91.

DAU 17
I. *Sarresdorf.*
II. TK 5705 Gerolstein: r 25 46 570; h 55 65 500. Friedhof von Sarresdorf, rund 1000 m WNW Ortskern Gerolstein.
III. 762 Aug. 13: König Pippin bestätigt der Abtei Prüm alle früheren Schenkungen: *donamus ad ipsum monasterium uillam nostram in pago Eflinse qui dicitur Sarabodisvilla* . . . (MRUB I Nr. 16 = MGH DD Pippins Nr. 16 = Böhmer, Reg. Imp. I Nr. 95).
893/1222: Güterverzeichnis der Abtei Prüm unter VIII *De sarensdorpht* (MRUB I Nr. 135, S. 149).
1105: *Saruuestorph* (Lac. UB IV Nr. 613).
1136: *Sarestorf* (MRUB I Nr. 488).

1282: *Ger. Plebanus von Saresdorf* Zeuge in einer Urkunde Gerhards v. Blankenheim (MRR IV Nr. 929).

1291: *Lodewic v. Sarensdorf* Zeuge in einer Urkunde Gerhards v. Blankenheim (MRR IV Nr. 1922).

1291 Aug. 16: *Sarenstorph* (MRR IV Nr. 1927).

1326: *Sarisdorph* (Schaus 44).

Sarresdorf ist heute zwar NW-Ortsteil von Gerolstein. Im Mittelalter war es aber nie in die Stadt einbezogen, sondern lag noch bis Anf. 19. Jahrh. gut 1000 m WNW für sich allein. Die Tranchot-K. NA Blatt 154 Gerolstein zeigt den Zustand von 1809 ganz deutlich.

Sarresdorf besteht aus einer Kirche mit umliegendem Kirchhof, einigen Häusern O der Kirche, darunter das heute noch erhaltene Pfarrhaus (KDM Kr. Daun 81) und einer Mühle an der Kyll. Zu dieser Zeit aber war der Ort bereits Restsiedlung eines einst viel größeren Dorfes. Daß dieses zu den fränkischen Altsiedlungen gehörte, beweist neben der relativ frühen Ersterwähnung der Umstand, daß hier anläßlich der Ausgrabung einer römischen Villa Rustica (zu dieser KDM Kr. Daun 71) auch spätfränkische Gräber ohne Beigaben gefunden wurden. Diese Bestattungen hatte man in den Brandschutt der römischen Ansiedlung eingegraben.

Im Falle von Sarresdorf vollzog sich eine ganz ähnliche Entwicklung wie bei Rheinbachweiler, Lkr. Bonn (BN 142). Dank seiner städtischen Freiheiten gewann das benachbarte Gerolstein für die Bewohner der Umgebung immer mehr Anziehungskraft. Seit dem 14. Jahrh. wanderten zunehmend Einwohner von Sarresdorf nach Gerolstein ab. Um 1760 vermerkt der Pfarrer von Sarresdorf: *Sarresdorf ist vor alterss auch ein Dorff gewesen, haben doch den Orth die Einwohner verlassen und seyend wegen der Freyheit in den Flecken Gerolstein gezogen, also die Kirch, pfarhaus und Hoff sambt dem Custerhaus allein geblieben* (KDM Kr. Daun 77). Damit wird bestätigt, daß bereits um die Mitte des 18. Jahrh. Sarresdorf nur noch eine Restsiedlung eines einst viel größeren Dorfes war.

LITERATUR: Clemen, KDM Kr. Daun 71 f., 76 f. mit der gesamten älteren Literatur.

V. 1282 erscheint in einem Vertrag zwischen den Herren Gerhard IV. v. Blankenheim und Leo v. Dreymolen der Priester Gerhard v. Sarresdorf in der Zeugenliste (MRR IV Nr. 929).

1298 Apr. 9: Kirche zu *Sarenstorph* (MRR IV Nr. 2731).

1299 Okt. 17: Wiederum Kirche zu *Sarenstorph* (MRR IV Nr. 2945).

Anf. 13. Jahrh. erscheint die Kirche von *Sarsdorp* im Eifeldekanat (Oediger, LV 46).

Die weitere Geschichte der Pfarrkirche Sarresdorf, die Mittelpunkt eines großen Pfarrsprengels war, findet sich bei Clemen, KDM Kr. Daun 76 f.

1812 wird die Kirche als baufällig bezeichnet.

1813 gab man sie auf und hielt die Gottesdienste in der neuen Kirche in Gerolstein, die 1821 auch nominell zur Pfarrkirche wurde.

1831 stand noch der Chor der alten Pfarrkirche.

1844 gab es nur noch einige Reste davon. Der Friedhof um die Kirche herum wurde jedoch weiterbelegt. Das Pfarrhaus steht noch (abgebildet b. Clemen, KDM Kr. Daun 81).

VII. Das Gelände von Sarresdorf ist heute weitgehend modern überbaut. Erst infolge der modernen Siedlungsexpansion wurde es in das Stadtgebiet von Gerolstein einbezogen.

DAU 18   I. *Mühle* von Sarresdorf.

II. TK 5705 Gerolstein: r 25 46 570; h 55 65 280. S der Kyll.

III. 1809 zeigt die Tranchot-K. NA Blatt 154 Gerolstein auf dem S-Ufer der Kyll, gegenüber von Sarresdorf, die zugehörige Mühle. Sie wurde im Laufe des 19. Jahrh. aufgegeben.

DAU 19   I. *Schauerbach-Hammer.*
II. TK 5705 Gerolstein: r 25 45 320; h 55 65 820. O des Oos-Baches, etwa 1000 m WNW von Sarresdorf.
III. 1809 zeigt die Tranchot-K. NA Blatt 154 Gerolstein hier einen Eisenreckhammer, während der heutige Hof Schauerbach noch nicht verzeichnet ist.


G i l l e n f e l d

DAU 20   I. *Ersfeld.* Abb. 14.
II. TK 5807 Gillenfeld: r 25 64 800–65 400; h 55 56 000–56 800. Etwa 1200 m NNO Gillenfeld.
III. 1810/11 zeigt die Tranchot-K. NA Blatt 168 Gillenfeld hier den FN *Ersfelder fluhr.* Hier ist also eine Wüstung zu vermuten, obgleich ihre Ortslage noch nicht gefunden ist.

DAU 21   I. *Etzerath.* Abb. 14.
II. TK 5807 Gillenfeld: wahrscheinlich NW des Etzerath-Berges, also etwa r 25 64 660; h 55 53 000.
VI. 1810/11 zeigt die Tranchot-K. NA Blatt 168 Gillenfeld hier den FN *Ezert.* Wahrscheinlich handelt es sich hierbei um eine Wüstung, deren Flur später der Gemarkung Gillenfeld zugeschlagen wurde. So jedenfalls könnte sich die Ausweitung des Flurumrisses von Gillenfeld nach S erklären.

DAU 22   I. *Herschhausen.* Abb. 14.
II. TK 5807 Gillenfeld: Ortsstelle noch nicht gefunden, dürfte aber etwa bei r 25 67 400; h 55 54 110, SO des Pulvermaars, zu lokalisieren sein.
III. 1810/11 zeigt die Tranchot-K. NA Blatt 168 Gillenfeld SO des Pulvermaars den Namen *Herschhausen.* Die Ortsstelle dürfte im Kreuzungspunkt von vier Straßen gelegen haben, nämlich der Wege Gillenfeld–Trautzberg und Strohn–Immerath.
LITERATUR: H. Dittmaier, Rheinische Flurnamen (Bonn 1963) 358.
VIII. Bei der Ortsbesichtigung 1965 ergab sich, daß Herschhausen auf einer ebenen, leicht nach SO geneigten Hochfläche gelegen hat. Natürliche Begrenzungen des Wirtschaftsareals ergaben sich im O, SO und SW, wo muldenförmige Bachtäler mit versumpften Wiesen verlaufen. Auf der Hochfläche selbst gab es verhältnismäßig gute Ackerböden. Es gelang bisher jedoch noch nicht, die Ortsstelle der Wüstung ausfindig zu machen. Infolge der Hangneigung kann sie durch abfließenden Boden verschwemmt worden sein.
Im O-Teil der Gemarkung Herschhausen ging die sonst blockförmig gegliederte Flur in terrassierte, streifenförmige, isohypsenparallele Äcker über. Hier zeigt sich bei einer Wüstung sehr deutlich, daß nur ein Teil der gesamten Flur terrassiert war, der andere hingegen eben. Beide Formen existierten nebeneinander und spiegeln nicht chronologische Schichten des Flurzustandes wider. Sie stellen die Antwort auf das jeweilige Geländerelief dar. Der Flurumriß von Herschhausen ist noch hervorragend erhalten. Zwar ist die Gemarkung, wie die anderer Wüstungen, der Mark Gillenfeld zugeschlagen. Durch das Pulvermaar aber, das im NW die Gemarkung Herschhausen abschließt, ist diese Wüstungsgemarkung deutlich von der Gemarkung Gillenfeld geschieden. Sie tritt kartographisch und morphologisch in ihrer Besonderheit klar hervor.

DAU 23   I. *Schutzalf.*
  II. TK 5807 Gillenfeld: genaue Lage unbekannt, jedoch bei Gillenfeld.
  III. Wie *Allscheid*, Gemarkung Steiningen (DAU 76), ist auch das Dorf *Schutzalf* durch geschlossene Auswanderung seiner Bewohner nach Amerika wüst geworden (Die Eifel 1940, 65). Der Ort muß, wie der Name sagt, an der Alf gelegen haben.

DAU 24   I. Name unbekannt.
  II. TK 5807 Gillenfeld: r 25 63 905; h 55 55 080. Auf dem Gelände der Fabrik SW der Bahn, in einem von SW kommenden Nebental der Alf.
  VII. Hier wurden frühmittelalterliche Siedlungsfunde bei Ausgrabungen vorgefunden (Trierer Zeitschr. 16, 1941, 237).


Heyroth

DAU 25   I. *Heiger,* auch: *Heyer.*
  II. TK 5606 Dollendorf, 5706 Hillesheim: NW von Heyroth und SO von Nohn.
  III. 1680 verzeichnet die Karte von Dankers NW des heutigen Heyroth einen Ort namens *Heiger.* Dieser wurde wüst. Der alte ON Roth wurde daraufhin in Heyroth umgewandelt, wahrscheinlich weil die Bewohner von Heiger nach Roth umgezogen waren. Wahrscheinlich gehört hierhin auch ein Beleg vom Anf. des 13. Jahrh.: *duas partes decime in Heiore et III. mansos in eadem uilla* als Besitz der Abtei St. Maximin zu Trier erwähnt (MRUB II Nachtrag Nr. 16 S. 471).
  Der Hof Heyer ist sehr wahrscheinlich identisch mit dem wüsten Hof Heyer im W der Gemarkung Borler, Kr. Mayen.
  1809/10: Tranchot-K. NA Blatt 143 Nohn verzeichnet
  1. den *Heyer Hof* mit noch stehenden Gebäuden;
  2. die *Heyer Kirche* mit dem Kirchengebäude;
  3. NW des Hofes den Waldnamen *Heyer Hart.*
  Auf der TK 5606 Dollendorf besitzen diese Objekte folgende Koordinaten:
  1. Heyer Hof: r 25 57 760; h 55 75 020;
  2. Heyer Kirche: r 25 58 130; h 55 74 700.
  N des Heyer Hofes enthält die moderne TK 1 : 25 000 den FN *Mühlwiesen,* als habe hier einst eine Mühle gestanden. Die Tranchot-K. gibt aber keinen Hinweis auf sie.
  VII. 1854 berichtet Ost, Alterthümer Kr. Daun 171, um die Heyer Kirche hätten früher die umliegenden Dörfer ihre Toten begraben. Ein Grabkreuz mit der Jahreszahl 1795 sei noch dort zu sehen. Um 1830 sei noch die Umfassungsmauer des ehem. Kirchhofes sichtbar gewesen. Auch vom Hof Heyer, der ein festes Haus – *fortalitium* – gewesen sei, habe man noch 1812 Teile sehen können. Er sei 1794 mit seinen Ländereien versteigert worden. Zu seiner Zeit beobachtete Ost hier nur noch Steinhaufen und Trümmer.
  LITERATUR: Ost, Alterthümer Kr. Daun 171. – Schannat-Bärsch, Eifl. Ill. III 396.


Hillesheim

DAU 26   I. *Lohrem.*
  II. TK 5605 Stadtkyll, 5606 Dollendorf, 5705 Gerolstein, 5706 Hillesheim.

VI. H. Dittmaier, Die linksrheinischen ON auf -dorf und -heim (Manuskr. Bonn 1961) 65, verzeichnet innerhalb der Gemarkung Hillesheim den FN *Lohrem*. Es dürfte sich um eine Wüstung mit -heim-ON handeln.

DAU 27   I. *Mirbachsgut*, Hofwüstung.

II. TK 5706 Hillesheim: genaue Lage unbekannt, jedoch an der Straße Hillesheim—Walsdorf.

III. 1479 ernennt EB Johann II. v. Trier den Clais von Mirbach zum Amtmann in Hillesheim. Dieser besitzt den Mirbachshof, ein Haus in der Nähe der Kirche von Hillesheim sowie ein Gut außerhalb der Stadt, das Mirbachsgut (Die Eifel 1950, 142 und 1951, 5).

### Hinterweiler

DAU 28   I. *Oberweiler*.

II. Identisch mit dem heutigen Hinterweiler: TK 5706 Hillesheim: r 25 54 000; h 55 67 000.

III. 1680 verzeichnet die Karte von Dankers *Overwiler* zwischen Kirchweiler und Dockweiler. Es kann sich nur um das heutige Hinterweiler handeln, das seinen Namen verändert hat.

### Hörscheid

DAU 29   I. *Runkelshof*.

II. TK 5707 Kelberg.

III. Auf der Flur *Runkelshof* wurde eine römische Siedlung festgestellt (Bonner Jahrb. 130, 1925, 351). Hinter dem FN *Runkelshof* ist eine mittelalterliche Hofwüstung zu vermuten.

### Hörschhausen

DAU 30   I. *Mühle*.

II. TK 5707 Kelberg: r 25 67 030; h 55 67 740. Am SO-Ausgang von Hörschhausen, O des Ueß-Baches.

III. 1810/11 zeigt die Tranchot-K. NA Blatt 156 Daun hier die Eintragung *Moulin*. Hörschhausen führt hier den ON *Homerich*.

### Hohenfels

DAU 31   I. *Schanze*.

II. TK 5706 Hillesheim: r 25 52 350; h 55 68 200. Wenig S des Bahnhofes Hohenfels.

VII. Hier befindet sich nach Clemen, KDM Kr. Daun 147, die sog. Bauernburg, eine Feldfestung, die im 30jährigen Krieg angelegt sein soll. Wahrscheinlich ist die durch Steinbrüche teilweise zerstörte Anlage aber jünger, vielleicht 18. Jahrh. Die Tranchot-K. NA Blatt 155 Dockweiler von 1809 gibt keinen Hinweis auf die Anlage.

## Jünkerath

DAU 32
I. *Schloß Jünkerath,* auch: *Glaadter Burg.*
II. TK 5605 Stadtkyll: r 25 40 740; h 55 79 500. In Glaadt, N der Kyll, W des Birbaches.
III. 1324 überträgt Friedrich, Herr v. Schleiden, dem König Johann v. Böhmen, Grafen v. Luxemburg, sein Schloß Jünkerath auf Rückkauf.
1344 bekennen er und seine Gemahlin, daß sie vom König Johann v. Böhmen ihr Haus Jünkerath mit Burg, Tal und Zubehör auf Lebenszeit zu Lehen erhalten haben (Verkooren, Inventaire du Luxemb. Nrn. 639, 905 und 906).
1363 wird die Lehnshoheit der Grafen v. Luxemburg erneut anerkannt.
1780 befindet sich die Burg in Händen der Grafen Sternberg-Manderscheid. Seit Ende des 17. Jahrh. gehörte zu dieser Burg ein Eisenhüttenwerk, das vom Grafen Salentin Ernst v. Manderscheid-Blankenheim begründet worden war.
VII. Die heute nur noch in Ruinen vorhandene Burg muß ursprünglich die Eigenschaften einer im Tal liegenden Wasserburg gehabt haben. Die mittelalterlichen Teile der Burg müssen zu Beginn des 17. Jahrh. bereits stark verfallen gewesen sein, so daß man sich zu einer gründlichen Restaurierung der Burg entschloß. Ursprünglich bestand die Burg aus einem vierseitig geschlossenen, auf schwacher Erhebung angelegten Gebäudekomplex, der ganz von einem breiten Graben umschlossen war. Dieser wurde durch eine Zugbrücke überbrückt. 1726–1735 wurde die Burg praktisch ganz neu aufgebaut und mit einem Barockgarten ausgestattet. Bereits 1737 brannte dieser Neubau ab und blieb seitdem als Ruine liegen.
LITERATUR: Clemen, KDM Kr. Daun 104 ff.

DAU 33
I. *Sängersdorf, Sengersdorf.*
II. TK 5605 Stadtkyll: r 25 41 150; h 55 80 900. W der Hargarten-Mühle am Birbach, wo ein O Seitenbach in den Birbach mündet.
III. Die Eifelkarte von 1689 enthält *Sengersdorff* als bestehendes Dorf. Es liegt N Stadtkyll, W Esch und SW Dahlem (Heimatkalender Kr. Schleiden 1969, 49).
IV. In der volkstümlichen Überlieferung in Esch ist bekannt, daß hier ein Dorf gelegen hat. Es soll während der Pestzeit untergegangen sein. Sein Name war Sengersdorf. Wenn aus Esch jemand in diese Richtung geht, so heißt es bei den Bauern: *Gehst de nog Sengersdorf biechte?* (Briefliche Mitteilung von Hauptlehrer H. Delvos, Stadtkyll).
VII. Zur Lage vgl. Fabricius, Erläuterungen VI 160. Das Dorf kann auch teilweise auf dem Gebiet der Gemarkung Esch gelegen haben.
Eine Begehung der ehemaligen Ortsstelle im März 1973, die in den Jagen 156 und 157 des Jünkerather Waldes liegt, durch Wissenschaftler des RLMT und den Förster Schönberg aus Jünkerath ergab unter Wald und in Wiesen Steinhaufen und Trümmerstätten von viereckiger Form. In ihnen ließen sich die Grundrisse von etwa 12 Häusern der Wüstung wiedererkennen. In der Umgebung des Platzes zeigten sich an den Hängen terrassierte Äcker, die zur Flur der Wüstung Sängersdorf gehören. Der verhältnismäßig gute Erhaltungszustand der Siedlungsreste würde eine erfolgreiche Geländeaufnahme begünstigen.
LITERATUR: OA des RLMT unter Jünkerath.

DAU 34    I. *Niederlinzfeld*, auch: *Linzfeld*.

II. TK 5605 Stadtkyll: sehr wahrscheinlich im äußersten NW der Gemarkung Jünkerath, in der Ausbuchtung, die die Gemarkungsgrenze, zugleich rheinland-pfälzische Landesgrenze, hier nach NW zeigt, also: ungefähr r 25 38 000–39 000; h 55 80 700–81 800. Zur Lokalisierung s. unten.

III. 1322: Teilung der Besitzungen der Herren v. Dollendorf zwischen den Brüdern Friedrich und Gerlach. Friedrich erhielt die Herrschaft Kronenburg und nannte sich hinfort Herr v. Kronenburg. Gerlach erhielt die Herrschaft Dollendorf. Über die Zehnten von Dahlem und Linzfeld kam es zum Streit.
1327: erneuter Streit um die Zehnten von Dahlem und Linzfeld. In einem Vergleich werden die strittigen Zehnten Gerlach v. Dollendorf zugesprochen.
1328 erklären Friedrich v. Kronenburg und seine Frau Mezza urkundlich, daß sie auf die Zehnten von Linzfeld und Dahlem verzichten und daß Linzfeld im Besitz des Gerhard v. Blankenheim gewesen sei und weiterhin Eigentum der Blankenheimer bleibe. Linzfeld sei nur als Burglehen an die Herren v. Dollendorf gekommen.
1336: Hedwig, Witwe Gerlachs v. Dollendorf, verpfändet ihren Anspruch auf den Zehnten von Linzfeld einem Knappen Thilken v. Hillesheim für 400 kölnische Mark.
1341: Friedrich v. Dollendorf und seine Gemahlin Kunigunde verpfänden den Zehnten von *lyndesvelt* erneut dem Thilken v. Hillesheim für 325 Mark holländischer Pfennige.
1344: Friedrich v. Dollendorf verkauft seine gesamten Besitzungen an den Grafen Wilhelm V. v. Jülich für 3000 kölnische Mark. Das Burglehen Linzfeld fällt wieder an den Grafen v. Blankenheim zurück.
1439: Johann v. Schwirzheim und Wilhelm v. Ufflingen schließen einen Vergleich wegen ihrer Ansprüche an Linzfeld.
1479: Hennecken Slicher v. Gauwe veräußert seine Güter zu Niederlinzfeld an Heuken v. Neerkyll und Johann van Veldern. Linzfeld wird im Gericht Kyll gelegen bezeichnet (vgl. Jungandreas, Historisches Lexikon 70).
1501: Weistum des Vogtsgedinges zu Stadtkyll. Hier erscheint Linzfeld in der Grenzbeschreibung (Angaben nach A. Kettel, Der Hof Niederlinzfeld [1956]).
Nach 1501 wird Linzfeld nicht mehr urkundlich genannt. Es dürfte also auf der Wende vom 15. zum 16. Jahrh. wüst geworden sein.
Die im Weistum von 1501 vorkommenden Flurbezeichnungen erlauben wenigstens eine ungefähre Lokalisierung von Linzfeld, und zwar auf dem Wege des Vergleiches mit den in der Tranchot-K. NA Blatt 141 Stadtkyll 1809/10 vorhandenen Flurnamen. Im Weistum heißt es: . . . *zum ersten, An dem hern stein boven Sengerscheid, oben Kullenraidt, an der dahlheimer strassen, und von dannen biß auf den staalseifen, ab bis in die alte Pinnerßbach, die alte Pinnerßbach ab biß in die Gelad, die gelad ab biß in den Syckenbach, die Syckenbach auß, biß an ein Eich, under steht auch ein stein, steht an der Syckenbach, von der Eich wiederumb herab biß über Linzfeld, da steht ein Haen, von dem Haen biß an die straß auß biß auff den seelenseifen, den seelen seyfen auß biß auf das hohe gericht Kyle* . . . Die Tranchot-K. zeigt N Stadtkyll, oberhalb der stark kurvigen Abschnitte der Straße nach Dahlem, *auf Sengerscheid*. Die im Weistum beschriebene Grenze muß also von Stadtkyll zunächst nach N und dort ein Stück mit der Straße nach Dahlem verlaufen sein. Wenig S Dahlem muß sie dann nach O abgebogen sein, bis sie auf den Oberlauf des Glaadt-Baches stieß. Diesem folgte sie in S Richtung bis zur Mündung des in der Tranchot-K. Seckenbach genannten Gewässers, das dort damals wie heute die Grenze zwischen Glaadt–Jünkerath und Dahlem bildet und von W kommend in den Glaadt-Bach mündet. Dann biegt die Grenze, am Seckenbach entlanglaufend, nach W um. Hier geht sie bis an eine Eiche und dann zu dem gesuchten Linzfeld oder Niederlinzfeld. Dieses muß mithin am Oberlauf oder im Quellgebiet des Secken- oder Syckenbaches gelegen haben, also O der Köln–Trierer Straße, der

heutigen B 51, SO des Gehöftes Neuhaus (Fuchskaul). Damit kann Linzfeld nur innerhalb der NW-Ausbuchtung der Gemarkung Jünkerath gelegen haben, etwa bei r 25 38 350; h 55 81 400.

VIII. Als Flur von Linzfeld kommen die zahlreichen Terrassen an dem weiten, nach S zum Kylltal geneigten Hang in Betracht. Zur Zeit der Aufnahme der Tranchot-K. bestand das gesamte Gebiet zwischen Dahlem und dem Kylltal aus großen Heideflächen, die unbewirtschaftet waren. Auch heute noch sind Teile der terrassierten Fluren heidebestandenes Unland. Eine Fluranalyse würde sich hier lohnen, weil der Flurzustand offensichtlich noch dem des späten Mittelalters entspricht.

DAU 35
I. *Eisenhütte Jünkerath*.
II. TK 5605 Stadtkyll: in Jünkerath.
III. 1687 erhielt Jean de l'Eau, der Sohn des Hüttenmeisters Gerard de l'Eau von der Ahrhütte (SLE 43), vom Grafen v. Manderscheid-Blankenheim die Erlaubnis, in Jünkerath ein sog. *freies Hüttenwerk* zu errichten. Diese Hütte entwickelte sich zu einem der bedeutendsten Werke innerhalb der Eifel. Aus Jünkerath stammt die bekannte Düsseldorfer Industriellenfamilie Poensgen, die 1865 die Hütte erworben hatte. In Jünkerath wurde 1898 der letzte, mit Holzkohle betriebene Hochofen der Eifel ausgeblasen. Die Hütte von Jünkerath ist auf Eisenstein aus dem Arenbergischen Erzrevier, das heißt, aus den Gruben von Lommersdorf, angewiesen. Dazu vgl. SLE 43.

LITERATUR: Ost, Alterthümer Kr. Daun 181 f., bietet eine zeitgenössische Beschreibung der Hütte (1854). – H. Neu, Aus der Geschichte der Eisenindustrie im oberen Ahrtal. Heimatkal. Kr. Schleiden, 1953, 52. – W. Günther, Zur Geschichte der Eisenindustrie in der Nordeifel. Rheinische Vjbll. 30, 1965, 315 ff. – Festschrift Jünkerath, 275 Jahre Arbeit am Eisen (1962). – Historische Stätten Bd. 5: Rheinland-Pfalz und Saarland (2. Aufl. 1965) 156. – P. Neu, Geschichte und Struktur der Eifelterritorien des Hauses Manderscheid (Bonn 1972) 247.

Kalenborn

DAU 36
I. *Alscheid*.
II. TK 5705 Gerolstein: r 25 42 900; h 55 70 550. Etwa 1200 m N Kalenborn, inmitten einer großen Erweiterung der Gemarkung Kalenborn.
III. 1809 enthält die Tranchot-K. NA Blatt 154 Gerolstein S der die Gemarkung Kalenborn von SW nach NO durchschneidenden Straße nach Koblenz den Landschaftsnamen *Altscheid*. Den gleichen Namen führt auch noch die moderne TK 1 : 25 000.
VIII. In Alscheid eine Wüstung zu vermuten, wird durch die ungewöhnliche Lage von Kalenborn innerhalb seiner Gemarkung begründet. Kalenborn liegt im äußersten S seiner Mark, während nach N und O weite Ausbuchtungen vorhanden sind. Die N Erweiterung heißt Alscheid, die O Herschelt. In beiden Fällen scheint es, als seien hier Wüstungsmarken in die Gemarkung Kalenborn einbezogen worden.

DAU 37
I. *Herschelt*.
II. TK 5705 Gerolstein: r 25 44 300; h 55 70 100. Rund 1500 m NO Kalenborn.
VIII. Nach O besitzt die Gemarkung Kalenborn eine weite Ausbuchtung, in der der Landschaftsname *Herschelt* gebräuchlich ist. Eine Wüstung, deren Flur später der Gemarkung Kalenborn zugeschlagen wurde, ist hier zu vermuten.

DAU 38  I. *Schindelscheid,* Wüstung?
II. TK 5705 Gerolstein: bei Kalenborn.
III. 845 Jan. 1: *proprium in loco qui dicitur scindalasceiz iuxta caldebrunnam* . . . (MRUB I Nr. 75). Nach Lamprecht, DWL II 134, liegt der Ort zwischen Duppach und Kalenborn bei Oos. – Die Urkunde ist neu ediert: MGH DD Loth. I., hrsg. v. Th. Schieffer (Berlin–Zürich 1966) Nr. 87.

Katzwinkel

DAU 39  I. *Kapelle der hl. Brigida.*
II. TK 5707 Kelberg: r 25 64 600; h 55 69 640. 1,6 km NW Katzwinkel.
VII. An der alten Straße Köln–Trier stand am Afelskreuz einst ein Kapellchen, das der hl. Brigida geweiht war, die hier als Viehpatronin verehrt wurde.
LITERATUR: Die Eifel 1952, 20.

DAU 40  I. Name unbekannt.
II. TK 5707 Kelberg: in der Gegend von Katzwinkel.
IV. Ein alter Schäfer aus Daun erzählt, nicht weit von Katzwinkel, zwei Wegstunden jenseits Daun, lag ein Dorf, dessen Namen niemand mehr kennt. Es soll von den Schweden (1632) verbrannt und dann nicht wieder aufgebaut worden sein (Die Eifel 1958, 105).

Kerpen

DAU 41  I. *Alte Burg Kerpen.*
II. TK 5606 Dollendorf: r 25 52 220; h 55 75 400. Nach N an Burg Kerpen anschließend, auf dem Plateau des Höhen-Berges gelegen.
VII. N der Burg Kerpen befindet sich auf dem Bergrücken des Höhen-Berges eine alte Burgstelle. Von der späteren Burg Kerpen trennt diese Anlage ein bis 15 m tiefer, sehr breiter, muldenförmiger Graben, der im S von der mit Türmen bewehrten Schildmauer der Burg Kerpen begrenzt wird. Auch nach N begrenzen Wall und Graben die Alte Burg, die eine Innenfläche von etwa ovaler Form aufweist. Am N-Ende der Burg zeichnen sich Mauerreste, wahrscheinlich eines Turmes, ab, der gegen den übrigen Innenraum der Burg nochmals durch Wall und Graben gesichert ist.
Die KDM Kr. Daun 133 lassen offen, ob es sich um eine eigenständige Burg oder nur die später aufgegebene Vorburg der Burg Kerpen handelt. Eine Ortsbesichtigung 1968 ergab aber, daß es sich zweifelsfrei um eine ältere Burganlage handelt, die ursprünglich mit der Burg Kerpen nichts zu tun hatte. Das schließt freilich nicht aus, daß die Befestigungseinrichtungen, etwa Gräben und Wälle, der älteren Burg bei Anlage von Burg Kerpen nicht wiederbenutzt worden sind. Eindeutig wird sich das zeitliche Verhältnis der beiden Anlagen nur durch Grabungen klären lassen, die bislang nicht stattgefunden haben.
LITERATUR: Clemen, KDM Kr. Daun 133.

DAU 42  I. *Burg Kerpen.*
II. TK 5606 Dollendorf: r 25 52 220; h 55 75 300. Am NO-Rand von Kerpen, auf dem nach SW gerichteten Sporn des Höhen-Berges.

III. Die Belege für Dorf und Burg Kerpen wurden vielfach mit denjenigen verwechselt, die sich auf Kerpen, Kr. Bergheim, beziehen, z. B. die Erwähnung des Ortes im Prümer Güterverzeichnis, die sich durch den Zusatz des Exabtes von 1222 ausdrücklich auf Kerpen bei Bergheim bezieht.

1136 erscheint Sigibert v. Kerpen in einer Urkunde des Bischofs Albero v. Basel (MRUB I Nr. 488. – MRR I Nr. 1907).

1265 erscheint Theoderich II. v. Kerpen, der dem EB Engelbert v. Köln seine Burg Kerpen zu Lehen aufträgt.

1299 tritt Theoderich III. als Herr von Karpena in Eyflia in einer Urkunde des EB Wikbold v. Köln als dessen Lehnsmann auf (MRR IV Nr. 2900). Hier wird auch die Burg Kerpen genannt.

1674 befindet sich die Burg im Besitz der Herzöge v. Arenberg.

1682 und 1689 wird die Burg durch französische Truppen weitgehend zerstört. Um 1696 werden die Einwohner der Herrschaft Kerpen zur Mithilfe bei dem Wiederaufbau der Burg aufgerufen.

1780 ist sie jedoch nur noch eine Ruine.

VII. Die Burg Kerpen befindet sich auf dem äußersten, SW Ende des Höhen-Berges. In mehreren Terrassen angeordnet, umfaßt sie hier den gesamten Bergsporn. Nach W lag die gleichnamige Burgsiedlung. Die Burg Kerpen ist also nach dem Prinzip der frühgeschichtlichen Abschnittsbefestigungen angelegt, denn nach N zum Bergrücken bildet eine starke Schildmauer mit vorgelagertem Graben einen guten Schutz, während alle anderen Seiten durch natürliche Steilhänge gesichert sind.

Baubestand und Grundriß der Burgruine finden sich in den KDM Kr. Daun 133 ff. beschrieben. Hervorzuheben ist aber, daß sich nach N offenbar eine weitere, ältere Burganlage, die alte Burg (DAU 41) mit Mauerresten, Gräben und Wällen anschließt.

LITERATUR: Ost, Alterthümer Kr. Daun 189 f.


DAU 43   I. *Burganlage,* vorgeschichtlich und mittelalterlich.

II. TK 5606 Dollendorf: r 25 50 600–51 160; h 55 75 300. Rund 1200 m WNW Kerpen auf dem Wein-Berg.

VII. Hier befindet sich eine vorgeschichtliche Abschnittsbefestigung mit insgesamt 3 Wällen. Sie stammt aus der älteren Eisenzeit. Im Mittelalter wurde der äußerste, im NW gelegene Bergsporn wiederbenutzt: Man errichtete dort einen festen Turm aus 80 cm starkem Bruchsteinmauerwerk und 7,17 x 7,72 m Grundfläche. In der Umgebung des Turmes heben sich unregelmäßige Steinhaufen ab, die vorgeschichtlichen oder mittelalterlichen Hausbauten zugehört haben mögen. 1938 wurden bei Grabungen jedoch keine Baureste gefunden. Architekturteile vom Turm stammen aus der Zeit um 1200. Der Turm dürfte mehrgeschossig gewesen sein und in den oberen Geschossen aus Fachwerk bestanden haben. Die Grabungen im Ostteil der Burganlage ergaben neben vorgeschichtlichen Funden frühmittelalterliche Keramik des 10. Jahrh. Darüber hinaus fand sich Ware der Pingsdorfer Art und andere Keramik des 10.–12. Jahrh. Die Burg soll im Mittelalter Sitz derer v. Spiegelberg gewesen sein. 1386 verpfändete Richard, Herr zu Daun, den Zehnten zu Spiegelberg an Roilf von Badenheim. Am 30. April 1395 verkaufte Johann, Herr zu Daun, mit mehreren Gütern auch den *Spiegelberg* bei Kerpen dem EB v. Trier (Schannat-Bärsch, Eifl. Ill. III, 2,1 S. 105).

LITERATUR: Steiner, Trierer Heimatbuch (1925) 261. – Bonner Jahrb. 127, 1922, 304 u. 345. – Clemen, KDM Kr. Daun 123, 145. – Trierer Zeitschr. 14, 1939, Jahresbericht für 1938, 270–272.

DAU 44    I. *Stellsdorf.*

II. TK 5606 Dollendorf, 5706 Hillesheim.

VI. H. Dittmaier, Die linksrheinischen ON auf -dorf und -heim (Manuskr. Bonn 1961) 83, verzeichnet in Kerpen den FN Stellsdorf. Im Gelände wurden bislang keine Reste einer Dorfwüstung gefunden.

## Kirchweiler

DAU 45    I. *Schnellersroth.*

II. TK 5706 Hillesheim: r 25 53 750; h 55 64 560. Rund 1800 m S Kirchweiler.

III. 1809 zeigt die Tranchot-K. NA Blatt 155 Dockweiler hier den FN *Ruth* in einem mit Heide bewachsenen Gelände.

IV. Auf H. 611,9, mitten in der Schnellersroth genannten Flur, steht an einer Wegespinne ein schwarzes Basaltkreuz. Hier geht eine Frau um, das *Schnellerschrodeschrietche* – Schnellersrodesgretchen (Eifelkalender 1938, 130 f.).

VIII. Der alte Flurumriß von Schnellersroth ist noch teilweise erhalten. Die Gemarkungsgrenze von Kirchweiler zeigt eine auffällige Ausbuchtung nach SW, die zweifellos Teil der Flur von Schnellersroth war.
Vielleicht ist diese Wüstung identisch mit *Oberroth* (DAU 57).

DAU 46    I. *Mühlsteinbrüche* in den Herrschaften Gerolstein und Kasselburg.

II. TK 5706 Hillesheim: im gesamten Vulkangebiet W der oberen Kyll.

III. 1548: Erste Nachricht über die Mühlsteinbrüche in der Nähe von Kasselburg und Gerolstein, eine Regelung der Abgaben, die der Inhaber eines Steinbruches sowohl für seine Arbeiter als auch für die fertigen Mühlsteine zu zahlen hat (Neu, Manderscheid 250 f.).

1569–1616: Gesamteinnahme der Herrschaft Kasselburg aus dem Mühlsteingeschäft beträgt 491 Gulden, 19 Albus und 10 Heller (Neu, Manderscheid 251).

VII. Es sind vor allem folgende Steinbrüche, die schon in der frühen Neuzeit ausgebeutet wurden:

1. Kirchweiler, 1,5 km SSO des Ortes auf dem Scharte-Berg, im Distrikt Schnellersroth (zu letzterem DAU 45): r 25 53 600; h 55 64 700. Die Tranchot-K. NA Blatt 155 Dockweiler verzeichnet hier *Carrière de Pièrres à Moulin.*

2. Pelm, 600 m WNW der Ruine Kasselburg, im *Castelberger Hain*: r 25 48 300; h 55 67 400.

3. Hohenfels, 500 m NO des Ortes: r 25 52 700; h 55 68 800. Weiterhin S des Ortes, im Distrikt *Grafenfeld.* Hier zeigen sich im Gelände ältere Abbauspuren. In der Tranchot-K. NA Blatt 155 Dockweiler findet sich *Carrière de Pièrres à Moulin.*

4. Walsdorf, 1,3 km NO des Ortes auf dem Arens-Berg: r 25 52 200; h 55 72 800.

## Leudersdorf

DAU 47    I. *Hohn.*

II. TK 5606 Dollendorf: r 25 50 000; h 55 77 605. Rund 3 km WSW Leudersdorf im Staatsforst Hillesheim, Jagen 30–34, an der dortigen Wegespinne.

VI. 1809/10 verzeichnet hier die Tranchot-K. NA Blatt 143 Nohn das Hohner Kreuz. Es steht an der Kreuzung der Straßen Dollendorf–Berndorf und Wiesbaum–Flesten. Um das Kreuz herum erstreckt sich eine mit Heide bewachsene

DAU 48   I. *Magininga villa.*
II. TK 5606 Dollendorf: bei Leudersdorf.
III. 838 Juni 18: Die Abteien Prüm und St. Maximin Trier tauschen Güter in der Eifel. St. Maximin gibt an Prüm im Austausch gegen einen Hof zu liudresdorf u. a.: *in supradicto pago eifla in uilla et loco iam dicto id est liudrestorhf et magininga uilla de terra arabili II* (MRUB I Nr. 65). Die Lokalisierung ist strittig. Lamprecht, DWL II 132, sucht die Villa NO Hillesheim und hält sie für eine Wüstung. Willworsch 191 vermutet die Wüstung bei Leudersdorf, Kr. Daun. Nach Jungandreas, Historisches Lexikon 667 unter *Menningen,* ist die Villa bei Leudersdorf wüst.

Lissendorf

DAU 49   I. *Burghaus.*
II. TK 5605 Stadtkyll: ungefähr r 25 43 500; h 55 75 700. Rund 200 m O der Kirche, zwischen dem Schulhaus und dem Bahnhof.
VII. Nach Schannat-Bärsch, Eifl. Ill. III 2,1 S. 134, und KDM Kr. Daun 150, soll hier ein altes Burghaus gestanden haben. Diese Burg soll einst in Blankenheimischem Besitz gewesen sein. Mitte des 19. Jahrh. waren nach Bärsch in der *Burgwiese* noch Mauerreste der Burg sichtbar, darunter die eines 30 x 12 Schritt großen Hauses, des Burghauses. Ein kreisförmiger Graben umgab die Anlage, die 1926 dem Straßenbau zum Opfer gefallen ist. Die Tranchot-K. NA Blatt 142 Hillesheim von 1809/10 enthält keinen Hinweis auf die Anlage.
LITERATUR: Ost, Alterthümer Kr. Daun 194.

Meisburg

DAU 50   I. Name unbekannt.
II. TK 5906 Manderscheid: r 25 48 330; h 55 51 400. Rund 2 km SW Meisburg.
III. Bei der Anlage von Neubauten in der Siedlung Rackenbach wurden die Reste einer unbekannten mittelalterlichen Siedlung angeschnitten. Unter anderem fand man einen ausgebauten mittelalterlichen Brunnen (Die Eifel 1959, 20. – Dazu auch Ost, Alterthümer Kr. Daun 202).

Mirbach

DAU 51   I. *Seckerath,* Wüstung?
II. TK 5606 Dollendorf: r 25 47 700; h 55 80 000. WSW Mirbach.
VI. Die moderne TK verzeichnet hier den FN *Auf Seckerath.* Es kann sich um eine Wüstung handeln, obgleich im Gelände bislang keine Anzeichen dafür festgestellt wurden. Die Tranchot-K. NA Blatt 142 Hillesheim zeigt 1809/10 hier den FN *Sierix* in einem Waldstück.
VII. Geländebegehungen im Jahr 1968 ergaben keine Hinweise auf eine Wüstung.

## Müllenborn

DAU 52
I. *Linzerath*, Wüstung?
II. TK 5705 Gerolstein: ungefähr r 25 42 500; h 55 68 500. Knapp 1000 m SSW Kalenborn, 1000 m NNW Müllenborn an H. 519,2.
III. 1809: Tranchot-K. NA Blatt 154 Gerolstein enthält *Lintzrath* in einem buschbestandenen Gelände. Moderne TK 1 : 25 000: *Lenzerath*.

DAU 53
I. *Eisenhütte*.
II. In Müllenborn, Kr. Daun.
III. 1567 konzessioniert Graf Hans Gerhard v. Gerolstein die Eisenhütte von Müllenborn bei Gerolstein. Die Hütte wurde um 1860 wüst.
LITERATUR: W. Günther, Zur Geschichte der Eisenindustrie in der Nordeifel. Rheinische Vjbll. 30, 1965, 333.

## Neichen

DAU 54
I. *Hilgerath*.                                                                                                 Abb. 15.
II. TK 5707 Kelberg: r 25 62 800; h 55 69 280. Rund 800 m SO Neichen.
VII. An einer Wegekreuzung steht hier auf einem nach W gerichteten Bergsporn die Wallfahrtskirche Hilgerath. Der Wallfahrtsweg führt von S, ausgehend von Sarmersbach, zur Kirche. Diese Kirche war einst Pfarrkirche eines Dorfes gleichen Namens, das aber wüst geworden ist.
LITERATUR: Clemen, KDM Kr. Daun 24 f.

DAU 55
I. *Mertzbach*, Hofwüstung.
II. TK 5707 Kelberg: in der Gemarkung Neichen.
III. 1527: Clais von Mertzbach tritt als Zeuge in Rengen auf.
1651 wird der Hof durch Lothringische Truppen geplündert und bleibt wüst liegen (Die Eifel 1956, 59).

## Neroth

Zu der Burg auf dem Nerother Kopp vgl. unter Neukirchen.

DAU 56
I. *Hengstweiler*.
II. TK 5706 Hillesheim: r 25 51 600–52 300; h 55 63 000–200. Etwa 1,2 km NW Neroth, auf der Gemarkungsgrenze gegen Gees.
III. 1447 verkaufte ein Ritter v. Gees den Zehnten von Hengstweiler für 131 flor. 1559 sind die Hengstweiler Höfe Eigentum der Grafen v. Manderscheid-Gerolstein, nachdem bereits 1546 in den sog. 'Fragestücken' (Befragungen hinsichtlich strittiger Zugehörigkeit von bestimmten Dörfern) *Henktsweiler* als Gerolsteinischer Besitz festgestellt worden war.
VII. Mitte des 19. Jahrh. beobachtete man in dem genannten Bezirk noch Mauerreste, die von den Höfen stammen.
LITERATUR: Ost, Alterthümer Kr. Daun 218. – Müller, ON Trier II 70. – Jungandreas, Historisches Lexikon 508. – Neu, Manderscheid 141.

DAU 57   I. *Oberroth.*
II. TK 5706 Hillesheim: etwa r 25 53 450; h 55 64 500. In einem Flurbezirk, welcher in der Tranchot-K. NA Blatt 155 Dockweiler *Ruth* heißt.
VII. Hier soll auf einer Anhöhe nach Kirchweiler zu ein Dorf namens Oberroth gestanden haben. Nach Erzählungen Einheimischer sollen hier Hofhäuser gestanden haben. Jetzt ist dort nur noch ein Grenzstein mit der Inschrift *Oberroth*, so berichtet 1854 Ost. Vielleicht identisch mit *Schnellersroth* (DAU 45).
LITERATUR: Ost, Alterthümer Kr. Daun 217. – Clemen, KDM Kr. Daun 171.

Neukirchen

DAU 58   I. *Freudenkoppe*, Burgwüstung.
II. TK 5806 Daun: r 25 54 360; h 55 62 240. Etwa 1 km OSO Neroth, auf dem Nerother Kopf, aber bereits in der Gemarkung Neukirchen.
III. 1324: castrum Froudenkube (Lamprecht, DWL III 496).
1344: das halbe teil des perges, der da heiset Cup da uff (Schaus 42).
1345: burg Freudenkoppe by Dune in der Eyfelen (Schaus 42).
1346: prope villam hundiswinkel sub castro ipsius domini nostri Baldewini Froydenkop (Schneider, Himmerod 70).
1346: burge und vesten zu Freudinsteyn (DAU 10) und Koppin (Schaus 42).
1346 überließ König Karl IV. dem EB Balduin v. Trier die Burgen Freudenstein und Freudenkoppe, die zuvor in der Hand seines Vorgängers, König Johann v. Böhmen, Graf v. Luxemburg, gewesen waren.
1347: sub castro Froydenkop (Schaus 42).
1347: hayn, hůndiswinkil castro ... in froydenkop sitam (Jungandreas, Historisches Lexikon 417 m. Beleg).
1460 erfolgt die letzte Erwähnung der Burg.
VII. 1809 zeigt die Tranchot-K. NA Blatt 155 Dockweiler eine bewaldete Höhe, den Nerother Kopp, mit der Eintragung *Ruines* auf der Bergkuppe. Die heutigen Überreste sind in den KDM Kr. Daun 172–174 beschrieben. Nach dem dort vorgelegten Plan handelt es sich um eine viereckige, schiefwinklige, von geradlinigen Mauerzügen umschlossene Burg. Inmitten dieses Burgplatzes erhob sich, auf einer kleinen Anhöhe gelegen, der Bergfried. Sein fast quadratischer Grundriß zeigt die lichten Maße 8,40 x 8,60 m. Er war auf jeden Fall mehrgeschossig und hat zweifellos als Wohnturm gedient. Nach NW schließt sich eine Zwingermauer an, die den zur Burg führenden Hohlweg umfaßt.
LITERATUR: Clemen, KDM Kr. Daun 172–174. – Die Eifel 1954, 86 f. – Ausführliche Beschreibung der bis Mitte 19. Jahrh. sichtbaren Reste der Burg bei Ost, Alterthümer Kr. Daun 215–217.

DAU 59   I. *Burghaus.*
II. TK 5806 Daun: r 25 54 385; h 55 62 170. Am S-Rand des Nerother Kopp.
VII. Hier finden sich, am Hang frei stehend, die Reste eines mittelalterlichen Burghauses, das wohl im 15. Jahrh. vom EB v. Trier oder seinem Burggrafen errichtet wurde. Es ist ein rechteckiges Gebäude von 4 x 13,80 m lichter Weite. Die Mauern sind bis 12 m Höhe im Aufgehenden erhalten und zeigen innen die Spuren von drei flachgedeckten Geschossen. In der Ostwand liegt im Erdgeschoß ein Eingang.
LITERATUR: Clemen, KDM Kr. Daun 174 f.

DAU 60  I. *Hagen.*
II. TK 5806 Daun: zu Füßen der Burg Freudenkoppe.
III. 1347: *hayn, hŭndiswinkil castro . . . in froydenkop sitam* (Jungandreas, Historisches Lexikon 417 m. Beleg).

DAU 61  I. *Hundswinkel.*
II. TK 5806 Daun: zu Füßen der Burg Freudenkoppe.
III. 1346: *prope villam hundiswinkel sub castro ipsius domini nostri Baldewini Froydenkop* (Schneider, Himmerod 70).
1347: *hayn, hŭndiswinkil castro . . . in froydenkop sitam* (Jungandreas, Historisches Lexikon 417).
VII. Nach Ost, Alterthümer Kr. Daun 218, hat das Dorf Hundswinkel eine halbe Stunde S von Neroth gestanden. Dort waren zu seiner Zeit (1854) noch Mauerreste sowie ein Brunnen zu beobachten.
VIII. Die Gemarkung Neukirchen zeigt eine ungewöhnliche Ausweitung nach W. Neukirchen selbst liegt im äußersten NO seiner Gemarkung. Diese Form von Gemarkung ist durch den Zuschlag der Wüstungsmarken Hayn und Hundswinkel entstanden.

Niederbettingen

DAU 62  I. *Burg.*
II. TK 5705 Gerolstein: r 25 46 180; h 55 70 460. Auf einem erhöhten Platz, wo heute die Kapelle und der Kirchhof liegen.
VII. In diesem Gelände, genannt *auf der Burg*, stand einst eine Burg, von der Ende des 18. und Mitte des 19. Jahrh. noch Reste vorhanden waren. Spärliche Mauerreste, ein eingestürzter Keller sowie ein Grabenabschnitt, vom Wasser der Kyll gespeist, sind die wenigen bis heute sichtbar gebliebenen Überreste der Anlage.
LITERATUR: Clemen, KDM Kr. Daun 181. – Ost, Alterthümer Kr. Daun 224.

Niederehe

DAU 63  I. *Kammerhof.*
II. TK 5606 Dollendorf: r 25 55 650; h 55 74 330. Etwa 2 km SO Niederehe, im Hochheimer Hardt.
III. 1559 wird der Hof Kammerhof als Besitz des Klosters Steinfeld erwähnt. Er soll hier im Distrikt *Kammershof* gelegen haben.
VII. In der Tranchot-Karte NA Blatt 143 Nohn sind keinerlei Reste des Hofes mehr enthalten, so daß er bereits lange vor Beginn des 19. Jahrh. wüst geworden sein muß.
LITERATUR: Ost, Alterthümer Kr. Daun 222.

Pelm

DAU 64  I. *Kasselburg.*
II. TK 5706 Hillesheim: r 25 48 950; h 55 67 220. Auf einem steilen Bergkegel W der Kyll, 750 m NW Pelm.

III. 1240/1330: *Kastelberch* (Lamprecht, DWL III 325).
1280: PN *Reiner Schurl v. Castelberch* (MRR IV Nr. 686).
1291: *villa Essingen prope Kastilberg castrum.*
1291: *Burglehen zu Castilburch* (MRR IV Nr. 1894).
1291: *Burg Kastilberg* (MRR IV Nr. 1922).
1299: *Apud Casteleberg* (MRR IV Nr. 2917).
1373/74: *dem juncherren von Castilberg.*
1387: *zu Kastelberch inde zu Gerartzsteyn.*
1483: *sloß zu Kastelburgh.*
1493: *Castelberg.*

BELEGE: Jungandreas, Historisches Lexikon 173. – Zahlreiche weitere Angaben zur Geschichte der Burg in den KDM Kr. Daun 202 ff.

VII. Noch 1809 zeigt die Tranchot-K. NA Blatt 155 Dockweiler zahlreiche Details der Burganlage. Relativ gut erhalten ist die annähernd ovale Ringmauer der Burg sowie etliche sich daran anlehnende Wohnbauten. Infolge ihres verhältnismäßig guten Erhaltungszustandes erlaubt die Kasselburg gute Einblicke in die spätmittelalterliche Architektur. Optisch bestimmend ist der mächtige, auf der W-Seite stehende Doppelturm mit nicht weniger als sieben Obergeschossen und der Toranlage im Erdgeschoß. Auf der O-Seite im Burginnern steht der zum ältesten Baubestand der Burg gehörende Bergfried. Er hat einen quadratischen Grundriß von 6,75 m Kantenlänge bei 1,80 m Mauerstärke.

LITERATUR: Eine ausführliche Beschreibung der Burg mit etlichen Abbildungen und einem Lageplan geben die KDM Kr. Daun 202–225. – Ost, Alterthümer Kr. Daun 105–109.

DAU 65   I. *Walsweiler.*
II. TK 5706 Hillesheim: in der Gemarkung Pelm.
III. H. Dittmaier, Die linksrheinischen ON auf -dorf und -heim (Manuskr. Bonn 1961) 242 f., verzeichnet in Pelm den FN *in Walsweiler.* Hierzu könnten einige frühe Belege eines Ortes im Bitgau gehören, sicher ist ein Zusammenhang jedoch nicht.
943 Juni 15: Präkarie des Abtes Farabert v. Prüm: *in comitatu biedensi in uilla uualesuuilere* (MRUB I Nrn. 180 u. 181).

Rengen

DAU 66   I. *Abtshausen.*
II. TK 5707 Kelberg: wahrscheinlich r 25 59 400–60 000; h 55 64 200–800. Etwa 1500 m SSW Rengen, zwischen diesem Dorf und dem Walddistrikt Hunert N Daun, W der Lieser.
III. 1426/65: PN *Johann von Aptzhusen*, Pastor in Daun.
1482: Graf Wilhelm v. Manderscheid erhält die Herrschaft Kail und eine jährliche Rente von 500 Gulden. Für diese Rente wurden ihm Ländereien verschrieben unter anderem in Abtshausen.
1488: Abtshausen im Kailischen Rentenregister enthalten.
1527: Beschwerde des Grafen Jakob zu Manderscheid-Kail beim EB Richard v. Greiffenklau (Trier), daß die Gemeinde Rengen versuche, die Erben von Abtshausen aus ihren ererbten Rechten an dem Wald Mühlscheid zu verdrängen, der ihm zu Lehen gehe, und den Wald an die Gemeinde ziehen wolle (Zeugenverhör v. 15. Juni 1527). Daraufhin werden ein Achtzig- und ein Neunzigjähriger über die Verhält-

nisse von Abtshausen befragt. Sie erwähnen im Zeugenverhör kein Dorf Abtshausen, sondern nennen immer nur die Erben von Abtshausen. Daraus ergibt sich, daß Abtshausen in der ersten Hälfte des 15. Jahrh. wüst geworden sein muß. Spätere Nennungen meinen nicht das Dorf, sondern nur Zehnte von Ländereien.

VI. W der Lieser, gegenüber dem Wald Mühlscheid, finden sich im Tal der Lieser und auf der nach W anschließenden Ebene zahlreiche FN, die auf die Wüstung deuten, so: *Sapsen* = zu Absen = zu Abtshausen. *Aspertal, Asperheide, in Sasperner Wiesen.*

1748: *Abstertel, Absterheide* ⎫
1770: *Apsertal, Apserheid* ⎭ in den kurtrierischen Landtaxationen.

LITERATUR: Die Eifel 1956, 59.

DAU 67   I. Burghügel (Motte) und Siedlung *Kolbenrath.*

II. Die Lage von Kolbenrath ist nicht sicher. Einige vermuten es NW von Rengen im Hasbachtal, weil hier die Flurbezeichnung *Kolbenrather Hofwiese* belegt ist. Nach Ost, Alterthümer Kr. Daun 115, soll die Siedlung in der weiten N-Ausbuchtung der Gemarkung Daun, links der Straße von Daun nach Dockweiler, gelegen haben. Vgl. dazu TK 5706 Hillesheim, 5707 Kelberg.

III. 1721 wird in der Landaufnahme des Gebietes von Rengen diese Flur als *Kolbenrather Hofwiese* bezeichnet. Den *Kolbenrather Hof* hat man bisher immer in der Gemarkung Steinborn, NW von Daun gesucht. Offenbar hat er aber doch in der Gemarkung Rengen gelegen. Die urkundliche Überlieferung muß also auch auf diesen Hof bezogen werden.

1345: *unsern hoff den man nennet Kolbenraith by Dune mit dem huse in dem weyer.*

1421: wiederum Haus Kolbenrath und das Haus in dem Weiher genannt.

1482 erhält Wilhelm v. Manderscheid die Herrschaft Kail, und zwar aus dem Dauner Erbe unter anderem Kolverath und Binzerath.

1794 befinden sich Kolverath und Binzerath als ungeteiltes Kailisches Erbe im Besitz des Grafen v. Blankenheim.

VII. Im Hasbachtal bei Rengen befindet sich ein breiter, flacher, kreisrunder Hügel, der ringsum mit einem versumpften Wassergraben umgeben ist. Hier finden sich Asche, Holzkohle sowie Hüttenlehm. In der Umgebung des Hügels gab es früher auffallend viele kleine Hügel, sog. 'Tummen', die sich beim Planieren als Stein- und Trümmerhaufen, also als Siedlungsüberreste, erwiesen. Aus ihnen stammt sehr viel spätmittelalterliche Keramik.

Andererseits berichtet Ost a. a. O. von Rudera, die er an dem unter II. beschriebenen Ort gesehen hat und dem ausgegangenen Hof Kolbenrath zuweist. 1854 habe man dort auch ein Tonrohr einer Wasserleitung gefunden.

LITERATUR: Ost, Alterthümer Kr. Daun 115. – Die Eifel 1955, 39.


S a l m

DAU 68   I. *Friedorf.*

II. TK 5806 Daun: innerhalb der Gemarkung Salm.

VI. H. Dittmaier, Die linksrheinischen ON auf -dorf und -heim (Manuskr. Bonn 1961) 79, verzeichnet in Salm den FN *Friedorf.* Es dürfte sich um eine Dorfwüstung handeln.

Sarmersbach

DAU 69    I. *Scheid,* Hofwüstung.                                                          Abb. 15.

II. TK 5707 Kelberg: r 25 63 300; h 55 68 670. Rund 1500 m N Sarmersbach, W des Sarmers-Baches, bei H. 503,1.

III. 1143 Aug. 1: Kg. Konrad III. bestätigt die Besitzungen des Klosters Springiersbach, darunter *In loco Scheida curtem cum agris . . .* (MRUB I Nr. 532 = MRR I Nr. 2002 = MGH DD K. III. Nr. 93).
1193 Apr. 28: Kaiser Heinrich VI. bestätigt der Abtei Springiersbach ihre Besitzungen, darunter *In loco Scheida curtem cum agris, pratis . . .* (MRUB II Nr. 129 = MRR II Nr. 696 = Böhmer, Reg. Imp. IV, 3 Nr. 294). Die Lage des Hofes war bisher unbekannt. Jungandreas, Historisches Lexikon, übernimmt den Hinweis von Müller, ON Trier II 63, der Ort müsse in der Umgebung von Sarmersbach liegen. Klarheit schafft hier die Tranchot-K. NA Blatt 156 Daun von 1809, die 1500 m N Sarmersbach die Eintragung *Scheit hoff* enthält. Ein Gebäude ist jedoch nicht mehr angegeben, so daß die curtis Scheida zu Beginn des 19. Jahrh. bereits wüst war.

VIII. Von der ehemaligen Flur des Hofes Scheid sind in der Tranchot-K. noch die bachnahen Wiesen sowie Ackerland angegeben.

Saxler

DAU 70    I. *Brückerhof.*

II. TK 5807 Gillenfeld: r 25 62 660; h 55 56 700. Rund 600 m NW Saxler.

III. Hier befindet sich bis in die modernen TK der Brückerhof. Dieser Hof muß bereits vor Anf. 19. Jahrh. wüst geworden sein, denn die Tranchot-K. NA Blatt 168 Gillenfeld enthält keinen Hinweis mehr auf den Hof. Dort findet sich nur der FN *Schivel,* der die vom Brückerhof angewandte Schiffelwirtschaft widerspiegelt.

Zur Burg *Saxler* (*Sackeslar*) vgl. unter U d l e r (DAU 78).

Schalkenmehren

DAU 71    I. *Alteburg,* auch: *Alt-Dune.*                                              Abb. 16.

II. TK 5807 Gillenfeld: r 25 60 350; h 55 58 480. Rund 1200 m WSW Schalkenmehren, 4,4 km S Daun.

III. Hier lag der frühere Sitz der Dynasten von Daun, der in den Urkunden auch als Alt-Daun, Aldendune, Aldeburch, Dauner Kopp erscheint.
1341: Gilles, Herr v. Daun, errichtet auf dem Burgberg von Altdaun eine neue Burg und geht mit dem EB Balduin v. Trier einen Vertrag über die Belehnung mit dieser Burg ein.

15  Wüstungen östlich der mittleren Lieser im Kr. Daun:
    Büttelhof, Gemarkung Boxberg (DAU 9),
    Hilgerath, Gemarkung Neichen (DAU 54),
    Scheidhof, Gemarkung Sarmersbach (DAU 69).

(Ausschnitt aus der TK 1 : 25 000 Blatt 5707 Kelberg;
mit Genehmigung des Landesvermessungsamtes Rheinland-Pfalz vom 4. 4. 1973 – Az. 4062/37/73 –
vervielfältigt durch das Rheinische Landesmuseum Bonn).

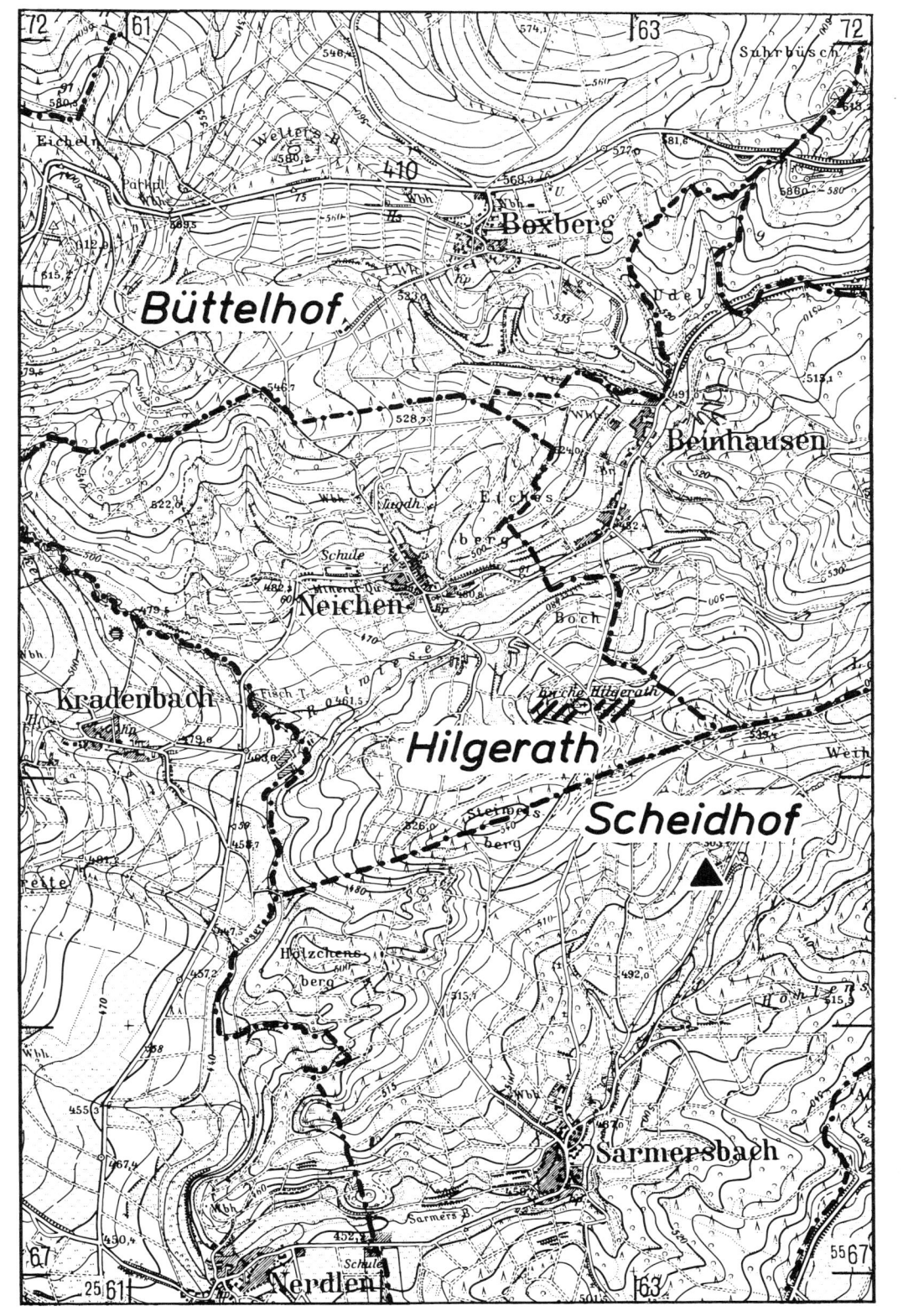

1346 wird ein zu dieser Burg gehörender Sankweiher erwähnt, den der EB v. Trier, Otto v. Ziegenhain, wiederherstellen ließ (Lamprecht, DWL III 496). Weiterhin gehörte dazu der Gutshof oder das Gehöft Sankweiher mit Teichen, das etwa eine Viertelstunde O der Alteburg in der Gemarkung Udler lag (DAU 80).
1354 nimmt ein Teilungsvertrag der Herren v. Daun auf diese Anlage Bezug. Genannt werden zwei Türme, ein Tor und das Haus drüber sowie eine Brücke, die zur Burg führte.
1341 schließt Schylz, Herr v. Daun, mit dem EB v. Trier einen Vertrag ab *wegen des Hauses, das er bauen soll auf dem Berge bei Daun, genannt Altendune.* Dieser Herr v. Daun bekennt sich als Lehnsmann des EB v. Trier; seine Burg, Alteburg, erscheint 1353 als Offenhaus des EB v. Trier.
1421: Manderscheidische Güterteilung: Dietrich v. Manderscheid erhält unter anderem *Aldendune, die Aldeburch, ein Teil zu Dune nebst Zubehör.* Nach dieser Formulierung darf angenommen werden, daß zu Füßen der Alteburg eine Burgsiedlung namens Aldendune gelegen hat.
1472: Dietrich v. Manderscheid und seine beiden Söhne vergleichen sich mit EB Johann v. Trier: *Was die Alteburg anbetrifft, gebühret dem Erzbischofe der Theil nebst Zubehör, welcher seinen Vorfahren von den Herren von Daun verkauft wurde.* Im Zusammenhang damit soll der EB auch die zugehörigen Sankweiher erhalten, die etwa 1–2 km OSO der Alteburg (TK 5807 Gillenfeld: r 25 62 160; h 55 57 400) lagen, und zwar auf der Gemarkungsgrenze zwischen Schalkenmehren und Udler.
IV. Nach der Sage soll die Alteburg ein altes Raubritterschloß gewesen sein. Auch geht die Meinung dahin, die Alteburg, die Burg auf dem Nerother Kopf (DAU 58) und die auf dem Schützer Kopf bildeten ein Dreieck und seien gleich weit voneinander entfernt. Die drei Burgen hätten als Signalstation gedient. Es gehe auch ein unterirdischer Gang von der Alteburg zum Nerother Kopf.
VII. Die Burgstelle ist heute modern überbaut, aber noch im 19. Jahrh. müssen Reste davon im Gelände sichtbar gewesen sein. Mitte des 19. Jahrh. stand dort noch die Ruine eines festen Hauses von 35 x 13 Schritt lichter Weite. Weiter nach W soll ein weiterer Bau gestanden haben. 1914 waren die Reste eines flachen Grabens noch vorhanden. Bei der Errichtung moderner Bauten sollen die Reste eines Tores gefunden worden sein. (Alle Angaben nach Clemen, KDM Kr. Daun 52 f.). Die Burganlage besitzt als Vorgängeranlage der Burg von Daun und damit als früher Sitz der Herren v. Daun besondere Bedeutung für die Siedlungsentwicklung im Gebiet von Daun. Dabei ergibt sich die Frage, ob nicht auch zu Füßen dieser Burg eine Burgsiedlung bestanden hat.
1222 nennt der Exabt Caesarius in seinen Anmerkungen zum Güterverzeichnis der Abtei Prüm . . .*duas villas iuxta dune castrum* . . . (MRUB I Nr. 135 S. 159 Anm. 2). Im Teilungsvertrag von 1421 ist von Aldendune die Rede, das man wohl als Siedlung auffassen darf. Anzeichen für eine Siedlung an der Alteburg haben sich im Gelände bisher nicht feststellen lassen.

LITERATUR: Schannat-Bärsch, Eifl. Ill. III 2,13. – Ost, Alterthümer Kr. Daun 83 und 87.


DAU 72  I. *Weinfeld.*                                   Abb. 16; Tafel 23 und 24,1.
II. TK 5807 Gillenfeld: r 25 61 205; h 55 60 590 und weiter nach NW bis zur Weinfelder Kirche, am NO-Rand des Weinfelder Maares.
III. 1044 Juli 25: König Heinrich III. stattet seine Gattin mit der Abtei St. Maximin zu Trier aus und schenkt dieser neue Besitzungen. Unter den alten Besitzungen: *has ecclesias cum uillis* . . . *Winuelde* (MRUB I Nr. 321 – Urkunde unecht, vgl. MGH DD H. III. Nr. 392).

1066 Juli 13: König Heinrich IV. stattet seine Gemahlin mit der Abtei St. Maximin aus und bestätigt deren Besitzungen, darunter *Winueldun* (MRUB I Nr. 364. – MGH DD H. IV. Nr. 181 – Urkunde unecht).
Um 1300: Liber Valoris: *Winevelt* (Oediger, LV 43).
14. Jahrh.: *Winevelt* (Müller, ON Trier II 44).
1482 bezog Graf Wilhelm v. Manderscheid den Zehnten aus *Wynfeld*.
1512: *Wynfeld* (Müller, ON Trier II 44).
1562 verläßt der Pfarrer von Schalkenmehren sein Haus in Weinfeld und geht zum ersten Male hinunter in den neuen Pfarrort (*descendit primo*; vgl. Clemen, KDM Kr. Daun 258). Zu dieser Zeit war das Dorf Weinfeld bereits wüst, nur der Pfarrer war allein noch längere Zeit in dem alten Ort verblieben.
IV. Nach dem Volksmund spuken um das Weinfelder Maar, z. T. auch Totenmaar genannt, die Geister der Toten von Weinfeld. So mancher will sie in nebligen Nächten schon gesehen haben. – Noch heute bestattet die Gemeinde Schalkenmehren auf dem Weinfelder Friedhof.
V. Die angeblich 1044 erstmalig genannte Kirche von Weinfeld hat Martinspatrozinium. Sie wird als Mittelpunkt eines sehr alten Taufkirchenbezirkes angesehen, von dem alle umliegenden Pfarreien abstammen. Die Kirche steht auf einem römerzeitlichen Siedlungsbezirk. Sie blieb bis heute Wallfahrtskirche. Zum Baubestand vgl. Clemen, KDM Kr. Daun 257 ff.
VII. Weinfeld lag O der heutigen Straße Daun – Schalkenmehren. Hier zeichnen sich die Äcker durch unruhiges Geländerelief mit vielen kleinen Podesten und Kuhlen aus. Ein Feldkreuz kennzeichnet die ehemalige Ortsmitte. Von diesem Kreuz 300 m nach NO gemessen, befindet sich ein sehr deutlich in Erscheinung tretendes Hauspodest von ovaler Form und etwa 20 x 35 m. In dem abgeernteten Kleeakker fanden sich hier ungewöhnlich viele behauene Steine, Dachziegel sowie Gefäßscherben des 13.–16. Jahrh. Wahrscheinlich handelt es sich um den Standort des Pfarrhauses von Weinfeld. Es liegt auf beherrschender Höhe.
Allerdings ist die etwa 40 Morgen umfassende Fläche des Dorfes Weinfeld bereits im 19. Jahrh. durch Nachgrabungen stark gestört worden. Ost, Alterthümer Kr. Daun 283–286, berichtet, daß zu seiner Zeit (1854) noch Mauerreste der Gebäude sichtbar gewesen seien, darunter die Reste eines großen Gebäudes von 39 Schritt L. und 23 Schritt Br. Die Trümmer seien dann aber ausgerodet worden. Bei Grabungen habe man Funde aus Metall, so aus Blei, Kupfer und Zinn gemacht. Man fand weiter Pfeile, Münzen, Ziegelscherben und Geräte. 1851 sei ein Kellergewölbe aufgedeckt worden, in welchem man Münzen fand. Offenbar lag das mittelalterliche Dorf in einem römischen Siedlungsbezirk, denn die Münzen setzten sich aus Prägungen von Tetricus, Victorinus und Crispina Augusta zusammen.
VIII. Fossile Reste der Flur von Weinfeld sind nur in sehr geringem Umfang erhalten geblieben. Zunächst fällt auf, daß die Flur Weinfeld, in der von Schalkenmehren aufgegangen, dennoch als rundliche Erweiterung der Schalkenmehrener Flur erkennbar ist. Fossile Äcker unter Gebüschbewuchs zeigen sich in Form langstreifiger Terrassenäcker am W- und SW-Ufer des Weinfelder Maares. Sie bilden aber nur einen kleinen Bruchteil der alten Weinfelder Flur.
LITERATUR: Eifelkalender 1951, 114 f.; 1954, 107–110. – Die Eifel 1957, 41 f. – Clemen, KDM Kr. Daun 257 ff. – F. J. Heyen, Historische Stätten Deutschlands Bd. 5: Rheinland-Pfalz und Saarland (2. Aufl. 1965) 398. – Ost, Alterthümer Kr. Daun 283–286.

Strohn

DAU 73   I. *Reichelhausen*.   Abb. 14.
II. TK 5807 Gillenfeld: r 25 65 200–700; h 55 52 600–53 200. W Strohn.

III. 1810/11 enthält die Tranchot-K. NA Blatt 168 Gillenfeld W Strohn, innerhalb eines Wiesengeländes den FN *Reichelhausen.* Er streckt sich S parallel zur Gemarkungsgrenze Strohn-Gillenfeld und liegt auf der Tranchot-K. ausschließlich innerhalb der Gemarkung Strohn. Das schließt aber nicht aus, daß auch Teile der angrenzenden Gemarkung Gillenfeld noch diesen FN kennen, so Flur 12, wo es ebenfalls *Reichelhausen* heißt.

DAU 74  I. *Druiesberg,* auch: *Trautzberg.*
II. TK 5807 Gillenfeld: in Strohn hinter dem alten Hofgarten, in der Flur *auf Höst.*
VII. Hier sah man um die Mitte des 19. Jahrh. noch Trümmer und Ziegelstücke eines alten Gebäudes im Acker. Einen zugehörigen Hofbrunnen hat man in der Nähe noch gefunden.
1193 soll das Kloster Springiersbach in Strohn einen Hof namens *Druiesberg* besessen haben. Der Name könnte sich als Trautzberg erhalten haben.
LITERATUR: Ost, Alterthümer Kr. Daun 259.

### Steinborn

DAU 75  I. *Binzerath,* Wüstung?
II. TK 5706 Hillesheim: wahrscheinlich in der Gemarkung Steinborn.
III. 1482: Graf Wilhelm v. Manderscheid erhält die Herrschaft Kail und aus dem Dauner Erbe unter anderem *Kolverath* und *Binzerath.*
1488 erscheint im Kailischen Rentenregister der Wald *Binzert* mit den Distrikten: *die buschen Scheytchen, Syttert, Byncert und das Holtzgen.* Ende 18. Jahrh. wird Binzerath nach Hochwald genannt.
Um 1800 befinden sich Kolverath und Binzerath als Bestandteile des ungeteilten Kailischen Erbes in der Hand der Grafen v. Blankenheim.
LITERATUR: Die Eifel 1955, 39.
Zum Hof Kolbenrath vgl. DAU 67 unter Rengen. Nach Müller, ON Trier II 60, ist Kolbenrath ein wüster Hof in der Gemarkung Steinborn. Nach einem 1721 belegten Flurnamen soll er möglicherweise aber auch in der Gemarkung Rengen gestanden haben.

### Steiningen

DAU 76  I. *Allscheid.*
II. TK 5807 Gillenfeld: r 25 64 600; h 55 62 280. W des Alf-Baches, rund 1100 m NW Steiningen.
III. 1810/11: Die Tranchot-K. NA Blatt 156 Daun enthält ein einzeiliges Straßendorf namens *Alscheit,* W von Alf-Bach und Weg. Der Ort hatte damals 8 Häuser. Um die Mitte des 19. Jahrh. war er auf 21 Häuser oder Höfe angewachsen.

16  Wüstungen in der Gemarkung Schalkenmehren (DAU): Die Dorfwüstung Weinfeld (DAU 72) ▶
und die Burgwüstung Alt-Dune (DAU 71).

(Ausschnitt aus der TK 1 : 25 000 Blatt 5807;
mit Genehmigung des Landesvermessungsamtes Rheinland-Pfalz vom 2. 10. 1973 – Az. 4062/317/73 –
vervielfältigt durch das Rheinische Landesmuseum Bonn).

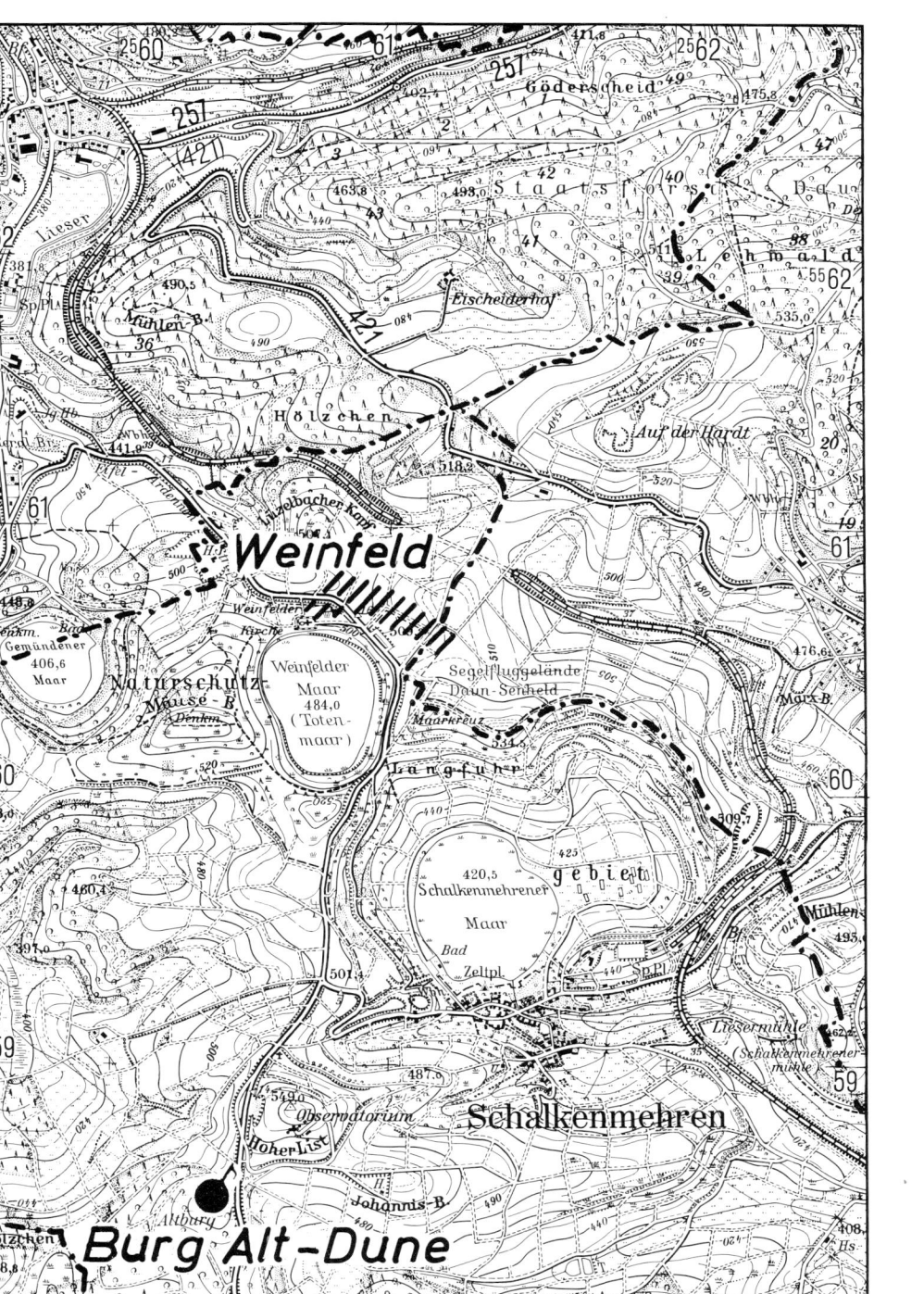

1852 verkauften die Bewohner von Allscheid geschlossen ihre 21 Anwesen für 21 000 Thaler an die Gemeinde Steiningen. Ihren Anteil an den Gemeindegütern veräußerten sie für 3000 Thaler ebenfalls an Steiningen. Dann wanderten sie geschlossen nach Amerika aus.

1854 erlaubte die Regierung den Abbruch der Häuser. Aus dem Gelände wurde Akkerland gemacht.

V. Laut Vertrag sollte die Kapelle von Allscheid erhalten werden. Ihre Glocke war bereits 1821 nach Steiningen gekommen. Die Kapelle war 11 Schritt lang und 5 Schritt breit. Sie wurde aber doch abgebrochen. Heute steht an ihrer Stelle ein Wegkreuz.

LITERATUR: Ost, Alterthümer Kr. Daun 82. – Die Eifel 1950, 19; 1961, 196 f. – Eifelkalender 1940, 65; 1955, 93.

## Tettscheid

DAU 77   I. *Geisenbrunner Mühle.*

II. TK 5806 Daun: innerhalb der Gemarkung Tettscheid, an der Lieser.

III. Hier hat die sog. Geisenbrunner Mühle bestanden, die 1886 abgebrannt ist und dann nicht wieder aufgebaut wurde. Der Sage nach lag kein Glück auf dieser Mühle, weil sie aus den Trümmern der Geisenburg errichtet wurde. In stürmischen Herbstnächten sollen die Raubritter von dieser Burg in deren Trümmern noch nach Schätzen graben.

Es ist nicht ausgeschlossen, daß diese Mühle mit einer der unter DAU 11 verzeichneten identisch ist.

LITERATUR: Die Eifel 1955, 106.

## Udler

DAU 78   I. *Sackeslar,* Burg, auch: *Saxler.*

II. TK 5807 Gillenfeld: am Alf-Bach zwischen Saxler und Udler.

III. 1235: Ritter *Albero v. Sacslar* Zeuge in einer Urkunde für das Kloster Himmerod.

1286: *Burg Sackeslar* mit einem Fischweiher genannt.

1356 kauft EB Boemund v. Trier die halbe Herrschaft *Sacler* mit dem Weiher *Saxler.*

1362 kauft der EB die 2. Hälfte des Weihers Saxler mit der zugehörigen Mühle. Die Fischweiher haben in der Flur *Torewiese,* heute *Dörrewiese,* unterhalb Saxler an der Alf gelegen.

VII. Burg Sackeslar kann nur eine Niederungsburg im Tal der Alf gewesen sein. Ihre Lage ist bislang noch immer unbekannt.

LITERATUR: Die Eifel 1950, 37.

DAU 79   I. *Eremitage,* auch: *Zentius-(Vincentius-) Kirchlein.*

II. TK 5807 Gillenfeld: am Wege von Weiersbach nach Schalkenmehren.

VII. Hier begegnete man um die Mitte des 19. Jahrh. noch den Trümmern und Steinhaufen, die von einem kleinen Kirchlein übrig waren. Es handelt sich um das sog. Zentius- oder Vincentius-Kirchlein, nach dem der Ort noch heute seinen Namen führt. Das Kirchlein war von Eremiten erbaut worden, die daneben auch ein Wohngebäude errichtet hatten. Die Felder in diesem Bezirk gehören der Pfarrkirche zu Üdersdorf.

LITERATUR: Ost, Alterthümer Kr. Daun 276.

DAU 80 I. *Sankweiher,* Hofwüstung.

II. TK 5807 Gillenfeld: r 25 62 200; h 55 57 400. Rund 1500 m NNW Udler, auf der Gemarkungsgrenze Udler – Schalkenmehren.

III. In der Gemarkung Udler gab es neben der Burg Sackeslar noch eine weitere Hofanlage, das Gehöft mit einem festen Haus Sankweiher. Hier befanden sich auch mehrere Fischweiher.

1472 war Sankweiher ein zur Burg Alt-Dune (DAU 71) gehörendes Hofgut.

LITERATUR: Die Eifel 1950, 37. – Ost, Alterthümer Kr. Daun 276.

Üdersdorf

DAU 81 I. *Langscheid,* Hof oder Weiler.

II. TK 5806 Daun: r 25 57 350–900; h 55 84 800. Rund 3 km S Üdersdorf, in einer weiten Südausbuchtung der Gemarkung.

III. 1157: EB Hillin v. Trier bestätigt dem Kloster Himmerod seine Besitzungen, darunter auch: . . .*quam de pluribus de Langescheit* . . . (MRUB I Nr. 603). Langescheit in dieser Urkunde wird im allgemeinen mit Landscheid, Kr. Wittlich, erklärt. Die damit unterstellte Verschreibung ist aber unwahrscheinlich, denn sie müßte sich dann in zahlreichen Urkunden Himmerods wiederholt haben.

1293 Jan. 5: EB Boemund v. Trier bestätigt dem Kloster Himmerod seine Besitzungen, unter diesen auch Langscheit (MRR IV Nr. 2114).

VIII. Als weit nach S ausgreifende Ausbuchtung der Gemarkung Üdersdorf zeichnet sich hier deutlich die Gemarkung eines ausgegangenen Hofes oder aus wenigen Höfen bestehenden Weilers ab. Das betreffende Areal heißt Langscheid, und dies dürfte auch der Name der ausgegangenen Siedlung sein.

Üxheim-Ahütte

DAU 82 I. *Dreimühlen,* Burgwüstung.

II. TK 5606 Dollendorf: r 25 54 700; h 55 77 030. Etwa 1700 m SSO Üxheim, auf der Höhe W des Ah-Baches.

III. Anf. 13. Jahrh.: PN *Balduinus de Drinmuleim* als Lehnsmann der Abtei St. Maximin zu Trier (MRUB I Anhang Nr. 16, Güterverzeichnis der Abtei St. Maximin, S. 471).

1218: *Domina Oda de Dremmulen* (MRUB III Nr. 90).

1274: *Herren von Drimmolen* (MRR IV Nr. 81).

1282 Mai 1: Gerhard, Herr von Blankenheim, verpfändet seinem Verwandten, dem Edelknecht *Leonius von Drumolen,* die Feste *Drumolen* (MRR IV Nr. 929).

1287: PN *Balduin von Drummolen.*

1297: PN *Rike Balduin von Dreimuelen* und sein Sohn *Balduin.*

1303: *das feste Haus Drimolen* (Müller, ON Trier II 57).

1343 befindet sich die Burg im Besitz Bernhards von der Lippe und Gerhards v. Blankenheim. Weitere Nennungen der Burg oder der Familie Dreimühlen 1350, 1431, 1468, 1473, 1540.

1647 wird nach Erbstreitigkeiten der Herzog v. Arenberg Besitzer der Herrschaft Kerpen. In der Ruine der Burg Dreimühlen wird die Wohnung für einen Jäger des Herzogs eingerichtet.
1680 zeigt Dankers' Karte *Drymoln*.
1807 wird Dreimühlen von den Franzosen versteigert.
1825 wird das herzoglich-arenbergische Forsthaus abgebrochen.
1809/10 zeigt die Tranchot-K. NA Blatt 143 Nohn die Ruine *Treymühl*, S davon den Waldnamen *Treymülnerbusch*.
VII. Von der Burgruine sind heute noch geringe Reste im Gelände erkennbar.
LITERATUR: Die Eifel 1952, 131; 1958, 95.

DAU 83   I. *Neublankenheim*, Burgwüstung.
II. TK 5606 Dollendorf: r 25 55 110; h 55 80 450. 2000 m NNO Üxheim auf der Höhe, W des Ah-Baches.
III. 1330 errichtet Graf Gerhard V. v. Blankenheim die Burg Neu-Blankenheim.
1331 wird ein Kaplan auf der Burg erwähnt.
1341 gibt Markgraf Wilhelm v. Jülich die Burg dem Grafen Gerhard V. v. Blankenheim zum Erblehen.
1350 erhält Johann v. Blankenheim als Erbe die Burg.
1680 zeigt Dankers' Karte *New Blankenheim*.
Um 1750 enthält Lotters Karte *New Blankenheim*.
1808/09 zeigt die Tranchot-K. NA Blatt 143 Nohn *Neublanckenheim* ohne Angabe eines Gebäudes.
VII. Im Gelände sind unter Wald noch aufgehende Mauerreste und Teile der Türme der Burg vorhanden.
LITERATUR: Die Eifel 1952, 131. – Clemen, KDM Kr. Daun 248–252. – Ost, Alterthümer Kr. Daun 82.

Utzerath

DAU 84   I. *Robeshof*.
II. TK 5707 Kelberg: ungefähr r 25 66 450; h 55 66 450. Etwa 850 m NNW Utzerath, am NW-Hang des Hommerich.
III. Hier bestand einst der Robeshof, ein kurfürstlich-trierisches Lehen.
1795 kam der Hof mit 150 Morgen Landbesitz zur Versteigerung.
LITERATUR: Die Eifel 1959, 151.

Wallenborn

DAU 85   I. *Sannsweiler*, Wüstung?
II. TK 5806 Daun: innerhalb der Gemarkung Wallenborn.
VI. H. Dittmaier, Die linksrheinischen ON auf -dorf und -heim (Manuskr. Bonn 1961) verzeichnet hier den FN Sannsweiler. Möglicherweise handelt es sich um eine Wüstung.

## Walsdorf

**DAU 86**  I. *Orendorf.*

II. TK 5706 Hillesheim: r 25 51 145; h 55 71 330. Etwa 500 m SO Walsdorf, auf dem Oren-Berg.

III. 1254: PN *Wirich v. Urindorp* (MRR III Nr. 1158).
1264: PN *Odo v. Ordorf* (MRR III Nr. 2010).
1291: *Horensdorf* (Jungandreas, Historisches Lexikon 538).
1385: Uirendorff (Inv. Westf. I 892).
(Alle Angaben nach H. Dittmaier, Die linksrheinischen ON auf -dorf und -heim [Manuskr. Bonn 1961] 61).
Die Identität von Orendorf ist nicht ganz klar. Wie N. Kyll, Rheinische Vjbll. 26/27, 1961/62, 227, ausführt, ist in der Taxa Generalis von etwa 1330 *Dudeldorf sive Ordorf* belegt (Trierisches Archiv 8, 1905, 13).
1226: *Ordorf sive Dudillendorf superior* (MRUB III Nrn. 278 und 278a).
Zu Ordorf vgl. ferner: Vannérus, Jahrb. d. luxemburgischen Sprachgesellschaft 1930, 57; 1933, 117.
Demnach kann nicht ausgeschlossen werden, daß Ordorf identisch mit Dudeldorf im Kreis Bitburg ist, vorausgesetzt, es gibt nicht um Walsdorf, Kr. Daun, noch einen weiteren Ort dieses Namens.

VII. Orendorf hat angeblich SO von Walsdorf auf dem Orenberg gelegen. Die Tranchot-K. NA Blatt 155 Dockweiler zeigt 1809 hier den *Ourrenberg*. Nach SW begrenzt diesen Berg gegen die dortigen Wasserläufe eine scharf ausgeprägte Geländeterrasse. Orendorf lag dann auf der Höhe des Berges in einem verhältnismäßig ebenen Gebiet.

**DAU 87**  I. *Dal.*

II. TK 5706 Hillesheim: am Arnulfesberg bei Walsdorf.

IV. Der Sage nach soll auf dem Arnulfesberg einst eine Stadt gestanden haben. Da hat man Geld gefunden. Daß auf dem Arnulfesberg eine Stadt gestanden hat, ist schon lange zurück. Später waren es drei Dörfer. Ornesdorf und Dal sind ausgestorben. Da findet man noch ständig Fundamente. Ein Wünschelrutengänger hat einen Friedhof mit Massengräbern gefunden (Zender, Westeifel Nr. 92).

**DAU 88**  I. *Spiegelberg,* auch: *Arnolfesberc,* Burgwüstung.

II. TK 5706 Hillesheim: r 25 52 150; h 55 72 730. Rund 1900 m NO Walsdorf, auf einem Basaltkegel.

III. 1023 Nov. 30: Kaiser Heinrich II. erhält von der Abtei St. Maximin 6656 Hufen und belehnt damit den Herzog Heinrich v. Bayern. Unter diesen Gütern befindet sich auch: *Arnolfesberc.* Die Urkunde ist längst als Fälschung erkannt (MRUB I Nr. 300 = MRR I Nr. 1226 = MGH DD H. II. Nr. 500; vgl. auch Wisplinghoff, St. Maximin 153 f.).
1023 Dez. 10: Bestätigung der oben gen. Urkunde durch Heinrich II.: *Arnolfesberc.* Auch diese Urkunde ist eine Fälschung (MGH DD H. II. Nr. 502; vgl. Wisplinghoff, St. Maximin 153 f. mit der älteren Literatur).
1026 Jan. 11: König Konrad II. bestätigt der Abtei St. Maximin zu Trier die verbliebenen Güter, unter denen sich auch *Arnolfesberch* befindet (MRUB I Nr. 301 = MRR I Nr. 1236 = MGH DD K. II. Nr. 48).
1182 Mai 31: *Arnolfesberc* (MRUB II Nr. 52 = MRR II Nr. 478).
1259: PN *Walther v. Spiegelberg;* weitere PN v. Spiegelberg 1262, 1266, 1302, 1307 (Clemen, KDM Kr. Daun 255).
1328: ein Berg, genannt *Spegelberch, in der Eifel gelegen* (Schannat-Bärsch, Eifl. Ill. I,2, 1073).

1587 gibt es einen Pastor auf St. Arnolfesberg oder Spiegelberg (KDM Kr. Daun 255).

1680: Karte von Dankers zeigt *Arensberg* noch als bestehende Anlage, ebenso die Karte von Lotter um 1750.

1809/10 zeigt die Tranchot-K. NA Blatt 143 Nohn die Eintragung *Arensberg* mit einem einzigen Gebäude auf dem Burgberg.

VII. Auf dem Burgberg Arnsberg wurde eine Fülle von mittelalterlichen Mörtelmauern festgestellt. Keramik des 14./15. Jahrh. war quantitativ am meisten vertreten. Vom Burgberg stammt auch eine Münze Karls des Kühnen v. Burgund. 1927 fanden Grabungen auf der Burg statt, die den Turm sowie eine Reihe weiterer Räumlichkeiten zutage förderten.

VIII. Am Fuß des Burgberges, eines Basaltkegels, finden sich zahlreiche isohypsenparallele Terrassenäcker, die alte zugehörige Feldflur zur Siedlung Arensberg.

LITERATUR: Clemen, KDM Kr. Daun 255. – Jungandreas, Historisches Lexikon 29. – Wisplinghoff, St. Maximin 102.

DAU 89
I. Kirche auf dem *Arnsberg*.

II. TK 5706 Hillesheim: r 25 52 150; h 55 72 730. Auf halber Höhe am Arnsberg gelegen.

III. Hier lag eine Kirche, die aus einem nach O sich verjüngenden Schiff mit Chor und im W vorgesetztem schwerem Turm besteht.

1023 hatte die Abtei St. Maximin zu Trier Gutsbesitz zu Arnolfesberc (zu dieser Besitzung vgl. DAU 88).

1182 und Anf. 13. Jahrh. hatte die Abtei das Patronatsrecht der Kirche zu Arnolfsberg. Zu dieser Zeit muß die genannte Kirche also bereits bestanden haben. Bis 1498 erscheinen mehrere Pfarrer der Kirche.

1822 wurde die Kirche abgerissen und in Walsdorf eine neue errichtet.

Die Tranchot-K. NA Blatt 143 Nohn von 1809/10 enthält keinen Hinweis auf die Kirche.

LITERATUR: Clemen, KDM Kr. Daun 252 f. – Ost, Alterthümer Kr. Daun 286.

Weidenbach

DAU 90
I. *Hillscheid*.

II. TK 5806 Daun: im Distrikt Hillscheid, W von Weidenbach.

III. 1238 nennt eine Urkunde Besitz des Hauses Manderscheid-Kerpen in *Hulscheydt*.

VII. W von Weidenbach, im Heideland, soll ein Dorf namens Hillscheid gestanden haben. Es soll etwa 40 Häuser groß gewesen sein. Auch eine Kapelle, eine Filia von Salm, soll dort gewesen sein. Um die Mitte des 19. Jahrh. wurden in dem betreffenden Distrikt noch viele Mauerreste und Trümmer beobachtet.

VIII. Nach dem Untergang des Dorfes wurde seine Flur der von Weidenbach zugeschlagen. Sie heißt noch bis heute *Hillscheider Land*.

LITERATUR: Ost, Alterthümer Kr. Daun 279.

## Wiesbaum

**DAU 91**  I. *Jehndorf,* auch: *Gehndorf.*
II. TK 5606 Dollendorf: r 25 48 160; h 55 78 140. Rund 500 m SO Wiesbaum.
III. 1395: *Igenedorpp* (MStAK 22, 120 – Beleg: H. Dittmaier, Die linksrheinischen ON auf -dorf und -heim [Manuskr. Bonn 1961] 73).
1809/10 zeigt die Tranchot-K. NA Blatt 142 Hillesheim SO von Wiesbaum *Gendorff*. Diese Bezeichnung trägt ein dreiseitig geschlossener, nur nach NO offener, großer Hof mit darum herumliegenden Wiesen. Sicher ist dieser Hof nur als Restsiedlung eines ganzen Dorfes Jehndorf anzusehen.
LITERATUR: Ost, Alterthümer Kr. Daun 287.

**DAU 92**  I. *Turmhof.*
II. TK 5606 Dollendorf: etwa r 25 47 780; h 55 78 680. Am NO-Ausgang von Wiesbaum.
III. Seit dem 13. Jahrh. hatte das Geschlecht von Mirbach in Wiesbaum einen befestigten Hof, den es noch im 16. Jahrh. besaß. Die Flur, in der der Hof gelegen hat, heißt heute noch *Thurhof*, die Flur S des einstigen Grabens *Thurpesch*.
LITERATUR: Clemen, KDM Kr. Daun 264.

**DAU 93**  I. *Unterer Hof,* auch: *Clusen-Hof.*
II. TK 5606 Dollendorf: ungefähr r 25 47 650; h 55 78 300. Am S-Ausgang von Wiesbaum.
III. Am Südausgang des Dorfes besaß die Familie von Mirbach einen weiteren befestigten Hof, der mit niedrigem Wall und Doppelgraben befestigt war.
LITERATUR: Clemen, KDM Kr. Daun 264.

## Winkel

**DAU 94**  I. *Mühle.*
II. TK 5807 Gillenfeld: am Winkeler Bach, O Niederwinkel, also r 25 68 470; h 55 57 200 oder weiter ostwärts.
III. Hier hat eine Mühle gestanden, die 1632 durch die Schweden verbrannt wurde.
LITERATUR: Die Eifel 1951, 86.

**DAU 95**  I. *Robishof.*
II. TK 5807 Gillenfeld: etwa r 25 67 400; h 55 57 000. Beim heutigen Hof Oberwinkel.
III. Der Robishof, der hier einst gestanden hat, wurde 1632 durch die Schweden verbrannt und nicht wieder aufgebaut. Mit Wollmerath, Filz, Wagenhausen, Niederwinkel und den Höfen Oberwinkel, Waltersburg (DAU 96) und Lantzenthal gehörte dieser Hof zur Herrschaft Wollmerath.
LITERATUR: Die Eifel 1951, 86 und 1961, 201.

**DAU 96**  I. *Waltersburg,* Hofwüstung.
II. TK 5807 Gillenfeld: r 25 67 100; h 55 58 040. Rund 1000 m NNW Oberwinkel, an einer Wegespinne in der Flur *Die Waltersburg.*

III. 1300 wird der Hof erstmalig erwähnt.
1410 gehört er zur Herrschaft Wollmerath und umfaßt zwei Hofhäuser, eine Schäferwohnung sowie die Wirtschaftsgebäude.
1590–1608 ist Hofmann Mathias Lage aus Daun Besitzer des Hofes.
1612 wurde der Besitzer als Hexenmeister verbrannt.
1617 ist sein Sohn Besitzer des Hofes.
1653 ist der Hof verlassen.
1707–1710 erscheint Waltersburg im Heberegister der Herrschaft Wollmerath.
1810/11 zeigt die Tranchot-K. NA Blatt 168 Gillenfeld in einem heidebestandenen Gelände den FN *Walterburg*.

IV. Es geht die Sage, einer der Männer von Waltersburg sei der Hexerei angeklagt und verbrannt worden. Sein Haus und Hof seien daraufhin dem Verfall preisgegeben worden.

VII. Reste des festen Hofhauses und weiterer Gebäude von Waltersburg waren in der ersten Hälfte des 19. Jahrh. noch sichtbar. Noch 1838 konnte man die Umrisse sämtlicher Gebäude der Anlage an den Grundmauern verfolgen. Damals ließen die Eigentümer des Grundstückes aus Wollmerath die Mauern ausbrechen und den ganzen Platz zu Acker umgestalten. Nach Aussage eines Arbeiters, der am Abbruch beteiligt war, fand man unter anderem ein großes Wohngebäude von 69 Schritt L. und 39 Schritt Br. Seine Mauer war auf der S-Seite 4 Fuß dick. Vor dem Abräumen war die Stelle der Waltersburg mit viel Gesträuch bedeckt gewesen. Ein Brunnen lag auf der S-Seite des Wohngebäudes, etwa 100 Schritt von diesem entfernt. Auch ein Hohlweg war in der Nähe zu beobachten. Im Garten des Wohngebäudes traf man ein starkes Fundament an, welches zu einem Turm gehört haben könnte.

Beim Ausgraben der Fundamente fand man viel Keramik, darunter eine zweihenkelige Amphora, drei Eisenkeile, Eisenketten, Bohrer, Kupfergeräte, viele Ziegel. An Ziegeln und Mauern bemerkte man starke Brandspuren.

LITERATUR: Die Angaben unter VII. finden sich bei Ost, Alterthümer Kr. Daun 225. – Ferner: Die Eifel 1958, 124 und 136. – Eifelkalender 1935, 108–111.

Lage unbekannt

DAU 97   I. *Burz*, Wüstung? Im Kr. Daun?

II. Wahrscheinlich zwischen Gerolstein und Bettingen, Kr. Daun, zu suchen.

III. 720 Juni 23: Erste Schenkung der Betrada an das Kloster Prüm: *de burzis quicquid est de nostra parte totum* . . . (MRUB I Nr. 8).

Über die Identität dieses Ortes gibt es keine einhellige Meinung: nach MRUB I 780 vielleicht Portz bei Meurich im Kr. Saarburg; nach Jungandreas, Historisches Lexikon 98, Bourcy in Belgien; nach E. Ewig, Trierer Zeitschr. 21, 1952, 169 Anm. 15, zwischen Gerolstein und Bettingen, beide Kr. Daun, zu suchen, weil der zuletzt genannte Ort auch in der Gründungsurkunde von Prüm zu finden ist.

DAU 98   I. *Cunisberch*.

II. Nach Jungandreas, Historisches Lexikon 269, zwischen Kaimt und Steiningen gelegen.

III. 1193: *In Cunisberch curtem unam et molendinum unum* (MRUB II Nr. 129. – Böhmer, Reg. Imp. IV 3 Nr. 294). Der Hof war Besitz der Abtei Springiersbach.

DAU 99   I. *Guckelberg*, Hofwüstung.

II. Nach: Die Eifel 1956, 59, lag der ehemalige Hof Guckelberg im Wald Mühlscheid, S Rengen.

III. 1482 erhält Graf Wilhelm v. Manderscheid die Herrschaft Kail mit einer jährlichen Rente von 500 Gulden. Als Sicherheit für diese Rente werden Ländereien unter anderem in Guckelberg genannt.

DAU 100  I. *Gundelingen*.

II. Unsicher, ob überhaupt im Kr. Daun gelegen; nach Müller, ON Trier II 52, bei Hillesheim, Kr. Daun.

III. 1218: *septem iugera in Gundeldigen* (MRUB III Nr. 90).
Ende 15. Jahrh.: *Gundeldingen* (Lamprecht, DWL II 225).
1582: *Gundelingen* (Müller, ON Trier II 52).
LITERATUR: Jungandreas, Historisches Lexikon 475.

DAU 101  I. *Holzmühlen*.

II. Lage unbekannt, jedoch in der Westeifel.

III. 15. Jahrh.: *zo Holsmolen*, zusammen mit Wiesbaum und Gönnersdorf, beide Kr. Daun, genannt (Lamprecht, DWL I 2, 1408, zit. n. Jungandreas, Historisches Lexikon 534).

DAU 102  I. *Heiore*.

II. Lage unbekannt, jedoch wegen des unter III gen. Richard v. Manderscheid und der im Zusammenhang mit Heiore genannten Orte Müsch (AW) und Bewingen (DAU) im S Kr. Ahrweiler oder im Kr. Daun zu suchen. Vielleicht identisch mit DAU 25.

III. Anf. 13. Jahrh.: Liber Aureus von St. Maximin: *Richardus de Manderscith . . .* (wird belehnt mit) *duas partes decime in Heiore. et III mansos in eadem uilla . . .* (MRUB II S. 471. – Vgl. ferner: Jungandreas, Historisches Lexikon 502. – Wisplinghoff, St. Maximin 111).

DAU 103  I. *Hunresdorf*.

II. Unsicher, ob noch im Kr. Daun, vielleicht an der Mittelmosel.

III. 1143: *Hunresdorf*, genannt in einer Bestätigungsurkunde Konrads III. für das Kloster Springiersbach (MRUB I Nr. 532).
1193: *Hunresdorf*, genannt in einer Bestätigungsurkunde Heinrichs IV. für das Kloster Springiersbach (MRUB II Nr. 129).

DAU 104  I. *Liudesheim*.

II. Unsicher, ob überhaupt im Kr. Daun.

III. 1016: *liudesheim* (MRUB I Nr. 291).
1136: *Ludesheim* (MRUB I Nr. 488. – H. Dittmaier, Die linksrheinischen ON auf -dorf und -heim [Manuskr. Bonn 1961] 28).

DAU 105  I. *Namersdorf*.

III. 943 Juni 15: Präkarie des Abtes Farabert v. Prüm mit den Eheleuten Ramengar und Adalgard: *. . . nec non et in pago heflinse in comitatu scilicet tulpiacensi in uilla nammerestorp . . .* (MRUB I Nr. 180).
1218: *. . . octo denarios in Namersdorff et in eadem villa dedit Rodugerus pratum unum . . .* (MRUB III Nr. 90). Es handelt sich um Besitz des Klosters Niederehe im Kr. Daun. Der Ort wird trotz des Bezuges auf den comitatus tulpiacensis nicht fern von Niederehe vermutet.

LITERATUR: Jungandreas, Historisches Lexikon 577. Hier wird der Name allerdings mit Lammersdorf, Kr. Daun, identifiziert.

DAU 106   I. *Oyrgim*.
　　　　　II. Unbekannt in der Eifel, wird im Zusammenhang mit Orten des Kr. Bitburg und des Kr. Daun genannt.
　　　　　III. 1389: *myn dorff zu Oyrgim, dorff Oyrgym* (Jungandreas, Historisches Lexikon 775 mit Beleg). Danach wird der Ort in Verbindung mit Jünkerath, Hillesheim, Dahlem und Pfalzkyll genannt. Er wäre dann im N Kr. Daun oder im angrenzenden Gebiet des Kr. Bitburg zu suchen.

DAU 107   I. *Ponpenges*, Wüstung?
　　　　　II. Da zusammen mit anderen Orten des Gebietes um Daun genannt, wahrscheinlich im Kr. Daun.
　　　　　III. 943 Juni 15: *etiamque in uilla ponpenges et in uilla hillesheym* (MRUB I Nr. 180).

DAU 108   I. *Sadewilre*.
　　　　　III. 1193: *In Sadewilre curtem unam* (MRUB II Nr. 128 S. 173 = Böhmer, Reg. Imp. IV,3 Nr. 294).
　　　　　Jungandreas, Historisches Lexikon 911, scheint der Gleichsetzung mit Scheidweiler skeptisch gegenüberzustehen, die H. Dittmaier vorgenommen hat.

DAU 109   I. *Schmittbach*.
　　　　　III. 1297: Zehnte zu *Rockenkille, Smitbach* und *Birgel* (MRR IV Nr. 2651). Nach den beiden anderen Orten zu urteilen, ebenfalls im Kr. Daun.

DAU 110   I. *Schurle*.
　　　　　III. 1272: PN *Eberhard Schorlo* (MRR III Nr. 2735).
　　　　　1282: PN *Th. v. Schurle* (MRR IV Nr. 929). Letzterer ist Zeuge für Leudersdorf und Dreimühlen, beide Kr. Daun, und testiert mit zahlreichen anderen Leuten aus dem Gebiet von Daun.

DAU 111   I. *Worst*.
　　　　　III. 893/1222 als Zusatz des Caesarius unter *bacheym iuxta gundensberhc* in Anm. 4 S. 181 MRUB I: *Nobilis vir dominus de blankenheym . . . tenet etiam super kilam fluuium villas quasdam. i. e. Boppingen. pellinheym. worst.* (MRUB I Nr. 135 S. 181).

N a c h t r ä g e  zum Kreis Daun s. S. 517 f.

# Wüstungen im Kreis Ahrweiler (AW)

### Adenau

AW 1  I. *Burg Breidscheid.*
II. TK 5607 Adenau: im Ort Breidscheid.
III. Nach Clemen, KDM Kr. Ahrweiler 210 f., gab es in Breidscheid ein Burghaus mit Hof, das Stammsitz der Familie v. Breidscheid war.
13. Jahrh.: Güterverzeichnis der Abtei St. Maximin zu Trier: *Petrus de Breitsceit* als Lehnsmann der Abtei (MRUB II, Nachtrag Nr. 16, S. 471).
1324: *Gerlacus de Breitscheit*, Lehnsmann des Friedrich v. Neumagen (Lamprecht, DWL III 129 f.).
VI. An die Burg erinnern noch FN, so *auf Beilstein, auf der Klauswiese, auf Breidscheid, auf Breidscheid hinter dem Weg.* Nach KDM Kr. Ahrw. 211 soll das Burghaus vor 1452 wüst geworden sein, weil es seit dieser Zeit nicht mehr in der schriftlichen Überlieferung vorkommt. Der für die wüste Burg auch übliche Name *Neroburg* ist in der Romantik entstanden.

AW 2  I. *Franziskanerkloster.*
II. TK 5607 Adenau: r 55 65 740; h 55 83 850. Am N-Ende von Adenau, auf dem heutigen Friedhof.
III. 1642 begründeten die Franziskaner eine Niederlassung in Adenau. 1643 begann man mit dem Bau der neuen Klostergebäude an der oben erwähnten Stelle, die 1647 fertiggestellt waren.
1802 wurde das Kloster säkularisiert, 1806 versteigert, wenig später die Klosterkirche abgebrochen. Einige Klostergebäude dienten zeitweilig als Tuchfabrik. 1825 kaufte die Gemeinde die Gebäude und legte sie nieder.
1809 zeigt die Tranchot-K. NA Blatt 131 Adenau noch einen großen geschlossenen rechteckigen Gebäudekomplex, nach N noch Teile der Umfassungsmauer sowie einzelne Bauten innerhalb derselben.
LITERATUR: Clemen, KDM Kr. Ahrw. 62 ff.

AW 3  I. *Klosterhof.*
II. TK 5607 Adenau: in dem von W in Breidscheid in den Adenauerbach mündenden Tal, das zur Gippenhardt führt, dem sog. *Klostertal.*
III. In diesem Tal gab es einst den sog. Klosterhof (Die Eifel 1953, 70).

AW 4  I. *Kohlhöfchen.*
II. TK 5608 Virneburg: am SW-Hang der Hohen Acht, ungefähr
r 25 71 000–72 000; h 55 83 500–84 000.

VII. Am SW-Fuß der Hohen Acht hat ein im vergangenen Jahrhundert wüst gewordener Hof gelegen. Das betreffende Gebiet führt noch heute die FN *Höffgen* und *Kollshöffgen*. Beim Aussterben der hier ansässigen Bauernfamilie um 1830 blieb der Hof unbesetzt und verfiel langsam. Steinhaufen und alte Gemäuer sind die letzten Überreste der Anlage.

1809 zeigt die Tranchot-K. NA Blatt 132 Kempenich, daß um die Hohe Acht zu Beginn des 19. Jahrh. ein ganz anderer Landschaftszustand geherrscht hat. Im N des Berges findet sich Brachland (F = Friches), nach SW ein kleines Waldgebiet (B = Bois), daran anschließend nach SW erstrecken sich ausgedehnte Heideflächen (Br = Bruyères). Innerhalb dieser Flächen liegt ein einzelnes Gebäude, das vielleicht mit dem Kohlhöfchen identisch ist.

VIII. Bei der Begehung des Geländes stellte K. A. Seel fest, daß sich unterhalb der Kuppe der Hohen Acht zahlreiche sog. Steinrauschen erstrecken, die meistens hangparallel verlaufen. Es handelte sich um die terrassenförmig angelegte Flur des Hofes. Im Gelände ist ferner die alte Zufahrt zu dem Anwesen noch zu erkennen.

LITERATUR: Bericht v. K. A. Seel im RLMB. – F. Denzer, Die Hohe Acht. Eifelkalender 1926, 40.

AW 5    I. *Kugenheim*, auch: *Cugenheym*.
II. Genaue Lage unbekannt, wird zwischen Adenau und Kürrenberg vermutet.
III. 1276 Jan. 20: Die Burggräfin Mechtilde v. Arberg und ihr Sohn, Burggraf Johann zu Köln, schenken den Johannitern zu Adenau 30 Morgen Ackerland zu *Kucginheim* (MRR IV Nr. 254).
1276 Mai 30: *Mathias v. Cugenheym*, Zeuge in einer Urkunde, die das Kloster Himmerod betrifft (MRR IV Nr. 302).

Ahrweiler

AW 6    I. *Adenbach*.
II. TK 5408 Ahrweiler: NW vor der mittelalterlichen Stadt.
III. 893/1222: Güterverzeichnis der Abtei Prüm führt unter *aruuilre* auch *adenbahc* (MRUB I Nr. 135 S. 179).
1228: PN *Rudolfus in Adinbach*, Zeuge in einer Urkunde des Grafen Lothar v. Are und Hochstaden (MRUB III Nr. 358).
1247: PN *Henricum militem de Athenbach* (MRUB III Nr. 922).
Zwischen 1255 und 1270 errichtet Ahrweiler seine Stadtmauer. Das nach NW liegende Tor trug den Namen *Adenbachs Porten*, die zu diesem Tor führende Straße hieß *Adenbachsgasse* (vgl. KDM Kr. Ahrw. 111 Stadtplan). Ein Teil von Adenbach, darunter auch die zu dem Dörfchen gehörende Kapelle, wird in den mittelalterlichen Stadtring einbezogen, ein anderer bleibt draußen liegen. Aus dem Tal des Adenbaches bezog das mittelalterliche Ahrweiler mit Hilfe einer aus Tonrohren bestehenden Wasserleitung Frischwasser (Kleemann, Kr. Ahrweiler 78). Die Bewachung der Stadtmauer war auf die sog. *vier Huten* verteilt, also auf vier Abschnitte der Mauer, deren einer die *Adenbachhut* war.
1487: *Adenbachs Porze*.
1501: *Adenbachs Vorporzen*.
1510 wird die Mauer *an der Adenbachsporzen gemacht*.
VI. Adenbach heißt noch heute ein kleiner Bach, der von NW aus dem dortigen kleinen, direkt auf die Adenbachs Porten zulaufenden Seitentälchen der Ahr kommt. Heute kennt man hier auch noch einen Weingarten mit Namen *Rechts in der Adenbach* (Ermittlung Seels bei der Oberfinanzdirektion Koblenz). In diesem

kleinen Tal hat auch Adenbach gelegen. Auf jeden Fall kann hier wegen der Enge des Tals nur ein kleiner, weilerähnlicher Ort bestanden haben.
LITERATUR: Clemen, KDM Kr. Ahrw. 110 ff. –Kleemann, Kr. Ahrweiler 78.

AW 7  I. *Alte Mauer,* Wehranlage?
II. TK 5408 Ahrweiler: r 25 78 000; h 55 97 280. An H. 435,2, rund 4 km S Stadtmitte Ahrweiler.
III. 1809 enthält die Tranchot-K. NA Blatt 120 Kesseling hier die Eintragung 'Alten maur'. Sie ist bis in die modernen TK übernommen worden, ohne daß ihr Charakter klar wäre. Kleemann, Kr. Ahrweiler 79, vermutet hier eine vorgeschichtliche Befestigung. Aber auch ein Zusammenhang mit dem am S-Rand des Stadtwaldes von Ahrweiler nachweisbaren Landgraben, einer aus zwei Gräben und Wällen bestehenden Landwehr, ist nicht von der Hand zu weisen. Eine Klärung können nur Grabungen bringen.
LITERATUR: Kleemann, Kr. Ahrweiler 79, Fdst. 20 und 22 in Ahrweiler.

AW 8  I. *Bullingshoven,* Wüstung?
II. TK 5408 Ahrweiler: genaue Lage unbekannt, nach KDM Kr. Ahrw. 12 auf dem rechten Ufer der Ahr, unweit Ahrweiler.
III. Nach KDM Kr. Ahrw. a. a. O. soll Bullishoven 866 erstmalig genannt sein, der Beleg dazu fehlt jedoch. Der Ort soll bis 1230 noch bestanden haben.
Im 13. Jahrh. hatte die Abtei Klosterrath in *Bullingshovin* Besitzungen (Frick, Neuenahr Nr. 461). Gelegentlich wird erwogen, Bullinghoven könne mit Bölingen, Gemarkung Ringen, Kr. Ahrweiler, identisch sein (KDM Kr. Ahrw. 209). Eher wäre dagegen eine Identität mit *Bullincsheim* möglich (AW 9), wobei allerdings ein Wechsel des Grundwortes von -hoven zu -heim eingetreten sein müßte, wie im Falle von Walporzheim. Die Frage ist mit den z. Z. verfügbaren Quellen nicht abschließend zu klären.

AW 9  I. *Bullincsheim,* Wüstung?
II. TK 5408 Ahrweiler: genaue Lage unbekannt, jedoch im Gebiet um Ahrweiler.
III. 1240: EB Konrad v. Hochstaden bekundet die Schlichtung von Streitigkeiten des Klosters Marienthal mit den Leuten von *Bullincsheim* und Arnold v. Udesheim (Cardauns, AHVN 35, 1880, 12 Nr. 54). *Bullincsheim* soll weder mit Klein- noch mit Groß-Büllesheim, Kr. Euskirchen, identisch sein (Cardauns a. a. O. 63). Allerdings könnte es sich um die alte Namensform von Bölingen, Gemarkung Ringen, handeln, eines Ortes, der nur 4 km NO Marienthal lag.

AW 10  I. *Duvelshof.*
II. TK 5408 Ahrweiler: dürfte in unmittelbarer Nähe von Ahrweiler gelegen haben.
III. 1298: Wingerte des *Heinrich Duvelshover* (MRR IV Nr. 2727).

AW 11  I. *Enterder Hof,* auch: *Nentert, Nenterode.*
II. TK 5408 Ahrweiler: r 25 75 400; h 55 96 860. An der S Gemarkungsgrenze von Ahrweiler gegen Staffel, rund 5 km SW Ahrweiler gelegen.
III. 1106: *Naenthrode* (MRR I Nr. 1599). Der Ort wird hier mit zahlreichen anderen Siedlungen des Gebietes um Ahrweiler genannt.
1108 Dez. 13: Übergabe der Fundationsgüter durch Graf Albert v. Saffenberg an das Kloster Klosterrath bei Aachen; darunter befindet sich auch *Nemerode* (MRR I Nr. 1621).
1140 Aug. 28: Bestätigung der Güter des Klosters Marienthal durch EB Arnold v. Köln; unter diesen befindet sich auch *Nentrothe* (MRR I Nr. 1972).

1809 zeigt die Tranchot-K. NA Blatt 120 Kesseling an der Südgrenze der Stadtgemarkung Ahrweiler den *Enterder Hoff ruinée* mit den Resten zweier nebeneinander liegender Gehöfte. Es sind ein Hakenhof und ein aus zwei kleinen Gebäuden bestehender Hof W davon. Nach W und SW schließt sich altes Ackerland an, nach NW Weiden und Heideland.

VII. H. Dittmaier berichtet von Funden mittelalterlicher Keramik, die im Gebiet der Wüstung gemacht wurden. Es handelt sich unter anderem um Gefäße mit dem charakteristischen Wellenfuß. Außerdem fand man noch zwei zur Siedlung gehörende Brunnen. In der Nähe der Hofstelle befindet sich ein römerzeitliches Gräberfeld, doch ist der Enterder Hof keine Fehlinterpretation römischer Siedlungsreste als mittelalterliche Wüstung.

LITERATUR: Kleemann, Kr. Ahrweiler 112 und mündliche Mitteilung.

AW 12   I. *Gerintzhofen*, auch: *Gierenzheim, Geroldeshofen*.
II. TK 5408 Ahrweiler: etwa r 25 77 320–800; h 56 00 700–950. Lag auf der rechten Ahrseite vor dem Ahrtor der Stadt Ahrweiler, und zwar zu Füßen des Kalvarienberges. Nicht identisch mit Giesenhoven (AW 13).
III. 886 Febr. 26: Gütertausch der Abtei Prüm mit dem Hartmann: *et in pago aroense in geroldeshoua aripenne I. . . . et in aroense ad gygenhoua id est ad uuillioluesdielin aripennes V. . . . in pago aroense ad gysenhouon . . .* (MRUB I Nr. 120 = MRR I Nr. 747). – Zu dieser Urkunde vgl. Lamprecht, DWL I 1, 409; E. Ewig, Trier im Merowingerreich 306 f. mit Anm. 32.
1223: PN *Otto de Geroldhoven* (MRUB III Nr. 218).
1247 Dez. 18: Abt und Convent des Klosters Steinfeld schließen mit dem Ritter Heinrich zu Adenbach einen Vergleich bezüglich bestimmter Leistungen von Pachtgütern des Klosters: *. . . De quodam etiam novali sito retro Geroldesberge . . . Tam pensio autem quam census predicti in festo S. Remigii annuatim a curia ecclesie Steinveldensis in Geroldeshoven pariter requirentur . . .* In der Zeugenliste: PN *Theodericus Estas de Gisenhoven miles* (MRUB III Nr. 922).
1380/1400: Hebebuch von Ahrweiler: *Gierenzheim*. Es handelt sich um das ehemalige Gerintzhofen (Federle, Rheinische Vjbll. 13, 1948, 219).
1397: PN *Lodewich van Gilressoven* (AHVN 55, 1892, 232).
1620 rücken spanische Truppen nach Gierenzheim ein.
1632 und 1634 sind wiederholt Schweden in Gierenzheim.
1646 soll Gerintzhofen aufgegeben worden sein.
1650 wird berichtet, *daß vor vielen Jahren das Dorf Giesenhofen ganz und zumal untergegangen; desgleichen noch innerhalb 20 Jahren bei diesem kontinuierlichen Kriegswesen das Dörfchen Gierntzheim nächst vor der Stadt über der Ahr beim Berge oder Kloster Kalvarien gelegen, so von 24 Häusern gewesen, auch ganz ruiniert und die Inwohner ihre Häuser abbrechen und sich in die Stadt unterschleifen müssen* (Federle, Heimatkal. Ahrweiler 1936, 53–57).
VI. Auf die Wüstung deuten noch heute die Bezeichnungen *Gierenzheimer Weg* und *Gierenzheimer Rech* in Ahrweiler hin (Federle, Rheinische Vjbll. 13, 1948, 219).
VII. Das Gelände zu Füßen des Kalvarienberges, auf dem Gierenzheim gelegen hat, blieb bis zum Beginn des 19. Jahrh. unbebaut liegen. Inzwischen aber wurde es mit Neubauten aufgesiedelt, so daß keine Geländebeobachtungen mehr möglich sind. Offenbar stammen mittelalterliche Mauerreste und mittelalterliche Keramik, die 1959 beim Bau von drei Häusern auf dem Gelände der Wüstung gefunden wurden, von Gerintzhofen. Auch bei den Ausschachtungsarbeiten eines Altersheimes in der Ramersbacher Straße wurden mittelalterliche Keramik und Brandreste der Wüstung entdeckt.

LITERATUR: Kleemann, Kr. Ahrweiler S. 78, Fdst. 16.

AW 13　　I. *Giesenhoven,* auch: *Gissenhoven* oder *Girshofen.*

II. TK 5408 Ahrweiler: W vor der mittelalterlichen Stadt Ahrweiler, vor dem Obertor, das früher auch Giesemer Tor hieß. Im Mündungsgebiet des Giesemer Baches. Nicht identisch mit Gerintzhofen (AW 12).

III. 856 Juni 28: König Lothar verleiht dem Otbert Güter in den Grafschaften Zülpich und Bonn, unter diesen *curtem et terram dominicatam et inter duos piscenheim et gisonhoua super fluuium ara . . .* (MRUB I Nr. 93 = MRR I Nr. 608. – Vgl. zu dieser Urkunde Lamprecht, DWL I 1, 568 und Federle, Rheinische Vjbll. 13, 1948, 220. – MGH DD Loth. II. Nr. 5).

886 Febr. 26: Gütertausch der Abtei Prüm mit dem Hartmann: *et in pago aroense ad gygenhoua id est ad uuillioluesdielin aripennes V . . . in pago aroense ad gysenhouon . . .* (MRUB I Nr. 120 = MRR I Nr. 747. – Zu dieser Urkunde vgl. Lamprecht, DWL I 1, 409; ferner: E. Ewig, Trier im Merowingerreich 306 f. mit Anm. 32).

1106: Embrico, Ministerial des Grafen v. Saffenberg, übergibt dem Kloster Klosterrath unter anderem den Hof *Gyssenhoven* bei Ahrweiler mit Äckern und Wingerten, mit dem achten Teil Hafer, welchen die Bewohner der Herrschaft für die Waldnutzung entrichten, sowie eine Mühle unterhalb der Stadt (MRR I Nr. 1599).

1140 Sept. 20: EB Arnold v. Köln bestätigt der Abtei Klosterrath ihre Besitzungen, unter diesen auch Weinberge zu *Gingehove* (MRR I Nr. 1974 = Knipping, Reg. II Nr. 389. – Vgl. zu dieser Urkunde Lamprecht, DWL I 1, 567 Anm. 1 am Schluß).

1239: Abt und Convent der Abtei Prüm überlassen dem Kloster Steinfeld Wingerte zu Ahrweiler und einen Hofplatz zu Giesenhoven: *Concessimus quoque eidem aream unam proxime sitam curie ipsorum in Geroldeshoven . . .* (MRUB III Nr. 668).

1241: PN *Wolbero de Gisenhoven* (AHVN 51, 1891, 159).

1343: *Gegenhouen* (AHVN 28, 1876, 306).

1380/1400: Hebebuch der Stadt Ahrweiler nennt *Giesenhofen* (Federle, Rheinische Vjbll. 13, 1948, 219. – Ders., Heimatkal. Ahrweiler 1936, 55).

1487: Stadtrechnungen Ahrweiler weisen Bauarbeiten am *Gensemer Turm* und an der *Gensemer Porze* (= Obertor) sowie an der *Gensemer Vurporzen* aus (KDM Kr. Ahrw. 110).

1493: Bauarbeiten an der *Gensemer Porzen* (KDM a. a. O.).

1650 wird berichtet, *daß vor vielen Jahren das Dorf Giesenhofen ganz und zumal untergegangen; desgleichen noch innerhalb 20 Jahren bei diesem kontinuierlichen Kriegswesen das Dörfchen Gierntzheim nächst vor der Stadt über der Ahr beim Berge oder Kloster Kalvarien gelegen, so von 24 Häusern gewesen, auch ganz ruiniert und die Inwohner ihre Häuser abbrechen und sich in die Stadt unterschleifen müssen* (Text bei Federle, Heimatkal. Ahrweiler 1936, 53–57).

VII. Giesenhoven hat W vor der mittelalterlichen Stadt Ahrweiler, in einem heute nur mäßig bebauten Gebiet gelegen, in dem der Giesemer Bach in die Ahr mündet. In Weidegelände heben sich hier noch heute Verwerfungen, die vielleicht Hauspodeste anzeigen, ab. In seinem Gebiet sind aber auch römerzeitliche Siedlungsfunde bekannt geworden.

LITERATUR: Bonner Jahrb. 134, 1929, 153. – Kleemann, Kr. Ahrweiler S. 78, Fdst. 11 und S. 80, Fdst. 40.

AW 14　　I. *Steinfelder Hof.*

II. TK 5408 Ahrweiler: wahrscheinlich hat dieser Hof des Klosters Steinfeld in der Eifel auf der rechten Ahrseite in *Gerintzhofen* (AW 12) gelegen.

III. 1247 Dez. 18: Abt und Convent des Klosters Steinfeld schließen mit dem Ritter Heinrich zu Adenbach einen Vergleich bezüglich bestimmter Leistungen von Pachtgütern des Klosters: *. . . curia ecclesie Steinveldensis in Geroldeshoven . . .* (MRUB III Nr. 922).

1239: Abt und Convent der Abtei Prüm überlassen dem Kloster Steinfeld Wingerte zu Ahrweiler und einen Hofplatz: *aream unam proxime sitam curie ipsorum in Geroldeshoven* ... (MRUB III Nr. 668).
Um 1250/60 wurde dieser Steinfelder Hof, der auch eine Kapelle besaß, in die Stadt Ahrweiler hineinverlegt (Federle, Rheinische Vjbll. 13, 1948, 220 nach Stramberg, Rheinischer Antiquarius III 9, 650).

AW 15   I. *Häuschen* auch: *Pfaffenholz.*
II. TK 5408 Ahrweiler: r 25 76 240; h 55 97 000. Am SO-Hang von H. 506,5; rund 4,5 km SSW Ahrweiler.
III. 1809 zeigt hier die Tranchot-K. NA Blatt 120 Kesseling die Eintragung *Pfaffenholz – Hausken ruinée.* Es handelt sich offensichtlich um einen einzelnen Hof.

AW 16   I. *Roter Turm,* Burghügel (Motte).
II. TK 5408 Ahrweiler: SW der mittelalterlichen Stadt, hinter dem Gebäude des Winzervereins, an der Bahnstrecke.
III. Die Burg war der Sitz der 1246–1342 genannten Schenken v. Are.
1364 wird Dietrich van Kerpen mit diesem Turm, der ein Burglehen von Are war, belehnt. Zuletzt war die Burg in der Hand des Fürsten und Herzogs v. Arenberg.
VII. Der rote Turm war eine Wasserburg von etwa kreisförmigem Umriß. In ihrer Mitte stand ein starker runder, mindestens dreigeschossiger, zinnenbekrönter Turm; nach W stand ein rechteckiges, zweigeschossiges Wohngebäude. Zur Burg gehörte auch eine Mühle. Nachdem die Burg von der französischen Verwaltung an den Tabakfabrikanten Bohl verkauft worden war, wurde sie 1811 abgebrochen. Mauerreste der Burg liegen noch heute im Garten des Winzervereins. Wahrscheinlich stand der Turm auf einem künstlich angeschütteten Burghügel.
LITERATUR: Clemen, KDM Kr. Ahrw. 117 f. mit weiterer Literatur und ungedr. Quellen. – Kleemann, Kr. Ahrweiler S. 80, Fdst. 40.

Altenahr

AW 17   I. *Altenburger Mühle.*
TK 5407 Altenahr: r 25 69 710; h 55 97 810. Am W-Ausgang von Altenburg, S der Ahr, heute unter dem Bahndamm liegend.
III. Die Mühle wurde im Jahre 1804 zusammen mit der Altenburger Kapelle von einem Hochwasser der Ahr weggerissen.
LITERATUR: K. A. Seel, Bonner Jahrb. 162, 1962, 466.

*Altenburg* vgl. *Rifenesburg* (AW 23).

AW 18   I. *Are,* Burg.
II. TK 5407 Altenahr: r 25 70 650; h 55 98 450. NO Altenahr.
III. 1121: EB Friedrich I. v. Köln unterstellt das Kloster Steinfeld der Vogtei der Grafen v. Are und bestätigt diesen und seine Erben im Besitz der Burg (Knipping, Reg. II Nr. 191). In dieser Urkunde wird die Burg der Grafen v. Are erstmalig genannt.
1161 erwarb Rainald v. Dassel, Kanzler des Reiches und EB v. Köln, das Öffnungsrecht der Burgen Are und Nürburg.
1168/90 erwarb Philipp v. Heinsberg, EB v. Köln und Nachfolger Rainalds v. Dassel, die Burg für 1800 Mark von den Grafen v. Are-Hochstaden.

1193 tragen die Grafen v. Are-Hochstaden die Burg, die vorübergehend von Heinrich VI. für die Reichspolitik verwendet worden war, der Kölner Kirche zu Lehen auf (AHVN 41, 1884, 87. – Knipping, Reg. II Nr. 862, 1386, 1449).
Zur weiteren Geschichte vgl. Clemen, KDM Kr. Ahrw. 146–156. Hier findet sich auch ein Übersichtsplan über die Reste der Burg, wie sie 1938 noch vorhanden waren. Burg Are wurde im Verlauf des Spanischen Erbfolgekrieges um 1706 zerstört und in der französischen Zeit auf Abbruch verkauft.
LITERATUR: Clemen, KDM Kr. Ahrw. 146–156. – K. A. Seel, Bonner Jahrb. 162, 1962, 464.

AW 19   I. *Ecka*, Burg.
II. TK 5407 Altenahr: ungefähr 1 km NO Ortsmitte Altenahr. Genaue Lage nicht bekannt.
III. 1249 einigt sich EB Konrad v. Hochstaden mit seinem Verwandten und Burgmannen Matthias v. Calmunthe, daß die diesem gehörende Burg Ecka wegen der gefahrdrohenden Lage nahe der Burg Are geschleift wird (Knipping, Reg. III Nr. 1536, 1537, 3058).
1285 Apr. 18: *compensationem dampni predicto Mathie et suis heredibus pro destructione castri siti super Ecke iuxta castrum Ara* (AHVN 66, 1898, 192).
VI. Weiter nach NO auf demselben Bergsporn, dessen SW-Spitze die Burg Are einnimmt, sind FN wie *im Eck* und *im oberen Eck* nachweisbar.
VII. Reste der Burg wurden im Gelände bislang nicht nachgewiesen.
LITERATUR: Clemen, KDM Kr. Ahrw. 156. – K. A. Seel, Bonner Jahrb. 162, 1962, 464.

AW 20   I. *Entelnburg,* auch: *Entineberg.*
II. TK 5407 Altenahr: r 25 70 050; h 55 98 900. Etwa 600 m NNW Ortsmitte Altenahr, auf dem Ratten-Berg.
III. 948/970: Gütertausch der Abtei Prüm mit dem Sigibodo: *Dedimus itaque prefato sigibodoni . . . in rossebach et in entineberge quinque mansa . . .* (MRUB I Nr. 187 = MRR I Nr. 1026).
1405: *Hof zu Entelberg* (Seel, Bonner Jahrb. 162, 1962, 464).
1795: Letzte Eintragung von *Entelnburg* im Kirchenbuch von Altenahr (Seel a. a. O.).
1803: Ankauf des Hofgutes *Entelnburg* durch Altenahrer Bürger (Seel a. a. O.).
1809: Tranchot-K. NA Blatt 119 Kreuzberg zeigt *Entelburg Ferme ruinée* mit mehreren Gebäuden zweier Höfe.
VI. FN in Flur X: *am Entenburger Pütz, unter Entenburg, in der Entenburger Dell.* Flur II in der Gemarkung Berg: *Entenburger Wiese.*
VII. Über den Zustand der alten Hofstelle, die 250 m NO der auf der Tranchot-K. angegebenen Stelle liegt, berichtet ausführlich Seel, Bonner Jahrb. 162, 1962, 464 f. Außer Mauerresten der Gebäude fand Seel Keramik der Siegburger Art und aus dem Kannebäcker Ländchen, auf benachbarten Äckern aber auch Ware der Pingsdorfer Art sowie blaugraue Keramik.

AW 21   I. *Gerols-* oder *St. Maternuskapelle.*
II. TK 5407 Altenahr: r 25 70 125; h 55 97 150. Etwa 300 m WSW Ortsmitte Altenahr, S der Ahr.
III. 1667 begann man mit der Errichtung der Kapelle auf dem *Gerhardsberg.* In der Pestzeit hatte ein Bürger von Altenahr versprochen, sie zu bauen.
1687 im Rohbau fertig, wegen der andauernden Kriege aber nicht vollendet.
1809: Tranchot-K. NA Blatt 119 Kreuzberg: *Gerols cap* mit einem Gebäude.
Die Kapelle hatte St. Maternus-Patrozinium.

VI. FN in Flur III: *auf Giretsberg*.
VII. Von der Kapelle sind Reste des Fundamentes erhalten.
LITERATUR: K. A. Seel, Bonner Jahrb. 162, 1962, 465.

AW 22  I. *Lankshausen,* Hofgruppe (Weiler).
II. TK 5408 Ahrweiler: r 25 71 700; h 56 00 500. Etwa 2,7 km NO Altenahr, 1,5 km NNW Mayschoß.
VI. An die ehemaligen Höfe erinnert nur noch der FN *auf Lankshausen* in Flur XV. Urkundliche Belege sind nicht bekannt.
VII. K. A. Seel beobachtete an zwei Stellen dichte Konzentrationen von mittelalterlicher Keramik des 11.–15. Jahrh.
LITERATUR: K. A. Seel, Bonner Jahrb. 162, 1962, 465.

AW 23  I. *Rifenesburch.*
II. TK 5407 Altenahr: r 25 70 250; h 55 97 700. Im Ortsteil Altenburg von Altenahr.
III. 948/970: Gütertausch der Abtei Prüm mit dem Sigibodo: *Dedimus itaque prefati sigibodoni pariter cum consensu fratrum nostrorum per manus predicti aduocati nostri tietfridi in rossebach et in entineberge quinque mansa. in rifenesburch mansum unum. in cruciberge tria mansa . . .* (MRUB I Nr. 187 = MRR I Nr. 1026). Nach den anderen Orten zu urteilen, mit denen Rifenesburch genannt wird, ist anzunehmen, daß die Burg im Raume Altenahr-Kreuzberg zu suchen ist. K. A. Seel ist der Meinung, die Burg liege oberhalb Altenburg, auf einem S der Ahr gelegenen Umlaufberg.
VI. In Flur VIII gibt es hier den FN *an der Burg*.
VII. Bei der Begehung entdeckte Seel auf dem Burgberg einen Grabeneinschnitt. Außer reichlichem Mörtel fanden sich auch Scherben des 11./12. Jahrh., darunter Keramik der Pingsdorfer Art mit gitterförmiger roter Bemalung.
VIII. An den Hängen des Burgberges erstrecken sich aufgegebene Weinberge, deren Raine durch Steinpackungen befestigt waren.
LITERATUR: K. A. Seel, Bonner Jahrb. 162, 1962, 466.

AW 24  I. *Roßbach.*
II. TK 5407 Altenahr: der Roßbach durchfließt Altenahr in NO-SW-Richtung und mündet hier in die Ahr. Von diesem Bach hat die gleichnamige Siedlung, deren genaue Lage unbekannt ist, ihren Namen erhalten. Sie muß N vor der Stadt gelegen haben.
III. 948/970: Gütertausch der Abtei Prüm mit dem Sigibodo: *Dedimus itaque prefato sigibodoni . . . in rossebach et in entineberge quinque mansa . . .* (MRUB I Nr. 187 = MRR I Nr. 1026).
1579 wird die *Roßbachpforz* in Altenahr neu gedeckt. Altenahr hatte die rechtliche Stellung eines gefreiten Dorfes und wurde mit 'Tal' bezeichnet. Als solches besaß es eine eigene, mit der Burgbefestigung in Verbindung stehende Mauer mit verschiedenen Toren, unter diesen auch das oben erwähnte. Im Unterschied zu Seel, Bonner Jahrb. 162, 1962, 465, ist der Name *Roßbachspforz* kein Hinweis auf eine Identität von Altenahr mit Roßbach. Der Name dieses N-Tores bedeutet in Analogie zu vielen anderen Stadtbefestigungen (Münstereifel, Ahrweiler, Köln), daß der sie nach N verlassende Weg nach Roßbach führt. Roßbach ist demnach als Wüstung zu verstehen, die in dem engen gleichnamigen Tal N oder NO Altenahr gelegen haben muß.
LITERATUR: K. A. Seel, Bonner Jahrb. 162, 1962, 465. – Clemen, KDM Kr. Ahrw. 12 u. 157. – Schaus, Stadtrechtsorte 487.

AW 25    I. *Turchhausen,* Hofgruppe (Weiler).
         II. TK 5408 Ahrweiler: r 25 71 400; h 56 00 100. Rund 2,2 km NO Altenahr.
         III. Um 1580: *Erben von Turchhausen* in Altenahr.
         VI. FN in Flur XV Altenahr: *auf Turchhausen, auf Turchhausen an der Abseite.*
         VII. K. A. Seel stellte bei der Begehung zwei in Wiesengelände liegende Wohnpodien fest. Außerdem fand er spätmittelalterliche Keramik des 14./15. Jahrh.
         LITERATUR: K. A. Seel, Bonner Jahrb. 162, 1962, 465 f.


Antweiler

AW 26    I. *Alte Kirche* Antweiler.
         II. TK 5506 Aremberg: r 25 58 940; h 55 85 320. S Antweiler auf H. 325,0.
         III. Anf. 13. Jahrh.: *Antwilre* im Liber Valoris (Oediger, LV 45).
         1390: Wiederum im LV (Oediger a. a. O.).
         1668: Neben dem hl. Maximin ist die hl. Barbara Patronin.
         1762 wurde die Kirche durch einen Neubau im Tal ersetzt.
         VI. Am ehemaligen Standort der Kirche gibt es die FN *Kirchhofsberg,* volkstümlich *Kirmesberg,* und *Meßpfädchen.*
         VII. Bei Grabungen wurde das Fundament eines gotischen Chores von 4,90 m L. und 4,10 m Br. freigelegt (abgebildet in KDM Kr. Ahrw. 160).
         LITERATUR: Clemen, KDM Kr. Ahrw. 160.

AW 27    I. *Alte Burg,* Motte?.
         II. TK 5506 Aremberg: r 25 58 350; h 55 85 450. Rund 750 m W Antweiler.
         III. 1808/09: Tranchot-K. NA Blatt 130 Aremberg enthält in beackertem Gelände die Eintragung *Alte Burg,* jedoch ohne ein Gebäude. Die heutige Bebauung ist neuzeitlich. Von Resten einer frühgeschichtlichen oder mittelalterlichen Burg ist bislang nichts bekannt geworden.

AW 28    I. *Eisenhütte,* sog. *Untere Hütte.*
         II. TK 5506 Aremberg: im Ort Antweiler selbst.
         III. Seit dem 15. Jahrh. gab es in Antweiler ein bedeutendes Arembergisches Eisenreitwerk. Um die Mitte des 18. Jahrh. entstehen hier darüber hinaus als gesonderte Betriebe Schneidemühlen und Bandhämmer. Von der Eisenhütte ist nichts mehr erhalten.
         LITERATUR: W. Günther, Zur Geschichte d. Eisenindustrie i. d. Nordeifel. Rheinische Vjbll. 30, 1965, 315. – H. Neu, Eifelfreund 1947. – Neu, Heimatkal. Kr. Schleiden 1953, 51.


Aremberg

AW 29    I. *Arenberg,* Schloß.
         II. TK 5506 Aremberg: r 25 57 660–58 000; h 55 86 900–87 200.
         III. In der 2. Hälfte des 12. Jahrh. erwarb Philipp v. Heinsberg, EB v. Köln, einen großen Komplex von Allodialbesitz der Grafen v. Are; darunter befand sich auch die Burg *Arberg* (Knipping, Reg. II Nr. 1386).

1281 zog der Kölner EB Siegfried Burg und Herrschaft Arberg als heimgefallenes Lehen ein, nachdem die Herren v. Arberg in männlicher Linie ausgestorben waren (Knipping, Reg. III Nr. 2911). In der Folgezeit kam es zu Auseinandersetzungen zwischen dem EB v. Köln und den Erben des letzten Herren v. Arberg, die sich im Besitz der Burg und des zugehörigen Allods behaupten konnten. Die Tochter des letzten Herren v. Arberg, Mechthild, heiratete den Grafen Engelbert II. v. Mark. Ihre Nachkommen übernahmen mit der Herrschaft auch den Namen Arenberg. Zur weiteren Geschichte der Burg vgl. Clemen, KDM Kr. Ahrw. 170 ff.

1803 wurde Schloß Arenberg von der französischen Verwaltung an einen Privatmann verkauft und 1809 abgebrochen.

1808/09 zeigt die Tranchot-K. NA Blatt 130 Aremberg die noch intakte Anlage des Schlosses mit Hauptgebäuden, Vorburg und Barockgarten.

VII. Die KDM Kr. Ahrw. geben mit Abb. 167 und 168 Pläne von der Anlage sowie eine Baubeschreibung.

LITERATUR: Clemen, KDM Kr. Ahrw. 169–176. – Bornheim gen. Schilling, Rheinische Höhenburgen, Register.

AW 30   I. *Budenrather Hof.*

II. TK 5506 Aremberg: r 25 55 220; h 55 89 020. Etwa 800 m NNO Forsthaus Gierscheid.

III. 1808/09 verzeichnet die Tranchot-K. NA Blatt 130 Aremberg hier die Landschaftsbezeichnung *Büllerath* in einem weiten Heidegelände. O daneben liegt der *Büllerather Seiffen.*

VI. In Flur I gibt es den FN *auf Buderath.*

VII. Nach Mitteilung des Forstmeisters in Adenau bestand hier der *Budenrather Hof*, von dem noch einige Ruinen im Gelände sichtbar sind.

K. A. Seel, Bonner Jahrb. 162, 1962, 470, ist der Meinung, der Budenrather Hof in der Gemarkung Aremberg sei mit dem 1020 genannten *predium nomine butenhart in pago Zulpike in comitatu hezelini comitis situm* identisch. Der Budenrather Hof liegt aber im Ahrgau und hat darüber hinaus das Suffix -rath. Eine Identität ist daher m. E. ausgeschlossen. Außerdem kommen ON vom Typ Buderath, Budenrath u. ä. auch anderwärts vor, z. B. Bouderath, Kr. Schleiden. Zum *predium butenhart* vgl. EU 118.

AW 31   I. *Hof.*

II. In der Gemarkung Aremberg, Fluren VIII u. IX. TK 5506 Aremberg.

VI. K. A. Seel, Bonner Jahrb. 162, 1962, 470, verzeichnet hier in Flur VIII die FN *Auf der Hoof*, auf *Hoofer Garten, Hinter Hof*; in Flur IX *Auf der Hoof* und *Hinter der Hoof.*


Bad Neuenahr

VORBEMERKUNG: In Bad Neuenahr ist der eigentliche Wüstungsprozeß scharf von dem Zusammenschluß einst selbständiger Gemeinden im Zuge neuzeitlicher Verwaltungsreformen zu unterscheiden. Gemäß Preußischer Kabinettsorder vom 9. Juni 1875 wurde aus den drei Ortschaften Wadenheim, Beuel und Hemmessen eine neue Stadtgemeinde unter dem Namen Neuenahr, heute Bad Neuenahr, gebildet. Obgleich diese Orte also im strengen Sinne nicht wüst wurden, sind sie im vorliegenden Katalog aufgeführt, weil sie mit dem genannten Verwaltungsakt ihre Bedeutung als selbständige Siedlungskerne verloren und ihre Namen aufgegeben haben.

AW 32  I. *Benthencoven.*
II. Soll bei Bad Neuenahr gelegen haben, TK 5408 Ahrweiler.
III. 1113: PN *Cuno de Benthencoven* (Knipping, Reg. III S. 322).
1255: Bentingoven (Kessel, Groß-St. Martin Köln II 57).
1386: *Benteghoven* (Fischer 120).
1401: Bentekoven (Fischer 125).
(Belege nach H. Dittmaier, Die linksrheinischen ON auf -dorf und -heim [Manuskr. Bonn 1961]).

AW 33  I. *Beuel.*
II. TK 5408 Ahrweiler: Ortsteil von Bad Neuenahr, rechts der Ahr mit Kurhaus, Kloster usw.
III. 1374 wird *beuel* – relativ spät – erstmalig urkundlich genannt (Frick, Quellen Nr. 789).
V. Beuel war Mittelpunkt eines Kirchspiels, zu dem außerdem noch Hemmessen und Wadenheim gehörten. Die Kirche erscheint urkundlich erstmalig 1131, als Papst Innozenz III. dem Cassius-Stift zu Bonn den Besitz des Zehnten in *Uadenheim* bestätigt (Frick, Quellen Nr. 68). Eine im frühen 13. Jahrh. angefertigte Inschrift über der Nordtür berichtet von einer Weihe der Kirche zu Ehren zahlreicher Heiliger durch den Kölner EB Everger Ende des 10. Jahrh. Danach zu urteilen, müßte Beuel trotz seiner relativ späten Ersterwähnung ein alter Ort sein.
VII. Beuel wurde gemäß Preußischer Kabinettsorder vom 9. Juni 1875 mit Hemmessen und Wadenheim zur Ortschaft Neuenahr vereinigt.
LITERATUR: Clemen, KDM Kr. Ahrw. 185 ff. – Ottendorf, Heimatkal. Neuenahr 1936, 54. – Rütten, Heimatkal. Neuenahr 1936, 89.

AW 34  I. *Burg Neuenahr.*
II. TK 5408 Ahrweiler: r 25 80 740; h 56 00 100. 1,5 km S Bad Neuenahr, auf dem Neuenahrer Berg.
III. Burg Neuenahr war Stammsitz der 1231 sicher nachweisbaren Familie der Grafen v. Neuenahr (MRUB III Nr. 444). Die Burg wurde Anfang 13. Jahrh. erbaut. 1372 wird sie vom EB v. Köln erobert und vollständig zerstört. In späterer Zeit wurde keine neue Anlage mehr auf dem Burgberg errichtet.
VII. Über die spärlichen Überreste der Burg berichten die KDM Kr. Ahrw. 181 ff. mit Grundriß Abb. 178.

AW 35  I. *Hemmessen.*
II. TK 5408 Ahrweiler: W Ortsteil von Bad Neuenahr.
III. 1106: *Hemmingshoven* (MRR I Nr. 1599). Der hier genannte Ort wird gemeinhin mit Hemmessen gleichgesetzt.
1108: *Hemmingeshobe* (MRR I Nr. 1621).
1208: *Hemmingishouin* (MRUB II Nr. 234).
VII. Hemmessen wurde gemäß Preußischer Kabinettsorder vom 9. Juni 1875 mit Beuel und Wadenheim zur Ortschaft Neuenahr zusammengeschlossen.

AW 36  I. *Burg Hemmessen.*
II. TK 5408 Ahrweiler: im Ortsteil Hemmessen von Bad Neuenahr.
III. 1572 wird eine Burg Hemmessen erwähnt, die wohl im Besitz des im 13. Jahrh. genannten Geschlechtes von Hemmessen war (Frick, Quellen S. 301 Nr. 1134 zu 1572 Mai 8 u. S. 686. – Clemen, KDM Kr. Ahrw. 192).

AW 37   I. *Vindistorp*.
II. Soll an der Ahr bei Bad Neuenahr gelegen haben, TK 5408 Ahrweiler.
III. 1281: PN *Godefrid von Vindistorp* (MRR IV Nr. 787).
1360: PN *Vundersdorp* (Frick, Quellen S. 138 Nr. 735 zu 1360 Okt. 8).
(Belege nach H. Dittmaier, Die linksrheinischen ON auf -dorf und -heim [Manuskr. Bonn 1961] 79).

AW 38   I. *Wadenheim*.
II. TK 5408 Ahrweiler: Ortsteil von Bad Neuenahr, links der Ahr, gegenüber von Beuel gelegen.
III. 992 Mai 19: Kg. Otto III. gibt den Brüdern Sigebodo und Richwin den königlichen Wildbann zwischen Adenau und der Ahr unter anderem bei Wadenheim: . . . *indeque ad uillam uuadenheim usque ad pontem* . . . (MRUB II Nr. 33 = MGH DD O. III. Nr. 93).
VII. Wadenheim wurde gemäß Preußischer Kabinettsorder vom 9. Juni 1875 mit Beuel und Hemmessen zur Ortschaft Neuenahr zusammengeschlossen.


Barweiler


AW 39   I. *Buche*, Hof?
II. TK 5607 Adenau: lag wahrscheinlich bei Barweiler.
III. Anf. 13. Jahrh.: Güterverzeichnis der Abtei St. Maximin zu Trier: . . . *Hi sunt in Barwilre infeodati* . . . *Henricus de Buche quartam partem mansi in Leimbach. et duas partes decime in bono suo Buche* (MRUB II Nachtrag Nr. 16 S. 471). – Nach Wisplinghoff, St. Maximin 105, in der Eifel, aber nicht identifiziert. – Vgl. auch Ewig, Trier im Merowingerreich 304 mit Anm. 8.

AW 40   I. *Bure*.
II. TK 5606 Dollendorf oder 5607 Adenau: könnte bei Barweiler oder Pomster gelegen haben.
III. Anf. 13. Jahrh.: Güterverzeichnis der Abtei St. Maximin zu Trier: . . . *Hi sunt in Barwilre infeodati* . . . *Herimannus Bernesure duas partes decime in Bure et terciam in Poneposteir* . . . (MRUB II Nachtrag Nr. 16 S. 471).
Das hier erwähnte Bure hat nichts mit dem im Prümer Urbar genannten *bure* zu tun, das nach der Anmerkung des Caesarius bei Remich/Luxemburg liegen muß (vgl. MRUB I Nr. 135 S. 174 Anm. 2).
LITERATUR: Wisplinghoff, St. Maximin 106. – Ewig, Trier im Merowingerreich 304 mit Anm. 8.

AW 41   I. *Hof*.
II. TK 5607 Adenau: r 25 62 050; h 55 78 300. 2,3 km S Barweiler, an der Gemarkungsgrenze gegen Wiesemscheid.
III. 1809: Tranchot-K. NA Blatt 144 Kelberg zeigt hier einen Hof, bestehend aus einer vierseitig geschlossenen Hofanlage sowie zwei N dabei liegenden Einzelhäusern. Eine Hofbezeichnung ist nicht angegeben. Der Hof liegt in einem großen Heidegebiet, das, wie die Tranchot-K. ausweist, fast den gesamten S der Gemarkung Barweiler ausmacht. Die FN sind *Barweiler Heid* und *Stroht Heid*. Die Nutzungsverhältnisse haben sich in moderner Zeit hier völlig verändert. Der größte Teil der Barweiler Heid ist heute Ackerland, die Stroht Heid dagegen ist vorwiegend aufgeforstet.

VIII. Innerhalb der großen Heideflächen liegen O, NO und NNW der erwähnten Hofgebäude drei geschlossene Ackerareale, die die Flur dieses Hofes bilden. Weiterhin schließen sich nach NW Schiffellandflächen an, die ebenfalls zu dem Hof gehört haben dürften. Diese Ackerflächen nehmen sich wie kleine Inseln innerhalb der großen Heideflächen aus und liegen weitab von den dorfnahen Ackerflächen von Barweiler.

B a u l e r

AW 42  I. *Berscheit.*
II. TK 5607 Adenau: r 25 60 800–61 700; h 55 77 300–78 000. Auf der Gemarkungsgrenze zwischen Pomster und Bauler.
III. 1290 Dez. 13: Einkünfte des Johanniterordens in Berscheit, Delscheit, Trerbach und Pompost (MRR IV Nr. 1839). Nach den mitgenannten Orten zu urteilen, kann Berscheit nur im Raume Pomster-Bauler zu suchen sein.
VI. 1809: Tranchot-K. NA Blatt 144 Kelberg zeigt 1,5 km NW Bauler, auf der Gemarkungsgrenze gegen Pomster, die Flurbezeichnung *Berscher Berg* = Berscheider Berg.
Flur 6 Bauler führt die FN *Berscheider Wiesen* und *Die Bergscheider Hecken.*
VIII. An der Gemarkung Pomster fällt ihre ungewöhnlich große Erweiterung nach SO und die extreme Lage des Dorfes innerhalb dieser Gemarkung auf. Etwa 750 m SO Pomster teilt ein tief eingeschnittener natürlicher Siefen die Gemarkung Pomster in zwei annähernd gleich große Teile. Es wäre einleuchtend, den SO-Teil dieser Gemarkung für die ehemalige Gemarkung Berscheit zu halten, die nach dem Wüstwerden von Berscheit Pomster zugeschlagen wurde. Die Lage der Ortsstelle Berscheit ist bislang unbekannt. Sie wäre nach dem Gesagten vielleicht eher in der Gemarkung Pomster, im Mittelpunkt des SO-Teiles der Gemarkung, etwa bei H. 460,8 zu vermuten. Im W wird die Gemarkung Pomster durch den in der Urkunde von 1290 erwähnten Trierbach begrenzt.

AW 43  I. *Delscheit.*
II. Wird im Raume Adenau–Pomster vermutet.
III. Anf. 13. Jahrh.: Güterverzeichnis der Abtei St. Maximin zu Trier:. . . *Hi sunt in Barwilre infeodati . . . Gerardus de Hateberch . . . decimam et terciam partem decime in Vlistein et in Dellescit . . .* (MRUB II Nachtrag Nr. 16 S. 471).
1290 Dez. 13: Einkünfte des Johanniterordens in Berscheit, Delscheit, Trerbach und Pompost (MRR IV Nr. 1839).
VI. K. A. Seel ermittelte in Bauler Flur 2 die FN *Dellscheiderbachweg* und in Flur 5 *In den Dellscheider Laywiesen.*

AW 44  I. *Mühle.*
II. TK 5607 Adenau: r 25 61 900; h 55 76 640. 500 m W Bauler, an der Mündung eines von NO kommenden Baches in den Trier-Bach.
III. 1809: Tranchot-K. NA Blatt 144 Kelberg zeigt hier eine Mühle, die auch mit einem Namen bezeichnet ist, der aber nicht lesbar ist.

B e n g e n

AW 45  I. *Burghügel* (Motte).
II. TK 5408 Ahrweiler: r 25 80 560; h 55 04 210.

VII. Im Garten des Gasthofes Rieck befindet sich ein etwa 20 m breiter Hügel mit umlaufendem Graben. Es handelt sich eher um eine Motte als um einen Grabhügel.
LITERATUR: Clemen, KDM Kr. Ahrw. 197.

Berg

AW 46
I. *Hof.*
II. TK 5407 Altenahr: r 25 69 800; h 56 01 000. Rund 1400 m OSO Vischel.
III. 1809: Tranchot-K. NA Blatt 119 Kreuzberg zeigt hier zwei einzelne Häuser ohne nähere Bezeichnung. Hier ist heute im Wald *Brandenbusch* eine große Lichtung.

AW 47
I. *Eitgenbach,* Burghügel (Motte), auch: *Nutzenbach.*
II. TK 5407 Altenahr: r 25 69 000; h 56 00 200. 1200 m SSO Vischel, im Tal des Vischel-Baches.
III. 1510: *den Pesch an der Straße in der Eitgenbach* (Gräfl. Gymnichsches Archiv).
1582: *Nutzenbach* (= Aitgenbach) und PN *Pitter, Leonard und Konsorten in Nutzenbach* (= Aitgenbach) (StA Kobl. 54 G 234).
o. J.: PN *Pitter, Leonhard, Jannes in Nutzenbach.*
o. J.: PN *Tungenburg und ald hoff zur Eitgenbach.*
1809: Tranchot-K. NA Blatt 119 Kreuzberg vermerkt hier *Convent de Templiers ruinée* mit einem großen Gebäude.
VII. Die Motte liegt, wie Seel bei der Ortsbegehung feststellte, im Zusammenfluß von Vischel- und Eisbach. Sie ist von einem Spitzgraben umgeben. Ihr Inneres ist teilweise durch die Entnahme von Boden gestört.
LITERATUR: K. A. Seel, Bonner Jahrb. 162, 1962, 466.
Eine erneute Begehung im J. 1968 ergab, daß W des Vischelbaches unterhalb der Brücke, die in Höhe der Motte den Bach heute überquert, eine kleine Siedlung bestanden haben muß. In unruhigem Wiesengelände zeichnen sich hier zwischen Vischelbach und Fahrweg ab 500 m S Brücke weiter nach S einzelne Plateaus mit geraden, künstlich terrassierten Kanten ab. Sie liegen meist zwischen 0,50 und 1 m gegenüber der Bachaue erhöht und daher hochwassersicher. Am S-Ende des reliefierten Wiesengeländes, wo das Tal wieder schmaler wird, schlossen sich mehrere Teiche mit künstlichen Staudämmen an.

AW 48
I. *Hof.*
II. TK 5407 Altenahr: r 25 67 000; h 56 02 300. Am S-Ausgang von Berg.
III. 1809 zeigt hier die Tranchot-K. ÄA Blatt 38 Euskirchen ein Gehöft.
VII. K. A. Seel beobachtete auf den Äckern dieses Gebietes Bautrümmer und Dachziegel.
LITERATUR: K. A. Seel, Bonner Jahrb. 162, 1962, 466.

AW 49
I. *Springhof.*
II. TK 5407 Altenahr: r 25 69 200; h 56 00 600. 2,6 km SSO Berg, 750 m SSO Vischel.
III. 1809 zeigt die Tranchot-K. NA Blatt 119 Kreuzberg hier einen Dreiseithof mit dem Zusatz *Springhoff.*
1825 enthält auch noch das Urkataster diesen Hof.
1860 ist der Hof noch immer im Kataster eingezeichnet. Er brannte um 1885 ab.

VI. In Flur XII FN *Spring*. Im Volksmund wurde die Anlage *Schlößchen* genannt.
VII. Die Hofstelle ist noch heute auf einem ebenen Plateau auf der O-Seite des Vischeltales sichtbar. Auf dem Plateau von 20 x 50 m Größe treten auch jetzt Mauerreste und Teile von Kellergewölben zutage. Die Zufahrt erreichte den Hof von SO. Sie bog weiter ostwärts nach N um und setzte sich als Hohlweg über den Bergsporn fort, auf dessen vorderster Spitze der Hof stand.
LITERATUR: K. A. Seel, Bonner Jahrb. 162, 1962, 466 f.

AW 50  I. *Springer Mühle*.
II. TK 5407 Altenahr: r 25 68 830; h 56 00 550. 700 m SSO Vischel, auf einer Insel zwischen zwei Armen des Vischelbaches.
III. 1809: Tranchot-K. NA Blatt 119 Kreuzberg zeigt hier: *Mühl*.
1825 enthält das Urkataster ein Gebäude. Die Mühle wurde um 1885 aufgegeben.
VI. In Flur XII FN *An der Mühle*.
VII. Im Gelände ist unterhalb von Vischel der noch heute intakte Mühlenteich vorhanden. Ferner ist der 15 x 15 m große Mühlenplatz mit einem dort befindlichen Stau noch sichtbar, an dem ein oberschlägiges Mühlrad lief.
Der Niveauunterschied zwischen dem Stau und dem Spiegel des Mühlenbaches unterhalb der Mühle muß etwa 3–4 m betragen haben und ist auch heute noch erkennbar. Unterhalb der Mühle liegen etliche Fischteiche mit Stauwerken.
LITERATUR: K. A. Seel, Bonner Jahrb. 162, 1962, 467. – Begehungsprotokolle des Verfassers (1968).

AW 51  I. *Tungenburg*.
II. TK 5407 Altenahr: r 25 68 400; h 56 00 400. 900 m S Vischel, rund 500 m W des Vischel-Baches, an einer noch heute vorhandenen Wegespinne.
III. o. J.: *Tungenburg und ald hoff zur Eitgenbach*.
1809: Tranchot-K. NA Blatt 119 Kreuzberg: *Tungenburg* mit einem großen, vierseitig geschlossenen Hofkomplex, der nur im SO eine Zufahrt besaß.
1825 und 1860 in den Katastern: drei Gebäude um einen Hofplatz.
VI. In Flur XII FN *am Tungenburger Heiligenhäuschen*.
VII. Der Rittersitz Tungenburg (KDM Kr. Ahrw. 663) ist um 1860 wüst geworden. Im Gelände heben sich nach Feststellungen Seels noch verstürzte Keller als welliges Gelände ab.
VIII. Die Wirtschaftsflächen des Hofes lagen rund um diesen herum. Die Tranchot-K. zeigt nach O zum Vischel-Bach hin Wiesen und Weiden. Die Äcker lagen nach NW, W und SW im Anschluß an den Hof. Heute ist das gesamte Gebiet verwaldet.
LITERATUR: K. A. Seel, Bonner Jahrb. 162, 1962, 467.

AW 52  I. *Unterer Hof*.
II. TK 5407 Altenahr: etwa r 25 68 250; h 55 99 500. Etwa 600 m SO Unter-Krählingen. Die Hofstelle ist nicht genau lokalisiert.
VI. In Flur XIV FN *am untersten Hof* und *auf der Hofwiese*.
VII. K. A. Seel, Bonner Jahrb. 162, 1962, 467, berichtet, daß er bei Begehungen im Gelände keine Reste des Hofes auffinden konnte.

AW 53  I. Name unbekannt, Hofwüstung?
II. TK 5407 Altenahr: r 25 67 000; h 55 99 000. S Unter-Krählingen.
VII. K. A. Seel berichtet im Bonner Jahrb. 162, 1962, 468, über Relikte im Gelände, die auf einen ausgegangenen Hof schließen lassen.

AW 54  I. Name unbekannt, Hofwüstung?
II. TK 5407 Altenahr: r 25 65 600; h 55 98 750. 500 m S Häselingen.
VII. K. A. Seel berichtet im Bonner Jahrb. 162, 1962, 468, über Funde von mittelalterlicher Keramik des 14. und 15. Jahrh., die sich auf einem engen Gebiet konzentrierten, so daß hier eine Hofwüstung angenommen werden muß.

AW 55  I. *Vellen,* partielle Dorfwüstung.
II. TK 5407 Altenahr: r 25 66 000; h 55 99 750. Am Südrand von Vellen.
III. 1809 zeigt die Tranchot-K. NA Blatt 119 Kreuzberg am S-Ausgang von Vellen noch vier weitere Häuser. Sie sind auch im Urkataster von 1825 enthalten. Alle diese Häuser standen W der Straße Vellen–Häselingen, wo sich heute noch zwei Hauspodeste abzeichnen, die von Erdwällen umgeben sind.
LITERATUR: K. A. Seel. Bonner Jahrb. 162, 1962, 467.

## Birresdorf

AW 56  I. *Alteburg,* befestigter Hof.
II. TK 5408 Ahrweiler: r 25 81 550; h 56 06 745. 600 m OSO Kirche Birresdorf.
III. 1808/09: Tranchot-K. ÄA Blatt 39 Ahrweiler zeigt hier die Gräben eines befestigten Hofes. Innerhalb der ovalen Grabenanlage sind jedoch keine Baulichkeiten mehr vorhanden, so daß der Hof zu Beginn des 19. Jahrh. bereits wüst gewesen ist. Die modernen TK verzeichnen hier den FN *Alteburg.*

## Blindert

AW 57  I. *Hilgerather Hof.*
II. TK 5506 Aremberg: ungefähr r 25 56 600; h 55 95 100. Etwa 1,6 km NNO Blindert, im N der Gemarkung, im Wald.
VI. K. A. Seel ermittelte eine Reihe von FN, die hier einen Hof anzeigen:
Flur I: *Im Hölgerather Hof.*
Flur II: *Am Backhaus.*
Flur V und VI: *Im Hölgerather Hof, Auf Hölgerather Hof.*
Flur VII: *Auf Hilgerathsbruch.*
Die Tranchot-K. NA Blatt 118 Schönau von 1809 enthält keinen Hinweis auf den Hof, sondern zeigt an der Stelle, wo er anzunehmen ist, Heide- und Ackerflächen. Die moderne TK 1 : 25 000 enthält die Eintragung *Auf Hilgerather Hoff.*
LITERATUR: K. A. Seel, Bonner Jahrb. 162, 1962, 470.

AW 58  I. *Binghof.*
II. TK 5506 Aremberg.
VI. In Flur VIII gibt es den FN *Auf Binghof.*
LITERATUR: K. A. Seel, Bonner Jahrb. 162, 1962, 471.

AW 59  I. *Ickerath,* Wüstung?
II. TK 5506 Aremberg: ungefähr r 25 57 000; h 55 91 840. Rund 300 m SSO Marthel, 1,6 km S Blindert.
VI. K. A. Seel, Bonner Jahrb. 162, 1962, 471, ermittelte eine ganze Reihe von FN, die hier eine Wüstung, wahrscheinlich eine Hofwüstung, anzeigen.

AW 60   I. *Mühle.*
II. TK 5506 Aremberg: an der S-Grenze der Gemarkung Blindert, wo diese Grenze vom Armuths-Bach gebildet wird.
VI. K. A. Seel, Bonner Jahrb. 162, 1962, 471, ermittelte hier die FN *Die Teichwiese* (Flur XII), *Die Teichwiese* und *Im untersten Mühlenpesch* (Flur XIII). Diese FN zeigen eine Mühlenwüstung an.

AW 61   I. *Welcherath,* Wüstung?
II. TK 5506 Aremberg.
VI. K. A. Seel, Bonner Jahrb. 162, 1962, 471, verzeichnet in Flur VII die FN *Ober Welcherath* und *In Welcherath.* Es ist unsicher, ob hier eine Wüstung vorliegt.

AW 62   I. *Wischhausen.*
II. TK 5506 Aremberg: etwa r 25 57 420; h 55 92 700. Rund 1 km SO Blindert, 750 m ONO Marthel, in der Gabelung der Straßen Pitscheid–Hümmel und Pitscheid–Bröhlingen.
VI. K. A. Seel, Bonner Jahrb. 162, 1962, 471, verzeichnet hier in Flur IX die FN *Die Weichhausener Nück, Im Weichhausen* und in Flur X *Auf dem Willershauser Berg.* Die Tranchot-K. NA Blatt 118 Schönau von 1809 enthält keinen Hinweis auf diese Wüstung. Dagegen enthält die moderne TK 1 : 25 000 hier *Unter Wischhausen.*

Bodendorf

AW 63   I. *Burg Bodendorf.*
II. TK 5409 Linz a. Rh.: in Bodendorf.
III. Außer der Wasserburg am W-Ende von Bodendorf (zu dieser KDM Kr. Ahrw. 207 f.) gab es in Bodendorf noch eine zweite Burg. Im Jahre 1300 hatte der Ritter Wilhelm v. Honnef 'innerhalb der Mauern seiner Burg in Bodendorf ein 30 Fuß langes und 20 und 5 Fuß in der Breite messendes Haus' als Lehen des Johann v. Saffenberg (Frick, Quellen Nr. 579. – KDM Kr. Ahrw. 208). Die Burg wurde im 30jährigen Krieg eingeäschert.

AW 64   I. *Hillesheim.*
II. TK 5409 Linz a. Rh.: in Bodendorf.
VI. H. Dittmaier, Die linksrheinischen ON auf -dorf und -heim (Manuskr. Bonn 1961) 31, verzeichnet in Bodendorf den FN *Im Hillesheim.*

AW 65   I. *Rolingen,* Wüstung?
II. TK 5409 Linz a. Rh.: bei Bodendorf.
III. Um 1200: *uineam in banno de Budendorph. in monte qui dicitur Rolingen* (MRUB II Nachtrag Nr. 9 = MRR II Nr. 880).
Dieser Bergname ist eigentlich ein typischer Siedlungsname. Ob sich hinter ihm tatsächlich eine Wüstung verbirgt, ist unklar.

Brohl

AW 66   I. *Burg Brohleck.*
II. TK 5509 Burgbrohl: r 25 94 040; h 55 95 930. An einem nach O geneigten Hang.

III. 1325 trug Johann, Burggraf v. Rheineck, dem Kurfürsten Balduin v. Trier *castrum seu fortalitium dictum Brule sitam prope Brisiche iuxta Rynecke* mit den umgebenden Gräben zu Lehen auf. Die Burg wird als bisheriges Allodium des Burggrafen bezeichnet (Günther, CDRM III 1 Nr. 132).
1402 erhielt sie ein Nachkomme des genannten Burggrafen vom EB v. Trier zu Lehen (Schannat-Bärsch, Eifl. Ill. III 1,1 S. 530).
VII. Die Burg war durchgehend bis ins 19. Jahrh. bewohnt, wurde jedoch stark umgebaut, so daß nur noch sehr bescheidene Reste der mittelalterlichen Anlage vorhanden sind.
LITERATUR: Clemen, KDM Kr. Ahrw. 213 f.

AW 67  I. *Untere Burg.*
II. TK 5509 Burgbrohl: im Ortskern von Brohl.
III. Hier findet sich ein Bezirk, der den Namen *Burg* führt. Ein viereckiger Turm dieser Burg soll noch 1860 gestanden haben, das Burgtor 1899 niedergelegt worden sein. Weitere Reste fanden sich in Form von zwei großen eingewölbten Kellern unter Bürgerhäusern dieses Bezirks.
LITERATUR: Clemen, KDM Kr. Ahrw. 214.

Dankerath

AW 68  I. *Hof.*
II. TK 5606 Dollendorf, 5607 Adenau: in den Fluren 3 und 5.
VI. K. A. Seel ermittelte aus den Katastern in den Fluren 3 und 5 folgende FN, die auf einen wüsten Hof hinweisen: *Auf der Hoof, Auf der untersten Hoof, Auf dem Hoff, Auf der Hufwiese.*

AW 69  I. *Kotten.*
II. TK 5606 Dollendorf: r 25 58 000; h 55 77 800. 1 km SW Dankerath, in einer weiten W Fortsetzung der Gemarkung.
VI. Hier zeigen in Flur 8 einige FN die Existenz einer Hofwüstung an: *Auf dem Kotten, Auf Kottenbirken.*

Dedenbach

AW 70  I. *Kapelle.*
II. TK 5509 Burgbrohl: r 25 83 350; h 55 95 020.
III. Auf der Höhe N vor dem Dorf stand an der Straße nach Königsfeld eine 1509 geweihte Kapelle, die 1884 abgebrochen wurde. Heute befindet sich hier nur noch ein 1921 errichtetes Wegkreuz.
LITERATUR: Clemen, KDM Kr. Ahrw. 217.

AW 71  I. *Kloster?*
II. TK 5509 Burgbrohl: ungefähr r 25 84 530; h 55 95 300. An der Straße Dedenbach–Waldorf, in der Nähe der Brücke über den Vinxt-Bach, unweit der Abzweigung nach Königsfeld.
VI. Hier soll einst ein altes Kloster gestanden haben, dessen Brunnen noch bis in die Mitte des 19. Jahrh. erhalten gewesen sein soll. Es geht hier die Sage von hartherzi-

gen Nonnen, die das Kloster bewohnt haben sollen, und von einem Schatz, der dort, von einer Schlange bewacht, begraben liegen soll. Es ist völlig unklar, was sich hinter dieser Sage verbirgt. Möglicherweise liegt hier eine spätere Interpretation römischer Überreste vor.
LITERATUR: Heimatkal. Kr. Ahrweiler 1927, 36 f.

AW 72  I. *Schirmhof.*
II. TK 5508 Kempenich: r 25 80 910; h 55 93 235. 1,3 km W Oberdürenbach, im Dedenbacher Wald, an der heutigen Stelle eines Wegkreuzes.
III. Am Wege von Oberdürenbach zum Gut Schirmau gab es an der Stelle, an der heute ein Wegkreuz steht, den Schirmhof. Der Hof verfiel aber, weil die Gegend als unsicher in Verruf geraten war und wurde später tiefer im Dedenbacher Wald erneut aufgebaut.
LITERATUR: Heimatkal. Kr. Ahrweiler 1928, 104.

## Dernau

AW 73  I. *Emerichdorf.*
II. TK 5408 Ahrweiler: in der Gemarkung Dernau.
VI. H. Dittmaier, Die linksrheinischen ON auf -dorf und -heim (Manuskr. Bonn 1961) 6, verzeichnet in Dernau den FN *Emerichdorf* mit Bezug auf eine Urkunde bei Frick S. 91 Nr. 515 zu 1274 Febr. 23.

AW 74  I. *Maren,* Wüstung?
II. TK 5408 Ahrweiler: unbekannt bei Dernau.
III. 1140 Aug. 28: Allod zu *Maren* (MRR I Nr. 1973). Es kann sich auch nur um einen FN handeln.

AW 75  I. *Kloster Marienthal,* partielle Wüstung.
II. TK 5408 Ahrweiler: r 25 75 050; h 56 00 700. In einem schmalen, von N kommenden Nebental der Ahr, 1 km O Dernau.
III. 1137/38: Begründung des Klosters von der Abtei Klosterrath b. Aachen aus. Die weitere Geschichte des Klosters findet sich bei Clemen, KDM Kr. Ahrw. 227–232.
1802 wurde das Kloster aufgehoben und zwischen 1804 und 1811 weitgehend abgebrochen.
VII. Den verbliebenen Baubestand beschreiben die KDM Kr. Ahrw. a. a. O.
LITERATUR: AHVN 138, 1941, 62. – Clemen, KDM Kr. Ahrw. 227–232 mit weiterer Literatur.

## Dorsel

AW 76  I. *Berliner Hof,* auch: *Xanter Hof.*
II. TK 5606 Dollendorf: r 25 57 860; h 55 84 360. 2,1 km NO Dorsel.
III. 1808/09: Tranchot-K. NA Blatt 130 Aremberg zeigt hier *Berliner Hof-détruite* mit einem großen Gebäude und einem Weiher.
VI. K. A. Seel, Bonner Jahrb. 162, 1962, 471, ermittelte in Flur V des Katasters von 1899 den FN *Xanter Hof.*

AW 77  I. *Brungserath,* Wüstung?
II. TK 5606 Dollendorf: ungefähr r 25 56 400; h 55 84 640.
VI. K. A. Seel, Bonner Jahrb. 162, 1962, 471, verzeichnet in Flur VII den FN *In Brungserath* und in Flur XI *Auf Brungserath.*

AW 78  I. *Eschweiler,* Wüstung?
II. TK 5606 Dollendorf: in der Gemarkung Dorsel, an der Grenze gegen die Gemarkung Ahrdorf, Kr. Schleiden: ungefähr r 25 55 400–900; h 55 83 000–400.
VI. K. A. Seel, Bonner Jahrb. 162, 1962, 471, ermittelte in Flur XVIII *Im Eschweiler.* Dieser FN findet sich auch im benachbarten Teil der Gemarkung Ahrdorf, Kr. Schleiden.

AW 79  I. *Stahlhütte.*
II. TK 5606 Dollendorf: r 25 57 100; h 55 83 090. 750 m NO Dorsel, W der Ahr, an einem Nebenarm des Flusses.
III. Die Stahlhütte ist wohl etwas später entstanden als die beiden spätmittelalterlichen Hütten Ahrhütte (SLE 43) und Antweiler (AW 28).
Nach 1794 gehörte die Stahlhütte, von der französischen Domänenverwaltung aus Arenbergischem Vermögen verkauft, zur Dotierung der Ehrenlegion.
19. Jahrh.: Die Stahlhütte befindet sich im Besitz des Eisenunternehmers Cremer, dem auch die Hütte zu Quint (TR 7) gehörte.
1808/09 zeigt die Tranchot-K. NA Blatt 130 Aremberg, daß Stahlhütte ein aus vielen Gebäuden bestehender Ort war. Die Bauten gruppieren sich um zwei größere Hofanlagen, die das Zentrum des Ortes bilden. Die Siedlung entstand aus einem Hammerwerk der Arenbergischen Eisenindustrie. Ein barockes Verwaltungsgebäude des Werkes hatte bis zum Ersten Weltkrieg Bestand.
LITERATUR: Clemen, KDM Kr. Ahrw. 236. – Eifelkalender 1955, 101. – H. Neu, Heimatkal. Kr. Schleiden 1953, 50 ff.

AW 80  I. *Weiler,* Wüstung?
II. TK 5606 Dollendorf: in der Gemarkung Dorsel.
VI. K. A. Seel, Bonner Jahrb. 162, 1962, 471, ermittelte in Flur IX *Am Kirchturm, Ober Weiler Sauer, Ober Weilerwiese, Weilerwiese, Ober Weilerknipp* und in Flur X *Weilerkipp.*

Eichenbach

AW 81  I. *Breitscheider Höfe,* auch: *Breischeit.*
II. TK 5506 Aremberg: etwa r 25 58 500–950; h 55 87 700–900. Etwa 1,1 km NO Burg Arenberg, am *Hüttenseifen.*
III. 1578 geht der Hof *Bryscheit,* auch *Breischeit* genannt, von den Eltern Arnold und Katharina auf deren Sohn Johann und dessen Frau über. Der Hof trug 8 Malter Korn und 13 Malter Hafer als Pacht.
1808/09: Tranchot-K. NA Blatt 130 Aremberg verzeichnet hier *Breitscheiterhof – 2 Fermes détruites* ohne Gebäude. Zur Zeit der Kartenaufnahme waren von den Höfen offensichtlich keine Reste mehr vorhanden. Ihr heute verwaldetes Gelände war zu Beginn des 19. Jahrh. mit Heide bestanden. Die Höfe wurden begründet, als die Arenbergische Eisenindustrie in eine schwere Krise geraten war und für die dort Beschäftigten neue Erwerbsmöglichkeiten gesucht werden mußten. Man entschloß sich zur Rodung des Gebietes *Breitscheid* und zur Gründung der beiden Höfe, die aber offenbar nicht sehr lange Bestand hatten.

VI. K. A. Seel, Bonner Jahrb. 162, 1962, 471, ermittelte folgende FN: Flur X, XI und XII: *Der unterste Breitscheider Hof, Der Obere Breitscheider Hof.*
LITERATUR: H. Neu, Wüstungen im oberen Ahrtal. In: Zwischen Eifel und Ville 9, 1953, 26.

AW 82    I. *Dreisbachsmühle.*
II. TK 5506 Aremberg: r 25 57 400; h 55 89 000. Knapp 1 km NW Eichenbach, am Dreis-Bach.
III. 1808/09: Tranchot-K. NA Blatt 130 Aremberg zeigt hier die *Dreisbacher Mühle* mit einem Gebäude und zwei großen, nach NW gelegenen Teichen. Das Gebäude steht auch heute noch, doch ist die Mühle längst aufgegeben, und die Teiche sind verlandet. 1804 hatte diese herzoglich-arenbergische Mühle schwer unter Hochwasser gelitten.
LITERATUR: Die Eifel 1959, 60.

AW 83    I. *Maßholderhof.*
II. TK 5507 Hönningen: r 25 60 520; h 55 87 060. O des Eichenbaches, an seiner Mündung in die Ahr.
III. 1578 und 1579 wird der Masholderhof unter der Herzogin Margaretha v. Arenberg verpachtet, und zwar an Johann den Meyer zu Maßholter und Eva, seine Frau. Als Pacht wurden entrichtet: 9 Malter Korn, 20 Malter Hafer, ein Schwein, 100 Eier, 3 Pfd. Wachs und 1 Wagen Heu oder Stroh.
1808/09 zeigt die Tranchot-K. NA Blatt 131 Adenau den aus einem großen rechteckigen und zwei kleinen Gebäuden bestehenden *Masholder-Hof* mit Einfriedigung und nach S anschließenden Gärten. Dieser Hof wurde wie die *Breitscheider Höfe* (AW 81) begründet, als die arenbergische Eisenindustrie eine Krise durchmachte und man die freiwerdenden Arbeitskräfte auf neuen Höfen ansetzte.
1843: Topographisch-statistische Übersicht des Regierungsbezirks Koblenz erwähnt in Maßholder 2 Wohnhäuser mit 6 Wirtschaftsgebäuden und 11 Einwohnern. Der Hof wurde zu Beginn des 20. Jahrh. wüst und abgerissen. Die letzten Einwohner sind namentlich bekannt.
V. Auf dem Hof befand sich auch eine Kapelle. Sie blieb 1910 zunächst stehen als die Hofgebäude abgerissen wurden. Später wurde sie durch eine neue, den 14 Nothelfern geweihte Kapelle ersetzt.
VI. K. A. Seel, Bonner Jahrb. 162, 1962, 471, ermittelte folgenden FN: Flur VIII und IX *Am Garten.*
LITERATUR: K. A. Seel a. a. O. – Die Eifel 1959, 60; 1961, 225; 1962, 35. – H. Neu, Wüstungen im oberen Ahrtal. In: Zwischen Eifel und Ville 9, 1955, 25.

AW 84    I. *Groß-* und *Kleinlangscheid*, Wüstung?
II. TK 5506 Aremberg, 5507 Hönningen: in der Gemarkung Eichenbach.
VI. K. A. Seel, Bonner Jahrb. 162, 1962, 471, ermittelte die FN: Flur I *Auf Großlangscheid*; Flur II *Auf Kleinlangscheid*. Es könnte sich um Hofwüstungen handeln.

Franken

AW 85    I. *Rudelberg.*
II. TK 5409 Linz a. Rh.: etwa r 25 88 450; h 55 97 300. Knapp 1 km ONO Franken am Wege nach Mönchsheide.

III. Die Tranchot-K. ÄA Blatt 46 Andernach zeigt hier zwei Häuser mit dem Zusatz *Rudelberg*.

AW 86   I. *Manganbergwerk*.
II. TK 5409 Linz a. Rh.: r 25 88 170; h 55 97 225. 700 m ONO Franken.
III. Hier befindet sich ein aufgegebenes Manganbergwerk des 18./19. Jahrh.

Gilgenbach

AW 87   I. *Adorfer Hof,* auch: *Adorf.*
II. TK 5507 Hönningen: r 25 68 120; h 55 85 500. 1,5 km O Gilgenbach, am Oberlauf des Gilgenbachs.
III. 1809 zeigt die Tranchot-K. NA Blatt 131 Adenau am W-Rand von Adorf drei Gebäude, die bis Ende des 19. Jahrh. Bestand hatten. Adorf ist als partielle Ortswüstung anzusprechen.

Gimmingen

AW 88   I. *Birmersdorf.*
II. TK 5409 Linz a. Rh., 5408 Ahrweiler.
VI. H. Dittmaier, Die linksrheinischen ON auf -dorf und -heim (Manuskr. Bonn 1961) 18, vermerkt in Gimmingen den FN Birmersdorf. Möglicherweise verbirgt sich dahinter eine Dorfwüstung.

Heckenbach

AW 89   I. *Langhardt,* Hof.
II. TK 5508 Kempenich: r 25 74 100; h 55 87 460. Im äußersten SW der Gemarkung Heckenbach, 5,5 km SSW Heckenbach.
III. 1847 wurde der Hof Langhardt vom Fiskus gekauft. Die zugehörige Flur wurde gänzlich aufgeforstet, die Hofgebäude wurden als Forsthaus verwendet oder teilweise abgebrochen. Die Ackerflächen des Hofes zeigt 1809 die Tranchot-K. NA Blatt 132 Kempenich noch recht gut. Sie lagen vor allem S des Hofes, entlang der Gemarkungsgrenze gegen Hohenleimbach.
LITERATUR: Heimatkal. Kr. Ahrweiler 1937, 99 f.

AW 90   I. *Ölmühle von Watzel.*
II. TK 5508 Kempenich: r 25 75 230; h 55 92 000. O am Watzthaler Bach, 250 m NNW Watzel.
III. 1809 zeigt die Tranchot-K. NA Blatt 120 Kesseling hier eine Ölmühle, zu der zwei W des Baches liegende Teiche gehört haben. 1895 enthält die TK 1 : 25 000 noch die Ruinen dieser Mühle.

AW 91   I. *Kapelle.*
II. TK 5508 Kempenich: r 25 75 570; h 55 92 120. Rund 300 m S Niederheckenbach, an dem nach S über die Höhe führenden Prozessionsweg, bei H. 428,4.

## Heimersheim

AW 92  I. *Cardenburg.*
II. TK 5409 Linz a. Rh.: r 25 83 395; h 56 01 440. In Heimersheim, O der den Ort in N-S-Richtung durchquerenden Hauptstraße, wenig SO der Pfarrkirche auf dem Gelände neben der Schule.
III. Die Geschichte der Burg läßt sich seit der Mitte des 14. Jahrh. in den Quellen verfolgen. Die letzten Überreste der Burg wurden Anfang dieses Jahrh. bei Neubauarbeiten beseitigt.
LITERATUR: Clemen, KDM Kr. Ahrw. 297.

## Herschbach

AW 93  I. *Halbacherhof.*
II. TK 5507 Hönningen: r 25 70 880; h 55 86 540. N des Halbaches, auf der Gemarkungsgrenze zwischen Herschbach und Kaltenborn gelegen.
III. 1809 zeigt die Tranchot-K. NA Blatt 132 Kempenich hier den *Halbacherhof* mit mindestens drei der in einer Reihe angeordneten Gebäuden. Der Hof wurde um 1900 aufgegeben. K. A. Seel ermittelte, daß das Urkataster den Hof als dreiseitig bebaute Anlage mit einem separat stehenden Gebäude wiedergibt.
LITERATUR: Die Eifel 1958, 155.

AW 94  I. *Mühle.*
II. TK 5508 Kempenich: r 25 72 690; h 55 88 460. 300 m S Herschbach, an einem Nebenarm des Herschbaches.
III. Die TK 1 : 25 000 von 1895 zeigt hier noch eine Mühle, die jedoch Anfang des 20. Jahrh. wüst wurde. Die Tranchot-K. NA Blatt 132 Kempenich enthält hier keine Mühle. Im Gelände ist heute noch der Mühlenteich vorhanden. Das Kataster von 1823 zeigt allerdings bereits die Mühle, einen zu ihr von Herschbach abgeleiteten Graben und den Teich.
VI. Der Standort der Mühle heißt heute *in der Mühlenwies.*

## Herschbroich

AW 95  I. *Lochert.*
II. TK 5607 Adenau: r 25 69 550; h 55 81 310. 300 m O Herschbroich, am Locherts-Bach.
III. 1809 zeigt die Tranchot-K. NA Blatt 132 Kempenich hier ein kleines Dorf mit mindestens 7 Häusern. Dieses kleine Dorf erscheint 1823 im Urkataster als selbständiger Ortsteil von Herschbroich. *Lochert* soll dann abgebrannt, seine Bewohner sollen geschlossen nach Amerika ausgewandert sein.
VI. K. A. Seel entnahm dem Kataster folgende FN: *Im Lochert, am Lochertssteingen, auf Lochertshard.*

AW 96   I. *Asterhof.*
        II. TK 5607 Adenau: zwischen Herschbroich und Lochert im Bachtal.
        VI. Hier ermittelte K. A. Seel den FN *auf dem Asterhoff,* der auf eine Hofwüstung schließen läßt. Die Tranchot-K. enthält keinen Hinweis auf eine solche Hofwüstung.

AW 97   I. *Steffenshof.*
        II. TK 5607 Adenau: im Bachtal oberhalb, d. h. O Lochert.
        VI. Hier ermittelte K. A. Seel den FN *auf Steffenshof,* der auf eine Hofwüstung schließen läßt. Die Tranchot-K. enthält keinen Hinweis auf einen solchen Hof.

AW 98   I. *Alte Burg.*
        II. TK 5607 Adenau: r 25 68 800; h 55 80 570. O der Straße Meuspath-Breidscheid, 1 km S Herschbroich.
        VII. Auf einem durch Steinbrüche stark abgetragenen Berg befindet sich eine Wehranlage unbestimmter Zeitstellung. Reste eines Abschnittswalles mit vorgelagertem Graben sind im Gelände noch zu beobachten. Nach Kleemann, Kr. Ahrweiler S. 89, handelt es sich um eine vorgeschichtliche Wehranlage. Sie könnte aber mittelalterlich wiederbenutzt sein.

Holzweiler

AW 99   I. *Gisenroth.*
        II. TK 5408 Ahrweiler: in der Gemarkung Holzweiler, unweit Ober-, Nieder- oder Mönchesch.
        III. 1106: Schenkung des Embrico, Ministerialen des Grafen v. Saffenberg, an das Kloster Klosterrath bei Aachen: *Gisenrothe* mit bebautem und unbebautem Land und einem Wäldchen (MRR I Nr. 1599).
        1140 Aug. 28: EB Arnold v. Köln bestätigt dem Kloster Marienthal nach seiner Übersiedelung von Klosterrath seine Güter, darunter *Gisenrothe* mit der Ackerwirtschaft bei *Asch* (MRR I Nr. 1972).
        1140 Aug. 28: Die gleiche Bestätigung durch den Bischof Adalbero v. Lüttich: *Gysenrothe* (MRR I Nr. 1973).

AW 100  I. *Roth,* Hof.
        II. TK 5408 Ahrweiler: ungefähr r 25 71 450; h 56 02 500. Im W-Zipfel der Gemarkung Holzweiler, wo sie sich in die Swist-Niederung vorschiebt, O der Straße Gelsdorf–Ahrtal.
        III. 1106: Schenkung des Embrico, Ministerialen des Grafen v. Saffenberg, an das Kloster Klosterrath: Der Hof *Roth* bei *Asch* mit Ackerwirtschaft, einem Walde und dem Lande *Walprehsforst* unterhalb desselben (MRR I Nr. 1599).
        1140 Aug. 28: Bischof Adalbero v. Lüttich bestätigt dem Kloster Klosterrath seine Besitzungen an der Ahr, darunter den Hof *Roth* bei *Asch* = Esch (MRR I Nr. 1973).
        VIII. Die Flur dieses Hofes und auch der Hof selbst liegen W der Ahrtalstraße gegen die Niederung der Swist, im äußersten NW der Gemarkung Holzweiler. Hier zeigt die moderne TK 1 : 25 000 noch den FN *Rod* bei H. 331,1.

Hümmel

AW 101
I. *Hürscheid* oder *Burscheid,* Wüstung?
II. TK 5506 Aremberg: etwa 1 km NW Hümmel, am Oberlauf des Borner Baches.
VI. K. A. Seel, Bonner Jahrb. 162, 1962, 471, ermittelte an FN: Flur I *An Hürscheid,* Flur X *In Burscheid und Auf der Treue.* Die beiden Flurlagen sind einander benachbart und könnten sich auf die gleiche Wüstung beziehen.

AW 102
I. *Bätzert,* vielleicht aus *Bätzerath* entstanden, Wüstung?
II. TK 5506 Aremberg: etwa r 25 55 000; h 55 94 000. Rund 1,9 km N Hümmel.
VI. K. A. Seel, Bonner Jahrb. 162, 1962, 471, verzeichnet hier in Flur II den FN *Auf Bätzert.* Die moderne TK 1: 25 000 zeigt verschrieben *Auf Rötzert.*

AW 103
I. *Breizter Hof.*
II. TK 5506 Aremberg: ungefähr r 25 55 000–500; h 55 93 000–200. 900 m N Hümmel.
VI. K. A. Seel, Bonner Jahrb. 162, 1962, 472, verzeichnet folgende FN: In Flur III *Ober-Haustert* und *Am Kirchenfeld, Auf Haustert;* Flur IV *Breizter Heide, Zu Breizter, Am Breizterhof;* Flur VI *Im Forst am Breizterweg.*
1809 enthält die Tranchot-K. NA Blatt 118 Schönau *Breitzter Feld.* Die moderne TK 1 : 25 000 zeigt *Breizterheide.*

AW 104
I. *Eicherath,* Wüstung?
II. TK 5506 Aremberg.
VI. K. A. Seel, Bonner Jahrb. 162, 1962, 472, ermittelte in Flur X die FN *Auf der Eichert* und *In der Eichert.* Ob es sich um eine Wüstung handelt, ist unsicher.

AW 105
I. *Widumhof,* Wüstung?
II. TK 5506 Aremberg.
VI. K. A. Seel, Bonner Jahrb. 162, 1962, 472, verzeichnet in Flur X die FN *Der Widumhof Birkenberg* und *Im Birkenberg längs dem Widumhof.* Es handelt sich um ein Besitztum außerhalb der Ortslage von Hümmel. Die Bezeichnung *Widumhof* kann auch bei unbebauten Besitzungen auftreten, so daß nicht ganz sicher ist, ob es sich um eine Wüstung handelt. Für einen wüsten Hof spricht hier allerdings die in den FN erscheinende Wendung. Zum Wortgebrauch von 'Widum' vgl. J. Müller, H. Dittmaier, Rheinisches Wörterbuch Bd. 9 Liefer. 28/29 (Berlin 1971) unter 'wittum'.

Jammelshofen

AW 106
I. *Jammelshofener Mühle.*
II. TK 5608 Virneburg: r 25 73 300; h 55 84 880. 300 m N Jammelshofen.
III. 1809 verzeichnet die Tranchot-K. NA Blatt 132 Kempenich hier *Moulin* mit einem Gebäude. In der modernen TK 1 : 25 000 sind die Ruinen der Mühle noch angegeben.
VI. Folgende FN gibt es: *Unter der Mühle, Die Mühlenwiese, Hinten auf dem Mühlbusch, Ober der Mühlklause.*
VII. Die Trümmer des aus Bruchsteinen errichteten Mühlengebäudes sind heute noch in Resten im Gelände sichtbar. Ebenso zeichnen sich ein Mühlenteich sowie einige Staudämme im Oberlauf des Baches ab.

Kaltenborn

AW 107
I. *Burg Kaltenborn.*
II. TK 5508 Kempenich: r 25 72 380; h 55 86 010. Neben der Kirche gelegen.
III. Die Burg von Kaltenborn war Stammsitz einer Adelsfamilie, die 1348 mit *Reinhard v. Kaltenborn* und 1366 mit *Heinrich v. Kaltenborn* urkundlich erscheint. Sie lag neben der Kirche und wurde im 19. Jahrh. abgebrochen. Überreste haben sich von ihr nicht erhalten.

Kesseling

AW 108
I. *Hagane,* Wüstung?
II. TK 5507 Hönningen, 5508 Kempenich.
III. 772 Juni 29: Schenkung der Bertrud und ihres Sohnes an die Kirche Kesseling: *in loco nuncupante adagane sitam im pago efflinse* und in der Überschrift der Donation: *in loco nuncupato Hagane* (MRUB I Nr. 25 = MRR I Nr. 220).
Da Hagane die Bezeichnung *locus* hat, braucht es sich gar nicht um eine Siedlung zu handeln. Es kann mit diesem Namen auch ein Forstbezirk gemeint sein. Vielleicht haben aber die *Haistaldi ibidem manentes* (zu *keslighe* = Kesseling) etwas mit diesem Forst zu tun. Sie werden 1222 vom Exabt Caesarius in seinem Kommentar zum Prümer Güterverzeichnis erwähnt (MRUB I Nr. 135, S. 178 Anm. 1).
Zum Problem der Haistaldi oder Hagestolden vgl. S. Corsten, in: Festschr. zum 65. Geburtstag von Franz Steinbach (Bonn 1960) 205 ff. – Vgl. auch Kat. Nr. SLE 54 unter *Villa Hagestolde.*
Man wird jedoch annehmen dürfen, daß Hagane nicht sehr weit von Kesseling gelegen hat. Wir dürfen es auch wegen sprachgeschichtlicher Schwierigkeiten nicht für Heckenbach, Kr. Ahrweiler, halten.
1809 zeigt die Tranchot-K. NA Blatt 120 Kesseling in einem O Nebental des Weidenbacher Tales den FN *Hannborn* (= Hagenborn). Er liegt etwa bei r 25 72 500–73 200; h 55 92 450–750.
LITERATUR: Eifelfreund 1951, 2. – Clemen, KDM Kr. Ahrw. 275, unter Heckenbach. – Jungandreas, Historisches Lexikon 478.

AW 109
I. *Ölmühle.*
II. TK 5508 Kempenich: r 25 73 030; h 55 94 370. Am O-Ende v. Kesseling.
III. 1809: Tranchot-K. NA Blatt 120 Kesseling: *Ohle mühl* mit einem rechteckigen Gebäude, N des Staffeler Baches. Die Mühle hatte bis Ende 19. Jahrh. Bestand.
VI. In Flur VI FN *In der Ölmühl* und *Vor dem Rech.*

AW 110
I. *Kranscheid,* auch: *Krascheid.*
II. TK 5508 Kempenich, SW Kesseling, in Richtung Weidenbach.
III. 893/1222: Güterverzeichnis der Abtei Prüm: *forestum (camerworst) in cransceit* (MRUB I Nr. 135, S. 178). Der Forst wird unter *keslighe* = Kesseling genannt und tritt auch im Kommentar des Caesarius auf. Er war offenbar besiedelt, denn Caesarius erwähnt *Homines illuc attinentes. qui appellantur houetlude alibi morantes. soluunt . . .* (a. a. O. Anm. 1).
1285 April 18: Urkunde des EB Siegfried v. Köln: *unam carratam vini apud Arwilre et sex maldra silinginis in parrochia de Keslic, que solvunt Sifridus de Cracheit*

*duo maldra, Henninc de Crascheit duo maldra et Petrus ibidem duo maldra* . . .
(AHVN 66, 1898, 192; vgl. Knipping, Reg. III Nr. 3058).
1395: *in den dorfern zu Weidenbach, Stapfel ind Crainscheid* (Lamprecht, DWL I 2, 1292).

VI. Die Wüstung hat SW Kesseling im Bereich diesbezüglicher FN gelegen: 1823 *Gorscholter aull* und *Im Krammich*; 1861 *Krascheider Auel* und *Auf Hirschbach am Hof*.

LITERATUR: Eifeljahrb. 1961, 132.


## Kirchsahr

AW 111   I. *Sellingerhof*.   Abb. 17.

II. TK 5407 Altenahr: r 25 63 250; h 55 98 800. Etwa 500 m WSW Kirchsahr, in der Nähe der dortigen Kapelle.

III. 1562: Das Scheffenbuch des Gerichtes Kirchsahr erwähnt den Sellingerhof. Um 1580: *hove uf Sellingen gehörig*. 1809 gibt die Tranchot-K. NA Blatt 119 Kreuzberg keinen Hinweis auf den Hof mehr, der schon lange zuvor wüst geworden sein muß.

VI. K. A. Seel, Bonner Jahrb. 162, 1962, 468, verzeichnet im Flur I die FN *Selligen Fläch, Selligenthal, Selligenacker*.

LITERATUR: K. A. Seel a. a. O. – J. Görz, Das Scheffenbuch des Gerichtes Kirchsahr vom Jahre 1562. Heimatjahrb. d. Kr. Ahrweiler 1962, 43 f.

Zu *Hahn, Hohn* vgl. EU 14.


## Königsfeld

AW 112   I. *Burg*.

II. TK 5509 Burgbrohl: am S-Rand von Königsfeld außerhalb der mittelalterlichen Stadtbefestigung, ungefähr r 25 83 640; h 55 96 300. Das Burggelände wird teilweise von der Umgehungsstraße geschnitten, die S Königsfeld vorbeiführt.

III. 1371 erhielt bei der Teilung des Landskronschen Erbes Friedrich v. Tomburg unter anderem das *feste Haus*, also die Burg, zu Königsfeld mit Ställen, den *Viehhof* außerhalb der Pforte und den Weiher. Der andere Partner der Teilung, Dietrich v. Schönberg, hatte ebenfalls einen Anteil an der Burg, welchen Friedrich v. Tomburg 1375 von ihm kaufte (Clemen, KDM Kr. Ahrw. 362).

V. Die Burg besaß eine Kapelle.

VI. Die Volksüberlieferung sagt, man habe bei der Burg eine feurige Kutsche mit guten Geistern gesehen. Dies sei von einem Schäfer beobachtet worden (Heimatkal. Kr. Ahrweiler 1927, 37).

VII. Im 17. und 18. Jahrh., wahrscheinlich nach umfassendem Umbau im Jahr 1622, hatte die Burg das Aussehen einer zweiteiligen Wasserburg, wie 1723 eine Ansicht der Burg im Codex Welser zeigt (bei Clemen, KDM Kr. Ahrw. 364). Eine Zeichnung von Roidkin (1725) stellt Burg und Stadt Königsfeld dar (Clemen a. a. O. 362). Die Gemeinde Königsfeld ließ 1830 die Ruinen der Burg abreißen.

Koisdorf

AW 113
I. *Pfannenschopp*, Hof.
II. TK 5409 Linz a. Rh.: bei Koisdorf, genaue Lage unbekannt.
III. Nach Stramberg, Rheinischer Antiquarius III 9,49, gab es zwei Büchsenschuß von Koisdorf den Einzelhof Pfannenschopp.

Kreuzberg

AW 114
I. *Engelhäuser Hof*.
II. TK 5407 Altenahr: r 25 68 300; h 55 98 250. 1 km WNW Kreuzberg, N des Sahr-Baches.
III. 1667–1746: *Imbgenhausen*, zahlreiche Eintragungen im Altenahrer Kirchenbuch. 1746 letztmalig bei einer Taufe erwähnt.
1768: *Der Hof Imtgenhausen* in einer Karte des Archivs Kesselstadt. Hier ist zwar der Hofplatz eingetragen, der Hof selbst aber bereits wüst.
VI. FN: Flur III *Am Engelhauser Berg*, Flur XIII der Gemarkung Berg: *Am Empgeshauser Berg*.
VII. K. A. Seel suchte die Hofstelle im Gelände auf und beschrieb die dort noch sichtbaren Reste eingehend.
VIIII. Reste der Flur sind in Form von Terrassenäckern noch vorhanden.
LITERATUR: K. A. Seel, Bonner Jahrb. 162, 1962, 468 f.

AW 115
I. *Hengsberger Hof*.
II. TK 5407 Altenahr: r 25 67 960; h 55 97 050. 1,4 km WSW Kreuzberg, auf dem Selbachs-Berg, und zwar auf der S-Seite.
III. 1745: *Hengsberg* im Kirchenbuch Altenahr.
1780: Letzte Eintragung des Hofes im Kirchenbuch.
1809: Tranchot-K. NA Blatt 119 Kreuzberg verzeichnet: *Klein Hiensberg* und etwas weiter SO bei Brück *Hiensberg*, keine Hofgebäude mehr angegeben.
VI. FN in Flur V *Am Hof*, Flur I Gemarkung Brück *Auf der Hengstberger Nück*. Im Urkataster fiel K. A. Seel die Kleinparzellierung des Ackerlandes im Gebiet des ehemaligen Hofes auf.
VII. Die Hoffläche konnte im Gelände noch lokalisiert werden.
LITERATUR: K. A. Seel, Bonner Jahrb. 162, 1962, 469.

Lantershofen

AW 116
I. *Zweibrücken*, Hof.
II. TK 5408 Ahrweiler: wahrscheinlich in der weiten Ausbuchtung der Gemarkung Lantershofen nach W, wo zwei von W kommende Bäche sich vereinigen, daher vermutlich Zweibrücken.
III. 1416: *Zweibrücken* bei Lantershofen.
1417: *Zweibrücken* bei Lantershofen.

17 Die Wüstung Sellingerhof (AW 111), Gemarkung Kirchsahr (AW).

(Ausschnitt aus der TK 1 : 25 000 Blatt 5407 Altenahr;
wiedergegeben mit Genehmigung des Landesvermessungsamtes Nordrhein-Westfalen
vom 4. 5. 1973 – 3787).

1442: Verpfändung des *Hofes Zweibrücken.*
1583: *Hof Zweibrücken.*
(Belege nach Clemen, KDM Kr. Ahrw. 380 f. – Frick, Quellen 652).
VI. In der Gemarkung Lantershofen gibt es noch den FN *Zwenbrück.*

Leimbach

AW 117 I. *Die Warte,* Motte?
II. In der SO-Ecke der Gemarkung Leimbach, auf der H. 481,2.
VII. Hier finden sich nach Kleemann, Kr. Ahrweiler 93, wallartige Erhöhungen, die einem mittelalterlichen Burghügel (Motte) zuzuweisen sind.

Löhndorf

AW 118 I. *Dalheim.*
II. TK 5409 Linz a. Rh.: soll in der Gemarkung Löhndorf liegen, vielleicht auch zwischen Löhndorf und Westum.
III. 1191: *Dimidium etiam iurnalem uinee que sita est in floro quod dicitur Daleheim* ... (MRUB II Nr. 118 = MRR II Nr. 668).
1255: Conrad Roth (Rufus) und seine Frau Berta verkaufen dem Magister Helfrich, Kanonikus des Marienstiftes in Aachen, 3 Ohm Weinrente zu Sintzge aus ihren Wingerten in *Gudinalin* und *Dalheim* (MRR III Nr. 1265).
1261 Dez. 14: In der Umgebung von Sinzig werden eine ganze Reihe von Wingerten genannt: Wingert *Langenberch* unter dem Neuhof (*sub vico novo*) im *Mundelsdale* und in der *Custodia* von *Dalheym,* Wingert über *Vomer,* Wingert über *Berghe,* Wingerte in *Gudendale, Dalheym* und *Horberch,* Wingert im *Wennendale* (MRR III Nr. 1735).
1267 Jan. 21: Allodialgüter in der Pfarrei Sinzig, nämlich Wingerte in den Fluren *Winterbus, Dalheim, Zoirberg* und *Linserdal* (MRR III Nr. 2234).
Nach Zepp, Heimatkal. Kr. Ahrweiler 1939, 80, lagen die Wüstungen Krechelheim (AW 176) und Dalheim zwischen Löhndorf und Westum.
VI. Die FN *Langenberch* und *Gudendale* von 1261 mögen sich vielleicht in den modernen Flurbezeichnungen *Langenacker* (Gemarkung Westum: r 25 87 000; h 55 99 800) und *Gutenacker* (Gemarkung Sinzig: r 25 87 700; h 55 98 600) erhalten haben. Für *Langenberch* ist jedoch die gleiche Flurbezeichnung 4 km S Sinzig (r 25 88 680–89 060; h 56 00 620) am wahrscheinlichsten (vgl. unter AW 162 zu *Neuhof,* Gemarkung Sinzig).
Daß die Flur Dalheim im Raume Westum–Sinzig–Löhndorf zu suchen ist, kann kaum bezweifelt werden. Da dieser Name als FN sehr ungewöhnlich ist, muß auch eine Wüstung mit -heim-ON vermutet werden.

AW 119 I. *Elinchoven.*
II. TK 5409 Linz a. Rh.: im SW-Teil der Gemarkung Löhndorf, im Vehner Wald, also S oder SW Vehn, dem alten Pfarrort.
III. 1267 Febr. 24: Die Abtei Deutz verkauft den Brüdern v. *Lanzcrone* ihren Hof *Vene* mit dem Walde *Venrevorst* und allem Zubehör. Die Brüder v. Lanzcrone sollen diese Güter von der Abtei Deutz zu Lehen nehmen, die Abtei behält sich jedoch unter anderem die Mühle in *Elinchoven* mit deren Berechtigung am Walde *Venrevorst* vor (MRR III Nr. 2249). Es ist damit gesichert, daß sowohl die genannte Mühle als auch Elinchoven im Vehner Wald liegen.

AW 120   I. *Schopperhof,* auch: *Schüppenhof.*

II. TK 5409 Linz a. Rh.: r 25 83 100; h 55 98 300. 1250 m SW Vehn, mitten im Vehner Wald, bei H.274,2.

III. 1809 zeigt die Tranchot-K. ÄA Blatt 46 Andernach zwei Häuser mit dem Zusatz *Schopperhof.*

LITERATUR: Zepp, Heimatkal. Kr. Ahrweiler 1939, 80.


L o h r s d o r f

AW 121   I. *Landskron,* Festung.

II. TK 5409 Linz a. Rh.: r 25 83 100; h 55 02 400. 1 km W Lohrsdorf, am Zusammenfluß eines von N kommenden Nebenbaches mit der Ahr.

III. 1206 begann Kg. Philipp v. Schwaben auf dem *Mons Gimiche* mit dem Bau einer Burg, die den Namen Landskron erhielt (Clemen, KDM Kr. Ahrw. 396 mit Quellen).
1212 hielt sich Kaiser Otto IV. auf der neuen Reichsburg auf.
Über die weitere Geschichte der Burg unterrichten die KDM Kr. Ahrw. 396–400. Im 17. Jahrh. wurde die Burg mehrfach von fremden Truppen besetzt, so 1616 von Spaniern, 1632 von Schweden und 1633 von spanischen und kurkölnischen Soldaten. Zu Anfang des 17. Jahrh. waren die Verteidigungsanlagen und die Gebäude teilweise in schlechtem Zustand, wie ein Besichtigungsprotokoll von 1616 zeigt (Clemen, KDM Kr. Ahrw. 399).
1682: Nachdem die Burg zuvor niedergebrannt war, befahl der Kurfürst v. d. Pfalz als Herzog v. Jülich den Abbruch der Anlage, der im selben Jahr auch durchgeführt wurde.

VII. Die übriggebliebenen Baureste beschreiben wiederum die KDM Kr. Ahrw. 400–405. Aus dem beigegebenen Plan wird die Zweiteilung der Anlage in eine Niederburg und eine Oberburg, die sich auch in den Quellen widerspiegelt, sichtbar.

LITERATUR: Clemen, KDM Kr. Ahrw. 394–404 mit zahlreichen alten Abbildungen und Plänen. – H. Frick, Th. Zimmer, Quellen zur Geschichte der Herrschaft Landskron an der Ahr, 2 Bde. Publikationen d. Gesellsch. f. Rheinische Geschichtskde. 56 (Bonn 1966).

AW 122   I. *Lohrsdorfer Burg.*

II. TK 5409 Linz a. Rh.: in Lohrsdorf.

III. 1466 wird ein Lohrsdorfer Burgsitz der Herren v. Eynenberg erwähnt (Stramberg, Rheinischer Antiquarius III 9, 400).


M a y s c h o ß

AW 123   I. *Saffenberg,* Burg.

II. TK 5408 Ahrweiler: r 25 72 620; h 55 98 740. In einer nach N ausgreifenden Ahrschlinge, S des Flusses, Mayschoß gegenüber.
1081: PN *Graf Adalbert v. Saffenburg* (Frick, Quellen Nr. 11). Zur weiteren Geschichte der Burg vgl. Clemen, KDM Kr. Ahrw. 414–419.
1103: PN *Comes adelbreht de saffenberch,* Zeuge in einer Urkunde des EB Bruno v. Trier (MRUB I Nr. 408).
1129 Febr. 10: PN *Adolphus de Saphinberg* (MGH DD Loth. III Nr. 16).

1131 Apr. 23: (MGH DD Loth. III Nr. 36) ⎫ Graf Adolf v. Saffenberg
1131 Mai 2: (MGH DD Loth. III Nr. 38) ⎬ als Zeuge in Urkunden
1132 März 18: (MGH DD Loth. III Nr. 40) ⎭ Lothars v. Supplinburg.
1141: PN *Comes adulphus de Saphenberg* (MRUB I Nr. 522).
1248: *. . . allodium meum, quod habeo apud Saffenberg extra castrum . . .* (MRUB III Nr. 943).
1702: Von französischen Truppen besetzt, wurde die Burg 1703 von den Deutschen zurückerobert und 1704/05 auf Befehl des Herzogs v. Jülich total geschleift. Alles brauchbare Material wurde abtransportiert.

VII. Die Burganlage ist nach dem Prinzip der Abschnittsbefestigung auf schmalem Bergsporn errichtet (vgl. Plan in den KDM Kr. Ahrw. 418). Zwei an die Berghänge im O und W anschließende Abschnitts- oder Halsgräben trennen aus dem Bergsporn zwei Vorburgen ab, denen nach N die Hochburg vorgelagert ist. Im O und N ist diese noch durch besondere Zwingeranlagen gesichert.

LITERATUR: Clemen, KDM Kr. Ahrw. 414–419.

## Meuspath

AW 124  I. *Kasselsburg*, Burghügel, auch: *Binnesburg*.

II. TK 5607 Adenau: r 25 68 840; h 55 77 530. Knapp 2 km SSW Meuspath, W der Straße Meuspath-Welcherath, im Mündungsgebiet eines von N in den Kirsbach fließenden Baches.

VII. Hier befindet sich ein großer quadratischer Hügel von etwa 40 m Kantenlänge. Er ist von einem tiefen Graben auf allen Seiten umgeben. In der umliegenden Bachniederung wurden bei Bauarbeiten die Reste von Stauwerken gefunden, in denen Eichenstämme verarbeitet worden waren.
Das Alter der Burg ist unbekannt, doch ist sie am ehesten zu den mittelalterlichen Burghügeln des 11.–13. Jahrh. zu stellen. In Flur 7 gibt es die FN *Die Binnesburg* und *An der Binnesburg*.

LITERATUR: Bonner Jahrb. 140/141, 1936, 494 f.

## Müsch

AW 125  I. *Müscher Mühle*.

II. TK 5606 Dollendorf: r 25 58 580; h 55 83 500. 500 m WSW Müsch, S der Ahr, zu Füßen des Mühlenberges.

III. 1809 zeigt die Tranchot-K. NA Blatt 130 Aremberg hier *Moulin* mit einem rechteckigen Gebäude.

VI. An die untergegangene Mühle erinnert der S davon liegende Bergname *Mühlenberg*.

## Niederdürenbach

AW 126  I. *Maarhöff*.

II. TK 5509 Burgbrohl: am NO-Rand des Rodder Maares, etwa r 25 84 380; h 55 93 150. Rund 1,3 km N Niederdürenbach.

VII. Hier lag ein später abgebrannter Hof mit dem Namen *Maarhöff*.
LITERATUR: Heimatkal. Kr. Ahrweiler 1927, 28.

AW 127  I. *Olbrück*, Burg.
II. TK 5509 Burgbrohl: r 25 83 100; h 55 91 230. 1,1 km SW Niederdürenbach, 500 m W Hain.
III. Die Burg wurde spätestens um 1100 von einem Mitglied der Familie v. Wied errichtet.
Um 1112: Zweite Stiftungsurkunde des Klosters Maria Laach. In der Zeugenliste erscheint ein *Burgardus de oreburch* (MRUB I Nr. 425 = MRR I Nr. 1648). Die Urkunde ist aber gefälscht und gehört dem 13. Jahrh. an.
Anf. 13. Jahrh.: Angebliche Stiftungsurkunde für die Abtei Laach von 1093, in der Zeugenliste *Burchardus de olbrucke*. Dieser Burchardus ist identisch mit dem in der vorher genannten Urkunde auftretenden (MRUB I Nr. 388 = MRR I Nr. 1526). 1190 trug Graf Theoderich v. Wied Schloß Olbrück dem EB Philipp v. Köln zu Lehen auf (Knipping, Reg. II Nr. 1365 u. 1386).
Zur weiteren Geschichte vgl. Clemen, KDM Kr. Ahrw. 268–274.
1632 wurde die Burg von schwedischen, 1633 von spanischen und kurkölnischen Truppen erobert. Dann kam sie in französische Hand. 1689 ließ ein französischer General die Burg anzünden und ganz abbrennen. Die Burg wurde jedoch wiederhergestellt. 1804 wurde sie von der französischen Verwaltung auf Abbruch verkauft und während des 19. Jahrh. hinfort als Steinbruch genutzt.
VII. Der in den KDM Kr. Ahrw. 271 abgedruckte Plan zeigt die wichtigsten heute noch erkennbaren Bauten: einen gewaltigen, aus Erdgeschoß und vier Obergeschossen bestehenden Bergfried von 34 m Höhe. Er stammt aus dem 14. Jahrh. Vom weiträumigen Palas stehen nur noch die Umfassungsmauern. Außerdem ist noch ein mächtiger Wartturm im NO der Burg erhalten.
LITERATUR: Clemen, KDM Kr. Ahrw. 268–274. – Bornheim gen. Schilling, Rheinische Höhenburgen Abb. 435–437 und Register.

AW 128  I. *Rodderhof*.
II. TK 5509 Burgbrohl: r 25 84 300; h 55 93 600. 1,8 km NNO Niederdürenbach, am SW-Ausgang von Rodder.
III. 1809 zeigt die Tranchot-K. ÄA Blatt 46 Andernach von N nach S an dem Bachlauf drei Höfe: den *Unterst Rodderhof*, heute noch bestehend und zu Rodder gehörend, ferner *Mittelst Rodderhof*, das heutige Rodder sowie den *Rodderhof*, einen ausgegangenen, aus drei Häusern bestehenden Hof SW des heutigen Rodder.

Niederzissen

AW 129  I. *Almersbach*. Tafel 24,2.
II. TK 5509 Burgbrohl: r 25 87 940; h 55 91 060. 1,7 km SO Niederzissen, im Tal des gleichnamigen, nach NO fließenden und bei Niederoberweiler in den Brohlbach mündenden Baches.
III. 1809 zeigt die Tranchot-K. ÄA Blatt 46 Andernach hier *Almersbacher* mit Häusern.
VI. S des Almersbaches, im angrenzenden Teil der Gemarkung Niederoberweiler, Kr. Mayen, gibt es bis heute den FN *In der Almersbach*.
VII. 1968 ergab die Geländebegehung deutliche Hinweise auf das frühere Dorf, von dem sonst aus den Quellen so gut wie nichts bekannt wurde. Es hat ausschließlich

auf der Nordseite des Bachtales gelegen, das heute fast ganz als Wiesengelände genutzt wird. Der nach S abfallende Nordhang des Almersbachtales zeigt auf einer Länge von etwa 80 m auf halber Höhe eine etwa 10 m breite terrassenförmige Einarbeitung, auf der die obere, N Zeile der Häuser von Almersbach gestanden hat. Nach der rückwärtigen Hangseite schlossen sich an die Terrassierung dann die zu den Häusern gehörenden Gärten an. Das gleiche wiederholt sich unmittelbar auf dem N-Ufer des Almersbaches. Hier steigt das Gelände auf einer Breite von etwa 400 m nicht, wie von der natürlichen Morphologie her zu erwarten, gleich in den Hang an, sondern bildet eine etwa 15 m breite Terrasse. Sie ist ganz eben und offensichtlich künstlich planiert und besitzt zum Bach hin einen sauber terrassierten Rain, der ebenfalls nicht durch natürliche Erosion des Baches, sondern auf Grund anthropogener Geländeformung entstanden ist. Auf beiden beschriebenen Terrassen wurden massiert Bautrümmer und mittelalterliche Keramik aufgesammelt. Darüber hinaus waren am W-Rand des Siedlungsgeländes in den hier nicht so steil aufgehenden Hang kleine horizontale Plateaus in den Hang eingearbeitet, die ebenfalls als Hausplätze in Frage kommen. Hier wurden die Siedlungsreste sehr dicht gestreut gefunden. Außer mittelalterlicher und frühneuzeitlicher Keramik fanden sich auch zahlreiche Dachschiefer von den Häusern.

Im Bachtal selbst schließt die Siedlung nach W mit einer Mühlenwüstung ab. Am Bewuchs erkenntlich und durch die noch vorhandenen, künstlich angelegten Stauwerke nachweisbar, gab es hier einen großen Mühlenteich von 20 m Br. und 60 m L. Auf seiner N-Seite wurde durch einen zwischen Teich und Hang verlaufenden, künstlich aufgeschütteten Wall ein Graben abgeteilt, der sich an einer Stelle so verbreitert, daß hier das unterschlächtige Mühlrad gelegen haben muß. Der Standort des Mühlengebäudes wurde nicht ermittelt.

VIII. Die zu Almersbach gehörende Flur erstreckte sich auf dem weiten, nach S abfallenden Hang N des Almersbaches. Hier sind modern verpflügte terrassierte Äkker an schwach ausgebildeten Relikten der Raine noch kenntlich. Die Flur ist jedoch schon soweit modern überarbeitet, daß eine Kartierung wohl nicht mehr zur Darstellung des alten Flurbildes führen dürfte. Dieses müßte aus archivalischen Quellen ermittelt werden. Teile der Flur lagen außerdem nach S des Almersbaches in der Gemarkung Niederoberweiler, Kr. Mayen. Offensichtlich wurde die Gemarkung der Wüstung Almersbach unter die beiden Nachbargemarkungen Niederzissen und Niederoberweiler aufgeteilt.

AW 130  I. *Koßdorf.*
II. TK 5509 Burgbrohl: in der Gemarkung Niederzissen.
VI. H. Dittmaier, Die linksrheinischen ON auf -dorf und -heim (Manuskr. Bonn 1961) 80, verzeichnet in Niederzissen den FN *Koßdorf.*

Nohn

AW 131  I. *Auf den Häuserchen.*
II. TK 5606 Dollendorf: r 25 55 600–56 300; h 55 75 760. 1,6 km S Nohn, am N-Rand des Hayerbusches.
VI. 1809/10 enthält die Tranchot-K. NA Blatt 143 Nohn hier den FN *Auf dem Hauserger.* In den modernen TK findet sich *Auf den Häuserchen.* Wahrscheinlich handelt es sich um eine Wüstung, deren Siedlungsstelle jedoch noch nicht gefunden wurde.
K. A. Seel ermittelte in Flur 17 die FN *Auf den Häuserchen, Auf den Häuserchen in den nassen Benden, Auf den Häuserchen in den langen Feldern.* Wegen dieser ge-

## Nürburg

AW 132  I. *Nürburg*.
II. TK 5607 Adenau: r 25 67 920; h 55 79 370. Inmitten der Automobil-Rennstrecke Nürburgring, rund 4,5 km SSO Adenau (Luftlinie).
III. 943: EB Rothbert v. Trier unterstellt die Kirche Welcherath der Pfarrei Nachtsheim als Filiale und beschreibt deren Grenzen: . . . *et sic illam uiam usque ad montem Nore et sic illum montem usque ad montem Achon et inde usque ad Suarzensole* . . . (MRUB I Nr. 178).
1166: EB Rainald v. Dassel regelt die Erblichkeit der Burgen Are und Nürburg, deren Öffnungsrecht der Kirche v. Köln zusteht: . . . *de duobus castris que in prediis eorum sita sunt. Are uidelicet. et Nŭreberg* . . . (Lac. UB IV Nr. 631 = Knipping, Reg. II Nr. 862). Im Jahre 1166 muß die Nürburg also bereits als vollendete Befestigungsanlage bestanden haben.
1169: *Vdelricus comes de Nurberc*, Zeuge in einer Urkunde des Abtes v. St. Maximin zu Trier (MRUB I Nr. 658. – Zur weiteren Geschichte vgl. Jungandreas, Historisches Lexikon 752. – Clemen, KDM Kr. Ahrw. 455–463).
Nach zahlreichen vorausgegangenen Besetzungen während der ersten Hälfte des 17. Jahrh. besetzten 1689 die Truppen Ludwigs XIV. die Burg und zerstörten sie vollständig. Der bis 1752 noch weiterbenutzte Turm wurde auch verlassen und verfiel.
V. In der Vorburg der Nürburg stand eine Kapelle, die 17 m lang und etwa 10 m breit war. Im O war sie halbrund geschlossen.
VII. Eine Beschreibung mit Übersichtsplan bieten die KDM Kr. Ahrw. a. a. O. Die Nürburg lag auf einer der höchsten Erhebungen der Eifel. Das unregelmäßig-runde Burgplateau umgab eine Umfassungsmauer aus einzelnen, knickenden und geradlinigen Mauerzügen, die von kleinen vorkragenden Rundtürmchen zusätzlich gesichert wurde. Im N-Teil dieses großen Burggeländes befand sich die eigentliche Hauptburg mit rundem Bergfried, Palasbauten usf. Sie war gegen das übrige Burggelände durch eine starke, an vorspringenden Ecken mit Rundtürmen gesicherte Mauer geschützt. Vom Burgberg sind auch zahlreiche römerzeitliche Funde bekannt.

## Oberbreisig

AW 133  I. *Burg Oberbreisig*.
II. TK 5409 Linz a. Rh.: in Ober- oder Niederbreisig gelegen.
III. Nach KDM Kr. Ahrw. 480 treten um die Mitte des 13. Jahrh. die Herren v. Breisig in der Überlieferung auf.
1254 trägt der Ritter Conzo v. Breisig sein steinernes Haus in Breisig dem EB v. Köln zu Lehen auf (Knipping, Reg. III 1 Nr. 1782 u. 1785. – Schmitz, UB Heisterbach 216 Nr. 130).

Oberdürenbach

AW 134  I. *Krummendahler Hof,* auch: *Grummendahler Hof.*

II. TK 5508 Kempenich: r 25 81 750; h 55 92 550. 800 m SW Oberdürenbach, in der Dürenbacher Hardt.

III. Anf. 19. Jahrh. zeigt die Tranchot-K. NA Blatt 133 Wehr *Krummendahl* mit 2 Häusern.

VII. Im Krummen Tal, einem nach N gehenden Nebental des Perler Baches, sind noch die Mauerreste des Grummendahler Hofes im Gelände sichtbar, der früher zur Herrschaft Olbrück (vgl. AW 127) gehörte. Der Hof soll kurz nach 1821 wüst geworden sein.

LITERATUR: W. Jansen, in: Heimatkal. Kr. Ahrweiler 1928, 104.


Oberwinter

AW 135  I. *Kirche zu Birgel.*

II. TK 5309 Bad Honnef-Königswinter: r 25 85 280; h 56 08 300. Am SW-Rand des heutigen Ortes Birgel, auf einer Anhöhe.

III. Hier stand die alte Kirche von Birgel, die vielleicht mit einer 1131 zum Bonner Cassius-Stift gehörenden *Wintere minor ecclesia* identisch ist (Levison, Bonner Urk. S. 248 Anm. 3).
Um 1300 Liber Valoris: *Birgele* (Oediger, LV 39).
1335 erscheint ein Pfarrer in Birgel (Frick, Quellen Nr. 643).
1627 wird die Kirche von Birgel als ganz wüst und ruiniert bezeichnet.
1669: Trennung der Pfarrsprengel Oberwinter und Birgel.
Ende des 17. Jahrh. verfiel die Kirche langsam. Sie war um 1730 unbrauchbar.

VII. An der Stelle der verschwundenen Kapelle zeigen sich noch heute Teile der Grundmauern und lose Basaltbrocken. In grasüberwachsenem Gelände ist der Grundriß der Anlage noch erkennbar. Die Kirche umgab einst ein Friedhof, von dem noch einige alte Grabkreuze des 17./18. Jahrh. vorhanden sind. Außerdem steht hier ein 4 m hohes Wegkreuz von 1723 mit einer Inschrift.

LITERATUR: Clemen, KDM Kr. Ahrw. 199 f.

AW 136  I. *Klause der Zisterzienserinnen.*

II. TK 5309 Bad Honnef-Königswinter: in Birgel.

III. Nach Clemen, KDM Kr. Ahrw. 200, gab es in Birgel eine Niederlassung von Zisterzienserinnen, die 1570 erstmalig erwähnt wird und unter der Aufsicht des Klosters Heisterbach stand. In der Reformation wurde das Birgeler Kloster aufgehoben, die Nonnen flohen nach Heisterbach und gaben der Abtei 1571 für ihren Aufenthalt aus ihren Gütern einen Entgelt (Schmitz, UB Heisterbach 27, 32, 595, 642).

AW 137  I. *Einzvelt.*

II. TK 5309 Bad Honnef-Königswinter: in der Gemarkung Königswinter, N des Ortsteiles Bandorf.

III. 853 Juli 1: Schenkung des Priesters Herigar an das Bonner Cassius-Stift, darunter: *Einezfelde* (Levison, Bonner Urk. Nr. 15 u. S. 244 Anm. 6).
882 Febr. 26: Urkunde des Klosters Prüm: *einazfelt* zwischen *mielenheim* (= Mehlem) und *filippia* (= Villip) genannt (MRUB I Nr. 120 = MRR I Nr. 747, dort auf

886 datiert, so auch bei Lamprecht, DWL I 1, 409 und Ewig, Trier im Merowingerreich 307 Anm. 32).
893/1222: Güterverzeichnis der Abtei Prüm unter *vnckele: wernarius habet vineas in unckele, et in Enizfelt. et in mylenheym* . . . (MRUB I Nr. 135 S. 182).
1100/1117: Verfälschte Urkunde des EB Friedrich I. v. Köln für die Abtei Siegburg: . . . *predium quatuor solidos persolvens ibique vineam unam et in Einzuelt* . . . (Regest: MRR I Nr. 1628. – Text: Wisplinghoff, UB Siegburg Nr. 30).
1139: EB Arnold I. v. Köln beurkundet die zur Zeit des EB Friedrich I. v. Köln erfolgte Gründung der Siegburger Zelle in Remagen und bestätigt unter anderem ihren Besitz *in Einzuelt predium quod solvit sex hidrias vini* . . . (Wisplinghoff, UB Siegburg Nr. 48).
1320–1349: Verzeichnis der Vasallen, die vom Abt Wolfard I. v. Siegburg belehnt worden sind: . . . *Item Heinrich van Meistrop is man worden van dem hove zo Einsfeldt bi Lutzelenwintern* . . . (Wisplinghoff, UB Siegburg Nr. 352).
1325: *in Einzvelt* (Lamprecht, DWL III 141). Der Ort soll im Dreißigjährigen Krieg untergegangen sein (Zepp, in: Heimatkal. Kr. Ahrweiler 1938, 80). Nach K. Flink, Zur Geschichte des Raumes Remagen. Rheinische Heimatpflege 1969, 295, wurde er zu Beginn des 18. Jahrh. wüst.
VI. N von Bandorf gibt es den FN *Ensfeld*.


## Obliers

AW 138    I. *Burg Wensberg,* auch: *Wensburg.*
II. TK 5507 Hönningen: r 25 64 760; h 55 93 790. 1,4 km SSO Obliers, auf einer Bergzunge, die zwischen dem Liersbach und einem von W in diesen einmündenden Nebenbach liegt.
III. 1401 trug Ritter Dietrich v. Gymnich sein Haus Wensberg dem EB Friedrich v. Köln als loslediges, offenes Haus zu Lehen auf (Schannat-Bärsch, Eifl. Ill. III. 1,1 S. 389. – Günther, CDRM IV Nr. 6).
1454 wurde Johann v. Helfenstein, Gemahl der Katharina v. Gymnich, vom Kölner EB Dietrich mit Wensberg belehnt.
1576: Wilhelm v. Orsbeck wird in diesem Jahr mit dem Hof Wensberg belehnt.
1601 war Edmund v. Orsbeck Herr zu Wensberg und Merzenich. Er war pfalzneuburgischer Geheimratspräsident und Amtmann zu Blankenheim (gest. 24. 9. 1623).
1680 verzeichnet die Karte von Dankers *Wensbourg.*
Um 1750 enthält die Karte von Lotter *Wensburg.*
1760: Der Freiherr v. Bourscheidt tritt Haus und Herrschaft Wensberg am 14. 8. an den Freiherrn v. Lützerode ab.
V. Beim Burghaus Wensberg befand sich eine dem hl. Georg geweihte Kapelle, die einige Stiftungen besaß und 1300 aus Rom ein Ablaßprivilegium erhielt.
1594 Okt. 10 wurden die Stiftungen und Ablaßprivilegien der Kapelle Wensberg auf die Pfarrkirche Oberehe übertragen.
Die Kapelle Wensberg war auf der O-Seite eines massiven, 70 Fuß hohen, viereckigen Turmes der Burg angebaut. Sie wurde 1833, obwohl noch in gutem Bauzustand, abgebrochen.
VII. Über das Aussehen von Burg Wensberg kann man sich anhand der Tranchot-K. NA Blatt 119 Kreuzberg von 1809 eine Vorstellung machen.
LITERATUR: Clemen, KDM Kr. Ahrw. 499–502 mit Lageplan der Burg.

### Oedingen

AW 139
I. *Mielenburg*.
II. TK 5308 Bad Godesberg: ungefähr r 25 82 500; h 56 07 750. Auf der Gemarkungsgrenze Oedingen-Unkelbach.
VII. Auf einer nach O vorstoßenden Bergzunge befindet sich hier eine frühmittelalterliche Burganlage. Sie hat in O-W-Richtung 30 m und in N-S-Richtung 40 m Ausdehnung. Zum rückwärtigen Bergzug, nach W, ist sie mit einem Abschnittsgraben sowie innenliegender, verstürzter Mauer befestigt. Nach den übrigen Seiten bilden natürliche Steilhänge eine Sicherung. Trotzdem zieht sich die Umfassungsmauer auch dort um das Burgplateau, wo es in sehr steil abfallende Hänge übergeht. In der Burg wurden mittelalterliche Keramik und Ziegelbrocken gefunden. Das Mauerwerk bestand aus Basaltsteinen, Grauwacken und römischen Ziegeln. Es ist mit viel Mörtel errichtet worden.
Die Burg war ein annähernd quadratisches Areal, dessen W-, N- und SO-Seite von Gebäuden umrahmt wurde. In der Mitte stand ein großes, rechteckiges, turmähnliches Gebäude. Eine genauere Beschreibung des Baubestandes der Burg geben die KDM Kr. Ahrw. 499–502.
Der größte Teil der Burggebäude wurde 1832 abgebrochen.
LITERATUR: Bonner Jahrb. 142, 1937, 261. – Clemen, KDM Kr. Ahrw. 655. – Kleemann, Kr. Ahrweiler 102.

### Ohlenhard

AW 140
I. *Bütscheider Hof*.
II. TK 5506 Aremberg: an der Gemarkungsgrenze zwischen Ohlenhard und Wershofen.
VI. K. A. Seel, Bonner Jahrb. 162, 1962, 472, verzeichnet in Flur XII die FN *Auf Bütscheider Feld, Auf Bütscheider Wasem, Auf Bütscheider Pesch, Auf Bütscheider Garten, Ober dem Bütscheider Feld*. Der Hof kann zu Beginn des 19. Jahrh. nicht mehr bestanden haben, denn 1809 findet er sich nicht auf der Tranchot-K. NA Blatt 130 Aremberg. Im benachbarten Wershofen zeigt sich in Flur 27 *Bütscheider Dell, Auf Bütscheid*. Möglicherweise handelt es sich um zwei Höfe dieses Namens, weil sich die FN in einem größeren Gebiet streuen.
LITERATUR: Die Eifel 1951, 80; 1952, 52. – K. A. Seel a. a. O.

AW 141
I. *Etscheider Hof*.
II. TK 5506 Aremberg: ungefähr r 25 55 850; h 55 90 050. Im SO des heute in der TK als *Etscheider Berg* ausgewiesenen Gebietes.
III. Hier lag der Etscheider Hof, der 1762 abgebrannt ist. Von diesem Hof erhielten die Pfarrer zu Aremberg jährlich 6 Malter Hafer und 1½ Malter Korn.
VI. Eine große Zahl von FN erinnert an den Hof; vgl. K. A. Seel, Bonner Jahrb. 162, 1962, 472.
1809 zeigt die Tranchot-K. NA Blatt 130 Aremberg die Flurbezeichnung *Etscheid* im Bereich des heutigen Etscheider Berges. Hier weist die Karte größere Ackerflächen aus, die nach den Bachtälern im W u. O sowie im S von Heideflächen umgeben sind.
LITERATUR: Die Eifel 1951, 80; 1952, 52. – K. A. Seel a. a. O.

AW 142  I. *Försterhof*.
II. TK 5506 Aremberg: in der Gemarkung Ohlenhard.
VI. In Flur XIV verzeichnet K. A. Seel, Bonner Jahrb. 162, 1962, 472, eine Reihe von FN wie *Auf Försterhof, Der Försterseifen, Auf Försterseifen*.

AW 143  I. *Hölzchenshöfe*.
II. TK 5506 Aremberg: in der Gemarkung Ohlenhard.
VI. K. A. Seel, Bonner Jahrb. 162, 1962, 472, verzeichnet in Flur XII *Auf dem Hölzchenshof, Unter dem obersten Hölzcheshof*, in Flur IX *Oben Böldcheshof, Auf unterst Böldcheshof*.

AW 144  I. *Wahlerath*, Wüstung?
II. TK 5506 Aremberg: im N der Gemarkung Ohlenhard; etwa r 25 54 400; h 55 91 160.
VI. K. A. Seel, Bonner Jahrb. 162, 1962, 472, verzeichnet in Flur III die FN *Der Wahlerter Berg, Wahlerter Wiesen in den Bach*. Die benachbarte Flur von Lindweiler, Kr. Schleiden, heißt *Auf dem Kirchturm*. Diese Namen deuten ganz offensichtlich auf eine Wüstung hin.


P i t s c h e i d

*Pitscheider Mühle* vgl. unter Wershofen, AW 175.


P o m s t e r

AW 145  I. *Ellenbach*.
II. TK 5607 Adenau, 5606 Dollendorf.
III. 1216 Mai 25: Graf Gerhard v. Are bestätigt und vermehrt die Stifung eines Jahrgedächtnisses durch seinen Vater Ulrich in der Pfarrkirche zu Adenau, dazu gehören *bona Hedewigis in Ellenbach II solidos . . .* (MRUB III Nr. 49).
VI. K. A. Seel ermittelte in der Flur V Pomster *Auf der Ellbach* und *In der Ellbach*. Wahrscheinlich liegt die Wüstung in der Gemarkung Pomster.

AW 146  I. *Mandelmühle*.
II. TK 5607 Adenau: r 25 60 160; h 55 78 970. O des Trierbaches, rund 1 km SSO Pomster.
III. 1809: Tranchot-K. NA Blatt 144 Kelberg zeigt hier *Mannels Mühl* mit einem Gebäude auf der O-Seite des Trierbaches. Nach N schließt sich an das Gebäude ein kleiner Teich an.
VI. K. A. Seel ermittelte die FN: Flur II *In Mahnelswies*, Flur XIV *In der Eckmandel, Oben in der Mandel, In der Mandel, Diesseits der Mandel, Diesseits der Mühl*.

AW 147  I. *Trerbach*, Hof.
II. TK 5606 Dollendorf, 5607 Adenau: in der Gegend von Pomster am Trierbach vermutet.

III. 1290 Dez. 13: Einkünfte aus Gütern zu *Berscheidt, Delscheit, Trerbach* und *Pompost* (MRR IV Nr. 1839).
2. Hälfte 14. Jahrh.: *der hof von Trierbach* (Lamprecht, DWL III 509 mit Anm. 7). Nach Lamprecht soll der wüste Hof am Trierbach gelegen haben. Die Hofstelle wurde bisher noch nicht gefunden.

*Berscheit* vgl. unter Bauler, AW 42.

## Pützfeld

AW 148   I. *Burg*.
II. TK 5507 Hönningen: etwa r 25 69 660; h 55 95 570. Am W-Eingang von Pützfeld.
III. Pützfeld wird zuerst im Güterverzeichnis der Abtei Prüm 893/1222 erwähnt (MRUB I Nr. 135). In diesem Ort gab es ein Burghaus, nach dem sich ein Geschlecht v. Pützfeld benannte. Im 16. Jahrh. bewohnte die Familie v. Friemersdorf, gen. Pützfeld, das Burghaus.
1851 wurden die Burggebäude auf Abbruch verkauft.
VII. Clemen, KDM Kr. Ahrw. 513 f., beobachtete am W-Eingang von Pützfeld noch bedeutende Mauerreste der Burganlage, die in einem Bauerngehöft verbaut waren.

AW 149   I. *Kapelle*.
II. TK 5507 Hönningen: mitten im Pützfeld.
III. Hier gab es eine Kirche St. Apollinaris, die abgerissen wurde. Einzelheiten bei Clemen, KDM Kr. Ahrw. 512 ff.

## Reifferscheid

AW 150   I. *Burg Reifferscheid*.
II. TK 5607 Adenau: r 25 63 460; h 55 84 880. 1 km S Reifferscheid, O der Straße nach Honerath.
VII. Auf dem hier sich erhebenden kleinen Basaltkegel lag in einst beherrschender Lage eine Burg, von der nur noch sehr wenige Überreste vorhanden sind. Auf der Bergkuppe wurden römische und mittelalterliche Gefäßscherben gefunden. Verschliffene Terrassierungen am Hang mögen als Reste eines Abschnittswalles aufzufassen sein.
LITERATUR: Clemen, KDM Kr. Ahrw. 520.

AW 151   I. *Minvegen*, Hof.
II. TK 5607 Adenau: r 25 63 210; h 55 83 660. 2,2 km S Reifferscheid, W der Straße nach Honerath.
III. 1809: Tranchot-K. NA Blatt 131 Adenau zeigt *Minvegen-Ferme ruinée* mit Andeutungen eines vierseitig geschlossenen großen Hofes. Außer hofnahen Wiesen sind im N, W und S Ackerflächen angegeben. In den benachbarten Gemarkungen Rodder heißt Distrikt 148/149 des Staatsforstes Honerath *Nimweger Heide* nach dem Hof Minvegen.

### Remagen

AW 152  I. *Celdenich*, Wüstung?
II. TK 5409 Linz a. Rh.: oberhalb Remagen auf der Höhe.
III. 1155: Propst Otto v. Cappenberg schenkt seinem Stift seine beiden Weinberge im Dorfe *Riemagum* am Rhein, im *Planarium* und auf dem Berge *Celdenich* (MRR II Nr. 88).

AW 153  I. *Deutzer Fronhof.*
II. TK 5409 Linz a. Rh.: r 25 87 550; h 56 05 460. Etwa 250 m rheinaufwärts, vor der SO Stadtumwehrung der mittelalterlichen Stadt Remagen.
III. 1003 ist hier erstmalig der Fronhof der Abtei Deutz bezeugt. Die Abtei hatte von ihrem Stifter, EB Heribert v. Köln, in Remagen Zehntrechte sowie Anteile an Zoll und Münze zu Remagen erhalten.
12. Jahrh.: In dieser Zeit wurden im Deutzer Fronhof auch die Einkünfte der Abtei aus Wadenheim und Vehn gesammelt.
Seit 1509 bestand hier eine Deutzer Propstei mit einer Johanneskapelle. Sie wurde 1803 aufgehoben.
1820: Verkauf der Propsteigebäude auf Abbruch.
VI. An den Hof erinnert heute noch der Straßenname *Frongasse*.
VII. Erhalten ist jetzt noch die alte Toreinfahrt des Fronhofes.
LITERATUR: Clemen, KDM Kr. Ahrw. 568. – K. Flink, Urkarte und Lagerbuch. Zur Topographie der Stadt Remagen im Mittelalter. Rheinische Heimatpflege 1971, 10 ff. – Oediger, Reg. I Nr. 601.

AW 154  I. *Hoven.*
II. TK 5409 Linz a. Rh.: bei Remagen.
III. 1220 Juli 25: *comparavimus unam vineam sitam in Remago, dictam up Hoven* . . . (AHVN 44, 1885, 70).

AW 155  I. *Kernis*, Wüstung?
II. TK 5409 Linz a. Rh.: genaue Lage unbekannt.
III. 1243: *particula decime in Reimagen iacentis inter Salices, Linse et Kernis* . . . (MRUB III Nr. 768).

### Ringen

AW 156  I. *Hof.*
II. TK 5408 Ahrweiler: Gemarkung Ringen, Ortsteil Bölingen.
III. Nach Rheinische Geschichtsbll. 8, 1907, 286, gab es in Bölingen einen untergegangenen Hof des Klosters Sayn.
1482 wird ein *Hoff Boelingen . . . . . im Rynger Kirspell und Grafschafft Neuwenahr gelegen* an Abt und Convent des Klosters Sayn verkauft. Er verblieb 112 Jahre im Besitz des Klosters und wurde 1594 vom Kloster an Bertram v. Metternich auf Brohl verkauft.
LITERATUR: F. Hauptmann, Der Hof in Bölingen. Rheinische Geschichtsbll. 8, 1907, 286 f.

### Rodder

AW 157    I. *Mühlenwirft*.
II. TK 5607 Adenau: r 25 62 060; h 55 82 440. 1200 m O Wirft, 2,3 km SSO Rodder, O des Wirftbaches.
III. 1809: Tranchot-K. NA Blatt 131 Adenau zeigt hier in einer Schleife des Wirftbaches nach W einen kleinen Weiler mit mindestens 6 kleinen und einem großen, langgestreckten, rechteckigen Gebäude. Eines der Gebäude lag an dem sog. Mühlengraben, der O parallel zum Wirftbach verlief und in Mühlenwirft wieder in den Wirftbach einmündet. Dieser Mühlenbach erweitert sich an einer Stelle zu einem Mühlenteich. Das große rechteckige Gebäude war sicher der hier bezeugte Hof der Johanniterkommende Adenau. Zu diesem Hof gehörte eine kleine Kapelle, die im 19. Jahrh. als Scheune verwendet und um 1930 abgerissen wurde.
Im Kataster 1822 ist der *Hoff Mühlwirff* mit 4 Gebäuden, Mühlenteich und Mühlengraben angegeben.
VII. Die Überreste des Weilers waren im Gelände noch recht gut sichtbar. Die einzelnen Gebäude hoben sich als kleine Podeste in den Wiesen des stark mäandrierenden Wirftbaches ab. 1962 wurde bei der Begradigung des Wirftbaches und im Zuge der Flurumlegung die gesamte Ortsstelle planiert.
LITERATUR: Clemen, KDM Kr. Ahrw. 678.

### Rolandswerth

AW 158    I. *Witgen*, auch: *Wissinge*.
II. TK 5309 Bad Honnef-Königswinter: r 25 85 340; h 56 12 740–940. Unmittelbar am W-Ufer des Rheins, im heutigen Rolandswerth.
III. Noch 1809 führt das heutige Rolandswerth auf der Tranchot-K. NA Blatt 102/103 Duisdorf-Bad Godesberg den alten Namen Witgen. Damals gab es hier ein zweizeilig ausgebautes Straßendorf, welches an einem parallel zur Römerstraße Bonn–Koblenz, näher am Rhein verlaufenden Weg lag. Die Karte läßt deutlich die gleich großen streifenförmigen Parzellen erkennen, die sich handtuchähnlich nach rückwärts an die Häuser der beiden Zeilen anschlossen. Damit erweist sich Witgen als eine planvolle Kolonisten-Niederlassung in der Rheinaue, die dem formalen Schema der Waldhufendörfer des Niederrheins folgt. Es handelt sich vermutlich um die gleiche Siedlung, die 1250 *Wissinge superius* und *Wissinge inferius* genannt wird. Das Lütticher Stift St. Martin hatte hier Zehntrechte, die zeitweise umstritten waren. Wissinge muß in der Nähe von Mehlem gelegen haben, wie die Lütticher Urkunde erkennen läßt (AHVN 34, 1879, 82 Nr. 16).

AW 159    I. *Burg Rolandseck*.
II. TK 5309 Bad Honnef-Königswinter: r 25 85 220; h 56 12 300. Auf einem steilen Bergkegel unmittelbar am linken Rheinufer, kenntlich durch den sog. Rolandsbogen.
III. 1. Hälfte 12. Jahrh.: Begründung der Burg unter der Herrschaft des Kölner EB Friedrich I. († 1131); vgl. Knipping, Reg. II Nr. 274.
1302 muß EB Wikbold nach einer Sühne mit Kg. Albrecht geloben, die Burg zu brechen und sie an keiner anderen Stelle wieder aufzubauen.
1632/33: Burg Rolandseck stark umkämpft.

Vielleicht wurde sie in diesen Jahren bereits zur Ruine. Im 19. Jahrh. standen nur noch geringfügige Reste, unter ihnen der bis heute erhaltene Rolandsbogen.
LITERATUR: Clemen, KDM Kr. Ahrw. 494 f.

## Sinzig

AW 160    I. *Ausdorf,* auch: *Orsdorf.*
II. TK 5409 Linz a. Rh.: wahrscheinlich N Sinzig.
III. 1353 wird *Airstorp* erwähnt (Strange, Beiträge 10, 1871, 136 f.).
VI. In Sinzig gibt es die *Ausdorfer Straße.* Die Schloßpforte in der Stadtbefestigung hatte auch den Namen *Porta Orsdorf,* so z. B. im Jahr 1583.
LITERATUR: H. Dittmaier, Die linksrheinischen ON auf -dorf und -heim (Manuskr. Bonn 1961) 31. – Clemen, KDM Kr. Ahrw. 632.

AW 161    I. *Fronhofen.*
II. TK 5409 Linz a. Rh.: O von Sinzig, außerhalb der mittelalterlichen Stadtmauern.
III. Hier gab es das untergegangene Fronhofen. Ob es sich um ein Dorf oder nur einen Einzelhof gehandelt hat, ist noch nicht entschieden.
LITERATUR: Heimatkal. Kr. Ahrweiler 1939, 80.

AW 162    I. *Neuhof.*
II. TK 5409 Linz a. Rh.: S Sinzig im Gebiet des FN Langenberg, auf der modernen TK bei r 25 88 680–89 060; h 56 00 620. Da der Neuhof oberhalb Langenberg liegen soll, kann er nur SO der genannten Stelle auf der Hochebene gelegen haben.
III. 1261 Dez. 14: Wingert Langenberch unter dem *Neuhof* (*sub vico novo*) (MRR III Nr. 1735).

*Orsdorf* wahrscheinlich identisch mit *Ausdorf* (AW 160).

AW 163    I. *Minoritenkloster Helenenberg.*
II. TK 5409 Linz a. Rh.: bei Sinzig auf dem Helenenberge.
III. 1648 überließ Pfalzgraf Wolfgang Wilhelm den Minoriten eine kleine, 1322 mit einem Ablaß ausgestattete Kapelle, die dem hl. Mauritius und der Thebäischen Legion geweiht war.
1649–51 errichteten die Minoriten hier die Klostergebäude.
1802 wurde das Kloster aufgehoben, 1806 die Kirche abgebrochen. Später wurden verschiedene Gebäude niedergelegt. Einige restliche Gebäude werden bis in die Neuzeit benutzt.
LITERATUR: Clemen, KDM Kr. Ahrw. 632.

## Staffel

AW 164    I. *Geiserichs Hof.*
II. TK 5508 Kempenich.
VI. In der Flur *Im Geiserich* soll einst ein Hof gestanden haben.
LITERATUR: Heimatkal. Kr. Ahrweiler 1937, 145.

AW 165   I. Name unbekannt, Hofwüstung.
 II. TK 5508 Kempenich.
 VI. In der Flur *Im Hofgarten* soll ein untergegangener Hof gestanden haben.
 LITERATUR: Heimatkal. Kr. Ahrweiler 1937, 145.

AW 166   I. *Röngershof.*
 II. TK 5508 Kempenich.
 VI. In der Flur *Röngers Haus* stand ein Hof dieses Namens.
 LITERATUR: Heimatkal. Kr. Ahrweiler 1937, 145.

AW 167   I. *Semerhof.*
 II. TK 5508 Kempenich.
 VI. Ein Hof hat in der Flur *Im Semer* gestanden.
 VII. Beim Hausbau fanden sich hier Tonplatten, Wasserleitungsrohre aus Ton sowie Basaltlavasteine.
 LITERATUR: Heimatkal. Kr. Ahrweiler 1937, 145.

AW 168   I. *Hof Schwöpenburg.*
 II. TK 5508 Kempenich.
 VI. In der Flur *Schwöpenburg* stand ein Hof, der wüst geworden ist.
 LITERATUR: Heimatkal. Kr. Ahrweiler 1937, 145.

## Unkelbach

*Mielenburg*, wüste Burganlage, vgl. unter Oedingen (AW 139).

## Vettelhoven

AW 169   I. *Schäfereihof.*
 II. TK 5408 Ahrweiler: in oder bei Vettelhoven.
 III. In oder bei Vettelhoven hat seit dem späten 14. Jahrh. der Schäfereihof bestanden, von dem keine baulichen Reste mehr vorhanden sind.

## Weidenbach

AW 170   I. *Weidenbacher Mühle.*
 II. TK 5508 Kempenich: r 25 72 400; h 55 91 350. 250 m S Weidenbach, am Herschbach.
 III. Die in der Tranchot-K. NA Blatt 120 Kesseling von 1809 eingezeichnete Mühle erscheint in den TK 1 : 25 000 bis 1895, ist aber dann wüst.
 VI. In Flur I gibt es bis heute die FN *Mühlenwies, Mühlenberg, Auf dem Mühlenaul, Auf der obersten Mühlenaul, Auf der obersten Mühlenwiess.*

AW 171  I. *Butscheit*.
II. TK 5507 Hönningen: etwa r 25 59 300–800; h 55 90 000–91 000. O oder NO von Wershofen, auf der Hochfläche zwischen Dreisbach und Armuths-Bach, in der Gemarkung Wershofen.
III. 1578 wurde von der gefürsteten Gräfin Margaretha v. Arenberg *Hoff und Gut* genannt *Putscheitz bodthem im Werßhover Kirspell gelegen* an *Krins Johans zu Werßhoven* und seine Ehefrau Barbara um eine Pacht von 3 Maltern Korn, 8½ Morgen Hafer und das Aushalten von 12 Schafen verpachtet.
1715/1776: Die Karte von Stockard/Gallibert zeigt NO von Wershofen mit Bleistift geschrieben die Eintragung *Budscheid Boden*. Diese Eintragung schließt aus, daß dies Butscheid identisch ist mit dem Bütscheider Hof SO von Ohlenhard (AW 140 mit Nachtrag S. 514).
LITERATUR: Neu, Alte Karten 102.

## Wershofen

*Dreisbachsmühle* vgl. unter Eichenbach, AW 82.

AW 172  I. Name unbekannt, Hofwüstung.
II. TK 5506 Aremberg: zwischen Wershofen und Hümmel gelegen.
III. Ein Hof, dessen Name unbekannt ist, soll zwischen Wershofen und Hümmel gelegen haben. Einwohner von Wershofen wissen noch, daß hier einmal Trümmer des Hofes zu sehen waren.
LITERATUR: Die Eifel 1951, 80.

AW 173  I. Name unbekannt, Hofwüstung.
II. TK 5506 Aremberg: zwischen Wershofen und Hümmel.
III. An der Straße von Wershofen nach Hümmel, unweit der Abzweigung nach Marthel, soll ein weiterer Hof gelegen haben, von dem lange Zeit im Gelände noch Trümmer zu sehen waren.
LITERATUR: Die Eifel 1951, 80.

AW 174  I. *Maishof*.
II. TK 5506 Aremberg: S von Wershofen.
III. Wershofen soll aus insgesamt 7 Einzelhöfen entstanden sein. Einer von diesen war der Maishof, der S Wershofen, an der Straße nach Aremberg gelegen hat.
VI. An diesen Hof erinnert noch der FN *Maispesch, Maiswiese*.
Weitere FN, die möglicherweise auf Hofwüstungen hindeuten, stellte K. A. Seel, Bonner Jahrb. 162, 1962, 472 f., zusammen.

AW 175  I. *Pitscheider Mühle*.
II. TK 5506 Aremberg: r 25 58 500; h 55 91 490. S des Armuths-Baches, gegenüber der Einmündung des von N kommenden Mühlen-Seifen in diesen Bach.
III. 1809: Tranchot-K. NA Blatt 118 Schönau zeigt hier *Mühl*. Diese Mühle gehörte, obgleich heute in der Gemarkung Wershofen gelegen, einst zu Pitscheid. Sie ist auch auf Blatt 130 Aremberg der Tranchot-K. NA eingetragen und führt dort in sehr kleiner Schrift den Namen *Pitscheider Mühle*.
VI. Ein ganzer Komplex von FN weist auf die Mühle hin: *Mühlenseifen* an dem von N in den Armuths-Bach mündenden Bach, *Mühlenheld* in der benachbarten Flur

von Wershofen, in der Flur VI Pitscheid *An der Pitscheider Mühle*, Flur VIII *An der Pitscheider Mühle, In der Mühlenwiese, In dem Mühlenseifen und in den Aspeln,* Flur X *In der Mühlenwiese.*

LITERATUR: K. A. Seel, Bonner Jahrb. 162, 1962, 472.

Westum

AW 176   I. *Krechelheim,* auch: *Chrachilenheim, Cregellinheym.*   Abb. 18; Tafel 62.
II. TK 5409 Linz a. Rh.: r 25 86 130; h 55 99 080. 1250 m SO Löhndorf, 2 km SW Westum an einer Wegespinne.
III. 880 Mai 3: Präkarie der Abtei Prüm mit Rodulf, *Carta Rodulfi de Karchilenheim:* . . . *et in pago arisco. in uilla nuncupante crachilenheim de uineis picturastres cum mancipiis et omnibus appendiciis* . . . (MRUB I Nr. 118).
893/1222: Güterverzeichnis der Abtei Prüm unter *aruuilre*: *Ex mansis supradictis sunt in cregellinheym. mansa seruilia V* . . . mit der Anmerkung des Caesarius: *Cregellinheym situm est iuxta Synzeche. nescio quia bona ecclesie ibidem teneat. investigate* (MRUB I Nr. 135 S. 179 u. Anm. 2).
Um 1200: Kölner Schreinsurkunde: Die Eheleute Godelib und Bela kaufen Haus und Hofstätte Buchers von *Krekelheym zu rechtem eigene* (MRR II Nr. 861).
Um 1217: Kölner Schreinsurkunde: Heinrich v. Krechelheim und seine Frau Beatrix geben dem Johann Rorich und dessen Frau Beatrix eine Hofstatt gegen 4 köln. Solidi Jahreszins zu Erbpacht (MRR II Nr. 1311).
1325: *Krechgellenheim* (ZAGV 12, 1890, 204).
1374 Aug. 13: Graf Wilhelm v. Wied beurkundet, daß Sinzig sowie Westum, Löhndorf, Koisdorf und *Krechlin* als Pfänder an ihn gekommen sind (Urkunden und Regesten Hammerstein, StA Koblenz Nr. 513).
1571: Karte des unteren Ahrtales: hier fehlt Krechelheim (Karte im StA Koblenz Nr. 702–2289).
Zwischen 1590 und 1620 erscheinen im Verzeichnis der 'Bruderschaft der sieben Schmerzen Marias' zu Westum nur noch 4 Familien von Krechelheim (Pfarrarchiv Westum).
In den Jahren 1624 und 1632 enthält das Westumer Pfarregister keine Hinweise mehr auf Krechelheim, obwohl dieser Ort von alters her nach Westum eingepfarrt war. Es ist anzunehmen, daß er bereits um die Wende vom 16. zum 17. Jahrh. wüst geworden war.
1670 hatten Westumer Einwohner Ackerland zu *Krekelen* oder *Krecheln.*
1682: Schreiben der Westumer Bürger an die Freifrau v. Hillesheim: . . . . . *Gleichwie auch die Lohndorfer so des in der Westumer Mark vor Vordenklicher Zeith gelegenen Dorfes sich gilten bauen mit ihren schaww und der Pastor hier selbst wegen Beobachtung . . . . den Zehneten des selbigen Districtsdorfs Krechel . . . . . genommen* (Brief im Pfarrarchiv Westum, mitgeteilt v. H. Schmalz, Westum).
1708: Klage der Westumer Einwohner beim Herrending zu Sinzig wegen des *von Freyherrn von Hillesheim zu Ahrendall aufm Beuel new angelegten Baws . . . die ganze landt ahs* (als auch) *buschstraaß* (nach Königsfeld) *durch dießen baw versperrt werden wollte.* Darauf in der Erwiderung des Freiherrn: . . . . . *die Erbauung eines adelig freyen Rittergutes, der Beuler Hof genannt, welcher vor Zeiten von dem allernächst albey und in der nämlichen Westrumber Gemarkung gelegenen als*

18   Die Dorfwüstung Krechelheim (AW 176), Gemarkung Westum (AW).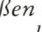

(Ausschnitt aus der TK 1 : 25 000 Blatt 5409 Linz a. Rh.;
mit Genehmigung des Landesvermessungsamtes Rheinland-Pfalz vom 4. 4. 1973 – Az. 4062/37/73 –
vervielfältigt durch das Rheinische Landesmuseum Bonn).

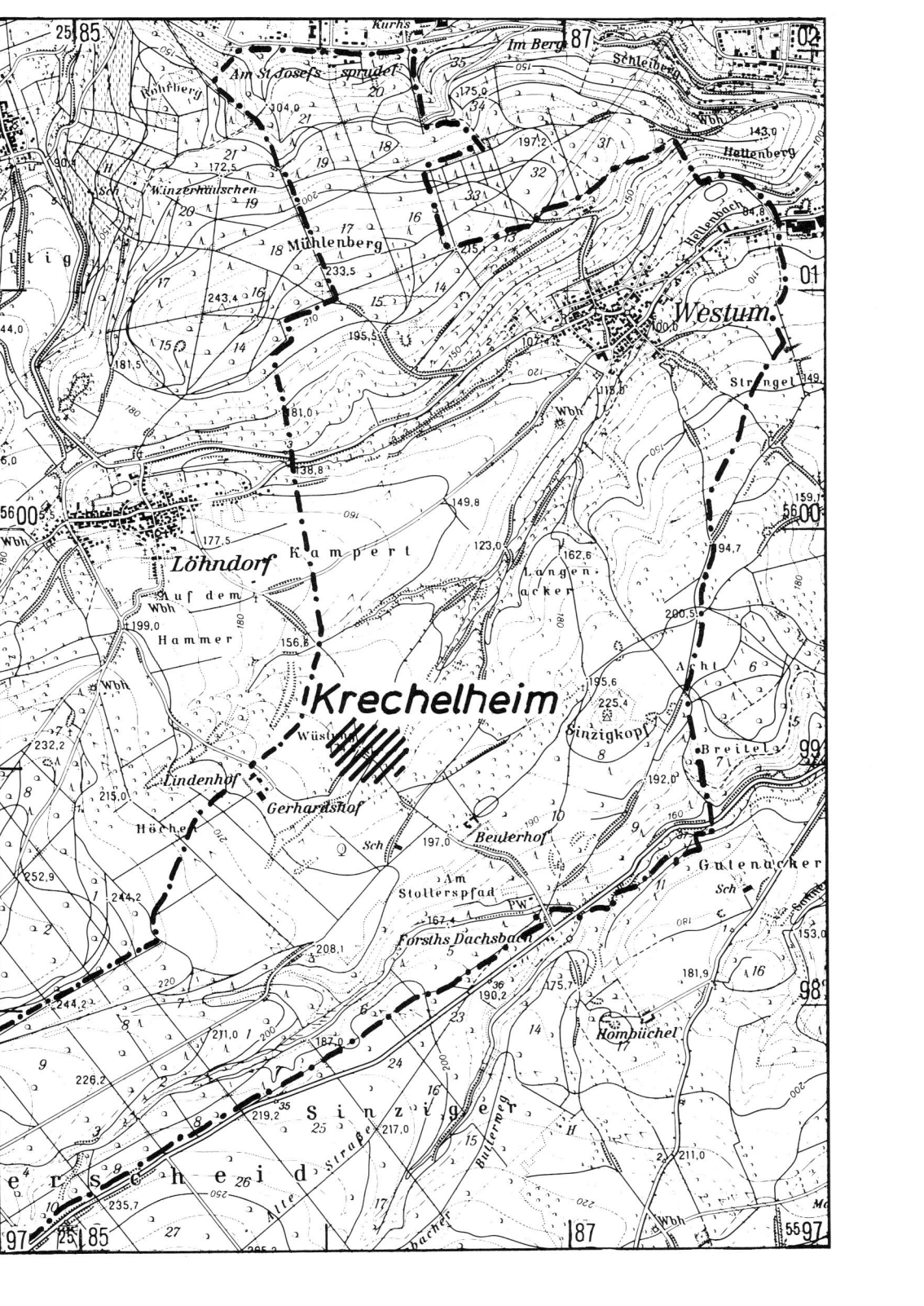

*genannten Krechelen aufgebaut worden, woselbst kundbarlich einige wenige Häuser gestanden die vergänglich worden* (Schriftwechsel im Pfarrarchiv Westum, mitgeteilt v. H. Schmalz, Westum).

V. Krechelheim hatte zu keiner Zeit eine eigene Kirche. Der Ort war nach Westum eingepfarrt.

VI. Die ehemalige Flur heißt noch heute *Krechelheimer Feld*. Im Urkataster von 1827 läßt sie sich nach Lage und Umfang noch umreißen.

VII. Die Begehung im Gelände ergab W der Wegespinne, an der die TK von 1895 noch die Grundrisse dreier, offenbar junger Gebäude verzeichnet, sehr viel mittelalterliche Keramik. Es überwiegen die sog. blaugraue Ware und die späten Steinzeuge. Typische karolingerzeitliche Keramik, wie sie angesichts der verhältnismäßig frühen Erwähnung in den geschriebenen Quellen zu erwarten wäre, wurde bisher nicht gefunden, doch gab es einige Stücke Keramik vom Pingsdorfer Typ.
Nach Krechelheim verläuft eine am Waldrand W und S von Heimersheim beginnende und über Löhndorf führende Landwehr, der sog. Landgraben, der von Kleemann, Kr. Ahrweiler 86 f., eingehend beschrieben wird. Dieser Landgraben erscheint bereits 1571 auf der Karte des unteren Ahrtales (Frick, Quellen 584 mit Abb. 120). Im O der Wüstung Krechelheim setzt ein weiteres Stück Landwehr an, welches in ONO-Richtung auf den Sinzig-Kopf zuführt.

VIII. Die ehemalige Flur von Krechelheim wurde nach dem Wüstwerden des Dorfes seinem Kirchdorf Westum zugeschlagen. Die Gemarkungsform von Westum, obgleich stark modern überformt, läßt diesen Zuwachs als weite Ausbuchtung der Gemarkungsgrenze nach SW noch erkennen (dazu vgl. Textband S. 114 ff.).

### Wimbach

AW 177  I. *Blicherath*.

II. TK 5607 Adenau: etwa r 25 66 000; h 55 80 200. Auf der Gemarkungsgrenze zwischen Wimbach und Quiddelbach, rund 1,5 km SO Wimbach.

III. 1216 Mai 25: Graf Gerhard v. Are bestätigt und vermehrt die Stiftung des Jahrgedächtnisses seines Vaters Ulrich in der Pfarrkirche von Adenau: *In Blicherath bona Adelheidis IV sol. et unum mald. avene . . . .* (MRUB III Nr. 49).
1809: Tranchot-K. NA Blatt 144 Kelberg: *Blickrath* zwischen Wimbach und Quiddelbach in einem mit Heide bewachsenen Gelände.

VI. In Flur II gibt es die FN *In blickrather Wies, Ober der blickerter Wies*.

### Wirft

AW 178  I. *Mühle am Derenbach* oder *Derbach*.

II. TK 5607 Adenau: in der Nähe von Kirmutscheid. Dieses liegt r 25 59 900; h 55 82 120.

III. Um 1200 besitzt St. Maximin zu Trier *Molendinum in ripa dicta Derenbach apud villam kyrmůsche* (Beleg bei Jungandreas, Historisches Lexikon 287).
Anf. 13. Jahrh.: Güterverzeichnis der Abtei St. Maximin zu Trier: *molendinum in Derbach* (MRUB II Nachtrag Nr. 16 S. 471).
Es erscheint fraglich, ob es sich um eine Wüstung handelt. Möglicherweise ist hier von der Kirmutscheider Mühle die Rede, die am Trierbach 200 m SW Kirmutscheid liegt. Derenbach und Derbach wären dann nur eine andere Form für Trierbach.
LITERATUR: Wisplinghoff, St. Maximin 106. – Jungandreas, Historisches Lexikon 287.

AW 179  I. *Kirmutscheid.*

II. TK 5607 Adenau: r 25 59 900; h 55 82 120. In einer weit nach O ausgreifenden Schleife des Trierbaches gelegen, rund 1 km W Wirft.

III. Kirmutscheid besteht heute nur aus seiner hoch auf einem Bergsporn gelegenen Kirche, dem Pfarrhaus und einigen unbedeutenden Nebengebäuden. Der Ort ist als partielle Wüstung anzusprechen. Er war im Mittelalter viel größer und erstreckte sich weiter nach W auf den anschließenden Bergrücken. Es scheint, als sei die Kirche mit Absicht auf der vordersten Spitze des Bergspornes angelegt worden, um auch als befestigte Zuflucht benutzt zu werden. Im Gelände finden sich allerdings keine sichtbaren Spuren einer rückwärtigen Befestigung, etwa in Form eines Abschnittsgrabens, obgleich sich der schmale Bergsporn vorzüglich für eine Abschnitts-Befestigung eignete.

Daß es sich tatsächlich um ein ehemaliges Dorf handelt, zeigt ein Beleg von 1557: . . . . . *zu Kirmers hern oder kirmißgericht gehalten . . . . umb das dorf Kirmers . . .* (Grimm, Weisth. II 618). Mit ON Kirmers ist Kirmutscheid gemeint, das noch 1809 in der Tranchot-K. NA Blatt 131 Adenau *Kirmirtscheit* heißt. Zu Kirmutscheid gehört auch der von Jungandreas, Historisches Lexikon 208, zu 1264 verzeichnete FN *Kirmersschilbron*. kyrmůsche = Kirmutscheid wird erstmalig um 1200 urkundlich genannt (Beleg bei Jungandreas a. a. O.).

### Lage unbekannt

AW 180  I. *Alfenroth,* Wüstung?

II. Die unten angeführte Urkunde bezieht sich ausnahmslos auf Güter zu Ahrweiler, die in der Jurisdiktion der Abtei Prüm stehen. Daher kommt für die Lokalisierung von Alfenroth auch nur der Raum Ahrweiler in Frage: TK 5408 Ahrweiler.

III. 1300 Juni 5: Zwischen *Alfenroth* und dem oberen Ufer der Ahr (MRR IV Nr. 3031).

AW 181  I. *Bisenrode.*

II. Nach dem Kontext der Urkunde zu urteilen, in der Gegend von Mayschoß-Dernau an der Ahr gelegen.

III. 1108 Dez. 13: Graf Albert v. Saffenberg und sein Sohn Adolf übergeben dem Kloster Klosterrath bei Aachen die Fundationsgüter, unter diesen *Bisenrode* (MRR I Nr. 1621).

AW 182  I. *Brůcchene,* Hof.

II. TK 5409 Linz a. Rh.: bei Remagen.

III. 1110/1117: Zuwendungen der Bürger von Remagen an die auf dem Martinsberg zu begründende geistliche Gemeinschaft, Urkunde verfälscht, unter den Schenkungen der Zehnte von einem Hof *curtim unam in terra que Brůcchene appellatur* (Wisplinghoff, UB Siegburg Nr. 30).

AW 183  I. *Burgfeld.*

II. TK 5409 Linz a. Rh.: zwischen Koisdorf und Franken.

III. 1680 verzeichnet die Karte von Dankers hier einen Ort namens *Borgfeld*. Es könnte sich um eine kleine Ansiedlung bei Schloß Ahrental handeln.

AW 184  I. *Candide,* Hofwüstung.

II. Der Hof Candide wurde vom letzten der Herzöge v. Arenberg, Ludwig Engelbert, begründet. Die hier angesiedelte Familie verließ jedoch den Hof sehr bald wieder.

Der Hof lag im oberen Ahrtal.
LITERATUR: H. Neu, Wüstungen im oberen Ahrtal. In: Zwischen Eifel und Ville 9, 1955, 25.

AW 185　I. *Cranheim.*
II. Nach Jungandreas, Historisches Lexikon 252, ON an der Ahr, vielleicht identisch mit Krählingen, Kr. Ahrweiler.
III. 836 ist Weinbau in Cranheim belegt (Lamprecht, DWL I 1, 568).

AW 186　I. *Dunrisberg,* Donnersberg.
III. Im Dreißigjährigen Krieg soll ein Dorf Dunrisberg, gelegen zwischen Kempenich, Kr. Mayen, und Heckenbach, Kr. Ahrweiler, untergegangen sein.
LITERATUR: Rausch, Heimatkal. Kr. Ahrweiler 1940, 116.

AW 187　I. *Egilheim.*
II. TK 5408 Ahrweiler, 5409 Linz a. Rh.: wird von H. Dittmaier, Die linksrheinischen ON auf -dorf und -heim (Manuskr. Bonn 1961) 53, bei Ahrweiler vermutet.
III. 1280: PN *Abelo v. Egilheym* (MRR IV Nr. 702).

AW 188　I. *Enzen.*
II. Soll an der Ahr liegen, wird urkundlich zwischen Ahrweiler und Rheinbach genannt.
III. Um 1115: *in Enzeno.*
1222: *Encene.*
o. J.: Weinbau in Enzen erwähnt.
(Belege bei Jungandreas, Historisches Lexikon 345).

AW 189　I. *Erscheid.*
II. An der oberen Ahr, im Arenberger Land.
III. 1578 muß im Arenbergischen ein Hof Erscheid bestanden haben, der 1578 an *Peteren unseren Halfmann zu Erscheit und Frenen, seine eheliche Hausfrau* verpachtet worden ist. Der Pächter mußte 14 Malter Korn, 30 Malter Hafer, ein Schwein, 100 Eier, 4 Pfund Wachs und einen Wagen Stroh liefern.
LITERATUR: H. Neu, Wüstungen im oberen Ahrtal. In: Zwischen Eifel und Ville 9, 1955, 26.

AW 190　I. *Eulgenbachshof.*
II. Nach: Die Eifel 1958, 155, gab es bei Kesseling drei Höfe, die nicht mehr bestehen: den *Eulgenbachshof,* den *Krummenhof* und den *Halbachshof.* Die Lokalisierung auf die Gegend um Kesseling ist aber unrichtig. Der Krummenhof oder Krummendahler Hof liegt in der Gemarkung Oberdürenbach (AW 134), der Halbacherhof in der Gemarkung Herschbach (AW 93). Man wird auch den Eulgenbachshof in dieser Gegend vermuten dürfen. Er wurde wie die beiden anderen Höfe während des 19. Jahrh. wüst.

AW 191　I. *Gilsbach.*
III. 1279 Juni 23: Güter zu *Constorp* und in *Gilsbag* als Lehen, die die Witwe Henrichs v. Constorp von den Burggrafen v. Hammerstein zu Lehen nimmt (MRR IV Nr. 619). Unter Constorp ist zweifellos Koisdorf bei Sinzig zu verstehen, so daß auch die Wüstung in diesem Raum liegen dürfte.

AW 192　I. *Grevelo,* Hofwüstung.

III. 1276 Juni 15: Die Angehörigen des verstorbenen Grafen Theoderich v. Neuenahr schenken dem EB v. Köln eine Reihe von Gütern, von denen aber unter anderem der *Hof Grevelo auf Scheit*, welchen sie von den Grafen v. Jülich zu Lehen haben, ausgenommen sein soll (MRR IV Nr. 313). Im Kontext der Urkunde kommen die Burg Neuenahr, Wadenheim, heute Ortsteil von Neuenahr, sowie Ramersbach vor. Den untergegangenen Hof Grevelo wird man also ebenfalls in dieser Gegend, wahrscheinlich zwischen Neuenahr und Ramersbach, zu vermuten haben.

1809 zeigt die Tranchot-K. NA Blatt 120 Kesseling NO bei Ramersbach das sog. *Scheiter Kreuz* (TK 5508 Kempenich: r 25 78 210; h 55 95 800. 500 m NO Ramersbach am Waldrand). Der Flurbezirk, in dem Grevelo gelegen haben muß, ist also am S Rand des großen Waldgebietes zwischen Neuenahr und Ramersbach zu suchen. Nach NO schließt sich, O des Bachemer Baches der Ramersbacher und der Neuenahrer Wald an, der noch 1809 auf der Tranchot-K. Jülicher Wald hieß. Da Grevelo Jülichisches Lehen war, muß der Hof in diesem Teil des Waldgebietes gelegen haben.

AW 193    I. *Guderscheid.*

III. Anf. 13. Jahrh.: Güterverzeichnis der Abtei St. Maximin zu Trier: *et quicquid habet in Guderscit et Roder* (MRUB II Nachtrag Nr. 16 S. 471). Hat vielleicht in der Gegend von Rodder gelegen.

LITERATUR: Jungandreas, Historisches Lexikon 473. – Wisplinghoff, St. Maximin 111.

AW 194    I. *Halmhova.*

III. 880 Mai 3: Präkarie der Abtei Prüm mit dem Rodulf: *Carta Rodulfi de Karchilenheim*, darin: . . . . *ad supradictam curtem pertinentibus et de uineis ad halmhoua picturas VII. cum curte et casa et homine nomine egilberto cum uxore et infantibus* . . . . (MRUB I Nr. 118).

Der Ort steht unter denen des *pagus tulpiacensis*. Er wird entweder zwischen Zülpich und Euskirchen oder aber bei Krechelheim, Gemarkung Westum, Kr. Ahrweiler, vermutet.

LITERATUR: H. Dittmaier, Die linksrheinischen ON auf -dorf und -heim (Manuskr. Bonn 1961).

AW 195    I. *Hertesberch.*

III. 1220 April 20: *Hertesberch* zusammen mit Niederbreisig, Kr. Ahrweiler, und Metterich, Kr. Bitburg, genannt (MRUB III Nr. 127).

AW 196    I. *Horinghoven.*

III. 1250: *Horinghoven* (Frick, Quellen 81). Vielleicht bei Ringen gelegen.

AW 197    I. *Hulsbach.*

III. 1289: PN *Jacob v. Hulsbach* (MRR IV Nr. 1616).

1289: PN *Jacob in Hulsbach* (MRR IV Nr. 1643).

AW 198    I. *Mardenrode.*

III. 1140: *in Mardenrode allodium* (Jungandreas, Historisches Lexikon 645).

AW 199    I. *Niederkaltenborn*, Wüstung oder Namenswechsel?

III. 15. Jahrh.: *Herschbach by Nyderkaldenborn* (Clemen, KDM Kr. Ahrw. 302). Zu Niederkaltenborn müßte man eigentlich auch ein Oberkaltenborn voraussetzen. Das heutige Kaltenborn könnte dann einer der beiden Orte sein, während der andere wüst geworden sein müßte.

AW 200   I. *Niwenbrat.*
         III. 886: *Niuuenbrat* (Gysseling, Toponymisch Woordenboek 744).

AW 201   I. *Noilstorf.*
         III. 1275: *Noilstorf* (H. Dittmaier, Die linksrheinischen ON auf -dorf und -heim [Manuskr. Bonn 1961] 29 nach Inv. Westf. I 943).

AW 202   I. *Nuendorp.*
         III. 1227: PN *Peter von Nuendorp* (MRR II Nr. 1825).

AW 203   I. *Oppinga,* auch: *Bopinga.*
         II. 975: Präkarie der Abtei St. Maximin mit dem trierischen Archidiakon Wicfried. Es handelt sich um die Grenzbeschreibung eines großen Areals an der oberen Ahr mit den ON Üxheim, Reifferscheid, Rodder, Leimbach, Schuld, Niederadenau, Müsch, Antweiler, Hoffeld. In diesem Zusammenhang steht auch *uilla Oppinga*: . . . *et in uilla Oppinga septem mansos. uineta etiam iuxta Aram fluuium cum mancipiis ducentis et nouem* . . . (MRUB I Nr. 245). Das MRUB erwähnt noch eine zweite Ausfertigung dieser Urkunde, in der es heißt: . . . *uillas etiam Bopinga et Musca nominatas* . . .
         Der Ort muß auf jeden Fall an der oberen Ahr gelegen haben, denn er wird zusammen mit Musca = Müsch a. d. Ahr erwähnt. Oppinga ist nicht zu verwechseln mit dem ähnlich lautenden Ortsnamen *Bovinga in comitatu Hardinne,* der 946 erstmalig urkundlich genannt wird (MRR I Nr. 926) und von dem Jungandreas, Historisches Lexikon 69, zu Recht angenommen hat, er liege im Luxemburgischen, in den Ardennen.

AW 204   I. *Rockendorf,* Wüstung?
         III. 9. Jahrh.: *Rochendorpht,* Besitz von Prüm (Lamprecht, DWL II, 134).
         o. J.: *Rockendorp,* genannt zusammen mit Steinfeld (Lamprecht, DWL I 2, 866). Für diesen Beleg kommt wohl eher Roggendorf, Kr. Euskirchen, oder der gleichnamige Ort bei Worringen in Frage.
         LITERATUR: Jungandreas, Historisches Lexikon 877.

AW 205   I. *Sonnenborn,* Hofwüstung.
         III. 1560 ist ein *Hof Sonnenborn* im Kirchspiel Heckenbach nach Königsfeld zinspflichtig.
         Zwischen 1560 und 1618 müssen die Bewohner von Sonnenborn jährlich an drei Hofgedingen teilnehmen. Nach 1618 wird der Hof nicht mehr genannt (Die Eifel 1950, 127 f.).
         1604 erscheint der Hof *zum Sonnenborn* noch einmal in einem Grenzweistum (Frick, Quellen Nr. 1249).

AW 206   I. *Sunderdorp.*
         III. Um 1150: *solvuntur de bono cuiusdam Hemmonis, quod est situm in villa, que appellatur Sunderdorp* (AHVN 15, 1864, 83. – Beleg nach H. Dittmaier, Die linksrheinischen ON auf -dorf und -heim [Manuskr. Bonn 1961] 61).
         Sunderdorp wird für identisch mit Hemmessen gehalten (AW 35), das seinen Namen von dem in der Urkunde genannten Hemmo erhalten haben soll.

AW 207   I. *Ungendorf.*
         III. 1322: *Ungendorf* (Frick, Quellen 111).
         o. J. (18. Jahrh.): PN *bela de Vyngentorp* (AHVN 26, 1874, 274).

AW 208   I. *Vischenich*, identisch mit Vischel?
         III. 1276: *Winrich v. Vissehenich* Bürge für die Familie des verstorbenen Grafen Theoderich v. Neuenahr (MRR IV Nr. 313).
         1284: *Winrich v. Vischeniche* als Beauftragter des EB v. Köln (MRR IV Nr. 1162).
         1319: *Theoderich de vissenich decanus . . . Monasterii in Euflia . . . in Byngouen* (Bengen).
         1323: *Vischenich*, genannt zusammen mit Bengen. Es kann kaum Zweifel bestehen, daß ein Ort dieses Namens an der Ahr zu suchen ist, da sich die Nennungen nicht auf Fischenich bei Köln beziehen. Nicht auszuschließen ist angesichts der Nähe zu Bengen eine Identität mit Vischel, N Altenahr.
         LITERATUR: Belege bei Jungandreas, Historisches Lexikon 394.

AW 209   I. *Windesheim*.
         II. Nach den übrigen ON der Urkunde von 1207 zu urteilen, sicher an der unteren Ahr gelegen.
         III. 1207 April 2: Papst Innozenz III. bestätigt der Abtei Deutz ihre Besitzungen in Remagen, *Windesheim*, *Vene* (Vehn) und *Wadenheim* (MRR II Nr. 1023).

AW 210   I. *Vudlinghoven*.
         III. 1253: *Vudlinghoven* (Schmitz, UB Heisterbach 211).

AW 211   I. *Züsch*, auch: *Zuosse*.
         II. Lage unbekannt, wird jedoch bei Berenbach, Kr. Ahrweiler, vermutet.
         III. 1103 zählt eine Ravengiersburger Fälschung die Besitzungen des Mainzer Stephanstiftes im Mayengau auf, unter diesen auch: *Curtis etiam husenrode. cum suis attinentiis zusse* . . . (MRUB I Nr. 407). Zu dieser Urkunde vgl. E. Ewig, Trier im Merowingerreich 271 Anm. 85, mit weiterer Literatur zur Frage der Identität von Züsch.

Nachträge zum Kreis Ahrweiler s. S. 513 f. und 518 f.

# Wüstungen
# im Kreis Bitburg (BIT)

### Alsdorf

BIT 1
I. *Betzem,* auch: *Berdeshem.*
II. TK 6104 Bollendorf: genaue Lage nicht bekannt, jedoch innerhalb der Gemarkung Alsdorf.
III. 1390: Berdeshem (H. Dittmaier, Die linksrheinischen ON auf -dorf und -heim [Manuskr. Bonn 1961] 31 mit Bezug auf Inv. Westf. I, 931).

BIT 2
I. *Alt-Alsdorf.*
II. TK 6104 Bollendorf: r 25 33 120; h 55 28 640. Etwa 900 m NW Alsdorf, dicht W der Nims.
III. Hier befindet sich im Bereich einer ausgedehnten römischen Ansiedlung auch das Gelände des ehemaligen Dorfes Alsdorf, das nach der Volksüberlieferung an der Pest ausgestorben sein soll. Die Sage berichtet, wenig weiter NW von dieser Stelle liege ein Kriegsschatz mit Gold vergraben. M. Zender kennt darüber hinaus eine volkstümliche Überlieferung, nach der am *Härebor* (Herrenborn), am Ostrand des Waldes, die Tempelherren eine Stätte für Zusammenkünfte gehabt haben sollen. Die Erwähnung einer Tempelherren-Niederlassung deutet möglicherweise darauf hin, daß hier im Volksmund römische Ruinen als mittelalterliche Wüstung umgedeutet wurden (hierzu vgl. N. Kyll, Trierer Volksglaube und römerzeitliche Überreste. Trierer Zeitschr. 32, 1969).
LITERATUR: Steinhausen, Ortskunde 5. – Kyll wie oben.

### Badem

BIT 3
I. *Nanzem,* auch: *Nanzenheim.*
II. TK 5905 Kyllburg, 6005 Bitburg: genaue Lage nicht bekannt, jedoch innerhalb der Gemarkung Badem.
III. 893/1222: Güterverzeichnis der Abtei Prüm: *nanzenheym* (MRUB I Nr. 135 S. 152).
1099: *Hof Nanzenheim* (MRR I Nr. 1549).
1103: *nanzenheim* (MRUB I Nr. 406 S. 464).
1136: *Nanceneheim* (MRUB I Nr. 488 S. 543).
Die Identifikation von *nanzenheym* mit Nattenheim bei Bickendorf, Kr. Bitburg, schien bisher eindeutig zu sein. Sie findet sich im MRUB I 802, MRR I 435, ferner

bei Müller, ON Trier Bd. 2, 48, und bei Jungandreas, Historisches Lexikon 719. – Demgegenüber hat H. Dittmaier, Die linksrheinischen ON auf -dorf und -heim (Manuskr. Bonn 1961) 52, und Rheinische Vjbll. 26, 1961, 139, in der Gemarkung Badem den FN *Nanzem* ausfindig gemacht. Allerdings deutet der Gemarkungsumriß von Badem in keiner Weise auf die Einbeziehung einer Ortswüstung hin. Das Dorf Badem liegt in der Mitte eines nach allen Seiten gleichmäßig ausgewogenen Flurbezirkes. Er zeigt nirgends unorganische Annexe oder Ausbuchtungen, die auf eine einbezogene Wüstungsgemarkung hindeuten könnten. Wenn also eine Wüstung Nanzem nach Badem einbezogen worden ist, so muß dies sehr früh geschehen sein, so daß sich die Gemarkung nicht mehr als ganze abzeichnet. Außerdem kann natürlich die Wüstungsgemarkung unter die benachbarten Orte aufgeteilt worden sein.

## Beifels

BIT 4    I. *Burg Beifels.*

II. TK 5904 Waxweiler: r 25 30 720; h 55 46 300. Oberhalb des Hofes Beifels, O der Prüm, auf einem von NO ins Prümtal reichenden Bergsporn.

III. Nach A. Cordie, Die verschwundene Burg Beifels an der Prüm. In: Die Eifel 1944, 136–138, wird 1457 zu Beifels ein Burgfrieden abgeschlossen. Dabei wird unter anderem ein *Dietrich von Beifels* als Inhaber der Burg aufgeführt.
1382 wird Schloß Beifels genannt.
1603 müssen die Bewohner des Burghauses an die Propstei Bitburg Steuern zahlen. Das Burghaus muß also noch bestanden haben.
Die Burg gehörte dem mit zahlreichen Mitgliedern bekannten Geschlecht von Beifels, das aus Bivels b. Vianden/Luxemburg stammte (vgl. dazu Jungandreas, Historisches Lexikon 50).

VII. Auf dem von NO ins Prümtal vorstoßenden Bergsporn gibt es erhebliche Reste von Mauerwerk, die zur Burg Beifels gehörten. In den KDM Kr. Bitburg 92 werden sie für Überbleibsel eines Wart- oder Signalturmes gehalten. Daß es sich aber tatsächlich um eine recht bedeutende Burganlage handelt, bezeugen nicht zuletzt die auf dem Bergsporn sichtbaren Abschnittswälle und -gräben, die ihn nach NO gegen das rückwärtige Bergmassiv abriegeln. Nach W, S und O bilden steile Berghänge natürlichen Schutz. Die Entstehung dieser Burg ist bisher unbekannt. Doch folgt sie dem frühgeschichtlichen Befestigungsprinzip der Abschnittsbefestigung. An eine Errichtung im 10./11. Jahrh. wäre deshalb durchaus zu denken.

BIT 5    I. *Beifels,* Dorf.

II. TK 5904 Waxweiler: r 25 30 340; h 55 43 900. O der Prüm um den heutigen Hof Beifels, zu Füßen der Burg Beifels.

III. 1382 werden in einem Bruderschaftsverzeichnis der Pfarrei Biersdorf in einem Zeitraum von 80 Jahren 38 Familien genannt, die in Dorf und Burg Beifels ansässig waren, darunter der Junker Heinrich v. Beifels, seine Hausfrau und Kinder, der Junker Georg v. Beifels, seine Hausfrau und sein Sohn Johann (KDM Kr. Bitburg 92).
Daraus ergibt sich, daß der heutige Hof Beifels nur als Restsiedlung eines einstigen Dorfes Beifels anzusehen ist. Dieses wird gegen 15 Häuser umfaßt haben.
1440 heißt der Ort im Weistum des Geweberwaldes *Beywiltz* (Müller, ON Trier Bd. 2, 44).

VIII. Daß Beifels tatsächlich ein ganzes Dorf war, ist an der Größe seiner bis heute im alten Umfang erhaltenen Gemarkung zu erkennen, die die Flur eines Hofes an Größe vielfach übersteigt. Die Flur ist heute fast ganz verwaldet.

## Bettingen

BIT 6    I. *Alt-Bettingen*.                    Abb. 19; Tafel 25; 26 und 36 bis 37.

II. TK 6004 Oberweis: r 25 30 050; h 55 35 000. Links der Prüm im S Winkel, den ein von O in die Prüm einmündender Bach mit der Prüm bildet.

III. Bei der Prüfung der urkundlichen Überlieferung zu *Alt-Bettingen* im Kr. Bitburg ist zu berücksichtigen, daß es im Kr. Daun die beiden Orte Ober- und Niederbettingen sowie in Luxemburg den Ort Bettingen gibt. Verwechslungen mit dem heute Bettingen heißenden Ort sind ausgeschlossen, weil dieser durch das ganze Mittelalter hindurch den Namen Frenkingen führte.

844 Febr. 17: Kaiser Lothar I. schenkt auf Bitten seines Ministerialen Matfrid dem Fulcrad Güter aus seinem Besitz *in pago Eiflense*, unter diesen auch *in memorato pago in uilla Bettinga nominatur* (MRUB I Nr. 71 = MGH DD Loth. I. Nr. 84). Da hier der ausdrückliche Hinweis auf die Lage im Bitgau fehlt, ist grundsätzlich auch möglich, daß Ober- und Niederbettingen im Kr. Daun gemeint sind (so MRUB I 777).

1077 bereits soll Alt-Bettingen Edelherrensitz gewesen sein (MRUB II, Eltester in der Einleitung S. 110).

1135: *Tibaldus de Bettingen*, Ministeriale von St. Maximin in Trier (MRUB I Nr. 483); er steht auch in der Zeugenliste dieser Urkunde.

1152 bestätigt EB Hillin v. Trier, daß die Grafen Eberhard und Heinrich v. Seyn ihre Burg Seyne dem Erzstift Trier zu Lehen aufgetragen haben. Unter den Zeugen: *Wiricus de Bettingen* (MRUB I Nr. 571).

1157 bestätigt Kaiser Friedrich I. dem EB Hillin v. Trier den Besitz der Abtei St. Maximin und anderer Besitzungen. Unter den Zeugen: *Wiricus de Bettingen* (MRUB I Nr. 598).

1157: *Theobaldus de Bettingen* in einer Urkunde des EB Hillin v. Trier für Kloster Himmerod. Theobaldus hat dem Kloster Güter zu *Honcheit* (= Hoscheid b. Diekirch/Luxemburg) geschenkt (MRUB I Nr. 603).

1158 belehnt EB Hillin v. Trier den Grafen v. Luxemburg mit der Burg Nassau und Zubehör. Unter den Zeugen: *Wiricus de Betingen* (MRUB I Nr. 610).

1174 und 1177 erscheint *Wiricus de Bettingen* in zwei Urkunden, das Kloster Himmerod betreffend.

1185 kennt man einen *Nicolaus de bettingin* (MRUB II Nr. 22, 25, 70).

Anf. 13. Jahrh. kommen *Robertus* und *Henricus de Bettingen* im Güterverzeichnis der Abtei St. Maximin zu Trier vor (MRUB II, Nachtrag Nr. 16 S. 468, 470, 472). In diesem Güterverzeichnis wird das Dorf Bettingen selbst auch zum ersten Mal zweifelsfrei erwähnt. Die Abtei besitzt *in Alesdorf iuxta Bettingen quatuor mansos* (MRUB II, Nachtrag Nr. 16 S. 467). Gleichzeitig zeigt das Verzeichnis, daß die Herren v. Bettingen als Patrone der Kirche von Frenkingen sehr bald dort Fuß fassen (MRUB a. a. O. S. 471).

Die Urkunden, in denen das Edelfreien-Geschlecht de Bettingen verschiedene Angehörige als Zeugen stellt, zeigen die Familie stets in engen Beziehungen zum EB v. Trier.

1194 gehörte das *castrum Bettingen* dem Brunicho v. Malberg (MRUB II, Eltester in der Einleitung S. 110).

1319 beurkundet Bartholomäus v. Rittersdorf, er besitze *turrim quadratam sitam in veteri Bettingen inter fossam superiorem et domum Johannis Opilionis,* und zwar

von dem *nobili viro Wilhelmo domicello de Viana* (Vianden), *domino de Lonwy et de Bettingen, iure homagii castrensis* (KDM Kr. Bitburg 33).
1333 gelangt die Burg an Johann v. Falkenstein, dem auch die Burg auf der Bergzunge oberhalb von Frenkingen, dem heutigen Bettingen, gehörte (KDM Kr. Bitburg 33 mit älterer Literatur).
Während des 14. Jahrh. bestanden die Burgen von *Alt-Bettingen* und *Frenkingen*, heute Bettingen, nebeneinander. Mit dem Verfall der Burg Alt-Bettingen ist zu rechnen, je mehr die Burg oberhalb des heutigen Bettingen (einst Frenkingen) Hauptsitz der Herren v. Falkenstein wurde. Das politische und wirtschaftliche Schwergewicht verlagerte sich seit dem 13. Jahrh. bereits immer mehr nach Frenkingen, das im 13. Jahrh. eine Stadtbefestigung und von den Herren v. Falkenstein besondere *privilegia et libertates,* also vermutlich Stadtrechte, erhielt.
1570/1654: Nach F.-J. Heyen, Historische Stätten Deutschlands Bd. 5: Rheinland-Pfalz (1965) 42, wurde Alt-Bettingen in diesem Zeitabschnitt, wahrscheinlich im 30jährigen Krieg, aufgegeben.
IV. M. Zender berichtet die Sage, nach der hier der Teufel auf einem Schatz sitzen soll. Damit ist vermutlich auch der Name *Höll* für das Gebiet von Alt-Bettingen in Verbindung zu bringen.
V. In Alt-Bettingen gab es eine sehr alte Kirche St. Petri, die nach neueren Studien von N. Kyll als Mittelpunkt eines ausgedehnten frühen Taufkirchenbezirkes anzusehen ist (N. Kyll, Rheinische Vjbll. 26, 1961, 159 ff.). Von ihr trennten sich später eine ganze Reihe umliegender Pfarreien ab. Um 1330 wird die *ecclesia de veteri Bettinga* erwähnt (Steinhausen, Ortskunde 17 nach Trierisches Arch. 8, 1905, 15. – Vgl. Heydinger 315).
1343 ist ein Pfarrer dieser Kirche bezeugt (Steinhausen a. a. O. nach Marx, Die Entwicklung des Pfarrsystems im Bistum Trier, Trierisches Arch. 24/25, 1916, 130, Anm. 6). Weitere Erwähnungen der *ecclesia de veteri Bettingen* in Trierer Urkunden des 14. Jahrh. (vgl. KDM Kr. Bitburg 31).
1570 führt ein Visitationsprotokoll Alt-Bettingen und Frenkingen-Bettingen noch als getrennte Pfarreien auf. Alt-Bettingen hatte in diesem Jahre noch 12 Kommunikanten, also eine sehr geringe Zahl. Das endgültige Wüstwerden der Siedlung um 1600 steht unmittelbar bevor (Pauly, Ebtm. Trier, Landkapitel Kyllburg-Bitburg 195). Bald nach 1570 wurden Alt-Bettingen und Frenkingen-Bettingen zu einer gemeinsamen Pfarrei vereinigt. Im Jahre 1640 war Alt-Bettingen Kapellenort von Frenkingen-Bettingen. 1654 fand der Visitator den Namen der Pfarre Frenkingen in Bettingen umgewandelt (Clemen, KDM Kr. Bitburg 31).
1688 war die Kirche von Alt-Bettingen interdiziert und verfiel langsam zur Ruine (N. Kyll a. a. O. 237).
VI. Im Gebiet von Alt-Bettingen ist dieser Name bis in die Urkataster aus der ersten Hälfte des 19. Jahrh. lebendig geblieben.
VII. Burg und Siedlung Alt-Bettingen lagen auf einer von O nach W ins Tal der Prüm vorstoßenden Geländezunge. Sie liegt rund 10 m über der Talaue der Prüm und wird im N durch den Höllbach begrenzt, der von O in die Prüm mündet. Römische Funde beweisen, daß die mittelalterliche Burg auf einem römischen Gutsbezirk steht (Steinhausen, Ortskunde 16 f.). Die obertägig sichtbaren Reste der mittelalterlichen Burg zeigt ein Plan in den KDM Kr. Bitburg 30 Fig. 7. Der dort auf Fig. 9 abgebildete Turm ist nicht der Turm der Petrikirche von Alt-Bettingen, sondern eine echte *turris quadrata* der Burg Alt-Bettingen, wie sie seit dem 12. Jahrh. allenthalben auf Burgen üblich war. Der Turm war mehrgeschossig; vermutlich hatte er vier Stockwerke. Innen zeigen sich noch die Löcher der Tragbalken für die Decken der einzelnen Geschosse. Es scheint, als habe der Turm auf einem kleinen, künstlich angeschütteten Hügel gestanden. Um diese Frage zu klären, müßten aber zuvor die Trümmer um ihn herum beseitigt und das Gelände dann archäologisch untersucht werden. Die Umfassungsmauern im O, S, W und z. T. im N sind noch

recht gut erkennbar. Das gesamte Burggelände hatte demnach etwa Trapezform. Reste von Innenbauten der Burg sind als große Trümmerhaufen sichtbar, darunter vermutlich im SW der Palas.

Die Siedlung Alt-Bettingen sowie die Kirche St. Petri sind außerhalb der Befestigung zu suchen. Die Burg war gegen die Siedlung im O und S durch einen breiten, heute nur noch schwach sichtbaren Sohlgraben abgetrennt. Im N und W bestanden steile natürliche Terrassen gegen den Höllbach und die Flußaue der Prüm. Als Ortslage Alt-Bettingen ist das Hanggelände im S und O der Burg anzusprechen. Hier zeigen sich z. T. breite Terrassen, auf denen die Häuser gestanden haben können.

Die bisherigen archäologischen Untersuchungen bezogen sich aber nicht auf die Siedlung selbst, sondern auf die Burg Alt-Bettingen (vgl. Trierer Zeitschr. 16/17, 1941/42, 237–240). Ein Teil der bei diesen Grabungen gefundenen mittelalterlichen Keramik wurde früher für merowingerzeitlich gehalten. Die von N. Kyll angenommene sehr frühe Bedeutung von Alt-Bettingen ist auf Grund archäologischer Indizien bisher aber noch nicht bewiesen. Vielmehr wurden bei Grabungen in der Ruine braunglasiertes Steinzeug des 15. Jahrh. (RLMT EV 39/171) sowie Nachfahren der spätfränkischen Röhrenausgußkannen und blaugraue Kugeltopfware des 10.–12. Jahrh. gefunden (RLMT EV 40/8–10).

LITERATUR: Zur Keramik: Trierer Zeitschr. 15, 1940, 91 f.; 17, 1942, 237 ff. Abb. 25. – Neuer Plan der Ruine: Trierer Zeitschr. 17, 1942, 238.

VIII. Der Gemarkungsumriß von Alt-Bettingen ist noch heute sehr klar erhalten und feststellbar (dazu vgl. Textband S. 119 ff.). Die links der Prüm gelegene Gemarkung Alt-Bettingen ist größer als die der Nachbarsiedlung des heutigen Bettingen (einst Frenkingen). Zu beiden Seiten der Prüm sind, wie die Begehung 1968 ergab, die Hänge zwischen Bettingen und Alt-Bettingen bis Oberweis und Brecht im N über und über mit terrassierten fossilen Fluren bedeckt. Meist liegen sie unter Buschwerk oder tragen auf den Rainen Gebüsch. An vielen Stellen treten Versteifungen aus plattigem Kalkstein oder Sandstein in den Rainen hervor. Es ist daher sicher, daß ein Teil dieser Terrassen im Mittelalter dem hier verbreiteten Weinbau gedient hat. Andererseits gibt es langstreifige Terrassen, die keine Steinversteifungen erkennen lassen und sicher als Ackerland genutzt wurden. So ist z. B. 500 m S Alt-Bettingen eine nach W geöffnete Hangmulde ganz mit isohypsenparallelen, langstreifigen Terrassen gegliedert, die einen Teil der alten Flur von Bettingen darstellen. Auf der nach O an die Steilhänge der Prüm anschließenden Hochfläche, die ebenfalls noch zur Gemarkung Alt-Bettingen gehörte, sind fossile Feldeinteilungen dem intensiven modernen Feldbau zum Opfer gefallen.

Allerdings stellt sich auch hier die Frage, ob der Ursprung der Terrassenäcker nicht schon in römischer Zeit zu suchen ist. Drei römische Gutsbetriebe lagen innerhalb der Gemarkung Alt-Bettingen: der eine an der Stelle der mittelalterlichen Burg und Siedlung Alt-Bettingen, ein zweiter SSO davon auf der Hochfläche (r 25 30 430; h 55 34 360) und ein dritter ebenfalls auf der Hochfläche im S der Gemarkung Alt-Bettingen, an der Gemarkungsgrenze nach Wettlingen und Ingendorf (r 25 31 000; h 55 33 350). Die dritte Fundstelle ist von besonderem Interesse, weil hier gefundene Münzen von Nero und Trajan die Erschließung dieses Raumes während der 1. Hälfte des 1. Jahrh. belegen (Bonner Jahrb. 25, 1857, 204). Besonders an der zweiten römischen Fundstelle ist durch Grabungen möglicherweise ein stratigraphischer Befund für das Alter der dortigen Terrassenäcker zu gewinnen. Die zeitliche Differenzierung der sicher verschieden alten Terrassenäcker, die in diesem Gebiet liegen, ist nur durch archäologische und topographische Spezialuntersuchungen möglich.

BIT 7   I. *Burg Bettingen* (einst Frenkingen).
II. TK 6004 Oberweis: r 25 28 400; h 55 34 040. NW des Ortes auf der Höhe.

III. 1346 bestätigen *Johannes, dominus de Bettingen et Valkinstein* und seine Gattin *Ihrmeswanz* die Bettingen (Frenkingen) verliehenen Privilegien und Freiheiten, nachdem ihre Vorfahren *in monte ipsius castri nostri de Bettingen quoddam construxerunt oppidum.* Der Hinweis auf die auf dem Berge gelegene Burg schließt die Verwechslung mit der Burg Alt-Bettingen, die ja im Tal liegt, aus. Die KDM Kr. Bitburg 33 stellen richtig fest, daß beide Burgen im 14. Jahrh. nebeneinander bestanden (vgl. auch F.-J. Heyen, Historische Stätten Deutschlands Bd. 5: Rheinland-Pfalz [1965] 42).

1446 befindet sich die Burg Bettingen z. T. in der Hand der EB v. Trier (KDM Kr. Bitburg 33 mit Belegen).

1449 sichern sich die EB v. Trier in einem Vergleich mit den Herren v. Vinstingen das Vorkaufsrecht für die Burg (KDM Kr. Bitburg 33 f. – Goerz, Regesten d. EB v. Trier 189).

1490 verzichten die Herren v. Manderscheid unter anderem auf Schloß und Herrlichkeit Bettingen (Schannat-Bärsch, Eifl. Ill. I 2, 793).

Im 16. Jahrh. kommt Burg Bettingen wieder an die Grafen v. Manderscheid. 1794 wird die Burg durch die Franzosen zerstört und danach als Steinbruch genutzt.

V. Auf der Burg hat es eine Kapelle gegeben (dazu KDM Kr. Bitburg 34).

VII. Von der Burg Bettingen sowie der alten Stadtmauer sind heute nur noch spärliche Reste erhalten. Die Burg lag in strategisch ausgezeichneter Lage auf der äußersten Spitze eines von NW ins Kylltal vorstoßenden Bergspornes. Auf beiden Seiten boten tief eingeschnittene Täler eine natürliche Sicherung. Die mauerumschlossene Siedlung lehnte sich an die Burg auf der Spitze des Bergspornes nach dem rückwärtigen Bergmassiv an. Zwischen Burg und Siedlung einerseits und vor der Siedlung andererseits müssen Gräben vorhanden gewesen sein, die den Bergsporn abriegelten. Von ihnen ist aber keine Spur mehr vorhanden. Sie wurden offenbar früh zugeschüttet und überbaut. Im ganzen bietet Bettingen eine direkte Parallele zur Anordnung von Burg und Stadt auf einem Bergsporn, wie sie in Blankenberg an der Sieg noch gut zu beobachten ist. Burg-Stadt-Anlagen dieses Typus setzen die aus der Frühgeschichte bekannte Erscheinung der Wallburgen in Spornlage mit Abschnittswällen im Mittelalter fort. In Bettingen wurde offenbar sehr bald der Raum für die wachsende Stadt auf dem schmalen Bergsporn zu knapp. Daher kam es zu Füßen von Burg und Stadt, auf dem rechten Kyllufer, zur Bildung eines weiteren Siedlungskernes, dessen Mittelpunkt die einst gotische, im 18. Jahrh. erneuerte Pfarrkirche Bettingen ist. Mit zeitweiser oder partieller Wüstlegung des umwehrten Teiles der Stadt auf der Höhe muß gerechnet werden.

BIT 8   I. *Frenkingen,* Namenswechsel, heute: *Bettingen.*

II. TK 6004 Oberweis: r 25 30 100; h 55 36 200. Rechts an der Kyll gelegen.

III. Während die meisten Autoren den Namen Frenkingen als den alten Namen der heutigen Siedlung Bettingen ansehen und den Wechsel mit dem Wüstwerden von Alt-Bettingen (BIT 6) in Zusammenhang setzen, nimmt Schaus S. 12 in der Nähe von Alt-Bettingen eine Wüstung namens Frenkingen an. Durch Ballung seien die Bewohner dieser Wüstung Frenkingen und von Alt-Bettingen dann in den heutigen Ort Bettingen zusammengezogen. Dieser Annahme widersprechen die Befunde im Gelände, die außer Alt-Bettingen keine weitere Wüstung ergeben; darüber hinaus wird nur eine Altgemarkung, die von Alt-Bettingen sichtbar. Frenkingen muß demnach immer noch als der alte Name des heutigen Bettingen gelten. Der Namenswechsel, der zur endgültigen Verdrängung des alten und zur Übernahme des neuen Namens führte, vollzog sich im 16./17. Jahrh. Davor liefen beide Namen lange Zeit parallel nebeneinander her.

1004/1026: Der Edele Everbertus schenkt der Abtei St. Maximin zu Trier seine Güter zu Frenkingen: *in pago bitgovensi in comitatu Henrici ducis. in uilla que dicitur Frenkinka* (MRUB I Nr. 269 = MRR I Nr. 373).

1051 Jan. 16: *Franchingun* (MRUB I Nr. 333).
1051 Jan. 21: *Frankenheim* (MRUB I Nr. 334 = MGH DD H. III. Nr. 262).
1066 Juli 13: *Frainkingun* (MRUB I Nr. 364 = MGH DD H. IV. Nr. 181).
1140 Mai 6: *Frankingun* (MRUB I Nr. 516).
Anf. 13. Jahrh.: Güterverzeichnis der Abtei St. Maximin zu Trier im Liber Aureus: *Dominus Henricus de Bettingen habet patronatum ecclesie cum decima in Frankingen* (MRUB II Nachtrag Nr. 16 S. 471. – Vgl. Wisplinghoff, St. Maximin 109).
1477 heißt es anläßlich eines Jahrgedächtnisses: *Moderkirchen zu Bettingen genannt zu Frenkingen* (Pauly, Ebtm. Trier, Landkapitel Kyllburg-Bitburg 197; Quelle: StA Koblenz 29 C nr. 30/31).
1570 spricht das Visitationsprotokoll von den beiden Pfarreien Alt-Bettingen und Frenkingen.
1654 war der Name Frenkingen endgültig dem Namen Bettingen gewichen.
Die eigentliche Ursache für die Übertragung des Namens Bettingen auf den bestehengebliebenen Ort Frenkingen ist in der Tatsache zu suchen, daß die Burgen beider Orte in der Hand derselben Adelsfamilie waren, die sich nach Bettingen nannte. Burg und Siedlung Frenkingen nahmen im hohen Mittelalter eine stürmische Aufwärtsentwicklung, so daß der Name der Burg nach ihrem Besitzer allmählich auch auf die Siedlung Frenkingen überging.

IV. Der Sage nach soll Bettingen früher viel größer gewesen sein als heute. Es ging bis in den Werkgarten bei Ingendorf. Da hat die Bettinger Kirche gestanden (Zender, Westeifel Nr. 90). Wahrscheinlich hat sich in dieser Sage noch eine Erinnerung an das untergegangene Alt-Bettingen erhalten (BIT 6).

BIT 9    I. *Hagenmühle*.

II. TK 6004 Oberweis: genaue Lage unbekannt, jedoch in oder nahe bei Bettingen (einst Frenkingen).

III. 1278 wird der Hof Bettingen mit Ausnahme der *Hagenmuhlen* veräußert (MRR IV Nr. 567. – Jungandreas, Historisches Lexikon 480).


Biesdorf

BIT 10   I. Name unbekannt.

II. TK 6103 Wallendorf: r 25 21 800; h 55 26 760. Etwa 1 km S Biesdorf, dicht SO des Weges, der vom Biesdorfer Hof nach SW verläuft und 200 m W H. 273,8, auf einem leicht nach SW abfallenden Hang in der Flur *Langeloh*.

VII. Hier bezeichneten einst ausgedehnte Steinrauschen (Trümmer) eine Siedlung des Mittelalters. Steinquader und Mörtelspuren treten hier im Zusammenhang mit spätmittelalterlicher Keramik auf.

LITERATUR: Steinhausen, Ortskunde 19.

BIT 11   I. *Eisenschmelze*.

II. TK 6103 Wallendorf: SW außerhalb des Dorfes Biesdorf, im Distrikt *Heiligenpäsch*.

VII. Hier wurden die Reste einer karolingerzeitlichen Eisenschmelze des 8./9. Jahrh. gefunden, die unter einer 1,20–1,30 m starken spätmittelalterlichen Aufschüttungsschicht lagen. Festgestellt wurden ein 30 cm breiter, in Kalkstein gefaßter Kanal, ein längerer Mauerzug von 50 cm Dicke aus Kalkbruchsteinen und eine fast 50 qm große Fläche mit Bauschutt, die Brandreste enthielt. Diese Brandschicht lagerte über einem mit Gruben und Mulden besetzten Gelände. Ihre unteren 10 cm

bestanden aus fast reiner Holzkohle, darüber lagen Schichten, die Keramik des 8./9. Jahrh. sowie Eisen- und Glasschmelze enthielten.
In der Nähe dieses Verhüttungsplatzes liegt ein spätfränkisch-karolingisches Reihengräberfeld, das seinerseits die Existenz einer zeitgleichen Siedlung in nicht allzu großer Entfernung voraussetzt.
Die Keramikfunde von der Eisenschmelze befinden sich im RLMT unter EV. 40/34.
LITERATUR: Trierer Zeitschr. 15, 1940, 92 f.; 16/17, 1941/42, 240. – Zu den Gräbern: Steinhausen, Ortskunde 18 f. – Trierer Zeitschr. 1, 1926, 197.

## Bitburg

BIT 12   I. *Rittersheim*, Wüstung?
II. TK 6004 Oberweis, 6005 Bitburg: genaue Lage unbekannt.
III. Auf der Gemarkungsgrenze zwischen den Gemarkungen Bitburg und Rittersdorf gibt es den FN *Rittersheim* (H. Dittmaier, Die linksrheinischen ON auf -dorf und -heim [Manuskr. Bonn 1961] 15). Ob es sich tatsächlich um eine Wüstung handelt oder nur um eine Variation des ON Rittersdorf, könnte nur eine intensive Begehung des fraglichen Gebietes erweisen.

## Bollendorf

BIT 13   I. *Burg Bollendorf*.
II. TK 6104 Bollendorf: r 25 26 520; h 55 23 700. SO Bollendorf, O der Sauer.
III. Unter der Sommerresidenz der Äbte v. Echternach lag eine mittelalterliche Burg, deren Reste Fig. 43 der KDM Kr. Bitburg zeigt. Über diese Anlage ist aber urkundlich nichts bekannt.

BIT 14   I. *Eisenerz-Tagebaue*.
II. TK 6104 Bollendorf: ungefähr r 25 26 000–28 000; h 55 24 500–26 000. W des Diesburgerhofes, auf einem nach W vorstoßenden tertiären Tonlappen.
VII. Hier liegt ein Gebiet, das den im Mittelalter sehr begehrten Brauneisenstein enthielt. Durch das ganze Mittelalter hindurch wurde er in diesem Raum obertägig abgebaut. Davon zeugt der in diesem Gebiet häufige FN *Erzkaulen*. Auch finden sich hier noch heute viele grubenförmige Erztagebaue (Pingen). Vor der Anlage der Weilerbacher Hütte 3 km SO Bollendorf betrieb die Abtei Echternach die heute *Altschmiede* genannte Eisenhütte, die 2 km WSW Bollendorf, auf dem Ostufer der Sauer gelegen hat (BIT 15).
LITERATUR: Virmond, Geschichte der Eifeler Eisenindustrie (1896) 67 f. – Steinhausen, Ortskunde 60. – Ders., Trierer Zeitschr. 1, 1926, 56.

BIT 15   I. *Eisenhütte Altschmiede*.
II. TK 6104 Bollendorf: r 25 24 280; h 55 22 700. 2 km WSW Bollendorf, am Ostufer der Sauer.
III. Hier betrieb nach Virmond, Geschichte der Eifeler Eisenindustrie (1896) 67 f., die Abtei Echternach eine Eisenhütte, die das beim Diesburger Hof gewonnene Eisenerz (Brauneisenstein) verarbeitete. Als die neue Hütte in Weilerbach errichtet wurde, stellte man hier die Eisenverhüttung ein.
LITERATUR: wie bei BIT 14.

BIT 16   I. *Eisenhütte Weilerbach.*

II. TK 6104 Bollendorf: r 25 28 080; h 55 21 780. Rund 3 km SO Bollendorf, O der Sauer, an der Mündung des Weilerbaches in die Sauer.

III. Hier betrieb nach Virmond, Geschichte der Eifeler Eisenindustrie (1896) 67 f., die Abtei Echternach eine Eisenhütte, die die *Altschmiede* SW Bollendorf ablöste.

LITERATUR: wie bei BIT 14.

Es wird angenommen, daß die Gründung der Eisenhütte Weilerbach bis ins 16. Jahrh. zurückgeht. Doch ist über den Begründer nichts bekannt. 1878 fand man beim Abbruch eines alten Herdfrischkanals eine gußeiserne, in Weilerbach hergestellte Herdplatte, die die Jahreszahl 1572 trug.

1723 läßt die Echternacher Abteichronik erkennen, daß die Hütte vermutlich bereits im 16. Jahrh. Eigentum der Abtei war.

1779 wurde unter dem Echternacher Abt Immanuel Limpach (1775–1793) der erste Hochofen mit Windgebläse gebaut. Als Hüttenarbeiter gewann man Leute aus Longwy, die heute noch an ihren französischen PN erkennbar sind.

1882 wurde in Weilerbach der letzte Hochofen ausgeblasen. Während früher in erster Linie Takenplatten in Weilerbach hergestellt worden waren, produzierte man später eiserne Gußstücke in Massenauflage.

LITERATUR: L. Fieser, Aus der Geschichte der Eisengewinnung im Trierer Land. Trierer Zeitschr. 6, 1931, 25 f. – J. B. Keune, Bemerkungen über Takenplatten aus Quint und anderen Eisenwerken unserer Heimat, a. a. O. 27–31.

BIT 17   I. *Töpferei.*

II. TK 6104 Bollendorf: r 25 28 020; h 55 24 800. Rund 400 m S Diesburger Hof, am Weg zu den Kiesgruben.

VII. S. Loeschcke grub hier 1930 einen Töpferofen aus, der aber keine Gefäßscherben mehr enthielt. Nach den Gefäßscherben, die man auf den benachbarten Äckern in Fülle gefunden hat, wird der Ofen ins späte Mittelalter datiert.

In Bollendorf und Echternacherbrück gab es Töpfereien, die bis ins 19. Jahrh. hinein tätig waren.

LITERATUR: Steinhausen, Ortskunde 60. – Germania 14, 1930, 254.

BIT 18   I. *Oppilendorf.*

II. TK 6104 Bollendorf: soll nach J. Hainz, Das Bitburger Land 197, bei Bollendorf gelegen haben.

III. Ein Ort dieses Namens wird nach Hainz a. a. O. 895 erstmalig erwähnt.

LITERATUR: J. Hainz wie unter BIT 19. – Vgl. MGH DD Zwentibolds Nr. 5; danach ist Oppilendorf identisch mit Eppeldorf, SO Diekirch/Luxemburg.

BIT 19   I. *Morthaus.*

II. TK 6104 Bollendorf: soll nach J. Hainz, Das Bitburger Land 197, bei Bollendorf gelegen haben.

III. 1617 wird nach Hainz a. a. O. erstmalig eine Siedlung dieses Namens erwähnt.

LITERATUR: J. Hainz, Die Wüstungen des Kreisgebietes. In: Das Bitburger Land, Landschaft, Geschichte und Kultur des Kreises Bitburg, Bd. 1 (Trier 1967) 196 ff.

BIT 20   I. *Laufenwehr.*

II. TK 6104 Bollendorf.

III. Nach J. Hainz, Das Bitburger Land 198, gab es bei Bollendorf eine Siedlung namens *Laufenwehr,* die im 19. Jahrh. wüst geworden ist.

LITERATUR: J. Hainz wie BIT 19.

BIT 21   I. *Fleisbach*.
II. TK 6104 Bollendorf.
III. Nach J. Hainz, Das Bitburger Land 197, gab es bei Bollendorf eine Siedlung namens Fleisbach, die nach 1800 wüst geworden ist.
LITERATUR: J. Hainz wie BIT 19.

BIT 22   I. *Diesburg*.
II. TK 6104 Bollendorf: r 25 28 100; h 55 25 250. O Diesburger Hof.
III. 1284 wird eine *Diderischburch* als Besitz der Abtei Echternach erwähnt (MRR IV Nr. 1158. – Vgl. auch Schannat-Bärsch, Eifl. Ill. III 1,2 S. 476. – KDM Kr. Bitburg 102).
Wahrscheinlich handelt es sich um eine Wehranlage in der Nähe des heutigen Diesburger Hofes. Dieser dürfte dann der zugehörige Wirtschaftsbetrieb sein. Möglicherweise hat aber der Diesburger Hof selbst einen Vorgänger gehabt, den man auf Grund seiner Befestigungswerke als Burg bezeichnet hat.

## Dahlem

BIT 23   I. *Knappsmühle*.
II. TK 6005 Bitburg: r 25 43 280; h 55 32 120. S des Teutel-Baches, der von W in die Kyll mündet, rund 1250 m NNO Dahlem.
III. Hier gab es bis ins 19. Jahrh. die Knappsmühle, von der heute noch verfallene Mauerreste im Gelände vorhanden sind.
LITERATUR: J. Hainz, Das Bitburger Land 197.

## Dudeldorf

BIT 24   I. *Eicherhof*.
II. TK 6005 Bitburg: r 25 46 440; h 55 36 510. Knapp 1500 m SO der Ortsmitte Dudeldorf, O des Lange-Baches, in der Nähe von Roth-Mühle und Föhrings-Mühle.
III. Hier stand bis zum Beginn des 20. Jahrh. der jetzt abgerissene Eicherhof, dessen Name noch in den modernen topographischen Karten enthalten ist.

BIT 25   I. *Alt-Kammerforst,* Töpfersiedlung.
II. TK 6006 Landscheid: etwa r 25 48 690; h 55 35 800. An der Abzweigung des Weges Herforst–Dudeldorf von der Straße Herforst–Speicher, rund 600 m S des erst um 1800 entstandenen heutigen Hofes Kammerforst.
III. 1190: *Nichilominus et arbusta. que sunt in colle qui dicitur Cameruorst ei concessimus* (MRUB II Nr. 108 in der Stiftungsurkunde des Abtes zu Prüm für das adelige Nonnenkloster zu Niederprüm).
1238: *Tres forestas . . . Camerforst* (MRR III Nr. 89 = MRUB III Nr. 636).
1270: Godefried v. Dudeldorf und seine Frau Jutta geben den Kornzins vom Hofe Camervorst dem Kloster St. Thomas an der Kyll (MRR III Nr. 2506 S. 566).
1294 wird die Banngrenze des Dorfes Kammerforst beschrieben. Danach wird die Grenze der Güter im Kammerforst bis zum *Leirbach* und von einer alten Mauer, genannt *Lancmure*, bis zum *Hoillinbach* so festgesetzt, daß Mauer und Bach gleichsam wie eine Schnur die Güter umgeben sollen (MRR IV Nr. 2313 S. 516).

1296 wird der Wald Kammerforst, gelegen zwischen dem oberen Wald, dem Dorfe *Suarcinburne* (Schwarzenborn, Kr. Wittlich), dem Bache *Salmona* (Salm) und dem Bache *Bere* als Grenzmarken vom Ritter Wilhelm, Herrn v. Manderscheid, dem Kloster Himmerode für 400 trierische Pfund verkauft (MRR IV Nr. 2534).
1300 erscheint wieder der Zehnte im Dorf Kammerforst. Der Zehntbezirk erstreckt sich von dem Dorf bis zum *Leirbach* und von der alten Mauer, genannt *Lantmure*, bis zum Ufer des *Keilinbaches* (MRR IV Nr. 3083). Das Dorf soll bei der Pest im 17. Jahrh. ausgestorben sein.

VI. Die Flur des untergegangenen Hofes Kammerforst heißt heute *Alt-Kammerforst* (Steinhausen, Ortskunde 81).

VII. Um 1900 wurden an dem unter II. angegebenen Ort von einem Landwirt Mauerreste freigelegt, die zu dem untergegangenen Hofe Kammerforst gehörten. Dabei fand man große Mengen spätmittelalterliches Steinzeug, so daß hier eine Töpferei vermutet werden darf. Das ist angesichts der um Speicher, Herforst, Spangdahlem vorkommenden ausgezeichneten Töpfertone nicht verwunderlich. Die berühmten römischen Töpfereien von Speicher liegen nur knapp 2 km SO des Kammerforstes im heutigen Speicherer Wald.

VIII. Das Gelände des Kammerforstes bildet den W Fortsatz der Hochfläche von Spangdahlem. Im S, W und N begrenzen es Bachläufe, die ihm eine naturräumliche Geschlossenheit verleihen. Diese Bachläufe werden in den alten Zehnt- und Bannbeschreibungen auch immer wieder als natürliche Grenzen benutzt. Reste von fossilen Fluren wurden im ehemaligen Kammerforst nicht beobachtet. Sein größter Teil wird heute intensiv ackerbaulich genutzt. Der alte Flurumriß des Dorfes Kammerforst hat sich jedoch ausgezeichnet als SO Erweiterung der Gemarkung Dudeldorf erhalten. Die Gemarkungsfläche von Alt-Kammerforst ergibt sich beim Ausplanimetrieren mit rund 172 ha = 1,72 qkm. Sie liegt damit über der für Einzelhöfe ermittelten Gemarkungsgröße von etwas über 100 ha Gesamtgröße (vgl. SLE 77 Königsfeld, DN 70 Wüstweiler und Textband S. 107).

BIT 26  I. *Medenhof*.
II. TK 6005 Bitburg: wird in oder bei Dudeldorf vermutet, nach J. Hainz, Das Bitburger Land 197, N von Bettingen gelegen.
III. 1127: *Medenhof* (MRUB I Nr. 456 S. 513). Nach Jungandreas ist unter mhd. *mêdeme* eine auf Grundstücken ruhende Abgabe zu verstehen (Historisches Lexikon 658).

BIT 27  I. *Bergheim*.
II. TK 6005 Bitburg oder 6006 Landscheid: genaue Lage unbekannt, jedoch in der Gegend von Dudeldorf.
III. 1254 gibt Philipp, Ritter v. Dudeldorf, *eadem tria maldra assignavi eidem ecclesie* (St. Thomas/Kyll) *in molendino meo apud Bercheim cum prenotato maldro de Spangen singulis annis perpetuo persolvenda* (MRUB III Nr. 1244).
1378: *spanghe et Bercheym* (Jungandreas, Historisches Lexikon 56 mit Beleg). Bergheim tritt also wiederholt in Verbindung mit Spangdahlem auf. Außerdem befindet es sich in der Hand der Herren v. Dudeldorf. Es ist also in jedem Falle in der Nähe von Dudeldorf zu suchen. In: Die Eifel, 1960, 131, wird vermutet, der ON sei als Gegensatz zu den Orten Spangdahlem und Dahlem aufzufassen.

Echternacherbrück

BIT 28  I. *Badelingen*.
In älteren Urkunden auch *Bedelinga* genannt.

II. TK 6104 Bollendorf: r 25 31 000; h 55 20 000. Rund 1000 m NO der Brücke, am alten Irreler Weg.

III. 690 Apr. 1: Die Äbtissin Adela, Tochter des verstorbenen Königs Dagobert, schenkt dem von ihr erbauten und dem EB v. Trier unterstellten Kloster Pfalzel an der Mosel zahlreiche Besitzungen, unter diesen auch Besitz in *Bedelingis in pago Betense*, den sie von Gauciofridus und Vinghericus erworben hatte. Die Urkunde (MRR I Nr. 105 = Wampach, UB Luxemburg I Nr. 19) gehört zu den sog. Dagobertfälschungen (zu diesen vgl. Ewig, Trier im Merowingerreich 170 f. – F.-J. Heyen, Untersuchungen zur Geschichte des Benediktinerinnenklosters Pfalzel bei Trier – ca. 700 bis 1016 – [Göttingen 1966] 7 ff. und 42. – Zur Überlieferungsgeschichte dieses sog. Testaments der Äbtissin Adela vgl. auch MRR I 47 f.).
Um 700: Die Äbtissin Irmina von Oeren schenkt dem B. Willibrordt Basilika und Kloster zu Echternach mit dem zugehörigen Erbgut und Pertinentien, unter denen sich auch *Baidalingum* befindet (MRR I Nr. 110 und 111 = Wampach, Echternach I Nr. 3 und 4; vgl. ferner Wampach, Echternach I Nr. 6, 12, 14 zu den Schenkungen der Irmina; auch: Ewig, Trier im Merowingerreich, wie oben).
704: *in villa Cabriaco et in villa Bedelinga* (Wampach, Echternach I 37).
732/733: *in villa que dicitur Bedelingis* (Wampach, UB Luxemburg I 26).
1181: *Erembertus de bedelingin* in der Zeugenliste (MRUB II Nr. 50).
1293: *bona mea in Beidelingen* (Wampach, UB Luxemburg VIII 201 = MRR IV Nr. 2150).
1319: *velcz gelegen zuo Beydelingen vur dem Galgenberge* (Wampach, UB Luxemburg VIII 269).
1383: *zu Beidelinchen uff deme Effeneit* (Wampach, UB Luxemburg X 770).
1389: *zu Beydlingen supra ripam* (Wampach, UB Luxemburg IX 50).
Seit dem Ende des 14. Jahrh. sind urkundliche Belege für Badelingen zu vermissen. Es ist daher mit Recht vermutet worden, daß der Ort bereits im 14. Jahrh. wüst wurde (Steinhausen, Ortskunde 83). Über die Ursachen des Wüstwerdens ist nichts bekannt.
1570 erscheint Badelingen noch im Visitationsprotokoll als Teil des großen Pfarrbezirkes der St. Petruskirche zu Echternach. Das Dorf war zu dieser Zeit sicher schon wüst (Fabricius, Erläuterungen V 2, 35. – Pauly, Ebtm. Trier, Landkapitel Kyllburg-Bitburg 247).

VI. Nach Steinhausen, Ortskunde 83, zeigt der FN *Bardelingen*, mundartlich *Baljen*, am alten Irreler Weg die Lage von Badelingen an. Das heutige Echternacherbrück entstand seit dem frühen 19. Jahrh. auf der deutschen Seite der Sauerbrücke als Paß- und Zollkontrollstation.

LITERATUR: J. Steinhausen, Ortskunde Trier-Mettendorf (Bonn 1932) 83 mit der älteren Literatur. – W. Jungandreas, Historisches Lexikon 40 mit weiteren Hinweisen. – Ewig, Trier im Merowingerreich 255.

## Enzen

BIT 29  I. *Udershausen*.

II. TK 6003 Mettendorf: Zwischen Mettendorf und Enzen, also wohl im Tal der Enz gelegen.

IV. Zwischen Mettendorf und Enzen, so berichtet die Sage, stand eine Stadt namens *Udershausen*, auf Platt *Ursen*. Ein Stück von einem Torturm stand noch lange (Zender, Westeifel Nr. 89). Die Wüstung kann identisch sein mit *Urhausen* (BIT 106).

Fließem

BIT 30   I. *Wachenforth*, Dorf und Hof.
II. TK 5905 Kyllburg: r 25 39 940; h 55 44 110. An der Kapelle W der oberen Fließemermühle. W der Kyll.
III. 971: *in uilla uuachenuur denuncupata curtim dominicalem. ecclesiam. molendinum. cum omnibus ad ipsam curtim pertinentibus* (MRUB I Nr. 235).
1136: *Uuachuorde* als Prümer Besitz (MRUB I Nr. 488).
1570: *Wachfort* (Müller, ON Trier Bd. 2, 45).
Um 1800 wurde der Hof bei der Säkularisation der Abtei Prüm durch Napoleon eingezogen. Seitdem verfiel er. Die heutige obere Fließemer Mühle ist die alte Mühle des einstigen Prümer Klostergutes Wachert. Da Wachenforth 971 villa genannt wird, muß angenommen werden, daß hier ursprünglich ein kleines Dorf lag, von dem nach partiellem Wüstungsvorgang später nur noch das Prümer Klostergut übrigblieb.
V. Die Villa Wachenforth besaß eine Kirche, die dem später übriggebliebenen Prümer Klosterhof als Kapelle diente. Sie wird bereits 971 urkundlich genannt (s. o. unter III.).
1570: *Wachfart, en patois Wachert. Capella libera Wachfart . . . habet cimiterium, habitat quoque hic heremita* (Heydinger 371). Die Kapelle hatte das Patrozinium St. Maria.
1787 wurde diese Kirche abgebrochen und an ihrer Stelle die heute noch bestehende Kapelle errichtet.
VII. Die genaue Lage von Wachenforth ist durch die Kapelle bezeichnet. Wie der Name beweist, erhielt der Ort Wachenforth seine Bedeutung durch seine Lage an einer wichtigen Furt durch die Kyll. Sie besteht noch heute wenig S der oberen Fließemermühle. Hier durchquert der von Fließem nach Etteldorf führende Weg die Kyll. Den Zustand der Wüstung Ende 19. Jahrh. beschreibt Heydinger 371 Anm. 217. Danach lag der Ort am W Ufer der Kyll, und zwar am Hang. Hier machen sich am Waldrand in einer Wiese zwei voneinander getrennte Steinhaufen bemerkbar. Der dem Wege zur oberen Fließemermühle am nächsten liegende ist der Überrest der Eremitage, die hier bestand. Der andere bezeichnet den Standort der alten Kapelle: 'In jüngster Zeit wurde vor dem ehemaligen Wohnplatze ein Steinkreuz und auf der Hausstelle eine ärmliche Kapelle errichtet. Beim Räumen für dieselbe fand man (wie mir ein Augenzeuge erzählt) den vollständigen Feuerherd eines Backofens. Den gemauerten Brunnen findet man einige Schritte hinunter im Walde' (Heydinger a. a. O.).

Geichlingen

BIT 31   I. *Backerath*, Wüstung?
II. TK 6003 Mettendorf: etwa r 25 18 300; h 55 34 350. Rund 1000 m SW Geichlingen.
III. Hier gibt es den FN *Backerath*. Ob er eine Wüstung anzeigt, ist bisher noch ungeklärt.

Hütterscheid

BIT 32   I. *Bolzenhof*.
Der Name ist nur volkstümlich überliefert.

II. TK 6004 Oberweis: etwa r 25 27 000–28 000; h 55 38 000–40 000.

IV. Bei Hütterscheid, links am Wege nach Baustert, stand einst ein Hof, der Bolzenhof. Der starb in der Pestzeit aus. Sein Land aber haben vier Bauern unter sich geteilt. Früher wußte man noch ihre Namen, jetzt aber hat man sie vergessen (Zender, Westeifel Nr. 78).

## Holsthum

BIT 33    I. *Dahlem*, Wüstung?

II. TK 6104 Bollendorf: SO Holsthum, am Dahlen-Bach, also ungefähr r 25 30 000–31 000; h 55 27 000–29 000.

VI. SO von Holsthum gibt es den FN Dahlem (H. Dittmaier, Die linksrheinischen ON auf -dorf und -heim [Manuskr. Bonn 1961] 63). Es ist nicht sicher, ob der FN eine Wüstung bezeichnet, weil im Gelände bei Begehungen bisher noch keine Überreste, die darauf deuten könnten, gefunden wurden.

BIT 34    I. *Mühle am Eschbach*.

II. TK 6104 Bollendorf: ONO Holsthum, am Eschbach, also ungefähr r 25 30 000; h 55 28 700 oder Umgebung.

III. Am Eschbach, NO von Holsthum, gab es eine Mühle, die wegen Wassermangels an die Prüm verlegt werden mußte. Heute ist im Gelände noch die Staustufe dieser Mühle sichtbar.

LITERATUR: Die Eifel 1950, 2.

## Hommerdingen

BIT 35    I. *Gassel*.

II. TK 6003 Mettendorf.

III. J. Hainz, Das Bitburger Land 198, berichtet, die Volksüberlieferung kenne bei Hommerdingen eine Wüstung namens Gassel.

## Ingendorf

BIT 36    I. *Rode*.                                                                                                       Abb. 19.

II. TK 6004 Oberweis: r 25 31 600; h 55 33 100. Rund 1,1 km WNW Ingendorf, dicht N des Weges nach Bettingen.

III. 1352: *item decimam in villa Rode retro villam Duckendorf, que dicitur vulgariter Roderzehen* (Steinhausen, Ortskunde 140 mit Hinweis auf Ons Hémecht 7, 1901, 349).

VI. Unmittelbar N des Weges von Ingendorf nach Bettingen ist in dem unter II. bezeichneten Gebiet der FN *Hinter Rod* bekannt. Außerdem kommt hier der FN *Im Werkgarten* (= Hanfgarten) vor.

VII. Beim Roden wurde hier altes Mauerwerk vorgefunden. Man erzählt sich, hier habe einst eine Katharinenkirche gestanden.

VIII. Rode und seine Gemarkung hatten eine sehr charakteristische Lage. Das Dorf stand in einem ausgesprochenen Rodungsgebiet. Es wurde begründet, als man diesen Teil des Bedhard für Siedlung und Ackerbau erschloß. Dies war offensichtlich erst spät, während des 14. Jahrh. der Fall, denn der Zehnt, der in der oben gen. Urkunde erscheint, war noch ein Rodezehnt, also als Novalzehnt noch in Erinnerung. Die Rodung selbst kann also zu dieser Zeit noch nicht sehr lange zurückgelegen haben. Mit dem Dorf Rode wurde ein Teil der waldbestandenen Hochfläche zwischen Kyll und Nims gerodet und eine Verbindung zwischen den alten Siedlungskammern Dockendorf-Messerich (Nims) im O und Oberweis-Bettingen (Kyll) im W geschaffen.

Die Gemarkung von Rode wurde nach dessen Wüstwerden der von Ingendorf zugeschlagen. Im Gemarkungsumriß von Ingendorf ist sie noch als ungewöhnlich weite Ausbuchtung nach W wiederzuerkennen, während Ingendorf im äußersten O dieser Gesamtgemarkung, also exzentrisch, liegt.

### Irrel

BIT 37  I. *Schneidemühle*.
II. TK 6104 Bollendorf: im Ortsteil Einigt von Irrel.
III. Hier hat es im 19. Jahrh. eine Schneidemühle gegeben, die heute nicht mehr besteht (Mitteilung von M. Zender, Institut f. geschichtliche Landeskunde Bonn, Abt. Volkskunde).

BIT 38  I. *Kalkofen*.
II. TK 6104 Bollendorf: im Ortsteil Einigt von Irrel.
III. Hier wurde im 19. Jahrh. und bis 1950 ein Kalkofen betrieben, der jetzt stillegt (Mitteilung von M. Zender, Institut f. geschichtliche Landeskunde Bonn, Abt. Volkskunde).

### Kaschenbach

BIT 39  I. *Kirszenbach*.
II. TK 6104 Bollendorf: r 25 34 270; h 55 27 000. Rund 400 m NW Kaschenbach, dicht N des Weges nach Alsdorf.
III. Nach Steinhausen, Ortskunde 146 f., hat die Vorgängersiedlung des heutigen Kaschenbach rund 400 m NW an der Straße nach Alsdorf gelegen.
13./14. Jahrh.: *Kirsenbach*.
1570: *Capella Kirszenbach habet solum cimiterium* (Heydinger 315).
VII. NW von Kaschenbach sollen verschiedentlich Fundamentreste ausgegraben worden sein. Bei der Neufassung des sog. *Tommesbor* 1921 wurde viel Keramik des 14./15. Jahrh. gefunden. Hier scheint also eine Siedlungsverlagerung mit temporärer Wüstlegung verbunden gewesen zu sein. Kirszenbach wird auch mit Crispiniacum in Verbindung gebracht (vgl. BIT 89).

### Körperich

BIT 40  I. *Eisenhütte*.
II. TK 6003 Mettendorf: r 25 18 700; h 55 36 000. In Körperich.
III. Hier hat es im 17. Jahrh. eine Eisenhütte gegeben, zu der die heute noch bestehende Schneidemühle N des Ortes gehört.

## Kyllburg

**BIT 41**  I. *Mainouuis,* Wüstung?

II. TK 5905 Kyllburg: genaue Lage nicht bekannt, wird jedoch in nächster Nähe von Kyllburg vermutet.

III. 762/804: Schenkung des Helmfried an die Abtei Prüm: *Similiter in alio loco qui uocatur mainouuis in pago bedinse donamus . . .* und *Carta quam Helmfridus et coniux sua duda fecerunt in pago bedinse iuxta castrum Kiliburg. et in alio loco, qui dicitur meinouuis* (MRUB I Nr. 13).
Nach der letzten Bemerkung ist man geneigt, entgegen Jungandreas, Historisches Lexikon 638, einen ON, also eine Wüstung zu vermuten. Nach J. Hainz, Das Bitburger Land 197, handelt es sich um eine Wüstung bei Kyllburg.

## Ließem

**BIT 42**  I. *Kalkbrennereien.*

II. TK 5904 Waxweiler: r 25 34 470; h 55 42 000. An der Südgrenze der Gemarkung Ließem.

VII. Im Südteil der Gemarkung Ließem spielte die Gewinnung von Kalk eine bedeutende Rolle. Sichtbar sind noch heute auf der Hochfläche W des Ehlenzbaches zahlreiche Gruben, aus denen Kalkgestein gebrochen wurde. Außerdem ist noch ein alter Kalkofen in Resten sichtbar. Mehrere Öfen sind in kleinen Hügeln zu vermuten. Wann hier die Kalkproduktion begann, ist unbekannt. Sie blühte jedoch bis ins 19. Jahrh. und dürfte deshalb frühneuzeitlicher Entstehung sein.

## Malberg

**BIT 43**  I. *Burscheid.*

II. TK 5905 Kyllburg.

III. Nach J. Hainz, Das Bitburger Land 197, gab es bei Malberg eine Siedlung namens Burscheid, die nach 1800 wüst geworden ist.

## Masholder

**BIT 44**  I. *Burganlage,* Name unbekannt.

II. TK 6004 Oberweis, 6005 Bitburg: W von Masholder, auf dem Mausköpfchen, zwischen Nims und Meierbach.

VII. Auf dem weit ins Nimstal vorgeschobenen Bergsporn findet sich der FN *Burg.* Ein hier vorhandener Abschnittsgraben wird als *Hexengraben* bezeichnet. Im Gelände vorhandene Steinwälle deuten frühmittelalterliche Baureste an (Trierer Zeitschr. 1, 1926, 180 f.).

## Matzen

**BIT 45**  I. *Even, Ebeno.* Abb. 20 Tafel 26,1.

II. TK 6005 Bitburg: r 25 39 300; h 55 38 320. Auf flach nach S geneigtem Hang, S der heutigen B 257.

III. 962 Febr. 27: Kaiser Otto I. bestätigt der Abtei St. Maximin alle Besitzungen und Rechte, unter diesen auch *Ebeno* = Even. Die Urkunde ist aber unecht (MRUB I Nr. 209 = MGH DD O. I. Nr. 442. – Über die St. Maximiner Falsa zuletzt Wisplinghoff, St. Maximin 126 ff., 143 ff., zum D O. I. Nr. 442 bes. 152).

1023 Nov. 30: Kaiser Heinrich II. empfängt von der Abtei St. Maximin zu Trier 6656 Hufen und belehnt damit den Herzog Heinrich v. Bayern, den Pfalzgrafen Ezzo und den Grafen Otto, damit sie für die Abtei Kriegsdienste leisten. Unter diesen Gütern befindet sich auch *Ebeno*. Die Urkunde ist längst als Fälschung erkannt (MRUB I Nr. 300 = MRR I Nr. 1226 = MGH DD H. II. Nr. 500; vgl. dazu Wisplinghoff, St. Maximin 153 f. mit der älteren Literatur).

1051 Jan. 16: Papst Leo IX. bestätigt der Abtei St. Maximin zu Trier alle ihre Besitzungen, darunter auch *in pago Beitgouue . . . Ebeno*. Es handelt sich um eine auf den Namen Leos IX. gefälschte Urkunde, die aber im Hinblick auf die Besitzliste für unverdächtig gehalten wird (MRUB I Nr. 333 = Jaffé-Löwenfeld, Regesta Pontificum Romanorum [2. Aufl. 1885, Neudr. 1956] Nr. 4251. – Zu dieser Urkunde speziell: Wisplinghoff, St. Maximin 173 f.).

1051 Jan. 21: Kaiser Heinrich III. bestätigt die Güter der Abtei St. Maximin zu Trier, unter diesen *Ebeno*. Die Urkunde wird für verfälscht gehalten, wenngleich die Besitzliste einer echten Vorlage entsprechen dürfte (MRUB I Nr. 334 = MGH DD H. III. Nr. 262; vgl. Wisplinghoff, St. Maximin 155 f.).

1098: Kaiser Heinrich IV. bestätigt dem Stift St. Simeon zu Trier alle Besitzungen, darunter auch *Euena* (MRUB I Nr. 397, S. 453 = MGH DD H. IV. Nr. 462).

1140 Mai 6: *In pago Bidgowe . . . Ebhena* (MRUB I Nr. 516).

1182 Mai 31: *Ebeno* (MRUB II Nr. 52).

Anf. 13. Jahrh.: Güterverzeichnis der Abtei St. Maximin im Liber Aureus: *In Mazena. Euenha habemus culturas . . . in hac uilla sunt. VII. mansi.* (MRUB II Nachtrag Nr. 16, S. 449).

Die Zahl und die Art der Besitzungen in Even läßt diese Urkunde offen, vermutlich, weil zu dieser Zeit Even bereits wüst war. Das folgende *in hac uilla sunt . . .* bezieht sich wahrscheinlich auf Matzen. Even wird auch innerhalb der Besitzungen von Matzen genannt, so daß die Gemarkung Even schon Anfang des 13. Jahrh. zu Matzen gehört haben dürfte. Damit gehört Even zur Gruppe der frühen Wüstungen und nicht in den spätmittelalterlichen Wüstungsprozeß.

1230 Mai 21: Theoderich, EB v. Trier, inkorporiert dem Kloster St. Thomas an der Kyll die diesem von der Abtei St. Maximin in Trier abgetretene Pfarrkirche zu Bitburg und ordnet deren sowie der Filialkapellen zu Rittersdorf und Even Bedienung: *duabus capellis attinentibus Retersdorph videlicet Evene deserviens* (MRUB III Nr. 392). Das Schicksal der Kapelle von Even kann natürlich ein anderes sein als das des Dorfes selbst (vgl. unter V.).

LITERATUR: F. Pauly, Landkapitel Kyllburg-Bitburg 176 f. – Jungandreas, Historisches Lexikon 358. – Wisplinghoff, St. Maximin 107.

V. 1230 wird die Kapelle zu Even erstmalig erwähnt (MRUB III Nr. 392). In diesem Jahre gelangt die Filiale Even zusammen mit ihrer Mutterkirche St. Maximin zu Bitburg an das Zisterzienserkloster St. Thomas an der Kyll. Nach N. Kyll, Rheinische Vjbll. 26/27, 1961/62, 216, griff der umfangreiche frühe Pfarrbezirk von St. Maximin zu Bitburg mit den Filialen Matzen, Fließem, Neidenbach und Even weit nach O über die alte Römerstraße hinaus. De Lorenzi, Beiträge 139, verweist darauf, daß zur Pestzeit in den Jahren 1458–64 viele Bittgänge zur Kirche St. Clemens von Bitburg und Umgegend unternommen wurden. Die Sitte einer Fronleich-

20 Die Wüstung Even (BIT 45), Gemarkung Matzen (BIT).

(Ausschnitt-Zusammenkopie aus den TK 1 : 25 000 Blätter 5905 Kyllburg und 6005 Bitburg; mit Genehmigung des Landesvermessungsamtes Rheinland-Pfalz vom 4. 4. 1973 – Az. 4062/37/73 – vervielfältigt durch das Rheinische Landesmuseum Bonn).

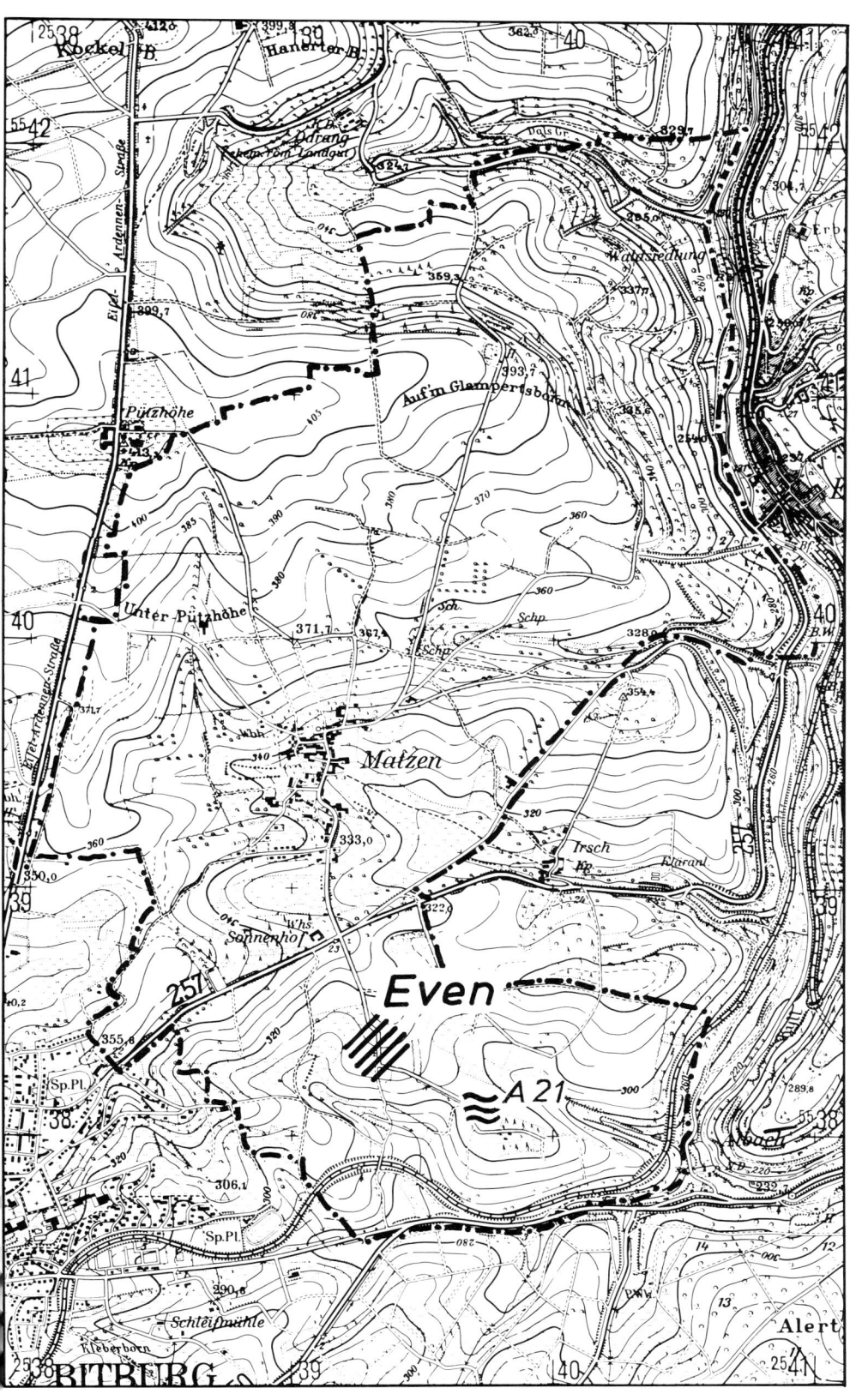

namsprozession nach Even lebt noch heute in der Erinnerung Bitburger Bewohner. 1567 ist in der Karte von Mercator nur die große Kirche von Even eingezeichnet, jedoch fehlen Reste des Dorfes (Steinhausen, Ortskunde 179).
1570 enthält das Visitationsprotokoll *Capella Even. Patronus S. Clemens, et nihil amplius.* Nach Heydinger, 363 Anm. 178, wurden am Standort der Kirche Gebeine ausgegraben.
1640 war die Kirche nach Fabricius, Erläuterungen V 242, zerstört.
Als die Klemenskapelle 1825 endgültig abgerissen wurde, fand man einen römerzeitlichen Grabstein im Gemäuer, der einen nichtrömischen PN in der Inschrift enthielt. Der Stein kann von der nahen, S des Ahlbaches gelegenen römischen Villa rustica stammen (r 25 40 050; h 55 37 250). Einen plastisch dekorierten Stein der alten Klemenskapelle fügte man im Giebel des Hauses Kimmlingen, Matzen, ein.
VI. Um das Feldkreuz, das die Stelle der Klemenskapelle und der Wüstung Even markiert, finden sich die heute noch gebräuchlichen FN *Even, Auf, Unter Even* und *Clemântes*.
VII. Bei der Begehung im Herbst 1968 fiel S des Feldkreuzes in Acker und Wiesen das sehr unruhige Geländerelief auf. Es liegen hier flache, muldenförmige Gruben sowie kleine Plateaus von 4 x 8 m Größe. Ein kleines dreieckiges Geländestück SW des Feldkreuzes liegt unbeackert unter verwildertem Gras. In dem beschriebenen Gebiet wurden auf dem sehr schweren, sonst steinarmen Boden zahlreiche Steine beobachtet. Auch hochmittelalterliche Keramik wurde aufgesammelt. Die Ausdehnung der einst besiedelten Fläche ließ sich jedoch nicht festlegen, weil hangseitig Boden aufgeschwemmt worden war.
VIII. Der alte Flurumriß von Even findet sich noch als S Gemarkungsteil von Matzen wieder (vgl. Textband S. 116 ff.). Auffällig waren im Gelände zwei mit undurchdringlichem Buschwerk bestandene Areale SO der Ortsstelle Even, die von der Beackerung ausgespart blieben. Entweder handelt es sich um alte Trümmerstellen oder aber um Lesesteinhaufen.
Rund 550 m SO des Feldkreuzes auf Even befindet sich ein kleines Waldstück. NW vor diesem Waldstück wurden in einer nach W leicht abfallenden Wiese 5 langstreifige O-W-verlaufende Wölbäcker festgestellt (r 25 39 700; h 55 38 070). Jeder Akker war knapp 9 m breit und 150 m lang. Zwischen jedem Wölbacker lag ein kleines, muldenförmiges Gräbchen von 40 cm Tiefe, und, in verschliffenem Zustand, 1 m Breite. Die Aufwölbung jeden Ackers war ebenfalls bereits verschliffen, hob sich jedoch noch als 50 cm hohe leichte Erhebung ab. In der übrigen ehemals zu Even gehörenden Flur von Matzen konnten keine weiteren Wölbäcker beobachtet werden. Zu den fossilen Feldfluren vgl. in diesem Katalog A 21.

Messerich

BIT 46  I. *Nüdingen, Noytingen.*
II. TK 6004 Oberweis: nach Steinhausen, Ortskunde 26, rund 400 m NW Birtlingen, am Wege nach Hungerburg, dann also r 25 34 320; h 55 34 900. Im spitzwinkligen Treffpunkt zweier Wege, auf der Gemarkungsgrenze Messerich–Birtlingen.
III. 1270 Nov. 15: Güter zu Mötsch, Messerich, *Noytingen*, Stahl und im Wald Bedhard werden verkauft (MRR IV Nr. 2923).
1378: *noutinghen*; 15. Jahrh.: *Noitingen* (Jungandreas, Historisches Lexikon 751). Nach Nüdingen nannte sich das in Bitburg ansässige Geschlecht Kob v. Nüdingen, das in Messerich und Niederweis begütert war.
VIII. Eine Wüstungsflur könnte in der Gemarkung Messerich stecken, die nach NW eine ungewöhnlich große Ausbuchtung zeigt.

## Mötsch

**BIT 47**   I. *Eisenhüttensiedlung*, Name unbekannt.
II. TK 6005 Bitburg: r 25 39 550; h 55 37 050. Rund 500 m N Mötsch, dicht W des alten Weges von Mötsch nach Matzen, in der Flur *Frombach*.
III. Hier wurden Fundamente im Boden beobachtet. An Funden wurden Sandsteinbrocken, Schieferplatten und größere Mengen von Keramik des 14./15. Jahrh. geborgen. Diese Reste dürften im Zusammenhang mit der nur wenig NO gelegenen mittelalterlichen Eisenschmelze (BIT 48) stehen (Steinhausen, Ortskunde 213. – Ders., Trierer Zeitschr. 1, 1926, 57 ff.).

**BIT 48**   I. *Eisenhüttensiedlung*, Name unbekannt.
II. TK 6005 Bitburg: r 25 40 120; h 55 37 400. Rund 1000 m NO Mötsch, S des Ahlbaches.
III. Im Bereich einer römischen Villa rustica, die Keramik des 1., 3. und 4. Jahrh. ergab, wurden große Mengen Eisenschlacke im Zusammenhang mit Keramik des 14./15. Jahrh. gefunden, die von einer mittelalterlichen Eisenschmelze stammen muß. Unter anderem wurde ein mehr als 30 Zentner schweres Stück Eisenmasse geborgen, das aus einem der dortigen Schmelzöfen stammt. Die Fundstelle gehört wahrscheinlich mit BIT 47 zusammen, da sie nur wenige hundert Meter von dieser entfernt ist (Steinhausen, Ortskunde mit weiterer Literatur. – Zu den Eisenschmelzen der Südeifel besonders: J. Steinhausen, Alte Eisenschmelzen in der Südeifel. Trierer Zeitschr. 1, 1926, 49 ff. und 61 ff.).

**BIT 49**   I. *Frombach*.
II. TK 6005 Bitburg: soll bei Mötsch gelegen haben.
III. Nach J. Hainz, Das Bitburger Land 197, bestand bei Mötsch im 14. und 15. Jahrh. ein Ort namens Frombach.

**BIT 50**   I. *Rodt*, Wüstung?
II. TK 6005 Bitburg: etwa r 25 40 580; h 55 36 800. O von Mötsch.
III. Wie Steinhausen, Ortskunde 213, ausführt, gab es hier den FN *Auf der Rodt*. Nahebei war ein Tümpel. Es könnte sich um eine Wüstung dieses Namens handeln.

## Nattenheim

**BIT 51**   I. *Gauriago*, Wüstung?
II. TK 5904 Waxweiler, 5905 Kyllburg: genaue Lage nicht bekannt, soll aber bei Nattenheim gelegen haben.
III. 759: Die edle Frau Hildegardis schenkt dem Kloster Echternach ihr Gut im Bidgau zu Nattenheim: *Ego in dei nomine Hildegarda dono res meas in loco Gauriago in pago Bedensi in uilla Nathneim* (MRUB II Nr. 6).
Eine Klärung der Identität dieses Namens steht noch aus. Es kann sich um eine Wüstung handeln, ebenso aber um eine sonstige Stellenbezeichnung, zumal in der Urkunde von 759 nur von einem *locus* die Rede ist. Schließlich könnte der Name auch die Wüstung Gersdorf meinen (BIT 52).

**BIT 52**   I. *Gersdorf*. Abb. 21.
II. TK 5904 Waxweiler, 5905 Kyllburg: etwa r 25 35 650–900; h 55 42 500–43 200. W der Nims, N und S der Nimsbrücke.

III. Wenn das 759 ersterwähnte Gauriago mit Gersdorf identisch ist, wie J. Steinhausen und M. Zender annehmen, so handelt es sich um einen bereits in fränkischer Zeit bestehenden Ort, denn bei der Gersdorfer Mühle wurde ein fränkischer Reihengräberfriedhof angeschnitten (Böhner, Trierer Land 2, 88).
1382: *Geuwersdorff* (J. Hainz, Das Bitburger Land 197).
1682 enthält eine Zehntbeschreibung noch den Namen Gersdorf. Das kann aber nicht als Beweis für das Bestehen von Gersdorf zu dieser Zeit gewertet werden, denn es kann sich um einen sehr alten Rechtstitel handeln, der immer noch aufgeführt wird, obgleich der Ort bereits längere Zeit wüst war.
IV. Bei Nattenheim unten im Tal lag der Sage nach früher Gersdorf. Da blieben nach der Pest nur noch sieben Kinder übrig. Die wurden in Nattenheim von Leuten in den Stockhäusern aufgenommen. Heute noch ist die Gersdorfer Flur in sieben Teile geteilt; jedes Kind kriegte seinen Teil. Ein Mann, der vor vier Jahren starb, wollte noch die Namen der Kinder wissen. Er hatte sie von seinem Urgroßvater (Zender, Westeifel Nr. 79).
VII. Am alten Übergang über die Nims, etwa 1200 m W Nattenheim und 250 m N der Nattenheimer Mühle, gibt es noch heute den FN *Gersdorf*. Es handelt sich um einen breiten Geländestreifen W der Nims, in dem die heute ausgebaute B 51 Bitburg–Prüm verläuft. An der Gersdorfer Mühle verläuft über die heutige Nimsbrücke eine O-W-Verbindung von Nattenheim nach Ließem. In alter Zeit überquerte diese O-W-Route die Nims etwa 250 m weiter N durch eine Furt. Dieser alte Wegezug ist O der Nims im Gelände noch als tiefeingeschnittener Hohlweg sichtbar, der zugleich die heutige Gemarkungsgrenze zwischen Nattenheim und Bickendorf bildet. Dieser Hohlweg zog nach NO auf die von Bitburg nach N führende Höhenstraße hin. Auf dem W Nimsufer steigt dieser Weg ebenfalls als Hohlweg den Hang empor, und zwar wiederum im Zuge der Gemarkungsgrenze Nattenheim-Bickendorf, in Richtung Ließem. Einen parallelen Wegezug deutet ein weiteres Paar von Hohlwegen am S Ortsrand von Bickendorf an.
Diese in der Frühzeit bedeutende Kreuzung von NS- und OW-Wegen wurde durch eine wüst gewordene, offensichtlich befestigte Siedlung gesichert. Schürfungen und Grabungen ergaben 1935 einen mit einer 1,50 m starken Ringmauer umgebenen Baukomplex von 40 x 50 m Fläche. In diesem Bereich waren ebenfalls Steinmauern erhalten. 25 m W des ummauerten Bereichs lag ein Hügel von rundlicher Form, der an einen Burghügel (Motte) erinnerte. Es wird vermutet, daß hier ein Turm gestanden hat. Unmittelbar S der Fundstelle durchquerte eine tiefeingeschnittene Wegerinne, der sog. Postpfad, Teil des oben beschriebenen OW-Weges, das Gelände und die Nims. Man glaubt, daß die zur Wehranlage gehörende Siedlung S des Burghügels und des Postpfades, W der Nims gelegen habe.
Bei den Grabungen kamen zwei Arten mittelalterlicher Keramik zutage: Keramik des 8. Jahrh. und solche des 12./13. Jahrh. Der Ort wurde offenbar bereits im 13. Jahrh. wüst. Nach altem Volksglauben soll er an der Pest zugrunde gegangen sein.
VIII. Auf eine in die Gemarkung Nattenheim später einbezogene Wüstungsgemarkung deutet die weite Ausbuchtung der Gemarkung Nattenheim hin, die nicht, wie sonst an Nims, Kyll und Prüm immer wieder zu beobachten, mit dem Flußlauf abschließt, sondern diesen nach W überschreitet. Auf ihrer Ostseite wird die Gemarkung Nattenheim durch die in großen geradlinigen Zügen verlaufende Höhenstraße, die alte, Bitburg nach N verlassende Römerstraße begrenzt.

21 Die Dorfwüstung und die Motte Gersdorf (BIT 52), Gemarkung Nattenheim (BIT). ▶

Die Rechtecke geben die Lage der fränkischen Gräberfelder an.
(Ausschnitt-Zusammenkopie aus den TK 1 : 25 000 Blätter 5904 Waxweiler und 5905 Kyllburg; mit Genehmigung des Landesvermessungsamtes Rheinland-Pfalz vom 4. 4. 1973 – Az. 4062/37/73 – vervielfältigt durch das Rheinische Landesmuseum Bonn).

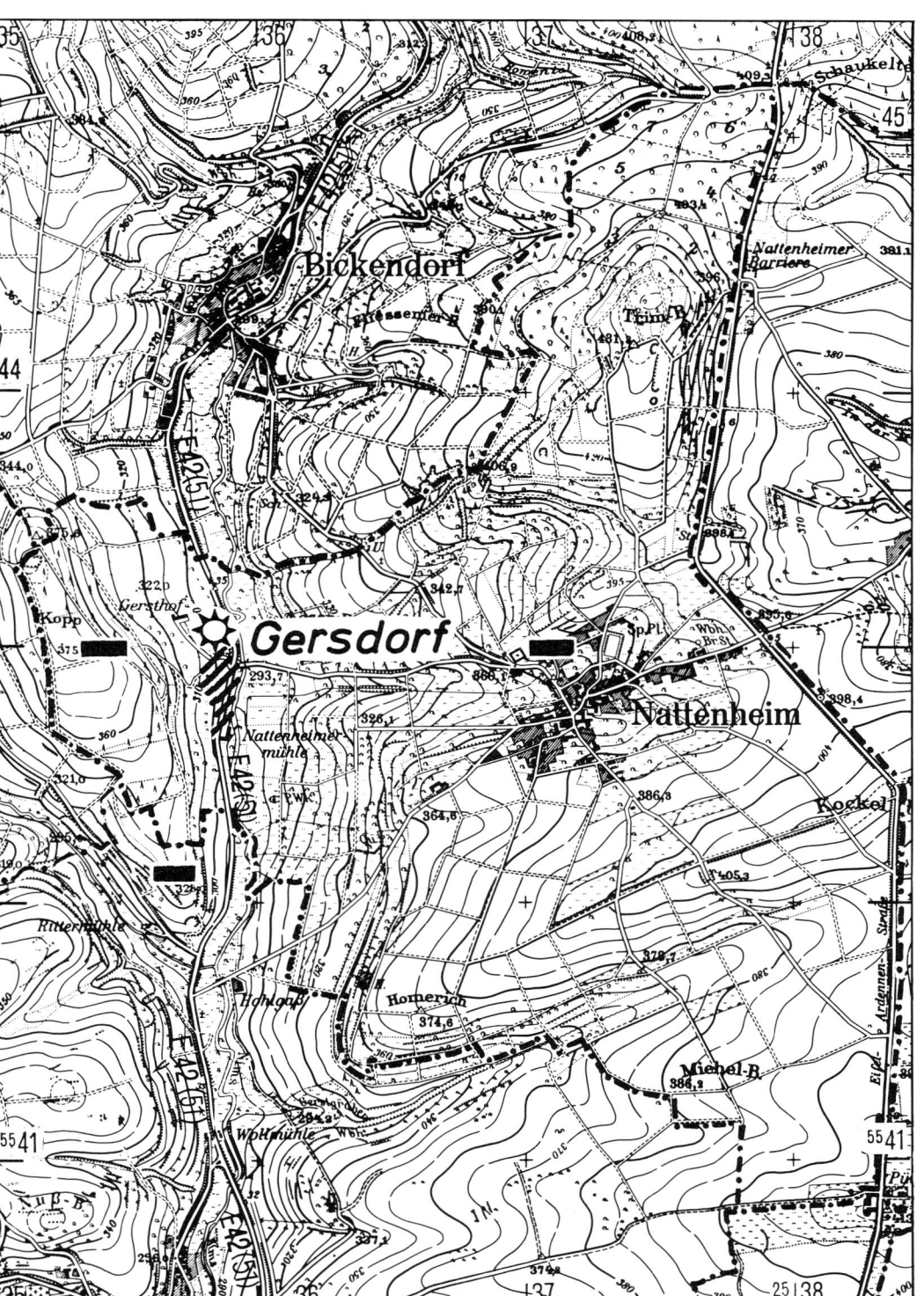

### Neidenbach

BIT 53
I. *Rockenfeld.*
II. TK 5805 Mürlenbach, 5905 Kyllburg: genaue Lage nicht bekannt, jedoch innerhalb der Gemarkung Neidenbach.
III. 1292 Jan. 16: Goilmann v. Massoltrey bei Bydeburg gibt sein Gut zu Wych und *Rockenfeld* dem Gerhard v. Wych zur Erbpacht (MRR IV Nr. 1971).
1344 wird ein *eigen Gut zů Rochenvelt gelegen in der parren zu Niedenbůch* genannt (Lamprecht, DWL I 1, 244). Wahrscheinlich ist die Wüstung N von Neidenbach zu suchen, weil die Gemarkung Neidenbach nach N eine ungewöhnlich große Erweiterung aufweist.

### Neuerburg

BIT 54
I. *Pierscheid.*
II. TK 5805 Mürlenbach, 5905 Kyllburg: nach J. Hainz, Das Bitburger Land 198, hat diese Wüstung bei Neidenbach gelegen.
Die Siedlung wurde nach 1800 wüst.

BIT 55
I. *Pappelmühle.*
II. TK 5903 Neuerburg: die Mühle soll bei Neuerburg gelegen haben, wie J. Hainz, Das Bitburger Land 197, schreibt.

BIT 56
I. *Burg Neuerburg.*
II. TK 5903 Neuerburg: r 25 21 120; h 55 41 600.
III. 1132: In einer Urkunde des EB Albero v. Trier tritt in der Zeugenliste *Theodericus de nouocastro* auf (MRUB I Nr. 475 = MRR I Nr. 1845). Die übrigen Zeugen dieser Urkunde stammen alle aus dem Raum Neuerburg, so daß mit *nouocastro* nur Neuerburg im Kr. Bitburg gemeint sein kann.
Im Jahre 1794 war Neuerburg in der Hand der Grafen v. Manderscheid-Blankenheim. Bereits 1692 waren die Festungsanlagen von Neuerburg auf Befehl König Ludwigs XIV. gesprengt worden.
VII. Baugeschichte und verbliebene Überreste der Burg beschreiben ausführlich die KDM Kr. Bitburg 205 ff. Dort finden sich auch die gesamte ältere Literatur sowie Quellenhinweise zur Burg.

### Niederweis

BIT 57
I. *Burg Niederweis.*
II. TK 6104 Bollendorf: in Niederweis.
III. Auf dem Gelände einer älteren Burg wurde 1751 die Burg Niederweis errichtet, eine dreiflügelige Anlage, die im 19. Jahrh. partiell wüst war. Teile der Burg sind aber heute noch erhalten. Wie die Vorgängerburg ausgesehen hat, ist unbekannt.

LITERATUR: Clemen, KDM Kr. Bitburg 224.
Die bei Clemen 223 erwähnte Burg in der Flur *Blicklichfeld* ist eine Umdeutung einer römischen Fundstelle im Sinne einer mittelalterlichen Burg.

## Obergeckler

BIT 58   I. *Greverath*.
II. TK 6003 Mettendorf: r 25 20 580; h 55 38 200. Dicht W neben der Höhenstraße Obergeckler–Görgenhof, rund 1000 m NNW Obergeckler.
III. Hier wurden in der Flur *Greverath* Mauerreste festgestellt (Steinhausen, Ortskunde 236). Vielleicht zeigt die ungewöhnlich große Erweiterung der Gemarkung Obergeckler nach N eine einbezogene Wüstungsgemarkung an. Auf jeden Fall ist die Lage von Obergeckler im äußersten S seiner Gemarkung ungewöhnlich.
Zu Greverath, Kr. Wittlich, stellt Jungandreas, Historisches Lexikon 467, eine ganze Reihe von Belegen zusammen, von denen vielleicht einige auf diese Wüstung Greverath zu beziehen sind.

BIT 59   I. Name unbekannt.
II. TK 6003 Mettendorf.
IV. Die Sage berichtet, auf Boxford bei Obergeckler habe einst ein Dorf gestanden. Das ist durch die Pest verschwunden. Es ist nicht ausgeschlossen, daß damit die Wüstung *Greverath* angesprochen ist (Zender, Westeifel Nr. 89).

## Olsdorf

BIT 60   I. *Gerlingsheim*, Wüstung?
II. TK 6004 Oberweis: r 25 28 520; h 55 36 120. Rund 1300 m NO Olsdorf.
III. Hier gibt es den Einzelhof Gerlingsheim, der aber nicht einen typischen Hofnamen, sondern einen Dorfnamen trägt. Möglicherweise ist der Hof als Restsiedlung einer partiellen Dorfwüstung anzusprechen.

## Preist

BIT 61   I. *Eisenschmelzen*.
II. TK 6005 Bitburg: r 25 44 500–45 500; h 55 29 750–30 100. SW von Preist, in Richtung auf den vorgeschichtlichen Ringwall.
III. Etwa 100 m SW der alten Kapelle von Preist (BIT 62) beobachtete Steinhausen einen Schlackenhügel, auf dem neben Eisenschlacken auch Stücke von gebranntem Lehm sowie Tondüsen von Blasebälgen gefunden wurden. Die dort aufgelesenen Scherben gehören in das 14./15. Jahrh. (RLMT Inv.-Nr. 21,1). Unmittelbar in der Nähe liegt die Flur *Kaul*. Auch innerhalb des vorgeschichtlichen Ringwalles finden sich kleine Tagebaue auf Eisenerz, sog. Pingen.
Rund 180 m SW der alten Kapelle Preist (am Friedhof) wurde 1904/05 ein Münzschatz gefunden. In einem kugelbauchigen Tontopf befanden sich ein Trierer Gulden (geprägt zw. 1414 und 1417) sowie 25 Silbermünzen. Der Münzschatz steht ohne Zweifel in engem Zusammenhang mit der Eisenverhüttung in diesem Gebiet.
LITERATUR: J. Steinhausen, Trierer Zeitschr. 1, 1926, 56. – Ders., Ortskunde 259.

BIT 62   I. *Kapelle zu Preist.*
II. TK 6005 Bitburg: r 25 45 270; h 55 29 860. SSW Preist beim Friedhof.
III. Hier stand die alte Kapelle St. Caecilia auf beherrschender Höhe über dem Kylltal (H. 325,1). Sie wurde 1868 bis auf den Westturm abgerissen, um der 250 m N im Dorf gelegenen neuen Kapelle zu weichen. Die alte Kapelle soll in einem römischen Tempelbezirk gestanden haben.
1283 verkauft Henrich v. Brouche mit Zustimmung seiner Miterben seinen Anteil am Zehnten unter anderem in *Bristiche* (MRR IV Nr. 1024).
1570 erscheint die Kapelle Preist im Visitationsprotokoll zweimal: einmal unter Auw/Kyll (Heydinger 316), ein zweites Mal unter Schleidweiler (Heydinger 366). Die Kapelle wurde im Wechsel von diesen beiden Pfarren betreut.
LITERATUR: Clemen, KDM Kr. Bitburg 26. – Steinhausen, Ortskunde 259.
IV. Die Sage berichtet, Preist habe früher nicht an der jetzigen Stelle gelegen. Es stand einst auf der Kaul und hieß Kortbüsch (Zender, Westeifel Nr. 86).

BIT 63   I. *Ringwall bei Preist.*
II. TK 6005 Bitburg: r 25 44 760; h 55 29 640. 750 m SW Preist, auf einem nach W vorgeschobenen, im N und S durch Bäche begrenzten Bergsporn, O der Kyll.
VII. Hier liegt ein der jüngeren Hunsrück-Eifel-Kultur angehöriger Ringwall, in dessen Wällen der typische Murus Gallicus nachgewiesen wurde (vgl. Trierer Zeitschr. 14, 1939, Jahresbericht für 1938, 228–230). Aus dem Zerstörungsschutt der vorgeschichtlichen Wallmauer wurde eine große Anzahl kleingeschlagener mittelalterlicher Gefäße gefunden, die eine mittelalterliche Benutzung anzeigen und einen gewissen Anhaltspunkt für die Zeit der Zerstörung des Ringwalles bieten. Zwei Kugeltöpfe und eine Röhrenausgußkanne in blaugrauer Machart sind für das 12./13. Jahrh. kennzeichnend (vgl. Trierer Zeitschr. a. a. O. 272 zu den mittelalterlichen Befunden).
LITERATUR: W. Dehn, Die latènezeitliche Ringmauer von Preist, Kr. Bitburg. Germania 23, 1939, 23. – Trierer Zeitschr. 14, 1939, 228–230 und 272.

P r ü m z u r l a y

BIT 64   I. *Burg Prümzurlay.*
II. TK 6104 Bollendorf: r 25 32 000; h 55 25 890. Rund 500 m O Ortschaft Prümzurlay.
III. 1337 war Walther, Herr zu Meisenburg, Truchseß des EB Balduin v. Trier, unter anderem mit dem *Hause zu Leyen* belehnt (Schannat-Bärsch, Eifl. Ill. III 1,2, 424).
1351 besaßen Gottfried v. Meisenburg und seine Frau Katharina v. Homburg die luxemburgische Burg zu Lehen.
Weitere, die Burg betreffende Urkunden von 1408, 1459 und 1468 führen die KDM Kr. Bitburg 236 an.
1658 soll die Burg im niederländisch-französischen Kriege niedergebrannt worden und seitdem Ruine geblieben sein.
Bis 1795 waren die Gebäude noch ziemlich gut erhalten.
LITERATUR: Clemen, KDM Kr. Bitburg 235 ff. – F.-J. Heyen, Historische Stätten Deutschlands Bd. 5: Rheinland-Pfalz (1965) 297.
VII. Zu den heute noch vorhandenen Bauresten vgl. KDM Kr. Bitburg a. a. O.

BIT 65   I. *Burgsiedlung Prümzurlay.*
II. TK 6104 Bollendorf: r 25 32 000; h 55 25 890.

III. Nach M. Zender gab es vor der Burg Prümzurlay eine kleine Siedlung von drei bis vier Häusern, die Anfang des 19. Jahrh. aufgegeben wurde, weil die Bewohner z. T. nach Niederweis umzogen.

## Rittersdorf

BIT 66  I. *Burgem*, Wüstung?
II. TK 5904 Waxweiler, 5905 Kyllburg, 6004 Oberweis, 6005 Bitburg: innerhalb der Gemarkung Rittersdorf.
VI. H. Dittmaier, Die linksrheinischen ON auf -dorf und -heim (Manuskr. Bonn 1961) 58, kennt in Rittersdorf den FN *Auf Burgem*. Ob es sich um eine Wüstung namens Burgheim handelt, bleibt ungewiß.

BIT 67  I. *Ferndorf*, Wüstung?
II. TK 5904 Waxweiler: ungefähr r 25 35 300; h 55 42 000. W des Ehlenzbaches, gegenüber der Ritter-Mühle.
VI. Hier gibt es den FN *Ferndorf* (Steinhausen, Eifelkalender 1937, 34. – Ders., Ortskunde 269). Ob es sich um eine Wüstung handelt, ist noch ungeklärt. Mit Recht hat schon Steinhausen, Ortskunde 269, darauf hingewiesen, daß nicht alle drei bekannten fränkischen Reihengräberfelder zu Rittersdorf selbst gehören können. Die drei Gräberfelder haben folgende Lage:
1. Flur *Auf der Kopp* im Winkel zwischen Ehlenzbach und heutiger B 51, also O des Ehlenzbaches und damit gegenüber *Ferndorf*; TK 5904 Waxweiler: r 25 35 800; h 55 41 800. Das Gräberfeld liegt somit fast 2 km N Rittersdorf.
2. Flur *An der Schierbach* am SW Dorfrand von Rittersdorf; TK 6004 Oberweis: r 25 35 340; h 55 40 300.
3. Flur *Geisenheck* im N von Rittersdorf; TK 5904 Waxweiler: r 25 35 500; h 55 40 450.
(Vgl. zu den Gräberfeldern: K. Böhner, Die fränkischen Altertümer des Trierer Landes [Berlin 1958] Teil 2, 113–136). Das bestuntersuchte der drei Gräberfelder ist das unter 1. genannte. Hier wurden insgesamt 164 Bestattungen gesichert. Darüber hinaus gibt es Einzelfunde weiterer Gräber. Dieses Gräberfeld liegt relativ weit von Rittersdorf weg, so daß es ebenso gut auch einer der benachbarten Wüstungen zugerechnet werden könnte, z. B. Gersdorf, Gemarkung Nattenheim (BIT 52), oder Ferndorf, Gemarkung Rittersdorf, auf der gegenüberliegenden Seite des Ehlenzbaches. Eine diesbezügliche Vermutung hat bereits Steinhausen, Ortskunde 269, ausgesprochen.
VII. Beim Pfählesetzen im Weidegebiet S des Ehlenzbaches wurden Mauern angetroffen. Aus diesem Gebiet sind bereits früher mittelalterliche Scherben bekannt geworden. Es dürfte sich bei den vorgefundenen Bauresten um die Wüstung Ferndorf handeln.
LITERATUR: Steinhausen, Ortskunde 269. – Heimatkal. Kr. Bitburg 1962, 36. – Trierer Zeitschr. 30, 1967, 289.

BIT 68  I. *Mahldorf*, Wüstung?
II. In der Gemarkung Rittersdorf.
VI. H. Dittmaier, Die linksrheinischen ON auf -dorf und -heim [Manuskr. Bonn 1961] 59, verzeichnet diesen FN. Ob es sich dabei um eine Wüstung handelt, ist noch ungeklärt.

### Röhl

BIT 69
I. *Pfalzkyll*, Burg.
II. TK 6005 Bitburg: r 25 45 090; h 55 35 120. In einem nach O ausschwingenden Bogen der Kyll, S Philippsheim.
III. 893/1222: Güterverzeichnis der Abtei Prüm: unter *De merxz* (= Mötsch) erscheint *palcenne* (MRUB I Nr. 135 S. 154).
1223: *Kylpalzeln* (Müller, ON Trier I 48. – Lamprecht, DWL III, 421).
1270: Eine Mühle zu *Kelephalzele* (MRR III Nr. 2506).
1320: *Palencen*.
1322: *de Kilipailzele* (StA Koblenz Abt. 96 Nr. 668).
1341: *Kilpalzele* (Müller, ON Trier I 48).
Um 1350: *Kehlephalze* (Müller a. a. O.).
1364: *Kylpalzil* (StA Koblenz Abt. 96 Nr. 942).
1370: *Kilpalzil* (StA Koblenz Abt. 96 Nr. 943).
1378: *Kelepaltze* (StA Koblenz Msc. 171/476, 2 r).
1389: *Kilpaltzel* (StA Koblenz Abt. 96 Nr. 968).
1394: *Kilpalzel* (StA Koblenz Abt. 96 Nr. 977).
15. Jahrh.: *Kelepaltz* (StA Koblenz Msc. 171/476, 1 r).
VII. Die Ruine dieser frühmittelalterlichen Burg liegt ungefähr 300 m W des Gutshauses. Die Burg soll bis ins 18. Jahrh. in Benutzung gewesen und erst im 19. Jahrh. zerstört worden sein (KDM Kr. Bitburg 273).

BIT 70
I. *Röhl*, temporäre Wüstung?
II. TK 6005 Bitburg.
IV. Die Sage berichtet, Röhl sei früher ein Dorf von dreihundert Gebäuden gewesen. Es hätte größtenteils im Winkelter gelegen. Dann aber sei Röhl durch die Pest bis auf einen Mann ausgestorben. Der hat die Leichen müssen auf den Kirchhof tragen. Ob es wahr ist, weiß der Sagenerzähler nicht zu sagen, doch steht diese Sage in der Schulchronik (Zender, Westeifel Nr. 80).

### Schankweiler

BIT 71
I. *Petingen*.
II. TK 6004 Oberweis: r 25 27 030; h 55 29 950. Auf dem Ostufer der Enz, gegenüber der Mündung des Rohrbaches in die Enz.
III. Nach Ons Hemecht 16, 1910, 367, lag hier eine Wüstung namens *Petingen*, die 1617 *villaige ruiné* genannt wird (Steinhausen, Ortskunde 279). Neuerdings hat N. Kyll die Meinung vertreten, *Petingen* gehöre zur Gruppe jener römischen Ruinenstätten, die vom Volksmund fälschlich als Wüstungen gedeutet wurden (vgl. N. Kyll, Trierer Zeitschr. 32, 1969, 333 Anm. 1). Allerdings ist dann unverständlich, weshalb an dieser Stelle der fränkische Siedlungsname vorkommt, der in keinem Falle ein reiner Flurname sein kann. Es spricht deshalb doch vieles dafür, daß die Eintragung *villaige ruiné* von 1617 tatsächlich ein abgegangenes Dorf bezeichnet. Eine Klärung dieser Frage könnte sich aus intensiver Geländebegehung, verbunden mit dem Studium aller Akten und älteren Kartenwerke für diese Gegend, ergeben.

### Scharfbillig

BIT 72
I. *Widemhof*, Wüstung?
II. TK 6005 Bitburg: bei Scharfbillig, wahrscheinlich im S der Gemarkung.

III. 1481: *an dem wedem hoiff.*
1492: *an dem wydem hove* (Belege bei Jungandreas, Historisches Lexikon 1117). M. Zender weist darauf hin, daß nach J. Müller, H. Dittmaier, Rheinisches Wörterbuch Bd. 9 Liefer. 28/29 (Berlin 1971) unter 'wittum', der Name Widemhof nicht unbedingt ein bebautes Grundstück bezeichnen muß. Hierzu vgl. auch AW 105.


Speicher

BIT 73
I. *Eisenhütten* und *Töpfereibetriebe* im Speicherer Wald.
II. TK 6005 Bitburg, 6006 Landscheid: im O-Teil der Gemarkung Speicher.
III. Der heutige Speicherer Wald ist vor allem durch seine römischen Töpfereien berühmt geworden (zu diesen vgl. Steinhausen, Ortskunde 300 ff. mit der älteren Literatur. – L. Hussong, Frühmittelalterliche Keramik aus dem Trierer Bezirk. Trierer Zeitschr. 11, 1936).
Schon aus der Existenz einer regelrechten Töpferindustrie in römischer Zeit ergibt sich, daß das Landschaftsbild zu jener Zeit wesentlich vom heutigen abgewichen sein muß. Man wird sich das Gebiet des Speicherer Waldes fast ganz entwaldet vorzustellen haben.
Bei den verschiedenen Grabungsbefunden auf den römischen Töpfereibezirken wurde auch immer wieder festgestellt, daß im gleichen Gebiet eine wichtige mittelalterliche Eisenverhüttung bestanden hatte. So wurden Pingen (Tagebaue) und Schmelzöfen sowie Eisenluppe und Schlacken immer wieder vorgefunden.
Darüber hinaus lebt die römische Töpferei im hohen und späten Mittelalter wieder auf. Daß in der Merowingerzeit und im frühen Mittelalter hier getöpfert wurde, läßt sich bisher auf Grund von Funden nicht beweisen. Damit klafft zwischen der römischen und der mittelalterlichen Töpferindustrie ein Hiat von rund 1000 Jahren. Die frühesten mittelalterlichen Töpferwaren werden im Speicherer Wald im 12. Jahrh. hergestellt. Die erste urkundliche Erwähnung einer Töpferei liegt im Jahre 1293 Mai 23 (MRR IV Nr. 2169. – Lamprecht, DWL III 102, Abdruck). Danach sollen die *fornaces singulorum* dem Domkapitel zu Trier jährlich 15 solidi Zins zahlen. Eine neue Blüte erreichte das Töpferwesen in und um Speicher im 14./15. Jahrh. Die Tonindustrie lebt hier weiter bis in die Neuzeit hinein.
LITERATUR: S. Loeschcke, Beil. z. Trierer Jahrb. 10/11, 1917/18, 55 f., 62 ff. – Ders., Tonindustrie von Speicher und Umgebung. Trierische Heimatbll. 1, 1922, 5–15, 138–142, 172–177. – J. Steinhausen, Trierer Zeitschr. 1, 1926, 55.

BIT 74
I. *Leihköppchen*, Wehranlage.
II. TK 6005 Bitburg: r 25 45 200; h 55 34 850. Auf einem aufragenden Sandsteinhorst, rund 1500 m NW Speicher.
III. Außer römischen Bauresten, die vielleicht als Burgus gedeutet werden können, fanden sich hier auch spätmittelalterliche Baureste, aus denen Keramik des 12.–15. Jahrh. geborgen wurde. Dabei ist allerdings kaum wahrscheinlich, daß der Wall, in dessen Nähe sich die spätmittelalterlichen Reste fanden, in diese Zeit gehört. Er ist vermutlich älter, vielleicht römisch, möglicherweise aber auch frühmittelalterlich (Steinhausen, Ortskunde 299 f., 306. – Trierer Zeitschr. 14, 1939, 272).

BIT 75
I. Name unbekannt.
II. TK 6005 Bitburg: am S Ortsausgang von Speicher, an der Straße nach Preist.
III. Bei Ausschachtungsarbeiten wurden hier aus moorigem Untergrund zahlreiche Holzreste geborgen. Mit ihnen und viel mittelalterlicher Keramik hatte man hier

ein Maar zugefüllt. In unmittelbarer Nähe dieser Stelle muß eine mittelalterliche Siedlung bestanden haben (Trierer Zeitschr. 14, 1939, 272).

Stahl

BIT 76  I. *Effzich*, lat. *Officina*.
II. TK 6004 Oberweis, 6005 Bitburg: im S Teil der Gemarkung Stahl gelegen.
III. Um 794: Karl d. Gr. schenkt der Abtei des hl. Willibrord die Dörfer Drese und Officina: *uillas aliquas in pago bedense in loco nuncupato Dreyse super fluuio Salmana et Officinus super Lisera* (MRUB I Nr. 36 = MGH DD Caroli Magni Nr. 186). Nach dem Register der MGH soll es sich um Öffling, Kr. Wittlich, handeln, einen noch bestehenden Ort.
895 Okt. 28: König Zwentibold bestätigt die Güter der Abtei Echternach, darunter: *Uffichina . . . sita in pago Piatahgeuue* (MRUB I Nr. 139 = MGH DD Zwentibolds Nr. 5).
893/1222: Güterverzeichnis der Abtei Prüm unter 'merxz' (= Mötsch): *In éfziche III mansa* (MRUB I Nr. 135 S. 154).
V. 1276: EB Heinrich v. Trier errichtet ein Collegiatstift zu *Effitze* (MRR IV Nr. 273).
1299: EB Boemund v. Trier teilt dem Collegiatstift neben anderen Kirchen die erledigte Pfarrkirche zu *Evize* zu (MRR IV Nr. 2922).
1300: Wiederum die Pfarrkirche zu *Eyfche* genannt (MRR IV Nr. 2978).
VI. Im S der Gemarkung Stahl gibt es die FN *Schmiedberg, Auf der Schmitt*.
VII. Der Ort muß Mittelpunkt einer mittelalterlichen Eisenproduktion gewesen sein. Im Unterschied zu vielen anderen Eisengewinnungsgebieten reicht die Tätigkeit hier offensichtlich bis weit in karolingische und spätmerowingische Zeit zurück. Damit ist eines der frühen gewerblichen Wirtschaftszentren wenigstens ungefähr lokalisiert worden.

BIT 77  I. *Gowerstorf*.
II. TK 6004 Oberweis, 6005 Bitburg: hat nach J. Hainz, Das Bitburger Land 197, bei Stahl gelegen.
III. 1149: Erstmalig erwähnt (Hainz a. a. O.).

BIT 78  I. *Niederstelle*.
II. TK 6004 Oberweis, 6005 Bitburg: soll bei Stahl gelegen haben.
III. Nach J. Hainz, Das Bitburger Land 197, wird 1300 ein Ort dieses Namens erstmalig genannt.

Waldhof-Falkenstein

BIT 79  I. *Burg Falkenstein*.
II. TK 6003 Mettendorf: r 25 14 000; h 55 37 000. Auf einem von NO gegen das Tal der Our vorstoßenden Bergsporn.
III. Hier liegen die Ruinen einer ausgedehnten Burg, die bereits in der ersten Hälfte des 12. Jahrh. entstanden sein soll. Herbrand v. Falkenstein (1176–1192) ist der erste namentlich gesicherte Besitzer der Burg.
1679: Zerstörung der Burg durch französische Truppen.
1685: Teilweiser Wiederaufbau der Burg.

1743: Der größte Teil der Burg lag in Trümmern; Teile von ihr werden bis 1795 benutzt.
V. 1333: Johann v. Falkenstein bewilligt dem Kaplan der Burgkapelle eine Rente.
18. Jahrh.: Taxa generalis nennt *ecclesia de Falcopetra*.
Seit dem 19. Jahrh. verfallen die Ruinen der Burg. Zu ihrer Beschreibung vgl. Clemen, KDM Kr. Bitburg 94–100 mit Plan von Burg und Kapelle.

### Wißmannsdorf

BIT 80
I. *Stöcken*.
II. TK 6004 Oberweis.
III. Nach J. Hainz, Das Bitburger Land 197, gibt es bei Wißmannsdorf eine Wüstung namens Stöcken.

### Wilsecker

BIT 81
I. *Konert*.
II. TK 5905 Kyllburg: soll bei Wilsecker gelegen haben.
III. Nach J. Hainz, Das Bitburger Land 198, gab es bei Wilsecker eine Siedlung Konert, die nach 1800 wüst geworden ist.

### Lage unbekannt

VORBEMERKUNG: Die im folgenden aufgeführten Wüstungen lassen sich nach ihrer Lage nicht festlegen. In den meisten Fällen handelt es sich um Orte, die in den älteren Güterverzeichnissen vorkommen (St. Maximin Trier, Echternach oder Prüm). Ihre ungefähre Lage ist oft durch den Zusatz *in pago Bedense* oder ähnliches gekennzeichnet. Andererseits können einige der hier aufgeführten Orte auch anderswo in der Eifel liegen.

BIT 82
I. *Althasa*.
III. 768/814: Raginildis schenkt der Abtei Echternach ihr Gut im Bitgau zu Althasa: *Idcirco trado b. Willibrordo res meas in pago Bedense in uilla que uocatur Althasa cum quatuor mansis* (MRUB II Nr. 15).

BIT 83
I. *Balkesingin*.
III. 1193: Bestätigung bestimmter Güter des Klosters St. Thomas an der Kyll durch EB Johann v. Trier, darunter solche in *Balkesingin* (MRUB II Nr. 130).
1378: *balkesinghen* (Jungandreas, Historisches Lexikon 40).

BIT 84
I. *Bissendorf*.
III. 1291: *Bissendorph* (MRR IV Nr. 1927) steht in der Urkunde zwischen Sarresdorf, Rodt und Mötsch.

BIT 85
I. *Bloheim*.
III. 832/838: Ava schenkt der Abtei Echternach eine Reihe von Gütern im Bitgau: *pari modo dono ad Bloheim et in marca que uocatur Bichkendorf casa dominicata . . .* (MRUB II Nr. 23). Der Ort wird hier im Zusammenhang mit Meckel und Bik-

kendorf genannt; man könnte ihn also in dieser Gegend suchen. Nach J. Hainz, Das Bitburger Land 197, lag Bloheim bei Bitburg.

BIT 86   I. *Brandinberg.*

II. Genaue Lage nicht bekannt, aber wohl im Kr. Bitburg.

III. Nach J. Hainz, Das Bitburger Land 197, wird ein Ort dieses Namens 1273 erstmalig genannt.

BIT 87   I. *Bumey.*

II. Lage unbekannt, jedoch irgendwo in der Westeifel.

III. 1373 wird Bumey zusammen mit Ringhuscheid, Kr. Prüm, Nieder- und Oberraden, Kr. Bitburg, sowie der ebenfalls wüsten Siedlung Widey (BIT 111) genannt (Rheinische Vjbll. 19, 1954, 546 Anm. 295).

BIT 88   I. *Contscheid.*

III. Um 1370: Contscheid, Ort in der Herrschaft Neuerburg, Kr. Bitburg (Rheinische Vjbll. 19, 1954, 546).

BIT 89   I. *Crispiniacum.*

III. 832: Ava schenkt der Abtei Echternach Güter im Bidgau: *Idcirco dono res meas in pago Bedensi ad ecclesiam s. Willibrordi . . . inter Macquila* (= Meckel, Kr. Bitburg) *et Crispiniaco dono mansos ledales IIII* (MRUB II Nr. 23).
Es ist aus mehreren Gründen nicht wahrscheinlich, daß das Crispiniaco dieser Urkunde identisch mit dem *crispinihc* an der Erft aus dem Prümer Güterverzeichnis von 893/1222 (MRUB I Nr. 135 S. 175 = MRR I Nr. 489) ist. Der in der Schenkung der Ava angesprochene Ort soll im Bidgau liegen, jener dagegen an der Erft. Außerdem ist dieser Besitz der Abtei Echternach, jener ein Besitztum der Abtei Prüm. Man wird Crispiniacum also am ehesten in der Umgebung von Meckel, mit dem der Ort zusammen genannt wird, suchen müssen.
Der ON wird auch mit dem heute noch bestehenden Ort Kaschenbach, SW von Meckel, in Verbindung gebracht, der im Mittelalter Kirsenbach geheißen haben soll (BIT 39).
13./14. Jahrh.: *Kirsenbach* (Steinhausen, Ortskunde 146 mit weiterer Literatur).
1495: *Karschenbach* (Steinhausen a. a. O. 147).
1570: *Capella Kirszenbach habet solum cimiterium* (Heydinger 315).

VII. Das alte Dorf Kaschenbach soll NW des heutigen bestanden haben und wüst geworden sein. Hier hat man Fundamente ausgegraben. Im Brunnen *Tommesbor,* NW Kaschenbach, fand sich mittelalterliche Keramik des 14./15. Jahrh., als man ihn 1921 neu faßte (Steinhausen, Ortskunde 146 f. – Pauly, Ebtm. Trier, Landkapitel Kyllburg-Bitburg 201).

BIT 90   I. *Efgenrod.*

III. 1155: *Predium in Efgenrode* (MRR II Nr. 69 = MRUB I Nr. 577 = Jaffé, Reg. Pontif. II Nr. 10010). Die Urkunde, in der Papst Hadrian IV. die Rechte und Besitzungen des Stiftes St. Simeon zu Trier bestätigt, enthält fast ausschließlich Orte aus dem heutigen Kr. Bitburg.

BIT 91   I. *Flumga,* auch: *Flemingo.*

III. 816 März 22: König Ludwig der Fromme nimmt auf Bitten der Äbtissin die Güter des Klosters St. Irminen (Horreum) in Schutz. Unter den Gütern *Flemingo.*
1098: Kaiser Heinrich IV. bestätigt dem Stift St. Simeon alle seine Besitzungen, darunter *Flumga* (MGH DD H. IV. Nr. 462). Nach E. Ewig, Trierer Zeitschr. 21, 1952, 172, sind die oben genannten beiden Namen identisch und meinen das gleiche

Dorf. Allerdings ist die Urkunde von 816 nach Ewig eine Örener Fälschung, die in die Nähe der Dagobertfälschungen zu rücken ist.

BIT 92  I. *Haldenfeld.*
III. 1273: *Haldenvelt.*
1347: *Haldinvelt.*
1393: *Haldevelt.*
1396: *Haldefeld.*
Anf. 15. Jahrh.: *Haldesveilt.*
Alle Belege bei Jungandreas, Historisches Lexikon 482, der den Ort in der Gegend von Bitburg vermutet.

BIT 93  I. *Haldingen.*
III. 1472: *der meyer von Haldingen,* zusammen mit Dudeldorf, Dahlem, Welschbillig (Jungandreas, Historisches Lexikon 482).

BIT 94  I. *Helsdorf.*
II. TK 5904 Waxweiler, 5905 Kyllburg: soll bei Bickendorf gelegen haben (J. Hainz, Das Bitburger Land 197).

BIT 95  I. *Hövelscheid.*
III. 1264: Die Herren v. Littgen erhalten den Zehnten aus *Wyler* und *Hovelscheid.*
1264: *in wylario et hovelscheyt.*
1378: *Hovelscheit,* genannt zwischen Zendscheid und Badenborn.
15. Jahrh.: *Hovetschit.*
1574: Güter zu *Hobelscheid.*
Alle Belege bei Jungandreas, Historisches Lexikon 541, der den Ort S von Bitburg vermutet.

BIT 96  I. *Lambach.*
II. Nach J. Hainz, Das Bitburger Land 197, lag eine Siedlung dieses Namens an der Enz.

BIT 97  I. *Luviler.*
III. 1320: *Luviler,* Besitz von Oeren, genannt zwischen Ernzen und Schleid (Jungandreas, Historisches Lexikon 633).

BIT 98  I. *Mentelhoven.*
III. 1264 Dez. 1: Mettildis, Edelfrau von Dollendorf, trägt dem Abt und dem Convent von Prüm das Dorf Orendorf, den Hof Oldron, Hermistorp und *Mentelhoven* zu Lehen auf (MRR III Nr. 2015).
1319: *Zinse in Vexain apud Mencihoven* (Jungandreas, Historisches Lexikon 666).

BIT 99  I. *Merrinstorph.*
III. 1278: Güter zu *Merrinstorph und Mettendorf* (MRR IV Nr. 559). Jungandreas, Historisches Lexikon 671, hält den Ort für wahrscheinlich identisch mit Mertesdorf, Kr. Trier. Nach J. Hainz, Das Bitburger Land 197, ist Mertesdorf wüst bei Ordorf.

BIT 100  I. *Oldron,* Hof.
III. 1264 Dez. 1: *Hof Oldron,* den die Edelfrau Mettildis von Dollendorf dem Abt und Convent von Prüm zu Lehen aufträgt (MRR III Nr. 2015). Der Hof wird in der

Urkunde zusammen mit Hermesdorf und Ordorf, Kr. Bitburg, sowie der Wüstung Mentelhoven (BIT 98) genannt.

BIT 101   I. *Piesperhof*.
II. Lage nach J. Hainz, Das Bitburger Land 197, an der Enz. Verf. gibt jedoch nicht an, wo genau der Hof gestanden hat.

BIT 102   I. *Prattil*.
III. 1310: Ein Morgen Acker am Orte Prattil (Jungandreas, Historisches Lexikon 830). Der Ort wird bei Bitburg oder Stahl vermutet.

BIT 103   I. *Schwey*.
III. 1284: Wirich v. Sweye, Kanonikus in Kyllburg. Daher wird der Ort in der Nähe von Kyllburg vermutet (Jungandreas, Historisches Lexikon 967). – Kann aber auch Schweich/Mosel, Kr. Trier, bedeuten.

BIT 104   I. *Svauen*.
III. 1193: EB Johann v. Trier bestätigt dem Kloster St. Thomas an der Kyll die Schenkung Ludwigs v. Deudesfeld über dessen gesamtes Allod, darunter Suauelt sowie Svauen (MRUB II Nr. 130). Die beiden Orte können also wohl kaum identisch sein, da sie nebeneinander in einer Urkunde vorkommen. Svauen wird nicht sehr fern vom Kloster St. Thomas an der Kyll, um Bitburg vermutet.

BIT 105   I. *Suauelt*.
III. 1193: *Suauelt*, genannt nach Klüsserath/Mosel (MRUB II Nr. 130). Der Ort wird deshalb auch an der Mosel vermutet.
1378: *swauelt* zusammen mit Klüsserath und einem Ort namens *oldinghen* genannt.
15. Jahrh.: *Swauelt*.

BIT 106   I. *Urhausen*.
II. TK 6004 Oberweis.
III. Nach J. Hainz, Das Bitburger Land 198, gab es an der Straße Nußbaum–Mettendorf eine Wüstung namens Urhausen, von der die Volksüberlieferung noch berichtet. Die Wüstung kann identisch mit Udershausen (BIT 29) sein.

BIT 107   I. *Vexain*.
III. 1319: Zinse in *Vexain apud Mencihoven* (Jungandreas, Historisches Lexikon 666).

BIT 108   I. *Vitecke*.
III. 893/1222: Güterverzeichnis der Abtei Prüm unter *ettellendorpht* im Kommentar des Exabtes *vitecke* (MRUB I Nr. 135, S. 150, Anm. 3). – M. Müller, ON Trier I 59, und Lamprecht, DWL II 135, vermuten den Ort in unmittelbarer Nähe von Kyllburg, Kr. Bitburg.

BIT 109   I. *Waleheim*.
III. 646 Aug. 26: König Dagobert bestätigt das von seiner Tochter Irmina zu Trier gestiftete Kloster und dessen Besitzungen, unter diesen *Vualeheim* (MRUB I Nr. 7; zu den sog. Dagobertfälschungen vgl. Ewig, Trier im Merowingerreich 166 ff.).
816 März 22: König Ludwig d. Fromme nimmt auf Bitten der Äbtissin das Kloster St. Irminen (Horreum) in seinen Schutz. Unter den in dieser Fälschung genannten Besitzungen auch: *Uualeheim* (MRUB I Nr. 49).
953 u. 973: *Waleheim* (E. Ewig, Trier im Merowingerreich 173 und 178 Anm. 32).

1095/1101: *villa Walenheim* (vgl. Th. Zimmer, Trierer Zeitschr. 22/23, 1953/55, 149 u. 150 Anm. 393).
Der Ort wurde mit Wahlen, Kr. Merzig, sowie mit Wallendorf, Kr. Bitburg, identifiziert. Sicherheit gibt es aber für beide Deutungen nicht. Für Wahlen, Kr. Merzig, entscheidet sich auch Jungandreas, Historisches Lexikon 1084.

BIT 110  I. *Weiler*.
III. 1161: *Wilre* (MRUB I Nr. 622 = MRR II Nr. 189), genannt vor Bollendorf, im Nachsatz *cum ecclesiis et appendiciis suis*.
1323: *de quodam agro sito apud wilre*, genannt zwischen Lorich und Welschbillig.
1346: Sechs Malter Hafer aus *Wylre*.
1353: *Wilre prope oppidum Bydeburg et villam Mirziche* (Belege bei Jungandreas, Historisches Lexikon 1102 f.). Die letztgenannte Quelle zeigt deutlich, daß es sich um einen Ort bei Bitburg handeln muß.

BIT 111  I. *Widey*.
III. 1373 wird Widey zusammen mit Ringhuscheid, Kr. Prüm, Nieder- und Oberraden, Kr. Bitburg, sowie der ebenfalls wüsten Siedlung Bumey (BIT 87) genannt (Rheinische Vjbll. 19, 1954, 546 Anm. 295).

BIT 112  I. *Wizenberg*.
III. Anf. 13. Jahrh.: Güterverzeichnis der Abtei St. Maximin nach dem Liber Aureus: *Juxta Wizenberg IIII. den.* (MRUB II, Nachtrag Nr. 16 S. 449). Hier wird der Ort im Zusammenhang mit Rittersdorf und Matzen, Kr. Bitburg, genannt.

BIT 113  I. *Widenhofen*.
II. TK 5904 Waxweiler, 6004 Oberweis: soll bei Outscheid gelegen haben.
III. Nach J. Hainz, Das Bitburger Land 198, gibt es bei Outscheid nach der Volksüberlieferung eine Wüstung namens Widenhofen. Zur Problematik der Widemhöfe vgl. AW 105 mit Literatur.

# Wüstungen
# im Kreis Wittlich (WIL)

### Altrich

WIL 1
I. *Vevere*, Wald mit einem Hof darin.
II. TK 6007 Wittlich: wahrscheinlich großer Wald S von Altrich.
III. 1217: EB Theoderich v. Trier gibt dem Kloster Himmerode den Wald *Vievere* und eine Mühle zur Erbpacht: *... silvam quandam, que est in territorio nostre curtis Alterich, que vulgo Vievere nuncupatur ...* (MRUB III Nr. 71).
1230: *... bona iuxta locum, qui Vevere nuncupatur, iacentia ...* (MRUB III Nr. 390 = MRR II Nr. 1933).
1269: Vergleich wegen eines umstrittenen Zehnten zu Altrei von dem Hof Vevere und vom Stuffelberg (MRR III Nr. 2420).
1291: Wilhelm, Herr v. Manderscheid, stiftet einen Vergleich bezüglich des Schweinemastrechtes im Walde *der Haigh*. Danach darf der Himmerodische Klosterhof *zum Rode zur Vevere* in diesem Walde 25 Schweine frei von Abgaben mästen (MRR IV Nr. 1964).
1295 Febr. 13: Ritter Eberhard v. Esch überweist dem Kloster Himmerod als Lebensunterhalt für seinen dort untergebrachten Vater eine Reihe von Gütern, darunter auch dessen Höfe in *Waver* und *Scheit* (MRR IV Nr. 2371).
Jungandreas, Historisches Lexikon 1079, hat eine ganze Reihe von Namen dieser Art in verschiedenen Gegenden des Mosellandes und der Eifel zusammengestellt. Der obige Beleg von 1269 zeigt deutlich, daß in der Nähe von Altrich ein Hof dieses Namens gelegen hat, der später wüst wurde. Zur Lokalisierung mag von Belang sein, daß die Urkunde von 1217 einen Bach namens *Uncele* nennt, der durch den *Wald Vievere* fließt.

### Arenrath

WIL 2
I. *Arenrath*, befestigter Hof.      Abb. 22.
II. TK 6006 Landscheid: r 25 53 320; h 55 35 530. Am SO-Ende von Arenrath, im Zusammenfluß von Arsbach und Gracht.
III. 1243 verkaufen Walter v. Arenrath und seine Frau Elisabeth sowie ihre Kinder dem Kloster St. Thomas an der Kyll ihren Zehnten zu Arenrath unter Vorbehalt des Rückkaufs (MRUB III Nr. 784).
1492 erhält Friedrich v. Daun, gen. Clausart, sein Haus zu Arenrode mit acht Vogteien vom Herren v. Manderscheid erneut zu Lehen (KDM Kr. Wittlich 27).

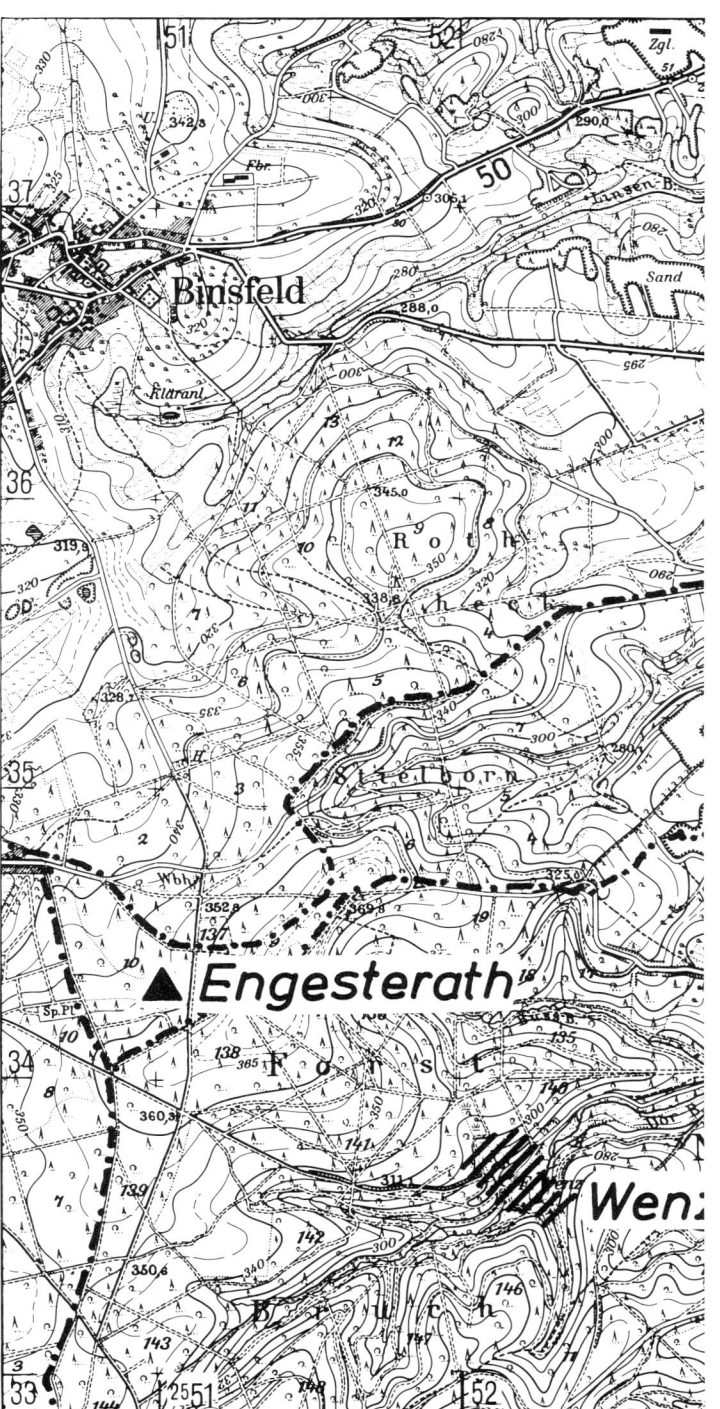

22 Wüstungen i
Befestigter Hof in Arenrath (WIL 2), Hofwüs
partielle Dorfwüstung Mellich (WI

(Ausschnitt aus der T
mit Genehmigung des Landesvermessungsa
vervielfältigt durch da

Im 16. Jahrh. werden als Inhaber des Hofes Arenrath die v. Koppenstein genannt, Ende 18. Jahrh. besitzen ihn die v. Kesselstatt (KDM Kr. Wittlich 27).
Der Hof wurde vermutlich Ende 18. Jahrh. wüst.
VII. Hof Arenrath war eine ausgesprochene Niederungsburg. Sie lag im Zusammenfluß der Gracht mit dem Arsbach. Offensichtlich handelt es sich um die übliche zweiteilige Wasserburg mit dem Herrenhaus und vorgelagertem Wirtschaftsbetrieb. Beide waren von einem gemeinsamen Graben umgeben.

WIL 3  I. *Engesterath,* Hof. Abb. 22.
II. TK 6006 Landscheid: r 25 51 015; h 55 34 280. Rund 2700 m SW Arenrath im Wald, 200 m W der alten *Pilgerstraße* Trier–Sinzig.
III. An einer kleinen, heute wieder verwaldeten Rodung haftete hier der ON *Engesterath.* Die Tranchot-K. ÄA Blatt 63 Wittlich führt ebenfalls diesen Namen. Heute heißt dieser Walddistrikt noch *Engstert.* Hier hat ein Hof bestanden, der 1842 niedergerissen wurde.
LITERATUR: Schannat-Bärsch, Eifl. Ill. III 2,2 S. 63. – Steinhausen, Ortskunde 8.

WIL 4  I. *Leidert,* auch: *Leiderath.* Abb. 22.
II. TK 6006 Landscheid: r 25 54 710; h 55 35 680. 1600 m O Arenrath, 400 m SO des jüngeren Mellichhofes, auf einem Sandsteinplateau in der Mündung des Meisbaches in den Arsbach.
III. Zwischen 1571 und 1579 wird der dem Erzstift Trier gehörende Hof Leidert dreimal erwähnt (Schannat-Bärsch, Eifl. Ill. III 2,2 S. 46 u. 62). – Anf. 19. Jahrh. ist der Hof auf der Tranchot-K. ÄA Blatt 63 Wittlich nicht mehr eingezeichnet.

WIL 5  I. *Mellich,* partielle Dorfwüstung. Abb. 22.
II. TK 6006 Landscheid: r 25 54 020; h 55 36 310. Etwa 1000 m NNW Arenrath, an der Kreuzung der Wege Binsfeld–Bruch und Arenrath–Niederkail.
III. 1278 ist Theoderich, Herr v. Esch, Besitzer eines Hofes zu Mellich (MRR IV Nr. 534).
1340 war *Melche* Besitz des Herrn Conrad v. Esch (KDM Kr. Wittlich 27).
1503 erhält Philipp v. Esch Mellich vom Grafen v. Manderscheid-Daun zu Lehen.
1507 übertragen Philipp und Margareta v. Enschringen ihre Rechte an Mellich, das vordem ein Dorf gewesen war, an Margareta v. Raißfeld.
Im 17. Jahrh. wurde das noch aus 14 Häusern bestehende Dorf Mellich zerstört, wahrscheinlich mit Ausnahme des einen Hofes Mellich. Im 19. Jahrh. wurde dieser Besitz geteilt und dabei ein zweiter Hof Mellich errichtet. Die heutigen beiden Höfe Mellich sind mithin als Restsiedlung eines Dorfes aufzufassen, das im 17. Jahrh. zerstört wurde.
LITERATUR: Clemen, KDM Kr. Wittlich 27.


Bausendorf

WIL 6  I. *Eulenhof.*
II. TK 5907 Hasborn, 5908 Alf: in oder bei Bausendorf.
III. 1791 besaß das Kloster Springiersbach den Eulenhof und zwei Güter in oder bei Bausendorf (Die Eifel 1954, 162).

WIL 7  I. *Lichtach.*
II. TK 5907 Hasborn: r 25 71 000; h 55 41 800. Rund 600 m SO Kirche Bausendorf, an einem nach SO abfallenden Höhenzug, W der Straße Bausendorf–Ürzig.

VII/VIII. Hier enthält die TK 1:25 000 den FN *Lichtacher Flur,* so daß auf eine Wüstung dieses Namens zu schließen ist. Bei der Begehung zeigten sich 1968 im Gelände zahlreiche langstreifige terrassierte Äcker an dem nach SO abfallenden Höhenzug, der den FN *Lichtacher Flur* trägt. Von der Straße Bausendorf–Ürzig führt ein Feldweg genau nach W in diese Flur. Im W Teil ist dieser Weg als Hohlweg ausgebildet. Er endet dann unvermittelt am Hang, der die terrassierten Äcker trägt. Beiderseits dieses Hohlweges finden sich auf den Äckern in der Ebene sehr viel Dachschiefer, Hüttenlehm sowie mittelalterliche Keramik, besonders blaugraue Ware. Die Äcker im Flachland zu Füßen des Höhenzuges haben noch heute die langstreifige Form und sind, wie mittelalterliche Wölbäcker, zur Mitte hin aufgewölbt. Bei durchschnittlichen Längen von 250–400 m sind Feldbreiten von 4 oder 8 m keine Seltenheit. Der größte Teil des Lichtacher Flur geheißenen Geländes ist während der letzten Jahrzehnte als Obstbaumplantage genutzt worden. Zwischen den einzelnen Baumplantagen liegen aber immer wieder auch verwilderte Unlandflächen. Die älteren Flurformen, terrassierte und wölbäckerähnliche Felder, haben sich in diesem Gebiet recht gut erhalten. Das Flurbild eines mittelalterlichen Dorfes kann man daher hier noch gut im Gelände studieren.

Der in die Lichtacher Flur führende Weg verläßt die Landstraße Bausendorf–Ürzig an einem in moderner Zeit neu errichteten Heiligenhäuschen. In der Rückseite dieses Heiligenhäuschens ist eine aus rotem Moselsandstein gefertigte Christusplastik des 17./18. Jahrh. eingelassen, die zu einem älteren Feldkreuz gehört. Arme, Corpus und Beine des Gekreuzigten sind recht gut erhalten und tragen archaische Stilzüge. Gesicht und Oberkörper jedoch sind durch ein modern eingesetztes kleines Kreuz aus Eisen verdeckt und zerstört. Dieses alte Feldkreuz mag an der Stelle des ausgegangenen Dorfes Lichtach gestanden haben, wie das bei anderen Wüstungen auch oft der Fall ist.

LITERATUR: Blum, Die Eifel 1954, 21.


## Bengel

WIL 8   I. *Neuenhof.*

II. TK 5908 Alf: r 25 75 060–600; h 55 44 300–700. Rund 1500 m WNW Kloster Springiersbach, S des Springiers-Baches und N des Füllers-Baches, Jagen 8–10 des Staatsforstes Wittlich-Ost, im Kondelwald.

III. 1811 enthält die Tranchot-K. NA Blatt 181 Bad Bertrich hier den Distriktnamen *Neuenhof.* Es dürfte sich um einen Hof des Klosters Springiersbach handeln, der aber zur Zeit der Kartenaufnahme schon nicht mehr bestand. Er liegt genau in dem Gebiet zwischen Springiers-Bach und Füllers-Bach, welches in den Güterbestätigungen für das Kloster von 1143 (MRUB I Nr. 532) und 1193 (MRUB II Nr. 129) besonders ausgewiesen wird: *in latitudine ex transuerso a riuulo Sprenkirsbach usque ad riuulum Vilirsbach.* Der Neuenhof ist in den Bestätigungen aber noch nicht enthalten. Er muß also später gegründet worden sein.

WIL 9   I. *Schäferei.*

II. TK 5908 Alf: r 25 75 320; h 55 46 050. Beim heutigen Jagdhaus Waidmannsheil, Jagen 31 des Staatsforstes Wittlich-Ost im Kondelwald, rund 2,7 km NW Kloster Springiersbach.

III. 1811 enthält die Tranchot-K. NA Blatt 181 Bad Bertrich hier die Eintragung *Schäfferei* mit einem großen Gebäude. Es dürfte sich um eine Schäferei des Klosters Springiersbach handeln.

WIL 10   I. *Schäferei.*
  II. TK 5908 Alf: r 25 76 070; h 55 44 540. Knapp 1000 m NW Kloster Springiersbach, NO des Springiers-Baches, heute im Jagen 18 des Staatsforstes Wittlich-Ost im Kondelwald.
  III. 1811 zeigt die Tranchot-K. NA Blatt 181 Bad Bertrich hier die Eintragung *Schäfferei* mit einem großen Gebäude. Es dürfte sich um eine weitere Schäferei des Klosters Springiersbach handeln. Die Existenz mehrerer Schäfereien im Gebiet des Kondelwaldes läßt auf das Vorhandensein größerer Heideflächen schließen, die sich für die Beweidung durch Schafe eigneten. In der Tat zeigt noch die Tranchot-K. im Gebiet des heute ganz verwaldeten Kondelwaldes große Heideflächen, die nicht bewaldet waren. Durch die moderne Forstwirtschaft hat sich im Kondelwald der Landschaftscharakter völlig verändert. Die einst bedeutende und gerade vom Kloster Springiersbach stark betriebene Schafwirtschaft kam bei der Säkularisierung des Klosters 1802 zum Erliegen.


B e t t e n f e l d

VORBEMERKUNG: Bettenfeld hat eine ungewöhnlich große Gemarkung, in deren äußerstem N und ganz exzentrisch Bettenfeld liegt. Im W und S begrenzen große Waldungen die Gemarkung. O, SO und S Bettenfeld finden sich FN, die ehemalige Siedlungen anzeigen können. Es handelt sich um folgende Namen:

WIL 11   I. *Borscheid.* Abb. 23.
  II. TK 5906 Manderscheid: r 25 54 860; h 55 47 850. Rund 2,5 km SSO Bettenfeld.
  VI. Der FN Borscheid erstreckt sich innerhalb einer im W, S und O durch Wald begrenzten Rodung zwischen Fischbach und Brembach. Es scheint, als handele es sich bei dieser Rodung um den Rest einer Flur, die zu einer Wüstung Barscheid gehört haben könnte.

WIL 12   I. *Reiferscheid.* Abb. 23.
  II. TK 5906 Manderscheid: r 25 56 500; h 55 50 080. Etwa 2 km O Bettenfeld zwischen Ellbach und Johannistal.
  VI. Der FN Reiferscheid bezeichnet eine im N, S und O von Waldsäumen abgeschlossene Rodung, die im N, S und O durch Bäche, im W durch zwei Maare begrenzt wird. Sie stellt eine völlig in sich geschlossene Kleinlandschaft dar und könnte durchaus als Flur eines gleichnamigen Dorfes aufgefaßt werden.

WIL 13   I. *Wellerscheid.* Abb. 23.
  II. TK 5906 Manderscheid: r 25 55 300; h 55 49 560. Rund 1000 m SO Bettenfeld.
  VI. Der FN Wellerscheid liegt in völlig waldfreiem Gelände, SO Bettenfeld. Hier könnte auf einem von W nach O vorstoßenden breiten Geländesporn, der sonst von Bachniederungen begrenzt wird, eine Wüstung dieses Namens liegen.

WIL 14   I. *Rodenbusch.* Abb. 23.
  II. TK 5906 Manderscheid: r 25 54 400; h 55 48 630. Rund 1800 m S Bettenfeld, zwischen Brembach und Fischbach. Am Standort des Hofes steht heute eine Kapelle.
  III. 1152 Mai 27: Papst Eugen III. bestätigt die Rechte und Besitzungen der Abtei Himmerod, unter diesen *Rodesbusch* (MRUB I Nr. 563 = Jaffé, Reg. Pontif. II Nr. 9584).

1157: EB Hillin v. Trier bestätigt der Abtei Himmerod alle namentlich aufgeführten Güter, darunter *Terras quoque quas in Rodebush* (MRUB I Nr. 603).
1157: *Rodenbos* (MRUB I Nr. 604).
1158: EB Hillin v. Trier bestätigt einen Pachtvertrag zwischen der Abtei Himmerod und Leuten aus Ungendorf über den Zehnten zu Rodebusch: *. . . de decimatione sua apud grangiam de rodebusch . . .* (MRUB I Nr. 612).
1177: Bestätigung der Besitzungen des Klosters Himmerod durch Papst Alexander III.: *. . . grangiam Rodebos . . .* (MRUB II Nr. 25).
1184: *de Rodenbosch* (MRUB II Nr. 67).
1190: *grangia de Rodenbǫs* (MRUB II Nr. 105).
1219: *grangiam de Rodenburch* (MRUB III Nr. 104 = MRR II Nr. 1428).
1235: Die Eheleute Theoderich und Agnes v. Malberg bestätigen und erneuern das von ihren Vorfahren der Abtei Himmerode geschenkte Holzungsrecht im Wald Hohenscheid (MRUB III Nr. 542 = MRR II Nr. 2186). Die Urkunde enthält eine Reihe von Ortsangaben, die sich noch heute gut im Gelände wiederfinden lassen. So werden genannt:
*Cimberbach* – der Zimmerseifen, mündet von O bei Eichelhütte in die Salm,
*silva Birkescheit* – heute Bierscheid, Jagen 209–213 des Staatsforstes Manderscheid,
*silva Hoenscheit* – heute Hochscheid, Jagen 1–9 des Bettenfelder Waldes.
Außerdem wird der Wald Birkescheit als Zubehör der *grangia de Rodenbusch* bezeichnet. Diese Zisterziensergrangie muß also in unmittelbarer Nähe gelegen haben. In der Tat enthalten die modernen TK noch den Landschaftsnamen Rodenbüsch NO des Waldes Birkescheit, heute Bierscheid.
o. Dat. (1235): Heinrich, Herr v. Kerpen und Manderscheid, erneuert die dem Kloster Himmerode von seinen Vorfahren gegebenen Nutzungsrechte im Walde Hoenscheid. Darin: *. . . grangia de Rodenbusch . . .* (MRUB III Nr. 548 = MRR II Nr. 2196).
1239: Erneuter Verzicht der Eheleute Theoderich und Agnes v. Malberg auf alle ihre Rechte und Einkünfte in den Wäldern Birkscheid und Hoenscheid, bei Meerfeld und Bettenfeld sowie beim Hof Rodenbusch und beim Neuhof (MRUB III Nr. 669 = MRR III Nr. 114).
1241: PN *Henricus magister in Rodenbusch* (MRUB III Nr. 704).
1276: *Rodenbůz* (StA Koblenz Abt. 96 Nr. 407).
1283: *grangia Rodenbůchz* (StA Koblenz Abt. 96 Nr. 446).
1291: *grangia eorum de Rodinbůs* (MRR IV Nr. 1855).
1310: *Rodenbouchs* (StA Koblenz Abt. 96 Nr. 588).
1322: *ad grangiam . . . dictam Rodenbusch sitis in terminis et confinio villarum nostrorum Bettinvelt et Mervelt . . .* (StA Koblenz Abt. 96 Nr. 673).
1357: *Zu wissen das die Gemeinde von Manderscheit von der bach, die man nennet die Bulrebach, da sie in die Lieser vellet, an die bach us bis an den Enterßborne und dannen vort bis den pat us nar dem hove zu Rodenbuch sulden mit den von Lietghe gebruchen doufhulzes wassers und weiden . . .* (Lamprecht, DWL III 230).
1440: *Rodenbuchs* (StA Koblenz Abt. 96 Nr. 1079).
1570: *ex curti Rodenbusch* (Heydinger 351).
(Archivalien zit. n. Jungandreas, Historisches Lexikon 880).

VIII. Eine Untersuchung der Gemarkung Bettenfeld fördert in mehrfacher Beziehung ungewöhnliche Verhältnisse zutage. Das W Drittel der Gemarkung ist heute ganz verwaldet. Den größten Teil dieses Waldes nimmt die Himmerodische *silva Birkescheit* ein, die als Zubehör der grangia Rodenbusch bezeichnet wird. Bettenfeld liegt ganz extrem in seiner Gemarkung, nämlich an ihrem N-Rand. Die *grangia Rodenbusch* hingegen liegt viel zentraler innerhalb der Gemarkung Bettenfeld. In ihr ist der ursprüngliche, wichtigste Siedlungsschwerpunkt des gesamten Gebietes zwischen Lieser und Salm zu erblicken. Die diesem großen Hof der Himmeroder Zisterzienser gestellte Aufgabe hieß Nutzung der W anschließenden großen Wälder. Daher ist es auch durchaus nicht überraschend, daß in der Urkunde des Herrn v. Kerpen und Manderscheid von 1235 (MRR II Nr. 2196) die Frage der Rodung dieser Wälder geregelt wird. Wohl sollen die Bauern die Nutznießung in den Wäldern haben, doch sollen weder sie noch die Mönche neue Rodungen anlegen. Der Waldgürtel, der das Salmtal von der *grangia Rodenbusch* trennte, sollte zu dieser Zeit also erhalten bleiben. Die Ackerflächen des Hofes sind deshalb um diesen herum sowie im N, O und SO desselben zu vermuten.

WIL 15  I. *Wennehof.*

II. TK 5906 Manderscheid: innerhalb der Gemarkung Bettenfeld.

III. 1508: *daß cleyne wyßgen an wennehof* (Jungandreas, Historisches Lexikon 1113).

Binsfeld

WIL 16  I. *Lonesbach.*

II. TK 6006 Landscheid: wahrscheinlich in der Gemarkung Binsfeld.

III. Um 1098: Schenkung des EB Engilbert an das Stift St. Simeon zu Trier, darunter auch: . . . *predia in pago Betensi sita . . . Lonebach* (MRUB I Nr. 396).
1098 Okt.–Dez.: Kaiser Heinrich IV. bestätigt dem Stift St. Simeon zu Trier alle Besitzungen: . . . *in Edensheim. in Lonesbach. in Grandesdorf* . . . (MRUB I Nr. 397 = MGH DD H. IV. Nr. 462).
1168: EB Hillin v. Trier tauscht vom Kloster St. Martin einen Teich ein und bestätigt alle Rechte und Güter desselben: . . . *in Wiltingen unus mansus. in Lonebach I. in Dudelendorff I.* . . . (MRUB I Nr. 653).
Um 1200 wird *lombach* im Zusammenhang mit Landscheid genannt (Trierisches Archiv VIII 83).
1272 Juni 4: Wilhelm v. Keile und dessen Frau Denvidis Kolonen des Hofes *Lonisberg* (MRR III Nr. 2728).
1518 war Lonesbach wüst, das dortige Jahrgedinge nach Binsfeld verlegt (Pauly, Siedlung und Pfarrorganisation. Landkapitel Kyllburg-Bitburg [Trier 1963] 144 Anm. 52 mit Quelle).

WIL 17  I. *Tongruben und Töpfereien.*

II. TK 6006 Landscheid: r 25 49 500–50 500; h 55 35 400–37 000. Rund 1500 m SW Binsfeld, S der Kleinbahnlinie Binsfeld-Philippsheim und um die moderne Ziegelei herum.

VII. Hier wurden in der Flur *Trierischer Weiher* wiederholt Reste von altem Tonabbau gefunden. Tongruben der römischen und der spätmittelalterlichen Zeit (14.–16. Jahrh.) waren mit den jeweiligen Töpfererzeugnissen verfüllt worden. Die spätmittelalterlichen Töpfereien von Binsfeld müssen als Fortsetzung des umfangreichen mittelalterlichen Töpfereibezirkes von Speicher und Herforst (vgl. BIT 73) gelten.

LITERATUR: S. Loeschcke, Trierer Jahrb. 10/11, 1917/18, 42 u. 62 ff. – Steinhausen, Ortskunde 25.

Bruch

WIL 18  I. *Bruch*, Wasserburg.

II. TK 6006 Landscheid: r 25 56 400; h 55 35 450. W der Salm.

III. Etwa 1169: Johannes, Domdechant und Archidiakon zu Trier, beurkundet die

Schenkung seines Verwandten *Theodericus cognatus meus de broch* an die Abtei Himmerod (MRUB I Nr. 659).

Um 1310 erscheint der Herr v. Bruch als Lehnsmann des Grafen v. Luxemburg (Verkooren, Inventaire de Luxemb. I Nr. 500).

1338 wird Dietrich v. Daun mit Burg und Haus Bruch vom EB v. Trier belehnt (J. Dün, Urkundenbuch d. Familien v. Dune [Köln 1909] Nr. 289).

1539 huldigen die Burgleute v. Bruch dem EB v. Trier nach dem Heimfall von Bruch an Kurtrier.

VII. Von dem spätmittelalterlichen Baubestand des 14. Jahrh. sind nur noch sehr spärliche Reste vorhanden: das Torhaus mit dem fünfgeschossigen runden Eckturm sowie die beiderseits anschließenden Mauerzüge und der zweite große, freistehende Rundturm. Abbildungen des 17. Jahrh. sowie der bei Clemen, KDM Kr. Wittlich 46, vorgelegte Plan vermitteln einen guten Eindruck von der einst gewaltigen Wasserburg. Die schwache Erhöhung, auf der die ganze Anlage errichtet ist, läßt eine Motte mit Vorburg als Vorgängeranlage wahrscheinlich werden. Die Wasserburg wird man ohnehin nicht in die Zeit des frühesten Auftretens der Herren v. Bruch im 12. Jahrh. zurückführen dürfen. Für diese Zeit wäre die Existenz einer Motte viel wahrscheinlicher, aus der sich dann später die Wasserburg entwickelte.

LITERATUR: Clemen, KDM Kr. Wittlich 44–49. – Bornheim gen. Schilling, Rheinische Höhenburgen 319, 331.

## Burg b. Landscheid

WIL 19   I. *Altenhimmerod*.

II. TK 5906 Manderscheid: r 25 54 120; h 55 42 500. Rund 1300 m S des heutigen Klosters Himmerod, W der Salm, eine Rodung im großen Waldgebiet Heeg, gelegen an der alten Weinstraße oder Prümer Straße, einer mittelalterlichen Fernverkehrsstraße von Prüm an die Mosel.

III. Im Jahre 1135 kamen die ersten Zisterziensermönche aus Trier, wo sie vermutlich seit 1134 gelebt hatten, nach Winterbach, wo sie in der Nähe des erzbischöflichen Hofes Cordel ein Kloster errichteten (TR 39).
Wenig später verlegte EB Albero v. Trier das Kloster in den Kyllwald nahe der Salm, wo die Mönche zwei Jahre in hölzernen Gebäuden wohnten (Vita et Miracula S. David Hymmenroda, 16. Jahrh. – Cod. 167 im Priesterseminar Trier, cap. 2). Dieser Platz war der heute *Altenhof* genannte Wirtschaftshof des Klosters, der in der mittelalterlichen Überlieferung als *Altenhimmerode* bezeichnet wird.
1138 wird im Kyllwald nahe der Salm ein neues Kloster begründet, das heutige Kloster Himmerod. In der Urkunde des EB Albero v. Trier (MRUB I Nr. 505) heißt es dazu: *... transtulimus illos uastiorem solitudinem cuiusdam silue que kilewalt dicitur. super fluuium salmanam. cuius partem que de possessione b. Petri fuit. de manu laica emancipatam. libere cum omni integritate perpetuo illis possidendam concessimus. et locum illum claustrum appellari fecimus ...* Altenhimmerod verliert von diesem Moment an ständig an Bedeutung und wird zum Wirtschaftshof des neuen Klosters.
1231: EB Theoderich v. Trier schafft einen Vergleich zwischen dem Kloster Himmerod und der Abtei St. Simeon zu Trier: *Item super decimis in Alden Hemmenrode* ... (MRUB III Nr. 439).
1262: *Aldenhemmenrode* (MRR III Nr. 1796).
1292: *Althemmenrode* (Schneider, Himmerod 2).
1310 und 1331: *Curia antiqua* (Schneider, Himmerod 2).

VII. Bereits bei diesem Kloster Altenhimmerod, dem heutigen Altenhof, müssen Klostergebäude bestanden haben, die schon früh abgerissen wurden, nachdem das jetzige Kloster Himmerod begründet worden war. Altenhimmerod wurde zum Wirtschaftshof des Klosters.

VIII. Die zu diesem Wirtschaftshof gehörende Flur zeichnet sich in den Flurgrenzen ganz klar ab. Sie besitzt etwa die Größe einer mittleren Dorfgemarkung. Es ist klar ersichtlich, daß die erste Aufgabe der Mönche im Kyllwald in der Rodung des großen Waldgebietes an der Salm bestand. Hier schufen sie sich in der Umgebung des Klosters Altenhimmerod eine durch Rodung entstandene Gemarkung mit allen zugehörigen Wirtschaftsflächen. Etwa um die gleiche Zeit oder wenig später mag der Hof Heeg entstanden sein, ein ebenfalls auf Grund von Rodung entstandenes Gut.

WIL 20  I. *Burganlage*.
II. TK 6006 Landscheid: r 25 57 700; h 55 40 000. Rund 900 m OSO Dorf Burg auf einem nach O ins Tal der Salm vorspringenden Bergsporn von 30 m Höhe über dem Fluß und 25–30 m Breite auf dem oberen Plateau.
VII. Nach Steinhausen, Ortskunde 68, finden sich hier die Reste einer mittelalterlichen Burg des 12./13. Jahrh. Auf eine solche Anlage deutet auch der FN *Burgeck*, der am oberen Burgplateau haftet. Bei Grabungen wurde Schiefermauerwerk im Opus spicatum freigelegt. Es fanden sich Scherben vom Pingsdorfer Typ, die dem 10.–12. Jahrh. zuzuweisen sind. Weiter nach W sind der mittelalterlichen Burganlage zwei Abschnittsgräben vorgelagert, die vielleicht auf eine vorgeschichtliche Anlage hindeuten. Doch ist hier zu bemerken, daß Burgen vom Bauprinzip der Abschnittsbefestigungen auch im frühen Mittelalter üblich sind.
LITERATUR: Steinhausen, Ortskunde 68 mit weiterer Literatur. – Bonner Jahrb. 130, 1925, 356. – Trierer Jahrb. 10/11, 1917/18, 63.

## Dodenburg

WIL 21  I. *Dodenburg, Wasserschloß Kesselstadt*.
II. TK 6006 Landscheid: r 25 55 880; h 55 31 200.
III. 1231: EB Theoderich v. Trier bestätigt den Vergleich zwischen der Abtei Himmerode und dem Ritter Werner an der Pforte zu Bruch wegen Grundstücken zu Rodenerde: *. . . facti sunt termini bonorum monasterii a via, que ducit de Dudenberg ad villam Rodenerde . . .* (MRUB III Nr. 442). Bis zur Säkularisierung war das Wasserschloß Lehen des Erzstiftes Trier. Über die weitere Besitzgeschichte unterrichten die KDM Kr. Wittlich 103 ff.
VII. Vom mittelalterlichen Baubestand sind nur noch die Umfassungsmauern mit den runden Ecktürmen sowie wenige innere Mauern erhalten. Diesen Baubestand zeigt ein Rekonstruktionsplan in den KDM Kr. Wittlich 106.
LITERATUR: Clemen, KDM Kr. Wittlich 103–110.

WIL 22  I. *Rodenerden*.
II. TK 6006 Landscheid: r 25 55 600; h 55 32 550. Rund 1500 m NNW Schloß Kesselstatt, dicht W der Straße nach Gladbach.
III. 1231: EB Theoderich v. Trier bestätigt den Vergleich zwischen der Abtei Himmerode und dem Ritter Werner an der Pforte zu Bruch wegen Grundstücken zu Rodenerde: *. . . et monasterium de Hemmenrode contiguas haberent possessiones in territorio ville Rodenerde . . .* und: *facti sunt termini bonorum monasterii a via, que ducit de Dudenberg ad villam Rodenerde . . .* (MRUB III Nr. 442).
1569: *Rodenerden* Filiale von Heidweiler (Trierisches Archiv 9, 1906, 75).
Anf. 18. Jahrh. gab es noch Hofleute zu Rodenerden (Fabricius V 53 f.).

VII. Dicht W der Straße Dodenburg–Gladbach wurden auf der Flur *Auf Rodenerden* Baureste und Scherben des späten Mittelalters und der Neuzeit gefunden. Wenig N von der Fundstelle wurde auch ein guter Brunnen festgestellt (Steinhausen, Ortskunde 76). Die von Steinhausen festgestellten Reste der Wüstung wurden neuerdings wieder begangen. Es fanden sich dabei Baureste sowie mittelalterliche und römische Scherben. Der von Steinhausen beschriebene Brunnen wurde ebenfalls wiedergefunden (Trierer Zeitschr. 30, 1967, 282).

Dorf

WIL 23    I. *Weiler*.
II. TK 6007 Wittlich: in der Gemarkung Dorf, vielleicht aber auch bei Wittlich, jedenfalls nahe an der Lieser.
III. 952 Febr. 29: EB Rotbert v. Trier verleiht dem Wido an der Lieser und zu Altrich Land, um Weinberge daraus zu machen: *. . . in comitatu Bedensi. in marca et uilla que uocatur Villere situm super fluuium Lysure . . .* (MRUB I Nr. 193).
1270: *partem silve sive nemoris sita iuxta villam wilre* (StA Koblenz Abt. 96, Nr. 365 – zit. n. Jungandreas, Historisches Lexikon 1123).
1280: *de Dorf wilre* (Fahne, Salm 44).
1311: *wilre* (Günther, CDRM III 142).
1487: *widder den wyler wech* (StA Koblenz Abt. 96, Nr. 1246 – zit. n. Jungandreas, Historisches Lexikon 1123).

Eisenschmitt

WIL 24    I. *Eisenhütte*.
II. TK 5906 Manderscheid, in Eisenschmitt: r 25 51 780; h 55 45 420. Am SO-Ausgang von Eisenschmitt, beiderseits der Salm.
III. 1372: Erste urkundliche Erwähnung der Manderscheidischen Eisenindustrie. In diesem Jahre verpachten Ritter Gerhard v. Mollenark, Burggraf zu Malberg, und Peter v. Ham, Manderscheider Burggraf, gemeinsam für ihre beiden Herren Wilhelm v. Malberg und Junker Wilhelm v. Manderscheid die *Ysensmytt uff der Salmen* und den dazugehörigen Wald *Hoinscheid* (Neu, Manderscheid 227).
1423 wird wiederum die *Eysenschmitten uff der Salmen* erwähnt, als die Brüder von Himmerode, darunter *Bruder Thielgen der Schmit Meister* und *Bruder Johan der Raitmeister* hier die Grenzsteine des abteilichen Besitzes in Augenschein nehmen (StA Koblenz Abt. 96, Nr. 62, Bl. 49 – zit. n. Clemen, KDM Kr. Wittlich 120). Mitte 15. Jahrh. verpfändet Dietrich II. v. Manderscheid das ihm gehörende Drittel an der *Eisenschmitte boeffent Himmerode auff der Salmen* dem EB v. Trier.
1454: EB Jakob v. Trier stellt einen Erbpachtbrief über die *Eisenschmitt* auf (Goerz, Reg. d. EB v. Trier 200).
1471 stellt Graf Dietrich III. v. Manderscheid nach Wiedereinlösung seines Drittels der Hütte einen Erbpachtbrief über dieselbe aus.
1502 wohnt ein Meister *Johann Ysensmyt zu Ysensmyt* bei Himmerode.
1509 wird ein Hüttenmeister Servatius genannt: *Servatius unus magistrorum de Fabrica ferrae.*
Um 1600 wurden in *Isenschmitt* bei Gransdorf unter anderem kunstvolle Takenplatten hergestellt. Zu dieser Zeit arbeitete dort der *Meister Peter Neihen*, dessen Spezialität auch kunstvolle eiserne Grabkreuze waren. Man findet seine Kreuze z. T. noch heute auf den Friedhöfen der umliegenden Dörfer. Die Geschichte dieser

Eisenhütte behandelt in allen Einzelheiten P. Neu, Manderscheid 227 ff. In den Kriegszeiten des 17. Jahrh. geht die Produktion hier ununterbrochen weiter. Bis 1868 ist in der Eisenhütte von Eisenschmitt gearbeitet worden; dann wurde sie aufgelassen.

LITERATUR: Schannat-Bärsch, Eifl. Ill. III 2,2 S. 37 f. – Clemen, KDM Kr. Wittlich 122 f. – Die Eifel 1964. – Neu, Manderscheid 227 ff.

WIL 25   I. *Laschmitt,* Eisenhütte.

II. TK 5906 Manderscheid: in Eisenschmitt.

III. Hier gab es Anf. 19. Jahrh. neben der bekannten Eisenhütte *uff der Salmen* (WIL 24) noch eine zweite Hütte namens *Laschmitt* (= frz. *La Schmitt*). Sie befand sich, wie die Eichelhütte von Manderscheid (WIL 55), im Besitz eines gewissen Wendel. 14 Arbeiter und 2 Hilfsarbeiter waren hier tätig. Etwa um die Mitte des 19. Jahrh. wurde die Produktion wegen Unrentabilität eingestellt.

LITERATUR: Neu, Manderscheid 232.

WIL 26   I. *Burg Metzenhausen.*

II. TK 5906 Manderscheid: r 25 51 780; h 55 45 800. N Eisenschmitt, mit diesem durch den sog. Burgweg verbunden.

VII. Noch im J. 1900 konnte man im Galenschen Schloßpark auf der Höhe des Berges die Reste der mittelalterlichen Burg Metzenhausen sehen. Außer Dachziegeln fanden sich in dem Bruchsteinmauerwerk Reste gelb glasierter, hart gebrannter Keramik. Zwei Brüder einer Familie v. Metzenhausen werden Mitte 16. Jahrh. genannt.

LITERATUR: Clemen, KDM Kr. Wittlich 123. – Bornheim gen. Schilling, Rheinische Höhenburgen 290, 335.

WIL 27   I. *Metzenhausen.*

II. TK 5906 Manderscheid: r 25 51 250–800; h 55 47 740. Rund 2 km N Eisenschmitt, mitten im Bettenfelder Wald.

VI. Hier heißt noch in den TK 1 : 25 000 ein Distrikt *Auf Metzenhausen.* Es dürfte sich um eine Dorfwüstung handeln, von der auch die gleichnamige Burg (WIL 26) ihren Namen hat. Überreste der Dorfstelle wurden bisher nicht gefunden.

WIL 28   I. *Minderroth,* Wüstung?

II. TK 5906 Manderscheid: r 25 51 900–52 350; h 55 46 880. 1400 m NNO Eisenschmitt.

VI. Hier heißt noch in den modernen TK ein Distrikt *Minderroth.* Ob es sich um eine Wüstung handelt, ist bisher noch unklar. Der FN kann auch lediglich *kleine Rodung* bedeuten.

WIL 29   I. *Neuenhof,* auch: *Neuhof.*

II. TK 5906 Manderscheid: r 25 54 030; h 55 44 410. Etwa 500 m N des Klosters Himmerod.

III. 1235: *nova grangia* (MRUB III Nr. 542 = MRR II Nr. 2186).

o. Dat. (1235): *nove grangie, que est ante abbatiam* (MRUB III Nr. 548 = MRR II Nr. 2196).

1239: *nove grangie* (MRUB III Nr. 669 = MRR III Nr. 114).

VII. Der Neuhof war die dem Kloster am nächsten gelegene Grangie Himmerods. Seinen Namen erhielt der Hof im Gegensatz zum Altenhof W der Salm, der zum Vorgängerkloster des späteren Klosters Himmerod gehörte. Während die Grangie Rodenbusch (WIL 14) von N her den großen Waldgürtel auf dem Ostufer der Salm

Esch

WIL 30   I. *Brunistorf.*
II. TK 6007 Wittlich, 6107 Neumagen: vielleicht in der Gemarkung Esch.
III. 1168: *Brunesthorp* (Gysseling, Toponymisch Woordenboek 197).
1268: *Brunistorf,* zwischen Esch und Fastrau genannt (MRR III Nr. 2389).

Flußbach

WIL 31   I. *Landwehr.*
II. TK 5907 Hasborn: r 25 65 380–860; h 55 43 720–950. Etwa 1500 m SO Greimerath und ebenso weit NW Flußbach, mitten im Wald.
VII. Hier gibt es eine Landwehr, die 1933 noch über 600 m lang erhalten war, später aber am Ostende durch den Autobahnbau um etwa 100 m verkürzt wurde. Sie sperrte einen knapp 1000 m breiten Geländestreifen zwischen den tief eingeschnittenen Tälern des Braun-Baches im W und des Schaufels-Baches im O. Die Landwehr besteht aus einem doppelten Wall, wobei der hintere, S, den vorderen, N an Höhe übertrifft. Nach S und zwischen den beiden Wällen liegt je ein tiefer Graben von 4,50 m T. und 7 m Br. Die Anlage zieht sich noch ein gutes Stück an dem tief eingeschnittenen Tal des Schaufels-Baches entlang. Etwa auf der Hälfte der Landwehr durchquert sie ein Weg in N-S-Richtung. Auf seiner Ostseite liegt eine kleine Schanze von 11 x 8 Schritt Kantenlänge, umgeben von tiefen Gräben, die mit der Landwehr in Verbindung stehen.
LITERATUR: Trierer Zeitschr. 8, 1933, 137 f., Jahresbericht für 1932.

Gipperath

WIL 32   I. *Gipperather Mühle.*
II. TK 5907 Hasborn: r 25 61 120; h 55 44 270. An der Mündung des Finster-Baches in den Lambach.
III. 1880 wurde eine hier bestehende Mühle auf Beschluß des Gemeinderates Gipperath abgerissen (Die Eifel 1959, 123).

Gransdorf

WIL 33   I. *Brühlgut.*
II. TK 5906 Manderscheid: in der Gemarkung Gransdorf.
III. 1474: *das broel gude* zweimal genannt (Jungandreas, Historisches Lexikon 121 mit Beleg).

WIL 34   I. *Eitzenrath*, Wüstung?
II. TK 5906 Manderscheid: in der Gemarkung Gransdorf.
III. 1474: *bijß uff neirsbacher hoede . . . thusschent eitzenrait und der sangen, bis da neitzenrait wend* (Jungandreas, Historisches Lexikon 333).

WIL 35   I. *Gelsdorf,* partielle Ortswüstung.
II. TK 5906 Manderscheid: r 25 47 830; h 55 41 600. 1,9 km SW Gransdorf, um den Hof Gelsdorf.
III. 1177 Aug. 2: *Grangiam de Geuelestorp cum manso Bouonis* als Himmeroder Besitz (MRUB II Nr. 25).
1219 Aug. 7: *Grangiam de Geulistorp* als Himmeroder Besitz (MRUB III Nr. 104).
1237: *Hof Gevelstorf* (MRR III Nr. 36).
1293: *Hof Geyvelsdorf* (MRR IV Nr. 2114).
1310: *Geevelsdorf.*
1313: *Gehuilsdorf.*
1489: *Gevelßdorff.*
(Belege zu den drei letzten Nennungen bei Jungandreas, Historisches Lexikon 436).
VIII. Obgleich die Quellen ausschließlich die Zisterziensergrangie Gelsdorf, also den heute noch bestehenden Hof Gelsdorf, meinen, ist dieser nur Rest eines sonst wüst gewordenen Dorfes dieses Namens. Das zeigt sich deutlich an der starken Erweiterung der Gemarkung Gransdorf nach SW. Hier wurde Gransdorf die Wüstungsgemarkung eines Dorfes zugeschlagen.

WIL 36   I. *Gindorf.*
II. TK 5906 Manderscheid: auf der Gemarkungsgrenze zwischen Gransdorf und Oberkail, FN in beiden Gemarkungen üblich.
III. 1161 Juni 9: Papst Victor IV. bestätigt dem Abt Gerhard zu Echternach die Rechte und Besitzungen seiner Abtei, unter diesen *Ginnendorp* (MRUB I Nr. 622 = Jaffé, Reg. Pontif. II Nr. 14 451).
1179: Vergleich des Klosters Himmerode mit den Pfarrern zu Altrei und Gindorf: *Simili quoque modo Arnulfus pastor ecclesie de Ginendorp pactionem recognouit. . . . parrochia Ginendorp . . . ecclesie de Ginendorp . . .* (MRUB II Nr. 36).
1296: *Gündorf* (Müller, ON Trier II 41).
Nach H. Dittmaier, Die linksrheinischen ON auf -dorf und -heim (Manuskr. Bonn 1961) 41, sind diese Belege nicht mit Gindorf bei Dudeldorf, Kr. Bitburg, in Verbindung zu bringen, weil dieser Ort bis in die Mitte des 14. Jahrh. *Gingendorp* hieß (dazu Fahne, Salm 152 Anm.). Es muß sich, nach dem FN zu urteilen, um eine Wüstung auf der Gemarkungsgrenze zwischen Gransdorf und Oberkail handeln.

WIL 37   I. *Rocherath.*
II. TK 5906 Manderscheid: bei Gransdorf.
III. 1307: PN *Hedwig von Rokerode.*
1474: *Item in rocherait.*
(Belege bei Jungandreas, Historisches Lexikon 876).

WIL 38   I. *St. Nikolaus' Gut.*
II. TK 5906 Manderscheid: bei Gransdorf.
III. 1474: *uß an eyche Sent claiß guet.*
(Beleg bei Jungandreas, Historisches Lexikon 926).

WIL 39   I. *Waldgut*.
  II. TK 5906 Manderscheid: bei Gransdorf.
  III. 1474: *uff honen bruell und van dannen daz walt guet bis an die lantmure . . . Spanger guet bis an dat walt guet, van dem waltgode vort bis durch die erler.*
  (Beleg bei Jungandreas, Historisches Lexikon 1087).

Großlittgen

WIL 40   I. *Himmerod,* Kloster.
  II. TK 5906 Manderscheid: r 25 54 200; h 55 43 800. Rund 3 km W Großlittgen, an der alten Prümer Straße von Prüm an die Mosel.
  III. Das 1138 gegründete Zisterzienserkloster Himmerod (Gründungsurkunde vgl. MRUB I Nr. 505 – s. ferner WIL 19 Altenhimmerod) kann als temporäre Wüstung angesprochen werden. Wie viele andere rheinische Klöster und geistliche Institutionen wurde es 1802 aufgehoben. Die Klostergebäude wurden bis auf einige Reste der Klosterkirche abgebrochen, die Besitzungen verkauft. Der alte romanische Baubestand des Klosters war um die Mitte des 16. Jahrh. bereits so baufällig, daß für die nachfolgenden 100 Jahre ständige Reparaturen durchgeführt werden mußten. 1640 wurde dann der Grundstein zu einem ganz neuen Klosterbau gelegt. Neubauten errichtete man nach und nach bis gegen Ende des 17. Jahrh. Die romanische Klosterkirche wurde 1735 abgebrochen und durch einen barocken Neubau ersetzt, der 1750 vollendet war. Nach dem Verkauf der Klostergebäude durch die französische Regierung wurde ein großer Teil derselben abgerissen, das ganze Kloster aber als Steinbruch benutzt. Schon 1816 standen Klostergebäude und Kirche nur noch in Trümmern. Die Güter der Abtei von 552 Morgen Land erwarb 1820 der Reichsgraf v. Kesselstatt. Über den Baubestand der verschiedenen Epochen unterrichten ausführlich die KDM Kr. Wittlich 147–176.
  Für die Siedlungsentwicklung des Gebietes am Oberlauf des Salm hatte die Aufhebung der Abtei weittragende Folgen. Für Jahrhunderte war Himmerod Träger einer expansiven Siedlungsentwicklung gewesen, indem das Kloster große Rodungs- und Siedlungsprojekte durchgeführt hatte. Diese planvolle Kolonisationstätigkeit gehörte, wie auch anderwärts, zum Programm der Tätigkeit der Zisterzienser von Himmerod. Vor allem muß im Salmgebiet ein erheblicher Teil der Einzelhöfe auf Initiative der Zisterzienser zurückgehen. Die Aufhebung des Klosters und der Verkauf seiner Besitzungen bedeuteten für zahlreiche dieser Höfe das Ende, indem sie, wie anderes Klostergut auch, zu Schleuderpreisen verkauft und dann abgerissen wurden.
  LITERATUR: A. Thiele, Echternach und Himmerod. Beispiele benediktinischer und zisterziensischer Wirtschaftsführung im 12. und 13. Jahrhundert (Stuttgart 1964). – A. Schneider, Die Cisterzienserabtei Himmerod im Spätmittelalter (Himmerod 1954).

WIL 41   I. *Burgköpfchen,* Wasserburg.
  II. TK 5906 Manderscheid: r 25 57 300; h 55 43 700. Rund 200 m NW Kapelle.
  VII. Im J. 1878 grub Hettner hier in der Flur *Weiherchen* auf einer kleinen Erhöhung in einer Wiese, dem sog. *Burgköpfchen,* unzusammenhängende Mauerreste aus, die einer Wasserburg an dieser Stelle zugerechnet werden. Da die Anlage rund gewesen sein soll, wäre auch an einen Burghügel (Motte) zu denken.
  LITERATUR: Clemen, KDM Kr. Wittlich 137.

## Hontheim

**WIL 42**   I. *Entersburg,* auch: *Nantersburg.*
II. TK 5908 Alf: r 25 72 150; h 55 49 700–50 100. Rund 2 km NW Bad Bertrich, S des Ueß-Baches auf dem Hochplateau, in einer engen Schleife des Baches nach N.
III. Werner und Johann v. Nantirsburch besetzten 1134 die Burg Arras des EB v. Trier. Im Gegenzug zerstörte der EB Albero v. Trier 1138 die Nantersburg am Ueß-Bach.
1335 wird die Burg erwähnt, als der Ritter Kuno v. Ulmen einen Vertrag mit EB Balduin v. Trier abschließt.
Im 16. Jahrh. war die Burg bereits zerstört.
VII. Im RLMT befindet sich ein Bericht v. P. Steiner über seine Beobachtungen an Ort und Stelle im J. 1933, der in den KDM Kr. Wittlich 178 f. abgedruckt ist. Die Burg liegt 40 m hoch über dem Ueß-Bach auf einem Plateau, das im W, N und O durch unbesteigbare Felshänge absolut gesichert ist. Künstliche Sicherungen waren nur nach S nötig, wo mehrere Gräben sowie Geländeterrassen künstlich in den sehr schmalen Bergrücken eingearbeitet worden sind. Im Burginnern kommen mehrere künstliche Terrassierungen als Standorte für Bauten in Betracht. Obertägige Mauerreste gibt es jedoch nicht mehr. Die Burganlage entspricht dem Prinzip der Abschnittsbefestigungen auf vorgeschobenem Bergsporn, das aus ur- und frühgeschichtlicher Zeit wohlbekannt ist.
LITERATUR: Clemen, KDM Kr. Wittlich 178 f. – Die Eifel 1955, 23; 1957. – Brückmann, Untergegangene Siedlungen 130. – P. Steiner, Trierer Zeitschr. 8, 1933, 137. – Ost, Alterthümer Kr. Daun 145.

**WIL 43**   I. *Kapelle 1.*
II. TK 5907 Hasborn: r 25 70 230; h 55 48 525. Etwa 800 m W Hontheim, wenig S der B 421 Hontheim–Strotzbüsch, wo diese von W nach N umbiegt; an H. 409 – Benzenberg.
III. 1811 zeigt die Tranchot-K. NA Blatt 181 Bad Bertrich hier eine Kapelle, die, nach der verwendeten Signatur zu urteilen, auch einen Turm besaß. Heute steht hier nur noch ein einzelner Baum und ein Feldkreuz.

**WIL 44**   I. *Kapelle 2.*
II. TK 5907 Hasborn: r 25 70 700; h 55 47 740. Rund 750 m SSW Hontheim, W der B 421 Hontheim–Kinderbeuren, an H. 400,5 unweit des heutigen Forsthauses.
III. 1811 zeigt die Tranchot-K. NA Blatt 181 Bad Bertrich hier eine Kapelle. Heute steht hier nur noch ein Wegkreuz.

## Karl

**WIL 45**   I. *Burganlage.*
II. TK 5906 Manderscheid: r 25 58 250; h 55 46 140. Rund 1000 m NO Ortsmitte Karl, auf einem nach O gegen die Lieser vorspringenden, im N und S durch Bachläufe begrenzten Bergsporn.
VII. Die von NW zugängliche Bergzunge trägt den Namen *Burgberg*. Auf der Mitte des Berges befindet sich ein großer, ebener, runder Platz, auf dem ein Haus gestanden haben könnte. Mauerreste sollen noch im Boden stecken. Man findet auf dem runden Plateau Schlacken. Sonstige Befestigungseinrichtungen sind nicht sichtbar.
LITERATUR: Trierer Zeitschr. 4, 1929, 185. – Clemen, KDM Kr. Wittlich 136.

WIL 46   I. *Forellenhof.*
II. TK 5906 Manderscheid: W von Karl, in der Nähe der Straße Wittlich-Manderscheid.
III. 1346 verkauft Symon v. Lytiche, Bürger zu Wittlich, dem EB Balduin v. Trier seinen Hof, genannt *ufme Karle,* sowie einen weiteren Hof, der in der Nähe lag.
1462 belehnt EB Johann II. v. Trier den Dietrich v. Lontzen, späteren Amtmann von Wittlich und Herr zu Seinsfeld, mit dem *Werellenhof* bei Manderscheid.
1514 erhält die Gemeinde Karl den Forellenhof vom EB v. Trier zur Pacht.
1769 wird das Pachtverhältnis erneuert.
1786 aber war das Hofhaus bereits gänzlich verfallen.
Heute wird das Gebiet dieses Hofes beackert.
LITERATUR: Brückmann, Untergegangene Siedlungen 131.

WIL 47   I. *Karlhütte.*
II. TK 5906 Manderscheid: in Karl.
III. Außer Bettenfeld gehörten die früheren Industrieorte Eisenschmitt, Eichelhütte und Karlhütte sowie die wüste Grangie Rodenbusch zur Herrschaft Meerfeld (Die Eifel 1951, 110). Daraus ergibt sich, daß auch in Karl Eisenhütten bestanden haben müssen.

Kinheim/Mosel

WIL 48   I. *Grindelem.*
II. TK 6008 Bernkastel-Kues.
VI. In der Gemarkung Kinheim verzeichnet H. Dittmaier, Die linksrheinischen ON auf -dorf und -heim (Manuskr. Bonn 1961) 80, den FN *Grindelem.*

WIL 49   I. *Wesele,* auch: *Wisele.*
II. TK 6008 Bernkastel-Kues.
III. 715: Wesele (Müller, ON Trier II 68).
1065 Mai 1: *ecclesiam in uilla Vuisele* als Besitz der Abtei Echternach (MRUB I Nr. 359).
LITERATUR: Jungandreas, Historisches Lexikon 1115 u. 1135.

Landscheid

WIL 50   I. *Burscheid.*
II. TK 6006 Landscheid: r 25 51 600; h 55 40 500. Rund 4 km WNW Landscheid, auf einer Kuppe O des Kail-Baches.
III. 1268 Nov. 5: Elya, die Witwe Gerhards v. Gegene, schenkt dem Kloster Himmerode ihre Güter zu Breydescheit bei der Burg Klerv und zu Manderscheid bei der Burg Burscheid (MRR III Nr. 2384).
1261: Teilung eines von der Abtei Himmerod und dem Kloster St. Simeon zu Trier gemeinschaftlich besessenen Waldes in 10 Teile. Die Beschreibung nennt eine ganze Reihe von Bächen und FN im Staatsforst Wittlich, darunter *Burchscheidterbach.* Dann folgt der Passus: *Die vierte Teilung ist von dem Burchscheidterbach bis zur Keile und Burger und Landscheiter Gut; daselbst wendet sie* (MRR III Nr. 1707).
K. Lamprecht, DWL III 20 ff., veranschaulicht diese Verhältnisse in einer kleinen Skizze.

## Lüxem

**WIL 51**
I. *Urindorf.*
II. TK 5907 Hasborn, 6007 Wittlich: vielleicht in der Gemarkung Lüxem.
III. 1254: PN *Wirich v. Urindorp* als Zeuge einer das Kloster Himmerod betreffenden Urkunde (MRR III Nr. 1158).
1357: *uriendorfe* (Jungandreas, Historisches Lexikon 1073 mit Beleg; die Wüstung soll zwischen Gelsdorf und Lüxem gelegen haben).

## Manderscheid

**WIL 52**
I. *Alte Kirche,* auch: *Luciakapelle.*
II. TK 5906 Manderscheid: r 25 57 700; h 55 51 140. An der Straße nach Bleckhausen, NW Manderscheid, außerhalb der Stadtmauern.
III. 1386 wird hier Lucia v. Manderscheid, Gattin Heinrichs v. Manderscheid, beigesetzt. Diese Kirche lag außerhalb von Manderscheid, *foras oppidum Manderscheid* (KDM Kr. Wittlich 197 mit Belegen).
1433 schenkt Dietrich II. dieser Kirche den Zehnten von Gipperath (Schannat-Bärsch, Eifl. Ill. III 2,2, 99).
1466 heißt es *by der alden kirchen boben Manderscheit* (Grimm, Weisth. II 606).
1570 *Capella sanctae Luciae* (Heydinger 341 mit genauer Ortsangabe in Anm. 104).
1680 wird die Kapelle im Schöffenweistum von Manderscheid genannt (StA Koblenz, Schöffenbuch Manderscheid).
Um 1790 wurde die Kapelle von französischen Truppen niedergebrannt (Heydinger 341 Anm. 104). Es sind heute keine Reste der Kapelle mehr sichtbar.

**WIL 53**
I. *Niederburg* Manderscheid.
II. TK 5906 Manderscheid: r 25 58 510; h 55 50 900. SO Manderscheid, in einer weit nach N ausgreifenden Schleife der Lieser, O des Flusses.
III. In der zweiten Hälfte des 12. Jahrh. ist die Burg Sitz der Herren Albero und Theoderich v. Manderscheid. Es wird angenommen, daß die Burg wesentlich jünger als die Oberburg ist (MRUB II Nr. 62).
1201: *Theodericus dominus minoris castri de Manderscheit* (MRUB II Nr. 193).
1310: Johann v. Manderscheid Lehnsmann des Grafen v. Luxemburg, wahrscheinlich wegen der Niederburg Manderscheid.
1337 u. 1343 stellt Wilhelm IV. v. Manderscheid dem König Johann v. Böhmen, Herzog v. Luxemburg, einen Lehnsrevers über Schloß und Ortschaft Niedermanderscheid sowie die Höfe Kail und Laufeld aus (KDM Kr. Wittlich mit Belegen).
1346 beginnt die vergebliche Belagerung der Burg Niedermanderscheid durch den EB v. Trier.
1427/28: Neubauten auf der stark zerfallenen Burg unter Dietrich II. v. Manderscheid.

1618 wird die Burg Niedermanderscheid durch den Erzherzog Albrecht, den Statthalter der spanischen Niederlande, belagert und für die Katholiken zurückerobert.
Bis gegen 1780 war die Burg noch bewohnbar. Dann verfiel sie langsam.
(Alle Angaben nach Clemen, KDM Kr. Wittlich 207–222).
VII. Eine ausführliche Beschreibung der Niederburg geben die KDM Kr. Wittlich a. a. O. unter Auswertung zahlreicher alter Ansichten. Im W, N und O bildeten die natürlichen Steilhänge des Liesertales die notwendige Sicherung, nur im S mußten Mauern und Gräben künstlich den Zugang sperren. Die Anlage ist im übrigen terrassenförmig von N nach S angelegt worden, selbstverständlich unter Ausnutzung natürlicher Geländeverhältnisse. Den höchsten Punkt nimmt ein mächtiger Bergfried von quadratischem Grundriß ein.
LITERATUR: Clemen, KDM Kr. Wittlich 207–222. – Bornheim gen. Schilling, Rheinische Höhenburgen, Abb. 345 u. 346.

WIL 54    I. *Oberburg* Manderscheid.
II. TK 5906 Manderscheid: r 25 58 510; h 55 51 190. NO von Manderscheid, W der Lieser, in einer Schleife des Flusses nach O.
III. 973 Juni 26: Kaiser Otto II. schenkt dem EB Theoderich v. Trier einen Wald an der Kyll. In der Beschreibung des Forstbezirkes erscheint zweimal Manderscheid. Im allgemeinen wird diese Nennung auf die Oberburg Manderscheid bezogen (MGH DD O. II. Nr. 39 = MRUB I Nr. 238 = MRR I Nr. 1037).
1133 erscheint erstmalig das Adelsgeschlecht v. Manderscheid mit Richard v. Manderscheid (KDM Kr. Wittlich 201).
1140 nahm der Graf v. Luxemburg und Namur die Burg in einem Krieg gegen den EB v. Trier ein.
1147 aber hatte der Graf die Auseinandersetzung mit dem Erzstift verloren. Er mußte dem EB das Kloster St. Maximin überlassen, erhielt dafür seine Lehen zurück, jedoch ohne die Burg Manderscheid mit Zubehör. Seitdem befindet sich die Oberburg Manderscheid in der Hand der EB v. Trier.
1618 dient die Oberburg dem EB als Stützpunkt bei der Belagerung der Niederburg.
Vermutlich 1673 wird sie durch Truppen des französischen Generals Fourille zerstört. Seitdem verfiel die Burg.
(Alle Angaben nach KDM Kr. Wittlich 201 ff.)
VII. Die Oberburg Manderscheid ist im N, S und O durch die zur Lieser abfallenden Steilhänge natürlich gesichert. Eine Zugangsmöglichkeit bestand nur von W. Das annähernd rechteckige Burgplateau von 90 x 54 m Größe mußte nach dieser Seite durch starke Mauern sowie einen den Zugang bewachenden, halbrunden Turm gesichert werden. Der weithin sichtbare Bergfried, heute noch 5 Stockwerke hoch erhalten, hat rhombischen Grundriß. Im Erdgeschoß besaß er weder Fenster noch Eingang. Palas und weitere Bauten der Burg sind nur noch in stark ruiniertem Zustand vorhanden. Ein quadratischer Turm auf der Nordflanke ist noch mehrere Stockwerke hoch erhalten.
LITERATUR: Clemen, KDM Kr. Wittlich 201–207. – Bornheim gen. Schilling, Rheinische Höhenburgen, Abb. 344.

WIL 55    I. *Eichelhütte*, Eisenhütte.
II. TK 5906 Manderscheid: in der Nähe von Manderscheid.
III. 1806: Beschreibung des Arrondissements Bitburg erwähnt die Eichelhütte. Sie befindet sich im Besitz eines gewissen Wendel, der seine Erze aus der Gegend von Zemmer, Herforst, Speicher bezieht. Wendel war auch Besitzer eines zweiten Eisenwerkes namens Laschmitt in der Gemeinde Eisenschmitt. Etwa ab Mitte des 19.

Jahrh. wird die Eisenverarbeitung wegen Unrentabilität eingestellt. Vgl. auch WIL 25.
LITERATUR: Neu, Manderscheid 232.

Meerfeld

WIL 56   I. *Kyllweiler,* partielle Ortswüstung.
II. TK 5906 Manderscheid: Teil von Meerfeld.
VII. Nach: Die Eifel 1957, 32, ist der einstige Ort Kyllweiler nach partiellem Wüstwerden ein Teil von Meerfeld geworden. Das Gebiet, in dem sich einst Kyllweiler erstreckte, heißt noch heute *Op 'm Höfchen.*

Minderlittgen

WIL 57   I. *Eisenhütte Alte Schmidt.*
II. TK 5907 Hasborn: r 25 60 650–61 500; h 55 41 340–800. Das Gebiet etwa 900 m O Minderlittgen, zwischen zwei nach N zur Lieser fließenden Bächen.
III. 1811 enthält die Tranchot-K. NA Blatt 180 Manderscheid hier die Eintragung *In der Alter Schmidt.* Es handelt sich um ein altes Eisenverhüttungsgebiet, das zur Zeit der Kartenaufnahme aber schon nicht mehr in Betrieb war.

Neuerburg

WIL 58   I. *Etzingen,* Wüstung?
II. TK 5907 Hasborn: r 25 68 300–820; h 55 41 860–42 200. Etwa 1300 m NNO Neuerburg, S des Schatten-Grabens.
VI. 1811 enthält die Tranchot-K. NA Blatt 181 Bad Bertrich hier den FN *Bey Etzingen* und an dem heute Schatten-Bach genannten Gewässer nochmal *Etzingen.* Es kann sich um eine Wüstung dieses Namens handeln, deren Wirtschaftsfläche den weiten NO der Gemarkung Neuerburg umfaßt haben müßte. Es fällt immerhin die extreme SW-Lage von Neuerburg innerhalb seiner Gemarkung auf, die die Existenz einer Wüstungsgemarkung im NO durchaus zuläßt.

WIL 59   I. *Hartzdorff.*
II. TK 5907 Hasborn: r 25 67 540; h 55 41 600. Rund 800 m NNW Ortsmitte Neuerburg, am Ostrand der Walddistrikte 14 u. 15.
III. Anf. 13. Jahrh.: Güterverzeichnis der Abtei St. Maximin zu Trier nennt nach Lüxem und Flußbach *Hasdorf* (MRUB II Nr. 16 S. 447). Es kann sich mithin wohl nicht um einen in Luxemburg gelegenen Ort dieses Namens handeln, wie das MRUB II 522 annimmt.
1475: Visitationsregister des Johann v. Vinstigen unter 'Bommagen' (= Bombogen): *Item ibidem sunt tres capellę, Loxingen* (Lüxem), *Floißbach* (Flußbach), *Hartzdorff* (W. Fabricius, Trierisches Archiv 9, 1906, 5).
1512 wird Johann v. Helfenstein mit einer Reihe von Gütern durch EB Richard v. Trier belehnt, unter diesen auch Harzdorf. 16 Morgen Land dieser Belehnung lagen zwischen Neuerburg und Harzdorf (Brückmann, Untergegangene Siedlungen 130 f.).
1593 wird *Hartzdorff* wiederum bei einer Kirchenvisitation als Filia von Bombogen erwähnt (Brückmann a. a. O.).

Harzdorf ist im 17. Jahrh. ausgestorben. Als letzter Rest des Dorfes überlebte die Kapelle St. Nikolaus, die 1680 in einer Kirchenvisitation beschrieben wird. Sie lag ¼ Stunde von Neuerburg.

IV. Nach der Volksüberlieferung starb Harzdorf an einer verheerenden Seuche aus. Die letzten Überlebenden hätten sich, so berichtet die Sage, am Fuße des Burgberges von Neuerburg angesiedelt und dort das Dorf Neuerburg gegründet. Neuerburg hat aber schon früher bestanden, so daß es sich vermutlich um eine nachträgliche Interpretation des Wüstwerdens von Harzdorf handelt.

V. Harzdorf hatte eine kleine Kapelle mit St. Nikolaus-Patrozinium. Sie allein blieb bestehen, nachdem das Dorf wüst geworden war. 1698 war sie im Innern völlig verwüstet worden. Deshalb wurde in Neuerburg eine neue Kapelle errichtet, der dann später eine Kirche nachfolgte. Beide hatten ebenfalls St. Nikolaus-Patrozinium.

LITERATUR: Brückmann, Untergegangene Siedlungen 130 f.

WIL 60   I. *Burg Neuerburg.*

II. TK 6007 Wittlich: r 25 67 790; h 55 40 470. Auf dem Neuerburger Kopf, am SW-Ausgang von Neuerburg.

III. Um 1100 ist die Burg in der Hand des Grafen Wilhelm v. Luxemburg. 1128 eroberte sie der EB Meginher v. Trier: *. . . collecta militia Trevirensi, castellum novum, quod dicitur Bumaggen, primo impetu cepit . . .* (Gesta Alberonis, MGH SS VIII 199 = MRR I Nr. 1789).

1140/1146 erbaute der Trierer EB Albero während des Krieges gegen den Grafen v. Namur hier eine neue Burg (Gesta Alberonis, MGH SS VIII 253).

1759 ist die Burg Neuerburg nach einer Handzeichnung Ruine (KDM Kr. Wittlich 232 Fig. 116).

LITERATUR: Clemen, KDM Kr. Wittlich 230 ff.

Niederkail

WIL 61   I. *Altenhofen.*

II. TK 6006 Landscheid: r 25 52 830; h 55 38 580. Rund 500 m NW Niederkail, O des Kail-Baches.

VI. Hier gibt es den FN *Altenhofen*. In dieser Flur wurden römische Gräber gefunden. Die Existenz eines mittelalterlichen Hofes ist anzunehmen (Steinhausen, Ortskunde 220).

Niederöfflingen

WIL 62   I. *Mulscheid.*                                                                   Abb. 24.

II. TK 5907 Hasborn: r 25 62 700–63 950; h 55 44 800–46 800. Rund 1200 m S Niederöfflingen, W des Auel-Baches und N des Lam-Baches erstreckt sich die Mulscheider Flur, in der auch die Ortsstelle liegen muß.

24  Wüstungen in der Gemarkung Niederöfflingen (WIL): Mulscheid (WIL 62) und Niederöfflinger Mühle (WIL 63). ▶

(Ausschnitt aus der TK 1 : 25 000 Blatt 5907 Hasborn; mit Genehmigung des Landesvermessungsamtes Rheinland-Pfalz vom 4. 4. 1973 – Az. 4062/37/73 – vervielfältigt durch das Rheinische Landesmuseum Bonn.)

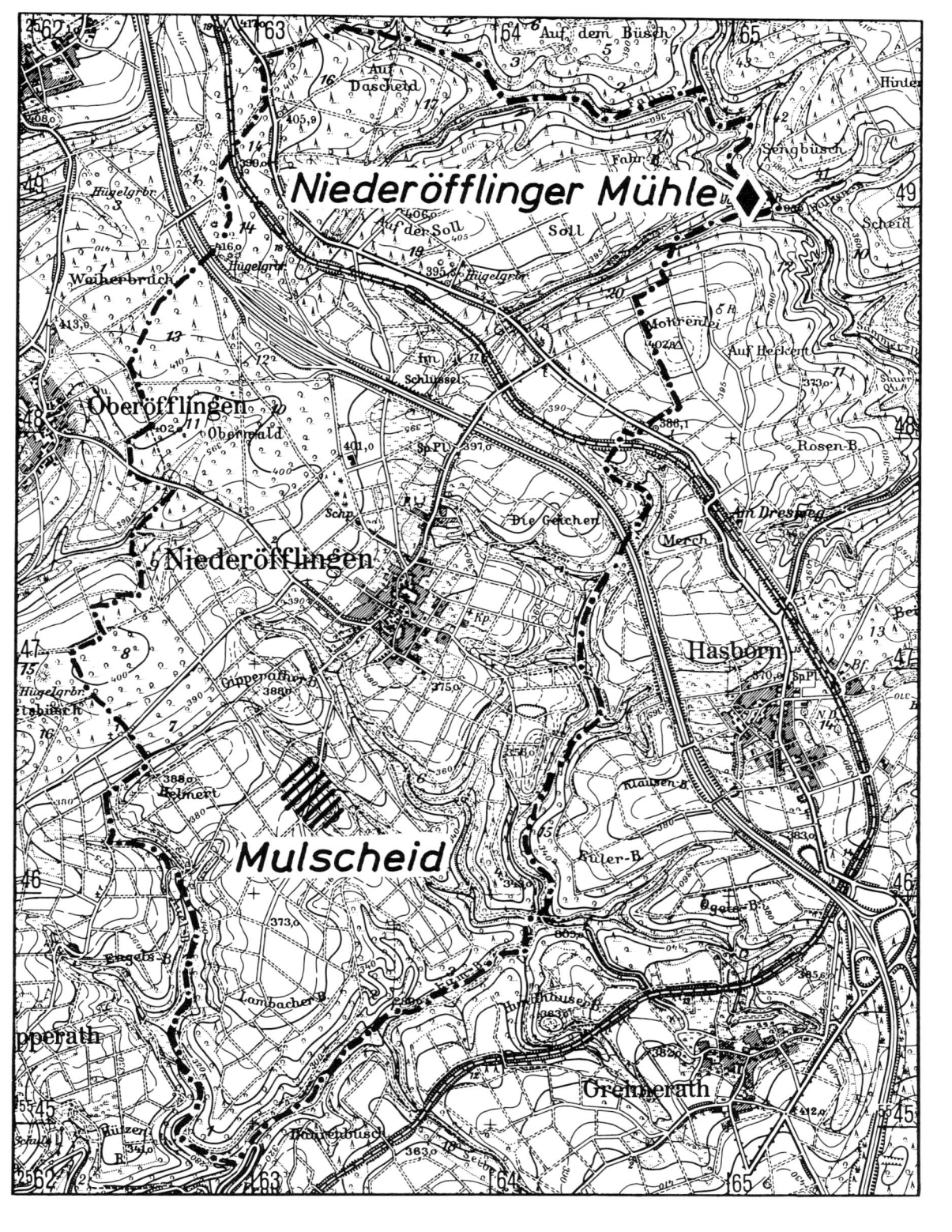

III. 1272: *In Mŭlscheit*.
1293 Jan. 5: EB Boemund v. Trier bestätigt dem Kloster Himmerod seine Besitzungen, unter diesen *Mulcheit* (MRR IV Nr. 2114).
1317: Zweimal *Mulscheit*.
(Alle Belege nach Jungandreas, Historisches Lexikon 707).
VI. Die Lokalisierung dieser Wüstung ergibt sich aus zwei Eintragungen in Blatt 180 Manderscheid der Tranchot-K. NA von 1811. S von Niederöfflingen verzeichnet die Karte *Milcheter Flohr* und *Milcheter Karl*, also Flurbezeichnungen, die den Wüstungsnamen Mulscheit in verballhornter Form noch enthalten. Reste einer Siedlung sind auf der Karte vermerkt.
VII. Die Ortsstelle Mulscheid ist nur zu vermuten. Sie wird am Nordhang des Distriktes *Milcheter Flohr*, unweit von zwei Bächen gelegen haben, die am Gipperather Berg entspringen und nach SO zum Lam-Bach fließen. Die Ortsstelle hätte dann die Koordinaten: r 25 63 250; h 55 46 500. Eine Ortsbegehung könnte hier weitere Aufschlüsse bringen.
VIII. Die Flur von Mulscheit, die *Milcheter Flohr* von 1811, lag im S-Zipfel der Gemarkung Niederöfflingen. Sie wird allseits naturräumlich begrenzt: im N durch die beiden erwähnten, am Gipperather Berg entspringenden, nach SO fließenden Bäche, im W durch den Auel-Bach und im S und SO durch den Lam-Bach.

WIL 63   I. *Niederöfflinger Mühle*.                                                  Abb. 24.
II. TK 5907 Hasborn: r 25 65 120; h 55 49 050. Rund 2,3 km NO Niederöfflingen, an der Einmündung des Oder-Baches in den Sammet-Bach, W des Sammet-Baches.
III. 1811 enthält die Tranchot-K. NA Blatt 180 Manderscheid hier die Eintragung *Nieder Oefflinger Mühl* ohne Angabe von Gebäuden. Die moderne TK verzeichnet hier noch die Ruinen der Mühle.


Niederscheidweiler

WIL 64   I. *Kapelle*.
II. TK 5907 Hasborn: r 25 68 520; h 55 46 400. Etwa 800 m SSO Kapelle Niederscheidweiler im Wäldchen *Schäff*, O der Straße zum Schämmerich.
III. 1811 zeigt die Tranchot-K. NA Blatt 181 Bad Bertrich hier *Chapelle* mit einem Gebäude, wenig N davon die Flurbezeichnung *Bey dem Fusfälchen*.


Niersbach

WIL 65   I. *Wenzelhausen*.                                                            Abb. 22.
II. TK 6006 Landscheid: r 25 52 200; h 55 33 540. Rund 1100 m WSW Niersbach, beiderseits des Dör-Baches, S des Forsthauses Wenzelhausen.
III. 1527 Juni 27: PN *Johannes Hoffmann zu Wenselhusen*, Lehnsmann der Abtei Prüm.
1550: *Johann Hoffmann zu Wenzelhausen*, Lehnsmann der Abtei Prüm.
(Schannat-Bärsch, Eifl. Ill. III 2,2, 57).
VI. Die modernen TK zeigen hier den FN Wenzelhausen, den auch das an einem Übergang über den Dör-Bach gelegene Forsthaus führt. Es handelt sich zweifellos um eine Ortswüstung.

VIII. Die Gemarkung Niersbach hat eine auffällige Ausweitung nach W, während Niersbach im äußersten O seiner Gemarkung liegt. Hier wurde sicher die Flur der Wüstung Wenzelhausen einbezogen.

In Wenzelhausen hat es eine Eisenhütte gegeben, die bis ins 18. Jahrh. produziert hat. Anfang des 19. Jahrh. zeigt die Tranchot-K. ÄA Blatt 63 Wittlich noch Häuser und eine Mühle in Wenzelhausen.

## Oberkail

WIL 66 I. *Burg Oberkail.*
II. TK 5906 Manderscheid: r 25 48 800; h 55 44 700. In Oberkail.
III. Hier gab es eine aus dem 14. Jahrh. stammende Burg, die der Stammsitz der Linie Kail der Grafen v. Manderscheid war. Geringe Reste dieser Burg, die einen geschlossenen Hof besaß, sind heute noch sichtbar. Unter dem Grafen Karl Ludwig Franz v. Manderscheid-Blankenheim (1686–1721) wurde an der Stelle der in den Reunionskriegen stark zerstörten alten Burg ein neues Schloß errichtet, eine repräsentative Dreiflügelanlage. 1809/10 wurde dieses Schloß bis auf ganz geringe Reste abgebrochen.
LITERATUR: Clemen, KDM Kr. Wittlich 243 ff. mit Baubeschreibung, Plan und alter Ansicht.

WIL 67 I. *Eisenhütte.*
II. TK 5906 Manderscheid: in Oberkail.
III. In Oberkail hat eine Eisenhütte gearbeitet, die noch im 17./18. Jahrh. produzierte (Mitteilung von M. Zender, Institut f. geschichtliche Landeskunde Bonn, Abt. Volkskunde).

## Oberöfflingen

WIL 68 I. *Biederburg.*
II. TK 5906 Manderscheid: r 25 58 680; h 55 46 395. Rund 4 km WSW Oberöfflingen, auf einem von O ins Tal der Lieser vorstoßenden Bergsporn.
VII. Hier liegt die sog. Biederburg, von der keine urkundlichen Belege bekanntgeworden sind. Auf einem 18 x 7 m großen hochgelegenen Plateau verbergen sich unter Gestrüpp die Mauerreste dieser Burganlage. Grabungen um 1870 förderten Mauerwerk aus Schieferbruchsteinen zutage, das mit Kalkmörtel verarbeitet war. Im Innern eines Raumes fand man Sandsteine, Mörtel, Holzkohle, Asche, Eisennägel und Gefäßscherben sowie eine Pfeilspitze. Wahrscheinlich handelt es sich um eine mittelalterliche Anlage.
LITERATUR: Brückmann, Untergegangene Siedlungen 130. – Vielleicht war, so wird in den KDM Kr. Wittlich 194 vermutet, die Burg Sitz einer Adelsfamilie v. Öfflingen, die mehrfach im 14. Jahrh. erscheint; 1339 tritt *Heince van Uffeningen* als erstes Mitglied dieser Familie in den Quellen auf.

Olkenbach

WIL 69   I. *Heinzerath*. Abb. 25; Tafel 27.
II. TK 5907 Hasborn: r 25 69 800; h 55 43 450. Rund 750 m NW Olkenbach, auf dem Ostufer des Alf-Baches.
III. 1331 Juli 10: EB Balduin v. Trier belehnt Philipp v. Spiegelberg mit einer Weinrente zu *Henzenrode* bei Neuerburg (Schannat-Bärsch, Eifl. Ill. III 2,2 S. 97).
1406: *Zum ersten gyt yeglichs huß zu Heintzenrod und zu Olkenbach 1 echtzahl habern* (Rheinische Vjbll. 6, 1936, 12 Anm. 59).
1490 besitzt Johann v. Helfenstein Zehnten und Renten zu *Heintzenrait uff der Alff* (Trierisches Archiv, Erg.-Heft 6, 1906, 89).
1527 verpachtet Johann v. Helfenstein dem Dreyss Hansen das *Gut Hetzeroit*. In diesem Jahr wird auch ein der Abtei Prüm zu Lehen gehender Hof zu *Hetzelrait* erwähnt (Trierisches Archiv, Erg.-Heft 6, 1906, 83). Es ist nicht sicher, ob es sich um Heinzerath, Gemarkung Olkenbach, Kr. Wittlich, oder um das bestehende Dorf Heinzerath, Kr. Bernkastel, handelt. In diesem Kreis gibt es auch Hinzerath.
16. Jahrh.: *Hentzeraidt* (Müller, ON Trier II 60).
1691: Güterverzeichnis der Abtei St. Maximin zu Trier: *Heinzerath das Dorf ist vorlängst ganz vergangen und nahe under Olkenbach gestanden, nunmehr aber dessen Inwohner Erben ahn und in Olkenbach gebauwet und ein Dorf gemacht. Im damaligen Heintzerath oder dessen Platz vielmehr hatte das Gotteshaus S. Maximin drei Hausplätze mit ihrem Bezirk, einer Thöneshaus, der andere Schmidtshaus, der andere Bartzenhaus genannt* (Brückmann, Untergegangene Siedlungen 131).
V. 1475: Visitationsregister Johanns v. Vinstingen unter Hontheim: *Item est capella in Hinzerait et pertinet ad ecclesiam, quam deservit pastor ibidem. Item sex albos schyffgelt* (Trierisches Archiv 9, 1906, 9).
1569, 1657 und 1680 wird die Kapelle von Heinzerath erwähnt (Brückmann, Untergegangene Siedlungen 131). Die Kapelle, die heute noch als Wallfahrtskapelle dient, hat das Patrozinium St. Bartholomäus. Ausführliche Beschreibung bei Clemen, KDM Kr. Wittlich 141–145.
VII. Heute noch bestehen von Heinzerath die Kirche St. Bartholomäi und die Heinzerather Mühle, beide W des Alf-Baches gelegen. Streng genommen muß Heinzerath also als partielle Ortswüstung gelten. Sie soll nach sagenhafter Überlieferung durch die Pest im 17. Jahrh. entstanden sein. Die Siedlung Heinzerath erstreckte sich zu beiden Seiten des Alf-Baches, vor allem weiter N der Kirche. Unmittelbar W der heutigen Straße Olkenbach-Kraulsmühle schieben sich kleine rundliche oder rechteckige Podeste gegen das Alf-Tal vor, auf denen Häuser gestanden haben. Hüttenlehm, Dachschiefer sowie spätmittelalterliche Keramik deuten darauf hin.
VIII. Am Westhang des Alf-Tales bei Heinzerath erstreckt sich eine langstreifige, terrassierte Flur, die heute als Obstbaumplantage genutzt wird. Hier vor allem ist die Wüstungsflur Heinzerath zu suchen, denn der Osthang des Alf-Tales dürfte wegen seiner steilen Hänge auch im Mittelalter bewaldet gewesen sein. Eine detaillierte kartographische Aufnahme und Analyse dieser Wüstungsflur könnte wertvolle agrar- und wirtschaftsgeschichtliche Ergebnisse erbringen. Die Flur von Heinzerath wurde später mit der von Olkenbach vereinigt (vgl. Textband S. 123 ff.).

WIL 70   I. *Waltroff*.
II. TK 5907 Hasborn: in der Gemarkung Olkenbach.
VI. H. Dittmaier, Die linksrheinischen ON auf Dorf und -heim (Manuskr. Bonn 1961) 57, verzeichnet hier den FN *Waltroff* und stellt dazu einen Beleg von 1251 mit dem PN *Lucretia vidua de Waildorff* (MRUB III Nr. 1102), der aber auch auf Waldorf, Kr. Schleiden, bezogen werden kann. Im Gelände haben sich bisher keine Hinweise auf eine Wüstung dieses Namens ergeben.

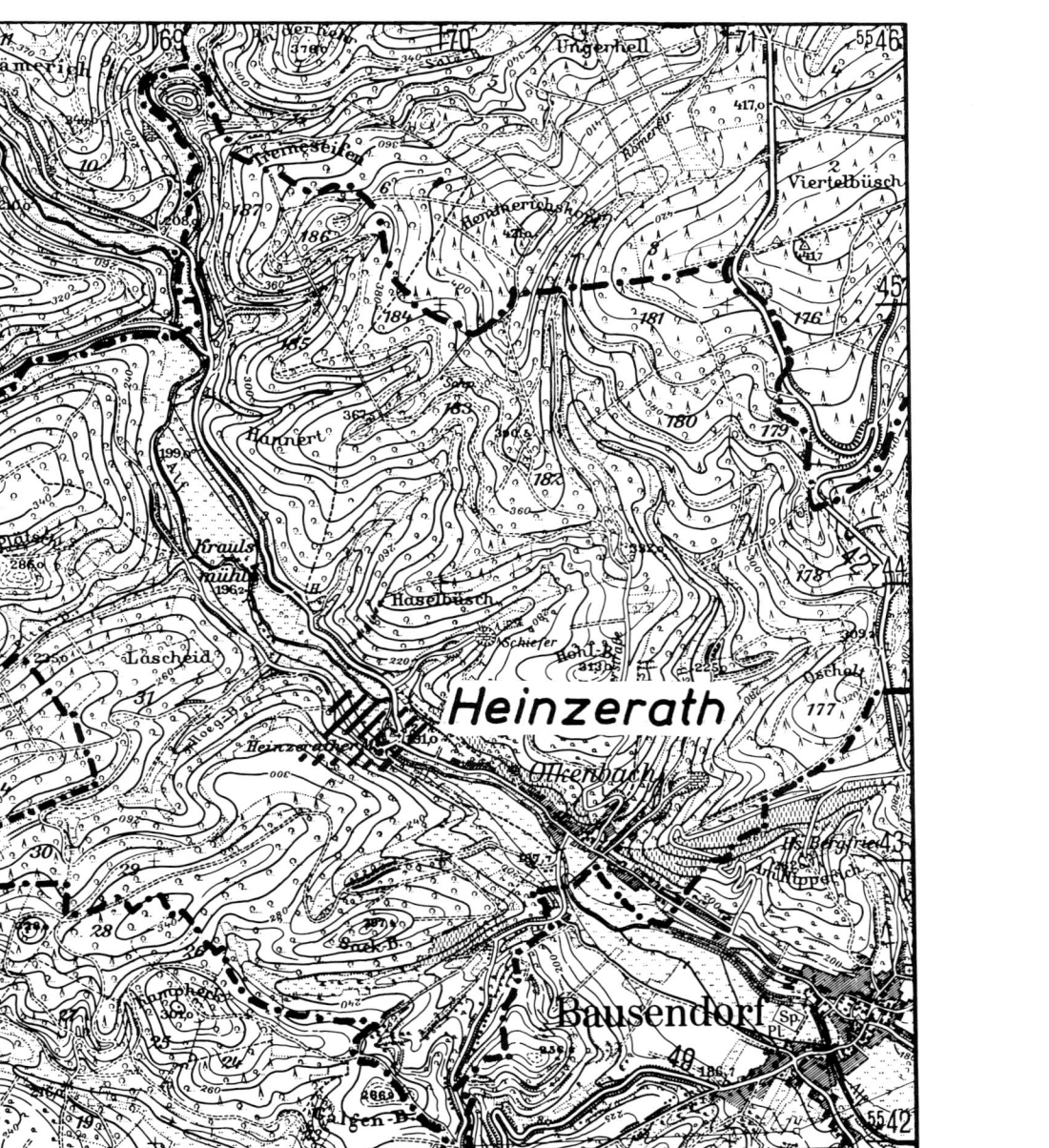

25 Die Dorfwüstung Heinzerath (WIL 69), Gemarkung Olkenbach (WIL).

(Ausschnitt aus der TK 1 : 25 000 Blatt 5907 Hasborn;
mit Genehmigung des Landesvermessungsamtes Rheinland-Pfalz vom 4. 4. 1973 – Az. 4062/37/73 –
vervielfältigt durch das Rheinische Landesmuseum Bonn).

### Osann

WIL 71
I. *Kahlem.*
II. TK 6007 Wittlich: in der Gemarkung Osann, vielleicht aber auch in der von Monzel gelegen.
VI. H. Dittmaier, Die linksrheinischen ON auf -dorf und -heim (Manuskr. Bonn 1961) 73, verzeichnet hier den FN *Kahlem* und stellt dazu den Beleg von 1236 Caldenheim, das mit Osann, Monzel und Kesten zugleich genannt wird (MRUB III Nr. 553). Auch Jungandreas, Historisches Lexikon 146, vermutet diesen Ort in der Nähe von Monzel, Kesten oder Osann.

WIL 72
I. *Scheid,* Wüstung?
II. TK 6007 Wittlich: NW von Osann.
VI. Hier verzeichnet H. Dittmaier, Die linksrheinischen ON auf -dorf und -heim (Manuskr. Bonn 1961) den FN Scheid. Nach Jungandreas, Historisches Lexikon 945, kann dieser FN vielleicht den 1295 zwischen Monzel und Sehlem genannten Hof Scheit meinen (MRR IV Nr. 2371).

### Plein

WIL 73
I. *Ankast,* seit dem 18. Jahrh. auch: *Unkenstein.*
II. TK 5907 Hasborn: r 25 62 475; h 55 42 260. Im Liesertal, N des Flusses, an der Mündung des Atter-Baches, wo die Straße nach Plein das Liesertal verläßt.
III. 1346 übertrug Hinkelin v. Plyn der Abtei Himmerod eine jährliche Ölrente von einem Quart, die auf einem Weinberg bei Ankast ruhte. In dieser Urkunde treten zwei Schöffen von Ankast auf, so daß es sich um ein Dorf handeln muß.
1575 trugen die Herren v. Greßnich Güter zu *Ankes* als Wittlicher Burglehen vom EB v. Trier zu Lehen.
1746 werden Güter zu *Ankist* genannt, die Johann Orwich, genannt Plieck, zu Lehen trägt. Das Dorf soll im 17. Jahrh. an einer der großen Pestepidemien ausgestorben sein.
(Alle Angaben nach Brückmann, Untergegangene Siedlungen 129 f.).
V. 1587 wird die Kirche zu Ankast erstmalig erwähnt, und zwar in einer Anordnung des EB Johann v. Trier.
1641 versah der Pfarrer von Greimerath den Dienst in der Kirche zu Ankes, später dann der Pastor von Wittlich, der dafür $1/2$ Malter Hafer, 7 Wagen Holz und $1/3$ des kleinen Zehnten erhielt.
1715 ist die Kapelle von Ankes, damals schon Unkenstein geheißen, vom Einsturz bedroht. Sie wird renoviert, wie aus dem Wittlicher Pfarrbuch zu ersehen ist.
Im 18. Jahrh. finden wiederholt Trauungen in der Kirche statt. Später wird sie von Einsiedlern bewohnt, die die Kerzen für die Kirchen der umliegenden Kirchen dort verfertigen. Die Kirche von Ankes ging im Zuge der Säkularisation unter. 1809 wurde die Einsiedelei von den Franzosen für 500 Frs. versteigert.
(Alle Angaben nach Brückmann, Untergegangene Siedlungen 129 f.).
VIII. Die Gemarkung von Ankast zeichnet sich als SO-Fortsatz der Gemarkung Plein noch heute zu beiden Seiten der Lieser ab.

WIL 74
I. *Burg.*
II. TK 5907 Hasborn: r 25 62 300; h 55 41 850. Auf einem von W in den großen Lieserbogen bei Unkenstein vorstoßenden Bergsporn, 2 km O Minderlittgen und 2,1 km S Plein.

III. 1811 enthält die Tranchot-K. NA Blatt 180 Manderscheid hier die Eintragung *Burgberg*, die auch auf den modernen TK noch zu finden ist. Wahrscheinlich bestand hier eine frühmittelalterliche Höhenburg. Nach: Die Eifel 1959, 155, heißt dieser Berg auch *Tempelkopf*. Eine Ringwallanlage hat dort gelegen.


Reil/Mosel

WIL 75   I. *Muley*, auch: *moley, molun*.
II. TK 5908 Alf: wahrscheinlich in der Gemarkung Reil, vielleicht auch in der S Nachbargemarkung Kröv.
III. 1143 Aug. 1: König Konrad III. bestätigt die Rechte und Besitzungen des Klosters Springiersbach, darunter: *. . . In Borga. curtem. agros. uineas. et prata. In solitudine super mosellam in loco qui dicitur Molun. agros. vineas. cum exitibus et ingressibus suis. In Rila. vineas et agros . . .* (MRUB I Nr. 532 = MGH DD K. III. Nr. 93). Reil und Burg sind Molun nicht nur im Urkundentext, sondern auch geographisch benachbart.
1193 Apr. 28: Kaiser Heinrich VI. bestätigt der Abtei Springiersbach ihre Rechte und Besitzungen. Wiederum kommt *Molun* mit Burg und Reil vor (MRUB II Nr. 129 = Böhmer, Reg. Imp. IV, bearb. v. G. Baaken [1972] Nr. 294).
1791 wird Mulay bei Reil als Besitz von Springiersbach genannt (Die Eifel 1954, 162). Mulay lag nach anderer Ansicht im sog. 'Cröver Reich' (Diewald in Blum, Der Kreis Wittlich 61). Nach MGH DD K. III., Register, ist unter Molun eine Goldschmiedemühle bei Briedel, W von Zell (Mosel), zu verstehen.

WIL 76   I. *Staden*.
II. TK 5908 Alf: wahrscheinlich in der Gemarkung Reil.
III. Im 16. Jahrh. gab es bei Reil eine Siedlung namens Staden, die sich im Besitz des Klosters Springiersbach befand (Die Eifel 1954, 162).


Sehlem

WIL 77   I. *Burg Esch*.
II. TK 6107 Neumagen: r 25 61 110; h 55 29 350. In Esch nahe der Kapelle.
III. Noch 1731 standen hier beträchtliche Reste des Schlosses Esch, des Stammsitzes der Herren v. Esch. Ein Allod Asche, an der Lieser gelegen, kommt nach Schannat-Bärsch, Eifl. Ill. II 2, 456, bereits in einer Urkunde Kaiser Heinrichs III. von 1086 vor. Die weitere Geschichte der Familie, die sich Ende des 13. Jahrh. in zwei Zweige aufspaltete, findet sich bei Schannat-Bärsch a. a. O. Während der ersten Hälfte des 14. Jahrh. kam der größte Teil der Güter beider Linien in die Hand der Erzbischöfe v. Trier.
1376 wird Esch in einer Urkunde Karls IV. bereits unter den Besitzungen des Erzstiftes Trier aufgeführt (Schannat-Bärsch, Eifl. Ill. III 2,2, 136).
VII. Im Flurbezirk Burg wurden bei Bauarbeiten Mauerreste unbestimmter Zeitstellung vorgefunden, die zur Burg Esch gehört haben könnten.
LITERATUR: Schannat-Bärsch, Eifl. Ill. I 2, 455–460; II 1, 113; III 2,2 136–138. – KDM Kr. Wittlich 278.

## Seinsfeld

**WIL 78**  I. *Silzwilre.*
II. TK 5905 Kyllburg: in der Gemarkung Seinsfeld, wahrscheinlich W des Ortes oder im N.
III. In der Nähe von Seinsfeld hat das Dorf *Silzweiler* gelegen, das während der schlimmen Pestjahre 1637 ausgestorben sein soll. Fundamente von Mauern sowie Keller wurden noch gefunden (Meyer in: Blum, Der Kreis Wittlich 99).

**WIL 79**  I. *Schwickerather Hof.*
II. TK 5905 Kyllburg: in der N Ausbuchtung der Gemarkung Seinsfeld.
VIII. Im N besitzt die Gemarkung Seinsfeld eine ungewöhnlich große Erweiterung, die nur als alte Wüstungsgemarkung aufgefaßt werden kann. Nach dem Wüstwerden der zugehörigen Siedlung wurde diese Gemarkung als ganze der von Seinsfeld zugeschlagen. Im 19. Jahrh. gab es in diesem Gebiet den sehr großen Schwickerather Hof, der an der Wegegabelung bei r 25 46 880; h 55 48 570 gelegen haben dürfte. Von dieser Siedlung, die, nach der zugehörigen Gemarkung zu urteilen, mindestens ebenso groß wie Seinsfeld gewesen sein kann, hat der nahegelegene heutige Schwickeratherhof seinen Namen.

## Spangdahlem

**WIL 80**  I. *Aldendorf.*
II. TK 5906 Manderscheid, 6006 Landscheid: in der Gemarkung Spangdahlem, wahrscheinlich in deren N, an der Grenze gegen Gransdorf.
III. Um 1098: EB Egilbert v. Trier schenkt dem Kloster St. Simeon zu Trier die ihm von Irmintrut v. Salmana überlassenen Güter zu Aldendorf und an anderen Orten (MRUB I Nr. 396).
1098: Kaiser Heinrich IV. bestätigt dem Stift St. Simeon zu Trier seine Besitzungen, darunter auch Aldendorf (MRUB I Nr. 397 = MGH DD H. IV. Nr. 462).
1154 März 11: Papst Hadrian IV. bestätigt dem Stift St. Simeon zu Trier seine Besitzungen, darunter auch *Curtem in Aldendorf* (MRUB I Nr. 577 = Jaffé, Reg. Pontif. II Nr. 10010). Hier wird Aldendorf zwischen Olkenbach und Gransdorf erwähnt.
1346: *in molendino ipsorum nuncupato Gebrantemolin ... ex prato sito ante fontem in aldindorf* (Jungandreas, Historisches Lexikon 9 mit Beleg).
1518 war Aldendorf bereits wüst (Pauly, Siedlung u. Pfarrorganisat. Trier, Landkapitel Kyllburg-Bitburg [Trier 1962] 144 Anm. 52 mit Quelle).

**WIL 81**  I. *Auerburg.*
II. TK 6006 Landscheid: 1 km SSW Spang, dicht vor dem tief eingeschnittenen Steilabfall zum Spanger Bach.
III. Nach Steinhausen, Ortskunde 296, fand man hier bei Wegebauarbeiten viel Mauerwerk, zu dem aber keine römischen Funde gehörten. Also mußte es mittelalterlich sein. Der Sage nach hat hier die *Auerburg* gestanden. Unmittelbar S an diese Stelle schließt sich die Flur *Dundingen* an. Hier sollen vor der Zusammenlegung von 1910/11 noch einige Mauerreste sichtbar gewesen sein.
LITERATUR: Steinhausen, Ortskunde 296. – Trierer Zeitschr. 18, 1949, 331.

**WIL 82**  I. *Bouoynsgut.*
II. TK 6005 Bitburg, 6006 Landscheid: bei Spang oder bei Beilingen, Kr. Bitburg.
III. 1449: *erbe genant bouoyns gut* (Jungandreas, Historisches Lexikon 98).

WIL 83    I. *Dundingen.*
II. TK 6006 Landscheid: etwa 1 km SSW Spang, S der Flur *Auerburg.*
VII. Hier wurde im Bereich des FN *Dundingen* sehr viel mittelalterliche Keramik gefunden. Auch Mauerreste aus nachrömischer Zeit wurden beobachtet (Steinhausen, Ortskunde 296. – Trierer Zeitschr. 18, 1949, 331). In Spang gibt es das Sprichwort *Wärst de nommen op Dundien* – Wärst du nur auf Dundingen (Die Eifel 1952, 163).

WIL 84    I. *Gessifelhof.*
II. TK 6006 Landscheid: in Spangdahlem.
III. In Spangdahlem gibt es einen Ortsteil dieses Namens, der dem Kloster Himmerod gehörte und dem Hofgericht Mulbach unterstand (Die Eifel 1952, 163).

WIL 85    I. *Hinkelsburg.*
II. TK 6006 Landscheid: ungefähr r 25 48 350; h 55 37 800. W des Spanger Baches.
III. Hier soll eine mittelalterliche Burganlage gestanden haben. Beim Pflügen werden noch die hohl klingenden Kellergewölbe angeschnitten (Przyrembel in: Blum, Der Kreis Wittlich 92).

WIL 86    I. *Reiflingen.*
II. TK 6006 Landscheid: r 25 48 500; h 55 40 000. Rund 900 m NW Dahlem, N der Scheuermühle, jenseits des Spanger Baches.
III. 1346: PN *Petro de ruferdingen.*
1395: *Item eyn velt genant die aicht gelegen oven wenich Rufferdingh.*
1482 in Spang: *in rüfferdinger gassen* (Jungandreas, Historisches Lexikon 855 mit Belegen).
1557 ließ EB Johann VI. v. Trier den *Referdingerhof* verpachten.
1580 erfolgte eine erneute Verpachtung des Hofes unter EB Jakob III. v. Trier.
VI. Auf die Wüstung deuten etliche FN hin: *Reiflingen, Reiflinger Hof, Stadt Reiflingen.*
VII. In der Flur *Unterm Rohr* wurden hier wiederholt die Reste der mittelalterlichen Siedlung Reiflingen gefunden. Vor allem wurde Keramik des 12.–14. Jahrh. geborgen. Die Keramik setzte sich aus blaugrauer Ware sowie frühen Steinzeugscherben zusammen. Außerdem wurden Mauerreste aus Sandsteinen sowie Hüttenlehm beobachtet. Einige wenige Funde, wie ein sog. 'Linsenboden' und eine fränkische Flasche, scheinen anzudeuten, daß hier ein merowingerzeitlicher Siedlungskern vorliegt.
Ältere Beobachtungen ergaben fernerhin eine spätmittelalterliche Töpferei.
LITERATUR: Steinhausen, Ortskunde 295 f. – Trierer Zeitschr. 15, 1940, 97 f; 18, 1949, 331. – Jungandreas, Historisches Lexikon 855. – Schannat-Bärsch, Eifl. Ill. III 2,2 S. 150.

WIL 87    I. *Schäferei.*
II. TK 6006 Landscheid: bei Spang.
III. 1395: *eyn velt genant der vorst gelegen bij der wijssen die da heist die Schefferie* (Jungandreas, Historisches Lexikon 935).

WIL 88    I. Name unbekannt.
II. TK 6006 Landscheid: r 25 48 730; h 55 39 450. Rund 500 m W Dahlem, auf dem Nikolausberge, O des Spanger Baches.
VII. Hier, auf dem mundartlich *Klosberg* genannten Hügel, der eine Kapelle mit

Nikolauspatrozinium trägt, wurden in der Flur *Brückbach* mittelalterliche Mauerreste gefunden (Steinhausen, Ortskunde 296).

WIL 89
I. Name unbekannt, Burganlage?

II. TK 5906 Manderscheid: r 25 51 350; h 55 41 260. 100 m N Brandenmühle, auf einem von W nach O in das Tal des Kailbaches vorspringenden Sporn.

VII. Diese etwa 170 m lange und 90 m breite, ovale Fläche wird durch zwei Wälle von 8 bzw. 10 m Breite gesichert. Auf der am weitesten ins Tal vorspringenden Spitze stand eine Kapelle, die 12 m lichte Br. und, die gerundete Apsis eingerechnet, 19 m L. aufwies (KDM Kr. Wittlich 292). Außerdem wurden in jüngerer Zeit hier die Reste eines 20 x 25 m großen Gebäudes sowie die Reste eines weiteren Gebäudes aufgedeckt (Trierer Zeitschr. 18, 1949, 331 f.).

Ürzig/Mosel

WIL 90
I. *Ervenrod*, Wüstung?

II. TK 5908 Alf, 6008 Bernkastel-Kues: bei Ürzig.

VI. 1372: *eynen wingart uf ervenrode* (Jungandreas, Historisches Lexikon 351 mit Beleg). Belegt ist ferner auch das Simplex *Roder, roderin* u. ä. (Jungandreas, Historisches Lexikon 881). Es ist nicht sicher, daß es sich um eine Wüstung handelt.

WIL 91
I. *Mehlem*.

II. TK 5908 Alf, 6008 Bernkastel-Kues: in der Gemarkung Ürzig.

VI. H. Dittmaier, Die linksrheinischen ON auf -dorf und -heim (Manuskr. Bonn 1961) 81, verzeichnet hier den FN *Mehlem*. Es könnte sich um eine Wüstung dieses Namens handeln.

WIL 92
I. *Mönchhof*.

II. TK 6008 Bernkastel-Kues: r 25 72 500; h 55 38 770. Am W-Ende von Ürzig.

III. 13. Jahrh.: *vinea quae vulgo dicitur pehter, quae sita est inter curiam de Himinrot et castrum* (Jungandreas, Historisches Lexikon 519).
1509: *in den moynch hof zo urzich* (Jungandreas, Historisches Lexikon 690).
LITERATUR: Clemen, KDM Kr. Wittlich 311.

WIL 93
I. *Burg Ürzig*.

II. TK 6008 Bernkastel-Kues.

III. 1066 wird der EB Conrad v. Trier vor seiner Ermordung in einem *castrum cui nomen Urcich* gefangengehalten (Vita et passio Conradi archiepiscopi, MGH SS VIII 216 – zit. n. KDM Kr. Wittlich 318).
1103: PN *Theoderich de urcecha* (MRUB I Nr. 408).
1158: PN *Fridericus de Vrzecha* (MRUB I Nr. 612).
1620 nennt ein Visitationsbericht einen *Bauwer zu Urtzburg*.
LITERATUR: Clemen, KDM Kr. Wittlich 318.

WIL 94
I. *Burg Urlay*.

II. TK 6008 Bernkastel-Kues: r 25 72 960; h 55 39 110. Rund 1000 m NO Ürzig, auf dem Berg Urlay.

III. 1129: PN *Hermannus camerarius de Vrley*, Zeuge in einer Urkunde des EB v. Trier (MRUB I Nr. 465 b).

1158: PN *Lŭdewicus de Vrlei* und *Vdo de urlei,* Zeugen in einer Urkunde d. EB Hillin v. Trier (MRUB I Nr. 607).

1246 errichtete der Ritter Wirich v. Daun-Oberstein eine neue Burg *Urley* (Lerner in: Blum, Der Kreis Wittlich 67).

1253 Nov. 8: PN *Gerardus miles dictus de Urley et Agnes uxor eius* als Besitzer von Gütern zu Noviand, die sie der Abtei Himmerod überlassen haben (MRUB III Nr. 1224).

1258 Juli 6: EB Arnold v. Trier schließt einen Vergleich mit Gerhard v. Urlei und nimmt ihn als Burgmann auf der Neuerburg b. Wittlich an (MRUB III Nr. 1452). Wahrscheinlich verwüstete dieser EB Arnold II. (1243–1259) die Burg Urlei. Die Familie v. Orlay siedelte nach Luxemburg über.

LITERATUR: Clemen, KDM Kr. Wittlich 318 f.

WIL 95   I. *Burg zur Leyen.*

II. TK 6008 Bernkastel-Kues: r 25 73 650; h 55 38 970. Rund 1000 m NO Ürzig, zu Füßen der Burg Urlay, am Hang.

III. Diese Burg war der Stammsitz des gleichnamigen Adelsgeschlechtes. Es erscheint erstmalig mit *Fulchnandus de Leia,* einem Reichsministerialen zu Kröv (Lamprecht, DWL III Nr. 8).

1239 Dez. 4: Cuno, Hermann, Heinrich und Arnold, Herren v. Leye (b. Ürzig/Mosel), versprechen dem EB Konrad v. Köln, ihre Burg Leye ihm und seinem Erzstift offenzuhalten (MRR III Nr. 139).

1333 trägt der Ritter Heinrich v. d. Leyen den neuen von ihm erbauten Turm oberhalb seiner Burg Leye dem EB Balduin v. Trier zu Lehen auf, jedoch mit Ausnahme des alten Gebäudes der unteren Burg (KDM Kr. Wittlich 319 f. mit Beleg).

VII. Heute ist von der Burg Leyen nur noch der in den Felsen gesetzte Wartturm erhalten. Von der eigentlichen oberhalb dieses Turmes gelegenen Burg waren Anfang des 20. Jahrh. noch Reste vorhanden. Die Reste des 1333 als neuer Turm bezeichneten Burgturmes wurden um 1870 abgetragen. Daran anschließende Wohnräume der Burg wurden mehrfach in den gewachsenen Felsen hineingehauen (ausführliche Beschreibung in den KDM a. a. O.).

## Wallscheid

WIL 96   I. *Dierfelder Mühle,* auch: *Dürnfelder Mühle.*

II. TK 5907 Hasborn: r 25 64 790; h 55 50 190. 1 km O Gut Dierfeld, W des Sammet-Baches.

III. 1811 zeigt die Tranchot-K. NA Blatt 180 Manderscheid hier *Durnfelder Mühl* mit einem Gebäude. Die moderne TK enthält an dieser Stelle Ruinen, die sicher zu der Mühle gehören.

## Wengerohr

WIL 97   I. *Rode.*

II. TK 6007 Wittlich: r 25 66 280; h 55 37 000. In der Lieser-Ebene, auf der Gemarkungsgrenze Wengerohr-Altrich, bei der Rot-Mühle.

III. 1237: Die Rot-Mühle an der Lieser und der Hof *Zo dem rode* (Schneider, Himmerod 232).

1248: *vinea conventus de Hemmenrode, que dicitur Langestucke prope curticulam ipsorum Rode sita* (Lamprecht, DWL I 1, 340).

1291: Vergleich des Herrn Wilhelm v. Manderscheid mit dem Kloster Himmerod wegen der Schweinemast im Walde *der Haigh*. Danach darf der Himmerodische Klosterhof *zum Rode zur Vevere* in diesem Walde 25 Schweine frei von Abgaben mästen (MRR IV Nr. 1964).

1388: *curte . . . zum Rode prope villam dictam kleyne Rore* (Jungandreas, Historisches Lexikon 896).

1388: *irhem hŏve . . . tzŭ dem Royde . . .* (Jungandreas a. a. O.).

1505: *hof zo dem rode . . . Roder moelln myt allem ackerland . . .* (Jungandreas a. a. O.).


## Willwerscheid

WIL 98   I. *Kapelle*.
II. TK 5907 Hasborn: r 25 66 330; h 55 44 820. N der Zufahrt von Willwerscheid zur Straße nach Hasborn, etwa 300 m WSW Willwerscheid.
III. 1811 zeigt die Tranchot-K. NA Blatt 180 Manderscheid hier ein Gebäude mit dem Zusatz *Chap.*, also eine Wegekapelle. Heute steht hier nur noch ein Wegekreuz.

WIL 99   I. *Kapelle*.
II. TK 5907 Hasborn: r 25 66 520; h 55 44 780. Etwa 200 m SSW Kapelle Willwerscheid.
III. 1811 zeigt hier die Tranchot-K. NA Blatt 180 Manderscheid eine weitere Wegekapelle. Heute steht hier nur noch ein Wegekreuz.


## Wittlich

WIL 100   I. *Bruderhof*.
II. TK 6007 Wittlich: bei Wittlich.
III. 1388: *lerwiche in broyderhoyve* (Jungandreas, Historisches Lexikon 119).

WIL 101   I. *Hundorf*.
II. TK 6007 Wittlich: soll bei Wittlich liegen.
III. H. Dittmaier, Die linksrheinischen ON auf -dorf und -heim (Manuskr. Bonn 1961) 55, verzeichnet bei Wittlich den FN *Hundorf* (Beleg bei Fahne, Salm 79).

WIL 102   I. *Kalkofen*.
II. TK 6007 Wittlich: bei Wittlich.
III. 1289 März 25: Der Edelknecht Richard v. Pavenbure und seine Frau verkaufen der Abtei St. Martin zu Trier unter anderem eine Hofstatt neben dem verlassenen *Calcoven* (MRR IV Nr. 1635).

WIL 103   I. *Otersdorf*.
II. TK 6007 Wittlich: S von Wittlich.
III. 1287: *in Oistersdorf* (MRR IV Nr. 1489).
1314: *de prato dicto Inden brůle iuxta villam de Otersdorf*.

1438: PN *katherinen von Oytterßdorff*.
1479: *erschafft zo untersdorff*.
1480: *Ortersdorff*.
1489: *Oetterstorff*.
(Belege bei Jungandreas, Historisches Lexikon 779). – Die meisten dieser Nennungen kommen zusammen mit Wittlich oder Altrich vor, so daß schon aus diesem Grunde eine Lage bei Wittlich sehr wahrscheinlich ist.

WIL 104   I. Name unbekannt, mittelalterliche Fundstelle.
II. TK 6007 Wittlich: r 25 64 860; h 55 38 100. Im Distrikt *In der Sang* und in der *Stockwiese*.
VII. Nach Mitteilung eines Mitarbeiters des Rheinischen Landesmuseums Trier sollen sich in den genannten Distrikten Baureste befinden, die durch den Neubau der Autobahn gefährdet sind. Eine Geländebegehung ergab neben alten Ziegelresten einige mittelalterliche Scherben. An gleicher Stelle war bereits 1955 ein mittelalterliches Fußeisen gefunden worden.
LITERATUR: Trierer Zeitschr. 24/26, 1956/58, 648; 30, 1967, 291.


Lage unbekannt

WIL 105   I. *Büttelhof*.
VI. Im Kr. Wittlich gibt es den FN *Am Büttelhof*, der auf eine Hofwüstung hindeutet (Die Eifel 1954, 21).

WIL 106   I. *Dudendorf*.
III. H. Dittmaier, Die linksrheinischen ON auf -dorf und -heim (Manuskr. Bonn 1961) 40, verzeichnet bei Daun oder Wittlich diesen FN und stellt ihn zu 1173: *Dudendorf* (Goerz, Reg. d. EB v. Trier S. 24). Nach Müller, ON Trier II 41, ist der Name eine Verschreibung für Dudeldorf, Kr. Bitburg.

WIL 107   I. *Ecebach, Esbach, Eschbach*.
III. 1161 Juni 9: Papst Victor IV. bestätigt der Abtei Echternach ihre Rechte und Besitzungen, unter diesen auch *Ecebach*, genannt zwischen *Afflue* = Affler, Kr. Bitburg, und *Strouardesbos* = Strotzbüsch, Kr. Daun (MRUB I Nr. 622 = MRR II Nr. 189 = Jaffé, Reg. Pontif. II Nr. 14 451).
1227: *unus mansus in Esbag* wird vom Stift Münstereifel verkauft (MRUB III Nr. 310).
Es ist nicht sicher, daß Eschbach wirklich im Kr. Wittlich lag. In der Echternacher Bestätigung von 1161 steht es mit einer Reihe von Dörfern im Kr. Daun im Kontext. Die Nennung von 1227 kann sich auch auf Eschbach, Kr. Mayen, beziehen.

WIL 108   I. *Eharts*.
III. Um 1750 enthält die Karte von Lotter zwischen Esch und Platten, W der Lieser und O der Salm, einen Ort namens Eharts. Vielleicht ist diese Wüstung in der Gemarkung Osann zu suchen, die eine sehr auffällige Fortsetzung der Gemarkung nach SW aufweist.

WIL 109   I. *Haldenfeld*.
III. 1273: *Haldenvelt*, genannt im Zusammenhang mit Meerfeld, Kr. Wittlich, Reuland, Kr. Prüm, Ürzig und Dreis, Kr. Wittlich, sowie Ließem, Kr. Bitburg (Jungandreas, Historisches Lexikon 482).

Die Lage des Ortes ist völlig unbekannt. Jungandreas vermutet ihn bei Bitburg.
1347: *Haldinvelt.*
1393: *Haldevelt.*
1396: *Haldefeld.*
Anf. 15. Jahrh.: *Haldesveilt* (alle Belege nach Jungandreas a. a. O.).

WIL 110  I. *Hillscheid.*
III. In der Herrschaft Manderscheid gab es den untergegangenen Hof Hillscheid (Weins in: Blum, Der Kreis Wittlich 121. – Die Eifel 1958, 138). Dazu gehört vermutlich der für 1331 belegte PN *in Littgen hennekinus dictus hillinscheidere* (Jungandreas, Historisches Lexikon 518).
1468 liefert der Hof Hillscheid an Schaff 2 Gulden 6 Albus an die Herrschaft Manderscheid (Löwensteinsches Archiv Wertheim/Main, Abt. Virneburg, Akte F 75, Geldrechnungen fol. 30. – Mitteilung v. P. Neu, Bitburg).
1478 geben die Bewohner von Brockscheid *Weydgeld van der Weyden van Heylscheyt* (a. a. O. fol. 51. – Mitteilung v. P. Neu, Bitburg).
1594 verlangen die Grafen v. Manderscheid und Gerolstein von den Manderscheidischen Untertanen zu Hillscheid den Zehnten. Der Ort kann also in diesem Jahre noch nicht wüst gewesen sein (P. Neu, Geschichte und Struktur der Eifelterritorien des Hauses Manderscheid [Bonn 1972] 175 mit Anm. 819).
VI. Die Wüstung lag sicher nicht, wie bei Fabricius, Erläuterungen Karte 1789 S. 118 u. 173, angegeben, bei Weidenbach. Vielmehr gibt es N Manderscheid, im N der Gemarkung Eckfeld, Kr. Wittlich, im Staatsforst Daun die Bezeichnung Hillscheid (vgl. TK 5807 Gillenfeld: r 25 59 800; h 55 54 130). Hier ist die Wüstung zu suchen.

WIL 111  I. *Hirzenrod.*
VI. Bei Bettenfeld gibt es den FN Hirzenrod, der zu einer gleichnamigen Wüstung gehören dürfte.
1322 wird ein Gut *Hirzenroith* genannt (Jungandreas, Historisches Lexikon 523).

WIL 112  I. *Hopscheid,* Hofwüstung.
III. Im sog. Cröver Reich, einer Landschaft bei Kröv a. d. Mosel, lag die Wüstung Hopscheid (Diewald in: Blum, Der Kreis Wittlich 61. – Lamprecht, DWL III 492 Anm. 3).

WIL 113  I. *Langscheid,* identisch mit DAU 81?
VI. Im Kr. Wittlich gibt es den FN *Auf Langscheider Flur.* Im Volksmund heißt diese Stelle *Auf der Pferdstränk* (Blum in: Die Eifel 1954, 21).
Die Identifikation bereitet Schwierigkeiten, weil dieser FN in der Eifel sehr verbreitet ist und auch keineswegs immer eine Siedlung zu bezeichnen braucht.
*Vor Langscheid* gibt es in der Gemarkung Steineberg, Kr. Daun. *Langscheid* heißt eine überwiegend bewaldete Ausbuchtung der Gemarkung Üdersdorf, Kr. Daun (DAU 81), in der sicher eine Hofwüstung dieses Namens gelegen hat. *Auf Langscheid, Hinter und unter der Langscheider Wies* gibt es als FN in Cochem, Kr. Cochem, und Lahr, Kr. Cochem.

WIL 114  I. *Lontzen.*
II. Vielleicht in der Nähe von Wittlich gelegen.
III. 1076: *Loncins* (Gysseling, Toponymisch Woordenboek 633).
1098: *duo loca Loncins et Mandervelt* (Lamprecht, DWL I 2, 1089).
1460: PN *von Lontzen* in Wittlich.
1474: PN *Dietherich von Lontzen . . . amptmann zu Witlich.*

1487: PN *Johan von Lontzen genant Roben, amptman zu sent Vit.*
1495: *Lontzen.*
1605: *Lunsen* (KDM Kr. Bitburg 242).
BELEGE: Jungandreas, Historisches Lexikon 623.

WIL 115   I. *Losbach.*
II. Lage unbekannt, jedoch in der Eifel.
1230/31 März: EB Theoderich genehmigt einen Verkauf von Lehnsgütern bei Vevere, die sein Ministeriale Gottfried v. Ingendorf von ihm zu Lehen trug. Als Entschädigung verspricht der Ministeriale dem EB *quoddam allodium suum iuxta Lospach* (MRUB III Nr. 390).

WIL 116   I. *Merzbach.*
VI. Im Kr. Wittlich gibt es den FN Merzbach, der auf eine gleichnamige Wüstung hinweist (Blum in: Die Eifel 1954, 21).

WIL 117   I. *Nofestorf.*
II. Vielleicht in der Nähe von Wittlich gelegen.
III. 1289 März 25: PN *Ludwig Nofestorf* gibt Zehnten von Fluren in und bei Wittlich (MRR IV Nr. 1635).

WIL 118   I. *Palush.*
II. TK 6207 Neumagen: vielleicht in der Gegend von Piesport/Mosel.
III. Um 1168: *In paluz,* genannt zwischen Köwerich und Heidenburg.
1275: *bona nostra in parrochia de Pisport et in villa de Palush.*
(Belege bei Jungandreas, Historisches Lexikon 784). Der Name bedeutet 'Pfahlhaus'. Gysseling, Toponymisch Woordenboek, lokalisiert Palush bei Leiwen.

WIL 119   I. *Pavenbure.*
III. 1289 März 25: PN *Richard v. Pavenbure.* Dieser verkauft seine Güter und Zinsen in und bei Wittlich der Abtei St. Martin zu Trier (MRR IV Nr. 1635).

WIL 120   I. *Pitzburg.*
III. 1302: Nicolaus dictus de Carpo und seine Frau, Castrenses in Bruch, schenken dem Kloster Himmerod ihre Güter in *Piczburg.*
1304: *in Piczburg,* genannt zusammen mit Strohn, Dreis und Immerath.
BELEGE: Jungandreas, Historisches Lexikon 807.

WIL 121   I. *Ricenroth.*
III. 1293 Jan. 12: Johann v. Malberch erklärt gegen 200 trierische Pfund seine Allodialgüter in Ricenroth und Grimolderoth bei Wittlich zu trierischen Lehen (MRR IV Nr. 2119).
1343 wiederum die Dörfer Greimerath und Ricenroid als Besitz der Herren v. Malberg genannt (Lamprecht, DWL I 2, 1474).

WIL 122   I. *Rupenrode,* Wüstung?
III. 1157: EB Hillin v. Trier bestätigt dem Kloster Himmerod seine Güter, darunter: *Terram quoque uestram que Hockehole appellatur. et illam de Rupenrode* (MRUB I Nr. 603).

WIL 123   I. *Sellscheid.*
II. Wird bei Kröv/Mosel, Kr. Wittlich, vermutet.

III. 1288: *Sellescheit* (MRR IV Nr. 1520). Der Ort wird zusammen mit Kinheim und Ürzig, Kr. Wittlich, und Erden, Kr. Bernkastel, genannt.

VI. In Kröv sind nach Jungandreas, Historisches Lexikon 976, die FN *Aufm Selschert* und *Auf Seltschert* belegt.

WIL 124  I. *Tritmunda*.

III. 1098: Kaiser Heinrich IV. bestätigt dem Stift St. Simeon zu Trier seine Besitzungen, unter diesen: *in Lonesbach. in Grandesdorf. in Tritmunda* . . . (MRUB I Nr. 397 = MGH DD H. IV. Nr. 462).

Wegen der Nennung zusammen mit Gransdorf und der Wüstung *Lonesbach* bei Binsfeld (WIL 16) wird Tritmunda auch in der Gegend um Spangdahlem oder Gransdorf vermutet.

WIL 125  I. *Versence*.

II. Unbekannt an der mittleren Mosel.

III. 1236/37: Bonifazius der Reiche, Schöffe zu Trier, verkauft der Abtei Himmerod *omne allodium suum, quod habebat in villis Kestende, Moncelle, Osanna, Caldenheim et Versence* . . . (MRUB III Nr. 553). Die Nennung im Zusammenhang mit Kesten, Kr. Bernkastel, Monzel, Osann und Caldenheim, alle Kr. Wittlich, läßt den Schluß zu, daß auch diese Wüstung in dem so skizzierten Raum liegt. Vielleicht ist mit Versence Ürzig/Mosel gemeint.

WIL 126  I. *Wartenberg*, Burg?

II. Soll im sog. Cröver Reich bei Kröv/Mosel gelegen haben (Diewald in: Blum, Der Kreis Wittlich 61).

III. 1336 tritt ein Ritter Johann v. Wartenberg in der Überlieferung auf (Lamprecht, DWL III 159).

WIL 127  I. *Wartenstein*, Burg?

III. 1388: *Wartinsteyn*.

1448: Wilhelm v. Manderscheid, Herr zu Wartensteyn.

1456: *in manderscheit et warttensteyn* . . . *in keil et warttensteyn* . . .

BELEGE: Jungandreas, Historisches Lexikon 1094. Die Burg muß wohl in der Gegend von Manderscheid vermutet werden.

WIL 128  I. *Wisbach-Heltre*.

II. Wird bei Bettenfeld und Manderscheid vermutet.

III. 1269 Apr. 6: Rückgabe von Frucht aus Wisbach-Heltre, die dem Kloster Himmerode gehörte (MRR III Nr. 2422).

WIL 129  I. *Geisenhofstatt*.

II. FN in der Nähe von Wittlich.

III. 1317: *Geysenhovestat* (Jungandreas, Historisches Lexikon 434).

# Wüstungen
# im Kreis Cochem (COC)

### Aflen

COC 1    I. *Afler Mühle*.
II. TK 5808 Cochem: r 25 73 360; h 55 60 450. Etwa 1,1 km W Aflen, auf dem N-Ufer des Baches, der von Aflen kommt.
III. 1810/11 zeigt die Tranchot-K. NA Blatt 169 Lutzerath hier die Eintragung *M. d'Aflen* mit einem rot angegebenen Mühlengebäude.
Die Mühle wurde im Laufe des 19. Jahrh. wüst.

COC 2    I. *Auderather Mühle*, auch: *Wagen-Mühle*.
II. TK 5808 Cochem: r 25 74 230; h 55 62 840. Etwa 2 km N Aflen, S des Endert-Baches, in einer Biegung des Baches nach N.
III. 1810/11 verzeichnet die Tranchot-K. NA Blatt 157 Ulmen hier die *Auderather Mühl* mit mehreren rot angegebenen Häusern.
1895 zeigt die TK 1 : 25 000 hier die Wagen-Mühle. Die Mühle wurde um die Wende vom 19. zum 20. Jahrh. wüst.

COC 3    I. *Ertzbach*, Eisengruben?
II. TK 5808 Cochem: ungefähr r 25 72 420–73 000; h 55 60 350–900. Rund 2 km W Aflen.
VI. 1810/11 enthält die Tranchot-K. NA Blatt 169 Lutzerath hier in einem großen Heidegebiet die Eintragung *Ertzbach*. Dieses Gebiet wird im W durch einen Bach begrenzt, der heute zugleich die Gemarkungsgrenze Aflen-Auderath bildet. Im S stellt ebenfalls ein in O-W-Richtung fließender, von Aflen kommender Bach die Grenze dieses Flurnamens dar.
Wahrscheinlich bezeichnet dieser FN ein altes Bergbaugebiet auf Eisenerze. Er paßt im übrigen zu dem nur 1 km S gelegenen Dorf namens Schmitt. Wie alt hier die Eisengewinnung und -verhüttung ist, wurde noch nicht geklärt.

COC 4    I. *Walborn*, Wüstung?
II. TK 5808 Cochem: r 25 75 100–600; h 55 59 700–60 000. Etwa 1,2 km SO Aflen, S eines kleinen Waldstückes, das als Jagen 11 zum Staatsforst Kaisersesch gehört.
VI. 1810/11 zeigt die Tranchot-K. NA Blatt 169 Lutzerath den FN *Walbornkirch*. Er hängt an einem großen Heidegebiet. Es könnte sich um einen Hinweis auf eine Wüstung namens Walborn handeln, die auch eine Kirche besessen hat.

COC 5   I. *Zirwes-Mühle.*

II. TK 5708 Kaisersesch: r 25 76 345; h 55 63 720. Etwa 1,9 km SSO Müllenbach, S des Endert-Baches.

III. Hier enthält die moderne TK 1 : 25 000 die Ruinen der Zirwes-Mühle. Sie ist 1810/11 auch in der Tranchot-K. NA Blatt 157 Ulmen als *Cirwes Mühl* verzeichnet.


Auderath

COC 6   I. *Cottenborn.*

II. TK 5808 Cochem: r 25 71 480; h 55 60 600. Rund 1 km S Auderath, am O-Rand eines Waldstückes gelegen, das als Cottenborner Wald bezeichnet wird.

III. 1370/71: Der Hof Cottenborn gelangt als Geschenk der Ritter v. Ulmen an die Pfarrkirche Unserer Lieben Frau zu Ulmen (Ost, Alterthümer Kr. Daun 92. – Schannat-Bärsch, Eifl. Ill. II 286).
1810/11 enthält die Tranchot-K. NA Blatt 169 Lutzerath hier einen großen Hof namens *Cottenborn*. Er besteht aus mindestens 2 großen Gebäuden und hat vielleicht auf seiner O-Seite eine befestigte, von Wassergräben umgebene Anlage besessen. Der Hof muß während des 19. Jahrh. wüst geworden sein.

COC 7   I. *Cottemerhof.*

II. TK 5808 Cochem: etwa r 25 71 900; h 55 60 600–700. Wenig O des Hofes Cottenborn (COC 6).

VII. Hier beobachtete Ost 1854 die Ruine des Hofes Cottemerhof, ein Landhaus, das mit Feldern und Wäldern der Pfarrkirche zu Ulmen gehörte. Zu erkennen waren noch ein Wohnhaus und ein Oeconomiegebäude. Jetzt (1854) sind die Trümmer fast abgetragen. Nach der Karte, die Ost seiner Handschrift beigegeben hat, sind Cottemerhof und Hof Cottenborn (COC 6) nicht identisch. Es kann sich aber um einen Irrtum Osts handeln, denn wegen der Ähnlichkeit des Namens könnte man die beiden Höfe für identisch halten. Klarheit kann vielleicht eine Begehung im Gelände schaffen.

LITERATUR: Ost, Alterthümer Kr. Daun 89.


Binningen

COC 8   I. *Birschinger Hof.*

II. TK 5709 Kaifenheim: r 25 90 830; h 55 63 810. Rund 2 km O Binningen.

III. Im 13. Jahrh. wird dieser Hof als Besitz der Abtei Maria Laach erwähnt (Fabricius, Mayengau 211).
1810/11 zeigt die Tranchot-K. NA Blatt 159 Münstermaifeld die Eintragung *Birsching*, eine mindestens aus vier Gebäuden bestehende kleine Siedlung.
1865 brannten die Gebäude des Hofes ab. Der einsam gelegene Hof wurde 1911 verlassen. Sein letzter Besitzer war Peter Michels II. in Brohl. Nach einem Landschaftsbild von 1830 war es ein von Gebäuden umschlossener großer Wirtschaftshof, aus dem das durch Fachwerkobergeschoß betonte Wohnhaus hervortrat.

V. Bei dem Hof stand bis 1897 eine kleine offene Kapelle, die im 17. Jahrh. errichtet worden war. Ein Aquarell von 1886 vermittelt eine gute Anschauung von dem Gebäude (KDM Kr. Cochem 90 Abb. 41).

VI. Die Flur, in der der Hof gestanden hat, heißt heute noch *Birsching*. Auch gibt es dort *Birschinger Feld* und ähnliche Namen.
LITERATUR: Bornheim gen. Schilling, KDM Kr. Cochem 90.

COC 9    I. *Burg-Berg*, Wehranlage?
II. TK 5709 Kaifenheim: r 25 87 340; h 55 63 300. Etwa 1,5 km W Binningen, N des Pommer-Baches, im Binninger Wald.
III. 1810/11 zeigt die Tranchot-K. NA Blatt 158 Kaisersesch hier den FN *Burgberg*, der auch in den modernen TK noch enthalten ist. Es kann sich nur um eine Wehranlage unbekannter Zeitstellung handeln. Erfahrungsgemäß kommt bei derartigen FN aber meist nur eine mittelalterliche Burganlage in Frage, von der sich der FN dann erhalten hat.

COC 10    I. *Rosenthal*, Kloster.
II. TK 5709 Kaifenheim: r 25 87 580; h 55 63 285. Etwa 1,5 km WSW Binningen, in einer Erweiterung des Pommer-Baches, N des Baches.
III. Um 1160/70: Gründung des adeligen Zisterzienser-Nonnenklosters Rosenthal bei Binningen.
1241: Schenkung eines Weinberges an das Kloster *Rosendal* (MRR III Nr. 204).
1246 März 18: Schenkung des Ritters Stephan v. Lehmen an Rosenthal: *... conventui dominarum in Rosendahl omnia bona mea ...* (MRUB III Nr. 854).
1251 März 12: *abbatissa et conventus monialium de Valle rosarum ...* (MRUB III Nr. 1099).
Weitere Belege bei Jungandreas, Historisches Lexikon 891.
1804 wurde das Kloster säkularisiert und nach und nach abgebrochen. An der Stelle, an der heute eine Kapelle steht, stand einst der Hauptaltar der Klosterkirche.
VII. Im Gelände sind noch heute Mauerreste des Klosters sichtbar. In Wiesen heben sich Kellergewölbe als rundliche Buckel ab. Als einziges Überbleibsel des Klosters steht heute noch die Klostermühle.
LITERATUR: Bornheim gen. Schilling, KDM Kr. Cochem 697–700. – Eifelkalender 1952, 97 ff. – J. Schmithüsen, Landeskundlicher Streifzug durch den Kreis Cochem. Berichte zur deutschen Landeskunde 14, 1955, 130.

B r e m m

COC 11    I. *Burg-Berg, Burggraben*, Wehranlage?
II. TK 5808 Cochem: etwa r 25 78 860; h 55 53 130. Rund 1250 m NW Bremm auf der Bergeshöhe, die heute als Peinet-Berg bezeichnet wird.
III. 1811/12 verzeichnet die Tranchot-K. ÄA Blatt 58 Cochem hier den *Burg-Berg*, ohne jedoch Reste einer Wehranlage wiederzugeben. Vom Burgberg geht, nach W und dann SW und S einschwenkend, ein insgesamt 1,5 km langer, landwehrähnlicher Graben aus, der als Burggraben bezeichnet wird. Über seine Bedeutung ist aber nichts Näheres bekannt.

COC 12    I. *Cales*.
II. TK 5808 Cochem, 5908 Alf: W von Bremm, an einem nach O geneigten Hang.
III. 1529: *eyne Wyeß in kalles* (Beleg b. Jungandreas, Historisches Lexikon 147). Von Dr. Beestermöller, der eine handschriftliche Flurnamensammlung aus dem Kreise Cochem aufgebaut hat, wird hier eine Wüstung vermutet. Die Lage dieser Wüstung ist durch die Auffindung von Mauerresten bekanntgeworden (KDM Kr. Cochem 92).

COC 13   I. *Luntuche*, Wüstung?
II. Genaue Lage unbekannt, doch vielleicht bei Kloster Stuben und Martental, Gemarkung Bremm.
III. Um 1220: Testament des EB Johann v. Trier: *Lvntuche*, genannt zwischen Kloster Stuben und Martental (MRUB II Nr. 297). Mit Recht erwägt Jungandreas, Historisches Lexikon 629, daß es sich um eine Verschreibung für *Lunniche* = Lonnig, Kr. Mayen, handeln könne.

COC 14   I. *Kloster Stuben*.
II. TK 5808 Cochem: r 25 80 320; h 55 52 600. Im Moselbogen bei Bremm, S des Flusses, gegenüber von Bremm.
III. 1137: EB Albero v. Trier bestätigt die Stiftung des Klosters Stuben. Die Gründung des dem Kloster Springiersbach unterstellten Klosters erfolgte auf Grund einer Stiftung eines gewissen Egelolf (MRUB I Nr. 495).
Die weitere Geschichte des Klosters ist in den KDM Kr. Cochem 717 eingehend beschrieben.
1788 wurde das Kloster durch Kurfürst Clemens Wenzeslaus in ein adeliges freies Damenstift umgewandelt.
1794 flohen die Insassen vor den französischen Truppen. Das Kloster wurde daraufhin aufgelöst, die Klostergüter eingezogen und versteigert.
1815 bildete man aus den Klostergütern eine preußische Domäne, die 1820 aufgeteilt wurde. Die Gebäude wurden auf Abbruch verkauft und abgetragen.
Heute steht von dem Kloster nur noch die Ruine der 1685/87 errichteten Klosterkirche.
LITERATUR: Bornheim gen. Schilling, KDM Kr. Cochem 716–722.

Brohl

COC 15   I. *Keckhausen*.
II. TK 5809 Treis (Mosel): ungefähr r 25 91 250–900; h 55 62 600–950. Im äußersten S der Gemarkung Brohl, in einer Erweiterung der Gemarkung.
III. 1680 verzeichnet die Karte von Dankers hier *Keckhausen*. Um 1750 enthält die Karte Lotters *Keckhausen*.
1810/11 zeigt die Tranchot-K. NA Blatt 159 Münstermaifeld hier eine Lichtung im Brohler Wald, gelegen im Winkel zwischen Brohl-Bach und Elz-Bach, mit dem FN *Geckstall*. Es kann sich eigentlich nur um die Flur von *Keckhausen* handeln.

Bruttig

COC 16   I. *Kesselhof*.
II. TK 5809 Treis (Mosel): r 25 91 000; h 55 54 260. Rund 3,2 km OSO Bruttig, im Treiser Wald, im SO-Teil der Gemarkung Bruttig.
III. 1811/12 zeigt die Tranchot-K. ÄA Blatt 58 Cochem hier den *Keßelhof* mit mindestens 5 Hofgebäuden. Nach O schließt sich an den Hof eine große Lichtung an, in der die Felder des Hofes gelegen haben. Der Hof wurde im Verlauf des 19. Jahrh. wüst.

COC 17   I. *Schafstall.*

II. TK 5809 Treis (Mosel): r 25 88 930; h 55 57 900. Rund 2,2 km NO Bruttig, im N-Teil der Gemarkung.

III. 1811/12 zeigt hier die Tranchot-K. ÄA Blatt 58 Cochem einen Hof *Schafstahl* mit einem Gebäude. Die zugehörige Hofflur lag im O anschließenden Rodungsgebiet des Treiser Waldes. Der Hof muß im Laufe des 19. Jahrh. wüst geworden sein.

COC 18   I. *Vielen.*

II. Wird in der Gemarkung Bruttig vermutet, genaue Lage jedoch unbekannt, vielleicht zwischen Bruttig und Ernst/Mosel.

III. 1120/1162: Erwerbungen des Klosters Springiersbach in Bruttig: *Due partes locantur in uilla proteche. una contra uile. una pars modica infra uillam ernesce . . .* (MRUB I Nr. 540).

B ü c h e l

COC 19   I. *Chausseehaus,* Wirtshaus.

II. TK 5808 Cochem: r 25 76 320; h 55 60 890. Rund 1300 m NW Büchel, an der Hauptstraße von Trier nach Köln.

III. 1895 zeigt die TK 1 : 25 000 hier noch ein Wirtshaus namens *Ehemaliges Chausseehaus.* Das Gebäude muß um die Wende vom 19. zum 20. Jahrh. abgerissen worden sein.

COC 20   I. *Georgienweiler,* Ortsteil von Büchel.

II. TK 5808 Cochem: r 25 77 140; h 55 60 050. W-Teil von Büchel, W des Baches, der zwischen Büchel und Georgienweiler fließt.

III. Das heutige Büchel entstand aus drei Ortsteilen: aus Georgienweiler im W, Büchel in der Mitte und Morschweiler im O. Georgienweiler hat seinen Namen nach der dortigen Kirche, die dem hl. Georg geweiht war.
1476: *Gorgwiler* (Lamprecht, DWL I 2, 1066).

V. Die Kirche St. Georg von Georgienweiler entstand wohl auf einem Hof, der der Herrschaft Winterburg gehörte. Sie wird 1569 im Visitationsprotokoll genannt. Sie war Filialkirche von Aflen. 1863 wurde in Büchel eine Kirche erbaut und die Georgskirche profaniert. 1896 wurde sie abgerissen.
Der ON Georgienweiler war 1680 noch in Dankers' Karte vorhanden. 1810/11 enthält auch noch die Tranchot-K. NA Blatt 169 Lutzerath den ON *Georgweiler.* In der Tranchot-K. ist auch noch die Georgskirche enthalten.

LITERATUR: Bornheim gen. Schilling, KDM Kr. Cochem 134.

COC 21   I. *Morschweiler,* ursprünglich *Moritzweiler,* Ortsteil von Büchel.

II. TK 5808 Cochem: r 25 77 970; h 55 60 220. O-Teil von Büchel.

III. Das heutige Büchel entstand aus drei Ortsteilen: aus Morschweiler im O, Büchel in der Mitte und Georgienweiler im W. Morschweiler hat seinen Namen nach der dortigen Pfarrkirche St. Mauritius.
1476: *Morßwiler* (Lamprecht, DWL I 2, 1066).
1680: Karte von Dankers: *Morsweiler.*

V. Die Pfarrkirche St. Mauritius wird noch 1777 genannt. Ihren Standort bezeichnet heute ein Steinkreuz. Zu dieser Stelle gehen noch jetzt Prozessionen zu Ehren des Heiligen als Pferdepatron (M. Zender, Schutzheilige der Haustiere im Rheinland. Rheinische Vjbll. 5, 1935, 83).

1810/11 enthält die Tranchot-K. NA Blatt 169 Lutzerath noch den ON Morschweiler sowie die Kirche St. Mauritius. Sie muß im Verlaufe des 19. Jahrh. abgerissen worden sein.

## Cochem

COC 22    I. *Burg Cochem.*
II. TK 5809 Treis (Mosel): r 25 83 510; h 55 56 840. SSO der mittelalterlichen Stadt Cochem.
III. Burg Cochem wurde durch EB Balduin v. Trier (1307–1354) ausgebaut. Gleichzeitig wurde mit der Erteilung der Stadtrechte, 1332 mit der Errichtung einer Stadtbefestigung begonnen. Während des 13. Jahrh. werden auf der Burg die Burggrafen Franco und Elyas genannt. Die Burg bestand also bereits im 13. Jahrh. Die älteste Burganlage dürfte aus einem Wehrturm, dem Burghaus und einigen Nebengebäuden bestanden haben. Sie ist sicher vor 1056 anzusetzen.
1673 wurde die Burg nach der Einnahme von Cochem im sog. holländischen Krieg von der Lescher Linde her beschossen.
1688 wurde die Burg erneut besetzt und 1689 im Eroberungskrieg Ludwigs XIV. gegen die Pfalz in Brand gesteckt. Die Mauern wurden gesprengt. Nach 1689 blieb die Ruine im Besitz von Kurtrier bis zum Ende des Kurstaates.
1821 sah man einen von einer Mauer umschlossenen Hof, ganz mit Schutt bedeckt.
VII. Die heutige Burg Cochem ist ein Wiederaufbau aus den Jahren 1874/77. Die Burg Cochem lag sehr günstig auf einem vereinzelten Bergkegel S der Stadt. Das obere Plateau des Burgberges war von einer starken Wehrmauer umgeben, an die sich innen die einzelnen Gebäude der Burg anlehnten. In der Mitte der Burg stand der mächtige Bergfried mit einer Mauerstärke unten von 3,50 m. Er besteht aus zwei Schalen: einem inneren romanischen Turm aus der Zeit vor 1051. Er hat eine quadratische Grundfläche mit 5,40 m Kantenlänge im Lichten und 1,80 m Mauerstärke. Um diesen inneren Turm wurde zur Zeit des EB Balduin v. Trier eine stumpfwinklig-achteckige Ummauerung angelegt. Neben dem Bergfried steht, durch eine Mauer mit ihm verbunden, ein weiterer Rundturm.
Eine ausführliche Baubeschreibung der Burg mit älteren Bildzeugnissen bieten die KDM Kr. Cochem 217–221.

COC 23    I. *Burg Kemplon.*
II. TK 5808 Cochem: r 25 83 260; h 55 57 330. Im NW der mittelalterlichen Stadt Cochem. Die Flur *Hinter Kempeln* umfaßt heute das Gelände des Friedhofes und den Garten des Krankenhauses.
III. 1294 bzw. 1298 gelangte das Burghaus Kemplon zusammen mit den Burgen von Cochem und Klotten aus Reichsbesitz an das Erzstift Trier (Gesta Treverorum II 162).
Im 14. Jahrh. gab der EB v. Trier das Burghaus zu Lehen aus. 1421 verlieh es der Kurfürst v. Trier dem Geschützmeister Wilhelm v. Bernkastel gegen die jährliche Lieferung eines Geschützes (Goerz, Reg. EB v. Trier S. 148).
VII. Nach dem Stich Hogenbergs von 1676 bestand das Burghaus Kemplon aus einem schweren Rundturm und einem angebauten rechteckigen Burghaus. Die Burg lag im N Abschnitt der Stadtmauer und war gegen das freie Innengelände der Stadt durch eine Quermauer abgeschlossen. Das *castrum* wurde 1623 mit einem Teil der Stadtmauer abgebrochen, seine Steine zum Bau des hier neu errichteten Kapuzinerklosters verwendet. Bei Bauarbeiten fand man zwischen dem Kempeler und dem Bachgasser Tor in einer Wiese noch Mauerfundamente.
LITERATUR: Bornheim gen. Schilling, KDM Kr. Cochem 213.

COC 24   I. *Ebernacher Hof.*
　　　　II. TK 5809 Treis (Mosel): r 25 85 090; h 55 56 620. O des Klosters Ebernach, an der Mosel.
　　　　III. Mit dem Kloster gemeinsam hatte der Ebernacher Hof eine Zufahrt von der Moselseite her. Er lag für sich abgeschlossen O des Klosters. Der *Ebernacher Hof* wird in Pachtverträgen von 1576 und 1586 als Meierhof genannt. Das Hofhaus besteht heute noch. Der Hof ist jedoch nicht mehr 1811/12 in der Tranchot-K. ÄA Blatt 58 Cochem enthalten.
　　　　LITERATUR: Bornheim gen. Schilling, KDM Kr. Cochem 251.

COC 25   I. *Josephs-Mühle.*
　　　　II. TK 5808 Cochem: r 25 80 580; h 55 60 380. 4 km NW Cochem, am Endert-Bach.
　　　　III. 1811/12 zeigt die Tranchot-K. ÄA Blatt 58 Cochem hier die *Joseph-M.* mit zwei rot angegebenen Gebäuden.

COC 26   I. *Klee-Mühle.*
　　　　II. TK 5808 Cochem: r 25 80 225; h 55 60 600. 4,5 km NW Cochem am Endert-Bach.
　　　　III. 1810/11 enthält die Tranchot-K. NA Blatt 158 Kaisersesch hier die *Kleen-M.* mit einem rot angegebenen Gebäude.

COC 27   I. *Mühle?*
　　　　II. TK 5808 Cochem: r 25 82 140; h 55 58 160. An dem von W in den Endert-Bach mündenden Fetsch-Bach, 1,3 km NW Cochem.
　　　　III. 1811/12 verzeichnet hier die Tranchot-K. ÄA Blatt 58 Cochem eine Ansiedlung ohne nähere Bezeichnung. Eingetragen ist in die Karte ein Gebäude, wahrscheinlich eine Mühle.

COC 28   I. *Sehler Hof.*
　　　　II. TK 5809 Treis (Mosel): r 25 84 080; h 55 55 090. 2,2 km SSO Cochem, in einer Lichtung des Cochemer Forstes, nahe der Gemarkungsgrenze gegen Ediger.
　　　　III. 1811/12 enthält die Tranchot-K. ÄA Blatt 58 Cochem hier den *Sehlerhof* mit zwei Hofgebäuden.
　　　　VI. N des Hofes hat sich der Hofname *Am Sehler-Bach* und *Im Sehler Wald* erhalten.

COC 29   I. *Wolfs-Mühle.*
　　　　II. TK 5808 Cochem: r 25 82 380; h 55 57 890. 1 km NW Cochem, am Endert-Bach.
　　　　III. 1811/12 enthält die Tranchot-K. ÄA Blatt 58 Cochem hier die Wolfs-Mühle mit mehreren Gebäuden. Die TK 1 : 25 000 zeigt noch die Gebäude der Mühle, die aber zu der Zeit schon nicht mehr in Betrieb war.

COC 30   I. *Winneburg.*
　　　　II. TK 5808 Cochem: r 25 81 700; h 55 58 365. 1,9 km NW Cochem, auf einem einzeln liegenden Bergkegel, S des Endert-Bach-Tales.
　　　　III. Als Erbauer der Burg wird Cuno, Herr v. Winesberg, angesehen, der 1248/49 erstmalig genannt wird. Er war ein Verwandter der Herren v. Schonenberg-Pirmont.
　　　　1304 trägt Wiricus, Herr v. Wunnenberg, sein Castrum Wunnenberg dem EB Diet-

her v. Trier zu Lehen auf. Die Burg wird Offenhaus gegen jedermann, ausgenommen den EB v. Köln und den König.
Zur weiteren Geschichte der Burg vgl. KDM Kr. Cochem 792 ff.
1688 wurde die Burg von französischen Truppen besetzt, ausgeplündert und 1689 gesprengt. Seitdem liegt sie in Trümmern. Instandsetzungsarbeiten begannen Ende des 19. Jahrh. Die Winneburg war eine der wichtigsten und mächtigsten Burgen des unteren Moselraumes.

VII. Eine ausführliche Baubeschreibung mit Abbildungen und Plänen enthalten die KDM Kr. Cochem 796 ff. Auf dem steil aufragenden Burgberg erstreckt sich die Anlage auf einer Gesamtfläche von rund 112 x 80 m. Die Oberburg mit rundem Bergfried, Palas und weiteren Wohnbauten verfügt nach N und W über eine starke Wehrmauer. Sie trennt diesen Teil der Anlage von der Unterburg, die ebenfalls nach N und W eine starke Mauer mit halbrunden Türmen besitzt.

Noch heute erhebt sich der mächtige runde Bergfried von 8 m Dm. und 22 m H. über alle anderen Baureste der Burg. Neben dem Bergfried stand der Palas. Er mißt im Lichten 19,40 x 9 m, besitzt auf der W Schmalseite zwei starke Halbtürme und ist einst mit einem Satteldach gedeckt gewesen.

LITERATUR: Bornheim gen. Schilling, KDM Kr. Cochem 791–801.

COC 31   I. *Winneburger Hof*.
II. TK 5808 Cochem: r 25 81 580; h 55 58 440. 2 km NW Cochem, nur wenig W der Ruine Winneburg.
III. 1704 wurde von den v. Metternich als Besitzern der Winneburg für einen Verwalter der *Winneburger Hof* angelegt. Er wurde 1802 als französisches Nationalgut versteigert und kam später an den preußischen Fiskus (KDM Kr. Cochem 795). 1811/12 zeigt die Tranchot-K. ÄA Blatt 58 Cochem hier *Ferme* mit einem Hofgebäude. Der Hof muß in der ersten Hälfte des 19. Jahrh. wüst geworden sein.

### Düngenheim

COC 32   I. *Hof*.
II. TK 5709 Kaifenheim: r 25 84 200; h 55 69 900. Am O-Ausgang von Düngenheim, S der Straße nach Kehrig–Koblenz.
VI. 1810/11 verzeichnet die Tranchot-K. NA Blatt 158 Kaisersesch hier den FN *Auf dem Hoff* ohne Angabe von Gebäuden. Hier muß also ein Hof bestanden haben, der zur Zeit der Kartenaufnahme bereits wüst war, dessen Name sich aber noch als FN erhalten hatte.

### Ediger

COC 33   I. *Einsiedelei*.
II. TK 5909 Zell (Mosel): r 25 83 590; h 55 50 335. Gegenüber von Ediger auf dem S-Ufer der Mosel, zu Füßen des Hochkessel-Berges, Jagen 13 des Niederwaldes.
VII. Unter einem 20 m langen Basaltfelsen, der 10–12 m hoch ist, befand sich eine Einsiedelei, angelehnt an die Felsrückwand. Eine noch 1,20 m hohe, in leichtem Bogen geführte Böschungsmauer führt zu einer rundbogig geschlossenen, schmalen Pforte, die in der 70 cm dicken Südwand des ungefähr rechteckigen Wohnraumes liegt. Dieser Raum ist, außen gemessen, 7,40 x 4 m groß. Eine dieser Klause

voraufgehende ältere soll der Eremit Walther zur Zeit des EB Egilbert v. Trier (1079–1101) als erster bewohnt haben.

LITERATUR: Bornheim gen. Schilling, KDM Kr. Cochem 285.

COC 34  I. *Lehmen,* befestigter Hof und Dorf.

II. TK 5909 Zell (Mosel): r 25 84 365; h 55 50 645. Knapp 2 km OSO Ediger, an der Mosel, N der Straße nach Nehren.

III. 1227: *Warnerus miles de Limene* verzichtet zugunsten des Klosters Stuben, das sein Jahrgedächtnis feiern will, auf Grundstücke in Stuben (MRUB III Nr. 337 = MRR II Nr. 1813).

1245 wird eine Urkunde über die Verpachtung von Wingerten durch das Kloster Stuben in *Limene* ausgestellt (MRUB III Nr. 814 = MRR III Nr. 411).

Bei dem ehemaligen Hof, der befestigt war und an einer alten Moselfurt lag, bildete sich eine kleine Siedlung, von der drei Moselwehre überwacht wurden.

Einer der zu dieser Siedlung gehörenden Höfe war als trierisches Lehen in Besitz der Familie v. Burgthorn, bis er nach deren Aussterben 1548 an Georg zu Eltz fiel. Aus einem Einwohnerverzeichnis (StA Koblenz Abt. 1 C Nr. 18713) sind noch acht Namen von Hofbesitzern zu Lehmen bekannt.

1811/12 zeigt die Tranchot-K. ÄA Blatt 58 Cochem hier noch den ganzen *Lehmenhof,* eine dreiflügelige, zur Straße Ediger–Nehren hin offene große Hofanlage.

V. Eine Kapelle *Leumen* wird 1569 im Visitationsprotokoll genannt. 1592 erscheint in einem Visitationsprotokoll die zum Hof Lehmen gehörende Kapelle, die dem hl. Nikolaus geweiht war. Die Kapelle wurde 1820 abgebrochen.

VI. Am ganzen Hang oberhalb des Lehmener Hofes sind zahlreiche FN bekannt, die den Bestandteil *Lehmen* enthalten, so der *Lehmener Bach,* der 1811/12 in der Tranchot-K. erscheint. Dort findet sich auch die Bezeichnung *Lehmener Grund* für eine kleine Insel in der Mosel, die heute mit dem Edigerwerth zusammengewachsen ist, zur Zeit der Kartenaufnahme aber noch getrennt war.

VII. Noch 1839 sah der unbekannte Verfasser einer 'Mosel-Reise von Trier bis Koblenz' *. . . ein Dörfchen von wenigen Höfen, überragt vom alten Burgturm.* Das letzte Haus von Lehmen brannte 1901 ab. Geblieben ist nur der mächtige, romanische, fünfgeschossige Wohnturm des Hofes Lehmen. Er stammt aus dem 13. Jahrh. und wurde aus Schieferbruchstein errichtet. Seine Grundfläche ist fast quadratisch und hat eine äußere Kantenlänge von fast 6 m.

LITERATUR: Bornheim gen. Schilling, KDM Kr. Cochem 307 f. mit Abbildung und Photo vom Wohnturm.

Eller

COC 35  I. *Oberzeller Mühle.*

II. TK 5808 Cochem: r 25 81 080; h 55 53 570. Rund 1,6 km NW Eller, in einer Lichtung des Eller Waldes, S des Eller-Baches.

III. 1811/12 zeigt hier die Tranchot-K. ÄA Blatt 58 Cochem die *Oberzeller M.* mit zwei Gebäuden. Sie wird auch noch 1895 in der TK 1 : 25 000 als Mühle bezeichnet, ist heute jedoch nur noch als Ruine angegeben.

COC 36  I. *Roncks Mühle.*

II. TK 5808 Cochem: r 25 81 680; h 55 53 600. Etwa 1,5 km N Eller, N des Eller-Baches, direkt am Ufer.

III. 1811/12 zeigt hier die Tranchot-K. ÄA Blatt 58 Cochem die *Roncks.Mhl.* mit zwei auf dem N Ufer des Eller-Baches gelegenen Gebäuden. Heute steht hier nur noch ein verfallenes Haus.

COC 37   I. *Stubener Mühle.*
II. TK 5808 Cochem: r 25 81 670; h 55 52 690. Rund 500 m NW Eller, auf dem O-Ufer des Eller-Baches, auf dem Gelände des Bahnhofes Eller.
III. 1811/12 zeigt die Tranchot-K. ÄA Blatt 58 Cochem hier die Stubener Mühle.


Eppenberg

COC 38   I. *Schanzen,* frühneuzeitliche.
II. TK 5708 Kaisersesch: in der gesamten Gemarkung Eppenberg sowie in den benachbarten Gemarkungen. Koordinaten der einzelnen Schanzen siehe unten.
VII. In der Gemarkung Eppenberg sowie in den benachbarten Gemarkungen Laubach (s. dort) und Masburg (s. dort) gibt es zahlreiche Schanzen, die von schwedischen Truppen während des 30jährigen Krieges angelegt worden sein sollen (vgl. H. Hanhart, Jahrb. f. d. Kr. Cochem 1950, 123). In der Gemarkung Eppenberg sind es folgende Schanzen:
a)  Alte Schanze auf H. 557,8; etwa 500 m SW Eppenberg; r 25 76 340; h 55 68 200. Die Tranchot-K. NA Blatt 157 Ulmen von 1810/11 zeigt eine nach N geschlossene, dreiviertelkreisförmige Schanze. Die Schanze ist heute völlig eingeebnet.
b)  Schanze im Flurbezirk Rothläufchen, etwa 1100 m SW Eppenberg; r 25 76 050; h 55 67 600. Die Schanze ist durch Steinbrüche fast völlig abgetragen.
1810/11: Eine nach O gerichtete, bogenförmig geschwungene Schanze findet sich auf der Tranchot-K. NA Blatt 157 Ulmen.

COC 39   I. Name unbekannt, Burganlage.
II. TK 5708 Kaisersesch: am SW Ortsausgang von Eppenberg.
VII. Hier fand man die Fundamente eines Gebäudes von quadratischem Grundriß von 6 x 6 m. Es könnte sich um die Reste eines Wohnturmes handeln. Auch ist nicht auszuschließen, daß der Bau mit der bei H. 557,8 gelegenen Schanze (COC 38 unter a) zusammenhängt.
LITERATUR: Bornheim gen. Schilling, KDM Kr. Cochem 346.


Greimersburg

COC 40   I. *Browelsmühle.*
II. TK 5808 Cochem: r 25 79 020; h 55 61 810. O des Endert-Baches, 2,5 km W Greimersburg.
III. Die TK 1 : 25 000 von 1895 zeigt hier an der Einmündung des Brovelsbaches in den Endert-Bach die *Browels-Mühle.* Sie ist in der Tranchot-K. NA Blatt 158 Kaisersesch von 1810/11 nicht enthalten. Daher dürfte die Mühle nur kurzfristig um die Jahrhundertwende bestanden haben.

COC 41   I. *Hasem,* Wüstung?
II. TK 5808 Cochem: in der Gemarkung Greimersburg.
III. Nach H. Dittmaier, Die linksrheinischen ON auf -dorf und -heim (Manuskr. Bonn 1961) 80, gibt es bei Greimersburg den FN *Hasem.* Dazu ist nach Dittmaier folgender Beleg zu stellen:
1235: PN *Godefridus de Hausheim,* Zeuge in einer Urkunde des Grafen v. Virneburg (MRUB III Nr. 547 = MRR II Nr. 2195).

COC 42   I. *Maxem,* Wüstung?
II. TK 5808 Cochem: wahrscheinlich im NW der Gemarkung Greimersburg.
VI. Hier gibt es nach H. Dittmaier, Die linksrheinischen ON auf -dorf und -heim (Manuskr. Bonn 1961) 81, den FN *Maxem.* Dazu gehört der bereits 1810/11 in der Tranchot-K. NA Blatt 158 Kaisersesch belegbare Name einer Mühle am Endert-Bach, die *Maxemermühle* heißt. Wahrscheinlich gehörte diese Mühle zu einem wüst gewordenen Dorf namens *Maxem.*

COC 43   I. *Moldem,* Wüstung?
II. TK 5808 Cochem: soll in der Gemarkung Greimersburg liegen.
VI. H. Dittmaier, a. a. O. 81, verzeichnet hier den FN *Moldem,* der auf eine Wüstung mit -heim-Namen hindeutet. Die Tranchot-K. NA Blatt 158 Kaisersesch enthält keinen Hinweis auf eine solche Wüstung.


K a l e n b o r n


COC 44   I. *Burg.*
II. TK 5708 Kaisersesch: in Kalenborn, Haus Nr. 16.
III. 1323 verkaufte Ritter Konrad v. Brohl Lehnsgut in *Kaldenborn.*
1334 verzichten Sibert, Herr v. Brohl, und sein Neffe Konrad v. Brohl auf ihre Rechte an dem Haus Kalenborn, mit dem Ritter Philipp v. Virneburg bereits 1326 belehnt worden war (Stramberg, Rheinischer Antiquarius II. Abtheil. Bd. 10 S. 742 f.).
1335 macht Philipp v. Virneburg gen. v. Calenborn Haus und Schloß Kalenborn zum trierischen Lehen (Günther, CDRM III Nr. 207).
Zur weiteren Geschichte der Burg Kalenborn vgl. KDM Kr. Cochem 414.
1951 fiel das Haus Kalenborn Nr. 16 *In der Burg* zusammen. Es soll das alte Burghaus der Burg Kalenborn gewesen sein.
VI. In der Nähe sind die FN *Burgberg* und *Burgkaul* bekannt.
VII. Auf der Flur *Burgheide* wurden in den vergangenen Jahren wiederholt Mauerreste und mittelalterliche Keramik gefunden.

COC 45   I. *Mühle.*
II. TK 5708 Kaisersesch: r 25 77 095; h 55 69 740. S von Kalenborn, am Kalenborner Bach.
VII. Hier liegt im Gelände der noch heute sichtbare Damm eines Fischweihers, der zu einer einst vorhandenen Mühle gehörte.


K a p e r i c h


COC 46   I. *Kelchhof II.* Abb. 27.
II. TK 5708 Kaisersesch: r 25 73 700; h 55 66 300. Im äußersten S der Gemarkung Kaperich, am Südrand des Uersfelder Kirchenwaldes, rund 700 m O der heute noch bestehenden Kölnischen Höfe.
III. 1810/11 enthält die Tranchot-K. NA Blatt 157 Ulmen hier S der Bergkuppe *Rimelgen* einen Hof namens *Kelchhof.* Ein rechteckiges Gebäude mit umgebendem Hofareal sind in der Karte ausgewiesen. Im ganzen heißen drei große Höfe in diesem Gebiet auf der Tranchot-K. *Kelchhof*:

a) die heute noch bestehenden Kölnischen Höfe, 700 m W des hier beschriebenen Hofes;
b) der Kelchhof I in der Gemarkung Ulmen-Meiserich; vgl. COC 99;
c) der hier beschriebene Kelchhof II.
Der Kelchhof II muß nach 1810/11, wahrscheinlich in der ersten Hälfte des 19. Jahrh. wüst geworden sein.

## Karden

COC 47  I. *Enzen,* Wüstung?
II. TK 5709 Kaifenheim, 5809 Treis (Mosel): könnte vielleicht bei Karden gelegen haben.
III. 1259: Heinrich Bulo v. Carden verkauft der Abtei Himmerode seine Rechte an den Wingerten und Gütern des Theoderich v. Enzen (de Enzene) im Banne Carden (MRUB III Nr. 1493 = MRR III Nr. 1572). Die Urkunde besagt aber keineswegs zwingend, daß Enzen, der Herkunftsort des Theoderich, auch im Bann Karden lag.

COC 48  I. *Kapelle St. Maximin.*
II. TK 5809 Treis (Mosel): an der Stiftskirche.
III. 1282 wird im Testament des Dechanten Hermann v. Karden eine Kapelle St. Maximin genannt (MRR IV Nr. 1005).
1569 wird sie bei der Visitation als Annex der Stiftskirche erwähnt (Trierisches Archiv 10, 1907, 72).
1714 wird die Kapelle einschließlich der Fundamente abgebrochen.
LITERATUR: Bornheim gen. Schilling, KDM Kr. Cochem 519.

COC 49  I. *Kapelle St. Michael.*
II. TK 5809 Treis (Mosel): r 25 92 950; h 55 61 640. Auf der Südseite der früheren Stiftskirche, der heutigen Pfarrkirche Karden.
VII. An der Südseite der Stiftskirche schloß sich einst eine Kapelle St. Michael an, deren Gewölbeansätze im Mauerwerk des Chorturmes und des Querschiffes der Stiftskirche noch sichtbar sind. Es handelt sich um eine Friedhofskapelle. Als sie keine Einkünfte mehr hatte, wurde sie 1774 niedergelegt.
LITERATUR: Bornheim gen. Schilling, KDM Kr. Cochem 481.

COC 50  I. *Pfarrkirche St. Maria.*
II. TK 5809 Treis (Mosel): r 25 92 730; h 55 61 320. Am SW-Ende von Karden, auf dem alten Friedhof am Hang.
III. Die Pfarrkirche wurde im 13. Jahrh. an der Stelle eines älteren Baus errichtet. Ein Priester wird erstmalig 1303 erwähnt (StA Koblenz Abt. 99, Nr. 66/67).
1312 wird die Kirche genannt.
1620 befand sie sich noch in gutem Zustand.
1758 wird sie baufällig genannt.
1779 waren Schiff und Chor neu erbaut worden.
Anf. 19. Jahrh. wurden Schiff und Chor wieder abgebrochen, und nur der Turm blieb bis heute stehen. Als Pfarrkirche wurde nun nach der Aufhebung des Stiftes die ehem. Stiftskirche benutzt.
Um die alte Pfarrkirche St. Maria herum liegt ein fränkisches Reihengräberfeld (Bonner Jahrb. 87, 1889, 210 f.).
LITERATUR: Bornheim gen. Schilling, KDM Kr. Cochem 511–512.

### Kennfus

**COC 51**  I. *Berzem,* Wüstung?
II. TK 5808 Cochem, 5908 Alf: soll in der Gemarkung Kennfus liegen.
VI. H. Dittmaier, Die linksrheinischen ON auf -dorf und -heim (Manuskr. Bonn 1961) 78, verzeichnet in der Gemarkung Kennfus den FN *Berzem*. Es könnte sich um eine Wüstung handeln.

**COC 52**  I. *Engelsbach,* Wüstung?
II. TK 5908 Alf: r 25 72 050–650; h 55 51 450–850. Rund 1250 m NW Kennfus.
VI. 1810/11 zeigt die Tranchot-K. NA Blatt 169 Lutzerath hier die *Engelsbacher Flohr*. Es könnte sich um eine Wüstungsflur handeln.

**COC 53**  I. *Mühle.*
II. TK 5808 Cochem: r 25 73 930; h 55 52 725. Im äußersten NO der Gemarkung Kennfus, 2 km NNO von Kennfus.
III. 1810/11 zeigt die Tranchot-K. NA Blatt 169 Lutzerath hier eine rechts des von N nach S fließenden Baches gelegene Mühle mit mehreren Mühlengebäuden. Sie liegt nur 140 m S der *Urschmitter Mühle* (COC 70).

### Klotten

**COC 54**  I. *Burg Klotten.*
II. TK 5809 Treis (Mosel): r 25 85 810; h 55 59 680. N des alten Ortskernes Klotten.
III. Burg Klotten soll von dem zuletzt 996 genannten Pfalzgrafen Hermann I. errichtet worden sein, und zwar als Herrensitz und Mittelpunkt eines Fronhofes, der um die Mitte des 11. Jahrh. durch die Schenkung Richezas an die Abtei Brauweiler gelangte (zu dieser Schenkung: Lac. UB I Nr. 189 von 1054). Der Pfalzgraf behielt sich nur die Vogtei vor, die 1142 als erledigtes Lehen vom Reich eingezogen wurde. 1198 erhält der EB v. Köln von Kg. Otto IV. die Vogtei von Clotten, die vorher der Graf v. Are besessen hatte: *advocatiam in Clottene, quam comes de Are de manu coloniense cum omni pace possibedit . . .* (Lac. UB I Nr. 562).
1294 verpfändete Kg. Adolf die Burg dem EB Boemund v. Trier (Günther, CDRM II Nr. 354 = MRR IV Nr. 2310). Die Burg wurde später nicht mehr vom Reich eingelöst und blieb deshalb wie die gleichzeitig verpfändete Burg Cochem in der Hand des EB v. Trier.
Über die weitere Geschichte der Burg informieren die KDM Kr. Cochem 559–565.
VII. Die Burg liegt auf einem im O, N und W steil aufragenden einzelnen Berg, der nur nach SW infolge mäßigen Abfalls einigermaßen zugänglich ist. Sie bildet ein Oval von etwa 100 x 50 m. Der wichtigste Teil ist der mächtige, nach SW gewendete Bergfried. Er ist im Kern romanisch, wurde aber später zusätzlich ummantelt, so daß das ursprüngliche Ausmaß von etwa 6 x 6 m auf 8 x 8,50 m anwuchs. Der Bergfried war fünfgeschossig. Zur Beschreibung der Burg im einzelnen vgl. KDM Kr. Cochem 559–564 mit den Abbildungen 423–425.

**COC 55**  I. *Coralsteins-Mühle.*
II. TK 5809 Treis (Mosel): r 25 85 610; h 55 59 870. Wenig NW Burg Klotten, im Tal des Klottener Baches.

III. 1811/12 zeigt die Tranchot-K. ÄA Blatt 58 Cochem hier die *Coralsteins M*. Sie ist eine der zahlreichen Mühlen am unteren Kaderbach und am Klottener Bach, die meist heute noch bestehen. Diese Mühle muß im 19. Jahrh. wüst geworden sein.

COC 56　I. *Mühle*.
II. TK 5809 Treis (Mosel): r 25 86 670; h 55 59 890. Knapp 1 km O Klotten, an der Stelle, an der der Dorte-Bach in die Mosel mündet.
III. Hier zeigt 1811/12 die Tranchot-K. ÄA Blatt 58 Cochem eine Mühle ohne nähere Angabe eines Namens.

COC 57　I. *Neidhof,* auch: *Neudhof.*
II. TK 5808 Cochem: r 25 82 900; h 55 61 000. 3,5 km NW Klotten in Richtung Greimersburg gelegen.
III. 1470: *unsers stifts hoif uf Clottener berge gelegen, genant Nithoifen* . . . (Lamprecht, DWL III 284).
1791 soll der Hof Besitz des Klosters Springiersbach gewesen sein (Die Eifel 1954, 162).
1810/11 verzeichnet die Tranchot-K. NA Blatt 158 Kaisersesch *Neudhof* mit zwei Hofgebäuden. Nach S schließt sich an den Hof die *Neudorfer fluhr* an.
Der Hof dürfte während des 19. Jahrh. wüst geworden sein.

COC 58　I. *Somoterhof.*
II. TK 5809 Treis (Mosel): r 25 83 630; h 55 59 780–60 000. Rund 2 km NW Klotten, auf der Westseite des Klottener Berges am Waldrand.
III. Hier verzeichnet 1811/12 die Tranchot-K. ÄA Blatt 58 Cochem den *Somoter hof* mit mindestens noch 4 Gebäuden. Heute ist das Gelände Obstbaumschonung oder Weidegrund. Der Hof muß während des 19. Jahrh. wüst geworden sein.

COC 59　I. *Stillshof.*
II. TK 5809 Treis (Mosel): r 25 84 250–350; h 55 60 040–220. Rund 1,5 km NW Klotten, N des Klottener Baches.
III. 1811/12 zeigt die Tranchot-K. ÄA Blatt 58 Cochem hier den *Stillshof* mit einem vierseitig geschlossenen, großen Wirtschaftshof sowie einem einzelnen, nahe danebenliegenden Gebäude. Der Hof ist während des 19. Jahrh. wüst geworden.

COC 60　I. *Propstei des Klosters Brauweiler.*
II. TK 5809 Treis (Mosel): am W-Ende des alten Ortes Klotten.
III. 1054 wird aus dem Besitz der Richeza das neu begründete Kloster Brauweiler, N Köln, ausgestattet (Lac. UB I Nr. 189). Unter den geschenkten Gütern befindet sich auch ein Hofgut der Richeza in Klotten.
Das Chronikon Brunwylrense (hrsg. v. G. Eckertz, AHVN 19, 1868) vermerkt, die *curtis nostra* zu Klotten sei völlig verfallen. Der Abt Johannes I. v. Weda habe sie wiederaufbauen lassen und neue Gebäude errichtet (AHVN 19, 1868, 244). Haus und Hof der Abtei Brauweiler gingen nach der Säkularisation des Besitzes in Privathand über. Zur Moselfront lagen die im 17. Jahrh. errichteten Häuser Nr. 81 u. 83 Klotten, die 1944 durch Bomben zerstört wurden. Im übrigen aber lag der größere Teil des Klostergutes ungenutzt und unbebaut da.
Gelegentlich werden in den Quellen auch Rechte oder der Besitz der Propstei mit dem Namen *Brauweiler* benannt, so 1446: *an das gotzhuises van Bruwilre gericht zu Clotten* . . . (Lamprecht, DWL I 2, 1050).
1511: *uf der herrn erf van Bruwilre* . . . *in den hoef Bruwilre* (Lamprecht, DWL I 2, 776).

V. Zur Propstei gehörte die Kapelle St. Nikolaus, die 1060 von der Richeza erbaut worden war, damit sie ungestört der Messe beiwohnen könne. Genannt wird für diese Zeit ein Kaplan Ruotpert. Nach dem Chronikon Brunwylrense (um 1500) wohnte Richeza in einem als Turm bezeichneten Hause. Nach der Schenkung von 1054 an das Kloster Brauweiler errichtete das Kloster auf diesem Grundstück die Prioratsgebäude und unterhielt dort einige Mönche.
1515 wurde die Kapelle erneuert und vergrößert.
Um 1850 baute man die Kapelle zu einer Schule um. Sie blieb aber trotzdem im wesentlichen im Baubestand noch erhalten. Sie wurde 1944 durch Bomben total zerstört.
LITERATUR: Bornheim gen. Schilling, KDM Kr. Cochem 547–549.

COC 61   I. Name unbekannt.
II. TK 5809 Treis (Mosel): am W-Ausgang von Klotten, in einem Weinberg.
VII. Hier wurden Mauerreste aus Feldsteinen, Bodenbelagplatten, Wandputz mit erdbraunen Streifen sowie Keramik des 9.–11. Jahrh. gefunden. Man muß auf eine Ansiedlung aus dieser Zeit schließen, die hier bestanden hat.

COC 62   I. *Wehranlage*, mittelalterlich?
II. TK 5809 Treis (Mosel): r 25 84 670; h 55 59 450. Auf dem Klottener Berg, etwa 1 km WNW Klotten.
VII. Hier befindet sich eine vor- oder frühgeschichtliche Abschnittsbefestigung, die durch Wall und Graben den nach O gerichteten Bergsporn des Klottener Berges im W absperrt. Die Anlage ist undatiert.
LITERATUR: Bonner Jahrb. 153, 1953, 131.

## Lahr

COC 63   I. *Lahrer Mühle*.                                                    Abb. 26.
II. TK 5810 Dommershausen: r 25 96 170; h 55 55 320. Rund 1,5 km WNW Lahr, am Zusammenfluß des Lehrer Baches mit dem Dünn-Bach, am N-Hang des Mittel-Berges.
III. 1811/12 zeigt hier die Tranchot-K. ÄA Blatt 58 Cochem die *Lahrer M.*, jedoch ohne Angabe eines Gebäudes. Daraus darf geschlossen werden, daß die Mühle zu Beginn des 19. Jahrh. bereits wüst war.

## Laubach

COC 64   I. *Kaulen-Mühle*.
II. TK 5708 Kaisersesch: r 25 76 870; h 55 65 050. Rund 1,5 km S Laubach, auf dem O-Ufer des Kaulen-Baches.
III. 1810/11 enthält die Tranchot-K. NA Blatt 157 Ulmen hier die Kaulen-Mühle, die noch während des 19. Jahrh. wüst geworden sein muß.

COC 65   I. *Kloster Maria-Martental*.
II. TK 5708 Kaisersesch: r 25 77 840; h 55 63 200. Rund 3 km SSO Laubach, im S-Teil der Gemarkung Laubach.

III. 1141 werden die ersten Brüder von Martyrtal erwähnt.
Von Anfang an ist die Abtei Springiersbach Oberherrin über das Kloster Martental.
1211 ist das Kloster Nonnenkloster.
1523: Aufhebung des Nonnenklosters durch das Kloster Springiersbach. Errichtung einer Propstei mit einer Hofverwaltung.
1689: Zerstörung der Kapelle von Martental. Die Propstei war bereits vorher aufgegeben worden. Nun bestand nur noch ein Wirtschaftshof.
Um 1750 zeigt die Karte von Lotter bereits *Martenthal Closter ruine*. 1934 wurde das Kloster neubegründet.

V. 1734 wurde anstelle der alten Kapelle eine neue Wallfahrtskapelle in Martental errichtet. Sie liegt wenig NW des Klosters am Bachufer.
LITERATUR: Bornheim gen. Schilling, KDM Kr. Cochem 587–589. – Die Eifel 1952, 25.

COC 66    I. *Maria-Martental,* Hof und Mühle.
II. TK 5708 Kaisersesch: r 25 77 840; h 55 63 200.
III. Beim Kloster bestanden ein Wirtschaftshof und eine zugehörige Mühle. 1810/11 vermerkt die Tranchot-K. NA Blatt 157 Ulmen die Eintragungen *Marterthaler Mühl* und *Marter thaler hof*. Die zugehörigen Bauten sind angegeben. Die Mühle ist heute wüst.

COC 67    I. *Schieferbrüche von Laubach.*
II. TK 5708 Kaisersesch: r 25 77 000; h 55 64 830. Rund 1,8 km S Laubach, am Kaulen-Bach.
III. Hier befinden sich bedeutende Schieferbrüche, aus denen vor allem die Rohstoffe für Dachschiefer gewonnen wurden. Das Gebiet von Laubach sowie die benachbarten Gemeinden Masburg und Müllenbach bilden ein Zentrum der Schiefergewinnung in der Eifel. Auf jeden Fall sind die Gruben frühneuzeitlicher Entstehung, wenn sie nicht gar in das späte Mittelalter zurückgehen.
1810/11 verzeichnet die Tranchot-K. NA Blatt 157 Ulmen hier die Eintragung: *Ardoisières* – Schieferbrüche.

COC 68    I. *Schanzen.*
II. TK 5708 Kaisersesch: in der gesamten Gemarkung Laubach sowie in den benachbarten Gemarkungen Eppenberg (s. dort) und Masburg (s. dort); Koordinaten der einzelnen Schanzen vgl. unten.
III. 1810/11 enthält die Tranchot-K. NA Blatt 157 Ulmen an verschiedenen Stellen frühneuzeitliche Schanzen, deren Entstehung schwedischen Truppen zugeschrieben wird, die am 30jährigen Krieg beteiligt waren (vgl. H. Hanhart, Jahrb. f. d. Kr. Cochem 1950, 123). Im einzelnen sind folgende Schanzen zu unterscheiden:
a) Alte Schanze, 200 m NO Laubach auf H. 561,5: r 25 77 200; h 55 66 760. Die heutige Form der Schanze ist noch der des beginnenden 19. Jahrh. sehr ähnlich. Die Tranchot-K. zeigt eine nach NW gerichtete, U-förmige Schanze mit seitlich vorspringenden Glacis.
b) Schanze, 1250 m NO Laubach: r 25 75 960; h 55 67 340. Sie wurde beim Autobahnbau abgetragen. Auf der Tranchot-K. eine nach W gerichtete Schanze, von der aus die N und S davon verlaufenden Hauptverkehrswege gut beobachtet werden konnten.
c) Alte Schanze am SW-Ende des Schlangen-Berges, 2 km W Laubach, 100 m SW H. 530,4: r 25 74 760; h 55 66 520. Die Tranchot-K. zeigt hier eine bogenförmige, nach SW gerichtete Schanze.

26  Wüstungen in der Gemarkung Zilshausen (COC): Die Lahrer Mühle (COC 63),
die partielle Dorfwüstung Petershausen (COC 117) und die Hammersmühle (COC 118).

(Ausschnitt aus der TK 1 : 25 000 Blatt 5810 Dommershausen;
mit Genehmigung des Landesvermessungsamtes Rheinland-Pfalz vom 4. 4. 1973 – Az. 4062/37/73 –
vervielfältigt durch das Rheinische Landesmuseum Bonn).

### Lieg

COC 69  I. *Kaltem,* Wüstung?
II. TK 5810 Dommershausen: in der Gemarkung Lieg.
VI. Nach H. Dittmaier, Die linksrheinischen ON auf -dorf und -heim (Manuskr. Bonn 1961) 73, gibt es in oder bei Lieg den FN *Kaltem,* der auf eine gleichnamige Wüstung deutet.

### Lutzerath

COC 70  I. *Urschmitter Mühle.*
II. TK 5808 Cochem: r 25 74 000; h 55 53 020. Knapp 3 km SO Lutzerath und 2,5 km WSW Urschmitt.
III. 1810/11 verzeichnet die Tranchot-K. NA Blatt 169 Lutzerath hier die *Moulin d'Urschmith,* und zwar W des Erden-Baches. In die Karte sind mindestens vier Gebäude sowie ein N davon liegender Weiher eingetragen.

### Masburg

COC 71  I. *Schanzen.*
II. TK 5708 Kaisersesch: in der gesamten Gemarkung Masburg sowie in den benachbarten Gemarkungen Eppenberg (s. dort) und Laubach (s. dort); Koordinaten der einzelnen Schanzen vgl. unten.
III. 1810/11 enthält die Tranchot-K. NA Blatt 157 Ulmen an verschiedenen Stellen frühneuzeitliche Schanzen, die von schwedischen Truppen stammen sollen, die sie im 30jährigen Krieg angelegt hätten (vgl. H. Hanhart, Jahrb. f. d. Kr. Cochem 1950, 123). Im einzelnen sind folgende Schanzen zu unterscheiden:
a) Schanze rund 2,5 km WSW Masburg, nahe der Gemarkungsgrenze gegen Laubach: r 25 77 240; h 55 67 450. Die Tranchot-K. zeigt hier ein nach W gewendetes, kurzes, bogenförmiges Stück einer Schanze, das die wenig N verlaufende Straße von Masburg nach W bewachen kann.
b) Schanze rund 2 km WNW Masburg, unmittelbar S der Straße Masburg-Eppenberg: r 25 77 760; h 55 67 965. Die Tranchot-K. zeigt ein kurzes, bogenförmiges Stück Schanze, nach W gewendet.
c) Schanze knapp 1,5 km W Masburg, zwischen zwei wichtigen Straßen: r 25 78 200; h 55 67 830. Die Tranchot-K. zeigt eine quadratische, völlig in sich geschlossene Schanze, die auch heute noch im Gelände erhalten ist.
d) Schanze 1,5 km NW Masburg, an einer nach N führenden Straße: r 25 78 210; h 55 68 310. Die Tranchot-K. zeigt hier eine nach N gerichtete, U-förmige Schanze. Sie ist auch heute noch im Gelände erkennbar.

### Mörsdorf

COC 72  I. *Windorf.*
II. TK 5810 Dommershausen: r 25 95 400–900; h 55 52 700–900. W Mörsdorf.
III. 1811/12 zeigt die Tranchot-K. ÄA Blatt 58 Cochem W Mörsdorf die Flurlage *Windorf,* ein Wiesengelände.

Lieg – Müllenbach 389

VI. Etwas weiter nach W, bei r 25 95 300; h 55 52 500, zeigt die Tranchot-K. den FN *Hinter Windorf*. Es gibt außerdem noch weitere Hinweise auf Grund von FN, die die Existenz von Windorf belegen; vgl. dazu H. Dittmaier, Rheinische Flurnamen (Bonn 1963) 359 mit Karte.

COC 73   I. *Glases-Mühle*.
II. TK 5810 Dommershausen: r 25 98 540; h 55 53 140. Rund 2,2 km O Mörsdorf, auf dem W-Ufer des Dünn-Baches.
III. 1812 zeigt die Tranchot-K. ÄA Blatt 59 Simmern hier die *Glases M.*, eine in einem Bogen nach N des Dünn-Baches gelegene kleine Siedlung mit mehreren Gebäuden. Möglicherweise handelt es sich um eine Ansiedlung, die etwas mit der Herstellung von Glas zu tun hatte. Die Mühle dürfte während des 19. Jahrh. wüst geworden sein.

Moselkern

COC 74   I. *Kauerhof*.
II. TK 5710 Münstermaifeld: r 25 97 230; h 55 64 280. N Moselkern, auf der Hochfläche.
III. Dieser Hof erscheint bis um 1900 in den amtlichen Karten, zuletzt in der Preußischen Karte 1 : 200 000 von 1900. Er muß dann aber bald wüst geworden sein und tritt in den modernen TK nicht mehr in Erscheinung.

Müden

COC 75   I. *Breischerhof*.
II. TK 5810 Dommershausen: soll nahe Müden gelegen haben.
III. Nach Jungandreas, Historisches Lexikon 106, lag bei Müden der Breischerhof, der etwa vor 60 Jahren aufgegeben wurde.
1401: *Item eynen Walt gelegen by Muden, der heißt Preusmont* (Günther, CDRM IV 92). Dieser FN kommt auch später noch als Preissmont vor und dürfte dem Hof den Namen gegeben haben.

Müllenbach

COC 76   I. *Bodrolich(?)-Mühle*, wüste Ölmühle.                                    Abb. 27.
II. TK 5708 Kaisersesch: r 25 75 330; h 55 64 570. 1,3 km SW Müllenbach, O des Lessier-Baches.
III. 1810/11 zeigt die Tranchot-K. NA Blatt 157 Ulmen hier eine Mühle mit der unleserlichen Bezeichnung *Bodrolich Mühl* oder ähnlich. In einer Ausbiegung des Baches nach W sind auf seinem Ostufer zwei Gebäude angegeben. Die moderne TK 1 : 25 000 verzeichnet hier eine ehemalige Ölmühle und gibt noch ein Gebäude dort an.

COC 77   I. *Jenetraver(?)-Mühle*.                                                  Abb. 27.
II. TK 5708 Kaisersesch: r 25 75 330; h 55 65 140. Etwa 900 m WSW Müllenbach, am O-Ufer des Lessier-Baches.

III. 1810/11 zeigt die Tranchot-K. NA Blatt 157 Ulmen hier eine Mühle mit der unleserlichen Bezeichnung *Jenetraver Mühl* oder ähnlich. Die modernen Karten enthalten keine Reste der Mühle mehr. Sie dürfte bereits in der ersten Hälfte des 19. Jahrh. wüst geworden sein.

COC 78   I. *Lehnen-Mühle*.
II. TK 5708 Kaisersesch: r 25 76 080; h 55 63 500. Rund 2 km S Müllenbach, am Zusammenfluß von Lessier-Bach und Endert-Bach.
III. Hier verzeichnet die moderne TK 1 : 25 000 die Ruinen der ehemaligen Lehnen-Mühle.
1810/11 enthält die Tranchot-K. NA Blatt 157 Ulmen hier die *Fescher-Mühl*, die ihren Namen von dem in der W benachbarten Gemarkung Ulmen-Meiserich gelegenen *Fischerhof* (COC 94) erhielt und sicher auch zu diesem Hof gehörte.

Pommern

COC 79   I. *Lielwine*, Wüstung?
II. TK 5809 Treis (Mosel): scheint bei Pommern gelegen zu haben.
III. 1288 März 1: Testament des Rudolf v. Polch, darin auch seine Güter *Manewerc und Lielwine* in *Pumere* (MRR IV Nr. 1526).

COC 80   I. *Manwerc*, Wüstung?
II. TK 5809 Treis (Mosel): soll bei Pommern gelegen haben.
III. 1282 Nov. 15: Philipp v. Treis, Scholastikus v. Karden, vermacht dem Stephansaltar der Kirche v. Karden in einem Testament unter anderem den Wingert *Manuwerch* (MRR IV Nr. 1001).
1288 März 1: Testament des Rudolf v. Polch, darin auch seine Güter *Manwerc und Lielwine* in *Pumere* (MRR IV Nr. 1526).
Weitere Belege bei Jungandreas, Historisches Lexikon 643. Es ist nicht sicher, daß es sich um eine Wüstung handelt, zumal immer wieder Weinberge unter diesem Namen erscheinen. Auch in der benachbarten Gemarkung Brieden gibt es diesen FN.

COC 81   I. *Pleidenhöfchen*.
II. TK 5809 Treis (Mosel): in oder bei Pommern.
III. 1398: *gelegen oven an Rentscharde hobe* (StA Koblenz Abt. 96 Nr. 991 – zit. n. Jungandreas, Historisches Lexikon 862).

COC 82   I. *Rentschardehof*.
II. TK 5809 Treis (Mosel): in oder bei Pommern.
III. 1398: *gelegen oven an Rentscharde hobe* (StA Koblenz Abt. 96 Nr. 991 – zit. n. Jungandreas, Histor. Lexikon 862).

COC 83   I. Name unbekannt.
II. TK 5809 Treis (Mosel): r 25 91 300; h 55 61 300. Rund 1,2 km N Pommern, am Pommer-Bach.
III. Hier zeigt die Tranchot-K. NA Blatt 159 Münstermaifeld zwei Gebäude ohne sie jedoch näher zu bezeichnen. Es dürfte sich um einen im 19. Jahrh. untergegangenen Hof handeln.

COC 84    I. *Volleistgut.*
II. TK 5809 Treis (Mosel): in oder bei Pommern.
III. 1293: *de quibusdam bonis dictis volleistgoit sitis apud půmere* (StA Koblenz Abt. 96 Nr. 474).

## R o e s

COC 85    I. *Burg Pyrmont.*
II. TK 5709 Kaifenheim: r 25 91 920; h 55 67 600. Rund 2,2 km OSO Roes, auf einem von W gegen das Tal des Elzbaches vorgeschobenen Bergsporn.
III. 1225: Urteil bezüglich eines strittigen Novalzehnten bei der Burg Pyrmont: *super terminis et decimis cuiusdam novalis apud castrum Pirremont siti* . . . (MRUB III Nr. 241 = MRR II Nr. 1700).
Die Burg wurde wahrscheinlich von Cuno v. Schönberg erbaut, der Angehöriger eines edelfreien Geschlechtes war.
1268 nennt eine Urkunde die Burgmannen Lufrid, dessen Sohn Iwan sowie die Ritter Johann v. Brule und Peter Mor, mit denen die Herren v. Pyrmont die Burg besetzt hatten (MRR III Nr. 1510).
1456 wurde die Burg unter drei Brüder aufgeteilt. Anläßlich dieser Aufteilung ergab sich eine ganz gute Beschreibung des damaligen Baubestandes von Ober- und Unterburg.
1664 bereits befand sich die Oberburg in schlechtem Zustand, wurde jedoch 1712 ff. von dem damaligen Besitzer, dem Herrn v. Bassenheim, renoviert. 1810 wurde die Burg versteigert, wechselte mehrfach den Besitzer und wurde zum großen Teil abgebrochen.
V. Auf der Burg gab es eine 1268 erstmalig erschließbare Burgkapelle. In diesem Jahre wird der Burgkaplan Reinhard urkundlich zum ersten Mal erwähnt (MRR III Nr. 1510).
1288 erscheint im Testament des Rudolf v. Polch ein Kleriker Sibodo auf Burg Pyrmont (MRR IV Nr. 1526).
1550 u. 1580 nennen Inventare der Burg die Burgkapelle. Heute ist nur noch der Chor des 15. Jahrh. erhalten.
VII. Der mächtige runde Bergfried des 13. Jahrh. ist kaum hinter dem schloßähnlichen, barocken Wohnhaus der Burg zu sehen, das weit ins Land hinausschaut. Die Burg Pyrmont war nach dem Prinzip der frühgeschichtlichen Burgen in Spornlage angelegt. Die W-Seite, wo die Verbindung mit dem rückwärtigen Gelände bestand, mußte deshalb besonders stark gesichert werden. Nach dieser Seite war also die Unterburg der Oberburg vorgelagert. Eine eigene Umfassungsmauer sowie ein im W vorgelagerter Graben bildeten die Befestigung dieses Burgteils. Die Oberburg war mit einer starken Wehrgangmauer umgeben, in die auf der S-Seite zwei kleine Rundtürme einbezogen wurden. Zu den Einzelheiten vgl. ausführliche Baubeschreibung in den KDM Kr. Cochem 686 ff.

COC 86    I. *Pyrmont*, Burgsiedlung.
II. TK 5709 Kaifenheim: zu Füßen der Burg Pyrmont.
III. Wie bei zahlreichen anderen Burgen des Eifelraumes wurde von den Burgherren der Burg Pyrmont die Entstehung einer Burgsiedlung zu Füßen der Burg gefördert. Zu Füßen der Burg Pyrmont lag das sog. *Tal Pyrmont*, eine Siedlung, der die Herren v. Pyrmont die Stellung eines gefreiten Dorfes verliehen.
1317 wird das *Tal Pyrmont* erstmalig erwähnt. Es dürfte befestigt gewesen sein, gelangte aber nie zu rechter Blüte.

## Treis

**COC 87**  I. *Grenzhausen,* partielle Ortswüstung?

II. TK 5809 Treis (Mosel): r 25 94 760; h 55 60 840. Rund 2 km ONO Treis, an der Straße von Treis nach Kastellaun.

III. Hier liegt heute der Grenzehäuser Hof.
1810/11 enthält die Tranchot-K. NA Blatt 159 Münstermaifeld auch diesen Hof mit der Benennung *Grenzhausen* und verzeichnet W vom Hof auf Treis zu *Grenzhäuser fluhr.*
1293 Jan. 5: EB Boemund bestätigt dem Kloster Himmerod seine Besitzungen, darunter die Besitzungen zu... *Rile, Conde, Clottene, Pumere, Cardene, Trüs, Grinshusen, Mudene*...... (MRR IV Nr. 2114). Hätte in Grenzhausen damals nur ein einziger Hof bestanden, so hätte sich dieser im Himmerodischen Besitz befunden und wäre in der Güterbestätigung auch sicher als solcher aufgeführt worden. Statt dessen erscheint Grenzhausen wie selbstverständlich unter den großen Dorfsiedlungen an der Mosel.
1310: *Grünhüsen.*
1336: *Grunczhusen.*
1437, 1440: *Grynßhusen.*
1638: *ein Stück Landts in den Grünßen.*
(Belege bei Jungandreas, Historisches Lexikon 466).

VIII. Die Grenzhäuser Flur umfaßt die gerodete Hochfläche der S und W an Treis anschließenden Moselberge. Sie scheint sich auf der Tranchot-K. noch ziemlich in der ursprünglichen Größe abzuzeichnen. Dabei ist freilich zu beachten, daß die Möglichkeit einer partiellen Ortswüstung auch bei Honshausen (COC 88) besteht, so daß die gerodete Fläche unter diese beiden Siedlungen aufzuteilen ist.

**COC 88**  I. *Honshausen,* partielle Ortswüstung?

II. TK 5809 Treis (Mosel): r 25 94 860; h 55 60 050. Rund 2 km OSO Treis, auf der Hochfläche, wenig W der Straße Treis-Kastellaun.

III. Heute verzeichnet die moderne TK 1 : 25 000 hier nur noch den Honshauser Hof. 1810/11 zeigt die Tranchot-K. NA Blatt 159 Münstermaifeld die Eintragung *Hondshausen* mit insgesamt drei Höfen. Die Zahl der Höfe hat sich also allein in den vergangenen 150 Jahren schon vermindert. Es ist daher sicher, daß Honshausen wie Grenzhausen (COC 87) eine partielle Ortswüstung darstellt, von der nur noch ein Hof übrigblieb. Honshausen und auch Grenzhausen dürften kleine, aus nur wenigen Höfen bestehende weilerähnliche Ansiedlungen gewesen sein. Das zeigt auch die sie umgebende Flur, die, nach der Flächengröße zu urteilen, nicht zwei große Altdörfer, sondern zwei kleine, spät angelegte Rodungssiedlungen widerspiegelt.

**COC 89**  I. *Kreuzerhof.*

II. TK 5809 Treis (Mosel): r 25 92 840; h 55 55 820. Rund 4,6 km S Treis, auf dem SW-Hang des Kreuzerter Kopfes, auf der Hochfläche zwischen Flaum-Bach und Dünn-Bach.

III. 1811/12 zeigt die Tranchot-K. ÄA Blatt 58 Cochem hier in einer kleinen Lichtung des Hochwaldes den *Kreuzerhof*. Mindestens 3 Gebäude sowie ein Teich sind in der Karte angegeben.

Die TK 1 : 25 000 von 1895 enthält noch zwei Gebäude des Hofes, der um die Jahrhundertwende aufgegeben worden sein muß.

COC 90   I. *Schock*.

II. TK 5809 Treis (Mosel): könnte am Berg *Der Schock*, 2 km SO Treis, gelegen haben.

III. 1293: *in villa vocatur Schůc* (StA Koblenz Abt. 96 Nr. 474 – zit. n. Jungandreas, Historisches Lexikon 958). Die Tranchot-K. ÄA Blatt 58 Cochem von 1811/12 zeigt an dem erwähnten Berg *Treißer Schok* keine Hinweise auf eine Siedlung. Die Tranchot-K. verzeichnet eine kleine Siedlung *Gotteshaus* am SO-Hang des genannten Berges. Es ist unklar, ob die Wüstung Schock und die Eintragung auf der Tranchot-K. etwas miteinander zu tun haben.

COC 91   I. *Pfarrkirche St. Katharina*.

II. TK 5809 Treis (Mosel): am S-Ausgang von Treis, auf dem alten Friedhof.

III. 1138 ist diese Kirche indirekt bezeugt durch eine Entscheidung des Archidiakons Gottfried v. Karden, daß die Stiftsherren v. Karden ein Beholzigungsrecht mit den benachbarten Bürgern und ihren Pfarrgenossen in Treis haben (MRUB I Nr. 494 = MRR I Nr. 1923).
1288 wird in Treis ein Plebanus genannt (MRR IV Nr. 1526).
1353 wird die Kirche von Treis selbst erstmalig erwähnt.
1569 erscheint sie im Visitationsprotokoll als Pfarrkirche mit dem Patrozinium des hl. Castor und ist dem Stift Karden inkorporiert (Trierisches Archiv 10, 1907, 70).
1656 bestand das Castor-Patrozinium noch. Erst danach muß es durch das der hl. Katharina ersetzt worden sein.
1830 wurde in Treis eine neue Pfarrkirche errichtet und die alte Pfarrkirche profaniert. Sie diente dann verschiedenen Zwecken und wurde im zweiten Weltkrieg bis auf den allein noch vorhandenen Chor zerstört.

LITERATUR: Bornheim gen. Schilling, KDM Kr. Cochem 724 ff.

COC 92   I. *Wildburg*.

II. TK 5809 Treis (Mosel): r 25 92 745; h 55 59 460. Auf dem schmalen, N Fortsatz des Bergzuges Beuren–Kern, jedoch nicht auf der äußersten Nordspitze, wo die Burg Treis liegt, sondern etwas weiter S, auf dem schmalen Berghals.

III. Die Wildburg wurde kurz vor 1121 vom Grafen Otto v. Rheineck errichtet, sofern man die Urkunde von 1121 nicht auf die Burg Treis bezieht: *castrum quod comes Otho contra illum* (Kaiser Heinrich V.) *erexerat . . . . .* als Ausstellungsort für eine Urkunde des EB Bruno v. Trier für das Stift Karden (MRUB I Nr. 445). Die weitere Geschichte der Burg wird eingehend in den KDM Kr. Cochem behandelt (742 ff.). Graf Otto v. Rheineck hatte die Anrechte beider Burgen von Treis dem EB Albero v. Trier (1131–1152) übertragen. 1121 zog Kaiser Heinrich V. (1106–1125) vor die Burgen, über die er die Reichslehnshoheit beanspruchte, und eroberte sie (Günther, CDRM I Nr. 92 = MRR I Nr. 1723. – G. Meyer v. Knonau, Jahrb. d. Dt. Reiches unter Heinrich IV. u. Heinrich V., VII 174).
1149 erhält nach weiteren Verwicklungen EB Albero v. Trier offenbar beide Burgen als kaiserliches Lehen. Kaiser Friedrich I. bestätigt diese Übergabe (MRR II Nr. 114).

VII. Die Wildburg war eine kleine Burg von rechteckiger Form, die einschließlich der Halsgräben auf beiden Seiten rund 100 m lang war. Ein Zugang zu dieser Burg war von der SO-Seite möglich, wo ein Torhaus festgestellt wurde. Der mächtige

Bergfried stand natürlich im S der Anlage, von wo aus ein Zugang über den rückwärtigen Berggrat möglich war. Er ist mit der S Umfassungsmauer verbunden. Wahrscheinlich besaß er vier Geschosse. Bei 1,60 m Mauerstärke und rechteckigem Grundriß mißt er außen 6,86 x 7,25 m. Der Palas ist ein zweigeschossiger, rechteckiger Bau von 6,40 x 15,25 m lichten Maßen. Im N liegt ein 10 m tiefer und 8 m breiter, in den gewachsenen Fels gebrochener Halsgraben.
LITERATUR: Bornheim gen. Schilling, KDM Kr. Cochem 742 ff., 745 ff.

COC 93  I. *Burg Treis.*
II. TK 5809 Treis (Mosel): r 25 92 800; h 55 59 610. Auf der äußersten N-Spitze des Bergspornes, der am Zusammenfluß von Flaum-Bach und Dünn-Bach, 1 km S Treis entsteht.
III. Die Anfänge der Burg Treis liegen ebenfalls in der ersten Hälfte des 12. Jahrh. Sie wurde von Graf Otto v. Rheineck in Besitz genommen und zusammen mit der Wildburg dem EB Albero v. Trier (1131–1152) zu Lehen aufgetragen.
1121 eroberte Kaiser Heinrich V. beide Burgen bei Treis.
1149 gelangte die Burg Treis an den EB Albero v. Trier, der sie als Reichslehen erhielt. Die Erzbischöfe v. Trier werden in der Folgezeit, besonders unter Kaiser Friedrich I. im Besitz der Burg bestätigt (MRR II Nr. 114). EB Hillin v. Trier (1152–1169) läßt den mächtigen Bergfried von Burg Treis errichten.
VII. Eine eingehende Beschreibung der Burg geben die KDM Kr. Cochem 750 ff. mit Abbildungen 567 und 568. Burg Treis ist durch einen tiefen Halsgraben gegen den rückwärtigen Bergzug abgesichert. Auf der äußersten vorgeschobenen Bergspitze befindet sich ein unregelmäßig-rundliches Burgplateau, das in zwei Bereiche, jeder durch Mauern abgeteilt, zerfällt. Die Burg überragt der fünfgeschossige Bergfried von quadratischem Grundriß, der unter EB Hillin v. Trier errichtet wurde.
LITERATUR: Bornheim gen. Schilling, KDM Kr. Cochem 750 ff.

Ulmen-Meiserich

COC 94  I. *Fischerhof.* Abb. 27.
II. TK 5708 Kaisersesch: r 25 75 360; h 55 63 280. Etwa 130 m O des Forsthauses Hochporten, im äußersten SO des Staatsforstes Kaisersesch.
III. 1810/11 zeigt hier die Tranchot-K. NA Blatt 157 Ulmen den *Fiescher hof* mit einem hakenförmigen, rot angegebenen Hofgebäude. Der Hof wurde im 19. Jahrh. wüst.
VIII. Die zum Hof gehörende Flur lag nach W um den Hof herum sowie weiter nach SW in der Lichtung, die von den Jagen 34–36 des Staatsforstes Kaisersesch eingerahmt wird. Hier zeigt die Tranchot-K. *Terres labourables.*

COC 95  I. *Gerens Roder Hof.* Abb. 27.
II. TK 5708 Kaisersesch: r 25 75 100; h 55 65 020. Im O des Staatsforstes Kaisersesch, Jagen 61, etwa 300 m W des Lessier-Baches, der die Gemarkungsgrenze von Ulmen-Meiserich gegen Müllenbach bildet. Etwa 1 km WSW Müllenbach. 800 m W des Hofes führt eine sehr alte Höhenstraße durch den Staatsforst Kaisersesch, die heute als Straße der Ordnung I b ausgebaut ist. Dieser sicher schon mittelalterliche, wenn nicht vorgeschichtliche Verkehrsweg ist auch in der Tranchot-K. angegeben. 800 m WSW des Hofes liegt eine Wegekreuzung des genannten Weges mit einer O-W-Verbindung, die vom Gerens Roder Hof kommt.

III. 1810/11 zeigt die Tranchot-K. NA Blatt 157 Ulmen hier einen Hof namens *Gerens Roder Hof* mit einem Hofgebäude und hofanschließenden Wiesen. Der Hof dürfte im 19. Jahrh. wüst geworden sein.

VIII. Die zum Hof gehörende Flur ist SO des Hofes, und zwar hier hofanschließend, sowie 700 m SW des Hofes zu suchen. An diesen beiden Stellen zeigt die Tranchot-K. *Terres labourables.*

COC 96   I. *Holzhausen.*   Abb. 27; Tafel 28.

II. TK 5707 Kelberg: etwa r 25 70 000–71 000; h 55 66 000–67 000. Rund 2 km NNO Ulmen, NO des Jungfernweihers, N des Staatsforstes Kaisersesch, Weyerbusch.

III. Die bei Wisplinghoff, St. Maximin 112, genannten Belege zu *Holzhusa* beziehen sich nicht auf diese Wüstung, sondern auf einen Ort bei Waldalgesheim, W Bingen.

VII. Hier liegt, auf allen Seiten von Wald umschlossen, eine große Rodung, die den Namen *Holzhauser Flur* trägt. Es handelt sich um eine, wenn auch modern überformte Wüstungsflur. Bei r 25 70 580; h 55 66 500 befinden sich zwei große, annähernd rechteckige, schwarze Verfärbungen des Erdreichs. Hier zeigen sich auch zahlreiche Steine von Hausfundamenten sowie spätmittelalterliche und frühneuzeitliche Keramik, die auf die Existenz eines Hofes hindeuten.

VIII. Die ganze Rodung wird heute noch landwirtschaftlich genutzt. Daher sind die alten Fluren teilweise ausgetilgt worden. Trotzdem ist noch zu erkennen, daß hier zahlreiche langstreifige Terrassenäcker lagen, deren Raine noch heute 0,50–1,50 m hoch erhalten sind. Bei der Begehung im J. 1968 zeigten sich bei schrägstehender Sonne nicht nur die Terrassenäcker, sondern auch Anwände aus Steinreihen, an denen die Terrassen endeten.

COC 97   I. *Jägerhof.*   Abb. 27.

II. TK 5708 Kaisersesch: r 25 75 530; h 55 63 280. O des Forsthauses Hochporten, im äußersten SO des Staatsforstes Kaisersesch, wenig O des Fischerhofes (COC 94).

III. 1810/11 zeigt die Tranchot-K. NA Blatt 157 Ulmen hier den *Gaeger hof* mit zwei rechtwinklig zueinander stehenden rechteckigen Hofgebäuden und nach O anschließenden Wiesen. Der Hof wurde im 19. Jahrh. wüst.

VIII. Die zum Hof gehörende Flur schloß sich nach O und NO an. Hier zeigt die Tranchot-K. *Terres labourables.*

COC 98   I. *Kapelle.*   Abb. 27.

II. TK 5707 Kelberg: r 25 69 395; h 55 63 060. Rund 900 m O Meiserich, 1250 m SSW Ulmen.

III. 1810/11 zeigt die Tranchot-K. NA Blatt 157 Ulmen hier *Chapelle* mit der Signatur einer Ruine.

COC 99   I. *Kölnischer Hof I,* auch: *Kelchhof I.*   Abb. 27.

II. TK 5708 Kaisersesch: r 25 74 020; h 55 67 000. Rund 1200 m NO der heute noch bestehenden Kölnischen Höfe, am S-Hang des Höchst-Berges, H. 615,9.

III. 1810/11 enthält die Tranchot-K. NA Blatt 157 Ulmen hier den *Kelch hof* mit einem hakenförmigen Hof, Hofumzäunung sowie hofanschließenden Ackerflächen.

VIII. Hof und Ackerflächen liegen in einem großen Heidegebiet, das heutzutage völlig mit Wald bedeckt ist (Staatsforst Kaisersesch Jagen 72 u. 73). Große Teile dieser Heide müssen einst bewirtschaftete Flur dieses und anderer benachbarter Höfe gewesen sein.

Ein weiterer wüst gewordener *Kelchhof* liegt in der Gemarkung Kaperich, wenig SW dieses Hofes (COC 46).

COC 100  I. *Meis-Mühle.*

II. TK 5807 Gillenfeld: r 25 69 000; h 55 61 020. Am O-Ufer des Ueß-Baches, 2 km S Meiserich.

III. 1810/11 zeigt die Tranchot-K. NA Blatt 157 Ulmen hier *Meis-Mühl* mit 2 kleinen, rot angegebenen Gebäuden.

COC 101  I. *Niederburg Ulmen.* Abb. 27.

II. TK 5707 Kelberg: r 25 70 060; h 55 64 050. W der Oberburg auf dem gleichen Burgberg, der vom Kraterrand eines Vulkans gebildet wird, etwas tiefer gelegen.

III. Spätestens seit 1292 saßen die Walporten v. Waltmannshausen, gen. v. Ulmen, auf dieser Burg. Sie starben 1475 aus. Die späteren Besitzer der Burg bestätigten sich vor allem als Straßenräuber, gegen die 1351 ein Landfriedensbündnis zwischen Trier, Luxemburg, Pfalz, Jülich und Berg geschlossen wurde. 1352 wurde Ulmen belagert. Es kam danach zu einem Vergleich zwischen den Herren der Ober- und Niederburg einerseits und dem Erzstift Trier andererseits (Einzelheiten KDM Kr. Cochem 765).

Im 17. Jahrh. wird berichtet, die Niederburg verfalle immer weiter. Vor allem der hohe alte Turm sei ganz verfallen und drohe einzustürzen.

VII. Von der Oberburg sind keine oberirdischen Reste mehr vorhanden. Mauern und Steinpackungen sehen aber noch aus dem Erdreich heraus. Die Niederburg war, wie ältere Stiche verraten, von einer Umfassungsmauer umgeben.

LITERATUR: Bornheim gen. Schilling, KDM Kr. Cochem 762–768.

COC 102  I. *Oberburg Ulmen.* Abb. 27.

II. TK 5707 Kelberg: r 25 70 100; h 55 64 040. Am O-Rand von Ulmen, direkt am Maar, gelegen auf dem Kraterrand des Vulkans, der heute das Maar bildet.

III. In Ulmen gab es zwei Burgen, die dicht nebeneinander lagen: die Oberburg und die Niederburg. Die Oberburg entstand offensichtlich in der ersten Hälfte des 12. Jahrh. als Stammsitz einer Familie v. Ulmen. Dieses Adelsgeschlecht ist 1121 mit dem Springiersbacher Mönch Walter v. Ulmen nachweisbar, der nach Steinfeld gesandt wird (Th. Paas, AHVN 93, 1911, 24).

1130 erscheinen die Brüder Heinrich, Rudolf u. Johannes v. Ulmen als Zeugen in einer Urkunde des Pfalzgrafen Wilhelm v. Jülich (MRUB I Nr. 469 = MRR I Nr. 1820).

1202/4 nimmt Heinrich v. Ulmen am 4. Kreuzzug teil.

1315 sichern die Besitzer der Oberburg, Heinrich Bove v. Ulmen und sein Vetter Philipp v. Renneberg, dem EB v. Trier das Öffnungsrecht über die Burg sowie Unterstützung gegen die Besitzer der Niederburg zu.

Um 1370 erwirbt EB Werner v. Trier nach dem Aussterben der bisherigen Besitzer die Burg. Die weitere Geschichte der Burg findet sich in die KDM Kr. Cochem 764 f.

1679 wurde die Oberburg von französischen Truppen besetzt und zum Teil zerstört. Seit dem Ende des 17. Jahrh. verfiel die Burg, obgleich einzelne Teile und Gebäude wiederholt erneuert worden waren.

V. Die Burg hatte eine Kapelle, die 1371 erstmalig genannt wird.

VII. Die Oberburg liegt etwas höher als die Niederburg. Sie bildet ein halbkreisförmiges, von einer Umfassungsmauer umgebenes Plateau. Nach N ist der Burg ein Halsgraben vorgelagert, den man im Mittelalter mittels einer Holzbrücke über-

querte. Man gelangte dann in einen Zwinger, an dessen innerem Ende das Haupttor lag. Auf der Südseite sicherte ein mächtiger Wohnturm beide Burgen. Er war 1793 noch vier Geschosse hoch. Bestimmend im heutigen Erscheinungsbild der Burg ist das stattliche kurtrierische Amtshaus von 5,50 x 24,50 m Größe. Es zeigt noch spätmittelalterliche Bausubstanz, wurde jedoch 1682/83 gründlich instandgesetzt.
LITERATUR: Bornheim gen. Schilling, KDM Kr. Cochem 762–768. – Bornheim gen. Schilling, Rheinische Höhenburgen, Abb. 583–585.

COC 103   I. *Otzeroth,* Wüstung? Abb. 27.
II. TK 5807 Gillenfeld: r 25 69 000–400; h 55 62 500–600. Es handelt sich um ein weites Gelände O des Ueß-Baches, rund 500 m O Höhe 367,8; 1,6 km S Ulmen.
VI. Hier zeigt die moderne TK 1 : 25 000 den FN *Otzeroth.*
1810/11 zeigt die Tranchot-K. NA Blatt 157 Ulmen die Eintragung *Oltz Roth.* Hier könnte ein Rodehof gestanden haben. Gebäude sind jedoch auch in der Tranchot-K. nicht mehr angegeben.

COC 104   I. *Pützfeld-Hof.* Abb. 27.
II. TK 5708 Kaisersesch: r 25 73 580; h 55 64 600. Im Staatsforst Kaisersesch, Jagen 53 A/B, 500 m N des Endert-Baches, 3,5 km O Ulmen.
III. 1810/11 zeigt hier die Tranchot-K. NA Blatt 157 Ulmen den *Pützfeld hof* mit einem Gebäude und zwei umzäunten, mitten im Wald liegenden Wiesen.
VI. Das Gebiet zwischen dem Hof und dem Endert-Bach heißt heute noch *Pützfeld.*
VIII. Die Flur dieses Hofes lag S und SO vom Hof. Hier weist die Tranchot-K. in heute verwaldetem Gebiet eine große Heidefläche aus sowie ein weiteres größeres Wiesengebiet unmittelbar am Endert-Bach. Ein Teil der Flur lag auch S des Endert-Baches, wo sich auf der Tranchot-K. ein größeres Heidestück findet.

COC 105   I. *Ulmener Mühle,* Namenswechsel.
II. TK 5807 Gillenfeld: r 25 70 640; h 55 61 760. Am Nöllen-Bach, 2,2 km SO Meiserich.
III. Hier zeigt 1810/11 die Tranchot-K. NA Blatt 157 Ulmen die *Ulmener Mühl.* Heute heißt diese Mühle *Auderathermühle.* Hier muß ein Namenswechsel stattgefunden haben.

COC 106   I. Name unbekannt, Hof.
II. TK 5708 Kaisersesch: ungefähr r 25 74 600; h 55 65 800. Mitten im Staatsforst Kaisersesch, Jagen 65 u. 66.
VI. Dort dürfte ein Hof gestanden haben, auf den nur noch der hier geläufige FN *Hoffseifen* hindeutet. Die Tranchot-K. NA Blatt 157 Ulmen enthält keinen Hinweis auf diesen Hof. Er muß zur Zeit der Kartenaufnahme bereits wüst gewesen sein.

Urmersbach

COC 107   I. *Ölmühle.*
II. TK 5708 Kaisersesch: r 25 80 140; h 55 70 200. W des Thürelz-Baches, 800 m NW Urmersbach.
III. 1810/11 enthält die Tranchot-K. NA Blatt 158 Kaisersesch hier die *Oligs Mühle* mit einem rot eingetragenen Gebäude. Die Mühle wurde im Laufe des 19. Jahrh. wüst.

Valwig/Mosel

COC 108  I. *Jucheshof.*
II. TK 5809 Treis (Mosel): r 25 86 630; h 55 57 500. Etwa 500 m NO Valwig, auf der Hochfläche, in Richtung Valwigerberg gelegen.
III. 1811/12 zeigt die Tranchot-K. ÄA Blatt 58 Cochem hier den Jucheshof, eine dreiseitig geschlossene Hofanlage. Der Hof muß während des 19. Jahrh. wüst geworden sein.

COC 109  I. *Pfarrkirche St. Martin.*
II. TK 5809 Treis (Mosel): in Valwig, in der Moselfront des Dorfes.
III. 1825 stürzte der alte Bau der Pfarrkirche St. Martin zu Valwig ein. Erhalten blieb nur noch der aus dem Anfang des 13. Jahrh. stammende, zweigeschossige Chorturm, der heute in einem Hof verbaut ist. Die Kapelle von Valwig wurde 1337 von der Pfarrkiche des benachbarten Bruttig getrennt. Weitere Angaben zur Kirche in den KDM Kr. Cochem 776 f. Eine neue Kirche oberhalb des Ortes wurde nach dem Abgang der alten gebaut.

COC 110  I. *Testerhof.*
II. TK 5809 Treis (Mosel): r 25 88 770; h 55 58 220. Rund 2,5 km NO Valwig und 1,5 km ONO Valwigerberg, am O-Rand des Testerwaldes, auf der Hochfläche.
III. 1811/12 enthält die Tranchot-K. ÄA Blatt 58 Cochem hier den Testerhof mit 2 Hofgebäuden. Der Hof wurde im 19. Jahrh. wüst.


Wirfus

COC 111  I. *Wirfuser Mühle.*
II. TK 5709 Kaifenheim: r 25 85 600; h 55 64 300. Rund 1,1 km NW Wirfus, am Pommer-Bach.
III. 1810/11 zeigt die Tranchot-K. NA Blatt 158 Kaisersesch hier die *Wirfuser Mühle* mit zwei Gebäuden an einem S Nebenarm des Pommer-Baches. Die Mühle muß im 19. Jahrh. eingegangen sein.

COC 112  I. *Untere Mühle I.*
II. TK 5709 Kaifenheim: r 25 85 880; h 55 64 180. Am N-Ufer des Pommer-Baches, rund 1 km NNW Wirfus.
III. 1810/11 zeigt hier die Tranchot-K. NA Blatt 158 Kaisersesch die *Unter Mühl* mit einem Gebäude. Die Mühle muß im 19. Jahrh. wüst geworden sein.

COC 113  I. *Untere Mühle II.*
II. TK 5709 Kaifenheim: r 25 86 240; h 55 64 140. Rund 850 m N Wirfus, am Pommer-Bach, nahe Villa Margaretha.
III. 1810/11 zeigt die Tranchot-K. NA Blatt 158 Kaisersesch hier eine weitere *Unter Mühl* mit einem Gebäude N des Pommer-Baches. Die Mühle muß im Verlauf des 19. Jahrh. wüst geworden sein.

## Wollmerath

**COC 114**  I. *Baumühle*.
II. TK 5807 Gillenfeld: ungefähr r 25 69 400; h 55 58 080 oder in der Umgebung. Die Mühle stand rechts des Ueß-Baches, aber weiter oberhalb der heutigen Wollmerather Mühle.
III. Hier soll bis zum 30jährigen Krieg die Baumühle gestanden haben (Ost, Zeitschr. der Gesellschaft für nützliche Forschungen zu Trier 1859/60, 33).
1810/11 zeigt die Tranchot-K. NA Blatt 169 Lutzerath an einer Furt W des Ueß-Baches ein Gebäude mit S danebenliegendem Teich. Es kann sich nur um die Mühle handeln, obgleich ein Name in der Tranchot-K. nicht angegeben ist.

**COC 115**  I. *Lutzenthal*, Hof.
II. TK 5807 Gillenfeld: bei Wollmerath, genaue Lage jedoch nicht bekannt, vielleicht 1,5 km W Wollmerath, im sog. *Liezendahl*.
III. In der Herrschaft Wollmerath soll es nach Ost, Zeitschr. der Gesellschaft für nützliche Forschungen zu Trier 1858, 36, einen Hof namens Lutzentahl gegeben haben. An diesen untergegangenen adeligen Hof erinnere noch der Waldname *Lutzenthailer Wald*. Zur Lokalisation des Hofes mag vielleicht beitragen, daß in der Tranchot-K. NA Blatt 169 Lutzerath ein von NW kommender Bach, der S der Wollmerather Mühle in den Ueß-Bach einmündet, den Namen *Liezendahl* trägt. Es ist wahrscheinlich, daß in diesem Tal ein solcher Hof gelegen hat. Nach Die Eifel 1951, 86, soll dieser Hof 1632 von den Schweden verbrannt worden sein.

**COC 116**  I. *Weiherburg*.
II. TK 5807 Gillenfeld: ungefähr r 25 69 910; h 55 58 000. Etwa 200 Schritt W der Kirche von Wollmerath.
III. Etwa 200 Schritt W der Kirche Wollmerath lag in einer Wiesensenkung eine Wasserburg, genannt *Große Weiherburg*. Sie soll angeblich in einem der Feldzüge Ludwigs XIV. in Flammen aufgegangen sein. Sie ist die Burg der Herrschaft Wollmerath, die in einem Lageplan von 1764 dargestellt ist. Die Burg besaß demnach zwei mächtige Ecktürme. In einem Lageplan von 1772 sieht man dagegen einen schweren, wohl dreigeschossigen Rundturm, rechts davon ein Burghaus. Nach S war die Burg durch einen Weiher geschützt. Ihre Wassergräben wurden von kleinen Bächen gespeist.
1810/11 zeigt die Tranchot-K. NA Blatt 169 Lutzerath keine Anzeichen mehr für die Existenz einer Burg an diesem Ort. Die Anlage muß zu Beginn des 19. Jahrh. bereits völlig abgetragen gewesen sein.
LITERATUR: Die Eifel 56, 1961, 200. – Bornheim gen. Schilling, KDM Kr. Cochem 809.
VII. Beim Legen einer Wasserleitung stieß man 1937 auf Fundamente dieser Burg.

## Zilshausen

**COC 117**  I. *Petershausen*, partielle Ortswüstung.   Abb. 26.
II. TK 5810 Dommershausen: r 25 98 620; h 55 54 900. Rund 1 km N Zilshausen.
V. Anf. 13. Jahrh. erscheint der Ort als *Bodershusen* im Güterverzeichnis des Erzbistums Trier. Die Kapelle von Bodershausen liegt im Dekanat Kaimt (MRUB II Nachtrag Nr. 15 S. 428).
1275 Okt. 2: Schutzerklärung des EB Heinrich v. Trier für das Kloster Engelporten; unter den bestätigten Besitzungen: *Budershusen* (MRR IV Nr. 218).

1475, 1592 und 1656 erscheint die Kapelle unter *Buderzhusen* in den Visitationsprotokollen. Nach Erhebung zur Pfarrei wird die Kirche 1747 konsekriert.
Von der S des Kirchhofs gelegenen romanischen Kirche stand nur noch die Ruine des dreigeschossigen Ostturms. Sie wurde 1956 abgebrochen. Im NW von Petershausen wurde eine neue Kirche errichtet.

VII. Petershausen muß aus mehreren Gründen als partielle Ortswüstung angesprochen werden. Einmal wäre die Erhebung der Kapelle zur Pfarrei Mitte des 18. Jahrh. wohl kaum notwendig gewesen, wenn nicht eine dörfliche Pfarrgemeinde vorhanden gewesen wäre. Darüber hinaus liegt im N von Petershausen ein wüster Hof, der 1811/12 in der Tranchot-K. ÄA Blatt 59 Simmern noch vorhanden ist, der aber während des 19. Jahrh. wüst wurde.

VIII. Schließlich weist die Gemarkung Zilshausen eine starke Ausweitung nach N auf, die nur als Flur des partiell wüst gewordenen Dorfes Petershausen verständlich ist. Der Entwaldungszustand dieses Gemarkungsteiles ist auf der Tranchot-K. zu Beginn des 19. Jahrh. noch viel größer als heutzutage. Infolge des Wüstwerdens eines Hofes in der Zwischenzeit nahm die Verwaldung hier erheblich zu.

LITERATUR: Bornheim gen. Schilling, KDM Kr. Cochem 645 ff.

COC 118 I. *Hammersmühle*. Abb. 26.

II. TK 5810 Dommershausen: r 25 98 740; h 55 52 670. Rund 1,3 km S Zilshausen, O des Dünn-Baches, in einer weiten Schlinge des Baches nach S.

III. 1811/12 zeigt die Tranchot-K. ÄA Blatt 59 Simmern hier die *Hammersmühle* unter Angabe eines Gebäudes. Die Mühle muß im 19. Jahrh. untergegangen sein.

Lage unbekannt

COC 119 I. *Adenhagen*.

II. TK unsicher: fraglich ob überhaupt im Kr. Cochem gelegen.

III. 1139 März 23: Bestätigung der Abtei Laach mit ihren Besitzungen durch Papst Innozenz II., unter den Besitzungen auch die *Curtis hadenhaga* (MRUB I Nr. 506 = Jaffé, Reg. Pontif. I Nr. 7956).
1147 Jan. 20: Papst Eugen III. bestätigt die Abtei Laach mit ihren Besitzungen, unter diesen auch: *Curtim Hadenhaga cum mancipiis et forestis a Meimgoto Ernesto et Erluino donatam* . . . (MRUB I Nr. 544 = Jaffé, Reg. Pontif. II Nr. 9176).
1155: Abt Fulbert v. Laach gibt einem Ruthard ein Gut zu Erbleihe aus: . . . . . . . *concessi Rûthardo de adenhagen possessionem illam* . . . . (MRUB I Nr. 594).

COC 120 I. *Bile*.

III. 1272 Juni 30: Testament des Scholasters Ludwig v. St. Castor zu Karden: seine Kirchen in Bile und Steindorp (MRR III Nr. 2729).

COC 121 I. *Burilsdorf*, Wüstung?

II. Vielleicht identisch mit Poltersdorf, Kr. Cochem.

III. 1275 Okt. 2: Schutzerklärung des EB Heinrich v. Trier für das Kloster Engelporten, unter den bestätigten Gütern: Burilsdorf, genannt zusammen mit Pommern, Bruttig, Treis u. a. (MRR IV Nr. 218).

COC 122    I. *Kolvenhorn*.
           II. In der Gegend Schmidt, Gillenbeuren oder Gevenich.
           III. 1680 verzeichnet die Karte von Dankers *Kolvenhorn*. Es kann sich auch um eine Verschreibung für den wüsten Hof Cottenborn, Gemarkung Auderath (COC 6), handeln.

COC 123    I. *Messeren*.
           III. 1265 Mai 19: Papst Clemens IV. beauftragt den Dechanten von Speier mit dem Schutz der Abtei Himmerod und ihrer Güter u. a. zu Messeren (MRR III Nr. 2075).

COC 124    I. *Michwilre*.
           III. 1097: *Michwilre* (Hontheim I 449). Unsicher, ob überhaupt im Raume Cochem zu suchen.

COC 125    I. *Mimminch*, Hof.
           III. 1282 Nov. 15: Der Scholastikus Philipp v. Treis vermacht der Kirche St. Stephan zu Karden im Testament u. a. den ihm vom Kantor abgekauften Teil des Hofes Mimminch (MRR IV Nr. 1001).

COC 126    I. *Rauer*.
           III. Um 1750 verzeichnet die Karte von Lotter W von Ellenz-Poltersdorf einen Ort namens *Rauer*.

COC 127    I. *Rumpenheim*.
           III. 1251: Simon Graf v. Sponheim teilt mit dem Kloster Stuben Güter an verschiedenen Orten, darunter *in Rumpenheim* (MRUB III Nr. 1116). Der Ort wird zusammen mit Bullay, Bremm und Neef genannt.

COC 128    I. *Steindorf*.
           II. Soll an der unteren Mosel gelegen haben.
           III. 1272 Juni 30: Testament des Scholasters Ludwig v. St. Castor in Karden: seine Kirchen in Bile und Steindorp (MRR III Nr. 2729).

COC 129    I. *Wille*.
           II. An der Untermosel im Raume Sehl/Cochem.
           III. 1136: Bestätigung der Güter der Abtei Prüm: *Mansum unum in Wille* (MRUB I Nr. 488).

# Wüstungen in der Stadt und im Landkreis Trier (TR)

VORBEMERKUNG: Rund zwei Drittel des Landkreises Trier liegen südlich der Mosel, und zwar in den Randgebieten des Hunsrück. Da sich die vorliegenden Studien in erster Linie mit den Wüstungen der Eifel befassen, hätte es vielleicht nahegelegen, nur die Wüstungen des nördlich der Mosel gelegenen Kreisteils zu behandeln. Auf diese Weise wäre aber der Kreis Trier zerrissen worden. Es wäre nur ein willkürlich ausgewählter Teil des Trierer Landes behandelt worden. In Wirklichkeit aber nehmen die beiderseits der Mosel gelegenen Teile des Trierer Landes in gleicher Weise am historischen Siedlungsprozeß teil, so daß sich eine Zerteilung an der Mosellinie aus sachlichen Gründen nicht vertreten läßt. Deshalb wurden, über das eigentliche Untersuchungsgebiet hinausgreifend, auch die Wüstungen des südlich der Mosel gelegenen Kreisteils mit aufgenommen. Die südlich der Mosel gelegenen Gemarkungen, in denen Wüstungen nachgewiesen werden konnten, werden im Katalog durch ein (S) hinter dem Gemeindenamen gekennzeichnet.

### Bonerath (S)

TR 1
I. *Glasley*.
II. Etwa 1,3 km O Bonerath, dicht W des Kallerbaches und S der Talsperre, an dem nach N abfallenden Hang.
VII. Hier verzeichnet die Tranchot-K. ÄA Blatt 69 Trier-Ost den FN *Glasleifeld*. Reste von Glashütten werden in dem Gebiet vermutet, doch wurden sie bisher noch nicht gefunden. Festgestellt wurden jedoch im S angrenzenden Hochwald Haufen von großen, zusammengeworfenen Quarzbrocken, die im Gebiet von Kordel, ebenfalls in der Nachbarschaft der dortigen Glashütten, vorkamen. Die benachbarten Forsten waren, wie das Urbar des Erzstiftes Trier zeigt, durch Forstwirtschaft und Waldbienenzucht erschlossen (MRUB II, Nachtrag Nr. 15 S. 403).

### Büdlich (S)

TR 2
I. *Burgkopf*.
VII. Eine schlecht erhaltene Ringwallanlage liegt auf dem Burgkopf bei Büdlicherbrück. Sie wird für mittelalterlich gehalten (Trierer Zeitschr. 9, 1934, 148).

### Buweiler-Rathen (S)

TR 3   I. *Brezem.*
VI. H. Dittmaier, Die linksrheinischen ON auf -dorf und -heim (Manuskr. Bonn 1961) 79, verzeichnet in der Gemarkung den Waldnamen Brezemer Heck. Die hier zu erschließende Wüstung müßte also Brezenheim oder ähnlich geheißen haben.

### Detzem (S)

TR 4   I. *Lovania,* auch: *Lovena.*
II. TK 6107 Neumagen: ungefähr r 25 61 300; h 55 20 050. Wahrscheinlich in der Flur *Löf,* 1 km SSO Detzem, mitten in den Weinbergen.
III. 633 Apr. 4 (gefälschte Urkunde): *Loauia* (MRUB I Nr. 3 = MRR I Nr. 72; dort auch zusammengefaßte ältere Diskussion um die Echtheit der Urkunde).
893 Febr. 11: Kg. Arnulf schenkt dem Kloster St. Maximin zahlreiche Orte und Güter, darunter *Loabia,* in der Urkunde zwischen *Riuenacha* (Rivenich, Kr. Wittlich) und *Decima* (Detzem) genannt (MRUB I Nr. 133 = MRR I Nr. 773 = MGH DD Arnulfi Nr. 114). Nach den MGH muß es sich bei Riuenacha um Rübenach, Kr. Mayen, handeln; denn im D Arnulfi Nr. 10 von 888 tritt zu diesem Ort noch der Hinweis, daß er im Maifeldgau liege.
897 Juni 13: Bestätigung der Güter der Abtei St. Maximin zu Trier durch Kg. Zwentibold: *Loabia* zwischen *Riunenacha* (Rivenich, Kr. Wittlich) und *Decima* (Detzem) (MRUB I Nr. 142 = MRR I Nr. 792 = MGH DD Zwentibolds Nr. 14, Urkunde ist verunechtet).
912 Jan. 1: Bestätigung der Güter von St. Maximin durch Kg. Karl III.: *Loauia* (MRUB I Nr. 156 = MRR I Nr. 829).
962: Kaiser Otto I. bestätigt Besitz der Abtei St. Maximin zu Trier: *Loauoa* (MRUB I Nr. 209 = MRR I Nr. 981).
1051: *Luouun* (MRUB I Nr. 333 = MRR I Nr. 1340).
1066: *Louuin* (MRUB I Nr. 364 = MRR I Nr. 1407).
1116: *liouena* (MRUB I Nr. 434 = MRR I Nr. 1690).
Weitere Belege finden sich bei Jungandreas, Historisches Lexikon 626 f. Die jüngsten Belege sind:
1464: *Lova* (StA Koblenz Hs. 1626/401).
1518: *Lovena* (StA Koblenz Hs. 1644/385 53).
VI. Etwa 1 km S Detzem ist noch heute der FN *Löf* für einen großen Weinberg üblich.

TR 5   I. *Veckerich,* Wüstung?
VI. Anf. 13. Jahrh.: Güterverzeichnis der Abtei Prüm: . . . . *unam situlam de arbore nucum iuxta Vekkerich* . . . . . (MRUB II Nachtrag Nr. 16 S. 444).
1683?: *in loco dicto Veckerich* . . . . . *terra arabilis* (Abschrift eines Originals v. 1329. – Beleg bei Jungandreas, Historisches Lexikon 372). Es scheint sich eher um einen FN als um einen Wüstungsnamen zu handeln.

### Ehrang

TR 6   I. *Bleischmelzer Mühle.*
II. TK 6106 Schweich: r 25 51 000; h 55 21 950. Im Ortsteil Bleischmelz, im N von Quint, W des Quintbaches.

III. 1816/17 zeigt die Tranchot-K. NA Blatt 215 Trier-Ost hier die *Bleischmelz Mühle*.

TK 7
I. *Gewerkschaft Quint*, Eisenhütte.

II. TK 6106 Schweich: ungefähr r 25 51 000; h 55 21 200. Am Unterlauf des Quintbaches in Quint.

III. 1683 wird die Gewerkschaft Quint als Eisenschmelze erwähnt. Nach dieser Urkunde kaufte Franz Pidoll ein Grundstück, das den Himmeroder Mönchen gehörte, unweit des alten Fleckens Ehrang, um am Unterlauf des Quintbaches ein neues Schmelzwerk zu errichten.

1702 erteilt EB Johann Hugo v. Orsbeck die Genehmigung zum Betriebe eines Eisenwerkes und Hochofens durch Franz Pidoll, verbot diesem aber Jagd und Fischerei in den erzbischöflichen Wäldern. Holz, Steine und Feuerholz durfte er dagegen kostenlos dem benachbarten Meulenwald entnehmen. Die hier verhütteten Eisenerze wurden im Tagebau bei Zemmer, Schleidweiler-Rodt (TR 59–65), Orenhofen (TR 50, 51) sowie im Stollenbau auf dem Mehringer Berg in der Grube Morgenstern und anderen Gruben bei Schweich (TR 8) gewonnen. In der Folgezeit kam es wegen des enormen Bedarfs an Holzkohle zu Streitigkeiten zwischen der Eisenhütte und den übrigen Nutzungsberechtigten im Meulenwald. Wiederholt wird von der Stilllegung der Hütte gesprochen, wenn sie ihren Holzbedarf nicht mehr aus dem Meulenwald decken könne. 1793 bestand das Eisenwerk Quint aus einem Hochofen für Holzkohle, zwei Frischfeuern, zwei Zementierfeuern, drei Grobhämmern, einem Stahlhammer und einer gesonderten Gießerei. Es wurde dann in den Revolutionskriegen zerstört.

Nach 16jährigem Wüstliegen wurde die Hütte bis 1822 wiederaufgebaut. 1887 wurde hier der letzte Hochofen ausgeblasen, weil inzwischen lothringisches Eisen billiger auf den Markt kam.

Seit Beginn des 18. Jahrh. war die Hütte von Quint wegen der hier gegossenen Takenplatten berühmt.

LITERATUR: L. Fieser, Aus der Geschichte der Eisengewinnung im Trierer Land. Trierer Zeitschr. 6, 1931, 20–23. Dort auch Abbildungen und Pläne des Eisenwerkes Quint aus dem 19. Jahrh. – J. B. Keune, Bemerkungen über Takenplatten aus Quint und anderen Eisenwerken unserer Heimat. Trierer Zeitschr. 6, 1931, 27–31.

TR 8
I. *Eisengruben 'Mehringer Berg'*.

II. TK 6106 Schweich: r 25 56 400–57 300; h 55 20 000–21 500. Rund 3 km O und NO Schweich, auf dem Mehringer-Berg und N davon.

III. Hier befinden sich frühneuzeitliche Bergwerke im Stollenbau, aus denen Eisenerze gewonnen und in der Hütte von Quint verhüttet wurden.

LITERATUR: L. Fieser, Aus der Geschichte der Eisengewinnung im Trierer Land. Trierer Zeitschr. 6, 1931, 20.

TR 9
I. *Paswilre*.

II. TK 6105 Welschbillig, 6106 Schweich.

III. 1335: *dimidum iurnale prope Paswilre* (Lamprecht, DWL III 503).
1335: *Eyn halben morgen gelegen yn paswylre* (Jungandreas, Historisches Lexikon 789). Der Name wird als alter Siedlungsname angesprochen. Vielleicht war dieser Ort bereits zu Beginn des 14. Jahrh. wüst.

VI. In Ehrang gibt es den FN *Paswilre* (Müller, ON Trier II 71).

Ehrang – Föhren

## Fell (S)

TR 10   I. *Burg Fell.*
II. TK 6206 Pfalzel: r 25 56 500; h 55 15 140. Am S-Rand von Oberfell, W des Feller-Baches, auf einem nach N und W steil abfallenden Bergsporn.
III. Hier lag ein sehr alter, befestigter Hof der Abtei St. Maximin zu Trier. Die der hl. Margaretha geweihte Kapelle wird im J. 1333 dotiert. Um die Kapelle herum lag einst ein Friedhof. Die Wirtschaftsgebäude des befestigten Hofes sind nur noch z. T. erhalten. Sie lagen an der Umfassungsmauer. In der Mitte der Anlage stand ein großes Wirtschaftsgebäude von 22 x 11 m Größe, von dem nur noch der Keller vorhanden ist.
LITERATUR: Clemen, KDM Kr. Trier 110 f. mit Lageplan Abbildung 60.

## Föhren

TR 11   I. *Kazzenmühle.*
II. TK 6106 Schweich: W des Schlosses Föhren am Katzenbach.
III. Die Mühle war Mitte des 19. Jahrh. wüst.
LITERATUR: Clemen, KDM Kr. Trier 127.

TR 12   I. *Büschmühle.*
II. TK 6106 Schweich: W des Schlosses Föhren im Wald.
III. Diese Mühle lag 1870 in Trümmern.
LITERATUR: Clemen, KDM Kr. Trier 127.

TR 13   I. *Cröverhof.*
II. TK 6106 Schweich: in Föhren, Flur 10, Parz. 89.
III. Über diesen Besitz geben die Akten des StA Koblenz, Abt. Kesselstatt, Beständnisse des Cröverhofes 1758–1793, Auskunft. Der Hof war in Flur 10, Parz. 89 noch auf einer Flurkarte vom Anf. 19. Jahrh. vorhanden.
LITERATUR: Clemen, KDM Kr. Trier 127.

TR 14   I. *Prümer Hof.*
II. TK 6106 Schweich: in der Ortsmitte von Föhren.
III. 893/1222: Güterverzeichnis der Abtei Prüm: *Sunt in furne mansa duo, que similiter seruiunt et soluunt sicut in suueghe. Sunt ibi picture . . .* (MRUB I Nr. 135 S. 158).
Anf. 13. Jahrh. belehnte der Prümsche Abt Cuno v. Are das Kloster St. Thomas a. d. Kyll mit dem Prümschen Lehngut in Föhren (MRUB III Nr. 156).
1524 wird Clemens v. Orley vom Abt v. Prüm mit einem halben Haus und einem halben Turm zu Föhren belehnt. Der 1858 aufgegebene Hof war zuletzt Eigentum des Grafen v. Kesselstatt. Bei der Aufteilung und Verpachtung wurde ein Teil der Gebäude zu einer Schule umgebaut (Föhren Haus Nr. 35/36).
LITERATUR: Clemen, KDM Kr. Trier 127.

### Gilzem

TR 15
I. *Hadem*.
II. TK 6105 Welschbillig.
VI. H. Dittmaier, Die linksrheinischen ON auf -dorf und -heim (Manuskr. Bonn 1961) 80, verzeichnet in dieser Gemarkung den FN *Hadem*.

### Grewenich

TR 16
I. *Alt-Grewenich*.
II. TK 6205 Trier: etwa r 25 37 480; h 55 11 880. Dicht SW der Kapelle Grewenich, in der Flur *Merigen Garten* und *Elternstein*.
VII. Nach Steinhausen, Ortskunde 118, lag Grewenich ursprünglich dicht SW der Kapelle. Das ist sehr einleuchtend, weil die Kapelle merkwürdigerweise etwa 200 m SO des heutigen Grewenich, ganz isoliert und außerhalb der eigentlichen Siedlung, stand. Entweder handelt es sich um eine partielle Ortswüstung, bei der nur der an einer Wegespinne gelegene Teil der Siedlung und die Kapelle erhalten blieben, oder aber in Grewenich fand eine Siedlungsverlagerung nach NW statt, in deren Verlauf die Siedlung von dem alten Kern um die Kapelle sich allmählich nach NW ausdehnte und die SO-Teile wüst wurden.

### Grimburg (S)

TR 17
I. *Glashütte im 'Brühler Wald'*.
II. TK 6307 Hermeskeil: 750 m SO Grimburg, am Waldrand.
III. Im *Brühler Wald* SO Grimburg bestand eine alte Glashütte (H. Neu, KDM Kr. Trier 17).
In archivalischen Quellen finden sich noch Hinweise auf diese Hütte, die noch 1617 arbeitete. Wann sie begründet wurde, ist noch ungewiß. Lokalisiert wurde die Glashütte auf Grund einschlägiger FN.
LITERATUR: Steinhausen, Glashütten 55 mit Anm. 147 a.

TR 18
I. *Sauscheid*, alter Name für *Grimburg*.
II. TK 6307 Hermeskeil.
III. Im 12. Jahrh. wurde durch den Trierer EB Johann I. die Grimburg S des heutigen gleichnamigen Dorfes errichtet. Danach wurde der alte Name aufgegeben und der Burgname übernommen.
LITERATUR: Historische Stätten Deutschlands Bd. 5: Rheinland-Pfalz und Saarland (2. Aufl. 1965) 119.

TR 19
I. *Grimburg*, Burganlage.
II. TK 6307 Hermeskeil: rund 1800 m SSW Grimburg, auf einem nach S vorspringenden, im O und W von Bachtälern begrenzten Bergsporn.
III. Hier lag die Grimburg, eine Gründung des EB Johann I. v. Trier (1190–1212). Sie entstand zu Beginn der Regierungszeit des Erzbischofs. 1192 war sie vollendet. Im 17. Jahrh. verfiel die Anlage vollständig.
VII. Einen Grundriß der Burg enthalten die KDM Kr. Trier 134. Danach war sie eine langgestreckte Burg auf einem Bergsporn. Vorn auf der Spitze lag die Haupt-

burg, rückwärtig auf dem Bergrücken die Vorburg. Vom Bergfried inmitten der Hauptburg sind noch Reste vorhanden.

LITERATUR: Clemen, KDM Kr. Trier 132–135. – Historische Stätten Deutschlands Bd. 5: Rheinland-Pfalz und Saarland (2. Aufl. 1965) 119.

TR 20  I. *Grenderich*.
II. TK 6307 Hermeskeil: 500 m S Gusenburg, 600 m NO Grimburg.
III. 1239: *Grinderich*.
1249: *ecclesia de Grenderich*.
Um 1250: *grindrich*.
1261: *Grenderich*.
1570: *Grynderich*.
1756–75: *Grenderich*.
(Belege nach Jungandreas, Historisches Lexikon 465). Nach Jungandreas a. a. O. ist Grenderich identisch mit *Gusenburg*, das diesen Namen im Mittelalter geführt habe. Den frühesten Beleg für Gusenburg verzeichnet er a. a. O. 475 zum J. 1553: *Goessenburgh*. Es folgen 1570: *Kosenberg*, 1723: *Gouseburg* und 1761: *Gusenburg*. Entsprechend der räumlichen Trennung der alten Kapelle von Grenderich und der heutigen Ortschaft Gusenburg ist wohl nicht eine Identität beider Siedlungen, sondern eine Siedlungsverlagerung vorauszusetzen, wie sie bereits in den KDM Kr. Trier 137 beschrieben wird.
V. Zu Grenderich gehört eine Kapelle, die 1249 als abhängig von der Pfarrkirche in Wadrill bezeichnet wird (MRUB III Nr. 1023). Dieser Entscheidung des Trierer Landdechanten war offenbar der Versuch zu einer Verselbständigung der Kapelle vorausgegangen.
1569 erscheint die Kapelle als *sacellum* (KDM Kr. Trier 137).
1618 wird die Kapelle als ehemalige Pfarrkirche bezeichnet (a. a. O. 137).
Um 1730 war die Kapelle so baufällig, daß der Zehntherr, das Stift St. Paulin zu Trier, sie nicht wiederherstellen ließ. Sie verfiel. Die Bewohner von dort zogen nach Grimburg und Gusenburg um. Heute steht an der Stelle der alten Kapelle ein Heiligenhäuschen des 18. Jahrh.
Die alte Kapelle hatte die Patrozinien Maria Magdalena und Paulinus. Die Bewohner von Grenderich wurden auf dem zur Kapelle gehörenden Friedhof bestattet. Grenderich ist m. E. eine echte Wüstung, deren Bewohner in der ersten Hälfte des 18. Jahrh. in die Nachbarorte umsiedelten.

LITERATUR: Clemen, KDM Kr. Trier 137.

## Gusterath (S)

TR 21  I. *Nivenderoth*.
II. TK 6206 Pfalzel, 6306 Kell: unweit Gusterath, an der Ruwer vermutet.
III. 1246: *molendinum. agros, prata et universa bona, quae habebant in Nevenderoth super Roveram prope Gozbretroth* ..... (MRUB III Nr. 896).
1268 Dez. 2: Rechte an Gütern zu *Nyvelderode* (MRR III Nr. 2394).
VII. Überreste der Siedlung sind bislang noch nicht beobachtet worden.

## Hermeskeil (S)

TR 22  I. *Lascheider Hof*.
II. Bei Hermeskeil gelegen. Genaue Lage jedoch unbekannt.

III. 1341 erhielt der Edelknecht Hugelin, Vogt v. Hunolstein, den Hof *Leynscheit* zusammen mit der Burg Züsch als kurtrierisches Lehen. Der Hof wurde in der zweiten Hälfte des 19. Jahrh. abgebrochen.
LITERATUR: Clemen, KDM Kr. Trier 161 mit weiteren Hinweisen.

TR 23
I. *Wüstenbrühl,* auch: *Wüstedelle.*
II. TK 6307 Hermeskeil: in oder bei Thiergarten, rund 4 km NO Hermeskeil, auf der Kreisgrenze gegen den Kr. Bernkastel.
III. Wüstenbrühl und Wüstedelle werden von M. Müller, ON Trier II 67, und offenbar auch von Jungandreas, Historisches Lexikon 1149, für die gleiche Siedlung gehalten.
Daher verzeichnet Jungandreas a. a. O. unter *Wustedelle* auch die Belege für beide Namen: 1250: *pratum quod vulgo desertum (Wustedelle) vocatur.*
Um 1428: *ad pratum quod vulgo desertum id est wusdele vocatur.*
Nach KDM Kr. Trier 160 ist Wüstenbrühl dieselbe Stelle. Im 14. Jahrh. sei hier von Pilgern eine Kapelle errichtet worden. Für 1408 sei dort ein Markt überliefert. Von 1480 bis Mitte 16. Jahrh. habe hier ein Franziskanerkloster bestanden. Später seien die Gebäude an Kurtrier verpachtet und 1806 versteigert sowie abgebrochen worden. Belege in den KDM Kr. Trier:
1329: Siedlung *Wüstenbrühl.*
1468: Kloster *Wüstenbrühl.*

## Holzerath (S)

TR 24
I. *Glashütten* 'Glasborn'.
II. TK 6306 Kell: 2 km SO Holzerath, mitten im Osburger Hochwald.
VI. Hier gibt es den FN *Glasborn,* der zur Vermutung Anlaß gab, hier befänden sich mittelalterliche Glashütten.
VII. Bei intensiver Suche wurden hier tatsächlich alte Glashütten gefunden. Außer großen rundlichen Steinhaufen mit Quarzgestein fand man den Rest eines Ofens, daneben eine ausgedehnte Halde.
Hauchdünne Scherben wurden in dem Bezirk aufgelesen, die nach L. Hussong dem Mittelalter angehören können.
Darüber hinaus fand man in der Nachbarschaft lange, aus Steinen zusammengelesene 'Mauern', deren Funktion man sich nicht erklären konnte. Man hielt sie für Viehpferche, doch bleibt diese Erklärung unbefriedigend. Noch weiter S fand man eine dicke Schicht von gebrannten Quarzitsteinen, und zwar in einem Bering, der im Volksmund den Namen *Römisch Mauer* führt, und zu dem die erwähnten langen Steinreihen im *Kieferingskopp* ebenfalls dazugehören.
LITERATUR: Steinhausen, Glashütten 54. – Ders., Trierer Zeitschr. 14, 1939, Jahresbericht 1938, 273 mit Grabungsbefunden.

## Kasel (S)

TR 25
I. *Benningen,* auch: *Oberbenningen,* Hof.    Abb. 28.
II. TK 6206 Pfalzel: in der sog. Benninger Schlucht, dem Tal eines Baches, der bei Kasel von W in die Ruwer mündet.
III. Das Trierer Stift St. Paulin hatte in Kasel zwei Höfe: Niederbenningen, heute Haus Nr. 157 in Kasel, und den Hof Oberbenningen, der im Tal des Benninger Baches lag.

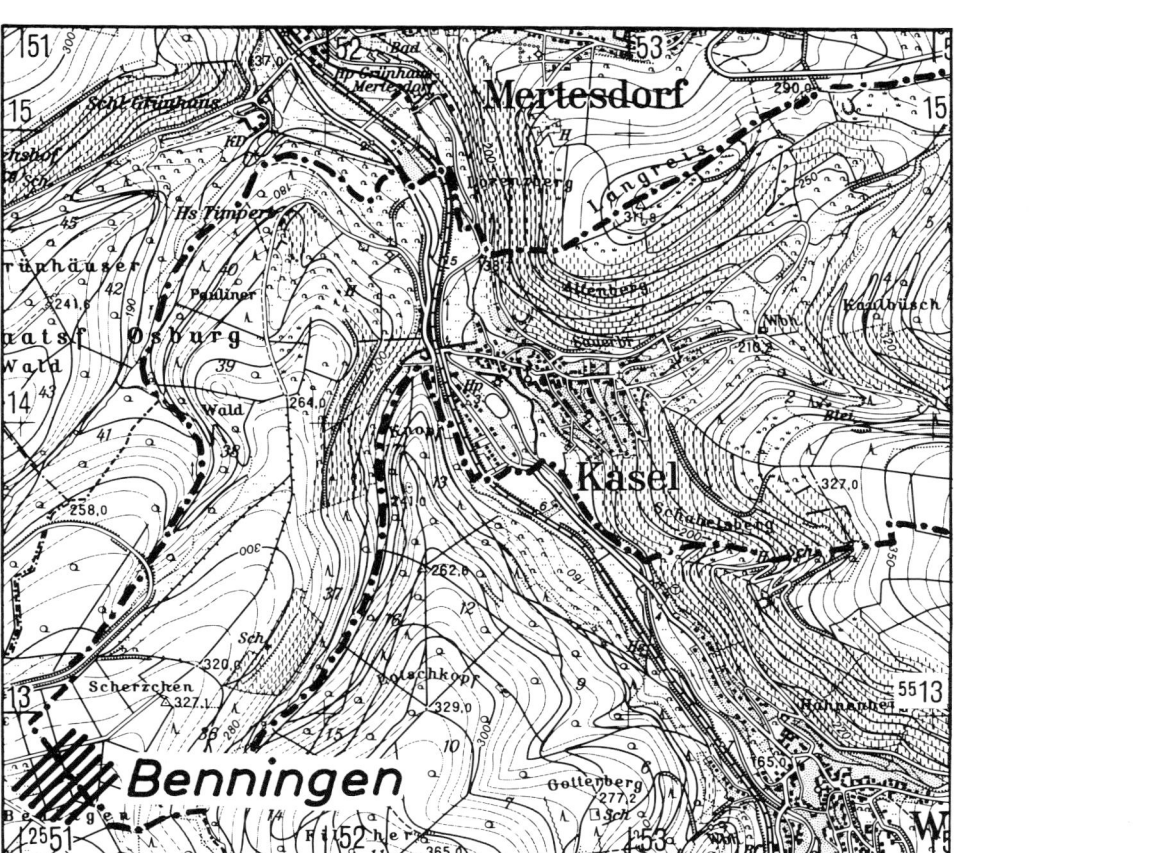

28 Die Wüstung Benningen (TR 25), Gemarkung Kasel (TR).

(Ausschnitt aus der TK 1 : 25 000 Blatt 6206 Pfalzel;
mit Genehmigung des Landesvermessungsamtes Rheinland-Pfalz vom 4. 4. 1973 – Az. 4062/37/73 –
vervielfältigt durch das Rheinische Landesmuseum Bonn).

1059: *Benningen* (Müller, ON Trier II 51).
1333: Ein Weinberg namens *Benning* (KDM Kr. Trier 58).
1816/17 zeigt die Tranchot-K. NA Blatt 215 Trier-Ost SW Kasel die Eintragung *Auf Penningen*.
VI. Daß es sich um einen Einzelhof handelt, läßt der Umriß einer langen, schlauchförmigen Erweiterung der Gemarkung Kasel nach SW erkennen.
Sie umfaßt die Hochfläche zwischen zwei von W in die Ruwer mündenden Bächen, deren S der Benninger Bach ist. Heute heißt diese Hochfläche Benninger Berg. Der Flurannex von Kasel bildet die ehemalige Mark des Hofes Oberbenningen.
LITERATUR: Steinhausen, Ortskunde 148. – Clemen, KDM Kr. Trier 58.

TR 26  I. *Niederbenningen*.
II. TK 6206 Pfalzel: im N von Kasel, zu Füßen der Weinberge.

III. Das heutige Haus Nr. 157 in Kasel ist der ehemalige Hof Niederbenningen des Stiftes St. Paulin zu Trier. Als Klosterhof besaß dieser Hof auch eine kleine Kapelle.
LITERATUR: Clemen, KDM Kr. Trier 58 mit Grundriß der Hofanlage.

## Kordel

TR 27 I. *Glashütte im 'Kernisch-Loch'.*
II. TK 6105 Welschbillig: r 25 47 240; h 55 24 040. Am Oberlauf des Samer-Baches, 2 km NO Kordel, O der Kyll, in einer Waldschlucht. Flurbezeichnung: *Kernisch-Loch.*
III. 1155 Apr. 29: Papst Hadrian IV. bestätigt dem Kloster St. Euchar seine Besitzungen, darunter *Possessionem apud Gernesce* (MRUB I Nr. 589 = Jaffé, Reg. Pontif. II 10042).
VII. Hier fanden sich die Reste einer mittelalterlichen Glashütte. Man fand Glasschlacken und Tonhäfen mit Glasfluß.
LITERATUR: Steinhausen, Glashütten 31 f.

TR 28 I. *Glashütte 'In der Reibach'.*
II. TK 6105 Welschbillig: r 25 46 540; h 55 20 720. SO und zu Füßen der Burg Ramstein, an der Mündung des Reibachs in die Kyll.
VII. Bei der archäologischen Untersuchung eines offensichtlich römischen Gräberfeldes, das die Kyll um die Mitte des 19. Jahrh. langsam freigelegt hatte, entdeckte man die Spuren eines ausgedehnten Bezirkes mit Glasherstellung. Er gehört ins Mittelalter, ohne daß bisher eine nähere Datierung erfolgt wäre. Das Einkünfteverzeichnis der Erzdiözese Trier aus dem Anf. des 13. Jahrh. enthält Belege für die Glasherstellung im Gebiet von Kordel (MRUB II Nachtrag Nr. 15, 391 ff.).

TR 29 I. *Glashütte 'Glasheld'.*
II. TK 6106 Schweich: r 25 48 040; h 55 23 700. 2,5 km ONO Kordel, im Waldbezirk Hochmark, O der Kyll, unmittelbar S des Hofes Birkel, im Quellgebiet des Lohr-Baches, Flurbezeichnung *Glasheld.*
VII. Hier wurde eine mittelalterliche Glasschmelze gefunden, die bereits Ende des 19. Jahrh. Heydinger bekannt gewesen ist und von diesem für römisch gehalten wurde. Daß es sich um eine mittelalterliche Glasschmelze handelt, wurde zuerst von S. Loeschcke entdeckt.
LITERATUR: Steinhausen, Glashütten 31.

TR 30 I. *Glashütte 'Heidenberg'.*
II. TK 6105 Welschbillig: r 25 46 540; h 55 21 850. 1,4 km SSO Kordel, W der Kyll.
VII. Hier fand man Glasschlacken, Glastropfen, Tonhäfen, und zwar das alles vermischt mit römischem Bauschutt. Trotzdem dürfte es sich um eine mittelalterliche Glasschmelze handeln.
LITERATUR: Steinhausen, Glashütten 32.

TR 31 I. *Glashütte 'Auf der Hochmark'.*
II. TK 6106 Schweich: r 25 48 200; h 55 24 180. 2,7 km NO Kordel, auf der Hochfläche 'Hochmark', O der Kyll, unmittelbar NO des Hauses Birkel, auf der Hochmark.
VII. Hier war seit Mitte des 19. Jahrh. eine alte Glashütte bekannt, die von Schmitt

und Heydinger für römisch gehalten wurde. Erst S. Loeschcke gelang der Nachweis, daß es sich um einen mittelalterlichen Gewerbebetrieb handeln muß.
LITERATUR: Steinhausen, Glashütten 29 ff.

TR 32  I. *Glasofen.*
II. TK 6106 Schweich: ungefähr r 25 48 000; h 55 24 200. Auf *Hochmark,* O der Kyll auf der Hochebene, rund 200 m N Haus Birkel, in unmittelbarer Nähe des Glasbetriebes *Auf der Hochmark* (TR 31).
VII. Nach Trierer Zeitschr. 15, 1940, Jahresbericht 1939, 93–96, fand man hier außer einem Gebäude, das mit der Glasherstellung zu tun hatte, einen Unterbau eines Glasschmelzofens. Die Plattenauskleidung eines Feuerungskanals sowie ein Gräbchen für das geschmolzene Glas wurden gefunden. Ferner registrierte man auch Pfostenlöcher um den Schmelzofen herum, die auf eine Überdachung desselben schließen lassen. Zahlreiche Scherben von Schmelztiegeln lagen nahe beim Ofen. Der Fuß einer spätkarolingischen Tonschüssel sowie Keramik des Pingsdorfer Typs deuten ins 9. u. 10. Jahrh. Hier war nicht eine Glasbläserei, sondern nur die Schmelze ansässig. Die Glasbläserei befand sich weiter S, vermutlich in dem freigelegten Gebäude.

TR 33  I. *Kupferbergwerke 'Pützlöcher'.*
II. TK 6105 Welschbillig: r 25 45 660; h 55 21 000. 1250 m NW Butzweiler, auf der Gemarkungsgrenze Butzweiler/Kordel, am S-Hang des Tales des Butzweiler-Baches, der von W in die Kyll mündet.
VII. Hier sind seit langer Zeit die sog. *Pützlöcher* bekannt, die Überreste eines römerzeitlichen Bergbaus auf Kupfererze. Heute noch gibt es im Gelände große Halden mit Abraummaterial, Hohlwege und Rutschen. Die Bergwerke selbst sind erhalten. Es gibt kreisrunde Strossen, also senkrecht abgeteufte Schächte, sowie horizontal verlaufende Strebs und Stollen. Erstere dienten vornehmlich zur Förderung der Erze, in letzteren wurden die Erze vor Ort geschürft. Der römische Untertagebau ging die Lagerstätten nicht von der Hangseite her an, sondern erschloß sie von oben. Neben den eindeutig römerzeitlichen Abbauspuren gibt es auch solche eines anderen Typs, die für mittelalterlich oder frühneuzeitlich gehalten werden.
LITERATUR: R. Schindler, Römischer Kupferbergbau im unteren Kylltal. Kurtrierisches Jahrb. 7, 1967, 5–11.

VORBEMERKUNG ZU DEN BURGEN BEI KORDEL:
Auf den Höhen beiderseits des Kylltales, N und S von Kordel, gibt es vier vor- und frühgeschichtliche oder mittelalterliche Wehranlagen: den Burgberg, die Korpeslei, die Hochburg und die Burg Ramstein. Die zuerst genannte Burg ist vorgeschichtlich; die Hochburg wird für frühmittelalterlich gehalten; Burg Ramstein schließlich ist als kurtrierische Anlage aus den hoch- und spätmittelalterlichen Quellen gut bekannt. Die Korpeslei hingegen ist bis heute undatiert. Weniger als die Datierungsfragen wirft die Häufung der Wehranlagen im Gebiet von Kordel besondere Probleme auf. Der von diesen Burgen beherrschte Abschnitt des Kylltales muß in vorgeschichtlicher wie in früh- und hochmittelalterlicher Zeit eine besondere, herausgehobene Bedeutung besessen haben. Dabei mutet es merkwürdig an, daß im Kylltal selbst wegen der steilen, zerklüfteten Hänge, die meist bis an den Fluß heranreichen, kaum Platz für eine intensive siedlungsmäßige Erschließung verblieb. Eine dicht besiedelte, sehr alt erschlossene Siedlungskammer kommt, wie das etwa im S Leinetal zu beobachten ist, nicht für die Entstehung so vieler Wehranlagen auf engstem Raum in Frage. Vielmehr muß das Gebiet um Kordel aus wirtschaftlichen Gründen schon früh bedeutsam geworden sein, so daß eine Beherrschung dieser Gegend durch Burgen erstrebenswert war. Dieses Bemühen, Herrschaft durch Wehranlagen auszuüben, ist nicht eine auf das Mittelalter beschränkte Erscheinung, obgleich gerade die mittelalterlichen Quellen deutlich werden lassen, daß das Erzstift Trier sich am Unterlauf der Kyll schon recht früh mit Eigenbesitz Stützpunkte verschaffte. In erster Linie geht der wirtschaftliche Auf-

schwung dieses Raumes auf den Abbau von Kupfererzen zurück. Daneben tritt die Glasproduktion als zweiter wichtiger Wirtschaftsfaktor der Frühzeit. Die Grundlagen für diese Wirtschaftsentwicklung, die, was das Kupfer angeht, in römischer, was die Glaserzeugung betrifft, in frühmittelalterlicher Zeit deutlicher durch Funde in Erscheinung tritt, liegen sicher bereits in den vorgeschichtlichen Metallzeiten. Zwar sind diesbezügliche archäologische Zeugnisse dafür bislang noch nicht vorhanden, doch weist bereits die Existenz des langfristig benutzten Burgberges auf die vorgeschichtliche Bedeutung des unteren Kylltales hin. Eine vergleichbare Massierung vor- und frühgeschichtlicher Wehranlagen wiederholt sich in der Eifel bei Bollendorf, Kr. Bitburg; hier sind bisher drei vorgeschichtliche bzw. mittelalterliche Wehranlagen festgestellt worden. Im Gebiet von Bollendorf bildet die bereits in vorgeschichtlicher Zeit einsetzende, eisenproduzierende Gewerbetätigkeit den Hintergrund für die Burgentwicklung. Die Eisenerztagebaue und -gruben um Bollendorf waren noch bis in den Beginn des 19. Jahrh. in Betrieb.

Im übrigen bildet die Sicherung von Bodenschätzen durch Ringwälle, Abschnittswälle und ähnliche Wehranlagen im Verbreitungsgebiet der Hunsrück-Eifel-Kultur eine ganz geläufige Erscheinung. Zu erinnern wäre in diesem Zusammenhang auch an den bekannten Ringwall von Otzenhausen, der als keltisches Oppidum Mittelpunkt der latènezeitlichen Eisengewinnung im Westteil des Hunsrücks war.

Zusammengenommen bieten die Burgen bei Kordel Hinweise auf gewerblich-industrielle Tätigkeiten, die in vorgeschichtlicher Zeit beginnen und bis ins hohe Mittelalter hineinreichen. Aus diesem Grunde wurden hier alle Anlagen in den Katalog aufgenommen, obgleich sie nicht alle erst im Mittelalter erbaut, wohl aber in dieser Zeit immer wieder benutzt worden sind.

TR 34
I. *Burgberg,* vorgeschichtliche Wehranlage.
II. TK 6105 Welschbillig: r 25 46 350; h 55 24 500. Rund 2 km( Luftlinie) NNO Kordel, O der Kyll, in einem Bogen des Flusses nach W.
VII. Von O führt ein schmaler, sehr langer, gratförmiger Bergkamm auf die eigentliche, sich zu einer unregelmäßigen Fläche erweiternden Burg, die ein regelrechtes Plateau bildet. Sie liegt im äußersten W des Burgberges. Das Burgplateau hat 130 m größte Br. und 350 m L. Es ist von einem ovalen Ringwall umschlossen. Vor den mächtigen Steinwall legt sich außen ein Graben. Im N gibt es darüber hinaus eine Vorbefestigung.
Neuere Untersuchungen von R. Schindler haben die Zeitstellung der einzelnen Teile der Befestigung, die sich als mehrperiodig erwies, geklärt. Vier Perioden ließen sich nach Funden oder Baubefunden und Schichtzusammenhängen unterscheiden:
1. Periode: ältere Hunsrück-Eifel-Kultur,
2. Periode: jüngere Hunsrück-Eifel-Kultur,
3. Periode: Spät-Latène-Zeit, die durch die Konstruktionsweise des Murus Gallicus vertreten ist,
4. Periode: römische Zeit, Erneuerung der Anlage um etwa 100 n. Chr. – Mittelalterliche Wiederbenutzung kann nicht ausgeschlossen werden.
LITERATUR: Steinhausen, Ortskunde 161 f. mit älterer Literatur. – R. Schindler, Der Burgberg bei Kordel (Kreis Trier). Trierer Zeitschr. 31, 1968, 247–265.

TR 35
I. *Korpeslei,* undatierte Wehranlage.
II. TK 6105 Welschbillig: r 25 47 000; h 55 21 120. Rund 2,1 km SO Kordel (Luftlinie), auf einem von NO in eine Kyllschlinge vorstoßenden Bergzug, O der Kyll, gegenüber der Ruine Ramstein.
VII. Die allseits durch Steilhänge natürlich gesicherte Bergzunge ist nach der Seite des einzig möglichen Zutritts, nach NO, durch einen 32 m langen und 8 m breiten Graben und einen nach innen gelegenen 2 m hohen Wall gesichert. Graben und Wall reichen bis an die Steilhänge des Berges heran.
BESCHREIBUNG UND LITERATUR: Steinhausen, Ortskunde 163 f.

TR 36    I. *Hochburg*, frühmittelalterlich.
II. TK 6105 Welschbillig: r 25 46 800; h 55 19 500. 3,5 km SO Kordel, auf einem Berggrat zwischen dem Cuttbach im S und dem Laufenbach im N.
VII. Auf einer von der Butzweiler Hochfläche nach NO vorstoßenden Bergzunge, die sich zu ihrer Spitze hin zu einem natürlichen Plateau erweitert, liegt an die Bergzunge an der schmalsten Stelle abschließender Abschnittswall mit außen vorgelagertem Graben. Im eigentlichen Burggelände wird die Vorburg von der Oberburg unterschieden. Letztere ist durch Graben und Wall im SO des Plateaus aus der Vorburg herausgetrennt. Eine stehengelassene Brücke im Graben ermöglichte den Zugang zur Hauptburg. Während der Abschnittswall auf dem Berggrat der späten Hallstattzeit zuzuweisen ist, wurden in der Hauptburg frühmittelalterliche Gefäßscherben gefunden.
BESCHREIBUNG UND LITERATUR: Steinhausen, Ortskunde 164 f.

TR 37    I. *Burg Ramstein*.
II. TK 6105 Welschbillig: r 25 46 380; h 55 21 000. 3,5 km S Kordel, W der Kyll, auf einer ins Kylltal vorstoßenden Bergzunge.
III. Anf. 14. Jahrh. errichtete EB Dietrich v. Trier die Burg, deren Reste noch heute sichtbar sind. Es ist nicht auszuschließen, daß eine Urkunde aus dem Anfang des 10. Jahrh. (915–923) auf einen Vorgänger der hochmittelalterlichen Burg Ramstein Bezug nimmt. In dieser Urkunde wird bezeugt, daß ein gewisser Wolmar mit Zustimmung des EB Rotger v. Trier ein Gelände erworben hat, um darauf Befestigungen (*municiuncula*) zu erbauen. Er gibt dafür der Trierer Kirche aus seinem Besitz, der Fundus Rivus genannt wird und an der Kyll gelegen ist, 2 Joche Ackerland, 4 Joche Wald und einen Felsen in der *marcha Bodardi uillaris* (Butzweiler) mit dem darauf stehenden Gebäude, welches der EB erbaut hatte (MRUB I Nr. 158 = MRR I Nr. 868).
Reste einer älteren Burganlage, die den heute noch vorhandenen Ruinen vorausgegangen ist, wurden bisher nicht festgestellt. Das ganze späte Mittelalter hindurch und in der Frühneuzeit befand sich die Burg in der Hand des EB v. Trier, der sie ab 1500 den Burggrafen und Domdechanten überließ.
Mit A. Schulte, Geschichte des mittelalterlichen Handels und Verkehrs Bd. 2 (1900) 147 f. und Glossar unter 'ramum', 'ramen', 'aramen' = Kupfererz, nimmt Steinhausen, Ortskunde 170, an, daß der Name der Burg mit dem mittellateinischen Wort für Kupfererz zusammenhängt. Es wäre dann ein deutlicher Hinweis auf die nahen Kupfergruben von Butzweiler-Kordel (vgl. TR 33).
1674 wurde Burg Ramstein durch französische Truppen eingenommen und zerstört. Sie wurde danach teilweise wiederhergestellt und diente noch im 18. Jahrh. dem Domdechanten als Wohnung.
VII. Die Burg liegt auf einem ins Kylltal nach O vorspringenden, teils überhängenden Sandsteinfelsen und schließt mit ovalem Mauerbering eine Fläche von 37 x 57 m ein. Im W liegt die sog. 'kleine' oder 'erste' Burg, die Vorburg, die von der Hauptburg durch einen Halsgraben abgetrennt ist. In der Hauptburg steht das noch heute viergeschossige Burghaus von trapezförmiger Grundfläche. Eine detaillierte Beschreibung der Reste enthalten die KDM Kr. Trier 331–338. Auf dem Bergrücken W der Burg lag eine jetzt abgebrochene Zehntscheuer.
LITERATUR: Steinhausen, Ortskunde 170. – Clemen, KDM Kr. Trier 331–338.

TR 38    I. *Nuenburg*.
II. TK 6105: unweit von Winterbach.
III. Um 1200: PN *Johannes ducznit puer de nuburch, nuenburich*.
1275: *Nuenburg iuxta Winterbach*.
Es kann nur eine der Burgen im Kylltal um Kordel gemeint sein. Wahrscheinlich

bezieht sich die Erwähnung von 1275 auf die vorgeschichtliche Wehranlage auf dem Burgberg, unmittelbar SSO von Winterbach (TR 34). Diese müßte dann im Mittelalter wiederbenutzt worden sein. Nicht auszuschließen sind aber auch Bezüge auf die Hochburg bei Kordel (TR 36) oder Burg Ramstein (TR 37).
LITERATUR: Jungandreas, Historisches Lexikon 751.

TR 39
I. *Winterbach.*
II. TK 6105 Welschbillig: r 25 46 400; h 55 25 100. Im Kylltal bei Kordel.
III. Vor 1138 begründeten die Zisterzienser eine Niederlassung in Winterbach bei Kordel. Hier hatte ihnen der EB Albero v. Trier in der Nähe seines Hofes *Cordula* Ländereien zum Unterhalt überwiesen. Da aber dieser Ort zu beengt und zu unsicher war, siedelte sie der EB an eine einsamere Stelle im Kyllwald, am Fluß Salm um, wo die Zisterzienser zunächst auf dem W-Ufer, danach auf dem O-Ufer der Salm die Abtei Himmerod begründeten (MRUB I Nr. 505 = MRR I Nr. 1941).
1152: Bestätigung der Rechte und Besitzungen des Klosters Himmerod durch Papst Eugen III., darunter: *grangiam que dicitur Winterbach* (MRUB I Nr. 563 = Jaffé, Reg. Pontif. II Nr. 9584).
1157: EB Hillin v. Trier bestätigt die Rechte und Besitzungen des Klosters Himmerod: *Confirmamus . . . . deinde Winterbach cum omnibus appendentibus sibi rebus. terras uidelicet. siluas. et prata. cum omnibus usuariis suis. et piscationem quam habent in fluuio Chile, usque in Musellam . . . . .* (MRUB I Nr. 603).
1157: EB Hillin v. Trier bestätigt die Zehnten des Klosters Himmerod: *In grangia uestra de Winterbach pro omnibus. que decimari solent . . . .* (MRUB I Nr. 604).
1184: *Grangiam de Winterbach cum piscatione sua usque in Mosellam . . . . . . .* (MRUB II Nr. 67).
1203: Ein zu Winterbach gehörender Wald (MRR II Nr. 964).
1218: *controversia inter fratres de Wintirbach et Conradum atque Rodulfum villanos de Rode super quibusdam bonis videlicet silva quadam sita inter rivulum, qui vocatur Quinta et Wintirbach . . . .* (MRUB III Nr. 97).
1228 Juli 29: EB Theoderich v. Trier pachtet von der Abtei Himmerode den Hof Winterbach: *. . . . . quod nos recepimus curiam fratrum de Hemmenrode nomine Wintirbach. cum omnibus appendiciis suis . . . . .* (MRUB III Nr. 346).
1238: *quod de fluvio Kile ipsis non prohibentibus aqua profluens ipsorum agros et prata inundatione apud Winterbach destrueret . . . . . .* (MRUB III Nr. 623).
1621–1687 ist Winterbach als Ort mit Tholeyschem Recht belegt (Lamprecht, DWL II 729).
VII. Winterbach lag etwa 500 m S der Deimlinger Mühle im Tal der Kyll, und zwar dort, wo der Riedbach bzw. der Winterbach in die Kyll mündet. Hier hat sich bis ins 19. Jahrh. der Hof Winterbach erhalten, zu dem auch eine Kapelle gehörte, die um 1890 verfallen war. Mauerreste der Kapelle waren noch 1931 sichtbar. Sie war aus schweren roten Sandsteinen errichtet. Die Hausecken bildeten gute Haussteine. Die Gebäude des Hofes Winterbach standen S der Kapelle. Die Tranchot-K. ÄA Blatt 63 Wittlich zeigt Anf. 19. Jahrh. noch einige wenige Gebäude in Winterbach. Im Gelände O der Kyll und S der Mündung des Winterbaches zeigen sich in den dortigen Wiesen starke Unebenheiten, die auf unterirdische Fundamente hindeuten. Bei starker Wasserführung spült der Winterbach diese Gebäudefundamente frei. Unter den Trümmern finden sich auch die Reste einer ausgedehnten römischen Siedlungsstelle, die im Bereich der Zisterziensergrangie Winterbach gelegen hat. Im Mauerwerk der Zisterzienserbauten wurden dann auch römische Ziegel und anderes Baumaterial der römischen Zeit wiederverwendet.
LITERATUR: Steinhausen, Ortskunde 166 mit der älteren Literatur, ferner 162 Abbildung 17. – Clemen, KDM Kr. Trier 77.

## Longuich (S)

TR 40  I. *Colinshof,* Burghaus.
II. TK 6106 Schweich: in Longuich.
VII. Das Burghaus des Colinshofes, der auch als Hof der Cratz v. Scharfenstein bekannt ist, brach man im vorigen Jahrhundert ab. Seine Reste wurden zu Wohnbauten umgebaut. Das Burghaus war ein wohlerhaltenes festes Haus, in der Art eines Wohnturmes errichtet. Es war mit einem Treppenturm sowie mit Wehrerker ausgestattet. In der letzten Form stammte es aus dem J. 1554.
LITERATUR: Clemen, KDM Kr. Trier 225 f. mit Abbildung 141.

## Lorscheid (S)

TR 41  I. *Burg.*
II. TK 6206 Pfalzel: r 25 59 560; h 55 12 800. 2,2 km NW Lorscheid, auf einer weit vorspringenden Bergzunge zwischen Welgerbach und Fellerbach, bei H. 370.
VII. Hier haftet an einem nach drei Seiten abfallenden und nur von SO zugänglichen Hochplateau der Name *Burgkopf.* In diesem Gebiet wurden Spuren von Mörtelmauerwerk und Ziegel gefunden. Bislang kam jedoch keine Keramik zum Vorschein. Die Anlage wird für eine mittelalterliche Burg gehalten.
LITERATUR: Trierer Zeitschr. 4, 1929, 182.

TR 42  I. *Meierrot.*
II. In der Gegend von Lorscheid oder Büdlich, am N-Rand des Osburger Hochwaldes.
III. Anf. 13. Jahrh.: Güterverzeichnis der Abtei St. Maximin zu Trier: *Otto de Decima et sui mansum apud Meieroth,* genannt zwischen Lorscheid und Büdelich (MRUB II Nachtrag Nr. 16 S. 470).
1276: *Meyerroth* (MRR IV Nr. 330).
1396: *Meyerait* u. *Meireit* (Müller, ON Trier II 61).
1447: *Meyrait.*
1512: *Locatio prati domini in Stronssbach apud Meirait* (Lamprecht, DWL I 2, 867 Anm. 3).

## Mehring

TR 43  I. *Zellerhof.*
II. TK 6106 Schweich, 6206 Pfalzel: außerhalb Mehring, bei der Kriegergedächtniskapelle.
III. Hier lag ein alter Besitz des Klosters Prüm, der zuletzt kurfürstlicher Besitz war. Bis zum 1. Weltkrieg waren Trümmer des Hofes noch sichtbar. Er wird für den Rest eines Dorfes Zell gehalten.
LITERATUR: Clemen, KDM Kr. Trier 236.

## Mesenich/Sauer

TR 44  I. *Födelich.*
II. TK 6205 Trier: auf dem O-Ufer der Sauer, N Ortsteil von Mesenich.

416  Kreis Trier

III. 809: Schenkung des Hericus an das Kloster Echternach: *Fedrich* (MRUB II Nr. 14 = MRR I Nr. 404).
1280 Nov. 26: Echternacher Güter zu *Vedelich* (MRR IV Nr. 752).
1374: *Wedenich* (Grimm, Weisthümer II 266 f. – Müller, ON Trier I 59). Vielleicht identisch mit Födenich.
1586: FN *Auff dem plein im Fedelicher Hof* (Jungandreas, Historisches Lexikon 814 unter 'Plein').
1721: *In der Aul* und *im Fedelicher Hof* besaßen die Kreuzherren vom Helenenberg eine Wiese (Jungandreas, Historisches Lexikon 32 unter 'Auel').
Nach Clemen, KDM Kr. Trier 241, bildeten Foedelich und Mesenich bereits 1537 eine Gemeinde. Sie gehörte damals zum Herzogtum Luxemburg. Hier hat offenbar eine Siedlungsverlagerung (Ballung) nach Mesenich stattgefunden.

TR 45    I. *Kirche St. Remigius* zu Mesenich.
II. TK 6205 Trier: auf dem heute noch benutzten Kirchhof von Mesenich.
III. 1231 bestätigt Papst Gregor IX. das Patronatsrecht, welches das Stift St. Paulin zu Trier über die Kirche St. Remigius von Mesenich ausübt (Kentenich, Trierisches Archiv 12, 1908, 77).
1712 war die alte Kirche, angeblich in gotischem Stil erbaut, verfallen. Sie wird wiederhergestellt und 1734 noch um einen Chor mit Sakristei erweitert. Im Laufe des 19. Jahrh. ist die Kirche niedergelegt und 1857 durch einen Neubau an anderer Stelle ersetzt worden (Clemen, KDM Kr. Trier 241 f.).


Minden/Sauer

TR 46    I. *Henschdorf*.
II. TK 6104 Bollendorf.
VI. H. Dittmaier, Die linksrheinischen ON auf -dorf und -heim (Manuskr. Bonn 1961) 80, verzeichnet in Minden den FN *Im Henschdorf*.


Naurath/Eifel

TR 47    I. *Specht*.
II. TK 6106 Schweich.
III. 1340–1369: *de curte in Nuwerod commorans in curte Specht* (Lamprecht, DWL I 2, 1244).


Oberbillig (S)

TR 48    I. *Linktem*.
II. TK 6205 Trier, 6305 Saarburg.
VI. Nach H. Dittmaier, Die linksrheinischen ON auf -dorf und -heim (Manuskr. Bonn 1961) 81, gibt es in Oberbillig den FN *Linktem*. Der Name mag etymologisch verwandt mit dem FN *Lieschen* in der benachbarten Gemarkung Wasserliesch sein.

TR 49     I. Name unbekannt, karolingische Siedlung.
          II. TK 6205 Trier, 6305 Saarburg.
          VII. In der Flur *In der Olk* wurde 1937/38 eine karolingische Siedlung entdeckt und zum Teil archäologisch untersucht. In erster Linie fanden sich unregelmäßig begrenzte Gruben mit Pfostenlöchern darin und rund herum. Sie gehören zumindest teilweise zu großen, rechteckigen Holz- oder Fachwerkbauten. Kleine, rechteckige Grundrisse gab es, verglichen mit der fränkischen Siedlung von Gladbach-Neuwied, in Oberbillig relativ selten. Nur eine dieser kleinen Hütten wurde zweifelsfrei nachgewiesen. Es handelte sich um ein kleines Haus, dessen Boden 1,20 m tief unter der Erdoberfläche lag.
          Zwei vertikale Pfosten trugen den Dachfirst, die Wände bestanden aus Flechtwerk, das eine Fachwerkkonstruktion andeutet. Im besiedelten Gebiet wurde viel spätkarolingische Keramik und nur vereinzelt Ware vom Pingsdorfer Typ gefunden. Das Material läßt sich am ehesten mit der sog. Hospitalkeramik von Trier vergleichen (zu dieser: Trierer Zeitschr. 11, 1936, 84 ff.). Danach muß die Siedlung gegen Ende des 9. oder zu Beginn des 10. Jahrh. aufgegeben worden sein. Ihr Gelände wurde dann von jüngeren Siedlungsresten überlagert: einer 4 m breiten, aus einer Kieselpackung errichteten Straße sowie Mauerzügen eines größeren rechteckigen Baues und weiterer Bauten. Auf der Straße wurde eine Münze Ottos III. (983–1002) gefunden, die zeigt, daß sie nicht lange nach der Aufgabe der spätkarolingischen Siedlung angelegt worden war. Die in den jüngeren Resten der Steinbauten gefundene Keramik muß in das 12. und 13. Jahrh. gesetzt werden.
          LITERATUR: Trierer Zeitschr. 13, 1938, 270; 14, 1939, 273–278, Jahresbericht für 1938.


Orenhofen

TR 50     I. *Burgknopp*, Burghügel (Motte).
          II. TK 6006 Landscheid: r 25 48 340; h 55 29 800. 1,7 km ONO Orenhofen, am S-Rand des Orenhofener Waldes, Distrikt 13.
          VII. Hier liegt im Wald ein großer, von einem Graben umgebener, kreisrunder Hügel, der von der Bevölkerung als Römergrab angesprochen wird. In Wirklichkeit handelt es sich um einen mittelalterlichen Burghügel. Das wurde bereits vor 1930 von J. Steinhausen erkannt. Der Hügel hat noch heute die von Steinhausen, Ortskunde 248 f., beschriebene Form eines Kegelstumpfes. Die Begehung im Okt. 1968 ergab, daß das obere Plateau des Kegelstumpfes noch etwa 20 m Dm. besaß, während der Burghügel an der Basis mehr als 30 m Dm. hatte. Der Burghügel ist noch mehr als 4 m hoch erhalten. Ein kreisrunder Graben von 2–4 m T. und 6–10 m Br. umgibt den Burghügel. Die ganze Anlage befindet sich auf einem schwach nach N zu einem Bachtal abfallenden Gelände. Im N-Teil des Grabens steht auch in trockenen Zeiten Wasser. Eine Vorburg kann, sofern es eine solche gegeben hat, nur nach S gelegen haben. Hier jedoch ist das Gelände stark zerstört, so daß nur Grabungen den Nachweis einer möglicherweise vorhandenen Vorburg erbringen können.
          Die Motte steht in ihrer Entstehung und Funktion sicher mit den zahlreichen Eisenerzvorkommen im Orenhofener und im N daran anschließenden Speicherer Wald in Verbindung, die während des Mittelalters bereits ausgebeutet wurden (hierzu vgl. TR 51, BIT 73).
          LITERATUR: Steinhausen, Trierer Zeitschr. 4, 1929, 51. – Ders., Ortskunde 248 ff.

TR 51   I. *Eisenschmelzen.*
II. TK 6005 Bitburg: r 25 47 030–250; h 55 30 040–280. 1,1 km N Orenhofen.
VII. In den Ruinen einer archäologisch untersuchten römischen Villa rustica (über diese: Steinhausen, Ortskunde 246 mit weiterer Literatur und einem Plan) wurde eine mittelalterliche Eisenschmelze festgestellt. Die zugehörigen Eisengruben NO von Orenhofen zeigt die Tranchot-K. ÄA Blatt 63 Wittlich.
LITERATUR: Trierer Zeitschr. 4, 1929, 50 f.


R a l i n g e n / S a u e r

TR 52   I. *Besch*, auch: *Steinbesch*, Burg.
II. TK 6105 Welschbillig: r 25 38 200; h 55 20 640. Auf einem von NO nach SW gegen das Tal des Mühlenbaches vorstoßenden Kalkfelsen, 2,1 km NO Ralingen, etwa 50 m über dem Mühlenbach gelegen.
III. Anf. 13. Jahrh.: Güterverzeichnis der Abtei St. Maximin: PN *Godefridus de Beche* (MRUB II Nachtrag Nr. 16 S. 465). Außerdem gibt das MRUB II zwei weitere Mitglieder v. Beche an: für 1097 Esewart, für 1156 Anselm liber, die zunächst Bech/Luxemburg zugeordnet werden, dann aber in einer Berichtigung (MRUB III S. 1206 zu LXXII) als Besitzer von Steinbesch b. Ralingen angesehen werden.
VII. Nach Steinhausen, Ortskunde 263 f., lag hier eine kleine Burganlage, von der noch 2 m dicke Mauern sichtbar gewesen sind, die aber mittlerweile ausgebrochen und anderweitig verwendet wurden. Nach NO, dem einzig möglichen Zugang, lag ein Abschnittsgraben. Vielleicht war die Burg der Stammsitz der Familie v. Beche (vgl. unter III).

TR 53   I. *Besch*, Dorfwüstung.
II. TK 6105 Welschbillig: r 25 38 020; h 55 20 500. Auf dem O-Ufer des Mühlenbaches, gegenüber der heutigen Georgs-Mühle.
III. Anf. 13. Jahrh. nennt das Güterverzeichnis der Abtei St. Maximin mehrfach Besch, ohne daß zunächst zu entscheiden wäre, ob Bech/Luxemburg oder Besch, Kr. Saarburg, oder aber die Wüstung Besch gemeint ist. So erscheint die Kirche von Besch unter denen, die der Abtei zugehören, und zwar in der Erzdiözese Trier (MRUB II Nachtrag Nr. 16 S. 430). Ferner: *In Besch sunt. XIII. mansi.* (a. a. O. 440).
1567 enthält die Karte Mercators das Dorf *Bechs*, jedoch ohne Angabe der Burg. Besch muß also nach 1567 wüst geworden sein.
V. In Besch gab es eine Kapelle St. Gangolf. Sie soll Mitte des 17. Jahrh. infolge eines Erdrutsches in den Bach gestürzt sein (Heydinger 362 mit Anm. 173. – Clemen, KDM Kr. Trier 331).
Die Kapelle von Besch muß in der Umgegend als Wallfahrtskapelle sehr bekannt gewesen sein. Die von den umliegenden Dörfern nach Besch führenden Wege hießen dort jeweils *Bescher Weg.*
VII. Am Ufer des Mühlenbaches wurden Reste der ausgegangenen Siedlung Besch gefunden. Man barg mittelalterliche Keramik des 9./10. Jahrh. und des 14./15. Jahrh. Das Dorf selbst soll an der Pest ausgestorben sein. Nach Heydinger 362 soll Besch ein kleiner Weiler mit nur 6 Höfen gewesen sein.
LITERATUR: Steinhausen, Ortskunde 264 mit der älteren Literatur. – Wisplinghoff, St. Maximin 103.

TR 54  I. *Kapelle*.
II. TK 6105 Welschbillig: r 25 37 260; h 55 19 540. Rund 600 m N Ortsmitte Ralingen, heute unter dem Eisenbahndamm liegend.
III. 1816/18 zeigt die Tranchot-K. NA Blatt 214 Trier-West *Kapelle* mit einem Gebäude.

### Ruwer

TR 55  I. *Kevenich*.
II. TK 6206 Pfalzel: ungefähr r 25 49 800–50 500; h 55 15 800. Direkt am S-Ufer der Mosel, etwa 1400 m W Ruwer, gegenüber von Pfalzel.
III. Anf. 13. Jahrh.: Güterverzeichnis der Abtei St. Maximin zu Trier: *Duo iugera iuxta Keuenich* . . . . . (MRUB II Nachtrag Nr. 16 S. 461).
1240–1330: *vineis apud Kevenich* (Lamprecht, DWL III 325 ff.).
1284: Güter an der Mosel in Pfalzel gegenüber dem Kelterhaus von Kevenich (MRR IV Nr. 1121).
VI. Der nach S anschließende Berghang heißt noch heute *Keviger Berg*.
LITERATUR: Steinhausen, Ortskunde 277 f.

### Schillingen (S)

TR 56  I. *Glashütte 'Glashuf'*.
II. 1800 m N Schillingen, am S-Rand des Osburger Hochwaldes.
VI. Nach Steinhausen, Glashütten 54 f., gab es hier den FN *Glashuf*. Im Gelände wurden bisher trotz Nachsuche keine Reste einer alten Glasproduktion gefunden. Eine genaue Begehung des fraglichen Gebietes hat bisher aber noch nicht stattgefunden.

TR 57  I. *Niederkell*.
II. 1,3 km S Schillingen, zwischen Schillingen und Waldweiler, bei der Niederkeller Mühle.
VII. Hier wurden bei Bauarbeiten sehr viele spätmittelalterliche und frühneuzeitliche Scherben, vor allem Steinzeuge, gefunden. In einem Visitationsregister von 1655 wurden die Dörfer *Niederkell* und *Wiltscheidt* als *abgegangen und verfallen* bezeichnet (Clemen, KDM Kr. Trier 353).
LITERATUR: Trierer Zeitschr. 18, 1949, 333.

TR 58  I. *Wiltscheidt*.
II. Zwischen Schillingen und Waldweiler.
III. Ein Visitationsprotokoll von 1655 bezeichnet die Dörfer *Niederkell* und *Wiltscheidt* als *abgegangen und verfallen* (Clemen, KDM Kr. Trier 353).

### Schleidweiler-Rodt

TR 59  I. *Eisenschmelze*.
II. TK 6106 Schweich: r 25 48 600–900; h 55 28 200–500. Rund 2 km NO Schleidweiler, am alten Wege nach Zemmer, im Lastert-Wald Distrikt 12.

TR 60
VII. Hier finden sich die Reste eines Eisenverhüttungsbezirkes. Nach Steinhausen, Ortskunde 286, sind Weiher mit künstlich erhöhten Rändern sowie Schlackenhügel im Walde sichtbar.

TR 60
I. *Eisenschmelze.*
II. TK 6106 Schweich: r 25 48 460–840; h 55 27 760–28 150. Rund 1,7 km NO Schleidweiler, im Lastert-Wald Distrikt 11.
VII. Nach Steinhausen, Ortskunde 286, sind die Reste einer mittelalterlichen Eisenschmelze im Walde dort sichtbar.

TR 61
I. *Eisenschmelze.*
II. TK 6106 Schweich: r 25 48 880–49 300; h 55 26 840–27 200. Im Wald *Friedbüsch,* Distrikt 8. 1,5 km OSO Schleidweiler.
VII. Zwischen zwei großen Komplexen von vorgeschichtlichen Hügelgräbern in den Distrikten 7 und 9 findet sich in Distrikt 8 ein ausgedehnter Bezirk mittelalterlicher Erzgruben, die nach NO bis in Distrikt 7 hineingehen und in Distrikt 8 drei vorgeschichtliche Hügel teilweise beseitigt hatten. Hier wurde bis ins 19. Jahrh. Brauneisenstein obertägig abgebaut, der zuletzt im Quinter Eisenwerk verarbeitet wurde. Der Abbau von Eisenerz hat hier aber bereits im frühen Mittelalter eingesetzt.
LITERATUR: Steinhausen, Ortskunde 282 ff. mit Abbildung 32. – Trierer Zeitschr. 10, 1935, 142.

TR 62
I. *Eisenschmelze 'Bei dem Achenbäumchen'.*
II. TK 6105 Welschbillig, 6106 Schweich: ungefähr r 25 47 900; h 55 27 200. Am SO-Rand von Schleidweiler.
VII. Nach Steinhausen, Eisenschmelzen 55, finden sich hier im Bereich der spätrömischen Villa rustica zahlreiche Streufunde von Eisenschlacken, die zu einem hier gelegenen mittelalterlichen Eisenhüttenbetrieb gehören.
LITERATUR: J. Steinhausen, Alte Eisenschmelzen in der Südeifel. Trierer Zeitschr. 1, 1926, 55.

TR 63
I. *Eisenschmelze 'Hinter der First'.*
II. TK 6105 Welschbillig: ungefähr r 25 47 450–600; h 55 28 100–400. Etwa 1,2 km N Kirche Schleidweiler, 200 m N der Kapelle.
VII. Nach Steinhausen, Eisenschmelzen 55, fanden sich große Schlackenhalden der mittelalterlichen Eisenverhüttung. Es wurden hier auch Scherben des späten Mittelalters entdeckt.

TR 64
I. *Eisenschmelze 'Hüstchen'.*
II. TK 6105 Welschbillig: ungefähr r 25 47 670; h 55 26 700. 150 m W der Straße von Schleidweiler nach Rodt.
VII. Hier fanden sich mittelalterliche Eisenschlackenhügel sowie spätmittelalterliche Keramik.
LITERATUR: Steinhausen, Eisenschmelzen 55.

TR 65
I. *Eisenschmelze bei Rodt.*
II. TK 6105 Welschbillig, 6106 Schweich: ungefähr r 25 47 900; h 55 26 400. Am N-Rand von Rodt.
VII. In 1 m Tiefe wurden hier noch massenweise Eisenschlacken gefunden, die zu einer Eisenverhüttung gehören.
LITERATUR: Steinhausen, Eisenschmelzen 55.

TR 66  I. *Erzberg*.
II. TK 6106 Schweich: etwa 1,7 km O Rodt, im S-Zipfel des Waldes Friebüsch.
VII. Hier soll im Mittelalter ein Dorf namens *Erzberg* gestanden haben, das mit der Eisengewinnung in diesem Raum begründet wurde. Es ist außerdem davon die Rede, daß in früheren Zeiten Leute aus *Welschland* gekommen seien, die den Eisenbetrieb in diesem Gebiet begonnen hätten.
LITERATUR: Steinhausen, Eisenschmelzen 55.

TR 67  I. *Kapelle?*
II. TK 6105 Welschbillig, 6106 Schweich: in der Flur *Auf der Borstadt*.
VII. Hier wurde durch einen Lehrer im Auftrage des RLMT nach römischen Siedlungsresten gegraben. Er fand eine quadratische Ummauerung von 13,3 m Kantenlänge, in ihrer Mitte den Rest einer quadratischen Steinpackung von 8,50 m Seitenlänge. Im SO war ein kleiner Rechteckbau angefügt, der 3,90 x 2,90 m maß. Hier und in dem anderen Bau wurden einige kleine Kinderbüsten gefunden, die man für Devotionalien hält. Aus diesem Grunde wird der Bau für eine mittelalterliche Kapelle gehalten. Die ganze Anlage war zweiperiodig.
LITERATUR: Trierer Zeitschr. 8, 1933, 135.

## Schweich

TR 68  I. *Burg*, auch: *Quintburg*.
II. TK 6106 Schweich: r 25 50 900; h 55 23 000. Auf dem Burg-Berg oder Quintinberg, zwischen Quint-Bach und Tiefen-Bach, 1,8 km N Quint.
III. Um 1200: Gesta Trevirorum: das *castrum in Quintinberch iuxta fontem Milonis*, welches Graf Friedrich v. Vianden gebaut hatte, wird zerstört (Jungandreas, Historisches Lexikon 844).
Um 1204: *a civitate in Quintinberch* (Lamprecht, DWL I 2, 1271).
VII. Auf dem von NO nach SW verlaufenden Bergkamm sind sowohl auf der vordersten Spitze im SW als auch etwa 350 m NO davon Spuren einer mittelalterlichen Wehranlage erkennbar. Das Burgplateau im SW wird im O durch einen tiefen Halsgraben abgeschlossen und ist im übrigen von einem mächtigen Wall umgeben.
LITERATUR: Steinhausen, Ortskunde 288 f. mit älterer Literatur.

TR 69  I. *Burg Castellaun*.
II. TK 6106 Schweich: ungefähr r 25 51 650; h 55 23 280. O des Tiefen-Baches, gegenüber der Quintburg.
VII. Der Name Castellaun haftet an einer Buntsandsteinkuppe O des Tiefen-Baches, auf der die Gegenburg des EB Johann I. v. Trier gegen die Quintburg errichtet worden sein soll. Da keine Reste der Wehranlage im Gelände erhalten sind, ist diese Vermutung zunächst nicht nachprüfbar.
LITERATUR: Steinhausen, Ortskunde 289.

TR 70  I. *Celderun*, Wüstung?
II. TK 6106 Schweich: bei Schweich, genaue Lage nicht bekannt.
III. 1136: Bestätigung der Güter der Abtei Prüm: . . . . . . *in altero uero banno qui vocatur Celdrůn* . . . . . (MRUB I Nr. 488).
Anf. 13. Jahrh.: Güterverzeichnis der Abtei St. Maximin: *Vinee in Clederun soluunt dimidium vinum* . . . . (MRUB II Nachtrag Nr. 16 S. 441).
1238 Mai 24: *vineam apud Swecke in banno Cledirhun* . . . . . . (MRUB III Nr. 622).
1510: *cledron* (Jungandreas, Historisches Lexikon 213).

TR 71　I. *Curtscheid*.
II. TK 6106 Schweich: bei Schweich?
III. 1144/1168: Gütertausch zwischen der Abtei Echternach und dem Dietrich v. Siebenborn: *quedam bona apud uillas. Sveiche. et Curzheit . . . . .* (MRUB II Nr. 47 = MRR II Nr. 167).
1276: *Curtscheit* (MRR II Nr. 344).
1294 Aug. 10: *Curtscheit* (MRR II Nr. 2318).
1308: *Cortzeit* (Müller, ON Trier II 62).

TR 72　I. *Heilzinroth*.
II. TK 6106 Schweich: in der Gemarkung Schweich.
III. 1318: *Heilzinroth* (Müller, ON Trier II 60). Es ist unbekannt, ob es sich um eine Ortswüstung handelt.

TR 73　I. *Mühlchen*.
II. TK 6106 Schweich: bei Schweich.
III. 1801/1814 zeigt die Tranchot-K. ÄA Blatt 69 Trier-Ost ein aus 7 Häusern bestehendes kleines Dorf namens *Mühlchen* bei Schweich.

S o m m e r a u  (S)

TR 74　I. *Sommerau*, Burg.
II. TK 6206 Pfalzel: r 25 53 220; h 55 09 020. 250 m O der Ruwer, auf einer Bergkuppe, die als Umlaufberg eines älteren, heute verlandeten Ruwerlaufes gebildet wurde.
III. 1303: Johann, genannt Waleram, trägt sein Haus und seine Feste Sommerau dem EB v. Trier zu Lehen auf: *domum sive castrum Soumerouwe* (Wampach, UB Luxemburg VI Nr. 940).
1329 nennt ein Lehnsrevers *castrum et fortalicium . . . . Somerauwe* (KDM Kr. Trier 366).
1340: *Somerauwe* (Lamprecht, DWL I 2, 1286 Anm. 3).
1389 befindet sich die Burg im Besitz des Johann Walrave, der sie als Lehen des EB v. Trier hat. Der EB v. Trier erklärt, daß sie nach dessen Tod an die Brüder Johann u. Heinrich v. d. Fels kommen solle (KDM Kr. Trier 366).
VII. Die Ruinen der Anlage beschreiben die KDM Kr. Trier a. a. O. Danach stand die Burg auf einem etwa 50 x 80 m großen ovalen Gelände, das sich auf einem einst allseits von Wasser umgebenen Berg erstreckt. Der bis 10 m hoch erhaltene Wohnbau der Anlage stand im äußersten W des Burggeländes, hoch über der Ruwer. Im O der Anlage, nach der Seite des verlandeten älteren Ruwerarmes, steht der noch heute 4 Stockwerke hoch erhaltene, 16 m hohe Bergfried mit rechteckigem Grundriß. Auf der Nordseite wurden als zusätzliche Sicherung Wall und Graben angelegt; auf allen anderen Seiten boten natürliche Steilhänge genügend Sicherheit.

TR 75　I. *Mühle* zu Füßen *Burg Sommerau*.
II. TK 6206 Pfalzel: auf der N-Seite des Burgberges der Burg Sommerau, also etwa r 25 53 280; h 55 09 240.
III. 1777 wird eine zum freien Hof Sommerau gehörende Mahlmühle als ruiniert bezeichnet. Der Chorbischof Franz v. Eltz gab 1716 dem Trierer Wollenweber-Amtsmeister *einen öden Platz bei Sommerau zur Erbauung einer Walkemühle* als Lehen. Es dürfte sich um die 1777 verfallene Mühle handeln, zu deren Wiederaufbau sich 1791 das Wollenweberamt bereit erklärte.

VII. Erhalten haben sich bis heute zwei durch künstlich aufgeschüttete Dämme aufgestaute Teiche, an denen einst die Mühle gelegen hat.
LITERATUR: Clemen, KDM Kr. Trier 368.

TR 76  I. *Sernau*, vielleicht identisch mit *Sommerau* (TR 74 u. 75).
II. TK 6206 Pfalzel: NW zu Füßen der Burg Sommerau, also ungefähr r 25 53 130; h 55 09 100. Auf dem O-Ufer der Ruwer.
III. Um 1200: *de Sernou* (Jungandreas, Historisches Lexikon 993).
1271 Dez. 13: *Das Dorf Sernauwe . . . . . . mit Leuten, Wiesen, bebauten und unbebauten Ländereien, Waldungen, Zinsen, Wassern und Wasserläufen sowie sonstigem Zubehör* (MRR III Nr. 2660).
1275 Apr. 28: Rechte des Ritters Daniel v. Wunnenberch im Dorfe *Sernowe* (MRR IV Nr. 169).
Im 18. Jahrh. wird ein freier Hof Sommerau genannt, der sich anscheinend im Besitz des Trierer Domkapitels befand. Die Häuser des von zwei Hofleuten bewohnten Hofes werden 1777 als *sehr schlecht im Bau* bezeichnet (Clemen, KDM Kr. Trier 368).
1363/64 erscheinen als Bürger zu Trier zweimal PN *van Serne* und einmal *van Soumerau* (Trierisches Archiv, Erg.-H. 9, 1908, 4, 28 u. 35).
Ob beide Namen zeitweise nebeneinander gebräuchlich waren oder einander abgelöst haben, ist unklar. Offenbar handelt es sich aber um die gleiche Siedlung.

## Tarforst (S)

TR 77  I. *Matten*, auch: *Mattenhof*.
II. TK 6206 Pfalzel: r 25 50 380; h 55 13 750. 1,8 km N Tarforst, an der heutigen Ostgrenze des Stadtgebietes von Trier.
III. 7. Jahrh.: Matten bereits in Trierer Besitz (E. Ewig, Das Trierer Land im Merowinger- und Karolingerreich. In: Gesch. d. Trierer Landes I, 241).
1135: *Mattena* als Besitz der Abtei St. Maximin Trier (MRUB I Nr. 483).
1189: PN *W. de Berlengen. et H. de matthene fratribus* (MRUB II Nr. 93).
Anf. 13. Jahrh.: Güterverzeichnis der Abtei St. Maximin: *Mattene* (MRUB II Nachtrag Nr. 16 S. 459 ff.). Die im Güterverzeichnis aufgezählten Liegenschaften und Rechte in Matten zeigen deutlich, daß es sich um eine partielle Dorfwüstung handelt, von der nur der Mattenerhof bis in die Neuzeit überlebte. Der Mattenerhof wurde in der ersten Hälfte des 20. Jahrh. abgebrochen.
1256: *Idem proventus vini et annona in monte Mattena* (MRUB III Nr. 1376).
1267: Ein Garten zu Matten (MRR III Nr. 2274).
1269: Die abteiliche (St. Maximin) Scheune im Dorfe Matten mit dabeigelegener Hofstatt (MRR III Nr. 2432).
1270: Die Hälfte der großen Wiese bei Matten mit einer Hofstatt darauf (MRR III Nr. 2503).
Vor 1281: *pro horreo de Mathena edeficando* (Lamprecht, DWL II, 580).
Nach 1291: *pro duobus iurnalibus et dimidio terre arabilis apud Mattena* (Lamprecht, DWL II, 578).
1330: *in Mattina orreum unum novum* (Lamprecht, DWL II, 580).
1609: PN *Hoffmann uff Matten*, zweimal genannt (Trierisches Archiv 16, 1909, 6 f. u. Anm. 2).
Matten ist eine Ortswüstung, von der nur noch der Mattenerhof übrigblieb, der Anf. 20. Jahrh. auch abgerissen wurde.
V. In Matten stand eine wohl ins Mittelalter zurückreichende Kapelle, die 1609 ein-

gestürzt war und nicht wieder aufgebaut wurde. Sie gehörte zur Trierer Pfarrei St. Michael.

LITERATUR: Jungandreas, Historisches Lexikon 654. – Steinhausen, Ortskunde 321. – Clemen, KDM Kr. Trier 178.

## Trier–Stadt

VORBEMERKUNG: In Trier liegen im Hinblick auf die Wüstungsfrage besondere Verhältnisse vor. Die Entstehung der mittelalterlichen, mit einer Mauer umwehrten Stadt Trier zwischen 1150 und 1250 bildet den Endpunkt einer jahrhundertelangen Siedlungsentwicklung, die von zahlreichen kleinen fränkischen Siedlungskernen ihren Ausgang nahm. Diese frühmittelalterlichen Siedlungskerne hatten sich innerhalb und außerhalb der spätantiken Civitas nach dem Ende der römischen Herrschaft neu gebildet. Sie lassen sich in drei Gruppen zusammenstellen:

1. Siedlungskerne **innerhalb der antiken Civitas, doch außerhalb der mittelalterlichen Stadtumwehrung**: Musil (TR 87), Castel (TR 81), Bergentheim (TR 79), Biez (TR 80), Brücken (TR 84). Dazu kommen ferner der Hof Langenborn in der Nähe des antiken Amphitheaters (TR 86) sowie die spätmerowingische Siedlung im Altbachtal zwischen Castel und Bergentheim (TR 83).

2. Siedlungskerne **innerhalb der antiken Civitas und zugleich innerhalb der mittelalterlichen Stadtumwehrung**: Beheim (TR 78), St. Irminen-Oeren (TR 88), Vetus castrum in den Kaiserthermen (TR 82).

3. Siedlungskerne **außerhalb der antiken Civitas und außerhalb der mittelalterlichen Stadt**. Sie entstanden meist um die frühen Kirchen herum, die ihrerseits oft auf Coemeterialanlagen zurückgehen: St. Maximin (TR 89), St. Paulin (TR 90), St. Maria ad martyres (TR 91), St. Symphorian (TR 92), St. Martin (TR 93), St. Eucharius-Matthias (TR 94). Dazu kommt noch Überbrücken (TR 85) jenseits der Mosel.

Wie sind diese drei Gruppen von Siedlungen aus der Sicht der Wüstungsfrage zu beurteilen? Beschränkt man den Tatbestand einer Wüstung auf jene Fälle, in denen ein Dorf wegen Bevölkerungsverlustes (Krieg, Seuchen, Auswanderung) wüst wurde, so ist kaum einer der genannten Siedlungskerne als Wüstung anzusprechen. Aber die Bildung von Wüstungen bedeutet sowohl in der Umgebung von Städten als auch auf dem flachen Lande nicht immer einen effektiven Bevölkerungsverlust. Viel häufiger kommen Bevölkerungsverschiebungen vor, die sich im allgemeinen als Bevölkerungsballung erweisen. Auch dann spricht man mit Recht von Wüstungsbildung. Auf diesem Hintergrund sind auch im heutigen Stadtgebiet von Trier Ballungsvorgänge nachzuweisen, in deren Zusammenhang der Begriff der Wüstung angebracht ist.

Auf keinen Fall können die innerhalb der mittelalterlichen Stadtumwehrung gelegenen Siedlungskerne der Gruppe 2. als Wüstungen angesprochen werden, denn sie gingen noch während des Mittelalters in der Stadt Trier auf. Die zunächst zwischen ihnen noch verbliebenen unbebauten Freiflächen dürften sich im Laufe der Zeit geschlossen haben. Als die Bebauung einheitlich und lückenlos geworden war, entfiel die Voraussetzung für eine Eigenexistenz der alten Siedlungskerne. Sie verloren ihre Selbständigkeit, die sich unter anderem in besonderen gemeindlichen Organisationsformen, in einer Sonderstellung als Kirchengemeinde und im eigenen Namen ausgedrückt hatte.

Die Siedlungskerne der Gruppen 1. und 3. hingegen blieben von der Stadtwerdung Triers im Mittelalter unberührt: Sie wurden nicht in den Mauerring mit einbezogen. Beide Gruppen blieben das ganze Mittelalter hindurch der Anziehungskraft ausgesetzt, die zu jener Zeit eine Stadt auf die Umwohner auszuüben pflegte. So mag mancher Einwohner dieser Siedlungen in die Stadt gezogen sein. Inwiefern daraus partielle Ortswüstungen in diesen Siedlungen entstanden, muß in besonderen Untersuchungen geklärt werden, die hier nicht durchzuführen sind. Als Außenbürger traten die Bewohner der umliegenden Siedlungen auch oft genug in ein besonders privilegiertes Verhältnis zur Stadt. Die stärkste Tendenz zur Unabhängigkeit von der Stadt Trier zeigten im Laufe der Jahrhunderte die um die frühen Kirchen herum entstandenen Siedlungen. Bei St. Maximin tritt der politische Gegensatz dieser eigenständigen Gemeinde zur Stadt beson-

ders hervor. Garanten ihrer Unabhängigkeit von der Stadt waren mehrere Faktoren: das Bestehen einer königlichen Pfalz innerhalb ihrer Mauern, die Zoll- und Marktprivilegien, die sie genoß, und der Schutz durch den Erzbischof.
Durch den Abzug ihrer Bewohner nach Trier ohnehin geschwächt, befanden sich alle diese Siedlungen in der Neuzeit in einem Niedergang. Nachdem im 19. Jahrh. die Stadt Trier ihren mittelalterlichen Mauerring sprengte und mit ihrer Bebauung über die engen mittelalterlichen Grenzen hinausgriff, war das Ende dieser Siedlungen gekommen: Sie hörten auf, als topographisch besonders abgegrenzte und rechtlich abgehobene Gemeinden zu bestehen und wurden in die Stadt einbezogen. Insofern sind sie, abgesehen vom mittelalterlichen Bevölkerungsabfluß in die Stadt, der sie oft zu partiellen Wüstungen hatte werden lassen, auch hinsichtlich des Verlustes ihrer siedlungsmäßigen und politischen Eigenständigkeit als Wüstungen anzusprechen. – Zu diesen Fragen vgl. Textband S. 58, 223.

TR 78   I. *Beheim,* auch: *Böheim.*
II. TK 6205 Trier: ungefähr r 25 45 600–46 100; h 55 13 650–14 000. Im NW von Trier, zwischen St. Maria in Horreo und St. Martin, innerhalb der mittelalterlichen Stadtmauern.
III. 980–1180: Verzeichnis der Güter und Einkünfte des Trierer Domkapitels: *Census de ortis in beheim* . . . . . (MRUB II Nachtrag Nr. 11).
Ende 12. Jahrh.: Testament des Livezeizus von Trier: *Et duas domunculas in beheim. Et ortum in beheim. Et locum domus in beheim* (MRUB II Nr. 254 = MRR II Nr. 525).
1278: eine Gasse namens *Beheym* (MRR IV Nr. 483).
1294: *in vico beheym* (3mal) *vulgariter dicto* (StA Koblenz Abt. 96 Nr. 488 – zit. n. Jungandreas, Historisches Lexikon 89 unter *Böhmerstraße*).
1296: ein Backhaus (*domus pistrina*) in der Straße *Behem* (MRR IV Nr. 2534).
1305: *orto ipsius sito in Beheyen* (Trierisches Archiv 21, 1913, 31).
1332: *in vico proprie appelato Beyheim* (Trierisches Archiv 6, 1902, 79).
1338: *ad vicum, qui dicitur Beheimergasse* (Trierisches Archiv 21, 1913, 16).
1360: *Beheymergasse.*
1363/64: *Yn Beheymer gasse* (Trierisches Archiv, Erg.-H. 9, 1908, 49).
Um 1375: *Bemergasse.*
1490: *in der Bemergasse.*
1492–1500: *bemergass.*
1624: *Behmergaße* und *zum Behem* (Belege b. Jungandreas, Historisches Lexikon 89).
VI. Beheim ist in diesem Gebiet noch als FN, in der Form *Böhmergasse* noch als Straßenname in Trier üblich.
VII. Unter dem vicus Beheim hat man einen eigenständigen Siedlungskern innerhalb der fränkisch-karolingischen Stadt Trier zu verstehen. Er gruppierte sich um die Kirche St. Maria ad Horrea und das gleichnamige Kloster, welches in der 1. Hälfte des 7. Jahrh. der Bischof Modoald begründet haben soll. Man wird deshalb Beheim ohne weiteres für einen merowingerzeitlichen Siedlungskern halten dürfen.
LITERATUR: B. Keune, Trierer Zeitschr. 4, 1929, 219. – L. Hussong, Trierer Zeitschr. 10, 1935, 170. – E. Ewig, Trier im Merowingerreich. Trierer Zeitschr. 21, 1952, 79 ff., 239 ff. – Steinhausen, Siedlungskunde 493. – K. Böhner, Die fränkischen Altertümer des Trierer Landes Bd. 1 (Berlin 1958) 285 ff. und Karte III. – Jungandreas, Historisches Lexikon 89 mit weiterer Literatur. – K. Flink, Bemerkungen zur Topographie der Stadt Trier im Mittelalter. In: Landschaft und Geschichte, Festschr. f. F. Petri (Bonn 1970) 222–236.

TR 79  I. *Bergentheim.*
II. TK 6205 Trier: ungefähr r 25 46 300–900; h 55 12 000–350. Im SO von Trier, an den römischen Tempelbezirk Altbachtal nach SO anschließend, innerhalb der antiken Stadtmauern; außerhalb der mittelalterlichen Stadtmauern.
III. 12. Jahrh.: Ältestes Trierer Stadtrecht: *Item ipse custodes vinearum in tribus bannis ponere debet apud Castele IV, apud Berchentheim duos, apud montem s. Martini unum. Item custodes vinearum apud Castele dant centurioni VI denarios, illi de Berchentheim III denarios, illi de monte s. Martini III obulos* (Kentenich, Trierisches Archiv 7, 1904, 80).
1220: Vertrag des Klosters Himmerod: *Notum sit omnibus tam futuris quam presentibus Christi fidelibus, quod ecclesia de Hymmerode quandam vineam apud Berkentheim in loco, qui vulgo Virdeil dicitur sitam, erga ludewicum de Berkentheim aurigam pro decem libris Treverensibus . . . . . comparavit* (MRUB III Nr. 139 = MRR II Nr. 1505).
Um 1220: PN *Henrich v. Berkinheim.* Er schenkt dem Kloster Himmerod unter anderem *vineam prope domum suam Berkentheim, qui Kamereit appellatur . . . .* (MRUB III Nr. 153 = MRR II Nr. 1519).
1259: Testament des Gerhard, Rektors der Domschule zu Trier: *Item vineam meam in Berkentheim lego ancille mee Hadewidi . . . .* (MRUB III Nr. 1503 = MRR III Nr. 1588).
1269: eine Kelter in *Berkintem* (MRR III Nr. 2464). Zu dieser Zeit scheint der Ort bereits total oder partiell wüst gewesen zu sein.
1325: Christina v. Troco schenkt der Abtei Himmerod unter anderem ihr Haus in Berkenheim *versus sanctum Matthiam* mit sämtlichem Zubehör (Trierisches Archiv 7, 1904, 42).
1453: Kartular von St. Irmin: *mulen zu Berkentheim buyssent Treirre by unserm und unsers Kloisters vorgenannten mure gelegen* (G. Kentenich, Untergegangene Ortschaften in der Umgegend Triers. Trierische Chronik 6, 1909, 32). Bereits Kentenich äußerte die Ansicht, daß Bergentheim nicht nur innerhalb der mittelalterlichen Stadtmauern, sondern auch noch SO außerhalb, auf der Höhe des Heiligkreuz-Berges, gelegen hat.
VII. Bergentheim ist einer der verschiedenen fränkischen Siedlungskerne in und um Trier. Es wird nicht mehr ausgeschlossen, daß die im Bereich des römischen Tempelbezirks im Altbachtal ausgegrabenen spätmerowingischen Baureste (TR 83) zur Wüstung oder Teilwüstung Bergentheim gehören könnten (so: L. Hussong, H. Cüppers, Die Trierer Kaiserthermen: Die spätrömische und frühmittelalterliche Keramik [Mainz 1972] 129 mit Anm. 558).
LITERATUR: K. Böhner, Die fränkischen Altertümer des Trierer Landes Bd. 1 (Berlin 1958) 285 ff. mit Karte III. – E. Ewig, Trier im Merowingerreich. Trierer Zeitschr. 21, 1952, 79 ff. – Flink, Trier 234. – M. Minninger, H. Spoo, Bergentheim. Neues Trierer Jahrb. 1963.

TR 80  I. *Biez.*
Daneben kommen noch folgende Formen vor: *Beiss, Beissen, Biessen, Bis.*
II. TK 6205 Trier: etwa r 25 45 340; h 55 12 170 und Umgebung. Vor dem SW-Abschnitt der mittelalterlichen Mauer, an der Mosel, in der SW-Ecke der antiken Civitas, zwischen Römerbrücke und St. Matthias gelegen, an der Mündung des Altbaches in die Mosel.
III. Um 1110: *et ad albam portam uinea una. Et ante beciam iuxta stationem ueteris molendini. terram ad plenam dietam arabilem . . . . . .* (MRUB I Nr. 411 = MRR I Nr. 1638).
1164/1189: PN *Hermannus de biez,* Zeuge in einer Urkunde des Abtes v. St. Euchar (MRUB II Nr. 99).

12. Jahrh.: Güterverzeichnis des Domkapitels zu Trier: *Elemosina martini de biz et stenburgis uxoris eius* ..... und: *in biz. I. iuxta camminum calcis* (MRUB II, Nachtrag Nr. 11).

Um 1190: Ältestes Trierer Stadtrecht: *exceptis illis qui manent apud Biez* und *illi de Biez* (Trierisches Archiv 7, 1904, 85).

1271: ein Weinberg, genannt *Olka v. Biez*, neben der Brücke (MRR III Nr. 2660).

1271: Der Trierer Bürger *Heinrich v. Beys*, wohnhaft außerhalb der Mauern von Trier, zahlt Erbpacht von einem am *Beysbach* gelegenen Weingarten an die Abtei Himmerode (MRR III Nr. 2593. – Vgl. dazu: Trierisches Archiv 7, 1904, 37).

1291: Verkauf des Wingerts *Honestat* bei *Bisch* (MRR IV Nr. 1915).

1351: *Bies* (Lamprecht, DWL I 1, 260), genannt zwischen Überbrück und St. Matthias.

1363/64: *op dem kalkhove zu Bijs* (Trierisches Archiv, Erg.-H. 9, 1908, 40). Hier werden Einwohner von Bijs namentlich genannt.

1374: *Bijs*, von dort *10 malder calcis* (a. a. O. 84).

1411: PN *de Byis* (Schneider, Himmerod 93).

Um 1513: ein *Centener von Beysse* (Trierisches Archiv 10, 1907, 88 ff. – Grimm, Weisth. II 279).

Da mehrfach Einwohner, Zehntbare usw. von Biez genannt werden, dürfte es sich nicht nur um einen FN handeln, sondern um einen Stadtteil von Trier, der allerdings außerhalb der Mauern, dicht an der Mosel, wenig S der Moselbrücke gelegen war.

TR 81   I. *Castel*.

II. TK 6205 Trier: ungefähr r 25 46 500–800; h 55 12 700–13 400. O der mittelalterlichen Stadt Trier, innerhalb der antiken Mauern, erstreckte sich SO der Kaiserthermen.

III. 1084: *uinea in Castela que dicitur Olca* ........ *ager Constantini de castello* ....... (MRUB I Nr. 378 = MRR I Nr. 1489).

Um 1110: *et in castelo supra communem viam uinea una cuiusdam burchardi* ...... (MRUB I Nr. 411 = MRR I Nr. 1638).

In den älteren Trierer Stadtrechnungen, so 1363/64 (Trierisches Archiv, Erg.-H. 9, 1908, 4), erscheinen noch etliche Bürger *Zu Castil*.

1370: *retro Villam Castill in loco vulgariter dicto Memorie* (Beleg bei Jungandreas, Historisches Lexikon 174 f., dort auch zahlreiche weitere Angaben zu Castel).

Mit Beheim und Bergentheim gehört Castil zu den frühen Siedlungskernen in und um Trier. Wahrscheinlich erhielt der Ort seinen Namen von der nahegelegenen Burg des Gaugrafen, die sich in den Kaiserthermen befand.

LITERATUR: E. Ewig, Trier im Merowingerreich. Trierer Zeitschr. 21, 1952, 79 ff. – K. Böhner, Die fränkischen Altertümer des Trierer Landes Bd. 1 (Berlin 1958) 392 ff. mit Karte III. – Flink, Trier 234 mit Karte.

TR 82   I. *Vetus castrum*, Gaugrafenburg und spätfränkische Siedlung in den Kaiserthermen.

II. TK 6205 Trier: r 25 46 280; h 55 12 750. Im SO der mittelalterlichen Stadt, innerhalb der Kaiserthermen.

III. G. Kentenich hat in seiner Untersuchung, Vom Schicksal der Kaiserthermen im Mittelalter. Trierer Zeitschr. 2, 1927, 21–33, nachgewiesen, daß die Thermen im frühen Mittelalter als Burg des Gaugrafen verwendet wurden und allgemein unter dem Namen *Vetus castrum* bekannt waren. Diese Bezeichnung tritt erstmalig 1288 auf (MRR IV Nr. 1558), war aber schon lange zuvor üblich.

V. Zum Siedlungsbezirk Kaiserthermen gehört die Pfarrkirche St. Gervasius-Protasius.

VII. Die Ausgrabungen in den Kaiserthermen von Trier ergaben außer den römischen Befunden eine größere Anzahl merowingerzeitlicher Keramikfunde, die in ihrer Mehrzahl in die Zeit zwischen etwa 700 und 900 n. Chr. zu datieren sind. Dazu kommen noch einige Fundstücke, die in frühfränkische Zeit zu stellen sind. Die Zeitstellung der Masse des Materials ins 8. und 9. Jahrh. ist durch Parallelfunde in der sog. Hospitalkeramik abgesichert.

Insgesamt bezeugen die spätmerowingisch-karolingischen Funde, daß der Bezirk der Trierer Kaiserthermen im frühen Mittelalter besiedelt war. Welchen Umfang diese Besiedlung besaß und wie sie sich räumlich zu ihrer Umgebung abgrenzte, ist jedoch ungewiß. Als gesichert kann jedoch gelten, daß die Franken vor allem die Gebäude des spätrömischen Umbaus der Kaiserthermen aus der Zeit um 375 benutzten. Sie bedienten sich offenbar ausschließlich der spätrömischen Baulichkeiten, ohne selbst neue Gebäude zu errichten.

LITERATUR: L. Hussong, H. Cüppers, Die Trierer Kaiserthermen: Die spätrömische und frühmittelalterliche Keramik (Mainz 1972) bes. 95 ff., 119 ff.

TR 83  I. Spätmerowingische Siedlung im römischen Tempelbezirk *Altbachtal*.

II. TK 6205 Trier: ungefähr r 25 46 500; h 55 12 500. SO der Kaiserthermen, zwischen den Siedlungen Castil und Bergentheim, außerhalb der mittelalterlichen Stadt Trier.

VII. Bei der Untersuchung des römischen Tempelbezirkes wurden auch merowinger- und karolingerzeitliche Siedlungsreste angeschnitten. Einerseits wurden römische Vorgängerbauten in der Merowingerzeit weiterbenutzt, andererseits neue Gebäude auf kleinen Bruchsteinfundamenten in Fachwerktechnik neu errichtet. Eines dieser Gebäude hatte drei Herdstellen und wird deshalb als Wohnhaus angesehen. Ein anderes Haus war in zwei Räume aufgeteilt. Der an der Altbachtalbrücke ausgegrabene Töpferofen hat wahrscheinlich erst im 8. Jahrh. der Keramikproduktion gedient. 'Eine präzise Beurteilung der ausgegrabenen Hausgrundrisse ist im Augenblick nicht möglich, da weder die Befunde vollständig publiziert sind noch das Fundmaterial zugänglich ist', so faßt K. Böhner den Forschungsstand zusammen. Nicht ausgeschlossen wird, daß die im Bereich des römischen Tempelbezirks im Altbachtal ausgegrabenen spätmerowingischen Baureste zur Wüstung Bergentheim (TR 79) gehören könnten (so: L. Hussong, H. Cüppers, Die Trierer Kaiserthermen: Die spätrömische und frühmittelalterliche Keramik [Mainz 1972] 129 mit Anm. 558).

LITERATUR: Steinhausen, Siedlungskunde 491 ff. – S. Loeschcke, Die Erforschung des Tempelbezirkes im Altbachtal zu Trier (1928). – Ders., Schumacher-Festschrift (1930). – Ders., Trierer Zeitschr. 4, 1929, 161; 5, 1930, 152; 6, 1931; 7, 1932. – K. Böhner, Die fränkischen Altertümer des Trierer Landes Bd. 1 (Berlin 1958) 292 ff. – L. Hussong, Trierer Zeitschr. 11, 1936, 81.

TR 84  I. *Brücken*, Burg und Siedlung.

II. TK 6205 Trier: r 25 45 400; h 55 12 800. S und außerhalb der mittelalterlichen Stadtumwehrung, an der Moselseite, im Bereich der römischen Barbarathermen.

III. Nach G. Kentenich, Trierer Zeitschr. 2, 1927, 31, waren die Barbarathermen im frühen und hohen Mittelalter Sitz einer Ritter- und Ministerialenfamilie *de Ponte* oder auch *von der Brücke*. Um diese Burg herum bestand bereits in merowingischer Zeit ein Siedlungskern. In den Barbarathermen wurde bei Ausgrabungen auch Keramik des 6./7. Jahrh. gefunden, die nur dieser Siedlung entstammen kann. Zur Siedlung *Brücken*, an die in Trier heute noch die *Brückenstraße* erinnert, gibt es zahlreiche urkundliche Belege:

Um 1150: *platea qua itur ad pontem* (MRUB II Nachtrag Nr. 11).
1246: *domus . . . . . . in platea pontis*.

1302: *domo . . . . . que appellatur ad piscem in vico pontis sita.*
1325: *in vico pontis.*
1332: *domum meam sitam in vico pontis Trev.*
1440: *domus dicte zu der Teschen . . . . site in vico pontis Trev.*
BELEGE bei Jungandreas, Historisches Lexikon 117 f. Die Siedlung Brücken blieb außerhalb des mittelalterlichen Mauerringes von Trier. Auf dem jenseitigen Moselufer korrespondiert mit ihr die gleichfalls sehr alte Siedlung *Überbrücken* (TR 85).
V. Zur Siedlung Brücken gehört die Pfarrkirche *St. Maria ad pontem.*

TR 85    I. *Überbrücken.*

II. TK 6205 Trier: gegenüber des S des mittelalterlichen Mauerrings von Trier, an der Moselseite liegenden Brücken, N der Mosel.

III. Hier liegt die mittelalterliche Siedlung Überbrücken, zu der folgender Beleg gehört:

1445: *apparet tum temporibus adhuc exstitisse communitatem pontis trans Mosellam situatam in duas parochias ad s. Victorem et s. Isidorem dictas divisam, que communitas destructis et eversis parochialibus ecclesiis et universis mansionibus praesertim bello Manderscheidiano circa annum 1433 esse desiit* (Trierisches Archiv 4, 1900, 40 Anm. 33).

V. Die offenbar recht umfangreiche mittelalterliche Siedlung Überbrücken war in zwei Pfarreien, *St. Viktor* und *St. Isidor,* eingeteilt.

TR 86    I. *Langenborn,* Hof.

II. TK 6205 Trier, 6206 Pfalzel: O vor der mittelalterlichen Stadt Trier, am Amphitheater gelegen.

III. Langenborn war ursprünglich Name für eine römische Wasserleitung am Amphitheater. Später lag hier ein Hof des Klosters Himmerod, der diesen Namen führte.

1293 Jan. 5: EB Boemund v. Trier bestätigt dem Kloster Himmerod seine Besitzungen, unter diesen auch den Hof Langenborn (*de longo fonte*) außerhalb der Mauern von Trier (MRR IV Nr. 2114).
1316: *ex curte nostra langeburne, Grangiis de Gevilstorf et Langeburne* (BELEG bei Jungandreas, Historisches Lexikon 580).
1327: *terre arabilis sita iuxta curiam nostram longum fontem* (Jungandreas a. a. O.).
1485: *hoeff bij Treren gelegen genant der langeborn* (Jungandreas a. a. O.).

TR 87    I. *Musil.*

II. TK 6205 Trier: ungefähr r 25 47 000; h 55 13 200. O vor der mittelalterlichen Stadt Trier, im NO der antiken Civitas.

III. Musil ist einer der verschiedenen frühmittelalterlichen Siedlungskerne, die innerhalb des mittelalterlichen Mauerrings von Trier liegen.
In den älteren Trierer Stadtrechnungen, so 1363/64, erscheint eine ganze Reihe von zahlungspflichtigen Bürgern *Zu Muesil* (Trierisches Archiv, Erg.-H. 9, 1908, 4). Zur gleichen Zeit gibt es in Trier die *Musilgasse* (a. a. O. 29) und die *Musilporte* (a. a. O. 34).

LITERATUR: Trierer Zeitschr. 10, 1935, 170. – E. Ewig, Trier im Merowingerreich. Trierer Zeitschr. 21, 1952, 79 f.

TR 88    I. *St. Irminen-Oeren,* Kloster und Siedlung.

II. TK 6205 Trier: an der Moselseite der mittelalterlichen Stadt.

III. Im 7. Jahrh. (so: E. Ewig, Trier im Merowingerreich 119 f.), nach anderen Autoren um 700 (so: Cüppers, Kaiserthermen 100; vgl. unten) wurde im Bereich der antiken Horrea von der fränkischen Adeligen Irmina das Kloster Oeren begründet.

Irmina war Äbtissin des Klosters. In spätfränkisch-karolingischer Zeit entstand um die Benediktinerinnenabtei herum eine Siedlung, die einen eigenständigen Siedlungskern darstellte, bis sie in der mittelalterlichen Stadt aufging. Mittelpunkt der Villikation des Klosters war eine außerhalb des Abteiberings gelegene Curtis mit einem Gericht, dem die meisten Dorfbewohner unterstanden (Flink, Trier 235).
V. Zu dieser Siedlung gehörte die Pfarrkirche St. Paulus.
VII. Auf dem gleichen Grundstück, dem die Trierer Hospitalkeramik entstammt, wurde bei Grabungen eine Anlage freigelegt, in der man das Kloster der Irmina zu Oeren wiedererkannte. In Schichten, die mit der Klostergründung in Verbindung stehen, wurde fränkische Keramik des frühen 8. Jahrh. gefunden.

LITERATUR: E. Ewig, Trier im Merowingerreich 80, 119 ff. – Flink, Trier 235 mit Plan. – L. Hussong, H. Cüppers, Die Trierer Kaiserthermen: Die spätrömische und frühmittelalterliche Keramik (Mainz 1972) 100 mit Anm. 403 f.

TR 89  I. *St. Maximin,* Kloster und Siedlung.
II. TK 6205 Trier: NO der mittelalterlichen Stadt, außerhalb der Stadtmauern von antiker Civitas und mittelalterlicher Stadt.
III. Aus der frühchristlichen Kirche St. Maximin entwickelten sich das spätere gleichnamige Kloster und im hohen Mittelalter eine Siedlung.
882 wurde das Kloster durch die Normannen vollständig zerstört, aber wieder aufgebaut. Es wurde dann stark befestigt und mit einem breiten Wassergraben umgeben, der noch Anf. des 19. Jahrh. auf der Tranchot-K. NA Blatt 215 Trier-Ost vollständig erhalten dargestellt ist.
10. Jahrh.: Zoll- und Handelsprivilegien für St. Maximin.
Um 1080: *castrum s. Maximini custodire et munire.* Innerhalb des umwehrten Klosterbezirks hatte der König eine Pfalz, die 1434 in einer von Kaiser Sigismund ausgestellten Urkunde *eines Romischen Keyßers und Kunigs camer* und noch 1674 *Königshaus* genannt wird.
1139/40: Kaiser Konrad III. überträgt die Abtei dem Erzstift Trier (MRUB I Nr. 510 = MGH DD K. III. Nr. 26).
10.–12. Jahrh.: Die Siedlung vor der Abtei wird in den Quellen als *in suburbio Trevirorum* bezeichnet.
13.–14. Jahrh.: Die Siedlung heißt stets *extra muros trevirenses.*
Mitte 13. Jahrh.: Seit dieser Zeit ist ein abteiliches Schöffengericht nachweisbar, dem die Einwohner der Siedlung unterstanden.
14. Jahrh.: Blüte der Siedlung.
1434: Zerstörung durch die Stadt Trier.
1522: Erneute Zerstörung der Siedlung St. Maximin.
18. Jahrh.: Von den einst 8 Straßen der Siedlung ist nur noch eine, die hohe Straß, übriggeblieben. St. Maximin war zu dieser Zeit also eine partielle Ortswüstung.
V. Seit Anf. des 13. Jahrh. ist die im Kreuzgang der Abtei gelegene Kirche St. Michael als Pfarrkirche der Siedlung nachzuweisen.

LITERATUR: Flink, Trier 231 ff. mit der älteren Literatur. – Vgl. auch Wisplinghoff, St. Maximin 59 ff.

Analog zur Siedlungsentwicklung von St. Maximin bildeten sich auch um andere frühchristliche Kirchen eigenständige Siedlungskerne:

TR 90  I. *St. Paulin.*
II. N der römischen Civitas und der mittelalterlichen Stadt Trier.
V. Die zur Siedlung gehörende Pfarrkirche ist *St. Walburga.*

TR 91    I. *St. Maria ad martyres.*
II. N der römischen Civitas und der mittelalterlichen Stadt Trier, am Südufer der Mosel.
V. Die zur Siedlung gehörende Pfarrkirche ist *St. Johannis Baptistae.*

TR 92    I. *St. Symphorian.*
II. NW der römischen Civitas und der mittelalterlichen Stadt Trier, am Südufer der Mosel.
V. Die zur Siedlung gehörende Pfarrkirche ist *St. Remigius.*

TR 93    I. *St. Martin.*
II. Vor der moselseitigen, NW Ecke der römischen Civitas bzw. der mittelalterlichen Stadt.
V. Zur Siedlung gehörte die Pfarrkirche *St. Gertrud.*

TR 94    I. *St. Eucharius-Matthias.*
II. S vor der römischen Civitas und O der von Trier nach Metz führenden Römerstraße.
V. Zur Siedlung gehörte die Pfarrkirche *St. Medard.*
VII. Die Siedlung um St. Eucharius-Matthias bestand offenbar bereits in der Merowingerzeit, wie fränkische Bestattungen um St. Matthias beweisen. Auch die Pfarrkirche wurde bereits in fränkischer Zeit begründet. Von ihr ist bekannt, daß sie um 750 von B. Milo zerstört worden ist.

Zur Entstehung dieser kirchlich bedingten Siedlungskerne und ihrer Pfarrkirchen vgl. Ewig, Trier im Merowingerreich 79 ff., 159 ff. und 239 ff. – Ferner: Flink, Trier. – In diesen Arbeiten ist auch die wichtigste ältere Literatur angegeben.

TR 95    I. *Neumühle.*
II. TK 6205 Trier: im Ortsteil am Mühlenteich-Bach.
III. 1276: Eine Kelter des Klosters St. Thomas a. d. Kyll, in der Olevia bei der Neumühle, *prope novum molendinum* (MRR IV Nr. 253).

TR 96    I. *Hof.*
II. TK 6205 Trier: ungefähr r 25 41 740; h 55 11 250. Etwa 2,1 km WSW von der Kirche Euren.
VII. Hier war seit langem unter dem Namen Tempelherren-Kloster eine Anlage bekannt, bei der im Eurener Wald Steinwälle gut sichtbar waren. Sie wurden bereits 1917 vermessen, ohne daß bis dahin die Bedeutung oder die Zeitstellung dieser Überreste bekannt waren.
1932 wurden Ausgrabungen durchgeführt. Sie förderten zwei längsrechteckige Bauten und eine Umfassungsmauer zutage. Außerdem fand man ein sehr kleines, hufeisenförmiges Gebäude, dessen Funktion ungeklärt blieb. Die Scherbenfunde datierten die Anlage in das 14. Jahrh. Es handelt sich, so ergibt sich unter Berücksichtigung aller Befunde, um eine mittelalterliche Gehöftanlage oder eine kleine spätmittelalterliche Siedlung.
LITERATUR: Trierer Zeitschr. 8, 1933, 132 f., Jahresbericht für 1932.

TR 97    I. *Vierscheid.*
II. In oder bei Trier, genaue Lage unbekannt.
III. 1363/64: *Geerkin der scholer in dem huse zu Vijrscheit* (Trierisches Archiv, Erg.-H. 9, 1908, 9).

TR 98  I. *Winkelmühle.*
II. Bei Trier gelegen.
III. 1255: Erbpachtbrief des Stiftes St. Simeon zu Trier über einen Wingert bei der Winkelmühle (MRUB III Nr. 1291).
1363/64: *Jacop am Winkilmulen* (Trierisches Archiv, Erg.-H. 9, 1908, 3).
1487: *yren bomgart den man nennet dij olk bij wynckell moele gelegen* (Jungandreas, Historisches Lexikon 1129).

TR 99  I. *Wüstkirche.*
II. Bei Trier, außerhalb der mittelalterlichen Stadtmauer, in der Nähe von St. Alban.
III. 1220: *Heinrich von Berkintheim* schenkt dem Kloster Himmerod seine Güter zu Berkintheim und anderswo um Trier: *Item in loco, qui dicitur Wustkirche, similiter vineam, de qua duo denarii persolvuntur* (MRUB III Nr. 153).
1248: Der Kanonikus Wilhelm aus Pfalzel schenkt der Abtei Himmerod den Wingert Wüstkirche bei St. Alban von Trier: . . . . . . *vineam meam dictam Wustkirche iuxta S. Albanum Treveri extra sitam* . . . . . (MRUB III Nr. 934).
Zur Bildungsweise und Bedeutung der Wüstungsnamen vgl. H. Dittmaier, Siedlungsnamen u. Siedlungsgeschichte des Bergischen Landes. Zeitschr. d. Berg. Geschichtsver. 74, 1956, 204. – Vgl. dazu auch Textband S. 15 ff.

## Trierweiler

TR 100  I. *Eltershausen.* Abb. 29.
II. TK 6205 Trier: ungefähr r 25 40 750; h 55 14 400. Auf dem N-Ufer des Trierweiler Baches, etwa 600 m bachaufwärts von Trierweiler.
III. Um 1160: *Villa Eltershusen,* zusammen mit *Wilre super montem* (Trierweiler), im ältesten Trierer Stadtrecht erwähnt (Rudolph, Kentenich, Kurtrierische Städte I 30; vgl. auch Trierisches Archiv 7, 1904, 85).
1279: *Eltershusen* (MRR IV Nr. 639).
1363/64: PN *Henkin van Alderzusin* (Trierisches Archiv, Erg.-H. 9, 1908, 46).
1513 wird ein Centener von *Eltershusen* genannt (Steinhausen, Ortskunde 353. – Trierisches Archiv 10, 1907, 88 ff.).
1517: *by elterß huiß* (Jungandreas, Historisches Lexikon 337).
17. Jahrh.: *der zender von Elterßhausen* (Grimm, Weisth. II 279).
18. Jahrh.: Karte von J. P. Fischbach enthält noch Eltershausen in der Nähe der Herresthalerhöfe.
VI. Die ehemalige Dorflage O Trierweiler heißt noch heute *Eltershäuschen.*
LITERATUR: G. Kentenich, Trierische Chronik 6, 1909, 32. – Steinhausen, Ortskunde 353.

## Udelfangen

TR 101  I. *Klause.*
II. TK 6205 Trier: bei Udelfangen, und zwar nahe der Obermühle, in dem Dorf.
III. 1296: Güter in der *Chlause* bei der Obermühle zu Udelfangen (MRR IV Nr. 2564). Die Klause lag wohl nicht, wie Steinhausen, Ortskunde 378, und nach ihm KDM Kr. Trier 403 meinen, bei der Kapelle von *Zenzig,* sondern in der Nähe von, wenn nicht in Udelfangen.

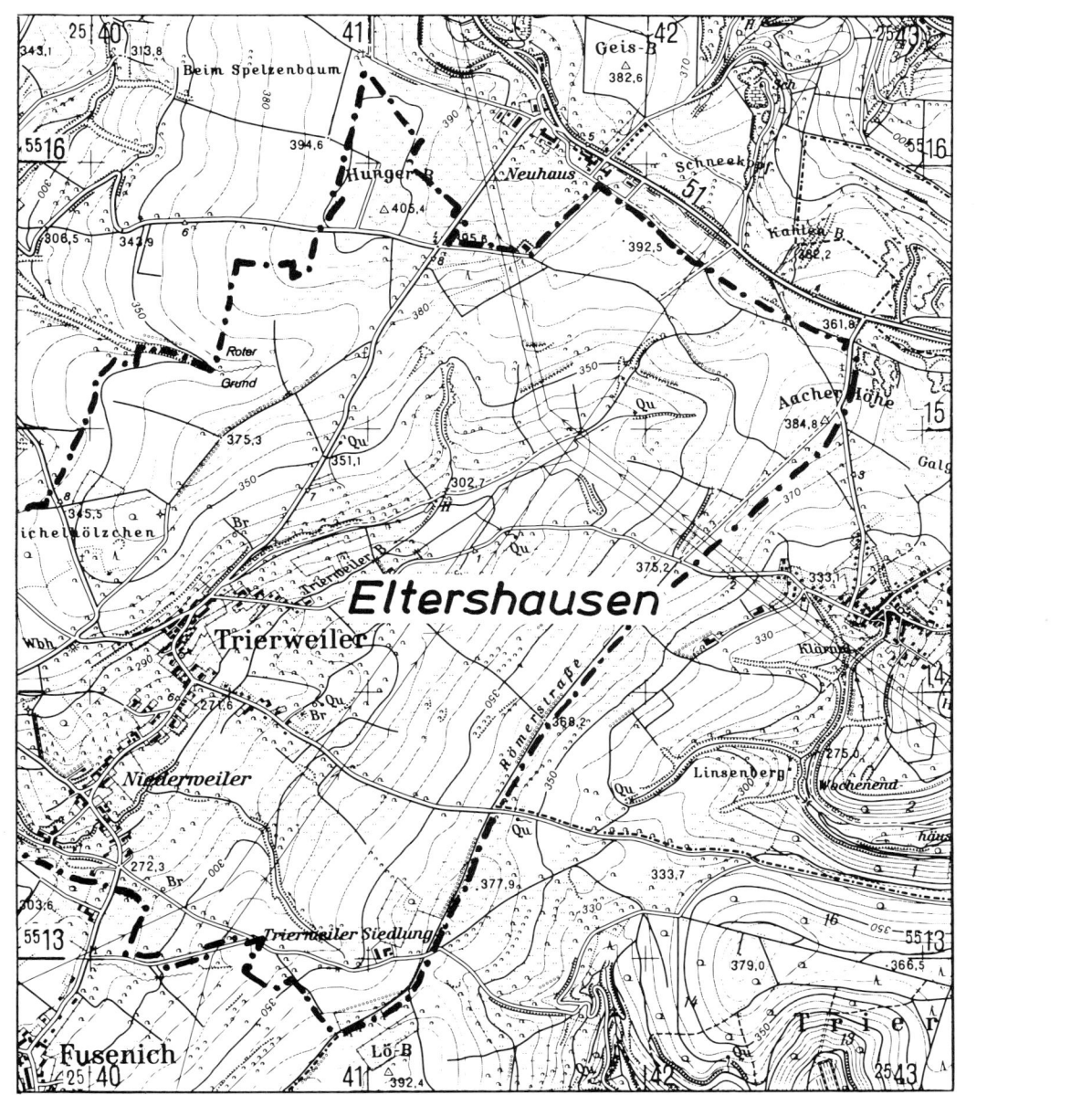

29  Die Wüstung Eltershausen (TR 100), Gemarkung Trierweiler (TR).

(Ausschnitt aus der TK 1 : 25 000 Blatt 6205 Trier;
mit Genehmigung des Landesvermessungsamtes Rheinland-Pfalz vom 4. 4. 1973 – Az. 4062/37/73 –
vervielfältigt durch das Rheinische Landesmuseum Bonn).

## Welschbillig

TR 102
I. *Burg Welschbillig.*
II. TK 6105 Welschbillig: r 25 40 940; h 55 24 240. Im O der Stadtbefestigung von Welschbillig.
III. Hier lag die erzbischöfliche Burg Welschbillig, eine Wasserburg von fast quadratischem Grundriß. Eine mittelalterliche Vorgängerin der späteren Renaissance-Burg tritt in verschiedenen Quellen des frühen 13. Jahrh. auf. Dabei wurden auch 4 Türme an den Ecken der Anlage erbaut. Die Burg galt als uneinnehmbar. Diese Anlage wurde von EB Arnold II. (1242–1259) erheblich zerstört.
VII. Eine ausführliche Beschreibung der heute noch vorhandenen Baureste findet sich mit Abbildungen und Lageplan bei Clemen, KDM Kr. Trier 391–396.

## Wintersdorf

TR 103
I. *Assem.*
II. TK 6205 Trier: ungefähr r 25 37 600–900; h 55 16 160. Etwa 100 m SO Wintersdorf, auf der Hochfläche des Geig-Berges.
III. 1130: PN *dominus Helias de Achisheim* (MRUB I Nr. 470). Es ist nicht sicher, ob Assem in der Gemarkung Wintersdorf gemeint ist.
VI. Auf dem Geig-Berg haftet noch heute der FN *Assem*. Das Gebiet ist durch eine Fülle neolithischer Siedlungsplätze sowie durch ein Hügelgräberfeld der älteren Eisenzeit bekannt geworden.
LITERATUR: Steinhausen, Ortskunde 371 ff.

TR 104
I. *Zenzig*, auch: *Zinzig.*
II. TK 6205 Trier: r 25 36 910; h 55 15 670. 1300 m S Wintersdorf, direkt an der Sauer, an der Mündung des Katzen-Baches in die Sauer. Die Ortsstelle ist heute von der Bahn überschnitten.
III. 1279: Güter zu *Zenzingen.*
1301: *Zenzingen.*
1401: *daz wasser van der roidderleyen ane biß zo sentzigen ain den plump.*
1689: *langs Centzicher Hochheit.*
(Alle Belege bei Jungandreas, Historisches Lexikon 1155).
IV. Die Sage berichtet, bei Zenzig, unten an der Sauer, habe ein Kloster gestanden; dort hätten die Tempelherren gewohnt. Einmal sei die Sauer groß geworden. Da war sie so hoch, und es war nur mehr ein Pater da im Kloster. Der mußte in einen hohen Turm, der da bei dem Kloster stand, klettern bis oben hin. So hoch war das Wasser. – Zenzig aber war ein Dorf, das starb durch die Cholera aus. Es waren zuletzt nur noch drei da, die sind fortgelaufen (Zender, Westeifel Nr. 81).
V. Es gab in Zenzig eine Kapelle, die den Heiligen Cosmas u. Damian geweiht war. 1688 besteht die Kapelle noch. 1712 wird sie als ganz zusammengebrochen bezeichnet. Sie wurde aber wiederhergestellt und erst Anf. des 19. Jahrh. vom Hochwasser der Sauer weggespült. Heute sind nur noch ein paar Trümmer sowie einige Kreuze des zugehörigen Friedhofes sichtbar (Clemen, KDM Kr. Trier 403. – Steinhausen, Ortskunde 378).
VI. Heute gibt es im Gebiet der Wüstung noch die FN *Auf Zinzig* und *Zinzigbusch.* Die Tranchot-K. NA Blatt 214 Trier-West enthält 1816/18 W Udelfangen und S Wintersdorf die Eintragung *Zenzicher Wald.*

## Zewen-Oberkirch

TR 105  I. *Linheit*, Wüstung?
II. TK 6205 Trier: angeblich in Zewen-Oberkirch.
III. Ende 12. Jahrh.: Güterverzeichnis des Domkapitels zu Trier: *super linheit* (MRUB II Nachtrag Nr. 11 S. 352).
1247: Verpachtung von Ackerland durch St. Matthias: *in Lineich apud Zevene iurnalem tradiderunt excolendos Cunrado de Kerriche iure hereditario* . . . . (MRUB III Nr. 899).
1271: *Liveith* bei Zeven, von St. Matthias zu Erbpacht vergebenes Land (MRR III Nr. 2625).

TR 106  I. *Zewener Turm*.
II. TK 6205 Trier: r 25 41 570; h 55 08 960. Im SW von Zewen.
III. Hier steht der sog. Zewener Turm, ein Wartturm, auf der alten Grenze zwischen Kurtrier und Luxemburg. Der Zewener Turm wurde 1804 als Domanialgut versteigert. Danach wurde das erste Obergeschoß zu Wohnzwecken in zwei Stockwerke aufgeteilt. Der Turm, von quadratischer Grundfläche, war aber von Anfang an als Wohnturm gedacht. Auf einem Kellergeschoß erheben sich drei Obergeschosse. Er wurde Anf. des 13. Jahrh. errichtet. Das Turmhaus war durch einen noch heute z. T. sichtbaren Graben gesichert.
LITERATUR: Clemen, KDM Kr. Trier 406 mit älterer Literatur.

TR 107  I. *Wartturm zu Oberkirch*.
II. TK 6205 Trier: r 25 42 340; h 55 08 660. Vermauert im Haus Nr. 23 Oberkirch, nahe der Mosel.
III. Hier wurde ein mittelalterlicher Wohnturm in ein Wohngebäude mit einbezogen. Der Turm ist noch zwei Geschosse hoch erhalten gewesen.
LITERATUR: Clemen, KDM Kr. Trier 261.

TR 108  I. *Niederkirch*.
II. TK 6205 Trier: r 25 43 120; h 55 09 200. Lag beim heutigen Schloß Monaise, direkt an der Mosel, 1,8 km ONO Oberkirch.
III. 12. Jahrh.: *Illi de Cheriche et de altera villa Cherriche* (Kentenich, Trierisches Archiv 7, 1904, 85).
Ende des 12. Jahrh.: Güterverzeichnis des Domkapitels zu Trier: . . . . . *inter utrumque kerriche dimidius* . . . . (MRUB II Nachtrag Nr. 11 S. 351 f.). *Elemosina siffridi. II. diurnales in niderkeriche* . . . . (a. a. O. S. 353).
1513: *Centener von Kerriche* (Grimm, Weisth. II 279). Nach Stein, Trierisches Archiv 10, 1907, 91 Anm. 48, ist Niederkirch ein ausgegangenes Dorf, das in der Gegend von Schloß Monaise, an der Mosel lag.

## Züsch (S)

TR 109  I. *Eisenhammer Züsch*.
II. Im SO des Kr. Trier, in der Gemarkung Züsch.
III. Bei Züsch gab es im 18. Jahrh. einen Eisenhammer, den die Familie des Trierer Ratsschöffen und Bürgermeisters Karl Gottbill bzw. deren Nachfahren besaß. Dieser Eisenhammer zählt zu einer eisenverarbeitenden Industrie, die sich seit

dem Dreißigjährigen Krieg S und SO von Hermeskeil entwickelt hatte. Zum gleichen Abbau- und Verhüttungsgebiet gehörten folgende Anlagen:

TR 110  Weitere Eisenhütten, die heute noch im Kr. Trier liegen, in den Orten Neuhütten, Schmelz und Zinsershütten.

TR 111  [WND 1] Die *Hubertushütte* zu Bierfeld, früher Kr. Trier, heute Kr. St. Wendel/Saarland, die 1866/69 stillgelegt wurde.

TR 112  [WND 2] Eine *Eisenschmelze* mit zwei Holzkohlehochöfen in *Mariahütte*, am Oberlauf der Prims, früher Kr. Trier, heute Kr. St. Wendel/Saarland.

TR 113  [WND 3] Zeitweise mehrere Eisenhämmer, später ein *Eisenhammer* zu *Nonnweiler*, früher Kr. Trier, heute Kr. St. Wendel/Saarland.

Keine dieser Eisenhütten und -schmelzen läßt sich mit Hilfe archäologischer oder historischer Quelle bis ins Mittelalter oder gar bis in die römische Zeit zurückverfolgen. Historische Zeugnisse gibt es erst aus der Zeit nach dem Dreißigjährigen Krieg (vgl. im einzelnen L. Fieser, Aus der Geschichte der Eisengewinnung im Trierer Land. Trierer Zeitschr. 6, 1931, 23–25).
Andererseits ist das N Saarland bereits in der Latènezeit für Eisenerze und Roheisen bekannt. Zu den oben beschriebenen neuzeitlichen Vorkommen von Eisenerzen gehört auch das Gebiet des großen spätlatènezeitlichen Ringwalles von Otzenhausen. Sowohl innerhalb des Ringwalles als auch in seiner näheren Umgebung wurden eisenerzhaltige Gesteine vorgefunden. Die Konstruktion des Murus Gallicus des Ringwalles, der ein mit Eisennägeln verarbeitetes Holzskelett besaß, erforderte einen hohen Stand der Eisenindustrie und -verarbeitung.
Nur so war es möglich, die Tonnen von Eisennägeln zu beschaffen, die beim Bau des Ringwalles benötigt wurden. Darüber hinaus findet die latènezeitliche Eisenverhüttung in diesem Gebiet einen indirekten Niederschlag in einer Gruppe reich ausgestatteter Fürstengräber.
Die hier Bestatteten dürften die Träger des vorgeschichtlichen Erzbergbaus gewesen sein (vgl. zuletzt zu diesen Problemen R. Schindler, Studien zum vorgeschichtlichen Siedlungs- und Befestigungswesen des Saarlandes [Trier 1968] 112–146 mit der älteren Literatur).
Es fällt die räumliche Koinzidenz der vorgeschichtlichen und der frühneuzeitlichen Eisengewinnung in diesem Gebiet auf. Sie begründet zwar keine zeitliche Kontinuität, doch erscheint es nicht ausgeschlossen, die bisher noch fehlenden Zeugnisse römerzeitlichen und mittelalterlichen Eisenerzbergbaus bei entsprechender Forschungsintensität aufzufinden.

TR 114  I. *Burg Zösch*.
II. Auf dem NW-Vorsprung des Klewberges, links des Hag- oder Fraubaches.
III. 1225 erscheint ein Rittergeschlecht v. *Sussail*, das man als früheste Besitzer der Burg ansieht. Danach kam die Burg in den Besitz der Vögte v. Hunolstein, die sie schließlich vom EB v. Trier zu Lehen nahmen.
1309 wurde der Vogt v. Hunolstein mit der Burg belehnt, die zum kurtrierischen Offenhaus wurde.
1381 brannte die Burg ab.
1504 wurden Burg und Dorf Züsch eingeäschert. Das Dorf erstand an anderer Stelle neu.
1635 wurden Burg und Dorf Züsch erneut verbrannt. Die Burg baute man nicht wieder auf.
LITERATUR: Clemen, KDM Kr. Trier 408 f.

## Lage unbekannt

TR 115  I. *Alzena*.
III. 1332: *Altzena*, genannt zwischen Zewen und Kockelsberg (Beleg bei Jungandreas, Historisches Lexikon 19).

TR 116  I. *Buchberg*.
III. 1331: *areas sive domicilia in hominibus et bonis ad easdem pertinentibus in villa Buchberg (in banno ville Hittendorf)*, soll bei Grimburg gelegen haben (Lamprecht, DWL I 1, 375 Anm. 2 mit Beleg).

TR 117  I. *Cypho*.
II. Vielleicht unweit Trier zu suchen oder identisch mit Zewen?
III. 1298: PN *Thomas de Cypho*, Bürger zu Trier (MRR IV Nr. 2763).
1298: PN *Thomas de Cipho*, Bürger zu Trier (MRR IV Nr. 2769).

TR 118  I. *Erlenhof*.
II. Vielleicht in der Gemarkung Lorich.
III. 772 Sept. 6: Präkarie der Abtei Prüm mit dem Siegfried, betreffend die Orte *Erlinhof* und *Osa* (MRUB II Regest 33).

TR 119  I. *Girishelten*, Wüstung?
II. Soll zwischen Trierweiler, Kr. Trier, und Karl, Kr. Wittlich, gelegen haben.
III. 1279 Sept. 1: Renten aus Gütern bei *Girishelten*, genannt zwischen *Eltershusen*, Gemarkung Trierweiler, Kr. Trier, und Karl, Kr. Wittlich (MRR IV Nr. 639).

TR 120  I. *Grania*.
III. 10./12. Jahrh.: Güterverzeichnis des Trierer Domkapitels nennt den PN *euerwinus de grania* (MRUB II Nachtrag Nr. 11 S. 354). Jungandreas, Historisches Lexikon 459, vermutet den Ort in der Umgebung von Trier.

TR 121  I. *Hittendorf*.
II. Soll bei Grimburg gelegen haben.
III. 1331: *areas sive domicilia in hominibus et bonis ad easdem pertinentibus in villa Buchberg (in banno ville Hittendorf)* (Lamprecht, DWL I 1, 375 Anm. 2 mit Beleg).

TR 122  I. *Honberg*, Wüstung?
II. Wohl bei Rittersdorf zu suchen.
III. Um 1200: *honberch*, genannt zwischen Euren und Trier.
Um 1200: *honberh*, genannt zwischen Masholder und Widemarsbach (Belege bei Jungandreas, Historisches Lexikon 534).

TR 123  I. *Hosele*.
II. Vielleicht zwischen Trier und Euren.
III. 1241: *bona mea in Hosele* (MRUB III Nr. 723).

TR 124  I. *Mais*, Wüstung?
III. Mitte 14. Jahrh.: *Item Hennekin . . . . olim villici in dem Mais . . . . .* (Lamprecht, DWL I 2, 1244).

TR 125   I. *Mayschier,* auch: *Messier.*
III. 1453/63: PN *Giellis von Mayschier* und *Schilz von Messier* (Trierisches Archiv, Erg.-H. 9, 1908, 97 u. 103).

TR 126   I. *Mollern.*
II. Soll in der Westeifel gelegen haben, jedoch ist nicht sicher, ob überhaupt im Kr. Trier.
III. 1150–1230: PN *de Mulnere,* zweimal in einem Pilgerbuch genannt (R. Laufner, Die Fragmente des ältesten Pilgerbruderschaftsbuches von St. Matthias, Trier, zwischen 1150 und 1230. Archiv f. mittelrhein. Kirchengesch. 7, 1955, 249 u. 254).

TR 127   I. *Mulere.*
III. 1274: *de Mulere,* genannt zwischen Orenhofen und Schleidweiler (Jungandreas, Historisches Lexikon 708).

TR 128   I. *Nelsbach.*
III. 1293 Jan. 5: EB Boemund v. Trier bestätigt dem Kloster Himmerod seine Besitzungen, darunter: Güter zu Nelsbach (MRR IV Nr. 2114).

TR 129   I. *Oeten.*
II. Wegen der Nennung zusammen mit Naurath, Kr. Trier, vielleicht im Trierer Land zu suchen.
III. 1291 Aug. 16: Heinrich, Herr v. Schönecken, hat einen Anteil am Zehnten zu Oeten, den er der Abtei Prüm schenkt (MRR IV Nr. 1928).

TR 130   I. *Saraingas,* Wüstung?
III. 721 Juni 23: Erste Schenkung der Bertrada an das Kloster Prüm: *ad saraingas in moslisi super fluuio mosella totum* (MRUB I Nr. 8). Nach Jungandreas, Historisches Lexikon 324 f., ist die Nennung identisch mit Ehrang. Ebenso auch Lamprecht, DWL II 128.

TR 131   I. *Tortadomus.*
III. 1514: *Die ander* (Kirche baute Bischof Magnerich) *inn einem dorff Tortadomus* (Jungandreas, Historisches Lexikon 1040).

TR 132   I. *Wellerberg.*
III. Ende 15. Jahrh.: Wellerberg, ein Ort im Besitz von St. Maximin zu Trier (Lamprecht, DWL II 225).

TR 133   I. *Wormspiz.*
III. 1247: Die Abtei St. Matthias zu Trier gibt Land zu Erbpacht aus, darunter auch: *in Wormspiz iurnalem* (MRUB III Nr. 899 = MRR III Nr. 2625).

Nachträge zum Kreis Trier s. S. 515.

# Katalog
# fossiler Fluren der Eifel (A)

VORBEMERKUNG ZU DEN FOSSILEN FLUREN IN MARMAGEN (SLE).

Der Ort Marmagen liegt 550 m hoch, am südlichen Rande der Sötenicher Kalkmulde (Abb. 30). Seine Gemarkung erstreckt sich im N weit in die Kalkmulde hinein, erreicht im S jedoch nicht den Anschluß an die benachbarte Blankenheimer Kalkmulde. In SW-NO-Richtung verläuft die Grenzlinie zwischen den mitteldevonischen Schichten der Sötenicher Kalkmulde und den unterdevonischen des südlichen Gemarkungsteils durch Marmagen. Fast identisch mit dieser geologischen Grenze zeigen sich grundlegende Unterschiede im Landschaftscharakter. Den N der Gemarkung Marmagen bestimmen heute weite Offenlandschaften von Äckern und Wiesen. Nur am Rande werden sie von kleineren Waldgebieten umrahmt. Sie schließen sich direkt an das Urfttal und die übrigen Teile der Sötenicher Kalkmulde an. Die breiten Rücken des Unterdevons im südlichen Gemarkungsteil von Marmagen nehmen hingegen die großen Wälder der Staatsforsten Mürel und Schleiden ein (Abb. 31 und 32). Neben Mischwald finden sich auch größer Bestände von reinem Laub- und Nadelwald.
Bestimmend für die landschaftliche Gliederung der Gemarkung Marmagen wirkt sich die SW-NO-Streichrichtung der Bergrücken und der teilweise tief eingeschnittenen Wasserläufe aus. Sie entsprechen der allgemeinen Streichrichtung der Eifeler Kalkmulden und des devonischen Eifelgebirges[1].
Diese geologische und landschaftliche Vielfalt der Gemarkung Marmagen schlug sich offenbar auch in der Verbreitung der Altfelder nieder; denn sie verteilen sich keineswegs gleichmäßig auf die gesamte Gemarkung, sondern sind ausschließlich in deren nördlicher Hälfte zu finden, die zur Sötenicher Kalkmulde gehört (Abb. 30). Offensichtlich sind sie in ihrer Verbreitung von den verhältnismäßig fruchtbaren Böden, die im allgemeinen in den mitteldevonischen Kalkmulden zur Verfügung stehen, abhängig. Sicher wird durch diese einseitige Verbreitung der Altfelder der von altersher zum Ackerbau bevorzugte Teil der Gemarkung Marmagen konkret umrissen. Nur die nördliche Hälfte der Gemarkung kann als historische Offenlandschaft gelten. Die Verteilung römerzeitlicher und fränkischer Funde bestätigt diese Feststellung (Abb. 33).
Im S begrenzen abschnittsweise Bäche und geradlinige Fluchten im Forst die Gemarkung Marmagen. Im W erhält sie eine natürliche Grenzlinie im Gilles-Bach, der in die Urft mündet. Es ist sehr wahrscheinlich, daß es sich hierbei um eine natürliche und daher alte Grenze handelt. Der Ursprung der weithin geradlinigen Ostgrenze gegen Nettersheim ist, soweit sie nicht im Urfttal selbst verläuft, unklar. Historische Grenzen lassen sich hier nicht wiedererkennen.
Zwei bedeutende Straßen erschließen die Gemarkung Marmagen (Abb. 33). Seit dem Mittelalter verbindet die heutige Landstraße Marmagen mit Urft, Sötenich und Kall. Ihre römische Vorgängerin, ein Teilstück der großen römischen Straße von Trier nach Köln, verlief in diesem Abschnitt jedoch anders. Gestützt auf Angaben von Schmidt[2]. Eick[3] und von Veith[4] beschreibt

---

[1] Geologische Übersichtskarte der Eifel und ihrer Umrandung 1 : 200 000, bearb. v. W. A h r e n s und W. S c h m i d t (Bonn 1966).
[2] E. S c h m i d t , Bonner Jahrb. 31, 1861, 42 f.
[3] C. A. E i c k , Die römische Wasserleitung aus der Eifel nach Köln (Bonn 1867) 20.
[4] Von V e i t h , Die Römerstraße von Trier nach Köln. Bonner Jahrb. 79, 1885, 7 ff.

Hagen[5] ihren Verlauf wie folgt: Vom südöstlichen Ortsteil von Marmagen, vom sog. *Köllepotz*, über die *Buschgasse* nach N bis zum *Langerheck*, von dort über *Hohlerweg* direkt ins *Weilertal* hinein, durch dieses hindurch nach NNO bis an *Langermeil* und von dort identisch mit der Gemarkungsgrenze bis zu den *Siebensprüngen* im Urfttal. Die römische Straße verlief also, die Richtigkeit des beschriebenen Verlaufs vorausgesetzt, etwa 300 m O der heutigen Straße von Marmagen nach Urft. Sie durchquerte das Weilertal mit seiner römischen Besiedlung und erschloß es zugleich. Für diesen Verlauf spricht unter anderem auch der FN *Wegscheid* (r 25 41 700; h 55 94 600) SW des Pützberges. Denn von hier trennt sich ein Weg von der römischen Straße, der in NO-Richtung Nettersheim erreicht. Das mittelalterliche Toponym *Wegscheid* setzt voraus, daß beide Wege, also auch der römische, noch in Benutzung waren. Ein zweiter römischer Verkehrsweg verlief nach Hagen[6] S der heutigen Straße von Marmagen nach Nettersheim, S vom *Hahnenberg* über *Nettersheimer Heck, Auf der Straße* nach ONO, immer auf der Höhe N des Schlessbaches entlang. Er stößt dann am südlichen Ortsausgang von Nettersheim auf die römische Urfttalstraße von Blankenheim nach Nettersheim. Hier weicht das römische Verkehrsnetz vom mittelalterlichen ab.

Die Kartierungen in Marmagen zeigen vor allem in der Nordhälfte der Gemarkung zahlreiche fossile Fluren (Abb. 34). Der S ist dagegen fundleer. Zu unterscheiden sind drei wichtige Vorkommen, die im folgenden näher behandelt werden sollen: die fossilen Fluren im *Weilertal* NO Marmagen (A 1), Altfelder in den Flurbezirken *Rotbusch* und *Halbig* (A 2) und solche in den Flurbezirken *Märtes-Berg, Wies-Berg* und *Galgenberg* (A 3).

Die drei Vorkommen mußten auf der Deutschen Grundkarte ganz neu und unter Berücksichtigung der Geländebefunde, wie sie die Begehung erbracht hatte, kartiert werden. Zwar enthalten sowohl die Topographische Karte 1 : 25 000 als auch die Deutsche Grundkarte 1 : 5 000 Hinweise auf fossile Fluren in terrassierter Form, doch läßt sich diesen Karten weder die Erstreckung noch die genaue Anzahl der fossilen Fluren entnehmen, weil dort nur solche Terrassen berücksichtigt wurden, die als Geländemerkmale deutlich in Erscheinung traten. Bei der Geländearbeit wurden aber auch die weniger auffälligen Flurrelikte mit kartiert, so daß ein wesentlich vollständigeres und differenzierteres Bild entstand.

A 1    I. Gemarkung Marmagen (SLE).                                  Abb. 30; Tafel 68.
II. TK 5505 Blankenheim: r 25 41 600–43 000; h 55 94 500–96 000. Im Winkel zwischen den Straßen Marmagen–Urft und Marmagen–Nettersheim, rund 2 km NNO von Marmagen-Ortsmitte, im sogenannten Weilertal.
III. Eine Kartierung der Flur auf der Deutschen Grundkarte 1 : 5 000 wurde durchgeführt (Tafel 68).
IV. Beschreibung:
O der Landstraße von Marmagen nach Urft hat sich im Bereich eines kleinen, muldenförmigen Bachtales eine Gruppe von Toponymen erhalten, die alle das Bestimmungswort Weiler- enthalten. Es tritt mit den Grundworten -bach, -tal, -büsch, -benden und -heck zu Flurnamen wie *Weilerbach, Weilertal, Weilerbüsch, Weilerbenden* und *Weilerheck* zusammen. Diese Gruppe von Flurnamen fiel bereits Hagen[7] auf. Er beschreibt einen römischen Gutsbetrieb, der im Weilertal gelegen habe. Die Ausdehnung des zu diesem Gutsbetrieb gehörigen Besitzes werde wahrscheinlich durch die Verbreitung der Weiler-Namen umschrieben.
Seinen besonderen Charakter erhält das Tal des *Weilerbaches* dadurch, daß sich an seinen Hängen zahlreiche Elemente der historischen Agrarlandschaft erhielten. Sie überstanden die mehrfachen Flurumlegungen des vergangenen und gegenwärtigen Jahrh. Ihre Gesamtzahl aber verminderte sich dabei ohne Zweifel erheblich. Wie der Weilerbach erstreckt sich der *Pützberg*, die südöstliche Begrenzung des Tales, als langer Bergrücken von SW nach NO. Die allgemeine Streichrichtung der devonischen Eifellandschaften

---

[5] J. Hagen, Die Römerstraßen der Rheinprovinz, 2. Aufl. (Bonn 1931) 128.
[6] Hagen, Römerstraßen 126.
[7] Hagen, Römerstraßen 128.

30 Übersichtskarte des Raumes Nettersheim – Marmagen – Blankenheim;
vgl. die Katalognummern A 1–A 11.

(Ausschnitt aus der TK 1 : 50 000;
wiedergegeben mit Genehmigung des Landesvermessungsamtes Nordrhein-Westfalen
vom 25. 9. 1973 – 3870).

kehrt hier in der Kleingliederung der Landschaft wieder. Ihr schließt sich auch das ausgedehnte Altfeldersystem an, welches sich an dem nach NW exponierten Hang des Pützberges, d. h. am Südrand des Weilertales, erstreckt (r 25 42 000; h 55 95 000). Bis zu 14 Terrassen gliedern den verhältnismäßig steilen Südhang des Weilertals. Der ganze Terrassenzug beginnt im SW des Pützberges zunächst in NW-Richtung. Nach 150 m biegt er rundlich nach NO um und verläuft ununterbrochen auf einer Länge von 1900 m. An einem rechten Nebenzufluß des Weilerbaches bog das Terrassensystem ursprünglich wieder nach SO um, ist jedoch hier auf kurzer Strecke durch moderne Umlegungsmaßnahmen unterbrochen.

Es handelt sich um ein echtes Altfeldersystem im Sinne unserer Begriffsbestimmung. Seine nördliche Hälfte liegt unter Weide, die südliche hingegen ist mit Büschen (Hasel, Weißdorn u. ä.) bedeckt, die auf einen älteren Bewuchs von Hochwald folgten. Der terrassierte Hang ist insgesamt 30 m hoch. Bei der Analyse ergibt sich, daß es sich um zwei selbständige Terrassensysteme handelt. Etwa bei der Grundstücksgrenze, die den bewaldeten südlichen Teil vom nördlichen Wiesengelände trennt (r 25 42 100; h 55 95 050), schieben sich die Terrassen der beiden Systeme ineinander. Jeweils zwischen zwei Terrassen des südlichen Systems beginnt, sich langsam und über eine größere Strecke aus dem Boden hebend, eine neue Terrasse des nördlichen Komplexes. Überall paßt sich der Verlauf jedes einzelnen Terrassenackers an das natürliche Relief des Hanges an. So stimmen die Abstände zwischen den einzelnen Terrassen nicht miteinander überein. Sogar jeder einzelne Acker variiert in seiner Breite. Eine verallgemeinernde Beschreibung dieser Terrassenäcker ist daher mit einigen Schwierigkeiten verbunden, weil die Gefahr einer Generalisierung von Einzelbefunden besteht.

Die Rainhöhe der Terrassen am Pützberg variiert. Am häufigsten kommen Rainhöhen von 1,50 bis 2 m vor. Vor allem im unteren und mittleren Hangbereich sind die Raine sehr scharf ausgeprägt, im oberen Teil verflachen sie sich etwas, erreichen hier aber auch noch Höhen von 0,40 m bis 1,30 m.

Obgleich, wie bereits erwähnt, die Feldbreite ebenfalls wechselt und selbst bei einem Terrassenacker nicht konstant zu sein braucht, kehren doch bestimmte Feldbreiten bei mehreren Terrassen wieder. Mehrfach kommt die Breite von 8 m vor. Nur einmal zeigt ein Feld die Breite von 3 m. 12 m breite Terrassenäcker finden sich ebenfalls mehrfach. Vielleicht ist ein 24 m breiter Acker durch Zusammenlegung von zwei je 12 m breiten Streifen entstanden, obgleich im Gelände keine Spuren ausgepflügter Terrassen sichtbar waren. Die Zusammenlegung kann aber schon vor längerer Zeit erfolgt sein und braucht keine Spuren hinterlassen zu haben.

Bei der Begehung zeigte sich, daß die Beobachtung stark verpflügter Raine entscheidend vom jeweiligen Bewuchs abhing. Flache, als Bodenwellen nur noch schwach sichtbare, verpflügte Terrassen konnten am besten in frisch geschnittenen Wiesen bei niedrigstehender, abendlicher Sonne erkannt werden. Am Pützberg wurden die auf diese Weise ermittelten Terrassen durch eine besondere Signatur gekennzeichnet.

Auf dem Pützberg selbst, der eine maximale Höhe von 533 m erreicht, fielen bei der Begehung kleine Gruppen von frei im Gelände stehenden Büschen auf. Bei näherem Zusehen stellte sich heraus, daß sie in mehreren Fällen auf Steinhaufen von 0,50 m Höhe und 2 bis 3 m Durchmesser wuchsen. Diese wiederum lagen in zwei Fällen am Ende von flachen Terrassen. Es sind die zu den Feldern gehörenden Lesesteinhaufen. Sie fanden sich nicht bei den Feldern unten am Hang, sondern nur hier im Bereich des Pützberg-Plateaus. Hier bedeckte nur eine relativ dünne Humusschicht den anstehenden, plattigen Kalkstein. Beim Pflügen wurde dieser immer wieder losgerissen und mußte dann abgelesen werden. Bei den stark ausgeprägten Terrassen des unteren und mittleren Hanges hingegen trat dieses Problem nicht auf, weil die hohen Raine die Neigung der Ackerfläche verminderten und so den Humusbestand auf dem Acker erhielten.

Ähnlich wie die Lesesteinhaufen sind zahlreiche Gruben von wechselnder Größe auf dem Plateau des Pützberges sichtbar. Hier siedelten sich ebenfalls Büsche (Hasel, Weißdorn, Hainbuchen) an, weil diese Stellen wie die Lesesteinhaufen von der Beackerung ausgespart blieben. Es handelt sich um ovale, runde oder unregelmäßige Gruben von 2

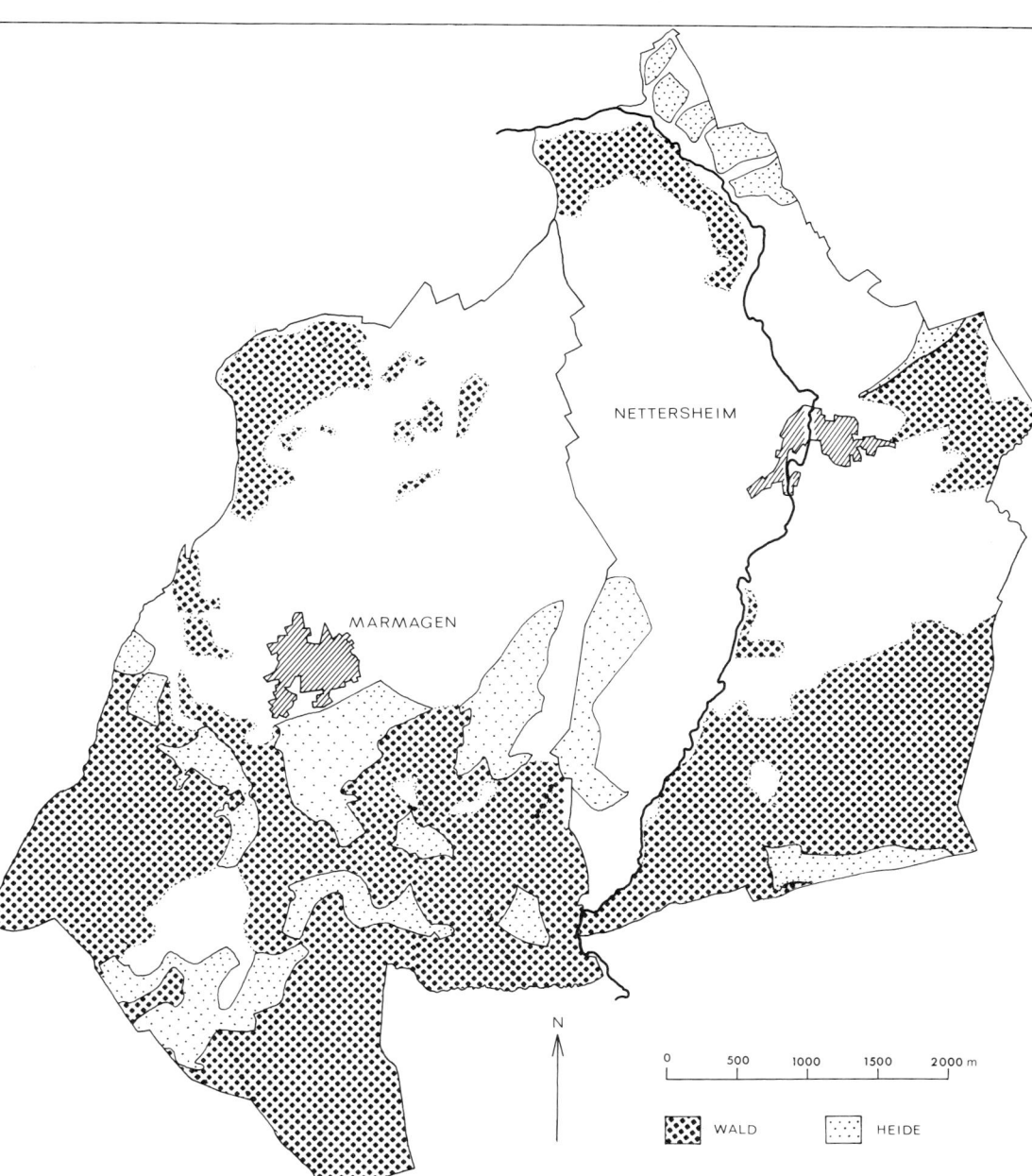

31 Verbreitung von Wald und Heide im Jahr 1809
in den Gemarkungen Marmagen und Nettersheim (SLE). –
Nach der Tranchot-K. NA Blätter 117 Nettersheim und 129 Blankenheim.

bis 12 m Durchmesser. Die größeren von ihnen sind birnenähnlich geformt. Die längliche Erweiterung nach einer Seite diente offensichtlich als Ausgang. In den meisten dieser Gruben findet sich noch heute ein stark eisenhaltiges Kalkgestein. Es handelt sich also um alte Pingen eines verbreiteten, obertägigen Abbaus von Eisenerz. Sie verteilen sich auf den gesamten südlichen Teil des Pützberges und geben ihm stellenweise das Aussehen einer Kraterlandschaft. In den südöstlich an den Pützberg grenzenden beackerten Flächen finden sich weitere sehr flache Mulden, in denen unschwer verpflügte Pingen wiederzuerkennen sind. Nur der höchste Teil des Pützberges wurde von der Beackerung ausgespart, offenbar deshalb, weil hier die Pingen so dicht lagen, daß das Gelände nicht als Ackerland zu gebrauchen war.

In dem Terrassensystem am Pützberg verbergen sich, wie erwähnt, zwei Komplexe von langstreifigen, terrassierten Äckern, die sich an einer Stelle ineinanderschieben. Der südliche der beiden Komplexe ist, die Krümmung nach SO eingerechnet, 420 m lang. In dem Gebiet, in dem die Terrassenäcker umbiegen, nimmt die Breite jedes einzelnen Ackers zu. Der nördliche Terrassenkomplex ist auf 700 m Länge gut erhalten, jedoch deuten Bewuchsmerkmale an, daß die Terrassen ursprünglich noch weiter nach N reichten und vor dem rechten Nebenbach des Weilerbaches von NO nach SO rechtwinklig umbogen.

N an den Pützberg schließt sich, jenseits des erwähnten Baches, der *Ackerpeters-Berg* an. Auch an seinen Hängen nach SW und NW finden sich Terrassenäcker, die jedoch wesentlich kürzer sind und eine Länge von 120 m nicht überschreiten.

Es fällt auf, wie wenig das historische Flurgefüge der Terrassenäcker am Pützberg und am Ackerpeters-Berg mit dem heutigen gemeinsam hat, obwohl auch im heutigen Flurbild die Streichrichtung der devonischen Schichten dieses Gebietes berücksichtigt werden mußte. Wege und Feldgrenzen zeigen daher auffallend die Richtung SW-NO. Aber im Kleingefüge kommt es zu zahlreichen spitzwinkligen Überschneidungen von Terrassenäckern mit Feldgrenzen, weil die fossilen Terrassenäcker weitgehend auf die Geländemorphologie orientiert sind. Sie laufen nirgends in Abweichung zu den Isohypsen. Dagegen zeigt das moderne Flurgefüge geradezu erstaunliche Abweichungen vom natürlichen Geländerelief.

Ein Vergleich mit dem Urkataster[8] ergab, daß es sich bei den Terrassenäckern jeweils um Individualbesitz handelte. Jede Terrasse gehörte ursprünglich einem anderen Bauern. Auch konnten die terrassierten Äcker verschieden bewirtschaftet werden; denn jeder langstreifige Acker war für sich erreichbar.

Terrassenförmige Altfelder finden sich auch am Fuße des Kalkhorstes *Weilerheck* (r 25 42 100; h 55 95 600)[9]. Das Weilerheck ist ein kleines geschlossenes Waldgebiet am Westrande des Weilertales. Wegen der dort offen zutage tretenden Kalkfelsen blieb es von der Beackerung ausgespart und bewaldet, während der übrige Talgrund entweder als Weide oder als Acker genutzt wurde. Am sanft nach SO abfallenden Hang und am Nordhang des Weilerhecks finden sich unter Wald zahlreiche hangparallele Terrassen. Sie legen sich, rundlich dem Hang folgend, um den Fuß des kleinen Berges. Meist sind nur kleine Abschnitte von Terrassen erhalten. Im NO des Weilerhecks kommen aber auch parallel zueinander gestaffelte, flache Terrassen vor. Mindestens 6 Terrassenäcker erstrecken sich hier von NW nach SO. Ursprünglich besaßen diese Terrassen eine Länge von etwa 200 m. Es wechseln breite Terrassenäcker von 15 m Breite mit anderen von nur 8 m Breite. Die Rainhöhe der Terrassen ist nur gering und erreicht maximal 0,60 m. Die beiden nördlichen Terrassenäcker erstrecken sich heute bereits außerhalb des eigentlichen Waldgebietes des Weilerhecks in einem Wiesenareal. Als flache Bodenwellen sind sie hier zu erkennen. Unter Fichtenhochwald umzieht eine deutliche und scharfkantige Terrasse im NW, N und NO das Weilerheck. Der Rain ist bis zu 2 m hoch. Wegen ihrer gleichmäßigen Form ist diese Terrasse mit Sicherheit anthropogener Herkunft.

Darüber hinaus fanden sich noch kleine, geschwungene Terrassenabschnitte. Sie treten wie kleine waagerechte Plateaus aus dem Hang heraus und haben bei geringer Länge von 5 bis 10 m nur 3 bis 4 m Breite. Allerdings ist hier eine Deutung vorerst unmöglich. Denn die weitere genaue Kartierung ergab, daß das Weilerheck eine völlig deformierte und weitgehend zerstörte Agrarlandschaft darstellt. Zwischen den einzelnen Terrassen, aber auch zwischen den einzelnen Abschnitten erstrecken sich zahlreiche kleine und große Gruben von 2 bis 15 m Durchmesser und 0,50 bis 2,50 m Tiefe. Unschwer sind in ihnen

---

[8] Eingesehen im Katasteramt des Landkreises Schleiden, Zweigstelle Blankenheim.
[9] Vgl. Tafel 53.

wieder die Relikte eines alten Eisenerz-Tagebaus zu erkennen. Man kann noch heute eisenhaltiges, überschweres Gestein in ihnen aufheben. Auf weite Strecken ist das Weilerheck von diesen Pingen übersät.
Wichtig ist, daß an dieser Stelle ein stratigraphischer Befund gewonnen werden kann; denn die Pingen schneiden die Terrassenäcker und zerteilen sie in kleine Abschnitte. Die Pingen müssen also jünger sein als die Terrassen. Nun ist bekannt, daß bis ins 18. Jahrh. aus dieser Gegend Eisenerz im Tagebau gewonnen wurde. Der Abbau ist also auf den ersten Blick verhältnismäßig jung. Die von ihm überdeckte Agrarstruktur muß älter sein.
Waren im *Weilerheck* noch Reste des alten Agrargefüges zwischen den Eisenstangen erhalten, so ist das *Weilerbüsch* gänzlich von ihnen zerfressen. Es handelt sich um ein kleines Waldstück, das nur 200 m NO vom Weilerheck liegt (r 25 42 400; h 55 95 700). Eine unübersehbare Zahl von kleinen, aber auch etliche sehr große Gruben von durchschnittlich 1 bis 3 m Tiefe finden sich in diesem Gebiet. In den größeren Gruben, die oft 50 m Durchmesser erreichen, stehen sehr alte Buchen, die mindestens 100 Jahre alt sind. Die Erzabbaufelder müssen also auf jeden Fall älter als Mitte des vorigen Jahrh. sein. Reste von alten Feldeinteilungen sind im Weilerbüsch nicht mehr erhalten. Die Pingen sind im übrigen auch in heute noch beackertem Gelände und in Wiesen am Ostrand des Waldstückes verbreitet. Sie zeigen sich entweder als Wasserlöcher in den Wiesen oder aber als flache verpflügte Mulden in Äckern. Stets trifft man bei ihnen große Mengen von eisenhaltigem Gestein oder von bereits geschmolzenen Erzbrocken, von Luppen und Schlacken an. Offenbar verband sich mit der Erzgewinnung im Weilertal zugleich auch eine Verhüttung, obgleich bislang noch keine archäologischen Nachweise dafür vorliegen.

V. Hinweise zur Datierung.

Bisher fanden noch keine Grabungen auf den fossilen Fluren im *Weilertal* zu Marmagen statt. Hinweise auf ihre Zeitstellung müssen daher auf andere Weise gewonnen werden. Wie bereits im Textband (S. 20 ff.) dargestellt, verbleibt als wichtigste Möglichkeit der Versuch, fossile Flur und Siedlung einander räumlich-topographisch zuzuordnen. Auf diesem Wege lassen sich zwar keine absolut sicheren Daten gewinnen, wohl aber gewisse Wahrscheinlichkeitswerte.

In diesem Zusammenhang sind folgende Beobachtungen von Bedeutung:

1. Die fossilen Fluren im Weilertal liegen räumlich weitab vom mittelalterlichen Dorf Marmagen, so daß sie dem peripheren, im frühen Mittelalter vielleicht noch nicht einmal gerodeten Randbereich der Gemarkung Marmagen angehören.
2. Die fossilen Flurrelikte im Weilertal liegen im Nordteil der Gemarkung Marmagen, die in römischer Zeit intensiv durch Siedlungsplätze erschlossen war. Eine Vorstellung von Bedeutung und Dichte der römerzeitlichen Besiedlung vermittelt Abb. 33. Im einzelnen sind hier folgende Fundplätze aufzuführen:
r 25 42 025; h 55 95 750. Siedlungsstelle *Weilertal*. Auf einem Acker finden sich römische Scherben, Schlacken sowie behauene Kalksteine[10] (Abb. 33,1);
r 25 41 800; h 55 95 000. Siedlungsstelle *Schlehheck*. Hagen berichtet, Römerstraßen 128, von behauenen Steinen, die dort gefunden worden seien. Ob es sich um eine römische Fundstelle handele, sei nicht klar[11] (Abb. 33,2);
r 25 41 4 . .; h 55 95 6 . . Siedlungsstelle *Auf Halbig*. Nach Hagen, Römerstraßen 128, fanden sich hier römische Baureste. Die Fundstelle konnte bei neueren Begehungen noch nicht wieder verifiziert werden[12] (Abb. 33, 3);
r 25 42 330; h 55 94 1 . . Römischer Münzschatz der konstantinischen Zeit[13] (Abb. 33,4);
r 25 41 . . .; h 55 93 . . . Nach Bonner Jahrb. 31, 1861, 41, wurden aus dem Ortskern von Marmagen römische Mauerreste, Münzen und Gefäße aus Gräbern bekannt (Abb. 33,5);

---

[10] Hagen, Römerstraßen 128. – Bonner Jahrb. 25, 1857, 28–33. – Bonner Jahrb. 128, 1923, 143.
[11] Hagen, Römerstraßen 128.
[12] Hagen a. a. O.
[13] Bonner Jahrb. 25, 1857, 28. – Bonner Jahrb. 128, 1923, 143. – Hagen, Römerstraßen 126.

r 25 41 075; h 55 93 790. Beim Bau des Hauses der Frau G. Poth an der Nießengasse in Marmagen auf den Parzellen 310 und 16 wurden zufolge der Ortsakte Marmagen des Rheinischen Landesmuseums Bonn im Juli 1957 mindestens zwei römische Brandgräber beobachtet (Abb. 33,6).

Ab r 25 41 780; h 55 91 440 in Richtung NNW zum Dorfe Marmagen verläuft die römische Straße von Blankenheimer Wald nach Marmagen. Sie ist Teilstück der großen Römerstraße von Trier nach Köln[14] (Abb. 33,7).

Im Raume r 25 42 000; h 55 95 100 verläuft nach Hagen, Römerstraßen 128, eine römische Lokalstraße durch das Weilertal, die weiter nördlich in die Gemarkungsgrenze Marmagen-Nettersheim einmündet [15] (Abb. 33,8).

Ab r 25 41 700; h 55 93 650 nach ONO verläuft nach Hagen, Römerstraßen 126 ff., eine römische Straße von Marmagen nach Nettersheim. Ihren Verlauf im einzelnen und die Frage, wie der römische Vicus von Nettersheim mit ihr verbunden war, prüft Hagen a. a. O. ausführlich[16] (Abb. 33,9).

Es zeigt sich, daß Marmagen durch ein massiertes Auftreten römischer Funde in Form von Mauerresten, Gräbern und Kleinfunden als Siedlungsschwerpunkt der römischen Zeit ausgewiesen wird. Die Bedeutung des Ortes nahm im Laufe der römischen Epoche noch zu, weil er von der überregional wichtigen Straße Köln–Trier berührt wurde. Daß seine Ursprünge wahrscheinlich schon in der jüngeren vorrömischen Eisenzeit zu suchen sind, deutet der keltoromanische Ortsname MARCOMAGUS an[17].

3. Im N der Gemarkung Marmagen, wo sich die römerzeitlichen Fundplätze häufen, sind keinerlei mittelalterliche Siedlungsspuren entdeckt worden. Es fehlen z. B. alle Hinweise auf einen fränkischen Reihengräberfriedhof in diesem Gebiet, der vielleicht Rückschlüsse auf eine zugehörige Siedlung gestatten würde. Es gibt aber auch keine Hinweise auf eine hoch- oder spätmittelalterliche Wüstung, der die entdeckten Flurrelikte im Weilertal zugewiesen werden könnten.

4. Im Mittelalter sind die Terrassen am Nordhang des Pützberges als Weinberge genutzt worden. Dies belegen Flurnamen wie *Wingerten* oder *Ober Wingerten*, die noch im Urkataster aus den ersten Jahrzehnten des 19. Jahrh. vorkommen[18]. Aber diese Flurnamen beweisen in keiner Weise mittelalterlichen Ursprung der fossilen Terrassenäcker, die viel älter sein können und im Mittelalter lediglich zeitweise diesem speziellen Zweck gedient haben.

5. Für eine Interpretation auf dem Wege der Zuweisung von Flur und Siedlung bleibt im Weilertal ausschließlich die bereits erwähnte römische Siedlung zwischen Weilerbüsch und Weilerheck übrig (vgl. Tafel 53 und Abb. 33, 1). Sie erweist sich als der eigentliche Siedlungsschwerpunkt, von dem die landschaftliche und wirtschaftliche Entwicklung des Weilertals geprägt wurde. Es können auch kaum Zweifel daran bestehen, daß die von Hagen[19] bereits angenommene Herkunft der mittelalterlichen und neuzeitlichen Weiler-Flurnamen in diesem Gebiet von einer römischen Villa rustica tatsächlich zutrifft. An einigen weiteren Hinweisen sei die Bedeutung dieses Siedlungsplatzes veranschaulicht. Der Siedlungsplatz zwischen Weilerheck und Weilerbüsch (r 25 42 230; h 55 95 770) liegt heute in offenem Ackerland. Beim Pflügen wurden Ziegel, behauene Kalksteine, Mörtelreste, Keramik und zahlreiche schwere, klumpige Eisenschlacken und Luppen hochgeworfen. Offensichtlich wurde nicht erst in Mittelalter und Neuzeit,

---

[14] Hagen, Römerstraßen 123 ff.
[15] Hagen, Römerstraßen 128.
[16] Hagen, Römerstraßen 126 ff.
[17] A. Bach, Deutsche Namenkunde Bd. 2,2 (Heidelberg 1954) § 433, deutet den Namen als Zusammensetzung aus dem PN 'MARCVS' und dem keltischen Bestimmungswort 'MAGUS' in der Bedeutung von 'Ebene', 'Feld', 'Markt(-flecken)'. – A. Riese, Das rheinische Germanien in den antiken Inschriften (Berlin 1914) 372 ff. – K. Miller, Die Weltkarte des Castorius, genannt die Peutingersche Tafel (Ravensburg 1887/88).
[18] Das Urkataster wurde im Katasteramt Schleiden, Außenstelle Blankenheim, eingesehen.
[19] Hagen, Römerstraßen 128.

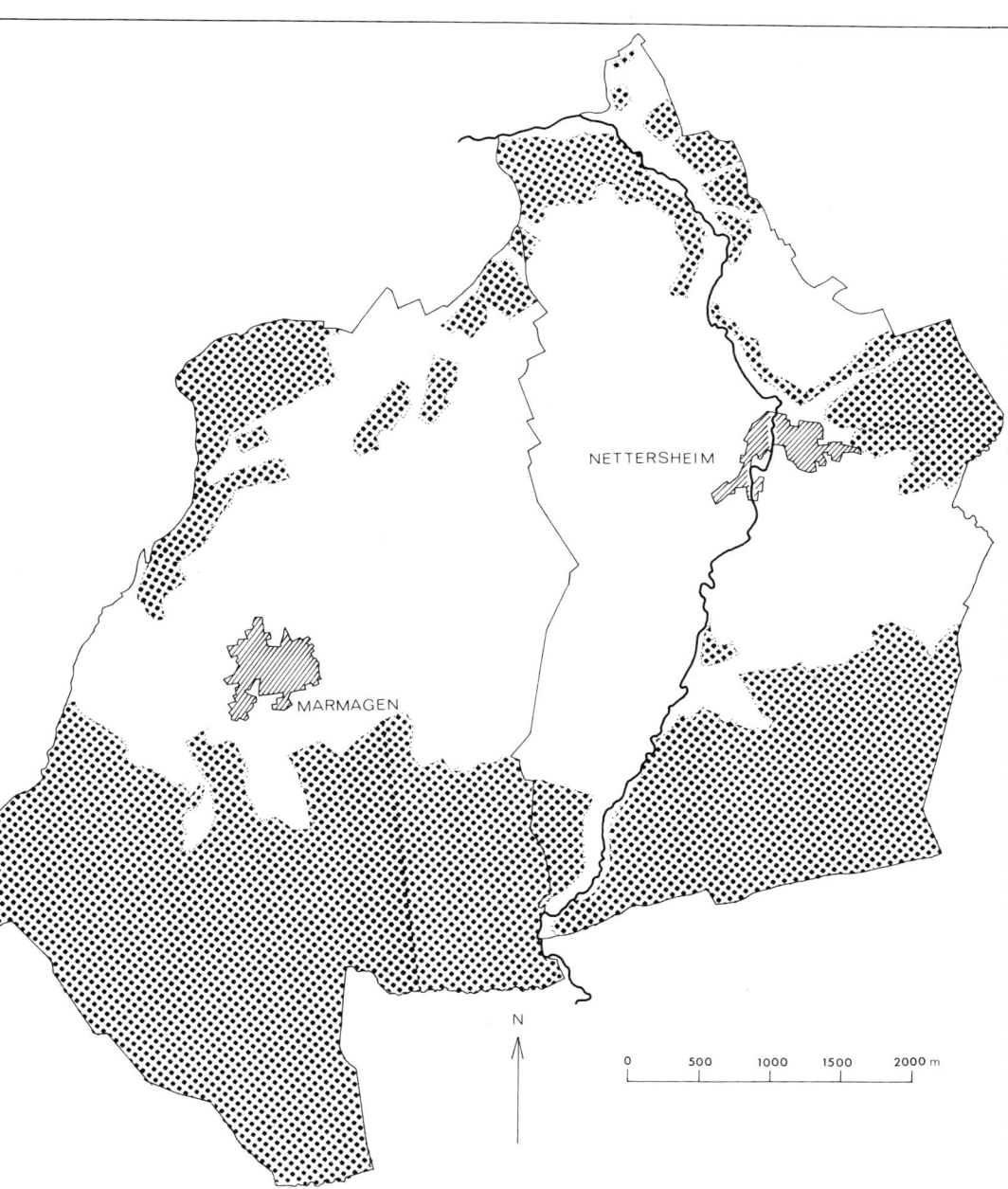

32  Waldverbreitung um 1968 in den Gemarkungen Marmagen und Nettersheim (SLE).

sondern bereits in römischer Zeit in diesem Gebiet Eisenerz abgebaut und verhüttet. Ohne daß jetzt schon die Einzelheiten dieser gewerblichen Tätigkeit im Weilertal bekannt sind, – sie können erst das Ergebnis von Grabungen sein –, ist doch bereits soviel sicher, daß sowohl die ausgedehnten fossilen Terrassenäcker als auch die weiten Pingenfelder im Weilertal bereits römischen Ursprungs sein können. Der Siedlungsplatz zwischen Weilerbüsch und Weilerheck bildet offensichtlich den Mittelpunkt eines großen römer-

zeitlichen Agrar- und Bergbaubezirks. In dieser Eigenschaft kommt ihm innerhalb der späteren Gemarkung das Gewicht eines eigenständigen, von den benachbarten gleichzeitigen Siedlungszentren weit entfernten und deutlich abgesetzten Siedlungs- und Wirtschaftsbezirks zu. So geht die landwirtschaftliche und bergmännische Erschließung des Weilertales mit großer Wahrscheinlichkeit auf die römische Zeit zurück. Daß römerzeitliche Fluren und Eisenerz-Tagebaue später, im Mittelalter und in der Neuzeit, wiedergenutzt wurden, entspricht den Erfahrungen, die auch andernorts gemacht wurden.
Sicher ist mit diesen Beobachtungen die römerzeitliche Herkunft der beschriebenen kulturlandschaftlichen Relikte noch nicht abschließend bewiesen. Über die Zuweisung von Einzelformen, besonders im Bereich der Eisenerz-Tagebaue, kann noch gestritten werden. Am römerzeitlichen Ursprung der terrassierten Äcker und der Eisenerz-Tagebaue ist aber kaum zu zweifeln. Im Weilertal begannen Rodung, Agrarwirtschaft und gewerbliche Wirtschaft in römischer Zeit. Ihre Relikte konnten sich wegen der extensiven Agrarwirtschaft der seither vergangenen Jahrhunderte bis heute im Gelände erhalten.

A 2  I. Gemarkung Marmagen (SLE). Tafel 51.
II. TK 5505 Blankenheim: r 25 41 000; h 55 94 700. W der Straße Marmagen–Urft, auf der Hochfläche gegen den Steinfelder Hüttengraben. Flurbezirk *Rotbusch*.
III. Es wurde eine Kartierung auf der Deutschen Grundkarte 1 : 5 000 vorgenommen (Abb. 30 und Tafel 51).
IV. Beschreibung:
W der Landstraße von Marmagen nach Urft, etwa 1500 m N des Ortskerns von Marmagen, konzentrieren sich im Bereich des *Rotbusch* genannten Geländes zahlreiche Altfelder (r 25 40 700–25 41 300; h 55 94 600–55 95 400). Es handelt sich um ein schwach hügeliges Gelände, welches nur nach W zum Steinfelder Hüttengraben hin sehr stark abfällt. Im N wird es vom Staatsforst Schleiden, *Halbig*, begrenzt, im S durch den *Galgenberg*, unmittelbar NW von Marmagen. Der Rotbusch und die ihn umgebenden Gebiete bilden heute eine Offenlandschaft mit zahlreichen Äckern und nur einigen kleineren Wald- oder Buschgebieten, die im engeren Sinne den Rotbusch ausmachen. Das Toponym Rotbusch verbirgt einen Rodungsnamen: Es bezeichnet den Busch oder das Waldstück, in dem man zu roden pflegte. Dies Gebiet war also offenbar lange Zeit hindurch bewaldet und wurde erst spät gerodet.
Die Kartierung ergab zahlreiche Terrassenäcker in diesem Gebiet. Bis auf 100 m nähert sich ein großes Terrassensystem der Landstraße Marmagen–Urft. Es erstreckt sich bei r 25 41 000; h 55 95 000 in W-O-Richtung. Bis zu 20 Terrassen lagern sich an den nach N exponierten Hang eines kleinen Bachtales, das von O her zum Steinfelder Hüttengraben anläuft. Auf einer Länge von 800 m erstrecken sich an diesem Hang Terrassen verschiedenster Form und Länge (vgl. Tafel 51). Unter Laubwald, Gebüsch und Wiesen liegt das östliche Terrassensystem von insgesamt 380 m Länge. 5 Terrassenäcker staffeln sich hier mit relativ flachen Rainen an dem schwach nach N abfallenden Hang des Rotbusches. Es kommen Rainhöhen zwischen 0,40 und 1,50 m vor. Sehr flach sind die Rainhöhen bei Terrassen, die noch in Wiesengelände, und zwar unweit der Landstraße Marmagen–Urft erhalten sind. So treten z. B. die Terrassen, die rundlich nach SO umbiegen, nur noch als flache Bodenwellen hervor. Es gibt Ackerbreiten von 6,80 m, 8 m und 12 m, daneben aber auch völlig unregelmäßige streifenförmige Gebilde von wechselnder Breite. Mehrfach wurden, direkt auf der Terrassenkante oder im Rain stehend, einzelne, sehr alte Buchen von mehr als 50 Jahren Alter vorgefunden. Sie lassen auf einen alten Waldbestand schließen, der die östlichen Terrassen des Rotbusches bedeckte und der heute nur noch in wenigen Resten vorhanden ist.
Die höchsten Raine besitzen die am weitesten nach N liegenden Terrassen dieses Systems. Je weiter man nach S gelangt, um so geringer werden die Raine, bis sie schließlich bei den südlichen Randterrassen nur noch als flache Bodenwellen von 0,30 m Höhe in

Erscheinung treten. Vereinzelt kommen im östlichen Rotbusch Anwände in Form kleiner flacher Wälle von 0,30 m Höhe vor, die rechtwinklig zum Terrassenverlauf liegen und einen Terrassenacker in zwei Teilstücke aufteilen. Diese Anwände brauchen nicht unbedingt Besitzgrenzen zu sein. Auf jeden Fall bilden sie jedoch Grenzen von Bewirtschaftungseinheiten. Beim Pflügen bildeten sie eine Wendemarke.
Von r 25 41 150 nach W beginnt ein neues Terrassensystem am Rotbusch. 20 Terrassen mit ungewöhnlich hohen Rainen füllen einen Geländestreifen von 250 m Breite gänzlich aus. Sie reichen im W bis unmittelbar an den Steilhang zum Steinfelder Hüttengraben heran und biegen leicht gegen den Hang nach S um. Nicht alle Terrassen laufen auf der gesamten Länge des Systems von mehr als 400 m durch. Es gibt auch kürzere, terrassierte Stücke. Allen Terrassen aber ist gemeinsam, daß ungewöhnlich hohe Raine sie begrenzen. Rainhöhen von 3 m bis 5 m sind keine Seltenheit. Die Äcker weisen Breiten von 6 m, 8 m, 10 m und 12 m auf. Alle Terrassen zeigen gegen die Raine scharfe Kanten. Auch die Terrassenfüße sind in der Regel gut zu erkennen. An einigen Stellen wurden Terrassen zwecks Sandentnahme angeschnitten. Dabei zeigte sich im Schnittprofil, daß der außerordentlich gute Erhaltungszustand der Terrassenäcker unter anderem auf eingebaute Steinversteifungen in den Rainen zurückzuführen ist. Zwar wurden die Steine nicht geordnet in Form einer Trockenmauer eingebracht, jedoch bilden sie – aufeinandergeworfen – mauerähnliche Versteifungen. Die Osthälfte dieser Terrassen liegt unter einem etwa 40jährigen Fichtenhochwald, ihr westlicher Teil am *Kaulenberg* hingegen unter Weiden. Unter Fichten haben sich die Terrassen des Systems ungleich besser erhalten als im Weidegelände. Es ist damit zu rechnen, daß das heute beweidete Gebiet zeitweise auch umgebrochen und als Ackerfläche benutzt worden ist. Im Weideland kommt es gelegentlich auch vor, daß zwischen zwei scharf ausgeprägten Terrassen von weitem Abstand (12 m z. B.) durchlaufende, flachwellige Geländestufen liegen, in denen man Überreste verpflügter Terrassen erkennen könnte. Im Nordostteil des mit Terrassen bedeckten Gebietes am *Kaulenberg* und *Rotbusch* ändert sich plötzlich die Richtung der Altfelder. Während sie sonst überwiegend in W-O-Richtung verlaufen, finden sich hier 7 scharf ausgeprägte Terrassen, die rechtwinklig zur allgemeinen Richtung, also in N-S-Richtung liegen. Bei den beiden westlichen Terrassen dieses Komplexes ist wegen der ungewöhnlichen Rainhöhe von 6 m zu fragen, ob es sich dabei nicht um Geländestufen natürlicher Bildung handelt. Dagegen spricht allerdings die regelmäßige Form der Terrassenkanten.
Daß ein zeitlicher Unterschied zwischen den Altfeldern verschiedener Richtung besteht, ist kaum anzunehmen. An der Stelle, wo die verschiedenen Altfelder aufeinandertreffen, zeigen sich keine Spuren einer Überschneidung. Vielmehr schließen sich Terrassen verschiedener Richtung räumlich aus, so daß eine gleichzeitige Nutzung aller Terrassen durchaus möglich ist.
Die Altfelder am Rotbusch blieben nicht ungestört. Besonders im östlichen Rotbusch werden zahlreiche Terrassen von Pingen des Erztagebaus geschnitten. An den östlichen Terrassen am Rotbusch wurde die folgende relativ-chronologische Abfolge von Nutzungsstadien beobachtet:
1. Nutzung der Terrassen als Äcker.
2. Aufhören der agrarischen Nutzung der Terrassen, Überpflügen der alten Terrassenkanten durch neue Nutzungsformen.
3. Beginn des Erztagebaus auf den alten Terrassen, Pingenbildung.
4. Neubeginn der agrarischen Nutzung und Verpflügen der Pingen.
5. Erneute Aufgabe der Äcker und Verwaldung des Gebietes oder teilweise Weiternutzung als Wiesen.
V. Hinweise zur Datierung.
Die fossilen Fluren am Rotbusch und am Kaulenberg lassen sich nur schwer absolut datieren. Wie für die unter A 1 aufgeführten Flurrelikte liegen auch diese Flurreste weitab von den nächsten mittelalterlichen Siedlungsplätzen Marmagen, Nettersheim und Urft. Auch eine Zuweisung zu römerzeitlicher Besiedlung begegnet Schwierigkeiten, weil auf

Halbig, in der Nähe der hier behandelten fossilen Fluren, lediglich ein von Hagen[20] vor vielen Jahren beobachteter Siedlungsplatz bekannt ist, der aber durch neuere Begehungen noch nicht wieder nachgewiesen werden konnte (Abb. 33,3). Man kann den gesamten NW der Gemarkung Marmagen nicht als altersschlossenes römisches Siedlungsland ansehen. Damit gelangen zwangsläufig die nachrömischen Perioden als Entstehungszeit für die fossilen Fluren in den Blick. Nach den FN zu urteilen, war der NW der Gemarkung Marmagen im Mittelalter vorwiegend mit Wald bedeckt. Vom frühen 19. zum 20. Jahrh. nahm, wie ein Vergleich der Abbildungen 31 und 32 lehrt, die Waldbedeckung noch zu. Die fossilen Fluren dürften also wahrscheinlich am Ende des Mittelalters oder in der frühen Neuzeit als Rodungs- und Ausbaufluren entstanden sein. Ihre Erhaltung geht wesentlich auf die Ausdehnung der Waldflächen seit dem 19. Jahrh. zurück. Für die Datierung ist noch zu beachten, daß der Verlauf der terrassierten Äcker sich nicht mit den Grundstücksgrenzen der Urkataster deckt. Die Terrassen schneiden immer wieder die Grenzen der Urkataster. Daraus ergibt sich, daß sie älter als die Urkataster, also älter als erste Hälfte 19. Jahrh., sein müssen. In den Urkatastern findet sich ein ganz neues Besitzsystem, welches mit den davor bestehenden Grundstücksgrenzen kaum Ähnlichkeit aufweist. Ein weiterer Datierungshinweis ergibt sich aus der Tatsache, daß viele Terrassen von Tagebauen des neuzeitlichen Erzbergbaus geschnitten werden. Im 18. und 19. Jahrh. ist in diesem Gebiet obertägig anstehendes Eisenerz der Kalkgesteine abgebaut worden. FN wie *Auf der Eisenkaul* bezeugen das relativ geringe Alter der meisten Pingen, wobei jedoch mittelalterlicher Abbau nicht grundsätzlich ausgeschlossen werden kann. Für die durch Pingen geschnittenen terrassierten Fluren ergibt sich, daß sie älter als die Pingen sein müssen. Für die fossilen Fluren kommt als Entstehungszeitraum also mit hoher Wahrscheinlichkeit ein Zeitabschnitt vom späten Mittelalter bis ins 18. Jahrh. in Betracht. Um hier genauer datieren zu können, wäre zu erwägen, ob die vorwiegend in ungünstigen Lagen liegenden terrassierten Fluren nur auf dem Hintergrund eines erheblichen Mangels an ackerfähigem Land entstanden sein können. Denn nur dann erklärt es sich zwanglos, daß diese Fluren unter großem Aufwand (Befestigung der Raine, Planierung der Flächen) und auf verhältnismäßig armen Böden angelegt wurden. Am ehesten käme für solche Rodungen noch die Zeit des mittelalterlichen Landausbaus in Frage.

A 3  I. Gemarkung Marmagen (SLE).  Tafel 64.
II. TK 5505 Blankenheim: r 25 40 700–40 900; h 55 94 600–94 800. Etwa 500 m NW Ortsmitte Marmagen, an *Galgen-*, *Wies-* und *Märtesberg*.
III. Es wurde eine Kartierung auf der Grundlage der Deutschen Grundkarte 1 : 5 000 vorgenommen (Abb. 30 und Tafel 64).
IV. Beschreibung:
Etwa 1200 m NW der Ortsmitte von Marmagen erhebt sich die Kuppe des *Galgenberges*. Mit 546 m Höhe ist er die höchste Erhebung N des Ortes. An seinen Nord-, West- und Südhängen gruppieren sich mehrere umfangreiche Terrassenkomplexe zu einer sehr gut erhaltenen fossilen Agrarlandschaft. Die Bergkuppe selbst und ihr östliches Vorgelände werden heute als Weideland extensiv genutzt. Spuren von terrassierten Altfeldern trifft man hier nur vereinzelt an. N und W der Bergkuppe erstrecken sich vorwiegend Altbestände von Fichtenhochwald, Mischwald und Laubwald. Am Südhang des Galgenberges bedecken Gebüsche (Rotdorn, Weißdorn, Hasel, Hainbuche) die alten Feldsysteme. Einzelne alte Fichten finden sich hier meist auf den Terrassenkanten.
Ein geschlossenes System von fossilen terrassierten Äckern befindet sich W der Flur *Auf der Eisenkaul* (r 25 40 700–25 40 900; h 55 94 600–55 94 800). In einem muldenförmigen, steilen Quertal zum Steinfelder Hüttengraben liegen hier, in weiten Bögen die Hangmulde ausfüllend, 11 scharf ausgebildete, lange Terrassenäcker sowie eine Reihe

---

[20] Hagen, Römerstraßen 168 f.: Die Fundstelle soll im Bereich der FN Oben am Halbigerbüsch, Am Halbigerbüsch, Vor Halbig, Unten vor Halbig gelegen haben. In Koordinaten ausgedrückt, müßte dies das Gebiet um etwa r 25 41 400; h 55 95 500 sein.

von kleinen Abschnittsterrassen. Sie gliedern den Steilhang wie übergroße Stufen einer halbrunden Arena. Die östlichen drei Terrassen liegen noch unter Wiesen, die westlichen hingegen bedeckt ein sehr alter Mischwaldbestand. Keine dieser Terrassen hat weniger als 1 m Rainhöhe. Am häufigsten finden sich Rainhöhen von 1,50 bis 1,80 m. Einzelne Terrassen weisen sogar 3 m Rainhöhe auf. Die Feldbreiten lassen sich nicht generell angeben, weil sie infolge der bogenförmigen, hangangepaßten Gestalt der Äcker wechseln. In der Mitte ist die Feldbreite immer am größten, nach den Enden der Äcker nähern sich die Terrassen einander stark an. In der Mitte der einzelnen Terrassen wurden von O nach W die folgenden Feldbreiten gemessen: 18 m, 20 m, 26 m, 10 m, 8 m, 11 m, 8 m, 11 m, 4 m, 3 m, 3 m. Eine einheitliche Feldbreite gibt es also nicht. Sie war auch angesichts der Notwendigkeit, die Felder der Hangmulde anzupassen, nicht erreichbar. Die westlichen sechs Terrassen werden im N von einem den Hang hinablaufenden Graben begrenzt, den zu beiden Seiten je ein kleiner Steinwall von 0,50 m Höhe begleitet. Auf einem dieser Wälle steht ein alter Grenzstein mit verwaschenem Wappenrelief, der aus dem 18. Jahrh. stammt. Diese Begrenzung der Terrassen, die an keiner Stelle über den Graben hinausreichen, ist also mindestens 150 bis 200 Jahre alt. Solange war die Hangmulde mit Sicherheit auch schon bewaldet. Dem gegenwärtigen Altbestand von Fichten und Buchen, der in das vorige Jahrh. zurückreicht, gehen bereits ältere Waldungen voraus. Es handelt sich bei diesen Terrassenäckern also um ein echtes Altfeldersystem, das schon seit längerer Zeit der Nutzung entzogen, durch den Waldbestand in seiner ursprünglichen Form aber recht gut erhalten ist. Zur guten Bewahrung dieser fossilen Felder trugen aber sicher auch Versteifungen der Raine aus großen Kalksteinen bei, die mehrfach an den Terrassenkanten zutage traten. Am nördlichen Galgenberg wiederholte sich die Beobachtung, daß die beackerte Fläche viel weiter nach W gegen den Hang des Steinfelder Hüttengrabens vorstieß, als dies heute noch der Fall ist. Schon am Rotbusch war das zu beobachten. Verglichen mit den ebenen Flächen beiderseits der Straße von Marmagen nach Urft, waren diese Teile der Gemarkung Marmagen wesentlich schwieriger zu beackern. Eine ackerbauliche Nutzung war praktisch nur bei starker Terrassierung der Hänge möglich. Deshalb muß zu bestimmten Zeiten Mangel an nutzbarem Akkerland bestanden haben, der die Nutzung auch dieser ungünstigen Hanglagen erzwang. Eine andere Erklärungsmöglichkeit wäre das Vorhandensein einer mittelalterlichen Wüstung oder einer römerzeitlichen Ansiedlung in diesem Bereich, der diese Felder zugehört haben könnten. Beides ist im Falle des Galgenberges und seiner Nachbargebiete aber bislang nicht nachweisbar.

Nach SW gehen die beschriebenen fossilen Terrassenäcker westlich der *Eisenkaul* in ein langstreifiges Terrassensystem über, welches auf einer Länge von 500 m und einer Breite von 150 m den gesamten Nordwesthang des Galgenberges einnimmt. Bis zu neun langstreifige Terrassen ziehen hier den stark abfallenden Hang entlang (r 25 40 400 bis 25 40 800; h 55 94 300–55 94 600). Kleinere Terrassenabschnitte schieben sich zwischen die langen, parallel laufenden Terrassen. Die Langterrassen schließen Feldbreiten von 8 m, 10 m, 13 m und 16 m ein. Gelegentlich gliedert sich eine dieser Langterrassen in schmale, streifenförmige Abschnitte auf, wenn kleine Zwischenterrassen eingeschaltet sind. Die Rainhöhen sind hier nicht so erheblich. Sie variieren zwischen 0,30 m und 1,20 m. Der FN dieses Gebietes deutet auf ein ursprünglich bewaldetes Areal hin: *Am Galgenberg an der Warmerheck*. Zum Kopf des Galgenberges hin finden sich nur noch vereinzelte kürzere Terrassen. Langstreifige Systeme fehlen, weil hier bereits der nackte Kalkstein ausbeißt, der den Feldbau erschwerte. Auf dem Galgenberg selbst erstreckt sich ein ausgedehntes Feld von kleinen bis mittelgroßen, rundlichen bis unregelmäßig gelappten Gruben. Auch hier wurde zweifellos Eisenerz im Tagebau abgebaut. Auf der südlichen Seite der Kuppe kommt es auch wiederholt zur Überlagerung von terrassierten Feldern und Erzgruben, wie sie im Weilertal und am Rotbusch zu beobachten waren. Man wird also auch das Gebiet des Galgenberges als ein Zentrum des Erztagebaus innerhalb der Gemarkung Marmagen ansprechen dürfen.

Nicht weniger als 23 langstreifige Terrassen lagern sich W und S des Galgenberges in ununterbrochener Folge an den nach S exponierten Hang (r 25 40 400–25 41 000; h

55 94 000–55 94 300). Die nördlichen sieben Terrassen dieses Komplexes sind durchschnittlich 200 m lang. Im W begrenzt sie ein Anwand in Form eines flachen, 0,50 m hohen Steinwalles. Alle anderen Terrassen sind mindestens 350 m lang und erstrecken sich in WSW-ONO-Richtung auf der gesamten Südseite des Galgenberges. Es handelt sich hierbei um zwei nebeneinanderliegende Terrassenkomplexe von je etwa 350 m Länge, die sich bei r 25 40 700 ineinanderschieben, so daß von dieser Stelle aus beide Terrassensysteme über schräge, rampenartige Wege für Fuhrwerke erreichbar sind. Während die östliche Hälfte dieser Terrassen in Wiesen liegt und hier nur die Terrassenraine von dichtem Buschwerk bewachsen sind, führte im westlichen Teil der Fichten- und Kiefern-Hochwald zu ausgezeichneter Erhaltung der fossilen Äcker. Die Rainhöhen liegen zwischen 0,50 und 2 m, wobei die Höhe von 0,80 m am häufigsten vertreten ist. Die Feldbreiten messen 5 m, 7 m, 10 m, 13 m, hängen aber im übrigen weitgehend vom Geländerelief ab, dem sie sich auch in diesem Falle anpassen.

Die fossilen Äcker am Galgenberg beweisen, daß in diesem Teil der Gemarkung Marmagen tiefgreifende Wandlungen im Bereich der Agrarnutzung stattgefunden haben. Denn das heute vorwiegend bewaldete Gebiet des Galgenberges war einst eine ackerbaulich genutzte Offenlandschaft. Als sie aufgegeben und der Bewaldung überlassen wurde, verminderte sich die ackerbauliche Nutzfläche von Marmagen erheblich. Eine solche Veränderung kann nur im Zuge eines starken Rückganges des Ackerbaus, der mit einem gewissen Anwachsen der Weidewirtschaft verbunden war, stattgefunden haben. Wann sich dieser Wandel vollzog, läßt sich vorläufig nicht angeben.

Die Terrassenäcker am Galgenberg entsprechen der allgemeinen Streichrichtung der devonischen Gebirge und der dadurch bedingten Morphologie. Sie laufen parallel zum Schleid-Bach, der von O her S des Galgenberges in den Gilles-Bach mündet. Auf seinem südlichen Ufer steigt das Gelände zum Wies-Berg wieder an. Auch dieser Hang ist mit Terrassenäckern bedeckt, die heute als Weide genutzt werden. Wiederum sind es langstreifige Terrassen. Ihre Rainhöhen liegen im allgemeinen bei 0,80 m. Sie sind teilweise durch flächigen, jüngeren Ackerbau stark verschliffen. Ein geschlossenes System wie am Galgenberg ergibt sich aus ihnen nicht. Im Vergleich zum Südhang des Galgenberges muß der Ackerbau am Nordhang des Wies-Berges länger angedauert haben, weil hier verschliffene Terrassenformen vorherrschen. Am Galgenberg muß die ackerbauliche Nutzung schon viel früher aufgehört haben, denn hier kam es nicht zu Formen der Beakkerung, die sich über die alte Terrasseneinteilung hinwegsetzten und die Terrasse verpflügten. Am Erhaltungszustand der Terrassenäcker im Gelände läßt sich dieser Unterschied in der Nutzungsdauer deutlich ablesen. Am Galgenberg waren die Terrassen die letzte Nutzungseinheit, am Wies-Berg dagegen blieben sie es nicht. Sie wurden durch flächige Felder überdeckt, die die alten Terrassen nicht berücksichtigten. Das Gleiche gilt auch für die Terrassen am Märtes-Berg. Dieser Unterschied in der Nutzungsdauer verwundert aber nicht, denn die Äcker in unmittelbarer Nähe des Ortes waren sicher die letzten, die aufgegeben worden sind und anderen Nutzungsarten zugeführt wurden.

Für die jüngste Nutzungsgeschichte des hier behandelten Gebietes ist sicher von Interesse, daß die Tranchot-Karte, Neue Ausgabe, Blatt 117 Nettersheim, an den Westhängen des Galgenberges sowie in den talnahen Lagen des Wies-Berges die Signatur für Akkerterrassen enthält. Beide Gebiete befanden sich, abgesehen von der Kuppe des Galgenberges selbst, zu Beginn des 19. Jahrh. noch in ackerbaulicher Nutzung, wie die Karteneintragung angibt. Auf jeden Fall können die Terrassen an Galgen- und Wies-Berg in keinem Falle neuzeitlichen Ursprungs sein, da sie bereits Anfang des 19. Jahrh. morphologisch in Erscheinung treten.

V. Hinweise zur Datierung.

Für eine Datierung der Terrassenvorkommen an Galgen-, Wies- und Märtes-Berg liegen keine näheren Hinweise vor. Auf jeden Fall erfordert die Entstehung derartig stark ausgebildeter Terrassen eine Benutzungszeit über mehrere Jahrhunderte hinweg.

Auch das Prinzip der Zuordnung dieser fossilen Fluren zur nächstbenachbarten Siedlung führt in der Datierungsfrage nicht weiter. Die terrassierten Fluren am Galgenberg und am Wies-Berg liegen im Verhältnis zu Marmagen ortsnah. So müßten sie zunächst einmal als neuzeitliche oder mittelalterliche Fluren dieses Dorfes angesprochen werden. Andererseits ist das mittelalterliche Marmagen aus einer römischen, möglicherweise sogar gallo-römischen oder eisenzeitlichen Siedlung hervorgegangen. Viele der beschriebenen Terrassensysteme können also bereits römischen Ursprungs sein, wobei die in römischer Zeit geschaffenen Feldeinteilungen im Mittelalter weiterbenutzt worden wären. Klarheit können hier nur Ausgrabungen auf besonders geeigneten fossilen Fluren schaffen.

VORBEMERKUNG ZU DEN FOSSILEN FLUREN IN NETTERSHEIM (SLE).

Nettersheim liegt 450 m hoch, am südlichen Rande der Sötenicher Kalkmulde (Abb. 30). In einer Erweiterung des Urfttales erstreckt sich das Dorf beiderseits des Flusses. Wie Marmagen, so liegt auch Nettersheim auf der Grenzlinie zwischen den mitteldevonischen Schichten der Sötenicher Kalkmulde, die den N der Gemarkung einnehmen, und den unterdevonischen Schichten in ihrem südlichen Teil[21]. Das Dorf nimmt die Spitze eines von NO in das Mitteldevon reichenden unterdevonischen Schichtenpakets ein. Das untere Genfbachtal schließt sich noch an die Sötenicher Kalkmulde an und steht nach S mit der Blankenheimer Kalkmulde in Verbindung. Die geologischen Unterschiede spiegeln sich deutlich im verschiedenartigen Landschaftscharakter seiner Gemarkung. Die agrarisch genutzten Offenlandschaften decken sich heute fast ausnahmslos mit den mitteldevonischen Teilen der Gemarkung. Demgegenüber tragen die dem Unterdevon zugehörenden Gebiete größere Waldungen. So füllt der Staatsforst Mürel das südliche Drittel der Gemarkung Nettersheim aus. Gleiches gilt für größere Waldungen NO der Ortslage Nettersheim. Heute nimmt der Wald etwa ein Drittel der Gemarkung Nettersheim ein (vgl. Abb. 31 und 32), während in Marmagen sogar etwa 40 % mit Wald bestanden sind. Ihre morphologische Gliederung erhält die Gemarkung Nettersheim durch den tief eingeschnittenen Flußlauf der Urft, der sie von S nach N durchzieht und am Rosenthal nach W umbiegt. Das südliche und das nördliche Drittel des Urftlaufes in der Gemarkung Nettersheim zeichnet sich durch steil abfallende Talränder aus, an denen vor allem im N der Kalkstein stellenweise hervortritt. Nur im mittleren Abschnitt erweitert sich das Urfttal zu einer Reihe von Talkesseln, in denen sich die Siedlungen der verschiedenen historischen Epochen entwickelten.
Die geschilderten geologischen und morphologischen Verhältnisse bedeuten, daß in Nettersheim der Schwerpunkt agrarischer Nutzung immer auf den fruchtbaren, weitläufigen Flächen des Mitteldevons westlich der Urft gelegen haben muß, während die östlich der Urft liegenden Gebiete vorwiegend bewaldet waren. Noch die moderne Waldkarte (Abb. 32) läßt deutlich erkennen, daß die Urft die östliche Grenze der historischen Siedlungskammer Marmagen-Nettersheim bildete, wenn man einmal vom Offenland unmittelbar S von Nettersheim absieht. Die Gemarkungsgrenze zwischen Marmagen und Nettersheim erweist sich unter diesem Gesichtspunkt als eine willkürliche Trennlinie, die eine an sich einheitliche Siedlungslandschaft zerschneidet.
Die Verteilung der Altfelder unterstreicht die vorgetragenen landschaftsgeschichtlichen Überlegungen (Abb. 34). Das südliche Drittel der Gemarkung Nettersheim ist frei von fossilen Feldeinteilungen. Die Waldungen des Staatsforstes Mürel zeigen an keiner Stelle Reste von Altfeldern, so daß mit einer weit zurückreichenden Bewaldung zu rechnen ist. Ausgedehnte Komplexe von Altfeldern in Form von Terrassenäckern finden sich aber 1500 m südlich des Dorfes zu beiden Seiten der Urft am Weller-Berg, auf der Görresburg und im Tal des Schleifbaches in unmittelbarer Nachbarschaft großer römischer Siedlungsstellen. SO der Ortslage befinden sich

---

[21] Geologische Übersichtskarte der Eifel (wie Anm. 1).

weitere Terrassenäcker an den verhältnismäßig steilen Hängen des Genfbaches, am Schellges-Berg, im Bennfeld und im Tal des Borbaches. N von Nettersheim zeigen sich terrassierte Altfelder vor allem auf dem Mühlenberg und im Mühlental sowie an den Hängen des Urfttales. Das Waldgebiet Sitert NO von Nettersheim wurde auf Altfelder begangen, jedoch ohne positiven Befund. Es muß von jeher als ackerbaulich ungenutztes Gebiet gedacht werden. Den Hinweis auf eine 'mit Sonderrechten belegte, der Allgemeinnutzung entzogene Örtlichkeit' oder auf einen 'zum Zwecke der Rodung ausgeschiedenen Waldteil' liefert auch der Flurname Sitert[22]. Die heutigen Verkehrsverhältnisse von Nettersheim zeigen nicht mehr die Vielfalt der römischen Zeit (Abb. 33). Die Landstraße Marmagen–Nettersheim mündet erst 1000 m SW von Nettersheim in den alten römischen Straßenzug Marmagen–Nettersheim ein. Ihre Fortsetzung NO von Nettersheim nach Zingsheim wird aber bereits von Hagen[23] als identisch mit dem Verlauf der Landstraße beschrieben. Die Frage, ob es sich bei dieser Straße um die älteste Verbindung zwischen den römischen Ansiedlungen von Marmagen und Nettersheim handelt, muß vor allem von der Lage der römischen Siedlungen um Nettersheim her beantwortet werden. Der römerzeitliche Siedlungsschwerpunkt der Gemarkung Nettersheim lag nicht im Zentrum des heutigen Dorfes, sondern 1800 m weiter S auf der *Görresburg*. Hier bestand eine römische Zivilsiedlung, ein Vicus. In enger Beziehung zu ihm stand eine Benefiziarierstation auf dem östlichen Ufer, im Mündungsgebiet des Wellerbaches in die Urft. Nach Hagen[24] erreichte ein östlicher Zweig der Trier–Kölner Römerstraße, nachdem er sich beim heutigen Bahnhof Blankenheimer Wald von der Hauptlinie nach Marmagen getrennt hatte, auf dem westlichen Ufer der Urft entlangführend, von S diesen römischen Vicus. Durch das Tal des Wellerbaches führte diese Straße nach O zur römischen Ansiedlung an der Ahekapelle, Gemarkung Engelgau. Eine Verbindungsstraße zwischen dem Vicus an der Görresburg und dem späteren Ort Nettersheim und der damit ihn berührenden Straße von Marmagen nach Zingsheim braucht es nicht gegeben zu haben. Sie hätte nur einen Sinn gehabt, wenn sich Kleemanns[25] Annahme, in Nettersheim selbst habe eine spätrömische Ansiedlung noch nach dem Wüstwerden des Vicus bestanden, durch entsprechende Befunde stützen ließe.
Bei der Begehung der Gemarkung Nettersheim auf Altfelder fiel wiederum auf, daß sie in viel größerer Zahl erhalten sind, als die amtlichen Karten, die Topographische Karte 1 : 25 000 und die Deutsche Grundkarte 1 : 5 000, erkennen lassen. Aus diesen Gründen mußten die fossilen Fluren um Nettersheim weitgehend neu begangen und kartiert werden.
Die Kartierung erbrachte an folgenden Stellen größere Komplexe von fossilen Feldern:
a) Am West- und am Südhang des Wellerberges, auf dem linken Ufer der Urft, fanden sich zahlreiche langstreifige Terrassenäcker (A 4).
b) Auf der Görresburg, in unmittelbarer Nachbarschaft zur römischen Tempelanlage und zu den Bauten des Vicus, liegt am Nordhang des Berges zum Schleifbach hin eine größere Gruppe langstreifiger, flacher Terrassenäcker (A 5). Sie zeigen einen klaren Bezug zu einem römerzeitlichen Hohlweg, der aus dem Tal des Schleifbaches zum Matronenheiligtum führte.
c) Auch an den Hängen N des Schleifbaches gab es terrassierte Altfelder. Es handelt sich jedoch meist um kürzere Terrassenabschnitte.
d) An den Steilhängen des Genfbaches, der, von O kommend, in Nettersheim in die Urft mündet, liegen stark ausgeprägte hohe Terrassen (A 6). Vor allem der Südhang von Schellges-Berg und Bennfeld weist langstreifige, flache Terrassen auf. Diese Terrassen werden durch reihenförmig angeordnete Pingen auf breiter Front abgeschnitten und vernichtet. An den Steilhängen des von S in den Genfbach mündenden Borbaches war Ackerbau ebenfalls nur auf stark terrassierten Feldern möglich.
e) Im Mühlental und im Urfttal N von Nettersheim finden sich wiederholt größere Komplexe langstreifiger Terrassen (A 7). S der Ahrley stehen sie in unmittelbarem Zusammenhang mit einer römischen Siedlungsstelle 'Ob der Sonnengasse'.

---

[22] H. Dittmaier, Rheinische Flurnamen (Bonn 1963) 287 ff. unter 'Seiters'.
[23] Hagen, Römerstraßen 169 f.
[24] Hagen, Römerstraßen 123 f.
[25] O. Kleemann, Zur ältesten Geschichte des Dorfes Nettersheim in der Eifel. Bonner Jahrb. 163, 1963, 219.

A 4  I. Gemarkung Nettersheim (SLE). Tafel 4; 55.
II. TK 5505 Blankenheim: r 25 44 300–25 44 500; h 55 93 800–55 94 600. Am südlichen, östlichen und nördlichen Hang des *Weller-Berges* oder *Wellenberges*.
III. Eine Kartierung auf der Grundlage der Deutschen Grundkarte 1 : 5 000 wurde durchgeführt (Tafel 56).
IV. Beschreibung:
Etwa 100 m südlich des Ortskernes von Nettersheim beginnt auf dem östlichen Talrand des Urfttales ein ausgedehntes System von stark terrassierten Altfeldern. Es zieht sich auf einer Länge von 1000 m in N-S-Richtung am gesamten Weller-Berg auf einer Breite von 180 m hin (r 25 44 300–25 44 500; h 55 93 800–55 94 600). Im N und S biegen zahlreiche Terrassen teils durchlaufend, teils kurz abbrechend, nach O um. Sie setzen sich noch mehrere hundert Meter weit in die jeweiligen östlichen Seitentäler des Urfttales fort. Im N-S-Zug gruppieren sich bis zu 15 übereinanderliegende Terrassen von wechselnder Breite am Osthang des Urfttales. Sie sind sämtlich ungewöhnlich gut erhalten. Terrassenkante, Rainschräge und Terrassenfuß sind noch sehr scharf ausgeprägt und genau lokalisierbar. Die Böschungen hatten sich durch Bodenabschwemmung nur geringfügig abgeflacht. Zwischen der als eigentlicher Acker anzusprechenden bandförmigen Fläche auf jeder Terrasse und dem Fuß der nach oben nächstfolgenden Terrasse erstreckte sich meistens ein schmaler Streifen Land von wechselnder Breite, der wesentlich schräger am Hang lag als der Acker selbst. Er war offensichtlich nicht ackerbaulich genutzt worden, sondern Unland geblieben; denn auf ihm befanden sich eine Reihe von Lesesteinhaufen. Die beackerten Landstreifen auf den einzelnen Terrassen lagen also in Gemengelage mit Unland. Einige Terrassen erstrecken sich über die gesamte Länge von 850 m in ununterbrochenem Zug. Es handelt sich also um ein langstreifiges System. Die Rainhöhe beträgt bei den unmittelbar am Steilhang gelegenen elf Terrassen zwischen mindestens 1 m und maximal 2,80 m. Das Steigungsverhältnis des gesamten Hanges, an dem sich die Terrassen befinden, beträgt rund 30 %. Die Breite der langstreifigen Äcker auf den Terrassen wechselt zwischen mindestens 4,90 m und maximal 20 m. Die Neigung der Raine liegt durchschnittlich zwischen 50 % und 70 %. Infolge des ungewöhnlich steilen Hanges überwiegen die sehr hohen Terrassen im unteren Hangbereich, während die Rainhöhe nach oben zu abnimmt. Trotz der starken Terrassierungen liegen die beackerten langstreifigen Ackerflächen auf den Terrassen noch sehr schräg.
Die Raine der unteren elf Terrassenäcker wurden auf ihren Aufbau hin untersucht. Es ergab sich, daß sie sich nicht einfach aus Erde aufbauen, sondern aus großen runden oder plattigen Kalksteinen bestehen, die der Terrassierung Stabilität verleihen und eine Bodenabschwemmung verhindern sollen. Diese Terrassen entstanden also nicht langsam durch einen ständigen Erdtransport nach der Hangseite. Sie wurden offenbar künstlich aufgebaut. Sie erinnern deshalb stark an Weinbergterrassen, wie sie heute noch an Steilhängen des Rheintals, des Ahrtals und des Moseltals zu beobachten sind.
Nur drei Terrassen verlaufen auf der ganzen N-S-Länge des Weller-Berges. Alle anderen fossilen Äcker sind kürzer. In verschiedenen Fällen greifen die Enden von Terrassen übereinander: Zwischen zwei langsam auslaufenden Terrassen schiebt sich, allmählich an Höhe zunehmend, eine neue Terrasse. Diese Beobachtung konnte bereits an den Altfeldern im Weilertal gemacht werden (vgl. A 1). Auf diese Weise blieben die Terrassenäcker von den Seiten her mit Hilfe leichter Gespanne befahrbar.
In Breite und Linienführung passen sich die Terrassen ausgezeichnet der wechselnden Hangneigung und dem Bodenrelief an. Immer wieder wird das Bestreben sichtbar, bei ihrer Anlage eine möglichst große ackerfähige Fläche zu gewinnen. Andererseits blieben lokal auch steinige oder felsige Stellen von der Nutzung ausgespart. An diesen Stellen ließ sich die hangparallele Richtung des Pflügens beobachten. Man wich einer unbrauchbaren Stelle einfach aus, indem man mit dem Pflug seitlich ausscherte und nach dem Passieren der Stelle auf die alte Pflugrichtung wieder einschwenkte. Auf diese Weise entstanden ausgesparte Unlandstellen, die nach den beiden Pflugrichtungen langsam schmaler werdende Spitzen besaßen.

Infolge der starken Anpassung der Terrassen an das Geländerelief wechselt sowohl die Breite der Äcker als auch die der Unlandstreifen. Die Unlandstreifen zwischen den beackkerten Flächen unterscheiden dieses Terrassensystem von der Mehrzahl der nachweislich neuzeitlichen Terrassenäcker. Bei künstlich errichteten, neuzeitlichen, terrassierten Äkkern reicht in der Regel der beackerte Bereich bis unmittelbar an den Fuß der nächstfolgenden Terrasse heran. Die Mischung von Unland und beackertem Gebiet, also die gestreute Lage der Ackerflächen, unterscheidet die vorgefundene Flurform also deutlich von der geschlossenen Lage neuzeitlicher Terrassen, die keine Unlandstreifen kennen. Der größte Teil der beschriebenen Terrassen am Weller-Berg verläuft unter altem Hochwald. Der nördliche Abschnitt des Systems liegt heute unter einem fast undurchdringlichen Heckengebüsch, aus dem sich jedoch einzelne Buchen und Eichen als Reste eines Altwaldbestandes herausheben. Halb vergangene Stubben von mächtigen Laubbäumen beweisen jedoch, daß bereits vor dem gegenwärtigen Waldbestand hier Wald gewesen sein muß. Zumindest während des gesamten 19. Jahrh. muß dieser Teil der Terrassen ständig unter Wald gelegen haben. Eine neuzeitliche Entstehung dieser Altfelder wird daher schon durch den gegenwärtigen Vegetationszustand ausgeschlossen. Ein kurzer mittlerer Abschnitt des Terrassensystems liegt heute unter verwildertem Grasbewuchs. Die südlichen 100 m bedeckt teils neu geforsteter, teils etwa 40jähriger Fichtenwald. In diesem Zusammenhang ist darauf zu verweisen, daß bereits die Tranchot-K. von 1809, NA Blatt 117 Nettersheim, am östlichen, südlichen und nördlichen Hang des Weller-Berges terrassierte Feldeinteilungen in einem Gelände aufweist, das als Ackerland gekennzeichnet ist. Lediglich die Steilhänge sind mit der üblichen Signatur für Gebüsch bezeichnet. Gegenüber dem 19. Jahrh. ist also keine wesentliche Veränderung der Oberflächenformen in dem genannten Gebiet zu verzeichnen.

An der Südseite des Weller-Berges mußten alle Terrassen ein Ende finden. Hier tritt plattiges Kalkgestein an die Oberfläche, so daß keine ackerbauliche Nutzung möglich war. Am Südhang des Weller-Berges zum Tal des Weller-Baches hin finden sich unter Fichtenhochwald wieder zahlreiche Terrassen (r 25 44 340–24 44 800; h 55 93 770 bis 55 94 000). Sie erstrecken sich auf einer Gesamtlänge von 500 m von S nach NO. Keine der Terrassen nimmt jedoch diesen Hang in ununterbrochenem Zuge ein. Sie weisen in der Regel nur etwa 0,30 m hohe, teilweise sehr verschliffene Raine auf. Statt der sonst üblichen Langterrassen kommen hier auch sehr kurze Terrassen von nur 5 bis 15 m Länge vor. Ein Teil der Terrassenkanten ist mit Steinen verstärkt.

Am oberen Teil des Weller-Berges, der sich schnell verflacht, nimmt die Rainhöhe der Terrassen erheblich ab. Auf dem flach gewellten Plateau des Weller-Berges und im *Schleidchen,* einer sich nach O anschließenden Kalkhochfläche, zeichnen sich, obgleich schon einplaniert, unter Weideland die einstigen Feldeinteilungen als schwache, 0,30 m hohe, verpflügte, abgerundete Raine ab. Sie überstanden ganz offensichtlich die mit verschiedenen Umlegungsverfahren verbundenen Planierungsmaßnahmen. Es ist in diesem Zusammenhang bemerkenswert, wie gut sich Terrassierungen selbst nach erfolgter Planierung noch im Gelände abheben. Selbst wenn keine Terrassen mehr meßbar sind, verraten sie sich häufig noch an Bewuchsmerkmalen. Ungewöhnlich hoher Graswuchs fällt oft am ehemaligen Terrassenfuß auf. Bestimmte Blumen treten hier besonders häufig und in linearer Ansammlung auf. Andererseits kennzeichnet kurzer Graswuchs meist die ehemaligen Raine der Terrassen. Die einstigen Bewirtschaftungseinheiten zeichnen sich also noch lange nach ihrer Aufgabe im Gelände ab, selbst wenn Umlegungsverfahren das historische Flurgefüge schon weitgehend verändert haben. Allerdings wird es kaum möglich sein, aus diesen spärlichen Resten ein vollständiges historisches Flurgefüge zu rekonstruieren.

Das nördliche Drittel des Weller-Berges trägt den Namen *Am Schleidchen.* Während sich am Berghang selbst die beschriebenen hohen Terrassenäcker, nach O umbiegend, entlangziehen, zeigt die Hochfläche einige kürzere, nur schwach terrassierte, aber noch deutlich ausgeprägte Terrassenäcker (r 25 44 500; h 55 94 400). Die Raine erreichen hier nur eine Höhe von 0,30 m bis 0,50 m. Sie sind rundlich verschliffen. Im N und S der Äkker befinden sich jeweils große Lesesteinhaufen, die auf den schwach ausgeprägten Ter-

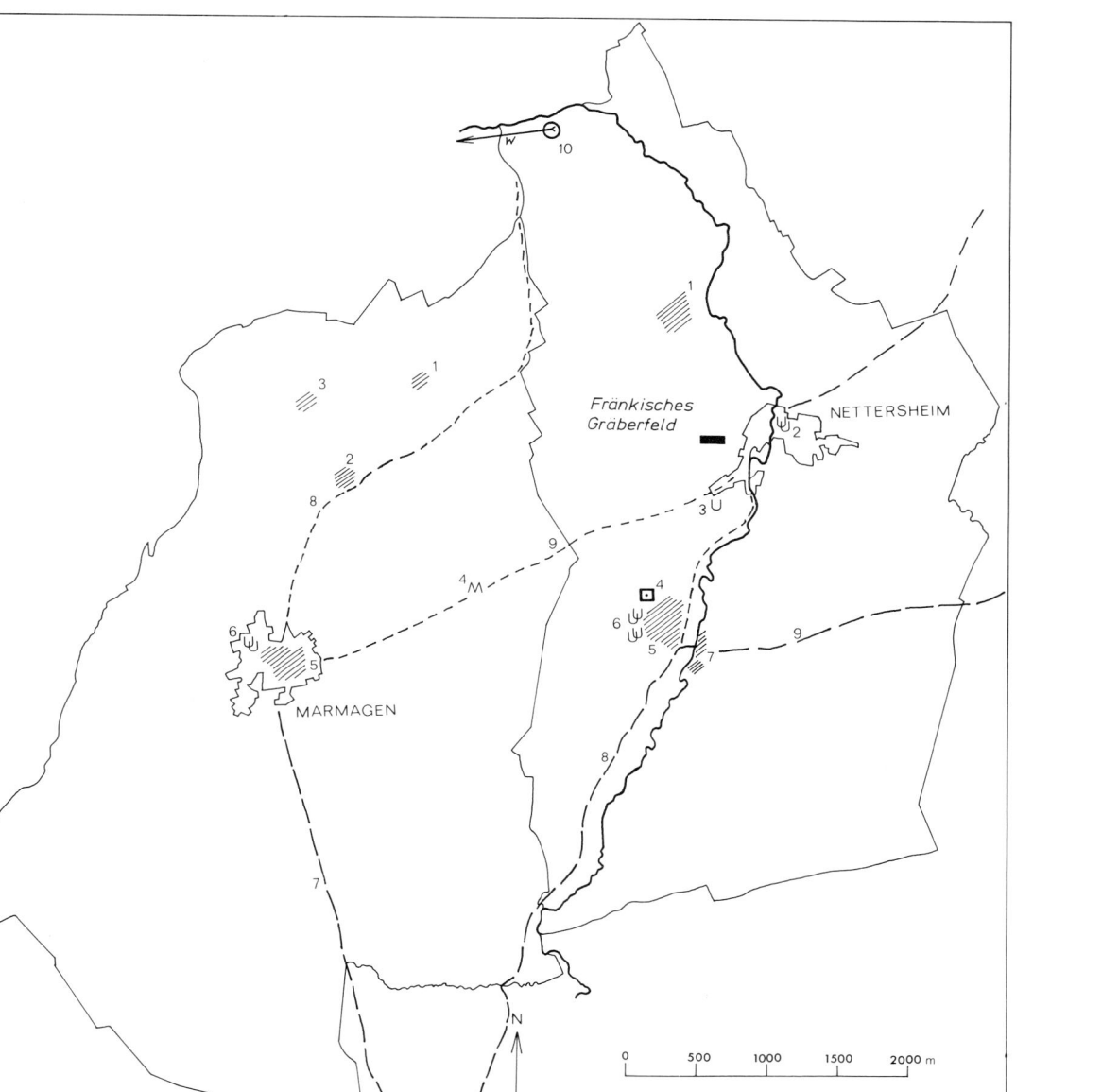

33  Die römischen und fränkischen Fundstellen in den Gemarkungen Marmagen und Nettersheim (SLE).
Legende: Schraffiert = römische Besiedlung; Quadrat = römischer Tempel;
U = römische Gräber; gestrichelt = römische Straßen; Rechteck = fränkisches Gräberfeld.

rassenkanten liegen und mit struppigem Gebüsch bewachsen sind. Die Steinhaufen sind rund bis oval und bis zu 2 m hoch. Sie wurden ausschließlich bei den Terrassenäckern beobachtet, die auf der Hochfläche selbst lagen. Selbst auf der schwach reliefierten Hochfläche des Schleidchens kommt die Terrassierung als Abgrenzung der Bewirtschaftungseinheiten vor. In anderen deutschen Mittelgebirgslandschaften hätte man in ähnlichen Lagen Wölbäcker erwartet. Die schwach terrassierten Äcker am Schleidchen waren durchschnittlich 100 m lang und wiesen Breiten von 10 m, 12 m und 20 m auf. Sie paßten sich der schwachen Neigung des Geländes nach O an. Heute bedecken sie dorniges Gestrüpp und einige Bäume. Mit den Grenzen der heutigen Besitz-Bewirtschaftungseinheiten stimmen sie nicht überein. Wahrscheinlich handelt es sich bei diesen Feldern aber dennoch um ein junges Bewirtschaftungsgefüge, das bis in die Zeit der Flurumlegung von 1930 Bestand hatte und danach neuen, geradlinigen Feldeinteilungen weichen mußte. Es ist wahrscheinlich noch nicht einmal mittelalterlich, da der FN *Schleidchen* sowie der teilweise moorartige Charakter der Kalkhochfläche zunächst auf eine Nutzung als Weideland hindeuten. Die flachen Terrassenäcker stoßen rechtwinklig auf die hohen Terrassen am Hang, die hier schon aus der N-S-Richtung nach O eingeschwenkt sind. Eine Überschneidung konnte zwar nirgends beobachtet werden, jedoch fallen die Terrassen des Plateaus aus der Richtung und Anlageform der Hangterrassen so sehr heraus, daß ein unterschiedliches Alter der Hangterrassen und der Altfelder des Plateaus zu vermuten ist.

Die Terrassenäcker am Hang des Weller-Berges lassen sich am ehesten mit denen am Hang des Pützberges im Weilertal, Gemarkung Marmagen (A 1), vergleichen.

Wie dort handelt es sich hier um langstreifige Äcker mit scharf ausgeprägter Terrassierung und sehr hohen Rainen. Auch hier sind künstliche Versteifungen der Raine durch eingebaute Steine nachweisbar. Allerdings ist die Feldbreite am Weller-Berg durchweg geringer als am Pützberg. Die Altfelder am Weller-Bach sind in Bezug auf die alte Ortslage von Nettersheim als ortsfernes Altfeldsystem zu charakterisieren. Sie liegen hingegen zu den benachbarten römischen Siedlungsstellen an der Steinrötsch und auf der Görresburg wesentlich näher als zur fränkischen Gründung Nettersheim.

Trotz starker Überformung des Altlandschaftsbildes in der Gemarkung Nettersheim erhielten sich überraschend viele Reste der historischen Landschaft. Zu ihnen rechnen nicht nur Terrassenäcker, sondern ebenso auch Altwege. Den Verlauf des römischen Wegenetzes im Gebiet der heutigen Ortslage von Nettersheim hat eingehend Hagen behandelt. Dabei war die Frage, wie sich die rechts der Urft gelegene Benefiziarierstation an der *Steinrötsch* zu der auf dem linken Ufer der Urft verlaufenden römischen Straße von Blankenheim nach dem Vicus von Nettersheim verhalte, immer noch ungeklärt. Denn die Benefiziarierstation liegt heute nicht auf der gleichen Seite der Urft wie der Vicus von Nettersheim. Es gibt nur zwei Erklärungsmöglichkeiten für diesen Befund. Entweder hatte die Urft in römischer Zeit einen anderen Verlauf als heute. Sie könnte beispielsweise unmittelbar am Fuße des Weller-Berges – also weiter O als heute – geflossen sein. In diesem Falle hätte die Benefiziarierstation noch auf dem gleichen Urftufer wie der Vicus von Nettersheim gelegen. Oder aber es gab nahe der Station einen Urftübergang, über den ein Zweig der römischen Urfttalstraße nach O zur römischen Ansiedlung an der Ahekapelle führte. Kleemann[26] setzt diesen Fall voraus, wenn er auf seiner Karte die römische Urfttalstraße nach O zur Ahekapelle abbiegen läßt.

Daß es einen solchen Straßenzweig tatsächlich gab, lassen Überreste im Gelände klar erkennen. 350 m O der Trümmerstätte an der Steinrötsch befinden sich bei r 25 44 550; h 55 93 730 sechs tief ausgefahrene, muldenförmige Wegespuren, die in SW-NO-Richtung verlaufen (vgl. Tafel 56). Ein Teilstück des Forstweges, der auf dem östlichen Ufer des Weller-Baches von S kommt und mit dem Weller-Bach nach W umbiegt, schneidet das Wegesystem und bietet dadurch einen guten Aufschluß. Die Wegemulden verlaufen in einem sandigen Heidegelände, das heute mit Ginster bewachsen ist und von der Kultur ausgenommen blieb. In der Tranchot-Karte von 1809 erscheint dies Gebiet als Hutung. Jede Wegemulde wird beiderseits von einem 1 m bis 1,60 m hohen Wall begrenzt und von der benachbarten Mulde getrennt. Die Sohlenbreite jeder Wegemulde betrug 1,40 m. Unter neu geforstetem Nadelwald setzten sich die Wegemulden noch auf einer Länge von 180 m nach ONO in Richtung auf die Ahekapelle fort. Auf dem östlichen Ufer des Weller-Baches bündeln sich die Wegemulden zu einem einzigen Strang, der nach W in

---

[26] O. Kleemann, Zur ältesten Geschichte des Dorfes Nettersheim in der Eifel. Bonner Jahrb. 163, 1963, 219.

rechtem Winkel auf den Weller-Bach zuführt, diesen überquert und auf der westlichen Seite den sanften Hang nach SSW hinaufführt. Hier gabelt sich der Wegezug wieder. Mehrere muldenförmige Wegespuren führen durch die neu geforsteten Teile des Staatsforstes Mürel nach S. Ein Zweig des Weges aber setzt sich direkt nach W fort. Er verläuft, teilweise unter einem modernen Weg liegend, in gerader Richtung auf die sog. Benefiziarierstation an der Steinrötsch zu. Schließlich schwenkt auch ein von S den Hang herabkommender weiterer Wegezug nach W auf die Steinrötsch hin ein.

Im Gelände zeichnen sich mithin nur 200 bis 300 m O der Steinrötsch die Reste eines Wegedreiecks mit muldenförmigen Wegen oder Wegebündeln, die nach ONO, nach S und nach W führen, ab. Das Wegedreieck zeigt klaren Bezug zur Benefiziarierstation an der Steinrötsch. Es kann aus diesem Grunde am ehesten als römisch angesprochen werden. Seine Funktion bestand darin, die römische Siedlung an der Ahekapelle mit den Siedlungsplätzen südlich von Nettersheim zu verbinden.

Nun ist der Einwand zu berücksichtigen, eine römische Straße könne sich nicht in der Form eines Hohlwegebündels zeigen, weil die römischen Straßen befestigt und damit in ihrem Verlauf konstant waren. Im Gegensatz dazu wird vor allem an mittelalterlichen Wegen immer wieder beobachtet, daß, sobald eine Fahrspur ausgefahren und unbrauchbar war, daneben eine neue angelegt wurde. Diese Möglichkeit kann auch bei dem beschriebenen Wegesystem nicht ausgeschlossen werden.

Koenen[27] wies bereits nach, daß an der Ahekapelle nicht nur eine römische Siedlungsstelle bestand, sondern daß hier auch eine mittelalterliche Wüstung liegen muß. Sie ist mit Funden von Pingsdorfer und blaugrauer Keramik greifbar. Um diese mittelalterliche Siedlung von W her zu erreichen, blieb nur die Möglichkeit, S des Weller-Berges von der Urfttalstraße nach O abzubiegen. Eine mittelalterliche Überformung des älteren römischen Straßenbildes in diesem Gebiet ist also in die Überlegungen einzubeziehen. Wahrscheinlich wird sich ein Strang des Wegebündels als der ursprüngliche römische Wegezug erweisen, während die übrigen Hohlwege mittelalterlicher Herkunft sind. Klarheit über diese Fragen wäre unschwer zu gewinnen, indem ein kleiner Grabungsschnitt in rechtem Winkel durch das Wegebündel hindurchgeführt würde.

V. Hinweise zur Datierung.

Für die zeitliche Einordnung der Terrassen am O- und S-Hang des Weller-Berges spielt die große Nähe der römischen Benefiziarierstation zu Füßen des Weller-Berges und des römischen Vicus von Nettersheim, auf dem gegenüberliegenden Hang des Urfttales, eine entscheidende Rolle. Zwar beweist diese Nachbarschaft römischer Siedlungsbezirke noch kein römerzeitliches Alter der in Rede stehenden Fluren. Andererseits liegen sie vom mittelalterlichen Dorf Nettersheim doch sehr weit entfernt, so daß sie wohl nicht mehr zu dessen Flur gerechnet werden können. Nettersheim verfügt außerdem über ausgezeichnete Ackerlagen auf den weiten Hochflächen um das Dorf herum, so daß der Ort nicht auf die Kultivierung der steilen Hänge angewiesen war, es sei denn, es wäre hier Weinbau betrieben worden. Der Flurnamenbestand liefert keine diesbezüglichen Hinweise. Auch von der nächstbenachbarten Wüstung, der Siedlung an der Ahekapelle (SLE 40), sind diese Fluren zu weit entfernt, als daß sie als deren unmittelbares Wirtschaftsgebiet noch in Frage kämen.

Schließlich fällt ins Gewicht, daß diese Terrassen grundsätzlich keine anderen Formen aufweisen, als die Terrassen am Görresberg und im übrigen Schleifbachtal, für die römischer Ursprung sehr wahrscheinlich gemacht werden kann (vgl. unter A 5). Grundsätzlich kann für die Ackerterrassen am O- und S-Hang des Weller-Berges nur römische Entstehung in Frage kommen. Ein Beweis dafür wäre durch großflächige Ausgrabungen auf diesem wohlerhaltenen Flursystem zu erbringen.

---

[27] Grabungsbericht von C. Koenen, unveröffentlicht bei den OA des RLMB.

A 5   I. Gemarkung Nettersheim (SLE).                                                    Tafel 5; 70.
II. TK 5505 Blankenheim: r 25 43 500–44 200; h 55 94 200–94 430. Am Nordhang der sogenannten *Görresburg* und im Tal des *Schleifbaches,* der von W in die Urft mündet.
III. Eine Kartierung auf der Deutschen Grundkarte 1 : 5 000 wurde durchgeführt (Tafel 70).
IV. Beschreibung:
Noch engeren Bezug als die Terrassenäcker am Osthang des Urfttales im Bereich des Weller-Berges zur römischen Besiedlung weisen zahlreiche Altfelder an den Hängen des von W in die Urft mündenden Schleifbaches auf. Auf der *Görresburg,* der bis 524 m ansteigenden Höhe S des Schleifbaches und W der Urft, befand sich eine römerzeitliche Zivilsiedlung, die als Schwerpunkt der Besiedlung in der Gemarkung Nettersheim gelten muß. Als Vicus wurde sie durch die Weiheinschrift ihrer Bewohner, der Vicani, an die Matronae Aufaniae erkannt. Ein Heiligtum dieser einheimischen Muttergottheiten wurde am westlichen Rand der Siedlung, auf der Höhe des Bergrückens nachgewiesen. Die Ansiedlung selbst lag am östlichen und nördlichen Hang der Görresburg. Unmittelbar SW des Heiligtums wurden außerdem auf der Höhe mehrere Brandgräber des zur Siedlung gehörenden Gräberfeldes geborgen[28].
Am Nordhang der Görresburg gegen den Schleifbach befinden sich zahlreiche langstreifige, terrassierte Altfelder (r 25 43 500–25 44 200; h 55 94 200–55 94 430). Ein Gebiet von 750 m Länge und 100 m Breite zeigt lange und kurze Terrassenäcker (Tafel 5). Die Rainhöhe der Terrassen liegt meist bei 0,30 m und übersteigt nirgends 0,50 m. Die einzelnen hangparallelen Ackerstücke sind in der Regel etwa 12 m breit und bis zu 400 m lang. Sie treten bei schrägstehender Sonne, besonders abends, plastisch aus dem Weideland hervor. Das gesamte Terrassensystem zerfällt in einen westlichen Abschnitt von 450 m Länge und einen östlichen von 300 m Länge. Bei r 25 43 900; h 55 94 300 führt nämlich ein bis zu 2 m eingeschnittener, etwa 10 m breiter Hohlweg in NW-SO-Richtung den Steilhang hinauf. Er erreicht die Kuppe der Görresburg unmittelbar am Heiligtum der Matronae Aufaniae. Hier trifft er auf einen anderen Zuweg, der von NO nach SW auf den Bergrücken hinaufführt und der im Gelände als flache Mulde noch gut erkennbar ist. Der erwähnte Hohlweg erreicht seine größte Tiefe etwa im unteren Drittel, während er sich nach der Bergkuppe zu mehr und mehr verflacht. Die von W auf ihn zulaufenden Terrassen schneiden ihn nicht etwa, sondern sie biegen vor seinen Steilkanten rund nach SO um (Tafel 70).
Sie respektieren also ganz offensichtlich diesen alten Weg – vermutlich, weil er zur Zeit der Entstehung dieser Terrassen noch in Benutzung war. Daß es sich um einen der alten, römerzeitlichen Aufwege zum Heiligtum der aufanischen Matronen handelt, deutet sich durch den klaren Bezug des Weges auf die Kultstätte an. Das Einschwenken der Terrassenäcker gegen den Hohlweg wird nur unter der Voraussetzung verständlich, daß sie gleichzeitig mit ihm entstanden, daß sie also römerzeitlich sind. Wären sie jüngeren Datums, so hätte man sie zweifellos über den Hohlweg hinweggeführt, besonders in seinem oberen südlichen Abschnitt, der nur geringfügig unter dem Niveau des benachbarten Geländes liegt. Wahrscheinlich wurden die Terrassen am Nordhang der Görresburg im Bereich des FN *Auf Rest* schon zu römischer Zeit genutzt. Bereits Hagen[29] erwähnt eine breite, künstliche Einsenkung, die NO vom Tempelbezirk in das Tal des Schleifbaches hinunterlaufe und jenseits des Baches wieder den Hang hinansteige. In ihr haben wir zweifellos den erwähnten römischen Weg zum Vicus und zur Tempelanlage von Nettersheim vor uns, ohne daß Hagen diese Mulde bereits als solchen interpretiert hätte. Zu

---

[28] Zum Vicus von Nettersheim vgl. H a g e n , Römerstraßen 126. – Bonner Jahrb. 119, 1910, 301 ff.; 120, 1911, 76; 140/141, 1934/35, 370. – H. L e h n e r , Die antiken Steindenkmäler des Provinzialmuseums in Bonn (Bonn 1918) Nr. 277–312. – CIL XIII 7826 und 11983 ff. – A. R i e s e , Das rheinische Germanien in den antiken Inschriften (Berlin 1914) 2378 und 3100 ff. – Bonner Jahrb. 143/144, 1938/39, 431. – O. K l e e m a n n (wie Anm. 26).
[29] H a g e n , Römerstraßen 126 f.

beiden Seiten der Einsenkung finden sich zahlreiche römische Trümmer und Funde. Ob es sich dabei um Gegenstände handelt, die von der Hügelkuppe in den unteren Teil des Hanges gelangten oder ob an den Rändern des Weges einst Häuser gestanden haben, müßten archäologische Untersuchungen zu klären versuchen.

Auch an den Hängen N des Schleifbaches, teilweise auch auf den Höhen des Mönchsberges und des Resterberges sowie in einem von N in das Schleifbachtal mündenden Seitental finden sich weitere terrassierte Felder in größerer Zahl. Sie treten hier aber nicht in großen geschlossenen Systemen auf, sondern ordnen sich meist in kleinen, stark auf die Geländeform bezogenen Terrassengruppen an. Bei r 25 42 800–25 43 400; h 55 94 200 bis 55 94 500 liegt unmittelbar S der alten römischen Wegeverbindung von Marmagen nach Nettersheim und S des Flurstückes *Auf der Straße* eine Gruppe von acht Terrassen. Sie erstrecken sich in SW-NO-Richtung, am nördlichen Ufer des Schleifbach-Oberlaufes. Nur vier dieser Terrassen erreichen eine Länge von 350 m. Die übrigen sind nur noch in kürzeren Abschnitten erhalten. Offenbar wurden sie durch Flurumlegungen beseitigt. Über die Zeitstellung dieser Terrassen lassen sich keine Aussagen machen. Jedoch ist zu vermuten, daß diese Terrassen zum mittelalterlichen Flurgefüge gehören. Sie entsprechen der seit dem Mittelalter nachweisbaren SW-NO-Richtung der Feldgrenzen in diesem Teil der Gemarkungen Nettersheim und Marmagen.

Sie enden alle an der Nettersheimer-Marmagener Gemarkungsgrenze. Diese Gemarkungsgrenze überquert den Schleifbach nicht in geradlinigem Verlauf, sondern in einer nach W ausgreifenden Ausbuchtung, die den Namen *Katzenwinkel* trägt (r 25 43 250; h 55 94 300). Dieser FN entstand offensichtlich als bildhafte Interpretation des Verlaufs der Gemarkungsgrenze, wie sie an vielen Gemarkungsgrenzen im Rheinland zu beobachten ist[30]. Sie kann ihrerseits nicht älter als die betreffende Gemarkungsgrenze sein, die hier sicher neuzeitlich entstanden ist.

Unmittelbar O der Gemarkungsgrenze Marmagen–Nettersheim liegt auf dem Nordufer des Schleifbaches der *Mönchsberg*. Er besitzt nach S, O und NO steile Hänge und geht nur nach NW in ein größeres Plateau über. An diesen Hängen ziehen sich zahlreiche kurze Terrassenstücke entlang, die sich teilweise auch ineinanderschieben (Tafel 70). An der Gemarkungsgrenze bei r 25 43 430; h 55 94 400 schneiden die zu flachen Wällen verformten Terrassen sehr deutlich das heutige Parzellengefüge. Das gleiche wiederholt sich an anderen Stellen des Mönchsberges. Das gesamte Gebiet liegt heute unter Wiesen. Etwa 1,50 m hohe und 3 bis 5 m im Durchmesser große Lesesteinhaufen sind mehrfach an den Enden von Terrassenabschnitten zu beobachten.

Gelegentlich treten am Südhang des Mönchsberges auch kleine Gruben auf. Ihre Zahl ist jedoch zu gering und ihre Form zu unklar, als daß wir an dieser Stelle ein geschlossenes Feld von Pingen des Eisenerzbergbaus annehmen dürften. Auf der Nordseite des Mönchsberges enden die vier Terrassen bei r 25 43 600; h 55 94 550 nach O zu in einem gut erhaltenen Anwand. Er hatte die Form eines flachen, etwa 0,40 m hohen Walles, über den die von W kommenden Terrassen nicht hinausreichten, der sie also offenbar nach O begrenzte.

Zwischen Mönchsberg und Resterberg liegt ein kleines, feuchtes Wiesental mit dem bezeichnenden FN *Weiherschleiden*. Durch dieses Tal kommt von N ein linker Nebenbach des Schleifbaches herab und vereinigt sich bei r 25 43 870; h 55 94 445 mit dem Schleifbach. In den Weiherschleiden sind zu beiden Seiten des kleinen Baches mehrfach Reste älterer Stauvorrichtungen in Form von Erdwällen zu beobachten. Am besten erhalten ist ein Querwall bei r 25 43 750; h 55 94 535 von 45 m Länge, der das ganze kleine Seitental durchzieht und ein bequemes Aufstauen des Baches ermöglichte. Wenig weiter N befinden sich zwei Wälle. Der nördliche von ihnen ist durch einen Weg teilweise überformt, der südliche aber noch gut als Terrasse sichtbar. Wie alt diese Stauwerke sind, ist nicht bekannt.

---

[30] H. Dittmaier, Rheinische Flurnamen (Bonn 1963) Abb. 4. – W. Will, Bild und Metapher in unseren Flurnamen. Rheinische Vierteljahrsbll. 9, 1939, 276–290.

Immerhin muß in den Weiherschleiden ein römischer Verbindungsweg verlaufen sein. Hat der Hohlweg, der die Görresburg nach N hinunterläuft, tatsächlich römisches Alter, so muß notwendigerweise jenseits des Schleifbaches seine Fortsetzung nach N, den Hang hinauf, vorhanden gewesen sein. Sie ist aber weder den Steilhang des Mönchsberges noch den des Resterberges direkt hinangestiegen, sondern lag sicher in den Weiherschleiden. Etwa bei r 25 43 700; h 55 94 700 erreichte dieser Verbindungsweg die römische Straße von Marmagen nach Nettersheim. Spuren dieses Verbindungsweges in den Weiherschleiden wurden nicht festgestellt. Das mag aber an der starken Überformung des Geländes durch den modernen Wegebau liegen. Für Hagen war es jedenfalls sicher, daß dem Hohlweg auf der Nordseite der Görresburg ein entsprechender Weg N des Schleifbaches entsprach.

Im W und S des Resterberges erstrecken sich, heute in Wiesengelände liegend, zahlreiche Terrassen verschiedener Länge und mit verschiedenen Ackerbreiten (Tafel 70). Dabei mußte im SW der Kuppe ein Gebiet von der Nutzung ausgeschlossen werden, weil hier die Kalkfelsen unmittelbar zutage traten. Überall unterscheidet sich die Richtung der Terrassen deutlich von dem heutigen Flurgefüge. Meist schneiden die Terrassen in spitzem Winkel die Besitzgrenzen der heutigen Flureinteilung.

Sie durchlaufen Wege als schwache Bodenwellen und zeigen sich in den einzelnen Wiesen noch in gutem Erhaltungszustand. In der Nähe des Schleifbaches, also am Fuße des Resterberges, kommen vor allem kurze Terrassenstücke vor. Ein geschlossenes System ergibt sich hier nicht. Lesesteinhaufen heben sich hier und da deutlich ab. Wir müssen in diesem Gebiet mit starken Veränderungen des historischen Landschaftsbildes rechnen, weil allenthalben am Südhang des Resterberges moderne Steinbrüche angelegt wurden.

V. Hinweise zur Datierung.

Von allen im Gebiet von Nettersheim und Marmagen nachgewiesenen fossilen Fluren ergeben sich für die terrassierten Äcker am Nordhang des Görresberges die besten Hinweise auf römerzeitliches Alter. Wenn es sich bei der beschriebenen Wegemulde tatsächlich um den alten Zuweg zum Vicus von Nettersheim handelt – und daran scheint wenig Zweifel möglich –, so nehmen die Terrassenäcker eindeutig auf diesen Weg Bezug: sie überschneiden ihn nicht, sondern schwingen rundlich gegen ihn ein (Tafel 5; 70). Besonders im oberen, stark verflachten Teil des römischen Weges wäre es ein leichtes gewesen, über die kleinen Böschungen des Weges hinweg, die hier 0,20–0,30 m hoch sind, zu pflügen. Ein mittelalterlicher Bauer hätte vor einer derartig geringen Mulde beim Pflügen nicht haltgemacht, weil ihm an möglichst großer Länge seiner Ackerstreifen gelegen war. Zudem wurden vom mittelalterlichen Ackerbau viel tiefere Geländeunebenheiten ausgeglichen. Es ist in der Eifel auch immer wieder zu beobachten, daß ältere Eisenabbaugebiete in verhältnismäßig kurzer Zeit überpflügt und die alten Gruben bis zur Unkenntlichkeit ausgeglichen wurden. Wenn also die Terrassenäcker am Nordhang der Görresburg mittelalterlichen Ursprungs wären, so hätte man vor der vorhandenen römischen Wegemulde mit Sicherheit nicht haltgemacht, sondern über sie hinweggepflügt. Gerade das ist nicht der Fall. Die morphologische Kleingliederung des Geländes an dieser Stelle spricht sehr für eine Erhaltung römischer Feldeinteilungen in Form breiter, langstreifiger, terrassierter Äcker.

Bei der Interpretation der fossilen Fluren an der Görresburg und in ihrer Umgebung ist wiederum von der Lage der Siedlungen, denen solche Flurkomplexe zugeordnet werden könnten, auszugehen. Dabei ergibt sich in Nettersheim die besondere Schwierigkeit, daß sich hier römerzeitliche, fränkische und mittelalterliche Besiedlung räumlich z. T. überlagern, so daß eine Scheidung ihrer Wirkungen auf die Natur- und Kulturlandschaft in der Umgebung nur schwer möglich ist.

Wir können jedenfalls beim gegenwärtigen Forschungsbestand voraussetzen, daß das Gebiet um Nettersheim erstmalig in römischer Zeit gerodet und aufgesiedelt worden ist. Das erscheint auch ganz einleuchtend; denn das Urfttal, in dem sich die römischen Siedlungsstellen von Nettersheim konzentrieren, war ohne den Bau künstlicher Straßen ein siedlungsungünstiges Gebiet. Erst die römische Landnahme mit ihren Kultivierungsmaßnahmen erschloß es als Siedlungsraum. Für die römische Zeit ergibt sich in Nettersheim die folgende Fundsituation (Abb. 33)[31]:

r 25 44 000; h 55 96 200. Römische Siedlungsstelle 'Sonnenberg' und 'Sonnengasse'. Nach Hagen, Bonner Jahrb. 134, 1929, 157 f., lag hier eine Villa rustica (vgl. Abb. 33,1);

r 25 44 790; h 55 95 340. Nach den Ortsakten des Rheinischen Landesmuseums Bonn wurden beim Bau des Bahnhofes von Nettersheim im Jahre 1872 römische Brandgräber gefunden (Abb. 33,2);

r 25 44 370; h 55 94 960. Reiches spätrömisches Grab aus der zweiten Hälfte des 4. Jahrh., unter anderem mit einer Bärenjagdschale[32] ausgestattet (Abb. 33,3);

r 25 43 840; h 55 94 200. Heiligtum der Matronae Aufaniae auf der Höhe der Görresburg (Abb. 33,4);

r 25 43 840–25 44 120; h 55 93 880–55 94 300. Römischer Vicus auf der Höhe und am Osthang der Görresburg[33] (Abb. 33,4–6 und Tafel 56);

r 25 43 800; h 55 94 000. Römisches Brandgräberfeld W und S des Vicus[34] (Abb. 33,6);

r 25 44 180; h 55 93 675. Benefiziarierstation 'Steinrötsch' im Urfttal[35] (Abb. 33,7).

Von r 25 43 220; h 55 92 000 an nach NNO verläuft die Urfttal-Strecke der römischen Straße von Blankenheimer Wald nach Nettersheim. Sie bildet ein Teilstück der großen Straße von Trier nach Köln. Hagen beschrieb ihren Verlauf eingehend[36] (Abb. 33,8).

Von r 25 44 190; h 55 93 780 nach O verläuft eine römische Straßenverbindung von der Benefiziarierstation und dem Vicus durch das Tal des Weller-Baches und dann weiter in ONO-Richtung zur römischen Ansiedlung an der Ahekapelle[37] (Abb. 33,9);

r 25 43 210; h 55 97 570. Quellfassung der römischen Wasserleitung aus der Eifel nach Köln am 'Grünen Pütz'[38] (Abb. 33,10).

Nicht genau lokalisiert ist ein römischer Meilenstein, der beim Bau der Eifelbahn, südlich von Nettersheim, im Urfttal gefunden wurde. Seine Inschrift ehrt den Kaiser Magnentius (350–353)[39].

Überblickt man die Verteilung der römischen Fundstellen in der Gemarkung Nettersheim, so fällt auf, daß alle als Siedlungen identifizierbaren Fundstellen außerhalb des heutigen Dorfes Nettersheim liegen. Aus dem Ort selbst wurden bisher keine Funde bekannt, die auf die Existenz einer römischen Siedlung an dieser Stelle hindeuten. Der Siedlungsschwerpunkt der römischen Zeit war ohne Zweifel die Zivilsiedlung S des heutigen Dorfes, der Vicus von Nettersheim. Als Mittelpunkt des Kultes einheimischer Göttinnen kommt ihm eine zentrale Bedeutung im Besiedlungsgefüge der römischen Zeit zu. Gegenüber den anderen Siedlungsstellen in der Gemarkung Nettersheim, die alle kleiner als diese Ansiedlung waren, erfüllt der Vicus von Nettersheim ohne weiteres die Funktionen eines zentralen Ortes im Sinne der Siedlungsgeographie. In dieser Eigenschaft ist er der römischen Ansiedlung von Marmagen vergleichbar. Diese beiden Ansiedlungen bilden die Schwerpunkte der römerzeitlichen Offenlandschaft um Marmagen und Nettersheim. Schon der Ausdehnung nach ist die Siedlungsstelle an der 'Sonnengasse' viel kleiner. Hagens Vermutung, es handele sich um eine Villa rustica, hat noch heute vieles

---

[31] O. Kleemann hat in der Anm. 25 genannten Untersuchung die meisten Fundstellen in und um Nettersheim zusammengestellt. Zu ergänzen sind die genauen Fundortangaben.

[32] Bonner Jahrb. 151, 1951, 191 f. – O. Kleemann, Eine neuentdeckte Bärenjagdschale. Bonner Jahrb. 163, 1963, 198–211.

[33] Die Literatur zum Vicus Nettersheim ist in Anm. 28 zusammengestellt.

[34] Lehner, Bonner Jahrb. 119, 1910, 301 ff.

[35] Hagen, Römerstraßen 123 und 126. – Bonner Jahrb. 140/141, 1934/35, 470. – H. v. Petrikovits, Das römische Rheinland 72 ff. – O. Kleemann, Bonner Jahrb. 163, 1963, 215. – W. Sage, Bonner Jahrb. 167, 1967, 442–445.

[36] Hagen, Römerstraßen 123.

[37] Hagen, Römerstraßen 166 f.

[38] Eick, Römische Wasserleitung (wie Anm. 3) 24–28. – W. Haberey, Bonner Jahrb. 155/156, 1955/56, 161 ff. – Ders., Die römische Wasserleitung nach Köln (1965).

[39] Hagen, Römerstraßen 123. – Lehner, Steindenkmäler 40. – CIL XIII 9135 = Riese 314.

für sich. Solange keine archäologischen Untersuchungen hier stattgefunden haben, sind jedoch keine endgültigen Aussagen über die Art der Niederlassung möglich. Die sogenannte Benefiziarierstation an der 'Steinrötsch' zu Füßen des Vicus nimmt insofern eine Sonderstellung ein, als auch nach den Grabungen durch Sage noch nicht sicher ist, ob es sich tatsächlich um einen militärischen Posten an einer Überlandstraße handelt, wie bisher immer angenommen wurde[35]. Denkbar wäre auch, daß der Fundplatz an der Steinrötsch zu dem nahebenachbarten Vicus gehört hat.

In die Überlegungen zum römischen Siedlungsgebiet um Nettersheim muß auch die römische Niederlassung an der Ahekapelle[40] einbezogen werden. Um welche Art von Siedlung es sich hier handelt, ist bislang ungeklärt. Wahrscheinlich hatte sie aber schon in römischer Zeit mit der Verhüttung von Erzen zu tun. In den Fundberichten werden Schlackenfunde hervorgehoben. Eine mittelalterliche Siedlung konnte Koenen mit Hilfe mittelalterlicher Keramik vom Pingsdorfer Typ nachweisen[41]. Das siedlungsgünstige Tal des heutigen Genfbaches, der im Mittelalter den Namen Ahe führte, wurde also, wie in vielen anderen Fällen nachweisbar, sowohl in römischer als auch in mittelalterlicher Zeit aufgesucht. Es bildet die Verbindung zwischen der römerzeitlichen Siedlungskammer um Marmagen–Nettersheim und der um Engelgau–Frongau–Tondorf. Das Gebiet der heutigen Gemarkung von Nettersheim war also in römischer Zeit von sehr verschiedenartigen Ansiedlungen erschlossen. Daß sie im Zuge einer Limitation entstanden seien, wie Kleemann will[42], ist nicht bereits durch die Feststellung nachzuweisen, die Siedlungen lägen jeweils 2,5 km voneinander entfernt. Denn dazu müßte vorab geklärt sein, ob alle diese Niederlassungen der gleichen Zeit angehören, abgesehen davon, daß in einem solchen Falle höchst unterschiedliche Typen von Siedlungen im gleichen 'Planungsvorgang' entstanden sein müßten.

Die römische Hauptsiedlung, der Vicus von Nettersheim, entstand nach Aussage der bei den Grabungen geborgenen Siedlungs- und Grabfunde am Ende des 1. Jahrh. Nach Lehner stammt die Masse der Funde aber aus dem 2. Jahrh. und der ersten Hälfte des 3. Jahrh. In diese Zeit fällt also die Blüte dieser Siedlung und auch ihres Heiligtums. Die späten Münzen, die auch aus dem Heiligtum der Matronae Aufaniae stammen, belegen das Fortbestehen des Kultes bis ins 4. Jahrh. Auch der Meilenstein mit der Magnentius-Inschrift bezeugt eine noch länger fortwirkende Verkehrssituation, die nur ihren Sinn findet, wenn die durch diese Straße erreichte Hauptsiedlung ebenfalls noch bestand. Kleemann hat nun aus dieser Fundsituation geschlossen, der Vicus von Nettersheim sei um die Mitte des 3. Jahrh. aufgelassen worden. Als Erklärungsmöglichkeit bieten sich die im Jahre 257 beginnenden Germaneneinfälle an. Nun ist aber zu berücksichtigen, daß weder die römische Zivilsiedlung an der Görresburg noch das dazugehörende Gräberfeld vollständig ausgegraben wurden. Die Ergebnisse der bisherigen Grabungen sind ebenfalls nie zusammenfassend und ausführlich vorgelegt worden. Das Interesse Lehners richtete sich vor allem auf das Heiligtum der Matronae Aufaniae, welches er dementsprechend eingehend behandelte[43]. Angesichts dieser Forschungslage erscheint es als sehr gewagt, einen Abbruch der Besiedlung des Vicus mit der Mitte des 3. Jahrh. vorauszusetzen. Diese Hypothese zwingt nämlich dazu, die späten Weihegaben im Heiligtum Dedikanten zuzuschreiben, die nicht Bewohner des Vicus waren, sondern 'die noch in der Nähe weitergelebt haben'[44]. Welche andere Stelle des Urfttales bot sich als Niederlassung spätrömischer Siedler an? Hierfür konnte nur die siedlungsgünstige heutige Ortslage von Nettersheim in Frage kommen. Das erwähnte spätrömische Grab aus der

---

[40] H a g e n , Römerstraßen 167 Anm. 1, bietet eine vollständige Übersicht der Befunde und Funde aus römischer Zeit.
[41] Bericht von C. K o e n e n über seine Untersuchungen bei den OA des RLMB. – Vgl. auch oben unter SLE 40.
[42] O. K l e e m a n n , Bonner Jahrb. 163, 1963, 216.
[43] Bonner Jahrb. 119, 1910, 301 ff.
[44] O. K l e e m a n n a. a. O. 219.

zweiten Hälfte des 4. Jahrh.⁴⁵ fordert dazu heraus, als Teil eines Friedhofes interpretiert zu werden, der zu einer im Ortskern von Nettersheim gelegenen Siedlung gehört haben könnte.

Solange aus Nettersheim selbst keine eindeutigen Siedlungsbefunde vorliegen, sind diese sehr naheliegenden Überlegungen Kleemanns unbewiesen. Trotzdem hat der Gedanke, auf eine spätrömische Siedlung könnte die fränkische sozusagen kontinuierlich gefolgt sein, etwas Bestechendes. In diesem Falle böte sich tatsächlich ein handgreiflicher Hinweis auf echte Siedlungskontinuität. Eine derartige These aber bedarf nach wie vor eindeutiger archäologischer Beweise. Zwei wichtige Fragen müssen beantwortet sein, ehe eine so weitreichende Annahme verifiziert wird:

1. Erneute Untersuchungen des Vicus müßten nachweisen, wie lange hier die Besiedlung andauerte.
2. Im Ortskern von Nettersheim selbst müßten spätrömische Siedlungsreste nachgewiesen werden.

Die eingangs getroffene Feststellung gilt also nach wie vor: Alle als Siedlungen nachgewiesenen römischen Fundstellen liegen außerhalb der Ortslage von Nettersheim. Diese aber ist die Fortentwicklung einer neuerrichteten fränkischen Niederlassung, die an der einzigen verbliebenen siedlungsgünstigen Stelle des Urfttales gegründet wurde. Zu ihr gehört das fränkische Gräberfeld *Auf der Kaul* (r 25 44 450; h 55 95 600)⁴⁶. In fränkischer Zeit hat sich also, verglichen mit der römischen Epoche, das wichtigste Siedlungszentrum räumlich verlagert. Im Gegensatz zur Gemarkung Marmagen verlief die Siedlungsentwicklung in Nettersheim zentrumverlagernd.

Das Problem einer möglichen Verbindung von spätrömischer Ansiedlung und fränkischer Niederlassung spitzt sich nun auf die Frage zu, wann die fränkische Besiedlung von Nettersheim begann. Diese wiederum ließe sich am Einsetzen des fränkischen Gräberfeldes *Auf der Kaul* ablesen. Aber gerade hier lassen uns die archäologischen Quellen im Stich. Sowohl die Bergung der Funde als auch ihr späteres Schicksal schließen diesen Weg aus. Etwa um 1860 wurden in Nettersheim die ersten fränkischen Gräber entdeckt. In den folgenden Jahrzehnten kamen immer neue Gräber zutage⁴⁷. Sie wurden von den jeweiligen Grundstücksbesitzern ausgegraben, aber Grab- und Fundzusammenhänge blieben nicht gewahrt, und schließlich wurden die Funde, teilweise einzeln, an verschiedene Museen und Liebhaber veräußert. Es ist sicher, daß nicht alle Gräber des Friedhofes geborgen wurden, zumal ein Teil von ihnen dem Sandabbau und dem Straßenbau zum Opfer fiel.

Die Zeitstellung des fränkischen Gräberfeldes von Nettersheim ist demnach nicht mehr zu bestimmen. Kleemann vermag nicht hinreichend zu belegen, daß die Bestattungen im 5. Jahrh. begannen⁴⁸. Das zeitliche Verhältnis einer etwaigen spätrömischen Siedlung zur fränkischen ist daher auch nicht mehr zu ermitteln. Die beim Bahnbau in der Nähe des Bahnhofes von Nettersheim gefundenen römischen Gräber können übrigens auch nicht ohne weiteres als spätrömisch angesprochen werden. Sie bilden keineswegs eine Entsprechung zu dem bekannten spätrömischen Grab mit der Bärenjagdschale.

Es ergibt sich also bei kritischer Durchsicht der Funde, daß sowohl der Endpunkt der römerzeitlichen Besiedlung als auch der Beginn der fränkischen Niederlassung in Nettersheim archäologisch nicht greifbar sind. Was sich aber mit Sicherheit feststellen läßt, ist die Tatsache, daß die fränkische Siedlung und der fränkische Friedhof im Vergleich zu den römischen Siedlungs- und Begräbnisstätten völlig neue räumliche Ansatzpunkte ge-

---

[45] O. Kleemann, Bärenjagdschale, Bonner Jahrb. 163, 1963, 198–211.
[46] Berichte in den OA des RLMB unter 'Nettersheim'. – Bonner Jahrb. 63, 1878, 181. – Bonner Jahrb. 138, 1933, 143.
[47] Bonner Jahrb. 63, 1878, 181; 101, 1897. – Westdeutsche Zeitschr., Korr.-Bl. 10, 1891, Spalte 294 Nr. 112. – Nachr. über deutsche Altertumsfunde 3, 1892, 36. – Bonner Jahrb. 138, 1933, 160. – W. Kersten, Bonner Jahrb. 142, 1937, 344. – KDM Kr. Schleiden 270 mit weiterer Literatur.
[48] O. Kleemann, Bonner Jahrb. 163, 1963, 219.

wählt haben. Die fränkische Siedlung, die zum Gräberfeld *Auf der Kaul* gehörte, lag zweifellos zu Füßen des Hanges, über den heute die Straße von Nettersheim nach Urft verläuft. Zu diesem Schluß kam auch Kleemann. Ihr Kern ist in dem Teil von Nettersheim zu suchen, der sich nordwestlich der heutigen Urftbrücke erstreckt. Der Friedhof war, wie auch im Moselland häufig zu beobachten, auf einem dorfnahen Hang oberhalb der Siedlung angelegt worden.

Die wichtigste Veränderung, die der Raum Nettersheim nach dem Abbrechen der römischen Besiedlung erfährt, besteht offenkundig im Wiedereinsetzen der fränkischen Besiedlung an anderer Stelle: Der fränkische Siedlungskern liegt, deutlich abgesetzt von den ehemaligen römischen Siedlungen, rund 1,5 km weiter nördlich. Für die Datierung der fossilen Fluren an Görresburg und Weller-Berg ergeben sich auf dem Hintergrund dieser Siedlungsentwicklung folgende konkrete Hinweise:

1. Die terrassierten Fluren an der Görresburg und am Weller-Berg (vgl. A 4) liegen weitab vom fränkischen Dorf Nettersheim.
2. Sie bedecken durchweg steile Lagen, die von den mittelalterlichen Bauern erfahrungsgemäß am spätesten und nach Ausschöpfung aller anderen Möglichkeiten für die agrarische Nutzung beansprucht wurden.
3. Sie liegen in einem intensiv römerzeitlich besiedelten Gebiet, und zwar in unmittelbarer Nachbarschaft bedeutender römischer Siedlungen wie Steinrötsch und Vicus Nettersheim.
4. Am Nordhang des Flurbezirks Görresburg nehmen die langstreifigen Terrassen offenkundig Rücksicht auf den römerzeitlichen Hauptweg zum Vicus und zum Tempelbezirk auf der Kuppe der Görresburg. Sie müssen deshalb zeitgleich mit dem römischen Weg sein.

Aus diesen Gründen kommt für die terrassierten Fluren an der Görresburg mit Sicherheit und für die am Westhang des Weller-Berges mit hoher Wahrscheinlichkeit römerzeitliche Entstehung in Betracht. Im Mittelalter wurden dann viele dieser Terrassenfluren weitergenutzt, vielleicht in den Randbereichen auch durch einige nach bewährtem Muster neu angelegte ergänzt und erweitert.

A 6  I. Gemarkung Nettersheim (SLE). Tafel 55.

II. TK 5505 Blankenheim: r 25 45 000–46 000; h 55 95 000. Etwa 400 m OSO Nettersheim-Ortsmitte, an beiden Hängen des Genfbaches und am Südhang des Schellges-Berges.

III. Eine Kartierung auf der Deutschen Grundkarte 1 : 5 000 wurde durchgeführt (Tafel 55).

IV. Beschreibung:
SO von der Ortsmitte von Nettersheim verläuft in östlicher Richtung das Tal des Genfbaches. Bis etwa r 25 46 000 zieht der Genfbach in mäandrierenden Windungen in W-O-Richtung. Von der genannten Stelle an ändert er seine Richtung nach OSO. Das Genfbachtal ist eines jener typischen Bachtäler, die mit steilen Hängen tief in das mitteldevonische Kalkgebirge eingeschnitten sind. Zu beiden Seiten des tiefen Taleinschnittes blieben die Hochflächen stehen. So entsprechen sich in ihrer Höhenlage die beiden Plateaus südlich von Nettersheim *Auf dem Wachthäuschen* und SO des Ortes *Alteburg* und *Schellgesberg*. Die Flur 'Auf dem Wachthäuschen' bildet einen nach N vorgeschobenen Sporn, der im Mündungsdreieck von Urft und Genfbach entsteht. An den Hängen, die nach W zur Urft und nach O zum Genfbach steil abfallen, finden sich in unmittelbarer Nähe zur Ortslage Nettersheim terrassierte Äcker, die sich recht genau an die Höhenlinien anlehnen.

Lesesteinhaufen, aber auch Pingen vom Eisenabbau, sind weit verbreitet. Infolge der Nähe zur Ortslage Nettersheim kommt wohl kaum eine andere als mittelalterliche Entstehung in Betracht.

Der FN Alteburg für das Bergplateau in der großen Südschleife des Genfbaches SO von Nettersheim wurde bereits früher als Standort einer Burg angesehen. Das einzige Indiz für diese Vermutung blieb aber bislang der Flurname. Archäologische Hinweise oder entsprechende Geländebefunde konnten bisher nicht beigebracht werden. Auch bei sorgfältiger Geländebeobachtung finden sich keine Anzeichen, die auf irgendeine Form künstlicher Befestigung des nach drei Seiten steil abfallenden Bergplateaus hindeuten. Das Plateau der Alteburg hängt nach NO mit dem Bergzug des Schellges-Berges und des Bennfeldes zusammen. Am nördlichen und am südlichen Hang von Schellges-Berg und Bennfeld wurden zahlreiche Altfelder in Form terrassierter Äcker kartiert (Tafel 55). Bei r 25 45 475; h 55 95 000 beginnt am Südhang des Schellges-Berges, zum Genfbachtal hin, ein Terrassensystem, das fast 500 m weit nach O weiterläuft. Es setzt mit einer Reihe von großen Lesesteinhaufen ein, die die westlichen Endpunkte von mindestens 5 ausgeprägten Terrassen bilden. Diese Lesesteinhaufen liegen unmittelbar W neben einem Weg, der in N-S-Richtung den Schellges-Berg hinaufführt.

In diesem Weg sind die terrassierten Äcker als rundlich verschliffene Bodenwellen noch gut sichtbar. Der Weg wurde also viel später als die Terrassen angelegt. Der weitere Verlauf der Altfelder in der O angrenzenden Weide ist deutlich erkennbar, wenngleich die Terrassenkanten und -füße schon ziemlich verschliffen sind. Die Terrassen durchmessen die Weide in gerundetem Zuge von WSW nach ONO. Sie laufen nirgends parallel mit den heutigen Feldgrenzen, sondern schneiden sie in spitzem Winkel. Daß der einstige Verlauf der terrassierten Felder von dem heutigen Flurgefüge abwich, zeigt sich auch weiter O. Von r 25 45 640 an nach O bedeckt junger Laubwald ein geschlossenes System von mindestens 7 Terrassen, die in streng handparalleler Führung am Südhang des Bennfeldes nach O verlaufen. Die Rainhöhe dieser Terrassen beträgt zwischen 0,50 und 1,00 m. Terrassenkanten und -füße sind auch hier weitgehend abgerundet. Es kommen Feldbreiten von 10 m, 16 m und 20 m vor. Das Flurstück, in dem sie liegen, trägt den Namen *Schellgesgaß*. Unterhalb dieses Vorkommens, im sog. *Kräuterbruch* bei r 25 45 900; h 55 95 075, finden sich weiterhin kurze Abschnittsterrassen von knapp 100 m Länge. O des Bennfeldes beginnt ein größeres geschlossenes Waldgebiet, der Sitert, Jagen 30. Große Buchen bilden hier einen sehr alten Waldbestand. Vom Offenland des Bennfeldes und seinen kleinen Buschwaldgebieten trennt diesen Hochwald heute ein Weg, der von SO nach NW an der Waldgrenze entlangläuft.

Aber wie an so vielen Stellen der Gemarkung Nettersheim ist das heutige Flur- und Wegegefüge auch an dieser Stelle nur sehr jungen Datums. Bei der Begehung stellte sich heraus, daß die Terrassenäcker an der Schellgesgaß nicht mit dem Wege und der heutigen westlichen Waldgrenze des Sitert enden. Sie setzten sich vielmehr noch ein beträchtliches Stück, nämlich bis zu 50 m weit in den Buchenhochwald des Jagens 30 fort. Die Terrassen schneiden den Weg zwischen Bennfeld und Buchenhochwald rechtwinklig. Als wellige Absätze sind sie auf dem Wege noch gut zu verfolgen. In großen flachen Steinhügeln von 5 m Durchmesser und 0,50 m bis 1,00 m Höhe, die im Hochwald an den östlichen Enden der Terrassen liegen, sind unschwer Lesesteinhaufen wiederzuerkennen.

Es ist also davon auszugehen, daß vor Anlage des heutigen Buchenhochwaldes im Sitert, Jagen 30, zumindest ein Teil dieses Geländes zur beackerten Fläche gehörte. Die Beackerung aber und die damit verbundenen terrassierten Äcker müssen so lange zurückliegen, wie der Buchenhochwald hier steht. Nach Aussagen von Forstfachleuten ist in diesem Gebiet seit 150 Jahren eine geschlossene Waldkultur nachweisbar. In der Tat zeigt die Tranchot-Karte, Neue Ausgabe, Blatt 117 Nettersheim, für 1809 in diesem Gebiet den *Siettert-Busch,* ein größeres Waldgebiet. Auf der Karte sind auch die starken Terrassen unterhalb des vorgeschobenen Plateaus *Altburg* angegeben. Bei der Anlage des Buchenhochwaldes setzte man übrigens die Bäume absichtlich auf die Terrassenkanten, so daß heute die mächtigen Stämme gelegentlich in Reihe auf den alten Feldgrenzen stehen.

Verliefen die beschriebenen Terrassenäcker in der Schellgsgaß in WSW-ONO-Richtung, so stößt weiter N ein anderes Altfeldersystem rechtwinklig auf diesen Komplex. Bei r 25 45 800; h 55 95 300 schneiden mindestens sechs streifenförmige Altfelder den Weg zwischen Bennfeld und Buchenhochwald. Sie verlaufen in NW-SO-Richtung. Die heutigen langstreifigen Flurstücke im Nordteil des Bennfeldes werden von ihnen spitzwinklig geschnitten. Offenbar setzten sich die älteren Einheiten auch noch in einem kleinen Buschwald fort, der im N das Offenland des Bennfeldes abschließt. Nach SO setzen sich die Altfelder ebenfalls bis in den Buchenhochwald fort. In zwei Fällen enden die Feldstreifen wieder in Lesesteinhaufen. An Feldbreiten kommen fünfmal 10 m und einmal 5 m vor. Im Erscheinungsbild weichen diese Altfelder jedoch klar von den bisherigen Altfeldern ab. Die Grenzen zwischen den einzelnen Feldern bilden nicht die sonst überall sichtbaren, klar erkennbaren Terrassen, sondern kleine, nur 0,30 bis 0,50 m tiefe Gräbchen. Zwischen je zwei Gräbchen erhebt sich der eigentliche Acker in flacher Wölbung. Es handelt sich um den typischen, aus dem Mittelgebirgsraum und aus der Münsterländer Bucht bekannten langstreifigen, zur Mitte schwach aufgewölbten Acker. Er wurde innerhalb des Forschungsauftrages 'Wüstungen und Altfelder' an dieser Stelle zum ersten Male eindeutig nachgewiesen. Dieser anfänglich vereinzelte Befund fand jedoch inzwischen durch weitere Vorkommen von Wölbäckern nunmehr Bestätigung (vgl. A 14, A 15 und A 21).

Da auf den ebenen Hochflächen in der Umgebung von Nettersheim wegen der bis heute fortdauernden Beackerung keine alten Flurrelikte erhalten sind, kommt diesem Befund ganz besondere Bedeutung zu. Er zeigt, daß auch in der Eifel einst die mittelalterliche Bewirtschaftungsform des Wölbackers bekannt und praktikabel war. Man wird diese Wölbäcker entweder dem heutigen Dorf Nettersheim oder aber, angesichts der ziemlich großen Entfernungen von Nettersheim, einer nahegelegenen Wüstung zuzuschreiben haben. Allerdings haben sich bisher noch keine schlüssigen Hinweise auf eine in diesem Gebiet vorhandene Wüstung ergeben. Als Bezugspunkt kommt auch die wüst gewordene frühmittelalterliche Siedlung an der Ahekapelle in Betracht, die vom Gebiet der Wölbäcker etwa gleich weit wie von Nettersheim entfernt liegt (vgl. SLE 40).

Die mittelalterlichen Wölbäcker unter einem modernen Buchenhochwald, dem noch ein sehr alter Buchenbestand vorausgeht, bestätigen, daß für das Mittelalter mit einer erheblich anderen Feld-Wald-Verteilung um Nettersheim zu rechnen ist. Die von den Wölbäckern bedeckte Fläche muß einst entwaldet und ackerbaulich genutzt worden sein.

Die beschriebenen Terrassen am Südhang des Schellges-Berges blieben nicht ungestört liegen, wie sie aus der letzten ackerbaulichen Nutzung hervorgegangen waren. Sie wurden vielmehr durch spätere Eingriffe in den Boden gestört. Bei r 25 45 700; h 55 95 000 befinden sich unter dem jungen Laubwald der Schellgesgaß zahlreiche Gruben von unregelmäßiger, rundlicher oder ovaler Form. Sie sind zwischen 1 m und 5 m weit und bis zu 3 m tief. An den Rändern jeder Grube liegt, zu kleinen Wällen aufgeworfen, der Aushub der Grube. In manchen Gruben liegt in den Wänden das anstehende gelbliche bis rotbraun verfärbte Kalkgestein frei, jedoch sind nirgends Ausbrüche von größeren Steinblöcken zu beobachten, wie sie in Steinbrüchen üblich sind. Mindestens 12 derartige Gruben reihen sich an der angegebenen Stelle dicht bei dicht aneinander. Sie schneiden zwei Ackerterrassen auf einer Länge von 110 m gänzlich weg. Zwischen den einzelnen Gruben blieben zum Teil noch Grate oder Stege stehen, welche die gesonderte Entstehung jeder Grube unterstreichen.

Zunächst schien es, als könnten die in Reihen auftretenden Gruben als kleine Steinbrüche interpretiert werden. Dagegen aber sprach die Form der einzelnen Gruben. Sie waren nicht als seitliche Einschnitte in den Hang mit einem Zugang von der Talseite her eingetieft worden. Vielmehr erstreckte sich jede Kette von Gruben in Richtung der Isohypsen. Außerdem konnten die hinteren Gruben immer nur durch die vorderen erreicht werden. Dieses Anlageprinzip aber widerspricht dem Grundsatz der leichten Zugänglichkeit, das erfahrungsgemäß immer wieder bei Steinbrüchen zu beobachten ist. Außerdem war man bestrebt, in Steinbrüchen eine möglichst breite Arbeitsfront zu gewinnen. Statt dessen bildete hier jede der kleinen Gruben einer Kette eine eigenständige Einheit, die offenbar auch gesondert ausgebeutet worden ist. In jeder der Gruben konnte sich jeweils nur ein Mann arbeitend aufhalten. Ihrer Form und Größe nach sind die beschriebenen Gruben am ehesten als Schürfgruben nach Erz aufzufassen, die sich zu regelrechten Ketten von Pingen aneinanderreihen. Ihre Richtung wurde offenbar vom Verlauf der erzführenden Schichten und Gesteinslager bestimmt. Da das gesamte Pingen- und Terrassengelände der Schellgesgaß im Wald liegt, konnten in unmittelbarer Nachbarschaft der Gruben

keine Funde sichergestellt werden, die den Erzabbau zwingend beweisen. Jedoch fanden sich auf der Höhe in den Äckern des Bennfeldes zahlreiche erzhaltige Gesteinsbrocken sowie knollige Schlackenklumpen. Es kann mithin kein Zweifel bestehen, daß am Südhang des Schellges-Berges eines jener zahlreichen Erzabbaufelder gelegen hat, die das Gebiet um Marmagen und Nettersheim charakterisieren.
Am Schellges-Berg und im Bennfeld ergibt sich nach dem kartierten Geländebefund eine relativ-chronologische Abfolge der Altlandschaftselemente:
1. P h a s e : Bewirtschaftung des heute verwaldeten Gebietes und der Ausbildung der Terrassenäcker.
2. P h a s e : Wüstwerden der Terrassenäcker.
3. P h a s e : Erzschürfung im Gebiet der Terrassenäcker und deren Zerstörung durch Pingen.
4. P h a s e : Wüstwerden der Erzgruben und langsame Bewaldung des gesamten Areals mit einem inzwischen sehr alten Buchenbestand.

Auf der Nordseite von Bennfeld und Schellges-Berg erstrecken sich auf einer Länge von 570 m weitere Terrassenäcker. Sie füllen den gesamten Hang zwischen dem Hochwald des Sitert und dem Plateau der Alteburg aus. Sowohl die Länge als auch der Abstand der einzelnen Terrassen ändern sich. Ein geschlossenes System ergibt sich aus ihnen nicht, zumal sie auch teilweise schon einplaniert sind.
Während der Geländearbeiten wurde der ganze Hochwald des Sitert auf Altfelder hin begangen. Weder O noch N des Bennfeldes fanden sich Reste alter Feldeinteilungen. Damit ist sicher, daß dieser Teil der Gemarkung Nettersheim schon immer bewaldet war und zu keiner Zeit ackerbaulich genutzt wurde. Ausgeprägte terrassierte Äcker gab es wieder im Tal des Borbaches, der von S in den Genfbach mündet (Tafel 55 zwischen r 25 45 400–600; h 55 94 400–95 000). Wie beim Genfbachtal handelt es sich auch bei diesem Seitental um ein tief in die Kalkhochfläche eingeschnittenes Erosionstal. Vor allem auf dem westlichen Ufer und am westlichen Hang des Borbaches zeigen sich zahlreiche kürzere Terrassenabschnitte, die teils nur 2 m, teils aber auch 10 m Abstand voneinander halten. Heute sind die Hochflächen beiderseits des Borbaches und sein Tal selbst ausschließlich als Weideland genutzt. In den weiten Weidelandflächen finden sich keine Terrassen mehr. Nur im Tal des Borbaches deutet sich an einigen terrassierten Feldern an, daß einst hier auch Land unter dem Pflug genutzt wurde.
V. Hinweise zur Datierung.
Die Datierung der im Genfbachtal angetroffenen fossilen Fluren ist schwierig, weil kein stratigraphisch gesicherter Befund gewonnen werden konnte. Für die Terrassen am Schellges-Berg ist auf jeden Fall lange Benutzung von Nettersheim aus festzustellen. Ob die Terrassen aber durchweg mittelalterlicher Herkunft sind, ist nicht sicher zu entscheiden. Es kann sich ebenso gut auch um römerzeitliche Fluren, die mittelalterlich weiterbenutzt wurden, handeln. Eine römische Siedlungsstelle ist in diesem Gebiet jedoch nicht nachweisbar.
Die Wölbäcker am Ostrand des Bennfeldes hingegen sind einwandfrei nach Form und Bewirtschaftungsweise dem Mittelalter zuzuweisen. Hierbei muß offen bleiben, ob sie Bestandteil der mittelalterlichen Flur von Nettersheim oder aber der wüsten Siedlung an der Ahekapelle gewesen sind.

A 7  I. Gemarkung Nettersheim (SLE).
II. TK 5405 Mechernich: r 25 44 600; h 55 96 100; TK 5505 Blankenheim: r 25 44 600; h 55 95 800. An dem nach W und S exponierten Hang des *Mühlenbaches*, der von O in die Urft mündet. Zur Lage vgl. Abb. 30.
III. Keine Kartierung.
IV. Beschreibung:
Von NO mündet etwa 500 m nördlich des Ortskernes von Nettersheim der Mühlenbach

in die Urft. Das Mühlental beginnt bereits in der Gemarkung Zingsheim. Unweit der Stelle, wo es die Gemarkungsgrenze zwischen Zingsheim und Nettersheim schneidet, befindet sich, noch auf Zingsheimer Boden, ein fränkisches Gräberfeld. Der auf Nettersheimer Boden liegende Teil des Mühlentales weist an den beiderseitigen Hängen zahlreiche langstreifige Terrassen auf. Eine Kartierung konnte im nördlichen Teil der Gemarkung Nettersheim nicht stattfinden, weil hier die dazu notwendige Grundlage, die Deutsche Grundkarte 1 : 5 000, noch nicht erschienen war.

Aus diesem Grunde muß sich die Darstellung dieser Altfelder auf eine Beschreibung beschränken. Am nordwestlichen Hang des Mühlenberges, gegen das Tal des Mühlenbaches erstrecken sich 17 langstreifige, fossile Terrassenäcker (r 25 44 600–25 44 720; h 55 95 800–55 96 100). Sie beginnen NW vom Sportplatz Nettersheim und reichen bis an den Wirtschaftsweg, der den Mühlenberg im Talgrund begrenzt.

Die oberen drei Terrassen sind nur kurz: Sie messen je etwa 80 m Länge. Die beiden südlichen Terrassen besitzen nur 0,40 m Rainhöhe. Die Terrassenkanten und -füße zeigen rundliche, verschliffene Form. Die dritte Terrasse des Hanges ist wieder sehr stark ausgebildet. Ihr schließen sich nach unten weitere vier Terrassen von stark abgerundeter Form an. Während zwischen den oberen drei Terrassen jeweils Ackerbreiten von 7 m Breite liegen, beträgt der Abstand von Terrassenkante zu Terrassenfuß bei den nächstfolgenden vier Terrassen nur 4 m. Diese schmalen Felder sind nur auf einer Länge von 55 m erhalten. Nach NO müssen sie sich ursprünglich jedoch weiter fortgesetzt haben. Sie fielen hier jedoch der Flurumlegung zum Opfer und wurden ausplaniert. Unterhalb dieser schmalen fossilen Felder beginnen dann gut ausgeprägte, scharfkantige Terrassen, die meist 230 bis 250 m lang sind. In schwach S-förmiger Linienführung passen sie sich dem Hang ausgezeichnet an. Ihr einstiger Verlauf läßt sich auch am Nordostende des Systems unter Getreidefeldern noch gut rekonstruieren. Terrassenhöhen von 1,50 m bis 2,50 m kommen oft vor. Die Feldbreiten variieren zwischen 10,80 m und 5 m. Gelegentlich schiebt sich zwischen zwei Langterrassen ein kürzeres Terrassenstück von nur 40 m Länge. Alle Terrassen am Nordwesthang des Mühlenberges enden kurz vor einem langgestreckten Felsgrat aus Kalkgestein, mit dem der Mühlenberg nach NW hin ausläuft. Je mehr man sich beim Ackern mit den Feldern diesen Felsen näherte, um so größer wurde offenbar die Menge der beim Pflügen losgerissenen Steine des Untergrundes. Deshalb finden sich große Haufen mit Lesesteinen immer am südwestlichen Ende der Terrassen. Sie haben meist 2 m bis 3 m Durchmesser und sind bis zu 0,80 m hoch. Man warf die Steine offensichtlich auf einen Landstreifen, den man wegen des felsigen Untergrundes ohnehin nicht beackern konnte. Auf den Terrassenkanten mehrerer Altfelder standen sehr große einzelne Fichten, die als Restbestand eines älteren Nadelwaldes übriggeblieben sind. Sie dürfen etwa 50 Jahre alt sein. Fast alle Terrassen sind heute mit langem Gras, z. T. auch mit Gestrüpp und Ginster, bewachsen. Nirgends verlaufen sie identisch mit den heutigen Besitzgrenzen. Ihr leicht S-förmiger Verlauf machte sie als Leitlinien für die modernen Besitzgrenzen ungeeignet. So kommt es, daß die gleichen Terrassen streckenweise unterhalb, teilweise aber auch oberhalb des modernen Zaunes verlaufen. Bevor die heutige Situation entstand, muß das Gebiet dieser Terrassen in großen Plänen ackerbaulich genutzt worden sein. Eine derartige Nutzung deutet sich mit dem stark verschliffenen Zustand der meisten Terrassen an. Nur ganz wenige Terrassen zeigen noch scharfe Kanten oder Füße.

V. Hinweise zur Datierung.

Über das Alter dieser Terrassen ist keine Aussage möglich.

Der Mühlenberg liegt noch in der Nähe des Ortskernes, so daß diese Altfelder wahrscheinlich die Reste des mittelalterlichen Flurgefüges von Nettersheim darstellen. Weitere terrassierte Altfelder befinden sich an den Hängen N des Mühlenbaches. Nach W, zur Urft, fällt das Bergplateau steil ab. Durch Erosion bildeten sich hier in den Kalkformationen die Mannenberghöhlen.

Zahlreiche terrassierte Altfelder konnten weiter im N bei r 25 44 450; h 55 96 700 nachgewiesen werden. Hier begünstigt die etwas geringere Hangneigung S des *Bütterweck* die Anlage von terrassierten Feldern.

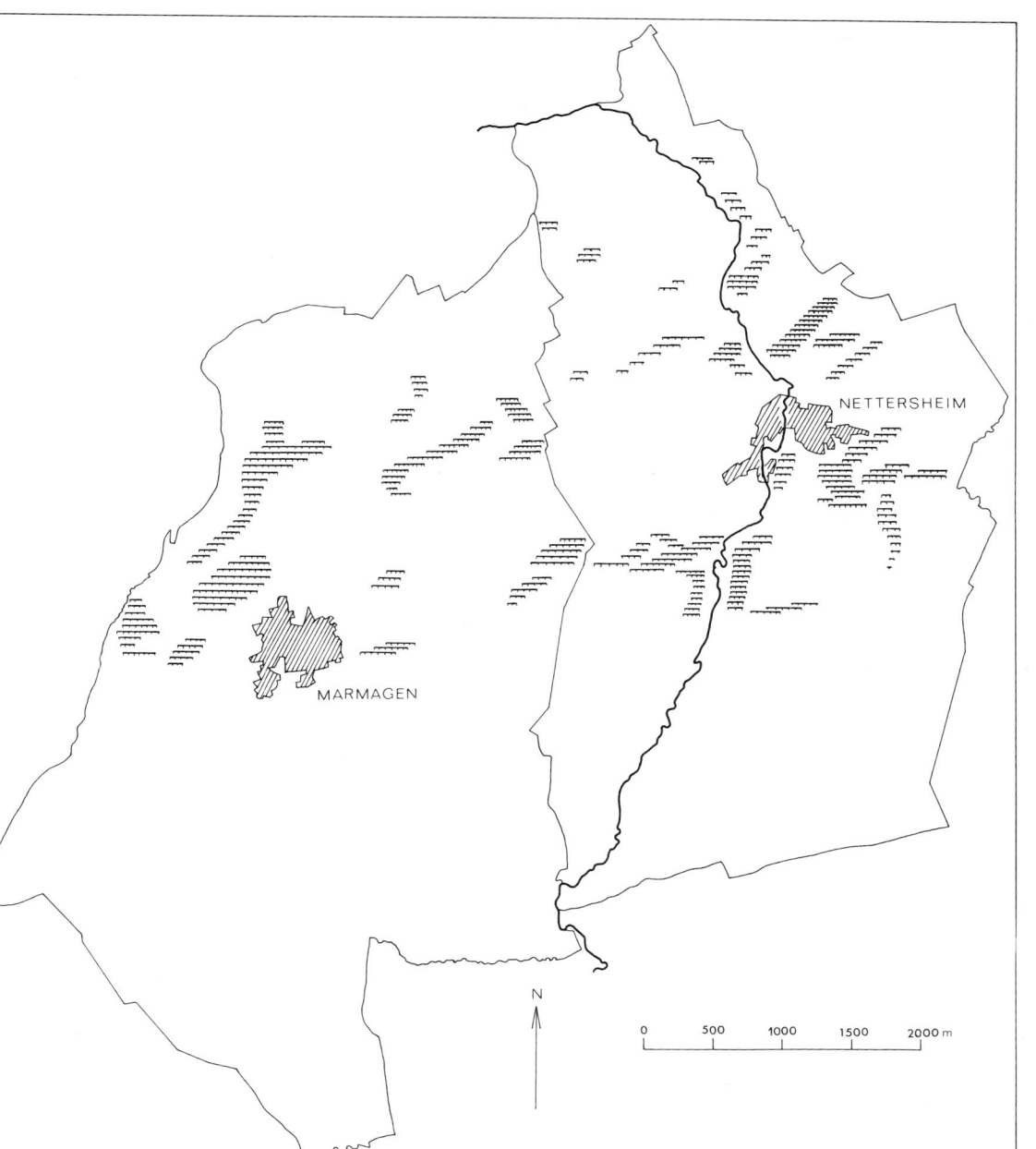

34 Die Verbreitung fossiler Terrassenäcker in den Gemarkungen Marmagen und Nettersheim (SLE).

W der Urft, an der *Ahrley*, verraten Reste von terrassierten Altfeldern, daß diese Form des Ackers ursprünglich viel mehr verbreitet war, als der heutige Geländebefund zeigt. Die Terrassenäcker erstrecken sich hier in unmittelbarer Nachbarschaft zur römischen Siedlungsstelle *Ob der Sonnengasse*. Ob hier ein Zusammenhang zwischen römischer Besiedlung und Altfeldern nachgewiesen werden kann, müßten genauere Vermessungen der Terrassen ergeben.

A 8   I. Gemarkung Blankenheimerdorf (SLE). Tafel 57.

II. TK 5505 Blankenheim: r 25 44 000–25 44 400; h 55 88 100–55 88 400. Flurbezirk *Sittert* und auf dem *Froschberg*, S der Bundesstraße Trier–Köln, der heutigen B 51.

III. Es wurde eine Kartierung auf der Deutschen Grundkarte 1 : 5 000 vorgenommen (Tafel 57).

IV. Beschreibung:
Der Froschberg ist eine 550 m hohe Kuppe, die nach N nur schwach, nach S und SO aber steil abfällt. Kalkgestein tritt an verschiedenen Stellen aus der mageren Humusdecke zutage. Der westliche Teil des Geländes ist mit jungen Fichten besetzt. Dazwischen finden sich aber auch Reste einer heideähnlichen Vegetation mit langem, verwildertem Gras, Ginsterbewuchs und Enzian.
Der Tranchot-Karte von 1808/09, Neue Ausgabe, Blatt 129 Blankenheim, ist zu entnehmen, daß nur ein schmaler Geländestreifen südlich entlang der damals noch gewundenen Köln–Trierer Straße als Ackerland genutzt wurde. Das Gebiet, in dem die fossilen Fluren festgestellt wurden, wird hingegen als Heide, nach W zum Weg nach Nonnenbach hin als Buschwerk angegeben. Eine ackerbauliche Nutzung der im folgenden zu beschreibenden Terrassen fand also zu Beginn des 19. Jahrh., soweit sich das überblicken läßt, nicht mehr statt.
Zwischen r 25 44 000 und 25 44 400; h 55 88 100–55 88 400 liegen am Nordhang des Froschberges bis zu 12 deutlich ausgebildete Terrassen. Fünf von ihnen sind noch heute als langstreifige Terrassen erhalten. Sie erreichen Längen bis zu 250 m. Nach NO schwingen sie gegen ein Bachtal in weitem, rundlichem Bogen ein. Im oberen Teil des Hanges finden sich hier vor allem kurze Terrassenabschnitte von 75 m Länge.
O eines Baches, der nach S fließt, befinden sich bei r 25 44 300; h 55 88 275 weitere sechs Terrassenabschnitte von maximal 75 m Länge. Nach W und nach O begrenzt je ein als flacher Wall von 0,50 m Höhe und 1 m Breite ausgebildeter Anwand das Terrassensystem. Auf der Kuppe des Froschberges wie auch dieses flachen Hügels sind verschiedene Terrassen durch rundliche oder ovale Gruben unterbrochen bzw. abgeschnitten worden. Nach Form und Größe sind diese Gruben den auch sonst in der Gemarkung zahlreich vorkommenden Pingen des Eisenerzbaus zu vergleichen. Es kann keinen Zweifel geben, daß auch am Froschberg wie auf den benachbarten Höhen des Ärschberges in Blankenheim Eisen abgebaut wurde.
Auch der nordwestliche, flachere Hang des Froschberges zeigt alte Feldeinteilungen. Mindestens 6 Terrassen lagen hier flach gestaffelt nebeneinander. Ihre Zahl war sicher höher, denn beim Ausbau der Straße nach Nonnenbach wurde der NW-Hang des Froschberges auf breiter Front abgeschnitten und zusätzlich durch Steinbrüche gestört. In dem abgeschnittenen unteren Teil des Hanges können noch weitere fünf Terrassen gelegen haben. Zwischen zwei von der Straße her zugänglichen Steinbrüchen fanden sich die Reste eines Terrassensystems, in dem sehr schmale Terrassen liegen. Bei r 25 43 960; h 55 88 250 sind hier mindestens 5 schmale terrassierte Äcker zu unterscheiden, von denen jeder eine Feldbreite von nur 3 m aufweist. Die ursprüngliche Länge dieser schmalen Felder ist wegen der Störungen aber nicht mehr anzugeben. Während bei den übrigen Terrassen am Froschberg Breiten von 8 m, 10,50 m, 12 m und 20 m vorkommen, fallen die beschriebenen Terrassen auf der NW-Seite des Froschberges durch ihre Schmalheit auf. Aus Beobachtungen an Terrassen in der Gemarkung Wahlen (vgl. A 12) ist bekannt, daß die großen Terrassen mit verhältnismäßig großer Rainhöhe vielfach durch je 3 oder je 4 kleinere Terrassen mit nur schwach ausgebildeten Rainen unterteilt wurden. In Wahlen wurden z. B. bei einem ganzen System von großen Terrassen je 4 kleine Unterterrassen beobachtet. Wir gewinnen damit einen deutlichen Hinweis darauf, daß auf jeder breiten Terrasse in sich eine Vierfelderwirtschaft betrieben wurde. Auf den schmalen Terrassen wechselte also die Frucht- und Brachfolge, und zwar jeweils innerhalb einer breiten Terrasse. Diese wiederum dürfte damit nicht nur als Bewirtschaftungseinheit, sondern ebenso als Besitzeinheit Bedeutung besessen haben. Hier am Froschberg liegt eine ähnliche Erscheinung vor. Der fragmentarische Erhaltungszustand der schmalen Terrassen

läßt aber nicht mehr zu, die kleinen Terrassen jeweils einer großen zuzuordnen. Als Beleg für eine Mehrfelderwirtschaft sind sie aber einwandfrei zu interpretieren.

V. Hinweise zur Datierung.

Damit ist aber zugleich ein Datierungshinweis für die Terrassen am Froschberg gewonnen. Denn die Bewirtschaftung in Form wechselnder Fruchtfolge, also die Mehrfelderwirtschaft, ist Kennzeichen der spätmittelalterlichen und frühneuzeitlichen Agrarwirtschaft.

Entweder sind die Altfelder am Froschberg Teile des mittelalterlichen Wirtschaftsraumes von Blankenheimerdorf, oder aber sie gehören zu einer in der Nähe liegenden Wüstung. Vom Ortskern Blankenheimerdorf liegen sie mehr als 2000 m entfernt. In der unmittelbaren Umgebung des Dorfes stehen zudem qualitativ bessere Böden in ausreichender Menge zur Verfügung. Deshalb erscheint es unwahrscheinlich, daß die Altfelder zur mittelalterlichen Ackerfläche von Blankenheimerdorf gehörten. Dagegen hat sich nur 750 m SO vom Froschberg, in den Jagen 1–12 des Staatsforstes Schleiden, der heute den SW-Teil der Gemarkung Blankenheim bildet, der Name einer Ortswüstung erhalten. Obwohl heute völlig verwaldet, heißt dies Gebiet *Geishausen* (vgl. dazu SLE 7). Der in allen älteren Katastern vorhandene Name ist noch in die TK 1 : 25 000 (Blatt 5505 Blankenheim) eingegangen. Die Dorfstelle dieser Wüstung ist bisher noch nicht lokalisiert worden. Angesichts des Wald- und Buschbestandes in der fraglichen Gegend dürfte das auch schwierig sein. Wohl aber gibt es im Jagen 12 des Staatsforstes einen seit langem bekannten Befund, dessen Deutung stets Schwierigkeiten bereitete. Ein runder Erdhügel von 1,50 m Höhe und 3 m Durchmesser (r 25 44 820; h 55 87 730) wurde zusammen mit einem weiteren Hügel in der Nähe (r 25 45 370; h 55 87 790) als vorgeschichtlicher Grabhügel interpretiert.

Während der zweite Hügel ausgegraben wurde, ohne daß sich diese Meinung durch entsprechende Funde bestätigt hätte[49], ist der erste im Wald liegende nicht untersucht worden. Übersehen wurde auch, daß unmittelbar SW neben dem Hügel eine Grube von verschliffen-rechteckiger Form und etwa 2 m x 3 m Größe liegt. Hier dürften Überreste der Wüstung Geishausen vorliegen, etwa ein Keller, ein Weiher oder ähnliches. Nicht weit von dieser Fundstelle verlaufen im Hochwald alte Hohlwege, die Teile des Verbindungsweges von Blankenheim nach Nonnenbach sind und die auch die Siedlungsstelle Geishausen berührt haben.

Die zur Wüstung Geishausen gehörende Gemarkung zeichnet sich in den heutigen Gemarkungsgrenzen noch deutlich ab. Im S begrenzte sie der Nonnenbach, der heute die Südgrenze der Gemarkung Blankenheim bildet. Im N war sicher der Wal-Bach die Grenze. Im W kommt es zu einer Ausbuchtung der Gemarkungsgrenze von Blankenheim gegen Blankenheimerdorf, die, einem Bachlauf folgend, sicher die alte Westgrenze von Geishausen war. Im NW aber am Froschberg verändert sich die Linienführung der Grenze zwischen Blankenheim und Blankenheimerdorf (vgl. auch Abb. 5). Während sie sonst natürlichen Leitlinien, nämlich Gewässern, folgte, beginnt hier ein zackiger, weithin geradliniger Abschnitt. Er erweist sich gegenüber den von Gewässern gebildeten natürlichen Abschnitten als jünger, als geplant und nicht als gewachsen. Es ist sehr wahrscheinlich, daß die Gemarkung von Geishausen an dieser Stelle ursprünglich weiter nach N und NW ausbog und das Gebiet des Froschberges mit umfaßte. Dann könnten die Altfelder ein Teil der alten Wirtschaftsfläche von Geishausen sein. Durch einschneidende Forstmaßnahmen im Staatsforst wurden aber alle älteren Reste der Kulturlandschaft vernichtet. Hier und da zeichnet sich innerhalb des Waldes noch eine Terrasse ab, die einst als Feldbegrenzung gedient haben könnte, aber eine geschlossene fossile Flur wie am Froschberg wird im Forst nirgends erkennbar. Selbst das Wegenetz des Mittelalters ist nur noch fragmentarisch erhalten. Mitten durch die Gemarkung von Geishausen führte, wie bereits erwähnt, der alte Weg von Blankenheim nach Nonnenbach. Ein gan-

---

[49] Berichte über die Grabungen, die von Mitgliedern des Eifelvereins durchgeführt wurden, befinden sich bei der OA Blankenheim des RLMB.

zes Bündel von Hohlwegen ist abschnittsweise noch vorhanden (r 25 45 370; h 55 85 750). An anderen Stellen wurden sie aber schon ausplaniert. Urkundliche Belege für Geishausen sind bisher nicht bekannt geworden. Es scheint sich um eine früh entstandene Wüstung zu handeln, von der keine Kunde mehr in der schriftlichen Überlieferung Niederschlag fand.

A 9   I. Gemarkung Blankenheimerdorf (SLE). Tafel 79.
II. TK 5505 Blankenheim: r 25 42 600–45 000; h 55 86 800–88 500. W der Straße von der B 51 nach Nonnenbach, im Staatsforst Schleiden und im Privatforst des Grafen Beissel von Gymnich, südlich der Köln–Trierer Straße.
III. Es wurde eine Kartierung auf der Deutschen Grundkarte 1 : 5 000 vorgenommen (Tafel 79).
IV. Beschreibung:
Wüstungen spielen auch bei der Deutung einer weiteren fossilen Agrarlandschaft W der Straße nach Nonnenbach und S der Köln–Trierer Straße eine große Rolle. In diesem namentlich nicht näher ausgewiesenen Gebiet entspringen in Quellmulden verschiedene kleine Bäche, die sich zum Seidenbach vereinigen. Dieser mündet an der südlichen Gemarkungsgrenze von Blankenheimerdorf in den Nonnenbach. W der Straße nach Nonnenbach dehnt sich die weitläufige Tallandschaft dieser Gewässer. Nur nach N, zur Bundesstraße von Trier nach Köln steigt das Gelände wieder allmählich in einem weiten Hang an. Dieser Hang ist von terrassierten, fossilen Feldern besetzt.
Sie ziehen sich hangparallel, teilweise auch rechtwinklig zum Hang laufend, auf einer Breite von 800 m von SW nach NO hin (vgl. Tafel 79). Bis zu 20 Terrassen liegen an diesem nach S exponierten Hang. Die östliche Hälfte des Hanges zeigt sie in besonders gutem Erhaltungszustand. Terrassenkanten und Terrassenfüße sind hier noch scharf ausgeprägt, die Raine nicht verschliffen. Meist wachsen Hecken auf den Rainen. Rainhöhen bis zu 2 m sind keine Seltenheit. Allgemein nimmt die Rainhöhe ab, je weiter oben am Hang die Terrassen liegen. Feldbreiten von 6 m, 7 m, 8 m, 10 m und 12 m kommen vor. Offensichtlich gab es keine allgemeine, stets wiederkehrende Feldbreite. Ebenso variieren auch die Längen der einzelnen Terrassen. Die längsten von ihnen erreichen 300 m Länge. Andere wiederum sind nur noch als kurze Abschnitte von nicht mehr als 75 m Länge erhalten. Bei r 25 43 740; h 25 88 300 befinden sich wieder mehrere Pingen vom Erzabbau, die die dortigen Terrassen unterbrechen.
Gut erhalten sind ferner verschiedentlich Anwände in Form flacher Wälle, die meist aus Lesesteinen von den Feldern bestehen. Sie verlaufen rechtwinklig zu Hang und hangparallelen Terrassen. Aber nicht nur Anwände haben diese Richtung. Auch terrassierte Felder folgen gelegentlich nicht den Isohypsen, sondern schneiden sie rechtwinklig. Das westliche Drittel des Hanges zeigt bei r 24 43 550; h 55 88 060 fünfzehn Terrassen oder kurze Terrassenabschnitte in NW-SO-Richtung. Sie gruppieren sich zu beiden Seiten eines kleinen, muldenförmigen Bachtales, das sich weiter südlich mit dem Tal des Seidenbaches vereinigt. So kommt es, daß terrassierte Felder hier rechtwinklig aufeinanderstoßen. Breite Anwände trennen die beiden Feldsysteme verschiedener Ausrichtung voneinander. Es ist nicht auszuschließen, daß hier die Reste eines anderen Gewanns vorliegen, das nicht hangparallel wie die übrigen Felder, sondern in Richtung des Hanges gegen die Isohypsen verlief. Störungen durch rundliche oder ovale Gruben kommen auch hier vor. In dem ganzen Gebiet S der Bundesstraße 51 finden sich immer wieder die Reste des Erzabbaus. Da die Terrassen, wie zu zeigen sein wird, aus dem Mittelalter stammen, müssen die Pingen noch jünger sein.
Die beschriebenen Altfelder decken sich in ihrer Linienführung nirgends mit der modernen Flureinteilung. Sie verlaufen sehr oft S-förmig oder biegen, je nach Geländerelief, rundlich in Seitentäler um. Alle diese Faktoren blieben bei der Anlage des modernen Flurgefüges unberücksichtigt, da es die Geradlinigkeit der Feldgrenzen zu erzielen bestrebt war. Allerdings blieb die allgemeine Richtung der Felder von SW nach NO auch

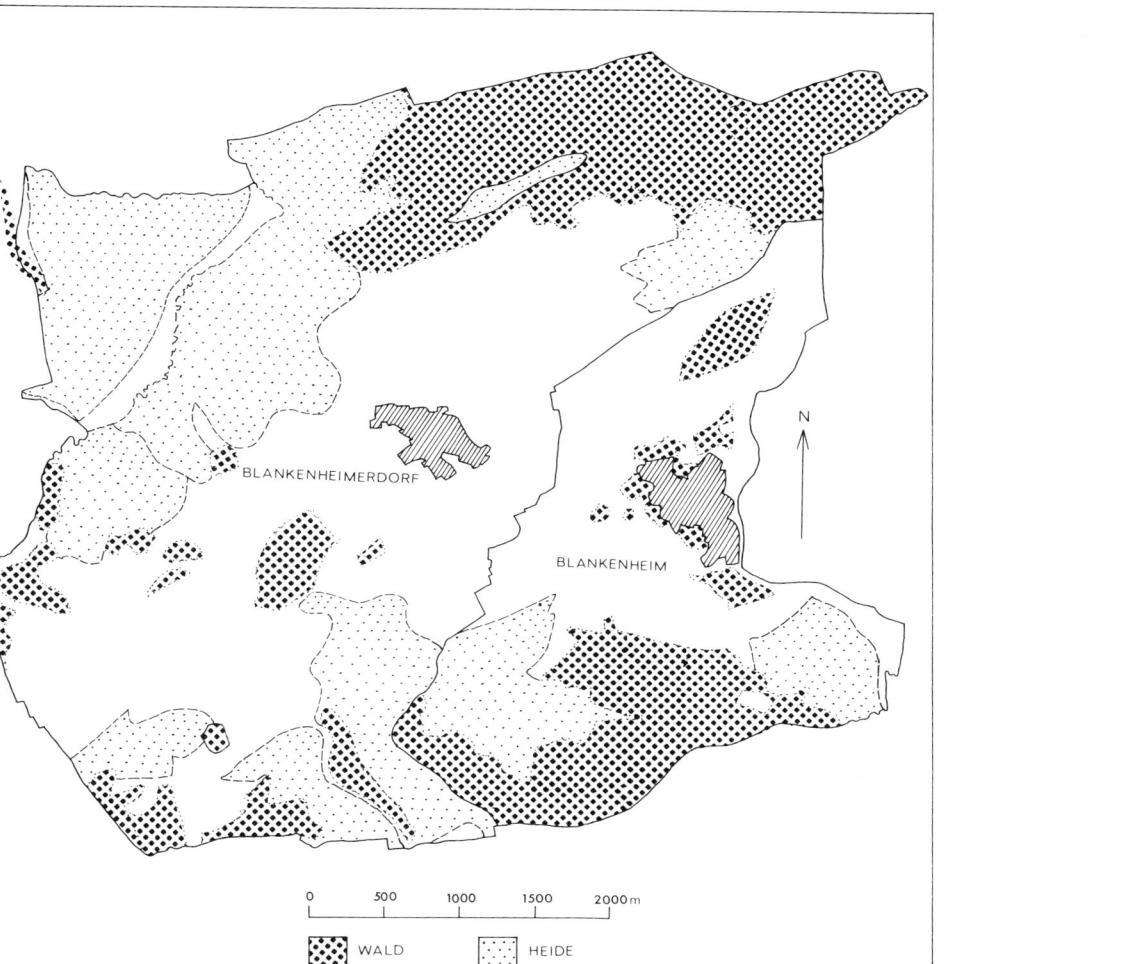

35 Verbreitung von Wald und Heide im Jahr 1809
in den Gemarkungen Blankenheim und Blankenheimerdorf (SLE). –
Nach der Tranchot-K. NA Blatt 129 Blankenheim.

im modernen Flurgefüge erhalten. Als Ackerland wird heute südlich der Bundesstraße von Köln nach Trier kaum noch Gelände genutzt.
Meist handelt es sich um extensiv genutzte Weiden oder um heideähnliches Unland. Zwischen den einzelnen Terrassenäckern war auch hier wiederholt Unland in Form schmaler Streifen zu beobachten. Lesesteinhaufen finden sich vorzugsweise auf diesen Geländestreifen.
S an das heute bestehende Offenland schließt sich wieder Wald an. Zunächst gibt es einige kleine Waldgebiete mit dazwischenliegenden Grünlandflächen. Dann aber folgen bis zum Nonnenbach, der die südliche Grenze von Blankenheimerdorf bildet, geschlossene Nadel-, Laub- und Mischwälder. Sie gehören größtenteils zum Besitz des Grafen Beißel von Gymnich zu Schmidtheim. Ein kleiner Teil des Waldes bildet Jagen 28 des Staatsforstes Schleiden. Teile einer fossilen Agrarlandschaft finden sich aber auch in diesen Wäldern. Ein großer Teil des Waldes hat im Mittelalter noch nicht bestanden. Offenes Land, Weiden und Äcker, müssen lange Zeit über hier genutzt worden sein. Zwischen r 25 43 000 und 25 43 800; h 55 87 500 und 55 87 900 finden sich teils unter Wald,

teils in Grünland zahlreiche Terrassen. Sie verlaufen in W-O-Richtung an den Hängen eines weitläufigen Bachtales, das von W her in das Tal des Seidenbaches einmündet (Tafel 79). Zwar erhielten sich nicht komplette Systeme von Altfeldern, aber immer wieder gruppieren sich mehrere bis zu 200 m lange Terrassen zu kleineren Komplexen fossiler Felder. Viele von ihnen liegen unter Wald, vor allem an den nach S exponierten Hängen. Anwände sind mehrfach vorhanden. Gelegentlich ist auch noch im Gelände zu erkennen, daß einzelne Terrassen schon vor längerer Zeit ausplaniert wurden. Sie heben sich noch als schwache, langgezogene Bodenwellen zwischen den noch erhaltenen Terrassen ab und geben sich meist durch Bewuchsmerkmale zu erkennen. An den Fußlinien dieser alten Terrassen wächst gewöhnlich das Gras viel höher als auf den Rainen. Außerdem konzentrieren sich hier Feldblumen zu streifenförmigen Bändern, die aus dem gleichmäßigen Grün der Wiesen hervorstechen.

Ein weiteres Altfeldergefüge von seltener Geschlossenheit und hervorragendem Erhaltungszustand befindet sich am nach O exponierten Hang des unteren Seidenbachtales. Während O des Baches im Waldgebiet des sogenannten *Bierther Härdtchens* keine Spuren fossiler Felder beobachtet werden konnten, erstreckte sich W davon, *Unten auf Seidenfeld*, wie der Flurname lautet, zwischen r 25 43 600 und 25 44 050; h 55 87 000 und 55 87 330, ein System von zwölf langstreifigen Terrassen. Fast alle Terrassen erreichen eine ununterbrochene Länge von 500 m. Einige werden durch einen den Hang herabkommenden Bach auf einem Abschnitt von etwa 20 m unterbrochen. Aber sie setzten sich jenseits des Baches weiter fort. Bei den unteren Terrassen kommen mehrfach Rainhöhen von 2 m vor. Die Raine der oberen Terrassen verflachen sich bis auf 0,50 m. Der ganze Hang, an dem sich die Terrassen befinden, ist heute mit Fichtenhochwald bewaldet. Ein Teil der Terrassen reicht auch noch bis in den N anschließenden Laubwald. Im S schließen alle Terrassen etwa auf gleicher Länge mit dem heutigen Waldrand ab. In den benachbarten Wiesen fanden sich keine Spuren einer Fortsetzung der Altfelder. Relikte eines alten Weges zeigen sich unter Weideland bei r 25 44 240; h 55 86 940 in Form eines flachen Hohlwegbündels. Es handelt sich um eine ältere Wegeführung, die aus dem Tal des Nonnenbaches nach NW auf die Höhe führte. Die Anlage von kleinen Stauwerken an Bächen war offenbar lohnend für den Fischfang. Mehrfach ließen sich im Gelände ältere Dämme oder Reste von solchen beobachten, die die zeitweise stark wasserführenden Bäche aufstauten. Am Unterlauf des Seidenbaches bei r 25 44 300; h 55 86 900 befindet sich ein solcher alter Damm. Er ist heute durchstochen, so daß der Bach durchfließen kann. Aber selbst jetzt wirkt er sich noch als Stau aus, so daß die Wiesen hinter dem Damm ein stark versumpftes Gelände bilden. Der Damm ist heute noch auf einer Breite von 45 m erhalten und läuft an seinen beiden Enden direkt gegen die beiderseitigen Talhänge an. Seine Höhe beträgt etwa 3 m. Er ist nicht mehr in Benutzung und wurde stellenweise bereits abgegraben. Wie die terrassierten Felder *Unten auf Seidenfeld* gehörte auch dieser Damm zu dem in der Nähe liegenden wüsten *Bierther Hof* (SLE 10).

Bei r 25 43 690; h 55 87 380, am nördlichen Ende der Terrassen *Unten auf Seidenfeld*, besteht eine kleine Lichtung in dem sonst sehr einheitlichen Fichtenhochwald. Hier gibt es noch einige degenerierte Obstbäume, die den Rest eines kleinen Gartens bilden, der vor einigen Jahrzehnten noch in Betrieb gewesen sein mag. Von NO führt ein Hohlweg von 2,30 m Breite und 0,50 m Tiefe an diese Stelle heran. Nach der Reliktvegetation zu urteilen, muß hier einst eine Hofstelle oder ein Haus bestanden haben. Schriftliche Hinweise darauf gibt es nicht. Aber der Geländebefund entspricht in allen Einzelheiten dem Aussehen anderer wüster Hofstellen in diesem Gebiet.

Nachdem an einer Stelle in den Wäldern S der Köln–Trierer Straße zahlreiche Relikte der historischen Kulturlandschaft festgestellt werden konnten, mußten naturgemäß auch die übrigen Teile des Forstes daraufhin begangen werden. Es war ohnehin bekannt, daß in diesem Gebiet insgesamt vier wüste Höfe liegen mußten. So waren weitere Reste der historischen Kulturlandschaft zu erwarten.

Weiter nach S, am Nonnenbach, zeigten sich innerhalb der Walddistrikte *Seidenfeld*, *Talbruch*, *Fackelheck* und *Im Schneppen* einzelne Terrassen. Ein geschlossener Komplex von Terrassen wurde aber nirgends mehr festgestellt. In der Nachbarschaft einstiger

Hofstellen gelegen, mögen diese einzeln liegenden Terrassen hofnahe Felder gewesen sein.
Ebenso sicher aber ist auch, daß der größte Teil des zu diesen Höfen gehörenden Ackerlandes weiter N, an dem zur Köln–Trierer Straße ansteigenden Hang gelegen hat. Darüber hinaus zeigte sich eindeutig, daß der Ackerbau nicht die einzige Erwerbsquelle dieser waldnahen oder gar im Walde liegenden Höfe bildete. Die Köhlerei muß ein sehr bedeutender Wirtschaftszweig in diesem Gebiet gewesen sein. Es fanden sich in den Wäldern *Am Fackelheck* und *Im Schneppen* zahlreiche Meilerplätze. Auf der Nordseite des Nonnenbaches wurden allein acht noch gut erhaltene Meilerplätze festgestellt (zwischen r 25 43 150 und 25 43 430; h 55 86 920; vgl. Tafel 79). Sie zeigen alle die gleiche Form. Es sind kreisförmige, in den Hang hineingearbeitete Plateaus von 5 bis 16 m Durchmesser. Der auf der Hangseite abgegrabene Boden wurde nach der Talseite angeschüttet, so daß ein völlig ebener Platz entstand. Zusätzlich wurde nach der Talseite ein kleiner Erdwall am Rande des Plateaus aufgeworfen, der ganz offensichtlich die Abdeckung des Meilers an seinem Fuß bildete. Stets liegen die Meiler in der Nähe eines Wasserlaufes, jedoch immer oberhalb der hochwasserführenden Talung. Gelegentlich finden sich die Meiler aber auch auf den Höhen, etwa S des Nonnenbaches im Forst Schmidtheim, bei r 25 43 110; h 55 86 790. Sie liegen beiderseits des Waldweges, der parallel mit der Gemarkungsgrenze zwischen Blankenheimerdorf und Schmidtheim–Ripsdorf in O-W-Richtung verläuft. Sichtbar sind sie vor allem im Hochwald; jedoch ist zu vermuten, daß auch in den weiten Fichtenschonungen des Forstes noch zahlreiche weitere Meilerplätze liegen. In unmittelbarer Nachbarschaft eines wüsten Hofes, am Oberlauf eines von N in den Nonnenbach mündenden Seitenbaches, wurde ein weiterer großer Meiler festgestellt (r 25 42 950; h 55 87 060; vgl. Tafel 79).
Noch mehr als 2 m hoch erhalten war ein Staudamm am Unterlauf dieses nördlichen Seitenbaches des Nonnenbaches (r 25 43 930; h 55 86 840; vgl. Tafel 79). An einigen Stellen ist der Damm zwar abgegraben, und in der Mitte wurde ein 1 m breiter Durchlaß für das Wasser geschaffen, jedoch ist noch deutlich zu erkennen, daß er an beiden Enden an steilen Hängen des Bachtales ansetzte. N des Dammes öffnet sich ein kleiner Talkessel, den einst ein kleiner Stausee ausfüllte. Die ganze Anlage gehörte zum wüsten Schnepperner Hof (SLE 17). Eine weitere Gruppe von Meilerplätzen befindet sich unweit der Köln–Trierer Straße N des Waldweges, der bei Höhe 564,0 auf diese Straße stößt (r 25 42 265; h 55 86 890). Hier wurden teils in altem Buchenhochwald, teils in neu geforsteten Jagen, drei Meilerplätze festgestellt; jedoch finden sich in den Schonungen zweifellos noch weitere.
Die Meilerplätze konzentrieren sich also vor allem S des Höhenweges, der, vom Schlemmershof kommend, den gesamten Forst in OSO-WNW-Richtung durchzieht und, die Köln–Trierer Straße überquerend, zu Gut Altenburg führt. N dieses Weges finden sich noch Altfelder, während das Gebiet S des Weges als alter Waldbestand anzusprechen ist. Es ist auffällig, daß die Waldbestände, aus denen die Köhlereien ihr Holz bezogen, vor allem auf jungen Triasformationen liegen. Am Oberlauf des Nonnenbaches schieben sich größere Buntsandsteinflächen zwischen die unterdevonischen Gebiete. Hier vor allen Dingen finden sich die Meiler. Offenbar trug der Buntsandstein Waldbestände, die sich vorzüglich für die Holzkohleherstellung eigneten. Sie hatten in erster Linie das Holz für die zahlreichen Köhlereien zu liefern. Diese wurden von den Höfen der Umgebung aus betrieben, die damit neben dem Ackerbau eine zweite wichtige Einnahmequelle besaßen. Da es sich bei diesen Höfen um Eigentum der Grafen Beißel von Gymnich zu Schmidtheim handelte, dürfte die gesamte umfangreiche Meilertätigkeit wohl auf gräfliche Initiative zurückgehen. Es ist charakteristisch, daß diese Höfe in der zweiten Hälfte des vergangenen Jahrhunderts wüst wurden. Denn um diese Zeit erlangt die Steinkohle ihre Vorherrschaft im Hüttenwesen, so daß kein Bedarf mehr für Holzkohle bestand. Gleichzeitig aber kam die Eisenherstellung im Arenbergischen Raum zum Erliegen. Der traditionelle Hauptabnehmer der Holzkohle, die Hüttenbetriebe, fielen daher aus. Damit war der Köhlerei die wirtschaftliche Grundlage entzogen.
Die kargen Böden der Umgebung vermochten die Bewohner dieses Gebietes nicht mehr

zu ernähren. Die Höfe wurden wüst. Damit aber veränderte sich auch das Aussehen dieser wirtschaftlich einst so wichtigen Landschaft. Die Felder verwaldeten, desgleichen die Hofstellen selbst; die Erzgruben verfielen. Im Gebiet von Blankenheim und Blankenheimerdorf bestätigten sich die Erwartungen, die an eine genaue Kartierung fossiler Elemente der Kulturlandschaft geknüpft wurden. Denn das Ergebnis der Kartierungen bietet direkten Zugang zu einer wirtschaftsgeschichtlichen Interpretation.

V. Hinweise zur Datierung.

Der Versuch, die kartierten Elemente der historischen Kulturlandschaft in einen siedlungsgenetischen Zusammenhang zu stellen, hat in diesem Gebiet von den kartierten Flurrelikten und von den zu ihnen gehörenden Hofwüstungen auszugehen.

Das Gebiet zwischen der Köln–Trierer Straße und dem Nonnenbach im S der Gemarkung Blankenheimerdorf ist als verhältnismäßig spät erschlossenes Siedlungsgebiet anzusprechen. Die dort vorhandenen Einzelhöfe waren Ausbausiedlungen, die entweder von den bestehenden Altdörfern ausgingen oder aber, was angesichts der grundherrlichen Verhältnisse wahrscheinlicher ist, auf Initiative des Grundherren angelegt wurden. Mit ihrer Gründung verbanden sich bestimmte wirtschaftliche Erwartungen, die nicht zuletzt mit der Gewinnung von Eisen verbunden waren. Die beschriebenen Relikte sind also spätmittelalterlich oder frühneuzeitlich entstanden.

Im Gebiet zwischen der Köln–Trierer Straße und dem Nonnenbach sind folgende Höfe nachzuweisen:

1. *Der Bierther Hof* (SLE 10): r 25 43 295; h 55 87 580 (Tafel 79, 4).

Der Hof lag auf der Höhe eines nach N und O weitläufig abfallenden Hanges. Das Hofgelände selbst und seine Umgebung sind heute waldfreies Grünland mit stellenweise heideähnlichem Bewuchs. Vom Hof selbst finden sich in einem mit degenerierten Obstbäumen bestandenen Wiesengelände noch die Keller und Fundamente mehrerer Gebäude, die sich offenbar um einen Hof gruppierten, so daß auf einen Mehrseithof zu schließen ist (Tafel 3,2). Den Standort der Gebäude zeigt noch heute eine ausgesprochene Ruderalvegetation mit hybridem Wuchs von Brennesseln und anderen Weiserpflanzen an. NW neben dem Hof befindet sich eine Wegespinne, deren östlicher Arm die alte Hofeinfahrt bildet. Von dieser Wegespinne geht zunächst in nördlicher Richtung, dann rund nach O umbiegend, eine deutliche Terrasse von 1,50 m Höhe aus, die stellenweise auch als flacher Wall von 1 m Höhe ausgebildet ist. Auf einer Breite von 3 m finden sich auf diesem Wall bzw. auf dieser Terrasse Gebüsche. Aus diesen ragen große alte Buchen auf, die direkt auf der Terrassenkante stehen. Nach O verläuft sich diese Terrasse langsam im feuchten Talgrund. Der FN an dieser Stelle ist *Bierther Pesch*. Es handelt sich also um eine hofanschließende Weidefläche für das Vieh, einen regelrechten Viehkral. W schließt sich an die Hofstelle eine andere Weide an. Sie findet ihre Begrenzung durch einen in N-S-Richtung verlaufenden Wall von 1 m Höhe, dem nach O zu ein kleiner, muldenförmiger Graben vorgelagert ist (r 25 43 170; h 55 87 580). Der N-S-verlaufende Teil des Walles hat eine Länge von 120 m. Im N und im S biegt er dann nach W um, so daß er insgesamt gesehen die Form eines nach W geöffneten U hat. Im W findet sich kein entsprechender Abschluß des Walles, so daß kein geschlossenes Areal entsteht. Der Wall und der nach O verlagerte Graben sind wieder mit Gebüsch und einzelnen alten Laubbäumen bestanden, so daß der Eindruck einer sehr dichten und fast undurchdringlichen Hecke entsteht. Zwar schließt der Wall heute eine Wiese ein, aber der frühere Landschaftszustand muß wohl noch anders gewesen sein, denn zum Teil verläuft der Wall auch noch im S anschließenden Mischwald. Das Verhältnis von Wald und Offenland änderte sich hier also ganz sicher. Die naheliegende Erklärung für den umwallten Bereich ist auch in diesem Falle, daß er eine Weidefläche des Bierther Hofes umschloß, in der man das Vieh am Ausbrechen hindern konnte. Bei Ackerland hätte ein derartiger Wall kaum Sinn gehabt. Vom Bierther Hof erhielten die im SO und O angrenzenden Wälder ihren Namen *Bierther Härdtchen*. Offensichtlich gehörte zum Bierther Hof auch ein beträchtliches Waldgebiet, das seinen Namen nach dem Hof führte. Außer der Hofstelle selbst erhielten sich im Gelände die beschriebenen terrassierten fossilen Felder als Reste des zum Hof

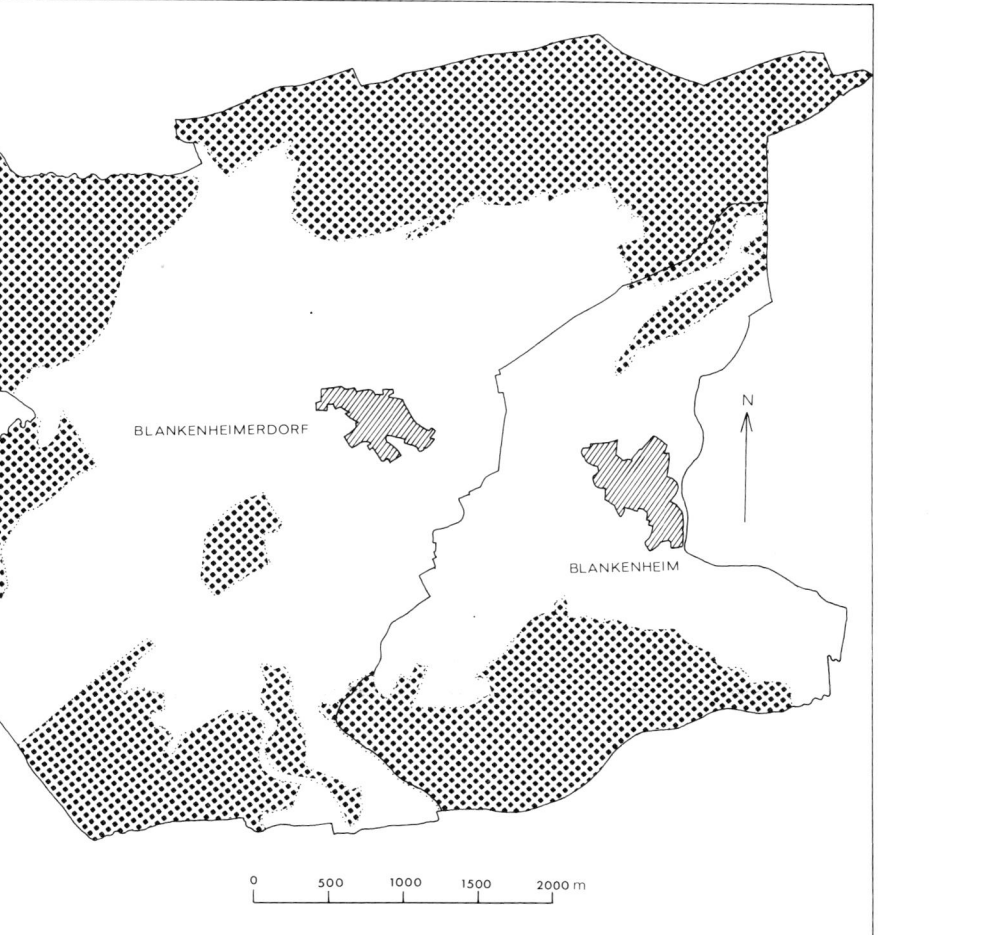

36 Waldverbreitung um 1968 in den Gemarkungen Blankenheim und Blankenheimerdorf (SLE).

gehörigen Wirtschaftsgebietes. Vor allem die Terrassen im N an die Hofstelle anschließenden Tal, aber auch die zahlreichen Terrassen W der Straße von der B 51 nach Nonnenbach, sind als Teile der Flur des Biertner Hofes anzusprechen.
Damit steht aber auch fest, daß die Wirtschaftsweise des Biertner Hofes und auch anderer wüster Höfe in diesem Gebiet nicht einseitig auf die Viehhaltung ausgerichtet war, wie die nachgewiesenen Weideflächen vielleicht zunächst andeuten mögen. Es gab darüber hinaus durchaus Ackerflächen, die von diesen Höfen bewirtschaftet wurden.
Daß sich das ursprüngliche Flurgefüge im Gelände weitgehend erhalten hat, zeigt auch ein Vergleich mit dem Urkataster aus dem Jahre 1823[50]. Der Biertner Hof bestand zu dieser Zeit noch. Er ist als hakenförmiger Hof mit zwei separat stehenden Wirtschaftsgebäuden eingetragen. N des Hofes erstreckte sich die *Biertner Pesch*, deren Grenze als Wall und Graben ausgebildet war. Die Linienführung dieses Walles deckte sich, wie das Kataster zeigt, mit einer Besitzgrenze. Um den Biertner Hof herum lagen vor allem größere Flurstücke von wechselnder Form, etwa *Im Kotzthal* oder *Im Aul*, die Weideland

[50] Das Kataster befindet sich im Katasteramt des Landkreises Schleiden, Zweigstelle Blankenheim.

waren. Die eigentlichen Ackerflächen aber befanden sich weiter nördlich *Auf den Hähnen, Im Hesselbach, Im Kostenberg* und *Im Gillenthal*. Es ist jener weite Hang, der zur Köln–Trierer Straße hin ansteigt und an dem die terrassierten Äcker kartiert wurden. Weitere Felder, die zum Bierther Hof gehörten, schließen sich südöstlich des Hofes *Auf Seidenfeld* und *Unten auf Seidenfeld* an. Das Kataster zeigt deutlich, daß die Terrassen *Unten auf Seidenfeld,* die heute ganz im Wald liegen, zugleich auch Besitzgrenzen waren. Den 12 Terrassen entsprechen im Kataster 12 streifenförmige Äcker.

2. *Der Fritzenhof* (SLE 11): r 25 43 035; h 55 87 020 (Tafel 79, 2).
Auch der Fritzenhof oder Fritzer Hof existierte noch, als das Urkataster von 1823 aufgenommen wurde. Der Hof bestand aus einem großen Gelände und einem sich daran anschließenden kleinen Bau, der mit dem Hauptgebäude durch einen Gang verbunden war. Der Standort des Hofes ist im Gelände unschwer auszumachen. Er liegt 280 m NO der heutigen Brücke über den Nonnenbach in einem gelichteten Waldstück, in dem nur einige alte Buchen stehen. Der heutige Weg, der von der Brücke nach NO zum Höhenweg führt, war auch der alte Weg, an dem der Fritzenhof gelegen hat. Er lag W des Weges. Ihm gegenüber auf der Ostseite des Weges lag der gleichfalls wüst gewordene *Manderscheider Hof*. Das ehemalige Hofareal des Fritzenhofes ist innerhalb des Forstes noch heute als Sondereigentum ausgewiesen. Langstreifige Felder finden sich in unmittelbarer Umgebung des Hofes nur in begrenzter Zahl, etwa *Auf der Dell* und *An den Bayen*. Offenbar wurden in diesem Gebiet ebene Flächen bevorzugt genutzt, so daß es nicht zur Ausbildung terrassierter Äcker kam.

3. *Der Manderscheider Hof* (SLE 15): r 25 43 070; h 55 87 000 (Tafel 79, 3).
Auch dieser Hof bestand noch im Jahre 1823. Er lag, wie bereits erwähnt, dem *Fritzenhof* gegenüber. Das Kataster von 1823 zeigt zwei Gebäude, ein großes rechteckiges und ein kleineres quadratisches. Das Hofgebiet ist wie beim Fritzenhof noch heute faßbar. Zugehörige Felder lagen wahrscheinlich SO des Hofes im *Fackelheck*, wo das Urkataster rechteckige, blockförmige Felder zeigt. Sie laufen rechtwinklig zu den Isohypsen den Hang des *Fackelheck* hinunter. In diesem Gebiet aber lagen auch zahlreiche Meilerplätze, deren Betrieb von den beiden Höfen aus durchgeführt wurde. Im übrigen muß aber auch angenommen werden, daß die beiden Höfe an der Nutzung der großen Terrassenäckerkomplexe beteiligt waren.

4. *Der Schneppenerhof* (SLE 17): r 25 42 075; h 55 87 200 (Tafel 79, 1).
Im Unterschied zu den drei behandelten Höfen war dieser Hof bereits wüst, als 1823 das Urkataster aufgenommen wurde. Dieses zeigt keine Gebäude des Hofes mehr. Doch weist die Bezeichnung *Schneppenerhof* auf den Standort des Hofes hin. Im Gelände läßt sich die ehemalige Hofstelle noch überraschend gut identifizieren, obgleich der Hof mindestens 150 Jahre lang wüst liegt (Tafel 1,2).
Inmitten von Nadel- und Laubhochwald öffnet sich eine Lichtung. Sie ist mit hohem Gras bewachsen. Einige Büsche sowie degenerierte Obstbäume finden sich hier. Das Gelände zeigt zahlreiche Bodenwellen und Unregelmäßigkeiten. Gelegentlich treten behauene Steine zutage. Der Verlauf von Grundmauern ist noch gut zu ermitteln. Die für Wüstungen charakteristische Ruderalvegetation findet sich an vielen Stellen der Lichtung. Die Hofstelle überquerte einst ein von NO kommender und nach SW führender Weg. Als Hohlwegfächer zeigen sich seine Spuren NO und SW der Hofstelle im Gelände. Nur 150 m SW des Hofes fand sich ein Meilerplatz, der mit anderen Köhlereien zum Hof gehörte. Auch der erwähnte Damm am Unterlauf des von N in den Nonnenbach mündenden Nebenbaches dürfte dem Schneppenerhof zuzuweisen sein. Das gesamte Gebiet S des Hofes trägt den FN *In Schneppen*. Felder des Hofes lagen vor allem W und SW des Hofes *An den Wachhecken* und *Am Haubuschelchen*. Die im Kataster ausgewiesenen langstreifigen Felder finden im Gelände aber keine Entsprechung in Form von Terrassenäckern. Wahrscheinlich war die Anlage terrassierter Felder in diesem morphologisch wenig gegliederten Gebiet nicht notwendig. Der Vergleich des Urkatasters von 1823 mit dem heutigen Kartenbild macht die Wandlungen, die sich in einem Zeit-

raum von 150 Jahren im Südteil der Gemarkung Blankenheimerdorf vollzogen, sehr deutlich. Eine bis zum Beginn des 19. Jahrh. bestehende Kulturlandschaft verwandelte sich in einen ausgedehnten Forst. Eine verhältnismäßig gut erschlossene Siedlungslandschaft wird zum völlig siedlungsleeren Raum. Und dennoch finden sich die Relikte der einstigen Kultivierung und der Besiedlung noch heute. Obgleich die modernen Wegeführungen kaum Rücksicht auf die historischen Grenzen nehmen, schimmert die ursprüngliche Struktur des landwirtschaftlich genutzten Gebietes noch durch. Besitz- und Bewirtschaftungsgefüge wie auch die zugehörigen Siedlungsstellen blieben durch die nachfolgende Bewaldung erhalten.

A 10  I. Gemarkung Schmidtheim (SLE). Tafel 71.

II. TK 5505 Blankenheim: r 25 41 000–43 500; h 55 87 500–89 500. Es handelt sich um das sogenannte *Zehnbachtal* zwischen der Köln–Trierer Straße und dem Urfttal, das im O durch den Wald *Olbrück*, im W durch den Flurbezirk *Beiert* begrenzt wird.

III. Eine Kartierung auf der Deutschen Grundkarte 1 : 5 000 wurde durchgeführt (Tafel 71).

IV. Beschreibung:

Während das Gebiet S der großen Verkehrsverbindung Köln–Trier erst durch junge Rodungen erschlossen wurde, erstreckt sich N davon eine Landschaft, die mindestens seit dem frühen Mittelalter offenes Land war. Das ist nicht weiter verwunderlich, denn die Straße, deren Verlauf seit dem Mittelalter konstant war, bildet die Scheidelinie zwischen den südlich davon liegenden unterdevonischen Böden und den mitteldevonischen Gebieten, die sich nördlich davon erstrecken. Hier gab es zweifellos verhältnismäßig gute Böden, die sich auch als Ackerland eigneten. Es ist nur ein schmaler Geländestreifen von 1500 m Breite, der diese relativ guten Bedingungen aufweist. Noch O der Urft beginnt das Unterdevon wieder. Die steil zur Urft fallenden, nach NW exponierten Hänge sind daher auch noch heute mit Wald bestanden.

Den frühesten Siedlungsschwerpunkt dieses Gebietes bildet eine kreisrunde Burganlage vom Typ der Motten (SLE 122). Sie liegt W des Zehnbaches, und zwar in einem dreieckigen Niederungsgebiet an der Stelle, wo dieser Bach, von Süden kommend, in die Urft mündet (r 25 41 580; h 55 88 670). Die heutigen Geländeformen in diesem Gebiet sind durch den Bau des Bahndammes der Eisenbahn von Köln nach Trier verändert und überformt.

Trotz dieser Kunstbauten ist die einst günstige, sehr geschützte Lage der Motte noch zu erkennen (Tafel 49 und 71). Sie ist eine echte Niederungsburg. Den Kern der Anlage bildet ein etwa 2 m erhöhter kreisrunder Burghügel von 20 m Durchmesser[51]. Er ist oben flach und zeigt zum Graben steile Böschungen. Um diesen Kern legt sich ein kreisförmiger, durchschnittlich 8 m breiter Graben, der heute bis maximal 2 m tief ist. Ein schwacher Wall, der am äußeren Grabenrand entlanglief, ist noch abschnittsweise erhalten. Wenn die Anlage überhaupt eine Vorburg besessen hat, so kann diese sich nur nach W erstreckt haben. Hier befindet sich eine schwache Geländeerhöhung, die aus dem versumpften Niederungsgebiet etwas herausragt. Im O umfließt der mäandrierende Zehnbach die Motte. Er dürfte in alter Zeit auch in den Graben geleitet worden sein, so daß dieser ständig unter Wasser stand. Nach S schließen sich Wälle von 1,50 m Breite und 1,80 bis 2 m Höhe an. Bei der Geländeaufnahme zeigte sich, daß hier mindestens sieben Fischweiher lagen, deren größter etwa 30 m x 20 m maß. Einer hinter den anderen geschaltet, wurden sie an ihrem südlichen Ende von dem Bach gespeist (Tafel 6 und 59). In den Wiesen des Baches waren flache Bodenwellen zu beobachten, die sich als Überre-

---

[51] KDM Kr. Schleiden 613. – M. M ü l l e r - W i l l e , Mittelalterliche Burghügel im nördlichen Rheinland. Beihefte der Bonner Jahrb. 16 (Köln, Graz 1966) 81.

ste eines muldenförmigen alten Weges erwiesen, der von der Motte aus direkt nach S verlief.
Ein nach SW abgehender Zweig dieses Weges ist abschnittsweise noch im Wald und unter Weiden SW der Motte erkennbar. Hier befinden sich auch Relikte älterer Feldeinteilungen in Form schwach ausgeprägter Terrassen an einem nach NW abfallenden Hang (r 25 41 460; h 55 88 300; vgl. Tafel 71). Zwischen hangparallelen Terrassen treten hier kleine flache Gräbchen von 0,30 m Tiefe auf, die rechtwinklig zu den Isohypsen die streifigen Terrassenäcker unterteilten. Ob sie hohes Alter besitzen, ist nicht klar. Im übrigen aber wurden W des Zehnbaches nur wenige Altfelder festgestellt. Dies fällt auf, weil das gesamte Gebiet schon seit langer Zeit als Weideland genutzt wird. Etwaige ältere Terrassen hätten sich also hier gut erhalten müssen. Nicht anders sieht das Ergebnis der Kartierungen O des Zehnbaches aus. Hier steigt das Gelände in weiten Hängen nach O zu an. Aber nur sehr wenige, vereinzelt vorkommende Terrassen finden sich an diesen verhältnismäßig günstigen Hängen (so bei r 25 41 830; h 55 88 200; vgl. Tafel 71). Nach O schließen sich auf der Hochebene weitere Weidegebiete an, ohne daß sich hier bedeutende Vorkommen von Altfeldern feststellen ließen.
Im Mittelalter diente also das ganze Gebiet nördlich der Köln–Trierer Straße primär als Weideland. Hinzu kommt, daß es weitgehend in der Hand der Grafen Beißel von Gymnich war. Ein kleinparzelliges Besitz- oder Bewirtschaftungsgefüge, wie es bei den wüsten Höfen südlich der Straße beobachtet wurde, ist hier also gar nicht zu erwarten. Die gutsherrliche Bewirtschaftung erfolgte, gleichgültig ob Ackerbau oder Weidewirtschaft betrieben wurde, stets in großen Plänen, nie aber in Kleinparzellen. Diese Besitz- und Nutzungsformen schlugen sich auch im Aussehen der Kulturlandschaft nieder, die hier ganz andere Züge trägt als in der Nachbarschaft von Höfegruppen oder Dörfern. Das kleinparzellige Besitzgefüge des Dorfes Blankenheimerdorf erstreckt sich heute von O kommend bis wenig W des Forstes Olbrück, etwa bei r 25 42 750. Von dort beginnen dann die großen Flurstücke des *Gutes Altenburg,* die sich in ununterbrochener Folge bis weit in die Gemarkung Schmidtheim nach SW vorschieben. Es ist also ganz erklärlich, daß hier nur wenige Terrassen vorkommen. Diese Bewirtschaftungsformen zeigt auch die Tranchot-Karte, Neue Ausgabe, Blatt 129 Blankenheim, von 1808/09. Die Tranchot-Karte gibt im Tal des Zehnbaches Wiesen und Weiden an. Auf den Höhen W und O des Bachlaufes sowie auf dem *Hüttenberg* verzeichnet sie entweder Wald oder aber ausgedehnte Heideflächen. Nur W und S des Gymnichschen Gutes Altenburg sind große ackerfähige Flächen eingetragen, die ganz der hier auf großen Flächen wirtschaftenden Gutswirtschaft entsprechen.
Fossile Fluren finden sich jenseits der Urft zu beiden Seiten des *Recherhofes* (Tafel 71). Hier gibt es in den heute als Weide genutzten Hängen des sanft nach Süden abfallenden Urfttales zahlreiche isohypsenparallele terrassierte Fluren. Die Rainhöhe der Terrassen ist mit 0,50 bis 1,20 m relativ gering. Es kommen in einem Zug bis 280 m Länge durchlaufende Terrassen vor. In moderner Zeit wurde ihr ursprüngliches Gefüge durch das Ausplanieren mehrerer Terrassen weitgehend zerstört. Gleichwohl sind auch die ausplanierten Terrassenabschnitte von 30 bis 50 m Länge an Bewuchsmerkmalen bis heute sichtbar geblieben. Die terrassierten Fluren sind sämtlich als Felder des ehemaligen Recherhofes anzusprechen, auf dem bis vor wenigen Jahren noch Schafwirtschaft betrieben wurde, der aber inzwischen wüst geworden ist.
Rund 1200 m O der Niederungsburg am Zehnbach liegt auf einem die weitläufigen Kalkhochflächen um 40 m überragenden Bergkegel die ehemalige Altenburg (Tafel 1,1; 48 und 71). Besonders schroffe Steilhänge zeigt der Kegel nach N, W und S. Nach O übernimmt die Sicherung ein tief eingeschnittener 10 m tiefer und oben 8 m breiter Graben, der sich, stark verflachend, auch noch auf der Südseite des Bergkegels entlangzieht. Auf der Bergkuppe selbst gibt es nur noch ganz wenige Überreste der Burg. Stellenweise tritt mörtelgemauertes Kalksteinmauerwerk zutage. Außerdem findet sich mittelalterliche Keramik, an der blaugraue Ware des 12. und 13. Jahrh. den größten Anteil einnimmt. Konstruktive Zusammenhänge von Bauten oder Bauteilen ergeben sich nicht mehr. Ältere Beschreibungen der Überreste[52] schildern aber einen besseren Befund.

Wahrscheinlich wurden noch in jüngster Zeit Steine von der Burgstelle zum Straßenbau abtransportiert.

Nach der Südseite liegt ein 70 m langer, rechteckiger Fischweiher zu Füßen des Bergkegels. Etwa 1 m bis 1,50 m hohe Erdwälle umgeben ihn auf allen Seiten. Gespeist wird er durch einen kleinen, von O kommenden Bach. Das Gelände des Weihers ist noch heute stark vernäßt und zeigt eine ausgesprochene Niederungsvegetation. Da die Umwallung des Weihers auf die Führung des daneben liegenden Burggrabens Rücksicht nimmt, kann er als gleichzeitig mit der Burganlage gelten. SW und N der Altenburg dehnen sich flachmuldige, weite versumpfte Bachtäler. Hier finden sich nur ganz vereinzelte Terrassen, die zum Teil alte Feldeinteilungen sein mögen, teilweise aber auch natürliche Geländeterrassen darstellen. Um eine intensiv genutzte Agrarlandschaft handelt es sich hier keinesfalls, denn dazu war das Gebiet um die Altenburg viel zu feucht. Auch für dieses Gebiet ist anzunehmen, daß weniger Ackerbau als Weidewirtschaft betrieben wurde. Damit ist zugleich die wirtschaftliche Grundlage des nahegelegenen Gutes Altenburg angedeutet, das heute von den Grafen von Gymnich zu Schmidtheim bewirtschaftet wird. Dies Gut liegt zu Füßen der hochmittelalterlichen Höhenburg und stellt fraglos den alten, zur Burg gehörenden Wirtschaftshof dar. Auf einer Entfernung von nur 1250 m liegen im Westteil der Gemarkung Blankenheimerdorf also eine Niederungsburg von der Form einer Motte, eine Höhenburg und ein Gutshof nebeneinander.

Es stellt sich dabei die Frage des zeitlichen Verhältnisses dieser Anlagen zueinander. Dabei könnte man die Motte Zehnbachhaus als den Vorgänger der Höhenburg Altenburg ansehen. Doch bedarf diese Annahme noch der Bestätigung durch archäologische Untersuchungen an der Motte. Es wäre sehr wohl denkbar, daß die Motte im frühen Mittelalter den wichtigsten herrschaftlichen Stützpunkt des Gebietes bildete. Im hohen Mittelalter könnten dann ihre Funktionen auf die neu errichtete Altenburg übergegangen sein, so daß die Niederungsburg wüst wurde. Grund für einen derartigen Wandel kann eigentlich nur eine Verlagerung der Verkehrswege des Gebietes gewesen sein. Die Motte findet unten im Urfttal nur einen sinnvollen Bezugspunkt, wenn hier ein alter Übergang über die Urft vorausgesetzt wird, dessen Sicherung sie übernahm. Möglicherweise knüpft ein solcher Übergang auch an eine römische Straßenführung an. Die große römische Straße von Trier nach Köln verlief, wie Hagen deutlich machen konnte[53], von SW aus der Gemarkung Schmidtheim kommend, zunächst im Zuge der heutigen Bundesstraße 51. Bei r 25 42 575; h 55 87 755 soll sie nach Hagen die Richtung der modernen Straße verlassen haben und von dieser nach N abgebogen sein. W am Gut Altenburg vorbei sei sie durch das Waldstück *Scheid* in das Urfttal hinunter verlaufen. Wenig W des heutigen Bahnhofes Blankenheim-Wald überquerte sie dann die Urft. Die Stelle des Übertritts wie auch die Linienführung im einzelnen konnten bisher aber nicht archäologisch gesichert werden. Es ist also ebenso gut möglich, daß die römische Straße schon weiter W die Richtung der Bundesstraße 51 verließ, nach N abbog und am Zehnbach entlanglaufend die Urft unmittelbar an der Motte Zehnbachhaus überschritt.

Aber auch wenn der von Hagen angenommene Verlauf der römischen Straße zuträfe, bildete die Niederungsburg eine klar wegebezogene Anlage. Denn der nur wenig N am Bahnhof Blankenheim-Wald gelegene Urftübergang der römischen und einer frühmittelalterlichen Straße lag noch im Gesichtsfeld dieser Befestigung. Die Altenburg dagegen lag nur 700 m von der hochmittelalterlichen Straße Köln–Trier entfernt. Ein großer Abschnitt dieser Straße war von ihr aus zu überblicken. So mag die Errichtung der Höhenburg zu der Zeit notwendig geworden sein, als der Hauptverkehr des Mittelalters über diese Route verlief.

Dem Gesagten zufolge mag es scheinen, als beruhe die Bedeutung der beiden Burgen, der Niederungsburg Zehnbachhaus und der Höhenburg Altenburg, ausschließlich auf ihrer Schutz- und Herrschaftsfunktion innerhalb des mittelalterlichen Verkehrssystems. Erst

---

[52] KDM Kr. Schleiden 613. – H a g e n , Römerstraßen 122 f.
[53] H a g e n , Römerstraßen 122 f.

beim Fortschreiten der Geländeaufnahme wurde ein weiterer wichtiger Faktor entdeckt, der sich vielleicht noch als der eigentliche Grund für die Entstehung von zwei Burgen in diesem Gebiet erweisen mag: Im Gebiet zwischen Köln–Trierer Straße und der Urft wurde im Mittelalter Eisenerz gewonnen. Immer wieder zerschneiden Pingenfelder die natürliche Landschaft. Größere Komplexe von Erztagebauen ließen sich an folgenden Stellen feststellen:

1. Am Oberlauf des Zehnbaches, auf den das Bachtal O begrenzenden Höhen; r 25 41 800–42 100; h 55 87 800–88 300 (Tafel 58,6).

2. N des Gutes Altenburg, auf dem heutigen Schäfer-Berg und im Flurbezirk *Scheid*, in einem Gelände, das noch auf der Tranchot-Karte, Neue Ausgabe, Blatt 129 Blankenheim von 1808/09 als *Hüttenberg* bezeichnet wird; r 25 42 000–43 000; h 55 89 000–90 000 (Tafel 58,7).

3. N der Urft, im sogenannten *Recherbusch*, einem Teil des Staatsforstes Schleiden und des Forstes Schmidtheim (Tafel 71,9).

Auch zahlreiche Toponyme belegen diesen Eisenabbau. Außer der in der Tranchot-Karte enthaltenen Namen *Hüttenberg* gibt es N des Recherhofes einen Waldnamen *Hammer*, der in den Urkatastern vorkommt. In der Tranchot-Karte ist ein weiterer wüster Hof etwa 500 m NO des Recherhofes namens *Hüttenhof* (Tafel 71,8) erkennbar (SLE 120 und Nachtrag S. 511). Und schließlich fehlt es auch nicht an archäologischen Befunden.

V. Hinweise zur Datierung.

Bei Kanalisierungsarbeiten am Zehnbach, unmittelbar S und O der Motte Zehnbachhaus, wurden im Vorgelände der Motte große Mengen von Eisenschlacken gefunden. Sie treten auch N der Motte in der steilen Böschung zur Urft zutage. W des Zehnbaches finden sich auf den Wiesen immer wieder Stücke von Eisenschmelze und Bruchstücke von Eisenluppen. An einem von W in den Zehnbach mündenden Nebenbach wurde ein kompakter Hügel von ungefähr 3 m Länge und 1,50 m Breite festgestellt, der durch das Fehlen von Grasbewuchs auffiel, der statt dessen aber von einer dichten Moosschicht überzogen war (Tafel 71,5). Bei Abschälen der Moosdecke stellte sich heraus, daß es sich um einen ausschließlich aus Eisenschlacken bestehenden Hügel handelte. Da keine Keramik gefunden wurde, ist eine zeitliche Festlegung noch nicht möglich. Zwei weitere Schlackenhügel wurden im Wiesengelände des inzwischen ebenfalls wüst gewordenen Recherhofes (SLE 121) ausgemacht. Damit steht fest, daß hier nicht nur Eisenerze im Tagebau gewonnen wurden, sondern daß sie in dieser Gegend auch verhüttet wurden. Da es sich um ein durch Ackerbau wenig verändertes Gelände handelt, ist die Auffindung von Ofenresten im Grunde nur eine Frage der Begehungsintensität. Urkunden belegen den Eisenerzbergbau in diesem Gebiet für das 15. Jahrh. (vgl. Nachtrag S. 511).

Anfänglich schien es, als seien diese Hinweise auf Eisenerz-Bergbau ausschließlich dem Mittelalter zuzuweisen.

Bei Kanalisationsarbeiten am westlichen Rand des Weges, der vom Recherhof über die Urft parallel zum Zehnbach nach S verläuft, wurde 1968 eine kompakte, schwarz verfärbte Schicht von durchgehend 0,40 m Stärke angeschnitten, die außer den wohlbekannten Eisenluppen römische Keramik des 3. Jahrh. enthielt. Darüber hinaus zerstörten die Bauarbeiten ein mit Ziegeln umstelltes römisches Brandgrab, von dessen Urne ebenfalls noch Bruchstücke gefunden wurden (vgl. Tafel 71,2 und 3). Es kann demnach als erwiesen gelten, daß bereits in römischer Zeit in diesem Teil des Urfttales und auf den S angrenzenden Höhen Eisenerz im Tagebau gewonnen wurde. Im Mittelalter fand man offensichtlich die alten Tagebaue noch vor und begann von neuem den Abbau, wobei nicht auszuschließen ist, daß die römerzeitlichen Schutthalden abgebaut und verhüttet worden sind. In diesem Zusammenhang wäre auch auf den Namen des nur 2 km SW gelegenen Ortes Schmidtheim hinzuweisen, der als frühmittelalterlicher Beleg für karolingerzeitliche, vielleicht sogar merowingerzeitliche Schmieden gewertet wird (SLE 119).

Nun leuchtet die Existenz zweier mittelalterlicher Burgen in einem extensiven Ackerbaugebiet ein: Sie dienten unter anderem auch dem Schutz des mittelalterlichen Erztage-

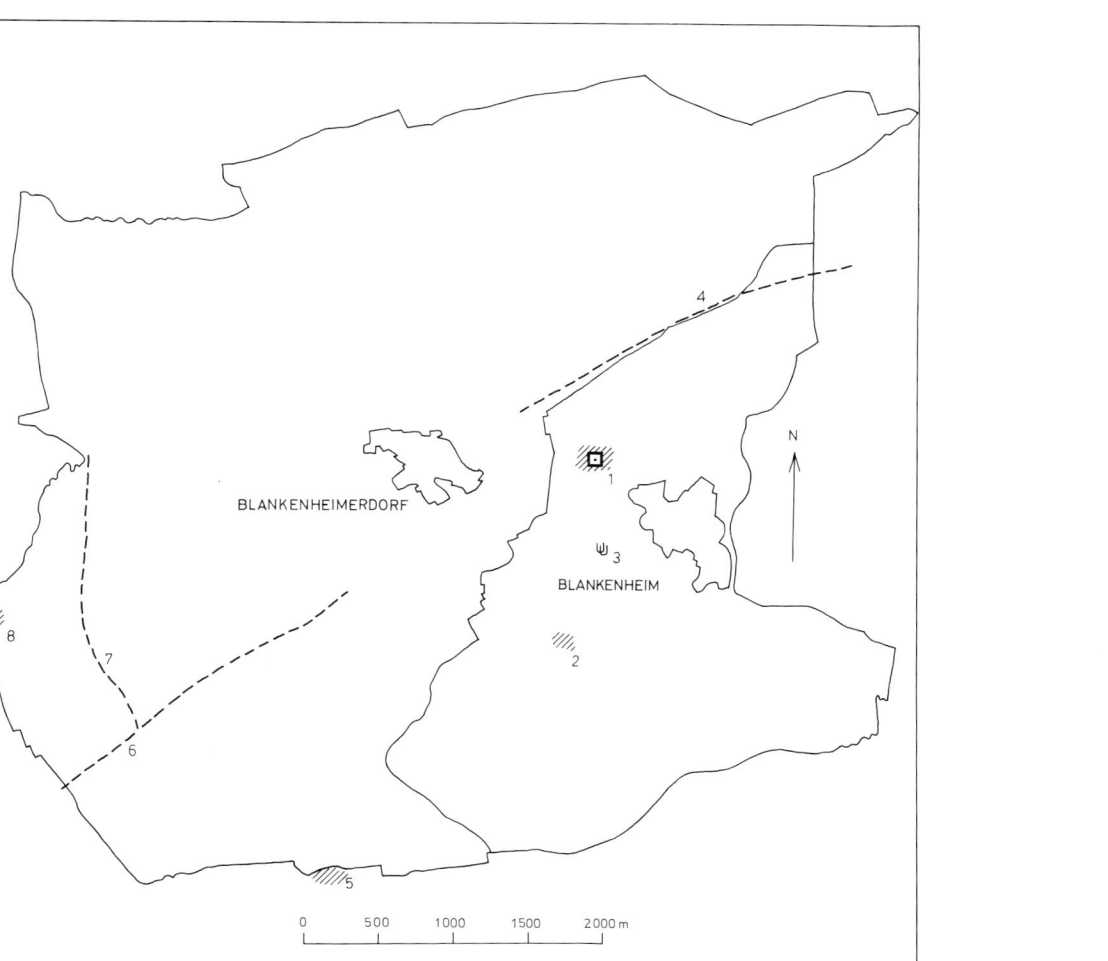

37 Die römischen Fundstellen in den Gemarkungen Blankenheim und Blankenheimerdorf (SLE).
Legende: 1 'In der Alzen', römischer Gutshof. 2 'Nußheck', römische Siedlungsreste.
3 'Am Galgenacker', römische Kleinfunde und Gräber. 4 Römische Straße.

baus. Da bisher keine einschlägigen Schriftquellen vorliegen, läßt sich nur schwer beurteilen, ob die Burgherren nicht zugleich die Träger des frühen Eisenerzbergbaus waren. Zumindest im späten Mittelalter läßt sich im Gebiet von Gemünd, Kr. Schleiden (vgl. SLE 47), an der Urft zwischen Nettersheim und Urft, Kr. Schleiden (vgl. SLE 78–85), und im Raume Mechernich, Kr. Schleiden, beobachten, wie der örtliche Adel als Unternehmer im metallgewinnenden und -verarbeitenden Gewerbe tätig wird. Ein derartiger Zusammenhang ist auch für die Motte bei Hollerath, Kr. Schleiden (SLE 68), und für eine weitere Anlage vom Typ der Motten bei Lommersdorf, Kr. Schleiden (SLE 90), anzunehmen. Die Motte bei Hollerath liegt in der Nachbarschaft wichtiger Bleigruben, die von Lommersdorf unweit der bis in die Neuzeit ausgebeuteten Arenbergischen Erzgruben.

Es ist festzustellen: Die Landschaft zwischen Blankenheimerdorf und Schmidtheim, N der Köln–Trierer Straße bis hin zum Urfttal, erhielt ihre Ausformung primär nicht durch den Ackerbau, sondern durch das eisenschaffende Gewerbe, dessen Spuren sich bis heute im Gelände erhalten haben und das letzthin auf römische Grundlagen zurückgeht.

A 11  I. Gemarkung Blankenheim (SLE). Tafel 80.

II. TK 5505 Blankenheim: r 25 44 600–47 400; h 55 87 800–55 89 000. S der Köln–Trierer Straße, auf dem *Ärschberg*, auf dem *Lühberg* und im Flurbezirk *Hardt*, bis an den südwestlichen Ortsrand von Blankenheim.

III. Eine Kartierung auf der Deutschen Grundkarte 1 : 5 000 wurde vorgenommen (Tafel 80).

IV. Beschreibung:

Ausgeprägte langstreifige Terrassen finden sich beiderseits der Köln–Trierer Straße (B 51), nachdem sie das Westtor von Blankenheim verlassen hat und wo sie den Hang auf die Hochfläche nach Schmidtheim hinaufsteigt. Die Terrassen liegen an dem nach N exponierten Hang des Ärschberges, der 1808/09 in der Tranchot-Karte, Neue Ausgabe, Blatt 129 Blankenheim, noch den Namen *Erschberg,* in Flurkarten verschiedentlich *Erzberg,* trägt. Isohypsenparallele, terrassierte Äcker erreichen hier bei Rainhöhen von 0,50–2 m bis zu 400 m Länge. Nach ONO ziehen sich diese Terrassen rundlich um den Hang des Ärschberges herum, wobei moderne Wochenendhäuser die alten Terrassenkanten teilweise zerstört haben. N der Köln–Trierer Straße ziehen sich weitere langstreifige Terrassen hinauf bis zur Kuppe des *Schlader Berges.* Hier sind auch gelegentlich senkrecht zum Hang verlaufende Anwände als flache Wälle zu erkennen.

Die Kuppe des Ärschberges, heute durch einige Wochenendhäuser nicht mehr zugänglich, ist durch große Pingenfelder zerfressen. Die bereits von anderen Fundstellen bekannten Gruben des Erztagebaus bilden hier eine regelrechte Kraterlandschaft. Wie an anderen Fundstellen kommen sie auch hier in allen Größen vor: Die größten haben 5 bis 8 m Durchmesser und 2 m Tiefe, die kleineren 1–3 m Durchmesser bei 0,50–1,50 m Tiefe. Eine relativ-chronologische Abfolge von Pingen und Terrassenäckern ließ sich nirgends beobachten, weil die Terrassen am Hang, die Pingen hingegen auf der Kuppe des Ärschberges liegen. Äcker und Pingen überschneiden sich an keiner Stelle.

Pingen und Schlackenhalden wurden auch weiter S, am Nordrand des Walddistriktes *Hardt,* festgestellt. Hier wurden die Pingen an verschiedenen Stellen durch Terrassenäcker hindurchgegraben, so daß hier die fossilen Fluren eindeutig älter als die Erzgewinnung sind.

Am Nordrand des *Lühberges* finden sich weitere Terrassen, auf dem sanfter geneigten Südhang waren noch drei Meilerplätze gut erhalten. Schließlich wurden weitere terrassierte fossile Fluren an den Hängen W der oberen Ahr kartiert (vgl. Tafel 80).

V. Hinweise zur Datierung.

Eine Datierung der fossilen Terrassenäcker ist nicht ohne weiteres möglich. In Anbetracht ihrer Nähe zur Ortslage Blankenheim sind sie wohl am ehesten als mittelalterliche Fluren von Blankenheim anzusprechen. Die Terrassen am Südhang des Schlader Berges erscheinen andeutungsweise bereits 1808/09 auf der Tranchot-Karte, Neue Ausgabe, Blatt 129 Blankenheim. Am Ärschberg sind aber keine Terrassen eingetragen.

Die auf den Eisenerzbergbau verweisenden Flur- und Landschaftsnamen dieses Gebietes (Erzberg z. B.) deuten darauf hin, daß der Abbau bis in die Neuzeit erfolgte, wie dies auch für die Pingenfelder O der Altenburg am Walddistrikt Olbrück nachweisbar ist. Fraglich bleibt indessen, wann der Erztagebau bei Blankenheim begann. Bisher liegen keine archäologisch gesicherten Beobachtungen dafür vor. So wird man wohl annehmen dürfen, daß die mittelalterlichen Terrassenäcker von neuzeitlichen Pingen überlagert und teilweise zerstört wurden.


A 12  I. Gemarkung Wahlen (SLE). Tafel 66; 72.

II. TK 5505 Blankenheim: r 25 39 000–40 100; h 55 93 800–94 400. Etwa 500 m S Wahlen, an beiden Hängen eines von W in den Gilles-Bach mündenden Nebenbaches, des *Fischbaches,* teilweise im Waldstück *Hardt* sowie im Staatsforst Schleiden.

38  Die Verbreitung fossiler Terrassenäcker
in den Gemarkungen Blankenheim und Blankenheimerdorf (SLE).

III. Eine Kartierung auf der Deutschen Grundkarte 1 : 5 000 wurde durchgeführt (Tafel 72).

IV. Beschreibung:

Der Fischbach verläuft annähernd in O-W-Richtung, so daß die beiderseitigen Hänge den gleichen Verlauf nehmen. An diesen Hängen erstrecken sich zahlreiche, bis in jüngste Zeit noch wohlerhaltene terrassierte Äcker.

An dem weiten Hang N des Bachtales, am sogenannten Fischbacher Berg, liegen mindestens 12 gut erhaltene, langstreifige Terrassen, bei denen Rainhöhen bis zu 2 m vorkommen. Im Jahr 1965, als die Geländebegehung durchgeführt wurde, planierten die Eigentümer des Geländes jede zweite Terrasse aus, so daß sich die Gesamtzahl der Terrassen halbierte. Den aus den Rainen gewonnenen Boden verteilte man am Hang. Der ehemalige Verlauf der Terrassen war aber noch zwei Jahre später deutlich zu erkennen, denn auf den streifenförmigen Geländestücken, die einst die Raine eingenommen hatten, wuchs kaum Gras, dafür aber um so mehr hohe Disteln und andere Unkräuter.

Die meisten Terrassen O des Waldstückes *Hardt* besitzen 250 m Länge. Die zwischen ihnen liegenden Ackerbreiten sind unterschiedlich breit: Es kommen Breiten von 4 m, 6 m, 7 m, 8 m, 15 m und 18 m vor. Eine einheitliche Feldbreite gibt es also nicht. Auch kehren keine Vielfachen eines Grundmaßes in den Breiten wieder. Nach W reichen die Terrassen nur ein kleines Stück von ungefähr 2 m in den Waldbestand *Hardt* hinein. Die *Hardt* selbst weist keine fossilen Fluren auf, so daß man sie wohl als altes Waldstück ansprechen darf. Vereinzelte abschnittsweise Terrassen im W des Waldes dürften wohl anderen als ackerbaulichen Ursprung haben. Sie sind für Äcker viel zu breit. Am Ostrand der *Hardt* zieht ein aus drei Wegezügen bestehender, tief in den Hang eingeschnittener Hohlweg in SW-NO-Richtung den Berghang hinauf. Der Hohlweg ist auf den Südrand der Ortschaft Wahlen orientiert. 1808 weist die Tranchot-Karte, Neue Ausgabe, Blatt 116 Schleiden das Gebiet östlich des Waldes *Hardt*, der damals noch *Daubenforst* hieß, als Ackerland aus. Die beschriebenen Terrassen sind auf dem Nordufer des Fischbaches schematisch angedeutet.

Etwa 250 m O des Waldrandes der *Hardt* schiebt sich zwischen die Terrassen des eben beschriebenen Systems ein neuer Komplex langstreifiger Terrassenäcker. Auch hier kommen Rainhöhen bis zu 2 m vor. Zwischen je zwei Terrassen des westlichen Systems schiebt sich eine Terrasse des östlichen Komplexes. Heute sind hier noch fünf hohe Terrassen erhalten, die sich isohypsenparallel um eine nach SO weisende Bergkuppe herum bis nahe an die Straße Marmagen–Wahlen erstrecken. Die Ackerbreiten dieser Terrassen wechseln und sind noch nicht einmal bei jedem einzelnen Acker konstant. Zwischen einigen Feldern und dem jeweils hangwärts folgenden Terrassenfuß wurden spitz auslaufende Streifen von nicht bearbeitetem Unland festgestellt. Hier lagerte man die abgelesenen Feldsteine in kleinen Haufen.

Am Ostende dieses Terrassenkomplexes erstreckt sich bis zur Straße Marmagen–Wahlen ein größerer Plan ebenen Geländes. Hier wurden vor Jahren beigabenlose Körpergräber gefunden, die sich zeitlich nicht festlegen lassen[54]. Da sich die Terrassenäcker nicht bis auf das Fundgelände erstrecken, läßt sich über das zeitliche Verhältnis dieser Gräber zu den Terrassenäckern nichts aussagen.

Auch am südlichen Hang des genannten Bachtales befinden sich zahlreiche langstreifige, durch Terrassen aufgeteilte Fluren. Hervorzuheben ist vor allem eine in den Wald eingeschobene Lichtung im Mündungsgebiet des Nebenbaches in den Gilles-Bach (r 25 39 600–39 900; h 55 93 900–94 100). In dieser heute als Weideland dienenden Lichtung gab es einst langstreifige Parzellen, die ackerbaulich genutzt wurden. Zu erkennen sind heute noch 10 hangparallele terrassierte Äcker mit Rainen bis 1 m Höhe. Die Feldbreiten dieser Äcker variieren stark: Es sind schmale Felder mit nur 4 m von solchen mit 6 bis 8 m Breite zu unterscheiden. Die beiden untersten Äcker weisen deutliche Unterteilungen in der Längsrichtung, also parallel zum Hang auf. Der unterste Acker ist in drei schmale Streifen von je 2 m Breite eingeteilt, deren jeder durch eine ganz schwache Terrassierung von etwa 0,30–0,50 m Höhe vom benachbarten Acker abgesetzt ist. Der zweitunterste breite Acker ist in vier Streifen von je 2 m Breite aufgeteilt. Auch hier scheidet eine schwache Terrassierung die einzelnen Feldstreifen voneinander. Zwei Formen der Terrassierung in dieser fossilen Flur sind also deutlich voneinander abzugrenzen: Die relativ hohen Terrassen bis etwa 1 m Höhe trennen Besitzeinheiten voneinander. Die so unterschiedenen langstreifigen Parzellen gehören jeweils verschiedenen Besitzern. Die schwach ausgebildeten Terrassen innerhalb eines jeden dieser Besitzstreifen trennen Bewirtschaftungseinheiten voneinander, in einem Fall drei, im anderen vier schmale Äcker. Wahrscheinlich muß man diese Unterteilung der Besitzparzellen mit der Bewirtschaftung im Fruchtwechsel in Verbindung bringen. Es handelt sich um typische Fruchtwechsel-Unterteilungen, die hier noch ausgezeichnet im Gelände sichtbar sind. Im einen Fall liegt eine Dreifelder-Fruchtwechsel-Wirtschaft vor, im anderen eine Vierfelderwirtschaft. Schließlich ist noch darauf zu verweisen, daß dies Gelände 1808 auf der Tranchot-Karte, Neue Ausgabe, Blatt 116 Schleiden nicht als Ackerland,

---

[54] Bonner Jahrb. 143/144, 1938/39, 450.

sondern als Heide ausgewiesen ist. Die alten mittelalterlichen Feldeinteilungen erhielten sich in Heide offenbar recht gut.

V. Hinweise zur Datierung.

Die Datierung der Terrassenäcker beiderseits des Nebenbaches des Gilles-Baches ergibt sich aus der Tatsache, daß sie sich reibungslos in das Gefüge der Kataster-Urmessung aus den Jahren 1823/24 einfügen. Hier ist jeder terrassierte Streifen noch als Besitzparzelle ausgewiesen.

Nur wo ein ganzer Terrassenkomplex einem Besitzer gehörte wie bei den Terrassen O der *Hardt* ist nicht jede einzelne Terrasse als Besitzeinheit ausgewiesen. Im übrigen hat sich in den Grundzügen das spätmittelalterliche Flurgefüge bis in die Urmessung von Wahlen am Beginn des 19. Jahrh. erhalten. Wir können die terrassierten fossilen Fluren, die hier besprochen wurden, als Bestandteile der spätmittelalterlichen Flureinteilung von Wahlen ansprechen.

A 13   I. Gemarkung Arloff (EU).                                    Tafel 31; 73.

II. TK 5406 Münstereifel, 5306 Euskirchen: r 25 56 800–58 000; h 55 06 800–56 07 600. Rund 800 m SO Kirspenich, am S- und O-Hang des *Zwergberges*, auf dem N-Ufer des Holzbaches.

III. Eine Kartierung auf der Deutschen Grundkarte 1 : 5 000 wurde durchgeführt (Tafel 31 und 73).

IV. Beschreibung:

Etwa 800 m OSO Kirspenich erstreckt sich der Zwergberg, ein langgestreckter Bergrükken, der im NO an einen rückwärtigen Höhenrücken Anschluß gewinnt, im O, S und W aber durch teilweise tief eingeschnittene Bachtäler begrenzt wird. Die nach SW und SO exponierten Hänge dieses Berges sind noch heute mit zahlreichen deutlich ausgeprägten terrassierten Äckern bedeckt, die durch ihre steilen, gebüschbestandenen Raine auffallen. Auf der Südseite des Bergzuges lassen sich bis heute mindestens 9 Terrassen unterscheiden, bei denen Rainhöhen bis 1,50 m Höhe gemessen wurden.

Im oberen Hangbereich sind die Terrassen teilweise durch modernen Ackerbau überpflügt, aber trotzdem noch gut erkennbar. Sie gehören also auf jeden Fall einer älteren Kulturstufe und Nutzungsphase als der modernen Agrarwirtschaft an. Zwischen den Terrassenrainen liegen schwächer geneigte Felder, bei denen Breiten von 4 m, 5 m, 10 m, 12 m gemessen wurden. Außerdem wurde beobachtet, daß die Felder den Abstand zwischen zwei Rainen nicht gänzlich ausfüllen. Vielmehr zieht sich am Fuß der jeweiligen Terrassen ein streifenförmiges Geländestück entlang, das nie in Kultur gewesen ist, sondern stets Unland, nicht bewirtschaftetes Gelände war. Hier finden sich auch gelegentlich Haufen von Lesesteinen. Im übrigen kommen riesige Haufen von Kalkgestein, die mit Gestrüpp bewachsen sind, auch mitten in den heutigen Ackerflächen vor. Um Lesesteinhaufen im landläufigen Sinne kann es sich wegen der Größe dieser Steinhaufen und auch wegen der gewaltigen Kalkblöcke, die hier lagern, nicht handeln. Vielmehr dürften hier Abraumhalden des Eisenbergbaus, der hier nachweisbar ist, vorliegen.

Am Osthang des Zwergberges reihen sich einzelne langstreifige Terrassenstücke in NO-SW-Richtung aneinander. Es handelt sich um ursprünglich geschlossene langstreifige Terrassen, die in einem Zuge über eine Länge von 500 m durchliefen. Die längsten Terrassen am Südhang dagegen erreichten nur eine Länge von 400 m.

Wie am Südhang, so nimmt auch hier am Nordhang die Rainhöhe nach dem oberen Teil der Bergkuppe ab. Waren bei den untersten Terrassen noch Rainhöhen von fast 2 m zu verzeichnen, so weisen die oberen Terrassen nur noch 0,50 m Rainhöhe auf. Nur wenige Terrassen zeigen sich auf der NW-Seite des Berges. Hier lag einst der *Arndorfer Hof* (EU 4), der bereits zu Beginn des 19. Jahrh. nicht mehr bestand. In der näheren Umgebung dieses Hofes fanden sich keinerlei terrassierte fossile Fluren. Im Gegenteil: Das umliegende Gelände ist völlig glatt. Große weite, durch Flureinteilungen nicht gegliederte Pläne zeigen, daß hier vornehmlich Weidewirtschaft betrieben wurde. Die nächsten fossilen Fluren finden sich erst westlich des Arndorfer Hofes, jenseits des Baches, an dem der Hof lag, am Osthang des Flettenberges.

Während der Kartierungsarbeiten fiel auf, daß langstreifige Terrassenäcker mehrfach von rundlichen Gruben durchschnitten wurden, die nur als Pingen eines früheren intensiven Tagebaus auf Eisenerz gedeutet werden können. Es wurden bereits die großen Steinhaufen erwähnt, auf denen sich nicht nur kleine Lesesteine, sondern auch schwere, nur bergmännisch zu gewinnende Kalksteinblöcke fanden.

Es handelt sich zweifelsfrei um den Abraum des Eisenerztagebaus. An den Rändern der großen Kalkbrüche, die heute von N den Zwergberg anschneiden, fanden sich in der oberen humosen Deckschicht immer wieder schwere Brocken von Eisenluppen. Auf den SO an die Kalkbrüche anschließenden Äckern kann man noch heute schwarzglänzendes, blasiges, schweres, eisenhaltiges Gestein aufheben. Hier erbrachte die Begehung vereinzelt auch hochmittelalterliche Keramik, z. B. einen bandförmigen Henkel eines blaugrauen Gefäßes, der etwa ins 13. Jahrh. zu stellen ist. Weiterhin wurden am südlichen Zwergberg an zwei Stellen flache Hügel von 1 m Höhe und 3–4 m Durchmesser festgestellt, die ausschließlich aus Eisenschlacken und -luppen bestanden.

Bei näherer Analyse dieser Relikte stellt sich heraus, daß die gesamte Landschaft auf dem Zwergberg und an seinen Hängen durch den Tagebau auf Eisenerz überformt wurde. Pingen und Abraumhalden stören bis heute die zusammenhängende Beackerung dieses Geländes. Die Pingen wurden zwar gelegentlich flach verpflügt, die Abraumhalden hingegen bestockten sich mit fast undurchdringlichem Gestrüpp und blieben so in den Äckern liegen. Man sparte sie einfach von der Beackerung aus.

Analog zu den Befunden der Gemarkungen Marmagen und Blankenheimerdorf (A 1 und A 10) ist auch für das Gebiet O Kirspenich ein Nebeneinander von agrarischer und gewerblicher Nutzung bestimmt. Von der agrarischen Nutzung sind die vielen terrassierten Äcker erhalten geblieben, bei denen es sich durchweg um langstreifige, isohypsenparallele Fluren handelt. Der Eisenerzbergbau wurde im Tagebau betrieben, wie die vielen Pingen und Gruben beweisen.

V. Hinweise zur Datierung.

Erste Hinweise auf eine Datierung dieser Relikte ergeben sich aus der Beobachtung, daß die Gruben und Pingen die langstreifigen, terrassierten Fluren mehrfach schneiden und zerstört haben. Die Terrassenäcker müssen also in jedem Falle älter als die Pingen sein. Die absolut-chronologische Bestimmung der Relikte stößt auf Schwierigkeiten, denn im Untersuchungsgebiet überlagert die mittelalterliche Besiedlung eine intensiv erschlossene römerzeitliche Siedlungsschicht. Die beiden Siedlungsperioden durchdringen sich auf verhältnismäßig engem Raum so intensiv, daß eine saubere Scheidung der im Gelände vorgefundenen Relikte nach diesen beiden Hauptperioden ohne Ausgrabungen fast unmöglich erscheint. Die Terrassenäcker am SW-Hang des Zwergberges erlauben mit Hilfe von Grabungen wahrscheinlich eine gute absolute Datierung, weil ein Grabungsschnitt auf einem nahegelegenen römerzeitlichen Fundplatz ansetzen und bis auf die Terrassen selbst geführt werden könnte, so daß ein stratigraphischer Befund zu gewinnen wäre. Da derartige Grabungen bisher noch nicht stattgefunden haben, seien im folgenden kurz die Tatsachen zusammengestellt, die Hinweise für eine Datierung der fossilen Fluren im Sinne einer Zuordnung von Siedlung und Flur bieten:

1. Die weite Ebene S des Zwergberges und O des heutigen Ortes Arloff ist alterschlossener römischer Siedlungsboden. Hier bestand in römischer Zeit unmittelbar am Holzbach eine römische Villa rustica, deren Überreste, Ziegel, Gefäßscherben, Bausteine, Eisenschlacken, seit langem auf einem rund 100 m breiten und 150 m langen Gelände zu Füßen der Terrassenfluren aufgelesen werden (vgl. Tafel 73)[55]. Ein ummauerter Raum von 7 x 7 m Größe mit einem Ziegelsplittboden und Resten von bemaltem Wandputz wurde bei einer kleinen Untersuchung bereits freigelegt. Die Wandmalereien gestatten den Schluß darauf, daß der Besitzer dieses Betriebes wohlhabend gewesen sein dürfte. Auch im Luftbild läßt sich der aus mehreren, um einen Hof gruppierten Gebäuden bestehende

---

[55] Bonner Jahrb. 129, 1924, 263 und 272; 148, 1948, 377.

Gutsbetrieb identifizieren (Tafel 31). Am oberen Rand der Aufnahme beginnen bereits die terrassierten Fluren, die sich also in nächster Nähe des Gutsbetriebes erstrecken.
2. Römische Siedlungsreste und Brandgräber wurden auch wenig SO der Villa rustica, am Oberlauf des Holzbaches festgestellt (Tafel 73, 8)[56].
3. N des Zwergberges, unweit des wüstgewordenen Arndorfer Hofes, ist ein weiterer römischer Siedlungsplatz bekannt (Tafel 73, 9)[57].
4. Auf der N-Seite des Zwergberges befindet sich der einzige mittelalterliche Siedlungsplatz in diesem Gebiet: der wüstgewordene Arndorfer Hof (EU 4).
5. Sowohl im Bereich der römischen Villa rustica SW des Zwergberges als auch auf seiner Nordseite im Zusammenhang mit mittelalterlichen Scherbenfunden wurden zahlreiche Eisenschlacken und -luppen aufgelesen. Demnach scheint sich der Abbau von Eisenerzen in diesem Randgebiet der Arloffer Kalkmulde keineswegs nur auf das Mittelalter und die Neuzeit zu beschränken, sondern man muß hier auch mit römerzeitlichem Erzbergbau rechnen. Die Gruben und Pingen können also, wie die terrassierten Fluren auch, bereits Relikte der römerzeitlichen Besiedlung sein.
6. Einen indirekten Hinweis auf römerzeitlichen Eisenerzbergbau bieten offensichtlich auch die ungewöhnlich reichen römischen Gräber, die auf dem Gelände der Arloffer Tonwerke ausgegraben worden sind. Bemerkenswert waren hier nicht nur die relativ reichen Grabbeigaben, sondern auch die architektonisch aufwendigen Grabbauten, die in Stil und Größe an stadtrömische Vorbilder anzuknüpfen scheinen[58]. Offenbar gehörten die auf dem Gräberfeld Bestatteten zu einer Schicht wohlhabender provinzialrömischer Bevölkerung, die in diesem Gebiet durch die Gewinnung von Eisen reich geworden war und die dieser Tätigkeit ihre gehobene soziale Stellung verdankte. Ihr Bestattungsplatz liegt nur etwa 1000 m W der unter 1. beschriebenen Villa rustica.
7. Ein angeblich fränkisches Tongefäß soll unmittelbar NW der Villa rustica gefunden worden sein (Tafel 73, 7). Es bleibt jedoch unsicher, ob daraus ein fränkischer Reihengräberfriedhof erschlossen werden darf[59]. Für die Datierung der Relikte am Zwergberg muß dieser unsichere Fund vorerst außer Betracht bleiben.
Aus den zusammengestellten Tatsachen ergibt sich, daß sowohl die Relikte des Eisenerzbergbaus, Pingen, Gruben und Abraumhalden, als auch die fossilen Fluren, die terrassierten Äcker am SW- und SO-Hang des Zwergberges, römerzeitlich entstanden sein können. In römischer Zeit erlebte das Gebiet O von Arloff seine erste intensive Erschließung durch Ackerbau und Bergbau. Gegenüber der intensiven Bewirtschaftung dieses Raumes in römischer Zeit erscheint die mittelalterliche und neuzeitliche Überformung der Landschaft vergleichsweise gering, so daß auch von hier aus mit weitgehender Erhaltung römerzeitlicher Relikte zu rechnen ist. Das Gebiet des Zwergberges bietet mit seinen zahlreichen Relikten von Bergbau und Ackerbau vorzügliche Voraussetzungen für die Klärung der angeschnittenen Fragen auf dem Wege von Ausgrabungen.

A 14 I. Gemarkung Rheinbach (BN). Tafel 50.
II. TK 5307 Rheinbach: r 25 66 800–67 100; h 56 08 200. Im Rheinbacher Stadtwald, Jagen 12, westlich der Straße Rheinbach–Todenfeld.
III. Ein großmaßstäblicher Plan des Rheinischen Landesmuseums Bonn liegt vor. Er wurde von Ing. (grad.) Kl. Grewe vermessen (Tafel 50).
IV. Beschreibung:
Daß der heutige Umfang des Rheinbacher Stadtwaldes nicht seiner mittelalterlichen Ausdehnung entspricht und daß seitdem tiefgreifende Veränderungen des Feld-Wald-

---

[56] Bericht bei den OA des RLMB.
[57] Bonner Jahrb. 132, 1927, 277.
[58] Die Grabfunde sind bisher nur ausschnittsweise veröffentlicht: H. v. Petrikovits, Germania 34, 1956, 99 ff.
[59] Bonner Jahrb. 143/144, 1938/39, 440.

Verhältnisses stattgefunden haben müssen, ist eine bekannte Tatsache, seit in der Umgebung von Rheinbach mehrere Wüstungen nachgewiesen wurden. Die Aufgabe dieser Siedlungen führte dazu, daß Teile der Wüstungsfluren später verwaldeten. Das muß beispielsweise für die zur Wüstung Rheinbachweiler gehörende Flur (BN 142) angenommen werden. Die Möglichkeiten, solche Wüstungsfluren unter Wald nachweisen zu können, wurden während der mehrere Jahre andauernden Aufnahme von fossilen Fluren der Eifel skeptisch beurteilt. Im Verlauf der Geländearbeit hatte sich immer wieder gezeigt, daß unter Wald nur selten alte Fluren erhalten geblieben waren. Im Zuge der Archäologischen Landesaufnahme wurden dann aber 1968 doch fossile Fluren unter Wald entdeckt, die Bestandteile mittelalterlicher Ackerflächen darstellen. In dem Jagen 12 des Rheinbacher Stadtwaldes wurden die ersten Wölbäcker des nördlichen Eifelvorlandes entdeckt. Sie liegen in einem Waldgebiet, in dem zunächst zahlreiche kleine Hügel von durchschnittlich nur 0,50 m Höhe und bis zu 2,50 m Durchmesser festgestellt worden waren. Insgesamt wurden mehr als 150 dieser kleinen, in ihrer Bedeutung völlig unklaren Hügelchen gezählt. Beim Öffnen eines der Hügelchen fand man etwa 0,50 m unter der Erdoberfläche eine Brandschicht, die aus Holzkohle und rot verziegeltem Lehm bestand. Aus einem anderen Hügel wurde ein Bronzering von etwa 5 cm Durchmesser geborgen, doch fanden sich keine weiteren Fundobjekte, so daß die Datierung der Hügel noch offen ist. Im SO des mit Hügeln bedeckten Geländes, W der Straße Rheinbach–Todenfeld, wurden dann an einem nach N ansteigenden Hang flach aufgewölbte Geländerücken beobachtet, die durch kleine Gräbchen voneinander geschieden waren. Die Aufwölbungen und die Gräbchen verliefen nicht isohypsenparallel, sondern in der Richtung der Hangneigung (Tafel 50).

Schließlich wurde erkannt, daß es sich hier tatsächlich um mittelalterliche Wölbäcker handelt. An einem mittelalterlichen Hohlweg schließen sich nach O und parallel zu ihm insgesamt sieben mittelalterliche Wölbäcker an. Jeder der Äcker wird beiderseits von einem bis 0,30 m tiefen geradlinigen Gräbchen begrenzt. Zwischen den Gräbchen steigen die Ackerbeete nach ihrer jeweiligen Mitte zu schwach an, und zwar um 0,30–0,40 m gegenüber den Gräbchen. Im Querschnitt ergab sich, daß diese flache Aufwölbung zur Mitte des jeweiligen Ackers aus humosem Lehm bestand, daß aber in den Gräbchen überhaupt kein Humus zu finden war, sondern nur der nackte Kalkstein, der hier plattig ansteht. Die oben erwähnten Hügelchen und die Wölbäcker schließen sich ihrer Verbreitung nach aus. Nirgends ist auf einem Wölbacker ein Hügel erhalten, so daß die Hügelchen wahrscheinlich älter als die Wölbäcker sind.

Die drei westlichen Wölbäcker erreichen je eine Länge von rund 100 m. Daneben liegen zwei weitere Wölbäcker, die von den drei östlichen geschnitten werden und mithin einer älteren Schicht angehören müssen. Sie sind nur rund 75 m lang. Die beiden am weitesten nach O liegenden Wölbäcker messen rund 50 m Länge.

Die Feldbreiten sind nicht konstant, sondern wechseln in Anpassung an das Geländerelief. Die am häufigsten gemessene Breite liegt bei etwa 4,50 m bis 5 m. Stellenweise verbreitern sich die Wölbäcker dann bis auf 7 oder 8 m.

Etwa 130 m N der Wölbäcker befindet sich ein versumpftes Loch von etwa 3 m Tiefe und rund 15 m Weite. Seine Form ist unregelmäßig und könnte am ehesten den Gruben verglichen werden, die Jankuhn im Gehege Ausselbek, Gemarkung Ülsby, Kr. Schleswig, vorfand und die er mit Hilfe von Ausgrabungen als Mergelgruben identifizieren konnte[60]. Den Inhalt dieser Gruben verwandten die eisenzeitlichen Siedler dort zur Düngung ihrer nahegelegenen, noch heute erkennbaren Äcker. Auch das in der Nähe der Wölbäcker im Rheinbacher Stadtwald gelegene Loch scheint als Entnahmestelle für Naturdünger gedient zu haben.

---

[60] H. Jankuhn, Ausgrabungen auf eisenzeitlichen Äckern im Gehege Ausselbek, Gem. Ülsby, Kr. Schleswig. Jahrb. d. Angler Heimatvereins 19, 1955. – Ders., Ackerfluren der Eisenzeit und ihre Bedeutung für die frühe Wirtschaftsgeschichte. 37./38. Bericht der Römisch-Germanischen Kommission 1956/57.

### V. Hinweise zur Datierung.

Die ungefähre Datierung dieses fossilen Feldsystems ist auf Grund formaler Kriterien gegeben. Es handelt sich um ein Vorkommen von typisch mittelalterlichen Wölbäckern. Dabei ist aber vorerst noch nicht möglich, den Beginn dieser Feldform im Rheinland zeitlich zu bestimmen. Da wir nicht wissen, zu welcher Siedlung dies Vorkommen von Wölbäckern gehört, ist eine Aussage bezüglich der Nutzungsdauer aber nicht möglich. Immerhin kommen mehrere Siedlungen als Bezugspunkte für diese fossile Flur in Frage: Sie könnte zur mittelalterlichen Stadt Rheinbach gehören, was aber wegen der vergleichsweise großen Entfernung wenig wahrscheinlich ist. Eher ist an die nur knapp 1000 m ONO liegende Wüstung Rheinbachweiler (BN 142) zu denken. Diese Deutung stößt insofern auf Schwierigkeiten, als zwischen Rheinbachweiler und den beschriebenen fossilen Fluren keine weiteren Reste von mittelalterlichen Äckern gefunden wurden. Die Wölbäcker liegen isoliert mitten im Wald. In Betracht zu ziehen wären deshalb auch noch zwei Wüstungen nahe Merzbach, S des Rheinbacher Stadtwaldes, die im 14./15. Jahrh. wüst wurden (BN 111, 112, 115–120). Auf jeden Fall beweisen die fossilen Fluren im Rheinbacher Stadtwald, daß der Typus des hoch- und spätmittelalterlichen Wölbäckers auch im Rheinland bekannt und verbreitet war. Die intensive neuzeitliche Feldkultur hat seine Spuren aber bis auf ganz geringe Reste vernichtet.

A 15  I. Gemarkung Rheinbach (BN). Tafel 75.

II. TK 5307 Rheinbach: r 25 64 300–700; h 56 08 600–900. Rund 3,5 km SW Stadtmitte Rheinbach, im Rheinbacher Stadtwald, Jagen 19, zwischen einem tiefeingeschnittenen Siefen und dem sogenannten Locher Pfad, der etwa 60 m östlich des Siefens verläuft.

III. Die hier entdeckten Wölbäcker wurden in einen Plan eingemessen (Tafel 75).

IV. Beschreibung:

Auf einem flach nach N abfallenden Geländestreifen zwischen dem erwähnten Siefen und dem Locher Pfad erstrecken sich auf einer Länge von etwa 240 m insgesamt 55 deutlich erkennbare Wölbäcker. Das Vorkommen wurde vom zuständigen Förster, Herrn Münzer, entdeckt. Es handelt sich um ein völlig einheitliches, etwa in NW-SO-Richtung verlaufendes fossiles Feldsystem. Jeder der 55 Wölbäcker hat eine stets gleichbleibende Breite von 4 m, die beiderseits verlaufenden 0,20–0,40 m tiefen und 0,40 m breiten, flachen Gräbchen eingeschlossen. Alle Äcker sind nur schwach, und zwar bis maximal 0,40 m Höhe aufgewölbt. Der Abstand zwischen dem Siefen und dem Locher Weg beträgt im S des Vorkommens rund 30 m, nach N vergrößert er sich, so daß am nördlichen Ende des Flursystems ein Abstand von 60 m erreicht wird. Dementsprechend sind die Felder im S des Vorkommens etwa 30 m lang, während ihre Länge nach N immer mehr zunimmt und schließlich 60 m erreicht. Nach W schließen die Wölbäcker sich hart an die obere Kante des Siefens an. Sie enden hier mit einer geraden Linie. Es ist zu vermuten, daß hier eine künstliche geradlinige Versteifung gegen den Hang das Abschwemmen von Humusboden in den Siefen verhinderte.

Nach O ist das Ende der Wölbäcker nicht mehr durchgehend bestimmbar, weil der Ausbau des Locher Weges die meisten Ackerenden überlagert hat.

Nur etwa 10 m O des heutigen, geradlinigen Locher Weges zieht sich aber, etwa in NO-SW-Richtung ein gewundener, teilweise auch fächerförmig ausgebildeter Hohlweg durch den heutigen Wald. Er ist ungefähr 6–8 m breit und hat eine ebene Sohle von rund 3 m Breite, die durchschnittlich 1 m tiefer als das umgebende Gelände liegt. Einzelne Wölbäcker, besonders im nördlichen Teil des Vorkommens, sind noch O des Locher Weges bis zu diesem Hohlweg ausgebildet, setzen sich aber jenseits des Hohlweges nicht mehr fort. Es deutet deshalb alles darauf hin, daß im W der Siefen, im O aber der Hohlweg die Grenze des mit Wölbäckern bedeckten Gebietes bildet. Da man den Hohlweg wohl dem Mittelalter zuweisen muß, wäre ein Beginn der Bewirtschaftung dieses fossilen Flursystems seit dieser Zeit möglich.

V. Hinweise zur Datierung.
Das Gebiet, in dem die Wölbäcker liegen, trägt den FN *Auf dem Rott*. Er deutet klar auf eine von N nach S in den Wald vorgetriebene Rodung hin. Da in der näheren Umgebung der Wölbäcker keine Wüstung nachweisbar ist, dürften sie vermutlich ein aufgegebenes Ackerareal des 700 m N gelegenen Gutes Waldau darstellen.
Die Wölbäcker sind heute mit ungefähr 90jährigem Buchenhochwald bestanden. Die Reste des Waldbestandes der voraufgehenden Generation sind noch sichtbar.
Förster Münzer schätzt das Alter dieses Waldbestandes auf weitere 150 Jahre, so daß mindestens seit 240 Jahren mit durchgehender Bewaldung dieses Gebietes gerechnet werden muß. So lange muß die Bewirtschaftung der Wölbäcker auf jeden Fall zurückliegen. Das beschriebene Wölbäckersystem ist das bisher größte im Rheinland festgestellte. Es umfaßt eine Fläche von rund einem Hektar. Wie das Wölbäckervorkommen an der Todenfelder Straße (A 14) beweist es, daß für das Mittelalter mit wesentlich anderen Grenzen des Rheinbacher Stadtwaldes zu rechnen ist. Für die Datierung der Wölbäcker ist, wie bereits angedeutet, ihr Verhältnis zu den Wegen entscheidend. In der näheren Umgebung der fossilen Fluren sind noch heute drei aufeinanderfolgende Generationen der Wegeverbindung Rheinbach–Loch im Gelände kenntlich:

a) Der älteste Wegezug ist der erwähnte Hohlweg, der das Feldsystem O begrenzt. Er ist sicher dem Mittelalter zuzuweisen, als man die Wege noch direkt die Hänge hinaufführte und an Stellen, an denen sie zerfahren und unbrauchbar geworden waren, Parallelzüge, ebenfalls als Hohlwege, anlegte.

b) Der nächst jüngere Weg ist der heute Locher Pfad genannte, geradlinige, breite, schneisenähnliche Weg, der teils den mittelalterlichen Hohlweg überlagert oder aber W von ihm verläuft. Er überlagert aber auch die Wölbäcker. Es ist anzunehmen, daß er mit dem Beginn der Aufforstung des Gebietes vor etwa 250 Jahren, also neuzeitlich angelegt wurde.

c) Die jüngste Verbindung ist die heutige Fahrstraße von Rheinbach nach Loch, deren Vorgänger bereits in der Tranchot-Karte aus dem Beginn des 19. Jahrh. verzeichnet ist. Sie verläuft W der fossilen Fluren und hat mit diesen nichts mehr zu tun.

Aus dem Gesagten ergibt sich, daß die Wölbäcker gleichzeitig mit dem mittelalterlichen Hohlweg und älter als der frühneuzeitliche *Locher Pfad* sein müssen.


A 16   I. Gemarkung Münstereifel (EU).
II. TK 5406 Münstereifel: r 25 53 300–54 200; h 56 01 000–02 000. Am Westhang des Erfttales, südlich der mittelalterlichen Stadtmauer von Münstereifel.
III. Keine Kartierung.
IV. Beschreibung:
Auf einer Länge von rund 1000 m ist der Westhang des oberen Erfttales, S von Münstereifel, mit langstreifigen, stark ausgebildeten, terrassierten Feldern bedeckt, die heute nur noch als Wiesen genutzt werden, die früher aber als Ackerland dienten.
Rainhöhen von 2 m sind bei diesen Terrassen keine Seltenheit. Die terrassierten Felder schließen sich eng an die Morphologie des Hanges an und verlaufen durchweg isohypsenparallel. Die Feldbreiten wechseln. Gelegentlich bleiben schmale Streifen von Unland zwischen Feld und hangwärts folgendem Terrassenfuß frei. Es gibt auch vereinzelte Anwände, die senkrecht zum Hang verlaufen und als kleine Wälle, bestehend aus Lesesteinen, ausgebildet sind. Im einzelnen wurde diese Flur noch nicht analysiert.
V. Hinweise zur Datierung.
Für ihre Datierung ist immerhin von Bedeutung, daß sie zum Flurbezirk der Wüstung *Orchheim* gehört (EU 82), die südlich von Münstereifel gelegen hat und nach der ein Münstereifeler Stadttor benannt wurde. Diese Siedlung hat wohl schon im 15. Jahrh. nicht mehr bestanden. Ihre Fluren dürften nach der Übersiedlung ihrer Bewohner nach Münstereifel ebenfalls in die Gemarkung der Stadt übergegangen und von der Stadt aus

bewirtschaftet worden sein. Jedenfalls besteht hier die Möglichkeit, die Flur einer Wüstung im einzelnen zu untersuchen. Dabei ist davon auszugehen, daß die Flur von Orchheim wohl kaum nach W über den Hang des Erfttales hinaus auf die Hochfläche ausgegriffen hat. Im Erfttal selbst aber lagen wohl nur Wiesen, die ohnehin ständig von Überschwemmungen bedroht und daher nicht als dauerhaftes Ackerland zu verwenden waren. Für Orchheim gab es praktisch keine andere Möglichkeit, als den steilen Westhang des Erfttales in Form terrassierter Fluren ackerbaulich zu nutzen.

A 17 I. Gemarkung Nöthen (SLE).
II. TK 5406 Münstereifel: r 25 49 600–50 400; h 56 00 200–01 600. W der Straße Gilsdorf–Pesch, am langgestreckten Westhang des Quartbach-Tales.
III. Keine Kartierung.
IV. Beschreibung:
Am Westhang des Quartbach-Tales, zwischen Gilsdorf und Pesch, befinden sich zahlreiche ausgezeichnet erhaltene, isohypsenparallele, terrassierte Fluren. Sie sind heute mit Gras und lockerem Gebüsch bewachsen. In einzelnen Fällen wurden ununterbrochene Terrassenlängen bis zu 400 m gemessen. Die Terrassen sind so angelegt, daß sie sogar durch die Erosionsrinnen kleiner Bäche, die den Hang nach O hinunterlaufen, hindurchgeführt wurden. Es kommen Rainhöhen bis 2 m vor. Die Terrassen bilden kein regelmäßig angeordnetes System, sondern schieben sich teilweise ineinander. Mehrfach wurden senkrecht zum Hang verlaufende Anwände in Form flacher Wälle oder in Form querlaufender Terrassen beobachtet. Im ganzen zeichnet sich mit diesen Terrassen das Bestreben nach möglichst intensiver Nutzung des nach O exponierten Hanges ab. Um alte Weinberge dürfte es sich bei diesen Terrassen kaum handeln, da sich ein nach O gewendeter Hang kaum für den Weinanbau eignet.
V. Hinweise zur Datierung.
Die Datierung dieser terrassierten Fluren ist schwierig. Möglicherweise sind sie der mittelalterlichen Flur von Gilsdorf zuzurechnen.
Zusätzlich ist aber zu berücksichtigen, daß das Gebiet um Pesch, besonders aber das Tal des Quart-Baches, durch römische Besiedlung sehr dicht und intensiv erschlossen wurde. Am südlichen Ende des beschriebenen Terrassensystems liegt in einem schwach geneigten, nicht terrassierten Gelände eine römische Trümmerstelle des 2. Jahrh. n. Chr. (r 25 49 130; h 56 00 450)[61]. Sie reicht bis dicht an die Südenden der einzelnen Terrassen heran, so daß hier bei Grabungen ein stratigraphischer Befund zu gewinnen wäre. Die genannte römische Fundstelle wiederum liegt nur 500 m von dem spätrömischen Tempelbezirk von Pesch entfernt, der eine der bedeutendsten Kultstätten der Nordeifel darstellt[62]. Man wird sich demnach das Gebiet um Pesch–Harzheim–Nöthen während des 3. und 4. Jahrh. als intensiv erschlossenes römisches Siedlungsgebiet vorzustellen haben, in dem vor allem große Gutshöfe lagen. Es ist deshalb nicht auszuschließen, daß die beschriebenen Terrassen zwischen Gilsdorf und Pesch zum Wirtschaftsgebiet eines solchen Gutshofes gehören.

A 18 I. Gemarkung Spessart (MY). Tafel 32.
II. TK 5508 Kempenich: r 25 79 720–80 500; h 55 89 400–90 350. Etwa 750 m O Ortsmitte Spessart, 2 km N Kempenich, in einem kleinen versumpften Bachtal, O der Straße Kempenich–Hannebach (Tafel 32).

---

[61] H. v. Petrikovits, Bonner Jahrb. 157, 1957, 424.
[62] H. Lehner, Bonner Jahrb. 125, 1919, 74 ff. – W. Sage, Bonner Jahrb. 164, 1964, 288 ff.

III. Keine Kartierung.

IV. Beschreibung:

In dem beschriebenen kleinen, nach S entwässernden Bachtal haben sich, vor allem an seinem Osthang, große Teile einer Wüstungsflur unter Wald und Buschwerk erhalten (Tafel 32). Es handelt sich um langstreifige, terrassierte Äcker, die in N-S-Richtung hangparallel verlaufen. Sie erreichen Längen bis zu etwa 200 m und besitzen Rainhöhen von knapp 2 m. Terrassierte Felder dieser Art ziehen sich nicht nur am Westhang der flachen Kuppe *Steinfeld* entlang, sondern sie gliedern auch ihren Nord- und Nordosthang.

V. Hinweise zur Datierung.

Die Datierung der Terrassenäcker am Westhang des *Steinfeldes* ist gegeben, weil sie zur Flur des wüsten Dorfes *Kurtenbach* (nicht im Katalog) gehörten. An das einstige Dorf erinnern 1823 im Urkataster, Flur VII, noch die FN *In der Kortenbach* und *Über der Kurtenbach*[63]. Das Dorf muß vor 1641 wüst geworden sein, weil eine Überlieferung der Pfarrei Kempenich, in die das Dorf eingepfarrt war, 1641 den Ort nicht mehr enthält. Im benachbarten Dorf Spessart gibt es die volkstümliche Überlieferung, *Kurtenbach* sei einst ein stattliches Dorf gewesen, das durch eine verheerende Seuche ausgestorben sei. Einige wenige restliche Einwohner hätten sich aber in Spessart niedergelassen, das zu dieser Zeit noch gar kein rechtes Dorf gewesen sei, sondern nur aus drei Höfen bestanden habe. Aus Furcht vor der Pest sei später niemand wieder von Spessart nach Kurtenbach zurückgekehrt.

Die Geländebegehung im Jahre 1968 ergab nicht nur Reste der Flur von Kurtenbach, sondern auch die Reste eines Gehöftes, das etwa 300 m S des Ortskernes Hannebach, am Oberlauf des kleinen Baches, und zwar auf seinem westlichen Ufer bestanden hat (r 25 80 020; h 55 90 240). Auf einem gegen die Bachniederung vorgeschobenen Podest von 30 × 40 m Größe fanden sich unter Wiese behauene Bausteine sowie ein kreisrunder Brunnen von 1,50 m Dm., der offensichtlich aus senkrecht angeordneten Holzbohlen bestand. Weiter S wurden im übrigen zahlreiche Stücke Dachschiefer und Ziegel gefunden, die auf die einstige Besiedlung hinweisen. Die Bewohner von Kurtenbach stauten den kleinen Bach, an dem ihr Dorf lag, durch O-W-gerichtete Staudämme auf. Zwei dieser Staudämme waren noch in Resten im Gelände erhalten.

Im ganzen haben sich die Reste der Siedlung selbst sowie der Flur im Falle Kurtenbach recht gut erhalten, so daß sie eine gute Vorstellung vom Wirtschaftsgebiet eines mittelalterlichen Dorfes bieten. Wo Teile der Kurtenbacher Flur heute noch bewirtschaftet werden, sind alle älteren Flurrelikte ausgetilgt.


A 19 I. Gemarkung Niederzissen (AW) und Gemarkung Niederoberweiler (MY).

II. TK 5509 Burgbrohl: r 25 87 700–88 500; h 55 90 800–91 600. Rund 1500 m SO Niederzissen, am SO-Hang des Plateaus *Auf Weltersborn*, im Tal des *Almersbaches,* der nach NO zum Brohl-Bach fließt (Tafel 24,2).

III. Keine Kartierung.

IV. Beschreibung:

Der gesamte SO-Hang des flachen Bergplateaus *Auf Weltersborn* wird durch flache, terrassierte Äcker gegliedert. Die Rainhöhen der Äcker betragen bis etwa 0,50 m. Die durchschnittliche Länge der Terrassen beträgt 80–120 m, die Breite der Felder 12–30 m. Es handelt sich um verhältnismäßig breite, terrassierte Äcker. Auch auf dem S des Almersbaches liegenden Hang finden sich Terrassenäcker. Hier jedoch sind sie in viel längeren Streifen ausgebildet. Es wurden Längen bis 250 m bei Feldbreiten von 6–10 m fest-

---

[63] H. Müller, Rhein. Jahrb. f. Volkskde. 3, 1952, Karte 1 und S. 118.

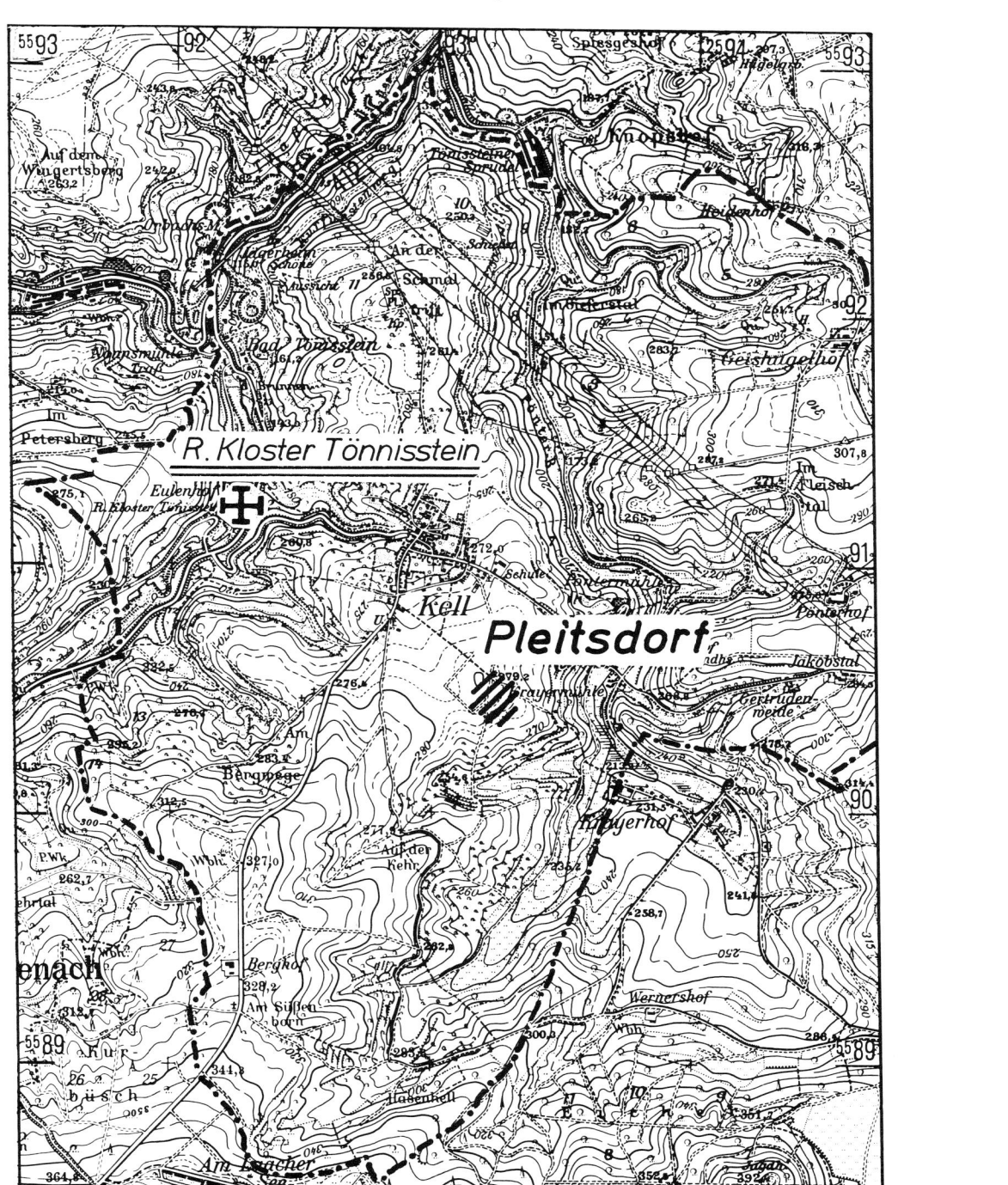

39  Die Wüstung Pleitsdorf und die Ruine Kloster Tönnisstein, Gemarkung Kell (MY).

(Ausschnitt aus der TK 1 : 25 000 Blatt 5509 Burgbrohl;
mit Genehmigung des Landesvermessungsamtes Rheinland-Pfalz vom 4. 4. 1973 – Az. 4062/37/73 –
vervielfältigt durch das Rheinische Landesmuseum Bonn).

IV. Beschreibung:
Über die ehemalige Gemarkung der Wüstung Alt-Bettingen als ganze wurde bereits gesprochen (vgl. BIT 6). Die Wüstung gehört zur Gruppe jener abgegangenen Siedlungen, deren Gemarkungsumriß sich bis heute in den Kartenwerken erhalten hat (Abb. 19). Damit verbindet sich die Frage, ob auch Reste der zur Wüstung gehörenden Fluren kartographisch oder im Gelände greifbar geblieben sind. Im Jahre 1968 wurde eine umfassende Geländebegehung innerhalb der Gemarkung des Nachfolgedorfes Bettingen (hierzu vgl. BIT 6 und 8) durchgeführt, die folgende Beobachtungen ergab: Das Prümtal zwischen Oberweis und dem heutigen Ort Bettingen wird durch steile Abbruchkanten gekennzeichnet, zwischen denen die etwa 500–1000 m breite, flache Talaue liegt. Der Prüm-Fluß hat sich tief in dies Tal eingegraben. An den Oberkanten der Talhänge beginnen die eigentlichen Hochflächen des Bitburger Gutlandes, die mit ausgezeichneten Akkerböden ausgestattet sind. Auf diesen Flächen wurde von der römischen Zeit bis heute intensiver Ackerbau betrieben, so daß sie von vornherein für eine Suche nach fossilen Fluren wenig erfolgversprechend sind. Lediglich mit Hilfe der Luftbildforschung könnten auf diesen Flächen vielleicht fossile Fluren nachgewiesen werden.

Anders verhält es sich dagegen mit den Steilhängen des Prümtales. Sie sind im Bereich der Wüstung Alt-Bettingen über und über mit terrassierten fossilen Fluren bedeckt, die entweder ganz wüst liegen und mit Gebüsch bestanden sind oder aber heute extensiv als Obstgärten genutzt werden. In diesen Terrassenäckern sind fossile Fluren zu erblicken, von denen mit Sicherheit ein erheblicher Teil zur Wüstung Alt-Bettingen gehört hat (Tafel 36–38).

W der Prüm beginnen langstreifige Terrassen mit isohypsenparallel ausgerichteten Rainen bereits etwa 1000 m unterhalb der Ortslage, dort wo die Einschnürung zwischen den Gemarkungen Bettingen (einst Frenkingen) und Alt-Bettingen liegt. Hier wurden terrassierte Äcker von 250–300 m Länge und 8–12 m Breite festgestellt, die mit fast senkrechten Rainen versehen waren. Wenn man diese Raine vom überwuchernden Gras befreit, stellt sich heraus, daß hier 1–2 m hohe Trockenmauern aus Kalksteinplatten mit sauber gestalteter glatter Außenfront den Abschluß der Äcker nach der Talseite zu bilden (Tafel 36). Bis zu 10 solcher Terrassenäcker fanden sich, übereinander gestaffelt, an den westlichen Hängen des Prümtales. Zum größten Teil sind die Raine dieser mit Versteifungsmauern versehenen Terrassenäcker nicht nur mit Gras bewachsen, sondern auch mit Buschwerk bestanden. An den reihenförmig angeordneten Gebüschen und Gehölzen sind auch die senkrecht zum Hang verlaufenden Anwände zu erkennen, die die langstreifigen Äcker in kürzere, oft gegeneinander versetzte Abschnitte unterteilen. Die Anwände bestehen aus Steinen, die von den Äckern aufgelesen wurden. Terrassierte Äcker dieser Form kommen vor allem im O-W-verlaufenden Abschnitt des Prümtales bei Bettingen vor, so daß die so gegliederten Hänge nach S exponiert sind. Wo die Prüm südlich von Oberweis in N-S-Richtung verläuft, zeigt der westliche Talhang kaum terrassierte Felder dieser Art. Wahrscheinlich waren diese Terrassen mittelalterliche Weinberge, die einst zur Gemarkung Alt-Bettingen gehörten. Mit dem Wüstwerden dieses Dorfes wurden sie zum größten Teil aufgelassen oder in der Folgezeit als Weideland genutzt.

Daß diese 'zweckentfremdete' Nutzung der alten Weinberge schon längere Zeit über erfolgt sein muß, scheint sich im Fehlen spezifischer Weinbau-Flurnamen anzudeuten. Sie müßten nachzuweisen sein, wenn der Weinbau in diesem Gebiet bis in die Neuzeit hinein fortgedauert hätte.

Weitere ausgezeichnet erhaltene Weinberge dieser Art finden sich unweit von Alt-Bettingen, an dem nach W exponierten Hang des Prümtales, zwischen Brecht und Oberweis (TK 6004 Oberweis: r 25 30 500–31 800; h 55 36 000–38 000). Bis zu einer Länge von 800 m laufen fossile terrassierte Weinberge in ununterbrochenem Zuge im Nimstal S von Stahl durch. Die nach S exponierten Hänge des Nimstales eigneten sich in diesem Abschnitt hervorragend für den mittelalterlichen Weinbau. Bis heute hat sich bei Stahl der FN *Wingertsberg* erhalten (TK 6004 Oberweis: r 25 35 200–800; h 55 35 500–36 700). Diese nur wenig von Alt-Bettingen entfernten Vorkommen fossiler Weinberge belegen den einstigen Umfang, den der mittelalterliche Weinbau im Rahmen der bäuerlichen Wirtschaft der Südeifel besessen hat. Man wird also bei der Aufnahme fossiler Fluren in diesem Raum stets die Frage zu berücksichtigen haben, ob es sich nicht um fossile Weinberge handeln könne. In vielen Fällen werden die ehemaligen Weinberge heute auch als Obstplantagen genutzt. Die Raine der einstigen Weinberge wurden dann nicht mehr erhalten und gepflegt und verfielen langsam. Auf der Oberkante der Raine setzte man, in Reihen angeordnet, Obstbäume. Beobachtungen dieser Art wurden besonders an den Hängen des Kylltales zwischen Erdorf und Metternich (TK 5905 Kyllburg, 6005 Bitburg: r 25 41 300; h 55 38 000–41 000) sowie am östlichen Ortseingang von Kyllburg auf dem Südhang des Annen-Berges (TK 5905 Kyllburg: r 25 42 400–43 200; h 55 45 400) gemacht.

In allen beschriebenen Fällen sind die alten Weinberge vor allem durch die versteifenden Trockenmauern kenntlich geblieben.

In dem O der Prüm gelegenen Teil der Gemarkung von Alt-Bettingen beginnen terrassierte Fluren bereits wenig S der alten Dorfstelle. Sie erreichen durchschnittliche Längen von 500 m und verlaufen im allgemeinen isohypsenparallel (Tafel 25,1). Rainhöhen von 2 m sind hier keine Seltenheit. Die Feldbreiten überschreiten im allgemeinen nicht 10–12 m; häufiger sind allerdings Breiten von 4, 6 und 8–9 m vertreten. Es gibt querlaufende Unterteilungen der langstreifigen Terrassen, aber sie sind weit seltener als W der Prüm in den alten Weinbergen. Wir haben es O der Prüm mit einem echten langstreifigen System zu tun, wobei die verschiedenen Terrassen primär als Bewirtschaftungseinheiten anzusprechen sind. Besonders dicht mit langstreifigen Terrassen ist eine weite Ausbuchtung des Prümtales nach SO besetzt, die rund 500 m S der Ortsstelle Alt-Bettingen liegt. Hier schmiegen sich die Terrassenäcker sehr genau dem nach O ausgreifenden Hang an. Alle Terrassen verlaufen isohypsenparallel. Die sehr stark ausgebildeten Raine dieser fossilen Fluren sind durchweg mit dichtem Gebüsch bewachsen. Als Bewirtschaftungseinheiten müssen diese Terrassenäcker lange Zeit über in unveränderter Form in Nutzung gewesen sein, denn sonst hätten sich nicht Raine von 2–3 m Höhe ausbilden können. Steinversteifungen wurden hier nirgends beobachtet.

V. Hinweise zur Datierung.

Eine Datierung der beschriebenen terrassierten Fluren ergibt sich aus der Nähe der mittelalterlichen Siedlung Alt-Bettingen. Diese fossilen Fluren waren mit Sicherheit Teile der mittelalterlichen Flur von Alt-Bettingen. Für die Weinberge W der Prüm, die ihrem Erscheinungsbild nach mittelalterlichen Weinbergen entsprechen, mag das auch zutreffen. Für die langstreifigen Terrassenäcker O der Prüm besteht noch eine zweite Entstehungsmöglichkeit: In nächster Nähe zur Ortsstelle Alt-Bettingen sind drei bedeutende römische Fundstellen nachweisbar:

1. Römerzeitliche Funde stammen von der Burg Alt-Bettingen selbst. Sie wurde offensichtlich innerhalb eines römischen Siedlungsbezirkes errichtet, und es finden sich im Turm der Burg auch römische Spolien (vgl. BIT 6 und 7).

2. Eine zweite römische Fundstelle liegt etwa 600 m SSO der Ortsstelle Alt-Bettingen, auf der Hochfläche (TK 6004 Oberweis: r 25 30 430; h 55 34 360). Knapp 100 m W dieses römischen Siedlungsplatzes beginnen die langstreifigen Fluren O der Prüm.

3. Eine dritte, sehr umfangreiche römische Fundstelle liegt rund 1500 m SSO Alt-Bettingen, auf der Gemarkungsgrenze gegen Wettlingen und Ingendorf (r 25 31 000; h 55 33 350). Hier wurden Münzen von Nero und Traian gefunden, die eine frührömische Erschließung dieses Raumes während der ersten Hälfte des ersten Jahrh. anzeigen[66].

Die ehemalige Gemarkung Alt-Bettingen stellt also bereits in römischer Zeit eine intensiv erschlossene Siedlungslandschaft dar, zu der ganz sicher auch größere Ackerflächen gehört haben. Es ist deshalb nicht auszuschließen, daß die langstreifigen Terrassenäcker am Osthang des Prümtales bereits römischen Ursprungs sind und im frühen und hohen Mittelalter in den vorgegebenen Formen der römischen Zeit, also unter Beibehaltung der

---

[66] Bonner Jahrb. 25, 1857, 204.

alten Bewirtschaftungseinheiten, weitergenutzt wurden. Ein stratigraphischer Befund, der diese Frage auf archäologischem Wege einer Klärung näherbringen könnte, läßt sich besonders im Anschluß an die unter 2. genannte römische Siedlungsstelle gewinnen, da die terrassierten Fluren hier nahe an der Siedlungsstelle liegen.

A 23 I. Gemarkung Landscheid (WIL).
II. TK 5906 Manderscheid, 6006 Landscheid: r 25 51 500–53 000; h 55 39 800–41 000. Im Staatsforst Wittlich-West, besonders in den Jagen 127, 129, 130, 131, 137, 143. NO und SO des spätlatènezeitlichen Ringwalles *Burscheider Mauer*.
III. Eine Kartierung der fossilen Fluren in diesem Gebiet wurde vom Rheinischen Landesmuseum Trier durchgeführt und von Schindler im Bonner Jahrb. 169, 1969, 283 veröffentlicht[67].
IV. Beschreibung:
In den unter II. genannten Walddistrikten finden sich vielfach aus schweren Steinen bestehende Wälle von 2–8 m Breite, knapp 1 m Höhe und bis zu 500 m Länge. Sie schließen entweder rechteckige oder unregelmäßige Flächen ein, sind in ihrer Linienführung selbst aber meist geradlinig. An einigen Stellen wurden die Wälle durch Forstwege geschnitten. Hier läßt sich beobachten, daß sie aus Steinen und Erde bestehen, im Innern aber keinerlei geordnete Konstruktion aufweisen. Die von den Wällen eingeschlossenen Flächen sind z. T. sehr groß, z. B. 300 × 300 m oder 500 × 60 m. Sie zeigen im Innern keine besonderen Kennzeichen, sondern sind völlig flach und dem jeweiligen Geländerelief angepaßt. In loser Streuung zwischen den Wällen, teilweise aber auch am Treffpunkt mehrerer aufeinanderstoßender Wälle, liegen insgesamt sechs Ruinenplätze, die sämtlich der frühen römischen Zeit zugewiesen werden können. Es wurden hier Baureste und Keramik der frühen römischen Zeit (Ende 1./Anfang 2. Jahrh.) von solchen jüngerer Perioden (3. und 4. Jahrh.) unterschieden. Nach den archäologischen Befunden müssen die Wälle der frühen römischen Ansiedlung zugehören. Als gesichert kann weiterhin gelten, daß keiner der Siedlungskomplexe im Bereich der Wälle gleichzeitig mit dem nahegelegenen spätlatènezeitlichen Ringwall *Burscheider Mauer*[68] ist. Die Wälle können also, da sie auf die frühen römische Siedlung bezogen sind, nicht, wie die ältere Forschung annahm, Außenwerke des Spätlatène-Ringwalles sein[69].
Es stellt sich die Frage, ob in diesem Gebiet tatsächlich ackerbaulich genutzte Fluren der frühen römischen Zeit vorliegen. Es gibt eine Reihe von Gründen, die eine andere Deutung wahrscheinlich machen. Zunächst fällt die ziemlich schlechte Bodenqualität im Verbreitungsgebiet der Wälle auf. Es handelt sich, wie Schindler berichtet[70], um sandige bis kiesige Böden mit z. T. oberflächig auskeilenden Buntsandsteinbänken. Dieser Boden fällt qualitativ deutlich vom fruchtbaren Gutland um Spangdahlem ab. Eine bodenkundliche Untersuchung im Innern der Wälle durch Frau Dr. Strunk-Lichtenberg vom Bodenkundlichen Institut der Bonner Universität[71] hat ergeben, daß die Böden innerhalb der Wälle Eigenschaften aufwiesen, die sie für den Ackerbau ungeeignet erscheinen lassen. Sie deuten vielmehr darauf hin, daß innerhalb der Wälle nicht intensiver Ackerbau getrieben wurde. Für die Deutung der walleingeschlossenen Areale fällt weiterhin ihre extreme Größe ins Gewicht, die bisher bei eisenzeitlichen Fluren nur sehr selten beobachtet

---

[67] R. Schindler, Eine gallo-römische Wüstung und Feldflur in Landscheid, Kr. Wittlich. Bonner Jahrb. 169, 1969, 281–289.
[68] Zur Burscheider Mauer, die auch als Burgscheider Mauer bezeichnet wird, vgl. R. Schindler, Spätlatène-Burgen von Landscheid, Weiersbach und Ehrang. Trierer Zeitschr. 32, 1969, 31–70.
[69] R. Schindler, Bonner Jahrb. 169, 1969, 282.
[70] R. Schindler a. a. O. 284.
[71] Frau Dr. Strunk-Lichtenberg stellte mir die für R. Schindler durchgeführten Untersuchungen zur Verfügung. Dafür sei ihr auch an dieser Stelle gedankt. – Vgl. inzwischen: G. Strunk-Lichtenberg, Bodenkundliche Untersuchungen in den römischen Altfluren von Landscheid. Trierer Zeitschr. 36, 1973, 77–80.

wurde. Es fragt sich, ob in der Spätlatène-Zeit derartig riesige Areale mit den damals vorhandenen ackerbaulichen Voraussetzungen überhaupt angemessen genutzt werden konnten und ob es sich nicht vielmehr um große, von Wällen eingeschlossene Weidegebiete für die Viehhaltung handelt. Auch Schindler zieht bei seinen Überlegungen eine derartige Nutzungsform in Erwägung.

V. Hinweise zur Datierung.

Durch Scherbenfunde im östlichen Randwall ist die wirtschaftliche Nutzung der großen Blockflur am Kestenberg von Landscheid in spätrömischer und frühmittelalterlicher Zeit gesichert. Ihre frührömische Entstehung kann auf Grund der bisherigen Untersuchungen im Siedlungsbezirk 1 jetzt schon als bewiesen gelten', so faßt Schindler seine Feststellungen zur Datierungsfrage zusammen[72].

Formal entsprechen die Wälle, abgesehen von ihrer Länge, durchaus dem Bild der sogenannten 'celtic fields', obgleich sie bereits in frührömische Zeit zu datieren sind. Andererseits wies der archäologisch untersuchte Siedlungsbezirk 1 in vielfacher Hinsicht das Gepräge einer stark keltisch bestimmten Ansiedlung auf. Das zeigte sich sowohl im gefundenen keramischen Material als auch in der Bauweise der Häuser und der Anlage der einzelnen Höfegruppen. Insofern spiegeln sich in der Siedlung und in der Flur übereinstimmend Züge der keltisch-römischen Übergangszeit im Gebiet der Südeifel.

A 24 I. Gemarkung Wallerfangen, Ortsteil Oberlimberg, Kr. Saarlouis.

II. TK 6605 Hemmersdorf. Der Limberg, auf dem die zu besprechenden fossilen Fluren liegen, erstreckt sich als ein weit nach O vorspringender, ins Saartal hineinreichender Bergsporn von WNW nach OSO. Er trifft an der Stelle auf die Saar, an der von O die Prims in den Fluß einmündet und die durch das römische Kastell Pachten seine besondere Bedeutung erhält.

III. Eine Kartierung der fossilen Flur liegt noch nicht vor. Zur Orientierung über ihre Lage verhilft ein Plan der hallstattzeitlichen Befestigung auf dem Limberg, die Schindler zuletzt behandelt hat[73].

IV. Beschreibung:

Auf dem fast ebenen, nach Osten gegen das Saartal vorspringenden Bergsporn des Limberges erstrecken sich, fast in N-S-Richtung angeordnet und quer zum Bergsporn verlaufend, zahlreiche Wölbäcker. Sie bedecken das gesamte Innengelände der hallstattzeitlichen Abschnittsbefestigung auf dem Limberg. Mit Wölbäckern ausgefüllt sind die Zwischenräume zwischen den Wällen I und II, den Wällen II und III sowie ein Teil des zum Bergsporn gelegenen Geländes O von Wall III. Die einzelnen Wölbäcker passen sich der Länge nach an die Breite des Bergspornes an, sind aber überwiegend rund 200 m lang. Die Breite von 4 m kehrt immer wieder. Zwischen zwei Wölbäckern liegt jeweils ein flaches Gräbchen von 0,20–0,40 m Tiefe. Zur Mitte hin sind die Wölbäcker nur schwach um etwa 0,30–0,50 m aufgewölbt. In Anordnung und Abmessung fällt die große Regelmäßigkeit der verschiedenen Wölbacker-Komplexe auf. Zwischen den einzelnen Komplexen liegt freies Gelände, so daß der Eindruck verschiedener Gewanne, die jeweils aus Wölbäckern bestehen, entsteht. Zu den hallstattzeitlichen Wällen verlaufen die Wölbäcker parallel; sie wurden in zwei Fällen bis an den Wallfuß herangeführt, den sie hier überdecken. Sonst aber setzen die Wölbäcker bereits mehrere Meter vor dem Wallfuß der vorgeschichtlichen Wälle aus; ebenso reichen sie nirgends bis an den Rand der Befestigungsgräben heran.

V. Hinweise zur Datierung.

Die Datierung dieser Wölbäcker ergibt sich aus dem Umstand, daß diese Flächen bis in die Neuzeit hinein vom nahegelegenen Hof Limberg bewirtschaftet wurden. Bis weit

---

[72] R. Schindler a. a. O. 288.
[73] R. Schindler, Studien zum vorgeschichtlichen Siedlungs- und Befestigungswesen des Saarlandes (Trier 1968) Beilage 1.

ins 18. Jahrh. hinein war der gesamte Limberg unbewaldet. Er wurde, soweit das Geländerelief das zuließ, beackert. Erst im 19. Jahrh. wurde das Gebiet aufgeforstet, wobei die alten Feldeinteilungen als fossile Fluren ausgezeichnet erhalten geblieben sind. Die Wölbäcker auf dem Limberg stellen eines der besterhaltenen mittelalterlichen bzw. frühneuzeitlichen Vorkommen von Wölbäckern links des Rheines dar. Fluren von ähnlich gutem Erhaltungszustand wurden bisher nur im Rheinbacher Stadtwald, Jagen 19 (vgl. A 15), vorgefunden.

A 25   I. Gemarkung Dorweiler, Kr. Simmern.
II. TK 5810 Dommershausen: r 26 02 310; h 55 55 770. Etwa 1 km SSO Dorweiler, am Nordrand des Forstes, im Jagen 9, in der Nähe eines Hügelgrabes, O der Straße Dommershausen–Beltheim.
III. Keine Kartierung.
IV. Beschreibung:
Hier erstrecken sich auf einer Länge von rund 60 m vier parallel zueinander verlaufende Wölbäcker. Sie verlaufen rechtwinklig zu dem schwach nach NW abfallenden Geländehang in NW-SO-Richtung. Sie sind jeder etwas über 4 m breit und nach der Mitte zu um ungefähr 0,50 m aufgewölbt.
V. Hinweise zur Datierung:
Da in diesem Gebiet bisher keine Wüstung nachgewiesen ist, liegt es nahe, die Wölbäcker für ausgedientes Ackerland der nur 900 m O gelegenen Siedlung Steffenshof zu halten.

A 26   I. Gemarkung Mannebach, Kr. Simmern.
II. TK 5810 Dommershausen: r 26 02 760; h 55 54 650. Am Südrand des Forstes, zwischen Dorweiler und Mannebach, Jagen 5, W der Straße Dommershausen–Beltheim.
III. Keine Kartierung.
IV. Beschreibung:
Hier sind mindestens 5 gut ausgeprägte mittelalterliche Wölbäcker auf einer Länge von 200 m sichtbar. Der Form nach entsprechen die Wölbäcker den unter A 27 beschriebenen. Unmittelbar O der genannten Straße zeichnen sich im Wald zwei tiefeingeschnittene Hohlwegspuren ab, die dem Vorgänger der heutigen Straße zuzuweisen sind.
V. Hinweise zur Datierung.
Die von Mannebach nur 700 m entfernten Wölbäcker dürften der mittelalterlichen Flur dieses Ortes zuzuordnen sein.

A 27   I. Gemarkung Dahlem (SLE).                                                                 Tafel 65.
II. TK 5605 Stadtkyll: r 25 39 000–39 600; h 55 82 700–84 000. Auf dem Britges-Berg, O des Dorfes sowie auf dem O-Ufer des Glaadt-Baches.
III. Eine systematische Kartierung liegt bisher nicht vor.
IV. Beschreibung:
Die steilen Hänge O der Dorflage von Dahlem sind bis an die Grenze der Hausgärten der östlichen Häuserzeile des Dorfes mit zahlreichen stark ausgebildeten langstreifigen Terrassenäckern bedeckt. Am Hang des Britges-Berges entlang zeigen sich bis zu 12 Ter-

rassenäcker, die durchschnittlich 500 m lang sind. Die Rainhöhe beträgt durchschnittlich 1–1,50 m, in seltenen Fällen, bedingt durch das Geländerelief, auch 2 m. Beackert wurden jeweils die gesamten Flächen zwischen Rainkante und Terrassenfuß, so daß keine Streifen von Unland dazwischen liegenblieben. An Feldbreiten kommen die Abmessungen 6 m, 8 m und 12 m vor. An einigen Stellen wurden die Terrassen durch kleine Brüche von Kalkstein sowie dazugehörigen Kalköfen unterbrochen. Die Kalkgewinnung gehört dem 18. und 19. Jahrh. an, so daß die Terrassen in jedem Falle älter sein müssen. Sie erscheinen bereits Anfang des 19. Jahrh. auf der Tranchot-Karte (Tafel 65). Weiter südlich bedecken Terrassenäcker den Osthang des Glaadtbach-Tales. Hier zeigen sie sich aber verhältnismäßig kurz, überschreiten in der Länge doch in keinem Fall 100 m. Die Breite jeden Ackers wechselt infolge starker Anpassung der Terrassenäcker an das Geländerelief.

Die beschriebenen Terrassen dienen heute entweder als Weiden oder aber sie sind mit Obstbäumen bestanden.

Beide Vorkommen von Terrassen, denen sich weitere vereinzelte Terrassenäcker W von Dahlem an die Seite stellen lassen, bilden nur Ausschnitte aus der Gesamtgemarkung von Dahlem. Sie beweisen aber, daß man an einer Ausnutzung auch der steilen Hänge interessiert war. Steinversteifungen konnten in den Terrassen selbst nicht beobachtet werden, so daß sich die Interpretation als Weinberge wohl verbietet.

V. Hinweise zur Datierung.

Die Datierungsfrage für diese Äcker läßt sich nicht ohne Grabungen lösen. Sie sind auf der Tranchot-Karte, Neue Ausgabe, Blatt 128 Dahlem (vgl. Tafel 65) schematisch angegeben, während die modernen TK nur wenige Hinweise auf sie enthalten. Wahrscheinlich bilden sie Teile der mittelalterlichen Feldflur von Dahlem. Einen Hinweis auf die Entstehung von Terrassenäckern in größerer Zahl gibt uns das nur wenig NW von Dahlem gelegene Berggebiet zwischen Reifferscheid und Roder (Tafel 66). Es handelt sich um eine relativ spät erschlossene Siedlungslandschaft N des Dahlemer Waldes, für die ON wie Reifferscheid, Zingscheid, Wollenberg, Manscheid, Wildenburg, Benenberg, Roder, Hecken und ähnliche typisch sind.

Dieses ganze Gebiet dürfte erst während des 9.–11. Jahrh. gerodet und besiedelt worden sein. Aber gerade hier verzeichnet die Tranchot-Karte, Neue Ausgabe, Blatt 128 Dahlem zahlreiche Terrassenäcker an den Hängen der eingeschnittenen Bachtäler (vgl. Tafel 66). Die mit Terrassenäckern bedeckten Flächen nehmen hier wesentliche Teile der Gesamtgemarkung dieser Siedlung ein, während sie bei den fränkischen Altsiedlungen nur sehr geringe Teile der Gesamtgemarkung ausmachen. In diesem Gebiet kann man also Terrassenbildungen einer jungen Rodungsperiode des Mittelalters studieren.


A 28 I. Stadtkyll (PRÜ).

II. TK 5605 Stadtkyll: r 25 38 000–39 000; h 55 78 900–79 700. O der Stadt, auf dem weiten Hang, im Zwickel zwischen Wirft-Bach und Kyll.

III. Kartierung erfolgte noch nicht.

IV. Beschreibung:

In dem beschriebenen Gebiet finden sich an einem nach N zum Kylltal exponierten, weitläufigen Hang zahlreiche Terrassenäcker, die einen bedeutenden Anteil der heutigen Wirtschaftsfläche von Stadtkyll ausmachen. Es herrschen Langstreifen von 200–380 m Länge vor. Die Raine sind unterschiedlich stark ausgebildet, je nach Geländerelief. Die Rainhöhe nimmt aber um so mehr ab, je höher am Hang zur Kuppe die Äcker liegen. Im unteren Teil sind Rainhöhen von 1,50 m bis 2 m keine Seltenheit.

Die Terrassenäcker sind z. T. noch heute in Nutzung, teilweise auch vergrastes Unland. Terrassierte Fluren bedecken auch die Hänge W der Stadt sowie die Nordhänge des Kylltales beiderseits der Straße von Dahlem nach Stadtkyll. Heute wie auch zu Beginn des 19. Jahrh. waren diese Flächen vorwiegend mit Heide bewachsen und nicht bewirtschaftet.

V. Hinweise zur Datierung.

Soweit sich das Alter dieser fossilen Fluren ohne Grabungen abschätzen läßt, dürfte es sich um Teile der mittelalterlichen Flur von Stadtkyll handeln. Während das Städtchen die Talerweiterung im Mündungsgebiet des Wirft-Baches in die Kyll einnimmt, sind die eigentlichen Ackerfluren nur an den Hängen des Kylltales und des Wirft-Baches zu suchen. Diese z. T. stark abfallenden Flächen mußten ackerbaulich genutzt werden, wenn man überhaupt ackerfähiges Land finden wollte. Ebene Flächen in den Flußtälern standen für den Ackerbau jedenfalls nicht zur Verfügung. So mag sich erklären, daß etwa 60 % der unbewaldeten Fläche der Gemarkung Stadtkyll von Terrassenäckern bedeckt werden – ein vergleichsweise hoher Anteil der Gesamtflur.

# NACHTRÄGE

VORBEMERKUNG: Während der Drucklegung dieser Studien in den Jahren 1973 und 1974 ging dem Verfasser weiteres Material über Wüstungen des gewählten Untersuchungsgebietes zu. Es zeigt, daß, wie schon an anderer Stelle bemerkt, die Materialaufnahme der Studien keineswegs Anspruch auf Vollständigkeit erheben kann. Sie stellt vielmehr einen Beginn dar, an den sich weitere Forschungen anschließen müssen. Das neue Material gliedert sich in zwei Gruppen: I. Ergänzende Kenntnisse zu Wüstungen, die bereits im Katalog erfaßt wurden; II. Neu identifizierte Wüstungen, die noch nicht im Katalog enthalten sind. Diese beiden Gruppen von Nachträgen werden im folgenden getrennt voneinander vorgelegt. Beide sind noch nicht in den Statistiken und quantitativen Untersuchungen des Textbandes enthalten.

## I.

Nachträge zu Wüstungen, die bereits im Katalog erfaßt wurden.

### Froitzheim

Zu DN 35  I. *Burghügel* (Motte) Frangenheim.
VII. Die unter Inv.-Nr. 35,470 im RLMB aufbewahrten Gelegenheitsfunde vom Burghügel Frangenheim setzen sich überwiegend aus Keramik des 14.–16. Jahrh. zusammen. Neben Steinzeugen der Langerweher und Raerener Art findet sich auch späte, innen glasierte Bauernkeramik. Vereinzelt treten aber auch wesentlich ältere Funde auf. In die Karolingerzeit gehört das Bruchstück einer Reliefbandamphore von Badorfer Art; das 10./11. Jahrh. vertritt ein Bruchstück von Keramik der Pingsdorfer Art mit violettbrauner Bemalung. Ein Bruchstück von der Schleifwanne einer kreisrunden Handmühle aus Mayener Basaltlava läßt sich nicht datieren. Die genaue Herkunft der erwähnten Fundobjekte läßt sich nicht mehr ermitteln. Es darf aber als sicher gelten, daß sie verschieden zu datierenden Schichten angehören. Die ältesten Keramikscherben weisen darauf hin, daß der Beginn des Burghügels, vielleicht in Form einer unter dem Hügel liegenden Flachsiedlung, in die späte Karolingerzeit zu setzen ist.

### Merode

Zu DN 61  I. *Töpfereibetrieb*.
VII. Die erwähnten Fundstücke aus dem Töpferofen auf dem Grundstück des Landwirtes Hubert Troisdorf befinden sich im RLMB unter Inv.-Nr. 30 837. Es handelt sich um Oberteile hoher Steinzeugkannen mit brauner Lehmglasur, wie sie während des frühen 15. Jahrh. im benachbarten Langerwehe hergestellt wurden. Offenbar lag ein Töpferofen, der nach Langerweher Art produzierte, hier in Merode.

### Straß

Zu DN 79  I. *Burghügel Binnesburg* (Motte).
III. Lage wie unter DN 79 angegeben.

III. 1805/06: Tranchot-K. NA Blatt 88 Langerwehe zeigt etwa 750 m O Gey in einem Bachtal die viereckige, von Wassergräben umgebene Burg. Unmittelbar N davon liegt ein Hakenhof sowie ein einzelnes Gebäude. Beide sind heute verschwunden.

VII. Grabungen im Jahre 1974, die von Heimatforschern auf der Burganlage vorgenommen wurden, förderten mehrperiodige Mauerreste zutage. Es wurde Keramik des 14. und 15. Jahrh. gefunden. Die Befunde sind noch unveröffentlicht.

Wenau

Zu DN 89   I. *Burghügel* (Motte) Hamich.
VII. Die bei den Grabungen 1938 gefundene Keramik wird im RLMB unter Inv.-Nr. 38,1075 aufbewahrt. Sie setzt sich überwiegend aus blaugrauer Kugeltopfware des 11./12. Jahrh. zusammen. Dazu treten aber auch Gefäßscherben der Pingsdorfer Art, die mit violettbraunem Linien- und Gittermuster bemalt sind. Sie dürften ebenfalls dem 11./12. Jahrh. zuzurechnen sein. Schließlich treten auch Steinzeugscherben des 14. Jahrh. auf. Als Benutzungsdauer ergibt sich für den Burghügel mithin die Zeit vom 11. bis zum 14. Jahrh.

Blankenheimerdorf

Zu SLE 10   I. *Bierther Hof.*
III. Dieser Hof wird seit 1496 als Lehen der Herren v. Blankenheim genannt (HStA Düsseldorf, Manderscheid-Blankenheim Akt. 110).
1843: Der Hof hatte noch 6 Einwohner (Restorff, Beschreibung 814).
BELEGE: Briefliche Mitteilung von P. Neu, Bitburg.

Zu SLE 15   I. *Manderscheider Hof.*
III. 16. Jahrh.: Es werden zu dieser Zeit zwei Höfe erwähnt: ein *oberster Manderscheider Hof* und *der andere Manderscheider Hof* bei Blankenheimerdorf (HStA Düsseldorf, Manderscheid-Blankenheim Akt. 110).
1843: Der Manderscheider Hof hatte noch 8 Einwohner (Restorff, Beschreibung 814).
Es ist nicht auszuschließen, daß einer der beiden Manderscheider Höfe des 16. Jahrh. später unter der Bezeichnung *Fritzenhof* (SLE 11) bekannt war.
BELEGE: Briefliche Mitteilung von P. Neu, Bitburg.

Freilingen

Zu SLE 43   I. *Eisenhüttenwerk zu Ahrhütte,* sog. *Obere Hütte.*
III. Um 1780 hatte die Siedlung, die zu der Arenbergischen Eisenhütte gehörte, etwa 40 Einwohner.
LITERATUR: Neu, Alte Karten 100.

## Schmidtheim

Zu SLE 122　I. *Burghügel* (Motte) *Zehnbachhaus.*

III. Die in der Umgebung der Motte Zehnbachhaus im Gelände anhand der Verbreitung von Eisenschlacken und Eisenluppen nachgewiesene Eisenverhüttung am unteren Zehnbach oder Marbach läßt sich dank eines Hinweises von P. Neu, Bitburg, nunmehr auch urkundlich belegen. Die zugehörige Hütte wird genannt: 1475 *hutten in der Marpach* (StA Koblenz G Akt. 357). Mit seinem Hinweis verbindet Neu die ausdrückliche Vermutung, diese Hütte habe auf der Schmidtheimer Seite des Zehnbaches oder der Marbach gelegen, weil der Herr von Kronenburg Rechte an der Hütte gehabt habe. Dies stimmt mit den Geländebeobachtungen insofern überein, als Schlackenhalden und Luppenvorkommen in der Nähe der Niederungsburg Zehnbachhaus stets nur W des Zehnbaches bzw. Marbaches nachgewiesen werden konnten.

## Zülpich

Zu EU 112　I. *Büsheim,* auch: *Beudisshem* oder *Meersbuden.*

II. Lage wie unter EU 112 angegeben.

III. G. Droege, Landrecht und Lehnrecht im hohen Mittelalter (Bonn 1969) 96 mit Anm. 117 weist darauf hin, daß *Meersbuden* im Zülpichgau ein Allod mit hoher Gerichtsbarkeit war, das sich in Händen der Familie von Are befand. Es fällt 1246 zusammen mit den übrigen Bestandteilen der sog. Hochstadenschen Erbschaft (vgl. Lac. UB II Nr. 297) an den Erzbischof von Köln. Den Übergang an Kurköln sieht Droege als einen Vorgang von rein landrechtlichem Charakter auf der Grundlage der Vererbung an.

## Bad Godesberg

Zu BN 24　I. *Retersdorf,* auch: *Ratersdorf* oder *Reitersdorf.*

II. Die unter BN 24 gegebene Lokalisierung ist zu ergänzen durch die inzwischen bekanntgewordene Ortsbestimmung des rechtsrheinischen Ortsteiles. Auf dem westlich der Hauptstraße von Bad Honnef gelegenen Grundstück Hauptstraße 6 haben sich im Park einer Villa die Reste einer mittelalterlichen Wasserburg mit Namen *Retersdorf, Reiersdorf* oder *Ratersdorf* erhalten; vgl. TK 5309 Bad Honnef-Königswinter: r 25 86 200; h 56 13 600.

III. 922: Nennung von *Ratersdorf* in einer Urkunde des EB Hermann I. von Köln für die Nonnen von Gerresheim (AHVN 26/27, 1874, 338).

1329 April 23: Urkunde des Grafen Wilhelm von Jülich für seinen Vasallen Johann von Löwenberg zur Ausgleichung seiner Verluste an dem gegenwärtig zerstörten Schloß *Retersdorp* (Harleß, Festschrift Bonn 1868, 15).

14. Jahrh.: Erwähnung des *castrum zu Reittersdorp* in einem Weistum der erzbischöflichen Gerechtsame zu Honnef (Archiv f. d. Geschichte des Niederrheins VI, 1898, 289).

VII. Der Platz, auf dem die Villa des Grundstückes Hauptstraße 6 in Bad Honnef steht, ist gegenüber dem Umland um etwa einen Meter erhöht. Es handelt sich um den Standort der ehemaligen Wasserburg Reitersdorf. Um die Villa herum lassen sich heute noch deutlich die Reste eines früheren, fast 10 m breiten Wassergrabens mit flacher Sohle erkennen, der teilweise auf den Nachbargrundstücken verschüttet ist. Südlich außerhalb des Grabens befindet sich ein fast 3 m hoher Hügel, der ebenfalls künstlichen Ursprungs zu sein scheint. Auch westlich der Grabenanlage finden sich Geländeunebenheiten, die auf frühere Besiedlung hindeuten können. Die Burg Reitersdorf, Retersdorf oder Ratersdorf ist der letzte heute noch sichtbare Rest des einstigen gleichnamigen Dorfes, welches sich im Bereich der benachbarten Grundstücke befunden haben muß, von dem aber weder Überreste noch Funde vorhanden sind. Eine Vermessung des Burggeländes, die mit einem Suchschnitt verbunden werden soll, wird vom Rhein. Landesmuseum Bonn vorbereitet.

LITERATUR: AHVN 26/27, 1874, 338. – W. Harleß, Die Grafen von Bonn und die Vogtei des Cassius-Stiftes; der Frohnhof Mülheim; Schöffen und Siegel von Bonn. In: Festschrift Bonn (Bonn 1868) 3 mit Anm. 7. – Archiv f. d. Geschichte d. Niederrheins, begr. v. Th. J. Lacomblet, fortgesetzt v. W. Harleß, VI (Cöln 1898), 287 ff.: Weisthum der erzbischöflichen Gerechtsame zu Honnef aus dem 14. Jahrh. – J. J. Brungs, Die Stadt Honnef und ihre Geschichte (Honnef 1925). – A. Haag, Bilder aus der Vergangenheit von Honnef und Rhöndorf (1954).

## Bonn-Stadt

Zu BN 37   I. *Mülheim*.
II. Wie unter BN 37 angegeben.
VII. Bei den Ausschachtungsarbeiten für das neuerrichtete Cassius-Center in Bonn wurde 1974 an der sog. *Mülmer Porz* ein Teil der Mauern und der beiderseits der Pforte nach Westen vorspringenden Bastionen angeschnitten und vom Rhein. Landesmuseum Bonn (M. Groß) aufgemessen. Datierende ältere Funde ergaben sich nicht. Lediglich eine noch pulvergefüllte Kanonenkugel des 17. Jahrh. wurde gefunden.
LITERATUR: Ausführlich wird die Geschichte des Fronhofes Mülheim bei Bonn behandelt von W. Harleß, Die Grafen von Bonn; der Frohnhof Mülheim; Schöffen und Siegel von Bonn. In: Festschrift Bonn (Bonn 1868) 20 ff.

Zu BN 38   I. *Merhauser Hof*.
LITERATUR: Th. J. Lacomblet, Die Hofesverfassung im Bezirke der Stadt Bonn. In: Archiv f. d. Geschichte d. Niederrheins, hrsg. v. Th. J. Lacomblet, II (Düsseldorf 1854) 301 und 306 ff.

## Bornheim

Zu BN 153 und BN 154
I. *Londorf* und *Luynrich*.
II. TK 5207 Sechtem: r 25 64 650; h 56 27 640. Etwa 750 m NNW Merten, am W-Ausgang von Trippelsdorf.
III. N. Zerlett hat inzwischen nachgewiesen, daß die Bezeichnungen *Londorf, Lohndorf* und *Luynrich* ein und dieselbe Siedlung meinen. Es handelt sich um ein freiadeliges Haus, in dessen Nachbarschaft während des 16. Jahrh. mehrere bäuerliche Gehöfte bestanden haben.
1443: *Hoyfstatt geheischen Luynricke*.
1457: das *Guede zo Lunericke*.

1472: *dat Huyß genant Luynricke bynnen synen Graven, Wyheren, Ederen ind Zunnen, gelegen in dem Kirspel van sent Mertyn in dem Vurbircke.*
Nach Zerlett wandelte sich der Name Luyricke allmählich zu Londorf.
LITERATUR: N. Zerlett, Alter Kern von Sagen und Flurnamen am Vorgebirge. Mit Josef Dietz unterwegs. In: Festschr. J. Dietz (Bonn 1973) 115 f.

## Sechtem

Zu BN 158   I. Ringwall *Aldeburg.*

III. Um 1443 enthält das Londorfer Pacht- und Zinsregister die Flurbezeichnung *Aldeburch.* Dieser Name kann nur als Gegensatz zu der unweit ONO davon liegenden 'Neuen Burg', der sog. *Kitzburg* zu Walberberg, verstanden werden.
LITERATUR: Londorfer Pacht- und Zinsregister von 1443 ff. im Archiv des Fürsten von der Leyen zu Waal in Schwaben unter Nr. 3339; der betr. Auszug wurde mir von N. Zerlett, Bornheim, dem ich auch den Hinweis auf die Quelle verdanke, zugänglich gemacht.

## Dorsel

Zu AW 79   I. *Stahlhütte.*

III. Um 1780 verzeichnet man in Dorsel und der *Stahlhut* auf 716 ha 239 Einwohner, von denen nur 4 in der dem Herzog v. Arenberg gehörenden Stahlhütte wohnten.
LITERATUR: Neu, Alte Karten 101.

## Eichenbach

Zu AW 81   I. *Breitscheider Höfe,* auch: *Breischeit.*

III. 1715/1776: Die Karte von Stockard/Gallibert zeigt *Cense démolie Breischette.* Es handelt sich um die Wüstung Breitscheid N von Aremberg, einen ehemals dem Herzog v. Arenberg gehörenden Pachthof, der 1776 schon zerstört war.
1578 ging der Hof *Bryscheit,* auch Breitscheit genannt, von den Erben Arnold und Katharina auf den Sohn *Johann Halfmann zu Bryscheit und seine Frau Stinen* über. Der Hof erbrachte damals eine Pacht von 8 Maltern Korn, 16 Maltern Hafer, einem Schwein, drei Pfund Wachs und einem Wagen Stroh.
Das genaue Datum der Aufgabe des Hofes ist nicht zu bestimmen. Er lag am Rande des Festungsbereichs von Schloß Arenberg und könnte deswegen aufgelassen worden sein. Die Karte von 1715/1776 zeigt das Gelände des Hofes zu dieser Zeit zum größten Teil noch als freies Feld.
LITERATUR: Neu, Alte Karten 100 mit allen Belegen.

Zu AW 83   I. *Maßholderhof,* temporäre Hofwüstung.

II. 1715/1776: Die Karte von Stockard/Gallibert verzeichnet *Cense démolie de Masholt.*
1578 wird dieser Hof von der Herzogin Margaretha v. Arenberg verpachtet an *Johan den Meyer zu Maßholter und Even seine eheliche Hausfrau,* und zwar ge-

gen eine Reihe von Abgaben und Diensten (vgl. AW 83). Der Hof ist, wie unter AW 83 nachzulesen, später wiederbesiedelt worden. Er wurde erst zu Beginn des 20. Jahrh. endgültig wüst.

LITERATUR: Neu, Alte Karten 101.


## Ohlenhard

Zu AW 140  I. *Bütscheider Hof,* auch: *Butscheid.*
II. Dieser Hof lag SO von Ohlenhard.
III. 1578: Die gefürstete Gräfin Margaretha verpachtet den Hof zu Butscheid an *Jorgen den Halfmann zu Butscheit und Thrinen, seine eheliche Frau* um 12 Malter Hafer, 6 1/2 Malter Korn, ein Schwein, 100 Eier, 3 Pfund Wachs und einen Wagen Stroh. Weiter mußte der Pächter je nach Wahl des Herrn eine Kuh auswintern oder einen Gulden zahlen und 25 Schafe für die Gräfin halten.
1715/1776: Die Karte von Stockard/Gallibert zeigt den Hof zerstört mit dem Vermerk: *Cense démolie de Budscheid.* Das genaue Datum der Zerstörung ist nicht bekannt. Dieser Hof ist offensichtlich nicht identisch mit einem gleichnamigen Hof NO Wershofen (AW 171).

LITERATUR: Neu, Alte Karten 101.


## Rolandswerth

Zu AW 158  I. *Witgen,* auch: *Wissinge.*
II. TK 5309 Bad Honnef-Königswinter: r 25 85 340; h 56 12 740–940. Unmittelbar am W-Ufer des Rheins, im heutigen Rolandswerth.
III. 1148: Abt Nikolaus von Siegburg bestätigt die Besitzungen des von dem Kölner Bürger Walbert gegründeten Hospitals auf der Insel Rolandswerth und setzt die Stellung des Pfarrers der Hospitalkapelle fest. Unter diesen Besitzungen: *in Gieuenchouen VII diurnales arabilis terre . . . duas vineas, unam in Mielenheim, alteram in Wissengen . . .* (Wisplinghoff, UB Siegburg Nr. 56).


## Weidenbach

Zu AW 171  I. *Butscheid.*
II. TK 5507 Hönningen: etwa r 25 59 300–800; h 55 90 000–91 000. O oder NO von Wershofen auf der Hochfläche zwischen Dreisbach und Armuths-Bach, in der Gemarkung Wershofen.
III. 1578 wurde von der gefürsteten Gräfin Margaretha v. Arenberg *Hoff und Gut* genannt *Putscheitz bodthem im Werßhover Kirspell gelegen* an *Krins Johans zu Werßhoven* und seine Ehefrau Barbara um eine Pacht von 3 Maltern Korn, 8 1/2 Morgen Hafer und das Aushalten von 12 Schafen verpachtet.
1715/1776: Die Karte von Stockard/Gallibert zeigt NO von Wershofen mit Bleistift geschrieben die Eintragung *Budscheid Boden.* Diese Eintragung schließt aus, daß dies Butscheid identisch ist mit dem Bütscheider Hof SO von Ohlenhard (AW 140 mit Nachtrag S. 514).

LITERATUR: Neu, Alte Karten 102.

## Trier

Zu TR 78–85 und TR 89–94: *Frühe Siedlungskerne auf dem Gebiet der ehemaligen römischen Civitas Treverorum.* Aus archäologischer Sicht ist neuerdings zu dieser Frage heranzuziehen: R. Schindler, Trier in merowingischer Zeit. In: Vor- und Frühformen der europäischen Stadt im Mittelalter, Teil 1. Abhandl. d. Akad. d. Wissensch. zu Göttingen, Phil.-Hist. Kl. Nr. 83 (Göttingen 1973) 130–151.

## II.

Neu erfaßte Wüstungen, die noch nicht im Katalog enthalten sind.

### Blankenheim

SLE 140
I. Hof *Gependall.*
II. TK 5506 Aremberg: r 25 47 600; h 55 88 500. Rund 1,7 km SO Ortsmitte Blankenheim, an der Stelle der heutigen Forellenzucht im oberen Ahrtal.
III. 1455: *Gependall.*
1459: *Gependal.*
Der Hof ist bis ins 18. Jahrh. mit zahlreichen Quellen im HStA Düsseldorf und im StA Koblenz belegbar, danach aber offensichtlich wüst geworden.
LITERATUR: Briefliche Mitteilung von P. Neu, Bitburg.

SLE 141
I. Hof *Hardt.*
II. TK 5505 Blankenheim: genaue Lage nicht bekannt, wahrscheinlich jedoch S von Blankenheim im Waldgebiet *Hardt.* Möglicherweise gehören die auf Tafel 61 kartierten und in diesem Katalog unter A 11 beschriebenen fossilen Fluren zu diesem wüstgewordenen Hof. Etwa r 25 45 000–47 000; h 55 87 500–89 000.
III. Ende 16. Jahrh.: *Der verfallen hoff uff der hardt* (HStA Düsseldorf, Manderscheid-Blankenheim Akt. 105).
LITERATUR: Briefliche Mitteilung von P. Neu, Bitburg.

### Blankenheimerdorf

SLE 142
I. *Mytesacks Gut,* Hofwüstung.
II. TK 5505 Blankenheim: etwa r 25 41 800; h 55 87 800. Etwa 3,3 km SW Ortsmitte Blankenheimerdorf, an der Stelle, wo der sog. Marbach die Gemarkungsgrenze schneidet.
III. 1536: In diesem Jahr wird hier ein Lehngut der Herren von Blankenheim erwähnt (StA Koblenz 29 A Akt. 224 und 29 A 1124). Das Lehngut heißt damals *Mytesacks goit.* Im Gelände haben sich keine Hinweise auf die Hofwüstung erhalten.
BELEGE: Briefliche Mitteilung von P. Neu, Bitburg.

SLE 143
I. *Stickerssen Gut,* Hofwüstung.
II. TK 5505 Blankenheim: etwa r 25 41 500; h 55 88 550. An der Mündung des sog. Zehnbaches oder Marbaches in die Urft, in unmittelbarer Nachbarschaft der Niederungsburg (Motte) Zehnbachhaus (SLE 122).

### Reetz

**SLE 144**

I. *Schäferei.*

II. TK 5506 Aremberg: etwa 25 50 000–51 000; h 55 87 500–88 500. O von Reetz an der Straße nach Freilingen, in einem Gebiet, welches noch heute *Reetzer Heide* heißt.

III. 1715/1776: Die Karte von Stockard/Gallibert verzeichnet hier die Eintragung *Bergeries – Schäfereien* mit einem Gebäude, dessen Bau offensichtlich geplant war. Die im Herzogtum Arenberg während des 16. und 17. Jahrh. nachweisbare intensive Schafwirtschaft umfaßte offensichtlich auch das Gebiet von Reetz.

LITERATUR: Neu, Alte Karten 102.

### Bornheim

**BN 189**

I. *Tomberger Hof,* auch: *Kleehof.*

II. TK 5207 Sechtem: r 25 70 200; h 56 26 700. Am N-Ausgang von Bornheim, jenseits der Burg Bornheim, unter der heutigen Bundesbahntrasse.

III. Hier bestand einst der *Tomberger Hof,* der auch *Kleehof* genannt wurde. Es war ein vierseitig geschlossener, großer Wirtschaftshof.
1807/08 enthält die Tranchot-K. NA Blatt 92 Sechtem noch diesen Hof, der während des 19. Jahrh. im Zusammenhang mit dem Bahnbau verschwand.

**BN 190**

I. *Apostelhof* zu Bornheim.

II. TK 5207 Sechtem: r 25 70 200; h 56 26 400. Am N-Ausgang von Bornheim, N der Burg Bornheim, unmittelbar SW der heutigen Bundesbahntrasse.

III. Hier bestand noch im 19. Jahrh. der *Apostelhof,* ein dem Kölner Stift St. Aposteln gehörender Wirtschaftshof. Auf der Tranchot-K. NA Blatt 92 Sechtem von 1807/08 ist dieser Hof noch verzeichnet. Er wurde beim Bau der Bahntrasse abgerissen.

**BN 191**

I. *Fronhof* zu Bornheim.

II. TK 5207 Sechtem: r 25 70 200; h 56 26 350. Am N-Ausgang von Bornheim, N der Burg Bornheim, unmittelbar SW der heutigen Bundesbahntrasse.

III. Hier bestand noch zu Beginn des 19. Jahrh. der *Fronhof,* der im Zusammenhang mit dem Bau der Bahntrasse abgerissen wurde.
1807/08 verzeichnet die Tranchot-K. NA Blatt 92 Sechtem diesen Hof noch.

**BN 192**

I. Wehranlage *Am Tümpel.*

II. TK 5207 Sechtem: r 25 63 150; h 56 25 000. Rund 2 km SW Rösberg, am Rande des Ville-Waldes, unmittelbar SO H. 150,2.

III. Mitte des 15. Jahrh.: Im sog. Londorfer Pacht- und Zinsregister, das seit 1443 aufgezeichnet wurde und sich jetzt im Archiv des Fürsten von der Leyen zu

Waal in Schwaben befindet, wird die Flur *Am Tümpel* erwähnt. In dieser Flur hat sich bis heute eine aus Wällen und Gräben bestehende Wehranlage erhalten, die sich offensichtlich in zwei Teile gliedert und den Eindruck einer nicht fertiggewordenen Wasserburg erweckt. Die Anlage ist noch heute in der Deutschen Grundkarte 1 : 5 000 Blatt Metternich-Nord und in der TK 1 : 25 000 Blatt 5207 Sechtem verzeichnet. Das betreffende Gelände ist mit Gebüsch und niederen Bäumen bestanden.

1807/08 enthält die Tranchot-K. NA Blatt 92 Sechtem an dieser Stelle ein rechteckiges, eingehegtes Grundstück und einen SW daneben liegenden großen Weiher, jedoch keine Bezeichnung, die auf einen Wohnplatz hindeuten könnte. Die Anlage ist am ehesten als früh wüst gewordener, befestigter Hof zu deuten.

LITERATUR: Londorfer Pacht- und Zinsregister von 1443 ff. im Archiv des Fürsten von der Leyen in Waal in Schwaben unter Nr. 3339; der betr. Auszug wurde mir von N. Zerlett, Bornheim, dem ich auch den Hinweis auf die Anlage verdanke, zugänglich gemacht.

BN 193  I. *Lölgenshof.*

II. TK 5207 Sechtem: r 25 65 710; h 56 25 420. Im Ortsteil Hemmerich von Bornheim, an der rückwärtigen Grenze des Hausgartens des Anwesens Runkelsgasse 9, gegenüber dem noch erhaltenen Kreuzhof.

VII. Von dieser Stelle stammt ein Goldmünzenfund, der nach 1425 vergraben worden sein muß. Er enthielt Goldgulden des Herzogtums Geldern sowie Goldmünzen des Herzogtums Holland, beides Prägungen aus dem ersten Drittel des 15. Jahrh. Die Vergrabung des Schatzes könnte mit der damals im Rheinland verbreiteten Kriegsangst zur Zeit des geldrischen Erbfolgestreites (seit 1423) zusammenhängen.

In unmittelbarer Nähe des Gartengrundstücks, aus dem die vergrabenen Münzen einzeln bei Gartenarbeiten zutage kamen, stand der mittelalterliche *Lölgenshof,* von dem nur noch geringe Reste vorhanden sind. Dieser Hof soll nach 800 Jahren Bestand im 18. Jahrhundert abgebrochen worden sein. Es liegt nahe anzunehmen, daß der Hofbesitzer oder -pächter in Zeiten der Gefahr den Goldschatz vergraben, später aber nicht mehr gehoben hat.

LITERATUR: W. Hagen, Bonner Jahrb. 160, 1960, 573 f. – G. H. Chr. Maaßen, Geschichte der Pfarreien des Dekanates Hersel (1885) 100, 109.

Daun

DAU 12  I. *Burg Daun.*

II. TK 5806 Daun: r 25 59 400; h 55 62 560. Auf einem hohen Bergkegel am Ostrand der mittelalterlichen Stadt.

III. Die Burg von Daun wird im 14. Jahrhundert mehrfach in Urkunden erwähnt. Aus diesen Nachrichten ergibt sich u. a., daß Burg Daun eine Ganerbenburg war, auf der verschiedene adelige Familien ihre Häuser besaßen. Einzelheiten der Geschichte der Burg beschreiben die KDM Kr. Daun 53 ff. Die Anlage wurde 1689 beim Einbruch der Truppen Ludwigs XIV. zerstört.

VII. Heute sind kaum noch Reste der Burg vorhanden. Lediglich die aus Grauwacke und Basalt errichtete Umfassungsmauer gibt ihren einstigen Umfang noch an. Der Bergfried der Anlage wurde 1865 beseitigt, als der spätere Kaiser Wilhelm I. in der Mitte der Burg die heute noch stehende evangelische Kapelle in schlichten neugotischen Formen errichten ließ. Einen Plan des etwa ovalen Burggeländes enthalten die KDM Kr. Daun 54.

### Gerolstein

DAU 113
I. *Burg Gerolstein,* auch: *Löwenburg,* früher: *Gerhardstein.*
II. TK 5706 Hillesheim: r 25 47 700; h 55 65 250. Auf einem steil aus dem Kylltal aufragenden Berg, südlich der mittelalterlichen Stadt.
III. Die Burg ist wahrscheinlich zu Beginn des 12. Jahrh. errichtet worden. Ihr Gründer ist unbekannt, doch wird sie einem Mitglied der Familie der Herren von Blankenheim zugeschrieben. Bis 1609 war sie Jülichsches Lehen, das an viele verschiedene hochadelige Familien ausgetan worden war (Einzelheiten vgl. KDM Kr. Daun 85 ff.). Im Jahre 1670 traf die Burg ein Blitzschlag, durch den der Pulverturm explodierte und die Burg weitgehend zerstörte. Was von ihr noch erhalten war, wurde im Zuge der Kriege Ludwigs XIV. zwischen 1688 und 1697 zerstört. Im 18. Jahrhundert wurde die nicht wieder aufgebaute Burg auf Abbruch verkauft.
VII. Nur geringe Reste der Anlage haben sich bis heute erhalten. Der Grundriß der Burg in der KDM Kr. Daun 89 läßt erkennen, daß Burg Gerolstein ursprünglich eine zweiteilige Anlage gewesen war. Auf der SW-Seite des Bergspornes lag zunächst die Vorburg, die mit einer mächtigen Schildmauer und einem tiefeingeschnittenen Graben gesichert war. Auf der N- und der S-Seite gab es natürliche Steilhänge als Sicherung. Die Hauptburg, von der Vorburg durch eine weitere Schildmauer und durch Türme geschieden, lag im NO des Burgberges. Die Wohngebäude lehnten sich an die Umfassungsmauer an, die den Rand des Burgberges umgab und die mit zwei halbrunden Türmen zusätzlich gesichert war. Der viereckige Bergfried lag auf der N-Seite der Hauptburg. In die Umfassungsmauer der Burg Gerolstein war im NO und im NW die mittelalterliche Stadtmauer des Burgfleckens Gerolstein eingebunden.
Die Gesamtanlage der Burg folgt dem bereits in vor- und frühgeschichtlicher Zeit häufig angewandten Prinzip der Abschnittsbefestigung in Spornlage.
LITERATUR: Clemen, KDM Kr. Daun 85 ff.

### Wershofen

AW 212
I. *Erscheid,* auch: *Echette.*
II. TK 5506 Aremberg: etwa r 25 56 000–57 500; h 55 89 000–90 000. SW von Wershofen.
III. 1715/1776: Die Karte von Stockard/Gallibert verzeichnet hier *Cense d'Echette démolie,* den zerstörten Pachthof von Echette, d. h. Erscheid.
1578: Pachtvertrag zwischen der Landesherrin (Arenberg) und *Peter unserem Halfmann zu Erscheit und Frewen seiner ehelichen Hausfrau.* Der Pachtvertrag wird erneuert und die Genannten nehmen den Hof Erscheit mit der *Breitgen Wiesen an dem Dreyßbach* um 14 Malter Korn, 30 Morgen Hafer, ein Schwein, 100 Eier und 4 Pfund Wachs, einen Wagen Stroh, die Auswinterung einer Kuh oder eines Rindes und das Halten von 30 Schafen der Herrschaft in Pacht. Der genaue Zeitpunkt der Zerstörung dieses Hofes ist nicht bekannt.
VII. Der Hof hat offensichtlich am Dreisbach unweit der ehem. Dreisbachmühle (AW 82) gelegen. Möglicherweise deuten Landschaftsnamen wie *Etscheider Berg* und *Im Etscheider Wald,* die die moderne TK 25 000 Blatt 5506 Aremberg O von Ohlenhard verzeichnet, auf die Hofwüstung hin.
LITERATUR: Neu, Alte Karten 101.

AW 213   I. *Mühlen* beim Laufenbacherhof.

II. 5507 Hönningen: etwa r 25 60 000–61 500; h 55 88 000–89 000. Im Ahrtal in der Gegend von Fuchshofen-Laufenbacherhof oder am Unterlauf des von S in die Ahr mündenden Laufenbaches.

III. 1715/1776: Die Karte von Stockard/Gallibert verzeichnet als Zubehör des heute noch bestehenden Laufenbacherhofes mehrere Mühlen, die nicht mehr existieren: *Cense et moulins de Lauffenbach*. Ihre Zahl und Lage sind nicht genau bekannt, doch müssen sie unweit des Laufenbacherhofes gelegen haben, der erstmalig in einem Pachtvertrag aus dem Jahre 1578 erscheint.

LITERATUR: Neu, Alte Karten 101.